更轻

更简

更适合做朋友的一本书

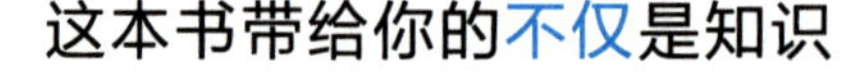
这本书带给你的不仅是知识

2022年

注册会计师全国统一考试

会计

应试指南

上册

■ 郭建华 主编

■ 正保会计网校 编

感恩22年相伴 助你梦想成真

中国商业出版社

图书在版编目(CIP)数据

会计应试指南：上下册/郭建华主编；正保会计网校编.—北京：中国商业出版社，2022.3
2022年注册会计师全国统一考试
ISBN 978-7-5208-2029-5

Ⅰ.①会…　Ⅱ.①郭…　②正…　Ⅲ.①会计学-资格考试-自学参考资料　Ⅳ.①F230

中国版本图书馆CIP数据核字（2022）第037495号

责任编辑：黄世嘉

中国商业出版社出版发行
（www.zgsycb.com　100053　北京广安门内报国寺1号）
总编室：010-63180647　编辑室：010-63033100
发行部：010-83120835/8286

新华书店经销
三河市中晟雅豪印务有限公司印刷

*

787毫米×1092毫米　16开　54.5印张　1396千字
2022年3月第1版　2022年3月第1次印刷

定价：128.00元

* * * *

前言

“学而不思则罔，思而不学则殆。”

注册会计师考试是由财政部组织领导的一项执业资格考试，是我国评价选拔会计人才、促进会计人员成长的重要渠道，也是会计人员增强专业知识、提高业务水平的有效途径。注册会计师考试每年一次，由全国统一组织、统一大纲、统一试题、统一评分标准。注册会计师考试分为专业阶段和综合阶段两个阶段。专业阶段主要测试考生是否具备注册会计师执业所需要的专业知识，是否掌握基本的职业技能和职业道德规范。综合阶段主要测试考生是否具备在职业环境中综合运用专业知识、遵守职业道德规范以及有效解决实务问题的能力。

为满足考生的备考需求，正保会计网校的辅导老师潜心研究考试大纲和命题规律，精心策划、编写了这套注册会计师各学科应试指南。经过时间的洗礼，应试指南也在不断地进行升级、创新，其**构架更加清晰、设计更为贴心、编写更为专业谨慎**。其针对不同学科的专业特点与考试要求，各学科应试指南的编写也各具特色，知识架构体系科学化，内容呈现形式多样化，知识内容活灵活现不再枯燥无味。内文讲解部分穿插贴心小版块，用简单、生动的语句点拨知识，解决你备考中的记忆难点和易混淆点，也帮你看清知识“陷阱”，帮你更好地掌握知识。同时，每一章汇集了编写老师精心挑选的习题，其中对部分题目解析作出特别标记，在练习的过程中能一遍又一遍地巩固理解、加深记忆。

未来的日子永远值得期待！在备考注册会计师考试期间，希望应试指南给你带来良好的学习体验；也希望带给你的不仅仅是知识的收获，更是一段值得沉淀的时光或是一份难以忘怀的经历；更希望你能够学得开心，不惧怕偶尔的沮丧，能够坚定地走完这条备考之路。

编　者

小保提示

由于时间所限，书中难免存在疏漏，敬请批评指正。最后，小保祝福大家顺利通过考试~

正保文化官微

关注正保文化官方微信公众号——财会上分青年，回复“勘误表”，获取本书勘误内容。

正保远程教育 

发展：2000—2022年：感恩22年相伴，助你梦想成真

理念：学员利益至上，一切为学员服务

成果：20个不同类型的品牌网站，涵盖13个行业

奋斗目标：构建完善的“终身教育体系”和“完全教育体系”

正保会计网校 

发展：正保远程教育旗下的第一品牌网站

理念：精耕细作，锲而不舍

成果：每年为我国财经领域培养数百万名专业人才

奋斗目标：成为所有会计人的“网上家园”

“梦想成真”书系 

发展：正保远程教育主打的品牌系列辅导丛书

理念：你的梦想由我们来保驾护航

成果：图书品类涵盖会计职称、注册会计师、税务师、经济师、资产评估师、审计师、财税、实务等多个专业领域

奋斗目标：成为所有会计人实现梦想路上的启明灯

图书特色

1 备考攻略

解读考试整体情况，
了解大纲总体框架

一、《会计》科目的总体情况

自实行机考以来，注会会计考试的题量和考试难度大体保持稳定，不过2021年在题型和

二、本书的内容体系

(一)基本结构

第一部分：会计基本理论(第1、29章)

三、考核形式与命题规律

(一)题型、题量及命题特点分析

注册会计师会计考试的题型比较稳定，2015年及以前分为单项选择题、多项选择题及综

四、学习方法

1. 雷打不动的学习计划

注会考试的科目繁多，道路漫长，因此，想要合理分配自己的时间，就需要制订周密详细

2 应试指导及同步训练

深入解读本章考点及考试变化内容

全方位透析考试，钻研考点

了解命题方向和易错点

夯实基础，快速掌握答题技巧

考情解密

历年考情概况

本章主要介绍了会计基本理论与方法，主要包括会计信息质量要求、会计要素以及会计计量属性等。这些内容是我们学习会计的理论基础，贯穿于全书。

考点详解及精选例题

一、会计基本假设★

1. 会计主体

会计主体是指企业会计确认、计量和报告的**空间范围**。一般来说，法律主体**必然**是会计主体，但会计主体**不一定**是法律主体。比如企业的各个车间在独立核算时也是会计主体，但不是法律主体。

2. 持续经营

持续经营是指在可以预见的将来，企业将会按当前的规模和状态继续经营下去，不

同步训练

限时 40min

扫我做试题

一、单项选择题

1. 下列各项中，体现实质重于形式这一会计信息质量要求的是( )。

只有当相关经济利益基本确定能够流入企业时，才可能将补偿金额确认为资产

B. 将非流动资产划分为持有待售资产时按规定计提减值准备

同步训练答案及解析

一、单项选择题

1. D 【解析】选项A、B，体现的是谨慎性要求。选项C体现的是可比性要求。选

4. D 【解析】选项D，体现的是实质重于形式要求，并不体现谨慎性要求。

5. D 【解析】选项D，发行股票产生的资本公积属于**溢价收入**，记入“资本公积—股

3 脉络梳理

本章知识体系全呈现

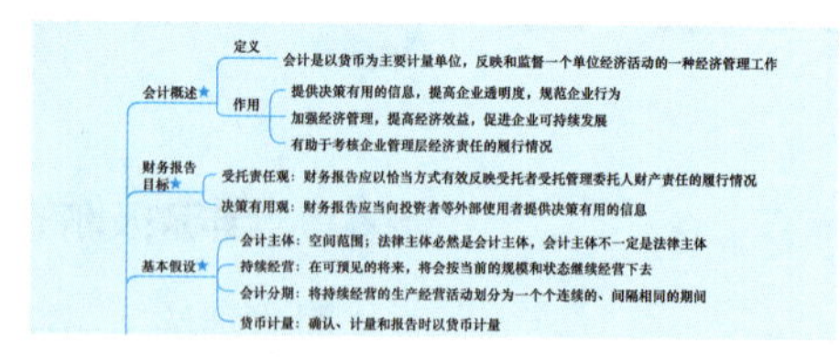
会计概述★
定义
会计是以货币为主要计量单位，反映和监督一个单位经济活动的一种经济管理工作
作用
提供决策有用的信息，提高企业透明度，规范企业行为
加强经济管理，提高经济效益，促进企业可持续发展
有助于考核企业管理层经济责任的履行情况
财务报告目标★
受托责任观：财务报告应以恰当方式有效反映受托者受托管理委托人财产责任的履行情况
决策有用观：财务报告应当向投资者等外部使用者提供决策有用的信息
基本假设★
会计主体：空间范围；法律主体必然是会计主体，会计主体不一定是法律主体
持续经营：在可预见的将来，将会按当前的规模和状态继续经营下去
会计分期：将持续经营的生产经营活动划分为一个个连续的、间隔相同的期间
货币计量：确认、计量和报告时以货币计量

4 考前模拟

模拟演练，助力冲关

模拟试卷(一)

扫我做试题

一、单项选择题(本题型共13小题，每小题2分，共26分。每小题只有一个正确答案，请从每小题的备选答案中选出一个你认为正确的答案。)

1. 下列各项中，体现实质重于形式这一会计信息质量要求的是( )。

A. 确认预计负债

B. 对存货计提跌价准备

C. 对外公布财务报表时提供可比信息

模拟试卷(二)

扫我做试题

一、单项选择题(本题型共13小题，每小题2分，共26分。每小题只有一个正确答案，请从每小题的备选答案中选出一个你认为正确的答案。)

1. A公司为一家多元化经营的综合性集团公司，不考虑其他因素，其纳入合并范围的下列子公司对所持有土地使用权的会计处理中，不符合会计准则规定的是( )。

A. 子公司甲为房地产开发企业，将土地

模拟试卷(一)参考答案及解析

一、单项选择题

1. D 【解析】选项AB，体现谨慎性要求；选项C，体现可比性要求；选项D，虽然间转入留存收益。

5. C 【解析】甲公司2×21年12月应计入管理费用的职工薪酬=8.6(资料1)+20×(3+6)/12(资料2)+50×0.9×1.13(资料3)=

模拟试卷(二)参考答案及解析

一、单项选择题

1. B 【解析】用于建造厂房的土地使用权在建造期间的摊销，计入在建工程的成

2 000(万元)。

5. A 【解析】选项A不正确，由于销售适用不同税率的各种商品，并收取商品价款及相应的增值税。因此甲公司销售储值卡

上　册

第一部分　备考攻略

第二部分　应试指导及同步训练

下 册

第三部分　脉络梳理

第四部分　考前模拟

第一部分

备考攻略

——你需要知道——

亲爱的读者，无论你是新学员还是老考生，本着“逢变爱考”的原则，今年考试的变动内容你都需要重点掌握。微信扫描左侧小程序码，网校老师为你带来2022年本科目考试变动解读，助你第一时间掌握重要考点。

Learn more

2022年 备考攻略

一、《会计》科目的总体情况

自实行机考以来，注会会计考试的题量和考试难度大体保持稳定，不过 2021 年在题型和分值上有所调整，增加了客观题的题量和分值，主观题虽然题量不变但分值有所减少。在考核方向上，注会会计考试仍围绕“会计确认、计量和报告”进行出题，考核点全面覆盖、重点突出，题目资料向实务热点靠拢，题目设计越发灵活，看似使得注会会计考试更加“雪上加霜”；但是，其计算量不断下降，且紧扣会计基本原理，再加上机考的便捷，同样让注会考试的道路更加宽阔、畅通。因此，在机遇和挑战并存的情况下，为抓住机遇、迎接挑战并最终梦想成真，我们需要全面分析注会会计的考试现状。

二、本书的内容体系

（一）基本结构

第一部分：会计基本理论（第 1、29 章）

会计基本理论内容在考试中所占比重很小，但是年年必考选择题，在学习中还要充分重视。该内容是学习和理解各章内容的基石，各章内容又是该部分内容的具体运用和延伸。对于其中的基本理论和概念，在学习后面具体章节之前，往往很难做到深入理解，因此初次学习时可先做到基本了解，后期复习时再结合每章具体业务深入理解。

第二部分：会计要素的确认、计量和记录（第 2~13 章、第 16~18 章）

这部分内容在考试中所占比重较大，经常和特殊业务的会计处理相结合，以主观题的形式进行考查。这部分内容分章节对会计的六大要素的基本处理进行了具体阐述，考生在复习时，应特别注意理解每一会计要素的“确认、计量和记录”。重点关注长期股权投资，金融工具，固定资产，投资性房地产，资产减值，职工薪酬，借款费用，股份支付，政府补助以及收入，费用和利润的确认与计量问题。

第三部分：特殊业务的会计处理（第 14、15 章、第 19~22 章、第 24~26 章）

特殊业务的会计处理属于全书中对第二部分内容的综合性应用，属于相对比较重要的内容。其在考试中所占比重较大，通常和第二、第四部分的内容相结合出现在主观题中。这类主观题具有很强的综合性，考生在平时复习时应先将各个知识点逐个突破，然后再有侧重地做一些综合演练，以提高解题能力。

考生在复习时，应重点掌握非货币性资产交换、债务重组、租赁和所得税等的会计处理；掌握会计政策变更的追溯调整法；掌握资产负债表日后调整事项等业务的会计处理及对财务报表项目的调整，等。

第四部分：财务报告(第 23、27、28 章)

财务报告内容在考试中所占比重较大，既可以单独出客观题，也可以与第二、第三部分的内容相结合出主观题。考生应重点掌握以下内容：资产负债表、利润表和现金流量表的编制，合并范围的确定及合并财务报表的编制，会计报表附注等；同时考生还应注意每股收益的相关内容。

第五部分：特殊会计(第 30 章)

这部分讲解的是政府会计和民间非营利组织会计，包含的内容比较琐碎，且因其不属于企业会计的内容，涉及一些特殊会计科目及特定业务，所以考生可能比较生疏。但实际上这部分内容的会计处理方法比较简单，主要是一些文件的硬性规定，考生在学习时只需加强记忆并进行不定期复习，就可以掌握相关考点。在学习这部分内容时，考生应重点掌握政府单位和民间非营利组织特定业务的会计核算。

(二)各章节分值比重及难易程度

章	各章分值比重					难易度
	2021 年(%)	2020 年(%)	2019 年(%)	2018 年(%)	2017 年(%)	
第一章	2	2	-	-	2	低
第二章	3	2	2	2	4	低
第三章	1	14	2	-	1	低
第四章	2	-	2	-	-	低
第五章	3	2	3	-	-	低
第六章	5	4	-	-	4	高
第七章	1	2	2	-	2	中
第八章	5	4	-	-	-	低
第九章	3	2	10	2	6	低
第十章	3	5	3	-	1	中
第十一章	2	-	2	4	1	中
第十二章	2	2	2	2	-	中
第十三章	4	8	4	16	2	中
第十四章	4	4	2	-	2	高
第十五章	1	2	2	2	1	中
第十六章	1	-	6	2	5	低
第十七章	14	19	-	16	-	高
第十八章	2	2	-	2	5	中
第十九章	4	2	2	18	-	中
第二十章	1	-	2	4	2	中
第二十一章	6	-	-	2	2	中

续表

章	各章分值比重					难易度
	2021 年(%)	2020 年(%)	2019 年(%)	2018 年(%)	2017 年(%)	
第二十二章	1	2	2	–	2	低
第二十三章	5	4	6	2	8	中
第二十四章	1	–	20	–	12	高
第二十五章	2	2	2	2	12	中
第二十六章	–	10	–	–	–	中
第二十七章	15	2	18	18	22	高
第二十八章	4	2	2	2	2	低
第二十九章	1	–	2	2	2	低
第三十章	2	2	2	2	–	低

注：因每年注会会计考试存在多套试题，上表中某一年的“各章分值比重”是选取该年的某一套具有代表性的试题为样本统计得到的。

三、考核形式与命题规律

(一)题型、 题量及命题特点分析

注册会计师会计考试的题型比较稳定，2015 年及以前分为单项选择题、多项选择题及综合题三种题型；2016 年将四个综合题拆分为两个计算分析题、两个综合题，转为四种题型，至今保持不变。在分值上，2013 年-2020 年的客观题为 44 分，主观题为 56 分；2021 年的客观题和主观题均为 50 分，二者可谓平分秋色，每一部分的比重都不可小觑。近几年机考命题特点如下：

题型	考试特点
单项选择题	(1)每题只有一个正确答案。题目相对比较基础，以教材知识为蓝本，考查考生基本功是否扎实。(2)题目构成上，以案例为载体，考查相关内容的处理，很少单独考查计算，同时部分题目所跨章节较多，具有一定的综合性。(3)题目形式上，都是以单个小题的形式出现，每小题 4 个选项。(4)在题量、分值上，2021 年题量比往年多 1 道，共 13 道小题，每小题 2 分，共计 26 分
多项选择题	(1)每题均有多个正确答案，不选、错选、漏选均不得分，选出所有正确答案才能得分。(2)题目构成上，分为 3 大类：①实务应用性题目，如给出四个交易，判断哪些属于非货币性资产交换；②会计处理及计算性题目，如具体业务的处理与计算、报表项目的列报金额等，要求大家对知识熟练掌握、解题迅速；③简单的理论性题目。(3)题目形式上，全部以单个小题的形式出现，每小题 4 个选项。(4)题量、分值上，2021 年题量比往年多 2 道，共 12 道小题，每小题 2 分，共计 24 分
计算分析题	(1)考查内容跨章较多，综合性和实务性较强，问法灵活，但考点较为基础，难度比较低。(2)多角度考核。可以考查分析判断，也可以考查具体的计算和会计核算；多从以下角度设问：①判断或简述某项业务的会计处理并说明理由；②计算报表项目的影响金额。(3)题量、分值上，共 2 小题，每小题 9 分，共计 18 分

续表

题型	考试特点
综合题	(1)常见的考查背景主要有三种，一是企业合并，二是差错更正，三是会计核算。三种考查背景均涉及较多的知识点，综合性较强，比如差错更正中涉及金融资产的分类及处理、售后租回形成经营租赁等。(2)多角度考核。可以考查分析判断，也可以考查具体的账务处理，多从以下角度设问：①判断业务类型、交易性质等并说明理由；②判断或简述某项业务的会计处理方法和规定；③计算报表项目的列示金额及各业务处理对个别报表与合并报表项目的影响；④会计分录的编制。(3)在题量、分值上，共2小题，每小题16分，合计32分

（二）命题规律

随着注册会计师考试制度的改革，注册会计师会计科目的试题发生了翻天覆地的变化，会计考试的整体难度有所下降，计算量大幅降低，但是考查的综合性和实务性逐渐增强，考核方式更加灵活，考试范围更加全面，这充分体现了“加强注册会计师人才队伍建设，培养应用型会计人才”的战略目标。在这种目标的驱动下，近几年考试的命题规律总结如下：

1. 考试范围全面覆盖，各章节全面开花

随着机考的改革，会计科目试题几乎覆盖了大纲所规定的全部范围，可谓“全面撒网”。对于“财大气粗”的章节来说，如第6章和第27章，可以单独出主观题进行考查，而对于小章节来说，如第2章，虽然不能成大气候，但是既可以在客观题中一展身手，也可以在主观题中甘当绿叶，作为陪衬。所以，在范围上，中国注册会计师协会是完全贯彻了“一个都不能少”的原则。

2. 回归基础，重点突出

在近几年的考试中，考试的难度相对下降很多，也算是“普度考生”了。考试更加侧重于考查考生对基础知识的把握以及对基本理论的运用。考试中，重点突出，几大章节几乎是每年考试的“必杀技”，如第24章，第6章，第13章，第17章，第19章以及第27章，稳稳占据了主观题的半壁江山，所以只要考生将这几章细致全面地掌握，离成功就只有半步之遥了。

3. 实务性增强，热点问题“受追捧”

新准则是一种原则导向，引导学员，但并不一定要刻板地记住相应的业务处理，而是要加强对基本理论原则的理解与运用，原则走遍天下，再新颖的形式也只是一层窗户纸，一捅即破。另外，对于财政部颁布的《企业会计准则解释》等，中国注册会计师协会也是相当的敏感，在考试中“突如其来”地考查最近修订或颁布的准则是不足为奇的。比如2017年颁布《企业会计准则第16号——政府补助》，需要关注企业对政府补助的认定、政府补助类型的划分以及对政府补助的会计处理。2017年的计算分析题专门对“政府补助的认定(与收入的区分)”、“政府补助的类型”和“政府补助的会计处理”进行了考查。再比如，针对近年修订或颁布的金融工具系列准则、收入准则、租赁准则、政府会计制度和政府会计准则，在2018年至2021年的考题中均有体现。这也是会计科目考试题目新颖的形式之一，因此考生应对新规定、新准则、新解释需要给予足够的重视与关注。

4. 试题综合性“上位”，计算难度被“打入冷宫”

随着机考如火如荼地进行，考试的综合性也逐步地加强，不仅大部分主观题涉及两章以上的内容，客观题的考核也向“大杂烩”的方向发展。比如，涉及文字表述的多选题，几乎是一个选项对应一个知识点，而且章节的跨度比较大，需要考生全面掌握知识点并增加日常总结性知识的储备。另外，以企业合并的综合题为例，可能同时涉及存货、固定资产、无形资产以及金融工具等各个章节；对于会计差错更正的题目来说，每一个条件都可能是一个章节的内容，是各个章节的拼接，因此需要考生对知识点做到融会贯通。

四、学习方法

1. 雷打不动的学习计划

注会考试的科目繁多，道路漫长，因此，想要合理分配自己的时间，就需要制订周密详细的学习计划，并雷打不动地去执行。一般应保证教材内容的学习、强化巩固训练以及冲刺梳理三个阶段，以达到良好的备考效果。

2. 突出重点的学习方式

很多考生在学习初期，学习方法不正确，爱较真儿，抓住教材上的一句话或一个名词不撒手，这样不仅学不到真正的知识，考生在学习的过程中还会异常痛苦，很容易半途而废。在学习过程中应突出重点，首先，全面学习基础性的章节内容，最好能够掌握基础。其次，在基础性章节全面掌握的基础上将考试中必考的章节全面掌握；对于非重点章节，掌握其基本的理论知识即可；对于教材中比较晦涩难懂的词语以及难度非常大的部分可以选择战略性的放弃，要进行适当的取舍。

3. 坚如磐石的理论基础

随着注会考试范围全面覆盖，对于基础知识的全面掌握就显得更加重要。没有打下坚实的基础就谈不上融会贯通，在考场上更无法做到游刃有余。在备考过程中，要善于多总结，对于理论知识要逐章吃透，掌握了原理，也就掌握了实质与核心。

4. 熟能生巧的题海战术

在没有考注会之前，大家应该都是对高考印象深刻，夸张点儿说，高三所做的题目连起来应该可以绕地球一圈了。正是依靠大量题目的训练，才使我们考上了大学，完成了人生重要节点的转变。所以，题海战术必不可少，这也是我们通向成功的最佳利器。但题海战术也要讲究方法。

(1)不能盲目做题。一定要注意错题的总结与反复的查阅，注意题目的类型化，要做到多而精。

(2)合理控制时间。会计科目考试的时间为 180 分钟，一共有 13 个单项选择题、12 个多项选择题、2 个计算分析题以及 2 个综合题，相对来说，时间并不十分紧张，但是由于后面的主观题综合性较强，因此在做前面的客观题时，应占用较少的时间，将充裕的时间留给主观题。

在练习时要养成良好的做题习惯，合理安排时间。在做题时，一定要按照先单选、后多选、再计算、最后综合的顺序进行作答，由易至难，我们要保证简单的题目提高准确率，增强信心；同时，遇到不会的题目，可以先跳过去，切勿在此较真，等到全部题目都做完后，再与其一决高下。

(3)注重机考训练。对于原来没有参加过机考的考生来说，机考是非常陌生的，因此会产生恐慌的情绪，这就需要我们在平时熟悉机考的环境，在机考模拟系统中多加练习，练习输入法等必要的快捷键、小工具(如计算器)的使用等，这些都可能成为我们考试的小帮手，为机考保驾护航。

亲爱的考生们，2022 年考季已经来临，您准备好了吗？从此刻开始，给自己的人生画上奋斗的标记，让这个旅程留下永远的回忆，为自己插上一双梦想的翅膀。祝您马到成功，**梦想成真！**

第二部分

应试指导及同步训练

WOW!
梦想成真

· · · · 梦想成真辅导丛书 · · · ·

第一章　总　论

考情解密

历年考情概况

本章主要介绍了会计基本理论与方法，主要包括会计信息质量要求、会计要素以及会计计量属性等。这些内容是我们学习会计的理论基础，贯穿于全书。

本章主要以客观题的形式进行考查，所占分值比重不大，平均在 2 分，一般不涉及主观题。考试的重点内容包括会计基本假设、会计要素的确认和计量以及会计信息质量要求等，其中实质重于形式要求和谨慎性要求是考查的重中之重。

近年考点直击

考点	主要考查题型	考频指数	考查角度
会计基本假设	单选题	★	①判断关于企业财务报告目标和会计基本假设的表述是否正确；②给出相关事项，判断其符合哪项会计基本假设
会计信息质量要求	单选题、多选题	★★★	给出相关事项，判断其是否符合某一信息质量要求（主要考查实质重于形式、谨慎性、可比性、重要性等）
会计要素	单选题、多选题	★★	①给出相关事项，判断其是否属于某一要素；②给出相关事项的处理，判断其是否符合要求；③给出相关事项，判断其是否引起会计要素变动
会计计量属性	单选题、多选题	★★	给出相关项目，判断哪些属于某一计量属性

2022 年考试变化

本章新增"结构化主体的有限寿命本身并不影响持续经营假设的成立"这一说明，其他内容未发生实质性变化。

考点详解及精选例题

一、会计基本假设★*

1. 会计主体

会计主体是指企业会计确认、计量和报告的**空间范围**。一般来说，法律主体**必然**是会计主体，但会计主体**不一定**是法律主体。比如企业的各个车间在独立核算时也是会计主体，但不是法律主体。

2. 持续经营

持续经营是指在可以预见的将来，企业将会按当前的规模和状态继续经营下去，不

* 本书的"考点详解及精选例题"栏目中对知识点采用★进行标注。★表示了解，★★表示熟悉，★★★表示掌握。

会停业，也不会大规模削减业务。

【快速记忆】对于封闭式基金、理财产品、信托计划等寿命固定或可确定的结构化主体来说，有限寿命本身并不影响持续经营假设的成立。

3. 会计分期

会计分期是指将一个企业持续经营的生产经营活动划分为若干连续的、长短相同的期间，会计分期界定了会计结算账目和编制财务会计报告的时间范围。

4. 货币计量

货币计量是指会计主体在财务会计确认、计量和报告时以货币计量，反映会计主体的生产经营活动。

【例题1·单选题】☆*甲公司在2×21年12月20日与乙公司签订商品销售合同。合同约定：甲公司应于2×22年5月20日前将合同标的商品运抵乙公司，由乙公司进行验收，在商品运抵乙公司前，灭失、毁损、价值变动等风险由甲公司承担。甲公司该项合同中所售商品为库存W商品。2×21年12月30日，甲公司根据合同向乙公司开具了增值税专用发票并于当日确认了商品销售收入。W商品于2×22年5月10日发出并于5月15日运抵乙公司验收合格。对于甲公司2×21年W商品销售收入确认的恰当性判断，除考虑与会计准则规定的收入确认条件的符合性以外，还应考虑其可能违背的会计基本假设是（ ）。

A. 会计主体　　B. 会计分期

C. 持续经营　　D. 货币计量

解析 在商品运抵乙公司前，灭失、毁损、价值变动等风险由甲公司承担，即在商品运抵乙公司前风险与报酬并未转移，乙公司尚未取得该商品的控制权，所以在甲公司2×21年不应确认收入，应在2×22年确认收入，本题错误地在2×21年确认收入，违背了会计分期假设。 **答案** B

* 本书标记“☆”的题目为经典题目。

二、会计信息质量要求★★★

会计信息质量要求包括可靠性、相关性、可理解性、可比性、实质重于形式、重要性、谨慎性和及时性。

（一）实质重于形式

这里的“实质”强调经济业务的经济实质，“形式”强调经济业务的法律形式，即经济实质要重于法律形式。

实质重于形式要求企业应当按照交易或者事项的经济实质进行会计确认、计量和报告，不应仅以交易或者事项的法律形式为依据。

【快速记忆】体现实质重于形式会计信息质量要求的交易或事项有：

（1）金融资产转移时，判断是否需要终止确认该金融资产。

（2）判断债务重组是否构成权益性交易。

（3）判断非货币性资产交换是否构成权益性交易。

（4）商品已经售出，但企业为确保到期收回价款而暂时保留商品的法定所有权时，该权利通常不会对客户取得对该商品的控制权构成障碍，在满足收入确认的其他条件时，企业应确认相关收入。

（5）判断企业发行的优先股或永续债是确认为负债还是确认为所有者权益（例如，附有强制付息义务的优先股或永续债一般应确认为负债）。

（6）将企业未持有权益但能够控制的结构化主体纳入合并范围。

在某些情况下，某些主体的投资方对该主体的权力并非源自表决权，这些主体的相关活动由一项或多项合同安排决定（如证券化产品、资产支持融资工具、部分投资基金等结构化主体）。基于实质重于形式要求，企业可将其未持有权益但能够控制的结构化主体纳入合并范围。

(7)将附有追索权的商业承兑汇票出售确认为质押贷款。

企业出售金融资产时，如果根据与购买方之间的协议约定，在所出售金融资产的现金流量无法收回时，购买方能够向企业进行追偿，企业也应承担任何未来损失。此时，一般可以认定企业保留了该金融资产所有权上几乎所有的风险和报酬，基于实质重于形式要求，企业不应当终止确认该金融资产。

(8)可变回报。

判断投资方是否控制被投资方的第二项基本要素是，因参与被投资方的相关活动而享有可变回报。可变回报是不固定的并可能随被投资方业绩而变动的回报，投资方在判断其享有被投资方的回报是否变动以及如何变动时，应当根据合同安排的经济实质进行判断，而不是根据法律形式进行判断。

(9)债权性投资与权益性投资的区分。

(10)长期股权投资后续计量方法的选择。

比如A公司所持有的B公司有表决权股份虽然不足50%，但是根据其他股东持有B公司股份的相对规模及其分散程度，以及其他股东之间未达成集体决策协议等情况，可以判断A公司实质上拥有对B公司的权力，那么A公司应当采用成本法进行后续计量。

(11)商品售后回购，需要根据情形的不同，作为租赁交易、融资交易或附有销售退回条款的销售交易进行处理。

【例题2·单选题】☆甲公司于2×22年经批准发行10亿元永续中票。其发行合同约定：(1)采用固定利率，当期票面利率=当期基准利率+1.5%，前5年利率保持不变，从第6年开始，每5年重置一次，票面利率最高不超过8%；(2)每年7月支付利息，经提前公告当年应予发放的利息可递延，但付息前12个月，如遇公司向普通股股东分红或减少注册资本，则利息不能递延，否则递延次数不受限制；(3)自发行之日起5年后，甲公司有权决定是否实施转股；(4)甲公司有权决定是否赎回，赎回前长期存续。根据以上条款，甲公司将该永续中票确认为权益，其所体现的会计信息质量要求是(　)。

A. 相关性　　B. 可靠性

C. 可理解性　　D. 实质重于形式

解析 从法律形式上看，该永续中票属于负债，但从经济实质来看，该永续中票属于权益，所以甲公司将该永续中票确认为权益体现了实质重于形式要求。 **答案** D

(二)重要性

重要性要求企业提供的会计信息应当反映与企业财务状况、经营成果和现金流量有关的所有重要交易或者事项。

财务报告中提供的会计信息的省略或者错报会影响投资者等使用者据此作出决策的，该信息就具有重要性。企业应当根据其所处的具体环境，从项目的**性质**和**金额**两方面予以判断，且对各项目重要性的判断标准一经确定，不得随意变更。例如，企业发生的某些支出，金额较小的，从支出受益期来看，可能需要在若干会计期间内进行分摊，但根据重要性要求，可以一次计入当期损益。

【例题3·单选题】☆甲公司在编制2×22年度财务报表时，发现2×21年度某项管理用无形资产未摊销，应摊销金额为20万元，甲公司将该20万元补记的摊销额计入2×22年度的管理费用，甲公司2×21年和2×22年实现的净利润分别为20 000万元和15 000万元，不考虑其他因素，甲公司上述会计处理体现的会计信息质量要求是(　)。

A. 重要性　　B. 相关性

C. 可比性　　D. 及时性

解析 甲公司之所以将补提的以前年度摊销额直接计入当期损益，而没有追溯调整以前年度损益，是因为20万元的金额没有达到重要性程度(20/20 000=0.1%)。所以上述处理体现了重要性要求。 **答案** A

（三）谨慎性

谨慎性要求企业对交易或者事项进行会计确认、计量和报告时应当保持应有的谨慎，不应高估资产或者收益，也不应低估负债或者费用。但企业遵循谨慎性要求，并不意味着企业可以设置秘密准备。

【快速记忆】常见的体现谨慎性会计信息质量要求的内容有：

(1)计提资产减值准备。

(2)固定资产采用加速折旧方法计提折旧。

(3)企业内部研究开发项目的研究阶段支出，应当于发生时计入当期损益。

(4)在物价持续下降的情况下，发出存货采用先进先出法计价。

(5)或有事项。

对于企业发生的或有事项，只有当相关经济利益基本确定能够流入企业且符合其他相关条件时，才能作为资产予以确认；否则不能确认资产。对于企业发生的或有事项，当相关经济利益很可能流出企业，金额能够可靠计量，且构成现时义务时，应当及时确认为负债。

(6)递延所得税。

有确凿证据表明在未来可抵扣暂时性差异转回期间，企业很可能获得足够的应纳税所得额用以抵扣可抵扣暂时性差异时，才能确认相关的递延所得税资产。对于发生的相关应纳税暂时性差异，应及时足额确认递延所得税负债。

【例题4·单选题】☆甲公司销售乙产品，同时对售后3年内产品质量问题承担免费保修义务，有关产品更换或修理至达到正常使用状态的支出由甲公司负担。2×22年甲公司共销售乙产品1 000件，根据历史经验估计，因履行售后保修承诺，预计将发生的支出为600万元，甲公司确认了销售费用，同时确认为预计负债。甲公司该会计处理体现的会计信息质量要求是(　)。

A. 可比性　　B. 谨慎性

C. 及时性　　D. 实质重于形式

答案 B

（四）可比性

同一企业不同时期发生的相同或者相似的交易或者事项，应当采用一致的会计政策，不得随意变更。确需变更的，应当在附注中说明。

不同企业同一会计期间发生的相同或者相似的交易或者事项，应当采用规定的会计政策，确保会计信息口径一致、相互可比。

【例题5·多选题】☆下列各项关于企业会计信息质量要求的表述中，正确的有(　)。

A. 企业提供的会计信息应当清晰明了，便于财务报告使用者理解和使用，体现的是可理解性要求

B. 同一企业不同时期发生的相同或相似的交易或者事项，应当采用一致的会计政策，不得随意变更，体现的是一致性要求

C. 企业应当按照交易或事项的经济实质进行会计确认、计量和报告，而不仅仅以交易或事项的法律形式为依据，体现的是实质重于形式的要求

D. 企业对于已经发生的交易或事项，应当及时进行确认、计量和报告，不得提前或延后，体现的是及时性要求

解析 选项B，体现的是可比性要求。

答案 ACD

三、会计要素★★

（一）资产

1. 资产的定义

资产，是指企业过去的交易或者事项形成的、由企业拥有或者控制的、预期会给企业带来经济利益的资源。

2. 资产的特征

(1)资产应为企业拥有或者控制的资源。

由企业拥有或者控制，是指企业享有某项资源的所有权，或虽不享有某项资源的所

有权，但该资源能被企业控制。

(2)资产预期会给企业带来经济利益。

预期会给企业带来经济利益，是指直接或者间接导致现金和现金等价物流入企业的潜力。

【快速记忆】常见的预期不会给企业带来经济利益的业务包括：

①开办费用(直接计入当期管理费用，不符合资产的定义)；②待处理财产损失；③计提资产减值准备；④某项无形资产已被其他新技术等所替代并且该项无形资产已无使用价值和转让价值，应当将该项无形资产的账面价值全部转入当期损益(营业外支出)；⑤业务招待费用计入管理费用等。

(3)资产是由企业过去的交易或者事项形成的。

预期在未来发生的交易或者事项不会在目前时点形成资产。例如，企业与某材料供应商签订了一项在5个月后购买某材料的合同，在目前时点，该购买行为尚未发生，故此时该材料就不符合资产的定义，不能将其确认为本企业的资产。

3. 资产的确认条件

符合资产定义的资源，在同时满足以下条件时，确认为资产：①该资源有关的经济利益很可能流入企业；②该资源的成本或者价值能够可靠地计量。

(二)负债

1. 负债的定义

负债是指企业过去的交易或者事项形成的、预期会导致经济利益流出企业的现时义务。

2. 负债的特征

(1)负债是企业承担的现时义务。

现时义务是指企业在现行条件下已承担的义务。未来发生的交易或者事项形成的义务，不属于现时义务，不应当确认为负债。此处的现时义务包括法定义务和推定义务。

法定义务：具有约束力的合同或者法律法规所规定的义务；推定义务：企业的习惯做法、公开承诺或公开宣布的政策致使企业承担的责任，该责任使有关各方合理预期企业将履行义务解脱责任。

(2)负债预期会导致经济利益流出企业。

如果企业在履行义务时不会导致经济利益流出企业，则不符合负债的定义。

(3)负债是由企业过去的交易或者事项形成的。

未来期间将发生的承诺、未来期间将签订的合同等，均不会在目前时点形成负债。

3. 负债的确认条件

符合负债定义的义务，在同时满足以下条件时，确认为负债：①与该义务有关的经济利益很可能流出企业；②未来流出的经济利益的金额能够可靠地计量。

(三)所有者权益

1. 所有者权益的定义

所有者权益，是指企业资产扣除负债后，由所有者享有的剩余权益。

2. 所有者权益的内容

常见的所有者权益项目包括实收资本(股本)、其他权益工具、资本公积、库存股、其他综合收益、专项储备、盈余公积、未分配利润等。

其中：直接计入所有者权益的利得和损失，是指其他综合收益(注：不包括其他资本公积)；留存收益，包括盈余公积和未分配利润。

【例题6·单选题】下列各项中，属于直接计入所有者权益的利得或损失的是(　)。

A. 以公允价值计量且其变动计入其他综合收益的金融资产，公允价值变动形成的其他综合收益

B. 以公允价值计量且其变动计入当期损益的金融资产，公允价值变动形成的损益

C. 同一控制下控股合并中确认长期股权投资时形成的资本公积

D. 以权益结算的股份支付换取职工提供服务形成的资本公积

答案 A

3. 所有者权益的确认条件

所有者权益的确认主要依赖于资产、负债等其他会计要素的确认，其金额的确定也主要取决于资产和负债的计量。

4. 权益性交易

从会计理论来讲，权益性交易作为特定的经济交易行为，不同于一般的损益性交易，其交易结果不得确认为损益，而应直接确认为权益变动。也就是说，与权益性交易有关的金额一般应直接计入权益（如资本公积），不会影响当期损益。

（四）收入

1. 收入的定义

收入，是指企业在**日常活动**中形成的、会导致所有者权益增加的、与所有者投入资本无关的经济利益的**总流入**。

2. 收入的特征

（1）收入是企业在日常活动中形成的。

日常活动是指企业为完成其经营目标所从事的经常性活动以及与之相关的活动。

这一特征将收入与利得区分开来，日常活动是确认收入的重要判断标准，日常活动所形成的经济利益的流入一般应当确认为收入，非日常活动所形成的经济利益的流入不能确认为收入，而应当计入利得。

（2）收入是与所有者投入资本无关的经济利益的总流入。

（3）收入会导致所有者权益的增加。

与收入相关的经济利益的流入应当会导致所有者权益的增加，否则不符合收入的定义。

3. 收入的确认与计量

企业应在其履行了合同中的履约义务，即在客户取得相关商品控制权时确认收入。

第一步，识别与客户订立的合同；第二步，识别合同中的单项履约义务；第三步，确定交易价格；第四步，将交易价格分摊至各单项履约义务；第五步，履行各单项履约义务时确认收入。

（五）费用

1. 费用的定义

费用是指企业在**日常活动**中发生的、会导致所有者权益减少的、与向所有者分配利润无关的经济利益的**总流出**。

2. 费用的特征

（1）费用是企业在日常活动中形成的。

与收入类似，费用是企业在其日常活动中所形成的，不是企业在其日常活动中所形成的，则不属于费用（即非日常活动所形成的经济利益的流出一般计入损失）。这一特征将其与损失区分开来。

（2）费用会导致所有者权益减少。

与费用相关的经济利益的流出应当会导致所有者权益的减少，否则不符合费用的定义。

（3）费用是与向所有者分配利润无关的经济利益的总流出。

经济利益的流出，一般体现为资产的减少或者负债的增加（未来清偿这部分负债时也会导致资产的减少）。

3. 费用的确认条件

在符合费用定义的前提下，还应满足以下条件：①与费用相关的经济利益很可能流出企业；②经济利益流出企业的结果会导致资产的减少或者负债的增加；③经济利益的流出额能够可靠地计量。

（六）利润

1. 利润的定义

利润是指企业在**一定会计期间**的经营成果。

2. 利润的来源构成

利润的来源构成：收入减去费用后的净额、直接计入当期利润的利得和损失等。

3. 利润的确认和计量

利润的确认和计量主要依赖于收入、费用、直接计入当期利润的利得和损失的确认和计量。

【快速记忆】利得或损失

（1）直接计入营业利润的利得或损失：资

产减值损失、信用减值损失、资产处置损益、公允价值变动损益、投资收益(部分)等。

(2)影响利润总额但不影响营业利润的利得或损失：营业外收入、营业外支出。

(3)直接计入所有者权益的利得或损失：其他综合收益。

【例题7·多选题】企业发生的下列交易或事项，属于直接计入所有者权益的利得或损失的有(　)。

A. 其他债权投资的公允价值变动

B. 出售固定资产产生的损益

C. 因重新计量设定受益计划净负债或净资产形成的利得

D. 投资者的出资额大于其在被投资单位注册资本中所占份额的金额

解析 选项B，计入资产处置损益，属于直接计入当期损益的利得，影响企业净利润，从而间接影响所有者权益；选项D，直接计入资本公积，但是不属于利得。**答案** AC

四、会计要素计量属性★★

会计要素的计量属性，主要包括历史成本、重置成本、可变现净值、现值和公允价值等。其适用的范围如下：

(1)历史成本：购置固定资产或无形资产、购买存货、承担债务等的计量。

(2)重置成本：盘盈存货、盘盈固定资产的入账成本均采用重置成本计量。

(3)可变现净值：存货采用成本与可变现净值孰低进行期末计量，可变现净值属于存货期末计量基础之一。

(4)现值：①当固定资产、无形资产以具有融资性质的分期付款方式取得时，其入账成本以各期付款额的现值作为计量口径；②弃置费用在计入固定资产成本时采用现值计量口径；③资产减值准则所规范的资产在认定其可收回金额时，未来现金流量现值是备选计量口径之一；④企业租入资产(短期租赁和低价值资产租赁除外)而对租赁负债和使用权资产进行初始计量时，需计算租赁期开始日尚未支付的租赁付款额的现值。

(5)公允价值：①交易性金融资产的期末计量口径；②投资性房地产的后续计量口径之一；③其他债权投资的期末计量口径；④应付职工薪酬入账口径之一；⑤交易性金融负债的期末计量口径。

同步训练

限时40min

扫我做试题

一、单项选择题

1. 下列各项中，体现实质重于形式这一会计信息质量要求的是(　)。

A. 对于或有事项中预期可获得的补偿，只有当相关经济利益基本确定能够流入企

关于“扫我做试题”，你需要知道

亲爱的读者，微信扫描对应小程序码，并输入封面防伪贴激活码，即可同步在线做题，提交后还可查看做题时间、正确率及答案解析。

微信搜索小程序“会计网题库”，选择对应科目，点击图书拓展，即可练习本书全部“扫我做试题”（首次需输入封面防伪贴激活码）。

业时，才可能将补偿金额确认为资产

B. 将非流动资产划分为持有待售资产时按规定计提减值准备

C. 对外公布财务报表时提供可比信息

D. 商品销售合同中存在重大融资成分的，企业应当按照假定客户在取得商品控制权时即以现金支付的应付金额确定交易价格

2. 下列项目中，不会产生直接计入所有者权益的利得或损失的是(　)。

A. 现金流量套期工具产生的利得或损失中属于有效套期的部分

B. 重新计量设定受益计划净资产或净负债导致的变动

C. 作为其他权益工具投资核算的外币非货币性项目所产生的汇兑差额

D. 以权益结算的股份支付在等待期内确认的应计入所有者权益的金额

3. 下列各项资产或负债中，不应当采用公允价值进行后续计量的是(　)。

A. 拟对外出售的存货

B. 持有被投资方1%的股权，对被投资方不具有重大影响

C. 远期外汇合同形成的衍生金融负债

D. 已满足可行权条件的以现金结算的股份支付所形成的应付职工薪酬

4. 下列交易或事项中，不能明显体现谨慎性要求的是(　)。

A. 合同履约成本无法在尚未履行的与已履行的履约义务之间区分的，应在支出发生时将其计入当期损益

B. 企业应将无法区分研究阶段和开发阶段的支出费用化，计入当期损益

C. 综合性项目政府补助，包含与资产相关的政府补助和与收益相关的政府补助，企业需要将其分解，并分别进行会计处理。难以区分的，应当将其整体归类为与收益相关的政府补助进行处理

D. 将发行的附有强制付息义务的优先股确认为负债

5. 下列选项中，不属于利得或损失的是(　)。

A. 无形资产报废产生的营业外支出

B. 出售固定资产产生的资产处置损益

C. 其他债权投资公允价值变动产生的其他综合收益

D. 发行股票产生的资本公积

6. 资产按照购置时支付的现金或者现金等价物的金额，或者按照购置资产时所付出的对价的公允价值计量；负债按照因承担现时义务而实际收到的款项或者资产的金额，或者承担现时义务的合同金额，或者按照日常活动中为偿还负债预期需要支付的现金或者现金等价物的金额计量。这体现的会计计量属性是(　)。

A. 重置成本　　B. 公允价值

C. 可变现净值　　D. 历史成本

7. 下列项目中，能够引起负债和所有者权益同时变动的是(　)。

A. 企业宣告分派股票股利

B. 盈余公积转增资本

C. 企业宣告分派现金股利

D. 接受控股股东的非现金资产捐赠

二、多项选择题

1. 关于企业对会计信息质量要求的运用，下列各项表述中正确的有(　)。

A. 企业对不同会计期间发生的相同交易或事项一般应当采用相同的会计政策

B. 企业应当以实际发生的交易或事项为依据进行确认、计量和报告

C. 企业对不重要的会计差错可以简化处理，不需追溯重述

D. 企业在资产负债表日对尚未获得全部信息的交易或事项不应进行会计处理

2. 下列交易或事项的会计处理中，体现了谨慎性要求的有(　)。

A. 对于使用寿命不确定的无形资产，无论是否存在减值迹象，均应当至少于每年年度终了进行减值测试

B. 成本法下，投资企业在确认自被投资单位应分得的现金股利或利润后，应当考

虑有关长期股权投资是否发生减值

C. 企业内部研究开发项目的研究阶段支出，应当于发生时计入当期损益

D. 企业预期在可抵扣暂时性差异转回的未来期间内无法产生足够的应纳税所得额用以利用可抵扣暂时性差异的影响的，应以预期转回期间可能取得的应纳税所得额为限确认递延所得税资产

3. ☆2×20 年，甲公司发生的有关交易或事项如下：(1)甲公司持有乙公司 60%的股权，其与丙公司签订合同，拟全部出售对乙公司的股权投资。截至 2×20 年年末已办理完成股权过户登记手续，出售股权所得价款已收存银行；(2)甲公司发现其应于 2×19 年确认为当年费用的某项支出未计入 2×19 年利润表，该费用占 2×19 年度净利润的 0.2%；(3)自甲公司设立以来，其对所销售的商品一贯提供 3 年的产品质量保证，但在与客户签订的合同或法律法规中并没有相应的条款；(4)因甲公司对丁公司提供的一批商品存在质量问题，丁公司向法院提起诉讼，向甲公司索赔 500 万元。截至 2×20 年 12 月 31 日，法院仍未作出最终判决。不考虑其他因素，下列各项关于上述交易或事项会计处理的表述中，正确的有(　)。

A. 乙公司虽已被甲公司出售，但乙公司的财务报表仍应按持续经营假设对会计要素进行确认、计量和报告

B. 甲公司未经法院最终判决的诉讼事项，因在资产负债表日未获得全部信息而无须进行会计处理，符合及时性要求

C. 甲公司销售商品时所提供的 3 年期产品质量保证属于一项推定义务

D. 甲公司未在 2×19 年确认的费用并不重大，所以甲公司无须调整 2×19 年的财务报表

4. 下列经济业务或事项中，不违背可比性要求的有(　)。

A. 鉴于开始执行新企业会计准则，将对被投资企业无控制、共同控制或重大影响并且在活跃市场中没有报价、公允价值不能可靠计量的股权投资改按金融资产核算

B. 如果固定资产所含经济利益的预期消耗方式发生了重大改变，企业应当相应改变固定资产折旧方法

C. 由于固定资产购建完成并达到预定可使用状态，将借款费用由资本化改为费用化核算

D. 某项专利技术已经丧失使用价值和转让价值，将其账面价值一次性转入当期损益

5. 在存在不确定因素的情况下进行合理判断时，下列做法中符合谨慎性会计信息质量要求的有(　)。

A. 不高估资产和预计收益

B. 设置秘密准备，以备亏损年度转回

C. 充分估计可能取得的收益和利润

D. 合理估计可能发生的损失和费用

6. 下列经济业务或事项，属于企业会计准则规定的利得或损失的有(　)。

A. 其他债权投资的公允价值变动额

B. 非同一控制下的企业合并中，以采用成本模式计量的投资性房地产作为合并对价

C. 报废固定资产所产生的净损益

D. 在具有商业实质且公允价值能够可靠计量的非货币性资产交换中，以无形资产换入固定资产发生的净损益

7. 下列经济业务的账务处理中，体现重要性要求的有(　)。

A. 购入固定资产超过正常信用条件延期支付价款的，应以购买价款的现值为基础确认固定资产成本

B. 对企业主营业务进行核算时，设置的会计科目有“主营业务收入”、“主营业务成本”、“税金及附加”和“销售费用”

C. 对债权投资计提信用减值损失

D. 将购买办公用品支出直接计入当期管理费用

8. ☆下列各项关于企业财务报告目标和会计基本假设的表述中，正确的有(　)。
A. 财务报告主要是提供与企业财务状况、经营成果和现金流量等相关的会计信息
B. 财务报告所提供的信息应有助于外部投资者作出经济决策，反映企业管理层受托责任履行情况
C. 企业会计的确认、计量和报告应当以权责发生制为基础
D. 法律主体必然是一个会计主体

9. 下列项目中，能够引起资产和负债同时增减变动的有(　)。
A. 计提符合借款费用资本化条件的借款利息
B. 计提固定资产折旧
C. 发放股票股利
D. 发行公司债券，款项已存入银行

10. 下列有关费用的表述中，正确的有(　)。
A. 费用是指企业在日常活动中发生的、会导致所有者权益减少的、与向所有者分配利润无关的经济利益的总流出
B. 费用只有在经济利益很可能流出企业，从而导致企业资产减少或者负债增加且经济利益的流出额能够可靠计量时才能予以确认
C. 费用不一定是日常活动所形成的
D. 企业发生的交易或者事项导致其承担了一项负债而又不确认为一项资产的，一般应当在发生时确认为费用，计入当期损益

11. A公司发生的部分交易或事项如下：(1)A公司起诉B公司侵犯其专利权，至年末法院尚未判决，A公司预计很可能胜诉并获得赔偿，A公司未进行会计处理；(2)因违约被C公司起诉，至年末法院尚未判决，A公司预计很可能败诉并需要支付赔偿，因此确认了一项预计负债；(3)计提产品质量保证费用；(4)在有确凿证据表明可抵扣暂时性差异未来转回期间很可能获得足够的应纳税所得额用来抵扣该暂时性差异时，才确认相关的递延所得税资产。对A公司下列会计处理所体现的会计信息质量要求的表述中，正确的有(　)。
A. 起诉B公司侵犯专利权，A公司未进行会计处理，体现了谨慎性要求
B. 被C公司起诉，A公司确认预计负债，体现了可靠性要求
C. 计提产品质量保证费用，体现了谨慎性要求
D. 期末确认相关的递延所得税资产，体现了实质重于形式要求

同步训练答案及解析

一、单项选择题

1. D 【解析】选项A、B，体现的是谨慎性要求。选项C体现的是可比性要求。选项D，其实质相当于企业在向客户销售商品的同时，为客户提供资金融通，因此确认销售收入时，应当从经济实质的角度出发，以现销价格确定销售收入的金额。

2. D 【解析】选项D，应计入资本公积，不属于计入所有者权益的利得或损失。

3. A 【解析】选项A，应当按照成本与可变现净值孰低计量。

4. D 【解析】选项D，体现的是实质重于形式要求，并不体现谨慎性要求。

5. D 【解析】选项D，发行股票产生的资本公积属于溢价收入，记入“资本公积—股本溢价”科目，不属于利得或损失。

6. D 【解析】题目强调的是购置时，所以属于历史成本计量。

7. C 【解析】选项A，不需要进行会计处

理，不影响所有者权益或负债；选项 B，属于所有者权益项目之间的相互结转，不影响负债和所有者权益总额；选项 C，减少未分配利润，增加应付股利，会导致负债和所有者权益同时变动；选项 D，增加资产和所有者权益，不会导致负债发生变动。

二、多项选择题

1. ABC 【解析】选项 D，如果企业等到与交易或者事项有关的全部信息获得之后再进行会计处理，这样的信息披露虽然提高了信息的可靠性，但可能违背会计信息质量要求中的及时性要求，因此企业需要在及时性和可靠性之间进行权衡。
2. ABCD 【解析】以上事项均体现了谨慎性要求。
3. ACD 【解析】选项 B，应按照或有事项的相关原则进行会计处理，如满足预计负债确认条件，则应确认预计负债等，不能等到获得全部信息时才进行处理，否则不符合及时性要求。
4. ABCD
5. AD 【解析】谨慎性要求企业不应高估资产或者收益，且不允许企业设置秘密准备，因此选项 B、C，违背了谨慎性要求。
6. ACD 【解析】选项 B，应按公允价值确认收入，按账面价值确认成本，影响的是营业收入和营业成本等，不属于利得或损失。
7. BD 【解析】选项 A，体现的是实质重于形式要求；选项 C，体现的是谨慎性要求。
8. ABCD
9. AD 【解析】选项 B，增加成本费用等，同时减少资产；选项 C，属于所有者权益内部项目一增一减。
10. ABD 【解析】选项 C，根据费用的定义，费用均是日常活动所形成的。
11. AC 【解析】选项 B、D，体现的是谨慎性要求。

第二章　存　货

考情解密

历年考情概况

本章考试以客观题为主，考试分值通常在2~4分之间，主要涉及存货入账价值的计算、各种存货计价方法下发出存货成本的计算、月末产品成本的计算、存货的期末计量。本章也是主观题考查的基础内容，例如债务重组中以存货抵债等。

本章虽然比较简单，但它属于全书的基础性章节之一，所以需要认真对待，以便为后面学习综合性内容打好基础。

近年考点直击

考点	主要考查题型	考频指数	考查角度
存货的初始计量	单选题、综合题	★★	①判断各项业务是否影响存货；②确定外购存货的入账成本；③确定加工取得存货的成本；④不计入存货成本的相关费用的判断；⑤判断关于存货计量说法的正误
发出存货的计量	单选题	★	给出相关资料，计算库存材料的成本
存货跌价准备的会计核算	单选题	★★★	①计算存货跌价准备的金额；②确定期末存货的账面价值；③计算用于生产产品的材料的可变现净值；④辨别存货可变现净值的影响因素；⑤判断关于存货跌价准备会计处理表述的正误

2022年考试变化

本章考试内容未发生实质性变化。

考点详解及精选例题

一、存货的初始计量★★

(一)外购存货的成本

存货的采购成本=**购买价款**+**相关税费**+**运输费**+**装卸费**+**保险费**+**其他可归属于存货采购成本的费用**

(1)相关税费：包括计入存货的进口关税、消费税、资源税、不能抵扣的增值税进项税额等。

(2)运输费：对于增值税一般纳税人购进存货支付的运输费，按取得的运输业增值税专用发票上注明的运输费金额计入存货成本，其增值税的进项税额，可以抵扣。

(3)其他可归属于存货采购成本的费用：包括入库前的仓储费用、包装费、运输途中的合理损耗、入库前的挑选整理费用等。

(4)商品流通企业，在采购商品过程中发生的运输费、装卸费、保险费以及其他可归属于存货采购成本的费用等，应当计入存货采购成本。

【例题1·单选题】A公司为增值税一般纳税人。本月购进甲原材料100吨，不含税买价为130万元，增值税进项税额为16.9万元；同时取得运输业增值税专用发票，注明的运输费用为10万元，增值税进项税额为0.9万元，发生的保险费为5万元，入库前的挑选整理费用为3.5万元；验收入库时发现数量短缺1%，经查属于运输途中的合理损耗。该批甲原材料的实际单位成本为每吨(　)。

A. 1.3万元　　B. 1.51万元

C. 1.22万元　　D. 1.5万元

解析▶ 购入甲原材料的实际总成本=130+10+5+3.5=148.5(万元)，实际入库数量=100×(1-1%)=99(吨)，该批甲原材料的实际单位成本=148.5/99=1.5(万元/吨)。

答案▶ D

(二)加工取得的存货成本

1. 自行生产的存货

自行生产的存货，其成本包括直接材料、直接人工和制造费用。

2. 委托外单位加工的存货

委托外单位加工完成的存货，计入存货成本的内容包含：

(1)一定计入所收回的委托加工物资成本的三项内容：①实际耗用的原材料或者半成品成本；②加工费；③运杂费。

(2)不一定计入所收回的委托加工物资成本的两项内容：①消费税：委托加工物资在收回后将用于连续生产应税消费品的，则加工环节的消费税应记入"应交税费—应交消费税"科目的借方；委托加工物资在收回后将直接用于销售的(预计售价低于或等于受托方计税价格)，则加工环节的消费税，应计入委托加工物资成本。②增值税进项税额。

【例题2·单选题】甲公司和乙公司均为增值税一般纳税人。甲公司委托乙公司加工一批材料，材料收回后用于连续生产应税消费品。甲公司发出材料的实际成本为60万元，应支付的加工费为20万元、增值税进项税额为2.6万元(已取得增值税专用发票)，由受托方代收代缴的消费税额为8.89万元。假定不考虑其他相关税费，加工完毕后甲公司收回该批材料的实际成本为(　)。

A. 60万元　　B. 80万元

C. 88.89万元　　D. 85.4万元

解析▶ 加工完毕后甲公司收回该批材料的实际成本=60+20=80(万元)。　**答案**▶ B

『拓展』假定加工完毕后甲公司收回该批材料，直接对外销售(预计售价低于或等于受托方计税价格)，则加工完毕后甲公司收回该批材料的实际成本=60+20+由受托方代收代缴的消费税8.89=88.89(万元)。

(三)其他方式取得的存货成本

1. 投资者投入存货的成本

应当按照投资合同或协议约定的价值确定，但合同或协议约定价值不公允的除外。

2. 通过非货币性资产交换、债务重组、企业合并等方式取得存货的成本

见其他相关章节。

(四)不计入存货成本的相关费用

下列费用应当在发生时确认为当期损益，不计入存货成本：

(1)非正常消耗的直接材料、直接人工及制造费用，应计入当期损益(管理费用、营业外支出)。

(2)除在生产过程中为达到下一个生产阶段所必需的仓储费用外，采购入库后发生的储存费用，应计入当期损益。

在生产过程中为达到下一个生产阶段所必需的仓储费用应计入存货成本，例如，酒庄所生产的年份酒(窖藏时间长的酒)，为达

到特定年份而必须发生的窖藏（仓储）费用，应计入酒的成本。

（3）企业采购用于广告营销活动的特定商品或服务所发生的支出应计入当期损益（销售费用）。

【例题3·单选题】☆2×21年12月31日，甲公司向乙公司订购的印有甲公司标志、为促销宣传准备的卡通毛绒玩具到货，甲公司收到相关购货发票，并支付了50万元货款。该卡通毛绒玩具将按计划于2×22年1月向客户及潜在客户派发。不考虑相关税费及其他因素，下列关于甲公司2×21年对订购卡通毛绒玩具所发生支出的会计处理中，正确的是（　）。

A. 确认为库存商品

B. 确认为当期销售成本

C. 确认为当期管理费用

D. 确认为当期销售费用

解析 甲公司购买的毛绒玩具，属于其采购的用于广告营销活动的特定商品，应计入销售费用，因此选项D正确。 **答案** D

【快速记忆】企业存货成本的确定一般如表2-1所示。

表2-1　企业存货成本的确定

项目	是否计入存货成本
存货采购入库前：发生的保险费、装卸费用、运输费用、挑选整理费、途中合理损耗	√，计入原材料或库存商品
存货入库后：发生的储存费用	×，一般计入管理费用
进口存货支付的关税	√，计入原材料或库存商品
生产用固定资产的折旧费等	√，计入制造费用
季节性和修理期间的停工损失	√，计入制造费用
为生产产品发生的符合资本化条件的借款费用	√，计入制造费用
产品生产用的自行开发或外购的无形资产摊销	√，计入制造费用
超定额的废品损失	×，计入管理费用或营业外支出
定额内的废品损失	√，计入制造费用
因自然灾害而发生的停工损失	×，计入营业外支出
自然灾害造成的存货净损失	×，计入营业外支出
管理不善造成的存货净损失	×，计入管理费用【需转出进项税额】
为特定客户设计产品发生的可直接认定的设计费用	√，【注：一般产品设计费用计入损益】
企业采购用于广告营销活动的特定商品	×，计入销售费用

【快速记忆】

（1）为建造固定资产等各项工程而储备的各种材料，虽然同属于材料，但由于是用于建造固定资产等各项工程，属于工程物资，不符合存货的定义，因此不能作为企业的存货进行核算。

（2）下列项目属于企业存货。

①企业接受外来原材料加工制造的代制品和为外单位加工修理的代修品，制造和修理完成验收入库后，应视同企业的产成品（即企业为加工或修理产品实际发生的直接材料、直接人工和制造费用等作为受托企业存货核算）；

②房地产开发企业购入的用于建造商品房的土地使用权属于企业的存货；

③已经取得商品所有权，但尚未验收入库的在途物资；

④委托加工物资；

⑤委托代销商品。

（3）对于受托代销商品，由于其所有权

未转移至受托方，因而，受托代销的商品不能确认为受托方存货的一部分。所以填列资产负债表“存货”项目时“受托代销商品”与“受托代销商品款”两科目一增一减相互抵销，不列为受托方存货。

【例题4·单选题】☆下列各项中，应计入存货成本的是(　)。

A. 超定额的废品损失

B. 季节性停工损失

C. 采购材料入库后的存储费用

D. 新产品研发人员的薪酬

解析 选项A，计入当期损益；选项C，属于仓库管理支出，计入管理费用；选项D，研发人员的薪酬费用化的金额计入当期管理费用，资本化的金额计入无形资产成本。

答案 B

二、发出存货的计量★

(一)确定发出存货成本的方法

企业可以采用先进先出法、移动加权平均法、月末一次加权平均法和个别计价法确定其所发出存货的成本。但企业不得采用后进先出法确定其发出存货的成本。

1. 先进先出法

先进先出法是假设先购入的存货先发出(销售或耗用)，从而对所发出的存货进行计价。

【例题5·单选题】☆甲公司为增值税一般纳税人，采用先进先出法计量A原材料的成本。2×22年年初，甲公司库存200件A原材料的账面余额为2 000万元，未计提跌价准备。6月1日购入A原材料250件，成本为2 375万元(不含增值税)，运输费用为74.4万元(不含增值税)，保险费用为0.23万元。1月31日、6月6日、11月12日分别发出A原材料150件、200件和30件。甲公司2×22年12月31日库存A原材料成本是(　)。

A. 665.00万元

B. 686.00万元

C. 687.40万元

D. 700.00万元

解析 本期购入A原材料的单位成本＝(2 375+74.4+0.23)/250≈9.80(万元)，按照先进先出法计算期末库存A原材料数量＝200+250－150－200－30＝70(件)，甲公司2×22年12月31日库存A原材料成本＝9.80×70＝686.00(万元)。

答案 B

2. 移动加权平均法

移动加权平均法是指每次进货以后，根据库存数量及其总成本计算出新的平均单位成本，并根据此平均单位成本计算随后发出商品的成本。如再有进货，则再次计算出新的平均单位成本。

存货单位成本＝(原有存货实际成本+本次进货实际成本)÷(原有存货数量+本次进货数量)

本次发出存货成本＝本次发货数量×本次发货前存货单位成本

月末库存存货成本＝月末库存存货数量×月末存货单位成本

这种方法计算得到的结果比较客观，但工作量大，比较烦琐。

3. 月末一次加权平均法

月末一次加权平均法，是指以本月各批进货数量和月初数量为权数，去除本月进货成本和月初成本总和，计算出存货的加权平均单位成本，从而计算出本月发出存货及月末存货的成本。计算公式是：

$$\text{存货单位成本}=\frac{\text{期初库存存货的实际成本}+\sum(\text{本月各批进货的实际单位成本}\times\text{本月各批进货的数量})}{\text{月初库存存货数量}+\text{本月各批进货数量之和}}$$

本月发出存货的成本＝本月发出存货的数量×存货单位成本

本月月末库存存货的成本＝月末库存存

货的数量×存货单位成本

月末一次加权平均法只在月末一次计算加权平均单价，核算工作比较简单，且在物价波动时，对存货成本的分摊较为折中。但这种方法由于计算加权平均单价并确定存货的发出成本和结存成本的工作集中在期末，所以平时无法从有关存货账簿中提供发出和结存存货的单价和金额，不利于对存货成本的日常管理。

【例题6·单选题】某企业采用月末一次加权平均法计算发出材料成本。2×22年3月1日结存甲材料200件，单位成本为40元；3月15日购入甲材料400件，单位成本为35元；3月20日购入甲材料400件，单位成本为38元；当月共发出甲材料500件。3月发出甲材料的成本为(　)。

A. 18 500元　　B. 18 600元

C. 19 000元　　D. 20 000元

解析 材料单价=(200×40+400×35+400×38)/(200+400+400)=37.2(元/件)，3月发出甲材料的成本=500×37.2=18 600(元)。

答案 B

『拓展』结存材料的成本=(200+400+400-500)×37.2=18 600(元)。

(二)已售存货成本的结转

(1)已售存货的成本结转。

借：主营业务成本/其他业务成本

　贷：库存商品、合同履约成本、原材料

(2)对已售存货计提了存货跌价准备的，还应结转已计提的存货跌价准备。

借：存货跌价准备

　贷：主营业务成本/其他业务成本

企业按存货类别计提存货跌价准备的，也应按比例结转相应的存货跌价准备。

(3)企业的周转材料符合存货的定义和确认条件的情形。一般按使用次数分次计入成本费用。如果余额较小，可在领用时一次计入成本费用。

三、存货期末计量★★★

(一)存货的期末计量原则

资产负债表日，存货应当按照成本与可变现净值孰低计量。存货成本高于其可变现净值的，应当按其差额计提存货跌价准备，计入当期损益。

(二)可变现净值的确定方法

可变现净值是指在日常活动中，存货的估计售价减去至完工时估计将要发生的成本、估计的销售费用以及相关税费后的金额。存货的可变现净值由存货的估计售价、至完工时将要发生的成本、估计的销售费用和估计的相关税费等内容构成。

(1)产成品、商品等直接用于出售的商品存货，其可变现净值为：

可变现净值=估计售价-估计销售费用和相关税费

(2)需要经过加工的材料存货，需要判断：

①用材料所生产的产成品的可变现净值高于成本的，该材料仍然应当按照成本(材料的成本)计量；

②用材料所生产的产成品的可变现净值低于成本的，该材料应当按照成本与可变现净值孰低(材料的成本与材料的可变现净值孰低)计量。其可变现净值为：

可变现净值=该材料所生产的产成品的估计售价-至完工估计将要发生的成本-产成品的估计销售费用和相关税费

【快速记忆】存货可变现净值的确定方法(如图2-1)。

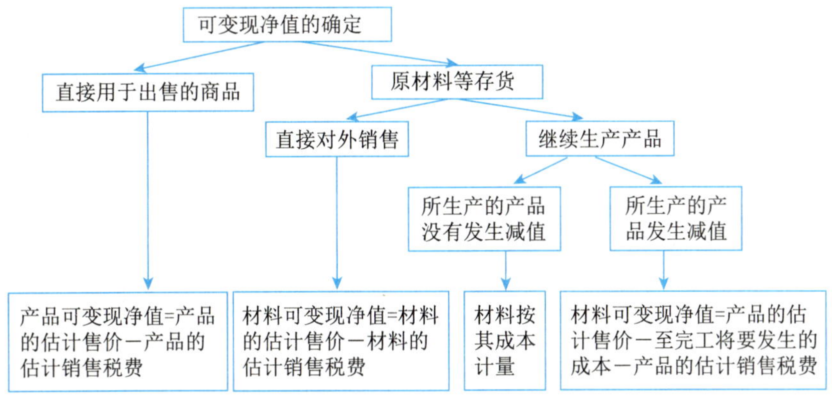

图 2-1 存货可变现净值的确定方法

(三)可变现净值中估计售价的确定方法

(1)为执行销售合同或者劳务合同而持有的存货，其可变现净值应当以合同价格为基础计算。

(2)企业持有的同一项存货的数量多于销售合同或劳务合同订购数量的，应分别确定其可变现净值并与其相对应的成本进行比较，分别确定存货跌价准备的计提或转回金额。超出合同部分的存货的可变现净值应当以一般销售价格为基础计算。

【快速记忆】签订合同的用合同价格，没有签订合同的用市场价格。

【例题 7 · 单选题】☆甲公司主要从事 X 产品的生产和销售，生产 X 产品使用的主要材料 Y 材料全部从外部购入。2×22 年 12 月 31 日，在甲公司财务报表中库存 Y 材料的成本为 5 600 万元。若将全部库存 Y 材料加工成 X 产品，甲公司估计还需发生成本 1 800 万元，预计加工而成的 X 产品售价总额为 7 000 万元，预计的销售费用及相关税费总额为 300 万元。若将库存 Y 材料全部出售，其市场价格为 5 000 万元。假定甲公司持有 Y 材料的目的系用于 X 产品的生产，不考虑其他因素，甲公司在对 Y 材料进行期末计量时确定的可变现净值是(　)。

A. 4 900 万元　　B. 5 000 万元

C. 5 600 万元　　D. 7 000 万元

解析 因为 Y 材料是专门用来生产 X 产品的，所以 Y 材料的可变现净值＝X 产品的售价－用 Y 材料加工成 X 产品尚需要发生的成本－销售 X 产品的销售税费＝7 000－1 800－300＝4 900(万元)。 **答案** A

(四)计提存货跌价准备的方法

(1)企业通常应当按照单个存货项目计提存货跌价准备(将每个存货项目的成本与其可变现净值逐一进行比较，分别确定是否需要计提存货跌价准备)。

需要注意的是，资产负债表日同一项存货中一部分有合同价格约定、其他部分不存在合同价格的，应当分别确定其可变现净值，并与其相对应的成本进行比较，分别确定存货跌价准备的计提或转回的金额，由此计提的存货跌价准备不得相互抵销。

(2)对于数量繁多、单价较低的存货，可以按照存货类别计提存货跌价准备(即按存货类别比较其成本与可变现净值)。

(3)与在同一地区生产和销售的产品系列相关、具有相同或类似最终用途或目的，且难以与其他项目分开计量的存货，可以合并计提存货跌价准备。

(4)已霉烂变质的存货、已过期且无转让价值的存货、生产中已不再需要且已无使用价值和转让价值的存货，其可变现净值通常为0，如在期末尚未对其进行清理，则应全额计提存货跌价准备。

（五）存货跌价准备的核算

1. 存货计提减值

（1）“存货跌价准备”科目期末余额＝存货成本－可变现净值

（2）资产减值损失＝“存货跌价准备”科目期末余额－期初余额＋借方发生额（随出售结转金额）

借：资产减值损失

　　贷：存货跌价准备

2. 存货跌价准备转回

以前减记存货价值的影响因素消失时，企业应转回相关的存货跌价准备。转回的金额以将存货跌价准备的余额冲减至0为限。

借：存货跌价准备

　　贷：资产减值损失

3. 存货跌价准备的结转

企业计提了存货跌价准备，如果其中有部分存货已经销售，则企业在结转销售成本时，应同时结转已对其计提的存货跌价准备。

借：存货跌价准备

　　贷：主营业务成本

　　　　其他业务成本

【例题8·单选题】☆甲公司为房地产开发企业。该公司于2×22年1月1日通过出让方式取得一宗土地，支付土地出让金210 000万元。根据土地出让合同的约定，该宗土地拟用于建造住宅，使用期限为70年，自2×22年1月1日起算。2×22年年末，上述土地尚未开始开发，按照周边土地最新出让价格估计，其市场价格为195 000万元，如将其开发成住宅并出售，预计售价总额为650 000万元，预计开发成本为330 000万元，预计销售费用及相关税费为98 000万元。不考虑增值税及其他因素，上述土地在甲公司2×22年12月31日资产负债表中列示的金额是（　）。

A. 195 000万元　B. 207 000万元

C. 210 000万元　D. 222 000万元

解析 由于该土地使用权将用来建造住宅并出售，不属于无形资产，而是属于该房地产开发企业的存货，因此其期末可变现净值＝650 000－98 000－330 000＝222 000（万元），大于成本210 000万元，无须计提存货跌价准备，因此其在甲公司2×22年12月31日资产负债表中列示的金额是210 000万元，选项C正确。 **答案** C

【例题9·单选题】☆甲公司2×21年年末库存乙原材料1 000件，单位成本为2万元。甲公司将乙原材料加工成丙产品对外销售，每2件乙原材料可加工成1件丙产品，2×21年12月31日，乙原材料的市场售价为1.8万元/件，用乙原材料加工的丙产品市场售价为4.7万元/件，将2件乙原材料加工成1件丙产品的过程中预计发生加工费用0.6万元，预计销售每件丙产品发生销售费用的金额为0.2万元。2×22年3月，在甲公司2×21年度财务报表经董事会批准对外报出日前，乙原材料市场价格为2.02万元/件。不考虑其他因素，甲公司2×21年年末乙原材料应当计提的存货跌价准备是（　）。

A. 50万元　　B. 0

C. 450万元　　D. 200万元

解析 计算原材料减值前先判断产品是否减值，丙产品的成本＝2×1 000＋0.6×1 000/2＝2 300（万元），丙产品的可变现净值＝4.7×1 000/2－0.2×1 000/2＝2 250（万元），成本大于可变现净值，说明该产品减值了。乙原材料的成本＝2×1 000＝2 000（万元），乙原材料的可变现净值＝4.7×1 000/2－0.2×1 000/2－0.6×1 000/2＝1 950（万元），因此2×21年年末乙原材料应当计提的存货跌价准备＝2 000－1 950＝50（万元）。

答案 A

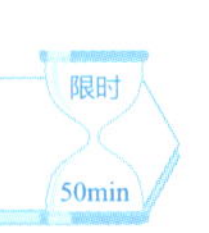

同步训练

扫我做试题

一、单项选择题

1. 下列关于企业存货计量的说法中，正确的是(　)。
   A. 为生产产品发生的借款费用不应计入存货成本
   B. 生产设备所发生的符合资本化条件的更新改造支出应计入存货成本
   C. 为特定客户设计产品发生的可直接确定的设计费用应计入存货成本
   D. 存货采购入库前发生的运输途中损耗均不计入存货成本
2. 下列各项支出中，不应计入存货成本的是(　)。
   A. 生产车间发生的管理人员薪酬、折旧费、办公费、水电费、机物料消耗、劳动保护费
   B. 商品流通企业在采购商品过程中发生的运输费、装卸费、保险费，且金额较大
   C. 外购存货在入库前发生的挑选整理费
   D. 运输途中因自然灾害发生的净损失
3. 下列各项中，不应计入企业存货成本的是(　)。
   A. 企业采购的用于广告营销活动的特定商品
   B. 为生产产品发生的符合资本化条件的借款费用
   C. 专用于产品生产的无形资产所计提的摊销额
   D. 企业为取得存货而按国家有关规定支付的环保费用
4. A、B公司均为增值税一般纳税人，适用的增值税税率均为13%。A公司本月发生下列经济业务：(1)本月购进C原材料100吨，不含税买价为100万元，增值税税额为13万元；发生的保险费为5万元，入库前的挑选整理费用为3万元；验收入库时发现数量短缺10%，经查属于运输途中合理损耗。(2)发出本月购进的C原材料80吨，委托B公司加工成产品，收回后用于直接对外销售(售价不高于受托方的计税价格)，A公司根据B公司开具的增值税专用发票向其支付加工费10万元和增值税税额1.3万元，另支付消费税6万元和运杂费2万元。不考虑其他因素，A公司收回委托加工产品的入账价值为(　)。
   A. 118万元　　B. 114万元
   C. 126万元　　D. 125万元
5. 2×22年年末，A公司对其所持有的存货进行盘点，发现部分存货存在如下问题：(1)甲原材料因收发过程中的计量差错导致其盘亏10万元，相关的进项税额为1.3万元；(2)乙原材料因管理不善丢失20万元，相关的进项税额为2.6万元；(3)丙原材料由于管理不善造成盘亏30万元，相关的进项税额为3.9万元；(4)一批丁原材料由于正常原因造成过期且无转让价值，成本为1万元，相关的进项税额为0.13万元。截至2×22年年末，A公司尚未对其进行清理；(5)戊原材料由于自然灾害损失了40万元，相关的进项税额为5.2万元。不考虑其他因素，A公司针对上述事项所做的会计处理中，不正确的是(　)。
   A. 进项税额需要转出的金额为6.5万元
   B. 应计入管理费用的金额为66.5万元
   C. 确认资产减值损失1万元

D. 应计入营业外支出的金额为 45.2 万元

6. ☆下列关于存货跌价准备的会计处理的表述中，正确的是(　)。

A. 已过期且无转让价值的存货，通常表明应计提的存货跌价准备等于存货账面价值

B. 已计提存货跌价准备的存货，在对外出售时，应当将原计提的存货跌价准备转回，并计入资产减值损失

C. 一项存货中有一部分有合同价格约定、其他部分不存在合同价格约定的，应当合并确定其可变现净值

D. 用于生产产品的材料的跌价准备，应以材料的市场价格低于其成本的差额计量

7. 甲公司采用月末一次加权平均法按月计算发出 A 产成品的成本。甲公司库存 A 产成品的月初数量为 2 000 台，单位成本为每台 2 万元；A 在产品月初账面余额为 8 850 万元。当月为生产 A 产品发生直接材料、直接人工和制造费用共计 11 250 万元，其中包括可修复的废品损失 10 万元。当月甲公司完成生产并入库 A 产成品 8 000 台，月末在产品成本为 2 500 万元。当月甲公司销售 A 产成品 7 000 台。当月末甲公司库存 A 产成品数量为 3 000 台。不考虑其他因素，下列有关甲公司存货的会计处理中，正确的是(　)。

A. 可修复的废品损失 10 万元计入产品成本

B. 完工入库产品成本为 17 610 万元

C. 销售产品成本为 15 100 万元

D. 库存商品月末成本为 6 490 万元

8. 甲企业按单个存货项目计提存货跌价准备。2×22 年 12 月 31 日，A 存货的成本为 15 万元，可变现净值为 12 万元；B 存货的成本为 18 万元，可变现净值为 22.5 万元；C 存货的成本为 27 万元，可变现净值为 22.5 万元。A、B、C 三种存货在此前已计提的跌价准备分别为 1.5 万元、3 万元和 2.25 万元。不考虑其他因素，下列有关甲企业 2×22 年 12 月 31 日会计报表项目列示的表述中，正确的是(　)。

A. 资产减值损失为 0.75 万元

B. 管理费用为 4.5 万元

C. 主营业务成本为 3 万元

D. 存货为 50.25 万元

9. 甲公司在 2×22 年年末持有乙原材料 100 件，成本为每件 10.6 万元，每件乙原材料可加工为一件丙产品，加工过程中将发生的加工费用为每件 1.6 万元，销售丙产品的过程中估计将发生的运输费用为每件 0.4 万元。2×22 年 12 月 31 日，乙原材料的市场价格为每件 10.2 万元，丙产品的市场价格为每件 12 万元。甲公司在此前已对乙原材料计提存货跌价准备 20 万元。不考虑其他因素，则甲公司在 2×22 年年末应对该批原材料计提的存货跌价准备是(　)。

A. 0　　B. 40 万元

C. 20 万元　　D. 60 万元

10. 2×22 年年末，甲公司库存 A 原材料的账面余额为 200 万元，数量为 10 吨。该原材料全部用于生产按照合同约定向乙公司销售的 10 件 B 产品。合同约定：甲公司应于 2×23 年 5 月 1 日前向乙公司发出 10 件 B 产品，每件售价为 30 万元(不含增值税)。将上述 A 原材料加工成 B 产品尚需发生加工成本 110 万元，预计销售每件 B 产品尚需发生相关税费 0.5 万元。2×22 年年末，市场上 A 原材料每吨售价为 18 万元，预计销售每吨 A 原材料尚需发生相关税费 0.2 万元。A 原材料在此前未计提过存货跌价准备。不考虑其他因素，则甲公司在 2×22 年 12 月 31 日应对 A 原材料计提的存货跌价准备是(　)。

A. 5 万元　　B. 10 万元

C. 15 万元　　D. 20 万元

二、多项选择题

1. 下列各项中，应计入制造企业存货成本的

有(　)。

A. 进口原材料支付的关税

B. 采购原材料发生的运输费

C. 自然灾害造成的原材料净损失

D. 委托加工物资收回后将用于连续生产应税消费品的情况下，委托方支付的、由受托方代收代缴的加工环节消费税

2. ☆下列关于企业存货计量的说法中，正确的有(　)。

A. 季节性停工期间发生的停工损失应计入存货成本

B. 生产设备发生的日常维修费用应计入存货成本

C. 受托加工存货成本中，不应包括委托方提供的材料成本

D. 存货入库后发生的仓储费用应计入存货成本

3. 下列费用应当在发生时确认为当期损益，不计入存货成本的有(　)。

A. 非正常消耗的直接材料、直接人工和制造费用

B. 已验收入库的原材料所发生的，且不属于为达到下一生产阶段所必需的仓储费用

C. 为生产产品发生的直接人工费用和制造费用

D. 外购原材料在验收入库前所发生的仓储费用

4. 下列关于发出存货成本计量方法的表述中正确的有(　)。

A. 对收发货较频繁的企业不适用移动加权平均法

B. 在物价下降时，采用先进先出法，会低估企业当期利润和库存存货价值

C. 月末一次加权平均法不利于存货成本的日常管理与控制

D. 在收发货频繁的情况下，个别计价法发出成本分辨的工作量较大

5. 下列关于存货的计量的说法中，正确的有(　)。

A. 投资者投入的存货，必须按协议约定价格确定入账成本

B. 通过以公允价值为基础计量的非货币性资产交换取得存货的，如属换入单项资产且不涉及补价，则一般应当以换出资产的公允价值和应支付的相关税费作为该存货的初始计量金额

C. 盘盈的存货，按重置成本确定入账成本

D. 以存货清偿债务方式进行债务重组的，债权人取得存货的成本，包括所放弃债权的公允价值和使该资产达到当前位置和状态所发生的可直接归属于该资产的税金、运输费、装卸费、保险费等其他成本

6. 企业委托外单位加工一批产品(属于应税消费品，且为非金银首饰)。企业发生的下列各项支出中，一定会增加其所收回委托加工材料实际成本的有(　)。

A. 实耗材料成本

B. 支付的加工费

C. 负担的运杂费

D. 委托方支付的、由受托方代收代缴的消费税

7. 对下列存货盘盈、盘亏或毁损事项进行处理时，企业应当计入或冲减管理费用的有(　)。

A. 由于自然灾害造成的存货毁损净损失

B. 由于存货盘盈产生的净收益

C. 保管期间因定额内损耗造成的存货盘亏净损失

D. 由于收发计量原因造成的存货盘亏净损失

三、计算分析题

A 公司是一家生产电子产品的上市公司，为增值税一般纳税人，适用的增值税税率为 13%。A 公司按单项存货、按年计提跌价准备。2×22 年 1 月 1 日，乙产品的存货跌价准备余额为 10 万元，丙产品的存货跌价准备余额为 180 万元。2×22 年因销售丙产品而结转存货跌价准备 130 万

元。对其他存货未计提存货跌价准备。2×22年12月31日，A公司存货有关资料如下：

(1)甲产品库存300台，单位成本为15万元，甲产品市场销售价格为每台18万元，预计平均运杂费等销售税费为每台1万元，相关甲产品未签订不可撤销的销售合同。

(2)乙产品库存500台，单位成本为4.5万元，乙产品市场销售价格为每台4.5万元。A公司已经与长期客户M企业签订一份不可撤销的销售合同，约定在2×23年2月10日向该企业销售乙产品300台，合同价格为每台4.8万元。向长期客户销售的乙产品平均运杂费等销售税费为每台0.3万元；向其他客户销售的乙产品平均运杂费等销售税费为每台0.4万元。

(3)丙产品库存1 000台，单位成本为2.55万元，市场销售价格为每台3万元，预计平均运杂费等销售税费为每台0.3万元。库存丙产品未签订不可撤销的销售合同。

(4)丁原材料400公斤，单位成本为2.25万元，丁原材料的市场销售价格为每公斤1.2万元。A公司拟将其全部用于生产丙产品，现有丁原材料可用于生产400台丙产品，预计加工成丙产品还需每台投入成本0.38万元。使用这部分丁原材料所生产的丙产品未签订不可撤销的销售合同。

(5)戊配件100公斤，每公斤配件的成本为12万元，市场价格为10万元。A公司拟将其全部用于生产戊产品，该批配件可用于加工80件戊产品，估计加工成产成品每件尚需投入17万元。戊产品在2×22年12月31日的市场价格为每件28.7万元，估计销售戊产品过程中每件将发生销售费用及相关税费1.2万元。使用这部分戊配件所加工的戊产品未签订不可撤销的销售合同。

(6)A公司与乙公司签订一份己产品的不可撤销销售合同，约定在2×23年2月底以每件0.9万元的价格向乙公司销售300件己产品，如果违约应支付违约金120万元。己产品直接对外出售的市场价格为每件1.2万元。2×22年12月31日，A公司已经生产出己产品300件并验收入库，每件成本1.2万元，总额为360万元。假定A公司销售己产品不发生销售费用。

要求：

(1)分别计算A公司各项存货在2×22年12月31日应计提或转回的存货跌价准备，并分别说明各项存货在资产负债表中的列示金额。

(2)分别编制各项存货在2×22年12月31日应计提或转回存货跌价准备的相关会计分录。

同步训练答案及解析

一、单项选择题

1. C 【解析】选项A，为生产产品发生的符合资本化条件的借款费用应计入存货成本；选项B，生产设备所发生的符合资本化条件的更新改造支出，应计入固定资产成本；选项D，存货采购入库前发生的运输途中的合理损耗应计入存货成本。

2. D 【解析】选项D，因自然灾害发生的净损失不属于合理损耗，应确认为营业外支出，不计入存货成本。

3. A 【解析】选项A，应在取得相关商品时计入销售费用；选项D，属于取得存货前发生的必要支出，计入制造费用，后续分摊计入存货成本。

4. B 【解析】(1)购入C原材料的实际总成

本=100+5+3=108(万元)，实际入库数量=100×(1-10%)=90(吨)，该批原材料实际单位成本=108/90=1.2(万元/吨)。(2)A公司收回委托加工产品的入账价值=80×1.2+10+6+2=114(万元)。

5. D 【解析】选项A，因管理不善造成被盗、丢失、霉烂变质的损失，进项税额不允许抵扣，需要转出，即进项税额需要转出的金额=(2)2.6+(3)3.9=6.5(万元)；选项B，应计入管理费用的金额=(1)10+(2)22.6+(3)33.9=66.5(万元)；选项C，应计提的资产减值损失金额=(4)1(万元)，其进项税额可以抵扣；选项D，应计入营业外支出的金额=(5)40(万元)，戊原材料的进项税额可以抵扣。

6. A 【解析】选项B，出售时存货时，应将其存货跌价准备结转至营业成本；选项C，有合同部分和无合同部分，分别以合同价格和市场价格为基础确定可变现净值；选项D，用于生产产品的材料的可变现净值应以所生产产品的价格为基础计算，而不是材料的市场价格为基础计算。

7. A 【解析】选项B，完工入库产品成本=期初在产品成本8 850+本月生产费用11 250-月末在产品成本2 500=17 600(万元)；选项C，销售产品成本=7 000×(2×2 000+17 600)/(2 000+8 000)=15 120(万元)；选项D，库存商品期末成本=2×2 000+17 600-15 120=6 480(万元)。

8. A 【解析】利润表中的“资产减值损失”项目的填列金额=[(15-12)-1.5]+(0-3)+[(27-22.5)-2.25]=0.75(万元)；资产负债表中的“存货”项目的填列金额=12+18+22.5=52.5(万元)；本题事项对主营业务成本和管理费用的影响金额均为0。

9. B 【解析】每件丙产品的可变现净值=12-0.4=11.6(万元)，每件丙产品的成本=10.6+1.6=12.2(万元)，乙原材料所生产的产品发生了减值，表明乙原材料应按其可变现净值计量。每件乙原材料的可变现净值=12-1.6-0.4=10(万元)，每件乙原材料的成本为10.6万元，因此乙原材料应计提的存货跌价准备金额=(10.6-10)×100-20=40(万元)。

10. C 【解析】B产品成本=200+110=310(万元)，B产品可变现净值=30×10-0.5×10=295(万元)，B产品发生了减值。A原材料成本=200(万元)，A原材料的可变现净值=30×10-110-0.5×10=185(万元)，故甲公司在2×22年12月31日应对A原材料计提的存货跌价准备=200-185=15(万元)。

二、多项选择题

1. AB 【解析】选项C，计入营业外支出；选项D，应记入“应交税费—应交消费税”科目的借方，不计入存货成本。

2. ABC 【解析】选项A、B，制造费用一般是指企业为生产产品、提供劳务而发生的间接费用，包括生产车间等生产部门的管理人员薪酬、折旧费、办公费、水电费、机物料消耗、劳动保护费、车间固定资产的修理费用、季节性和修理期间的停工损失等。选项C，受托加工业务中，受托方收到委托方所提供的材料，应登记备查，不能确认为受托方的存货。选项D，存货采购入库后发生的仓储费用，一般应计入当期损益，属于在生产过程中为达到下一个生产阶段所必需的，才应计入存货成本。

3. AB 【解析】选项A，应计入当期损益(营业外支出)；选项B，应计入当期损益(管理费用)。

4. ABCD

5. BCD 【解析】选项A，如果协议价不公允，则按公允价值确定。

6. ABC 【解析】选项D，如果加工完毕收回后用于连续生产应税消费品，则这部分消费税应记入“应交税费—应交消费税”科目的借方。

7. BCD 【解析】选项A，计入营业外支出。

三、计算分析题

【答案】

(1)①甲产品：

可变现净值=300×(18-1)=5 100(万元)；

成本=300×15=4 500(万元)。

成本<可变现净值，甲产品不需要计提存货跌价准备。

甲产品在资产负债表中的列示金额=4 500(万元)。

②乙产品：

签订合同部分300台。

可变现净值=300×(4.8-0.3)=1 350(万元)；成本=300×4.5=1 350(万元)。

签订合同部分不需要计提存货跌价准备。

未签订合同部分200台。

可变现净值=200×(4.5-0.4)=820(万元)；成本=200×4.5=900(万元)；

未签订合同部分应计提存货跌价准备=900-820-10=70(万元)；

乙产品在资产负债表中的列示金额=1 350+820=2 170(万元)。

③丙产品：

可变现净值=1 000×(3-0.3)=2 700(万元)；

产品成本=1 000×2.55=2 550(万元)；

成本<可变现净值，不需要计提存货跌价准备，同时需要将原有存货跌价准备余额50万元(180-130)转回。

丙产品在资产负债表中的列示金额=2 550(万元)。

④丁原材料：

因为丁原材料是为了生产丙产品而持有的，所以应先计算丙产品是否减值。

用库存丁原材料生产的丙产品的可变现净值=400×(3-0.3)=1 080(万元)；

用库存丁原材料生产的丙产品的成本=400×2.25+400×0.38=1 052(万元)；

所以，用库存丁原材料生产的丙产品没有发生减值。因此，丁原材料不需要计损存货跌价准备，在资产负债表中的列示金额=2.25×400=900(万元)。

⑤戊配件：

因为戊配件是用于生产戊产品的，所以应先计算戊产品是否减值。

戊产品可变现净值=80×(28.7-1.2)=2 200(万元)；

戊产品成本=100×12+80×17=2 560(万元)；

戊产品的成本>可变现净值，戊配件应按成本与可变现净值孰低计量。

戊配件可变现净值=80×(28.7-17-1.2)=840(万元)；

戊配件成本=100×12=1 200(万元)；

戊配件应计提的存货跌价准备=1 200-840=360(万元)；

戊配件在资产负债表中的列示金额=840(万元)。

⑥己产品：

由于待执行合同变为亏损合同，执行合同损失=360-0.9×300=90(万元)，不执行合同损失=120+(1.2-1.2)×300=120(万元)，因为执行合同损失较小，所以，应选择执行合同。由于合同存在标的资产，判断存货发生减值，应计提存货跌价准备90万元。

己产品在资产负债表中的列示金额=0.9×300=270(万元)。

(2)

借：资产减值损失　70

　　贷：存货跌价准备—乙产品　70

借：存货跌价准备—丙产品　50

　　贷：资产减值损失　50

借：资产减值损失　360

　　贷：存货跌价准备—戊配件　360

借：资产减值损失　90

　　贷：存货跌价准备—己产品　90

第三章　固定资产

考情解密

历年考情概况

本章考试的题型以客观题为主，分值一般为2~4分，在主观题中，本章内容可能与其他章节相结合进行考查。客观题的考点一般是固定资产增加、减少和折旧金额的计算，固定资产处置等。主观题的考点主要是非货币性资产交换中涉及固定资产的交易、债务重组中以固定资产抵债、固定资产相关业务的会计差错更正，以及合并财务报表中关于固定资产项目的调整抵销等。

这些题目通常难度不大，但要注意固定资产折旧的计算，要明确题目要求采用哪种方法计提折旧、是否需要考虑预计净残值等。

近年考点直击

考点	主要考查题型	考频指数	考查角度
固定资产的初始计量	单选题、多选题	★★★	①盘盈固定资产的处理；②弃置义务的处理；③安全生产费的处理；④计算固定资产的入账价值；⑤判断应计入在建工程成本的相关支出
固定资产的折旧	单选题、多选题	★★★	①选择不应该计提折旧的项目；②计算折旧金额；③描述各种资产折旧的会计处理原则；④折旧范围
固定资产的后续支出	单选题、多选题	★★	①计算更新改造后固定资产的入账价值；②与政府补助相结合考查固定资产的相关处理

2022年考试变化

更新与试运行销售相关的会计处理，其他内容未发生实质性变化。

考点详解及精选例题

一、固定资产的初始计量★★★

固定资产应按照成本进行初始计量。

（一）外购固定资产

1. 外购固定资产的成本

外购固定资产的成本包括购买价款、相关税费、使用固定资产达到预定可使用状态前所发生的可归属于该项资产的运输费、装卸费、安装费和专业人员服务费等。如果需要安装，应先通过“在建工程”核算，待安装完毕达到预定可使用状态时转入“固定资产”科目。

【快速记忆】专业人员服务费计入固定资产的成本，员工培训费不计入其成本。

2. 以一笔款项购入多项没有单独标价的固定资产

以一笔款项购入多项没有单独标价的固定资产，应当按照各项固定资产的公允价值比例对总成本进行分配，分别确定各项固定资产的成本。

3. 固定资产的各组成部分的确定

固定资产的各组成部分具有不同使用寿命，或者以不同方式为企业提供经济利益，从而适用不同折旧率或折旧方法的，应当分别将各组成部分确认为单项固定资产。

4. 分期付款购买固定资产

购买固定资产的价款超过正常信用条件延期支付(如以分期付款方式购买资产，且付款期限较长)，实质上具有融资性质的，固定资产的成本以购买价款的现值为基础确定。即在购入固定资产时，按购买价款的现值，借记“固定资产”或“在建工程”科目；按应支付的金额，贷记“长期应付款”科目；按其差额，借记“未确认融资费用”科目。各期实际支付的价款与购买价款的现值之间的差额，采用实际利率法摊销，符合资本化条件的，应当计入固定资产成本；不符合资本化条件的，应当在信用期间内确认为财务费用，计入当期损益。

【例题1·计算分析题】甲公司为增值税一般纳税人，适用的增值税税率为13%。2×21年1月1日，甲公司与乙公司签订一项购货合同，甲公司从乙公司购入一台需要安装的大型机器设备。合同约定，甲公司采用分期付款方式支付价款。该设备价款共计6 000万元(不含增值税)，分6次平均支付，首期款项1 000万元于2×21年1月1日支付，其余款项在5年内平均支付，每年的付款日期为当年12月31日。支付款项时收到相应的增值税专用发票。

2×21年1月1日，设备如期运抵并开始安装，发生运杂费和相关税费260万元，已用银行存款付讫。2×21年12月31日，设备达到预定可使用状态，发生安装费360万元，已用银行存款付讫。甲公司按照合同约定用银行存款如期支付了款项。假定折现率为10%。[(P/A，10%，5)=3.790 8]。

要求：根据上述资料作出甲公司2×21年至2×22年的相关账务处理。

答案

(1)购买价款的现值=1 000+1 000×(P/A，10%，5)=1 000+1 000×3.790 8=4 790.8(万元)。

(2)2×21年1月1日：

借：在建工程　　4 790.8
　　未确认融资费用　　1 209.2
　　贷：长期应付款　　(1 000×6)6 000

借：长期应付款　　1 000
　　应交税费—应交增值税(进项税额)　　130
　　贷：银行存款　　1 130

借：在建工程　　260
　　贷：银行存款　　260

(3)2×21年1月1日至2×21年12月31日为设备的安装期间，未确认融资费用的分摊额符合借款费用资本化条件，计入固定资产成本。2×21年12月31日：未确认融资费用的分摊额=(长期应付款期初余额-未确认融资费用期初余额)×折现率=(5 000-1 209.2)×10%=379.08(万元)。

借：在建工程　　379.08
　　贷：未确认融资费用　　379.08

借：长期应付款　　1 000
　　应交税费—应交增值税(进项税额)　　130
　　贷：银行存款　　1 130

借：在建工程　　360
　　贷：银行存款　　360

借：固定资产
(4 790.8+260+379.08+360)5 789.88
　　贷：在建工程　　5 789.88

2×21年年末长期应付款账面价值=(5 000-1 000)-(1 209.2-379.08)=3 169.88(万元)。

(4)2×22 年，未确认融资费用的分摊额不再符合借款费用资本化条件，应计入当期损益。2×22 年 12 月 31 日：未确认融资费用的分摊额=3 169.88×10%≈316.99(万元)。

借：财务费用 316.99

　贷：未确认融资费用 316.99

借：长期应付款 1 000

　应交税费—应交增值税(进项税额) 130

　贷：银行存款 1 130

2×22 年年末长期应付款账面价值=(5 000-1 000×2)-(1 209.2-379.08-316.99)=2 486.87(万元)。

(二)自行建造固定资产

自行建造固定资产的成本，由建造该项资产达到预定可使用状态前所发生的必要支出构成。自行建造固定资产的成本=工程用物资成本+工程用人工成本+缴纳的相关税费+应予资本化的借款费用+应分摊的间接费用

1. 自营方式建造固定资产

以自营方式建造固定资产的，企业应当按照直接材料、直接人工、直接机械施工费等计量该项固定资产的成本。

(1)企业应当按照实际支付的买价、运输费和保险费等相关税费作为工程物资的实际成本。对于生产经营用固定资产来说，不论是不动产还是动产，其建造过程中所耗用的工程物资的进项税额*一般均可以抵扣。

(2)对于生产经营用固定资产来说，不论是不动产还是动产，其建造过程中所领用的原材料或库存商品，均不需要单独考虑增值税，即不需要做进项税额转出或确认销项税额。

(3)建设期间发生的工程物资盘盈、盘亏、报废、毁损，一般应相应增加所建工程项目的成本或冲减所建工程项目的成本。

借：在建工程[盘亏等净损失]

　贷：工程物资

借：工程物资

　贷：在建工程[盘盈等净收益]

工程完工后，发生的工程物资盘盈、盘亏、报废、毁损，计入当期营业外收支等。

(4)为建造工程发生的管理费、可行性研究费、临时设施费、公证费、监理费、应负担的税金、符合资本化条件的借款费用、建设期间发生的工程物资盘亏、报废及毁损净损失等，计入在建工程项目成本。

『提示』关于企业将固定资产达到预定可使用状态前或者研发过程中产出的产品或副产品对外销售的会计处理：企业将固定资产达到预定可使用状态前产出的产品或副产品(比如测试固定资产可否正常运转时产出的样品)对外出售的，或者将研发过程中产出的产品或副产品对外销售的(以下统称试运行销售)，应当按照适用的会计准则对试运行销售相关的收入和成本分别进行会计处理，计入当期损益，不应将试运行销售相关收入抵销相关成本后的净额冲减固定资产成本或者研发支出。固定资产达到预定可使用状态前的必要支出，比如测试固定资产可否正常运转而发生的支出，应计入该固定资产成本。测试固定资产可否正常运转，通常指评估该固定资产的技术和物理性能是否达到生产产品、提供服务、对外出租或用于管理等标准，而非评估固定资产的财务业绩。

需要注意的是，进行财务报表列示时需要区分试运行销售是否属于企业的日常活动，属于日常活动的，在“营业收入”和“营业成本”项目列示，否则在“资产处置收益”等项目列示。

【例题 2·计算分析题】甲公司的某项在建工程在进行试运行时，为试产产品而领用本企业材料的成本为 15 万元，试车期间所产产品的销售收入为 20 万元。假定不考虑增值税因素。

* 在本书的知识讲解中，如无特殊说明，一般默认为企业属于增值税一般纳税人，下同。

要求：编制甲公司的相关会计分录。

答案

借：主营业务成本　15

（为简化会计处理，此处直接计入销售成本）

　贷：原材料　15

借：银行存款　20

　贷：主营业务收入　20

（5）高危行业企业按照国家规定提取的安全生产费应通过“专项储备”科目进行会计处理。

【例题3·计算分析题】甲公司为大中型煤矿企业，拥有的矿井为高瓦斯的矿井，根据国家有关规定，该煤炭生产企业按原煤实际产量提取安全生产费，提取比例为每吨30元。2×22年5月31日，甲公司的“专项储备—安全生产费”科目余额为2 000万元。

2×22年6月，甲公司按照原煤实际产量计提安全生产费600万元，以银行存款支付安全生产检查费20万元，购入一批需要安装的用于改造和完善矿井瓦斯抽采的安全防护设备，价款为300万元，立即投入安装，安装过程中应付安装人员薪酬5万元。7月，上述设备安装完毕达到预定可使用状态。假定不考虑增值税等因素。

要求：根据上述资料编制相关会计分录，并计算上述安全防护设备在2×22年7月末资产负债表“固定资产”项目中的列报金额。

答案

（1）计提安全生产费：

借：生产成本　600

　贷：专项储备　600

（2）支付安全生产检查费：

借：专项储备　20

　贷：银行存款　20

（3）购入安全防护设备：

借：在建工程　300

　贷：银行存款　300

借：在建工程　5

　贷：应付职工薪酬　5

（4）安装完毕达到预定可使用状态：

借：固定资产　305

　贷：在建工程　305

借：专项储备　305

　贷：累计折旧　305

（5）上述安全防护设备在2×22年7月末资产负债表“固定资产”项目中的列报金额=305-305=0。

2. 出包方式建造固定资产

企业以出包方式建造固定资产的成本=建筑工程支出+安装工程支出+需分摊到各固定资产价值的待摊支出

（1）建筑工程、安装工程支出。

以出包方式建造的固定资产在建造过程中应通过“在建工程”会计科目核算。比如，企业与承包单位结算的工程款，应通过该科目核算。但是，预付工程款项不通过该科目，应通过“预付账款”科目。

（2）待摊支出。

在建设期间发生的，不能直接计入某项固定资产价值、而应由所建造固定资产共同负担的相关费用，即为待摊支出。企业在建工程发生管理费、征地费、可行性研究费、临时设施费、公证费、监理费、应负担的税费、符合资本化条件的借款费用、建设期间发生的工程物资盘亏、报废及毁损净损失等时，应借记“在建工程—待摊支出”科目，贷记“银行存款”等科目。

【例题4·多选题】☆甲公司以出包方式建造厂房，建造过程中发生的下列支出中，一般应计入所建造厂房成本的有（　）。

A. 支付给第三方监理公司的监理费

B. 为取得土地使用权而缴纳的土地出让金

C. 为测试固定资产可否正常运转而发生的必要支出

D. 建造期间因可预见的不可抗力因素导致暂停施工发生的费用

解析 选项B，为取得土地使用权而缴纳的土地出让金应当确认为无形资产。

答案 ACD

(3)出包工程的账务处理。

企业支付给建造承包商的工程价款作为工程成本通过“在建工程”科目核算。在建工程达到预定可使用状态时，一般应先分配待摊支出，再计算确定已完工的固定资产成本。

待摊支出的分配率可按下列公式计算：

待摊支出的分配率＝累计发生的待摊支出/(建筑工程支出+安装工程支出+在安装设备支出)×100%

(三)盘盈的固定资产

企业在财产清查中盘盈的固定资产，作为前期差错处理，通过“以前年度损益调整”科目核算。

(四)存在弃置费用的固定资产

弃置费用通常是指根据国家法律和行政法规、国际公约等规定，企业承担的环境保护和生态恢复等义务所确定的支出，如核电站核设施等的弃置和恢复环境义务等。在取得固定资产时，按预计弃置费用的现值，借记“固定资产”科目，贷记“预计负债”科目。在该固定资产的使用寿命内，计算确定各期应负担的利息费用，借记“财务费用”等科目，贷记“预计负债”等科目。

【例题5·计算分析题】经国家审批，某企业计划建造一座核电站，其主体设备(核反应堆)将会对当地的生态环境产生一定的影响。根据法律规定，企业应在该项设备使用期满后将其拆除，并对造成的污染进行整治。2×21年1月1日，该项设备建造完成并交付使用，建造成本共100 000万元。预计使用寿命为20年，预计弃置费用为10 000万元。假定不考虑增值税等因素，折现率(即实际利率)为10%。[(P/F，10%，20)＝0.148 64]

要求：根据上述资料，作出该企业在2×21年、2×22年的账务处理，并计算该企业的预计负债在2×21年年末和2×22年年末的余额。

答案

(1)计算已完工的固定资产的成本。

核反应堆属于特殊行业的特定固定资产，确定其成本时应考虑弃置费用。2×21年1月1日：弃置费用的现值＝10 000×(P/F，10%，20)＝10 000×0.148 64＝1 486.4(万元)；固定资产的入账价值＝100 000＋1 486.4＝101 486.4(万元)。

借：固定资产　　101 486.4

　贷：在建工程　　100 000

　　预计负债　　1 486.4

(2)2×21年12月31日：

借：财务费用(1 486.4×10%)148.64

　贷：预计负债　　148.64

2×21年12月31日，预计负债的余额＝1 486.4+148.64＝1 635.04(万元)。

(3)2×22年12月31日，该企业应负担的利息＝1 635.04×10%≈163.5(万元)。

借：财务费用　　163.5

　贷：预计负债　　163.5

2×22年12月31日，预计负债的余额＝1 486.4+148.64+163.5＝1 798.54(万元)。

二、固定资产折旧★★★

(一)计提折旧的固定资产范围

固定资产准则规定，企业应对所有的固定资产计提折旧，但是，已提足折旧仍继续使用的固定资产和单独计价入账的土地除外。

固定资产折旧的要点如下：

(1)固定资产应当按月计提折旧。当月增加的固定资产，当月不计提折旧，从下月起计提折旧；当月减少的固定资产，当月仍计提折旧，从下月起不计提折旧。

(2)固定资产提足折旧后，不论能否继续使用，均不再计提折旧，提前报废的固定资产也不再补提折旧。提足折旧，是指已经提足该项固定资产的应计折旧额。

(3)已达到预定可使用状态但尚未办理

竣工决算的固定资产，应当按照估计价值确定其成本，并计提折旧；待办理竣工决算后再按实际成本调整原来的暂估价值，但不需要调整原已计提的折旧额。

(4)处于更新改造过程停止使用的固定资产，不计提折旧。因为固定资产已转入在建工程，不属于固定资产核算范围，所以不计提折旧。

(5)因大修理而停用、未使用的固定资产，照提折旧。

【例题6·多选题】☆下列关于固定资产折旧会计处理的表述中，正确的有( )。

A. 处于季节性修理过程中的固定资产在修理期间应当停止计提折旧

B. 已达到预定可使用状态但尚未办理竣工决算的固定资产应当按暂估价值计提折旧

C. 自用固定资产转为成本模式后续计量的投资性房地产后仍应当计提折旧

D. 与固定资产有关的经济利益预期消耗方式发生重大改变的，应当调整折旧方法

解析 选项A，应该继续计提折旧。

答案 BCD

(二)固定资产折旧方法

企业在选择固定资产折旧方法时，应当根据与固定资产有关的经济利益的预期消耗方式作出决定。企业不应以包括使用固定资产在内的经济活动所产生的收入为基础进行折旧。企业可选用的折旧方法包括年限平均法、工作量法、双倍余额递减法和年数总和法等。固定资产的折旧方法一经确定，不得随意变更(如果发生变更，则属于会计估计变更)。

1. 年限平均法

年折旧额=(原价-预计净残值)÷预计使用年限

或=固定资产原价×年折旧率

2. 双倍余额递减法

年折旧额=期初固定资产净值×2/预计使用年限

最后两年改为直线法。

【例题7·单选题】☆2×21年11月20日，甲公司购进一台需要安装的A设备，取得的增值税专用发票注明的设备价款为950万元，可抵扣增值税进项税额为123.5万元，款项已通过银行支付。安装A设备时，甲公司领用原材料36万元(不含增值税税额)，支付安装人员工资14万元。2×21年12月30日，A设备达到预定可使用状态。A设备预计使用年限为5年，预计净残值率为5%，甲公司采用双倍余额递减法计提折旧。甲公司2×24年度对A设备计提的折旧是( )。

A. 136.8万元　　B. 144万元

C. 187.34万元　　D. 190万元

解析 甲公司A设备的入账价值=950+36+14=1 000(万元)。计算过程如下：

2×22年的折旧额=1 000×2/5=400(万元)；

2×23年的折旧额=(1 000-400)×2/5=240(万元)；

2×24年的折旧额=(1 000-400-240)×2/5=144(万元)。

答案 B

『拓展』2×22年3月10日，A设备达到预定可使用状态，则2×22年至2×24年折旧额计算过程如下：

2×22年折旧额=1 000×2/5×9/12=300(万元)；

2×23年折旧额=1 000×2/5×3/12+(1 000-400)×2/5×9/12=280(万元)；

2×24年折旧额=(1 000-400)×2/5×3/12+(1 000-400-240)×2/5×9/12=168(万元)。

3. 年数总和法

年折旧额=(原价-预计净残值)×年折旧率

其中：年折旧率=尚可使用年数/年数总和

【例题8·计算分析题】甲公司固定资产的入账价值为500万元。该固定资产预计使用5年，预计净残值为20万元。假定2×22年9月10日安装完毕并交付使用，采用年数总和法计提折旧。

要求：计算该项固定资产在2×22年至2×24年应计提的折旧额。

答案

2×22年折旧额=(500-20)×5/15×3/12=40(万元)；

2×23年折旧额=(500-20)×5/15×9/12+(500-20)×4/15×3/12=152(万元)；

2×24年折旧额=(500-20)×4/15×9/12+(500-20)×3/15×3/12=120(万元)。

(三)固定资产折旧的会计处理

借：制造费用[生产车间计提折旧]

管理费用[企业管理部门、未使用的固定资产计提折旧]

销售费用[企业专设销售部门计提折旧]

其他业务成本[企业经营出租的固定资产计提折旧]

研发支出[企业研发无形资产时使用的固定资产计提折旧]

在建工程[在建工程中使用的固定资产计提折旧]

专项储备[提取的安全生产费形成的固定资产]

应付职工薪酬[非货币性薪酬]

贷：累计折旧

(四)固定资产使用寿命、预计净残值和折旧方法的复核

固定资产使用寿命、预计净残值和折旧方法的改变应作为会计估计变更(不需要追溯调整)，按照《企业会计准则第28号——会计政策、会计估计变更和差错更正》处理。

三、固定资产后续支出★★

固定资产后续支出的处理原则为：符合固定资产确认条件的，应当计入固定资产成本，同时将被替换部分的账面价值扣除；不符合固定资产确认条件的，应当计入当期损益。

(一)资本化的后续支出

(1)固定资产发生可资本化的后续支出时，将固定资产的账面价值转入在建工程，并停止计提折旧。发生的后续支出，通过“在建工程”科目核算，如有被替换的部分，应扣除被替换部分的账面价值。在固定资产发生的后续支出完工并达到预定可使用状态时，再从在建工程转为固定资产，并按重新确定的使用寿命、预计净残值和折旧方法计提折旧。

【例题9·单选题】☆甲公司于2×19年8月20日取得一项固定资产，入账成本为6 000万元，其中包括一项芯片，其入账成本为1 500万元。甲公司该项固定资产的预计使用年限为6年，采用直线法计提折旧，预计净残值率为5%。2×21年8月10日，甲公司替换该项固定资产的原有芯片，发生支出2 000万元，取得旧芯片变价收入100万元。至2×21年年末，替换芯片后的固定资产达到预定可使用状态并投入使用，预计剩余使用年限为5年，预计净残值率为3%，改按双倍余额递减法计提折旧。甲公司的该项固定资产在2×22年所计提的折旧金额为(　)。

A. 1 990万元　B. 2 030万元

C. 1 840万元　D. 1 969.1万元

解析 替换芯片之前，该固定资产已计提的折旧额=6 000×(1-5%)/6×2=1 900(万元)。替换芯片之前，该固定资产的账面价值=6 000-1 900=4 100(万元)。被替换的芯片的账面价值=1 500-1 500/6 000×1 900=1 025(万元)。替换芯片后，固定资产的账面价值=4 100-1 025+2 000=5 075(万元)。因此，甲公司的该项固定资产在2×22年所计提的折旧金额=5 075×2/5=2 030(万元)。

答案 B

(2)企业对固定资产进行定期检查发生的大修理费用，有确凿证据表明符合固定资产确认条件的部分，可以计入固定资产成本，不符合固定资产的确认条件的，则计入当期

损益等。固定资产在定期大修理间隔期间，照提折旧。

（二）费用化的后续支出

与固定资产有关的日常修理费用等后续支出，不符合固定资产确认条件。除与存货的生产和加工相关的固定资产的日常修理费用等按照存货成本确定原则进行处理外，行政管理部门、企业专设的销售机构等发生的固定资产日常修理费用等后续支出计入管理费用或销售费用。

【例题10·多选题】☆下列各项有关固定资产会计处理的表述中，正确的有（　）。

A. 盘盈的固定资产经批准后计入当期营业外收入

B. 与存货相关的车间固定资产日常修理费用予以资本化后计入存货成本

C. 由于法律要求，履行特定固定资产的弃置义务可能发生支出金额变动而引起的预计负债的增加，在固定资产寿命期内相应增加该固定资产的成本

D. 使用安全生产费购买的固定资产每月计提折旧，并相应冲减专项储备

解析 选项A，盘盈的固定资产，作为前期差错处理，经批准后调整期初留存收益；选项D，使用安全生产费购买的固定资产，应在达到预定可使用状态时一次性全额计提折旧。

答案 BC

四、固定资产处置★★

（一）固定资产终止确认的条件

固定资产准则规定，固定资产满足下列条件之一的，应当予以终止确认：①该固定资产处于处置状态。②该固定资产预期通过使用或处置不能产生经济利益。

（二）固定资产处置的核算

一般通过"固定资产清理"科目核算。企业出售、转让、报废固定资产或发生固定资产毁损，应当将处置收入扣除账面价值和相关税费后的金额计入当期损益。固定资产的账面价值是固定资产成本扣减累计折旧和累计减值准备后的金额。

1. 固定资产转入清理

借：固定资产清理
　　累计折旧
　　固定资产减值准备
　　贷：固定资产

2. 发生的清理费用

借：固定资产清理
　　贷：银行存款

3. 出售收入

借：银行存款
　　贷：固定资产清理
　　　　应交税费—应交增值税（销项税额）

4. 保险赔偿和残料

借：其他应收款、原材料
　　贷：固定资产清理

5. 清理净损益

（1）固定资产清理完成后的净损失。

借：营业外支出［毁损、报废、自然灾害导致的损失］
　　资产处置损益［正常出售、转让损失］
　　贷：固定资产清理

其中：资产处置损益，反映企业出售划分为持有待售的非流动资产（金融工具、长期股权投资和投资性房地产除外）或处置组时确认的处置利得或损失，以及处置未划分为持有待售的固定资产、在建工程、生产性生物资产及无形资产而产生的处置利得或损失。

（2）固定资产清理完成后的净收益。

借：固定资产清理
　　贷：资产处置损益［正常出售、转让利得］
　　　　营业外收入［毁损、报废、自然

灾害导致的利得］

（三）固定资产盘亏的会计处理

（1）批准前将固定资产的账面价值转入“待处理财产损溢”科目。

（2）批准后转入“营业外支出”科目。

【快速记忆】现金、存货、固定资产盘盈或盘亏的处理如表 3-1 所示。

表 3-1　现金、存货、固定资产盘盈或盘亏的处理

项目	账务处理	
	发现时	处理时
现金盘盈	借：库存现金 　贷：待处理财产损溢	借：待处理财产损溢 　贷：其他应付款［可以查明原因的］ 　　营业外收入［无法查明原因的］
现金盘亏	借：待处理财产损溢 　贷：库存现金	借：管理费用［企业承担部分］ 　其他应收款［责任赔款部分］ 　贷：待处理财产损溢
存货盘盈	借：库存商品/原材料等 　贷：待处理财产损溢	借：待处理财产损溢 　贷：管理费用
存货盘亏	借：待处理财产损溢 　贷：库存商品/原材料等	借：其他应收款［责任赔款部分］ 　管理费用［计量收发差错、管理不善］ 　营业外支出［自然灾害等非正常损失］ 　贷：待处理财产损溢
	『提示』如果是管理不善造成的存货盘亏，还需要作进项税额转出的处理	
固定资产盘盈	发现时，按前期差错处理： 借：固定资产 　贷：以前年度损益调整	
固定资产盘亏	借：待处理财产损溢 　累计折旧 　贷：固定资产	借：其他应收款［责任赔款部分］ 　营业外支出 　贷：待处理财产损溢

同步训练

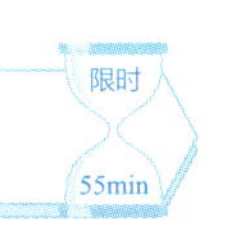

扫我做试题

一、单项选择题

1. 甲公司为增值税一般纳税人。2×22 年 1 月 1 日，甲公司自乙公司购入一套大型化工品生产设备。双方约定，该套设备的不含税售价为 12 000 万元，分 3 年支付，每年 12 月 31 日支付 4 000 万元，在甲公司每年年末支付分期付款额时，乙公司按收到的分期付款额开具相应的增值税专用发票。甲公司为取得该套设备发生运杂费 123.6 万元。1 月 10 日，该设备开始安装。在安装过程中，甲公司发生安装人员薪酬

38.8 万元；领用原材料一批，成本为90万元，相应的增值税进项税额为11.7万元。该设备于2×22年6月20日达到预定可使用状态，预计使用寿命为40年。该套化工设备将会对当地生态环境产生一定影响，甲公司将在设备使用期满时对其进行拆除并对其造成的污染进行整治，预计将发生相关支出1 000万元。假定甲公司适用的折现率为10%，已知相关现值系数为：(P/A，10%，3)= 2.486 9；(P/F，10%，3)= 0.751 3；(P/F，10%，40)= 0.022 1。假定不考虑其他因素，甲公司该设备的入账价值是(　)。

A. 10 200万元　　B. 10 222.1万元

C. 13 934.4万元　　D. 11 200万元

2. 甲公司系增值税一般纳税人，适用的增值税税率为13%。2×21年1月18日，该公司外购一台生产经营用设备，该设备的购买价款为500万元，进项税额为65万元。在安装过程中，甲公司领用生产用原材料的成本为3万元；领用库存商品的成本为90万元，公允价值为100万元(等于计税价格)；支付薪酬5万元；支付其他费用2万元。2×21年10月16日，该设备安装完毕，达到预定可使用状态，预计使用年限为5年，预计净残值为40万元。不考虑其他因素，在采用双倍余额递减法计提折旧的情况下，该项设备在2×22年应计提的折旧额为(　)。

A. 240万元　　B. 144万元

C. 134.4万元　　D. 224万元

3. 甲公司对某生产设备进行更新改造，并在该设备上安装一个环保装置。更新改造后，该设备的剩余使用寿命为10年，该环保装置的使用寿命为5年。关于甲公司对该生产设备的会计处理，下列表述中正确的是(　)。

A. 该生产设备在安装环保装置期间应停止计提折旧

B. 因环保装置不能直接带来经济利益，所以应将安装该环保装置所发生的成本计入当期损益

C. 在更新改造完毕达到预定可使用状态后，该环保装置应按该生产设备的剩余使用年限计提折旧

D. 在更新改造完毕达到预定可使用状态后，该生产设备应按环保装置的预计使用年限计提折旧

4. ☆甲公司为增值税一般纳税人。该公司持有一项固定资产，原价为5 000万元，其中某重要零部件的原价为800万元。该固定资产的折旧年限是20年，采用年限平均法计提折旧，预计净残值为0。甲公司于2×10年1月1日购入该固定资产，2×18年1月1日开始对该固定资产进行更新改造，并对上述重要零部件进行替换，出售被替换的旧部件所取得的变价收入为100万元；新部件的成本为1 000万元。甲公司在更新改造过程中，发生了人工费用80万元，领用外购的工程物资400万元，工程物资购入时的进项税额为52万元。假定不考虑其他因素，该固定资产更新改造之后的入账价值是(　)。

A. 4 000万元　　B. 4 052万元

C. 3 780万元　　D. 4 100万元

5. A公司为增值税一般纳税人。该公司外购一台生产经营用设备并立即进行安装，相关资料如下：(1)2×22年3月1日，A公司购入该设备，取得的增值税专用发票上注明的买价为180万元，增值税税额为23.4万元；另发生一笔运输费用，取得的增值税专用发票注明的价款为0.6万元，增值税税额为0.054万元。(2)安装过程中，发生安装费用10万元和外聘专业人员服务费6万元，为测试其可否正常运转而发生测试费15万元，试运行生产产品时领用原材料、相关职工薪酬30万元，出售产品的公允价值50万元；为购建该设备而借入的专门借款在2×22年第2季度的利息费用为2万元。(3)2×22年6月

30 日，该设备达到预定可使用状态，预计净残值为 1.6 万元，预计使用年限为 6 年，采用年数总和法计提折旧。(4) 2×22 年 12 月，该固定资产发生日常修理费用 1.6 万元。不考虑其他因素，A 公司该设备在 2×23 年应计提的折旧额为(　)。

A. 65 万元　　B. 60 万元

C. 55 万元　　D. 50 万元

6. AS 公司在 2×22 年发生了下列经济业务：(1) 2×22 年 12 月 31 日，AS 公司进行盘点，发现有一台使用中的 A 设备未入账，八成新。该型号的设备存在活跃市场，全新的 A 设备的市场价格为 750 万元。(2) AS 公司为履行一项销售合同，在 2×22 年发生与合同直接相关的成本 100 万元，其中包括生产设备修理费 2 万元，预期该成本可通过向客户所收取的对价收回。(3) 2×22 年年末，AS 公司因自然灾害报废一台 B 设备，残料变价收入为 1 000 万元。该公司于 2×19 年 12 月购入该设备，购买价款为 8 000 万元，运杂费为 640 万元，预计净残值为 500 万元，预计使用年限为 5 年，采用双倍余额递减法计提折旧。(4) AS 公司出售 C 生产线，售价为 2 000 万元。C 生产线的成本为 6 000 万元，已计提折旧 4 600 万元，已计提减值准备 200 万元。不考虑其他因素，下列有关固定资产的会计处理中，不正确的是(　)。

A. 对于盘盈的 A 机器设备，通过“以前年度损益调整”科目处理，并调整期初留存收益 600 万元

B. 与合同直接相关的固定资产修理费 2 万元应计入当期损益

C. 对于因自然灾害而报废的 B 设备，应通过“固定资产清理”科目核算，并确认营业外支出 866.24 万元

D. 出售 C 生产线产生的净损益 800 万元，应当记入“资产处置损益”科目，影响营业利润

7. 甲公司为增值税一般纳税人，其在 2×22 年发生了如下业务：(1) 2×22 年 5 月 28 日，甲公司重新对办公楼进行装修，当日，该办公楼的原值为 24 000 万元，已计提折旧 4 000 万元；原装修成本为 200 万元，至重新装修时已计提折旧 150 万元。(2) 重新装修该办公楼发生的有关支出如下：领用一批生产用原材料，实际成本为 100 万元，进项税额为 13 万元；为办公楼装修工程购买一批工程物资，买价为 200 万元，进项税额为 26 万元，已全部领用；计提工程人员薪酬 110 万元。(3) 2×22 年 9 月 26 日，办公楼装修完工，达到预定可使用状态，甲公司预计下次装修时间为 2×27 年 9 月 26 日。假定该办公楼的装修支出符合资本化条件。(4) 重新装修完工后，该办公楼的尚可使用年限为 20 年，预计净残值为 1 000 万元，采用直线法计提折旧；(5) 办公楼装修形成的固定资产的预计净残值为 10 万元，采用直线法计提折旧。不考虑其他因素，下列关于办公楼装修的会计处理中，不正确的是(　)。

A. 重新装修时，应将原固定资产装修的剩余账面价值 50 万元转入营业外支出

B. 重新装修完工时，“固定资产—办公楼”的账面价值为 20 000 万元

C. 重新装修完工时，“固定资产—固定资产装修”的成本为 410 万元

D. 重新装修完工后，办公楼在 2×22 年计提的折旧额为 250 万元，“固定资产—固定资产装修”在 2×22 年计提的折旧额为 20 万元

8. 企业在下列会计处理方法中，不正确的是(　)。

A. 任何企业固定资产成本均应预计弃置费用

B. 一般企业固定资产的报废清理支出，应在实际发生时作为固定资产清理费用处理，不属于固定资产准则规范的弃置费用

C. 对于构成固定资产的各组成部分，如

果各自具有不同的使用寿命或者以不同的方式为企业提供经济利益，企业应将各组成部分单独确认为固定资产，并且采用不同的折旧率或者折旧方法计提折旧

D. 企业购置的环保设备和安全设备等资产，虽然它们的使用不能直接为企业带来经济利益，但是有助于企业从相关资产获得经济利益，或者将减少企业未来经济利益的流出，对于这些设备，企业应将其确认为固定资产

9. 下列各项有关固定资产折旧的表述中，不正确的是(　)。

A. 企业应该对其持有的所有固定资产计提折旧

B. 企业计提的固定资产折旧应该根据受益对象计入资产成本或当期损益

C. 固定资产在持有待售期间不需要计提折旧

D. 固定资产折旧年限的变更属于会计估计变更

二、多项选择题

1. 下列各项中，不计入固定资产的初始入账价值的有(　)。

A. 企业为建造厂房通过出让方式取得土地使用权时所支付的土地出让金

B. 在自行建造的固定资产的联合试车期间，为试产产品而领用的原材料成本

C. 建造自用房屋建筑物时计提的土地使用权的摊销额

D. 为使固定资产达到预定可使用状态发生的专业人员服务费

2. 下列各项关于固定资产折旧的会计处理中，不符合准则规定的有(　)。

A. 已达到预定可使用状态但尚未投入使用的固定资产，不应计提折旧

B. 固定资产日常修理期间应继续计提折旧

C. 因固定资产改良而停用的生产设备应继续计提折旧

D. 自行建造的固定资产应从办理竣工决算时开始计提折旧

3. 下列会计处理方法中表述正确的有(　)。

A. 固定资产所发生的更新改造支出等，符合固定资产确认条件的，应当计入固定资产成本，同时将被替换部分的账面价值扣除

B. 对于固定资产盘亏，企业应在报经批准后，按可收回的赔偿额确认其他应收款，剩余净损失计入营业外支出

C. 企业选择固定资产折旧方法时，应以包括使用该固定资产在内的经济活动所产生的收入为依据

D. 已达到预定可使用状态的固定资产，在办理竣工决算前开始计提折旧的，应在办理了竣工决算手续后，按实际成本调整原来的暂估价值，同时调整原已计提的折旧额

4. 下列各项关于固定资产核算的说法中，正确的有(　)。

A. 与存货的生产和加工相关的固定资产的日常修理费用，应计入管理费用

B. 高危行业企业按照国家规定提取的安全生产费，应当计入相关产品的成本或当期损益，同时计入专项储备

C. 企业对固定资产进行定期检查发生的大修理费用，有确凿证据表明符合固定资产确认条件的部分，可以计入固定资产成本

D. 建设期间发生工程物资盘亏、报废及毁损净损失的(不属于自然灾害)，应借记“在建工程”科目，贷记“工程物资”科目，如为盘盈，则做相反的会计分录

5. 下列各项中，应计入固定资产成本的有(　)。

A. 工程建造期间发生的待摊支出

B. 增值税一般纳税人自行建造建筑物工程时领用外购原材料的增值税进项税额

C. 增值税一般纳税人购买生产用机器设备支付的增值税进项税额

D. 固定资产在建期间产生的符合资本化条件的专门借款利息费用的汇兑差额

6. 下列各项中，一般属于固定资产核算范围的有（ ）。

A. 航空企业的高价周转件

B. 满足资本化条件的固定资产改良支出

C. 企业为建造固定资产通过出让方式取得土地使用权而支付的土地出让金

D. 企业为开发新产品、新技术购置的符合固定资产定义和确认条件的设备

7. 下列各项经济业务的会计处理方法中，正确的有（ ）。

A. 如果固定资产、无形资产包含的经济利益的预期消耗方式有重大改变，企业应改按新的折旧方法、摊销方法，并作为会计估计变更处理

B. 如果一项固定资产预期通过使用或处置不能产生经济利益，则应终止确认该项固定资产

C. 在固定资产、无形资产使用过程中，其所处的经济环境、技术环境以及其他环境有可能对预计使用寿命产生重大的影响，此时则应当相应调整固定资产、无形资产的折旧、摊销年限，并按照会计估计变更的有关规定进行会计处理

D. 企业对固定资产、无形资产预计净残值所作的调整，应作为会计估计变更处理

8. 甲公司适用的增值税税率为13%，其在2×22年发生的业务如下：（1）2×22年3月31日，甲公司对A设备（管理用）进行改良，该设备的账面原价为3 600万元，预计使用年限为5年，至改良时已累计折旧3年，预计净残值为0，采用年限平均法计提折旧。改良过程中发生的资本化支出为220万元，被替换部分的账面价值为10万元。2×22年8月31日，改良工程达到预定可使用状态，该设备的预计使用年限由5年变更为8年，预计净残值为0，采用年限平均法计提折旧。（2）2×22年3月31日，甲公司盘盈一项固定资产，金额重大。（3）2×22年12月31日，甲公司与乙公司签订一份不可撤销合同，合同约定甲公司应于2×23年2月28日将B设备（管理用）以280万元的不含税价格出售给乙公司，该固定资产的原值为1 000万元，已提折旧700万元，预计出售费用为10万元。不考虑其他因素，则下列会计处理的表述中正确的有（ ）。

A. 改良后A设备的成本为1 650万元

B. A设备在改良后至2×22年年末应计提的折旧额为120万元

C. 盘盈的固定资产计入当期营业外收入

D. 甲公司在2×22年对B设备确认的资产处置损益为-30万元

9. 甲公司为大中型煤矿企业，其所使用的矿井属于高瓦斯矿井，按照国家规定该公司应按原煤实际产量，每吨提取30元安全生产费。2×22年11月1日，甲公司的“专项储备—安全生产费”科目余额为3 000万元。2×22年11月，甲公司按照原煤实际产量计提安全生产费100万元，支付安全生产检查费5万元。2×22年12月，甲公司购入一批需要安装的用于改造和完善矿井瓦斯抽采的安全防护设备，支付价款2 000万元，安装过程中发生安装人员薪酬3万元。2×22年12月末，相关设备安装完毕达到预定可使用状态。假定不考虑2×22年12月应计提的安全生产费及增值税等因素，关于甲公司在2×22年的会计处理，下列说法中正确的有（ ）。

A. 计提安全生产费100万元时，应借记“生产成本”等科目，贷记“专项储备”科目

B. 支付安全生产检查费5万元计入当期管理费用

C. 该批安全防护设备在资产负债表中的列报金额为0

D. 资产负债表中列报的专项储备金额为1 092万元

10. 甲公司为增值税一般纳税人，土地使用

权及不动产适用的增值税税率为9%，机器设备及存货适用的增值税税率为13%。在2×22年(生产经营期间)以自营方式建造一条生产线和一栋厂房。相关资料如下：1月2日，为购建厂房而购入一宗土地使用权，收到的增值税专用发票上注明的价款为5 000万元，增值税税额为450万元，相关款项已经支付。1月10日，为建造生产线购入A工程物资一批，收到的增值税专用发票上注明的价款为200万元，增值税税额为26万元；为建造厂房购入B工程物资一批，收到的增值税专用发票上注明的价款为100万元，增值税税额为13万元；款项均已支付。1月20日，建造生产线领用A工程物资180万元，建造厂房领用B工程物资100万元。至6月30日，建造生产线和厂房的工程人员职工薪酬合计182万元，其中生产线为115万元，厂房为67万元；工程建设期间领用生产用原材料合计为45万元，其中生产线耗用原材料为35万元，厂房耗用原材料为10万元；除此之外，厂房建造过程中还领用了18万元A工程物资。生产线建造完工后对A工程物资进行清查，发现A工程物资短缺2万元，经调查属保管员过失造成，根据企业管理规定，保管员应赔偿0.5万元。建设期内土地使用权摊销额为50万元。6月30日，生产线和厂房达到预定可使用状态并交付使用。不考虑其他因素，对于上述事项，下列会计处理中正确的有(   )。

A. A工程物资盘亏净损失1.76万元计入营业外支出

B. 建设期内土地使用权摊销额50万元应计入固定资产成本

C. 生产线达到预定可使用状态并交付使用，计入固定资产的金额为330万元

D. 厂房达到预定可使用状态并交付使用，计入固定资产的金额为245万元

三、计算分析题

甲公司为一家上市公司，属于增值税一般纳税人，土地使用权及其不动产适用的增值税税率均为9%，机器设备及存货适用的增值税税率为13%，商标权适用的增值税税率为6%。甲公司在2×21年至2×23年发生的与固定资产有关的业务资料如下：

(1)2×21年12月1日，甲公司与乙公司签订资产置换合同，资料如下：

甲公司换出商标权X和设备Y，并开出增值税专用发票：

①商标权X的原价为4 000万元，已累计摊销2 800万元。其在2×21年12月1日的不含税公允价值为2 000万元，含税公允价值为2 120万元。

②设备Y的原价为14 000万元，已累计折旧9 800万元。其在2×21年12月1日的不含税公允价值为5 000万元，含税公允价值为5 650万元。

乙公司换出一宗土地使用权(无形资产)、该土地上的厂房以及厂房内一条生产线，并开出增值税专用发票：

①土地使用权不含税公允价值为3 600万元，含税公允价值为3 924万元，剩余使用年限为30年，采用直线法计提摊销，预计净残值为0。

②厂房不含税公允价值为1 400万元，含税公允价值为1 526万元，剩余使用年限为20年，采用年限平均法计提折旧，预计净残值为0。

③生产线不含税公允价值为2 000万元，含税公允价值为2 260万元，预计尚可使用年限为5年，采用年限平均法计提折旧，预计净残值为0。

甲公司收到乙公司支付的银行存款60万元。

2×21年12月14日，甲、乙公司办理完毕相关法律手续，各自取得换入的资产及相关的增值税专用发票。甲公司为换入生产

线发生保险费 3.4 万元，已以银行存款支付；换入的生产线立即投入改扩建工程；甲公司取得的土地使用权和厂房仍沿用原来的使用年限、折旧或摊销方法、预计净残值。

(2)2×21 年 12 月 14 日，甲公司开始以出包方式对该生产线进行改扩建，以银行存款支付不含税工程款项 575 万元，并收到相应的增值税专用发票，增值税税额为 51.75 万元。改扩建过程中拆除了一台不再需要的旧设备，其账面价值为 203.4 万元，无转让价值和使用价值，经批准计入损益。

2×21 年 12 月 31 日，该生产线达到预定可使用状态，已于当日投入使用。改扩建后，该生产线预计尚可使用年限变为 6 年，预计净残值为 23 万元，采用年限平均法计提折旧。

(3)2×22 年 12 月 31 日，甲公司在对该生产线进行检查时发现其存在减值迹象。在减值测试过程中，甲公司预计该生产线在未来 4 年内每年产生的现金流量净额分别为 200 万元、300 万元、400 万元、600 万元，预计第 5 年产生的现金流量净额以及该生产线使用寿命结束时处置形成的现金流量净额合计为 400 万元；假定按照 5% 的折现率和相应期间的时间价值系数计算该生产线未来现金流量的现值是合适的；该生产线的公允价值减去处置费用后的净额为 1 500 万元。已知，复利现值系数如下：(P/F，5%，1) = 0.952 4；(P/F，5%，2) = 0.907 0；(P/F，5%，3) = 0.863 8；(P/F，5%，4) = 0.822 7；(P/F，5%，5) = 0.783 5。

(4)2×23 年 1 月 1 日，该生产线的预计尚可使用年限为 5 年，预计净残值为 25.12 万元，采用直线法计提折旧。2×23 年 6 月 30 日，甲公司再次采用出包方式对该生产线进行改良。当日，该生产线停止使用，开始进行改良。在改良过程中，甲公司以银行存款支付工程总价款 243.88 万元(不考虑增值税)。2×23 年 8 月 20 日，改良工程完工验收合格并于当日投入使用，预计尚可使用年限为 8 年，预计净残值为 20 万元，采用直线法计提折旧。2×23 年 12 月 31 日，该生产线未发生减值。

其他资料：甲、乙公司的资产置换具有商业实质，且资产的公允价值能够可靠计量，不考虑增值税以外的其他相关税费等因素。

要求：

(1)根据资料(1)，分别计算甲公司在 2×21 年 12 月 14 日换出商标权 X 和设备 Y 对损益的影响金额，并编制甲公司 2×21 年与非货币性资产交换相关的会计分录。

(2)根据资料(1)、(2)，编制甲公司在 2×21 年对生产线进行改扩建的相关会计分录，计算上述土地使用权、厂房和生产线在 2×21 年 12 月 31 日、2×22 年 12 月 31 日的账面价值。

(3)根据资料(3)，计算甲公司 2×22 年 12 月 31 日该生产线的可收回金额；计算 2×22 年 12 月 31 日该生产线应计提的固定资产减值准备金额，并编制相应的会计分录。

(4)根据资料(4)，计算甲公司 2×23 年度该生产线改良前计提的折旧额；编制 2×23 年 6 月 30 日该生产线转入改良时的会计分录；计算 2×23 年 8 月 20 日改良工程达到预定可使用状态后该生产线的成本；计算该生产线在 2×23 年改良后至 2×23 年年末应计提的折旧额。

同步训练答案及解析

一、单项选择题

1. B 【解析】该设备的入账价值=4 000×2.486 9+123.6+38.8+90+1 000×0.022 1=10 222.1(万元)。

2. D 【解析】该项固定资产的入账价值=500+3+90+5+2=600(万元)，在2×22年应计提的折旧额=600×2/5×10/12+(600−600×2/5)×2/5×2/12=224(万元)。

3. A 【解析】选项B，对于企业所购置的环保设备和安全设备等资产，它们的使用虽然不能直接为企业带来经济利益，但有助于企业从相关资产中获取经济利益，或者将减少企业未来经济利益的流出，因此，发生的成本应计入安装成本；选项C、D，固定资产的各组成部分具有不同使用寿命或者以不同方式为企业提供经济利益，适用不同折旧率或折旧方法的，应当分别将各组成部分确认为单项固定资产，要分开计算折旧金额。

4. A 【解析】该项固定资产更新改造之前的账面价值=5 000−5 000/20×8=3 000(万元)，其中被替换部分的账面价值=800−800/20×8=480(万元)，因此该项固定资产更新改造之后的入账价值=3 000−480+1 000+80+400=4 000(万元)。

5. C 【解析】安装期间短于一年，不符合借款费用资本化条件，借款利息不能资本化。固定资产的入账价值=180+0.6+10+15+6=211.6(万元)，2×23年应提折旧额=(211.6−1.6)×6/21×6/12+(211.6−1.6)×5/21×6/12=55(万元)。

6. B 【解析】选项A，应作为重大前期差错更正进行追溯重述，应调整的期初留存收益金额=750×80%=600(万元)。选项B，应将与合同直接相关的固定资产修理费2万元确认为一项资产。选项C，①B设备的入账价值=8 000+640=8 640(万元)；②2×20年的折旧额=8 640×2/5=3 456(万元)，2×21年的折旧额=(8 640−3 456)×2/5=2 073.6(万元)，2×22年的折旧额=(8 640−3 456−2 073.6)×2/5=1 244.16(万元)；③2×22年年末，B设备的账面价值=8 640−(3 456+2 073.6+1 244.16)=1 866.24(万元)；④因报废而计入营业外支出的金额=1 866.24−1 000=866.24(万元)。选项D，C生产线的处置净损益=2 000−(6 000−4 600−200)=800(万元)，应计入资产处置损益，资产处置损益会对营业利润产生影响。

7. D 【解析】选项B，重新装修完工时，“固定资产—办公楼”的账面价值=24 000−4 000=20 000(万元)；选项C，重新装修完工时，“固定资产—固定资产装修”的成本=200−200+100+200+110=410(万元)；选项D，重新装修完工后，该办公楼在2×22年应计提的折旧额=(20 000−1 000)/20×3/12=237.5(万元)，重新装修完工后，“固定资产—固定资产装修”在2×22年应计提的折旧额=(410−10)/5×3/12=20(万元)。

8. A 【解析】选项A，弃置费用仅适用于特殊行业的特定固定资产，比如，石油天然气企业油气水井及相关设施的弃置、核电站核设施的处置等。

9. A 【解析】选项A，单独计价入账的土地、已提足折旧但仍继续使用的固定资产等不计提折旧。

二、多项选择题

1. AB 【解析】选项A，此种情况下所取得的土地使用权，应单独确认为无形资产；

选项 B，按照最新规定，企业将固定资产达到预定可使用状态前产出的产品或副产品对外销售的，应当按照收入准则、存货准则等对试运行销售相关的收入和成本分别进行会计处理，计入当期损益，不应将试运行销售相关收入抵销相关成本后的净额冲减固定资产成本或者研发支出。

2. ACD　【解析】选项 A、D，固定资产应自达到预定可使用状态的下月开始计提折旧，不论是否已办理竣工决算，也不论是否已投入使用。选项 C，改良期间应停止计提折旧。

3. AB　【解析】选项 C，企业选择固定资产折旧方法时，应以与固定资产有关的经济利益的预期消耗方式为依据。选项 D，办理了竣工决算手续后不需要调整原已计提的折旧额。

4. BCD　【解析】选项 A，与存货的生产和加工相关的固定资产的日常修理费用，一般应计入相关产成品的成本。

5. AD　【解析】选项 B，不动产建造工程领用外购原材料进项税额可以抵扣；选项 C，购买生产用机器设备支付的增值税进项税额可以抵扣，不计入固定资产成本。

6. ABD　【解析】选项 C，一般应作为无形资产（土地使用权）单独核算。

7. ABCD

8. AB　【解析】选项 A，改良后，A 设备的成本 = 3 600 − 3 600/5 × 3 + (220 − 10) = 1 650（万元）；选项 B，A 设备在改良后至 2×22 年年末应计提的折旧额 = 1 650/(8×12−3×12−5)×4 = 120（万元）；选项 C，应作为前期重大差错，通过“以前年度损益调整”科目核算，不应计入当期营业外收入；选项 D，甲公司应在 2×22 年 12 月 31 日将 B 设备划分为持有待售资产，并按照“账面价值（300 万元）”大于“公允价值减去出售费用后的净额（270 万元）”的差额，确认资产减值损失 30 万元。

9. ACD　【解析】选项 B，支付安全生产检查费 5 万元时应冲减专项储备；选项 C，企业使用提取的安全生产费购入安全生产用设备在达到预定使用状态时，要全额计提折旧冲减专项储备，全额计提折旧后，固定资产的账面价值为 0，年末该固定资产在资产负债表中的列报金额为 0；选项 D，专项储备在资产负债表中的列报金额 = 3 000 + 100 − 5 − (2 000 + 3) = 1 092（万元）。

10. ABCD　【解析】选项 A，会计分录：

借：营业外支出　　1.76
　　其他应收款　　0.5
　　贷：工程物资—A　　2
　　　　应交税费—应交增值税（进项税额转出）　　(2×13%)0.26

选项 B，建设期内土地使用权摊销额 50 万元应计入固定资产（厂房）成本；选项 C、D，生产线入账价值 = 180 + 115 + 35 = 330（万元）；厂房入账价值 = 100 + 67 + 10 + 18 + 50 = 245（万元）。

三、计算分析题

【答案】

(1) 换出商标权 X 对损益的影响金额 = 2 000 − (4 000 − 2 800) = 800（万元）；换出设备 Y 对损益的影响金额 = 5 000 − (14 000 − 9 800) = 800（万元）。甲公司 2×21 年与非货币性资产交换相关的会计分录如下：

借：固定资产清理　　4 200
　　累计折旧　　9 800
　　贷：固定资产　　14 000

借：无形资产—土地使用权　　3 600
　　固定资产—厂房　　1 400
　　在建工程—生产线　　(2 000+3.4)2 003.4
　　应交税费—应交增值税（进项税额）　　(3 600×9%+1 400×9%+2 000×13%)710
　　累计摊销　　2 800
　　银行存款　　(60−3.4)56.6

贷：无形资产—商标权X　4 000
　　固定资产清理　4 200
　　资产处置损益
　　（2 000−1 200+5 000−4 200）1 600
　　应交税费—应交增值税（销项税额）
　　（2 000×6%+5 000×13%）770

（2）①甲公司2×21年生产线进行改扩建的相关会计分录：

改扩建过程中发生相关支出：

借：在建工程　575
　　应交税费—应交增值税（进项税额）
　　51.75
　贷：银行存款　626.75

借：营业外支出　203.4
　贷：在建工程　203.4

完工时：

借：固定资产—生产线　2 375
　贷：在建工程
　　（2 003.4+575−203.4）2 375

②2×21年12月31日：

土地使用权的账面价值＝3 600−3 600/30×1/12＝3 590（万元）；厂房的账面价值＝1 400（万元）；生产线的账面价值＝2 375（万元）。

③2×22年12月31日：

土地使用权的账面价值＝3 600−3 600/30×1/12−3 600/30＝3 470（万元）；厂房的账面价值＝1 400−1 400/20＝1 330（万元）；生产线的账面价值＝2 375−（2 375−23）/6＝1 983（万元）。

（3）①该生产线预计未来现金流量的现值＝200×0.952 4＋300×0.907 0＋400×0.863 8＋600×0.822 7＋400×0.783 5＝1 615.12（万元）；公允价值减去处置费用后净额＝1 500（万元）；预计未来现金流量的现值大于公允价值减去处置费用后的净额，所以，该生产线的可收回金额为1 615.12万元。

②该生产线应计提的减值准备金额＝1 983−1 615.12＝367.88（万元）。

借：资产减值损失　367.88
　贷：固定资产减值准备　367.88

（4）①2×23年改良前计提的折旧额＝（1 615.12−25.12）/5×1/2＝159（万元）；

②改良时结转固定资产账面价值的分录：

借：在建工程　1 456.12
　　累计折旧
　　［（2 375−23）/6+159］551
　　固定资产减值准备　367.88
　贷：固定资产　2 375

③改良完工后生产线的成本＝1 456.12＋243.88＝1 700（万元）；

④在2×23年改良后至2×23年年末应计提的折旧额＝（1 700−20）/8×4/12＝70（万元）。

第四章 无形资产

考情解密

历年考情概况

在近几年考试中，本章的客观题考点集中在无形资产的核算范围、初始计量、内部研发等内容上；在主观题中，本章的考试热点是内部研发、分期付款购买无形资产以及与会计差错更正相结合的会计处理等。本章内容在考试中的分值在2~6分之间。除上述考查角度外，本章内容也可能与非货币性资产交换、债务重组、所得税等相结合，在主观题中进行考查。

本章属于基础性章节，是后期学习道路上的一块基石，学好本章知识可以为后续章节的学习做好铺垫。

近年考点直击

考点	主要考查题型	考频指数	考查角度
无形资产的初始计量	单选题、多选题	★★	①给出描述，要求选择正确的会计处理；②以分期付款方式购买无形资产的相关处理；③无形资产的定义和特征
土地使用权	单选题、多选题	★★	①给出描述，要求选择正确的会计处理；②与增值税、借款费用相结合，考查资产成本的确定；③辨别不同情形下土地使用权的核算科目
自行研发的无形资产	单选题、综合题	★★	①与所得税章节相结合，判断相关事项是否产生暂时性差异，是否确认递延所得税；②无形资产内部研发的会计处理
无形资产的后续计量	单选题、多选题	★★	①判断关于无形资产摊销的表述是否正确；②判断无形资产不需要摊销的情形

2022年考试变化

本章新增“所建造的自用建筑物达到预定可使用状态前，相关土地使用权的摊销额应计入工程成本”的说明，其他内容未发生实质性变化。

考点详解及精选例题

一、无形资产的初始计量★★

（一）无形资产的定义

无形资产是指企业拥有或者控制的没有实物形态的可辨认非货币性资产。

可辨认性的标准：一是能够从企业中分离或者划分出来，并能单独或者与相关合同、资产或负债一起，用于出售、转移、授予许可、租赁或者交换。二是源自合同性权利或其他法定权利，无论这些权利是否可以从企业或其他权利和义务中转移或者分离。

商誉不属于无形资产，因为商誉的存在无法与企业自身分离，不具有可辨认性。

(二)外购无形资产

1. 无形资产成本包括的内容

外购无形资产的成本，包括购买价款、相关税费(不包括可以抵扣的增值税)以及直接归属于使该项资产达到预定用途所发生的其他支出(如专业服务费用、测试无形资产是否能够正常发挥作用的费用等)。

【快速记忆】外购的“资产三兄弟”(固定资产、无形资产、投资性房地产)，其成本所涵盖的内容基本相同。

2. 不计入无形资产成本的内容

为引入新产品进行宣传发生的广告费(计入销售费用)、管理费用及其他间接费用，以及在无形资产已经达到预定用途以后发生的费用等，均不属于为使无形资产达到预定用途所发生的必要支出，不应计入无形资产成本。

(三)分期付款购买无形资产

购买无形资产的价款超过正常信用条件延期支付，实质上具有融资性质的，无形资产的初始成本及其会计处理方法与固定资产的处理思路相同，此处不再重复讲授。

(四)投资者投入的无形资产

投资者投入无形资产的成本应当按照投资合同或协议约定的价值确定，但合同或协议约定价值不公允的除外(合同或协议约定价值不公允时，按公允价值作为其入账价值)。

【快速记忆】企业收到投资者投入的存货、固定资产、无形资产等，均应当按照投资合同或协议约定的价值确定，在投资合同或协议约定价值不公允的情况下，按照该项资产的公允价值作为其入账价值。

(五)通过政府补助取得的无形资产

按照公允价值作为其入账价值。公允价值不能可靠取得的，按照名义金额计量。

(六)企业取得的土地使用权的会计处理

企业取得土地使用权时，通常需要结合其具有用途分情况进行会计处理，土地使用权的会计处理具体如图4-1 所示。

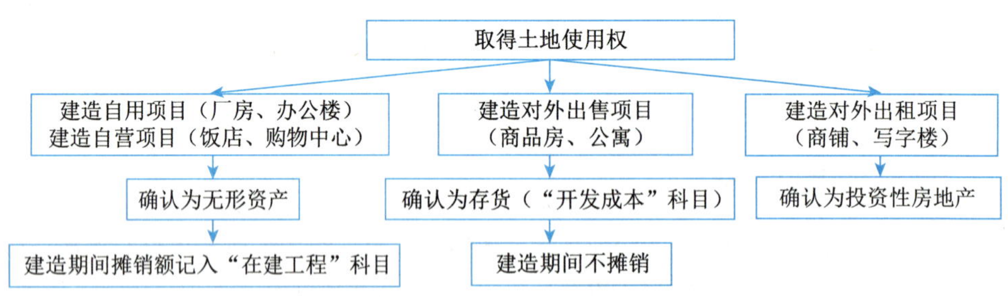

图 4-1　土地使用权的会计处理

企业取得土地使用权时，入账成本通常为取得时所支付的价款及相关税费。需要注意的是，如果企业外购房屋建筑物所支付的价款中包括土地使用权以及建筑物的价值，则应当对实际支付的价款按照公允价值相对比例或其他更合理的方法在土地使用权和地上建筑物之间进行分配；如果确实无法进行合理分配，则应当全部确认为固定资产。

【例题 1 · 计算分析题】A 房地产开发公司(以下简称“A 公司”)属于增值税一般纳税人，与土地使用权及不动产相关事项的增值税税率均为9%，对固定资产和无形资产均采用直线法进行折旧摊销。有关业务如下：

(1)2×22 年 1 月 20 日，A 公司以拍卖方式取得一宗土地使用权，不含税价格为50 000 万元，增值税进项税额为 4 500 万元，以银行存款转账支付，该土地使用权的使用年限为50年。A公司于2×22年1月20日开始在该地块上建造自用办公楼，截至2×22年年末尚未达到预定可使用状态。

(2)2×22年1月30日，A公司取得其股东作为出资投入的一宗土地使用权及地上建筑物，投资协议约定土地使用权的价值(等于其公允价值)为6 600万元，投资协议约定地上建筑物的价值(等于其公允价值)为3 600万元，增值税进项税额共计918万元。A公司按上述资产的价税合计数相应增加其注册资本。A公司将上述土地使用权及地上建筑物用于管理部门办公，预计尚可使用寿命均为50年，预计净残值均为0。

(3)2×22年3月20日，A公司以拍卖方式取得一宗土地使用权，不含税价格为100 000万元，增值税进项税额为9 000万元，以银行存款转账支付。该项土地使用权的使用年限为70年。A公司取得该项土地使用权后，以出包方式在该地块上建造住宅小区，建成后将对外销售。

要求：根据以上资料编制A公司在2×22年的相关会计分录。

答案

(1)2×22年1月20日取得时：

借：无形资产　50 000

　应交税费—应交增值税(进项税额)　4 500

　贷：银行存款　54 500

2×22年计提摊销额的处理：

借：在建工程　(50 000/50)1 000

　贷：累计摊销　1 000

(2)2×22年1月30日取得时：

借：无形资产　6 600

　固定资产　3 600

　应交税费—应交增值税(进项税额)　918

　贷：实收资本　11 118

2×22年计提折旧摊销额的处理：

借：管理费用　198

　贷：累计摊销　(6 600/50)132

　　累计折旧　(3 600/50×11/12)66

(3)2×22年3月20日取得时：

借：开发成本　100 000

　应交税费—应交增值税(进项税额)　9 000

　贷：银行存款　109 000

【例题2 · 多选题】☆甲公司发生的相关交易或事项如下：(1)经拍卖取得一块土地，甲公司拟在该土地上建造一栋办公楼；(2)经与乙公司交换资产取得土地使用权，甲公司拟在该土地上建造商品房；(3)购入一厂房，厂房和土地的公允价值均能可靠计量；(4)将原自用的土地改为出租。不考虑其他因素，下列各项关于甲公司持有土地使用权会计处理的表述中，正确的有(　)。

A. 拍卖取得用于建造办公楼的土地确认为无形资产

B. 交换取得用于建造商品房的土地确认为存货

C. 购入厂房取得的土地确认为固定资产

D. 将自用改为出租的土地从租赁期开始日起确认为投资性房地产

解析 选项C，厂房和相关土地使用权的公允价值能可靠计量，因此可按公允价值比例等对价款进行分配，将相关的土地使用权单独确认为无形资产。　**答案** ABD

(七)内部研究开发费用

1. 区分研究阶段与开发阶段分别进行核算

企业内部研究开发项目研究阶段的支出，应当于发生时计入当期损益；开发阶段的支出中，满足资本化条件的计入无形资产的成本，不满足资本化条件的，计入当期损益。无法区分研究阶段和开发阶段的支出，应当在发生时计入当期损益。此处所说的当期损益，都是指记入“管理费用”科目，在利润表列示为“研发费用”项目。

2. 内部研发形成的无形资产的成本

满足资本化条件的内部研发支出所形成

的无形资产成本=开发时所耗费的材料、劳务成本、注册费+开发过程中所使用的其他无形资产的摊销额、专用设备的折旧额+可以资本化的利息支出等

注意，只有满足资本化条件的时点至无形资产达到预定用途前所发生的支出才能计入无形资产成本，在该研发项目达到资本化条件之前已经费用化计入当期损益的支出不能再在研发成功时调整计入无形资产成本。内部研发无形资产成本的确认原则如图4-2所示。

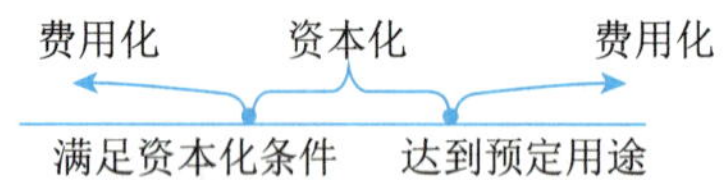

图4-2 内部研发无形资产成本的确认原则

3. 会计核算

企业自行研发无形资产发生的研发支出，在发生时应先通过“研发支出”科目进行归集。

『提示』将研发过程中产出的产品或副产品对外销售的，应当按照适用的会计准则对试运行销售相关的收入和成本分别进行会计处理，计入当期损益。

【例题3·计算分析题】甲公司于2×22年1月2日开始自行研究开发一项无形资产。有关业务资料如下：研究阶段发生职工薪酬30万元、计提专用设备折旧40万元；进入开发阶段后，相关支出符合资本化条件前发生的职工薪酬为30万元、计提专用设备折旧30万元；符合资本化条件后发生职工薪酬100万元，计提专用设备折旧200万元；2×22年10月2日，该项无形资产达到预定用途并交付管理部门使用。甲公司预计该项无形资产的受益期限为10年，采用直线法摊销，不考虑预计净残值。

要求：根据上述资料编制2×22年的相关会计分录，说明2×22年资产负债表“无形资产”项目、利润表“研发费用”项目应列示的金额。

答案

(1)发生研发支出。

借：研发支出—费用化支出

(30+40+30+30)130

—资本化支出

(100+200)300

贷：应付职工薪酬 (30+30+100)160

累计折旧 (40+30+200)270

(2)期(月)末，应将该科目归集的费用化支出金额转入“管理费用”科目。

借：管理费用 130

贷：研发支出—费用化支出 130

【快速记忆】“研发支出—资本化支出”科目余额应在资产负债表“开发支出”项目中列示。

(3)研究开发项目达到预定用途形成无形资产。

借：无形资产 300

贷：研发支出—资本化支出 300

(4)无形资产摊销计入管理费用的金额=300/10×3/12=7.5(万元)。

借：管理费用 7.5

贷：累计摊销 7.5

(5)甲公司2×22年资产负债表“无形资产”项目的列报金额=300-7.5=292.5(万元)。甲公司2×22年利润表“研发费用”项目的列报金额=130+7.5=137.5(万元)。

【快速记忆】(1)“研发费用”项目，反映企业进行研究与开发过程中发生的费用化支出，以及计入管理费用的自行开发无形资产的摊销。该项目应根据“管理费用”科目下的“研究费用”明细科目的发生额，以及“管理费用”科目下的“无形资产摊销”明细科目的发生额分析填列。

(2)自行开发无形资产在计算当期应纳税所得额时，一般需要进行纳税调整。

二、无形资产后续计量★★

(一)估计使用寿命

1. 无形资产的使用寿命有限

无形资产的使用寿命如果是有限的，则

应当估计该使用寿命的年限或者构成使用寿命的产量等类似计量单位数量，并进行摊销。

2. 无形资产的使用寿命不确定

无法预见无形资产为企业带来经济利益期限的，应当视为使用寿命不确定的无形资产，不需要进行摊销，但是需要在每个会计期间进行减值测试。

【例题4·多选题】☆下列各项资产中，后续计量时不应当进行摊销的有(　)。

A. 持有待售的无形资产

B. 尚未达到预定用途的开发阶段支出

C. 非同一控制下企业合并中取得、法律保护期还剩10年的专利权

D. 使用寿命不确定的无形资产

解析 非同一控制下企业合并取得的使用寿命有限的无形资产，后续计量应当进行摊销，所以C选项不正确。 **答案** ABD

3. 无形资产使用寿命的复核

企业至少应当于每年年度终了，对使用寿命有限的无形资产的使用寿命及摊销方法进行复核。如果有证据表明无形资产的使用寿命及摊销方法与以前的估计不同，应当改变其摊销期限和摊销方法，并按照会计估计变更进行处理。

企业应当在每个会计期间对使用寿命不确定的无形资产的使用寿命进行复核。如果有证据表明无形资产的使用寿命是有限的，应当估计其使用寿命，进而作为使用寿命有限的无形资产进行后续期间的核算。上述变更也属于会计估计变更。

【例题5·单选题】☆下列各项关于无形资产会计处理的表述中，正确的是(　)。

A. 自行研究开发的无形资产在尚未达到预定用途前无须考虑减值

B. 使用寿命不确定的无形资产在持有过程中不应该摊销也不考虑减值

C. 同一控制下企业合并中，合并方应确认被合并方在该项交易前未确认的无形资产

D. 非同一控制下企业合并中，购买方应确认被购买方在该项交易前未确认但可单独辨认且公允价值能够可靠计量的无形资产

解析 选项A，自行研究开发的无形资产在尚未达到预定用途前，由于具有较大不确定性，因此需要在每年年末进行减值测试；选项B，使用寿命不确定的无形资产在持有过程中不应当计提摊销，但至少需要在每年年末进行减值测试；选项C，同一控制下企业合并中，合并日不会产生新资产和负债，所以合并方不需要确认被合并方在该项交易前未确认的无形资产。 **答案** D

(二)无形资产摊销期和摊销方法

1. 无形资产摊销时间

企业摊销无形资产，应当自无形资产可供使用时起，至不再作为无形资产确认时止。即当月增加的无形资产，从当月开始摊销；当月减少的无形资产当月不再摊销。

2. 无形资产摊销方法

企业选择无形资产摊销方法时，应根据与无形资产有关的经济利益的预期消耗方式作出决定。由于收入可能受到投入、生产过程和销售等因素的影响，这些因素与无形资产有关经济利益的预期消耗方式无关，因此，企业通常不应以包括使用无形资产在内的经济活动所产生的收入为基础进行摊销。

企业选择的无形资产摊销方法，包括直线法、产量法等，还可采用类似固定资产加速折旧的方法进行摊销；无法可靠确定其预期消耗方式的，应当采用直线法进行摊销。

3. 持有待售的无形资产

持有待售的无形资产不进行摊销，按照账面价值与公允价值减去出售费用后的净额孰低进行计量。

(三)无形资产的残值

无形资产的残值一般为0，除非有第三方承诺在无形资产使用寿命结束时愿意以一定的价格购买该项无形资产，或者存在活跃的市场，通过市场可以得到无形资产使用寿命结束时的残值信息，并且从目前情况看，

在无形资产使用寿命结束时，该市场还可能存在的情况下，可以预计无形资产的残值。

在持有无形资产的期间内，企业至少应于每年年末对无形资产的残值进行复核。在复核过程中如果预计其残值与原估计金额不同，应按照会计估计变更进行处理。如果无形资产的残值重新估计以后高于其账面价值的，则无形资产不再摊销，直至残值降至低于账面价值时再恢复摊销。

（四）无形资产摊销的会计处理

借记“管理费用”“制造费用”“销售费用”“其他业务成本”“研发支出”“在建工程”科目，贷记“累计摊销”科目。

企业取得土地使用权并在该土地上建造自用建筑物时，所建造的建筑物达到预定可使用状态前，相关土地使用权在建造期间的摊销额一般应计入工程成本。

【例题 6 · 单选题】A 公司 2×22 年 4 月 2 日以银行存款 500 万元外购一项专利权以生产新产品，税法规定该项专利权免征增值税。另支付专业服务费用 80 万元、测试无形资产是否能够正常发挥作用的费用等 20 万元（不涉及试运行销售）。为了宣传新产品而发生的广告费 10 万元，已经支付给广告公司。该项专利权剩余的法律保护年限为 11 年，A 公司估计该项专利权受益期限为 8 年。同日某公司与 A 公司签订合同约定 5 年后以 50 万元购买该项专利权。A 公司对该项专利权采用直线法摊销。A 公司 2×22 年度应确认的无形资产摊销额为（ ）。

A. 120 万元

B. 110 万元

C. 75 万元

D. 82.5 万元

解析 无形资产入账价值 = 500 + 80 + 20 = 600（万元）；2×22 年度无形资产摊销额 = (600 − 50)/5×9/12 = 82.5（万元）。

答案 D

三、无形资产处置★★

（一）无形资产出租

企业以经营租赁方式出租无形资产的，可设置会计科目“其他业务收入”“其他业务成本”等进行核算。

（二）无形资产出售

企业出售无形资产时，应将所取得的价款与该无形资产账面价值的差额作为资产处置利得或损失（资产处置损益），与固定资产处置性质相同，计入当期损益。

【快速记忆】无形资产与固定资产的处置的相同与不同点：

（1）不同：固定资产的处置需要通过“固定资产清理”科目核算，无形资产的处置则不需要；

（2）相同：处置取得的价款与该资产账面价值的差额作为资产处置利得或损失（资产处置损益）。

（三）无形资产报废

无形资产预期不能为企业带来经济利益的，应当将该无形资产予以转销，将其账面价值转作当期损益。转销时，应按“累计摊销”“无形资产减值准备”科目的余额（如果有），借记“累计摊销”科目和“无形资产减值准备”科目；按“无形资产”科目的余额，贷记“无形资产”科目；同时按差额借记“营业外支出”科目。

【快速记忆】固定资产与无形资产报废的会计处理类似，相关净损失均记入“营业外支出”科目。

同步训练

限时 60min

一、单项选择题

1. ☆下列关于无形资产摊销的表述中，正确的是(　)。
   A. 使用寿命不确定的无形资产不需要摊销，当出现减值迹象时，进行减值测试
   B. 划分为持有待售的无形资产，应按尚可使用年限摊销
   C. 使用寿命有限的无形资产，其残值一般为0
   D. 专门用于生产产品的无形资产应按期摊销，计入管理费用
2. 企业对其所持有的土地使用权所做的下列会计处理中，不符合会计准则规定的是(　)。
   A. 房地产开发企业，将其持有的土地使用权对外出租，自租赁期开始日停止摊销并转为采用公允价值进行后续计量
   B. 制造业企业，将用作办公用房的外购房屋价款按照房屋建筑物和土地使用权的公允价值比例进行分摊，分别确认固定资产和无形资产，并采用不同的年限计提折旧或摊销
   C. 房地产开发企业，将其持有的用于建造自用办公楼的土地使用权作为存货核算
   D. 制造业企业，将其购入的用于建造自用厂房的土地使用权作为无形资产核算
3. 2×21年10月1日，A公司与B公司签订合同，约定A公司将于2×22年1月31日将其持有的一项专利权出售给B公司，售价为150万元。该专利权在当前状态下可立即出售。A公司在2×19年7月18日购入该项专利权时所支付的买价为350万元，另支付相关费用10万元。A公司取得该专利权后，采用直线法按5年进行摊销，预计净残值为0。2×22年1月31日，A公司与B公司办理完毕相关资产转移手续。假定不考虑其他因素。2×22年1月31日，该无形资产的处置损益是(　)。
   A. -48万元　　B. 0
   C. -42.5万元　　D. 45万元
4. 下列有关自行开发无形资产发生的研发支出的处理方法中，不正确是(　)。
   A. 企业自行开发无形资产发生的研发支出，不满足资本化条件的，借记“管理费用”科目，满足资本化条件的，借记“无形资产”科目
   B. 企业自行开发无形资产发生的研发支出，不满足资本化条件的，借记“研发支出—费用化支出”科目
   C. 企业自行开发无形资产发生研发支出的，应在期末将“研发支出—费用化支出”科目余额转入“管理费用”科目
   D. 企业自行开发无形资产发生研发支出的，当研究开发项目达到预定用途时，应按“研发支出—资本化支出”科目的余额，转入无形资产
5. 甲公司发生的部分与无形资产相关的交易或事项如下：(1)2×21年1月1日，甲公司购入某办公软件，入账价值为525万元，预计使用年限为5年，法律规定有效使用年限为7年，采用直线法摊销，预计净残值为0。2×21年12月31日，甲公司为维护该软件发生支出12万元。(2)2×21年7月1日，甲公司取得一项专利权，供销售部门使用，成本为360万元，预计净残值为0。甲公司取得专利权时，无法合理预计

其使用寿命。2×21 年年末，甲公司对该无形资产进行减值测试，确定其可收回金额为 330 万元。2×22 年 7 月 1 日，甲公司管理层作出决议，计划于 5 年后将该专利权出售给乙公司，乙公司承诺 5 年后以 80 万元的价格购买该专利权。假定不考虑其他因素，则甲公司下列会计处理中，不正确的是（　）。

A. 甲公司购入的软件在 2×21 年的摊销额为 105 万元

B. 软件维护费用 12 万元应当计入当期损益

C. 甲公司应于 2×22 年 7 月 1 日将专利权由使用寿命不确定的无形资产变更为使用寿命有限的无形资产，该变更属于会计估计变更

D. 甲公司该项专利权对其 2×22 年度损益的影响金额为 28 万元

6. 甲公司于 2×22 年 1 月 5 日开始自行研究开发一项无形资产，同年 12 月 1 日达到预定用途并交付管理部门使用。其中，研究阶段以银行存款支付材料支出 30 万元、发生职工薪酬和专用设备折旧共 20 万元；进入开发阶段后，相关支出符合资本化条件前以银行存款支付材料支出 30 万元、发生的职工薪酬和计提专用设备折旧共 20 万元、在开发该无形资产的过程中使用的其他专利权和特许权的摊销为 30 万元，符合资本化条件后发生职工薪酬 100 万元、以银行存款支付材料支出 100 万元、在开发该无形资产过程中使用的其他专利权和特许权的摊销为 100 万元。甲公司估计该项专利权受益期限为 10 年，采用直线法摊销，预计净残值为 0。假定上述职工薪酬尚未实际支付，不考虑其他税费等因素。下列关于甲公司 2×22 年财务报表列示的表述中，正确的是（　）。

A. 资产负债表中的“无形资产”项目应按 297.5 万元列示

B. 资产负债表中的“开发支出”项目应按 300 万元列示

C. 利润表中的“研发费用”项目应按 130 万元列示

D. 应将上述事项的有关现金支出在现金流量表中列示为经营活动现金流量 160 万元

7. A 公司于 2×22 年 8 月 6 日购入一项专利技术，价款为 420 万元（不考虑增值税）。2×22 年 9 月 6 日，该项无形资产达到能够按管理层预定的方式运作所必需的状态并正式用于甲产品生产，A 公司预计该无形资产共可生产甲产品 10 万件，预计净残值为 0，采用产量法摊销。2×22 年，A 公司实际生产甲产品 1 000 件。不考虑其他因素，A 公司在 2×22 年度摊销该项无形资产时应计入的会计科目和应确认的金额分别是（　）。

A. 销售费用，4.2 万元

B. 其他业务成本，14 万元

C. 制造费用，4.2 万元

D. 管理费用，14 万元

二、多项选择题

1. ☆下列各项关于无形资产的定义、特征和会计处理的表述中，正确的有（　）。

A. 使用寿命不确定的无形资产不应摊销，但至少应在每年年度终了进行减值测试

B. 无形资产属于非货币性资产

C. 企业为引入新产品进行宣传而发生的广告费，不应计入无形资产的成本

D. 无形资产的特征之一是具有可辨认性

2. 下列交易或事项中，会影响企业当期营业利润的有（　）。

A. 出售无形资产取得出售收益

B. 以经营租赁方式出租无形资产取得租金收入

C. 使用寿命有限的管理用无形资产的摊销

D. 使用寿命不确定的无形资产计提的减值

3. 甲公司为制造业企业，其在 2×22 年发生的交易或事项如下：(1)2 月 1 日，甲公司购入一项专利技术，专用于产品生产，并于当日投入使用。甲公司预计该专利技术的使用年限为 10 年，预计净残值为 0。(2)5 月 1 日，取得一项土地使用权，用于建造自用办公楼，该办公楼已于 5 月 20 日开工建造，至当年年末尚未完工。该土地使用权预计使用寿命为 50 年，预计净残值为 0。(3)7 月 1 日，取得一项土地使用权，并于当日开始在该地块上建造一栋写字楼，董事会已作出书面决议，该写字楼建成后将对外出租，且其持有意图在短期内不会发生变化。截至当年年末，该工程尚未完工。(4)10 月 1 日，甲公司取得政府无偿划拨的一项土地使用权，用于建造自用厂房。该土地使用权的公允价值不能可靠取得。假定甲公司对无形资产采用直线法摊销，对投资性房地产采用成本模式计量并按直线法计提折旧或摊销。不考虑其他因素，则下列说法中不正确的有(　)。

A. 取得的专利技术应作为无形资产核算，其摊销额应计入管理费用

B. 5 月 1 日取得的土地使用权应作为无形资产核算，其在 2×22 年的摊销额应计入管理费用

C. 7 月 1 日取得的土地使用权应作为投资性房地产核算

D. 取得政府无偿划拨的土地使用权应以名义金额 1 元入账

4. 下列关于无形资产会计处理方法的表述中，不正确的有(　)。

A. 企业自创的商誉应确认为无形资产，其使用寿命无法可靠确定，因此不需对其进行摊销

B. 使用寿命有限的无形资产，其摊销方法不得变更，只能采用直线法摊销

C. 使用寿命有限的无形资产，其使用寿命与以前估计不同的，应当改变摊销期限，按照会计估计变更方法进行处理

D. 使用寿命不确定的无形资产，如果后续期间有证据表明其使用寿命是有限的，应视为会计政策变更，估计其使用寿命并按照使用寿命有限的无形资产的处理原则处理

5. 下列有关无形资产的表述中，正确的有(　)。

A. 使用寿命有限的无形资产，其残值均应当视为 0

B. 如果可以根据活跃市场得到预计残值信息，并且从目前情况看该市场在无形资产使用寿命结束时可能存在，应预计其残值

C. 如果有第三方承诺在无形资产使用寿命结束时购买该无形资产，应预计其残值

D. 使用寿命不确定的无形资产在使用期间不应摊销，但应于每年年度终了时进行减值测试

6. 甲公司为房地产企业，发生的相关交易或事项如下：(1)甲公司以拍卖方式取得 50 亩土地使用权，拟在该土地上建造购物中心并自行经营；(2)甲公司经与 A 公司进行非货币性资产交换，取得 60 亩土地使用权，拟在该土地上建造写字楼对外出售；(3)甲公司购入一栋办公楼，取得不动产权证，办公楼和土地的公允价值均能可靠计量，拟自用；(4)在非同一控制下企业合并中取得 80 亩土地使用权，进行初步开发后拟待其增值后再转让。不考虑其他因素，下列各项关于甲公司持有土地使用权会计处理的表述中，表述正确的有(　)。

A. 将通过拍卖方式取得的用于建造购物中心的 50 亩土地使用权确认为无形资产

B. 将通过非货币性资产交换方式取得的用于建造对外出售的写字楼的 60 亩土地使用权确认为存货

C. 将购入办公楼取得的土地使用权确认为固定资产

D. 将非同一控制下企业合并中取得的80亩土地使用权确认为投资性房地产

7. 2×22年，甲公司为一项新产品专利技术进行了相关的研究开发活动，相关资料如下：4月属于研究阶段，发生材料费10万元、设备折旧费10万元；从5月开始进入开发阶段，当月发生材料费40万元、职工薪酬30万元，专用设备折旧费10万元，合计80万元，其中，符合资本化条件的支出为50万元；6月发生开发支出40万元，包括职工薪酬30万元，专用设备折旧费10万元，全部符合资本化条件；7月初，该专利技术达到预定用途，并交付生产车间用于生产产品。该专利技术预计使用年限为5年，采用直线法摊销。研发完成时甲公司与A公司签订销售合同，约定5年后将该专利技术出售给A公司，合同价款为5万元。假定不考虑相关税费等因素，按月将费用化支出转入管理费用，按年摊销无形资产。下列有关自行开发无形资产发生的研发支出的表述中，正确的有(　)。

A. 2×22年4月确认“研发支出—费用化支出”20万元，期末转入管理费用

B. 2×22年5月确认“研发支出—费用化支出”30万元，期末转入管理费用

C. 2×22年7月初确认“无形资产”90万元

D. 2×22年无形资产摊销并计入制造费用的金额为8.5万元

三、计算分析题

1. 甲公司属于增值税一般纳税人，有关无形资产的资料如下：

(1)2×21年1月2日，甲公司从乙公司购买一项ERP(管理系统)，由于甲公司资金周转比较紧张，经与乙公司协商，双方同意采用分期付款方式支付款项。合同规定，该项ERP总计6 000万元，首期款项1 000万元，于2×21年1月2日支付，其余款项在2×21年年末至2×25年年末的5年内平均支付，每年的付款日期为当年12月31日。该ERP在购入时达到预定可使用状态。假定折现率为10%。预计使用年限为10年，采用直线法摊销，预计净残值为0。(P/A，10%，5)= 3.790 8。

2×21年1月2日、2×21年12月31日分别取得的增值税专用发票上注明的价款均为1 000万元，增值税进项税额均为60万元，款项已经支付。

(2)2×22年1月2日，甲公司与丙公司签订ERP转让协议，甲公司出售该项ERP，转让价款为5 500万元。2×22年1月5日，甲公司办妥相关资产转移手续并收到丙公司支付的款项5 830万元(含增值税330万元)。同日，甲公司与丙公司办理完成了ERP转让手续。

不考虑增值税以外等其他因素。

要求：

(1)根据资料(1)，编制甲公司2×21年1月2日、12月31日的会计分录；计算2×21年12月31日长期应付款的账面价值。

(2)根据资料(2)，编制2×22年1月2日甲公司出售ERP的会计分录。

2. 甲公司2×20年1月2日开始自行研究开发无形资产，适用的所得税税率为25%，税法规定，其开展研发活动实际发生的研发费用，未形成无形资产计入当期损益的，在按规定据实扣除的基础上，再按照实际发生额的75%在税前加计扣除；形成无形资产的按照无形资产成本的175%在税前摊销。假定各年税前利润均为10 000万元。有关业务资料如下：

(1)2×20年发生原材料费用100万元、职工薪酬500万元、计提专用设备折旧100万元。经评估，2×20年该项研发活动处于研究阶段。

(2)经评估，该项研发活动自2×21年年初开始进入开发阶段，2×21年所发生的相关支出如下：符合资本化条件前发生原材

料费用 200 万元、职工薪酬 350 万元、计提专用设备折旧 50 万元；符合资本化条件后发生原材料费用 1 950 万元、职工薪酬 2 000 万元，计提专用设备折旧 50 万元。

(3)2×22 年发生的符合资本化条件的职工薪酬 4 000 万元，满足资本化条件的借款费用 50 万元。7 月 1 日，该项无形资产达到预定用途交付管理部门使用。该项无形资产受益期限为 10 年，采用直线法摊销，预计净残值为 0。

其他资料：不考虑其他因素。

要求：

(1)根据资料(1)，编制 2×20 年与研发无形资产相关的会计分录，并计算应交所得税的金额。

(2)根据资料(2)，编制 2×21 年与研发无形资产相关的会计分录，并计算应交所得税的金额。

(3)根据资料(3)，编制 2×22 年与研发无形资产相关的会计分录，并计算应交所得税的金额，说明资产负债表“无形资产”项目列报的金额。

同步训练答案及解析

一、单项选择题

1. C 【解析】选项 A，使用寿命不确定的无形资产，在持有期间不需要摊销，但至少应当于每年年度终了进行减值测试。选项 B，持有待售资产不进行摊销。选项 D，无形资产的摊销额一般应计入当期损益，但如果某项无形资产是专门用于生产某种产品或者其他资产，则该无形资产的摊销额一般应当计入相关资产的成本。

2. C 【解析】选项 C，房地产开发企业应将其持有的用于建造自用办公楼的土地使用权作为无形资产核算。

3. B 【解析】2×21 年 10 月 1 日，A 公司应将该项无形资产划分为持有待售的非流动资产。将无形资产划分为持有待售类别时，其账面价值高于其公允价值减去出售费用后的净额的，企业应将账面价值减记至公允价值减去出售费用后的净额，减记的金额确认为资产减值损失。当日，该无形资产的账面价值 = 360 - 360/5/12×(12+12+3) = 198(万元)，公允价值 - 出售费用 = 150 - 0 = 150(万元)，因此，A 公司在 2×21 年 10 月 1 日应确认的资产减值损失 = 198 - 150 = 48(万元)。2×22 年 1 月 31 日，该项无形资产的处置损益 = 150 - (198 - 48) = 0。

4. A 【解析】企业自行开发无形资产发生的研发支出，不满足资本化条件的，借记“研发支出—费用化支出”科目，期末转入当期损益；满足资本化条件的，借记“研发支出—资本化支出”科目，达到预定可使用状态后转入“无形资产”。

5. D 【解析】选项 A，无形资产有预计使用年限，法律也规定了有效年限的，摊销期不应超过预计使用年限与有效年限两者之中较短者；选项 D，该无形资产变更使用寿命和预计净残值后，在 2×22 年应计提的摊销金额 = (330 - 80)/5/2 = 25(万元)，计入销售费用。

6. A 【解析】选项 A，无形资产摊销额 = 300/10×1/12 = 2.5(万元)，无形资产的列报金额 = 账面价值 = 300 - 2.5 = 297.5(万元)；选项 B，内部研发的无形资产尚未达到预定用途时，才将“研发支出—资本化支出”列示为“开发支出”，本题中该项无形资产已于 12 月 1 日已达到预定用途，因此“开发支出”项目的列示金额为

0；选项C，“研发费用”项目的列示金额=30+20+30+20+30+2.5=132.5(万元)，注意计入管理费用的自行开发无形资产的摊销额2.5万元也应列示于“研发费用”项目；选项D，对于上述事项，企业应在现金流量表中列示经营活动现金流出=30+30=60(万元)，列示投资活动现金流出100万元。

7. C 【解析】由于该专利技术用于产品生产，因此相关摊销额应计入制造费用，2×22年应计提摊销的金额=420/10×0.1=4.2(万元)。

二、多项选择题

1. ABCD 【解析】选项C，该广告费并非直接归属于使该项无形资产达到预定用途所发生支出，不应计入无形资产的成本。
2. ABCD 【解析】选项A，出售无形资产取得的出售收益计入资产处置损益，影响企业的营业利润。
3. AB 【解析】选项A，该专利技术专用于产品生产，其摊销额应计入制造费用等；选项B，在地上建筑物的建造期间，该土地使用权的摊销额一般应计入在建工程；选项C，该土地使用权用于建造对外出租的办公楼，且已作出书面决议、持有意图在短期内不会发生变化，因此应该将其作为投资性房地产核算。
4. ABD 【解析】选项A，企业不能将自创商誉确认为无形资产；选项B，与无形资产相关的经济利益的预期消耗方式等发生改变的，企业一般可以变更其摊销方法；选项D，应当按照会计估计变更进行处理。
5. BCD 【解析】选项A，如果有第三方承诺在无形资产使用寿命结束时购买该无形资产，或者可以根据活跃市场得到预计残值信息，并且该市场在无形资产使用寿命结束时可能存在，则无形资产残值不为0。
6. AB 【解析】选项C，购入办公楼时，办公楼和土地使用权的公允价值均能可靠计量，应分别确认为固定资产和无形资产；选项D，准则规定，从事房地产经营开发的企业依法取得的、用于开发后出售的土地使用权，属于房地产开发企业的存货，即使房地产开发企业决定待增值后再转让的土地使用权，也不得将其确认为投资性房地产。
7. ABCD 【解析】选项C，无形资产的入账价值=50+40=90(万元)；选项D，该无形资产摊销的金额=(90-5)/5×6/12=8.5(万元)。

三、计算分析题

1.【答案】

(1)购买价款的现值=1 000+1 000×(P/A，10%，5)=1 000+1 000×3.790 8=4 790.8(万元)。2×21年1月2日：

借：无形资产 4 790.8
　　未确认融资费用 1 209.2
　　贷：长期应付款 (1 000×6)6 000

借：长期应付款 1 000
　　应交税费—应交增值税(进项税额) 60
　　贷：银行存款 1 060

2×21年12月31日：

借：财务费用 [(5 000-1 209.2)×10%]379.08
　　贷：未确认融资费用 379.08

借：长期应付款 1 000
　　应交税费—应交增值税(进项税额) 60
　　贷：银行存款 1 060

借：管理费用 (4 790.8/10)479.08
　　贷：累计摊销 479.08

2×21年12月31日长期应付款账面价值=(5 000-1 000)-(1 209.2-379.08)=3 169.88(万元)。

(2)2×22年1月2日处置ERP时：

借：银行存款 5 830
　　累计摊销 479.08

　　贷：无形资产　　4 790.8
　　　　应交税费—应交增值税(销项税额)　　330
　　　　资产处置损益　　1 188.28

2.【答案】

(1)2×20 年与研发无形资产相关的会计分录如下：

借：研发支出—费用化支出　　700
　　贷：原材料　　100
　　　　应付职工薪酬　　500
　　　　累计折旧　　100
借：管理费用　　700
　　贷：研发支出—费用化支出　　700

2×20 年应交所得税 =(10 000 - 700×75%)×25% = 2 368.75(万元)。

(2)2×21 年与研发无形资产相关的会计分录如下：

借：研发支出—费用化支出　　(200+350+50)600
　　　　　　—资本化支出　　(1 950+2 000+50)4 000
　　贷：原材料　　(200+1 950)2 150
　　　　应付职工薪酬　　(350+2 000)2 350
　　　　累计折旧　　(50+50)100
借：管理费用　　600
　　贷：研发支出—费用化支出　　600

2×21 年应交所得税 =(10 000 - 600×75%)×25% = 2 387.5(万元)。

(3)2×22 年与研发无形资产相关的会计分录如下：

借：研发支出—资本化支出　　4 050
　　贷：应付职工薪酬　　4 000
　　　　应付利息　　50
借：无形资产　　8 050
　　贷：研发支出—资本化支出　　(4 000+4 050)8 050
借：管理费用 (8 050/10×6/12)402.5
　　贷：累计摊销　　402.5

2×22 年应交所得税 =(10 000 + 8 050/10×6/12 - 8 050/10×6/12×175%)×25% ≈ 2 424.53(万元)。或 2×22 年应交所得税 = (10 000 - 8 050/10×6/12×75%)×25% ≈ 2 424.53(万元)。

“无形资产”项目列报金额 = 8 050 - 402.5 = 7 647.5(万元)。

第五章　投资性房地产

考情解密

历年考情概况

本章内容在客观题和主观题中均有涉及，考点主要包括投资性房地产转换的处理、投资性房地产转换时点的判断、投资性房地产处置损益的计算、合并报表的抵销处理等。此外，本章知识也可与非货币性资产交换、债务重组、所得税、会计政策变更、前期差错更正等内容相结合在主观题中出现。

本章属于基础性章节，考查角度比较灵活，近几年考试中，本章平均分值约为6分，整体难度不大。

近年考点直击

考点	主要考查题型	考频指数	考查角度
投资性房地产的范围	综合题	★★	与企业合并相结合考查合并报表中的列报项目
投资性房地产的初始计量	综合题	★★	给出相关资料，编制初始取得时的相关分录
投资性房地产的后续计量	单选题、计算分析题、综合题	★★	①编制确认收入的分录；②编制计提折旧和减值准备的分录；③编制确认公允价值变动的分录；④改扩建期间的会计处理
投资性房地产的转换	单选题、计算分析题	★★★	①投资性房地产转换时的账务处理；②判断相关会计处理是否正确；③转换日的判断；④投资性房地产后续模式变更的相关会计处理(包括相关递延所得税的确认)
投资性房地产的处置	综合题	★★	①编制内部交易投资性房地产的合并抵消分录；②编制出售时的分录

2022年考试变化

本章考试内容未发生实质性变化。

考点详解及精选例题

一、投资性房地产的范围★

投资性房地产，是指为赚取租金或资本增值，或两者兼有而持有的房地产。投资性房地产应当能够单独计量和出售。

(一)属于投资性房地产的范围

(1)已出租的土地使用权。它是指企业通过出让或转让方式取得的、以经营租赁方式出租的土地使用权。

(2)持有并准备增值后转让的土地使用

权。它是指企业取得（通过出让或转让方式）并准备增值后转让的土地使用权。

（3）已出租的建筑物。它是指企业拥有产权并以经营租赁方式出租的房屋等建筑物。判定此类投资性房地产时，需要注意以下几点：

①此类投资性房地产必须是企业拥有产权的建筑物，而不能是企业租入后转租给第三方的建筑物。

②此类投资性房地产必须是企业已经与其他方签订了经营租赁协议的建筑物。

『提示』如果企业董事会或类似机构作出正式书面决议，明确表明将持有以备经营出租的空置建筑物或在建建筑物用于经营出租，且持有意图短期内不再发生变化，那么，在没有签订经营租赁协议的情况下，也可将该类建筑物视为投资性房地产。

空置建筑物包括以下两类：一是新购入、自行建造或开发完工但尚未使用的建筑物；二是不再用于日常生产经营活动且经整理后达到可经营出租状态的建筑物。

③企业将建筑物出租，按租赁协议向承租人提供的相关辅助服务在整个协议中不重大的，如企业将办公楼出租并向承租人提供保安、维修等辅助服务，应当将该建筑物确认为投资性房地产。

（二）不属于投资性房地产的范围

（1）自用房地产。自用房地产即企业为生产商品、提供劳务或者经营管理而持有的房地产，比如自用的厂房、办公楼和土地使用权等。

（2）作为存货的房地产。此种情形主要是针对房地产开发企业来说的，房地产开发企业销售的或为销售而正在开发的商品房和土地，属于其存货，不属于其投资性房地产。

（3）某项房地产，部分用于赚取租金或资本增值、部分用于生产商品、提供劳务或经营管理，能够单独计量和出售的、用于赚取租金或资本增值的部分，应当确认为投资性房地产；不能够单独计量和出售的、用于赚取租金或资本增值的部分，不确认为投资性房地产。

【快速记忆】房地产是否属于投资性房地产的判断如表 5-1 所示。

表 5-1　房地产是否属于投资性房地产的判断

序号	内容	是否属于投资性房地产
1	房地产企业开发的已出租的房屋	√
2	房地产企业持有的准备建造商品房的土地使用权	×，属于存货
3	房地产企业正在开发的商品房	×，属于存货
4	房地产企业开发的准备出售的房屋	×，属于存货
5	房地产企业持有并准备增值后出售的商品房	×，属于存货
6	房地产企业持有并准备增值后转让的土地使用权	×，属于存货
7	企业持有的准备建造办公楼的土地使用权	×，属于无形资产
8	企业自用的办公楼	×，属于固定资产
9	企业拥有并自行经营的旅馆或饭店	×，属于固定资产
10	已出租的房屋租赁期届满，收回后继续用于出租但目前暂时空置	√
11	企业出租给本企业职工居住的宿舍	×，属于固定资产
12	炒楼花	×，属于投机房地产

注：炒楼花，是指买家在楼盘没有落成之际只缴纳数量很少的订金，订下一套或多套房产，之后转手倒卖别人，套取高额订金，从中赚取差价。

二、投资性房地产的初始计量和后续计量★★

(一)初始计量

1. 外购

对于企业外购的房地产，一般只有在购入房地产的同时开始对外出租(自租赁期开始日起，下同)或用于资本增值，才能称之为外购的投资性房地产。

外购投资性房地产的成本，包括购买价款、相关税费和可直接归属于该资产的其他支出。

企业购入房地产，自用一段时间之后再改为出租或用于资本增值的，应当先将外购的房地产确认为固定资产或无形资产，自租赁期开始日或用于资本增值之日起，再从固定资产或无形资产转换为投资性房地产。

外购投资性房地产的账务处理如表5-2所示。

表5-2 外购投资性房地产的账务处理

项目	采用成本模式进行后续计量	采用公允价值模式进行后续计量
会计处理	借：投资性房地产 应交税费—应交增值税(进项税额) 贷：银行存款	借：投资性房地产—成本 应交税费—应交增值税(进项税额) 贷：银行存款

2. 自行建造

自行建造投资性房地产的成本=土地开发费+建筑成本+安装成本+应予以资本化的借款费用+支付的其他费用+分摊的间接费用等。

自行建造投资性房地产的账务处理如表5-3所示。

表5-3 自行建造投资性房地产的账务处理

项目	采用成本模式进行后续计量	采用公允价值模式进行后续计量
会计处理	借：投资性房地产—在建 贷：银行存款	借：投资性房地产—在建 贷：银行存款

(二)后续计量

投资性房地产的后续计量分为成本模式或公允价值模式。企业通常应当采用成本模式计量，满足特定条件时可以采用公允价值模式计量。但是，同一企业只能采用一种模式对所有投资性房地产进行后续计量，不得同时采用两种计量模式。

投资性房地产后续计量时的账务处理如表5-4所示。

表5-4 投资性房地产后续计量时的账务处理

项目	采用成本模式计量的投资性房地产	采用公允价值模式计量的投资性房地产
处理原则	相关规定与固定资产和无形资产核算规定相同	企业存在确凿证据表明其公允价值能够持续可靠取得的，可以采用公允价值计量模式。企业选择公允价值模式，就应当对其所有投资性房地产采用公允价值模式进行后续计量，不得对一部分投资性房地产采用成本模式进行后续计量，对另一部分投资性房地产采用公允价值模式进行后续计量。 采用公允价值模式计量投资性房地产，应当同时满足以下两个条件：①投资性房地产所在地有活跃的房地产交易市场；②企业能够从房地产交易市场上取得同类或类似房地产的市场价格及其他相关信息，从而对投资性房地产的公允价值作出科学合理的估计。这两个条件必须同时具备，缺一不可

续表

项目	采用成本模式计量的投资性房地产	采用公允价值模式计量的投资性房地产
会计处理	按期(月)计提折旧或进行摊销： 借：其他业务成本 　　贷：投资性房地产累计折旧 　　　　投资性房地产累计摊销	『提示』不计提折旧或摊销，应当以资产负债表日的公允价值计量。 投资性房地产的公允价值高于其账面余额的差额： 借：投资性房地产—公允价值变动 　　贷：公允价值变动损益 公允价值低于其账面余额的差额做相反的会计分录
	取得租金收入时： 借：银行存款 　　贷：其他业务收入 　　　　应交税费—应交增值税(销项税额)	取得的租金收入时： 同左
	投资性房地产存在减值迹象的，应当适用资产减值的有关规定。经减值测试后确定发生减值的，应当计提减值准备： 借：资产减值损失 　　贷：投资性房地产减值准备	—

(三)投资性房地产后续计量模式的变更

1. 后续计量模式变更的处理原则

(1)投资性房地产的计量模式一经确定，不得随意变更。

(2)只有在房地产市场比较成熟、能够满足采用公允价值模式条件的情况下，才允许企业将投资性房地产的后续计量由成本模式变更为公允价值模式。

(3)已采用公允价值模式计量的投资性房地产，不得从公允价值模式转为成本模式。

2. 成本模式转为公允价值模式的会计处理

(1)应当作为会计政策变更处理。

(2)对于投资性房地产在计量模式变更时的公允价值与原账面价值的差额，企业应调整期初留存收益(盈余公积、未分配利润)。

三、投资性房地产的转换★★★

(一)投资性房地产的转换形式及转换日

房地产转换的形式包括：①投资性房地产转换为自用房地产；②投资性房地产转换为存货；③自用房地产转换为投资性房地产；④作为存货的房地产转换为投资性房地产。

非投资性房地产转为投资性房地产时转换日的确定如图5-1所示。

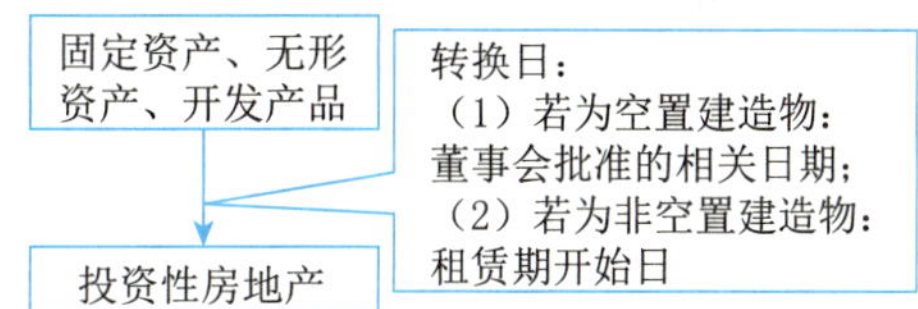

图5-1　非投资性房地产转为投资性房地产时转换日的确定

投资性房地产转为非投资性房地产时转换日的确定如图5-2所示。

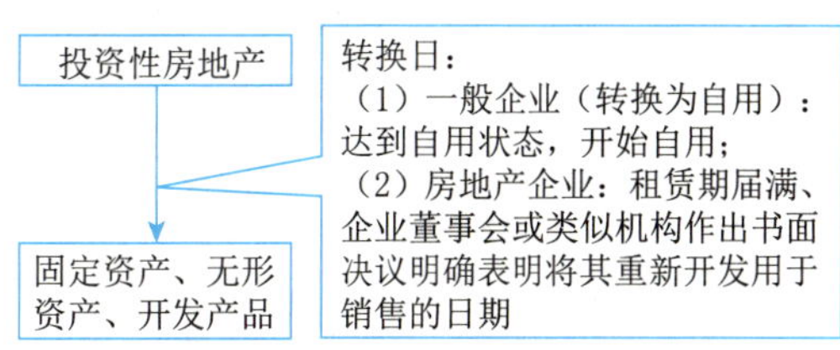

图5-2　投资性房地产转为非投资性房地产时转换日的确定

【快速记忆】用于出租的土地使用权及其地上建筑物需要一并确认为投资性房地产。

（二）投资性房地产转换的会计处理

1. 非房地产企业

非房地产企业投资性房地产转换的账务处理如表5-5所示。

表5-5 非房地产企业投资性房地产转换的账务处理

项目	成本模式下的转换	公允价值模式下的转换
自用房地产转换为投资性房地产时的处理	借：投资性房地产[原值] 累计折旧/累计摊销 固定资产减值准备/无形资产减值准备 贷：固定资产/无形资产[原值] 投资性房地产累计折旧/投资性房地产累计摊销 投资性房地产减值准备	借：投资性房地产—成本[公允价值] 累计折旧/累计摊销 固定资产减值准备/无形资产减值准备 公允价值变动损益[借差] 贷：固定资产/无形资产[原值] 其他综合收益[贷差]
投资性房地产转换为自用房地产时的处理	借：固定资产/无形资产[原值] 投资性房地产累计折旧/投资性房地产累计摊销 投资性房地产减值准备 贷：投资性房地产[原值] 累计折旧/累计摊销 固定资产减值准备/无形资产减值准备	借：固定资产/无形资产[公允价值] 公允价值变动损益[借差] 贷：投资性房地产—成本 —公允价值变动 公允价值变动损益[贷差]

【例题1·单选题】☆甲公司将原自用的办公楼用于出租，以赚取租金收入。租赁期开始日，该办公楼账面原价为14 000万元，已计提折旧5 600万元，公允价值为12 000万元。甲公司对投资性房地产采用公允价值模式进行后续计量。甲公司上述自用办公楼转换为投资性房地产时公允价值大于原账面价值的差额在财务报表中列示的项目是（　）。

A. 资本公积

B. 营业收入

C. 其他综合收益

D. 公允价值变动收益

答案 C

2. 房地产企业

房地产企业投资性房地产转换的账务处理如表5-6所示。

表5-6 房地产企业投资性房地产转换的账务处理

项目	成本模式下的转换	公允价值模式下的转换
存货转换为投资性房地产时的处理	借：投资性房地产[账面价值] 存货跌价准备[已计提的存货跌价准备] 贷：开发产品[账面余额]	借：投资性房地产—成本[公允价值] 存货跌价准备[已计提的存货跌价准备] 公允价值变动损益[借差] 贷：开发产品[账面余额] 其他综合收益[贷差]
投资性房地产转换为存货时的处理	借：开发产品[账面价值] 投资性房地产累计折旧 投资性房地产减值准备 贷：投资性房地产	借：开发产品[公允价值] 公允价值变动损益[借差] 贷：投资性房地产—成本 —公允价值变动 公允价值变动损益[贷差]

【例题 2 · 计算分析题】甲公司是从事房地产开发业务的企业，2×19 年 3 月 31 日，甲公司董事会就其开发的一栋写字楼的第一层商铺不再用于出售而改为出租形成了书面决议，且持有意图短期内不再发生改变。

(1)2×19 年 5 月 31 日，甲公司与乙公司签订了租赁协议，租赁期开始日为 2×19 年 6 月 30 日，租赁期 2 年。该商铺的账面余额为 5 500 万元，未计提存货跌价准备。若采用成本模式进行后续计量，该商铺在转换日的预计尚可使用年限为 50 年，预计净残值为 0，采用直线法计提折旧。若采用公允价值模式进行后续计量，2×19 年 3 月 31 日和 2×19 年 12 月 31 日商铺公允价值分别为 6 000 万元和 6 100 万元。甲公司在 2×19 年 12 月 31 日收到半年租金 300 万元。

(2)2×20 年 12 月 31 日商铺公允价值为 6 500 万元，收到本年租金 600 万元。

(3)2×21 年 6 月 30 日对外出租的房地产租赁期届满，董事会作出书面决议明确表明，将该房地产重新开发用于对外销售，即从投资性房地产转换为存货。2×21 年 6 月 30 日，该房地产的公允价值为 6 400 万元。甲公司在 2×21 年 6 月 30 日收到半年租金 300 万元。

假定不考虑增值税因素。

要求：根据上述资料，分别编制甲公司在成本模式下和公允价值模式下的相关会计分录。

答案

(1)2×19 年两种计量模式下的相关会计分录如表 5-7 所示。

表 5-7　2×19 年两种计量模式下的相关会计分录

成本模式下	公允价值模式下
①2×19 年 3 月 31 日： 借：投资性房地产　5 500 　贷：开发产品　5 500	①2×19 年 3 月 31 日： 借：投资性房地产—成本　6 000 　贷：开发产品　5 500 　　其他综合收益　500
②2×19 年 12 月 31 日： 借：银行存款　300 　贷：其他业务收入　300 借：其他业务成本　82. 5 　贷：投资性房地产累计折旧　(5 500÷50×9/12)82. 5	②2×19 年 12 月 31 日： 借：银行存款　300 　贷：其他业务收入　300 借：投资性房地产—公允价值变动　100 　贷：公允价值变动损益　(6 100-6 000)100

(2)2×20 年两种计量模式下的相关会计分录如表 5-8 所示。

表 5-8　2×20 年两种计量模式下的相关会计分录

成本模式下	公允价值模式下
①2×20 年 12 月 31 日： 借：银行存款　600 　贷：其他业务收入　600 借：其他业务成本　110 　贷：投资性房地产累计折旧　(5 500÷50)110	①2×20 年 12 月 31 日： 借：银行存款　600 　贷：其他业务收入　600 借：投资性房地产—公允价值变动　400 　贷：公允价值变动损益　(6 500-6 100)400
②2×20 年 12 月 31 日报表列报： “投资性房地产”项目金额＝5 500－82. 5－110＝5 307. 5(万元)。 影响“营业利润”项目的金额＝600－110＝490(万元)	②2×20 年 12 月 31 日报表列报： “投资性房地产”项目金额＝6 500(万元)。 影响“营业利润”项目的金额＝600+400＝1 000(万元)

(3)2×21 年两种计量模式下的相关会计分录如表 5-9 所示。

表 5-9　2×21 年两种计量模式下的相关会计分录

成本模式下	公允价值模式下
借：银行存款　300 　贷：其他业务收入　300 借：其他业务成本　55 　贷：投资性房地产累计折旧　（5 500÷50/2）55 借：开发产品　5 252.5 　投资性房地产累计折旧　（82.5+110+55）247.5 　贷：投资性房地产　5 500	借：银行存款　300 　贷：其他业务收入　300 借：开发产品　6 400 　公允价值变动损益　100 　贷：投资性房地产—成本　6 000 　　—公允价值变动　（100+400）500

【快速记忆】公允价值模式下投资性房地产与非投资性房地产的转换思路如图 5-3 所示。

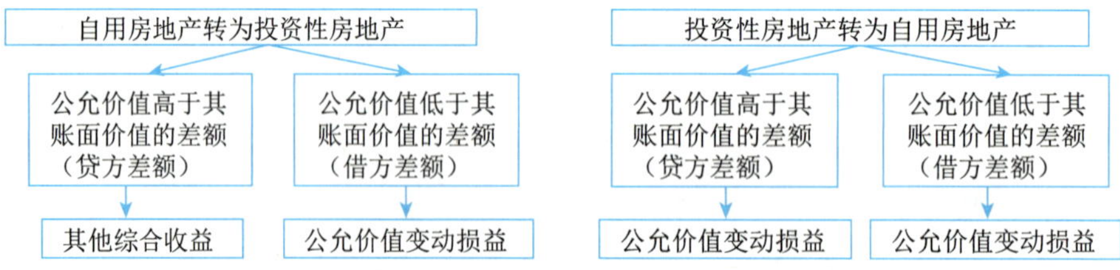

图 5-3　公允价值模式下投资性房地产与非投资性房地产的转换思路

【快速记忆】投资性房地产的转换与后续计量模式变更的辨析如图 5-4 所示。

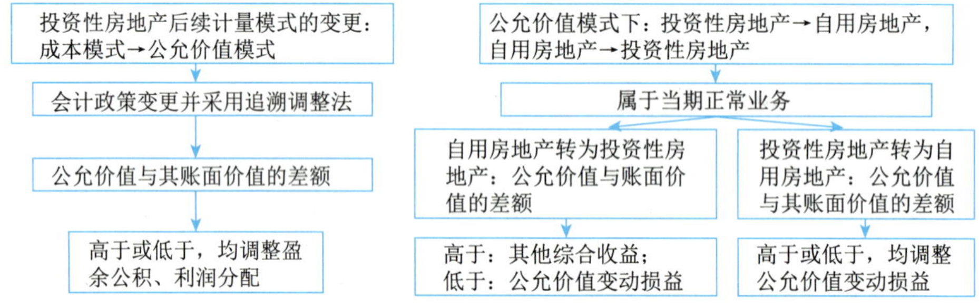

图 5-4　投资性房地产的转换与后续计量模式变更的辨析

四、投资性房地产的后续支出★★

（一）资本化的后续支出

与投资性房地产有关的后续支出，满足投资性房地产确认条件的，应当计入投资性房地产成本。例如，企业对投资性房地产进行改建、扩建或装修，通常能提高投资性房地产的使用效能，因此上述支出满足确认条件的，一般应当予以资本化。

投资性房地产资本化后续支出的账务处理如表 5-10 所示。

表 5-10　投资性房地产资本化后续支出的账务处理

项目	采用成本模式进行后续计量	采用公允价值模式进行后续计量
处理原则	企业对某项投资性房地产进行改扩建等再开发且将来仍作为投资性房地产的，再开发期间应继续将其作为投资性房地产核算，再开发期间不计提折旧或摊销	企业对某项投资性房地产进行改扩建等再开发且将来仍作为投资性房地产的，再开发期间应继续将其作为投资性房地产核算

续表

项目	采用成本模式进行后续计量	采用公允价值模式进行后续计量
投资性房地产转入改扩建工程时的处理	借：投资性房地产—在建[账面价值] 投资性房地产累计折旧 投资性房地产减值准备 贷：投资性房地产	借：投资性房地产—在建[账面价值] 贷：投资性房地产—成本 —公允价值变动[或借记] 注：先考虑公允价值变动，然后再结转
发生改扩建或装修支出时的处理	借：投资性房地产—在建 贷：银行存款等	借：投资性房地产—在建 贷：银行存款等
改扩建工程或装修完工时的处理	借：投资性房地产 贷：投资性房地产—在建	借：投资性房地产—成本 贷：投资性房地产—在建

（二）费用化的后续支出

不满足投资性房地产确认条件的后续支出，应当在发生时费用化，计入其他业务成本等。投资性房地产费用化后续支出的账务处理如表 5-11 所示。

表 5-11 投资性房地产费用化后续支出的账务处理

项目	采用成本模式进行后续计量	采用公允价值模式进行后续计量
会计处理	借：其他业务成本 贷：银行存款	借：其他业务成本 贷：银行存款

五、投资性房地产的处置★★

处置投资性房地产的账务处理如表 5-12 所示。

表 5-12 处置投资性房地产的账务处理

项目	成本模式计量的投资性房地产	公允价值模式计量的投资性房地产
会计处理	借：银行存款 贷：其他业务收入 应交税费—应交增值税(销项税额)	同左
	借：其他业务成本 投资性房地产累计折旧/投资性房地产累计摊销 投资性房地产减值准备 贷：投资性房地产	借：其他业务成本 公允价值变动损益[或贷记] 其他综合收益 贷：投资性房地产—成本 —公允价值变动[或借记]

【例题 3 · 单选题】2×20 年 2 月 20 日，甲公司与承租方签订办公楼租赁合同，租赁期为自 2×20 年 3 月 1 日起 2 年，年租金为 360 万元。办公楼的成本为 3 200 万元，已计提折旧为 2 100 万元，公允价值为 2 400 万元。甲公司采用公允价值模式对投资性房地产进行后续计量。该办公楼在 2×20 年 12 月 31 日的公允价值为 2 600 万元，在 2×21 年 12 月 31 日的公允价值为 2 640 万元。2×22 年 3 月 1 日，甲公司将上述租赁期届满的办公楼收回并对外出售，取得价款 2 800 万元。不考虑增值税等因素，则甲公司 2×22 年因出售办公楼而应确认的损益金额是(　)。

A. 160 万元　　B. 400 万元

C. 1 460万元　　D. 1 700万元

解析 转换日产生的其他综合收益=2 400-(3 200-2 100)=1 300(万元)；出售办公楼而应确认的损益金额=售价2 800-账面价值2 640+其他综合收益1 300=1 460(万元)。

答案 C

同步训练

限时55min

扫我做试题

一、单项选择题

1. 关于投资性房地产的核算，下列各项说法中正确的是(　)。

   A. 对投资性房地产进行改扩建，且改扩建完成后仍然作为投资性房地产核算的，在改扩建期间应转入"在建工程"科目，不计提折旧或摊销

   B. 投资性房地产的日常维修支出应计入投资性房地产的成本

   C. 将以公允价值模式进行后续计量的投资性房地产转为自用的，应将转换日公允价值大于账面价值的差额计入其他综合收益

   D. 投资性房地产转换为存货时，转换日通常为租赁期届满、董事会或类似机构作出书面决议，明确表明将其重新开发用于对外销售的日期

2. 关于投资性房地产的后续计量，下列会计处理方法中不正确的是(　)。

   A. 已采用公允价值模式计量的投资性房地产，不得从公允价值模式转为成本模式

   B. 采用历史成本计量的固定资产转为采用公允价值模式计量的投资性房地产，不属于会计政策变更，不需要追溯调整

   C. 对投资性房地产进行后续计量时，企业通常可以同时采用成本模式和公允价值模式两种计量模式

   D. 投资性房地产由成本模式转为公允价值模式的，属于会计政策变更，一般应进行追溯调整

3. 甲公司采用成本模式计量投资性房地产。有关资料如下：(1)甲公司于2×20年12月31日将一项自用固定资产转为投资性房地产。在转换日，该固定资产的公允价值为25 000万元，"固定资产"科目余额为22 000万元，"累计折旧"科目余额为1 000万元，"固定资产减值准备"科目余额为100万元。(2)甲公司于2×22年12月31日将上述投资性房地产转为自用固定资产，在转换日，该投资性房地产的公允价值为30 000万元，"投资性房地产累计折旧"科目余额为2 000万元。该资产在作为投资性房地产核算期间未发生减值。下列关于转换日会计处理的说法中不正确的是(　)。

   A. 2×20年12月31日将自用固定资产转为投资性房地产，年末资产负债表中"投资性房地产"项目列示金额为20 900万元

   B. 2×20年12月31日将自用固定资产转为投资性房地产，不影响损益

   C. 2×22年12月31日将投资性房地产转为自用固定资产，年末资产负债表中"固定资产"项目的列示金额为30 000万元

   D. 2×22年12月31日将投资性房地产转为自用固定资产，不影响损益

4. A房地产开发商采用公允价值模式计量投资性房地产，有关资料如下：(1)2×21年6月1日，将原准备对外出售的A商品房对外出租，转换日A商品房的账面余额为1 000万元，未计提跌价准备，该项房产在转换日的公允价值为1 500万元。

(2)2×21年6月1日，将原准备对外出售的B商品房对外出租，转换日B商品房的账面价值为10 000万元，未计提跌价准备，该项房产在转换日的公允价值为9 000万元。(3)2×21年年末上述两项房地产的公允价值分别为2 000万元、8 900万元。(4)2×22年6月租赁期届满收回上述两项房地产准备对外销售。当日其公允价值分别为2 600万元、8 500万元。不考虑其他因素，下列关于A、B商品房相关会计处理的说法中不正确的是(　)。

A. 2×21年6月1日，A商品房应确认其他综合收益500万元，B商品房应确认公允价值变动损失1 000万元

B. 2×21年有关房地产累计确认的公允价值变动收益为-600万元

C. 2×22年6月租赁期届满，房地产A转为开发产品时确认其他综合收益600万元

D. 2×22年6月租赁期届满，房地产B转为开发产品时确认公允价值变动损失400万元

5. 甲公司于2×20年12月31日购入一栋办公楼，实际取得成本为3 000万元。该办公楼的预计使用年限为20年，预计净残值为0，采用年限平均法计提折旧。因公司迁址，甲公司与乙公司于2×22年6月30日签订租赁协议。该协议约定：甲公司将上述办公楼租赁给乙公司，租赁期开始日为协议签订日，租赁期2年，年租金150万元，每半年支付一次。租赁协议签订日该办公楼的公允价值为2 800万元。甲公司对投资性房地产采用公允价值模式进行后续计量。2×22年12月31日，该办公楼的公允价值为2 200万元。不考虑其他因素，上述交易或事项对甲公司2×22年度营业利润的影响金额是(　)。

A. 0　　　　　　　B. -75万元

C. -600万元　　　D. -675万元

6. 甲公司是一家房地产企业，乙公司是甲公司的子公司。2×22年1月1日，甲公司将一项已经竣工并作为存货核算的房地产出售给乙公司。该房地产在甲公司账上的账面价值为1 000万元，售价(公允价值)为1 600万元。乙公司取得后立即将其对外出租。2×22年12月31日，该房地产的公允价值为1 700万元。甲公司和乙公司对投资性房地产均采用公允价值模式进行后续计量。不考虑其他因素，则下列说法中不正确的是(　)。

A. 甲公司应在个别财务报表中确认营业收入1 600万元，确认营业成本1 000万元

B. 在乙公司于2×22年12月31日编制的个别资产负债表中，“投资性房地产”项目的列示金额为1 700万元

C. 在甲公司2×22年12月31日编制的合并财务报表中反映的公允价值变动收益为700万元

D. 在甲公司2×22年12月31日编制的合并财务报表中，该房地产应列示于“投资性房地产”项目，列示金额为1 700万元

二、多项选择题

1. 甲公司为一家房地产开发企业，其在2×22年发生的与房地产有关的事项如下：(1)1月1日，甲公司取得一块土地使用权，支付价款500万元，拟待该土地使用权增值后将其转让。当年年末，该土地使用权的公允价值为600万元。(2)5月1日，将其开发的一栋商住两用房的第一层出租给一家商贸公司，其余楼层为普通住宅，正在公开销售中。该商住两用房的各个楼层均能够单独计量和出售。(3)12月1日，甲公司将其于当月取得的一套商品房出租给员工，供其自住，并按月收取租金。12月1日，该商品房的入账价值和公允价值均为500万元。当年年末，该商品房的公允价值为600万元。甲公司对投资性房地产采用公允价值模式进行后续计量。假定不考虑其他因素。2×22年年

末编制资产负债表时，下列说法中正确的有（　）。

A. 1月1日取得的土地使用权应该作为投资性房地产，按照500万元列示

B. 5月1日出租的商住两用房的第一层，应该作为投资性房地产列示

C. 12月1日出租给员工的商品房应该作为投资性房地产，按照600万元列示

D. 12月1日出租给员工的商品房应该作为固定资产，按照500万元列示

2. 下列有关投资性房地产转换日的说法中，正确的有（　）。

A. 空置建筑物如拟用于出租，其转换日一般为董事会或类似机构作出书面决议的日期

B. 自用建筑物停止自用改为出租，其转换日一般为租赁期开始日

C. 自用土地使用权停止自用，改用于资本增值，其转换日为自用土地使用权停止自用后确定用于资本增值的日期

D. 投资性房地产转为自用房地产，其转换日为房地产达到自用状态，企业开始将房地产用于生产商品、提供劳务或者经营管理的日期

3. 下列有关采用公允价值模式对投资性房地产进行后续计量的说法中，正确的有（　）。

A. 将原属于存货的房地产转换为投资性房地产的，应按其在转换日的公允价值记入“投资性房地产—成本”科目，同时将该存货的相关科目余额结平，然后按借贷方差额，贷记“其他综合收益”科目或借记“公允价值变动损益”科目

B. 资产负债表日，投资性房地产的公允价值高于其账面余额的差额，借记“投资性房地产—公允价值变动”科目，贷记“公允价值变动损益”科目

C. 将投资性房地产转为存货时，应按其在转换日的公允价值，借记“开发产品”等科目，结转投资性房地产的账面价值，按其差额，贷记或借记“公允价值变动损益”科目

D. 出售投资性房地产时，除结转成本外，还应将公允价值变动损益和其他综合收益转入“其他业务收入”科目

4. 下列关于投资性房地产后续计量的表述中，正确的有（　）。

A. 投资性房地产采用公允价值模式进行后续计量的，资产负债表日，公允价值高于其账面余额的差额计入公允价值变动损益

B. 母公司以经营租赁方式出租给子公司的房地产，应当作为母公司的投资性房地产处理，但在编制合并报表时，应作为企业集团的自用房地产处理

C. 与投资性房地产有关的后续支出，满足投资性房地产准则规定的确认条件的，应当计入投资性房地产成本；不满足准则规定的确认条件的，应当在发生时计入当期损益

D. 采用公允价值模式对投资性房地产进行后续计量的企业，有证据表明，当企业首次取得某项非在建投资性房地产（或某项现有房地产在改变用途后首次成为投资性房地产）时，该投资性房地产公允价值不能够持续可靠取得的，应当对该投资性房地产采用成本模式计量直至处置，并假设无残值

5. ☆甲公司对投资性房地产采用公允价值模式进行后续计量，适用的企业所得税税率为25%。2×19年12月20日，甲公司以2亿元购入一栋写字楼，并于2×19年12月31日以年租金1 000万元的合同价格出租给乙公司。甲公司自2×20年1月1日起收取租金。2×19年12月31日和2×20年12月31日，该写字楼的公允价值分别为2.2亿元和2.22亿元。企业所得税法规定，企业取得的该写字楼按50年、以年限平均法计提的折旧（不考虑净残值）可在计算应纳税所得额时扣除。除上述交易或事项外，甲公司没有其他纳税调

整事项。不考虑除企业所得税以外的其他相关税费及其他因素。下列各项关于甲公司对上述交易或事项会计处理的表述中，正确的有（　）。

A. 2×19 年年末应确认的其他综合收益为 2 000 万元

B. 该项房地产对甲公司 2×19 年度利润总额的影响金额为 2 000 万元

C. 该项房地产对甲公司 2×20 年度利润总额的影响金额为 1 200 万元

D. 2×20 年年末，该房地产所引起的递延所得税负债的账面余额为 650 万元

三、计算分析题

1. A 公司属于非房地产开发企业，系增值税一般纳税人，其土地使用权和建筑物适用的增值税税率为 9%。该公司有关房产和地产的业务资料如下：

(1)2×21 年 3 月，A 公司董事会作出书面决议，准备外购两宗土地使用权，其中一宗土地使用权拟用于建造 A 写字楼，建成后将对外出租；另外一宗土地使用权拟用于建造 B 办公楼，建成后将用于本公司行政办公。2×21 年 5 月 1 日，A 公司以出让方式购入上述土地使用权，其中拟用于建造 A 写字楼的土地使用权的不含税购买价款为 10 000 万元，拟用于建造 B 办公楼的土地使用权的不含税购买价款为 24 000 万元。两者的预计使用年限均为 50 年，A 公司购入两者时均取得了相应的增值税专用发票，增值税税额合计为 3 060 万元。A 公司在购入当月即委托某建筑公司开始在上述土地上分别建造 A 写字楼和 B 办公楼。

(2)2×21 年 12 月末，用于建造 A 写字楼的土地使用权的公允价值为 15 000 万元，在建的 A 写字楼的公允价值无法合理确定。

(3)2×22 年 6 月，A 写字楼和 B 办公楼即将完工，A 公司与甲公司签订经营租赁合同，将 A 写字楼整体租赁给甲公司使用，租赁期开始日为该写字楼达到预定可使用状态的日期。

2×22 年 6 月 1 日，A 公司以银行存款向建筑公司支付 A 写字楼不含税的建造成本 50 000 万元，以银行存款向建筑公司支付 B 办公楼不含税的建造成本 39 760 万元，均取得了相应的增值税专用发票，同时支付了相关的增值税税额。

(4)2×22 年 7 月 1 日，A 写字楼和 B 办公楼达到预定可使用状态并交付使用，预计使用年限均为 30 年。

(5)2×22 年 12 月 31 日，A 写字楼的土地使用权公允价值为 18 000 万元，A 写字楼的公允价值为 60 500 万元。同时收到半年的不含税租金 1 000 万元，并开出增值税专用发票，增值税税额为 90 万元。

其他资料：A 公司对投资性房地产采用公允价值模式进行后续计量，对固定资产和无形资产均采用直线法计提折旧或摊销。假定上述土地使用权和建筑物的预计净残值均为 0。不考虑其他因素。

要求：根据以上资料编制 A 公司相关的会计分录。

2. 甲公司适用的所得税税率为 25%。相关资料如下：

(1) 甲公司向乙公司赊销一批商品，含税价为 5 400 万元，甲公司将相关债权确认为以摊余成本计量的金融资产，乙公司将相关债务确认为以摊余成本计量的金融负债。因乙公司发生财务困难，无法按合同约定偿还债务，2×19 年 12 月 31 日，双方协商进行债务重组，甲公司同意乙公司以一栋达到预定可使用状态的写字楼抵偿债务，甲公司取得时立即以经营租赁方式对外出租，租赁期为 2 年，每月租金为 30 万元，租赁期首月免租金。合同生效日，甲公司该项应收款项的公允价值为 5 280 万元，已计提坏账准备 100 万元。假定税法规定，投资性房地产取得时的成

本与计税基础一致，预计尚可使用22年，债权人因债务重组确认的损益计入当期应纳税所得额，会计确认租金收入与税法相同。

(2)甲公司对该写字楼采用公允价值模式进行后续计量。2×20年12月31日，该写字楼的公允价值为5 460万元。

假定所得税纳税申报时，该写字楼在其预计使用寿命内每年允许税前扣除的金额均为240万元。

(3)2×21年12月31日，该写字楼的公允价值6 000万元。当日租期届满，甲公司收回该写字楼，供本公司行政管理部门使用。

(4)甲公司自2×22年开始在会计上对该写字楼按年限平均法计提折旧，预计尚可使用20年，预计净残值为0。

假定不考虑除所得税以外的税费及其他因素。甲公司各年的税前利润均为1 000万元。

要求：

(1)编制甲公司2×19年12月31日进行债务重组并立即出租写字楼的相关会计分录。

(2)编制甲公司2×20年12月31日对该写字楼进行后续计量的相关会计分录；分别计算甲公司在2×20年12月31日的应交企业所得税、写字楼的账面价值、计税基础和应纳税暂时性差异余额，以及由此应确认的递延所得税负债的金额。

(3)编制甲公司2×21年12月31日收回该写字楼并转为自用的会计分录。计算甲公司在2×21年12月31日的应交企业所得税、写字楼的账面价值、计税基础、应纳税暂时性差异余额，以及由此应确认的递延所得税负债的余额和发生额。

(4)分别计算甲公司该写字楼在2×22年的折旧额、2×22年12月31日的应交企业所得税、写字楼的账面价值、计税基础、应纳税暂时性差异余额，以及相应的递延所得税负债的余额和发生额。

同步训练答案及解析

一、单项选择题

1. D 【解析】选项A，在改扩建期间应继续作为投资性房地产核算；选项B，应计入其他业务成本；选项C，应计入公允价值变动损益。

2. C 【解析】按照企业会计准则的相关规定，企业一般不可以同时采用成本模式和公允价值模式对投资性房地产进行后续计量。

3. C 【解析】选项A、B，“投资性房地产”项目的列示金额=22 000-1 000-100=20 900(万元)；选项C、D，“固定资产”项目的列示金额=22 000-2 000-100=19 900(万元)。

4. C 【解析】选项A，B商品房公允价值9 000万元小于账面价值10 000万元的差额1 000万元确认公允价值变动损失；选项B，累计确认的公允价值变动损益=-1 000+(2 000-1 500)+(8 900-9 000)=-600(万元)；选项C，投资性房地产A转为开发产品确认的公允价值变动收益=2 600-2 000=600(万元)；选项D，投资性房地产B转为开发产品确认的公允价值变动损失=8 900-8 500=400(万元)。

5. C 【解析】针对上述房产，甲公司在2×22年的上半年(转换前)应计提的折旧金额=3 000/20/2=75(万元)；在2×22年的下半年应确认的租金收入=150/2=75(万元)；在2×22年年末应确认的投资性房地产公允价值变动额=2 200-2 800=-600(万元)。综合考虑之后，上述交易或事项对甲公司2×22年度营业利润的影响金额=-75+75-600=-600(万元)。

6. C 【解析】

甲公司个别财务报表	乙公司个别财务报表	合并财务报表
借：银行存款　1 600 　贷：主营业务收入　1 600 借：主营业务成本　1 000 　贷：开发产品　1 000	借：投资性房地产—成本　1 600 　贷：银行存款　1 600 并在期末按期末公允价值(1 700万元)调整其账面价值	站在合并财务报表的角度，相当于甲公司所在的企业集团将其一项存货转为以公允价值模式计量的投资性房地产： 借：投资性房地产—成本　1 600 　贷：开发产品　1 000 　　其他综合收益　600

二、多项选择题

1. BD 【解析】选项A，房地产开发企业持有的准备增值后转让的土地使用权应在资产负债表中作为存货列示；选项C，企业出租给员工的房地产，不属于投资性房地产，应在资产负债表中作为固定资产列示。
2. ABCD
3. ABC 【解析】选项D，应将其转入“其他业务成本”科目。
4. ABCD
5. CD 【解析】选项A，甲公司购入该写字楼时，应计入固定资产，入账成本20 000万元；在2×19年12月31日将其转为投资性房地产，应按其公允价值与账面价值的差额确认其他综合收益，同时应确认相关递延所得税影响，因此在2×19年年末应确认的其他综合收益=(22 000-20 000)×(1-25%)=1 500(万元)。选项C，该项房地产对甲公司2×20年度利润总额的影响金额=1 000(租金)+200(公允价值变动收益)=1 200(万元)。选项D，2×20年年末，该投资性房地产的账面价值为22 200万元，计税基础=20 000-20 000/50=19 600(万元)，该房地产所引起的递延所得税负债的账面余额=(22 200-19 600)×25%=650(万元)。

三、计算分析题

1.【答案】

(1)2×21年5月1日：

借：投资性房地产—在建(土地使用权)　10 000

　　无形资产　24 000

　　应交税费—应交增值税(进项税额)　3 060

　　贷：银行存款　37 060

(2)2×21年12月31日：

借：在建工程　320

　　贷：累计摊销　(24 000/50×8/12)320

借：投资性房地产—公允价值变动(土地使用权)　(15 000-10 000)5 000

　　贷：公允价值变动损益　5 000

(3)2×22年6月1日：

借：投资性房地产—在建(写字楼)　50 000

　　在建工程　39 760

　　应交税费—应交增值税(进项税额)　(50 000×9%+39 760×9%)8 078.4

　　贷：银行存款　97 838.4

2×22年6月30日：

借：在建工程　240

　　贷：累计摊销　(24 000/50×6/12)240

(4)2×22年7月1日：

借：投资性房地产—成本(写字楼)　50 000

　　固定资产—办公楼　40 320

　　贷：投资性房地产—在建(写字楼)　50 000

　　　　在建工程　(39 760+320+240)40 320

借：投资性房地产—成本(土地使用权)　10 000

贷：投资性房地产—在建(土地使用权)
10 000

(5)2×22 年 12 月 31 日：

借：投资性房地产—公允价值变动(土地使用权)
(18 000-15 000)3 000
—公允价值变动(写字楼)
(60 500-50 000)10 500

贷：公允价值变动损益 13 500

借：管理费用 800

贷：累计折旧 (40 320/30×5/12)560

累计摊销 (24 000/50×6/12)240

借：银行存款 1 090

贷：其他业务收入 1 000

应交税费—应交增值税(销项税额)
90

2.【答案】

(1)借：投资性房地产—成本 5 280

坏账准备 100

投资收益 20

贷：应收账款 5 400

(2)2×20 年应确认租金收入=(30×11+30×12)/2=345(万元)。

借：银行存款 330

其他应收款 15

贷：其他业务收入 345

借：投资性房地产—公允价值变动
180

贷：公允价值变动损益
(5 460-5 280) 180

应交企业所得税=(1 000-180-240)×25%=145(万元)。

写字楼的账面价值=5 460(万元)。

写字楼的计税基础=5 280-240=5 040(万元)。

资产账面价值大于计税基础，形成应纳税暂时性差异，其金额=5 460-5 040=420(万元)。

应确认的递延所得税负债=420×25%=105(万元)。

(3)借：固定资产 6 000

贷：投资性房地产—成本 5 280

—公允价值变动
180

公允价值变动损益 540

应交企业所得税=(1 000-540-240)×25%=55(万元)。

写字楼的账面价值=6 000(万元)。

写字楼的计税基础=5 280-240×2=4 800(万元)。

资产账面价值大于计税基础，形成应纳税暂时性差异。

应纳税暂时性差异的余额=6 000-4 800=1 200(万元)。

递延所得税负债的余额=1 200×25%=300(万元)。

递延所得税负债的发生额=300-105=195(万元)。

(4)2×22 年固定资产的折旧额=6 000/20=300(万元)。

应交企业所得税=(1 000+300-240)×25%=265(万元)。

写字楼的账面价值=6 000-300=5 700(万元)。

写字楼的计税基础=5 280-240×3=4 560(万元)。

资产账面价值大于计税基础，形成应纳税暂时性差异。

应纳税暂时性差异的余额=5 700-4 560=1 140(万元)。

递延所得税负债的余额=1 140×25%=285(万元)。

递延所得税负债的发生额=285-300=-15(万元)。

第六章 长期股权投资与合营安排

考情解密

历年考情概况

本章属于考试重点及难点章节，几乎每年必考。客观题考核点包括长期股权投资初始投资成本的计算、处置长期股权投资时损益的计算以及合营安排的概念等。主观题的考核点主要集中在长期股权投资权益法计量，长期股权投资与金融资产之间的转换等。需要注意的是，本章内容可能会与企业合并、债务重组、非货币性资产交换、会计政策变更、会计差错更正、合并财务报表等内容相结合出现在综合题中，难度较大。

近年来，本章内容的年均考试分值约 20 分，其中初始投资成本的确定、权益法的核算、长期股权投资的处置以及合营安排等是考试中的“常客”，需要重点掌握。成本法与权益法以及金融资产之间的转换，也是热门考点，常常与合并报表相结合进行考查，尤其是丧失控制权处置子公司股权的处理。

近年考点直击

考点	主要考查题型	考频指数	考查角度
初始投资成本的确定	单选题、综合题	★★	①非企业合并方式下初始投资成本的确定；②企业合并方式下初始投资成本的确定
后续计量方法的确定	多选题	★★	给出相关资料，判断应采用哪种后续计量方法
权益法	单选题、计算分析题、综合题	★★★	①权益法的相关核算思路，如要求计算应享有被投资单位净利润的份额、长期股权投资的入账价值等；②合营方向合营企业投出资产的相关计算及会计处理
长期股权投资的处置	单选题、综合题	★★	①金融资产与长期股权投资之间的转换；②长期股权投资的成本法与权益法之间的转换；③结合合并财务报表考查相关计算及账务处理
合营安排	单选题、多选题	★★	给出相关概念，判断其说法的正误
长期股权投资的转换	计算分析题、多选题	★★★	①权益法转为成本法；②股权被稀释后仍采用权益法核算的相关处理思路

2022 年考试变化

本章新增风险投资机构对联营企业或合营企业投资的分类，其他内容未发生实质性变化。

考点详解及精选例题

一、基本概念

（一）对联营企业投资

投资方能够对被投资单位施加重大影响的股权投资即对联营企业投资。重大影响，是指投资方对被投资单位的财务和生产经营决策有参与决策的权力，但并不能控制或与其他方一起共同控制这些政策的制定。

（二）对合营企业投资

合营企业，是指合营方仅对该安排的净资产享有权利的合营安排。投资方持有的对构成合营企业的合营安排的投资，即为合营企业投资。

（三）对子公司投资

对子公司投资，是投资方持有的能够对被投资单位施加控制的股权投资。

【例题1·单选题】☆20×9年10月12日，甲公司与乙公司、丙公司共同出资设立丁公司。根据合资合同和丁公司章程的约定，甲公司、乙公司、丙公司分别持有丁公司55%、25%、20%的表决权资本；丁公司设股东会，相关活动的决策需要60%以上表决权通过才可作出，丁公司不设董事会，仅设一名执行董事，同时兼任总经理，由职业经理人担任，其职责是执行股东会决议，主持经营管理工作。不考虑其他因素，对甲公司而言，丁公司是（　）。

A. 共同经营　　B. 联营企业

C. 合营企业　　D. 子公司

解析▶由于丁公司相关活动的决策需要60%以上表决权通过才可作出，因此甲公司持股55%并不能控制丁公司，丁公司并非甲公司的子公司；由于甲公司和乙公司或甲公司和丙公司的持股比例相加均大于60%，所以丁公司并非甲公司的合营企业；同时丁公司也不符合共同经营的定义，故正确答案为B选项。

答案▶B

二、长期股权投资的确认与初始计量★★

（一）长期股权投资的确认

购买方（或合并方）应于购买日（或合并日）确认对子公司的长期股权投资。合并日（或购买日）是指合并方（或购买方）实际取得对被合并方（或被购买方）控制权的日期。同时满足下列条件的，通常可认为实现了控制权的转移：

（1）企业合并合同或协议已获股东大会通过。

（2）企业合并事项需要经过国家有关主管部门审批的，已获得批准。

（3）参与合并各方已办理了必要的财产权转移手续。

（4）合并方或购买方已支付了合并价款的大部分（一般应超过50%），并且有能力、有计划支付剩余款项。

（5）合并方或购买方实际上已经控制了被合并方或被购买方的财务和经营政策，并享有相应的利益、承担相应的风险。

『提示』对于联营企业、合营企业等投资的持有一般会参照对子公司长期股权投资的确认条件进行。

（二）对联营企业、合营企业投资的初始计量

1. 以支付现金取得的长期股权投资

应当按照实际应支付的购买价款作为初始投资成本（包括购买过程中支付的手续费

等相关交易费用、税金及其他必要支出）。

企业在支付对价取得长期股权投资时，对于实际支付的价款中包含的对方已经宣告但尚未发放的现金股利或利润，应作为应收股利或利润处理。

2. 以发行权益性证券方式取得的长期股权投资

以发行权益性证券取得长期股权投资的，应当按照所发行证券的公允价值作为初始投资成本。

为发行权益性工具所发生的发行费用（如支付给有关证券承销机构等的手续费、佣金等与权益性工具发行直接相关的费用），应自所发行证券的溢价发行收入中扣除，溢价收入不足冲减的，应依次冲减盈余公积和未分配利润。这部分费用不构成取得长期股权投资的成本。

『提示』如有确凿证据表明，取得长期股权投资的公允价值比所发行证券（工具）的公允价值更加可靠的，以投资者投入的长期股权投资的公允价值为基础确定其初始投资成本。

3. 以债务重组、非货币性资产交换等方式取得的长期股权投资

见相关章节。

（三）对子公司投资的初始计量

1. 同一控制下控股合并形成的长期股权投资

（1）长期股权投资的初始投资成本的确定。

合并方以支付现金、转让非现金资产或承担债务方式作为合并对价的，应当在合并日按照所取得的被合并方在最终控制方合并财务报表中的净资产的账面价值的份额作为长期股权投资的初始投资成本。

第一种情形：如果被合并方是原母公司自集团公司外部购入的，并且在原母公司合并报表确认了商誉。即被合并方在本次合并以前，是最终控制方通过非同一控制下的企业合并所控制的，则合并方长期股权投资的初始投资成本还应包含相关的商誉金额。此种情况下长期股权投资的初始投资成本计算公式如图 6-1 所示。

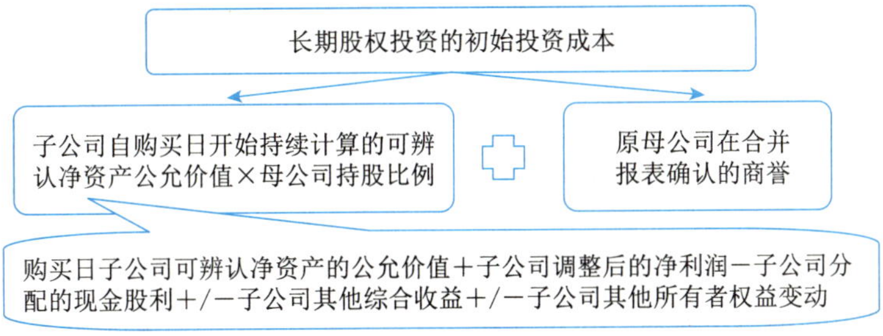

长期股权投资的初始投资成本

子公司自购买日开始持续计算的可辨认净资产公允价值×母公司持股比例

原母公司在合并报表确认的商誉

购买日子公司可辨认净资产的公允价值＋子公司调整后的净利润－子公司分配的现金股利＋/－子公司其他综合收益＋/－子公司其他所有者权益变动

图 6-1　长期股权投资的初始投资成本计算公式

【例题 2 · 单选题】☆甲公司于 20×3 年 7 月 1 日自母公司（丁公司）取得乙公司 60% 股权，当日，乙公司个别财务报表中净资产账面价值为 3 200 万元。该股权系丁公司于 20×1 年 6 月自公开市场购入，丁公司在购入乙公司 60% 股权时确认了 800 万元商誉。20×3 年 7 月 1 日，以丁公司取得该股权时乙公司可辨认净资产公允价值为基础持续计算的乙公司可辨认净资产价值为 4 800 万元。为进行该项交易，甲公司支付有关审计等中介机构费用 120 万元。不考虑其他因素，甲公司应确认对乙公司股权投资的初始投资成本是（　）。

A. 1 920 万元　　B. 2 040 万元

C. 2 880 万元　　D. 3 680 万元

解析 甲公司应确认对乙公司股权投资的初始投资成本 = 4 800 × 60% + 800 = 3 680（万元）。

答案 D

第二种情形：如果子公司个别报表确认了商誉（该子公司吸收合并其他公司所产

生），该商誉不需要单独考虑。此种情况下长期股权投资的初始投资成本计算公式为：

长期股权投资的初始投资成本＝子公司净资产账面价值×母公司持股比例

【例题3·计算分析题】☆甲股份有限公司（以下简称甲公司）2×16年发生的有关交易和事项如下：

8月20日，甲公司以一项土地使用权为对价，自母公司购入其持有的一项对乙公司60%的股权（甲公司的母公司自2×14年2月起持有乙公司股权），另以银行存款向母公司支付补价3 000万元。当日甲公司土地使用权的成本为12 000万元，累计摊销1 200万元，未计提减值准备，公允价值为19 000万元。乙公司可辨认净资产的公允价值为38 000万元，所有者权益账面价值为8 000万元（含原吸收合并时产生的商誉1 200万元）。取得乙公司60%股权当日，甲公司与母公司办理完成了相关资产的所有权转移手续及乙公司工商登记手续，甲公司能够对乙公司实施控制。

要求：就甲公司2×16年发生的有关交易和事项，说明其是否影响甲公司2×16年利润表中列报的其他综合收益，并编制与所发生交易或事项相关的会计分录。

答案

该项交易中，甲公司合并乙公司属于同一控制下企业合并，长期股权投资的入账价值与所付对价的账面价值的差额，应当调整资本公积。该业务不影响交易发生当期的其他综合收益。会计处理为：

借：长期股权投资　（8 000×60%）4 800
　　累计摊销　1 200
　　资本公积　9 000
　贷：无形资产　12 000
　　　银行存款　3 000

（2）初始投资成本与支付合并对价差额的处理。

长期股权投资的初始投资成本与支付的现金、转让的非现金资产及所承担债务账面价值之间的差额，应当调整资本公积（资本溢价或股本溢价）；资本公积（资本溢价或股本溢价）的余额不足冲减的，依次冲减盈余公积和未分配利润。合并方以发行权益性工具作为合并对价的，应按发行股份的面值总额作为股本，长期股权投资的初始投资成本与所发行股份面值总额之间的差额，应当调整资本公积（股本溢价等）；资本公积（股本溢价等）不足冲减的，依次冲减盈余公积和未分配利润。

（3）合并方发生的中介费用、交易费用的处理。

合并方发生的审计、法律服务、评估咨询等中介费用以及其他相关管理费用，于发生时计入当期损益。

与所发行权益性工具直接相关的交易费用，应当冲减资本公积（资本溢价或股本溢价），资本公积（资本溢价或股本溢价）不足冲减的，依次冲减盈余公积和未分配利润。与所发行债务性工具直接相关的交易费用，应当计入债务性工具的初始确认金额。

（4）同一控制下多次交易分步实现企业合并的会计处理。

企业通过多次交易分步取得同一控制下被投资单位的股权，最终形成企业合并的，应当判断多次交易是否属于“一揽子交易”。属于一揽子交易的，合并方应当将各项交易作为一项取得控制权的交易进行会计处理。不属于“一揽子交易”的，取得控制权日，应按照以下步骤进行会计处理：

①确定同一控制下企业合并形成的长期股权投资的初始投资成本。

在合并日，根据合并后应享有被合并方净资产在最终控制方合并财务报表中的账面价值的份额，确定长期股权投资的初始投资成本。

②长期股权投资初始投资成本与合并对价账面价值之间的差额的处理。

合并日长期股权投资的初始投资成本，与达到合并前的长期股权投资账面价值加上合并日进一步取得股份新支付对价的账面价值之和的差额，调整资本公积(资本溢价或股本溢价)，资本公积不足冲减的，冲减留存收益。

③合并日之前持有的股权投资，因采用权益法核算或按金融工具确认和计量准则核算而确认的其他综合收益，暂不进行会计处理。

2. 非同一控制下控股合并形成的长期股权投资

(1)企业合并成本的确定。

非同一控制下的控股合并中，购买方应当以按《企业会计准则第 20 号——企业合并》确定的企业合并成本作为长期股权投资的初始投资成本。

合并成本 = 支付价款或付出资产的(含税)公允价值+发生或承担的负债的公允价值+发行的权益性证券的公允价值

【快速记忆】非同一控制下的企业合并中，购买方发生的中介费用、交易费用的处理与同一控制下的企业合并中合并方的处理原则完全相同。

【例题 4 · 多选题】☆下列各项交易费用中，应当于发生时直接计入当期损益的有(　)。

A. 与取得交易性金融资产相关的交易费用

B. 同一控制下企业合并中发生的审计费用

C. 取得一项债权投资发生的交易费用

D. 非同一控制下企业合并中发生的资产评估费用

解析 ▶ 选项 C，取得债权投资发生的交易费用计入债权投资初始入账金额中。

答案 ▶ ABD

(2)付出资产公允价值与账面价值的差额的处理。

非同一控制下的企业控股合并中，所付合并对价的公允价值与账面价值的差额，应分别不同情况进行处理：

①合并对价为固定资产、无形资产的，公允价值与账面价值的差额，一般计入资产处置损益。

②合并对价为长期股权投资或金融资产的，公允价值与其账面价值的差额，一般计入投资收益(如为其他权益工具投资，则计入留存收益)。

③合并对价为投资性房地产的，一般按其公允价值确认其他业务收入，同时将账面价值等转入其他业务成本。

(3)企业合并成本与合并中取得的被购买方可辨认净资产公允价值份额之间的差额的处理。

①企业合并成本大于合并中取得的被购买方可辨认净资产公允价值份额的差额应确认为商誉。在控股合并的情况下，该差额是指在合并财务报表中应予列示的商誉。

②企业合并成本小于合并中取得的被购买方可辨认净资产公允价值份额的部分，应计入合并当期损益(营业外收入)。在控股合并的情况下，上述差额体现在合并当期的合并利润表中，不影响购买方的个别利润表。

【例题 5 · 计算分析题】A 公司是甲公司的母公司，其在 2×21 年至 2×23 年发生的交易或事项如下：

(1)2×21 年 8 月，A 公司与 B 公司的控股股东 C 公司签订协议，协议约定：A 公司向 C 公司定向发行 10 000 万股本公司股票，以换取 C 公司所持有的 B 公司 60% 的股权。双方约定 A 公司所定向发行的股票的价格为每股 7.2 元，双方确定的评估基准日为 2×21 年 9 月 30 日。

经评估，B 公司在 2×21 年 9 月 30 日的可辨认净资产公允价值为 102 000 万元(不含递延所得税的影响)。该并购事项于 2×21 年 12 月 10 日获得监管部门批准。A 公司作为对价而定向发行的股票于 2×21 年 12 月 31 日发行，A 公司股票在当日的收盘价为每股 7.5 元。A 公司自 2×21 年 12 月 31 日起能够对 B 公司实施控制。以 2×21 年 9 月 30 日的评估值为基础，B公司在2×21年12月31日的可辨认净资产的账面价值为123 675万元，公允价值为124 375万元(不含评估增值/减值的递延所得税影响)，其公允价值高于账面价值的差额是由两项资产的评估增值所导致：一批存货评估增值200万元、一项固定资产评估增值500万元。该项固定资产的预计尚可使用年限为10年，采用年限平均法计提折旧。假定B公司的资产和负债的计税基础等于其在个别财务报表中的账面价值。购买日，B公司的资产和负债因评估增值/减值所形成的暂时性差异均符合递延所得税资产或递延所得税负债的确认条件。

此外，A公司为该项企业合并共发生审计、法律服务、评估咨询费用100万元，为发行股票支付手续费、佣金200万元，均以银行存款支付。A公司与C公司在此项交易发生前不存在关联方关系。A公司向C公司发行股票后，C公司持有A公司发行在外普通股的10%，不具有重大影响。

(2)在购买日至2×22年12月末的这段期间内，B公司共实现净利润5 000万元，分配现金股利2 000万元，其他综合收益净增加1 000万元。至2×22年年末，B公司在2×21年12月31日所持有的存货已全部对外销售。

(3)2×23年1月2日，甲公司向A公司支付银行存款77 000万元，自A公司处购入B公司60%的股权，从而取得对B公司的控制权。不考虑该项交易的审计、法律服务、评估咨询费用等。

(4)假定上述公司所适用的所得税税率均为25%。

要求：

(1)确定A公司与B公司之间的企业合并的购买日，计算该项企业合并所产生的合并商誉，编制A公司在个别财务报表中的相关会计分录。

(2)计算A公司自购买日开始至2×22年年末持续计算的B公司可辨认净资产的公允价值。

(3)判断甲公司与B公司之间的企业合并的合并类型，并说明理由。编制甲公司在个别财务报表中的相关会计分录。

答案

(1)①对于A公司与B公司之间的企业合并，其购买日为2×21年12月31日。

A公司取得的该项长期股权投资的初始投资成本=10 000×7.5=75 000(万元)。

②A公司在合并财务报表中应确认的合并商誉=75 000-(124 375-700×25%)×60%=480(万元)或=75 000-(123 675+700×75%)×60%=480(万元)。

③A公司会计分录：

借：长期股权投资　75 000
　贷：股本　10 000
　　资本公积　65 000

借：管理费用　100
　资本公积　200
　贷：银行存款　300

(2)A公司(母公司)自购买日开始至2×22年年末持续计算的B公司可辨认净资产的公允价值=(124 375-700×25%)+(5 000-200×75%-500/10×75%)-2 000+1 000=128 012.5(万元)。

(3)①该事项属于同一控制下的企业合并。理由：甲公司与B公司在合并前后均同受A公司控制。

②甲公司取得的该项长期股权投资的初始投资成本=128 012.5×60%+480=77 287.5(万元)。

③甲公司的相关会计分录：

借：长期股权投资　77 287.5
　贷：银行存款　77 000
　　资本公积　287.5

【快速记忆】不同方式下取得长期股权投资的初始计量思路对比如图6-2所示。

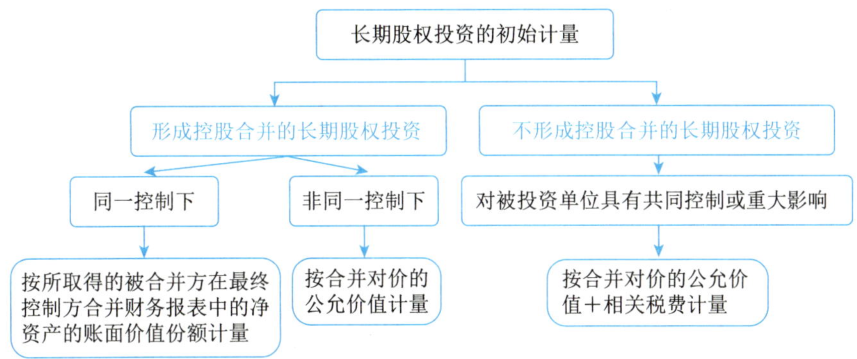

图 6-2　不同方式下取得长期股权投资的初始计量思路对比

3. 在同一项交易中同时涉及自最终控制方购买股权形成控制和自其他外部独立第三方购买股权的会计处理

此种情况下，由于本次合并前合并双方已同受集团内最终控制方控制，所以一般认为从集团内取得的股权能够形成控制的，所取得的这部分股权的投资成本应按同一控制下企业合并的有关规定确定，而从外部独立第三方取得的股权则相当于是在形成同一控制下企业合并后所购买的少数股权，不管这两部分股权是否是同时取得的，只要两者不构成一揽子交易，则从外部独立第三方取得的股权的投资成本应按照实际支付的购买价款确定。

【例题 6·综合题】☆2×22 年，甲公司和其控股股东 P 公司以及无关联第三方丙公司签订协议，从 P 公司处购买其持有的乙公司 60%的股权，以发行 1 800 万股股票作为对价，该股票的公允价为 4 元/股；从丙公司处购买其持有的乙公司 40%的股权，支付对价 5 000 万元。相关各方于 7 月 1 日办理完毕交接手续，改选乙公司董事会成员。当日乙公司所有者权益的账面价值为 8 000 万元。

后续条件略。

要求：

(1)甲公司合并乙公司属于什么类型的企业合并，并说明理由。

(2)甲公司应确认的长期股权投资的初始投资成本是多少，并编制相关的会计分录。

答案

(1)甲公司合并乙公司属于同一控制下的企业合并。

理由：甲公司购买乙公司股份之前，其控股股东 P 公司持有乙公司 60%股权，能够对乙公司实施控制。

(2)初始投资成本 = 8 000×60% +5 000 = 9 800(万元)。

借：长期股权投资　9 800
　贷：股本　1 800
　　银行存款　5 000
　　资本公积　3 000

三、长期股权投资的后续计量方法的选择★★

在长期股权投资的后续计量过程中，投资企业应根据其对被投资单位的影响程度采用成本法或权益法进行核算。

(一)后续计量的原则

根据长期股权投资准则，对子公司的长期股权投资应当按成本法核算，对合营企业、联营企业的长期股权投资应当按权益法核算。

【快速记忆】长期股权投资后续计量方法的适用范围如图 6-3 所示。

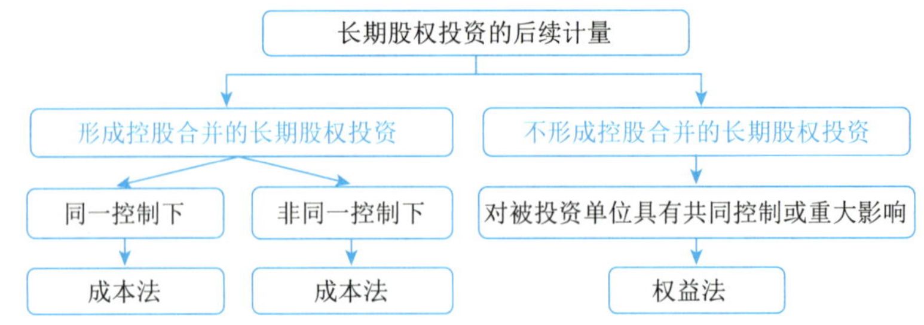

图 6-3 长期股权投资后续计量方法的适用范围

（二）特殊情形

（1）风险投资机构、共同基金以及类似主体持有的、在初始确认时按照《企业会计准则第 22 号——金融工具确认和计量》的规定以公允价值计量且其变动计入当期损益的金融资产，投资性主体对不纳入合并财务报表的子公司的权益性投资，以及长期股权投资准则未予规范的其他权益性投资，适用《企业会计准则第 22 号——金融工具确认和计量》。

【快速记忆】风险投资机构、共同基金以及类似主体持有的对联营企业或合营企业的投资，可在初始确认时按照金融工具确认和计量准则的规定以公允价值计量且其变动计入当期损益，但不可以被指定为以公允价值计量且其变动计入其他综合收益的金融资产。

（2）如果母公司是投资性主体，则母公司应当仅将为其投资活动提供相关服务的子公司（如有）纳入合并范围并编制合并财务报表；其他子公司不应当予以合并，母公司对其他子公司的投资应当按照公允价值计量且其变动计入当期损益。

四、长期股权投资成本法的会计核算

（一）成本法的适用范围

投资方持有的对子公司投资应当采用成本法核算，投资方为投资性主体且子公司不纳入其合并财务报表的除外。投资方在判断其能否对被投资单位实施控制时，应综合考虑其直接持有的股权和通过子公司间接持有的股权。在个别财务报表中，投资方进行成本法核算时，应仅考虑直接持有的股权份额。

（二）成本法的具体核算思路

（1）采用成本法核算的长期股权投资，应当按照初始投资成本计价。在追加投资时，按照追加投资支付的成本的公允价值及发生的相关交易费用增加长期股权投资的账面价值。

（2）被投资单位宣告分派现金股利或利润的，投资方根据应享有的部分确认当期投资收益。

五、长期股权投资权益法的核算★★★

长期股权投资采用权益法核算的，应当分别按“投资成本”“损益调整”“其他综合收益”“其他权益变动”进行明细核算。

（一）“投资成本”明细科目的会计处理

投资方取得对联营企业或合营企业的投资以后，对于取得投资时初始投资成本与应享有被投资单位可辨认净资产公允价值份额之间的差额，应区别情况处理。

（1）初始投资成本大于取得投资时应享有被投资单位可辨认净资产公允价值份额的，该部分差额是投资方在取得投资过程中通过作价体现出的与所取得股权份额相对应的商誉价值，这种情况下不要求对长期股权投资的成本进行调整。

（2）初始投资成本小于取得投资时应享有被投资单位可辨认净资产公允价值份额的，

两者之间的差额体现为双方在交易作价过程中转让方的让步，该部分经济利益流入应计入取得投资当期的营业外收入，同时调整增加长期股权投资的账面价值。

【例题7·计算分析题】2×21年1月，A公司支付价款6 000万元取得B公司30%的股权，在取得B公司的股权后，能够对B公司施加重大影响。不考虑相关税费等其他因素影响。

假定一：取得投资时，被投资单位的可辨认净资产账面价值为15 000万元(假定被投资单位的可辨认净资产的公允价值与其账面价值相同)。

假定二：取得投资时，被投资单位的可辨认净资产账面价值为24 000万元(假定被投资单位的可辨认净资产的公允价值与其账面价值相同)。

要求：分别根据上述假定，编制A公司的相关会计分录。

答案

(1)基于假定一的相关会计分录：

借：长期股权投资—投资成本 6 000

　　贷：银行存款　　6 000

不需要调整长期股权投资的账面价值。理由：长期股权投资的初始投资成本6 000万元大于取得投资时应享有被投资单位可辨认净资产公允价值的份额4 500万元(15 000×30%)，该差额1 500万元不调整长期股权投资的账面价值。

(2)基于假定二的相关会计分录：

借：长期股权投资—投资成本 7 200

　　贷：银行存款　　6 000

　　　　营业外收入　　1 200

(二)“损益调整”明细科目的会计处理

1. 对被投资单位净损益的调整

采用权益法核算的长期股权投资，在确认应享有(或分担)被投资单位的净利润(或净亏损)时，应在被投资单位账面净利润的基础上，根据以下因素作适当调整：

(1)被投资单位采用的会计政策和会计期间与投资方不一致的，应按投资方的会计政策和会计期间对被投资单位的财务报表进行调整，在此基础上确定被投资单位的损益。

(2)以取得投资时被投资单位固定资产、无形资产等的公允价值为基础计提的折旧额或摊销额，以及有关资产减值准备金额等对被投资单位净利润的影响。

投资企业应根据被投资单位实现的经调整后的净利润计算应享有的份额，并编制如下分录：

借：长期股权投资—损益调整

　　贷：投资收益

亏损时，编制相反会计分录。

【例题8·计算分析题】甲公司于2×20年1月1日购入乙公司20%的股份，购买价款为2 000万元，并自取得投资之日起向乙公司董事会派出代表，参与乙公司的财务和生产经营决策。取得投资日，乙公司可辨认净资产公允价值为6 000万元，乙公司持有的公允价值与账面价值不等的可辨认资产、负债如表6-1所示。

表6-1　公允价值与账面价值不等的可辨认资产、负债

项目	账面成本（万元）	已提折旧（或已摊销）（万元）	公允价值（万元）	评估增值（万元）	乙公司预计使用年限（年）	乙公司已使用年限（年）	甲公司取得投资后剩余使用年限（年）
存货	500		700	200			
固定资产	1 000	200	1 200	400	20	4	16
无形资产	600	120	800	320	10	2	8

上述固定资产和无形资产由乙公司管理部门使用，甲公司和乙公司对其固定资产和无形资产均采用直线法计提折旧和摊销。乙公司在2×20年共实现净利润1 225万元。截

至2×20年年末，甲公司取得投资时的乙公司账面存货中有80%已对外出售。

乙公司在2×21年发生净亏损405万元。截至2×21年年末，甲公司取得投资时的乙公司账面存货已全部对外出售。

其他资料：甲公司与乙公司的会计年度及采用的会计政策相同；甲、乙公司之间未发生任何内部交易。

要求：根据上述资料，作出甲公司在2×20年年末和2×21年年末的相关会计处理（不考虑所得税影响）。

答案

甲公司在确定其应享有的投资收益时，应在乙公司的账面净利润的基础上，针对其取得投资时乙公司可辨认资产评估增值/减值的影响进行相应调整。

①2×20年年末确认投资收益：

方法一：调整后的净利润＝1 225－200×80%－(1 200/16－1 000/20)－(800/8－600/10)＝1 225－160－25－40＝1 000（万元）。

方法二：调整后的净利润＝1 225－200×80%－400/16－320/8＝1 000（万元）。

甲公司应享有的份额＝1 000×20%＝200（万元）。

借：长期股权投资—损益调整　200

　贷：投资收益　200

②2×21年年末确认投资收益：

调整后的净利润＝－405－(700－500)×20%－400/16－320/8＝－510（万元）。

甲公司应承担的份额＝510×20%＝102（万元）。

借：投资收益　102

　贷：长期股权投资—损益调整　102

(3)投资方与其联营企业及合营企业之间发生的未实现内部交易损益应予抵销。

①投出或出售的资产构成业务的情形。

投资方与联营、合营企业之间发生投出或出售资产的交易，该资产构成业务的，会计处理如下：

a. 联营、合营企业向投资方出售业务的，投资方应全额确认与交易相关的利得或损失不需要抵销。

b. 投资方向联营、合营企业投出业务，投资方因此取得长期股权投资但未取得控制权的，应以投出业务的公允价值作为新增长期股权投资的初始投资成本，初始投资成本与投出业务的账面价值之差，全额计入当期损益。投资方向联营、合营企业出售业务取得的对价与业务的账面价值之间的差额，全额计入当期损益。以上两种情形均不需要抵销。

②投出或出售的资产不构成业务的情形。

此情形下，投资方应当分别顺流交易和逆流交易进行会计处理。顺流交易是指投资方向其联营企业或合营企业投出或出售资产。逆流交易是指联营企业或合营企业向投资方出售资产。未实现内部交易损益体现在投资方或其联营企业、合营企业持有的资产账面价值中的，在计算确认投资损益时应予抵销。

【快速记忆】投出或出售资产（不构成业务）的顺流交易、逆流交易，均需要抵销未实现内部销售损益。

第一种情况：顺流、逆流交易形成存货。

【例题9·计算分析题】甲公司于2×20年7月1日取得乙公司20%有表决权股份，能够对乙公司施加重大影响。假定甲公司取得该项投资时，乙公司各项可辨认资产、负债的公允价值与其账面价值相同。2×20年10月内部交易资料如下：

(1)假定一（逆流交易），乙公司将其成本为600万元的某商品以1 000万元的价格出售给甲公司，甲公司将取得的商品作为存货。至2×20年资产负债表日，甲公司已对外出售该存货的70%。

(2)假定二（顺流交易），甲公司将其成本为600万元的某商品以1 000万元的价格出售给乙公司，乙公司将取得的商品作为存货。至2×20年资产负债表日，乙公司已对外出售该存货的70%。

(3)乙公司2×20年实现净利润3 000万元（其中上半年亏损120万元）。

(4)假定在2×21年，内部交易的购入方已将上年剩余的存货全部对外出售。乙公司2×21年实现净利润3 800万元。

要求：根据上述资料，编制甲公司个别报表中的相关会计分录(不考虑所得税因素等的影响)。

答案

(1)甲公司2×20年的会计处理(个别报表)如表6-2所示。

表6-2　甲公司2×20年的会计处理

逆流交易：乙公司出售给甲公司	顺流交易：甲公司出售给乙公司
调整后的净利润＝3 120－(1 000－600)×30%＝3 000(万元)。 借：长期股权投资—损益调整　600 　贷：投资收益　(3 000×20%)600	调整后的净利润＝3 120－(1 000－600)×30%＝3 000(万元)。 借：长期股权投资—损益调整　600 　贷：投资收益　(3 000×20%)600

『提示』2×20年下半年利润＝全年利润3 000－上半年利润(－120)＝3 120(万元)。

(2)甲公司2×21年的会计处理(个别报表)如表6-3所示。

表6-3　甲公司2×21年的会计处理

逆流交易：乙公司出售给甲公司	顺流交易：甲公司出售给乙公司
借：长期股权投资—损益调整 [(3 800+400×30%)×20%]784 　贷：投资收益　784	借：长期股权投资—损益调整 [(3 800+400×30%)×20%]784 　贷：投资收益　784

如果投资企业另有子公司而需要编制合并报表，则投资企业需要针对其与联营/合营企业的内部交易在交易发生当年的合并报表中作适当调整。

【例题10·计算分析题】甲公司于2×21年1月1日取得乙公司20%的有表决权股份，能够对乙公司施加重大影响。假定甲公司取得该项投资时，乙公司的各项可辨认资产、负债的公允价值与其账面价值相同。2×21年10月的内部交易资料如下：销售方将其成本为600万元的某商品以1 000万元的价格出售给购买方，购买方将取得的商品作为存货。至2×21年资产负债表日未对外部独立第三方出售。乙公司在2×21年实现的净利润为0。

要求：分别编制顺流交易和逆流交易甲公司个别报表会计分录、合并报表抵销分录，计算上述内部交易对合并报表"投资收益""营业利润""长期股权投资"项目的影响(不考虑所得税等因素的影响)。

答案甲公司的账务处理如表6-4所示。

表6-4　甲公司的账务处理

项目	顺流交易：甲公司出售给乙公司	逆流交易：乙公司出售给甲公司
个别报表会计处理	确认投资收益＝[0－(1 000－600)]×20%＝－80(万元)。 借：投资收益　80 　贷：长期股权投资—损益调整　80	确认投资收益＝[0－(1 000－600)]×20%＝－80(万元)。 借：投资收益　80 　贷：长期股权投资—损益调整　80
合并财务报表抵销分录	借：营业收入　(1 000×20%)200 　贷：营业成本　(600×20%)120 　　投资收益　80	借：长期股权投资　(400×20%)80 　贷：存货　80
合并报表列示	投资收益＝－80+80＝0。 营业利润＝120－200＝－80(万元)。 长期股权投资＝－80(万元)	投资收益＝－80(万元)。 营业利润＝－80(万元)。 长期股权投资＝－80+80＝0

第二种情况：顺流、逆流交易形成固定资产。

【例题 11·单选题】☆甲公司持有乙公司30%的股权，能够对乙公司施加重大影响。20×2 年度乙公司实现净利润 8 000 万元，当年 6 月 20 日，甲公司将成本为 600 万元的商品以 1 000 万元的价格出售给乙公司，乙公司将其作为管理用固定资产并于当月投入使用，预计使用 10 年，净残值为 0，采用年限平均法计提折旧。不考虑其他因素，甲公司在其 20×2 年度的个别财务报表中应确认对乙公司投资的投资收益为(　)。

A. 2 100 万元　　B. 2 280 万元

C. 2 286 万元　　D. 2 400 万元

解析 确认对乙公司投资的投资收益=(8 000－400＋400/10×6/12)×30%＝2 286(万元)。　**答案** C

第三种情况：投出资产。

【例题 12·综合题】☆甲公司为生产加工企业，其在 2×22 年度发生了以下与股权投资相关的交易：

2×22 年 1 月 1 日，甲公司与 B 公司出资设立丙公司，双方共同控制丙公司。丙公司注册资本为 2 000 万元，其中甲公司占 50%。甲公司以公允价值为 1 000 万元的土地使用权出资，B 公司以公允价值为 500 万元的机器设备和 500 万元现金出资。该土地使用权系甲公司于 10 年前以出让方式取得，原值为 500 万元，期限为 50 年，按直线法摊销，预计净残值为 0，至投资设立丙公司时账面价值为 400 万元，后续仍可使用 40 年。丙公司 2×22 年实现净利润 220 万元。

其他资料：本题中不考虑所得税等其他因素。

要求：编制甲公司对丙公司出资及确认 2×22 年投资收益的相关会计分录。

答案 分析：构成业务吗？不构成。

借：长期股权投资　　1 000

　　累计摊销　　100

　　贷：无形资产　　500

　　　　资产处置损益 (1 000－400) 600

借：投资收益

　　[(220－600＋600/40)×50%] 182.5

　　贷：长期股权投资　　182.5

『拓展』甲公司如果编制合并财务报表，那么对于上述投资所产生的利得，仅能够确认归属于 B 公司的利得部分，需要抵销归属于甲公司的利得部分 300 万元(600×50%)。在合并财务报表中应编制如下抵销分录：

借：资产处置收益　　300

　　贷：投资收益(教材是长期股权投资)　　300

第四种情况：投资方与其联营/合营企业之间发生的顺流/逆流交易产生的未实现内部交易损失，属于所转让资产发生减值损失的，有关未实现内部交易损失不应予以抵销。

【快速记忆】对被投资单位的净损益进行调整时应考虑的因素如图 6-4 所示(应考虑所得税的影响)。

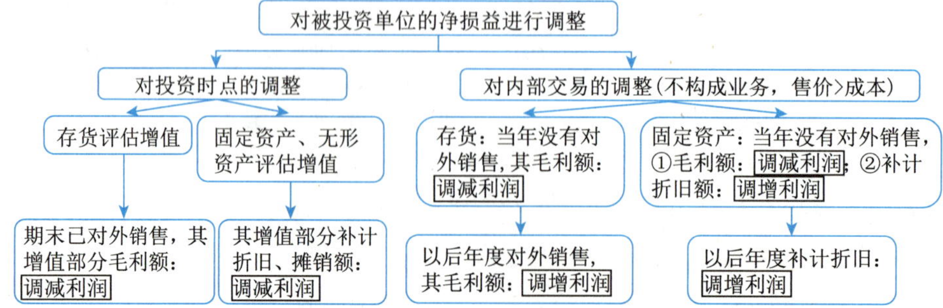

图 6-4　对被投资单位的净损益进行调整时应考虑的因素

2. 取得现金股利或利润的处理

权益法下，投资方自被投资单位取得的现金股利或利润，应调减长期股权投资，会计分录如下：

借：应收股利

　　贷：长期股权投资—损益调整

(三)"其他综合收益"明细科目的会计处理

(1)被投资单位其他综合收益发生变动的，投资方应当按照归属于本企业的部分调整长期股权投资，同时调整其他综合收益：

借：长期股权投资—其他综合收益

　　贷：其他综合收益

或编制相反分录。

(2)投资方全部处置权益法核算的长期股权投资或部分处置导致终止采用权益法核算时，原权益法下所确认的相关其他综合收益应当全部计入投资收益(但享有被投资方不能重分类进损益的其他综合收益份额除外)；投资方部分处置权益法核算的长期股权投资，剩余股权仍采用权益法核算的，原权益法下所确认的相关其他综合收益应按比例结转计入投资收益(但享有被投资方不能重分类进损益的其他综合收益份额除外)。

借：其他综合收益

　　贷：投资收益

或编制相反分录。

【例题13·单选题】☆2×22年1月1日，甲公司以1 500万元的价格购入乙公司30%的股权，能够对乙公司施加重大影响。当日，乙公司可辨认净资产的公允价值为4 800万元，与账面价值相同。2×22年，乙公司实现净利润800万元、其他综合收益增加300万元。乙公司从甲公司购入其生产的某产品形成年末存货900万元(未发生减值)。甲公司销售该产品的毛利率为25%。2×23年，乙公司宣告分配现金股利400万元，实现净利润1 000万元。上年度从甲公司购入的900万元的产品全部对外销售。甲公司投资乙公司前，双方不存在关联方关系，不考虑相关税费及其他因素。甲公司对乙公司股权投资在其2×23年年末合并资产负债表中应列示的金额为(　)。

A. 2 010万元　　B. 2 062.5万元

C. 2 077.5万元　D. 1 942.5万元

解析▶投资日，甲公司应享有乙公司可辨认净资产公允价值的份额＝4 800×30%＝1 440(万元)，小于初始投资成本1 500万元，因此初始入账价值为1 500万元。调整后的2×22年净利润＝800－900×25%＝575(万元)，调整后的2×23年净利润＝1 000＋900×25%＝1 225(万元)。甲公司对乙公司股权投资在其2×23年年末合并资产负债表中应列示的金额＝1 500＋575×30%＋300×30%－400×30%＋1 225×30%＝2 010(万元)。

答案▶A

《企业会计准则解释第9号——关于权益法下有关投资净损失的会计处理》规定：

投资方按权益法确认应分担被投资单位的净亏损或被投资单位其他综合收益减少净额，将有关长期股权投资冲减至0并产生了未确认投资净损失的，被投资单位在以后期间实现净利润或其他综合收益增加净额时，投资方应当按照以前确认或登记有关投资净损失时的相反顺序进行会计处理，即依次减记未确认投资净损失金额、恢复其他长期权益和恢复长期股权投资的账面价值，同时，投资方还应当重新复核预计负债的账面价值，有关会计处理如下：

(1)投资方当期对被投资单位净利润和其他综合收益增加净额的分享额小于或等于前期未确认投资净损失的，根据登记的未确认投资净损失的类型，弥补前期未确认的应分担的被投资单位净亏损或其他综合收益减少净额等投资净损失。

(2)投资方当期对被投资单位净利润和其他综合收益增加净额的分享额大于前期未确认投资净损失的，应先按照以上(1)的规定弥补前期未确认投资净损失；对于前者大于后者的差额部分，依次恢复其他长期权益的账面价值和恢复长期股权投资的账面价值，同时按权益法确认该差额。

投资方应当按照《企业会计准则第13号——或有事项》的有关规定，对预计负债的账面价值进行复核，并根据复核后的最佳估计数予以调整。

【例题14·计算分析题】甲公司于2×19年取得乙公司20%的有表决权股份，能够对乙公司施加重大影响。取得投资时乙公司可辨认净资产公允价值与账面价值相等，各年均没有发生内部交易业务。至2×20年年末“长期股权投资”账面价值为100万元，其中明细科目为“投资成本”8 000万元、“损益调整”1 000万元、“其他综合收益”-9 000万元(属于可重新分类进损益的其他综合收益)、“其他权益变动”100万元。假设甲公司并不负有承担额外损失的义务。

(1)2×21年乙公司个别财务报表实现净利润为3 000万元，属于可重分类进损益的其他综合收益减少4 000万元。

(2)2×22年乙公司个别财务报表发生净亏损1 000万元，乙公司对其持有的一项被分类为以公允价值计量且其变动计入其他综合收益的金融资产的债务工具确认了其他综合收益(增加)3 000万元。

要求：假定不考虑其他因素，根据上述资料，编制甲公司的相关会计分录。

答案

(1)甲公司在2×21年的相关会计处理如下：

借：长期股权投资—损益调整　600

　贷：投资收益　(3 000×20%)600

借：其他综合收益　700

　贷：长期股权投资—其他综合收益　700

(2)甲公司在2×22年的相关会计处理如下：

借：长期股权投资—其他综合收益　(3 000×20%-100)500

　贷：其他综合收益　500

注意先恢复未确认投资净损失(因被投资单位其他综合收益下降所导致的)。

借：投资收益　(1 000×20%)200

　贷：长期股权投资—损益调整　200

至2×22年年末，“长期股权投资”账面价值=年初0-200+600-100=300(万元)。

(四)“其他权益变动”明细科目的会计处理

(1)被投资单位除净损益、其他综合收益以及利润分配以外的所有者权益的其他变动因素，主要包括被投资单位接受其他股东的资本性投入、被投资单位发行可分离交易的可转债中包含的权益成分、以权益结算的股份支付、其他股东对被投资单位增资导致投资方持股比例变化等。投资方应按所持股权比例计算应享有的份额，调整长期股权投资的账面价值，同时计入资本公积(其他资本公积)，并在备查簿中予以登记。

借：长期股权投资—其他权益变动

　贷：资本公积—其他资本公积

或编制相反分录。

(2)被动稀释情形下，“内含商誉”的结转

被动稀释一般是指其他投资方对被投资单位增资而导致投资方的持股比例被稀释。权益法下，如果被动稀释后，投资方仍对被投资单位采用权益法核算，则投资方在调整长期股权投资的账面价值时，需要考虑是否应当按比例结转初始投资时形成的“内含商誉”(长期股权投资的初始投资成本大于投资时享有的被投资单位可辨认净资产公允价值份额的差额)。

此种情况下，相当于投资方“间接”处置了一部分长期股权投资，所以应当比照投资方直接处置长期股权投资的处理思路，对相关“内含商誉”进行结转：也就是说，应按比例结转“内含商誉”，同时将相关股权稀释影响计入资本公积(其他资本公积)。

(3)后续期间，投资方处置股权投资但对剩余股权仍采用权益法核算时，应按处置比例

将权益法下原确认的相关资本公积转入当期投资收益；对剩余股权终止权益法核算时，将这部分资本公积全部转入当期投资收益。

借：资本公积—其他资本公积

　　贷：投资收益

或编制相反分录。

（五）投资方持股比例增加但仍采用权益法核算的处理

投资方因增加投资等原因对被投资单位的持股比例增加，但被投资单位仍然是投资方的联营企业或合营企业时，投资方应当按照新的持股比例对股权投资继续采用权益法进行核算。在新增投资日，如果新增投资成本大于按新增持股比例计算的被投资单位可辨认净资产于新增投资日的公允价值份额，不调整长期股权投资成本；如果新增投资成本小于按新增持股比例计算的被投资单位可辨认净资产于新增投资日的公允价值份额，应按该差额，调整长期股权投资成本和营业外收入。

进行上述调整时，应当综合考虑与原持有投资和追加投资相关的商誉或计入损益的金额。

【例题 15 · 计算分析题】A 公司与长期股权投资相关的资料如下：

（1）2×19 年 1 月 1 日，A 公司以现金 5 000 万元向非关联方购买 B 公司 20% 的股权，并对 B 公司具有重大影响。当日，B 公司可辨认净资产公允价值与账面价值相等，均为 20 000 万元。

（2）2×22 年 1 月 1 日，A 公司以现金 2 400 万元向另一非关联方购买 B 公司 10% 的股权，仍对 B 公司具有重大影响，相关手续于当日完成。当日，B 公司可辨认净资产公允价值为 30 000 万元。不考虑相关税费等其他因素影响。

要求：根据上述资料，编制 A 公司的相关会计分录。

答案

（1）2×19 年 1 月 1 日：

借：长期股权投资—投资成本 5 000

　　贷：银行存款　　　　　　5 000

第一次购买 B 公司股权时，应享有 B 公司可辨认净资产公允价值份额为 4 000 万元（20 000×20%），A 公司支付对价的公允价值为 5 000 万元，因此 A 公司在 2×19 年 1 月 1 日确认对 B 公司的长期股投资的初始投资成本为 5 000 万元，其中含 1 000 万元的商誉。

（2）2×22 年 1 月 1 日：

借：长期股权投资—投资成本 2 400

　　贷：银行存款　　　　　　2 400

第二次购买 B 公司股权时，应享有 B 公司可辨认净资产公允价值份额为 3 000 万元（30 000×10%），A 公司支付对价的公允价值为 2 400 万元，A 公司本应将第二次投资的长期股权投资的成本调整为 3 000 万元（30 000 × 10%），并将 600 万元（3 000 − 2 400）的负商誉计入营业外收入，然而，由于 A 公司第一次权益法投资时确认了 1 000 万元的正商誉，两次商誉综合考虑后的金额为正商誉 400 万元，因此，A 公司在 2×22 年 1 月 1 日确认的第二次投资的长期股权投资的初始投资成本仍为2 400 万元，并在备查簿中记录两次投资各自产生的商誉和第二次投资时综合考虑两次投资产生的商誉后的调整情况。

【快速记忆】投资方持股比例增加但仍采用权益法核算时正负商誉的处理思路如表 6-5 所示。

表 6-5　投资方持股比例增加但仍采用权益法核算时正负商誉的处理思路

情况	初始投资	追加投资	综合考虑	增资时的调整思路
1	正商誉 100	正商誉 100	正商誉 200	不调整
2	负商誉 100	负商誉 80	负商誉 180	调整长期股权投资和营业外收入 80

续表

情况	初始投资	追加投资	综合考虑	增资时的调整思路
3	正商誉 100	负商誉 160	负商誉 60	调整长期股权投资和营业外收入 60
4	正商誉 100	负商誉 80	正商誉 20	不调整
5	负商誉 100	正商誉 80	负商誉 20	不调整
6	负商誉 100	正商誉 150	正商誉 50	不调整

六、长期股权投资的减值和处置★★

（一）长期股权投资的减值

长期股权投资的期末计价，应遵循可收回金额与账面价值孰低原则。长期股权投资的账面价值高于可收回金额的，按其差额借记“资产减值损失”科目，贷记“长期股权投资减值准备”科目。

长期股权投资的减值准备一经计提，不得转回。

（二）长期股权投资的处置

企业将长期股权投资全部或部分出售时，应相应结转其账面价值，并将出售所得价款与所结转的账面价值之间的差额确认为处置损益。

对于采用权益法核算的长期股权投资，投资方如将其全部处置，或者处置其中一部分后终止采用权益法的，应将相关的其他综合收益采用与被投资单位直接处置相关资产或负债相同的基础进行会计处理，并将相关的资本公积（其他资本公积）全部转入当期损益。

投资方部分处置权益法核算的长期股权投资，剩余股权仍采用权益法核算的，应将相关其他综合收益采用与被投资单位直接处置相关资产或负债相同的基础处理并按比例结转，并将相关的资本公积（其他资本公积）按比例结转入当期投资收益。

七、成本法、权益法、金融资产之间核算方法的转换★★★

（一）金融资产与长期股权投资之间的转换

包括以下情形：

5%（金融资产）→20%（权益法），20%（权益法）→5%（金融资产）；

5%（金融资产）→60%（成本法），60%（成本法）→5%（金融资产）。

【快速记忆】上述各类转换（构成同一控制下企业合并除外）处理的一般规律：无论增资还是减资，转换前或转换后作为金融资产核算的那5%的股权，在个别财务报表中按公允价值处理；原股权所涉及的其他综合收益或资本公积，在个别财务报表中一般需要转入留存收益或投资收益。

1. 金融资产转换为权益法的核算［例如：5%（金融资产）→20%（权益法）］

（1）追加投资时：

第一种情况：交易性金融资产转换为权益法下的长期股权投资。

借：长期股权投资—投资成本［原5%的股权公允价值+新增投资对价公允价值］

　贷：交易性金融资产［原5%的股权的账面价值］

　　投资收益［原5%的股权的公允价值与账面价值的差额，或借记］

　　银行存款等［新增投资而应支付对价的公允价值］

第二种情况：其他权益工具投资转换为权益法下的长期股权投资。

借：长期股权投资—投资成本[原5%的股权的公允价值+新增投资对价的公允价值]
　贷：其他权益工具投资[原5%的股权的账面价值]
　　盈余公积、利润分配[原5%的股权的公允价值与账面价值的差额，或借记]
　　银行存款等[新增投资而应支付对价的公允价值]
借：其他综合收益[原计入其他综合收益的累计公允价值变动]
　贷：盈余公积、利润分配
或相反分录。

(2)比较上述计算所得的初始投资成本与按照追加投资后全新的持股比例计算确定的应享有被投资单位在追加投资日可辨认净资产公允价值份额之间的差额，前者大于后者的，不调整长期股权投资的账面价值；前者小于后者的，差额应调整长期股权投资的账面价值，同时计入营业外收入。

【例题16 · 综合题】5%(金融资产)→20%(权益法)

A公司资料如下：

(1)2×20年2月，A公司以1 800万元现金自非关联方处取得B公司5%的股权。A公司根据金融工具确认和计量准则将其作为其他权益工具投资核算。2×20年年末，该金融资产的公允价值为3 000万元。

(2)2×21年3月6日，A公司又以9 900万元作为对价自另一非关联方处取得B公司15%的股权，相关手续于当日完成。当日，B公司可辨认净资产公允价值总额为66 500万元。取得该部分股权后，按照B公司章程规定，A公司能够对B公司施加重大影响，对该项股权投资转为采用权益法核算。不考虑相关税费等其他因素影响。当日，原5%股权投资的公允价值为3 300万元。

要求：根据上述资料，编制A公司的相关会计分录(假定盈余公积的计提比例为10%)。

答案

(1)A公司在2×20年的会计处理如下：

借：其他权益工具投资—成本　1 800
　贷：银行存款　1 800
借：其他权益工具投资—公允价值变动　1 200
　贷：其他综合收益　(3 000-1 800)1 200

(2)A公司在2×21年的会计处理如下：

①采用权益法时初始投资成本=原持有5%股权的公允价值3 300+取得新增投资而支付对价的公允价值9 900=13 200(万元)。

影响2×21年留存收益的金额=原持有5%股权的公允价值3 300-原持有5%股权的成本1 800=1 500(万元)。

借：长期股权投资—投资成本　13 200
　贷：其他权益工具投资—成本　1 800
　　　　　　　　　—公允价值变动　1 200
　　盈余公积　[(3 300-3 000)×10%]30
　　利润分配—未分配利润　[(3 300-3 000)×90%]270
　　银行存款　9 900

②将相关的其他综合收益转入留存收益。

借：其他综合收益　1 200
　贷：盈余公积　(1 200×10%)120
　　利润分配—未分配利润　(1 200×90%)1 080

③增资日，A公司应享有B公司可辨认净资产公允价值的份额为13 300万元(66 500×20%)。由于初始投资成本13 200万元小于应享有B公司可辨认净资产公允价值的份额13 300万元，因此，A公司需调增长期股权投资的账面价值100万元(13 300-13 200)。

借：长期股权投资—投资成本　100
　贷：营业外收入　100

【例题17 · 多选题】甲公司持有乙公司

3%的股权，对乙公司不具有重大影响。甲公司在初始确认时将对乙公司的股权投资指定为以公允价值计量且其变动计入其他综合收益的金融资产。2×18 年 5 月，甲公司对乙公司进行增资，增资后甲公司持有乙公司 20%的股权，能够对乙公司施加重大影响。不考虑其他因素，下列各项关于甲公司对乙公司股权投资会计处理的表述中，正确的有(　)。

A. 增资后，将原持有 3%股权期间的公允价值变动金额从其他综合收益转入增资当期损益

B. 增资后，将增资后的长期股权投资的初始投资成本小于应享有乙公司可辨认净资产公允价值份额的差额计入增资当期损益

C. 将原持有 3%股权的公允价值与新增投资而支付对价的公允价值之和作为增资后的长期股权投资的初始投资成本

D. 对乙公司增资后，改按权益法核算

解析 选项 A，以公允价值计量且其变动计入其他综合收益的金融资产转为权益法核算的长期股权投资时，原股权持有期间所确认的其他综合收益应转入留存收益，选项 A 错误。 **答案** BCD

2. 金融资产转换为成本法的核算[例如：5%(金融资产)→60%(成本法)(非同一控制下企业合并)]

企业因追加投资等原因能够对非同一控制下的被投资方实施控制(即通过多次交易分步实现非同一控制下企业合并)的，可分为如下两种具体情况：

第一种情况：交易性金融资产转换为成本法下的长期股权投资。

借：长期股权投资[原 5%的股权的公允价值+新增投资对价的公允价值]

　贷：交易性金融资产[原 5%的股权的账面价值]

　　投资收益[原 5%的股权的公允价值与账面价值的差额，或借记]

　　银行存款等[新增投资所付对价的公允价值]

第二种情况：其他权益工具投资转换为成本法下的长期股权投资。

借：长期股权投资[原 5%的股权的公允价值+新增投资对价的公允价值]

　贷：其他权益工具投资[原 5%的股权的账面价值]

　　盈余公积、利润分配[原 5%的股权的公允价值与账面价值的差额，或借记]

　　银行存款等[新增投资所付对价的公允价值]

结转原金融资产此前所确认的其他综合收益：

借：其他综合收益[原计入其他综合收益的累计公允价值变动]

　贷：盈余公积、利润分配

或相反分录。

【例题 18·综合题】 5%(金融资产)→60%(成本法)

A 公司在 2×20 年、2×21 年的投资业务资料如下：

(1)2×20 年 6 月 1 日，A 公司以每股 5 元的价格购入某上市公司 B 公司的股票 1 000 万股，并由此持有 B 公司 5%的股权。A 公司与 B 公司之间不存在关联方关系。A 公司根据其管理 B 公司股票的业务模式和 B 公司股票的合同现金流量特征，将对 B 公司的投资分类为交易性金融资产。2×20 年 12 月 31 日，该股票的收盘价格为每股 7 元。

(2)2×21 年 4 月 1 日，A 公司以银行存款 105 600 万元为对价，向 B 公司大股东收购 B 公司 55%的股权，相关手续于当日完成。假设 A 公司购买 B 公司 5%的股权和后续购买 55%的股权不构成“一揽子交易”，A 公司取得 B 公司控制权之日为 2×21 年 4 月 1 日，原 5%股权的公允价值为 9 600 万元。不考虑相关税费等其他因素影响。

要求：根据上述资料，编制 A 公司的相关会计分录。

答案

(1)A 公司在 2×20 年的会计处理如下：

借：交易性金融资产—成本　(1 000×5)5 000

　贷：银行存款　5 000

借：交易性金融资产—公允价值变动　2 000

　贷：公允价值变动损益　[1 000×(7-5)]2 000

(2)A 公司在 2×21 年的会计处理如下：

①购买日对子公司投资按成本法核算的初始投资成本=购买日原金融资产的公允价值9 600+追加投资应支付对价的公允价值105 600=115 200(万元)。

②影响 2×21 年个别财务报表投资收益的金额=原持有 5%股权的公允价值 9 600-原持有 5%股权的账面价值 7 000=2 600(万元)。

借：长期股权投资　115 200

　贷：交易性金融资产—成本　5 000

　　　　　　　　　—公允价值变动　2 000

　　投资收益　(9 600-7 000)2 600

　　银行存款　105 600

3. 权益法转换为金融资产的核算[例如：20%(权益法)→5%(金融资产)]

(1)确认处置投资的损益[例如：出售15%的股权或出售原有股权的 75%]：

借：银行存款

　贷：长期股权投资[账面价值×15%/20%；账面价值×75%]

　　投资收益[或借方]

(2)处置后的剩余股权改按金融资产核算：

借：交易性金融资产/其他权益工具投资[剩余 5%的股权的公允价值]

　贷：长期股权投资[剩余 5%的股权的账面价值]

　　投资收益[或借记]

(3)原采用权益法核算的相关其他综合收益、资本公积一般应当在终止采用权益法核算时，全部转入当期损益。

借：其他综合收益[可重分类进损益部分]

　资本公积—其他资本公积

　贷：投资收益

或相反分录。

如采用权益法核算的相关其他综合收益是因为被投资方持有其他权益工具投资公允价值变动等所引起的，则投资企业应当把其他综合收益转入留存收益。

【例题 19 · 综合题】☆甲公司没有子公司，不需要编制合并财务报表。甲公司相关年度发生与投资有关的交易或事项如下：

(1)20×7 年 1 月 1 日，甲公司通过发行普通股 2 500 万股(每股面值 1 元)取得乙公司 30%的股权，能够对乙公司施加重大影响。甲公司所发行股份的公允价值为 6 元/股，甲公司取得投资时乙公司可辨认净资产的账面价值为 50 000 万元，公允价值为 55 000 万元，除 A 办公楼外，乙公司其他资产及负债的公允价值与其账面价值相同。A 办公楼的账面余额为 30 000 万元，已计提折旧 15 000 万元，公允价值为 20 000 万元。乙公司对 A 办公楼采用年限平均法计提折旧，该办公楼预计使用 40 年，已使用 20 年，自甲公司取得乙公司投资后尚可使用 20 年，预计净残值为 0。

(2)20×7 年 6 月 3 日，甲公司以 300 万元的价格向乙公司销售产品一批，该批产品的成本为 250 万元。至 20×7 年年末，乙公司已销售上述从甲公司购入产品的 50%，其余 50%产品尚未销售。

20×7 年度，乙公司实现净利润 3 600 万元，因分类为以公允价值计量且其变动计入其他综合收益的金融资产公允价值变动而确认的其他综合收益为 100 万元。

(3)20×8 年 1 月 1 日，甲公司以 12 000 万元的价格将所持乙公司 15%股权予以出售，款项已存入银行。出售上述股权后，甲公司对乙公司不再具有重大影响，将所持乙公司剩余15%股权指定为以公允价值计量且其变动计入其他综合收益的金融资产，公允价值为12 000万元。

(4)20×8年12月31日，甲公司所持乙公司15%股权的公允价值为14 000万元。

(5)20×9年1月1日，甲公司将所持乙公司15%股权予以出售，取得价款14 000万元。

其他有关资料：第一，甲公司按照年度净利润的10%计提法定盈余公积。第二，本题不考虑相关税费及其他因素。

要求：

(1)根据资料(1)，计算甲公司对乙公司股权投资的初始投资成本，编制相关会计分录。

(2)根据资料(1)和(2)，计算甲公司对乙公司股权投资在20×7年度应确认的投资损益，编制相关会计分录。

(3)根据资料(3)，计算甲公司出售其所持乙公司15%股权产生的损益，编制相关会计分录。

(4)根据资料(4)和(5)，编制甲公司持有及出售乙公司股权的相关会计分录。

答案

(1)初始投资成本=2 500×6=15 000(万元)。

借：长期股权投资—投资成本 15 000
　贷：股本 2 500
　　资本公积 12 500

借：长期股权投资—投资成本 1 500
　贷：营业外收入 1 500

(2)因投资时乙公司固定资产的账面价值与公允价值的差额而应调减的净利润=20 000÷20-30 000÷40=250(万元)。

20×7年度应确认的投资损益=[(3 600-250)-(300-250)×50%]×30%=997.5(万元)。

借：长期股权投资—损益调整 997.5
　　—其他综合收益(100×30%)30
　贷：投资收益 997.5
　　其他综合收益 30

(3)甲公司出售其所持乙公司15%股权所产生的损益=(12 000+12 000)-(16 500+997.5+30)+30=6 502.5(万元)。

借：银行存款 12 000
　贷：长期股权投资—投资成本(16 500×15%/30%)8 250
　　—损益调整(997.5×15%/30%)498.75
　　—其他综合收益(30×15%/30%)15
　　投资收益 3 236.25

借：其他权益工具投资—成本 12 000
　贷：长期股权投资—投资成本 8 250
　　—损益调整 498.75
　　—其他综合收益 15
　　投资收益 3 236.25

借：其他综合收益 30
　贷：投资收益 30

(4)借：其他权益工具投资—公允价值变动(14 000-12 000)2 000
　贷：其他综合收益 2 000

借：银行存款 14 000
　贷：其他权益工具投资—成本 12 000
　　—公允价值变动 2 000

借：其他综合收益 2 000
　贷：盈余公积 200
　　利润分配—未分配利润 1 800

4. 成本法转换为金融资产的核算[例如：60%(成本法)→5%(金融资产)]

(1)母公司因处置对子公司长期股权投

资而丧失控制权，应确认处置投资损益[出售55%的股权或出售原有股权的91.67%]：

借：银行存款

　贷：长期股权投资[账面价值×55%/60%；账面价值×91.67%]

　　投资收益[或借记]

(2)将剩余股权在丧失控制之日的公允价值与账面价值之间的差额计入当期投资收益：

借：交易性金融资产/其他权益工具投资[剩余5%的股权公允价值]

　贷：长期股权投资[剩余5%的股权账面价值]

　　投资收益[或借记]

【例题20·综合题】 60%(成本法)→5%(金融资产)

(1)2×20年4月20日，甲公司与乙公司的原股东A公司签订股权转让合同。合同约定：甲公司以向A公司定向发行的6 000万股本公司股票及两项金融资产为对价，换取A公司持有乙公司60%的股权。甲公司定向发行的股票按规定为每股5元，双方确定的评估基准日为2×20年4月30日。上述股权转让合同于2×20年5月15日分别经甲公司和乙公司、A公司股东大会批准。甲公司与A公司在交易前没有关联方关系。甲公司该并购事项于2×20年5月18日经监管部门批准，作为对价定向发行的股票于2×20年6月1日发行，甲公司向A公司定向增发本公司6 000万股普通股，当日甲公司股票的市场价格为每股4元；甲公司作为对价付出的金融资产的资料如下：

①交易性金融资产的账面价值为400万元，当日公允价值600万元；

②其他权益工具投资的账面价值为5 600万元(其中成本为5 000万元，公允价值变动为600万元)，当日公允价值为6 000万元。

工商变更登记手续亦于2×20年6月1日办理完成。同时甲公司对乙公司董事会进行改组并取得控制权。乙公司可辨认净资产的账面价值为88 800万元，公允价值为90 000万元，其差额是一项无形资产评估增值1 200万元所导致的，预计尚可使用年限10年，采用直线法计提摊销额。

(2)自甲公司2×20年6月1日取得乙公司60%股权起到2×20年12月31日，乙公司实现净利润1 170万元、其他综合收益增加100万元。2×21年1月1日至6月30日，乙公司实现净利润2 060万元，分配现金股利500万元，因当年取得的其他债权投资公允价值变动而导致其他综合收益净增加600万元。

(3)2×21年7月，甲公司出售乙公司55%的股权给非关联方，取得价款38 000万元。相关手续于当日完成。甲公司无法再对乙公司实施控制，也不能施加共同控制或重大影响，将剩余股权投资指定为以公允价值计量且其变动计入其他综合收益的非交易性权益工具投资。出售后剩余股权投资的公允价值为3 600万元。不考虑相关税费等其他因素影响。

要求：编制甲公司的相关会计分录(假定盈余公积的计提比例为10%)。

答案

(1)甲公司取得股权投资的相关会计处理如下：

长期股权投资初始投资成本=4×6 000+600+6 000=30 600(万元)。

借：长期股权投资　　30 600

　　其他综合收益　　600

　贷：股本　　6 000

　　资本公积—股本溢价

　　　[(4-1)×6 000]18 000

　　交易性金融资产　　400

　　投资收益　　(600-400)200

　　其他权益工具投资—成本　5 000

　　　　—公允价值变动　　600

　　盈余公积

　　　[(6 000-5 000)×10%]100

利润分配—未分配利润

[(6 000-5 000)×90%]900

(2)乙公司宣告分配现金股利时甲公司的会计处理如下：

借：应收股利　　　　(500×60%)300

　　贷：投资收益　　　　　　　　300

收到股利时：

借：银行存款　　　　　　300

　　贷：应收股利　　　　　　　　300

(3)甲公司在2×21年7月的会计处理如下：

①对2×21年7月的投资收益的影响金额=(被处置的股权投资的售价38 000+剩余股权的公允价值3 600)-60%的股权的账面价值30 600=11 000(万元)。

②确认有关股权投资的处置损益：

借：银行存款　　　　　　38 000

　　贷：长期股权投资

　　　　(30 600×55%/60%)28 050

　　　　投资收益　　　　　　9 950

③剩余5%的股权被投资指定为以公允价值计量且其变动计入其他综合收益的非交易性权益工具投资，当天公允价值为3 600万元，账面价值为2 550万元(30 600-28 050)，两者的差额应计入当期投资收益。

借：其他权益工具投资　　　3 600

　　贷：长期股权投资　　　　　2 550

　　　　投资收益　　　　　　　1 050

(二)长期股权投资权益法与长期股权投资成本法之间的转换

包括以下情形：20%(权益法)→60%(成本法)，60%(成本法)→20%(权益法)

1. 因追加投资等原因能够对非同一控制下的被投资方实施控制(通过多次交易分步实现的非同一控制下企业合并)[例如：20%(权益法)→60%(成本法)]

(1)追加投资时：

借：长期股权投资[原持有的20%的股权账面价值+新增投资所付对价的公允价值]

　　贷：长期股权投资—投资成本

　　　　—损益调整[或借记]

　　　　—其他综合收益[或借记]

　　　　—其他权益变动[或借记]

　　银行存款等

(2)购买日之前持有的股权投资因采用权益法核算而确认的其他综合收益、资本公积—其他资本公积，不作会计处理。

【快速记忆】“权益法转成本法”的会计处理的一般规律：原20%的股权，在个别财务报表中按照账面价值计量；原20%的股权涉及的其他综合收益和资本公积，在个别财务报表中不需于转换日转入投资收益等。

【例题21·综合题】20%(权益法)→60%(成本法)

A公司有关投资资料如下：

(1)2×18年12月31日，A公司与甲、乙、丙和丁公司出资设立B公司，各方共同控制B公司。A公司与甲、乙、丙和丁公司的持股比例均为20%。A公司以一条公允价值为2 500万元的流水线(不构成业务)出资，该项资产系A公司于1年前自行建造取得，至投资设立B公司时账面价值为500万元，尚可使用10年。A公司开出增值税专用发票，增值税销项税额为325万元。此外A公司另支付相关税费175万元。

(2)2×19年11月，A公司将其账面价值为600万元的商品以840万元的价格出售给B公司，B公司将取得的商品作为管理用固定资产使用，预计使用寿命为10年，净残值为0。B公司自2×19年年初至2×21年6月30日期间，累计实现净利润3 162万元、分类为以公允价值计量且其变动计入其他综合收益的金融资产的债务工具发生公允价值变动(增加)750万元、其他所有者权益变动(增加)为250万元。

(3)2×21 年 7 月 1 日，A 公司另支付银行存款 8 000 万元，自甲、乙公司处取得 B 公司 40%的股权，并取得对 B 公司的控制权。购买日，A 公司原持有的对 B 公司 20%的股权的公允价值为 4 000 万元；B 公司可辨认净资产公允价值为 18 000 万元，以上交易的相关手续均于当日完成。假设 A 公司取得 B 公司 20%的股权和后续购买 B 公司 40%的股权的交易不构成“一揽子交易”。

假定不考虑所得税等税费及其他因素的影响。A 公司与甲、乙、丙、丁公司不存在关联方关系。

要求：根据上述资料，编制 A 公司的相关会计分录。

答案

(1)计算 A 公司的该项长期股权投资在 2×21 年 6 月 30 日的明细科目余额和账面价值：

长期股权投资—投资成本 = 2 500 + 325 + 175 = 3 000(万元)。

长期股权投资—损益调整 = [3 162 − (2 500 − 500) + (2 500 − 500)/10×2.5 − (840 − 600) + (840 − 600)/10×(1 + 12 + 6)/12] × 20% = 292(万元)。

长期股权投资—其他综合收益 = 750×20% = 150(万元)。

长期股权投资—其他权益变动 = 250×20% = 50(万元)。

至 2×21 年 6 月 30 日，长期股权投资的账面价值 = 3 000 + 292 + 150 + 50 = 3 492(万元)。

(2)A 公司 2×21 年 7 月 1 日的会计处理如下：

①对 B 公司股权投资在购买日的初始投资成本=购买日前 A 公司所持有股权的账面价值 3 492+本次投资应支付对价的公允价值 8 000=11 492(万元)。

借：长期股权投资　11 492

　贷：长期股权投资—投资成本　3 000

　　　　　　　　—损益调整　292

　　　　　　　　—其他综合收益　150

　　　　　　　　—其他权益变动　50

　　银行存款　8 000

②个别财务报表中，购买日前 A 公司所持有股权的相关其他综合收益 150 万元和资本公积(其他资本公积)50 万元在购买日均不进行会计处理。

2. 母公司因处置对子公司长期股权投资而丧失控制权[例如：60%(成本法)→20%(权益法)]

(1)按处置投资的比例结转应终止确认的长期股权投资成本[例如：出售 40%的股权或出售原有股权的 66.67%]。

借：银行存款

　贷：长期股权投资[账面价值×40%/60%或账面价值×66.67%]

　　投资收益[或借方]

(2)原投资时点：追溯调整为权益法，比较剩余长期股权投资的成本与按照剩余持股比例计算原投资时应享有被投资单位可辨认净资产公允价值的份额，前者大于后者的，属于投资作价中体现的商誉部分，不调整长期股权投资的账面价值；前者小于后者的，在调整长期股权投资成本的同时，调整留存收益等。

借：长期股权投资—投资成本

　贷：盈余公积、利润分配等

(3)对原投资时点与丧失控制权时点之间的业务，按权益法进行追溯调整。

借：长期股权投资—损益调整

　　　　　　　　—其他综合收益

　　　　　　　　—其他权益变动

　贷：盈余公积、利润分配[(调整后的以前年度净利润−以前年度现金股利)×20%]

　　投资收益[(调整后的本年度净利润−本年度现金股利)×20%]

　　其他综合收益

资本公积—其他资本公积

【例题 22·综合题】60%(成本法)→20%(权益法)

A 公司 2×20 年至 2×21 年的投资业务如下：

(1)2×20 年 1 月 2 日，A 公司以一项投资性房地产作为对价从非关联方处购入 B 公司 60%的股权。取得这部分股权后，A 公司能对 B 公司实施控制。该项投资性房地产的公允价值为 6 300 万元，账面价值为 5 000 万元(其中成本为 2 000 万元，公允价值变动 3 000 万元)，该项房地产在由自用房地产转为投资性房地产时确认了其他综合收益 1 000 万元。B 公司可辨认净资产公允价值总额为 10 000 万元(假定公允价值与账面价值相同)。

(2)2×20 年 B 公司实现净利润 1 000 万元，B 公司当期将一项作为存货的房地产转换为以公允价值模式计量的投资性房地产，转换日公允价值比账面价值大 180 万元，确认了相关的其他综合收益；B 公司重新计量设定受益计划净负债或净资产导致其他综合收益增加 20 万元，B 公司除净损益、其他综合收益和利润分配以外的其他所有者权益变动(增加)为 100 万元。假定 B 公司在 2×20 年一直未进行利润分配。

(3)2×21 年 7 月 1 日，A 公司将其持有的对 B 公司 40%的股权出售给某企业[或出售其所持有的 B 公司股权的 2/3]，取得价款 5 000 万元，A 公司出售 B 公司股权后仍持有 B 公司 20%的股权，并在 B 公司董事会指派了一名董事。2×21 年前 6 个月 B 公司实现的净利润为 560 万元，分配现金股利 60 万元，2×21 年 7 月 1 日 B 公司可辨认净资产公允价值总额为 9 790 万元(包括 B 公司一项 X 存货公允价值高于账面价值的差额为 90 万元)。A 公司按净利润的 10%提取盈余公积。

不考虑增值税、所得税等因素。

要求：根据上述资料，编制 A 公司的相关会计分录(假定盈余公积的计提比例为 10%)。

答案

(1)A 公司在 2×20 年 1 月 2 日的会计处理如下：

借：长期股权投资　　6 300
　贷：其他业务收入　　6 300
借：其他业务成本　　1 000
　公允价值变动损益　　3 000
　其他综合收益　　1 000
　贷：投资性房地产　　5 000

合并商誉 = 6 300 − 10 000 × 60% = 300(万元)。

(2)2×21 年 B 公司分配现金股利 60 万元时 A 公司的会计处理如下：

借：应收股利　　(60×60%)36
　贷：投资收益　　36
借：银行存款　　36
　贷：应收股利　　(60×60%)36

(3)A 公司在 2×21 年 7 月 1 日的会计处理如下：

①2×21 年 7 月 1 日确认长期股权投资处置损益：

借：银行存款　　5 000
　贷：长期股权投资
　　(6 300×40%/60%；6 300×2/3)4 200
　　投资收益　　800

②2×21 年 7 月 1 日调整长期股权投资账面价值：

剩余长期股权投资的账面价值=6 300−4 200=2 100(万元)，大于原投资时应享有被投资单位可辨认净资产公允价值的份额 2 000 万元(10 000×20%)，差额 100 万元为商誉，不需要根据该部分商誉的价值对长期股权投资的账面价值进行调整。

两个交易日之间的调整：

处置部分投资以后按照剩余持股比例计算享有被投资单位自购买日至处置投资当期期初之间实现的净损益的份额为 200 万元(1 000×20%)，应调整增加长期股权投资的账面价值，同时调整留存收益；处置期初至处置日之间实现的净损益的份额为100万元(500×20%)，应调整增加长期股权投资的账面价值，同时计入当期投资收益。A公司会计处理如下：

借：长期股权投资—损益调整 (1 500×20%)300

—其他综合收益 (200×20%)40

—其他权益变动 (100×20%)20

贷：盈余公积(1 000×20%×10%)20

利润分配—未分配利润 (1 000×20%×90%)180

投资收益 (500×20%)100

其他综合收益 40

资本公积—其他资本公积 20

3. 子公司向非关联方定向增发新股，因稀释母公司持股比例而丧失控制权[例如：60%(成本法)→20%(权益法)]

(1)按比例结转部分长期股权投资账面价值并确认相关损益。

按照新的持股比例(20%)确认应享有的原子公司因增资扩股而增加的净资产的份额与应结转持股比例下降部分(40%)所对应的长期股权投资原账面价值之间的差额，应计入当期投资收益。

借：长期股权投资

贷：投资收益

或编制相反分录。

(2)追溯调整(略)。

【例题23·综合题】接【例题22·综合题】资料(1)(2)同上。资料(3)修改如下：

(3)2×21年7月1日，B公司向非关联方C公司定向增发新股，增资25 000万元，相关手续于当日完成，A公司对B公司的持股比例下降为20%。其他资料不变。

要求：根据上述资料，编制A公司的相关会计分录。

答案

(1)按比例结转部分长期股权投资账面价值并确认相关损益。

①按照新的持股比例(20%)确认应享有的原子公司因增资扩股而增加的净资产的份额=25 000×20%=5 000(万元)。

②应结转持股比例下降部分所对应的长期股权投资原账面价值=6 300×40%/60%=4 200(万元)。

③计入当期投资收益=5 000-4 200=800(万元)。

借：长期股权投资 800

贷：投资收益 800

(2)对剩余股权视同自取得投资时即采用权益法核算而进行调整。(略)

八、合营安排★★

(一)概念及合营安排的认定

1. 合营安排的概念与特征

合营安排是指一项由两个或两个以上的参与方共同控制的安排。合营安排的主要特征包括：

(1)各参与方均受到该安排的约束。

(2)两个或两个以上的参与方对该安排实施共同控制。

2. 共同控制及其判断原则

共同控制，是指按照相关约定对某项安排所共有的控制，并且该安排的相关活动必须经过分享控制权的参与方一致同意后才能决策。在判断是否存在共同控制时，首先判断是否由所有参与方或参与方组合集体控制该安排，其次再判断该安排相关活动的决策是否必须经过这些参与方一致同意。

(1)集体控制。

如果所有参与方或一组参与方必须一致行动才能决定某项安排的相关活动，则称所有参与方或一组参与方集体控制该安排。

(2)相关活动的决策。

存在共同控制时，有关合营安排相关活动的所有重大决策必须经分享控制权的各方一致同意。一致同意的规定保证了对合营安排具有共同控制的任何一个参与方均可以阻止其他参与方在未经其同意的情况下就相关活动单方面作出决策。

(3)争议解决机制。

在分析合营安排的各方是否共同分享控制权时，要关注对于争议解决机制的安排。一般来说，这些条款的存在不会妨碍该安排构成共同控制的判断，因此，也不会妨碍该安排成为合营安排。但是，值得注意的是，如果在各方未就相关活动的重大决策达成一致意见的情况下，其中一方具备“一票通过权”或者潜在表决权等特殊权力，则需要仔细分析，很可能具有特殊权力的一方实质上具备控制权。

(4)仅享有保护性权利的参与方不享有共同控制。

保护性权利通常只能在合营安排发生根本性改变或某些例外情况发生时才能够行使，它既没有赋予其持有人对合营安排拥有权力，也不能阻止其他参与方对合营安排拥有权力。

(5)一项安排的不同活动可能分别由不同的参与方或参与方组合主导。

在不同阶段，一项安排可能发生不同的活动，从而导致不同参与方可能主导不同相关活动，或者共同主导所有相关活动。

不同参与方分别主导不同相关活动时，相关的参与方需要分别评估自身是否拥有主导对回报产生最重大影响的活动的权利，从而确定是否能够控制该项安排，而不是与其他参与方共同控制该项安排。

3. 合营安排中的不同参与方

只要两个或两个以上的参与方对该安排实施共同控制，一项安排就可以被认定为合营安排，并不要求所有参与方都对该安排享有共同控制。对合营安排享有共同控制的参与方(分享控制权的参与方)被称为“合营方”，对合营安排不享有共同控制的参与方被称为“非合营方”。

4. 关于合营安排的分类

合营安排分为共同经营和合营企业。

共同经营，是指合营方享有该安排相关资产且承担该安排相关负债的合营安排。

合营企业，是指合营方仅对该安排的净资产享有权利的合营安排。

(1)单独主体。

单独主体，是指具有单独可辨认的财务架构的主体，包括单独的法人主体和不具备法人主体资格但法律所认可的主体。单独主体并不一定要具备法人资格，但必须具有法律所认可的单独可辨认的财务架构，确认某主体是否属于单独主体必须考虑适用的法律法规。

合营安排最常见的形式包括有限责任公司、合伙企业、合作企业等。某些情况下，信托、基金也可被视为单独主体。

(2)合营安排未通过单独主体达成。

未通过单独主体达成的合营安排，应当划分为共同经营。

(二)共同经营中合营方的会计处理

1. 一般会计处理原则

合营方应当确认其与共同经营中利益份额相关的下列项目，并按照相关企业会计准则的规定进行会计处理：

(1)确认单独所持有的资产，以及按其份额确认共同持有的资产；

(2)确认单独所承担的负债，以及按其份额确认共同承担的负债；

(3)确认出售其享有的共同经营产出份额所产生的收入；

(4)按其份额确认共同经营因出售产出所产生的收入；

(5)确认单独所发生的费用，以及按其份额确认共同经营发生的费用。

合营方将其自有资产用于共同经营且合营方保留了对这些资产的全部所有权或控制权的，则合营方对这些资产的会计处理与其对自有资产的会计处理并无差别。

合营方与其他合营方共同购买资产投入共同经营并共同承担共同经营的负债的，合营方应当按照相关准则规定确认在这些资产和负债中的利益份额。

2. 合营方取得构成业务的共同经营的利益份额的会计处理

如果某项共同经营构成业务，则合营方应当将其所取得的共同经营中的利益份额按照企业合并准则等相关准则进行相应的会计处理，但其他相关准则的规定不能与本准则的规定相冲突。

判断该共同经营是否构成业务的依据为企业合并准则的相关规定。

上述处理原则不仅适用于收购现有的构成业务的共同经营中的利益份额，还适用于与其他参与方一起设立共同经营。

（三）对共同经营不享有共同控制的参与方（非合营方）的会计处理原则

（1）对共同经营不享有共同控制的参与方，如果享有该共同经营相关资产且承担该共同经营相关负债的，按照“（二）共同经营中合营方的会计处理”的相关原则进行会计处理。

（2）关于合营企业参与方的会计处理。

对合营企业不享有共同控制的参与方（非合营方）应当根据其对该合营企业的影响程度进行相关会计处理：对该合营企业具有重大影响的，应当按照长期股权投资准则的规定核算其对该合营企业的投资；对该合营企业不具有重大影响的，应当按照金融工具确认和计量准则的规定核算其对该合营企业的投资。

扫我做试题

一、单项选择题

1. ☆2×20 年 12 月 31 日，甲公司与乙公司设立丙公司，丙公司的注册资本为 1 000 万元，甲公司以账面价值为 700 万元，公允价值为 1 000 万元的房屋作为对丙公司的出资，占丙公司股权的 80%，乙公司以现金 250 万元作为对丙公司的出资，占丙公司股权的 20%，甲公司控制丙公司。不考虑其他因素。2×20 年 12 月 31 日，甲公司下列各项会计处理中，正确的是（　）。

   A. 个别财务报表中不应确认资产处置损益 300 万元

   B. 个别财务报表中确认对丙公司的长期股权投资 800 万元

   C. 合并财务报表中确认少数股东权益 250 万元

   D. 合并财务报表中房屋的账面价值为 1 000 万元

2. ☆甲公司在 2×20 年发生的投资事项包括：（1）以银行存款 300 万元购买乙公司 30% 的股权，发生相关交易费用 5 万元，投资日乙公司的可辨认净资产公允价值为 800 万元。甲公司能够对乙公司施加重大影响。（2）通过发行甲公司股份的方式购买丙公司 20% 的股权，发生与发行股份相关的交易费用 8 万元，投资日甲公司发行的股份的公允价值为 450 万元，丙公司的可辨认净资产公允价值为 1 500 万元，甲公司对丙公司能够施加重大影响。（3）通过同一控制下企业合并取得丁公司 80% 的股权，支付购买价款 800 万元，发生交易费用 10 万元。合并日丁公司的净资产账面价值为 600 万元，公允价值为 800 万元。（4）通过非同一控制下企业合并取得戊公司 60% 的股权，支付购买价款 1 000 万元，发生交易费用20万元。购买日戊公司的可辨认净资产公允价值为1 450万元。下列各项关于甲公司上述长期股权投资相关会计处理的表述中，正确的是（ ）。

A. 对乙公司长期股权投资的初始投资成本为300万元

B. 对丙公司长期股权投资的初始投资成本为458万元

C. 对丁公司长期股权投资的初始投资成本为800万元

D. 对戊公司长期股权投资的初始投资成本为1 000万元

3. 2×22年1月1日，甲公司支付银行存款3 000万元取得乙公司30%的股权。取得这部分股权投资后，甲公司能够对乙公司施加重大影响。当日，乙公司的可辨认净资产的公允价值为12 000万元，账面价值为11 000万元，公允价值与账面价值的差额，是乙公司持有的一批A存货所产生的，该批存货的账面价值为1 000万元，公允价值为2 000万元。2×22年6月，甲公司将自产的B存货出售给乙公司，该批存货的账面价值为500万元，公允价值为700万元。截至2×22年年末，乙公司已将上述A存货对外出售了40%，将上述B存货对外出售了60%。在2×22年度，乙公司实现净利润1 300万元，其他综合收益净增加200万元。假定不考虑所得税等其他因素，则甲公司该项长期股权投资在2×22年年末的账面价值为（ ）。

A. 4 960万元　　B. 3 846万元

C. 3 906万元　　D. 3 606万元

4. 甲公司发生的投资业务如下：2×22年1月2日，甲公司以银行存款1 000万元和一项无形资产作为对价，取得乙公司30%的有表决权股份，能够对乙公司施加重大影响。甲公司所付出的无形资产的账面价值为1 000万元，公允价值为2 000万元。2×22年1月2日，乙公司的可辨认净资产的账面价值为10 100万元，公允价值为11 000万元，差额是乙公司持有的一项固定资产所引起的，该项固定资产的尚可使用寿命为5年，预计净残值为0，采用直线法计提折旧。2×22年8月，乙公司将其成本为300万元的B商品以550万元的价格出售给甲公司，甲公司将其作为存货核算。乙公司在2×22年实现净利润1 000万元，因其他债权投资公允价值上升增加其他综合收益90万元，其他所有者权益变动为10万元。至2×22年年末，甲公司已对外出售上述B商品的60%。假定不考虑所得税及其他相关因素的影响。有关甲公司2×22年长期股权投资的会计处理表述不正确的是（ ）。

A. 2×22年12月31日甲公司应确认的投资收益为216万元

B. 2×22年12月31日甲公司应确认的其他综合收益为27万元

C. 2×22年12月31日甲公司长期股权投资的账面价值为3 546万元

D. 甲公司因投资业务影响2×22年损益的金额为1 300万元

5. 2×21年7月1日，A公司与其母公司M公司签订合同，A公司以一批自身权益工具和一项作为固定资产核算的厂房作为对价，购买M公司持有的B公司90%的股权。8月1日A公司定向增发5 000万股普通股，每股面值为1元，每股公允价值为10元，另支付承销商佣金、手续费50万元；A公司付出厂房的账面价值为1 000万元，公允价值为1 200万元。当日办理完毕相关法律手续。另支付审计、评估费用20万元。合并日，B公司财务报表中净资产的账面价值为12 000万元；M公司合并财务报表中的B公司净资产账面价值为9 900万元，其中M公司自购买日开始持续计算的B公司可辨认净资产的公允价值为9 000万元，M公司合并账务报表确认商誉900万元。假定A公司和B公司采用的会计政策相同。不考虑其他因素，下列有关A公司的会计处理中，不正确的是(　)。

A. 该合并为同一控制下企业合并

B. A公司为合并方，2×21年8月1日为合并日

C. A公司确认资本公积为3 000万元

D. A公司确认长期股权投资的初始投资成本为9 000万元

6. 2×20年7月2日，A公司将一批库存商品、一项固定资产、一项交易性金融资产和一项投资性房地产转让给B公司，以取得B公司所持有的C公司70%的股权。资料如下：(1)库存商品的成本为100万元，公允价值为200万元，未计提存货跌价准备，适用的增值税税率为13%；(2)固定资产为生产设备，账面价值为500万元，公允价值为800万元，适用的增值税税率为13%；(3)交易性金融资产的账面价值为2 000万元，公允价值为2 200万元；(4)投资性房地产的账面价值为1 000万元(其中成本为600万元，公允价值变动增加400万元)，公允价值为3 000万元，适用的增值税税率为9%。A公司另发生评估费、律师咨询费等30万元，已用银行存款支付。购买日C公司的可辨认净资产公允价值为9 000万元。假定A公司与B公司不存在关联方关系，不考虑除增值税以外的其他因素。下列关于A公司购买日会计处理的表述中，不正确的是(　)。

A. 购买日的合并成本为6 600万元

B. 购买日影响营业利润的金额为2 570万元

C. 购买日确认的投资收益为200万元

D. 购买日合并财务报表中确认的商誉为100万元

7. 2×21年7月1日，甲公司与乙公司出资设立丙公司，双方共同控制丙公司。丙公司注册资本为4 000万元，其中甲公司占50%。甲公司以公允价值为2 000万元的土地使用权出资(不考虑增值税)，乙公司以2 000万元现金出资。该土地使用权系甲公司于2×11年7月1日以出让方式取得，原值为1 000万元，原预计使用年限为50年，按直线法摊销，预计净残值为0，出资后仍可使用40年。丙公司2×21年后半年实现净利润400万元、其他综合收益减少50万元(假定各月均衡)。假定不考虑所得税等因素，甲公司2×21年有关长期股权投资业务会计处理不正确的是(　)。

A. 长期股权投资初始投资成本为2 000万元

B. 无形资产的处置损益为1 200万元

C. 2×21年年末确认的投资收益为-392.5万元

D. 2×21年年末长期股权投资的账面价值为1 607.5万元

8. 2×21年7月18日，A公司以840万元的对价从B公司其他股东处受让取得B公司14%的股权，至此持股比例达到20%。取得该部分股权后，对B公司具有重大影响。当日原持有的股权投资的公允价值为360万元。2×21年7月18日B公司可辨认净资产公允价值总额为6 050万元(包括B公司一项存货评估增值90万元)。原对B公司6%的股权为A公司2×20年1月2日购入并指定为以公允价值计量且其变动计入其他综合收益的金融资产，至2×21年7月18日该股权投资账面价值为300万元(包括累计确认的公允价值变动收益50万元)。不考虑所得税等其他因素。2×21年7月18日，A公司下列会计处理中，不正确的是(　)。

A. 改按权益法核算的长期股权投资初始投资成本为1 200万元

B. 改按权益法核算的当期确认留存收益110万元

C. 改按权益法核算的当期确认营业外收入10万元

D. 改按权益法核算当日长期股权投资的账面价值为 1 200 万元

9. 2×21 年 7 月 1 日，甲公司决定出售其持有的 A 公司 25%的股权，出售股权后甲公司持有 A 公司 15%的股权，对 A 公司不再具有重大影响，改按其他权益工具投资进行会计核算。出售取得价款为 4 000 万元，剩余 15%的股权公允价值为 2 400 万元。当日原长期股权投资的账面价值为 5 000 万元(其中，90 万元为按原持股比例享有的 A 公司其他权益工具投资的公允价值变动份额，2 万元为按原持股比例享有的 A 公司重新计量设定受益计划净负债或净资产所产生的变动份额，10 万元为享有 A 公司除净损益、其他综合收益变动和利润分配以外的其他所有者权益变动份额)。原持有 A 公司 40%的股权投资为甲公司 2×19 年 7 月 1 日购入并采用权益法核算。假定不考虑其他因素，2×21 年 7 月 1 日甲公司应确认的投资收益为(　)。

A. 1 410 万元　　B. 1 600 万元

C. 1 400 万元　　D. 525 万元

10. 2×21 年 4 月 10 日，A 公司将其持有 B 公司 80%的股权出售，出售取得价款 8 800 万元。至此，A 公司对 B 公司的持股比例变为 10%，在被投资单位董事会中没有派出代表，对 B 公司股权投资在活跃市场中有报价，公允价值能够可靠计量，A 公司将该项投资由成本法改为其他权益工具投资核算。处置投资前，原对 B 公司 90%的股权投资为 2×19 年取得并采用成本法核算，至 2×21 年 4 月 10 日该项长期股权投资的账面价值为 9 000 万元，未计提减值准备。剩余 10%股权的公允价值为 1 100 万元。不考虑其他因素，A 公司 2×21 年 4 月 10 日个别财务报表确认的投资收益为(　)。

A. 0　　B. 800 万元

C. 900 万元　　D. 1 300 万元

11. 2×21 年 9 月 30 日，A 公司斥资 12 500 万元自 C 公司取得 B 公司 50%的股权，至此 A 公司对 B 公司的持股比例达到 60%，并取得控制权。A 公司与 C 公司不存在任何关联方关系。增加投资前，原对 B 公司 10%的股权投资为 A 公司于 2×20 年投资取得并将其指定为以公允价值计量且其变动计入其他综合收益的金融资产。至 2×21 年 9 月 30 日原股权投资的公允价值为 2 500 万元(等于账面价值，包括累计确认的其他综合收益的金额 500 万元)。假定 A 公司购买 B 公司 50%的股权和原购买 10%的股权不构成“一揽子交易”。不考虑其他因素，下列关于购买日 A 公司个别财务报表的会计处理中，不正确的是(　)。

A. 长期股权投资在购买日的初始投资成本为 15 000 万元

B. 购买日确认留存收益 500 万元

C. 购买日冲减其他综合收益为 500 万元

D. 购买日之前已累计确认的其他综合收益 500 万元应当在处置该项投资时转入留存收益

12. 2×19 年 1 月 1 日，A 公司取得 B 公司 60%的股权，投资成本为 46 500 万元，当日 B 公司可辨认净资产公允价值总额为 51 000 万元，与账面价值相等。2×21 年 6 月 30 日，A 公司将其对 B 公司 40%的股权出售，取得价款 41 000 万元。2×19 年至 2×21 年 6 月 30 日 B 公司实现净利润 2 000 万元(包括 2×21 年上半年的净利润 800 万元)，B 公司其他综合收益增加 1 000 万元，其他所有者权益增加 500 万元，假定 B 公司一直未进行利润分配。在出售 40%的股权后，对 B 公司影响能力由实施控制转为具有重大影响。2×21 年 6 月 30 日剩余 20%股权的公允价值为 21 000 万元，B 公司可辨认净资产公允价值为 54 500 万元。不考虑其他因素影响。下列关于 A 公司在个别财务报表中的会计处理，正确的是(　)。

A. 确认长期股权投资处置损益 13 100 万元

B. 该项投资对 2×21 年上半年利润表投资收益的影响为 13 100 万元

C. 处置后剩余 20%的股权，应按其公允价值 21 000 万元确认为长期股权投资

D. 处置后剩余 20%的股权，应按其调整后的账面价值 16 200 万元确认为长期股权投资

13. 甲公司为机床生产企业。2×21 年 1 月，甲公司以其所属的从事机床配件生产的一个车间(构成业务)，向其持股 30%的联营企业乙公司增资。同时乙公司的其他投资方(持有乙公司 70%股权)也以现金 4 200 万元向乙公司增资。增资后，甲公司对乙公司的持股比例不变，仍能施加重大影响。上述车间(构成业务)的净资产(资产与负债的差额，下同)账面价值为 1 000 万元，公允价值为 1 800 万元。不考虑相关税费等其他因素影响。下列关于甲公司会计处理的表述中，正确的是(　)。

A. 甲公司应当按照所投出车间(业务)的账面价值 1 000 万元作为新取得长期股权投资的初始投资成本

B. 初始投资成本 1 800 万元与所投出业务的净资产账面价值 1 000 万元之间的差额 800 万元应全额计入当期损益

C. 甲公司应当按照顺流交易抵销内部未实现的损益

D. 甲公司应当按照逆流交易抵销内部未实现的损益

14. 甲公司 2×21 年 10 月 22 日与戊公司合作生产销售 N 设备，戊公司提供专利技术，甲公司提供厂房及机器设备，N 设备研发和制造过程中所发生的材料和人工费用由甲公司和戊公司根据合同规定各自承担，甲公司具体负责项目的运作，但 N 设备研发、制造及销售过程中的重大决策由甲公司和戊公司共同决定。N 设备由甲公司统一销售，销售后甲公司需按销售收入的 30% 支付给戊公司。2×21 年甲公司和戊公司分别实际发生 N 设备生产成本 700 万元和 300 万元，本年全部完工，共实现销售收入 2 000 万元。不考虑其他因素，甲公司 2×21 年与戊公司合作生产销售 N 设备的相关会计处理表述中，不正确的是(　)。

A. 该业务属于为一项合营安排且属于共同经营

B. 甲公司生产 N 设备确认生产成本 700 万元

C. 戊公司生产 N 设备确认生产成本 300 万元

D. 甲公司应确认的销售收入为 2 000 万元

二、多项选择题

1. 下列各项关于商誉会计处理的表述中，正确的有(　)。

A. 商誉不具有实物形态，符合无形资产的特征，应确认为无形资产

B. 企业内部产生的商誉不应确认为一项资产

C. 同一控制下企业合并中合并方实际支付的对价与取得被投资方在合并日的净资产账面价值份额的差额不应确认为商誉

D. 非同一控制下控股合并中购买方实际支付的对价大于取得被投资方在购买日的可辨认净资产公允值份额的差额，应在合并财务报表中确认为商誉

2. 甲公司于 2×22 年 1 月 1 日从乙公司原股东手中取得乙公司 25%的股权，能够对乙公司施加重大影响。当日，乙公司的可辨认净资产公允价值为 25 000 万元，账面价值为 20 000 万元。甲、乙公司在 2×22 年发生或存在的下列交易或事项中，不会对甲公司在 2×22 年所确认的投资收益产生影响的有(　)。

A. 甲公司取得该股权投资时作为对价付

出的公允价值为5 000万元，账面价值为3 000万元的办公楼

B. 乙公司宣告分派股票股利500万元

C. 甲公司将成本为200万元的产品以400万元的价格出售给乙公司，至2×22年年末，乙公司未对外出售该产品

D. 乙公司宣告分派现金股利8 000万元

3. 下列关于企业发生的相关费用的表述中，正确的有(　)。

A. 无论是同一控制下企业合并还是非同一控制下企业合并中，为取得长期股权投资而支付给中介机构的费用均应计入当期损益

B. 企业合并中与发行债券相关的手续费计入所发行债券的初始确认金额

C. 企业合并中与发行权益性证券相关的费用一般应抵减发行溢价收入

D. 企业取得以公允价值计量且其变动计入当期损益的金融资产所支付的相关税费计入当期损益

4. 关于同一控制下的企业合并，下列会计处理表述中，正确的有(　)。

A. 合并方以支付现金、转让非现金资产或承担债务方式作为合并对价的，应当在合并日按照应享有被合并方所有者权益在最终控制方合并财务报表中的账面价值的份额作为长期股权投资的初始投资成本

B. 合并方以发行权益性证券作为合并对价的，应当在合并日按照应享有被合并方所有者权益在最终控制方合并财务报表中的账面价值的份额作为长期股权投资的初始投资成本

C. 长期股权投资的初始投资成本与支付现金、转让的非现金资产、承担债务账面价值，以及与所发行股份面值总额之间的差额，应当调整资本公积；资本公积不足冲减的，依次冲减盈余公积、未分配利润

D. 多次交易分步实现同一控制下企业合并的，合并日长期股权投资的初始投资成本，与达到合并前的长期股权投资账面价值加上合并日进一步取得股份新支付对价的公允价值之和的差额，调整资本公积(资本溢价或股本溢价)，资本公积不足冲减的，冲减留存收益

5. 下列有关非同一控制下控股合并的处理方法中，正确的有(　)。

A. 应在购买日按企业合并成本确认长期股权投资的初始投资成本

B. 应结转支付对价的相关资产的账面价值并确认相关资产的处置损益等

C. 企业合并成本中包含的应自被投资单位收取的已宣告但尚未发放的现金股利或利润，应作为应收股利单独核算

D. 合并中发生的审计费、评估费等中介费用应计入当期损益

6. 采用权益法核算时，被投资单位发生的下列交易，会引起投资单位“资本公积—其他资本公积”发生变化的有(　)。

A. 被投资单位接受其他股东的捐赠且属于资本性投入

B. 被投资单位发行可分离交易的可转换公司债券中包含的权益成分

C. 以权益结算的股份支付在等待期内确认的资本公积

D. 其他股东对被投资单位增资导致投资单位持股比例变化，但仍采用权益法核算

7. 下列有关股权投资的表述中，不正确的有(　)。

A. 企业取得的长期股权投资采用权益法核算的，初始投资成本小于投资时应享有被投资单位可辨认净资产公允价值份额的，应按其差额，借记“长期股权投资—投资成本”科目，贷记“投资收益”科目

B. 风险投资机构持有的对联营企业或合营企业的投资，可在初始确认时按照金融工具确认和计量准则规定以公允价值计量且其变动计入当期损益

C. 采用权益法核算的长期股权投资确认投资收益时，如投资企业与其联营企业或合营企业之间发生内部交易但不构成业

务，则应抵销相关的未实现内部交易损益

D. 投资企业与其联营企业或合营企业之间发生的无论顺流交易还是逆流交易产生的未实现内部交易损失，属于所转让资产发生减值损失的，有关的未实现内部交易损失也应予以抵销

8. 投资方因追加投资等原因能够对非同一控制下的被投资单位实施控制的，假定不构成“一揽子交易”，企业进行的下列会计处理中，正确的有(　)。

A. 由公允价值计量转换为长期股权投资成本法的，应当按照原持有的股权投资公允价值加上新增投资成本之和，作为改按成本法核算的初始投资成本

B. 由公允价值计量转换为长期股权投资成本法的，于购买日之前持有的股权投资按照金融工具确认和计量准则的有关规定进行会计处理的，其公允价值与账面价值的差额应计入当期损益

C. 由权益法转换为长期股权投资成本法的，应当按照原持有的股权投资账面价值加上新增投资成本之和，作为改按成本法核算的初始投资成本

D. 由权益法转换为长期股权投资成本法的，购买日之前持有的股权投资因采用权益法核算而确认的其他综合收益，应当在购买日转入当期损益

9. 投资方因处置部分权益性投资等原因丧失了对被投资单位的控制权，下列有关企业进行的会计处理中，正确的有(　)。

A. 处置后的剩余股权能够对被投资单位实施共同控制或施加重大影响的，应当改按权益法核算，并对该剩余股权视同自取得时即采用权益法核算进行调整

B. 处置后的剩余股权能够对被投资单位实施共同控制或施加重大影响的，应当改按权益法核算，并按照剩余股权的账面价值作为长期股权投资权益法的初始入账价值

C. 处置后的剩余股权不能对被投资单位实施共同控制或施加重大影响的，应当改按金融工具有关规定进行会计处理，并按其在丧失控制之日的公允价值作为金融资产的成本，其在丧失控制权之日的公允价值与账面价值间的差额计入当期损益

D. 处置后的剩余股权不能对被投资单位实施共同控制或施加重大影响的，应当改按金融工具有关规定进行会计处理，并按其在丧失控制权之日的账面价值作为金融资产的成本

10. 下列关于因其他投资方对本投资方子公司增资而导致本投资方持股比例下降，从而丧失控制权但能实施共同控制或重大影响的处理的说法中，正确的有(　)。

A. 个别财务报表中，应当对该项长期股权投资从成本法转为权益法核算

B. 个别财务报表中，应当按照新的持股比例确认本投资方应享有的原子公司因增资扩股而增加净资产的份额，与应结转持股比例下降部分所对应的长期股权投资原账面价值之间的差额计入当期损益

C. 个别财务报表中，应当按照新的持股比例视同自取得投资时即采用权益法核算进行调整

D. 在合并财务报表中，对于剩余股权，应当按照丧失控制权日的公允价值进行重新计量

三、计算分析题

A公司有关投资业务资料如下：

(1)2×21年1月6日，A公司以银行存款2 600万元购入B公司3%的有表决权股份，A公司将其指定为以公允价值计量且其变动计入其他综合收益的金融资产。2×21年年末，该股份的公允价值合计为3 000万元。2×22年3月，B公司宣告派发现金股利1 000万元。

(2)假定一：2×22年6月3日，A公司又以银行存款15 000万元从B公司其他股

东处受让取得B公司17%的股权，至此持股比例达到20%。取得该部分股权后，按照B公司章程规定，A公司派人参与B公司的生产经营决策，能够对B公司实施重大影响。2×22年6月3日，原投资的公允价值为3 600万元。当日，B公司可辨认净资产公允价值为93 500万元。

假定二：2×22年6月3日，A公司又以60 000万元的价格从B公司其他股东处受让取得B公司68%的股权，至此持股比例达到71%，取得该部分股权后，按照B公司章程规定，A公司能够控制B公司的相关活动，将该项股权投资由其他权益工具投资转为采用成本法核算的长期股权投资。2×22年6月3日，原投资的公允价值为3 600万元。

假定A公司与B公司其他股东不存在任何关联方关系。盈余公积计提比例为10%。不考虑其他因素的影响。

要求：

(1)根据资料(1)，编制A公司取得B公司股权投资的会计分录。

(2)根据资料(2)的两个假定条件，分别计算追加投资后长期股权投资的初始投资成本，并编制金融资产转换为长期股权投资的相关会计分录。

四、综合题

1. 甲公司为上市公司，系增值税一般纳税人。为提高市场占有率及实现多元化经营，甲公司自2×21年起进行了一系列投资和资本运作。2×21年以前甲公司仅有一家子公司乙公司。

(1)甲公司于2×21年7月20日与丙公司的控股股东B公司签订股权转让协议，以丙公司2×21年8月1日经评估确认的净资产为基础，甲公司以一批资产作为合并对价，换取B公司所持有的丙公司60%的股权，从而对丙公司实施控制。上述协议经双方股东大会批准。相关资料如下：

①2×21年8月1日，甲公司将一台大型设备、一项其他权益工具投资和一栋作为投资性房地产核算的写字楼转让给B公司，于当日办理完毕资产所有权的转移手续。资料见下表(单位：万元)：

项目	账面价值	公允价值
大型设备(适用的增值税税率为13%)	190(原值为210万元，已计提折旧为20万元)	300
其他权益工具投资	500(其中成本为490万元，公允价值变动为10万元)	649
投资性房地产(适用的增值税税率为9%)	8 000(其中，成本为8 100万元，公允价值变动为-100万元，自用房地产转为投资性房地产时产生其他综合收益500万元)	9 000

②为进行该项合并发生评估费、律师和审计费等共计59万元，已用银行存款支付。假定上述资产的公允价值与计税价格相等。

③2×21年8月1日，经评估确认的丙公司可辨认净资产公允价值为15 000万元(包括一项无形资产评估增值1 000万元，预计尚可使用年限为10年，采用直线法摊销，预计净残值为0)。

甲公司与丙公司在交易前不存在任何关联方关系。

(2)2×21年8月1日至2×22年7月31日，丙公司按照购买日净资产账面价值计算实现的净利润为7 000万元、其他综合收益增加60万元、其他所有者权益增加100万元。2×22年3月20日，丙公司宣告发放现金股利2 000万元。

(3)甲公司的子公司乙公司自其手中取得丙公司的股权。

假定一：2×22年8月1日，乙公司自母公司甲公司处一次性取得丙公司60%的股权，取得对丙公司的控制权，为进行该项企业合并，乙公司发行了6 000万股本公司普通股(每股面值1元)作为对价。

假定二：2×22年1月1日和8月1日，乙公司分两次自母公司甲公司处取得丙公司合计60%的股权，取得对丙公司的控制权，假定不构成“一揽子交易”。2×22年1月1日，乙公司自母公司甲公司处取得丙公司30%的股权，对丙公司具有重大影响，实际支付银行存款3 000万元，当日丙公司可辨认净资产公允价值为12 000万元(包括一项固定资产评估增值4 800万元，预计尚可使用年限为10年，采用年限平均法计提折旧，预计净残值为0)。2×22年8月1日，乙公司再次自母公司甲公司处取得丙公司30%的股权，至此持股比例达到60%，为进行该项企业合并，乙公司发行了3 000万股本公司普通股(每股面值1元)作为对价。2×22年1月1日至2×22年7月31日，丙公司按照购买日净资产账面价值计算实现的净利润为5 000万元；其他综合收益增加40万元，其他所有者权益增加50万元。

假定三：2×22年8月1日，乙公司自母公司甲公司处一次性取得丙公司60%的股权，取得对丙公司的控制权，为进行该项企业合并，乙公司发行了6 000万股本公司普通股(每股面值1元)作为对价。同日，乙公司自集团公司外部取得丙公司40%的股权，以银行存款支付对价10 000万元，当日乙公司累计持有丙公司100%的股权。

其他资料：不考虑所得税等其他因素。

要求：

(1)根据资料(1)，判断甲公司对丙公司企业合并所属类型，简要说明理由，计算甲公司合并丙公司的合并成本，以及该企业合并所产生的商誉，计算甲公司购买日因投资业务影响损益的金额，编制2×21年8月1日甲公司个别报表中与投资相关的会计分录。

(2)根据资料(1)、(2)，编制2×22年3月20日丙公司宣告发放现金股利时甲公司个别报表的会计分录，计算2×22年7月31日甲公司对丙公司长期股权投资的账面价值。

(3)根据资料(2)以及资料(3)假定一，计算乙公司购入丙公司投资的初始投资成本，并编制乙公司个别财务报表中相关的会计分录。

(4)根据资料(2)以及资料(3)假定二，编制乙公司2×22年个别财务报表中相关的会计分录。

(5)根据资料(2)以及资料(3)假定三，编制乙公司2×22年个别财务报表中相关的会计分录。

2. 甲公司为上市公司，为提高市场占有率及实现多元化经营，甲公司自2×21年起进行了一系列投资和资本运作。甲公司与以下各个公司均为境内居民企业，所得税税率均为25%，如涉及企业合并，计税基础为被投资单位资产、负债的公允价值；其他投资不考虑所得税影响。

(1)甲公司于2×21年4月20日与乙公司的控股股东A公司签订股权转让协议，以乙公司2×21年6月30日经评估确认的净资产为基础，甲公司定向增发本公司普通股股票给A公司，以取得A公司所持有的乙公司80%的股权。上述协议经双方股东大会批准后，具体执行情况如下：

①经评估确定，2×21年6月30日乙公司可辨认净资产的公允价值为20 000万元(与其账面价值相等)。

②甲公司于2×21年6月30日向A公司定向增发800万股普通股股票(每股面值1元)，并于当日办理了股权登记手续。2×21年6月30日甲公司普通股收盘价为每股20.65元。

③甲公司为定向增发普通股股票，支付佣

金和手续费 150 万元；为该项合并发生评估和审计费用 20 万元，已通过银行存款支付。

④甲公司于 2×21 年 6 月 30 日向 A 公司定向发行普通股股票后，A 公司当日即撤出其原派驻乙公司的董事会成员，由甲公司对乙公司董事会进行改组。改组后乙公司的董事会由 9 名董事组成，其中甲公司派出 6 名，其他股东派出 3 名。乙公司章程规定，其财务和生产经营决策须由董事会半数以上成员表决通过。

甲公司与 A 公司在此前不存在任何关联方关系。甲公司向 A 公司发行股票后，A 公司持有甲公司发行在外的普通股的 10%，不具有重大影响。

(2)乙公司 2×21 年 6 月 30 日至 12 月 31 日实现的净利润为 2 000 万元，其他综合收益增加 100 万元、其他所有者权益增加 60 万元。2×22 年 2 月 20 日乙公司宣告并发放现金股利 1 000 万元，2×22 年上半年实现的净利润为 4 000 万元，其他综合收益增加 200 万元(其中 10 万元为乙公司重新计量设定受益计划净负债或净资产所产生的变动)，其他所有者权益增加 140 万元。

(3)假定一：2×22 年 6 月 30 日，甲公司将其持有的对乙公司 48%的股权出售给某企业(即出售了所持有的对乙公司的长期股权投资的 60%)，取得价款 10 000 万元，甲公司出售这部分股权后仍持有乙公司 32%的股权，并在乙公司董事会指派了一名董事。能够对乙公司实施重大影响。甲公司按净利润的 10%提取盈余公积。

假定二：2×22 年 6 月 30 日，乙公司向非关联方丙公司定向增发新股，增发价格为 31 212.5 万元，相关手续于当日完成，甲公司对乙公司的持股比例下降为 32%，并在乙公司董事会指派了一名董事。能够对乙公司实施重大影响。甲公司按净利润的 10%提取盈余公积。

假定三：2×22 年 6 月 30 日，甲公司将其持有的对乙公司 70%的股权出售给某企业(即出售了所持有的对乙公司的长期股权投资的 87.5%)，取得价款 14 600 万元，甲公司出售这部分股权后仍持有乙公司 10%的股权，对乙公司不再具有控制、共同控制或重大影响，甲公司将剩余股权指定为以公允价值计量且其变动计入其他综合收益的金融资产。这部分剩余股权在当日的公允价值为 2 400 万元。

假定不考虑其他因素。

要求：

(1)根据资料(1)，判断甲公司对乙公司企业合并所属类型，并简要说明理由。

(2)根据资料(1)，计算购买日甲公司对乙公司长期股权投资的初始投资成本，并计算编制购买日合并财务报表时应确认的商誉金额。

(3)根据资料(1)，编制 2×21 年 6 月 30 日甲公司个别财务报表对乙公司长期股权投资的会计分录。

(4)根据资料(2)，编制甲公司的相关会计分录；计算 2×22 年 6 月 30 日甲公司对乙公司长期股权投资的账面价值；说明甲公司对该乙公司投资是否需要纳税调整，是否需要确认递延所得税。

(5)根据资料(3)假定一，计算 2×22 年 6 月 30 日甲公司出售乙公司 48%的股权时个别财务报表应确认的投资收益，并编制与处置长期股权投资相关的会计分录。

(6)根据资料(3)假定二，计算 2×22 年 6 月 30 日因乙公司向非关联方丙公司定向增发新股，甲公司按比例结转部分长期股权投资账面价值并确认相关损益，并编制与稀释长期股权投资相关的会计分录。

(7)根据资料(3)假定三，计算 2×22 年 6 月 30 日甲公司出售乙公司 70%的股权时个别财务报表应确认的投资收益，并编制与处置长期股权投资相关的会计分录。

3. A 公司适用的所得税税率为 25%，A 公司与B公司均为我国境内居民企业。A公司在2×18年~2×22年与投资业务有关的资料如下：

(1)A公司于2×18年7月1日将银行存款5 000万元作为对价支付给B公司的原股东，取得B公司30%的股权，取得这部分股权投资后，A公司对B公司具有重大影响。2×18年7月1日，B公司可辨认净资产的公允价值为17 000万元，B公司在当日仅有一项管理用固定资产的公允价值与账面价值不相等，除此之外，其他可辨认资产、负债的账面价值与公允价值相等。该固定资产的原值为2 000万元，已计提折旧400万元，B公司预计该项固定资产的使用年限为10年，已计提折旧2年，预计净残值为0，按照年限平均法计提折旧；A公司经评估认定该固定资产在2×18年7月1日的公允价值为4 000万元，预计剩余使用年限为8年，预计净残值为0，按照年限平均法计提折旧。双方采用的会计政策、会计期间相同。A公司拟长期持有对B公司的投资。

(2)2×18年11月10日，A公司将其成本为180万元的商品以300万元的价格出售给B公司，B公司取得商品作为管理用固定资产，预计使用年限为10年，预计净残值为0，按照年限平均法计提折旧；至2×18年资产负债表日，内部交易形成的固定资产未对外出售。2×18年度B公司实现净利润3 000万元，其中上半年实现的净利润为2 000万元。

(3)2×19年2月5日，B公司董事会提出2×18年利润分配方案，按照2×18年实现净利润的10%提取盈余公积，并宣告发放现金股利400万元。2×19年3月5日B公司股东大会批准了董事会提出的2×18年利润分配方案，按照2×18年实现净利润的10%提取盈余公积，宣告发放的现金股利金额改为500万元。2×19年度B公司发生净亏损600万元，2×19年B公司其他综合收益净增加60万元(其中10万元为B公司其他权益工具投资所产生的变动，50万元为B公司持有的其他债权投资公允价值变动所引起的)，其他所有者权益增加40万元。至2×19年年末，内部交易形成的固定资产未对外出售。

(4)2×20年度B公司发生净亏损为16 500万元。假定A公司应收B公司的长期款项为50万元，实质上构成对B公司的净投资，此外投资合同约定B公司发生超额亏损时(即当A公司应分担的B公司亏损额超过其对B公司长期股权投资的账面价值与实质构成对B公司净投资的长期权益的账面价值之和时)A公司需要承担的额外损失弥补义务，最大限额为40万元。假定B公司2×20年未发生其他所有者权益的变动，且截至2×20年年末，内部交易形成的固定资产未对外出售。

(5)2×21年度B公司实现净利润为3 000万元。假定B公司2×21年未发生其他所有者权益的变动，且截至2×21年年末，内部交易形成的固定资产未对外出售。

(6)假定一：2×22年1月10日，A公司出售对B公司全部投资，出售价款为3 000万元。

假定二：2×22年1月10日，A公司出售对B公司20%的股权(即出售其所持有的该项长期股权投资的2/3)，出售价款为2 000万元。出售后A公司对B公司的持股比例变为10%，对B公司无重大影响，将剩余股权指定为以公允价值计量且其变动计入其他综合收益的金融资产。剩余10%的股权投资在当日的公允价值为1 000万元。

假定三：2×22年1月10日，A公司再次从B公司其他股东处购入B公司40%的股权，支付价款为4 000万元。至此A公司对B公司持股比例变为70%，能够对B公司实施控制，由权益法改按成本法进行会计核算。A公司与B公司其他股东不存在任何关联方关系。

假定四：2×22 年 1 月 10 日，A 公司再次从 B 公司其他股东处购入 B 公司 10%的股权，支付价款为 1 000 万元。至此 A 公司对 B 公司持股比例变为 40%，对 B 公司仍然具有重大影响。当日，B 公司可辨认净资产的公允价值为 21 000 万元。

假定五：2×22 年 1 月 10 日，B 公司其他股东对 B 公司增资 1 500 万元，增资后 A 公司持有 B 公司 20%的股权，对 B 公司仍然具有重大影响，相关手续于当日完成。假定 A 公司持有对 B 公司的长期股权投资未发生减值。

其他资料：A 公司各年实现利润总额均为 5 000 万元，不考虑其他纳税调整等因素。权益法核算时调整被投资单位的净利润不需要考虑所得税影响。A 公司按净利润的 10%提取盈余公积。

要求：

(1)根据资料(1)，说明 A 公司所持对 B 公司长期股权投资的后续计量方法并说明理由，编制 2×18 年 7 月 1 日投资时的会计分录。

(2)编制 2×18 年度 A 公司确认投资收益的会计分录，并计算 2×18 年度 A 公司应交所得税、所得税费用和递延所得税的金额。

(3)编制 2×19 年 A 公司按照权益法核算长期股权投资的会计分录，计算 2×19 年度 A 公司应交所得税、所得税费用和递延所得税的金额。

(4)编制 2×20 年 A 公司按照权益法核算长期股权投资的会计分录。

(5)编制 2×21 年 A 公司按照权益法核算长期股权投资的会计分录，并计算至 2×21 年长期股权投资的账面价值及其明细科目余额。

(6)根据资料(6)的五个假定条件，分别编制 A 公司出售或购买对 B 公司股权的会计分录；如果涉及出售，分别计算 2×22 年 1 月 10 日 A 公司出售对 B 公司股权确认的投资收益。

同步训练答案及解析

一、单项选择题

1. C 【解析】选项 A，在个别财务报表中，应按甲公司所付出资产的公允价值与账面价值的差额确认资产处置损益 300 万元(1 000−700)。选项 B，个别财务报表中应以付出对价的公允价值确认长期股权投资的入账价值，金额为 1 000 万元。选项 D，在合并财务报表中，投出资产比照内部交易进行抵销处理，所以合并财务报表中房屋的账面价值为 700 万元。

2. D 【解析】选项 A，甲公司对乙公司投资的初始投资成本＝300+5＝305(万元)。选项 B，甲公司对丙公司投资的初始投资成本＝450(万元)，与发行股份相关的交易费用应冲减资本公积—股本溢价。选项 C，甲公司对丁公司投资的初始投资成本＝600×80%＝480(万元)。

3. C 【解析】调整后的乙公司 2×22 年度净利润＝1 300－(2 000－1 000)×40%－(700−500)+(700−500)×60%＝820(万元)。2×22 年年末，甲公司该项长期股权投资的账面价值＝3 000+(12 000×30%－3 000)+(820+200)×30%＝3 906(万元)。

4. D 【解析】甲公司应确认的投资收益＝[1 000−(11 000−10 100)/5−(550−300)×(1−60%)]×30%＝216(万元)；甲公司应确认的其他综合收益＝90×30%＝27(万元)；长期股权投资的账面价值＝1 000+2 000+[11 000×30%－(1 000+2 000)]+

216+27+10×30%=3 546(万元)；影响2×22年损益的金额=无形资产处置损益(资产处置损益)(2 000-1 000)+负商誉(营业外收入)[11 000×30%-(1 000+2 000)]+投资收益216=1 516(万元)。

5. C 【解析】选项C，初始投资成本=9 000×90%+900=9 000(万元)，应确认的资本公积=9 000-6 000-50=2 950(万元)。

6. D 【解析】选项A，购买日的合并成本=200×1.13+800×1.13+2 200+3 000×1.09=6 600(万元)；选项B，购买日影响营业利润的金额=(200-100)+(800-500)+(2 200-2 000)+(3 000-1 000)-30=2 570(万元)；选项C，购买日确认的投资收益=2 200-2 000=200(万元)；选项D，购买日合并财务报表中确认的商誉=6 600-9 000×70%=300(万元)。

7. D 【解析】选项A，长期股权投资初始投资成本为2 000万元；选项B，无形资产的处置损益=2 000-(1 000-1 000/50×10)=1 200(万元)；选项C，2×21年年末确认的投资收益=(400-1 200+1 200/40×6/12)×50%=-392.5(万元)；选项D，2×21年长期股权投资的账面价值=2 000-392.5-50×50%=1 582.5(万元)。

8. D 【解析】选项A，改按权益法核算的长期股权投资初始投资成本=原持有的股权投资的公允价值360+新增投资成本840=1 200(万元)；选项B，留存收益=360-300+50=110(万元)；选项C，追加投资时，初始投资成本1 200万元小于投资时应享有被投资单位可辨认净资产公允价值的份额1 210万元(6 050×20%)的差额10万元，应调整长期股权投资的账面价值，同时确认营业外收入10万元；选项D，调整后的账面价值=1 200+10=1 210(万元)。

9. A 【解析】2×21年7月1日甲公司确认的投资收益(快速计算)=40%股权投资的公允价值(4 000+2 400)-40%股权投资的账面价值5 000+原股权投资因享有被投资单位其他权益变动确认的资本公积(其他资本公积)10=1 410(万元)。

10. C 【解析】处置投资确认投资收益(快速计算)=90%的股权投资公允价值(8 800+1 100)-90%的股权投资账面价值9 000=900(万元)。

11. D 【解析】选项A，长期股权投资在购买日的初始投资成本=原其他权益工具投资公允价值2 500+购买日取得进一步股份新支付对价的公允价值12 500=15 000(万元)；选项B，购买日确认留存收益=2 500-2 500+500=500(万元)；选项CD，购买日之前原计入其他综合收益的累计公允价值变动500万元应当在改按成本法核算时转入留存收益。

12. D 【解析】选项A，长期股权投资处置损益=41 000-46 500×40%/60%=10 000(万元)，选项A不正确；选项B，该项投资对2×21年上半年利润表投资收益的影响=10 000+800×20%=10 160(万元)，选项B不正确；选项C，对于剩余的股权投资，应按权益法进行追溯调整，并非按其公允价值21 000万元确认为长期股权投资；选项D，丧失控制权后剩余股权投资转为权益法核算，剩余长期股权投资的初始投资成本15 500万元(46 500×20%/60%)大于剩余股权在投资时应享有被投资单位可辨认净资产公允价值的份额10 200万元(51 000×20%)，不调整长期股权投资账面价值；2×21年6月30日长期股权投资的账面价值=15 500+2 000×20%+(1 000+500)×20%=16 200(万元)，所以选项D正确。

13. B 【解析】投资方与联营、合营企业之间发生的出售资产的交易，该资产构成业务的，投资方向联营、合营企业出售业务取得的对价与业务的账面价值之间的差额，全额计入当期损益。即投资成本1 800万元与所投出业务的净资产账面价值1 000万元之间的差额800万元应全额计入当期损益。

14. D 【解析】甲公司应确认的销售收入的金额=2 000×70%=1 400(万元)。

二、多项选择题

1. BCD 【解析】选项A，商誉通常与企业整体价值联系在一起，无法与企业自身相分离而独立存在，不具有可辨认性，不属于无形资产。
2. ABD 【解析】选项A，甲公司并非将该办公楼直接投入乙公司，并未产生未实现内部交易损益，因此不影响甲公司的投资收益。选项B，甲公司无须做会计处理。选项D，甲公司应冲减长期股权投资，而非确认投资收益。
3. ABCD
4. ABC 【解析】多次交易分步实现同一控制下企业合并的，合并日长期股权投资的初始投资成本与达到合并前的长期股权投资账面价值加上合并日进一步取得股份新支付对价的账面价值之和的差额，调整资本公积(资本溢价或股本溢价)，资本公积不足冲减的，冲减留存收益。
5. ABCD
6. ABCD
7. AD 【解析】选项A，应按其差额，借记"长期股权投资—投资成本"科目，贷记"营业外收入"科目；选项D，有关的未实现内部交易损失不应予以抵销。
8. AC 【解析】选项B，如果为其他权益工具投资，其公允价值与账面价值的差额应计入留存收益；选项D，应当在处置该项投资时采用与被投资单位直接处置相关资产或负债相同的基础进行会计处理。
9. AC 【解析】处置后的剩余股权能够对被投资单位实施共同控制或施加重大影响的，应当改按权益法核算，并按照剩余股权的账面价值作为长期股权投资权益法的初始投资成本，对该剩余股权视同自取得时即采用权益法核算进行调整后的金额作为入账价值；处置后的剩余股权不能对被投资单位实施共同控制或施加重大影响的，应当改按金融工具有关规定进行会计处理，并按其在丧失控制之日的公允价值作为金融资产的成本，其在丧失控制权之日的公允价值与账面价值间的差额计入当期损益。选项A、C正确。
10. ABCD

三、计算分析题

【答案】

(1)2×21年1月6日：

借：其他权益工具投资—成本　2 600

　贷：银行存款　2 600

2×21年年末：

借：其他权益工具投资—公允价值变动　400

　贷：其他综合收益　400

2×22年3月：

借：应收股利　(1 000×3%)30

　贷：投资收益　30

(2)假定一：①2×22年6月3日追加投资时：

改按权益法核算的初始投资成本=原持有股权投资的公允价值3 600+新增投资成本15 000=18 600(万元)。

借：长期股权投资—投资成本　(3 600+15 000)18 600

　其他综合收益　400

　贷：其他权益工具投资—成本　2 600

　　　　　　　　　—公允价值变动　400

　　盈余公积　100

　　利润分配—未分配利润　900

　　银行存款　15 000

②追加投资时，初始投资成本18 600万元小于投资时应享有被投资单位可辨认净资产公允价值的份额18 700万元(93 500×20%)的差额，应调整长期股权投资的账

面价值。

借：长期股权投资—投资成本 100

贷：营业外收入 100

假定二：

①2×22 年 6 月 3 日追加投资时：

长期股权投资在购买日的初始投资成本＝原持有股权投资的公允价值 3 600+购买日新增投资成本 60 000＝63 600(万元)。

借：长期股权投资

(60 000+3 600)63 600

贷：其他权益工具投资—成本 2 600

—公允价值变动

400

盈余公积 60

利润分配—未分配利润 540

银行存款 60 000

②购买日之前采用其他权益工具投资核算的，原计入其他综合收益的累计公允价值变动应当在改按成本法核算时转入留存收益：

借：其他综合收益 400

贷：盈余公积 40

利润分配—未分配利润 360

四、综合题

1.【答案】

(1)①甲公司合并丙公司属于非同一控制下的企业合并。

②理由：甲公司与丙公司在交易前不存在任何关联方关系。

③甲公司合并丙公司的合并成本＝300×1.13+649+9 000×1.09＝10 798(万元)。

④该企业合并所产生的商誉＝10 798－15 000×60%＝1 798(万元)。

⑤购买日因投资影响损益的金额＝大型设备(300－190)＋投资性房地产(9 000－8 000+500)－评估费等 59＝1 551(万元)。

⑥会计分录

借：固定资产清理 190

累计折旧 20

贷：固定资产 210

借：长期股权投资 10 798

其他综合收益 10

贷：固定资产清理 190

资产处置损益 (300－190)110

其他权益工具投资 500

盈余公积

[(649－490)×10%]15.9

利润分配—未分配利润 143.1

其他业务收入 9 000

应交税费—应交增值税(销项税额)

(300×13%+9 000×9%)849

借：管理费用 59

贷：银行存款 59

借：其他业务成本 7 600

其他综合收益 500

贷：投资性房地产 8 000

公允价值变动损益 100

(2)丙公司分配现金股利时甲公司的会计处理：

借：应收股利 1 200

贷：投资收益 (2 000×60%)1 200

2×22 年 7 月 31 日甲公司对丙公司长期股权投资的账面价值＝10 798(万元)。

(3)乙公司购入丙公司的初始投资成本＝(15 000＋7 000－1 000/10－2 000＋60＋100)×60%+商誉 1 798＝13 834(万元)。

借：长期股权投资 13 834

贷：股本 6 000

资本公积—股本溢价 7 834

(4)①2×22 年 1 月 1 日：

借：长期股权投资—投资成本

(12 000×30%)3 600

贷：银行存款 3 000

营业外收入 600

②2×22 年 3 月 20 日：

借：应收股利 (2 000×30%)600

贷：长期股权投资—损益调整 600

③2×22 年 7 月 31 日：

借：长期股权投资—损益调整

[(5 000－4 800/10×7/12)×30%]1 416

—其他综合收益

(40×30%)12

—其他权益变动

(50×30%)15

贷：投资收益 1 416

其他综合收益 12

资本公积—其他资本公积 15

④2×22 年 8 月 1 日：

初始投资成本 = (15 000 + 7 000 - 1 000/10-2 000 + 60 + 100) × 60% + 商誉 1 798 = 13 834(万元)。

借：长期股权投资 13 834

贷：股本 3 000

长期股权投资—投资成本 3 600

—损益调整

(1 416-600)816

—其他综合收益 12

—其他权益变动 15

资本公积—股本溢价 6 391

(5)①乙公司购入丙公司(60%的股权)初始投资成本 = (15 000 + 7 000 - 1 000/10 - 2 000 + 60 + 100) × 60% + 商誉 1 798 = 13 834(万元)。

借：长期股权投资 13 834

贷：股本 6 000

资本公积—股本溢价 7 834

②乙公司购入丙公司(40%股权)的投资成本 = 10 000(万元)。

借：长期股权投资 10 000

贷：银行存款 10 000

2.【答案】

(1)属于非同一控制下的企业合并。理由：甲公司与 A 公司在交易前不存在任何关联方关系。

(2)甲公司对乙公司长期股权投资的初始投资成本 = 20.65×800 = 16 520(万元)；

购买日合并财务报表中因该项合并产生的商誉 = 16 520-20 000×80% = 520(万元)。

(3)甲公司取得乙公司股权的分录：

借：长期股权投资 16 520

贷：股本 800

资本公积—股本溢价

(16 520-800)15 720

借：管理费用 20

资本公积—股本溢价 150

贷：银行存款 170

(4)乙公司宣告并发放现金股利时甲公司的会计处理：

借：应收股利 800

贷：投资收益 (1 000×80%)800

借：银行存款 800

贷：应收股利 800

2×22 年 6 月 30 日甲公司持有乙公司股权投资的账面价值 = 16 520(万元)。

因为居民企业投资于居民企业所取得的股息红利所得免征企业所得税，所以该投资需要纳税调减 800 万元，不需要确认递延所得税。

(5)甲公司处置乙公司 48%的股权投资时个别报表应确认的投资收益 = (10 000 - 16 520 × 48%/80%) + (4 000 - 1 000) × 32% = 1 048(万元)。

2×22 年 6 月 30 日甲公司出售乙公司 48%的股权时个别报表的会计处理：

①处置部分股权投资：

借：银行存款 10 000

贷：长期股权投资

(16 520×48%/80%)9 912

投资收益 88

②追溯调整剩余长期股权投资账面价值：

剩余长期股权投资的账面价值 = 16 520 - 9 912 = 6 608(万元)，大于剩余投资原取得时应享有被投资单位可辨认净资产公允价值的份额 6 400 万元(20 000×32%)，不调整长期股权投资的账面价值。

对投资方按剩余股权应享有的被投资方净利润、现金股利、其他综合收益和其他所有者权益变动的份额进行追溯：

借：长期股权投资(5 500×32%)1 760

贷：盈余公积 (2 000×32%×10%)64

利润分配—未分配利润
(2 000×32%×90%)576
投资收益
[(4 000-1 000)×32%]960
其他综合收益　　(300×32%)96
资本公积—其他资本公积
(200×32%)64

(6)①按照新的持股比例(32%)确认应享有的原子公司因增资扩股而增加的净资产的份额=31 212.5×32%=9 988(万元)。

应结转持股比例下降部分所对应的长期股权投资原账面价值=16 520×48%/80%=9 912(万元)。

应享有的原子公司因增资扩股而增加净资产的份额(9 988万元)与应结转持股比例下降部分所对应的长期股权投资原账面价值(9 912万元)之间的差额为76万元，应计入当期投资收益。

借：长期股权投资　　76
　贷：投资收益　　76

②对剩余股权视同自取得投资时即采用权益法核算进行调整。同第(5)小题②。

(7)甲公司处置乙公司70%的股权投资时个别报表应确认的投资收益=(14 600+2 400)-16 520=480(万元)。

2×22年6月30日甲公司出售乙公司70%的股权时个别报表的会计处理：

①确认长期股权投资处置损益=14 600-16 520×70%/80%=145(万元)。

借：银行存款　　14 600
　贷：长期股权投资
(16 520×70%/80%)14 455
投资收益　　145

②对于剩余股权投资转为其他权益工具投资核算。

借：其他权益工具投资　　2 400
　贷：长期股权投资
(16 520-14 455)2 065
投资收益　　335

3.【答案】

(1)A公司所持对B公司长期股权投资的后续计量方法应为权益法，理由：取得这部分股权投资后，A公司对B公司具有重大影响。

借：长期股权投资—投资成本
(17 000×30%)5 100
　贷：银行存款　　5 000
营业外收入　　100

(2)B公司2×18年7月1日至2×18年12月31日调整后的净利润=(3 000-2 000)-(4 000/8-2 000/10)/2-[(300-180)-(300-180)/10/12]=731(万元)；

或=(3 000-2 000)-(4 000-1 600)/8/2-[(300-180)-(300-180)/10/12]=731(万元)。

2×18年度A公司确认投资收益=731×30%=219.3(万元)。

借：长期股权投资—损益调整　219.3
　贷：投资收益　　219.3

2×18年度A公司应交所得税=(5 000-100-219.3)×25%≈1 170.18(万元)；所得税费用=1 170.18(万元)，不确认递延所得税。

(3)借：应收股利　　(500×30%)150
　贷：长期股权投资—损益调整150

借：长期股权投资—其他综合收益18
　贷：其他综合收益　　(60×30%)18

借：长期股权投资—其他权益变动12
　贷：资本公积—其他资本公积
(40×30%)12

2×19年度B公司调整后的净利润=-600-(4 000-1 600)/8+(300-180)/10=-888(万元)。

借：投资收益　　266.4
　贷：长期股权投资—损益调整
(888×30%)266.4

2×19年度A公司应交所得税=(5 000+266.4)×25%=1 316.6(万元)；所得税费用=1 316.6(万元)，不确认递延所得税。

(4)2×20年度B公司调整后的净利润

=－16 500－(4 000－1 600)/8＋(300－180)/10=－16 788(万元)。

A公司应分担的亏损额=16 788×30%=5 036.4(万元)。

至2×19年年末长期股权投资的账面价值=5 100＋219.3－150＋18＋12－266.4=4 932.9(万元)。

A公司实际分担的亏损=4 932.9+50+40=5 022.9(万元)。

未承担的亏损=5 036.4－5 022.9=13.5(万元)，应在备查簿中登记。

借：投资收益　　5 022.9

　贷：长期股权投资—损益调整4 932.9

　　长期应收款　　50

　　预计负债　　40

(5)2×21年度B公司调整后的净利润=3 000－(4 000－1 600)/8+(300－180)/10=2 712(万元)。

应确认的投资收益=2 712×30%－13.5=800.1(万元)。

借：预计负债　　40

　长期应收款　　50

　长期股权投资—损益调整　710.1

　贷：投资收益　　800.1

至2×21年年末长期股权投资的账面价值=710.1(万元)，其中：

“投资成本”明细账户=5 100(万元)；

“其他综合收益”明细账户=18(万元)；

“其他权益变动”明细账户=12(万元)；

“损益调整”明细账户=219.3－150－266.4－4 932.9+710.1=－4 419.9(万元)。

(6)假定一：处置股权时确认的投资收益=(3 000－710.1)+(60－10)×30%+40×30%=2 316.9(万元)。

①出售时：

借：银行存款　　3 000

　长期股权投资—损益调整4 419.9

　贷：长期股权投资—投资成本　5 100

　　—其他综合收益 18

　　—其他权益变动 12

　　投资收益 (3 000－710.1)2 289.9

②终止采用权益法核算时将其他综合收益、资本公积进行结转：

借：其他综合收益

　[(60－10)×30%]15

　资本公积—其他资本公积　12

　贷：投资收益　　27

借：其他综合收益　(10×30%)3

　贷：盈余公积　　0.3

　　利润分配—未分配利润　2.7

假定二：处置股权时确认的投资收益=[(2 000+1 000)－710.1]+(60－10)×30%+40×30%=2 316.9(万元)。

①出售时：

借：银行存款　　2 000

　长期股权投资—损益调整

　(4 419.9×20%/30%)2 946.6

　贷：长期股权投资—投资成本

　　(5 100×20%/30%)3 400

　　—其他综合收益

　　(18×20%/30%)12

　　—其他权益变动

　　(12×20%/30%)8

　　投资收益

　　(2 000－710.1×20%/30%)1 526.6

②在丧失重大影响之日，剩余股权投资的公允价值与账面价值之间的差额计入当期损益：

借：其他权益工具投资　　1 000

　长期股权投资—损益调整

　(4 419.9－2 946.6)1 473.3

　贷：长期股权投资—投资成本

　　(5 100－3 400)1 700

　　—其他综合收益

　　(18－12)6

　　—其他权益变动

　　(12－8)4

　　投资收益

　　(1 000－710.1×10%/30%)763.3

③终止采用权益法核算时，将原权益法下

确认的其他综合收益、资本公积进行结转：

借：其他综合收益　　　（50×30%）15
　　资本公积—其他资本公积　　12
　　贷：投资收益　　　　　　　27

借：其他综合收益　　　（10×30%）3
　　贷：盈余公积　　　　　　　0.3
　　　　利润分配—未分配利润　2.7

假定三：

①投资时：

借：长期股权投资　　　　4 000
　　贷：银行存款　　　　　4 000

②长期股权投资在购买日的初始投资成本=原持有股权投资的账面价值710.1+购买日新增投资成本4 000=4 710.1（万元）。

借：长期股权投资　　　　710.1
　　长期股权投资—损益调整4 419.9
　　贷：长期股权投资—投资成本　5 100
　　　　　　　　　　—其他综合收益 18
　　　　　　　　　　—其他权益变动 12

③在个别财务报表中，购买日之前采用权益法核算而确认的其他综合收益、其他权益变动，应当在处置时转入损益，购买日不需要处理。

假定四：

借：长期股权投资—投资成本　2 100
　　贷：银行存款　　　　　1 000
　　　　营业外收入　　　　1 100

【解析】2×18年第一次购买B公司股权时，初始投资成本5 000万元小于应享有B公司可辨认净资产公允价值份额5 100万元（17 000×30%），其差额100万元属于负商誉，确认为营业外收入；2×22年1月10日增持时，新增投资成本1 000万元小于新增投资日可辨认净资产公允价值份额2 100万元（21 000×10%），其差额1 100万元也为负商誉。在综合考虑基础之上，当期应确认营业外收入1 100万元。

假定五：因其他方增资导致权益法转为权益法核算：

确认的资本公积=（17 000+731-500-888-16 788+2 712+60+40+1 500）×20%-（17 000+731-500-888-16 788+2 712+60+40）×30%=63.3（万元）。

借：长期股权投资—其他权益变动
　　　　　　　　　　　63.3
　　贷：资本公积—其他资本公积　63.3

第七章　资产减值

考情解密

历年考情概况

本章内容在客观题与主观题中均可能出现。本章在近年考试中所占分值为2分至4分，在客观题中，考点主要是资产预计未来现金流量应考虑的因素、资产组的认定及其减值的处理、商誉减值测试；在主观题中，主要是与其他有关章节相结合出题，例如与“固定资产”“无形资产”“投资性房地产”“会计政策、会计估计及其变更和差错更正”“合并财务报表”等有关内容相结合。

近年考点直击

考点	主要考查题型	考频指数	考查角度
资产减值的范围、测试	多选题	★★	减值测试相关表述的正误判断
可收回金额的计算	单选题	★	①预计资产未来现金流量的期限、内容；②可收回金额相关表述的正误判断
资产组的认定及减值	多选题	★★	①资产组减值的计算；②资产组认定及其处理的表述
商誉减值测试	多选题、综合题	★★★	①计算商誉减值金额、账面价值；②选择正确的商誉减值测试描述；③包含商誉的资产组减值的会计处理

2022年考试变化

本章考试内容未发生实质性变化。

考点详解及精选例题

一、资产减值的范围与测试★★

资产减值，是指资产的可收回金额低于其账面价值。本章所涉及的资产是指的资产减值准则中规定的非流动资产，包括单项资产和资产组。

（一）资产减值的范围

（1）对子公司、联营企业和合营企业的长期股权投资。

（2）采用成本模式进行后续计量的投资性房地产。

（3）固定资产（包括在建工程）。

（4）生产性生物资产。

（5）无形资产（包括研发支出）。

（6）商誉。

（7）探明石油天然气矿区权益和井及相关设施。

（8）使用权资产。

（二）资产减值的测试

资产存在减值迹象的，应当在资产负债表日进行减值测试，估计资产的可收回金额。

一般来讲，资产是否需要进行减值测试的必要前提是资产存在减值迹象，但是，以下资产除外：

（1）商誉和使用寿命不确定的无形资产。因企业合并所形成的商誉和使用寿命不确定的无形资产（该无形资产不需要进行摊销），由于其价值通常具有较大的不确定性，无论是否存在减值迹象，企业至少应当于每年年度终了进行减值测试。

（2）尚未达到可使用状态的无形资产。由于其价值通常具有较大的不确定性，也应当于每年年末进行减值测试。

【例题1·多选题】☆下列各项中，无论是否有确凿证据表明资产存在减值迹象，均应至少于每年年末进行减值测试的有（ ）。

A. 对联营企业的长期股权投资

B. 使用寿命不确定的专利技术

C. 非同一控制下企业合并产生的商誉

D. 尚未达到预定可使用状态的无形资产

解析 选项A，对于长期股权投资，在其出现减值迹象后才需要进行减值测试。

答案 BCD

企业可以不估计资产可收回金额的情形如下：

（1）以前报告期间的计算结果表明，资产的可收回金额显著高于其账面价值，之后又没有发生消除这一差异的交易或事项的，可以不需要重新计算可收回金额。

（2）以前报告期间的计算与分析表明，资产的可收回金额相对于某种减值迹象反应不敏感，在本报告期间又发生了该减值迹象的，也可以不需要重新计算可收回金额。例如，当期市场利率或市场投资报酬率上升，对计算未来现金流量现值采用的折现率影响不大，可以不需要重新计算可收回金额。

二、资产可收回金额的计量★

（一）确定资产可收回金额的基本方法

1. 计提减值准备的步骤

（1）计算确定资产的公允价值减去处置费用后的净额。

（2）计算确定资产未来现金流量的现值。

（3）比较资产的公允价值减去处置费用后的净额与资产未来现金流量的现值，取其较高者作为资产的可收回金额。

（4）资产可收回金额低于账面价值的，应当计提减值准备，确认减值损失。

借：资产减值损失

　　贷：××资产减值准备

2. 需要特殊考虑的问题

资产的可收回金额应当根据其公允价值减去处置费用后的净额与资产预计未来现金流量的现值两者之间较高者确定。

需要注意的是，在下列情况下不需要同时估计该资产的公允价值减去处置费用后的净额和资产预计未来现金流量的现值：

（1）资产的公允价值减去处置费用后的净额与资产预计未来现金流量的现值，只要有一项超过了资产的账面价值，就表明资产没有发生减值，不需再估计另一项金额。

（2）如果企业没有确凿证据或者理由认定某项资产的预计未来现金流量现值明显高于其公允价值减去处置费用后的净额的，则可将该资产的公允价值减去处置费用后的净额认定为资产的可收回金额。常见的情形主要有企业持有待售的资产等。

（3）如果企业无法可靠估计某项资产的公允价值减去处置费用后的净额，则可将该资产预计未来现金流量的现值认定为其可收回金额。

（二）资产的公允价值减去处置费用后的净额的估计

一般而言，“资产的公允价值减去处置

费用后的净额”相当于是假定资产被出售或者处置时可以收回的净现金收入。

(1)公允价值的确定。

公允价值，是指市场参与者在计量日发生的有序交易中，出售一项资产所能收到或者转移一项负债所需支付的价格，即脱手价格。

(2)处置费用是指可以直接归属于资产处置的相关费用，包括与资产处置有关的法律费用、相关税费、搬运费以及为使资产达到可销售状态所发生的直接费用等，但不包括财务费用和所得税费用。

(三)资产预计未来现金流量的现值的估计

资产预计未来现金流量的现值，应当按照资产在持续使用过程中和最终处置时所产生的预计未来现金流量，选择恰当的折现率对其进行折现后的金额加以确定。预计资产未来现金流量现值应当综合考虑的因素如下：

1. 资产未来现金流量的预计

(1)预计资产未来现金流量的基础：

企业管理层应当在合理和有依据的基础上对资产剩余使用寿命内整个经济状况进行最佳估计。

预计资产的未来现金流量，应当以经企业管理层批准的最近财务预算或者预测数据，以及该预算或者预测期之后年份稳定的或者递减的增长率为基础。企业管理层如能证明递增的增长率是合理的，可以以递增的增长率为基础。

建立在预算或者预测基础上的预计现金流量最多涵盖5年，企业管理层如能证明更长的期间是合理的，可以涵盖更长的期间。

在对预算或者预测期之后年份的现金流量进行预计时，所使用的增长率除了企业能够证明更高的增长率是合理的之外，不应当超过企业经营的产品、市场、所处的行业或者所在国家或者地区的长期平均增长率，或者该资产所处市场的长期平均增长率。

【例题2·单选题】☆为了资产减值测试的目的，企业需要对资产未来现金流量进行预计，并选择恰当的折现率对其进行折现，以确定资产预计未来现金流量的现值。根据企业会计准则的规定，预计资产未来现金流量的期限应当是(　)。

A. 5年

B. 永久

C. 资产剩余使用寿命

D. 企业经营期限

解析 为了估计资产未来现金流量的现值，需要首先预计资产的未来现金流量，为此，企业管理层应当在合理和有依据的基础上对资产剩余使用寿命内整个经济状况进行最佳估计，选项C正确。 **答案** C

(2)资产预计未来现金流量应当包括的内容：

①资产持续使用过程中预计产生的现金流入。

②为实现资产持续使用过程中产生的现金流入所必需的预计现金流出(包括为使资产达到预定可使用状态所发生的现金流出)。该现金流出应当是可直接归属于或者可通过合理和一致的基础分配到资产中的现金流出。

【快速记忆】预计在建工程、开发过程中的无形资产等的未来现金流量，应当包括预期为使该类资产达到预定可使用状态(或者可销售状态)而发生的全部现金流出数。

③资产使用寿命结束时，处置资产所收到或者支付的净现金流量。

【快速记忆】以固定资产为例，从现金流量表角度记忆预计未来现金流量的口径：一是包括经营活动产生的现金流入、流出(如生产的产品对外销售产生的现金流入、为生产产品而购买材料、支付职工薪酬等的现金流出)；二是包括投资活动现金流入或流出(如处置固定资产所产生的现金净流入)；三是不包括筹资活动现金流入或流出。

(3)预计资产未来现金流量应当考虑的因素：

①相关资产未来现金流量应以资产的当

前状况为基础进行确定，不应当包括与将来可能会发生的、**尚未作出承诺**的重组事项或者**与资产改良有关**的预计未来现金流量。

②筹资活动和所得税收付产生的现金流量不应包含在企业所预计的资产未来现金流量中。

③资产预计未来现金流量和折现率对通货膨胀因素的考虑应当保持一致，即要么两者均不考虑通货膨胀因素，要么两者均考虑通货膨胀因素。

④应对内部转移价格作适当调整，以如实反映企业资产的可收回金额。

【例题3·多选题】☆甲公司相关固定资产和无形资产减值的会计处理如下：(1)对于尚未达到预定可使用状态的无形资产，在每年末进行减值测试；(2)如果连续3年减值测试的结果表明，固定资产的可收回金额超过其账面价值的20%，且报告期间未发生不利情况，资产负债表日不需重新估计该资产的可收回金额；(3)如果固定资产的公允价值减去处置费用后的净额与该资产预计未来现金流量的现值中，有一项超过了该资产的账面价值，不需再估计另一项金额；(4)如果固定资产的公允价值减去处置费用后的净额无法可靠估计，以该资产预计未来现金流量的现值作为其可收回金额。不考虑其他因素，下列各项关于甲公司固定资产和无形资产减值的会计处理中，正确的有(　)。

A. 未达到预定可使用状态的无形资产减值测试的处理

B. 连续3年固定资产可收回金额超过其账面价值20%时的处理

C. 固定资产的公允价值减去处置费用后的净额与该资产预计未来现金流量的现值中有一项超过该资产账面价值时的处理

D. 固定资产的公允价值减去处置费用后的净额无法可靠估计时的处理

解析 事项(1)，对于尚未达到预定可使用状态的无形资产，由于其价值具有较大的不确定性，企业应当每年末进行减值测试；事项(2)，以前期间的计算结果表明，资产可收回金额远高于其账面价值，之后又没有发生消除这一差异的交易或者事项的，企业在资产负债表日可以不重新估计该资产的可收回金额；事项(3)，资产的公允价值减去处置费用后的净额与资产预计未来现金流量的现值，只要有一项超过了资产的账面价值，就表明资产没有发生减值，不需再估计另一项金额；事项(4)，资产的公允价值减去处置费用后的净额无法可靠估计的，应当以该资产预计未来现金流量的现值作为其可收回金额。因此，选项ABCD均符合题意。

答案 ABCD

(4)预计资产未来现金流量的方法：

方法一：传统法。使用单一的未来每期预计现金流量和单一的折现率计算资产未来现金流量的现值。

方法二：期望现金流量法。资产未来现金流量应当根据每期现金流量期望值进行预计，每期现金流量期望值按照各种可能情况下的现金流量与其发生概率加权计算。

2. 折现率的预计

在资产减值测试中，对资产未来现金流量进行折现时所采用的折现率应当是反映当前市场货币时间价值和资产特定风险的税前利率。

3. 资产未来现金流量现值的预计

在预计资产未来现金流量和折现率的基础之上，资产未来现金流量的现值只需将该资产的预计未来现金流量按照预计的折现率在预计期限内加以折现即可确定。

【例题4·计算分析题】A公司于2×21年年末对一项作为固定资产核算的生产设备进行减值测试。该设备账面价值为1 000万元，预计尚可使用年限为4年。该资产的公允价值减去处置费用后的净额为700万元，假定公司的增量借款利率为5%，公司认为5%是该资产的最低必要报酬率，已考虑了与该资产有关的货币时间价值和特定风险。因此在计算其未来现金流量现值时，使用5%作为其折现率(税前)。相关现金流量及复利现值系数如表 7-1 所示。

表 7-1 相关现金流量及复利现值系数

项目	第 1 年	第 2 年	第 3 年	第 4 年
预计未来 4 年产生的现金流量	300 万元	200 万元	250 万元	300 万元
5%的复利现值系数	0.952 4	0.907 0	0.863 8	0.822 7

计提减值准备后折旧方法为直线法，不考虑残值。

要求：计算 2×21 年年末应计提的减值准备和 2×22 年年末固定资产的账面价值。

答案

(1)2×21 年 12 月 31 日未来现金流量的现值 = 300 × 0.952 4 + 200 × 0.907 0 + 250 × 0.863 8+300×0.822 7 = 929.88(万元)。公允价值减去处置费用后的净额 = 700(万元)。因此，可收回金额 = 929.88(万元)。2×21 年年末应计提的减值准备 = 1 000 − 929.88 = 70.12(万元)。

(2)2×22 年年末固定资产的账面价值 = 929.88−929.88/4 = 697.41(万元)。

4. 外币未来现金流量及其现值的预计

如果企业使用资产所收到的未来现金流量是外币，企业应当按照以下顺序确定资产未来现金流量的现值：

(1)预计资产的未来现金流量涉及外币的，应以该资产所产生的未来现金流量的结算货币(如美元)为基础，按照该货币(美元)适用的折现率计算资产的现值。

(2)将该外币现值按照计算资产未来现金流量现值当日的即期汇率进行折算，得到按照记账本位币表示的资产未来现金流量的现值。

(3)将第(2)步中所算得的现值与资产公允价值减去处置费用后的净额相比较，确定其可收回金额。

三、资产减值损失的确认及其账务处理★★

(一)资产减值损失的确认

(1)如果资产的可收回金额低于其账面价值的，应当将资产的账面价值减记至可收回金额，减记的金额确认为资产减值损失，计入当期损益，同时计提相应的资产减值准备。

(2)资产减值损失确认后，减值资产的折旧或者摊销费用应当在未来期间作相应调整。

(3)资产减值损失一经确认，在以后会计期间不得转回。

【例题 5 · 多选题】☆下列各项资产减值准备中，在相应资产的持有期间其价值回升时可以将已计提的减值准备转回至损益的有(　)。

A. 商誉减值准备

B. 存货跌价准备

C. 债权投资减值准备

D. 其他权益工具投资

解析 选项 A，商誉的减值准备不得转回；选项 D，其他权益工具投资不计提减值准备。

答案 BC

【快速记忆】本章所涉及的资产减值损失，在以后会计期间不得转回，包括：“资产四兄弟”(固定资产、无形资产、投资性房地产、使用权资产)、长期股权投资、商誉等。

(二)资产减值损失的账务处理

借记“资产减值损失”科目，贷记“固定资产减值准备”“在建工程减值准备”“投资性房地产减值准备”“无形资产减值准备”“商誉减值准备”“长期股权投资减值准备”“使用权资产减值准备”等。

【例题 6 · 综合题】甲公司为一家物流企业，经营国内货物运输业务。2×20 年年末对一架运输飞机进行减值测试。该运输飞机原值为 50 000 万元，累计折旧 30 000 万元，2×20 年年末账面价值为 20 000 万元，预计尚可使用 5 年。假定该运输飞机存在活跃市场，其公允价值为 14 000 万元，直接归属于该运输飞机的处置费用为 1 500 万元。该公司考虑了与该运输飞机有关的货币时间价值和特定风险因素后，确定 6% 为折现率。公司根据有关部门提供的该运输飞机历史营运记录、运输飞机性能状况和未来每年运量发展趋势，预计未来每年的现金流量如表 7-2 所示。

表 7-2　预计未来每年的现金流量　　单位：万元

项目	2×21 年	2×22 年	2×23 年	2×24 年	2×25 年
营业收入	5 000	4 500	4 200	4 000	3 000
上年应收账款将于本年收回	0	100	50	60	40
本年应收账款将于下年收回	100	50	60	40	0
以现金支付燃油费用	650	550	460	420	300
以现金支付职工薪酬	200	160	170	180	120
以现金支付机场安全费用、日常维护费用等	300	150	310	360	200
估计处置时的收入	0	0	0	0	265

复利现值系数如下：(P/F，6%，1)= 0.943 4；(P/F，6%，2)= 0.890 0；(P/F，6%，3)= 0.839 6；(P/F，6%，4)= 0.792 1；(P/F，6%，5)= 0.747 3。

要求：作出 2×20 年年末资产减值的相关会计处理。(计算结果保留两位小数)

答案 2×20 年年末减值计算过程：

(1)计算运输飞机公允价值减去处置费用后的净额：

运输飞机公允价值减去处置费用后的净额 = 14 000-1 500 = 12 500(万元)。

(2)分别计算运输飞机预计未来每年的净现金流量：

2×21 年净现金流量 = 5 000-100-650-200-300 = 3 750(万元)。

2×22 年净现金流量 = 4 500+100-50-550-160-150 = 3 690(万元)。

2×23 年净现金流量 = 4 200+50-60-460-170-310 = 3 250(万元)。

2×24 年净现金流量 = 4 000+60-40-420-180-360 = 3 060(万元)。

2×25 年净现金流量 = 3 000+40-300-120-200+265 = 2 685(万元)。

(3)计算运输飞机预计未来现金流量的现值：

运输飞机预计未来现金流量现值 = 3 750×0.943 4+3 690×0.890 0+3 250×0.839 6+3 060×0.792 1+2 685×0.747 3 = 13 980.88(万元)。

(4)计算运输飞机的可收回金额：

企业应比较资产的公允价值减去处置费用后的净额与资产未来现金流量的现值，取其较高者作为资产的可收回金额。由上可知，可收回金额为 13 980.88 万元。

(5)计算资产减值损失：

资产减值损失 = 20 000-13 980.88 = 6 019.12(万元)。

(6)编制会计分录：

借：资产减值损失　　6 019.12

　贷：固定资产减值准备　　6 019.12

四、资产组的认定及其减值处理 ★★

一般情况下，有迹象表明一项资产可能发生减值的，企业应当以单项资产为基础估计其可收回金额。但如果企业难以对单项资产的可收回金额进行估计，则应当以该资产所属的资产组为基础确定资产组的可收回金额。

（一）资产组的概念

资产组是企业可以认定的**最小**资产组合，其产生的**现金流入**应当基本上独立于其他资产或者资产组。认定资产组应当考虑的因素：

(1)应以资产组产生的主要现金流入是否独立于其他资产或者资产组的现金流入作为认定资产组的依据。

认定资产组最关键的因素是该资产组能否独立产生现金流入。企业的某一生产线、营业网点、业务部门等，如果能够独立于其他部门或者单位等形成收入、产生现金流入，或者其形成的收入和现金流入绝大部分独立于其他部门或者单位、且属于可认定的最小资产组合的，通常应将该生产线、营业网点、业务部门等认定为一个资产组。

(2)资产组的认定应当考虑：一是企业管理层对生产经营活动的管理或者监控方式(如是按照生产线、业务种类还是按照地区或者区域等)；二是对资产的持续使用或者处置的决策方式等。

（二）资产组减值测试

1. 资产组的可收回金额

应当按照该资产组的公允价值减去处置费用后的净额与其预计未来现金流量的现值两者中的较高者确定。

2. 资产组的账面价值

资产组的账面价值包括可直接归属于资产组与可以合理和一致地分摊至资产组的资产账面价值，通常不应当包括已确认负债的账面价值，但如不考虑该负债金额就无法确认资产组可收回金额的除外。

3. 资产组减值的会计处理

资产组减值测试的原理和单项资产相一致，即企业需要预计资产组的可收回金额、计算资产组的账面价值，并将两者进行比较，如果资产组的可收回金额低于其账面价值的，应当确认相应的减值损失。减值损失金额应当按照下列顺序进行分摊：

(1)首先抵减分摊至资产组中**商誉**的账面价值。(见商誉减值测试)

(2)然后根据资产组中除商誉之外的其他各项资产的**账面价值所占比重**，按比例抵减其他各项资产的账面价值。

(3)以上资产账面价值的抵减，应当作为各单项资产(包括商誉)的减值损失处理，计入当期损益。抵减后的各资产的账面价值不得低于以下三者中的**最高者**：

①该资产的公允价值减去处置费用后的净额(如可确定的)；

②该资产预计未来现金流量的现值(如可确定的)；

③零。

因此导致的未能分摊的减值损失金额，应当按照相关资产组中其他各项资产的**账面价值所占比重**进行分摊。

【例题7·计算分析题】X公司有一条甲生产线，该生产线生产某精密仪器，由A、B、C三部机器构成，成本分别为400万元、600万元和1 000万元，使用年限均为10年，净残值均为0，均以年限平均法计提折旧。各机器均无法单独产生现金流量，但整条生产线构成完整的产销单位，属于一个资产组。2×22年年末甲生产线出现减值迹象，因此，对甲生产线进行减值测试。

2×22年12月31日，A、B、C三部机器的账面价值分别为200万元、300万元、500万元，合计为1 000万元。估计A机器的公允价值减去处置费用后的净额为150万元，B、C机器都无法合理估计其公允价值减去处置费用后的净额以及未来现金流量的现值。

整条生产线预计尚可使用5年。经估计其未来5年的现金流量及恰当的折现率后，得到该生产线预计未来现金流量的现值为600万元。无法合理估计生产线的公允价值减去处置费用后的净额。

要求：作出2×22年年末资产组减值的相关会计处理。

答案

2×22 年 12 月 31 日：

(1) 该生产线的账面价值 = 200 + 300 + 500 = 1 000(万元)。

(2) 可收回金额 = 600(万元)。

(3) 生产线应当确认减值损失 = 1 000 − 600 = 400(万元)。

(4) 机器 A 应确认的减值损失 = 200 − 150 = 50(万元)。

【分析：按照分摊比例，机器 A 应当分摊的减值损失 = 400×200/1 000 = 80(万元)；分摊后的账面价值 = 200 − 80 = 120(万元)；但由于机器 A 的公允价值减去处置费用后的净额为 150 万元，因此机器 A 最多可确认的减值损失 = 200 − 150 = 50(万元)，未能分摊的减值损失 30 万元(80 − 50)，应当在机器 B 和机器 C 之间进行再分摊。】

(5) 机器 B 应确认的减值损失 = (400 − 50)×300/(300+500) = 131.25(万元)。

(6) 机器 C 应确认的减值损失 = (400 − 50)×500/(300+500) = 218.75(万元)。

借：资产减值损失　400
　贷：固定资产减值准备—机器 A　50
　　　　　　　　　　—机器 B　131.25
　　　　　　　　　　—机器 C　218.75

(7) 分摊减值损失后，资产组的账面价值 = 1 000 − 400 = 600(万元)。

分摊减值损失后，机器 A 的账面价值 = 200 − 50 = 150(万元)。

分摊减值损失后，机器 B 的账面价值 = 300 − 131.25 = 168.75(万元)。

分摊减值损失后，机器 C 的账面价值 = 500 − 218.75 = 281.25(万元)。

『拓展 1』假定 C 机器的公允价值减去处置费用后的净额为 350 万元，A、B 机器都无法合理估计其公允价值减去处置费用后的净额以及未来现金流量的现值。

则第(1)、(2)、(3)步处理同上。

第(4)步中，机器 C 应确认的减值损失 = 500 − 350 = 150(万元)。

【分析：按照分摊比例，机器 C 应当分摊减值损失 = 400×500/1 000 = 200(万元)；

分摊后的账面价值 = 500 − 200 = 300(万元)；

但由于机器 C 的公允价值减去处置费用后的净额为 350 万元，因此机器 C 最多可确认的减值损失 = 500 − 350 = 150(万元)，未能分摊的减值损失 50 万元(200 − 150)，应当在机器 A 和机器 B 之间进行再分摊。】

第(5)步中，机器 A 确认减值损失 = (400 − 150)×200/(200+300) = 100(万元)。

第(6)步中，机器 B 确认减值损失 = (400 − 150)×300/(200+300) = 150(万元)。

『拓展 2』假定 C 机器的公允价值减去处置费用后的净额为 280 万元，A、B 机器都无法合理估计其公允价值减去处置费用后的净额以及未来现金流量的现值。

则第(1)、(2)、(3)步处理同上。

第(4)步中，机器 C 应确认的减值损失 = 400×500/1 000 = 200(万元)。

【分析：按照分摊比例，机器 C 应当分摊的减值损失 = 400×500/1 000 = 200(万元)；

分摊后的账面价值 = 500 − 200 = 300(万元)；

由于机器 C 的公允价值减去处置费用后的净额为 280 万元，低于分摊后的账面价值 300 万元，故不需要再分配。】

第(5)步中，机器 A 确认减值损失 = 400×200/1 000 = 80(万元)。

第(6)步中，机器 B 确认减值损失 = 400×300/1 000 = 120(万元)。

五、总部资产减值测试★

总部资产的显著特征是难以脱离其他资产或者资产组产生独立的现金流入，而且其账面价值难以完全归属于某一资产组。所以，当有迹象表明某项总部资产可能发生减值时，企业通常难以单独对总部资产进行减值测试，需要结合其他相关资产组或者资产组组合进行：计算确定该总部资产所归属的资产组或者资产组组合的可收回金额，然后将其与相应的账面价值相比较，据以判断是否需要确认减值损失。

『提示』资产组组合，是指由若干个资产组组成的最小资产组组合，包括资产组或者资产组组合，以及按合理方法分摊的总部资产部分。

企业对某一资产组进行减值测试时，应当先认定所有与该资产组相关的总部资产，再根据相关总部资产能否按照合理和一致的基础分摊至该资产组分别下列情况处理：

(1)对于相关总部资产能够按照合理和一致的基础分摊至该资产组的部分，应当将该部分总部资产的账面价值分摊至该资产组，再据以比较该资产组的账面价值(包括已分摊的总部资产的账面价值部分)和可收回金额，并按照前述有关资产组减值测试的顺序和方法处理。

①先将总部资产分摊到各个资产组中，按照账面价值所占比重分摊。如果各资产组使用寿命不同，还要考虑时间权重。

②计算各个资产组(含分摊进的总部资产的账面价值)的减值损失。即按资产组(含分摊进的总部资产的账面价值)的账面价值与可收回金额比较。

③再将各个资产组的资产减值损失在总部资产和各个资产组之间按照账面价值的比例进行分摊。

(2)对于相关总部资产中有部分资产难以按照合理和一致的基础分摊至该资产组的，应当按照下列步骤处理：

首先，在不考虑相关总部资产的情况下(无法分摊的部分)，估计和比较资产组的账面价值和可收回金额，并按照前述有关资产组减值测试的顺序和方法处理。其次，认定由若干个资产组组成的最小的资产组组合，该资产组组合应当包括所测试的资产组与可以按照合理和一致的基础将该部分总部资产的账面价值分摊其上的部分。最后，比较所认定的资产组组合的账面价值(包括已分摊的总部资产的账面价值部分)和可收回金额，并按照前述有关资产组减值测试的顺序和方法处理。

六、 商誉减值测试与会计处理★★★

商誉是在非同一控制下企业合并产生的，同一控制下的企业合并不会产生新的商誉。

在对包含商誉的相关资产组或者资产组组合进行减值测试时，如与商誉相关的资产组或者资产组组合存在减值迹象的，其减值测试思路如图7-1所示(包括吸收合并和控股合并)。

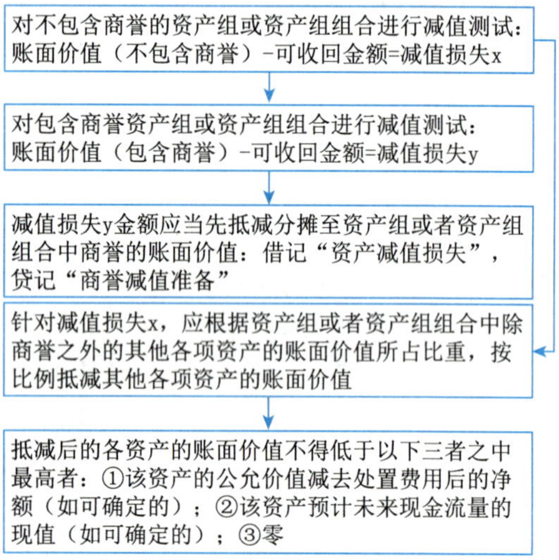

对不包含商誉的资产组或资产组组合进行减值测试：账面价值（不包含商誉）-可收回金额=减值损失x

↓

对包含商誉资产组或资产组组合进行减值测试：账面价值（包含商誉）-可收回金额=减值损失y

↓

减值损失y金额应当先抵减分摊至资产组或者资产组组合中商誉的账面价值：借记“资产减值损失”，贷记“商誉减值准备”

针对减值损失x，应根据资产组或者资产组组合中除商誉之外的其他各项资产的账面价值所占比重，按比例抵减其他各项资产的账面价值

↓

抵减后的各资产的账面价值不得低于以下三者之中最高者：①该资产的公允价值减去处置费用后的净额（如可确定的）；②该资产预计未来现金流量的现值（如可确定的）；③零

图7-1　商誉的减值测试思路

(一)非同一控制下的吸收合并产生的商誉

【例题8·计算分析题】甲公司有关商誉及其他资料如下：

(1)甲公司在2×21年12月2日，以3 520万元的价格吸收合并了乙公司。在购买日，乙公司可辨认资产的公允价值为5 400万元，负债的公允价值为2 000万元(应付账款)，甲公司确认了商誉120万元。乙公司的全部资产为一条生产线(包括A、B、C三台设备)和一项该生产线所产产品的专利技术。

生产线的公允价值为 3 000 万元(其中：A 设备为 800 万元、B 设备为 1 000 万元、C 设备为 1 200 万元)，专利技术的公允价值为 2 400 万元。甲公司在合并乙公司后，将该条生产线及专利技术认定为一个资产组。

(2)该条生产线的各台设备及专利技术预计尚可使用年限均为 5 年，预计净残值均为 0，采用直线法计提折旧和摊销。

(3)由于该资产组包括商誉，因此至少应当于每年年度终了进行减值测试。2×22 年年末如果将上述资产组出售，公允价值为 4 086 万元，预计处置费用为 20 万元；资产组未来现金流量的现值无法确定。甲公司无法合理估计 A、B、C 三台设备及其无形资产的公允价值减去处置费用后的净额以及未来现金流量的现值。

要求：

(1)编制甲公司吸收合并乙公司的相关会计分录。

(2)计算 2×22 年 12 月 31 日资产组不包含商誉的账面价值。

(3)对商誉进行减值测试。

答案

(1)甲公司吸收合并乙公司的相关会计分录：

借：固定资产—A 设备　800
　　　　　　—B 设备　1 000
　　　　　　—C 设备　1 200
　　无形资产　2 400
　　商誉　120
　　贷：应付账款　2 000
　　　　银行存款　3 520

(2)2×22 年 12 月 31 日资产组不包含商誉的账面价值：

A 设备的账面价值 = 800 - 800/5 = 640(万元)。

B 设备的账面价值 = 1 000 - 1 000/5 = 800(万元)。

C 设备的账面价值 = 1 200 - 1 200/5 = 960(万元)。

专利技术 = 2 400 - 2 400/5 × 13/12 = 1 880(万元)。

资产组不包含商誉的账面价值 = 640+800+960+1 880 = 4 280(万元)。

(3)①对不包含商誉的资产组进行减值测试，计算减值损失。

资产组不包含商誉的账面价值为 4 280 万元。

资产组的可收回金额 = 4 086 - 20 = 4 066(万元)。

应确认资产减值损失 = 4 280 - 4 066 = 214(万元)。

『提示』说明可辨认资产需要计提减值 214 万元。

②对包含商誉的资产组进行减值测试，计算减值损失。

资产组包含商誉的账面价值 = 4 280 + 120 = 4 400(万元)。

资产组的可收回金额为 4 066 万元。

资产组应确认资产减值损失 = 4 400 - 4 066 = 334(万元)。

包含商誉的资产组的减值金额应该先冲减商誉的价值，因此商誉的减值金额为 120 万元，剩余的减值 214 万元(334-120)，应该在设备 A、B、C 和专利技术之间进行分摊。

借：资产减值损失　120
　　贷：商誉减值准备　120

其余减值损失 214 万元，在 A、B、C 三台设备及专利技术之间按账面价值的比例进行分摊。

A 设备应分摊的减值损失 = 214 × 640/4 280 = 32(万元)。

B 设备应分摊的减值损失 = 214 × 800/4 280 = 40(万元)。

C 设备应分摊的减值损失 = 214 × 960/4 280 = 48(万元)。

专利技术应分摊的减值损失 = 214 × 1 880/4 280 = 94(万元)。

借：资产减值损失　214
　　贷：固定资产减值准备—A 设备　32

—B 设备 40

—C 设备 48

无形资产减值准备 94

（二）非同一控制下的控股合并产生的商誉

如果因企业合并所形成的商誉是母公司根据其在子公司所拥有的权益而确认的商誉，在这种情况下，在合并财务报表中反映的商誉，仅包括子公司归属于母公司的商誉，不包括子公司归属于少数股东权益的商誉。但对相关的资产组（或者资产组组合，下同）进行减值测试时，其可收回金额的预计是包含了归属于少数股东权益的商誉价值部分的影响的，为了使减值测试建立在一致的基础上，企业应当调整资产组的账面价值，将归属于少数股东权益的商誉包括在内，然后根据调整后的资产组账面价值与其可收回金额进行比较，以确定资产组（包括商誉）是否发生了减值。子公司资产组账面价值的计算思路如图 7-2 所示。

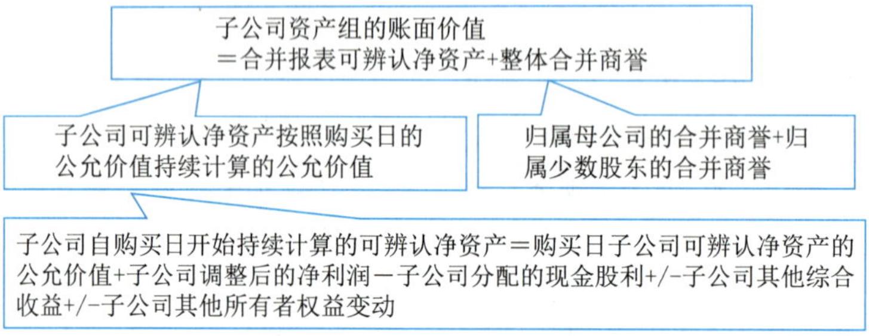

子公司资产组的账面价值
＝合并报表可辨认净资产+整体合并商誉

子公司可辨认净资产按照购买日的公允价值持续计算的公允价值

归属母公司的合并商誉+归属少数股东的合并商誉

子公司自购买日开始持续计算的可辨认净资产＝购买日子公司可辨认净资产的公允价值+子公司调整后的净利润－子公司分配的现金股利+/-子公司其他综合收益+/-子公司其他所有者权益变动

图 7-2 子公司资产组账面价值的计算思路

【例题 9·综合题】A 公司有关商誉减值资料如下：

（1）2×22 年 7 月 1 日 A 公司定向增发股票 1 000 万股作为对价购买 C 公司持有 B 公司的 60%股权，当日 A 公司股票收盘价为 14.91 元/股，办理了必要的财产权交接手续并取得控制权。A 公司和 C 公司不存在任何关联方关系。

（2）2×22 年 7 月 1 日，B 公司可辨认净资产的账面价值为 22 300 万元，可辨认净资产的公允价值为 24 900 万元，其中，存货评估增值 200 万元、无形资产评估增值 2 500 万元、应收账款评估减值 100 万元，其他可辨认资产、负债的公允价值与其账面价值相同。

上述 B 公司存货至本年年末已全部对外销售；上述 B 公司无形资产预计尚可使用 10 年，采用直线法计提摊销，预计净残值为 0；至本年年末应收账款按购买日评估确认的金额收回，评估确认的坏账已核销。

购买日，B 公司资产和负债的公允价值与其计税基础之间形成的暂时性差异均符合确认递延所得税资产或递延所得税负债的条件，A 公司、B 公司适用的所得税税率均为 25%，B 公司的资产和负债的原账面价值与计税基础相同。

（3）B 公司 2×22 年 7 月 1 日到 12 月 31 日期间按其净资产账面价值计算实现的净利润为 1 200 万元，B 公司分配现金股利 200 万元、其他综合收益增加 600 万元。

（4）2×22 年 12 月 31 日，A 公司对 B 公司的商誉进行减值测试。在进行商誉减值测试时，A 公司将 B 公司的所有资产认定为一个资产组，而且判断该资产组的所有可辨认资产中只有固定资产存在减值迹象，A 公司估计 B 公司资产组的可收回金额为 24 681.25 万元。

要求：计算 A 公司 2×22 年 12 月 31 日合并报表确认的商誉减值损失。

答案

（1）A 公司购买日合并成本＝1 000×14.91＝14 910（万元）。

（2）A 公司购买日的 B 公司可辨认净资产的公允价值＝22 300＋（200＋2 500－100）×75%＝24 250（万元）；

或＝24 900－（200＋2 500－100）×25%＝

24 250(万元)。

(3)A公司合并报表确认的合并商誉=14 910-24 250×60%=360(万元)。

A公司合并报表未确认的归属少数股东权益的商誉=360/60%×40%=240(万元)。

调整后的整体商誉=360+240=600(万元)。

(4)A公司合并报表确认的B公司可辨认净资产按照购买日的公允价值持续计算的账面价值=24 250+调整后的净利润(1 200-200×75%-2 500/10×6/12×75%+100×75%)-200+600=25 681.25(万元)。

(5)A公司合并报表确认的不包含商誉的资产组减值损失=25 681.25-24 681.25=1 000(万元)。

(6)A公司合并报表确认的包含商誉的资产组(包括未确认归属少数股东权益的商誉)的减值损失=(25 681.25+600)-24 681.25=1 600(万元)。

(7)A公司合并报表确认的商誉减值损失=600×60%=360(万元)。

(8)A公司合并报表确认的固定资产减值损失=1 000(万元)。

(9)会计分录:

借:资产减值损失　　1 360

　贷:商誉—商誉减值准备　　360

　　固定资产—固定资产减值准备　　1 000

同步训练

限时 80min

扫我做试题

一、单项选择题

1. 2×22年12月31日,甲公司的某项正处在开发阶段的无形资产研发项目(已符合资本化条件)的账面价值为14 000万元,预计至开发完成尚需投入1 200万元,年末并未出现明显的减值迹象。该项目在以前未计提过减值准备。2×22年年末,该开发项目扣除继续开发所需投入因素的预计未来现金流量现值为11 200万元,未扣除继续开发所需投入因素的预计未来现金流量现值为12 000万元。假定该开发项目的公允价值无法可靠取得。不考虑其他因素,则2×22年12月31日该开发项目应确认的减值损失为(　)。

A. 2 000万元　　B. 0

C. 6 000万元　　D. 2 800万元

2. 甲公司是一家矿业生产企业,其在某地拥有一座铜矿矿山,整座矿山构成一个资产组。按照相关法律的规定,甲公司在完成相关矿产开采后,必须将矿区恢复原貌。矿区恢复费用包括表土覆盖层的复原,因为表土覆盖层在矿山开发前被移除了。甲公司在矿区表土覆盖层被移除时,已就该恢复费用确认了一项负债,并计入了矿山成本。2×22年12月31日,甲公司在对上述矿山进行减值测试。甲公司已经收到愿意以4 000万元的价格购买该矿山的合同,这一价格已经考虑了复原表土覆盖层的成本。该矿山的预计未来现金流量的现值为5 500万元(不包括应负担的恢复费用)。此时该矿山的账面价值为5 600万元。甲公司为矿区恢复费用确认的预计负债的账面金额为1 000万元。假定不考虑矿山的处置费用等因素,则该矿山资产组在2×22年12月31日应计提的减值准备金额是(　)。

A. 600万元　　B. 100万元

C. 200万元　　D. 500万元

3. 按照资产减值准则的规定,下列表述不正确的是( )。

A. 因企业合并所形成的商誉和使用寿命不确定的无形资产，无论是否存在减值迹象，每年年末都应当进行减值测试

B. 企业对总部资产进行减值测试时，如果包含分摊至该资产组的商誉，确定的减值损失金额应当首先抵减分摊至该资产组中商誉的账面价值

C. 资产的公允价值减去处置费用后的净额，通常反映的是资产如果被出售或者处置时可以收回的净现金收入；其中，处置费用包括为使资产达到可销售状态所发生的财务费用和所得税费用

D. 折现率是反映当前市场货币时间价值和资产特定风险的税前利率，该折现率是企业在购置或者投资资产时所要求的必要报酬率

4. 甲公司于2×22年1月1日以2 500万元的价格收购了乙公司80%股权。在购买日，乙公司可辨认净资产的公允价值为3 000万元，假定乙公司没有负债和或有负债。甲公司在购买日编制的合并资产负债表中确认商誉100万元、乙公司可辨认净资产3 000万元(与账面价值一致)。假定乙公司的所有资产被认定为一个资产组。在2×22年年末，该资产组中的可辨认资产本身并不存在减值迹象，但由于该资产组包括商誉，因此，甲公司至少应当在每年年度终了进行减值测试：甲公司确定该资产组的可收回金额为2 500万元，可辨认净资产的账面价值为2 700万元。假定不考虑其他因素，则2×22年年末甲公司合并财务报表中应确认的商誉减值准备为( )。

A. 325万元　　B. 100万元

C. 200万元　　D. 160万元

5. A公司对B公司的长期股权投资采用权益法核算，占B公司有表决权资本的30%。A公司拟长期持有该投资，以前年度未计提减值准备。有关资料如下：(1)2×22年1月1日，A公司对B公司的长期股权投资账面价值为2 100万元。(2)自2×22年年初开始，B公司由于所处行业生产技术发生重大变化，已失去竞争能力，B公司2×22年发生净亏损1 000万元，无其他权益变动，当年未发生任何内部交易。(3)2×22年12月31日，A公司预计，此项长期股权投资在市场上出售可得到价款1 400万元，同时将发生直接处置费用10万元；如果继续持有，预计在持有期间和处置时形成的未来现金流量的现值总额为1 350万元。2×22年年末应计提的长期股权投资减值准备为( )。

A. 140万元　　B. 450万元

C. 410万元　　D. 400万元

6. 甲公司由A设备、B设备、C设备组成了一条生产线，专门用于生产产品S。甲公司将该生产线确认为一个资产组。2×22年年末市场上出现了产品S的替代产品，导致产品S市价下跌，销量下降，出现减值迹象。2×22年12月31日，甲公司对有关资产进行减值测试。有关资料如下：该资产组的账面价值为1 000万元，其中，A设备、B设备、C设备的账面价值分别为500万元、300万元、200万元。资产组的预计未来现金流量现值为800万元；资产组的公允价值为708万元，如将其处置，预计将发生相关费用8万元。A设备的公允价值为418万元，如将其处置，预计将发生相关费用8万元，无法独立确定其未来现金流量现值；B设备和C设备的公允价值减去处置费用后的净额以及预计未来现金流量的现值均无法确定。下列关于甲公司2×22年年末对上述资产组和各个设备计提减值准备的表述中，不正确的是( )。

A. 资产组计提的减值准备为200万元

B. A设备应计提的减值损失为100万元

C. B设备减值后的账面价值为234万元

D. C设备减值后的账面价值为156万元

二、多项选择题

1. 甲公司有 A、B、C 三条生产线并将其作为 3 个资产组进行核算，账面价值分别为 500 万元、400 万元、600 万元，预计剩余使用寿命分别为 10 年、5 年、5 年。甲公司另有一项总部资产，账面价值 300 万元。2×22 年年末甲公司所处的市场发生重大变化，对甲公司产生不利影响，因此甲公司对各项资产进行了减值测试。假设总部资产能够按照合理和一致的基础分摊至各资产组，则下列有关甲公司总部资产减值的说法正确的有（ ）。

   A. 总部资产的显著特征是难以脱离其他资产或者资产组产生独立的现金流入，而且其账面价值难以完全归属于某一资产组

   B. 相关总部资产能按照合理和一致的基础分摊至各资产组的，应将其分摊到资产组，再据以比较资产组的账面价值和可收回金额，并汇总得出总部资产减值金额

   C. 计算资产组减值损失的金额时，应以账面价值，即分别以 500 万元、400 万元、600 万元直接计算减值金额

   D. 计算资产组减值损失的金额，应以分摊总部资产后各资产组账面价值为基础，即分别以 650 万元、460 万元、690 万元为基准进行计算

2. 按照资产减值准则的规定，下列迹象中表明资产可能发生了减值的情况有（ ）。

   A. 企业经营所处的经济、技术或者法律等环境以及资产所处的市场在当期或者将在近期发生重大变化，从而对企业产生不利影响

   B. 资产的市价当期大幅度下跌，其跌幅明显高于因时间的推移或者正常使用而预计的下跌

   C. 市场利率或者其他市场投资报酬率在当期已经提高，从而影响企业计算资产预计未来现金流量现值的折现率，导致资产可收回金额大幅度降低

   D. 有证据表明资产已经陈旧过时或者其实体已经损坏

3. 对资产组进行减值测试，下列处理方法中正确的有（ ）。

   A. 资产组的可收回金额低于其账面价值的，应当确认相应的减值损失

   B. 减值损失金额应当先抵减资产组的账面价值，最后再冲减商誉的账面价值

   C. 资产组内各资产账面价值的抵减，应当作为各单项资产（包括商誉）的减值损失处理，计入当期损益

   D. 抵减减值损失后各资产的账面价值不得低于该资产的公允价值减去处置费用后的净额（如可确定的）、该资产预计未来现金流量的现值（如可确定的）和零三者之中最高者

4. 关于企业在认定资产组时需要考虑的因素，下列处理方法中正确的有（ ）。

   A. 如果管理层按照业务种类来监控企业，可将各业务种类中所使用的资产作为资产组

   B. 如果管理层按照生产线来监控企业，可将生产线作为资产组

   C. 如果管理层按照地区来监控企业，可将地区中所使用的资产作为资产组

   D. 如果管理层按照区域来监控企业，可将区域中所使用的资产作为资产组

5. 对于商誉的减值处理正确的有（ ）。

   A. 不包含商誉的资产组或者资产组组合本身存在减值迹象的，需要先对不包含商誉的资产组或者资产组组合进行减值测试，确认减值损失

   B. 商誉难以分摊至相关资产组的，应当将其分摊至相关的资产组组合

   C. 对于确认的包含商誉的资产组或者资产组组合的减值损失，应当首先抵减可辨认资产的账面价值

   D. 抵减分摊至资产组或者资产组组合中商誉的账面价值后的减值损失金额需要按各资产组的账面价值比例进行分摊

三、计算分析题

A公司适用的所得税税率为25%，2×22年年末有迹象表明生产甲产品的固定资产可能发生减值，资料如下：

(1)该固定资产2×22年年末的账面价值为900万元，原值为3 000万元，预计使用年限10年，已使用7年，采用年限平均法计提折旧(与税法规定的折旧政策一致)。公司批准的财务预算中该固定资产预计未来现金流量的有关资料如下表所示(单位：万元)。

项目	2×23年	2×24年	2×25年
甲产品销售收入	1 000	2 000	3 000
上年销售甲产品产生的应收账款本年收回	100	200	100
本年销售甲产品产生的应收账款将于下年收回	200	100	200
购买生产甲产品的材料支付现金	600	800	900
以现金支付薪酬	40	50	40
支付的设备维修支出	30	10	20
设备改良支付现金	—	150	—
利息支出	10	10	10
其他现金支出	10	15	20

(2)A公司计划在2×24年对该固定资产进行技术改造。因此，2×24年、2×25年的财务预算是考虑了改良影响后所预计的现金流量。如果不考虑改良因素，A公司的财务预算以上年预算数据为基础、按照稳定的5%的递减增长率计算得出(为简化核算，按上年预算数据的5%递减调整时，只需调整销售收入和购买材料涉及的现金流量两项，其余项目直接按上述已知数计算)。假定有关现金流量均发生于年末，收入、支出均不含增值税。

(3)该固定资产的公允价值减去处置费用后的净额无法可靠计算。

(4)计提减值准备后预计该固定资产尚可使用3年，预计净残值为0，仍采用年限平均法计提折旧。2×23年年末未继续出现减值迹象。税法规定，计提的减值准备不得在税前抵扣。

(5)已知，复利现值系数如下：(P/F，5%，1)=0.9524；(P/F，5%，2)=0.9070；(P/F，5%，3)=0.8638。假定未来期间存在足够的应纳税所得额抵减可抵扣暂时性差异，且预计税率不会发生变动。

要求(计算结果保留两位小数)：

(1)计算2×22年12月31日预计的未来三年各年的现金流量净额。

(2)计算2×22年12月31日预计的未来现金流量的现值。

(3)计算2×22年12月31日应计提的固定资产减值准备金额。

(4)计算2×22年12月31日应确认的递延所得税收益。

(5)计算2×23年12月31日该固定资产的账面价值和应确认的递延所得税收益。

四、综合题

1. 甲公司2×22年年末有关资产组、总部资产和商誉的资料如下：

(1)甲公司在A、B、C三地拥有三家分公司，其中，C分公司是上年吸收合并的公司。这三家分公司的经营活动由一个经营总部负责运作；同时，由于A、B、C三家分公司均能产生独立于其他分公司的现金流入，所以甲公司将这三家分公司分别确定为三个资产组，将经营总部确认为总部资产。

(2)2×22 年 12 月 31 日，企业经营所处的技术环境发生了重大不利变化，企业各项资产出现减值迹象，需要进行减值测试。假设总部资产的账面价值为 3 000 万元，能够按照各资产组账面价值的相对比例进行合理分摊。

(3)A 资产组的账面价值为 1 500 万元，预计尚可使用寿命为 15 年，甲公司预计 2×22 年年末 A 资产组(包括分配的总部资产)的可收回金额为 3 000 万元。

(4)B 资产组的账面价值为 2 250 万元，其中包括无形资产 B1 账面价值为 1 350 万元、固定资产 B2 账面价值为 900 万元。预计 B 资产组的尚可使用寿命为 10 年。甲公司预计 2×22 年年末 B 资产组(包括分配的总部资产)的可收回金额为 3 189 万元，其中无形资产 B1 的公允价值减去处置费用后的净额为 1 300 万元，固定资产 B2 无法确定公允价值减去处置费用后的净额，无形资产 B1、固定资产 B2 的未来现金流量的现值均无法确定。

(5) C 资产组包含商誉的账面价值为 3 000 万元，其中固定资产 C1 为 1 000 万元、固定资产 C2 为 1 000 万元、固定资产 C3 为 775 万元、合并商誉为 225 万元。预计 C 资产组尚可使用寿命为 5 年。甲公司预计 2×22 年年末 C 资产组(包括分配的总部资产)的可收回金额为 2 575.6 万元，其中固定资产 C1、C2 和 C3 均无法确定其未来现金流量的现值，C1、C2 无法确定公允价值减去处置费用后的净额，C3 公允价值减去处置费用后的净额为 700 万元。

要求：

(1)计算 2×22 年年末将总部资产分配至各资产组的金额。

(2)计算 2×22 年年末分配总部资产后各资产组的账面价值(包含总部资产)。

(3)2×22 年年末对 A 资产组进行减值测试，如果减值，计算资产组(包括总部资产)减值损失。

(4)计算 2×22 年年末 B 资产组包含的各项资产的减值损失，以及总部资产应分摊的减值损失。

(5)计算 2×22 年年末 C 资产组包含的各项资产的减值损失，以及总部资产应分摊的减值损失。

(6)计算 2×22 年年末总部资产应分摊的减值损失总额，并编制 2×22 年年末甲公司计提资产减值损失的会计分录。

2. A 公司与相关公司适用的所得税税率均为 25%。A 公司有关企业合并的资料如下：

(1)2×22 年 3 月，A 公司与 B 公司控股股东 C 公司签订协议，协议约定：A 公司向 C 公司定向发行 10 000 万股本公司股票，以换取 C 公司持有 B 公司 80% 的股权。A 公司该并购事项于 2×22 年 5 月 10 日经监管部门批准，作为对价的上述股票于 2×22 年 6 月 30 日发行，当日收盘价为每股 8.21 元。A 公司自 6 月 30 日起主导 B 公司财务和经营政策。B 公司可辨认净资产在 2×22 年 6 月 30 日的账面价值为 99 000 万元，可辨认净资产的公允价值为 103 000 万元(不含递延所得税资产和负债)，其差额 4 000 万元由下表中的资产、负债所产生：

项目	评估增值差额(万元)
存货	1 000
固定资产	2 000
无形资产	2 000
或有负债	1 000
合计	4 000

上表中的 B 公司存货至本年末已全部对外销售；上表中的 B 公司固定资产、无形资产预计尚可使用年限分别为 5 年、10 年，采用直线法计提折旧或摊销，预计净残值均为 0；上表中的或有负债为 B 公司因未决诉讼案件而形成的，B 公司预计该诉讼

案件不是很可能导致经济利益流出企业，但是预计如果败诉应赔偿金额为1 000万元，故B公司未就该事项确认预计负债。该诉讼至本年年末尚未判决。上述资产、负债的计税基础与B公司按历史成本计算的账面价值相同。A公司向C公司发行股票后，C公司持有A公司发行在外的普通股的12%，不具有重大影响。A公司与C公司不存在任何关联方关系。

(2)2×22年7月1日至2×22年12月31日，B公司按其净资产账面价值计算实现的净利润为5 000万元，未发生其他导致净资产发生变动的事项。2×22年12月31日，A公司对因合并B公司形成的商誉进行减值测试。在进行商誉减值测试时，A公司将B公司的所有净资产认定为一个资产组，而且判断该资产组中的所有可辨认资产不存在减值迹象。A公司估计B公司资产组的可收回金额为106 350万元。

要求：

(1)根据资料(1)，①计算A公司购买日个别报表中应确认该长期股权投资的初始投资成本金额；②计算A公司企业合并中取得B公司可辨认净资产的公允价值；③计算合并报表中应确认的合并商誉金额。

(2)根据资料(2)，①计算2×22年年末B公司可辨认净资产按照购买日的公允价值持续计算的金额；②计算A公司应在合并报表中确认的商誉减值损失金额，并编制合并报表中计提商誉减值准备的会计分录。

同步训练答案及解析

一、单项选择题

1. D 【解析】尚未达到预定可使用状态的无形资产，无论是否出现减值迹象，都应至少于每年年末进行减值测试。在减值测试过程中预计其未来现金流量现值时，应选择扣除继续开发所需投入因素的预计未来现金流量的现值(11 200万元)。由于条件未告知其公允价值减去处置费用后的净额，因此，该开发项目应确认的减值损失=14 000-11 200=2 800(万元)。

2. B 【解析】预计未来现金流量现值在考虑应负担的恢复费用后的价值=5 500-1 000=4 500(万元)，大于该资产组的公允价值减去处置费用后的净额4 000万元，所以该资产组的可收回金额为4 500万元。由于计算未来现金流量的现值时，将弃置费用因素剔除了，按照可比性要求，其账面价值中也应该把该弃置费用因素剔除，即资产组的账面价值=5 600-1 000=4 600(万元)。综上，该资产组应计提的减值准备=4 600-4 500=100(万元)。

3. C 【解析】选项C，处置费用不包括财务费用和所得税费用等。

4. B 【解析】乙资产组(包含商誉)的账面价值为2 825万元(2 700+100/80%)，可收回金额为2 500万元，所以乙资产组(包含商誉)发生的减值为325万元。在确认该减值损失时，首先应将该项减值额抵减商誉的价值125万元(100/80%)，然后将剩余部分(200万元)确认为可辨认资产的减值损失。由于合并财务报表中只反映了母公司享有的商誉份额，所以合并财务报表中应确认的商誉减值准备为100万元(125×80%)。

5. C 【解析】2×22年12月31日，该项长期股权投资的公允价值减去处置费用后的净额=1 400-10=1 390(万元)，大于该资产预计未来现金流量的现值1350万元，因此，可收回金额为1 390万元，应计提长期股权投资减值准备=(2 100-1 000×30%)-1 390=410(万元)。

6. B 【解析】资产组的公允价值减去处置费用后的净额=708-8=700(万元)，小于预计未来现金流量的现值800万元，因此可收回金额为800万元。选项A，资产组计提的减值准备=(500+300+200)-800=200(万元)；选项B，按账面价值比例分摊减值额，A设备应分摊的减值额=500/1 000×200=100(万元)，分摊减值后A设备的账面价值=500-100=400(万元)，小于可收回金额410万元，因此A设备应计提的减值损失=500-(418-8)=90(万元)；选项C，B设备应确认的减值损失=(200-90)×300/(300+200)=66(万元)，B设备减值后的账面价值=300-66=234(万元)；选项D，C设备应确认的减值损失=(200-90)×200/(300+200)=44(万元)，C设备减值后的账面价值=200-44=156(万元)。

二、多项选择题

1. ABD 【解析】计算资产组减值损失的金额时，应以分摊总部资产后各资产组账面价值为基础进行处理：A生产线分摊总部资产后的账面价值=500+300×[500×(10/5)]/(500×10/5+400×5/5+600×5/5)=650(万元)；B生产线分摊总部资产后的账面价值=400+300×400/(500×2+400+600)=460(万元)；C生产线分摊总部资产后的账面价值=600+300×600/(500×2+400+600)=690(万元)。
2. ABCD
3. ACD 【解析】选项B，减值损失金额应当先抵减分摊至资产组中商誉的账面价值，再根据资产组中除商誉之外的其他各项资产的账面价值所占比重，按比例抵减其他各项资产的账面价值。
4. ABCD 【解析】资产组的认定，应当考虑企业管理层对生产经营活动的管理或者监控方式(如是按照生产线、业务种类还是按照地区或者区域等)和对资产的持续使用或者处置的决策方式等。
5. ABD 【解析】选项C，确认的资产组或者资产组组合的减值应当首先抵减分摊至资产组或资产组组合中商誉的账面价值。

三、计算分析题

【答案】

(1)预计2×23年现金流量净额=1 000+100-200-600-40-30-10=220(万元)。

预计2×24年现金流量净额=1 000×95%+200-100-600×95%-50-10-15=405(万元)。

预计2×25年现金流量净额=1 000×95%×95%+100-200-600×95%×95%-40-20-20=181(万元)。

『提示』每年预计发生的利息支出10万元属于筹资活动，在计算现金流量时不应考虑。

(2)预计未来现金流量现值=220×0.9524+405×0.9070+181×0.8638=733.21(万元)。

(3)2×22年12月31日应计提的固定资产减值准备=900-733.21=166.79(万元)。

(4)2×22年12月31日应确认的递延所得税收益=166.79×25%=41.70(万元)。

(5)2×23年12月31日固定资产的账面价值=733.21-733.21÷3=488.81(万元)，计税基础=3 000-3 000/10×8=600(万元)，应确认的递延所得税收益=(600-488.81)×25%-41.70=-13.90(万元)。

四、综合题

1.【答案】

(1)由于各资产组的使用寿命不同，因此应考虑时间权重。

①加权后的资产组账面价值总额=1 500×15/5+2 250×10/5+3 000×5/5=12 000(万元)。

②将总部资产分摊至各个资产组：
A资产组应分摊总部资产的金额＝3 000×(1 500×15/5)/12 000＝1 125(万元)。
B资产组应分摊总部资产的金额＝3 000×(2 250×10/5)/12 000＝1 125(万元)。
C资产组应分摊总部资产的金额＝3 000×(3 000×5/5)/12 000＝750(万元)。

(2)A资产组(包含总部资产)的账面价值＝1 500+1 125＝2 625(万元)。
B资产组(包含总部资产)的账面价值＝2 250+1 125＝3 375(万元)。
C资产组(包含总部资产)的账面价值＝3 000+750＝3 750(万元)。

(3)A资产组(包含总部资产)的账面价值＝2 625(万元)，可收回金额＝3 000(万元)，没有发生减值。

(4)①B资产组(包含总部资产)确认减值损失＝3 375－3 189＝186(万元)。
②总部资产应分摊的减值损失＝186×1 125/3 375＝62(万元)。
③B资产组(不包含总部资产)确认减值损失＝186×2 250/3 375＝124(万元)。
④无形资产B1确认的减值损失＝1 350－1 300＝50(万元)。
『提示』按照分摊比例，无形资产B1应当分摊减值损失＝124×(1 350/2 250)＝74.4(万元)；分摊后的账面价值＝1 350－74.4＝1 275.6(万元)，但由于无形资产B1的公允价值减去处置费用后的净额为1 300万元，因此最多只能确认减值损失＝1 350－1 300＝50(万元)。
⑤固定资产B2确认的减值损失＝124－50＝74(万元)。

(5)①不包含商誉的C资产组确认减值损失(包含总部资产)＝(3 000－225+750)－2 575.6＝949.4(万元)。
②包含商誉的C资产组确认减值损失(包含总部资产)＝(3 000+750)－2 575.6＝1 174.4(万元)。
③商誉确认减值损失＝1 174.4－949.4＝225(万元)(首先抵减C资产组中商誉价值225万元，剩余的减值损失949.4万元再在各项可辨认资产和总部资产之间分摊)。
④总部资产应分摊的减值损失＝949.4×750/(3 000+750－225)＝202(万元)。
⑤C资产组中其他单项资产的减值损失总额＝949.4×2 775/(3 000+750－225)＝747.4(万元)。
⑥固定资产C1、C2和C3分配的减值损失：
固定资产C3应分摊的减值损失＝775－700＝75(万元)。
『提示』按照分摊比例，固定资产C3应当分摊减值损失＝747.4×775/(1 000+1 000+775)＝208.73(万元)，分摊后的账面价值＝775－208.73＝566.27(万元)，由于小于固定资产C3的公允价值减去处置费用后的净额700万元，因此最多只能确认减值损失＝775－700＝75(万元)。
固定资产C1应分摊的减值＝(747.4－75)×1 000/2 000＝336.2(万元)。
固定资产C2应分摊的减值＝(747.4－75)×1 000/2 000＝336.2(万元)。

(6)2×22年年末总部资产应分摊的减值损失总额＝62+202＝264(万元)。

借：资产减值损失　(186+1 174.4)1 360.4
　贷：商誉减值准备　225
　　无形资产减值准备—B1　50
　　固定资产减值准备—B2　74
　　　　—C1　336.2
　　　　—C2　336.2
　　　　—C3　75
　　　　—总部资产　264

2.【答案】
(1)①A公司购买日个别报表中长期股权投资的初始投资成本＝10 000×8.21＝82 100(万元)。

②A公司合并中取得B公司可辨认净资产的公允价值＝103 000－4 000×25%＝102 000（万元）。

或＝99 000+4 000×75%＝102 000（万元）。

③合并商誉＝82 100－102 000×80%＝500（万元）。

（2）①2×22年年末B公司可辨认净资产按照购买日的公允价值持续计算的账面价值＝102 000+调整后的净利润（5 000－1 000×75%－2 000/5×6/12×75%－2 000/10×6/12×75%）＝106 025（万元）。

②A公司确认的不包含商誉的资产组减值损失＝0。

『提示』B公司资产组（不包括商誉）的账面价值106 025万元，与可收回金额106 350万元比较，说明可辨认资产未发生减值。

A公司确认的包含商誉的资产组减值损失＝（106 025＋500/80%）－106 350＝300（万元）。

A公司应在合并报表中确认的商誉减值损失＝300×80%＝240（万元）。

借：资产减值损失　　240

　　贷：商誉——商誉减值准备　　240

第八章 负 债

考情解密

历年考情概况

本章主要讲解企业负债的相关知识，重点为应付债券等的相关处理。本章在历年考试中所占分值不高，通常在2分左右，既可能以客观题的形式单独出题，也可能与其他章节相结合在主观题中进行考查，比如一般公司债券与借款费用相结合考查其账务处理。

近年考点直击

考点	主要考查题型	考频指数	考查角度
流动负债	多选题	★	①进项税额等明细科目的核算；②应付股利的核算
可转换公司债券	综合题、单选题	★★	①发行可转债取得长期股权投资的会计处理；②企业发行可转债的发行价格与负债成分公允价值之间差额的处理；③计算可转债行权对资本公积的影响金额；④发行可转债与稀释每股收益的会计处理
一般公司债券	单选题、综合题	★★	①发行债券实际收到的价款与债券面值之间差额的处理；②与借款费用章节相结合考查资本化利息金额的计算及其账务处理

2022年考试变化

增加了当期直接减免增值税、当期即征即退增值税的会计处理，其他内容未发生实质性变化。

考点详解及精选例题

一、应交税费★

不通过“应交税费”科目核算的税费有：印花税、耕地占用税、契税、车辆购置税。

（一）增值税

1. 购入增值税税控系统专用设备

按现行增值税制度规定，企业初次购买增值税税控系统专用设备支付的费用以及缴纳的技术维护费允许在增值税应纳税额中全额抵减。

（1）企业购入增值税税控系统专用设备

借：固定资产[含税价款]

　　贷：银行存款

借：应交税费—应交增值税（减免税款）

　　贷：管理费用[含税价款]

（2）税控系统专用设备折旧

借：管理费用

　　贷：累计折旧

（3）企业发生技术维护费

借：管理费用

贷：银行存款

借：应交税费—应交增值税(减免税款)

贷：管理费用

【例题1·多选题】☆2×18年1月1日，甲公司初次购买增值税税控系统专用设备，取得的增值税专用发票注明的价款为300万元，增值税税额为39万元。甲公司将购买的增值税税控系统专用设备作为固定资产核算和管理。当年，甲公司计提增值税税控系统专用设备折旧80万元，发生技术维护费50万元。不考虑其他因素，下列各项关于甲公司上述交易或事项会计处理的表述中，正确的有(　)。

A. 购买增值税税控系统专用设备支付的增值税税额39万元计入当期管理费用

B. 发生的50万元技术维护费计入当期管理费用

C. 购买增值税税控系统专用设备支付的价款及增值税税额339万元计入固定资产的成本

D. 计提的80万元折旧计入当期管理费用

解析▶ 购买专用设备支付的实际金额339万元计入了固定资产，增值税39万元并未计入管理费用，因此，选项A不正确，选项C正确；税控系统转移设备折旧费及技术维护费均计入管理费用，选项B、D正确。

答案▶ BCD

2. 会计制度确认收入或利得的时点与增值税纳税义务发生时点不同

(1)按照国家统一的会计制度确认收入或利得的时点早于按照增值税制度确认增值税纳税义务发生时点的：应将相关销项税额记入“应交税费—待转销项税额”科目，待实际发生纳税义务时再转入“应交税费—应交增值税(销项税额)”。

(2)按照增值税制度确认增值税纳税义务发生时点早于按照国家统一的会计制度确认收入或利得的时点的，应将应纳增值税税额计入应收账款：

借：应收账款

贷：应交税费—应交增值税(销项税额)

按照国家统一的会计制度确认收入或利得时，应按扣除增值税销项税额后的金额确认收入。

3. 差额征税的账务处理

对于企业发生的某些业务无法通过抵扣机制避免重复征税的，应采用差额征税方式计算交纳增值税。

4. 进项税额抵扣情况发生改变的账务处理

(1)因发生非正常损失或改变用途等，原已计入进项税额、待抵扣进项税额或待认证进项税额，但按增值税制度规定不得从销项税额中抵扣的：

借：待处理财产损溢、应付职工薪酬、固定资产、无形资产

贷：应交税费—应交增值税(进项税额转出)

—待抵扣进项税额

—待认证进项税额

(2)原不得抵扣且未抵扣进项税额的固定资产、无形资产等，因改变用途等用于允许抵扣进项税额的应税项目的，应按允许抵扣的进项税额：

借：应交税费—应交增值税(进项税额)

贷：固定资产、无形资产

固定资产、无形资产等经上述调整后，应按调整后的账面价值在剩余使用寿命内计提折旧或摊销。

5. 月末转出多交增值税和未交增值税的账务处理

月度终了，企业应当将当月应交未交或多交的增值税自“应交增值税”明细科目转入“未交增值税”明细科目。

①转出当月应交未交的增值税：

借：应交税费—应交增值税(转出未交增值税)

贷：应交税费—未交增值税

②转出当月多交的增值税：

借：应交税费—未交增值税

贷：应交税费—应交增值税（转出多交增值税）

6. 交纳增值税的账务处理

①交纳当月应交增值税：

借：应交税费—应交增值税（已交税金）

（或）应交税费—应交增值税［小规模纳税人］

贷：银行存款

②交纳以前期间未交增值税的账务处理：

借：应交税费—未交增值税

贷：银行存款

其他收益［加计抵减的金额］

7. 减免、免征增值税的账务处理

（1）对于当期直接减免的增值税，会计处理如下：

借：应交税费—应交增值税（减免税款）

贷：其他收益

对于当期按规定即征即退的增值税，企业也应将其计入其他收益。

（2）属于一般纳税人的加工型企业根据税法规定招用自主就业退役士兵，并按定额扣减增值税的，应当将减征的税额计入当期损益。会计处理如下：

借：应交税费—应交增值税（减免税额）

贷：其他收益

（3）小微企业在取得销售收入时，应当按照税法的规定计算应交增值税，如其销售额满足税法规定的免征增值税条件时，应当将免征的税额转入当期损益。会计处理如下：

借：应交税费—应交增值税

贷：其他收益

8. 视同销售的会计处理

企业发生税法上视同销售的行为，如企业将自产、委托加工或者购买的货物分配给股东或投资者；将自产、委托加工的货物用于集体福利或个人消费行为等，应当按照企业会计准则制度相关规定进行相应的会计处理，并按照现行增值税制度规定计算的销项税额（或采用简易计税方法计算的应纳增值税额）。

【例题2·多选题】☆下列各项关于增值税会计处理的表述中，正确的有（ ）。

A. 一般纳税人购进货物用于免征增值税项目，其进项税额计入相关成本费用

B. 小规模纳税人将自产的产品分配给股东，视同销售货物计算交纳的增值税计入销售成本

C. 一般纳税人月终计算出当月应交或未交的增值税，在“应交税费—未交增值税”科目核算

D. 一般纳税人核算使用简易计税方法计算交纳的增值税在“应交税费—简易计税”明细科目核算

解析 小规模纳税人将自产的产品分配给股东，视同销售货物计算交纳的增值税记入“应交税费—应交增值税”科目，所以选项B错误。 **答案** ACD

（二）消费税

（1）企业对外销售产品应交的消费税，记入“税金及附加”科目；

（2）在建工程领用自产产品，应交的消费税计入固定资产成本；

（3）企业委托加工应税消费品，委托加工的应税消费品收回后直接用于销售的，其消费税计入委托加工应税消费品成本；委托加工收回后用于连续生产应税消费品按规定准予抵扣的，记入“应交税费—应交消费税”科目的借方。

（三）其他应交税费

1. 资源税

（1）销售产品交纳的资源税记入“税金及附加”科目；

（2）自产自用产品交纳的资源税记入“生产成本”科目；

（3）收购未税矿产品代扣代缴的资源税，计入收购矿产品的成本。

(4)外购液体盐加工固体盐相关的资源税，按规定允许抵扣的资源税记入“应交税费—应交资源税”科目的借方。

2. 土地增值税

(1)兼营房地产业务的企业应交的土地增值税记入“税金及附加”科目。

(2)企业转让土地使用权应交的土地增值税，土地使用权与地上建筑物及其附着物一并在“固定资产”等科目核算的，借记“固定资产清理”等科目，贷记“应交税费—应交土地增值税”科目。

(3)土地使用权在“无形资产”科目核算的，按实际收到的金额，借记“银行存款”科目。按摊销的无形资产金额，借记“累计摊销”科目，按已计提的无形资产减值准备，借记“无形资产减值准备”科目，按无形资产账面余额，贷记“无形资产”科目，按应交的土地增值税，贷记“应交税费—应交土地增值税”科目，按其差额，借记“资产处置损益”科目或贷记“资产处置损益”科目。

3. 房产税、土地使用税、车船税

企业按规定计算应交的房产税、土地使用税、车船税，借记“税金及附加”科目，贷记“应交税费”科目。

【快速记忆】“税金及附加”科目核算企业经营活动发生的消费税、城市维护建设税、资源税、教育费附加、房产税、土地使用税、车船使用税、印花税等相关税费。

二、长期借款★

(一)企业取得长期借款

借：银行存款[实际收到的金额]

　　长期借款—利息调整[差额，或贷记]

　　贷：长期借款—本金

注意：相关费用计入长期借款的初始确认金额中，具体是反映在“利息调整”明细科目中。长期借款的溢价或折价也在“利息调整”明细科目中反映。

(二)资产负债表日计提利息

借：在建工程、制造费用、研发支出、财务费用等[期初摊余成本×实际利率]

　　贷：应付利息或长期借款—应计利息[面值×票面利率]

　　　　长期借款—利息调整[差额倒挤，或借记]

三、应付债券★★

(一)一般应付债券

1. 企业发行债券时

借：银行存款、长期股权投资等[实际收到的金额]

　　贷：应付债券—面值[债券票面金额]

　　　　　　　　—利息调整[差额，或借记]

注意：发行债券发生的手续费、佣金，计入负债的初始入账金额，体现在“利息调整”明细科目中。溢、折价也包含在“利息调整”明细科目中。

2. 资产负债表日

对于分期付息、一次还本的债券：

借：在建工程、制造费用、研发支出、财务费用等[期初摊余成本×实际利率]

　　应付债券—利息调整[差额倒挤，或贷记]

　　贷：应付利息[面值×票面利率]

如果是到期一次还本付息的债券，则按面值和票面利率计算确定的票面利息，应通过“应付债券—应计利息”科目核算。

3. 债券到期时

债券到期，支付债券本息，借记“应付债券—面值、应计利息”科目、“应付利息”

等科目，分期付息支付最后一期利息的，应借记“在建工程”“制造费用”“财务费用”“研发支出”等科目，贷记“银行存款”等科目。同时，存在利息调整余额的，借记或贷记“应付债券—利息调整”科目。

(二)可转换公司债券

企业发行的可转换公司债券，应将负债和权益成分进行分拆，分拆后形成的负债成分在应付债券科目核算，权益成分在其他权益工具科目核算。分拆时：

(1)应当对负债成分计算未来现金流量的现值，确认为负债成分的初始确认金额。

(2)按实际收到的金额扣除负债成分的初始确认金额后的金额，贷记“其他权益工具”。

(3)可转换公司债券的发行费用，应当在负债成分和权益成分之间按照各自占总发行价款的比例(相对公允价值比例)进行分摊。

(4)应按实际收到的款项，借记“银行存款”等科目，将该项可转换公司债券包含的负债成分的面值，在“应付债券—可转换公司债券(面值)”科目的贷方反映，将权益成分的公允价值，在“其他权益工具”科目的贷方反映，按其差额，记入“应付债券—可转换公司债券(利息调整)”科目的借方或贷方。

对于可转换公司债券的负债成分，在转换为股份前，其会计处理与一般公司债券相同。

可转换公司债券持有人行使转换权利，将其持有的债券转换为股票，按可转换公司债券的余额，借记“应付债券—可转换公司债券(面值、利息调整)”科目，按其权益成分的金额，借记“其他权益工具”科目，按每股面值和转换的股数计算的股票面值总额，贷记“股本”科目，按其差额，贷记“资本公积—股本溢价”科目。

【例题3·综合题】甲公司为上市公司，其相关交易或事项如下：

(1)经相关部门批准，甲公司于2×21年1月1日按面值发行分期付息、到期一次还本的可转换公司债券10 000万元，发行费用为160万元，实际募集资金已存入银行专户。

根据可转换公司债券募集说明书的约定，可转换公司债券的期限为3年，票面年利率分别为：第一年1.5%，第二年2%，第三年2.5%；该债券的利息自发行之日起每年支付一次，起息日为可转换公司债券发行之日即2×21年1月1日，付息日为该债券发行之日起每满一年的当日，即每年的1月1日；可转换公司债券在发行1年后可转换为甲公司普通股股票，初始转股价格为每股10元；发行可转换公司债券募集的资金专门用于生产用厂房的建设。

(2)甲公司于2×21年1月1日将募集资金全部投入生产用厂房的建设，生产用厂房于2×21年12月31日达到预定可使用状态。2×22年1月8日，甲公司支付2×21年度可转换公司债券利息150万元。

(3)2×22年7月1日，由于甲公司股票价格涨幅未达到预期效果，只有50%的债券持有人将其持有的可转换公司债券转换为甲公司普通股股票，可以合理确定其余50%的债券持有人不会再转股，将持有至到期。

(4)其他资料如下：①甲公司将发行的可转换公司债券的负债成分划分为以摊余成本计量的金融负债；②甲公司发行可转换公司债券时无债券发行人赎回和债券持有人回售条款以及变更初始转股价格的条款，发行时二级市场上与之类似的没有附带转换权的债券市场利率为6%；③债券持有人若在当期付息前转换股票的，应按债券面值和应付利息之和除以转股价，计算转换的股份数。④复利现值系数：(P/F，6%，1)= 0.943 4；(P/F，6%，2)= 0.890 0；(P/F，6%，3)= 0.839 6；(P/F，7%，1)= 0.934 6；(P/F，7%，2)= 0.873 4；(P/F，7%，3)= 0.816 3。

要求：

(1)计算甲公司发行可转换公司债券时负债成分和权益成分的公允价值，并计算各自应分摊的发行费用，编制甲公司发行可转换公司债券时的会计分录。

(2)计算甲公司可转换公司债券负债成分的实际利率及2×21年12月31日的摊余成本，并编制甲公司确认及支付2×21年度利息费用的会计分录。

(3)编制甲公司2×22年上半年50%的债券转换为普通股股票前相关的会计分录。

(4)编制甲公司2×22年7月1日可转换公司债券转换为普通股股票时的会计分录。

答案

(1)①负债成分的公允价值=10 000×1.5%×0.943 4+10 000×2%×0.890 0+(10 000×2.5%+10 000)×0.839 6=8 925.41(万元)。

②权益成分的公允价值=整体发行价格10 000-负债成分的公允价值8 925.41=1 074.59(万元)。

③负债成分应分摊的发行费用=160×8 925.41/10 000=142.81(万元)。

④权益成分应分摊的发行费用=160×1 074.59/10 000=17.19(万元)。

⑤甲公司发行可转换公司债券时的会计分录：

借：银行存款　(10 000-160)9 840
　　应付债券——可转换公司债券(利息调整)
　　(10 000-8 925.41+142.81)1 217.4
　贷：应付债券——可转换公司债券(面值)　10 000
　　　其他权益工具
　　　(1 074.59-17.19)1 057.4

(2)①实际利率为r，那么：

利率为6%的现值=8 925.41万元(负债成分的公允价值)；

利率为r的现值=8 782.6万元(10 000-1 217.4；即扣除发行费用后的摊余成本)；

利率为7%的现值=10 000×1.5%×0.934 6+10 000×2%×0.873 4+(10 000×2.5%+10 000)×0.816 3=8 681.95(万元)。

用插值法计算：(6%-r)/(6%-7%)=(8 925.41-8 782.6)/(8 925.41-8 681.95)。

解上述方程：r=6%-(8 925.41-8 782.6)/(8 925.41-8 681.95)×(6%-7%)=6.59%。

②资本化的利息费用=(8 925.41-142.81)×6.59%=578.77(万元)。

应付利息=10 000×1.5%=150(万元)。

利息调整摊销额=578.77-150=428.77(万元)。

年末摊余成本=(8 925.41-142.81)+428.77=9 211.37(万元)。

③会计分录为：

借：在建工程　578.77
　贷：应付利息　150
　　　应付债券——可转换公司债券(利息调整)　428.77

借：应付利息　150
　贷：银行存款　150

(3)①利息费用=(9 211.37×6.59%÷2)×50%=151.76(万元)。

②应付利息=(10 000×2%÷2)×50%=50(万元)。

③利息调整摊销额=151.76-50=101.76(万元)。

④会计分录为：

借：财务费用　151.76
　贷：应付利息　50
　　　应付债券——可转换公司债券(利息调整)　101.76

(4)转股数=10 000÷10×50%+50÷10=505(万股)。

借：应付债券——可转换公司债券(面值)
　　(10 000×50%)5 000
　　其他权益工具
　　(1 057.4×50%)528.7
　　应付利息　50
　贷：应付债券——可转换公司债券(利息调整)
　　[(1 217.4-428.77)×50%-101.76]292.56

股本　　505

资本公积—股本溢价　4 781.14

可转债转股时，由于确定剩余部分在未来不会再转股了，所以需要将其他权益工具全部转出计入资本公积—股本溢价。

借：其他权益工具　　528.7

贷：资本公积—股本溢价　　528.7

同步训练

限时 35min

扫我做试题

一、单项选择题

1. ☆甲公司为增值税一般纳税人，其在本年发生了下列事项：(1)初次购买增值税税控系统，支付购买价款200万元；(2)支付增值税税控系统设备维护费50万元；(3)交纳资源税100万元；(4)交纳印花税80万元。已知初次购买增值税税控系统和增值税税控系统设备维护费在计算增值税税额时可以进行抵扣。下列说法中正确的是(　)。

A. 将印花税直接计入当期管理费用

B. 初次购买增值税税控系统支付的价款在计算增值税应纳税额时冲减当期管理费用

C. 支付的设备维护费在计算增值税应纳税额时计入营业收入

D. 将资源税计入资产成本

2. 甲公司为旅游企业，属于增值税一般纳税人，选择差额征税方式计算交纳增值税。2×22年甲公司收取旅游者不含税价款为100万元，增值税税率为6%。2×22年应支付给其他接团旅游企业的旅游费用为84.8万元，其中因允许扣减销售额而减少的销项税额为4.8万元。该公司采用总额法确认收入。甲公司2×22年不正确的会计处理是(　)。

A. 确认主营业务收入为100万元

B. 确认应交税费—应交增值税(销项税额)6万元

C. 结转主营业务成本80万元

D. 确认应交税费—应交增值税(进项税额)4.8万元

3. 甲公司为客运场站，属于增值税一般纳税人，选择差额征税的方式计算交纳增值税。2×22年2月甲公司向旅客收取车票款106万元，应向客运公司支付95.4万元，剩下的10.6万元中，10万元作为销售额，0.6万元为增值税销项税额。假设该公司采用净额法确认收入。甲公司2×22年不正确的会计处理是(　)。

A. 确认主营业务收入10万元

B. 确认应交税费—应交增值税(销项税额)0.6万元

C. 应向客运公司支付的95.4万元确认为负债

D. 应向客运公司支付95.4万元计入主营业务成本

4. 甲公司于2×22年1月1日发行5万份可转换公司债券，取得发行总收入480万元。该债券期限为3年，面值总额为500万元，票面年利率为3%，利息按年支付；每份债券均可在债券发行1年后转换为40股该公司普通股。甲公司发行该债券时，二级市场上与之类似但没有转股权的债券市场利率为6%。已知：(P/F，6%，3)= 0.839 6；(P/A，6%，3)= 2.673 0。不考虑其他因素，甲公司2×22年1月1日对该债券权益成分的初始入账金额为(　)。

A. 20.10 万元　　B. 0

C. 459.90 万元　　D. 480 万元

5. 下列关于企业发行分离交易的可转换公司债券(认股权符合有关权益工具定义)会计处理的表述中，不正确的是(　)。

A. 应将负债成分确认为应付债券

B. 分离交易可转换公司债券发行价格，减去不附认股权且其他条件相同的公司债券的公允价值后的差额，应确认为其他权益工具

C. 按债券面值计量负债成分初始确认金额

D. 按公允价值计量负债成分初始确认金额

6. 下列关于增值税减免会计处理的表述中，不正确的是(　)。

A. 对于当期直接减免的增值税，企业应通过“应交税费—应交增值税(减免税款)”科目进行核算

B. 对于当期按规定即征即退的增值税，企业应将其计入营业外收入

C. 小微企业的销售额满足税法规定的免征增值税条件时，应当将免征的税额计入其他收益

D. 属于一般纳税人的加工型企业根据税法规定招用自主就业退役士兵，并按定额扣减增值税的，应将减征的税额计入其他收益

二、多项选择题

1. 对于增值税一般纳税人，下列经济业务所涉及的增值税，应确认销项税额的有(　)。

A. 因管理不善造成自产产品霉烂变质

B. 企业以存货清偿债务

C. 在不具有商业实质的情况下以库存商品换入长期股权投资

D. 作为股利分配给股东的自产产品

2. 下列企业经营活动发生的各种税费，应通过“税金及附加”科目核算的有(　)。

A. 印花税　　B. 土地使用税

C. 车船税　　D. 消费税

3. 下列关于可转换公司债券的说法中，不正确的有(　)。

A. 应将可转换公司债券的价值在负债成分与权益成分之间进行分配

B. 为发行可转换公司债券发生的手续费应计入负债成分的入账价值

C. 可转换公司债券的权益成分应记入“资本公积—其他资本公积”科目

D. 转股时应将可转换公司债券中所包含的权益成分从资本公积转销

4. 对债券发行者来讲，如果为分期付息、到期一次还本的债券，随着各期债券利息调整(债券溢、折价)的摊销，以下说法正确的有(　)。

A. 随着各期债券溢价的摊销，债券的摊余成本、利息费用会逐期减少

B. 随着各期债券溢价的摊销，债券的摊余成本减少、利息费用会逐期增加

C. 随着各期债券折价的摊销，债券的摊余成本、利息费用会逐期增加

D. 随着各期债券溢价的摊销，债券的溢价摊销额会逐期增加

三、计算分析题

☆2×21 年至 2×22 年，甲公司发生有关交易或事项如下：

(1)2×21 年 7 月 1 日，甲公司以每份面值 100 元的价格发行可转换公司债券 10 万份，募集资金 1 000 万元，存续期 3 年，票面年利率 5%，利息按年支付，到期一次还本，该批债券 2×22 年 7 月 1 日起即可按照 10 元/股的价格转换为普通股，转换日之前，如果甲发生配股、资本公积转增股本、筹资资本结构变换的事项，转股价格将进行相应调整以确保债券持有人的利益。

发行债券时，市场上不含转股权但其他条件与之类似的债券利率为 6%。

(2)2×22 年 7 月 1 日，上述债券全部按照

原定价格10元/股将本金转换为普通股，共计100万股。2×22年1月1日，甲公司发行在外的普通股股数为1 000万股，除上述转股事项外，2×22年内发行在外的股数未发生其他变化，也不存在其他稀释性因素。

(3)2×22年甲公司实现归属于普通股股东的净利润300万元，该净利润包含2×22年1-6月计提的与上述可转换公司债券相关的利息费用。

(4)其他资料：

①(P/F，5%，3)=0.863 8；(P/A，5%，3)=2.723 2；(P/F，6%，3)=0.839 6；(P/A，6%，3)=2.673 0。②假定可转换公司债券的利息费用采用负债的初始入账价值乘以年实际利率，按月平均计提，且利息费用2×21年与2×22年均不符合资本化条件。③甲公司适用的企业所得税税率为25%；本题不考虑企业所得税以外的其他税费因素。

要求：

(1)判断甲公司发行的可转换公司债券的会计分类，并说明理由。

(2)计算甲公司2×22年基本每股收益。

(3)根据资料(1)，计算甲公司发行的可转换公司债券中负债的初始入账金额，编制2×21年7月1日发行可转换公司债券以及2×21年12月31日计提利息费用相关的会计分录。

(4)判断该项可转换公司债券对2×22年每股收益是否存在稀释作用，并说明理由；计算甲公司2×22年稀释每股收益。

同步训练答案及解析

一、单项选择题

1. B 【解析】选项A、D，企业一般应将印花税、资源税计入税金及附加；选项B、C，按现行增值税制度规定，企业初次购买增值税税控系统专用设备支付的费用以及缴纳的技术维护费，允许在增值税应纳税额中全额抵减。企业应按照可抵减的增值税应纳税额，借记“应交税费—应交增值税(减免税款)”科目(如为小规模纳税人，则借记“应交税费—应交增值税”)，贷记“管理费用”等科目。

2. D 【解析】

借：银行存款　　106

　贷：主营业务收入　　100

　　应交税费—应交增值税(销项税额)　　6

借：主营业务成本　　80

　应交税费—应交增值税(销项税额抵减)　　4.8

　贷：应付账款　　84.8

3. D 【解析】

借：银行存款　　106

　贷：主营业务收入　　10

　　应交税费—应交增值税(销项税额)　　0.6

　　应付账款　　95.4

4. A 【解析】负债成分的初始入账金额=500×3%×2.6730+500×0.8396=459.90(万元)；权益成分的初始入账金额=480-459.90=20.10(万元)。

5. C 【解析】选项B，对于企业发行的分离交易可转换公司债券，其认股权符合有关权益工具定义的，应当按照分离交易可转换公司债券发行价格，减去不附认股权且其他条件相同的公司债券的公允价值后的差额，确认为一项权益工具；选项C，企业应按照负债成分的公允价值计量其初始确认金额。

6. B 【解析】选项B，对于当期按规定即征即退的增值税，企业应将其计入其他收益。

二、多项选择题

1. BCD 【解析】选项 A，因管理不善造成的自产产品的霉烂变质，其耗用原材料的进项税额应作进项税额转出处理。
2. ABCD 【解析】“税金及附加”科目核算企业经营活动发生的消费税、城市维护建设税、资源税、教育费附加及房产税、土地使用税、车船税、印花税等相关税费。
『提示』房产税、土地使用税、车船税、印花税不再计入管理费用。
3. BCD 【解析】选项 B，为发行可转换公司债券发生的手续费应在权益成分与负债成分之间按照公允价值比例进行分配，并计入各自的入账价值中；选项 C，可转换公司债券的权益成分应记入“其他权益工具”科目；选项 D，转股时应将可转换公司债券中的权益成分从“其他权益工具”转销。
4. ACD 【解析】选项 B，随着各期债券溢价的摊销，债券的摊余成本减少，利息费用也逐期减少。

三、计算分析题

【答案】

(1)企业发行的可转换公司债券属于复合金融工具，应当在初始确认时将其包含的负债成分和权益成分进行分拆，将负债成分确认为应付债券，将权益成分确认为其他权益工具。

理由：企业发行的可转换公司债券，同时具有债券的性质以及期权的性质，在符合条件时可以转换为股票。因此，属于复合金融工具，企业应将其进行分拆，分别确认金融负债成分和权益成分。

(2)2×22 年基本每股收益＝300/(1 000＋100×6/12)＝0.29(元/股)。

(3)负债的入账价值＝1 000×(P/F，6%，3)＋1 000×5%×(P/A，6%，3)＝1 000×0.839 6＋50×2.673 0＝973.25(万元)。

2×21 年 7 月 1 日和 2×21 年 12 月 31 日的相关会计分录如下：

借：银行存款 1 000
　　应付债券—可转换公司债券(利息调整) 26.75
　贷：应付债券—可转换公司债券(面值) 1 000
　　　其他权益工具 (1 000－973.25)26.75

借：财务费用 (973.25×6%/2)29.20
　贷：应付债券—可转换公司债券(利息调整) 4.20
　　　应付利息 (1 000×5%/2)25

(4)不具有稀释作用。理由：假设转换所增加的净利润＝973.25×6%/2×(1－25%)＝21.90(万元)，假设转换所增加的普通股股数加权平均数＝1 000/10×6/12＝50(万股)；增量股的每股收益＝21.90/50＝0.44(元/股)；增量股的每股收益大于基本每股收益，因此不具有稀释作用。稀释每股收益＝基本每股收益＝0.29(元/股)。

第九章　职工薪酬

考情解密

历年考情概况

本章主要讲解了职工薪酬的相关知识，重点包括职工薪酬的概念及分类、职工薪酬的确认和计量等。本章内容在近几年考试中所占分值在 4 分左右，既通过客观题考查过账务处理，也通过主观题单独考查过非货币性福利、带薪缺勤等的账务处理，以及与收入、差错更正等内容结合进行考查。

近年考点直击

考点	主要考查题型	考频指数	考查角度
辞退福利	单选题、多选题、计算分析题、综合题	★★★	①给出资料，判断是否为辞退福利；②描述会计处理原则，并编制会计分录；③与差错更正结合考查账务处理；④与或有事项结合考查相关事项对利润的影响
非货币性福利	单选题、多选题、计算分析题、综合题	★★★	①给出资料，判断是否为非货币性福利；②给出资料，考查账务处理；③描述会计处理原则，并编制会计分录；④与差错更正相结合考查自产产品作为非货币性福利、向职工提供企业支付了补贴的商品或服务的账务处理
带薪缺勤	单选题、计算分析题	★★★	①给出资料，判断是否为累积带薪缺勤；②描述会计处理原则，并编制会计分录；③给出相关资料，选择正确的账务处理
利润分享计划	计算分析题、综合题	★★★	①描述会计处理原则，并编制会计分录；②与差错更正相结合考查账务处理
设定受益计划	单选题	★★	①给出相关事项，选择属于设定受益计划计入其他综合收益的项目；②给出相关选项，选择正确的会计处理

2022 年考试变化

简化了设定受益计划的相关讲解并删除了相关例题、删除了其他长期职工福利的相关例题，其他内容未发生实质性变动。

考点详解及精选例题

一、职工和职工薪酬的范围★

(一)职工的定义

职工，是指与企业订立劳动合同的所有人员，含全职、兼职和临时职工，也包括虽未与企业订立劳动合同但由企业正式任命的人员。具体而言，职工至少应当包括：

(1)与企业订立劳动合同的所有人员，含全职、兼职和临时职工。

(2)未与企业订立劳动合同但由企业正式任命的人员，如部分董事会成员、监事会成员等。

(3)在企业的计划和控制下，虽未与企业订立劳动合同或未由其正式任命，但向企业所提供服务与职工所提供服务类似的人员，也属于职工的范畴，包括通过企业与劳务中介公司签订用工合同而向企业提供服务的人员，这些劳务用工人员属于本准则所称的职工。

(二)职工薪酬的概念及范围

职工薪酬，是指企业为获得职工提供的服务或解除劳动关系而给予的各种形式的报酬或补偿。企业提供给职工配偶、子女、受赡养人、已故员工遗属及其他受益人等的福利，也属于职工薪酬。

职工薪酬主要包括短期薪酬、离职后福利、辞退福利和其他长期职工福利。

1. 短期薪酬

短期薪酬是指企业预期在职工提供相关服务的年度报告期间结束后十二个月内将全部予以支付的职工薪酬，因解除与职工的劳动关系给予的补偿除外。因解除与职工的劳动关系给予的补偿属于辞退福利的范畴。短期薪酬主要包括：

①职工工资、奖金、津贴和补贴。②职工福利费。③医疗保险费和工伤保险费等社会保险费(为职工缴纳的养老、失业保险费属于离职后福利)。④住房公积金。⑤工会经费和职工教育经费。⑥短期带薪缺勤(长期带薪缺勤属于其他长期职工福利)。⑦短期利润分享计划(长期利润分享计划属于其他长期职工福利)。⑧非货币性福利。⑨其他短期薪酬。

2. 离职后福利

离职后福利是指企业为获得职工提供的服务而在职工退休或与企业解除劳动关系后，提供的各种形式的报酬和福利，属于短期薪酬和辞退福利的除外。

3. 辞退福利

辞退福利是指企业在职工劳动合同到期之前解除与职工的劳动关系，或者为鼓励职工自愿接受裁减而给予职工的补偿。

4. 其他长期职工福利

其他长期职工福利是指除短期薪酬、离职后福利、辞退福利之外所有的职工薪酬，包括长期带薪缺勤、长期残疾福利、长期利润分享计划等。

二、短期薪酬的确认和计量★★★

企业应当在职工为其提供服务的会计期间，将实际发生的短期薪酬确认为负债，并计入当期损益或资产。

(一)货币性短期薪酬

(1)企业发生的职工工资、津贴和补贴等短期薪酬，应当根据职工提供服务情况和工资标准等计算应计入职工薪酬的工资总额，并按照受益对象计入当期损益或相关资产成本，借记“生产成本”“制造费用”“管理费用”等科目，贷记“应付职工薪酬”科目。

(2)企业为职工缴纳的医疗保险费、工伤保险费等社会保险费和住房公积金，以及按规定提取的工会经费和职工教育经费，应当在职工为其提供服务的会计期间，根据规定的计提基础和计提比例计算确定相应的职工薪酬金额，并确认相关负债，按照受益对象计入当期损益或相关资产成本，会计处理同上。

(二)短期带薪缺勤

1. 累积带薪缺勤及其会计处理

累积带薪缺勤，是指带薪权利可以结转下期的带薪缺勤，本期尚未用完的带薪缺勤权利可以在未来期间使用。企业应当在职工提供了服务从而增加了其未来享有的带薪缺勤权利时，确认与累积带薪缺勤相关的职工薪酬，并以累积未行使权利而增加的预期支付金额计量。

有些累积带薪缺勤在职工离开企业时，对于未行使的权利，职工有权获得现金支付。职工在离开企业时能够获得现金支付的，企业应当确认企业必须支付的、职工全部累积未使用权利的金额。企业应当根据资产负债表日因累积未使用权利而导致的预期支付的追加金额，作为累积带薪缺勤费用进行预计。

【例题 1·计算分析题】甲公司共有 1 000 名职工。从 2×21 年 1 月 1 日起，该公司实行累积带薪缺勤制度，每个职工每年可享受 5 个工作日带薪年休假。2×21 年 12 月 31 日，每个职工当年平均未使用带薪年休假为 2 天。甲公司预计 2×22 年有 950 名职工将享受不超过 5 天的带薪年休假，剩余 50 名职工每人将平均享受 6 天半年休假，假定这 50 名职工全部为总部管理人员，该公司平均每名职工每个工作日工资为 500 元。

(1)假定一：该制度规定，未使用的年休假只能向后结转一个日历年度，超过 1 年未使用的权利作废；职工休年休假时，首先使用当年可享受的权利，不足部分再从上年结转的带薪年休假中扣除；职工离开公司时，对未使用的累积带薪年休假无权获得现金支付。

假定 2×22 年 12 月 31 日，上述 50 名总部管理人员中有 40 名享受了 6 天半年休假，并随同正常工资以银行存款支付。另有 10 名只享受了 5 天年休假。

(2)假定二：该公司的带薪缺勤制度规定，职工累积未使用的带薪缺勤权利可以无限期结转，且可以于职工离开企业时以现金支付。甲公司的 1 000 名职工中，50 名为总部各部门经理，100 名为总部各部门职员，800 名为直接生产工人，50 名工人正在建造一幢自用办公楼。

要求：根据上述资料及其假定，分别编制甲公司的相关会计分录。

答案

(1)基于假定一：

甲公司职工 2×21 年已休带薪年休假的，由于在休假期间照发工资，因此相应的薪酬已经计入公司每月确认的薪酬金额中。与此同时，公司还需要预计职工 2×21 年享有但尚未使用的、预期将在下一年度使用的累积带薪缺勤，并计入当期损益或者相关资产成本。在本例中，甲公司在 2×21 年 12 月 31 日预计由于职工累积未使用的带薪年休假权利而导致预期将支付的工资负债即为 75 天(50×1.5)的年休假工资金额 3.75 万元(75×0.05)，并作如下账务处理：

借：管理费用　　3.75

　贷：应付职工薪酬—累积带薪缺勤　　3.75

由于该公司的带薪缺勤制度规定，未使用的权利只能结转一年，超过 1 年未使用的权利将作废，所以，2×22 年甲公司应作如下账务处理：

借：应付职工薪酬—累积带薪缺勤　　(40×1.5×0.05)3

　贷：银行存款　　3

借：应付职工薪酬—累积带薪缺勤　　(10×1.5×0.05)0.75

贷：管理费用 0.75

(2)基于假定二：

甲公司在2×21年12月31日应当预计由于职工累积未使用的带薪年休假权利而导致的全部金额，即相当于2 000天(1 000×2)的带薪年休假工资100万元(2 000×0.05)，并作如下账务处理：

借：管理费用 (150×2×0.05)15

生产成本 (800×2×0.05)80

在建工程 (50×2×0.05)5

贷：应付职工薪酬—累积带薪缺勤 100

2. 非累积带薪缺勤及其会计处理

非累积带薪缺勤，是指带薪权利不能结转下期的带薪缺勤，本期尚未用完的带薪缺勤权利将予以取消，并且职工离开企业时也无权获得现金支付。企业应当在职工实际发生缺勤的会计期间确认与非累积带薪缺勤相关的职工薪酬。通常情况下，与非累积带薪缺勤相关的职工薪酬已经包括在企业每期向职工发放的工资等薪酬中，因此，不必额外作相应的账务处理。

(三)短期利润分享计划(或奖金计划)

企业制订有短期利润分享计划的，如当职工完成规定业绩指标，或者在企业工作了特定期限后，能够享有按照企业净利润的一定比例计算的薪酬，企业应当按照准则的规定，进行有关会计处理。

短期利润分享计划同时满足下列条件的，企业应当确认相关的应付职工薪酬，并计入当期损益或相关资产成本：

(1)企业因过去事项导致现在具有支付职工薪酬的法定义务或推定义务。

(2)因利润分享计划所产生的应付职工薪酬义务能够可靠估计。

属于下列三种情形之一的，视为义务金额能够可靠估计：在财务报告批准报出之前企业已确定应支付的薪酬金额；该利润分享计划的正式条款中包括确定薪酬金额的方式；过去的惯例为企业确定推定义务金额提供了明显证据。

企业在计量利润分享计划产生的应付职工薪酬时，应当反映职工因离职而没有得到利润分享计划支付的可能性。

如果企业预期在职工为其提供相关服务的年度报告期间结束后十二个月内，不需要全部支付利润分享计划产生的应付职工薪酬，该利润分享计划应当适用职工薪酬准则其他长期职工福利的有关规定。

【例题2·单选题】☆2×18年9月16日，甲公司发布短期利润分享计划。根据该计划，甲公司将2×18年度利润总额的5%作为奖金，发放给2×18年7月1日至2×19年6月30日在甲公司工作的员工；如果有员工在2×19年6月30日前离职，离职的员工将不能获得奖金；利润分享计划支付总额也将按照离职员工的人数相应降低；该奖金将于2×19年8月30日支付。2×18年度，在未考虑利润分享计划的情况下，甲公司实现利润总额20 000万元。2×18年年末，甲公司预计职工离职将使利润分享计划支付总额降低至利润总额的4.5%。不考虑其他因素，甲公司2×18年12月31日因上述短期利润分享计划应当确认的应付职工薪酬金额是( )。

A. 450万元 B. 900万元

C. 1 000万元 D. 500万元

解析 甲公司2×18年12月31日因上述短期利润分享计划应当确认的应付职工薪酬金额=20 000×4.5%×6/12=450(万元)，选项A正确。 **答案** A

(四)非货币性福利

企业向职工提供的非货币性福利一般应按照公允价值计量，除非公允价值不能可靠取得。如果公允价值不能可靠取得，则采用成本计量。

1. 以自产产品或外购商品发放给职工作为福利

企业以其生产的产品作为非货币性福利

提供给职工的，应当按照该产品的公允价值和相关税费确定职工薪酬的金额，并计入当期损益或相关资产成本。以外购商品作为非货币性福利提供给职工的，应当按照该商品的公允价值和相关税费计入成本费用。

『提示』企业在进行账务处理时，应当先通过“应付职工薪酬”科目归集当期应计入成本费用的非货币性薪酬金额。

【例题3·计算分析题】甲公司适用的增值税税率为13%。甲公司共有职工2 000名，其中1 700名为直接参与生产的职工，300名为总部管理人员。

(1)2×22年2月15日，甲公司决定以其生产的产品作为节日福利发放给公司每名职工。每台产品的售价为1万元，成本为0.6万元。假定甲公司于当日将产品发放给各职工。

(2)甲公司于2×22年2月16日以外购的每台不含税价格为2万元的商品作为福利发放给公司每名职工。以银行存款支付了购买商品的价款和增值税进项税额。

要求：根据上述事项，分别编制甲公司的相关会计分录。

答案

(1)事项(1)：

应当计入生产成本的职工薪酬金额=1 700×1×1.13=1 921(万元)。

应当计入管理费用的职工薪酬金额=300×1×1.13=339(万元)。

借：生产成本　1 921
　　管理费用　339
　　贷：应付职工薪酬　2 260

借：应付职工薪酬　2 260
　　贷：主营业务收入　(2 000×1)2 000
　　　　应交税费—应交增值税(销项税额)　260

借：主营业务成本　(2 000×0.6)1 200
　　贷：库存商品　1 200

(2)事项(2)：

决定发放时：

借：生产成本(1 700×2×1.13)3 842
　　管理费用　(300×2×1.13)678
　　贷：应付职工薪酬　4 520

购买时：

借：库存商品　4 000
　　应交税费—应交增值税(进项税额)　520
　　贷：银行存款　4 520

借：应付职工薪酬　4 520
　　贷：库存商品　4 000
　　　　应交税费—应交增值税(进项税额转出)　520

2. 将拥有的住房等资产无偿提供给职工使用或租赁住房等资产供职工无偿使用

企业将拥有的住房等资产无偿提供给职工使用的，应当根据相应的受益对象，将住房每期的折旧费用计入当期损益或相关资产成本，同时确认应付职工薪酬。

租赁住房等资产供职工无偿使用的，如属于短期租赁等，应当根据受益对象，将每期应付的租金计入相关资产成本或当期损益，并确认应付职工薪酬；如确认了相关的使用权资产和租赁负债，则应当根据受益对象，将使用权资产每期的折旧费用计入当期损益或相关资产成本，同时确认应付职工薪酬。

【例题4·计算分析题】2×22年丁公司为总部各部门经理级别以上的职工提供自建单位宿舍免费使用，同时为副总裁以上高级管理人员每人租赁一套住房。该公司总部共有部门经理以上职工60名，每人提供一间单位宿舍免费使用，假定每间单位宿舍每月计提折旧0.1万元；该公司共有副总裁以上高级管理人员10名，公司为其每人租赁一套月租金为1万元的公寓，丁公司针对所租入的公寓确认了相关的使用权资产和租赁负债。该使用权资产的入账价值为180万元，折旧年限为2年，预计净残值为0，采用直线法计提折旧。

要求：编制丁公司的相关会计分录。

答案

该公司每月应作如下账务处理：

借：管理费用 6

贷：应付职工薪酬—非货币性福利6

借：应付职工薪酬—非货币性福利6

贷：累计折旧 6

借：管理费用 (180/2/12)7.5

贷：应付职工薪酬—非货币性福利 7.5

借：应付职工薪酬—非货币性福利 7.5

贷：使用权资产累计折旧 7.5

3. 向职工提供企业支付了补贴的商品或服务

企业可能会以低于其取得成本的价格向职工提供商品或服务，如出售住房或提供医疗保健服务，此类商品或服务的公允价值与内部售价之间的差额，实质是向职工提供补贴。

以出售住房为例，企业按照低于成本的价格向职工出售住房，企业应当根据出售商品或服务条款的规定分别处理。

(1)如果合同规定了职工获得住房后至少应提供服务的年限，且如果在规定的服务期限内离职，需退回差价。应当按照售价低于企业取得房屋的成本的部分，借记“长期待摊费用”科目，在服务期限内平均摊销，按照受益对象计入当期损益或相关资产成本。

【例题5·计算分析题】2×21年12月20日，甲公司(房地产开发企业)与10名高级管理人员分别签订商品房销售合同。合同约定，甲公司将自行开发的10套房屋以每套600万元的优惠价格销售给10名高级管理人员；高级管理人员自取得房屋所有权后必须在甲公司工作5年，如果在工作未满5年的情况下离职，需根据服务期限补交款项。2×22年6月25日甲公司收到10名高级管理人员支付的款项6 000万元。2×22年6月30日，甲公司与10名高级管理人员办理完毕上述房屋的产权过户手续。上述房屋成本为每套500万元，市场价格为每套800万元。假定不考虑增值税等因素。

要求：编制甲公司的相关会计分录。

答案

出售住房时：

借：银行存款 6 000

长期待摊费用 2 000

贷：主营业务收入 8 000

借：主营业务成本 5 000

贷：开发产品 5 000

出售住房后，公司应当按照直线法在5年内摊销长期待摊费用。2×22年的摊销分录为：

借：管理费用 (2 000/5/2)200

贷：应付职工薪酬 200

借：应付职工薪酬 200

贷：长期待摊费用 200

(2)如果合同中未规定职工应提供服务的年限，则表示对职工过去服务的补贴，不是以未来职工为企业提供的服务为前提，企业应将售价与取得房屋成本的差额，直接计入当期损益或相关资产成本。

三、关于离职后福利的确认和计量★★

离职后福利，是指企业为获得职工提供的服务而在职工退休或与企业解除劳动关系后，提供的各种形式的报酬和福利。

离职后福利，包括退休福利(如养老金和一次性的退休支付金额)及其他离职后福利(如离职后人寿保险和离职后医疗保障)。企业向职工提供了离职后福利的，无论是否设立了单独主体接受提存金并支付福利，均要求对离职后福利进行会计处理。

离职后福利计划，是指企业与职工就离职后福利达成的协议，或者企业为向职工提供离职后福利制定的规章或办法等。企业应当按照企业承担的风险和义务情况，将离职后福利计划分类为设定提存计划和设定受益计划两种类型。

（一）设定提存计划的确认和计量

设定提存计划，是指企业向单独主体（如基金等）缴存固定费用后，不再承担进一步支付义务的离职后福利计划（如职工缴纳的养老、失业保险、企业年金等）。

设定提存计划的会计处理相对简单，在计量义务或费用时，不需要进行精算假设，通常也不存在精算利得或损失，是因为企业在每一期间的义务取决于该期间将要提存的金额。

对于设定提存计划，企业应当根据在资产负债表日为换取职工在会计期间提供的服务而应向单独主体缴存的提存金，确认为职工薪酬负债，并计入当期损益或相关资产成本。

『提示』设定提存计划的会计处理与短期薪酬的会计处理相同。

（二）设定受益计划的确认和计量

设定受益计划，是指除设定提存计划以外的离职后福利计划。设定受益计划的核算思路如下：

1. 确定设定受益计划义务的现值和当期服务成本

企业确定设定受益义务现值和当期服务成本的步骤如下：

（1）企业应当根据预期累计福利单位法（国际会计准则表述也称之为按服务比例的应计福利费；福利/服务年数法），采用无偏且相互一致的精算假设对有关人口统计变量和财务变量等作出估计，计量设定受益计划所产生的义务，并确定相关义务的归属期间。

（2）企业应当根据资产负债表日与设定受益计划义务期限和币种相匹配的国债或活跃市场上的高质量公司债券的市场收益率确定折现率，将设定受益计划所产生的义务予以折现，以确定设定受益计划义务的现值和当期服务成本。

2. 确定设定受益计划净负债或净资产

设定受益计划存在资产的，企业应当将设定受益计划义务的现值减去设定受益计划资产公允价值所形成的赤字或盈余确认为一项设定受益计划净负债或净资产。

设定受益计划存在盈余的，企业应当以设定受益计划的盈余和资产上限两项的孰低者计量设定受益计划净资产。其中，资产上限，是指企业可从设定受益计划退款或减少未来对设定受益计划缴存资金而获得的经济利益的现值。

3. 确定应当计入当期损益的金额

报告期末，企业应当在损益中确认的设定受益计划产生的职工薪酬成本包括服务成本、设定受益净负债或净资产的利息净额。其中，服务成本包括当期服务成本、过去服务成本和结算利得或损失。

4. 确定应当计入其他综合收益的金额

企业应当将重新计量设定受益计划净负债或净资产所产生的变动计入其他综合收益，并且在后续会计期间不允许转回至损益，但企业可以在权益范围内转移这些在其他综合收益中确认的金额。

四、关于辞退福利的确认和计量★★

（一）辞退福利的确认

辞退福利，是指企业在职工劳动合同到期之前解除与职工的劳动关系，或者为鼓励职工自愿接受裁减而给予职工的补偿。由于导致义务产生的事项是终止雇佣而不是为获得职工的服务，企业应当将辞退福利作为单独一类职工薪酬进行会计处理。

企业向职工提供辞退福利的，应当在企业不能单方面撤回因解除劳动关系计划或裁减建议所提供的辞退福利时、企业确认涉及支付辞退福利的重组相关的成本或费用时两者孰早日，确认辞退福利产生的职工薪酬负债，并计入当期损益。

企业有详细、正式的重组计划并且该重组计划已对外公告时，表明已经承担了重组义务。重组计划包括重组涉及的业务、主要地点、需要补偿的职工人数及其岗位性质、预计重组支出、计划实施时间等。

实施职工内部退休计划的，企业应当比照辞退福利处理。在内退计划符合准则规定的确认条件时，企业应当按照内退计划规定，将自职工停止提供服务日至正常退休日期间、企业拟支付的内退职工工资和缴纳的社会保险费等，确认为应付职工薪酬，一次性计入当期损益，不能在职工内退后各期分期确认因支付内退职工工资和为其缴纳社会保险费等产生的义务。

（二）辞退福利的计量

企业应当合理预计并确认辞退福利产生的职工薪酬负债，并具体考虑下列情况。

（1）对于职工没有选择权的辞退计划，企业应当根据计划条款规定拟解除劳动关系的职工数量、每一职位的辞退补偿等确认职工薪酬负债。

（2）对于自愿接受裁减建议的辞退计划，由于接受裁减的职工数量不确定，企业应当根据《企业会计准则第13号——或有事项》规定，预计将会接受裁减建议的职工数量，根据预计的职工数量和每一职位的辞退补偿等确认职工薪酬负债。

（3）对于辞退福利预期在其确认的年度报告期间期末后十二个月内完全支付的辞退福利，企业应当适用短期薪酬的相关规定。

（4）对于辞退福利预期在年度报告期间期末后十二个月内不能完全支付的辞退福利，企业应当适用职工薪酬准则关于其他长期职工福利的相关规定，即实质性辞退工作在一年内实施完毕但补偿款项超过一年支付的辞退计划，企业应当选择恰当的折现率，以折现后的金额计量应计入当期损益的辞退福利金额。

（5）会计处理：

未超过一年支付的：

借：管理费用

　　贷：应付职工薪酬—辞退福利

超过一年支付的：

借：管理费用

　　未确认融资费用

　　贷：应付职工薪酬—辞退福利

【例题6 · 多选题】☆2×18年，甲公司发生的相关交易或事项如下：（1）为给境外派到境内的10名高管人员提供临时住所，租入10套住房，每年租金共120万元；（2）因业务调整，拟解除150名员工的劳动关系，经与被辞退员工协商一致，向每位被辞退员工支付20万元补偿；（3）实施员工带薪休假制度，发生员工休假期间的工资80万元；（4）为40名中层干部团购商品房，2 500万元购房款由甲公司垫付。下列各项中，甲公司应当作为职工薪酬进行会计处理的有（　）。

A. 支付员工带薪休假期间的工资

B. 为高管人员租房并支付租金

C. 为中层干部团购商品房垫付款项

D. 向被辞退员工支付补偿

解析 为40名中层干部团购商品房垫付的款项应作为其他应收款核算，不作为职工薪酬核算。 **答案** ABD

【例题7 · 计算分析题】☆甲公司2×16年发生的与职工薪酬相关的事项如下：

（1）4月10日甲公司董事会通过表决，以本公司的自产产品作为奖品，对乙车间全体员工超额完成一季度生产任务进行奖励，每位员工奖励一件产品，该车间员工总数200人，其中车间管理人员30人，一线生产工人170人。发放给员工的本公司产品市场售价为4 000元/件，成本为1 800元/件。4月20日，将200件产品发放给员工。

（2）甲公司共有2 000名员工，从2×16年1月1日起该公司实行累积带薪缺勤制度，规定每个职工可享受7个工作日的带薪休假，未使用的年休假可以向后结转1个会计年度，超过期限作废，员工离职后不能取得现金支付。2×16 年 12 月 31 日，每位职工当年平均未使用的假期为 2 天。根据过去经验的预期（该经验继续适用），甲公司预计 2×17 年有 1 800 名员工将享受不超过 7 天的带薪假期，剩余 200 名员工每人平均享受 8.5 天的带薪休假。该 200 名员工中 150 名为销售人员，50 名为高级管理人员。甲公司平均每名员工每个工作日的工资为 400 元，甲公司职工年休假以后进先出为基础，即带薪假期先从本年度享受的权利中扣除。

（3）甲公司正在研发丙研发项目，2×16 年共发生项目研发人员工资 200 万元，其中自 2×16 年年初至 6 月 30 日期间发放的研发人员工资 120 万元，属于费用化支出，7 月 1 日到 11 月 30 日研发项目达到预定用途前发放的研发人员工资 80 万元属于资本化支出，研发人员工资已经以银行存款支付。

（4）2×16 年 12 月 20 日甲公司董事会作出决议，拟关闭在某地区的一个分公司，针对该公司员工进行补偿，具体为：因为未达到法定退休年龄，提前离开公司的员工每人给予 30 万元的一次性补偿。另外，自其达到法定退休年龄后，按照每月 1 000 元的标准给予退休人员补偿。涉及员工 80 人，每人 30 万元的一次性补偿 2 400 万元已于 12 月 26 日支付。每月 1 000 元的退休后补偿将于 2×17 年 1 月 1 日陆续发放，根据精算结果甲公司估计补偿义务的现值为 1 200 万元。

其他有关资料：甲公司为增值税一般纳税人，适用的增值税税率为 13%，本题不考虑其他因素。

要求：就甲公司 2×16 年发生的与职工薪酬有关的事项，逐项说明其应进行的会计处理，并编制相关会计分录。

答案

事项（1），以自产产品发放给职工，作为非货币性福利处理，视同销售确认收入以及销项税额，同时结转成本。会计分录：

借：制造费用　[30×0.4×(1+13%)]13.56
　　生产成本　[170×0.4×(1+13%)]76.84
　贷：应付职工薪酬　90.4
借：应付职工薪酬　90.4
　贷：主营业务收入　80
　　　应交税费—应交增值税（销项税额）　10.4
借：主营业务成本　(0.18×200)36
　贷：库存商品　36

事项（2）应将由于职工累计未使用的带薪年休假权利而导致预期将支付的工资在 2×16 年予以确认。会计分录：

借：销售费用　(150×1.5×0.04)9
　　管理费用　(50×1.5×0.04)3
　贷：应付职工薪酬—累积带薪缺勤　12

事项（3），甲公司为进行研发项目发生的研发人员工资应当按照内部研究开发无形资产的有关条件判断其中应予资本化和费用化的部分，并确认为应付职工薪酬。会计分录如下：

借：研发支出—费用化支出　120
　　　　　　—资本化支出　80
　贷：应付职工薪酬　200
借：应付职工薪酬　200
　贷：银行存款　200
借：管理费用　120
　贷：研发支出—费用化支出　120
借：无形资产　80
　贷：研发支出—资本化支出　80

事项（4），甲公司向员工支付每人 30 万元的补偿款为辞退福利，应于发生时计入当期损益。对员工在达到退休年龄后所支付的补偿款，虽然其于退休后支付，但由于该补偿与员工因分公司关闭离开公司有关，因此该退休后补偿也应于发生时计入当期损益。

借：管理费用　3 600
　贷：应付职工薪酬　3 600
借：应付职工薪酬　2 400
　贷：银行存款　2 400

五、其他长期职工福利的确认和计量

（一）其他长期职工福利的定义

其他长期职工福利，包括除短期薪酬、离职后福利和辞退福利以外的所有职工福利。具体包括长期带薪缺勤、长期残疾福利、长期利润分享计划（或长期奖金计划）等。

（二）其他长期职工福利的会计核算

1. 符合设定提存计划条件

企业向职工提供的其他长期职工福利，符合设定提存计划条件的，应当按照设定提存计划的有关规定进行会计处理。

2. 符合设定受益计划条件

企业向职工提供的其他长期职工福利，符合设定受益计划条件的，企业应当按照设定受益计划的有关规定，确认和计量其他长期职工福利净负债或净资产。在报告期末，企业应当将其他长期职工福利产生的职工薪酬成本确认为下列组成部分：

（1）服务成本。

（2）其他长期职工福利净负债或净资产的利息净额。

（3）重新计量其他长期职工福利净负债或净资产所产生的变动。

为了简化相关会计处理，上述项目的总净额应计入当期损益或相关资产成本。

3. 长期残疾福利

长期残疾福利水平取决于职工提供服务期间长短的，企业应在职工提供服务的期间确认应付长期残疾福利义务，计量时应当考虑长期残疾福利支付的可能性和预期支付的期限；与职工提供服务期间长短无关的，企业应当在导致职工长期残疾的事件发生的当期确认应付长期残疾福利义务。

4. 递延酬劳

按比例分期支付或者经常性定额支付的递延奖金等，即为递延酬劳。对于递延酬劳费用的确认，企业可以按照奖金计划的福利公式来进行，或者在相应的服务期间内采用直线法分摊确认。对于企业设立账户的长期奖金计划或递延酬劳，不符合设定提存计划的条件。

扫我做试题

一、单项选择题

1. ☆2×20 年，甲公司发生的有关交易或事项如下：（1）甲公司以其生产的产品作为奖品，奖励给 20 名当年度被评为“优秀员工”的生产工人。上述产品的销售价格总额为 500 万元，销售成本为 420 万元；（2）根据甲公司确定的利润分享计划，以当年度实现的利润总额为基础计算确定应支付给管理人员的利润分享金额为 280 万元；（3）甲公司于当年起对 150 名管理人员实施累积带薪年休假制度，每名管理人员每年可享受 7 个工作日的带薪年休假，未使用的年休假只能向后结转一个日历年度。超过 1 年未使用的权利作废，也不能得到任何现金补偿。2×20 年，有 10 名管理人员每人未使用带薪年休假 2 天，预计这 10 名管理人员在 2×21 年将每人休假 9 天。甲公司平均每名管理人员每个工作日的工资为 300 元。不考虑相关税费及其他因素，下列各项关于甲公司上述职工薪酬会计处理的表述中，正确的是（ ）。

A. 在2×20年，企业应从工资费用中扣除已享受带薪年休假权利的140名管理人员的工资费用29.4万元

B. 将自产的产品作为奖品发放给职工时应按420万元确认应付职工薪酬

C. 根据利润分享计划计算的2×20年应支付给管理人员的280万元款项应作为利润分配处理

D. 企业应在2×20年确认10名管理人员未使用带薪年休假费用0.6万元，并计入管理费用

2. 甲公司共有100名职工，其中80名为直接生产人员，20名为公司总部管理人员。2×22年有关职工薪酬的业务如下：(1)1月1日，甲公司购买了100套全新的公寓拟以优惠价格向职工出售，甲公司拟向直接生产人员出售的住房的购入价格为100万元/套，将其出售给职工的价格为60万元/套；拟向管理人员出售的住房的购入价格为140万元/套，将其出售给职工的价格为80万元/套。假定该100名职工均在2×22年年初购买了公司出售的住房。甲公司与上述职工签订的协议规定，职工在取得住房后必须在甲公司服务满10年(含2×22年1月)。假定甲公司采用直线法摊销长期待摊费用。(2)7月15日，甲公司将其生产的笔记本电脑作为福利发放给职工，每人一台。这些笔记本电脑的成本为1.8万元/台，市场售价为2万元/台。不考虑其他因素，则甲公司在2×22年计入管理费用的金额为(　)。

A. 440万元　　B. 120万元

C. 160万元　　D. 46.8万元

3. 甲公司将于2×22年3月整体搬迁，公司为鼓励将要退休的员工提前退休，计划给予提前退休的员工每人10万元的补偿。该计划于2×21年10月与工会组织达成一致意见，2×21年11月董事会同意并已经公告，该计划中涉及700名员工，截至2×21年年末有600人表示愿意提前退休。其中一线生产工人400人、厂部管理人员200人，2×21年年末该计划还在持续进行。甲公司正确的会计处理是(　)。

A. 2×21年确认生产成本4 000万元、管理费用2 000万元

B. 2×21年确认长期待摊费用7 000万元，并于2×22年3月一次摊销计入营业外支出

C. 2×21年确认管理费用6 000万元

D. 2×22年确认管理费用6 000万元

4. 2×22年7月A公司有关非货币性职工薪酬的业务如下：为生产工人免费提供住宿(住房为企业自有资产)，每月计提折旧1万元；为总部部门经理配备汽车供其免费使用(汽车为企业自有资产)，每月计提折旧3万元；为总经理短期租赁一套公寓免费使用，月租金为5万元。下列关于A公司对职工薪酬的会计处理中，不正确的是(　)。

A. 为生产工人提供免费住宿，应借记“生产成本”，贷记“应付职工薪酬”1万元，同时借记“应付职工薪酬”，贷记“累计折旧”1万元

B. 为总部部门经理配备汽车供其免费使用，应借记“管理费用”，贷记“应付职工薪酬”3万元，同时借记“应付职工薪酬”，贷记“累计折旧”3万元

C. 为总经理租赁公寓免费使用，应借记“管理费用”，贷记“应付职工薪酬”5万元，同时借记“应付职工薪酬”，贷记“其他应付款”5万元

D. 为生产工人提供免费住宿和为总部部门经理配备汽车供其免费使用，应借记“管理费用”，贷记“应付职工薪酬”4万元；同时借记“应付职工薪酬”，贷记“累计折旧”4万元

5. 丙公司于2×22年年初制订和实施了两项短期利润分享计划：(1)对公司管理层进行激励计划，计划规定，公司全年的净利润指标为10 000万元，如果在公司管理层

的努力下完成的净利润超过 10 000 万元，公司管理层将可以分享超过 10 000 万元净利润部分的 10% 作为额外报酬。假定至 2×22 年 12 月 31 日，丙公司全年实际完成净利润 15 000 万元；(2) 对公司销售人员进行激励计划，计划规定，公司全年的每人销售指标为 100 台，如果超过 100 台销售指标，超出 100 台的部分每人每台提成 1 000 元作为额外报酬。假定至 2×22 年 12 月 31 日，丙公司销售人员为 200 人，其中 150 人超过 100 台销售指标，每人销售数量均为 108 台。假定不考虑离职等其他因素，丙公司按照利润分享计划应确认的额外薪酬为(　　)。

A. 620 万元　　B. 120 万元

C. 500 万元　　D. 0

二、多项选择题

1. 2×21 年下半年，A 公司决定进行企业重组，已拟定并对外公布了详细、正式的重组计划，并与因企业重组而被裁减的职工签订了劳动关系解除协议，A 公司不能单方面撤回该协议。根据该协议，A 公司应于 2×22 年上半年向上述职工一次性支付补偿款 10 000 万元，其中支付给管理人员的补偿款为 4 000 万元，支付给生产工人的补偿款为 6 000 万元。A 公司适用所得税税率为 25%。假定税法规定，与该项辞退福利有关的补偿款可于实际支付时税前抵扣。不考虑其他因素，则下列说法中正确的有(　　)。

A. 2×21 年应确认递延所得税资产 2 500 万元

B. 2×21 年应确认预计负债 10 000 万元

C. 2×21 年应确认管理费用 10 000 万元

D. A 公司在 2×22 年如按协议约定实际支付补偿款 10 000 万元，则其在计算 2×22 年应纳税所得额时应纳税调减 10 000 万元

2. 属于设定提存计划的职工薪酬有(　　)。

A. 医疗保险费　　B. 工伤保险费

C. 失业保险费　　D. 职工养老保险

3. 下列各项有关职工薪酬的表述中，正确的有(　　)。

A. 企业向职工提供其支付了补贴的商品或服务的，如果相关协议没有规定职工取得该商品或服务后必须服务的年限，则企业应将其承担的补贴额计入当期相关资产成本或当期损益

B. 非货币性薪酬主要为非货币性福利，通常包括企业以自己的产品或其他有形资产发放给职工作为福利，但不包括向职工无偿提供自己拥有的资产使用、为职工无偿提供类似医疗保健服务等

C. 企业应当严格按照辞退计划条款的规定，合理预计并确认辞退福利产生的负债，预计数与实际发生数差额较大的，应当在附注中披露产生差额较大的原因

D. 因被辞退职工不能给企业带来任何经济利益，辞退福利应当计入当期费用而不作为资产成本

4. 下列关于职工薪酬的表述中，正确的有(　　)。

A. 企业向职工提供公允价值不能可靠取得的非货币性福利时，可采用成本计量

B. 企业发生的职工福利费，应当在实际发生时根据实际发生额计入当期损益或相关资产成本

C. 企业的辞退福利应在职工被辞退时确认和计量

D. 企业以自产产品发放给职工作为福利的，应该按照正常销售商品处理

5. 下列各项有关职工薪酬的表述中，正确的有(　　)。

A. 企业根据经济效益增长的实际情况提取的奖金，属于奖金计划，应当比照其他长期职工薪酬进行处理

B. 利润分享计划应将预计要支付的职工薪酬计入相关成本费用

C. 在短期利润分享计划中，企业只要因过去事项导致现在具有支付职工薪酬的法

定义务，就应当确认相关的应付职工薪酬

D. 企业在计量利润分享计划产生的应付职工薪酬时，应当反映职工因离职而没有得到利润分享计划支付的可能性

6. 下列有关带薪缺勤的表述中，正确的有(　)。

A. 累积带薪缺勤，是指带薪缺勤权利可以结转下期的带薪缺勤，本期尚未用完的带薪缺勤权利可以在未来期间使用

B. 企业应当在职工提供服务从而增加其未来享有的带薪缺勤权利时，确认与累积带薪缺勤相关的职工薪酬，并以累积未行使权利而增加的预期支付金额计量

C. 非累积带薪缺勤，是指带薪缺勤权利不能结转下期的带薪缺勤，本期尚未用完的带薪缺勤权利将予以取消，并且职工离开企业时也无权获得现金支付

D. 企业应当在职工实际发生缺勤的会计期间确认与非累积带薪缺勤相关的职工薪酬

三、计算分析题

甲公司为增值税一般纳税人，适用的增值税税率为13%，其2×22年发生的与职工薪酬有关的业务如下：

(1)2×22年12月，甲公司以其生产的成本为0.3万元/台的洗衣机作为福利发放给200名职工，每台洗衣机的不含税市场售价为0.6万元/台；同时将公司外购的200套百变衣柜发放给上述人员，企业购买这些衣柜的不含税价格为0.5万元/套，已取得增值税专用发票(尚未认证)，相关款项已支付；假定200名职工中120名为企业生产人员，30名为销售精英，50名为总部管理人员。

(2)甲公司实行累积带薪缺勤货币补偿制度，补偿金额为放弃带薪休假期间平均日工资的2倍。2×22年，甲公司有25名管理人员放弃5天的带薪年休假，该公司平均每名职工每个工作日工资为300元。

(3)甲公司2×21年经营业绩超出预期，董事会决定对该公司的管理人员进行奖励。2×22年6月20日，甲公司从公司外部购入20套商品房奖励公司的20名高级管理人员，该商品房每套市场价格为100万元，公司以每套65万元的价格出售给职工，但要求相关人员需要自2×22年7月1日起在公司继续服务5年。2×22年6月30日，甲公司收到20名高级管理人员支付的购房款，并办理完毕上述房屋的产权过户手续。假定至年末无人离职，不考虑商品房相关的税费。

(4)2×22年12月，计提并发放11月职工工资1 670万元，其中生产人员工资850万元，销售人员工资500万元，管理人员工资320万元，其中代扣个人所得税170万元。

(5)因业务整合需要，甲公司与部分职工签订了正式的解除劳动关系协议。该协议签订后，甲公司不能单方面解除。根据该协议，甲公司于2×23年1月1日起至2×23年6月20日期间将向辞退的职工一次性支付补偿款1 000万元。该辞退计划已经公布，尚未实际实施。

不考虑其他相关因素。

要求：

(1)根据资料(1)，说明甲公司作为福利发放的自产洗衣机是否应确认收入，并说明理由。

(2)根据资料(3)，计算甲公司2×22年因此计划应确认的成本费用金额，并编制相关的会计分录。

(3)根据资料(1)(2)(4)(5)，编制甲公司2×22年年末与职工薪酬业务相关的会计分录。

同步训练答案及解析

一、单项选择题

1. D 【解析】选项A、D，企业应在职工提供了服务从而增加了其未来享有的带薪缺勤权利时，确认与累积带薪缺勤相关的职工薪酬，并以累积未行使权利而增加的预期支付金额计量，具体金额 = 10×(9－7)×300/10 000 = 0.6(万元)。选项B，企业以其生产的产品作为非货币性福利提供给职工的，应按该产品的公允价值和相关税费计量其所应确认的应付职工薪酬；选项C，企业应就利润分享计划确认相关的应付职工薪酬，并计入相关成本费用，不应作为利润分配处理。
2. C 【解析】对于甲公司以优惠价格销售给职工的公寓，由于职工在取得住房后必须在甲公司服务满10年，因此应先将这些公寓的买入价与售价的差额计入长期待摊费用，然后再将该长期待摊费用在职工提供服务的期间分期摊销，摊销时应根据受益对象计入成本费用等。甲公司以其生产的笔记本电脑作为非货币性福利提供给职工的，应当按照该电脑的公允价值和相关税费，计量应计入成本费用的职工薪酬金额。综上所述，甲公司在2×22年计入管理费用的金额 = (140×20－80×20)/10 + 20×2 = 160(万元)。
3. C 【解析】辞退福利应当计入当期管理费用。
4. D 【解析】选项D，为生产工人提供免费住宿，应借记"生产成本"科目。
5. A 【解析】丙公司应确认的额外薪酬 = (15 000－10 000)×10% + (108－100)×0.1×150 = 620(万元)；丙公司2×22年12月31日的相关账务处理如下：

借：管理费用　　500
　　销售费用　　120
　贷：应付职工薪酬—利润分享计划　　620

二、多项选择题

1. ACD 【解析】2×21年，A公司应确认该辞退福利形成的应付职工薪酬并计入管理费用，同时就相关的可抵扣暂时性差异确认递延所得税资产。
2. CD 【解析】根据我国养老保险制度相关文件的规定，职工养老保险、失业保险待遇即收益水平与企业在职工提供服务各期的缴费水平不直接挂钩，企业承担的义务仅限于按照规定标准提存的金额，属于设定提存计划。
3. ACD 【解析】选项B，企业向职工无偿提供自己拥有的资产使用、为职工无偿提供类似医疗保健服务等，也属于非货币性薪酬。
4. ABD 【解析】选项C，企业的辞退福利应当在企业不能单方面撤回因解除劳动关系计划或裁减建议所提供的辞退福利时、企业确认涉及支付辞退福利的重组相关的成本或费用时两者孰早日，确认辞退福利产生的职工薪酬负债，并计入当期损益。
5. BD 【解析】选项A，一般按短期利润分享计划进行处理；选项C，短期利润分享计划同时满足下列条件的，企业应当确认相关的应付职工薪酬，并计入当期损益或相关资产成本：企业因过去事项导致现在具有支付职工薪酬的法定义务；因利润分享计划所产生的应付职工薪酬义务能够可靠估计。
6. ABCD

三、计算分析题

【答案】

(1)甲公司作为福利发放的自产洗衣机应

确认收入。

理由：企业以其生产的产品作为非货币性福利提供给职工的，应当按照产品的公允价值和相关税费，计量应计入成本费用的职工薪酬金额，相关收入的确认、销售成本的结转和相关税费的处理，与正常商品销售相同。

(2)甲公司 2×22 年因此计划应确认的成本费用金额＝(100－65)×20/5×6/12＝70(万元)，公司出售住房时应进行如下账务处理：

借：银行存款　(20×65)1 300
　　长期待摊费用　700
　　贷：固定资产　(100×20)2 000

出售住房后的每年，公司应当按照直线法在 5 年内摊销长期待摊费用。本年应做的会计分录：

借：管理费用　70
　　贷：应付职工薪酬　(700/5/2)70

借：应付职工薪酬　70
　　贷：长期待摊费用　70

(3)资料(1)：

借：生产成本　(120×0.6×1.13)81.36
　　销售费用　(30×0.6×1.13)20.34
　　管理费用　(50×0.6×1.13)33.9
　　贷：应付职工薪酬　(200×0.6×1.13)135.6

借：应付职工薪酬　(200×0.6×1.13)135.6
　　贷：主营业务收入　(200×0.6)120
　　　　应交税费—应交增值税(销项税额)　(200×0.6×0.13)15.6

借：主营业务成本　(200×0.3)60
　　贷：库存商品　(200×0.3)60

借：生产成本　(120×0.5×1.13)67.8
　　销售费用　(30×0.5×1.13)16.95
　　管理费用　(50×0.5×1.13)28.25
　　贷：应付职工薪酬—非货币性福利　113

借：库存商品　100
　　应交税费—待认证进项税额　13
　　贷：银行存款　113

借：应交税费—应交增值税(进项税额)　13
　　贷：应交税费—待认证进项税额　13

借：应付职工薪酬—非货币性福利　113
　　贷：库存商品　100
　　　　应交税费—应交增值税(进项税额转出)　13

资料(2)：

借：管理费用　11.25
　　贷：应付职工薪酬—工资　(25×5×300/10 000)3.75
　　　　　　　　　　—累积带薪缺勤　(25×5×300×2/10 000)7.5

甲公司因这 25 名员工放弃年休假应确认的成本费用总额＝11.25(万元)。

实际支付时：

借：应付职工薪酬—工资　3.75
　　　　　　　　—累积带薪缺勤　7.5
　　贷：银行存款　11.25

资料(4)：

借：生产成本　850
　　销售费用　500
　　管理费用　320
　　贷：应付职工薪酬　1 670

借：应付职工薪酬　170
　　贷：应交税费—应交个人所得税　170

借：应付职工薪酬　1 500
　　应交税费—应交个人所得税　170
　　贷：银行存款　1 670

资料(5)：

借：管理费用　1 000
　　贷：应付职工薪酬　1 000

第十章 股份支付

考情解密

历年考情概况

本章重点内容包括现金结算的股份支付、权益结算的股份支付、限制性股票以及集团股份支付的账务处理等。本章在历年考试中的分值范围一般为6~18分，属于重点章节。其中，股份支付的类型、权益结算的股份支付的账务处理、限制性股票的账务处理属于常考内容，既可以客观题的形式考查，也可以主观题的形式考查其会计处理原则及会计分录，应重点把握。

近年考点直击

考点	主要考查题型	考频指数	考查角度
股份支付的类型	单选题、多选题	★★	①对可行权情况作出估计；②判断哪些属于现金(或权益)结算的股份支付
以权益结算的股份支付	单选题、计算分析题、综合题	★★★	①判断股份支付确认费用时应使用何种公允价值；②计算因股份支付确认的费用金额；③与差错更正相结合考查账务处理
以现金结算的股份支付	单选题、多选题、综合题	★★★	①股份支付在资产负债表日确认的公允价值变动；②与集团股份支付结合考查股份支付类型的判断
集团股份支付的处理	单选题、计算分析题	★★	①判断个别报表或合并报表中的股份支付类型；②结合差错更正考查母公司的账务处理
限制性股票	综合题	★★	限制性股票与现金股利的账务处理

2022年考试变化

本章新增“员工须服务至企业成功完成首次公开募股的股权激励计划”的相关讲解，其他内容未发生实质性变动。

考点详解及精选例题

一、股份支付的有关概念★★

股份支付是指企业为获取职工和其他方提供服务而授予权益工具或者承担以权益工具为基础确定的负债的交易。

(一)股份支付的特征

(1)股份支付的定义是企业与职工或企业与其他方之间发生的交易。

(2)股份支付的目的是以获取职工或其他方服务的交易。

(3)股份支付的交易价格或其定价是与企业自身权益工具未来期间的价值密切相关。

（二）股份支付的四个主要环节

股份支付四个主要环节：授予、可行权、行权和出售，涉及以下时间。

1. 授予日

是指股份支付协议获得批准的日期。

2. 可行权日

是指可行权条件得到满足、职工或其他方具有从企业取得权益工具或现金权利的日期。

3. 等待期

是指可行权条件得到满足的期间。

4. 行权日

是指职工和其他方行使权利，获取现金或权益工具的日期。

5. 出售日

是指期权股票的持有人将行权后取得的股票对外出售的日期。

（三）股份支付工具的类型

1. 权益结算的股份支付

以权益结算的股份支付，是指企业为获取服务以股份或其他权益工具作为对价进行结算的交易。权益结算的股份支付的分类如图10-1所示。

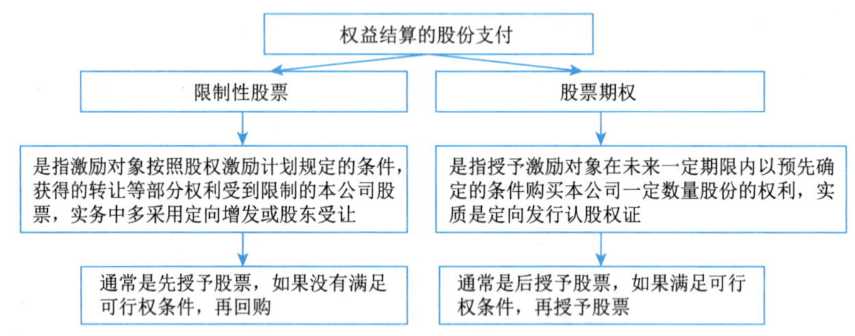

图10-1　权益结算的股份支付的分类

2. 现金结算的股份支付

以现金结算的股份支付，是指企业为获取服务承担以股份或其他权益工具为基础计算确定的支付现金或其他资产义务的交易。现金结算的股份支付的分类如图10-2所示。

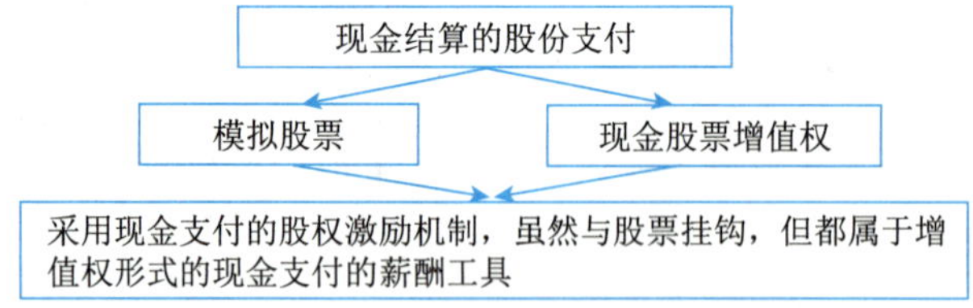

图10-2　现金结算的股份支付的分类

【例题1·多选题】☆甲公司在集团内实施了以下员工持股计划：(1)甲公司将其持有的部分对子公司(乙公司)股份以5元/股的价格出售给乙公司员工持股平台，出售日乙公司股份的市场价值为20元/股；(2)乙公司授予本公司部分员工股票期权，行权价格为6元/股，授予日每份股票期权的公允价值为15元；(3)甲公司的另一子公司(丙公司)将其持有乙公司2%的股份无偿赠予乙公司员工持股平台，赠予日乙公司2%股份的公允价值为800万元；(4)乙公司授予本公司部分研发人员限制性股票，授予价格为6元/股，授予日乙公司限制性股票的公允价值为12元/股。不考虑其他因素，上述交易或事项中，构成乙公司股份支付的有(　)。

A. 乙公司授予本公司员工股票期权

B. 乙公司授予本企业研发人员限制性股票

C. 甲公司出售给乙公司员工持股平台股份

D. 丙公司赠予乙公司员工持股平台股份

解析 乙公司授予本企业员工股票期权和限制性股票属于权益结算的股份支付；甲公司将其持有的部分对子公司（乙公司）股份低价出售给乙公司员工持股平台，差价部分相当于集团股份支付，乙公司作为权益结算的股份支付处理；丙公司将其持有乙公司 2% 的股份无偿赠予乙公司员工持股平台，相当于集团股份支付，乙公司作为权益结算股份支付处理。

答案 ABCD

（四）股份支付条件的种类（如图 10-3）

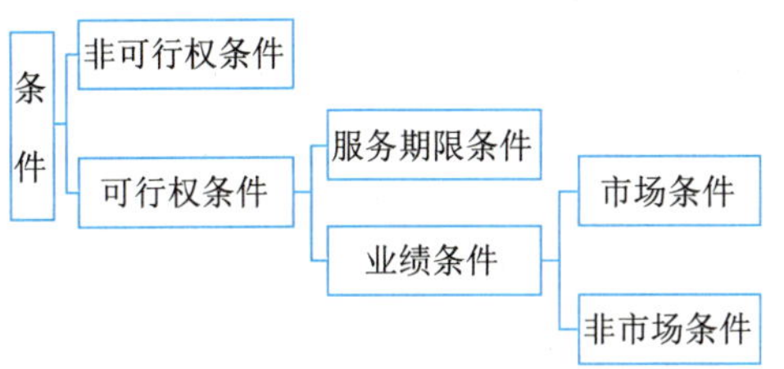

图 10-3　股份支付条件的种类

可行权条件是指能够确定企业是否得到职工或其他方提供的服务、且该服务使职工或其他方具有获取股份支付协议规定的权益工具或现金等权利的条件；反之，为非可行权条件。可行权条件包括服务期限条件或业绩条件。

1. 服务期限条件

是指职工或其他方完成规定服务期限才可行权的条件。

2. 业绩条件

是指职工或其他方完成规定服务期限且企业已经达到特定业绩目标才可行权的条件，具体包括市场条件和非市场条件。

（1）市场条件是指行权价格、可行权条件以及行权可能性与权益工具的市场价格相关的业绩条件，如股份支付协议中关于股价至少上升至何种水平，职工或其他方可相应取得多少股份的规定。

【快速记忆】市场条件是否得到满足不影响企业对预计可行权情况的估计。对于可行权条件为市场条件的股份支付，只要职工满足了其他所有非市场条件（如利润增长率、服务期限等），企业就应当确认已取得的服务。

（2）非市场条件是指除市场条件之外的其他业绩条件，如股份支付协议中关于达到最低盈利目标或销售目标才可行权的规定。

【快速记忆】（1）股份支付存在非可行权条件的，只要职工满足了非市场条件（如利润增长率、服务期限等），企业就应当确认已取得的服务。即非市场条件是否得到满足影响企业对预计可行权情况的估计。即没有满足非市场条件时，不应确认相关费用。

（2）股权激励计划可能约定，员工须服务至企业成功完成首次公开募股，否则其持有的股份将以原认购价回售给企业或其实际控制人。在这种情形下，“员工须完成规定的服务期限方可从股权激励计划中获益”属于可行权条件中的服务期限条件。“企业成功完成首次公开募股”则属于可行权条件中业绩条件的非市场条件。

对于这种情况，企业应合理估计未来成功完成首次公开募股的可能性及完成时点，将授予日至该时点的期间作为等待期，并在等待期内的每个资产负债表日对预计可行权数量作出估计，确认相应的股权激励费用。因企业估计其成功完成首次公开募股的时点发生变化而重新确定等待期的，应将截至当期累计应确认的股权激励费用扣减前期累计已确认金额，作为当期应确认的股权激励费用。

【例题 2 · 多选题】☆下列各项中，影响企业对股份支付预计可行权情况作出估计的有（　）。

A. 市场条件　　B. 服务期限条件

C. 非可行权条件　D. 非市场条件

解析 市场条件和非可行权条件是否得到满足，不影响企业对预计可行权情况的估计。

答案 BD

（五）权益工具公允价值的确定

1. 股份

对于授予职工的股份（限制性股票），其

公允价值应按企业股份的市场价格计量，同时考虑授予股份所依据的条款和条件（不包括市场条件之外的可行权条件）进行调整。如果企业股份未公开交易，则应按估计的市场价格计量，并考虑授予股份所依据的条款和条件进行调整。

2. 股票期权

对于授予的存在活跃市场、能够获得其市场价格的期权等权益工具，应当按照活跃市场中的报价确定其公允价值，否则应当采用期权定价模型等确定其公允价值。

二、一次授予、一次行权的股份支付的会计处理★★★

一次授予、一次行权的股份支付的会计处理如表10-1所示。

表10-1　一次授予、一次行权的股份支付的会计处理

项目	权益结算的股份支付	现金结算的股份支付
授予日	立即可行权的股份支付： 借：管理费用等 　贷：资本公积—股本溢价 [按授予日权益工具的公允价值计量；其中，若授予期权则采用期权的公允价值，若授予限制性股票则采用限制性股票的公允价值]	立即可行权的股份支付： 借：管理费用等 　贷：应付职工薪酬 [按授予日企业所承担负债的公允价值计量，并在结算前的每个资产负债表日和结算日对负债的公允价值重新计量，将其变动计入当期损益]
	除了立即可行权的股份支付外，在授予日均不进行会计处理	除了立即可行权的股份支付外，在授予日均不进行会计处理
等待期内的每个资产负债表日	借：管理费用等 　贷：资本公积—其他资本公积 [以授予日的公允价值为基础计量]	借：管理费用等 　贷：应付职工薪酬 [以每个资产负债表日的公允价值为基础计量]
	注意问题： (1)首先确定等待期长度。 (2)等待期长度确定后，在等待期内每个资产负债表日，企业应当根据最新取得的可行权职工人数变动等后续信息作出最佳估计，修正预计可行权的权益工具数量。业绩条件为非市场条件的，如果后续信息表明需要调整对可行权情况的估计的，应对前期估计进行修改。在可行权日，最终预计可行权权益工具的数量应当与实际可行权工具的数量一致。 (3)计算截至当期累计应确认的成本费用金额，再减去前期累计已确认金额，作为当期应确认的成本费用金额。对于附有市场条件的股份支付，只要职工满足了其他所有非市场条件，企业就应当确认已取得的服务	
可行权日之后	对于权益结算的股份支付，在可行权日之后不再对已确认的成本费用和所有者权益总额进行调整	对于现金结算的股份支付，企业在可行权日之后不再确认成本费用，公允价值的变动应当计入当期损益（公允价值变动损益）。 借：公允价值变动损益 　贷：应付职工薪酬[以资产负债表日公允价值为基础计量] 或相反分录
行权日	借：银行存款[无偿授予时不涉及该科目] 　资本公积—其他资本公积 　贷：股本 　　资本公积—股本溢价	借：应付职工薪酬 　贷：银行存款

续表

项目	权益结算的股份支付	现金结算的股份支付
回购股份进行职工期权激励的特殊处理	回购股份时： 借：库存股 　　贷：银行存款 同时进行备查登记。 在等待期内每个资产负债表日： 确认成本费用(同上)。 职工行权时： 借：银行存款[无偿授予时不涉及该科目] 　　资本公积—其他资本公积 　　贷：库存股 　　　　资本公积—股本溢价	—

1. 可行权条件为服务期限条件和市场条件相结合的权益结算股份支付

【例题3·计算分析题】A公司为一家上市公司。股份支付协议资料如下：

(1)2×21年12月8日，经股东大会批准，A公司向其100名管理人员每人授予20万股股票期权，这些激励对象从2×22年1月1日起在该公司连续服务3年且3年后，即2×24年12月31日股价达到35元/股，即可以每股4元的价格购买20万股A公司普通股股票(面值为1元)，从而获益，如果未达到35元/股的价格，则股份支付协议作废。

2×21年12月8日，公司估计该期权的公允价值为15元/股，2×21年12月31日估计该期权公允价值为15元/股，2×21年12月31日A公司股票的收盘价为每股18元。

(2)截至2×22年12月31日，有12名激励对象离开A公司；A公司估计三年中离开的激励对象的比例将达到20%。2×22年12月31日该期权的公允价值为20元/股，A公司股票的收盘价为每股26元，预计2年后股价将达到35元/股。

(3)2×23年12月31日，本年又有3名激励对象离开公司；公司将估计的激励对象离开比例修正为15%。2×23年12月31日该期权的公允价值为28元/股，A公司股票的收盘价为每股38元，预计1年后股价超过35元/股。

(4)2×24年12月31日，本年又有5名激励对象离开。2×24年12月31日该股票的收盘价为50元/股。

(5)假设全部80名激励对象都在2×25年行权。

要求：编制A公司的相关会计分录。

答案

分析：可行权条件有2个：连续服务3年为服务期限条件；3年后股价达到35元/股为市场条件。

(1)2×21年12月8日为授予日，不进行会计处理。2×21年12月31日也不需要进行会计处理。

(2)2×22年12月31日：

借：管理费用

[100×(1-20%)×20×15×1/3]8 000

　　贷：资本公积—其他资本公积 8 000

(3)2×23年12月31日：

借：管理费用

[100×(1-15%)×20×15×2/3-8 000]9 000

　　贷：资本公积—其他资本公积 9 000

(4)2×24年12月31日：

借：管理费用

[(100-12-3-5)×20×15-8 000-9 000]7 000

　　贷：资本公积—其他资本公积 7 000

(5)行权时：

借：银行存款　　(80×20×4)6 400

资本公积—其他资本公积

(8 000+9 000+7 000)24 000

贷：股本 (80×20×1)1 600

资本公积—股本溢价 28 800

『拓展』上述资料(4)改为：2×24 年 12 月 31 日，本年又有 5 名职员离开。2×24 年 12 月 31 日公司股票的收盘价为 32 元/股。应如何进行会计处理？

答案 根据准则规定，只要职工满足了其他所有非市场条件，企业就应当确认已经取得的服务。

除(5)的分录外，其他同上

借：资本公积—其他资本公积

24 000

贷：资本公积—股本溢价 24 000

2. 可行权条件为服务期限条件和非市场条件相结合的权益结算股份支付

【例题 4·计算分析题】2×21 年 1 月 1 日，经股东大会批准，甲公司与 50 名高级管理人员签署股份支付协议。协议规定：①甲公司向 50 名高级管理人员每人授予 10 万股股票期权，行权条件为这些高级管理人员从授予股票期权之日起连续服务满 3 年，且公司 3 年平均净利润增长率达到 12%；②符合行权条件后，每持有 1 股股票期权可以自 2×24 年 1 月 1 日起 1 年内，以每股 5 元的价格购买甲公司 1 股普通股股票，在行权期间内未行权的股票期权将失效。甲公司估计授予日每股股票期权的公允价值为 15 元，当日甲公司股票的收盘价为每股 20 元。2×21 年至 2×24 年，甲公司与股票期权有关的资料如下：

(1)2×21 年 5 月，甲公司自市场回购本公司股票 500 万股，共支付款项 4 025 万元，作为库存股待行权时使用。

(2)2×21 年，甲公司有 1 名高级管理人员离职，本年净利润增长率为 10%。该年年末，甲公司预计未来两年将有 1 名高级管理人员离职，预计 3 年平均净利润增长率将达到 12%；每股股票期权的公允价值为 16 元，当日本公司股票的收盘价为每股 25 元。

(3)2×22 年，甲公司没有高级管理人员离职，本年净利润增长率为 14%。该年年末，甲公司预计未来 1 年将有 2 名高级管理人员离职，预计 3 年平均净利润增长率将达到 12.5%；每股股票期权的公允价值为 18 元，当日本公司股票的收盘价为每股 30 元。

(4)2×23 年，甲公司有 1 名高级管理人员离职，本年净利润增长率为 15%。该年年末，每股股票期权的公允价值为 20 元，当日本公司股票的收盘价为每股 29 元。

(5)2×24 年 3 月，48 名高级管理人员全部行权，甲公司共收到款项 2 400 万元，相关股票的变更登记手续已办理完成。

要求：根据上述资料，编制甲公司的相关会计分录。

答案

(1)2×21 年 5 月回购股票时：

借：库存股 4 025

贷：银行存款 4 025

(2)2×21 年应确认的当期费用 = (50－1－1)×10×15×1/3 = 2 400(万元)。

借：管理费用 2 400

贷：资本公积—其他资本公积 2 400

(3)2×22 年应确认的当期费用 = (50－1－0－2)×10×15×2/3－2 400 = 2 300(万元)。

借：管理费用 2 300

贷：资本公积—其他资本公积 2 300

(4)可行权条件为 3 年平均净利润增长率达到 12%，实际 3 年平均净利润增长率 = (10%＋14%＋15%)/3 = 13%，达到了可行权条件。

2×23 年应确认的当期费用 = (50－1－0－1)×10×15－2 400－2 300 = 2 500(万元)。

借：管理费用 2 500

贷：资本公积—其他资本公积 2 500

(5)2×24 年 3 月的相关会计分录：

借：银行存款 (48×5×10)2 400

资本公积—其他资本公积

(2 400+2 300+2 500)7 200

贷：库存股　（4 025×480/500）3 864
　　资本公积—股本溢价　　5 736

【快速记忆】以权益结算的股份支付的核算要点：

（1）每个资产负债表日，应以授予日的公允价值为基础确认费用。其中，对于授予职工的限制性股票，其公允价值应以企业股份的市场价格为基础，用市场价格减去授予价格确认。对于授予职工的股票期权应通过期权定价模型来估计所授予的期权的公允价值。

（2）每个资产负债表日，在考虑人数变动的情况下，当期应确认的费用都是用“（期末−期初）”的方法计算。

（3）关注行权条件的变化。

（4）行权时，应冲减等待期内累计确认的“资本公积—其他资本公积”。

3. 可行权条件为服务期限条件和非市场条件相结合的现金结算股份支付

【例题 5 · 计算分析题】甲公司有关现金结算的股份支付资料如下：

（1）2×21 年 1 月 1 日，甲公司为其 120 名销售人员每人授予 10 万份现金股票增值权，这些人员从 2×21 年 1 月 1 日起必须在该公司连续服务 3 年，同时 3 年内（2×21 年至2×23 年）某产品的年销售数量分别达到 1 000 万台、1 200 万台和 1 500 万台，即可自 2×23 年 12 月 31 日起根据甲公司股价的增长幅度获得现金，该增值权应在 2×25 年 12 月 31 日之前行使完毕。

（2）2×21 年 12 月 31 日每份现金股票增值权的公允价值为 12 元。本年有 20 名销售人员离开公司，公司估计未来两年还将有 15 名销售人员离开。2×21 年实际销售数量为 1 050 万台。

（3）2×22 年 12 月 31 日每份现金股票增值权的公允价值为 15 元。本年又有 10 名销售人员离开公司，公司估计未来一年还将有 8 名销售人员离开。2×22 年实际销售数量为 1 300 万台。

（4）2×23 年 12 月 31 日每份现金股票增值权的公允价值为 18 元。本年又有 3 名销售人员离开。2×23 年实际销售数量为 1 550 万台。2×23 年 12 月 31 日有 50 人行使现金股票增值权取得了现金，每份增值权现金支出额为 16 元。

（5）2×24 年 12 月 31 日（属于可行权日之后，等待期已结束），有 27 人行使了股票增值权取得了现金，每份增值权现金支出额为 20 元。2×24 年 12 月 31 日每份现金股票增值权的公允价值为 21 元。

（6）2×25 年 12 月 31 日（属于可行权日之后，等待期已结束），剩余销售人员全部行使了股票增值权，取得了现金，每份增值权现金支出额为 25 元。

要求：根据上述资料，作出相关账务处理。

答案

（1）可行权条件：连续服务 3 年为服务期限条件；“3 年内（2×21 年至 2×23 年）某产品的年销售数量分别达到 1 000 万台、1 200 万台和 1 500 万台”为非市场业绩条件。

2×21 年 1 月 1 日：授予日不进行处理。

（2）2×21 年“应付职工薪酬”科目发生额 =（120 − 20 − 15）× 10 × 12 × 1/3 = 3 400（万元）。

借：销售费用　　3 400
　　贷：应付职工薪酬　　3 400

（3）2×22 年年末，“应付职工薪酬”科目余额 =（120−20−10−8）×10×15×2/3 = 8 200（万元）。

2×22 年“应付职工薪酬”科目发生额 = 8 200−3 400 = 4 800（万元）。

借：销售费用　　4 800
　　贷：应付职工薪酬　　4 800

（4）①行权时的会计分录：

借：应付职工薪酬
　　（50×10×16）8 000
　　贷：银行存款　　8 000

②确认相关费用：

2×23 年年末，“应付职工薪酬”科目余额 =（120－20－10－3－50）×10×18×3/3 = 6 660（万元）。

2×23 年“应付职工薪酬”科目发生额 = 6 660－（8 200－8 000）= 6 460（万元）。

借：销售费用　　6 460

　贷：应付职工薪酬　　6 460

（5）①行权时的会计分录：

借：应付职工薪酬

（27×10×20）5 400

　贷：银行存款　　5 400

②确认公允价值变动损益：

2×24 年年末，“应付职工薪酬”科目余额 =（120－33－50－27）×10×21 = 2 100（万元）。

2×24 年“应付职工薪酬”科目发生额 = 2 100－（6 660－5 400）= 840（万元）。

借：公允价值变动损益　　840

　贷：应付职工薪酬　　840

（6）①行权时会计分录：

借：应付职工薪酬

［（120－33－50－27）×10×25］2 500

　贷：银行存款　　2 500

②确认公允价值变动损益及会计分录：

2×25 年年末，“应付职工薪酬”科目余额 = 0。

2×25 年“应付职工薪酬”科目发生额 = 0－2 100+2 500 = 400（万元）。

借：公允价值变动损益　　400

　贷：应付职工薪酬　　400

三、一次授予、分期行权的股份支付会计处理★★★

“一次授予、分期行权”是指在授予日一次授予给员工若干权益工具，之后每年分批达到可行权条件。

（一）股份支付费用的分摊

与前述以权益结算的股份支付费用的分摊完全相同。

（二）会计处理的特别之处

每个批次是否可行权的结果通常是相对独立的，即每一期是否达到可行权条件并不会直接决定其他几期是否能够达到可行权条件，在会计处理时应将其作为几个独立的股份支付计划处理。同时，企业一般会要求员工在授予的权益工具可行权时仍然在职，这实际上是隐含了一个服务条款，即员工需服务至可行权日。

如果第一部分未达到业绩条件并不会直接导致后面各部分不能达到业绩条件，因此每部分作为一个独立的股份支付计划处理，分别计算每个计划授予日的单位公允价值，而要求职工各部分行权时在职，则隐含了服务条款，即第一部分股票期权要求职工必须在公司服务一年，第二部分股票期权要求职工必须在公司服务两年，第三部分股票期权要求职工必须在公司服务三年，因此第一个计划的等待期是一年，第二个计划的等待期是两年，第三个计划的等待期是三年，根据每个计划授予日的单位公允价值估计的期权费用，在其相应的等待期内按照该计划在某会计期间内等待期长度占整个等待期长度的比例进行分摊。

【例题 6·计算分析题】A 公司于 2×21 年 1 月 2 日向公司高级管理人员授予 1 000 万份股票期权，根据期权定价模型确定每份股票期权在授予日的公允价值为 12 元。该股权激励计划要求职工行权时在职，行权业绩考核指标和行权安排如表 10－2 所示。

表 10－2　行权业绩考核指标和行权安排

年份	行权部分	业绩指标［以 2×20 年（基年）年度净利润为基数］	当年行权比例
2×21 年	第一部分	公司 2×21 年年度净利润较基年增长率达到或超过 40%	20%（200 万份）

续表

年份	行权部分	业绩指标[以2×20年(基年)年度净利润为基数]	当年行权比例
2×22年	第二部分	公司2×22年年度净利润较基年增长率达到或超过80%	30%(300万份)
2×23年	第三部分	公司2×23年年度净利润较基年增长率达到或超过120%	50%(500万份)

假定2×21年年度净利润较2×20年年度净利润增长率下降约20%；2×22年年度净利润较2×20年年度净利润增长率达到80%；2×23年年度净利润较2×20年年度净利润增长率达到120%。不考虑离职情况。

要求：计算期权激励计划等待期内每年应确认的股权激励费用。

答案

(1)对于第一部分股票期权(即第一个期权计划)的股权激励费用，由于2×21年的实际业绩指标未达到计划的业绩条件，即未达到"2×21年年度净利润较2×20年增长率达到或超过40%"的可行权条件，该部分股票期权的可行权数量为0，应确认的与这一部分期权相关的股权激励累计费用为0。

(2)对于第二部分和第三部分股票期权的股权激励费用，在各期资产负债表日，应根据可行权职工人数变动、预计2×22年和2×23年净利润增长率是否达到业绩条件等重新估计修正预计可行权的权益工具数量，由于三部分股票期权的可行权条件相互独立，2×21年的实际业绩不达标并不意味着未来年度业绩不达标，管理层仍需要重新估计第二、第三部分业绩达标的可能性。各期应确认的成本费用金额的计算过程如表10-3所示。

表10-3　各期应确认的成本费用金额的计算过程　　单位：万元

分摊	第一期	第二期	第三期	合计
计入2×21年的费用	0	12×300×1/2＝1 800	12×500×1/3＝2 000	3 800
计入2×22年的费用	—	12×300×2/2－1 800＝1 800	12×500×2/3－2 000＝2 000	3 800
计入2×23年的费用	—	—	12×500×3/3－4 000＝2 000	2 000
合计	0	3 600	6 000	9 600

四、授予限制性股票的股权激励计划的会计处理★★★

限制性股票的股权激励方式是指激励对象按照股权激励计划规定的条件，从上市公司获得一定数量的上市公司股票，激励对象只有在符合股权激励计划规定条件的情况下，才可申请解锁限制性股票，解锁后的限制性股票可依法自由流通。

(一)授予限制性股票的会计处理

上市公司实施限制性股票的股权激励安排中，常见做法是上市公司以非公开发行的方式向激励对象授予一定数量的公司股票，并规定锁定期和解锁期，在锁定期和解锁期内，不得上市流通及转让。达到解锁条件，可以解锁；如果全部或部分股票未被解锁而失效或作废，通常由上市公司按照事先约定的价格立即进行回购。

1. 向职工发行的限制性股票

向职工发行的限制性股票按有关规定履行了注册登记等增资手续的，收到职工缴纳的认股款时：

借：银行存款[按照职工缴纳的认股款]

　贷：股本

　　资本公积—股本溢价

同时，就回购义务确认负债(作收购库存股处理)。

借：库存股[按照发行限制性股票的数量以及相应的回购价格计算确定的金额]

贷：其他应付款—限制性股票回购义务[包括未满足条件而须立即回购的部分]

2. 等待期内股份支付相关的会计处理

上市公司应当综合考虑限制性股票锁定期和解锁期等相关条款，按照《企业会计准则第 11 号——股份支付》相关规定判断等待期，进行与股份支付相关的会计处理。

3. 未达到限制性股票解锁条件而需回购的股票

借：其他应付款—限制性股票回购义务[按照应支付的金额]

贷：银行存款

同时：

借：股本[按照注销的限制性股票数量相对应的股本金额]

资本公积—股本溢价[按其差额]

贷：库存股[按照注销的限制性股票数量相对应的库存股的账面价值]

4. 达到限制性股票解锁条件而无须回购的股票

借：其他应付款—限制性股票回购义务[按照解锁股票相对应的负债的账面价值]

贷：库存股[按照解锁股票相对应的库存股的账面价值]

资本公积—股本溢价[如有差额]

(二)限制性股票等待期内发放现金股利的会计处理(如表 10-4)

表 10-4　限制性股票等待期内发放现金股利的会计处理

项目	现金股利可撤销	现金股利不可撤销
内涵	未达到解锁条件，被回购限制性股票的持有者将无法获得(或需要退回)其在等待期内应收(或已收)的现金股利	不论是否达到解锁条件，限制性股票持有者仍有权获得(或不得被要求退回)其在等待期内应收(或已收)的现金股利
针对预计未来可解锁限制性股票持有者的处理	借：利润分配 贷：应付股利 同时： 借：其他应付款 贷：库存股	借：利润分配 贷：应付股利
针对预计未来不可解锁限制性股票持有者的处理	借：其他应付款 贷：应付股利	借：管理费用 贷：应付股利

【例题 7·计算分析题】 甲公司为上市公司，采用授予职工限制性股票的形式实施股权激励计划。2×21 年 1 月 1 日以非公开发行(即定向增发)的方式向 100 名管理人员每人授予 10 万股自身股票，授予价格为 8 元/股。当日，100 名管理人员全部认购，认购款项为 8 000 万元，甲公司履行了相关增资手续。该公司股票在授予日的公允价值为 18 元/股。甲公司以限制性股票授予日公司股票的市价减去授予价格后的金额确定限制性股票在授予日的公允价值为 10 元/股。

该计划规定，授予对象从 2×21 年 1 月 1 日起在本公司连续服务满 3 年的，则所授予股票将于 2×24 年 1 月 1 日全部解锁；期间离职的，甲公司将按照原授予价格 8 元/股回购。至 2×24 年 1 月 1 日，所授予股票不得流通或转让；对于未能解锁的限制性股票，甲公司在回购股票时应扣除激励对象已享有的该部分现金股利(现金股利可撤销)。

(1)2×21 年度，甲公司有 4 名管理人员离职，估计未来2年将有6名管理人员离职，即估计3年中离职的管理人员为10名。当年宣告发放现金股利，以包括上述限制性股票在内的股份41 000万股为基数，每股分配现金股利2元，共计分配现金股利82 000万元，当年以银行存款实际支付现金股利81 920万元。甲公司对不符合解锁条件的限制性股票40万股按照授予价格予以回购，并办理完成相关注销手续。在扣除应支付给相关管理人员股利后，回购限制性股票的款项已以银行存款支付给相关管理人员。

（2）2×22年度，甲公司有8名管理人员离职，估计未来1年没有管理人员离职，即甲公司估计3年中离职的管理人员为12名。当年宣告发放现金股利，包括上述限制性股票在内的股份40 960万股为基数，每股分配现金股利2.6元，共计分配现金股利106 496万元，当年以银行存款实际支付现金股利106 288万元。甲公司对不符合解锁条件的限制性股票80万股按照授予价格予以回购，并办理完成相关注销手续。在扣除应支付给相关管理人员股利后，回购限制性股票的款项已以银行存款支付给相关管理人员。

（3）2×23年度，甲公司没有管理人员离职，即甲公司3年中离职的管理人员实际为12名。

要求：编制甲公司2×21年、2×22年和2×23年的会计分录。

答案

（1）2×21年授予日收到职工缴纳的认股款时：

借：银行存款　　8 000

　贷：股本　　（100×10×1）1 000

　　资本公积—股本溢价　　7 000

同时，针对回购义务确认负债：

借：库存股　　（100×10×8）8 000

　贷：其他应付款　　8 000

（2）2×21年确认相关成本费用：

等待期内应当综合考虑限制性股票锁定期和解锁期，2×21年确认相关成本费用的金额=（100-4-6）×10×10×1/3=3 000（万元）。

借：管理费用　　3 000

　贷：资本公积—其他资本公积 3 000

（3）2×21年相关现金股利的会计处理：

①2×21年12月31日预计未来可解锁限制性股票持有者为90名（100-4-6），甲公司应分配给限制性股票持有者的现金股利应当作为利润分配进行会计处理。对于预计未来不可解锁限制性股票持有者10名（4+6），甲公司应将分配给这部分限制性股票持有者的现金股利冲减相关负债。

借：利润分配

（40 000×2+90名×10万股×2）81 800

　其他应付款

　　（10名×10万股×2）200

　贷：应付股利　　82 000

借：其他应付款

　　（90名×10万股×2）1 800

　贷：库存股　　1 800

借：应付股利

　　（40 000×2+96×10×2）81 920

　贷：银行存款　　81 920

②针对实际离职的4名管理人员，应当按照约定的回购价格回购股票，冲减回购义务。由于现金股利可撤销，所以还应同时冲减应付股利。

借：其他应付款

　　［4名×（8-2）×10万股］240

　应付股利　　（4×10×2）80

　贷：银行存款　　（4×8×10）320

借：股本　　（4×1×10）40

　资本公积—股本溢价　　280

　贷：库存股　　（4×10×8）320

（4）2×22年确认相关成本费用：

2×22年确认相关成本费用的金额=（100-4-8-0）×10×10×2/3-3 000=2 866.67（万元）。

借：管理费用　　2 866.67

　贷：资本公积—其他资本公积

　　2 866.67

（5）2×22年相关现金股利的会计处理：

①2×22 年预计未来可解锁限制性股票持有者 88(100-4-8-0)名，应调整减少预计未来可解锁限制性股票持有者 2 名(2×21 年预计未来可解锁限制性股票持有者 90 名与 2×22 年预计未来可解锁限制性股票持有者 88 名之差)，甲公司应分配给限制股票持有者的现金股利应当作为利润分配进行会计处理。2×22 年，对于预计未来不可解锁限制性股票持有者 8(8+0)名，以及调整增加预计未来不可解锁限制性股票持有者 2 名，甲公司应将分配给这部分限制性股票持有者的现金股利冲减相关负债。

借：利润分配
(40 000×2.6+88 名×10 万股×2.6-2 名×10 万股×2) 106 248
其他应付款
(8 名×10 万股×2.6+2 名×10 万股×2) 248
贷：应付股利 106 496

借：其他应付款
(88 名×10 万股×2.6-2 名×10 万股×2) 2 248
贷：库存股 2 248

借：应付股利
(40 000×2.6+88×10×2.6) 106 288
贷：银行存款 106 288

②2×22 年针对实际离职的管理人员 8 名，应当按照约定的回购价格回购股票，冲减回购义务。由于现金股利可撤销，所以还应同时冲减应付股利。

借：其他应付款
[8 名×(8-4.6)×10 万股] 272
应付股利 (8×2.6×10) 208
贷：银行存款 [8×(8-2)×10] 480

借：股本 (8×1×10) 80
资本公积—股本溢价 560
贷：库存股 (8×10×8) 640

(6)2×23 年确认相关成本费用：

2×23 年确认相关成本费用的金额=(100-4-8)名×10 万股×10 元×3/3-3 000-2 866.67=2 933.33(万元)。

借：管理费用 2 933.33
贷：资本公积—其他资本公积 2 933.33

同时解锁日：

借：资本公积—其他资本公积
(88 名×10 万股×10) 8 800
贷：资本公积—股本溢价 8 800

同时达到限制性股票解锁条件而无须回购的股票：

借：其他应付款 2 992
贷：库存股
(88 名×10 万股×8-1 800-2 248) 2 992

【例题 8·综合题】 ☆(节选)甲公司是一家在科创板上市的综合性医疗集团公司，2×18 年和 2×19 年发生相关交易或事项如下：

2×18 年 12 月 20 日，甲公司股东大会通过一项关于发行限制性股票的决议：甲公司以每股 5 元价格向 100 名研发人员每人发行 10 000 股股票，研发人员购买股票后，自 2×19 年起需要在甲公司连续服务三年，三年期满未离开。甲公司的股票每股面值为 1 元，在该日公允价值为每股 20 元。

2×19 年，有 5 名研发人员离开，甲公司按照约定回购了离职人员购买的股票，并按有关程序予以注销。当年末，甲公司预计三年中离开的研发人员比例达到 10%。

其他资料：甲公司发生的研发费用全部费用化计入当期损益；不考虑税费影响。

要求：编制甲公司发行股份的会计分录，计算甲公司 2×19 年应确认的股份支付费用，编制确认股份支付费用和回购并注销股票的会计分录。

答案 甲公司发行股份的会计分录：

借：银行存款 (5×100×1) 500
贷：股本 100
资本公积—股本溢价 400

借：库存股 500
贷：其他应付款 500

甲公司 2×19 年应确认的股份支付费用=100×(1-10%)×1×(20-5)×1/3=450(万元)。

确认股份支付费用的会计分录：

借：研发支出—费用化支出　　450

　贷：资本公积—其他资本公积　450

借：管理费用　　450

　贷：研发支出—费用化支出　　450

回购并注销股票的会计分录：

借：其他应付款　　(5×1×5)25

　贷：银行存款　　25

借：股本　　5

　资本公积—股本溢价 (25-5)20

　贷：库存股　　25

五、条款和条件的修改★★

股份支付计划的条款和条件一经确认，该计划生效后，不得随意修改。但是存在某些情况下，授予权益工具的股份支付计划中的条款和条件有可能需要修改。比如：行权价格或者股票期权授予数量的修改，但都应该获得股东大会或类似机构的批准。

需要特别注意的是，在会计处理上，企业应至少按照所授予的权益工具以授予日的公允价值来确认和计量获取的相应服务。不管授予的权益工具的条款和条件如何修改，甚至将已授予的权益工具取消或将该权益工具进行结算。

(一)条款和条件的有利修改

下列情形应作为对条款和条件的有利修改：

(1)如果该修改增加了授予权益工具的公允价值，企业应按照增加的权益工具公允价值相应地增加取得的服务。增加的权益工具公允价值是指权益工具修改前与修改后公允价值的差额。

①如果该修改发生在等待期，在确认修改日至修改后的可行权日之间取得服务的公允价值时，应当既包括在剩余原等待期内以原权益工具授予日公允价值为基础确定的服务金额，也包括增加的权益工具公允价值。

【例题9·计算分析题】A公司为一家上市公司。2×21年7月1日，公司向其50名管理人员每人授予10万股股票期权，这些员工从2×21年7月1日起在该公司连续服务3年，即可以6元/股的价格购买10万股A公司股票，从而获益。公司估计该期权在授予日的公允价值为15元。资料如下：

(1)2×21年年末，有3名员工离职，A公司估计未来有7名员工离职。

(2)2×22年年末，又有5名员工离职，公司估计未来没有人员离职。假定公司2×22年1月1日将授予日的公允价值由每股15元修改为每股18元。

(3)2×23年年末，又有1名员工离职，公司估计未来半年没有人员离职。

要求：编制A公司的相关会计分录。

答案

(1)2×21年应确认的管理费用=(50-3-7)×10×15×6/36=1 000(万元)。

借：管理费用　　1 000

　贷：资本公积—其他资本公积 1 000

(2)2×22年应确认的管理费用=(50-3-5-0)×10×(15×18/36+3×12/30)-1 000=2 654(万元)。

借：管理费用　　2 654

　贷：资本公积—其他资本公积 2 654

『提示』按照国际财务报告准则的第27段要求，如果变更发生在等待期间，除了等待期的剩余期间内确认的、基于初始的权益性工具在授予日的公允价值的金额，所授予的增量公允价值将包括在从变更日至变更后的权益性工具等待期间内对取得服务的确认金额的计量中。每份股份期权的增量价值是3元，这一个金额将在授予期间剩余的两年半(30个月)内确认。同时确认基于初始期权的价值每份15元的薪酬费用。

(3)2×23年应确认的管理费用=(50-3-5-1-0)×10×(15×30/36+3×24/30)-3 654=2 455(万元)。

借：管理费用　　2 455

贷：资本公积—其他资本公积 2 455

②如果该修改发生在可行权日之后，企业应当立即确认增加的权益工具公允价值。

(2)如果该修改增加了授予的权益工具的数量，企业应将增加的权益工具的公允价值相应地确认增加取得的服务。

如果该修改发生在等待期，在确定修改日至增加的权益工具可行权日之间取得服务的公允价值时，应当既包括在剩余原等待期内以原权益工具授予日公允价值为基础确定的服务金额，也包括增加的权益工具的公允价值。

【例题 10 · 计算分析题】 接例题 9，2×21 年 7 月 1 日，公司向其 50 名管理人员每人授予 10 万股股票期权，其在授予日的公允价值为每股 15 元，其他资料同上。

(1)2×21 年年末，资料同上。

(2)假定公司于 2×22 年 1 月 1 日将股票期权的授予数量由原来的 10 万股修改为 15 万股。该期权在授予日的公允价值仍然不变，为每股 15 元。

要求：根据上述资料，编制 A 公司的相关会计分录。

答案

(1)2×21 年年末：会计分录同上。

(2)2×22 年应确认的管理费用 =(50－3－5－0)×15×(10×18/36+5×12/30)－1 000=3 410(万元)。

借：管理费用 3 410

贷：资本公积—其他资本公积 3 410

(3)如果企业修改可行权条件是有利于职工的，比如缩短等待期、变更或取消业绩条件中的非市场条件，企业应当考虑以修改后的可行权条件进行会计处理。

【例题 11 · 计算分析题】 接例题 9。

(1)2×21 年年末，资料同上。

(2)2×22 年年末，假定公司 2×22 年 12 月 31 日将连续服务 3 年修改为 2 年。授予日的公允价值仍然为每股 15 元，授予数量仍为 10 万股股票期权。其他资料同上。

要求：根据上述资料，编制 A 公司的相关会计分录。

答案

(1)2×21 年年末：会计分录同上。

(2)2×22 年年末：

借：管理费用[(50－3－5)×10×15×18/24－1 000]3 725

贷：资本公积—其他资本公积 3 725

(二)条款和条件的不利修改

如果企业修改条款和条件的方式是以减少股份支付协议公允价值的总额或者是其他不利于职工的方式，企业对取得的服务仍需要进行会计处理，视同该变更从未发生过，除企业取消了部分或全部已授予的权益工具外。条款和条件的不利修改主要是下列的情况：

(1)如果该修改减少所授予权益工具的公允价值，应沿用权益工具在授予日的公允价值，确认和计量取得服务的金额，不考虑权益工具公允价值的减少对会计处理的影响。

(2)如果该修改减少所授予权益工具的数量，企业应将减少的部分视为对应该权益工具的取消进行会计处理。

【例题 12 · 计算分析题】 接例题 9。

(1)2×21 年年末，资料同上。

(2)2×22 年年末，将所授予的股票期权数量由 10 万股修改为 5 万股，同时以现金补偿尚未离职的管理人员 3 300 万元。该期权在授予日的公允价值仍然不变，为每股 15 元。

要求：根据上述资料，编制 A 公司的相关会计分录。

答案

(1)2×21 年年末：会计分录同上。

(2)2×22 年年末，其中的 5 万股正常确认成本费用：

借：管理费用

[(50－3－5－0)×5×15×18/36－500]1 075

贷：资本公积—其他资本公积 1 075

减少的5万股作为加速可行权处理，确认剩余等待期内的全部费用：

借：管理费用

[(50-3-5)×5×15×36/36-500]2 650

贷：资本公积—其他资本公积 2 650

在取消时支付给职工的所有款项均应作为权益的回购处理，回购支付的金额高于该权益工具在回购日公允价值的部分，计入当期损益。

借：资本公积—其他资本公积

(500+2 650)3 150

管理费用　150

贷：银行存款　3 300

(3)如果企业修改了可行权条件是以不利于职工的方式，比如延长等待期、调高或变更业绩条件中的非市场条件，企业不应考虑以修改后的可行权条件进行会计处理。

(三)取消或结算

如果企业在等待期内取消了所授予的权益工具或结算了所授予的权益工具(因未满足可行权条件而被取消的除外)，企业应当：

(1)将取消或结算作为加速可行权处理，立即确认原本应在剩余等待期内确认的金额。

『提示』财政部关于做好执行企业会计准则的企业2012年年报工作的通知，在等待期内如果取消了授予的权益性工具的(因未满足可行权条件而被取消的除外)，企业应当对取消所授予的权益性工具作为加速可行权处理，即视同剩余等待期内的股份支付计划已经全部满足可行权条件，在取消所授予工具的当期确认原本应在剩余等待期内确认的所有费用。

(2)如果取消或结算权益工具，所有支付给职工的款项都应当作为权益的回购进行会计处理，回购时所支付的款项大于权益工具在回购日公允价值的部分，确认为当期损益。

【例题13·计算分析题】经股东大会批准，甲公司于2×21年1月2日实施一项股权激励计划，其主要内容为：甲公司向100名管理人员每人授予1万股股票期权，行权条件为：甲公司2×21年度实现的净利润较前一年增长6%；截至2×22年12月31日，2个会计年度平均净利润增长率为7%；截至2×23年12月31日，3个会计年度平均净利润增长率为8%；从达到上述业绩条件的当年年末起，即可以每股6元的价格购买1万股甲公司股票，从而获益，行权期为3年。具体资料如下：

(1)甲公司2×21年度实现的净利润较前一年增长5%，本年度有1名管理人员离职。该年年末，甲公司预计截至2×22年12月31日2个会计年度平均净利润增长率将达到7%，未来1年将有3名管理人员离职。2×21年1月2日甲公司股票的收盘价为每股10元，2×21年1月2日甲公司估计该期权的公允价值为每股12元；2×21年12月31日甲公司股票的收盘价为每股12.5元，该期权的公允价值为每股13元。

(2)2×22年度，甲公司有5名管理人员离职，实现的净利润较前一年增长7%。该年年末，甲公司预计截至2×23年12月31日3个会计年度平均净利润增长率将达到10%，未来1年将有8名管理人员离职。2×22年12月31日该期权的公允价值为每股13元。当日甲公司股票的收盘价为每股20元。

(3)2×23年4月20日，甲公司经股东大会批准取消原授予管理人员的股权激励计划，同时以现金补偿原授予股票期权且尚未离职的甲公司管理人员1 200万元。2×23年年初至取消股权激励计划前，甲公司有2名管理人员离职。2×23年4月20日，该期权的公允价值为每股8元。

要求：编制甲公司的相关会计分录。

答案

(1)2×21年可行权条件为净利润较前一年增长6%，实际增长为5%，没有达到可行权条件，但预计2×22年将达到可行权条件。

2×21年年末确认的管理费用=(100-

1-3)×1×12×1/2=576(万元)。

借：管理费用　　576

　贷：资本公积—其他资本公积　576

(2)2×22年度可行权条件为2个会计年度平均净利润增长率7%，实际的平均净利润增长率=(5%+7%)/2=6%，没有达到可行权条件，但预计2×23年将达到可行权条件。

2×22年年末确认的管理费用=(100-1-5-8)×1×12×2/3-576=112(万元)。

借：管理费用　　112

　贷：资本公积—其他资本公积　112

(3)2×23年4月20日因为股权激励计划取消应确认的管理费用=(100-1-5-2)×1×12×3/3-(576+112)=416(万元)。

借：管理费用　　416

　贷：资本公积—其他资本公积　416

以现金补偿1 200万元高于该权益工具在回购日公允价值1 104万元的部分，应该计入当期费用(管理费用)，相关会计分录为：

借：资本公积—其他资本公积

　　(576+112+416)1 104

　管理费用　　96

　贷：银行存款　　1 200

(四)未满足可行权条件的会计处理

1. 没有满足服务期限或者非市场的业绩条件(属于作废)时的会计处理

(1)作废，指由于服务条件或者非市场的业绩条件没有得到满足，导致职工未能获得授予的权益工具的情形。或者，可以简单理解为未满足可行权条件而被取消的情形。对于作废，如果没有满足服务或者非市场的业绩条件，则实际可行权的权益工具的数量为零，即接受的服务累计确认的费用为零。作废是源于职工没有能够满足提前设定的可行权条件，故对于作废的股权激励应冲销以前确认的相关费用。

(2)取消，往往源于企业的主动行为，准则要求在等待期内如果取消了授予的权益工具，企业应当对取消所授予的权益性工具作为加速行权处理，将剩余等待期内应确认的金额立即计入当期损益，视同剩余等待期内的股权支付计划已经全部满足可行权条件。

2. 没有满足市场条件或非可行权条件，但是满足服务期限条件和非市场条件时的会计处理

如果没有满足市场条件或非可行权条件，但是满足服务期限条件和非市场条件，应确认成本费用，不可以冲回成本费用。

六、企业集团内涉及不同企业的股份支付交易的会计处理★★

企业集团(由母公司和其全部子公司构成)内发生股份支付交易的，接受服务企业应确认股份支付费用；结算企业是接受服务企业母公司的，应确认对接受服务企业的长期股权投资。

(一)结算企业(母公司)以自身权益工具结算，结算企业是接受服务企业(子公司)的投资者(如表10-5)

表10-5　结算企业(母公司)以自身权益工具结算的会计处理

项目	结算企业(母公司)	接受服务企业(子公司)
个别财务报表	借：长期股权投资 　贷：资本公积 按照权益结算的股份支付进行会计处理	借：管理费用 　贷：资本公积 按照权益结算的股份支付进行会计处理
合并财务报表	借：资本公积(子公司) 　贷：长期股权投资(母公司) 按照权益结算的股份支付进行会计处理	

『提示』母公司在编制合并财务报表时，首先应当从合并财务报表的角度重新判断该项股权激励是以权益结算的股份支付，还是以现金结算的股份支付。如果母公司授予子公司职工的是股票期权，在子公司财务报表中，由于子公司没有结算义务，子公司应该作为以权益结算的股份支付进行会计处理，母公司的合并财务报表中，也应该作为以权益结算的股份支付来处理。

（二）结算企业（母公司）以现金结算，结算企业为接受服务企业（子公司）的投资者（如表 10-6）

表 10-6　结算企业（母公司）以现金结算的会计处理

项目	结算企业（母公司）	接受服务企业（子公司）
个别财务报表	借：长期股权投资 　　贷：应付职工薪酬 按照以现金结算的股份支付进行会计处理	借：管理费用 　　贷：资本公积 按照以权益结算的股份支付进行会计处理
合并财务报表	借：资本公积［子公司］ 　　管理费用［如果有差额］ 　　贷：长期股权投资［母公司］ 按照以现金结算的股份支付进行会计处理	

『提示』如果母公司授予子公司职工的是以现金结算的股份支付，在子公司财务报表中，由于子公司没有结算义务，子公司应该作为权益结算的股份支付进行会计处理，但在母公司的合并财务报表中，应当按照以现金结算的股份支付处理。

（三）结算企业（母公司）以集团内其他企业股份结算，结算企业是接受服务企业（子公司）的投资者（如表 10-7）

表 10-7　结算企业（母公司）以集团内其他企业股份结算的会计处理

项目	结算企业（母公司）	接受服务企业（子公司）
个别财务报表	借：长期股权投资 　　贷：应付职工薪酬 以现金结算的股份支付进行会计处理	借：管理费用 　　贷：资本公积 以权益结算的股份支付进行会计处理
合并财务报表	借：应付职工薪酬 　　贷：长期股权投资［母公司］ 以权益结算的股份支付进行会计处理	

『提示』根据企业会计准则及相关规定，股份支付准则所指的权益工具是指企业自身权益工具，包括企业本身、企业的母公司或同一集团的其他企业的权益工具。

（四）接受服务企业（子公司）具有结算义务，授予的是母公司或集团内其他企业权益工具（如表 10-8）

表 10-8　接受服务企业（子公司）具有结算义务的会计处理

项目	母公司	结算企业（子公司）
账务处理	—	借：管理费用 　　贷：应付职工薪酬 子公司需要购入母公司或集团内其他企业的权益工具再授予本企业职工，所以按照现金结算的股份支付处理

（五）集团母公司授予子公司高管股份支付的处理

（1）母公司向子公司高管授予股份支付，在合并财务报表中子公司少数股东损益应包含按少数股东持股比例分享的子公司股权激励费用。

（2）如果受到激励的高管在集团内调动导致接受服务的企业变更，但高管人员应取得的股权激励未发生实质变化，则应谁受益、谁确认费用。即在等待期内按合理标准在原接受服务的企业与新接受服务的企业间分摊高管股权激励费用。

【例题14·单选题】☆甲公司是一家上市公司，经股东大会批准，向其子公司（乙公司）的高级管理人员授予其自身的股票期权。对于上述股份支付，在甲公司和乙公司的个别财务报表中，正确的会计处理方法是（　）。

A. 均作为以权益结算的股份支付处理

B. 均作为以现金结算的股份支付处理

C. 甲公司作为以权益结算的股份支付处理，乙公司作为以现金结算的股份支付处理

D. 甲公司作为以现金结算的股份支付处理，乙公司作为以权益结算的股份支付处理

解析 本题属于集团股份支付，甲公司在职工行权时，最终付出的是自身股票，所以属于权益结算的股份支付；乙公司没有结算义务，所以也是权益结算的股份支付。

答案 A

扫我做试题

一、单项选择题

1. 甲公司为乙公司的母公司，2×21年企业集团内发生以下与股份支付相关的交易或事项：甲公司与乙公司高管签订协议，授予乙公司高管500万份股票期权，乙公司高管可以以每股6元的价款自甲公司购买乙公司股票。乙公司授予其研发人员20万份现金股票增值权，这些研发人员在乙公司连续服务3年，即可按照乙公司股价的增值幅度获得现金。乙公司自市场回购本公司股票100万股，并与销售人员签订协议，如果未来3年销售业绩达标，销售人员将无偿取得该部分股票。乙公司向丁公司发行500万股本公司股票，作为支付丁公司为乙公司提供咨询服务的价款。不考虑其他因素，下列各项中，乙公司应当作为以现金结算的股份支付的是（　）。

A. 乙公司高管与甲公司签订的股份支付协议

B. 乙公司与本公司销售人员签订的股份支付协议

C. 乙公司与本公司研发人员签订的股份支付协议

D. 乙公司以定向发行本公司股票取得咨询服务的协议

2. 根据《企业会计准则第11号——股份支付》的规定，下列表述不正确的是（　）。

A. 一次授予、分期行权，应根据每个计划的公允价值估计股份支付费用，在其相应的等待期内，按照各计划在某会计期间内等待期长度占整个等待期长度的比例进行分摊

B. 除了立即可行权的股份支付外，无论权益结算的股份支付还是现金结算的股份支付，企业在授予日均不进行会计处理

C. 授予后立即可行权的换取职工服务的以权益结算的股份支付，应当在授予日按照权益工具的公允价值计入相关成本或费用，并增加应付职工薪酬

D. 对于权益结算的股份支付，在行权日，企业根据实际行权的权益工具数量，计算确定应转入股本的金额

3. 根据股份支付准则的规定，下列表述不正确的是(　)。

A. 如果预计未来期间可抵扣的金额超过等待期内确认的成本费用，超出部分形成的递延所得税资产应直接计入所有者权益

B. 企业授予职工权益工具，包括期权、认股权证等衍生工具

C. 无论是权益结算的股份支付，还是现金结算的股份支付，均以权益工具的公允价值为计量基础

D. 权益结算的股份支付，企业授予职工权益工具，实质上不属于职工薪酬的组成部分

4. 2×20 年 4 月 1 日，甲公司对 9 名高管人员每人授予 20 万份甲公司股票认股权证，每份认股权证持有人有权在 2×21 年 2 月 1 日按每股 10 元的价格购买 1 股甲公司股票。该认股权证不附加其他行权条件，无论行权日相关人员是否在职均不影响其享有的权利，行权前的转让也不受限制。授予日，甲公司股票每股市价为 10.5 元，每份认股权证的公允价值为 2 元。不考虑其他因素，甲公司 2×20 年应确认的费用金额为(　)。

A. 360 万元　　B. 324 万元

C. 0　　D. 1 962 万元

5. 2×21 年 3 月 16 日，甲公司以 1 000 万元自市场回购本公司普通股股票，拟用于对高管人员进行股权激励。因甲公司的母公司乙公司于 2×21 年 7 月 1 日与甲公司签订了股权激励协议，甲公司暂未实施本公司的股权激励计划。根据乙公司与甲公司高管人员签订的股权激励协议，乙公司对甲公司的 20 名高管每人授予 100 万份乙公司的股票期权。授予日每份股票期权的公允价值为 3 元。行权条件为自授予日起高管人员在甲公司服务满 3 年，即可免费获得乙公司 100 万份普通股股票。至 2×21 年 12 月 31 日，甲公司没有高管人员离开，预计未来三年也不会有高管人员离开。不考虑其他因素，下列关于甲公司的会计处理中，正确的是(　)。

A. 回购本公司股票时应按实际支付的金额冲减资本公积 1 000 万元

B. 乙公司授予甲公司高管的股票期权，甲公司没有结算义务，作为权益结算的股份支付处理

C. 2×21 年应确认管理费用 2 000 万元

D. 2×21 年应确认资本公积 2 000 万元

6. A 公司为一家上市公司，发生下列股份支付计划：A 公司 2×20 年 1 月 1 日经股东大会批准，实施股权激励计划，其主要内容为：该公司向其 200 名管理人员每人授予 10 万份股票期权，这些职员从 2×20 年 1 月 1 日起在该公司连续服务 5 年，即可以 2 元/股的价格购买 10 万股 A 公司股票，从而获益。A 公司以期权定价模型估计授予的此项期权在 2×20 年 1 月 1 日的公允价值为每份 16 元，该项期权在 2×20 年 12 月 31 日的公允价值为每份 19 元。第一年有 30 名职员离开 A 公司，A 公司估计 5 年中离开职员的比例将达到 35%；假设截至第一年年末，A 公司对该股票期权重新定价，经股东大会批准将授予日每份股票期权的公允价值修改为 20 元。第二年又有 25 名职员离开公司，A 公司将估计的职员离开比例修正为 28%。不考虑其他因素，2×21 年年末，A 公司应确认的管理费用为(　)。

A. 6 496 万元　　B. 3 400 万元

C. 5 056 万元　　D. 7 360 万元

二、多项选择题

1. 下列关于股份支付会计处理方法的表述中，正确的有(　)。

A. 以权益结算的股份支付，在等待期内的每个资产负债表日，将取得职工的服务

计入成本费用，同时确认所有者权益

B. 以现金结算的股份支付，在等待期内的每个资产负债表日，将取得职工的服务计入成本费用，同时确认应付职工薪酬

C. 企业集团内发生股份支付交易的，接受服务企业应确认股份支付费用

D. 企业集团内发生股份支付交易的，结算企业是接受服务企业母公司的，应确认对接受服务企业的长期股权投资

2. 下列关于股份支付的会计处理，正确的有(　)。

A. 一次授予、分期行权的股份支付计划，股份支付相关的费用，应当在等待期内分摊计入损益

B. 以回购股份奖励本企业职工的，应作为以权益结算的股份支付进行处理

C. 权益结算的股份支付应在可行权日后对已确认的成本费用和所有者权益进行调整

D. 为换取职工提供服务所发生的以权益结算的股份支付，应以授予日权益工具的公允价值计量

3. 下列关于股份支付在可行权日之后的会计处理方法的表述中，正确的有(　)。

A. 对于权益结算的股份支付，企业应在行权日根据行权情况，确认股本和股本溢价，同时结转等待期内确认的资本公积(其他资本公积)

B. 对于权益结算的股份支付，在可行权日之后不再对已确认的成本费用和所有者权益总额进行调整

C. 对于权益结算的股份支付，如果全部或部分权益工具未被行权而失效或作废，应在行权有效期截止日将资本公积(其他资本公积)冲减成本费用

D. 对于现金结算的股份支付，在可行权日之后负债(应付职工薪酬)公允价值的变动应当计入成本费用

4. A公司为上市公司，2×20年1月1日公司股东大会通过了对管理人员进行股权激励的计划。约定如下：以2×19年的净利润为固定基数，2×20年至2×22年的平均年净利润增长率不低于24%；服务年限为3年；可行权日后第一年的行权数量不得超过所授股票期权总量的50%，以后各年的行权数量不得超过所授股票期权总量的20%。A公司根据期权定价模型估计该项期权在授予日总的公允价值为900万元。在第一年年末，A公司估计3年内管理层总离职率为10%；在第二年年末，A公司调整其估计离职率为5%；到第三年年末，公司实际离职率为6%。A公司2×20年、2×21年和2×22年的年净利润增长率分别为13%、25%和34%。下列有关可行权条件的表述中，正确的有(　)。

A. 服务年限为3年是一项服务期限条件

B. 净利润增长率要求是一项非市场业绩条件

C. 净利润增长率要求是一项市场业绩条件

D. 第一年的行权数量不得超过所授股票期权总量的50%属于可行权条件

5. 资料同上。不考虑其他因素，按照股份支付准则的规定，A公司进行的下列会计处理中，正确的有(　)。

A. 第一年年末确认的服务费用270万元计入管理费用

B. 第二年年末累计确认的服务费用为570万元

C. 第二年年末确认的服务费用300万元计入资本公积

D. 第三年年末累计确认的服务费用为846万元

6. 下列关于股份支付在等待期内成本费用的确认的表述中，正确的有(　)。

A. 权益结算的股份支付，应按授予日权益工具的公允价值计量

B. 现金结算的股份支付，应按等待期内每个资产负债表日权益工具的公允价值重新计量

C. 如果受到激励的高管在集团内调动导致接受服务的企业变更，但相关股权激励未发生实质性变化的，应在等待期内按照合理的标准(例如按服务时间)在原接受服务的企业与新接受服务的企业间分摊该高管的股权激励费用

D. 母公司向子公司高管授予股份支付，子公司少数股东损益中应包含按照少数股东持股比例分享的子公司股权激励费用

7. 下列关于上市公司授予限制性股票的股权激励计划，在等待期内发放现金股利的会计处理，表述正确的有(　　)。

A. 在等待期内发放可撤销现金股利，对于预计未来不可解锁限制性股票持有者，应分配给限制性股票持有者的现金股利应当冲减相关的负债

B. 在等待期内发放不可撤销现金股利，对于预计未来不可解锁限制性股票持有者，应分配给限制性股票持有者的现金股利应当冲减相关的负债

C. 对于预计未来可解锁限制性股票持有者，上市公司应分配给限制性股票持有者的现金股利应当作为利润分配进行会计处理

D. 后续信息表明不可解锁限制性股票的数量与以前估计不同的，应当作为会计估计变更处理，直到解锁日预计不可解锁限制性股票的数量与实际未解锁限制性股票的数量一致

8. 上市公司实施的规定了锁定期和解锁期的限制性股票股权激励计划，如果向职工发行的限制性股票按规定履行了增资手续，下列关于企业的会计处理，表述正确的有(　　)。

A. 授予日上市公司应就回购义务确认负债(作收购库存股处理)

B. 授予日上市公司应根据收到职工缴纳的认股款确认库存股

C. 如果全部股票未被解锁而失效作废，上市公司应按照事先约定的价格回购

D. 在授予日，上市公司无须作会计处理

9. A公司为B公司的母公司，2×21年7月1日，A公司和B公司股东大会批准了股份支付计划，A公司实施一项向B公司10名高管人员每人授予2万份B公司股票期权的股权激励计划，每名高管人员自期权授予之日起在B公司连续服务4年，即可以从A公司购买2万股B公司股票，购买价格为每股8元。该股票期权在授予日的公允价值为14元/份，2×21年12月31日的公允价值为16元/份。截至2×21年年末，没有高管人员离开B公司，估计未来3.5年内将有2名高管人员离开B公司。不考虑其他因素，下列关于A公司和B公司2×21年的会计处理中，正确的有(　　)。

A. A公司应确认长期股权投资，同时作为现金结算的股份支付确认应付职工薪酬32万元

B. A公司应确认长期股权投资，同时作为权益结算的股份支付确认应付职工薪酬28万元

C. B公司应确认管理费用，同时作为权益结算的股份支付确认资本公积32万元

D. B公司应确认管理费用，同时作为权益结算的股份支付确认资本公积28万元

三、计算分析题

1. A公司为上市公司，适用的所得税税率为25%。根据税法有关规定，对股权激励计划实行后，需等待一定服务年限或者达到规定业绩条件(以下简称“等待期”)方可行权的，上市公司等待期内会计上计算确认的相关成本费用，不得在对应年度计算缴纳企业所得税时扣除，在股权激励计划可行权后，上市公司方可根据该股票实际行权时的公允价格与当年激励对象实际行权支付价格的差额及数量，计算确定作为上市公司当年工资薪金支出，依照税法规定进行税前扣除。A公司有关股份支付资

料如下：

(1) 2×17 年 12 月 31 日经股东大会批准，A 公司实施股权激励计划，其主要内容如下：A 公司向其 100 名管理人员每人授予 10 万份股票期权，这些管理人员从 2×18 年 1 月 1 日起必须在公司连续服务 3 年，服务期满时即可以每股 3 元的价格购买 10 万股 A 公司股票。2×17 年 12 月 31 日估计该期权的公允价值为每份 18 元。

(2) 截至 2×18 年 12 月 31 日有 10 名管理人员离职，A 公司估计三年中管理人员离职率将达到 15%。2×18 年 12 月 31 日估计 A 公司股票的公允价值为每股 24 元。

(3) 截至 2×19 年 12 月 31 日累计有 15 名管理人员离开公司，公司将管理人员离职率修正为 18%。

(4) 截至 2×20 年 12 月 31 日累计有 21 名管理人员离职。

(5) 2×21 年 12 月 31 日，79 名管理人员全部行权，A 公司股票面值为每股 1 元。

不考虑其他因素。

要求：

(1) 计算 A 公司在等待期内的每个资产负债表日应确认的费用和资本公积，并计算 2×18 年应确认的递延所得税金额，编制各年有关的会计分录(行权时不考虑所得税影响)。

(2) 由于 A 公司股价变动，假定 2×19 年 1 月 1 日公司对股票期权重新定价，经股东大会批准，A 公司修改股权激励计划，将该期权的授予日公允价值由每份 18 元调整为每份 20 元，其他条件不变，编制 A 公司 2×19 年 12 月 31 日、2×20 年 12 月 31 日和 2×21 年 12 月 31 日的会计分录。

(3) 由于 A 公司股价已经下降，假定 2×19 年 1 月 1 日公司对股票期权重新确定其授予数量，经股东大会批准，A 公司修改股权激励计划，将授予每名管理人员的期权数量由 10 万份修改为 15 万份。其他条件不变，编制 A 公司 2×19 年 12 月 31 日、2×20 年 12 月 31 日和 2×21 年 12 月 31 日的会计分录。

2. 甲公司为上市公司，乙公司为其子公司，有关权益结算的股份支付的资料如下：

(1) 经股东大会批准，甲公司 2×19 年 10 月 1 日实施股权激励计划，其主要内容为：甲公司向乙公司 10 名管理人员每人授予 10 万份股票期权，这些人员从 2×19 年 10 月 1 日起必须在该公司连续服务 2 年，服务期满时才能以每股 5 元的价格购买 10 万股甲公司股票。甲公司估计该期权在授予日的公允价值为每份 24 元。2×19 年 12 月 31 日止，有 1 名管理人员离开乙公司，甲公司估计乙公司未来还将有 2 名管理人员离开。

(2) 2×20 年 12 月 31 日止，又有 1 名管理人员离开乙公司，甲公司估计乙公司未来没有管理人员离开。

(3) 2×21 年 9 月 30 日止，又有 1 名管理人员离开乙公司。

(4) 2×21 年 12 月 31 日，7 名管理人员全部行权，行权价格为每股 5 元，股票面值为每股 1 元。

不考虑其他因素。

要求：编制各年甲公司和乙公司个别财务报表中相关的会计分录，以及甲公司编制合并财务报表时应做的抵销分录。

3. 甲公司有关现金结算的股份支付的资料如下：

(1) 2×18 年 1 月 1 日经股东大会批准，甲公司对其 50 名中层以上管理人员每人授予 10 万份现金股票增值权，这些管理人员从 2×18 年 1 月 1 日起在甲公司连续服务满 2 年，即可自 2×19 年 12 月 31 日起根据股价的增长幅度获得现金，该增值权应在 2×20 年 12 月 31 日之前行使完毕。

(2) 2×18 年年末，甲公司估计该增值权公允价值为每份 15 元。2×18 年有 7 名管理人员离开甲公司，甲公司估计未来 1 年内还将有 3 名管理人员离开。

(3)2×19年年末，甲公司估计该增值权公允价值为每份18元。2×19年又有3名管理人员离开公司，甲公司估计未来没有管理人员离开。

2×19年12月31日经股东大会批准，甲公司修改股权激励计划，原授予管理人员每人10万份现金股票增值权修改为每人5万份，连续服务2年修改为连续服务3年，并以现金补偿原授予现金股票增值权且尚未离职的管理人员3 800万元。同时修改为自2×20年12月31日起根据股价的增长幅度获得现金，该增值权应在2×21年12月31日之前行使完毕。

(4)2×20年年末甲公司估计该增值权每份公允价值为20元。2×20年没有管理人员离开甲公司，2×20年年末，假定有10人行使股票增值权取得了现金。每份现金股票增值权支付现金19元。

(5)2×21年12月31日剩余30人全部行使了股票增值权。甲公司对每份现金股票增值权支付现金23元。

不考虑其他因素。

要求：编制甲公司每个资产负债表日的有关会计分录。

四、综合题

1. A公司为B公司的母公司，2×19年至2×21年，A公司及其子公司发生的有关交易或事项如下：

(1)经股东大会批准，A公司2×19年1月1日实施股权激励计划，其主要内容为：A公司向其子公司B公司100名管理人员每人授予1万份现金股票增值权，行权条件为B公司2×19年度实现的净利润较前1年增长7%，截至2×20年12月31日2个会计年度平均净利润增长率为8%，截至2×21年12月31日3个会计年度平均净利润增长率为9%；从达到上述业绩条件的当年年末起，每持有1份现金股票增值权可以从A公司获得相当于行权当日A公司股票每股市场价格的现金，行权期为3年。2×19年1月1日每份现金股票增值权的公允价值为9元。

(2)B公司2×19年度实现的净利润较前1年增长6%，当年有2名管理人员离职。该年年末，A公司预计B公司截至2×20年12月31日2个会计年度平均净利润增长率将达到8%，预计未来将有2名管理人员离职。2×19年12月31日每份现金股票增值权的公允价值为10元。

(3)2×20年度，B公司有5名管理人员离职，实现的净利润较前1年增长8%，该年年末A公司预计B公司截至2×21年12月31日3个会计年度平均净利润增长率将达到10%，预计未来将有9名管理人员离职。2×20年12月31日每份现金股票增值权的公允价值为12元。

(4)2×21年10月20日，A公司经股东大会批准取消原授予B公司管理人员的股权激励计划，同时以现金补偿原授予现金股票增值权且尚未离职的B公司管理人员1 100万元。2×21年年初至取消股权激励计划前，B公司有1名管理人员离职。2×21年10月20日每份现金股票增值权的公允价值为11元。

(5)假定不考虑相关税费和其他因素。

要求：

(1)分别判断A公司和B公司对该股权激励计划的会计处理方法；编制2×19年年末A公司和B公司有关股权激励计划实施的相关会计分录，并编制A公司合并财务报表中与该业务相关的抵销分录；说明该业务在合并财务报表中的会计处理。

(2)编制2×20年年末A公司和B公司有关股权激励计划实施的相关会计分录，并编制A公司合并财务报表中与该业务相关的抵销分录；说明该业务在合并财务报表中的会计处理。

(3)编制2×21年10月20日A公司和B公司有关取消股权激励计划的相关会计分

录，并编制A公司合并财务报表中与该业务相关的抵销分录；说明该业务在合并财务报表中的会计处理。

2. A公司为上市公司，有关一次授予、分期行权的限制性股票，资料如下：

(1)2×20年1月6日经股东大会批准，A公司向25名公司高级管理人员授予了1 500万股限制性股票，授予后锁定3年。2×20年、2×21年、2×22年为申请解锁考核年，每年的解锁比例分别为30%、30%和40%，即450万股、450万股和600万股。授予日普通股的公允价值为每股15元。高级管理人员的认购价格为每股5元。

(2)假定A公司限制性股票各期解锁的业绩条件如下表所示：

期数	业绩条件
第一期	2×20年净利润较2×19年增长率不低于25%
第二期	2×20年和2×21年2年净利润的平均数较2×19年增长率不低于30%
第三期	2×20年至2×22年3年净利润的平均数较2×19年增长率不低于40%

若解锁期内任何一期未达到解锁条件，则当期可申请解锁的相应比例的限制性股票不予解锁，由公司按照高级管理人员认购价格回购注销。

2×20年2月25日，A公司预计2×20年全年净利润较2×19年增长28%。年末，第一期的业绩条件实际已满足，公司预计第二期、第三期的业绩条件均能达到。

2×21年2月，A公司按每股0.05元对限制性股票持有者宣告分配现金股利，且该现金股利可撤销。2×21年3月实际发放上述现金股利。

2×21年年末，A公司2×20年和2×21年两年净利润平均数较2×19年增长31%，预计第三期的业绩条件无法达到。

2×22年2月，A公司按每股0.08元对限制性股票持有者宣告分配现金股利，且该现金股利不可撤销。2×22年3月实际发放上述现金股利。

2×22年12月10日，A公司召开董事会，由于市场需求大幅度萎缩，严重影响了公司当年的经营业绩，公司股权激励计划解锁条件中关于经营业绩的指标恐无法实现。2×22年12月28日，A公司股东大会审议通过第三期限制性股票回购方案。

要求：

(1)根据资料(1)编制A公司授予限制性股票时的会计分录。

(2)根据资料(1)，不考虑行权条件和宣告分配现金股利因素，编制2×20年、2×21年和2×22年确认成本费用的会计分录

(3)根据资料(2)，分别分析A公司第一期、第二期和第三期的业绩条件是否满足，如果满足，编制各期应计入各年的成本费用及解锁日的会计分录；如果不满足，编制与回购股票相关的会计分录。(无须编制宣告分配现金股利相关分录)

(4)编制2×21年、2×22年A公司宣告分配现金股利的会计分录。

3. 2×20年1月1日经股东大会批准，甲公司对500名管理人员每人授予100份股票期权，该激励计划约定，每名员工自期权授予之日起在甲公司连续服务满三年，即可以从甲公司免费取得100股甲公司股票。授予日每份期权的公允价值为15元。该公司基于加权平均概率估计三年中将有100名管理人员离职。

2×20年甲公司有40名管理人员离职，公司预计在第二年和第三年共有70名管理人员离职，即预计等待期三年内共有110名员工离职。同时截至2×20年年末公司的股价发生变动，甲公司对股票期权进行重新定价，2×21年1月1日将每份期权

在授予日的公允价值修改为18元。

在2×21年，又有35名管理人员离职，甲公司在2×21年年末预计在第三年将会有30名管理人员离职，即预计等待期三年内共有105名管理人员离职。

在2×22年，又有28名管理人员离职，即等待期三年内实际共有103名管理人员离职，剩余未离职的管理人员于2×23年年末全部行权。

要求：

(1)根据会计准则要求，说明“甲公司在2×21年1月1日将每份期权在授予日的公允价值修改为18元”的会计处理思路。

(2)计算2×20年至2×22年应确认的薪酬费用，编制相关会计分录。

同步训练答案及解析

一、单项选择题

1. C 【解析】选项A、B、D，属于以权益结算的股份支付。
2. C 【解析】选项C，应相应增加资本公积，而非应付职工薪酬。
3. D 【解析】企业授予职工期权等衍生工具或其他权益工具，对职工进行激励或补偿，以换取职工提供的服务，实质上属于职工薪酬的组成部分。
4. A 【解析】已授予高管人员的认股权证属于以权益结算的股份支付，由于无论行权日相关人员是否在职均不影响其享有的权利，没有等待期，应根据授予的认股权证在授予日的公允价值确认当期员工服务成本。当期应确认的费用为360(9×20×2)万元，并确认资本公积。
5. B 【解析】选项A，回购本公司股票时应按实际支付的金额计入库存股；选项C、D，2×21年年末甲公司的会计处理如下：

   借：管理费用

   (20×100×3×1/3×6/12)1 000

   贷：资本公积—其他资本公积 1 000
6. A 【解析】2×20年12月31日，A公司应确认的费用=200×(1-35%)×10×16×1/5=4 160(万元)；2×21年12月31日，A公司应确认的费用=200×(1-28%)×10×(16×2/5+4×1/4)-4 160=6 496(万元)。

二、多项选择题

1. ABCD
2. ABD 【解析】选项C，对于权益结算的股份支付，在可行权日之后不再对已确认的成本费用和所有者权益总额进行调整；对于现金结算的股份支付，企业在可行权日之后不再确认成本费用，负债(应付职工薪酬)公允价值的变动应当计入当期损益(公允价值变动损益)。
3. AB 【解析】选项C，可行权条件为市场条件，对于权益结算的股份支付，如果全部或部分权益工具未被行权而失效或作废，应在行权有效期截止日将其从资本公积(其他资本公积)转入资本公积(股本溢价)，不冲减成本费用；选项D，对于现金结算的股份支付，企业在可行权日之后不再确认成本费用，负债(应付职工薪酬)公允价值的变动应计入当期损益(公允价值变动损益)。
4. AB 【解析】如果不同时满足服务3年和公司净利润增长率的要求，管理层成员就无权行使其股票期权，因此二者都属于可行权条件，其中服务满3年是一项服务期限条件，净利润增长率要求是一项非市场业绩条件。可行权日后第一年的行权数量不得超过所授股票期权总量的 50%，不影响行权，属于非可行权条件。

5. ABCD 【解析】A 公司股权激励计划作为权益结算的股份支付，等待期内应确认管理费用和资本公积(其他资本公积)，第一年年末确认的服务费用 = 900×1/3×90% = 270(万元)；第二年年末累计确认的服务费用 = 900×2/3×95% = 570(万元)；由此，第二年应确认的费用 = 570 - 270 = 300(万元)；第三年年末累计确认的服务费用 = 900×94% = 846(万元)；第三年应确认的费用 = 846-570 = 276(万元)。
6. ABCD
7. ACD 【解析】选项 B，应分配给限制性股票持有者的现金股利应当计入当期成本费用。
8. AC 【解析】选项 B，授予日上市公司应根据收到职工缴纳的认股款确认股本和资本公积(资本溢价或股本溢价)。
9. AD 【解析】A 公司向其子公司的高管人员授予股票期权，A 公司具有结算义务，应确认长期股权投资，同时 A 公司支付的股票为 B 公司的股票，站在 A 公司的角度，属于使用其他公司的股权进行股份支付，应作为现金结算的股份支付进行处理；B 公司由于没有结算义务，B 公司应作为权益结算的股份支付处理。2×21 年 A 公司应确认应付职工薪酬的金额 = (10-2)×2×16×1/4×6/12 = 32(万元)。

   借：长期股权投资　　32
   　　贷：应付职工薪酬　　32

   2×21 年 B 公司应确认管理费用 = (10-2)×2×14×1/4×6/12 = 28(万元)。

   借：管理费用　　28
   　　贷：资本公积—其他资本公积　　28

三、计算分析题

1. 【答案】

(1)等待期内的每个资产负债表日应确认的费用和资本公积的金额：

2×18 年应确认的管理费用 = 100×(1-15%)×10×18×1/3 = 5 100(万元)。

2×19 年应确认的管理费用 = 100×(1-18%)×10×18×2/3-5 100 = 4 740(万元)。

2×20 年应确认的管理费用 = (100-21)×10×18×3/3-5 100-4 740 = 4 380(万元)。

各年有关股份支付的会计分录：

①2×17 年 12 月 31 日：授予日不作处理。

②2×18 年 12 月 31 日：

借：管理费用　　5 100
　　贷：资本公积—其他资本公积　　5 100

股票的公允价值 = 100×(1-15%)×10×24×1/3 = 6 800(万元)。

股票期权行权价格 = 100×(1-15%)×10×3×1/3 = 850(万元)。

预计未来期间可税前扣除的金额 = 6 800-850 = 5 950(万元)。

递延所得税资产 = 5 950×25% = 1 487.5(万元)。

2×18 年度，A 公司根据会计准则规定在当期确认的成本费用为 5 100 万元，但预计未来期间可税前扣除的金额为 5 950 万元，超过了该公司当期确认的成本费用。根据《企业会计准则讲解(2010)》的规定，超过部分的所得税影响应直接计入所有者权益。因此，具体的所得税会计处理如下：

借：递延所得税资产　　1 487.5
　　贷：资本公积—其他资本公积
　　　　　　[(5 950-5 100)×25%]212.5
　　　　所得税费用
　　　　　　(1 487.5-212.5)1 275

③2×19 年 12 月 31 日：

借：管理费用　　4 740
　　贷：资本公积—其他资本公积　　4 740

④2×20 年 12 月 31 日：

借：管理费用　　4 380
　　贷：资本公积—其他资本公积　　4 380

⑤2×21 年 12 月 31 日：

借：银行存款　　(79×10×3)2 370
　　资本公积—其他资本公积
　　　　(5 100+4 740+4 380)14 220

贷：股本 (79×10×1)790
资本公积—股本溢价 15 800

(2)①2×19 年 12 月 31 日：

确认当期费用 = 100×(1－18%)×10×(18×2/3+2×1/2)－5 100=5 560(万元)。

借：管理费用 5 560
贷：资本公积—其他资本公积 5 560

②2×20 年 12 月 31 日：

确认当期费用=(100－21)×10×20－5 100－5 560=5 140(万元)。

借：管理费用 5 140
贷：资本公积—其他资本公积 5 140

③2×21 年 12 月 31 日：

借：银行存款 (79×10×3)2 370
资本公积—其他资本公积 (5 100+5 560+5 140)15 800
贷：股本 (79×10×1)790
资本公积—股本溢价 17 380

(3)①2×19 年 12 月 31 日：

确认当期费用 = [100×(1－18%)×10×18×2/3－5 100]+100×(1－18%)×5×18×1/2=8 430(万元)。

或=100×(1－18%)×(10×2/3+5×1/2)×18－5 100=8 430(万元)。

借：管理费用 8 430
贷：资本公积—其他资本公积 8 430

②2×20 年 12 月 31 日：

确认当期费用=(100－21)×15×18－5 100－8 430=7 800(万元)。

借：管理费用 7 800
贷：资本公积—其他资本公积 7 800

③2×21 年 12 月 31 日：

借：银行存款 (79×15×3)3 555
资本公积—其他资本公积 (5 100+8 430+7 800)21 330
贷：股本 (79×15×1)1 185
资本公积—股本溢价 23 700

2. **【答案】**

(1)2×19 年甲公司个别财务报表：

借：长期股权投资 [(10－1－2)×10×24×3/24]210
贷：资本公积—其他资本公积 210

2×19 年乙公司个别财务报表：

借：管理费用 210
贷：资本公积—其他资本公积 210

2×19 年甲公司合并财务报表抵销分录：

借：资本公积 210
贷：长期股权投资 210

(2)2×20 年甲公司个别财务报表：

借：长期股权投资 [(10－1－1－0)×10×24×15/24－210]990
贷：资本公积—其他资本公积 990

2×20 年乙公司个别财务报表：

借：管理费用 990
贷：资本公积—其他资本公积 990

2×20 年甲公司合并财务报表抵销分录：

借：资本公积 (210+990)1 200
贷：长期股权投资 1 200

(3)2×21 年甲公司个别财务报表：

借：长期股权投资 [(10－1－1－1)×10×24×24/24－1 200]480
贷：资本公积—其他资本公积 480

借：银行存款 (7×10×5)350
资本公积—其他资本公积 1 680
贷：股本 (7×10×1)70
资本公积—股本溢价 1 960

2×21 年乙公司个别财务报表：

借：管理费用 480
贷：资本公积—其他资本公积 480

借：资本公积—其他资本公积 1 680
贷：资本公积—股本溢价 1 680

2×21 年甲公司合并财务报表抵销分录：

借：资本公积 1 680
贷：长期股权投资 1 680

3. **【答案】**

(1)2×18 年 1 月 1 日：授予日不作处理。

(2)2×18 年 12 月 31 日：

当期费用=(50－7－3)×10×15×1/2=3 000(万元)。

借：管理费用 3 000
贷：应付职工薪酬—股份支付 3 000

(3)2×19 年 12 月 31 日：

剩余 5 万份确认的当期费用 =(50-7-3)×5×18×2/2-3 000/2=2 100(万元)。

借：管理费用　　2 100

　　贷：应付职工薪酬—股份支付　　2 100

减少的 5 万份进行加速可行权处理，应确认的费用 =(50-7-3)×5×18×2/2-3 000/2=2 100(万元)。

借：管理费用　　2 100

　　贷：应付职工薪酬—股份支付　　2 100

借：应付职工薪酬—股份支付

　　(3 000/2+2 100)3 600

　　管理费用　　200

　　贷：银行存款　　3 800

(4)2×20 年 12 月 31 日：

支付现金 =10×5×19=950(万元)。

借：应付职工薪酬—股份支付　　950

　　贷：银行存款　　950

公允价值变动 =(50-7-3-10)×5×20-(3 000+4 200-3 600-950)=350(万元)。

借：公允价值变动损益　　350

　　贷：应付职工薪酬—股份支付　　350

(5)2×21 年 12 月 31 日：

支付现金 =30×5×23=3 450(万元)。

借：应付职工薪酬—股份支付　　3 450

　　贷：银行存款　　3 450

公允价值变动 =0-(3 000+4 200-3 600-950+350-3 450)=450(万元)。

借：公允价值变动损益　　450

　　贷：应付职工薪酬—股份支付　　450

四、综合题

1.【答案】

(1)A 公司对该股权激励计划应按照现金结算的股份支付进行会计处理。

B 公司对该股权激励计划应按照权益结算的股份支付进行会计处理。

2×19 年，A 公司的会计分录为：

借：长期股权投资　　480

　　贷：应付职工薪酬

　　[(100-2-2)×1×10×1/2]480

B 公司的会计分录为：

借：管理费用　　432

　　贷：资本公积—其他资本公积

　　[(100-2-2)×1×9×1/2]432

合并财务报表抵销分录：

借：资本公积　　432

　　管理费用　　48

　　贷：长期股权投资　　480

在合并财务报表中体现的会计处理：应同时确认管理费用和应付职工薪酬 480 万元。

(2)2×20 年，A 公司的分录为：

借：长期股权投资　　192

　　贷：应付职工薪酬

　　[(100-2-5-9)×1×12×2/3-480]192

B 公司的会计分录为：

借：管理费用　　72

　　贷：资本公积—其他资本公积

　　[(100-2-5-9)×1×9×2/3-432]72

合并财务报表抵销分录：

借：资本公积　　(432+72)504

　　年初未分配利润　　48

　　管理费用　　(192-72)120

　　贷：长期股权投资　　(480+192)672

合并财务报表中体现的会计处理：应同时确认管理费用和应付职工薪酬 192 万元。

(3)2×21 年，A 公司的会计分录为：

借：长期股权投资　　340

　　贷：应付职工薪酬

　　[(100-7-1)×1×11-(480+192)]340

借：应付职工薪酬

　　(480+192+340)1 012

　　管理费用　　88

　　贷：银行存款　　1 100

B 公司的会计分录为：

借：管理费用　　324

　　贷：资本公积—其他资本公积

　　[(100-7-1)×1×9-432-72]324

合并财务报表抵销分录：

借：资本公积　　(432+72+324)828

年初未分配利润 (48+120)168
管理费用 16
贷：长期股权投资
(480+192+340)1 012

合并财务报表中的会计处理：确认管理费用和应付职工薪酬 340 万元，同时支付现金 1 100 万元，冲减“应付职工薪酬”科目余额 1 012 万元，将支付现金补偿金额与应付职工薪酬余额的差额确认为管理费用 88 万元。

2.【答案】

(1)A 公司授予限制性股票时的会计分录：

借：银行存款 (1 500×5)7 500
贷：股本 1 500
资本公积—股本溢价 6 000

同时，就回购义务确认负债：

借：库存股 (1 500×5)7 500
贷：其他应付款—限制性股票回购义务
7 500

(2)该计划属于一次授予、分期行权的情形，不考虑行权条件和现金股利问题，那么满足了解锁条件，费用在各期的分摊如下表所示(单位：万元)：

分摊	第一期	第二期	第三期	合计
计入 2×20 年	1 500 × 30% × (15 − 5)×1/1 = 4 500	1 500×30%×(15−5)×1/2 = 2 250	1 500×40%×(15−5)×1/3 = 2 000	8 750
计入 2×21 年	—	1 500×30%×(15−5)×2/2 − 2 250 = 2 250	1 500×40%×(15−5)×2/3 − 2 000 = 2 000	4 250
计入 2×22 年	—	—	1 500××40% (15−5)×3/3 − 4 000 = 2 000	2 000
合计	4 500	4 500	6 000	15 000

2×20 年、2×21 年和 2×22 年会计分录

借：管理费用 8 750
贷：资本公积—其他资本公积 8 750

借：管理费用 4 250
贷：资本公积—其他资本公积 4 250

借：管理费用 2 000
贷：资本公积—其他资本公积 2 000

(3)第一期的业绩条件满足，符合解锁条件。

第一期应计入 2×20 年的成本费用 = [1 500×30%×(15−5)]×1/1 = 4 500(万元)。

借：管理费用 4 500
贷：资本公积—其他资本公积 4 500

解锁日：

借：资本公积—其他资本公积 4 500
贷：资本公积—股本溢价 4 500

借：其他应付款—限制性股票回购义务
(7 500×30%)2 250
贷：库存股 2 250

第二期的业绩条件满足，符合解锁条件。

第二期应计入 2×20 年的成本费用 = 1 500×30%×(15−5)×1/2 = 2 250(万元)。

借：管理费用 2 250
贷：资本公积—其他资本公积 2 250

第二期应计入 2×21 年的成本费用 = 1 500×30%×(15−5)×1/2 = 2 250(万元)。

借：管理费用 2 250
贷：资本公积—其他资本公积 2 250

同时解锁日：

借：资本公积—其他资本公积
[1 500×30%×(15−5)]4 500
贷：资本公积—股本溢价 4 500

借：其他应付款—限制性股票回购义务
(1 500×5×30%−22.5[注])2 227.5
贷：库存股 2 227.5

【解析：22.5 万元，系第二期解锁的 450 万股限制性股票所对应的现金股利(2×21 年 2 月宣告发放)，因为现金股利

可撤销，当时的会计处理中冲减了负债22.5(0.05×450)万元，所以解锁日冲回的负债金额中应扣除22.5万元。即450万股限制性股票所对应的现金股利会计分录

借：利润分配—应付现金股利 (450×0.05)22.5

贷：应付股利 22.5

借：其他应付款 22.5

贷：库存股 22.5】

第三期的业绩条件不满足，不符合解锁条件，需回购股票。

第三期应计入2×20年的成本费用=1 500×40%×(15-5)×1/3=2 000(万元)。

借：管理费用 2 000

贷：资本公积—其他资本公积 2 000

第三期应计入2×21年的成本费用=-2 000(万元)，即冲减计入2×20年的成本费用。

借：资本公积—其他资本公积 2 000

贷：管理费用 2 000

第三期应计入2×22年的成本费用=0

2×22年年末因未达到解锁条件而需回购股票：

借：其他应付款—限制性股票回购义务 (600×5-0.05×600 或7 500×40%-30[注])2 970

贷：银行存款 2 970

同时：

借：股本 600(600×1)

资本公积—股本溢价 2 400(600×5-600)

贷：库存股 3 000(600×5)

【解析：30万元，系第三期未解锁的600万股限制性股票所对应的现金股利(2×21年2月宣告发放)，因600万股限制性股票在2×21年预计可以解锁，宣告发放的现金股利可撤销，当时的会计处理中冲减了负债30(0.05×600)万元，2×22年600万股限制性股票未解锁应调整2×21年的会计分录。即600万股限制性股票所对应的现金股利会计分录

2×21年会计分录：

借：利润分配—应付现金股利 (0.05×600)30

贷：应付股利—限制性股票股利 30

同时：

借：其他应付款—限制性股票回购义务 30

贷：库存股 30

借：应付股利 30

贷：银行存款 30

2×22年调整的会计分录：

借：库存股 30

贷：利润分配—应付现金股利 (0.05×600)30】

(4)2×21年2月A公司宣告分配的现金股利应作为利润分配进行会计处理，会计分录为：

借：利润分配—应付现金股利 [0.05×(1 500-450)]52.5

贷：应付股利—限制性股票股利 52.5

同时：

借：其他应付款—限制性股票回购义务 52.5

贷：库存股 52.5

实际发放时：

借：应付股利—限制性股票股利 52.5

贷：银行存款 52.5

2×22年600万股限制性股票未解锁应调整2×21年的会计分录

借：库存股 30

贷：利润分配—应付现金股利 (0.05×600)30

【解析：针对第三期未解锁的600万股限制性股票所对应的现金股利冲回的部分

2×21年的分录

借：利润分配—应付现金股利 30

贷：应付股利 30

同时：

借：其他应付款—限制性股票回购义务 30
　贷：库存股 30

针对这 600 万股限制性股票，如果预计未来不可解锁，2×21 年发放现金股利时会计处理应为：

借：其他应付款—限制性股票回购义务 30
　贷：应付股利—限制性股票股利 30

因此，2×22 年调整的分录应该为：

借：库存股 30
　贷：利润分配—应付现金股利 (0. 05×600)30】

2×22 年 A 公司宣告分配的现金股利应计入当期成本费用，会计分录为：

借：管理费用 48
　贷：应付股利—限制性股票股利 (0. 08×1 500×40%)48

实际发放时：

借：应付股利—限制性股票股利 48
　贷：银行存款 48

【解析：2×21 年 2 月对限制性股票持有者分配现金股利，第一期已经解锁的 450 万股不再算作限制性股票的股利。

2×22 年 2 月对限制性股票持有者分配现金股利，第一期、第二期已经解锁的 900 万股不再算作限制性股票的股利。】

3.【答案】

(1)根据会计准则要求，甲公司应确认导致以股份为基础的支付安排的公允价值总额提高或者是对职工的有利的变更影响。如果变更提高了所授予的在变更前和变更后立即计量的权益性工具的公允价值(如通过降低行权价格)，准则要求企业在计量作为所授予的权益工具的对价所取得服务的确认金额时，应包含所授予的增量公允价值(即在变更日估计的、变更后的和初始的权益性工具的公允价值的差额)。如果变更发生在授予期间，除了初始授予期间的剩余期间内确认的、基于初始的权益工具在授予日的公允价值的金额，所授予的增量公允价值将包含在从变更日至变更后的权益性工具被授予期间内对取得服务的确认金额的计量中。

每份股份期权的增量价值是 3 元(18-15)，该金额应在授予期间的剩余两年内确认，同时确认基于初始期权价值 15 元/份的薪酬费用。

(2)2×20 年确认薪酬费用=(500-110)×100×15×1/3/10 000=19. 5(万元)。

借：管理费用 19. 5
　贷：资本公积—其他资本公积 19. 5

2×21 年确认薪酬费用=(500-105)×100×(15×2/3+3×1/2)/10 000-19. 5=25. 925(万元)。

借：管理费用 25. 925
　贷：资本公积—其他资本公积 25. 925

2×22 年确认薪酬费用=(500-103)×100×(15×3/3+3×2/2)/10 000-45. 425=26. 035(万元)。

借：管理费用 26. 035
　贷：资本公积—其他资本公积 26. 035

2×23 年行权：

借：资本公积—其他资本公积 71. 46
　贷：股本 [(397×100)/10 000]3. 97
　　资本公积—股本溢价 67. 49

第十一章　借款费用

考情解密

历年考情概况

本章主要讲解借款费用的相关处理，重点掌握借款费用资本化金额的计算及其账务处理。本章在近年考题中所占分值在4分左右，在客观题和主观题中均有所考查，在客观题中主要考查借款费用资本化时点的相关判断、借款费用资本化金额的计算，在主观题中则更多的是与应付债券和银行借款等相结合考查专门借款以及一般借款利息资本化金额或费用化金额的计算等。

近年考点直击

考点	主要考查题型	考频指数	考查角度
借款费用概述	单选题、多选题	★	①开始资本化的时点；②暂停资本化的时点；③停止资本化的时点；④借款费用的范围；⑤发生非正常中断
借款费用计量	单选题、多选题、综合题	★★★	①判断可以资本化的金额；②资本化金额以及费用化金额的计算

2022年考试变化

增加了确认资本化借款费用金额时，自行开发建造建筑物土地使用权的处理原则，其他内容未发生实质性变化。

考点详解及精选例题

一、借款费用的相关概念★★

（一）借款费用的概念

借款费用是指企业因借款而发生的利息及其他相关成本。包括借款利息、折价或者溢价的摊销、辅助费用以及因外币借款而发生的汇兑差额等。

【快速记忆】

①企业发行股票的相关费用不属于借款费用，应冲减资本公积；②企业发行债券产生的折价或者溢价不属于借款费用，计入应付债券的初始确认金额；③企业发行债券产生的折价或者溢价的摊销额属于借款费用；④因借款而发生的辅助费用属于借款费用；⑤分期付款购买固定资产等情形下发生的未确认融资费用摊销额属于借款费用；⑥承租人根据租赁会计准则确认的融资费用属于借款费用。

（二）借款的范围

借款费用应予资本化的借款范围既包括专门借款，也包括一般借款。

（1）专门借款，是为购建或者生产某项符合资本化条件的资产而专门借入的款项，通常应当有标明专门用途的借款合同。

(2)一般借款，通常没有特指必须用于符合资本化条件的资产的购建或者生产。

【快速记忆】短期借款属于应予资本化的借款范围。注意避免将借款的期限和资产的建造或生产时长混为一谈。

(三)符合资本化条件的资产范围

(1)符合资本化条件的资产是指需要经过相当长时间的购建或者生产活动才能达到预定可使用或者可销售状态的固定资产、投资性房地产、存货和无形资产的研发等资产。

(2)符合资本化条件的存货，主要包括企业制造的用于对外出售的大型机械设备、房地产开发企业开发的用于对外出售的房地产开发产品等。这类存货通常需要经过相当长时间的建造或者生产过程，才能达到预定可销售状态。

(3)“相当长时间”是指为资产的购建或者生产所必需的时间，通常为一年以上(含一年)。企业购入即可使用的资产，或者购入后需要安装但所需安装时间较短的资产，或者需要建造或生产但所需建造或生产时间较短的资产，均不属于符合资本化条件的资产。

『提示』在开发建造房屋建筑物过程中，企业取得的土地使用权应当区别下列两种情况处理：

自行开发建造厂房等建筑物，土地使用权与建筑物应当分别进行会计处理，土地使用权的账面价值不与地上建筑物合并计算其成本，而仍作为无形资产进行会计处理。在该情形下，土地使用权在取得时通常已达到预定使用状态，土地使用权不满足借款费用准则规定的“符合资本化条件的资产”定义。因此，根据借款费用准则，企业应当以建造支出(包括土地使用权在房屋建造期间计入在建工程的摊销金额)为基础，而不是以土地使用权支出为基础，确定应予资本化的借款费用金额。

房地产开发企业，取得的土地使用权用于建造对外出售的房屋建筑物，相关的土地使用权应当计入所建造的房屋建筑物成本。在该情况下，建造的房屋建筑物满足借款费用准则规定的“符合资本化条件的资产”定义。因此，根据借款费用准则，企业应当以包括土地使用权支出的建造成本为基础，确定应予资本化的借款费用金额。

二、借款费用的确认★★

(一)借款费用的确认原则

基本原则：企业发生的借款费用，可直接归属于符合资本化条件的资产的购建或者生产的，应当予以资本化，计入相关资产成本；其他借款费用应当在发生时根据其发生额确认为费用，计入当期损益。

企业因专门借款及占用的一般借款而发生的利息、折价或溢价的摊销、汇兑差额和安排专门借款而发生的辅助费用在符合资本化条件的情况下，应当予以资本化，计入相关资产的成本；其他的借款利息、折价或溢价的摊销和汇兑差额，应当于发生当期计入当期损益。

(二)借款费用相关时点的确定

1. 借款二费用开始资本化时点的确定

借款费用开始资本化必须同时满足以下三个条件：①资产支出已经发生；②借款费用已经发生；③为使资产达到预定可使用或者可销售状态所必要的购建或生产活动已经开始。

企业只有在上述三个条件同时满足的情况下，相关借款费用才可开始资本化，只要其中的任何一个条件没有满足，借款费用都不能开始资本化。其中，“资产支出”包括支付现金、转移非现金资产或者承担带息债务形式所发生的支出。

2. 借款费用暂停资本化时间的确定

符合资本化条件的资产在购建或者生产

过程中发生非正常中断，且中断时间连续超过3个月的，应当暂停借款费用的资本化。中断的原因必须是非正常中断，属于正常中断的，相关借款费用仍可资本化。

【快速记忆】以购建办公楼为例，建造过程中常见的正常中断与非正常中断分别如表11-1所示。

表11-1　常见的正常中断与非正常中断

事项	判定
(1)由于发生火灾导致施工中断	非正常中断
(2)由于资金短缺、资金周转困难导致施工中断	非正常中断
(3)由于发生重大安全事故导致施工中断	非正常中断
(4)由于发生劳动纠纷、质量纠纷引起的施工中断	非正常中断
(5)由于缺乏工程物资导致停工	非正常中断
(6)由于企业可预见的不可抗力的因素(比如：雨季的大雨、北方冬季冰冻、沿海台风等)导致的施工中断	正常中断

3. 借款费用停止资本化时点的确定

基本原则：购建或者生产符合资本化条件的资产达到预定可使用或者可销售状态时，借款费用应当停止资本化，在符合资本化条件的资产达到预定可使用或者可销售状态之后所发生的借款费用，应当在发生时根据其发生额确认为费用，计入当期损益。具体可从以下几个方面进行判断：

(1)符合资本化条件的资产的实体建造(包括安装)或者生产活动已经全部完成或者实质上已经完成。

(2)所购建或者生产的符合资本化条件的资产与设计要求、合同规定或者生产要求相符或者基本相符，即使有极个别与设计、合同或者生产要求不相符的地方，也不影响其正常使用或者销售。

(3)继续发生在所购建或生产的符合资本化条件的资产上的支出金额很少或者几乎不再发生。

(4)购建或者生产符合资本化条件的资产需要试生产或者试运行的，在试生产结果表明资产能够正常生产出合格产品，或者试运行结果表明资产能够正常运转或者营业时，应当认为该资产已经达到预定可使用或者可销售状态。

(5)购建或者生产的符合资本化条件的资产的各部分分别完工，每部分在其他部分继续建造或者生产过程中可供使用或者可对外销售，且为使该部分资产达到预定可使用或可销售状态所必要的购建或者生产活动实质上已经完成的，应当停止与该部分资产相关的借款费用的资本化，因为该部分资产已经达到了预定可使用或者可销售状态。

(6)购建或者生产的资产的各部分分别完工，但必须等到整体完工后才可使用或者对外销售的，应当在该资产整体完工时停止借款费用的资本化。在这种情况下，即使各部分资产已经分别完工，也不能认为该部分资产已经达到了预定可使用或者可销售状态，企业只能在所购建或者生产的资产整体完工时，才能认为资产已经达到了预定可使用或者可销售状态，借款费用才可停止资本化。

【快速记忆】借款费用相关时点的确定如图11-1所示。

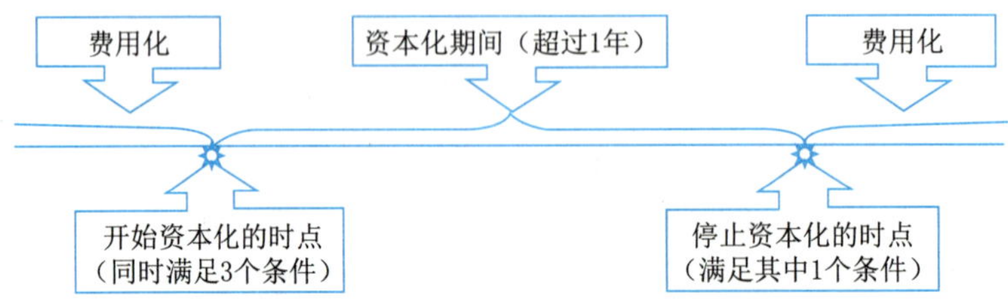

图11-1　借款费用相关时点的确定

【例题1·单选题】☆2×18年4月1日，甲公司正式动工兴建一栋厂房。为解决厂房建设需要的资金。2×18年6月1日，甲公司从乙银行借入专门借款4 000万元，期限为1年，2×19年3月30日，厂房工程全部完工。2×19年4月10日，厂房经验收达到预定可使用状态。2×19年5月20日，厂房投入使用。2×19年5月31日，甲公司偿还乙银行上述借款。不考虑其他因素。甲公司厂房工程借款费用停止资本化的时点是(　)。

A. 2×19年3月30日

B. 2×19年5月31日

C. 2×19年4月10日

D. 2×19年5月20日

解析 2×19年4月10日，厂房达到了预定可使用状态，所以借款费用应该停止资本化，选项C正确。　**答案** C

三、借款费用的计量★★★

(一)专门借款

在资本化期间内，企业为购建或者生产符合资本化条件的资产而借入专门借款的，应当以专门借款当期实际发生的利息费用，减去将尚未动用的借款资金存入银行取得的利息收入或进行暂时性投资取得的投资收益后的金额确定。

专门借款资本化金额=资本化期间的实际的利息费用-资本化期间的存款利息收入或投资收益

专门借款费用化金额=费用化期间的实际的利息费用-费用化期间的存款利息收入或投资收益

(二)一般借款

在资本化期间内，企业为购建或者生产符合资本化条件的资产而占用了一般借款的，应当根据累计资产支出超过专门借款部分的资产支出(以下简称“资产支出”)加权平均数乘以所占用一般借款的资本化率，计算确定一般借款应予资本化的利息金额。资本化率应当根据一般借款加权平均利率计算确定。

一般借款利息费用资本化金额=累计资产支出超过专门借款部分的资产支出加权平均数×所占用一般借款的资本化率

其中：所占用一般借款加权平均利率=所占用一般借款当期实际发生的利息之和÷所占用一般借款本金加权平均数

其中：所占用一般借款本金加权平均数=Σ(所占用每笔一般借款本金×每笔一般借款在当期所占用的天数/当期天数)

『提示』(1)借款(包括应付债券)存在折价或者溢价的，应当按照实际利率法确定每一会计期间应摊销的折价或溢价金额，调整每期利息金额。

(2)每一会计期间的利息资本化金额，不应当超过当期相关借款实际发生的利息金额。

【例题2·综合题】2×21年1月1日甲公司购入以挂牌方式出让的一块国有土地使用权，将用于新建研发中心办公楼，支付土地出让金1.2亿元，取得不动产权证书。预计使用年限为50年，甲公司按照直线法摊销，甲公司在该块土地上建造办公楼。有关借款资料如下：

(1)2×21年1月1日向银行专门借款10 000万元，期限为3年，年利率为6%，每年1月1日付息。

(2)除专门借款外，占用了两笔一般借款，分别是：①2×20年12月1日借入的长期借款6 000万元，期限为3年，年利率为8%，每年12月1日付息，到期日为2×23年11月30日；②2×21年6月30日借入的短期借款12 000万元，期限为12个月，年利率为6%，到期日为2×22年6月30日。

(3)该办公楼直至2×21年4月1日开始动工兴建，工程建设期间的支出情况如表11-2所示(单位：万元)。

表 11-2　工程建设期间的支出情况

单位：万元

日期	每期资产支出金额（含建设期间可资本化的土地使用权摊销额）
2×21 年 4 月 1 日	4 000
2×21 年 6 月 1 日	2 000
2×21 年 7 月 1 日	8 800
2×21 年 12 月 31 日	2 000
2×22 年 4 月 1 日	7 000
2×22 年 7 月 1 日	6 000

2×21 年 9 月 1 日至 2×21 年 12 月 31 日，该工程因施工质量纠纷而停工 4 个月。2×22 年 9 月 30 日，该工程完工达到预定可使用状态。

(4)专门借款中未支出部分全部存入银行，假定月利率为 0.25%。假定全年按照 360 天计算，每月按照 30 天计算。

要求：根据上述资料，计算 2×21 年和 2×22 年有关借款的利息资本化金额和费用化金额，并编制相关会计分录。

答案开始资本化的时点：2×21 年 4 月 1 日；停止资本化的时点：2×22 年 9 月 30 日；2×21 年资本化月数和费用化月数：2×21 年 9 月 1 日至 2×21 年 12 月 31 日，该工程因施工质量纠纷而非正常停工 4 个月。因此，2×21 年借款利息资本化月数为 5 个月、费用化月数为 7 个月。超过专门借款占用一般借款；超过一般借款占用自有资金。专门借款和一般借款被占用情况如表 11-3 所示。

表 11-3　专门借款和一般借款被占用情况

单位：万元

日期	每期资产支出金额	资产支出累计金额	闲置专门借款存款利息收入	占用了一般借款的资产支出	占用时长
2×21 年 1 月 1 日	0	0	10 000×0.25%×3 = 75	—	
2×21 年 4 月 1 日	4 000	4 000	6 000×0.25%×2 = 30	—	
2×21 年 6 月 1 日	2 000	6 000	4 000×0.25%×1 = 10	—	
2×21 年 7 月 1 日	8 800	14 800	—	4 800	至 2×21 年年末占用 6 个月
2×21 年 12 月 31 日	2 000	—	—	2 000	至 2×21 年年末占用 0 个月
2×22 年 1 月 1 日				6 800	至 2×22 年 9 月底，其中 6 000 万元占用 9 个月，800 万元占用 6 个月
2×22 年 4 月 1 日	7 000	—	—	7 000	至 2×22 年 9 月底，占用 3 个月
2×22 年 7 月 1 日	6 000	—	—	—	一般借款 6 000 万元已用尽，已归还 12 000 万元

(1)计算 2×21 年专门借款利息金额：

费用化金额（7 个月）= 10 000×6%×7/12−10 000×0.25%×3 = 350−75 = 275（万元）。

资本化金额（5 个月）= 10 000×6%×5/12−(6 000×0.25%×2+4 000×0.25%×1) = 250−40 = 210（万元）。

(2)计算 2×21 年一般借款利息金额：

①占用一般借款的资产支出加权平均

数＝4 800×(6－4)/12＋2 000×0/12＝800(万元)。

②占用一般借款资本化率＝(6 000×8%×9/12+12 000×6%×6/12)/(6 000×9/12+12 000×6/12)＝6.86%。

【快速记忆】暂停资本化4个月的处理方法：在计算占用一般借款的资产支出加权平均数时，扣除该4个月；在计算一般借款资本化率时，不扣除该4个月。

③一般借款应予资本化的利息金额＝800×6.86%＝54.88(万元)。

④一般借款实际利息费用＝6 000×8%＋12 000×6%×6/12＝840(万元)。

⑤一般借款利息费用化金额＝840－54.88＝785.12(万元)。

(3)2×21年合计：

资本化的借款利息金额＝210＋54.88＝264.88(万元)。

费用化的借款利息金额＝275＋785.12＝1 060.12(万元)。

借：在建工程 264.88

　财务费用 1 060.12

　应收利息(或银行存款) 115

　贷：应付利息 (600+840)1 440

(4)2×22年专门借款应予资本化的利息金额：

①资本化利息金额＝10 000×6%×9/12＝450(万元)。

②费用化利息金额＝10 000×6%×3/12＝150(万元)。

(5)2×22年一般借款应予资本化的利息金额：

①占用了一般借款的资产支出加权平均数＝(6 000×9/12＋800×6/12)＋(7 000×3/12)＝6 650(万元)。

②一般借款资本化率＝(6 000×8%×9/12＋12 000×6%×6/12)/(6 000×9/12＋12 000×6/12)＝6.86%。

③一般借款资本化的利息金额＝6 650×6.86%＝456.19(万元)。

④一般借款实际利息费用金额＝6 000×8%+12 000×6%×6/12＝840(万元)。

⑤一般借款费用化的利息金额＝840－456.19＝383.81(万元)。

(6)2×22年合计：

资本化的借款利息金额＝450＋456.19＝906.19(万元)。

费用化的借款利息金额＝150＋383.81＝533.81(万元)。

借：在建工程 906.19

　财务费用 533.81

　贷：应付利息 (600+840)1 440

固定资产完工的入账价值＝(4 000＋2 000+8 800+2 000+7 000+6 000)＋264.88＋906.19＝30 971.07(万元)。

【例题3·单选题】☆2×18年1月1日，甲公司为购建生产线借入3年期专门借款3 000万元，年利率为6%，当年度发生与购建生产线相关的支出包括：1月1日支付材料款1 800万元，3月1日支付工程进度款1 600万元，9月1日支付工程进度款2 000万元。甲公司将暂时未使用的专门借款用于货币市场投资，月利率为0.5%，除专门借款外，甲公司尚有两笔流动资金借款：一笔是2×17年10月借入的2年期借款2 000万元，年利率为5.5%；另一笔为2×18年1月1日借入的1年期借款3 000万元，年利率为4.5%。假定上述借款的实际利率与名义利率相同。截至2×18年年末，该工程尚未完工。不考虑其他因素，甲公司2×18年度应予资本化的一般借款利息金额是(　)。

A. 49万元　　B. 45万元

C. 60万元　　D. 55万元

解析 2×18年度一般借款资本化率＝(2 000×5.5%＋3 000×4.5%)/(2 000＋3 000)×100%＝4.9%，累计资产支出超过专门借款部分的资产支出加权平均数＝(1 800+1 600－3 000)×10/12＋2 000×4/12＝1 000(万元)，因此甲公司2×18年度应予资本化的一般借款利息金额＝1 000×4.9%＝49

(万元)。 **答案** A

四、外币借款汇兑差额的核算

(一)外币一般借款发生的汇兑差额

外币一般借款本金及利息的汇兑差额，应当予以费用化。

(二)外币专门借款发生的汇兑差额

在资本化期间内，外币专门借款本金及利息的汇兑差额，应当予以资本化，计入符合资本化条件的资产的成本。

【例题4·计算分析题】甲公司的记账本位币为人民币，外币业务采用外币业务发生当日的市场汇率折算。

甲公司于2×20年12月31日，为建造某工程项目专门向当地银行借入美元借款100万元，年利率为6%，期限为3年，假定不考虑与借款有关的辅助费用、利息收入或投资收益。合同约定，每年1月5日支付上年利息，到期还本。

工程于2×21年1月1日开始实体建造，并于当日支付相关价款。2×22年6月30日完工。

2×22年1月5日，甲公司实际支付利息时，共以美元银行存款支付6万美元利息。

美元兑换人民币的市场汇率如下：

2×20年12月31日为1∶6.90；2×21年1月1日为1∶6.91；2×21年12月31日为1∶6.95；2×22年1月5日为1∶6.94；2×22年6月30日为1∶6.93。

要求：

(1)计算甲公司2×21年应予资本化的借款费用金额，并编制相关会计分录。

(2)编制甲公司2×22年1月5日实际支付利息时的会计分录。

(3)计算甲公司2×22年6月30日的利息及汇兑差额资本化金额。

答案

(1)计算2×21年资本化金额：

①实际利息费用=100×6%×6.95=6×6.95=41.7(万元人民币)。

借：在建工程 41.7
　贷：应付利息 41.7

②外币专门借款本金及利息汇兑差额=100×(6.95−6.90)+6×(6.95−6.95)=5(万元人民币)。

③账务处理为：

借：在建工程 5
　贷：长期借款 5

(2)2×22年1月5日实际支付利息时的会计分录：

借：应付利息 41.7(余额)
　贷：银行存款—美元 (6×6.94)41.64
　　在建工程 0.06

(3)甲公司2×22年6月30日的利息及汇兑差额资本化金额：

①应付利息=100×6%×1/2×6.93=3×6.93=20.79(万元人民币)。

账务处理为：

借：在建工程 20.79
　贷：应付利息 20.79

②外币本金及利息汇兑差额=100×(6.93−6.95)+3×(6.93−6.93)=−2(万元人民币)。

账务处理为：

借：长期借款 2
　贷：在建工程 2

同步训练

限时 85min

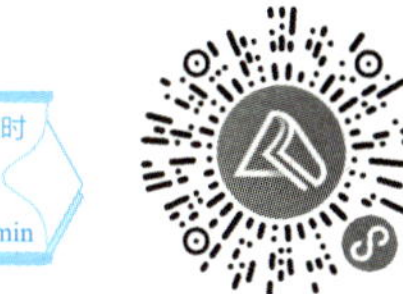

扫我做试题

一、单项选择题

1. 2×22 年 7 月 1 日，甲公司向银行借入 3 000 万元。借款期限 2 年，年利率 4%(类似贷款的市场年利率为 5%)，该贷款专门用于甲公司办公楼的建造，2×22 年 10 月 1 日，办公楼开始实体建造，甲公司支付工程款 600 万元。在 2×23 年 1 月 1 日和 2×23 年 7 月 1 日，甲公司又分别支付工程款 1 500 万元、800 万元。2×23 年 10 月 31 日，甲公司的该办公楼达到预定可使用状态。2×23 年 12 月 31 日，甲公司开始使用该办公楼。不考虑其他因素，下列各项关于甲公司建造办公楼会计处理的表述中，正确的是(　)。

   A. 按借款本金 3 000 万元、年利率 4%计算的利息金额作为应付银行的利息金额

   B. 借款费用开始资本化的时间为 2×22 年 7 月 1 日

   C. 按借款本金 3 000 万元、年利率 4%计算的利息金额在资本化期间内计入所建造办公楼的成本

   D. 借款费用应予资本化的期间为 2×22 年 7 月 1 日至 2×23 年 12 月 31 日止

2. B 企业于 2×21 年 1 月 1 日开始准备进行一项固定资产的建造，并于 3 月 1 日满足借款费用开始资本化的条件，预计 2×22 年 8 月 31 日该项固定资产全部完工并投入使用。企业为建造固定资产，于 2×21 年 3 月 1 日专门借入一笔款项，本金为 1 000 万元，年利率为 9%，期限为 2 年；企业另外借入两笔一般借款，第一笔为 2×21 年 3 月 1 日借入的 840 万元，借款年利率为 8%，期限为 2 年；第二笔为 2×21 年 4 月 1 日借入的 500 万元，借款年利率为 6%，期限为 3 年。全部借款均于借款当日用于建造固定资产。假定该企业按年计算借款费用资本化金额，不考虑其他因素。B 企业 2×21 年为购建固定资产而占用的一般借款的资本化率为(　)。

   A. 7.36%　　B. 7.30%

   C. 6%　　D. 8%

3. A 公司于 2×20 年 1 月 1 日动工兴建一栋办公楼，工程采用出包方式。工程于 2×21 年 6 月 30 日完工，达到预定可使用状态。相关资料如下：(1)A 公司为建造办公楼于 2×20 年 1 月 1 日取得专门借款 6 000 万元，借款期限为 3 年，年利率为 5%，按年支付利息。除此之外，无其他专门借款。(2)办公楼的建造还占用两笔一般借款：①2×19 年 12 月 1 日取得长期借款 6 000 万元，借款期限为 3 年，年利率为 6%；②2×19 年 1 月 1 日发行公司债券，发行价格与面值相等，均为 4 000 万元，期限为 5 年，年利率为 7%，按年支付利息。(3)闲置专门借款资金用于固定收益债券短期投资，假定短期投资月收益率为 0.5%。假定全年按 360 天计算。(4)建造工程资产支出如下：2×20 年 1 月 1 日，支出 4 500 万元；2×20 年 7 月 1 日，支出 7 500 万元；2×20 年 12 月 31 日，支出 1 000 万元；2×21 年 1 月 1 日，支出 2 500 万元。假定不考虑其他因素，2×20 年有关借款利息资本化金额和费用化金额的计算，下列说法不正确的是(　)。

   A. 专门借款利息资本化金额 255 万元

   B. 一般借款利息资本化金额 192 万元

   C. 资本化金额合计 447 万元

D. 费用化金额合计 640 万元

4. 资料同上。2×21 年有关借款利息资本化金额和费用化金额的计算，不正确的是(　)。

A. 专门借款利息资本化金额 300 万元

B. 一般借款利息资本化金额 304 万元

C. 资本化金额合计金额 454 万元

D. 费用化金额合计金额 486 万元

5. 甲公司的记账本位币为人民币。该公司于 2×22 年 1 月 1 日开始建造一条生产线，并于当日发生了一部分资产支出。为建造该生产线，甲公司于 2×22 年 1 月 1 日向银行借入 200 万美元。该笔借款的年利率为 10%(等于实际利率)，每半年计息一次，到期一次还本付息，期限为 5 年。此外，甲公司在该生产线的建造过程中还占用了一笔一般借款，该笔借款是甲公司于 2×21 年 1 月 1 日借入的，借款金额为 100 万美元，年利率为 8%(等于实际利率)，每半年计息一次，到期一次还本付息，期限为 5 年。甲公司对外币业务采用交易发生日即期汇率进行折算。2×22 年的相关汇率如下：1 月 1 日的市场汇率为 1 美元 = 7.0 元人民币，6 月 30 日的市场汇率为 1 美元 = 7.4 元人民币，12 月 31 日的市场汇率为 1 美元 = 7.8 元人民币。截至 2×22 年 12 月 31 日，该生产线建造工程尚未完工。假定不考虑闲置资金收益，甲公司在 2×22 年因外币借款汇兑差额而应予资本化的金额为(　)。

A. 288 万元人民币

B. 258.4 万元人民币

C. 178.4 万元人民币

D. 164 万元人民币

6. 2×21 年 1 月 1 日，甲公司通过公开拍卖市场以 1 亿元购买一块尚可使用 70 年的土地使用权，用于建造商品房。为建造该商品房，甲公司于 2×21 年 1 月 1 日向银行借入专门借款 8 000 万元，年利率为 5%(等于实际利率)。该项工程于 2×21 年 1 月 1 日动工并发生了资产支出，截至 2×21 年 12 月 31 日，甲公司为建造商品房累计支出 1 亿元(不含土地使用权成本和借款费用资本化金额)，商品房尚在建造过程中，专门借款在借款费用资本化期间获得投资收益 10 万元。不考虑增值税等其他因素，下列关于甲公司购买土地使用权建造商品房会计处理的表述中，正确的是(　)。

A. 购买土地使用权发生的成本 1 亿元计入无形资产成本

B. 专门借款在借款费用资本化期间获得的投资收益应冲减无形资产的成本

C. 计入商品房成本的专门借款利息资本化金额为 390 万元

D. 年末资产负债表“存货”项目列示的金额为 10 390 万元

7. 下列有关借款费用的会计处理，不正确的是(　)。

A. 为购建或者生产符合资本化条件的资产而借入专门借款的，其利息费用资本化金额应当以专门借款当期实际发生的利息费用，减去将尚未动用的借款金额存入银行取得的利息收入或者进行暂时性投资取得的投资收益后的金额确定

B. 符合借款费用资本化条件的存货包括：房地产开发企业开发的用于出售的商品房、机械制造企业制造的用于对外出售的大型机械设备等，这些存货需要经过相当长时间的建造或者生产活动，才能达到预定可销售状态

C. 专门借款产生的汇兑差额只有在资本化期间内才能予以资本化；而专门借款辅助费用只要在购建或者生产符合资本化条件的资产达到预定可使用或者可销售状态之前发生的，发生时均可资本化

D. 专门借款发生的利息费用，在资本化期间内，应当全部计入符合资本化条件的资产成本，但仍需要计算借款资本化率

8. 甲公司建造某栋厂房的预计工期为 2 年，

建造活动自 2×21 年 7 月 1 日开始，当日发生工程支出 3 000 万元。9 月 30 日，甲公司支付工程进度款 2 000 万元。甲公司的该厂房的建造工程所占用的借款包括：(1)2×21 年 6 月 1 日借入的 3 年期专门借款 4 000 万元，年利率为 6%；(2)2×21 年 1 月 1 日借入的两年期一般借款 3 000 万元，年利率为 7%。甲公司将闲置的专门借款投资于货币市场基金，月收益率为 0.6%，不考虑一般借款闲置资金的利息利益。不考虑其他因素，2×21 年甲公司建造厂房工程应予以资本化的利息费用是(　)。

A. 139.50 万元　　B. 122.50 万元

C. 137.50 万元　　D. 119.50 万元

二、多项选择题

1. ☆在资本化期间内，下列各项有关借款费用会计处理的表述中，正确的有(　)。

A. 所购建的符合资本化条件的资产各部分分别完工，且每个部分可供单独使用的，应当停止与该部分资产相关的借款费用资本化

B. 专门借款当期实际发生的利息费用，减去尚未动用的专门借款进行暂时性投资取得的投资收益后的金额，计入在建工程或存货等成本中

C. 由于市场行情不景气，企业暂停了房地产开发建设 2 个月，该 2 个月的借款费用应当资本化

D. 外币借款本金及其利息所产生的汇兑差额，应当予以资本化

2. ☆根据企业会计准则的规定，符合资本化条件的资产在购建或生产的过程中发生非正常中断且中断时间超过 3 个月的，应当暂停借款费用的资本化。下列各项中，属于资产购建或生产非正常中断的有(　)。

A. 因劳资纠纷导致工程停工

B. 因资金周转困难导致工程停工

C. 因发生安全事故被相关部门责令停工

D. 因工程用料未能及时供应导致工程停工

3. 下列资产中，属于借款费用准则中所说“符合资本化条件的资产”的有(　)。

A. 已进入开发阶段的某研发项目，其开发阶段所需时间不足 1 年

B. 外购的需安装的生产设备，安装该设备所必要的时间为一年半

C. 房地产企业开发建造的某商品房，在建造过程中出现了资金链断裂等因素，导致其建造过程持续近 2 年，该类商品房的正常开发建造周期为 10 个月

D. 机械制造企业生产的用于对外出售的大型机械产品，生产该产品所必要的时间为 1 年

4. 下列有关借款费用资本化各时点的判断，表述正确的有(　)。

A. 所建造符合资本化条件的资产基本达到设计要求，不影响正常使用，应停止借款费用资本化

B. 符合资本化条件的资产在建造中发生正常中断且连续超过 3 个月的，应暂停借款费用资本化

C. 符合资本化条件的资产在建造中发生非正常中断且连续超过 1 个月的，应暂停借款费用资本化

D. 所建造符合资本化条件的资产的支出基本不再发生时，应停止借款费用资本化

5. 企业发生的下列停工情形，属于非正常停工的有(　)。

A. 与工程建设有关的劳动纠纷导致的停工

B. 因可预见的不可抗力因素而停工

C. 因资金周转困难而停工

D. 与施工方发生质量纠纷造成的停工

6. 下列项目中，属于借款费用的有(　)。

A. 应付债券计提的利息

B. 摊销的借款手续费用

C. 发行债券所发生的溢价

D. 应付债券折价的摊销额

三、计算分析题

甲公司建造办公楼占用的一般借款资料如下：

(1)甲公司2×21年涉及两笔一般借款，分别为：

①2×21年1月1日借款2 000万元，借款期限至2×23年4月30日，年利率为6%，利息按年支付。

②2×21年9月1日借款5 000万元，借款期限至2×23年5月31日，年利率为8%，利息按年支付。

(2)工程于2×21年9月1日开工建造，各年资产支出如下：

2×21年：9月1日支出1 800万元，12月1日支出1 200万元；

2×22年：1月1日支出600万元，3月1日支出3 000万元；

2×23年：2月1日支出400万元。

(3)2×23年3月31日，该办公楼达到预定可使用状态。

其他资料：不考虑其他因素的影响。

要求：(计算结果保留两位小数，答案中的金额单位用万元表示)

(1)根据上述资料说明甲公司建造办公楼开始资本化的时点、停止资本化的时点。

(2)根据上述资料分别计算甲公司2×21年、2×22年和2×23年的一般借款资本化率、一般借款利息资本化金额。

(3)假定将第二笔一般借款的条件“2×21年9月1日借款5 000万元，借款期限至2×23年5月31日，年利率为8%，利息按年支付”改为“2×21年10月1日借款4 000万元，借款期限至2×23年2月28日，年利率为8%，利息按年支付。假定工程支出超过专门借款时占用一般借款，仍不足的，占用自有资金”。其他条件不变，分别计算2×21年、2×22年和2×23年的一般借款资本化率、一般借款利息资本化金额。

四、综合题

1. 甲公司拟自建一条生产线，与该生产线建造相关的情况如下：

(1)2×21年1月2日，甲公司发行公司债券，专门筹集生产线建设资金。该公司债券为3年期分期付息、到期还本债券，面值为30 000万元，票面年利率为5%，发行价格为30 697.5万元，另在发行过程中支付中介机构佣金1 500万元，实际募集资金净额为29 197.5万元，实际利率为6%。

(2)甲公司除所发行的上述公司债券外，还存在两笔流动资金借款：一笔于2×20年10月1日借入，本金为20 000万元，年利率为6%，到期日为2×22年9月30日；另一笔于2×20年12月1日借入，本金为30 000万元，年利率为7%，到期日为2×22年5月31日。

(3)生产线建造工程于2×21年1月2日开工，采用外包方式进行，预计工期1年。有关建造支出情况如下：

2×21年1月2日，支付工程款10 000万元；

2×21年5月1日，支付工程款16 000万元；

2×21年8月1日，支付工程款14 000万元。

(4)2×21年9月1日，生产线建造工程出现人员伤亡事故，被当地安监部门责令停工整改，至2×21年12月底整改完毕。工程于2×22年1月1日恢复建造，当日向建造商支付工程款12 000万元。建造工程于2×22年3月31日完成，并经有关部门验收，试生产出合格产品。为帮助职工正确操作使用新建生产线，甲公司自2×22年3月31日起对一线员工进行培训，该生产线自2×22年5月1日起实际投入使用。

(5)甲公司将闲置专门借款资金投资固定收益理财产品，月收益率为0.5%。

其他资料：不考虑其他因素的影响。

要求：

(1)说明甲公司生产线建造工程借款费用的资本化期间。

(2)分别计算甲公司2×21年专门借款、一般借款利息应予资本化的金额，并分别编制其会计分录。

(3)分别计算甲公司2×22年专门借款、一般借款利息应予资本化的金额，并分别编制其会计分录，计算固定资产的成本。

2. 甲公司为建造一条生产线发生的相关经济业务如下：

(1)甲公司于2×20年1月1日发行60万份分期付息、到期一次还本的可转换公司债券，每份面值为100元，发行总价格为6 000万元。该债券期限为5年，票面利率为4.72%。该公司发行债券时，二级市场上与之类似但没有转股权的债券的市场利率为10%。每份债券均可在债券发行1年以后转换为该公司普通股，初始转股价为每股20元，股票面值为每股1元。[(P/A，10%，5)=3.790 8；(P/F，10%，5)=0.620 9]

假定甲公司发行公司债券募集的资金专门用于建造该条生产线，生产线从2×20年1月1日开始建设，于2×22年年末完工，达到预定可使用状态。

(2)甲公司上述可转换公司债券负债成分所对应资金中暂时闲置的部分在2×20年1月1日至2×20年3月31日共取得收益23.99万元，均已收存银行。

(3)2×20年4月1日，甲公司支付工程进度款3 450万元。

(4)甲公司上述可转换公司债券负债成分所对应资金中暂时闲置的部分在2×20年4月1日至2×20年12月31日共取得收益107.98万元，均已收存银行。

(5)2×21年1月1日支付工程进度款2 550万元；1月5日支付利息。

(6)2×22年1月1日支付工程进度款750万元；1月5日支付利息；

(7)其他资料：债券持有人若在当年付息前转换股票的，应按债券的面值除以转股价，计算转换的股份数，利息仍可支付。假设闲置资金收益按初始确认时负债成分和权益成分的公允价值相对比例分摊。不考虑其他因素。

要求：

(1)计算甲公司发行该可转换公司债券负债成分的公允价值，并编制发行日的会计分录。

(2)说明开始资本化的时点，计算2×20年12月31日有关借款利息资本化和费用化的金额，并编制相关会计分录。

(3)计算并编制2×21年12月31日有关应付债券利息的会计分录。

(4)计算并编制2×22年12月31日有关应付债券利息的会计分录。

(5)计算并编制2×23年12月31日有关应付债券利息的会计分录。

(涉及小数的，计算结果保留两位小数)

同步训练答案及解析

一、单项选择题

1. A 【解析】选项B，2×22年10月1日同时满足资产支出已经发生、借款费用已经发生、为使资产达到预定可使用或者可销售状态所必要的购建或者生产活动已经开始，故资本化时点为10月1日。选项C，资本化金额应按借款本金乘以实际利率减去闲置资金的投资收益。选项D，资本化时间为2×22年10月1日至2×23年10月31日。

2. B 【解析】该企业2×21年为购建固定资

产而占用的一般借款资本化率＝(840×8%×10/12+500×6%×9/12)/(840×10/12+500×9/12)×100%＝7.30%。

『提示』如果第一笔为2×21年3月1日借入的改为2×21年1月1日借入，则计算结果仍然不变，因为一般借款资本化率的计算限定在资本化期间内。

3. D 【解析】①2×20年专门借款利息资本化金额：应付利息＝6 000×5%＝300(万元)；固定收益债券短期投资收益＝1 500×0.5%×6＝45(万元)；专门借款利息资本化金额＝300－45＝255(万元)，费用化金额为0；②2×20年一般借款利息资本化金额：占用一般借款的资产支出加权平均数＝3 000(万元)；一般借款资本化率＝(6 000×6%＋4 000×7%)/(6 000＋4 000)＝6.4%；一般借款利息资本化金额＝3 000×6.4%＝192(万元)；一般借款应付利息＝6 000×6%＋4 000×7%＝640(万元)；一般借款利息费用化金额＝640－192＝448(万元)；③2×20年借款利息资本化金额合计＝255＋192＝447(万元)；2×20年借款利息费用化金额合计＝448(万元)。

4. A 【解析】①专门借款利息资本化金额＝6 000×5%×6/12＝150(万元)；专门借款利息费用化金额＝6 000×5%－150＝150(万元)；②2×21年占用了一般借款资金的资产支出加权平均数＝4 750(万元)；一般借款利息资本化金额＝4 750×6.4%＝304(万元)；一般借款应付利息＝6 000×6%+4 000×7%＝640(万元)；一般借款利息费用化金额＝640－304＝336(万元)；③2×21年利息资本化金额合计＝150＋304＝454(万元)，2×21年利息费用化金额合计＝150+336＝486(万元)。

5. D 【解析】外币专门借款的本金及利息在资本化期间的汇兑差额，应当予以资本化；外币一般借款的本金及利息的汇兑差额应计入当期损益。本题中，甲公司在2×22年因外币借款汇兑差额而应予资本化的金额＝200×(7.8－7.0)＋200×10%×(7.8－7.4)×6/12＝164(万元人民币)。注意，甲公司的外币专门借款在下半年所产生的利息是在年末计提的，在当年年末没有产生汇兑差额。

6. C 【解析】选项A，购买土地使用权发生的支出1亿元应计入所建造商品房的成本；选项B，专门借款在借款费用资本化期间获得的投资收益应冲减所建造商品房的成本；选项C，计入商品房成本的专门借款利息资本化金额＝8 000×5%－10＝390(万元)；选项D，年末资产负债表“存货”项目列示的金额＝10 000＋10 000＋390＝20 390(万元)。

7. D 【解析】专门借款的利息资本化金额应当以当期实际发生的利息费用，减去将尚未动用的借款金额存入银行取得的利息收入或者进行暂时性投资取得的投资收益后的金额确定，不需要计算借款资本化率。

8. D 【解析】专门借款利息资本化金额＝4 000×6%×6/12－1 000×0.6%×3＝102(万元)，一般借款利息资本化金额＝1 000×3/12×7%＝17.5(万元)，则2×21年建造该厂房应予以资本化的利息费用＝102+17.5＝119.5(万元)。

二、多项选择题

1. ABC 【解析】选项D，在资本化期间内，外币专门借款的本金及利息的汇兑差额，应当予以资本化；但是外币一般借款的本金及利息的汇兑差额，均应费用化。

2. ABCD 【解析】非正常中断，通常是由于企业管理决策上的原因或其他不可预见的原因等所导致的中断。比如，企业因与施工方发生了质量纠纷，或者工程、生产用料没有及时供应，或者资金周转发生了困难，或者施工、生产发生了安全事故，或者发生了与资产购建、生产有关的劳动纠纷等原因，导致资产购建或者生产活动发生中断，均属于非正常中断。

3. BD 【解析】选项A，“符合资本化条件的资产”是指需要经过相当长时间的购建或者生产活动才能达到预定可使用或者可销售状态的资产。其中，“相当长时间”是指资产的购建或生产所必要的时间通常为1年以上(含1年)。选项C，属于由于人为或故意等非正常因素导致该资产的建造时间相当长的情形。

4. AD 【解析】选项B、C，符合资本化条件的资产在购建或者生产过程中发生非正常中断，且中断时间连续超过3个月，才应当暂停借款费用的资本化，对于连续超过3个月的正常中断和未连续超过3个月的非正常中断，均不需要暂停资本化。

5. ACD 【解析】选项B，因可预见的不可抗力因素而停工属于正常停工。

6. ABD 【解析】选项C，溢折价本身不是借款费用，溢折价的摊销额才是借款费用。

三、计算分析题

【答案】

(1)甲公司建造办公楼开始资本化的时点为2×21年9月1日，停止资本化的时点为2×23年3月31日。

(2)①2×21年：

2×21年一般借款资本化率=(2 000×6%×4/12+5 000×8%×4/12)/(2 000×4/12+5 000×4/12)×100%=7.43%。

2×21年一般借款利息资本化金额=(1 800×4/12+1 200×1/12)×7.43%=52.01(万元)。

②2×22年：

2×22年一般借款资本化率=(2 000×6%×12/12+5 000×8%×12/12)/(2 000×12/12+5 000×12/12)×100%=7.43%。

2×22年一般借款利息资本化金额=(3 600×12/12+3 000×10/12)×7.43%=453.23(万元)。

③2×23年：

2×23年一般借款资本化率=(2 000×6%×3/12+5 000×8%×3/12)/(2 000×3/12+5 000×3/12)×100%=7.43%。

2×23年一般借款利息资本化金额=(6 600×3/12+400×2/12)×7.43%=127.55(万元)。

(3)①2×21年：

2×21年一般借款资本化率=(2 000×6%×4/12+4 000×8%×3/12)/(2 000×4/12+4 000×3/12)×100%=7.20%。

2×21年一般借款利息资本化金额=(1 800×4/12+1 200×1/12)×7.20%=50.40(万元)。

②2×22年：

2×22年一般借款资本化率=(2 000×6%×12/12+4 000×8%×12/12)/(2 000×12/12+4 000×12/12)×100%=7.33%。

2×22年一般借款利息资本化金额=(3 600×12/12+2 400×10/12)×7.33%=410.48(万元)。

【解析】至2×22年3月1日，累计资产支出为6 600万元(1 800+1 200+600+3 000)，超过一般借款总额6 000万元，说明占用了自有资金600万元，故2×22年3月1日支出的3 000万元中，实际占用的一般借款为2 400万元。

③2×23年：

2×23年一般借款资本化率=(2 000×6%×3/12+4 000×8%×2/12)/(2 000×3/12+4 000×2/12)×100%=7.14%。

2×23年一般借款利息资本化金额=(2 000×3/12+4 000×2/12)×7.14%=83.3(万元)。

四、综合题

1.【答案】

(1)甲公司生产线建造工程借款费用的资本化期间为：2×21年1月2日至2×21年

8 月 31 日(9 月 1 日至 12 月 31 日期间暂停)、2×22 年 1 月 1 日至 2×22 年 3 月 31 日。

『提示』资本化期间是指从借款费用开始资本化时点到停止资本化时点的期间，借款费用暂停资本化的期间不包括在内，故扣除暂停资本化的期间(4 个月)。

(2)分析过程如下：

日期	每期资产支出	累计资产支出	闲置专门借款利息收益	占用一般借款资产支出
2×21 年 1 月 2 日	10 000	10 000	383.95［(29 197.5−10 000)×0.5%×4］	—
2×21 年 5 月 1 日	16 000	26 000	47.96［(29 197.5−26 000)×0.5%×3］	—
2×21 年 8 月 1 日	14 000	40 000	—	10 802.5(40 000−29 197.5)，占用 5 个月
2×22 年 1 月 1 日	12 000	—	—	12 000，占用 3 个月

①2×21 年专门借款利息资本化金额 = 29 197.5×6%×8/12−383.95−47.96 = 735.99(万元)。

②2×21 年专门借款利息费用化金额 = 29 197.5×6%×4/12 = 583.95(万元)。

③2×21 年一般借款资本化率 = (20 000×6%+30 000×7%)/(20 000+30 000) = 6.6%。

④2×21 年累计资产支出加权平均数 = 10 802.5×(5−4)/12 = 900.21(万元)。

⑤2×21 年一般借款利息资本化金额 = 900.21×6.6% = 59.41(万元)。

⑥2×21 年一般借款利息总额 = 20 000×6%+30 000×7% = 3 300(万元)。

⑦2×21 年一般借款利息费用化金额 = 3 300−59.41 = 3 240.59(万元)。

借：在建工程　　735.99
　　财务费用　　583.95
　　应收利息(383.95+47.96)431.91
　　贷：应付利息　　(30 000×5%)1 500
　　　　应付债券—利息调整
　　　　　　(29 197.5×6%−1 500)251.85

2×21 年年末摊余成本 = 29 197.5+251.85 = 29 449.35(万元)。

借：在建工程　　59.41
　　财务费用　　3 240.59
　　贷：应付利息　　3 300

(3)①2×22 年专门借款利息资本化金额 = 29 449.35×6%×3/12 = 441.74(万元)。

②2×22 年专门借款利息费用化金额 = 29 449.35×6%×9/12 = 1 325.22(万元)。

③2×22 年一般借款利息资本化率 = (20 000×6%×3/12+30 000×7%×3/12)/(20 000×3/12+30 000×3/12) = 6.6%。

④2×22 年一般借款利息资本化金额 = (22 802.5×3/12)×6.6% = 376.24(万元)。

⑤2×22 年一般借款利息费用化金额 = 20 000×6%×9/12+30 000×7%×5/12−376.24 = 1 398.76(万元)。

⑥2×22 年借款费用资本化金额 = 441.74+376.24 = 817.98(万元)。

借：在建工程　　441.74
　　财务费用　　1 325.22
　　贷：应付利息　　1 500
　　　　应付债券—利息调整
　　　　　　(29 449.35×6%−1 500)266.96

借：在建工程　　376.24
　　财务费用　　1 398.76
　　贷：应付利息
(20 000×6%×9/12+30 000×7%×5/12)1 775

在建工程转入固定资产的分录略。

该项固定资产的成本 = 52 000+735.99+59.41+441.74+376.24 = 53 613.38(万元)。

2.【答案】

(1)该债券负债成分的公允价值 = 6 000×4.72%×(P/A，10%，5)+6 000×(P/F，10%，5) = 6 000×4.72%×3.790 8+6 000×0.620 9 = 4 798.95(万元)。

权益成分的公允价值 = 6 000−4 798.95 =

1 201.05(万元)。

借：银行存款　　6 000

　应付债券—可转换公司债券(利息调整)　　1 201.05

　贷：应付债券—可转换公司债券(面值)　　6 000

　　其他权益工具　　1 201.05

(2)开始资本化的时点为2×20年4月1日。

2×20年专门借款利息费用化的金额=4 798.95×10%×3/12-23.99=95.98(万元)。

2×20年专门借款利息资本化的金额=4 798.95×10%×9/12-107.98=251.94(万元)。

2×20年年末计提利息的分录为：

借：财务费用　　95.98

　在建工程　　251.94

　银行存款(23.99+107.98)131.97

　贷：应付利息　(6 000×4.72%)283.2

　　应付债券—可转换公司债券(利息调整)　　196.69

(3)2×21年实际利息费用=(4 798.95+196.69)×10%=499.56(万元)，会计分录为：

借：在建工程　　499.56

　贷：应付利息　(6 000×4.72%)283.20

　　应付债券—可转换公司债券(利息调整)　　216.36

(4)2×22年实际利息费用=(4 798.95+196.69+216.36)×10%=521.20(万元)，会计分录为：

借：在建工程　　521.20

　贷：应付利息　(6 000×4.72%)283.20

　　应付债券—可转换公司债券(利息调整)　　238.00

(5)2×23年实际利息费用=(4 798.95+196.69+216.36+238.00)×10%=545.00(万元)，会计分录为：

借：财务费用　　545.00

　贷：应付利息　(6 000×4.72%)283.20

　　应付债券—可转换公司债券(利息调整)　　261.80

第十二章　或有事项

考情解密

历年考情概况

本章主要讲解或有事项的相关内容，重点在于各类或有事项的应用。本章在考试中所占分值不大，通常为2–4分。对于或有事项的概述以及或有资产、或有负债的列报、预计负债的确认和计量等通常以客观题的形式进行考查，而具体业务的会计处理，则多与差错更正、资产负债表日后事项、所得税等相结合考查主观题，比如未决诉讼与资产负债表日后事项结合考查。

近年考点直击

考点	主要考查题型	考频指数	考查角度
或有事项概述	单选题、多选题	★	判断或有事项相关表述的正误
未决诉讼	单选题、计算分析题	★★	①计算应当确认的损失；②与日后事项结合考查账务处理；③预计负债的计算
产品质量保证	计算分析题、综合题	★★	①与日后事项结合考查账务处理；②与收入结合考查账务处理
债务担保	单选题、多选题	★★	①判断具体处理的正误；②与日后事项结合考查账务处理
待执行合同	单选题、计算分析题	★★	计算亏损合同中应确认的预计负债
重组义务	多选题、计算分析题	★★	①考查与重组义务有关事项的判断；②与差错更正结合考查相关的账务处理

2022年考试变化

增加《企业会计准则解释第15号》关于亏损合同的判断的内容，本章其他内容未发生实质性变动。

考点详解及精选例题

一、或有事项的概述★

（一）或有事项的特征

或有事项，是指过去的交易或者事项形成的，其结果须由某些未来事项的发生或不发生才能决定的不确定事项。

或有事项具有以下特征：

（1）是由过去的交易或者事项形成的。

（2）结果具有不确定性：①或有事项的结果是否发生具有不确定性；②或有事项的结果即使预计会发生，但发生的具体时间或金额具有不确定性。

(3)结果由未来事项决定。

由未来事项决定，是指或有事项的结果只能由未来不确定事项的发生或不发生才能决定。比如，债务担保事项只有在被担保方到期无力还款时企业(担保方)才履行连带责任。

(二)或有负债和或有资产

1. 或有负债

或有负债，是指过去的交易或事项形成的潜在义务，其存在须通过未来不确定事项的发生或不发生予以证实；或过去的交易或事项形成的现时义务，履行该义务不是很可能导致经济利益流出企业或该义务的金额不能可靠计量。

或有负债无论是现时义务还是潜在义务，均不符合负债的确认条件，因而不能确认，只能在附注中披露。

2. 或有资产

或有资产，是指过去的交易或者事项形成的潜在资产，其存在须通过未来不确定事项的发生或不发生予以证实。

或有资产，是潜在资产，不符合资产的确认条件，因而不能确认，只有在很可能导致经济利益流入企业时才能在附注中披露。

3. 或有负债和或有资产转化为负债(预计负债)和资产

(1)或有负债转化为预计负债。

或有负债对应的潜在义务在后续期间可能转化为现时义务，不是很可能导致经济利益流出的现时义务在后续期间可能被证实将很可能导致企业流出经济利益，其金额也可能变得能够可靠计量，从而使得企业的或有负债转化为预计负债，此时应当予以确认。

(2)或有资产形成企业真正的资产。

同理，或有资产对应的潜在资产最终是否能够流入企业也可能随着时间的推移而逐渐变得明确，当基本确定能够收到这项潜在资产且其金额能够可靠计量时，企业应当将其确认为企业的资产。

【例题1·多选题】☆或有事项是一种不确定事项，其结果具有不确定性。下列各项中，属于或有事项直接形成的结果有(　)。

A. 预计负债

B. 或有负债

C. 或有资产

D. 因预期获得补偿而确认的资产

解析▶ 或有事项，是指过去的交易或者事项形成的，其结果须由某些未来事项的发生或不发生才能决定的不确定事项。选项D，因预期获得补偿而确认的资产属于确定事项。

答案▶ ABC

二、或有事项的确认和计量★★

(一)预计负债的确认

根据企业会计准则的规定，与或有事项相关的义务同时满足图12-1所列的三个条件时，应当确认为预计负债：

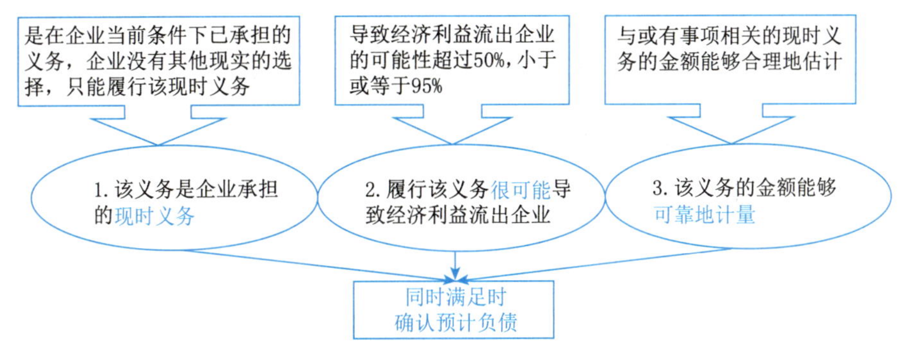

图12-1　确认预计负债需满足的条件

发生概率的层次划分如图12-2所示。

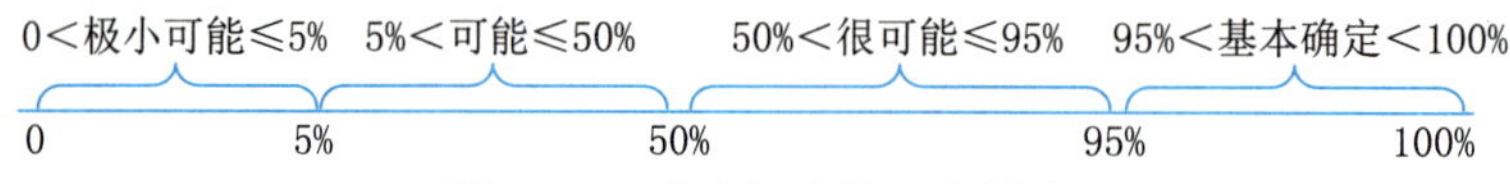

图 12-2 发生概率的层次划分

(二)预计负债的计量

1. 最佳估计数的确定

(1)所需支出存在一个连续范围，且该范围内各种结果发生的可能性相同的，最佳估计数应当按照该范围内的中间值确认。

(2)其他情况下(所需支出不存在一个连续范围，或者虽然存在一个连续范围，但该范围内各种结果发生的可能性不相同)，最佳估计数按照如下方法确定：

①或有事项涉及单个项目的，按照最可能发生金额确定。

【例题 2 · 单选题】A 公司(甲公司的子公司)从乙银行取得贷款，甲公司为其担保本息和罚息的 60%，其余部分 A 公司以自身房地产作为抵押。截至 2×21 年年末 A 公司逾期无力偿还借款，被乙银行起诉，甲公司成为第二被告，乙银行要求甲公司与被担保单位共同偿还贷款本息 600 万元，并支付罚息 10 万元。会计期末该诉讼正在审理中。甲公司估计承担担保责任的可能性为 90%，且 A 公司无偿还能力，2×21 年年末甲公司应确认的预计负债是(　)。

A. 366 万元　　B. 600 万元

C. 610 万元　　D. 549 万元

解析 甲公司的预计负债就是其承担的担保责任，即贷款本息和罚息的 60%。所以，应该确认的预计负债 = (600 + 10) × 60% = 366(万元)。

借：营业外支出　　366

　贷：预计负债　　366

答案 A

②或有事项涉及多个项目的，按照各种可能结果及相关概率计算确定。

会计处理方法见“产品质量保证”。

2. 预期可获得的补偿

企业清偿预计负债所需支出全部或部分预期由第三方补偿的：①补偿金额只有在基本确定(大于 95%但是小于 100%)能够收到时才能作为资产单独确认；②确认的补偿金额不应当超过预计负债的账面价值。

【例题 3 · 单选题】☆2×19 年 12 月 17 日，甲公司因合同违约被乙公司起诉。2×19 年 12 月 31 日，甲公司尚未收到法院的判决。在咨询了法律顾问后，甲公司认为其很可能败诉。预计将要支付的赔偿金额在 400 万元至 800 万元之间，而且该区间内每个金额的可能性相同。如果甲公司败诉并向乙公司支付赔偿，甲公司将要求丙公司补偿其因上述诉讼而导致的损失，预计可能获得的补偿金额为其支付乙公司赔偿金额的 50%。不考虑其他因素，甲公司 2×19 年度因上述事项应当确认的损失金额是(　)。

A. 300 万元　　B. 400 万元

C. 600 万元　　D. 500 万元

解析 甲公司 2×19 年度因上述事项应确认的营业外支出 = (400 + 800)/2 = 600(万元)。对于预计将获得的丙公司赔偿，由于甲公司并非基本确定能够收到，所以不予确认。

答案 C

【例题 4 · 计算分析题】甲公司于 2×21 年 11 月收到法院通知，被告知乙公司状告甲公司侵犯专利权，要求甲公司赔偿 100 万元。甲公司经过反复测试认为其核心技术是委托丙公司研究开发的，丙公司应承担连带责任对甲公司进行赔偿。甲公司在年末编制会计报表时，根据法律诉讼的进展情况以及专业人士的意见，认为对原告进行赔偿的可能性在 80% 以上，最有可能发生的赔偿金额为 110 万元至 130 万元之间(在该金额范围内各种结果发生的可能性相同)，并承担诉讼费用 6 万元。从第三方丙公司得到的补偿基本确定可以收到。

要求：

(1)假定一，从第三方丙公司得到补偿基本确定可以收到，最有可能获得的补偿金额为80万元，编制相关会计分录。

(2)假定二，从第三方丙公司得到补偿基本确定可以收到，最有可能获得的补偿金额为150万元，编制相关会计分录。

(3)假定三，很可能从第三方丙公司收到补偿款90万元，编制相关会计分录。

答案

(1)基于假定一，甲公司应确认的预计负债=(110+130)/2+6=126(万元)。

借：管理费用　　6
　　营业外支出　　40
　　其他应收款　　80
　贷：预计负债　　126

『提示』将或有事项中预期可获得的补偿确认为资产的前提条件是已就该或有事项确认了预计负债，会计核算时通过“其他应收款”等科目核算或有事项确认的资产，但不能冲减预计负债的账面价值。

(2)基于假定二，相关会计分录为：

借：其他应收款　　126
　贷：预计负债　　126

(3)基于假定三，相关会计分录为：

借：管理费用　　6
　　营业外支出　　120
　贷：预计负债　　126

『提示』预计负债的确认与是否从第三方得到补偿款没有关系。

3. 预计负债的计量需要考虑的其他因素

(1)风险和不确定性。

企业应充分考虑与或有事项有关的风险和不确定性，基于谨慎性要求作出判断，不高估收益或资产，不低估费用或负债。但是，不确定性并不说明应当确认过多的预计负债和故意夸大负债的金额。

(2)货币时间价值。

预计负债的金额通常等于未来应支付的金额，一般不需要折现，但如果预计负债的确认时点与实际清偿时点之间存在较长的时间跨度，导致未来应支付金额与其现值相差较大，则应当按照未来应支付金额的现值计量预计负债，如油气井及相关设施或核电站的弃置费用等。

(3)未来事项。

有确凿证据表明相关未来事项将会发生的，如未来技术进步、相关法规出台等，确定预计负债金额时应考虑相关未来事项的影响。但是，确定预计负债的金额时不应考虑预期处置相关资产形成的利得。

【例题5·单选题】下列各项关于或有事项会计处理的表述中，正确的是(　)。

A. 因或有事项预期可获得补偿在很可能收到时确认为资产

B. 或有资产在预期可能给企业带来经济利益时确认为资产

C. 基于谨慎性原则将具有不确定性的潜在义务确认为负债

D. 在确定最佳估计数计量预计负债时考虑与或有事项有关的风险、不确定性、货币时间价值和未来事项

解析　或有事项中预计获得的补偿只有在基本确定能够收到时才可以确认相应的资产，选项A、B不正确；或有事项有关的义务确认为负债需要同时符合三个条件：该义务是企业承担的现时义务；履行该义务很可能导致经济利益流出企业；该义务金额能够可靠地计量。所以，具有不确定性的潜在义务不能确认负债，选项C不正确。**答案**　D

(三)对预计负债账面价值的复核

企业应当在资产负债表日对预计负债的账面价值进行复核。有确凿证据表明该账面价值不能真实反映当前最佳估计数的，应当按照当前最佳估计数对该账面价值进行调整。

三、或有事项会计处理的具体应用★★★

(一)未决诉讼

注意问题：对于未决诉讼实际发生的情况与预计负债的差额处理方法。

(1)如果企业在前期已合理确认预计负债，则应将当期实际发生的诉讼损失金额与原已计提的相关预计负债之间的差额，计入或冲减当期营业外支出。

【例题6·计算分析题】2×21年12月31日，甲公司涉及一项诉讼案件，甲公司估计败诉的可能性为70%，如败诉，据预计，甲公司赔偿金额200万元的可能性为60%，而赔偿金额100万元的可能性为40%(假定不考虑诉讼费)。

要求：

(1)编制甲公司在2×21年12月31日的相关会计分录。

(2)假定一：2×22年5月7日法院作出判决，甲公司需支付赔偿220万元，甲公司不再上诉，赔款已经支付。甲公司2×21年财务报告于2×22年4月15日批准对外报出。编制2×22年5月7日的相关会计分录。

(3)假定二：2×22年5月7日法院作出判决，甲公司需支付赔偿190万元，甲公司不再上诉，赔款已经支付。甲公司2×21年财务报告于2×22年4月15日批准对外报出。编制2×22年5月7日的相关会计分录。

答案

(1)2×21年12月31日的相关会计分录：

借：营业外支出　200

　贷：预计负债　200

(2)基于假定一，甲公司的会计处理为：

借：预计负债　200

　营业外支出　20

　贷：银行存款　220

[如果尚未支付，则贷：其他应付款]

(3)基于假定二，甲公司的会计处理为：

借：预计负债　200

　贷：银行存款　190

　[如果尚未支付，则贷：其他应付款]

　　营业外支出　10

(2)如果企业在前期原本可以依据当时的实际情况和所掌握的证据合理估计诉讼损失，但企业所作的估计却与当时的事实严重不符，则应作为重大前期差错更正处理。

【例题7·计算分析题】甲公司2×21年12月31日涉及一项诉讼案件，甲公司估计败诉的可能性为70%，如败诉，赔偿金额很可能为200万元。甲公司实际确认预计负债20万元。

要求：

(1)假定一：2×21年发现本年的会计差错。编制甲公司的相关更正分录。

(2)假定二：2×22年1月6日(2×21年财务报告尚未批准报出)发现上年的会计差错。编制甲公司的相关更正分录。

(3)假定三：2×22年6月6日(2×21年财务报告已经报出)发现上年的会计差错。编制甲公司的相关更正分录。

答案

(1)基于假定一，甲公司的更正会计分录如下：

借：营业外支出　180

　贷：预计负债　180

(2)基于假定二，甲公司的更正会计分录如下(不考虑所得税)：

借：以前年度损益调整　180

　贷：预计负债　180

以前年度损益调整转入留存收益的分录略。

『提示』2×21年财务报告尚未报出，因此调整2×21年资产负债表年末数。

(3)基于假定三，甲公司的更正会计分录如下(不考虑所得税)：

借：以前年度损益调整　180

　贷：预计负债　180

以前年度损益调整转入留存收益的分录略。

『提示』2×21 年财务报告已报出，因此调整 2×22 年资产负债表年初数。

(3)如果企业在前期因确实无法合理预计诉讼损失而未确认预计负债，则应在该项损失实际发生时将其计入当期营业外支出。

【例题 8 · 计算分析题】甲公司 2×21 年 12 月 31 日涉及一项诉讼案件，甲公司估计败诉的可能性为 40%，如败诉，估计赔偿金额不确定。公司未确认预计负债，但是按照规定进行了或有事项的披露。2×22 年 5 月 7 日法院作出判决，甲公司应支付赔偿 72 万元。甲公司不再上诉，赔偿已经支付。

要求：编制甲公司 2×22 年的会计分录。

答案

借：营业外支出　　72

　贷：银行存款　　72

(4)资产负债表日后期间发生的需要调整或说明的未决诉讼，按照《企业会计准则第 29 号——资产负债表日后事项》的有关规定进行处理。

【快速记忆】前期预计的诉讼损失与当期实际的诉讼损失之间差额的处理思路如图 12-3所示。

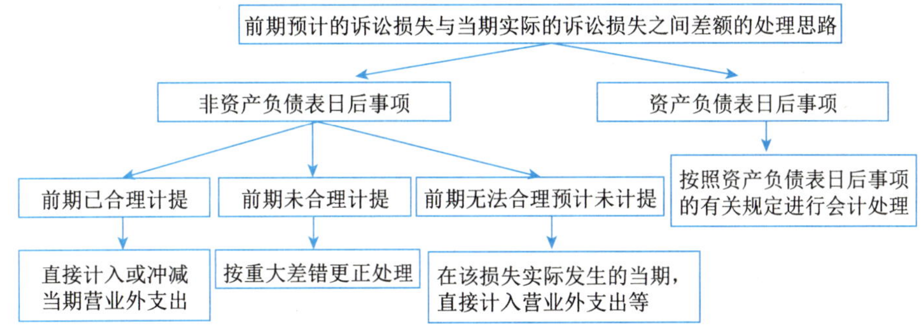

图 12-3　前期预计的诉讼损失与当期实际的诉讼损失之间差额的处理思路

(二)债务担保

【例题 9 · 计算分析题】A 公司是一家上市公司，A 公司持有 B 公司 30%的股权，将 B 公司作为联营企业核算。A 公司于 2×18 年为 B 公司向银行取得的 3 亿元贷款提供担保。2×21 年，B 公司因财务困难，未能按期履行还本付息义务，该贷款及担保形成诉讼事项，A 公司需要计提预计负债。P 公司是 A 公司的控股股东，P 公司在 2×21 年年末出具承诺函，承诺 A 公司如果因该贷款担保发生任何损失，P 公司将全部承担。至 2×21 年年末 A 公司预计全部担保损失为 30 100 万元。A 公司 2×21 年财务报告于 2×22 年 4 月 15 日批准对外报出。

要求：编制 A 公司的相关会计分录。

答案

A 公司因为其对外担保行为形成的损失，从担保行为产生的合同权利义务关系来看，应该由 A 公司承担，相应的损失应该计入 A 公司的损益。P 公司作为控股股东代 A 公司承担担保损失，是控股股东对 A 公司的捐赠，属于资本性投入，A 公司应该在收到的时候计入资本公积。A 公司在 2×21 年年末的会计处理为：

借：营业外支出　　30 100

　贷：预计负债　　30 100

假定 2×22 年 5 月 7 日，法院要求 A 公司承担担保损失 30 200 万元，P 公司代 A 公司实际支付了该款项。A 公司的相关会计分录为：

借：预计负债　　30 100

　　营业外支出　　100

　贷：资本公积　　30 200

(三)产品质量保证

【例题 10 · 计算分析题】2×22 年年

初，A公司的“预计负债—产品质量保证”科目余额为100万元。对购买其产品的消费者，A公司作出如下承诺：产品售出后3年内如出现质量问题，A公司免费负责保修(属于法定质保)。根据该产品以前年度的维修记录，如果发生较小的质量问题，发生的维修费用为销售收入的1%；如果发生较大的质量问题，发生的维修费用为销售收入的2%。根据公司技术部门的预测，本年度销售的产品中，80%不会发生质量问题，15%可能发生较小质量问题，5%可能发生较大质量问题。A公司在2×22年实际发生的维修费为50万元(假定全部为职工薪酬)。2×22年销售产品10 000台，每台售价为3.6万元。

要求：根据上述资料，编制A公司的相关会计分录。

答案

(1)实际发生维修费：

借：预计负债　　50

　贷：应付职工薪酬　　50

(2)产品质量保证金额=10 000×3.6×(1%×15%+2%×5%)=90(万元)。

借：销售费用　　90

　贷：预计负债　　90

2×22年年末，“预计负债—产品质量保证”科目余额=100-50+90=140(万元)。

(四)待执行合同变为亏损合同

亏损合同，是指履行合同义务不可避免会发生的成本超过预期经济利益的合同。其中，“履行合同义务不可避免会发生的成本”应当反映退出该合同的**最低净成本**，即履行该合同的成本与未能履行该合同而发生的补偿或处罚两者之间的较低者。亏损合同产生的义务满足预计负债确认条件的，应当确认为预计负债。

1. 金额的确定

计量预计负债时，其金额应反映退出该合同的最低净成本(履行该合同的成本与未能履行该合同而发生的补偿或处罚两者之中较低者)。

根据“企业会计准则解释第15号”规定，一般情况下，企业履行合同的成本包括履行合同的增量成本和与履行合同直接相关的其他成本的分摊金额，其中，履行合同的增量成本包括直接人工、直接材料等；与履行合同直接相关的其他成本的分摊金额包括用于履行合同的固定资产的折旧费用分摊金额等。

2. 科目的确定

(1)待执行合同变为亏损合同时，合同**存在标的资产**的，应当对标的资产进行减值测试并按规定**确认减值损失**，此时，企业通常不需要确认预计负债；再将预计亏损超过该减值损失的部分确认为预计负债。

【例题11·计算分析题】 A公司与乙公司于2×21年11月签订不可撤销合同，A公司向乙公司销售其自产的A设备5 000台，合同价格为每台10万元(不含税)。该批设备在2×22年2月25日交货。至2×21年年末A公司已生产4 000台A设备，由于原材料价格上涨，单位成本达到10.20万元。预计其余未生产的1 000台A设备的单位成本与已生产的A设备的单位成本相同。不考虑相关税费。

要求：编制A公司的相关会计分录。

答案

A公司应对有标的的部分计提存货跌价准备，对没有标的的部分确认预计负债。

①有标的的部分，合同为亏损合同，确认减值损失。

借：资产减值损失　　800

　贷：存货跌价准备—A设备　　(4 000×0.2)800

②无标的的部分，合同为亏损合同，确认预计负债。

借：营业外支出　　200

　贷：预计负债　　(1 000×0.2)200

在这部分A设备生产出来后，将预计负债冲减成本。

借：预计负债　　200

贷：库存商品 200

(2)合同不存在标的资产的，亏损合同相关义务满足规定条件时，应当确认预计负债。

【例题 12 · 计算分析题】甲公司于2×21年12月与丙公司签订商品购销合同，合同规定甲公司应在2×22年3月以每件2万元的价格向丙公司销售1 000件产品，若不能按时交货，将对甲公司处以总价款20%的违约金，签订合同时产品尚未开始生产，甲公司准备生产产品时，原材料价格突然上涨，预计生产产品的成本将超过合同单价。

假定一：甲公司2×21年年末预计该产品的单位成本为2.2万元。2×22年2月底，该产品完工，实际单位成本仍为2.2万元。

假定二：甲公司在2×21年年末预计该产品的单位成本为2.6万元。

要求：根据上述资料，分别编制甲公司的相关会计分录。

答案

甲公司的相关会计处理如表12-1所示。

表 12-1 甲公司的相关会计处理

(1)基于假定一：	(2)基于假定二：
分析：甲公司预计单位成本为2.2万元，每件售价为2万元，待执行合同变为亏损合同。因该合同在2×21年年末不存在标的资产，故应确认预计负债	分析：甲公司预计单位成本为2.6万元，每件售价为2万元，待执行合同变为亏损合同。因合同不存在标的资产，故应确认预计负债
执行合同将发生的损失=1 000×(2.2-2)=200(万元)。 不执行合同的违约金损失=1 000×2×20%=400(万元)。 因此，选择执行合同，确认预计负债为： 借：营业外支出 200 　贷：预计负债 200	执行合同将发生的损失=1 000×(2.6-2)=600(万元)。 不执行合同的违约金损失=1 000×2×20%=400(万元)。 因此，选择不执行合同，确认预计负债为： 借：营业外支出 400 　贷：预计负债 400
产品完工后： 借：库存商品 (1 000×2.2)2 200 　贷：生产成本 2 200 借：预计负债 200 　贷：库存商品 200	支付时： 借：预计负债 400 　贷：银行存款 400

(五)重组义务

1. 重组义务的概念

重组是指企业制定和控制的，将显著改变企业组织形式、经营范围或经营方式的计划实施行为。

2. 重组义务的确认

企业只有在承担了重组义务，且同时满足或有事项的三项确认条件时，才能确认预计负债。

如果企业同时存在以下情况，则表明企业承担了重组义务：①有详细、正式的重组计划，包括重组涉及的业务、主要地点、需要补偿的职工人数及其岗位性质、预计重组支出、计划实施时间等；②该重组计划已对外公告。

在企业承担了重组义务的基础上，需进一步判断重组义务是否同时满足预计负债的三个确认条件。即：判断其承担的重组义务是否为现时义务、履行重组义务是否很可能导致经济利益流出企业、重组义务的金额是否能够可靠计量。

3. 重组义务的计量

企业应当按照与重组有关的直接支出确定预计负债金额。在计量与重组义务相关的预计负债时，不管相关资产(厂房、店面或事业部整体)的出售是否构成重组的一部分，企业均不能考虑处置相关资产可能形成的利得或损失。

与重组有关支出的判断如表 12-2 所示。

表 12-2　与重组有关支出的判断

支出项目	是否属于与重组有关的支出	是否确认预计负债	会计处理
自愿遣散	√	√	借：管理费用 　贷：应付职工薪酬
强制遣散	√	√	借：管理费用 　贷：应付职工薪酬
不再使用厂房的租赁撤销费	√	√	借：营业外支出 　贷：预计负债
将职工和设备从拟关闭的工厂转移到继续使用的工厂、剩余职工再培训费、新经理的招聘成本、推广公司新形象的营销成本、对新营销网络的投资、未来可辨认经营损失	×	× 支出与继续进行的活动相关	尚未发生费用，实际支出再编分录
特定固定资产的减值损失	×	× 支出与继续进行的活动相关	借：资产减值损失 　贷：固定资产减值准备

扫我做试题

一、单项选择题

1. ☆下列关于或有事项的说法中正确的是(　)。
   A. 企业无须对已经确认为负债的或有事项的账面价值进行复核
   B. 或有事项的潜在义务应当按照最可能发生的金额进行确认
   C. 或有事项符合确认条件确认为资产或者负债的，应当按照净额列入资产负债表
   D. 或有事项确认为负债的，按照最佳估计数的金额计量
2. 甲公司因一项销售合同与乙公司发生纠纷，致使乙公司遭受重大经济损失。乙公司将甲公司告上法庭，要求甲公司赔偿 500 万元。至 2×21 年 12 月 31 日，法院尚未就该诉讼作出判决。甲公司根据有关规定于 2×21 年年末确认预计负债 400 万元。2×22 年 2 月 1 日，法院判决甲公司败诉，甲公司应赔偿乙公司 600 万元。甲公司对上述判决结果不服，继续上诉，至 2×22 年 4 月 5 日，该项诉讼尚未结案。甲公司预计最可能赔偿的金额为 550 万元。甲公司 2×21 年的财务报告于 2×22 年 4 月 5 日批准对外报出。假定不考虑其他因素，则甲公司在 2×21 年财务报表中应列示的预计负债的金额为(　)。
   A. 50 万元　　B. 40 万元
   C. 60 万元　　D. 550 万元
3. 甲化工企业在生产过程中所产生的化工废料严重影响了当地环境。为此，当地居民将甲企业告上法庭，要求甲企业赔偿损失

200万元。甲企业经调查后发现，该环境污染是其所购买的乙公司环保设备不达标造成的。于是，甲公司对乙公司提起诉讼，要求其支付补偿金额180万元。至2×22年年末，上述诉讼均未判决。甲企业经咨询，预计其很可能需要向当地居民支付的赔偿金额为150万元，同时基本确定可从乙公司处获得180万元的补偿。税法规定，该赔偿金额在实际发生时允许税前扣除。甲企业适用的所得税税率为25%。不考虑其他因素，则下列会计处理中正确的是(　　)。

A. 甲企业应确认其他应收款180万元

B. 甲企业应该确认递延所得税资产37.5万元和递延所得税负债37.5万元

C. 针对甲企业因赔付义务所形成的负债与因向乙公司追偿所形成的资产，甲企业应以两者相抵后的净额进行列报

D. 甲企业不应确认资产和负债，应对上述事项在财务报表附注中进行披露

4. 2×22年5月，经董事会批准，甲公司自2×22年7月1日开始撤销其位于郊区的一个生产车间，拟辞退该车间的全部生产工人，并以自愿接受裁减的方式对车间管理人员进行裁减。该重组计划已对外公告。甲公司预计将发生以下支出：辞退生产工人将支付补偿费120万元，裁减部分车间管理人员将支付补偿费20万元；留用部分车间管理人员将发生转岗培训费50万元；撤销该车间租赁合同(短期租赁)将支付违约金30万元；将半成品运往其他生产车间将发生运输费10万元；此外处置该车间内的生产线将发生损失300万元，该生产线已符合划分为持有待售资产的相关条件。假定不考虑其他因素，则该重组计划对甲公司2×22年度的利润总额的影响为(　　)。

A. −140万元　　B. −170万元

C. −470万元　　D. −530万元

5. 2×21年1月1日，甲公司为乙公司的800万元债务提供担保。2×21年11月1日，乙公司因无力偿还到期债务被债权人起诉。至2×21年12月31日，法院尚未判决，但经咨询律师，甲公司认为有60%的可能性需要承担全部担保责任，赔偿800万元，并预计很可能承担诉讼费用10万元；有40%的可能性无须承担担保责任。2×22年3月6日，法院作出判决，甲公司需承担全部担保责任和诉讼费用。甲公司表示服从法院判决，于当日履行了担保责任，并支付了10万元的诉讼费。2×22年2月20日，甲公司2×21年度财务报告经董事会批准报出。不考虑其他因素，下列关于甲公司对该事项的处理不正确的是(　　)。

A. 在2×21年的利润表中将预计的诉讼费用10万元确认为管理费用

B. 在2×21年的利润表中确认营业外支出800万元

C. 在2×21年的财务报表附注中披露预计负债810万元

D. 在法院作出判决时，甲公司应按实际判决结果进行追溯调整

6. 2×21年A公司有关待执行合同资料如下：2×21年11月A公司与B公司签订合同，合同规定A公司应于2×22年1月向B公司销售甲商品，甲商品合同价格为800万元，如A公司单方面撤销合同，应支付违约金300万元。至2×21年12月31日A公司尚未购入商品，但是市场价格大幅度上升，A公司预计购买甲商品成本总额为1 000万元。针对2×21年A公司与B公司关于甲商品销售合同的会计处理，下列表述中正确的是(　　)。

A. 应根据执行合同所产生的损失200万元与违约金300万元两者中的较低者，确认预计负债200万元

B. 应根据执行合同所产生的损失200万元与违约金300万元两者中的较高者，确认预计负债300万元

C. 应根据执行合同所产生的损失 200 万元与违约金 300 万元两者中的较低者，确认资产减值损失 200 万元

D. 应根据执行合同所产生的损失 200 万元与违约金 300 万元两者中的较高者，确认资产减值损失 300 万元

7. 甲公司适用的所得税税率为 25%，税法规定，保修费用在实际发生时可以在应纳税所得额中扣除。2×22 年相关业务资料如下：甲公司为售出产品提供“三包”服务（法定质保），规定产品出售后一定期限内如果出现质量问题，将负责退换或免费提供修理。假定甲公司只生产和销售 A 产品一种产品。2×22 年年末甲公司按照当期该产品销售收入的 2%预计产品修理费用。2×22 年年初“预计负债—产品质量保证”科目余额为 45 万元，“递延所得税资产”余额为 11.25 万元（均为产品质量保证形成的），假定每年年末计算递延所得税资产或递延所得税负债。2×22 年年末实际销售收入为 2 000 万元，实际发生修理费用 30 万元，均为人工费用。2×22 年税前会计利润为 5 000 万元。下列关于 2×22 年有关产品质量保证的表述中，不正确的是（　）。

A. 2×22 年实际发生修理费用 30 万元应冲减预计负债

B. 2×22 年年末计提产品质量保证应借记“销售费用”40 万元

C. 2×22 年年末计提产品质量保证应贷记“预计负债”40 万元

D. 2×22 年年末“预计负债”科目的账面余额为 10 万元

8. 资料同上。下列关于甲公司 2×22 年与产品质量保证相关的所得税处理的表述中，正确的是（　）。

A. 2×22 年应交所得税为 1 252.5 万元

B. 2×22 年年末递延所得税资产余额为 2.5 万元

C. 2×22 年递延所得税资产发生额为 13.75 万元

D. 2×22 年所得税费用为 1 255 万元

9. 2×22 年甲公司有关待执行合同的资料如下：2×22 年 10 月甲公司与乙公司签订合同，约定甲公司应于 2×23 年 3 月向乙公司销售一批 A 产品，该批 A 产品的合同价格为 100 万元，乙公司应预付定金 15 万元，如甲公司单方面撤销合同，甲公司应双倍返还定金。甲公司于签订合同当日收到乙公司预付的定金 15 万元。由于原材料市场价格大幅度上升等因素，使得 A 产品成本超过财务预算，至 2×22 年年末 A 产品已完工并验收入库，A 产品成本为 120 万元。A 产品市场价格也随之上升，2×22 年年末 A 产品的公允价值为 130 万元，假定不考虑销售税费。下列有关甲公司对该销售合同会计处理的表述中，正确的是（　）。

A. 应确认资产减值损失 20 万元

B. 应确认资产减值损失 15 万元

C. 应确认预计负债 30 万元

D. 应确认预计负债 15 万元

10. 2×22 年甲公司有关待执行合同的资料如下：2×22 年 11 月，甲公司与丙公司签订合同，约定甲公司应于 2×23 年 4 月将生产的 B 产品销售给丙公司。B 产品合同价格为 220 万元。如甲公司单方面撤销合同，B 产品的违约金为合同价的 50%。由于原材料市场价格大幅度上升等因素，使得 B 产品成本超过财务预算，至 2×22 年年末 B 产品均已完工并验收入库，成本为 250 万元。2×22 年年末 B 产品公允价值为 300 万元。假定不考虑销售税费。下列关于甲公司对 B 产品销售合同会计处理的表述中，正确的是（　）。

A. 确认资产减值损失 30 万元

B. 确认资产减值损失 50 万元

C. 确认预计负债 50 万元

D. 确认预计负债 30 万元

二、多项选择题

1. ☆甲公司在2×20年发生的有关交易或事项如下：(1)2×20年1月1日，甲公司为乙公司的一笔银行贷款提供全额担保，并从乙公司取得一批质押物。由于乙公司未按期还款，银行向法院提起诉讼。2×20年12月31日，法院判决甲公司承担全额担保责任1 500万元。当日质押物的公允价值为1 800万元。(2)计提2×20年度产品质量保证金10万元(法定质保)。(3)2×20年12月，甲公司董事会决定关闭一个分公司，但尚未对外公布，也未采取任何实质性措施。甲公司预计关闭该分公司将发生相关支出800万元。不考虑其他因素，甲公司对上述交易或事项所做的会计处理中，正确的有(　)。

   A. 就担保事项确认负债1 500万元

   B. 就担保事项确认资产1 800万元

   C. 就产品质量保证金确认销售费用10万元

   D. 就关闭分公司事项确认负债800万元

2. 下列关于或有事项的会计处理，表述正确的有(　)。

   A. 因或有事项而确认的负债应通过“预计负债”或“应付职工薪酬”科目核算

   B. 极小可能导致经济利益流出企业的或有负债也应予以披露

   C. 对于因或有事项形成的潜在资产，应当分别不同情况确认或披露

   D. 对于因或有事项形成的潜在资产，不能加以确认，一般也不加以披露，除非很可能导致未来经济利益流入企业

3. 下列有关或有事项披露内容的表述中，正确的有(　)。

   A. 极小可能导致经济利益流出企业的或有负债一般不需要披露

   B. 因或有事项很可能获得的补偿应在资产负债表中单列项目反映

   C. 因或有事项而确认的负债应在资产负债表中单列项目反映

   D. 当未决诉讼的披露将对企业造成重大不利影响时，可以只披露其形成的原因

4. 下列关于预计负债的表述中，正确的有(　)。

   A. 待执行合同变成亏损合同的，该亏损合同产生的义务满足预计负债确认条件的应当确认为预计负债

   B. 企业应当就未来经营亏损确认预计负债

   C. 企业承担的重组义务满足预计负债确认条件的，应当确认为预计负债

   D. 企业应当按照与重组义务有关的直接支出确定预计负债金额

5. 企业清偿预计负债所需支出全部或部分预期由第三方补偿的，其正确的处理方法有(　)。

   A. 补偿金额只有在基本确定能够收到时才能作为资产单独确认

   B. 补偿金额只有在很可能收到时才能作为资产单独确认

   C. 确认的补偿金额不应当超过预计负债的账面价值

   D. 以扣除补偿金额后的净额确认预计负债

6. 2×22年12月1日，A公司与B公司签订一项不可撤销的产品销售合同，合同规定：A公司于3个月后向B公司销售一批产品，合同价格(不含增值税额)为500万元，如A公司违约，将支付违约金100万元。至2×22年年末，A公司为生产该产品已发生成本10万元，因原材料价格上涨，A公司预计生产该产品的总成本为560万元。2×22年年末，该在产品按市场销售价格计算的可变现净值为6万元。不考虑其他因素，2×22年12月31日，A公司下列相关会计处理表述正确的有(　)。

   A. 确认资产减值损失10万元

   B. 确认预计负债60万元

   C. 确认营业外支出50万元

D. 确认预计负债50万元

7. 资料同上。假如合同规定：如A公司违约，将支付违约金40万元。其他资料同上。不考虑其他因素，2×22年12月31日，A公司下列相关会计处理表述正确的有(　)。

A. 确认资产减值损失4万元

B. 确认资产减值损失10万元

C. 确认营业外支出40万元

D. 确认预计负债40万元

三、计算分析题

1. ABC公司有关业务如下：

(1)2×21年12月，ABC公司与甲公司签订一份不可撤销合同，约定在2×22年2月以每件4万元的价格向甲公司销售100件A产品；甲公司应预付定金60万元，若ABC公司违约，需双倍返还定金。ABC公司2×21年将收到的甲公司定金60万元存入银行。

2×21年12月31日，ABC公司的库存中没有A产品及生产该产品所需原材料。因原材料价格大幅上涨，ABC公司预计每件A产品的生产成本为5万元。2×21年12月31日，A产品市场销售价格为每件4.5万元。假定ABC公司销售A产品不发生销售费用。

(2)2×21年12月，ABC公司与乙公司签订一份B产品销售合同，约定在2×22年2月底以每件1.2万元的价格向乙公司销售3 000件B产品，违约金为合同总价款的20%。2×21年12月31日，ABC公司库存B产品3 000件，每件成本1.6万元，假定ABC公司销售B产品不发生销售费用。

(3)2×21年12月，ABC公司与丙公司签订一份C产品销售合同，约定在2×22年3月底以每件4万元的价格向丙公司销售200件C产品，如果ABC公司单方面撤销合同，应支付违约金100万元。2×21年12月31日，ABC公司库存C产品210件，每件成本为5万元，每件市场价格为4.8万元。假定ABC公司销售C产品不发生销售费用。

(4)2×21年11月，ABC公司与丁公司签订一份D产品销售合同，约定在2×22年2月末以每件4万元的价格向丁公司销售6 000件D产品，违约金为每件1万元。

至2×21年12月31日，ABC公司库存的D产品为4 000件(于2×21年11月以前生产)，每件成本为4.8万元，其余2 000件产品因原材料原因尚未生产，由于生产D产品所用原材料需要从某国进口，而该国出现金融危机，所需2 000件原材料预计2×22年3月以后才能进口，恢复生产的日期很可能在2×22年4月以后。假定市场上不存在D产品的价格。

(5)2×21年12月1日，ABC公司与戊公司签订一项不可撤销的产品销售合同，合同规定：ABC公司于3个月后交付戊公司一批E产品，合同价格为1 000万元，如ABC公司违约，将支付违约金200万元。至2×21年年末，ABC公司为生产该合同的E产品已发生成本40万元并记入“生产成本”科目，因原材料价格上涨，ABC公司预计生产E产品的总成本为1 160万元。

不考虑增值税等相关因素。

要求：

(1)根据资料(1)，分析、计算ABC公司应确认的预计负债或资产减值损失，并编制ABC公司有关的会计分录。

(2)根据资料(2)及下面的假定，分别分析、计算ABC公司应确认的预计负债或资产减值损失，并编制ABC公司有关的会计分录。

假定一，2×21年年末每件市场价格为2.4万元。

假定二，2×21年年末每件市场价格为1.6万元。

假定三，2×21年年末每件市场价格为

1.5万元。

假定四，2×21年年末每件市场价格为1.2万元。

(3)根据资料(3)，分析、计算ABC公司应确认的预计负债或资产减值损失，并编制ABC公司有关的会计分录。

(4)根据资料(4)，分析、计算ABC公司应确认的预计负债或资产减值损失，并编制ABC公司有关的会计分录。

(5)根据资料(5)，分析、计算ABC公司应确认的预计负债或资产减值损失，并编制ABC公司有关的会计分录。

2. A公司在2×20年至2×22年期间涉及一项欺诈发行股票罪。A公司历年年度财务报表于次年4月24日经董事会批准对外披露。相关资料如下：

(1)2×20年8月17日，A公司所在市检察院以欺诈发行股票罪对A公司提起公诉。2×20年12月2日，A公司所在地区级法院对A公司作出刑事判决，判定A公司犯欺诈发行股票罪，判处罚金400万元。A公司不再上诉，罚金400万元尚未支付。但A公司掌握的信息表明，市检察院认为原审法院量刑偏轻，预计将对区级法院的判决提出抗诉。

(2)2×21年1月31日，市检察院以原审法院量刑偏轻对区级法院的判决提出抗诉。2×21年3月29日，A公司所在地中级人民法院裁定撤销区级法院作出的刑事判决。虽然区级法院的判决被中级人民法院撤销，但A公司的法律顾问(包括A公司的内部法律顾问和本案中A公司聘请的代理律师)仍然认为，A公司因本诉讼案被判处的罚金很可能为400万元。

(3)2×21年4月26日(财务报表批准报出以后)，市检察院以欺诈发行股票罪、伪造金融票证罪、故意销毁会计凭证罪再次对A公司提起公诉。2×21年5月7日，中级人民法院对A公司所涉案件进行开庭审理。

2×22年2月7日，中级人民法院对A公司作出刑事判决，判定A公司犯欺诈发行股票罪，判处罚金1 000万元；犯伪造金融票证罪，判处罚金20万元；犯故意销毁会计凭证罪，判处罚金20万元；共处罚金1 040万元。A公司在上诉期内未对上述判决进行上诉。

其他资料：A公司2×20年度财务报告批准报出日为2×21年4月24日，2×21年度财务报告批准报出日为2×22年4月24日。

要求：

(1)根据资料(1)，说明A公司在2×20年是否应确认预计负债，并说明理由，如果需要确认预计负债，编制相关会计分录。

(2)根据资料(2)，针对中级人民法院2×21年3月29日裁定撤销区级法院作出的刑事判决的结果这一事项，判断A公司是否应作为资产负债表日后调整事项进行相应的会计处理，并说明会计处理方法。

(3)根据资料(3)，针对中级人民法院于2×22年2月7日对A公司所作出的刑事判决，A公司是否应作为前期差错更正进行会计处理，说明理由，并编制相关会计分录。

同步训练答案及解析

一、单项选择题

1. D 【解析】选项A，企业应当在资产负债表日对预计负债的账面价值进行复核，有确凿证据表明该账面价值不能真实反映当前最佳估计数的，应当按照当前最佳估计数对该账面价值进行调整。选项B，企业不应对潜在义务进行确认。选项C，预计负债与其他应收款(基本确定能够收到的补偿)不能相互抵销。

2. D 【解析】由于在财务报告批准报出日该项诉讼仍未结案，因此企业应在财务报告批准报出日前按照最可能发生的金额确定预计负债的金额，即应列示预计负债550万元。

3. B 【解析】选项A、D，针对本题中的诉讼事项，甲企业应确认预计负债150万元，由于甲企业清偿该预计负债所需支出基本确定可由乙公司补偿，因此甲企业应将该项补偿金作为资产(其他应收款)单独确认，且确认的补偿金额不应当超过预计负债的账面价值(150万元)；选项C，该诉讼事项预期能够形成的金融资产与前一未决诉讼并非直接相关，企业不具有当前可执行的法定抵销权利，不能在同一过程或周期内结算，也无法几乎消除全部的信用风险和流动性风险，不满足金融资产和金融负债抵销的条件。

4. C 【解析】甲公司产生的损益=-120-20-30-300=-470(万元)。

5. D 【解析】选项D，法院的判决发生在非日后期间，该事项不属于调整事项，因此甲公司不应对其进行追溯调整。

6. A 【解析】由于选择执行合同所产生的损失金额(200万元)小于违约金(300万元)，因此企业应选择执行合同；由于该合同不存在标的资产，所以企业应对其确认预计负债200万元。

7. D 【解析】实际发生修理费用：

借：预计负债—产品质量保证　30

　　贷：应付职工薪酬　30

计提产品修理费用：

借：销售费用　(2 000×2%)40

　　贷：预计负债—产品质量保证　40

年末“预计负债”科目的账面余额=45-30+40=55(万元)。

8. A 【解析】企业应确认的“应交税费—应交所得税”=(5 000-30+40)×25%=1 252.5(万元)；递延所得税资产的期末余额=55×25%=13.75(万元)；递延所得税资产的本期发生额=13.75-11.25=2.5(万元)；当期应确认的所得税费用=1 252.5-2.5=1 250(万元)。

9. D 【解析】①执行合同损失=120-100=20(万元)；②不执行合同违约金损失=15(万元)，如果不执行合同按照市场公允价值130万元销售，产生利润=130-120=10(万元)，不执行合同的净损失为5万元；③两相比较，应选择不执行合同，确认预计负债15万元。

10. A 【解析】执行合同的损失=250-220=30(万元)；不执行合同的损失(违约金)=220×50%=110(万元)，不执行合同按照市场公允价值300万元销售，产生利润=300-250=50(万元)，不执行合同的净损失为60万元。故应选择执行合同，确认资产减值损失30万元。

二、多项选择题

1. AC 【解析】事项(1)，法院已对该诉讼实际判决，甲公司应按照应承担的责任1 500万元确认为负债，选项A正确；甲公司应将质押物作为乙公司支付的补偿，确认为资产，但确认的补偿金额不应当超过预计负债的账面价值(1 500万元)事项(2)，对于产品质量保证金，甲公司应在确认预计负债的同时，将其计入销售费用，选项C正确；事项(3)，该重组事项尚未对外公布也未采取实质性措施，不符合重组义务的确认条件，选项D不正确。

2. AD 【解析】选项B，极小可能导致经济利益流出企业的或有负债一般不应予以披露；选项C，不能加以确认，一般也不加以披露，除非很可能导致未来经济利益流入企业。

3. AC 【解析】选项B，因或有事项基本确定可以获得的补偿才应在资产负债表中单列项目反映；选项D，在涉及未决诉讼、未决仲裁的情况下，按照或有事项准则规定披露全部或部分信息预期对企业造成重大不利影响的，企业无须披露这些信息，但应当披露该未决诉讼、未决仲裁的性质，以及没有披露这些信息的事实和原因。

4. ACD 【解析】选项 B，预计负债是对过去的交易或事项的确认，企业不应当就未来经营亏损确认预计负债。

5. AC 【解析】选项 B、D，补偿的金额应当在基本确定能够收到时作为资产单独确认，且不能抵减应确认的预计负债金额。

6. ACD 【解析】执行合同的损失 = 560 - 500 = 60（万元），不执行合同的损失 = 按照市场销售价格计算减值损失 4+违约金损失 100 = 104（万元），故选择执行合同。对已发生的成本计提资产减值损失 10 万元，对于执行合同的损失（60 万元）超过已发生成本（10 万元）的部分，确认预计负债 50 万元。

7. ACD 【解析】执行合同的损失 = 560 - 500 = 60（万元），不执行合同的损失 = 按照市场销售价格计算减值损失 4+违约金损失 40 = 44（万元），故选择不执行合同。按市场销售价格计提资产减值损失 4 万元，同时确认预计负债 40 万元。

三、计算分析题

1. 【答案】

(1)①与甲公司合同约定每件售价 4 万元，每件成本 5 万元，待执行合同变为亏损合同；因其不存在标的资产，故应确认预计负债。执行合同损失 = (5 - 4) × 100 = 100（万元）；不执行合同的违约金损失 = 60（万元）；因该合同形成的最低净成本 = 60（万元）；因此企业应选择不执行合同。

借：营业外支出　　60

　贷：预计负债　　60

②没有标的资产的情况下不需要减值测试。

(2)假定一：①与乙公司合同约定每件售价 1.2 万元，每件成本 1.6 万元，待执行合同变为亏损合同；因其存在标的资产，应对标的资产按照合同价格进行减值测试。可变现净值 = 3 000×1.2 = 3 600（万元），成本 = 3 000×1.6 = 4 800（万元），执行合同损失 = 4 800 - 3 600 = 1 200（万元）；

②不执行合同的违约金损失 = 3 000×1.2×20% = 720（万元），按照市场价格销售产品的收益 = 3 000×2.4 - 3 000×1.6 = 2 400（万元），即不执行合同取得收益 = 2 400 - 720 = 1 680（万元），因此应选择不执行合同。

③会计分录如下：

针对违约金损失确认预计负债：

借：营业外支出　　720

　贷：预计负债　　720

按照市场价格再次进行减值测试：由于市场价格每件 2.4 万元大于成本每件 1.6 万元，故不需要确认减值损失。

假定二：①同上。

②不执行合同的违约金损失 = 3 000×1.2×20% = 720（万元），按照市场价格销售产品的损失 = 3 000×1.6 - 3 000×1.6 = 0（万元），即不执行合同的总损失 = 720（万元），因此，应选择不执行合同。

③会计分录如下：

针对违约金损失确认预计负债：

借：营业外支出　　720

　贷：预计负债　　720

按照市场价格再次进行减值测试：由于市场价格每件 1.6 万元等于成本每件 1.6 万元，故不需要确认减值损失。

假定三：①同上。

②不执行合同的违约金损失 = 3 000×1.2×20% = 720（万元），按照市场价格销售产品的损失 = 3 000×1.6 - 3 000×1.5 = 300（万元），即不执行合同的总损失 = 720+300 = 1 020（万元），因此，应选择不执行合同。

③会计分录如下：

针对违约金损失确认预计负债：

借：营业外支出　　720

　贷：预计负债　　720

按照市场价格再次进行减值测试：由于市场价格每件1.5万元小于成本每件1.6万元，故需要确认减值损失300(3 000×1.6-3 000×1.5)万元。

借：资产减值损失　　300

　贷：存货跌价准备　　300

假定四：①同上。

②不执行合同的违约金损失=3 000×1.2×20%=720(万元)，按照市场价格销售产品的损失=3 000×1.6-3 000×1.2=1 200(万元)，即不执行合同的总损失=720+1 200=1 920(万元)，因此，应选择执行合同。

③会计分录如下：

借：资产减值损失　　1 200

　贷：存货跌价准备　　1 200

(3)①有合同部分：与丙公司合同约定每件售价4万元，每件成本5万元，待执行合同变为亏损合同；因其存在标的资产，应按合同价格进行减值测试。可变现净值=200×4=800(万元)，成本=200×5=1 000(万元)，执行合同损失=1 000-800=200(万元)；不执行合同的违约金损失=100(万元)，按照市场价格确认的销售损失=5×200-4.8×200=40(万元)，即不执行合同总损失=100+40=140(万元)；因此应选择不执行合同。

借：营业外支出　　100

　贷：预计负债　　100

②有合同部分按照市场价格再次进行减值测试：

可变现净值=200×4.8=960(万元)。

成本=200×5=1 000(万元)。

确认减值损失=1 000-960=40(万元)。

③未签订合同部分按照市场价格进行减值测试：

可变现净值=10×4.8=48(万元)。

成本=10×5=50(万元)。

确认减值损失=50-48=2(万元)。

借：资产减值损失　　42

　贷：存货跌价准备　　(40+2)42

(4)与丁公司签订销售6 000件D产品的合同，一部分存在标的资产，而另一部分不存在标的资产。

①存在标的资产的部分：

可变现净值=4 000×4=16 000(万元)，成本=4 000×4.8=19 200(万元)，执行合同损失=19 200-16 000=3 200(万元)；不执行合同的违约金损失=4 000×1=4 000(万元)；因此应选择执行合同，计提存货跌价准备3 200万元。

借：资产减值损失　　3 200

　贷：存货跌价准备　　3 200

②不存在标的资产的部分：

其余2 000件产品因原材料原因停产，恢复生产的日期很可能在2×22年4月以后。故很可能违约，不执行合同的违约金损失=2 000×1=2 000(万元)，应确认预计负债2 000万元。

借：营业外支出　　2 000

　贷：预计负债　　2 000

(5)①对于与戊公司签订的销售合同，其合同售价为1 000万元，成本总额为1 160万元，待执行合同变为亏损合同；②执行合同的损失=1 160-1 000=160(万元)，不执行合同的损失=200(万元)，故选择执行合同。ABC公司已经为生产该产品发生了成本40万元，因此应该先对在产品计提减值准备，预计总损失超出减值准备的部分确认预计负债。因此，该合同确认的预计负债=160-40=120(万元)。

借：资产减值损失　　40

　贷：存货跌价准备　　40

借：营业外支出　　120

　贷：预计负债　　120

2.【答案】

(1)确认预计负债。理由：满足预计负债

确认的三个条件：该义务是企业承担的现时义务；履行该义务很可能导致经济利益流出企业；该义务的金额能够可靠计量。

借：营业外支出　　400

　　贷：预计负债　　400

(2)属于资产负债表日后调整事项但是不需要调整其金额。理由：截至2×20年度财务报表批准报出日(2×21年4月24日)，根据新取得的诉讼事实及法律顾问的意见，A公司应在2×20年度财务报表中确认预计负债400万元。A公司与诉讼案件相关且能够取得的可靠信息包括市检察院的起诉书、区级法院的刑事判决书、市检察院的刑事抗诉书、中级人民法院刑事裁定书以及法律顾问的意见等，A公司根据上述信息在2×20年度财务报表中确认预计负债400万元，并将其计入报告年度损益。

(3)因没有确凿证据表明A公司存在重大过失或舞弊等情形从而导致其当时的会计估计存在差错，所以此种情形不属于会计差错。理由：2×22年2月7日中级人民法院对A公司作出刑事判决后，A公司编制2×21年度财务报表时能够取得的可靠信息就是中级人民法院的刑事判决书。由于A公司没有上诉，中级人民法院刑事判决书中所处罚金金额就是实际结果。该实际结果与前期所计提预计负债金额存在差异，并不表明前期会计估计是错误的。相反，由于取得了最新的信息，使得原先的会计估计不再符合中级人民法院的判决结果，A公司不得不对原先的会计估计进行修订。

因此，针对中级人民法院所处罚金超出2×20年度财务报表中原已计提预计负债的部分，A公司应在2×21年度财务报表中补计负债640万元，并计入2×21年度损益。

借：以前年度损益调整—营业外支出　　640

　　贷：预计负债　　640

借：预计负债　　1 040

　　贷：其他应付款　　1 040

借：其他应付款　　1 040

　　贷：银行存款　　1 040

(本笔分录在2×22年实际支付时编制)

第十三章　金融工具

考情解密

历年考情概况

本章包括金融资产、金融负债、权益工具、金融资产转移和套期会计等。本章的重点内容是各类金融资产的划分、初始计量、后续计量、金融负债与权益工具的区分等。本章既可以出客观题，也可以单独或结合其他相关考点出主观题，且历年考试中，本章确实既考查客观题，又考查主观题。本章内容比较重要，在近几年考试中平均分值为4~10分。

近年考点直击

考点	主要考查题型	考频指数	考查角度
金融工具基本概念	单选题、多选题	★★★	①给出相关资料，选择不应将其分类为权益工具的条款；②选择不属于金融负债的项目；③权益工具与金融负债的区分
债权投资	单选题、计算分析题	★★	①给出相关资料，要求计算摊余成本；②考查相关账务处理
其他债权投资、其他权益工具投资	单选题、多选题、计算分析题、综合题	★★★	①其他债权投资与外币业务的结合；②金融资产的终止确认；③给出相关资料，计算处置时的投资收益；④给出相关事项，选择影响损益的项目；⑤其他权益工具投资的账务处理；⑥其他权益工具投资转换为长期股权投资的处理
交易性金融资产	单选题、计算分析题	★★	①给出相关资料，要求计算持有期间的投资收益；②根据相关资料，考查金融资产的账务处理
金融资产分类、重分类	单选题、综合题	★★	①给出相关资料，考查金融资产的分类；②与会计差错更正相结合考查理财产品的分类和金融资产重分类的账务处理；判断金融资产是否以摊余成本计量
金融工具减值	单选题	★★	预期信用损失
套期会计	多选题	★	①套期交易中的被套期项目；②判断属于公允价值套期的被套期项目
金融资产转移	单选题、综合题	★★	①给出资料，判断是否符合终止确认条件；②与会计差错更正结合考查其账务处理

2022年考试变化

完善了业务模式的判断，增加了或有对价构成金融资产的分类、结构性存款的分类、特殊金融工具的分类，其他内容未发生实质性变动。

考点详解及精选例题

一、金融工具基本概念★★★

金融工具是指形成一方的金融资产并形成其他方的金融负债或权益工具的合同。金融工具包括金融资产、金融负债和权益工具。其中，合同的形式多种多样，可以是书面的，也可以不采用书面形式。实务中的金融工具合同通常采用书面形式。非合同的资产和负债不属于金融工具。

(一)金融资产定义

金融资产，是指企业持有的现金、其他方的权益工具以及符合下列条件之一的资产：

(1)从其他方收取现金或其他金融资产的合同权利。例如，企业的银行存款、应收账款、应收票据和贷款等均属于金融资产。

(2)在潜在有利条件下，与其他方交换金融资产或金融负债的合同权利。例如，企业持有的看涨期权或看跌期权等。

(3)将来须用或可用企业自身权益工具进行结算的非衍生工具合同，且企业根据该合同将收到可变数量的自身权益工具。

(4)将来须用或可用企业自身权益工具进行结算的衍生工具合同，但以固定数量的自身权益工具交换固定金额的现金或其他金融资产的衍生工具合同除外。

【快速记忆】金融工具准则所规范的金融资产包括：库存现金、银行存款、应收账款、应收票据、其他应收款、贷款、债权投资、其他债权投资、其他权益工具投资、交易性金融资产、衍生金融资产等。

长期股权投资、合同资产、预付账款、应收退货成本等均不属于上段所说的金融资产。

(二)金融负债和权益工具的定义

(1)金融负债的认定条件如图13-1所示。

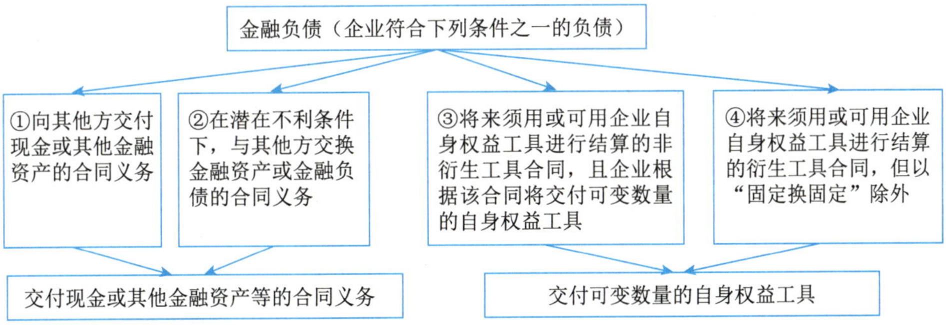

金融负债（企业符合下列条件之一的负债）
①向其他方交付现金或其他金融资产的合同义务
②在潜在不利条件下，与其他方交换金融资产或金融负债的合同义务
③将来须用或可用企业自身权益工具进行结算的非衍生工具合同，且企业根据该合同将交付可变数量的自身权益工具
④将来须用或可用企业自身权益工具进行结算的衍生工具合同，但以“固定换固定”除外
交付现金或其他金融资产等的合同义务
交付可变数量的自身权益工具

图13-1　金融负债的认定条件

例如，企业取得一项金融资产，并作出承诺：三个月后向卖方交付本企业发行的普通股，交付的普通股数量根据交付时的股价确定，此时不属于“以固定数量的自身权益工具交换固定金额的现金等”，故该项承诺是一项金融负债。

【例题1·单选题】☆甲公司为制造企业，下列交易或事项形成的现时义务，属于金融负债的是(　)。

A. 为已销售产品计提质量保证金(不构成单项履约义务)5 000万元

B. 按年度奖金计划计提的应付职工薪酬30万元

C. 预收乙公司商品采购款800万元

D. 向证券公司借入丙上市公司100万股股票对外出售

解析▶ 选项A，为销售产品计提的质量保证金(不构成单项履约义务)一般应该按照《企业会计准则第13号——或有事项》的规定确认为预计负债；选项B，需按照《企业会计准则第9号——职工薪酬》的规定，确认为应付职工薪酬；选项C，预收的商品采购款，是一项向其他单位交付存货的义务，不符合金融负债的定义。 **答案**▶ D

【快速记忆】金融工具准则所规范的金融负债包括：应付账款、长期借款、其他应付款、应付票据、应付债券、衍生金融负债等。

预收账款、合同负债、合同结算、应付职工薪酬、预计负债、应交税费等均不属于上段所说的金融负债。

(2)权益工具，是指能证明拥有某个企业在扣除所有负债后的资产中的剩余权益的合同。权益工具的认定条件如图13-2所示。

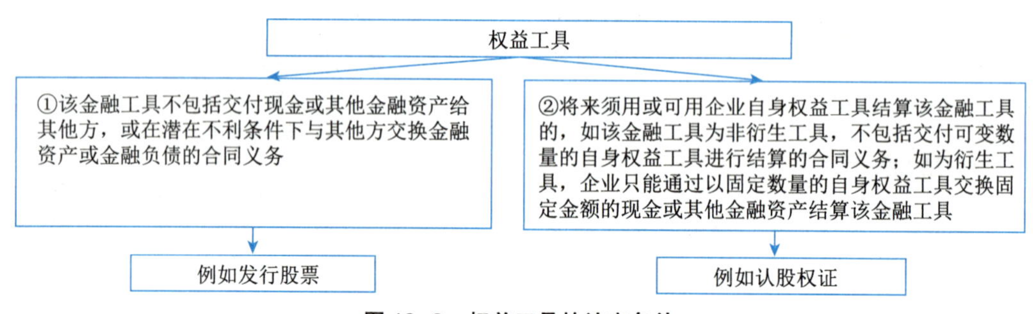

图13-2 权益工具的认定条件

(三)金融负债和权益工具区分的基本原则

1. 是否存在无条件地避免交付现金或其他金融资产的合同义务

(1)如果企业不能无条件地避免以交付现金或其他金融资产来履行一项合同义务，则该合同义务符合金融负债的定义。实务中，常见的该类合同义务情形包括：

①不能无条件地避免的赎回(指将自己发行的证券再买回来)，即金融工具发行方不能无条件地避免赎回此金融工具。

如果一项合同使发行方承担了以现金或其他金融资产回购自身权益工具的义务，即使发行方的回购义务取决于合同对手方是否行使回售权(也称“看跌期权”)，发行方也应当在初始确认时将该义务确认为一项金融负债。

如果发行方最终无须以现金或其他金融资产回购自身权益工具，应当在合同对手方回售权到期时将该项金融负债按照账面价值重分类为权益工具。

②强制付息，即金融工具发行方被要求强制支付利息。

(2)如果企业能够无条件地避免交付现金或其他金融资产，则不构成金融负债。

【例题2·计算分析题】甲公司发行了一项年利率为8%、无固定还款期限、可自主决定是否支付利息的不可累积永续债，其他合同条款如下：①该永续债嵌入了一项看涨期权，允许甲公司在发行第5年及之后以面值回购该永续债。②如果甲公司在第5年年末没有回购该永续债，则之后的票息率增加至12%(通常称为“票息递增”特征)。③该永续债票息在甲公司向其普通股股东支付股利时必须支付(即“股利推动机制”)。

假设：甲公司根据相应的议事机制能够自主决定普通股股利的支付；该公司发行该永续债之前多年来均支付普通股股利。

要求：判断上述金融工具应分类为权益工具还是金融负债，并说明理由。

答案▶应分类为权益工具。理由：尽管甲公司多年来均支付普通股股利，但由于甲公司能够根据相应的议事机制自主决定普通股股利的支付，并进而影响永续债利息的支付，对甲公司而言，该永续债并未形成支付现金或其他金融资产的合同义务；尽管甲公司有可能在第5年年末行使其回购权，但是甲公司并没有回购的合同义务，因此应将该永续债整体分类为权益工具。

【例题3 · 计算分析题】甲公司发行了一项年利率为8%、无固定还款期限、可自主决定是否支付利息的不可累积永续债，合同条款中包含的投资者保护条款如下：

当发行人未能清偿到期应付的其他债务的本金或利息时，发行人立即启动投资者保护机制(实务中有时将此类保护条款称为“交叉保护”)，即主承销商于20个工作日内召开永续债持有人会议。永续债持有人有权对如下处理方案进行表决：(1)无条件豁免违反约定；(2)有条件豁免违反约定，即如果发行人采取了补救方案(如增加担保)，并在30日内完成相关法律手续的，则豁免违反约定。

如上述豁免方案经表决生效，发行人应无条件接受持有人会议作出的上述决议，并于30个工作日内完成相关法律手续。如上述方案未获表决通过，则永续债本息应在持有人会议召开日的次日立即到期应付。

要求：判断该永续债应分类为权益工具还是金融负债，并说明理由。

答案应将该永续债分类为金融负债。理由：首先，能否有足够的资金支付到期的债务不在甲公司的控制范围内，即其无法控制是否会对债务产生违约；其次，当甲公司对债务产生违约时，其无法控制持有人大会是否会通过上述豁免方案。而当持有人大会决定不豁免时，永续债本息就到期应付。因此，甲公司不能无条件地避免以交付现金或其他金融资产来履行一项合同义务，该永续债符合金融负债的定义。

2. 是否通过交付固定数量的自身权益工具结算

(1)基于自身权益工具的非衍生工具。

①对于非衍生工具，如果发行方未来有义务交付可变数量的自身权益工具进行结算，则该非衍生工具是金融负债；否则，满足“固定换固定”条件，该非衍生工具是权益工具。

②如果将交付的企业自身权益工具数量是变化的，该合同应当分类为金融负债。

虽然企业通过交付自身权益工具来结算合同义务，该合同仍属于一项金融负债，而并非企业的权益工具。因为企业以可变数量的自身权益工具作为合同结算方式，该合同不能证明持有方享有发行方在扣除所有负债后的资产中的剩余权益。

【快速记忆】企业交付自身权益工具数量是变化的，即不满足“固定换固定”条件，应分类为金融负债。

(2)基于自身权益工具的衍生工具。

对于衍生工具，如果发行方只能通过以固定数量的自身权益工具交换固定金额的现金或其他金融资产进行结算(即“固定换固定”)，则该衍生工具是权益工具。

【快速记忆】衍生工具在金融负债和权益工具之间的划分如图13-3所示。

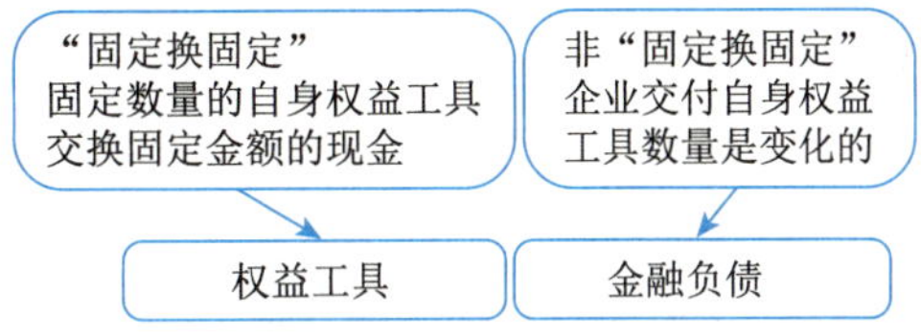

图13-3　衍生工具在金融负债和权益工具之间的划分

(四)金融工具区分的特别说明

1. 以外币计价的配股权、期权或认股权证

对全部现有同类别非衍生自身权益工具的持有方同比例发行配股权、期权或认股权证，使之有权按比例以固定金额的任何货币交换固定数量的该企业自身权益工具的，该类配股权、期权或认股权证应当分类为权益工具。但是不适用于其他工具，如以外币计价的可转换公司债券和并非按比例发行的配股权、期权或认股权证。

2. 或有结算条款

(1)分类为金融负债。

对于附有或有结算条款的金融工具，发行方不能无条件地避免交付现金、其他金融资产，应当分类为金融负债。

(2)分类为权益工具。

满足下列条件之一的，发行方应当将其分类为权益工具：

①要求以现金、其他金融资产进行结算的或有结算条款几乎不具有可能性，即相关情形极端罕见、显著异常或几乎不可能发生。

如果一项合同只有在上述不具有可能性的事件发生时才须以现金、其他金融资产(或以其他导致该工具成为金融负债的方式)进行结算，对金融工具进行分类时，不需要考虑这些或有结算条款，应将该合同确认为一项权益工具。

【例题4·单选题】 ☆2×17年1月1日，甲公司经批准发行10亿元优先股。发行合同规定：(1)前5年票面年利率固定为6%；从第6年起，每5年重置一次利率，重置利率为基准利率加上2%，最高不超过9%；(2)如果甲公司连续3年不分派优先股股利，投资者有权决定是否回售；(3)甲公司可根据相应的议事机制决定是否派发优先股股利(非累计)，但如果分配普通股股利，则必须先支付优先股股利；(4)如果因甲公司不能控制的原因导致控股股东发生变更的，甲公司必须按面值赎回该优先股。不考虑其他因素，下列各项关于甲公司上述发行优先股合同设定的条件会导致该优先股不能分类为所有者权益的因素是(　)。

A. 5年重置利率

B. 股利推动机制

C. 甲公司控股股东变更

D. 投资者有回售优先股的决定权

解析▶"甲公司因不能控制的原因导致控股股东发生变更，甲公司必须按面值赎回该优先股"以及"如果甲公司连续3年不分派优先股股利，投资者有权决定是否回售"这二者均属于或有结算条件，可能会导致该优先股分类为金融负债，但是"如果甲公司连续3年不分派优先股股利，投资者有权决定是否回售"是以发行方是否发放股利为前提的或有结算条件，此时是以发行方的行为为前提确定或有结算条款是否执行的，因此根据"持有者有回售优先股的决定权"不能判断甲公司有必须承担以现金或其他金融资产购回该优先股的义务，选项D错误；而控股股东变更不受甲公司的控制且该事项的发生或不发生也并非不具有可能性，因此甲公司不能无条件地避免赎回股份的义务，该工具应当划分为一项金融负债，选项C正确。

答案▶C

②只有在发行方清算时，才需以现金、其他金融资产或以其他导致该工具成为金融负债的方式进行结算，发行方应当将其分类为权益工具。

符合金融负债定义，但同时具有一定特征的、发行方仅在清算时才有义务向另一方按比例交付其净资产的金融工具(例如封闭式基金、理财产品的份额、信托计划等寿命固定的结构化主体的份额，实务中也称"有限寿命工具")，应当分类为权益工具。

③特殊金融工具中分类为权益工具的可回售工具。

可回售工具，是指根据合同约定，持有方有权将该工具回售给发行方以获取现金或其他金融资产的权利，或者在未来某一不确定事项发生或者持有方死亡或退休时，自动回售给发行方的金融工具。例如，某些开放式基金的可随时赎回的基金份额。

符合金融负债定义，但同时具有一定特征的可回售工具，应当分类为权益工具。

【财政部企业会计准则实施问答】 对于可回售工具，以及发行方仅在清算时才有义务向另一方按比例交付其净资产的金融工具，如果满足金融工具列报准则的要求，则发行方在其个别财务报表中作为权益工具列报，在企业集团合并财务报表中对应的少数股东权益部分，应当分类为金融负债。上述金融工具对于发行方而言不满足权益工具的定义，对于投资方而言也不属于权益工具投资，投资方不能将其指定为以公允价值计量且其变动计入其他综合收益的金融资产。

3. 结算选择权

对于存在结算选择权的衍生工具（例如，合同规定发行方或持有方能选择以现金净额或以发行股份交换现金等方式进行结算的衍生工具），发行方应当将其确认为金融资产或金融负债，会计核算时应通过“衍生工具”科目核算。

4. 合并财务报表中金融负债和权益工具的区分

在合并财务报表中对金融工具（或其组成部分）进行分类时，企业应考虑集团成员和金融工具的持有方之间达成的所有条款和条件，以确定集团作为一个整体是否由于该工具而承担了交付现金或其他金融资产的义务，或者承担了以其他导致该工具分类为金融负债的方式进行结算的义务。

二、 金融资产和金融负债的分类 ★★★

企业应当根据其管理金融资产的业务模式和金融资产的合同现金流量特征，对金融资产进行合理的分类。金融资产的分类如图13-4所示。

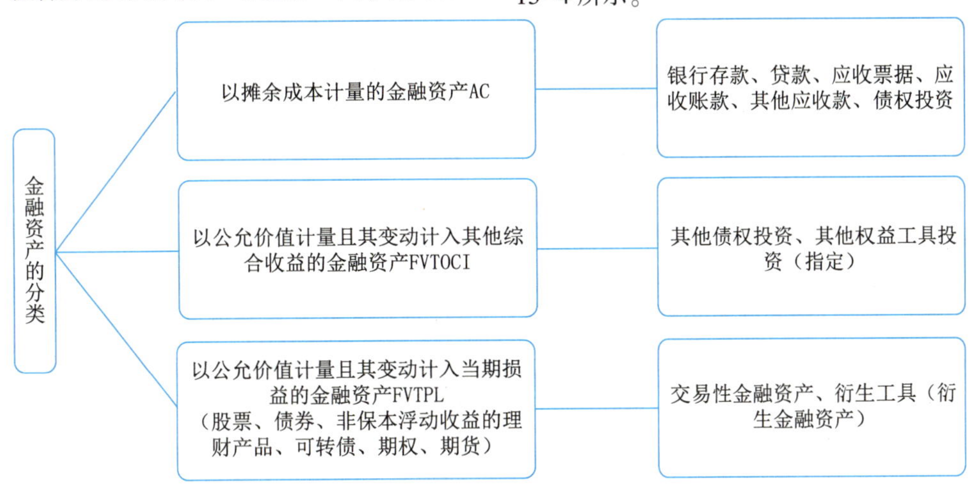

图 13-4　金融资产的分类

同时，企业应当结合自身业务特点和风险管理要求，对金融负债进行合理的分类。对金融资产和金融负债的分类一经确定，不得随意变更。

（一）金融资产的分类

1. 关于企业管理金融资产的业务模式

（1）业务模式评估。

企业管理金融资产的业务模式，是指企业如何管理其金融资产以产生现金流量。业务模式决定企业所管理金融资产现金流量的来源是收取合同现金流量、出售金融资产还是两者兼有。

同一企业可能会采用多个业务模式管理其金融资产。集团及各子公司应当根据各自的实际情况确定其管理金融资产的业务模式。而对于同一金融资产组合，集团和子公司对其管理该组合的业务模式的判断通常一致。

（2）以收取合同现金流量为目标的业务模式。

在此业务模式下，企业管理金融资产旨在通过在金融资产存续期内收取合同付款来实现现金流量，而不是通过持有并出售金融资产产生整体回报。

此时应注意以下问题。

①企业在金融资产的信用风险增加时为减少信用损失而将其出售，金融资产的业务模式仍然可能是以收取合同现金流量为目标

的业务模式。

②尽管企业持有金融资产是以收取合同现金流量为目标，但是企业无须将所有此类金融资产持有至到期。因此，即使企业出售金融资产或者预计未来出售金融资产，此类金融资产的业务模式仍然可能是以收取合同现金流量为目标。企业在评估金融资产是否属于该业务模式时，应当考虑此前出售此类资产的原因、时间、频率和出售的价值，以及对未来出售的预期。但是，此前出售资产的事实只是为企业提供相关依据，而不能决定业务模式。

③如果企业在金融资产到期日前出售金融资产[偶然出售(即使价值重大)，或出售的价值非常小(即使频繁发生)]，即使与信用风险管理活动无关，金融资产的业务模式仍然可能是以收取合同现金流量为目标。

④如果出售发生在金融资产临近到期时，且出售所得接近待收取的剩余合同现金流量，金融资产的业务模式仍然可能是以收取合同现金流量为目标。

因此，不能仅因存在出售情况或者出售超过一定比例而认为管理该金融资产的业务模式不是以收取合同现金流量为目标。

该业务模式包括贷款、应收账款(一般)、债权投资等，准则规定分类为以摊余成本计量的金融资产。

(3)以收取合同现金流量和出售金融资产为目标的业务模式。

在此业务模式下，企业的关键管理人员认为收取合同现金流量和出售金融资产对于实现其管理目标而言都是不可或缺的。

例如，企业的目标是管理日常流动性需求同时维持特定的收益率，或将金融资产的存续期与相关负债的存续期进行匹配。

与以收取合同现金流量为目标的业务模式相比，此业务模式涉及的出售通常频率更高、价值更大。因为出售金融资产是此业务模式的目标之一，在该业务模式下不存在出售金融资产的频率或者价值的明确界限。

该业务模式包括其他债权投资、符合条件的应收账款等，准则规定分类为以公允价值计量且其变动计入其他综合收益的金融资产。

(4)其他业务模式。

如果企业管理金融资产的业务模式，不是以收取合同现金流量为目标，也不是既以收取合同现金流量又以出售金融资产来实现其目标，该金融资产应当分类为以公允价值计量且其变动计入当期损益的金融资产，即交易性金融资产。

2. 关于金融资产的合同现金流量特征

以摊余成本计量的金融资产和以公允价值计量且其变动计入其他综合收益的金融资产的合同现金流量特征应当与基本借贷安排相一致。即相关金融资产在特定日期产生的合同现金流量仅为对本金和以未偿付本金金额为基础的利息的支付(SPPI：合同现金流测试)。

(1)本金是指金融资产在初始确认时的公允价值，本金金额可能因提前还款等原因在金融资产的存续期内发生变动；

(2)利息包括对货币时间价值、与特定时期未偿付本金金额相关的信用风险以及其他基本借贷风险、成本和利润的对价。在基本借贷安排中，利息的构成要素中最重要的通常是货币时间价值和信用风险的对价。

如果金融资产合同中包含与基本借贷安排无关的合同现金流量风险敞口或波动性敞口(例如权益价格或商品价格变动敞口)的条款，则此类合同不符合本金加利息的合同现金流量特征。

【快速记忆】SPPI：合同现金流测试如图13-5所示。

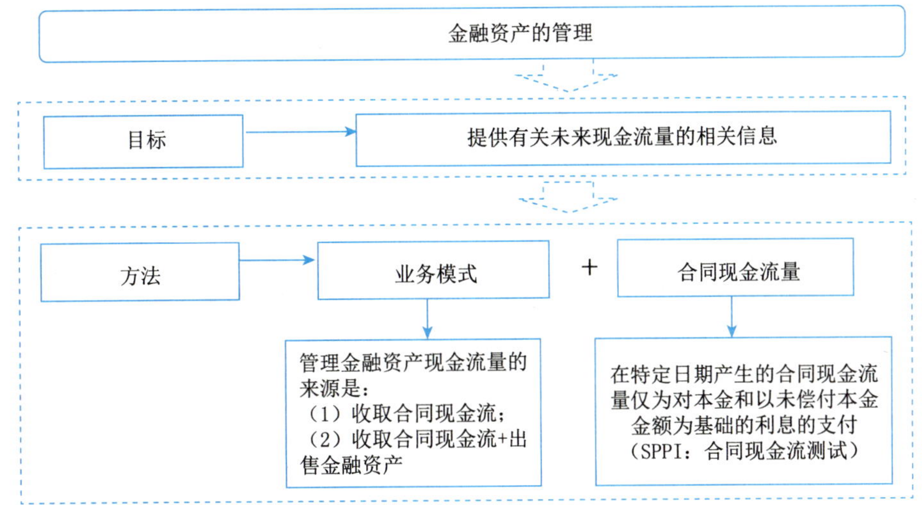

图 13-5　SPPI：合同现金流测试

3. 金融资产的具体分类

(1) 以摊余成本计量的金融资产。

金融资产同时符合下列条件的，应当分类为以摊余成本计量的金融资产：

①企业管理该金融资产的业务模式是以收取合同现金流量为目标。

②该金融资产的合同条款规定，在特定日期产生的现金流量，仅为对本金和以未偿付本金金额为基础的利息的支付。

企业应当设置"贷款""应收账款""债权投资"等科目核算。

【快速记忆】可以分类为以摊余成本计量的金融资产的常见内容如表 13-1 所示。

表 13-1　可以分类为以摊余成本计量的金融资产的常见内容

项目	内容
贷款	银行向企业客户发放的固定利率贷款，在没有其他特殊安排的情况下，贷款通常可能符合本金加利息的合同现金流量特征。如果银行管理该贷款的业务模式是以收取合同现金流量为目标，则该贷款可以分类为以摊余成本计量的金融资产
应收账款	企业正常商业往来形成的具有一定信用期限的应收账款，如果企业拟根据应收账款的合同现金流量收取现金，且不打算提前处置应收账款，则该应收账款可以分类为以摊余成本计量的金融资产
普通债券	普通债券的合同现金流量是到期收回本金及按约定利率在合同期间按时收取固定或浮动利息。在没有其他特殊安排的情况下，普通债券通常可能符合本金加利息的合同现金流量特征。如果企业管理该债券的业务模式是以收取合同现金流量为目标，则该债券可以分类为以摊余成本计量的金融资产

(2) 以公允价值计量且其变动计入其他综合收益的金融资产。(此处仅指债务工具投资)

金融资产同时符合下列条件的，应当分类为以公允价值计量且其变动计入其他综合收益的金融资产：

①企业管理该金融资产的业务模式既以收取合同现金流量为目标又以出售该金融资产为目标。

②该金融资产的合同条款规定，在特定日期产生的现金流量，仅为对本金和以未偿付本金金额为基础的利息的支付。

企业应当设置"应收账款""其他债权投资"科目核算。

【快速记忆】可以分类为以公允价值计量且其变动计入其他综合收益的金融资产的常见内容如表 13-2 所示。

表 13-2 可以分类为以公允价值计量且其变动计入其他综合收益的金融资产的常见内容

项目	内容
应收账款	企业与银行签订应收账款无追索权保理总协议，银行向企业授信，企业可以在需要时随时向银行出售应收账款。此种情况下，应收账款的业务模式符合"既以收取合同现金流量为目标又以出售该金融资产为目标"，且该应收账款符合本金加利息的合同现金流量特征，因此应当分类为以公允价值计量且其变动计入其他综合收益的金融资产。在会计报表上列示为"应收款项融资"项目
普通债券	如表 13-1 所述，普通债券通常可能符合本金加利息的合同现金流量特征，如果企业管理该债券的业务模式既以收取合同现金流量为目标又以出售该债券为目标，则该债券应当分类为以公允价值计量且其变动计入其他综合收益的金融资产

【例题 5 · 单选题】☆甲公司采用商业汇票结算方式结算已售产品货款，常持有大量的应收票据。甲公司对应收票据进行管理的目标是，将商业汇票持有至到期以收取合同现金流量，同时兼顾流动性需求贴现商业汇票。不考虑其他因素，甲公司上述应收票据在资产负债表中列示的项目是(　)。

A. 应收票据

B. 应收款项融资

C. 其他债权投资

D. 其他流动资产

解析 "应收款项融资"项目，反映资产负债表日以公允价值计量且其变动计入其他综合收益的应收票据和应收账款等，选项 B 正确。 **答案** B

【财政部企业会计准则实施问答】如果按照《企业会计准则第 22 号——金融工具确认和计量》(财会[2017]7 号)的规定，以"贷款基准利率"为基准的金融资产视为符合本金加利息的合同现金流量特征，那么调整为以"贷款市场报价利率"为基准的金融资产是否能够视为符合本金加利息的合同现金流量特征?

答案 《中国人民银行公告》([2019]第 15 号)公布了中国人民银行改革完善贷款市场报价利率(LPR)形成机制的决定，现行政策中涉及中国人民银行公布的贷款基准利率的，将调整为中国人民银行授权全国银行间同业拆借中心公布的贷款市场报价利率。从"贷款基准利率"调整为"贷款市场报价利率"本身不会导致相关金融资产不符合本金加利息的合同现金流量特征。例如，利率为"贷款市场报价利率+200 基点"，相关贷款符合合同现金流量特征；再如，利率为"贷款市场报价利率向上浮动 20%"，相关贷款不符合合同现金流量特征。

(3)以公允价值计量且其变动计入当期损益的金融资产。

企业分类为以摊余成本计量的金融资产和以公允价值计量且其变动计入其他综合收益的金融资产之外的金融资产，应当分类为以公允价值计量且其变动计入当期损益的金融资产。

【快速记忆】可以分类为以公允价值计量且其变动计入当期损益的金融资产的常见内容如表 13-3 所示。

表 13-3 可以分类为以公允价值计量且其变动计入当期损益的金融资产的常见内容

项目	内容
股票	股票的合同现金流量源自收取被投资企业未来股利分配以及其清算时获得剩余收益的权利。由于股利及获得剩余收益的权利均不符合本金和利息的定义，因此股票不符合本金加利息的合同现金流量特征

续表

项目	内容
基金	常见的股票型基金、债券型基金、货币基金或混合基金，基金一般情况下不符合本金加利息的合同现金流量特征。 非保本浮动收益的理财产品，一般情况下也不符合本金加利息的合同现金流量特征
可转换债券	可转换债券除按一般债权类投资的特性到期收回本金、获取约定利息或收益外，还嵌入了一项转股权。通过嵌入衍生工具，企业获得的收益在基本借贷安排的基础上，会产生基于其他因素变动的不确定性。因此，可转换债券不符合本金加利息的合同现金流量特征

企业应当设置“交易性金融资产”科目核算。

【例题6·综合题】☆（节选）2×18年，甲公司发生的相关交易或事项如下：

(1)1月1日，甲公司以2 500万元从乙公司购入其发行的3年期资产管理计划的优先级A类资产支持证券，该证券的年收益率为5.5%。该资产管理计划系乙公司将其所有的股权投资和应收款项作为基础资产发行的资产支持证券，该证券分为优先级A类、优先级B类和次级类三种。按照发行协议的约定，优先级A类和优先级B类按固定收益率每年初支付上一年的收益，到期偿还本金和最后一年的收益；基础资产中每年产生的现金流量，按优先级和次级顺序依次支付优先级A类、优先级B类和次级类持有者的收益。该资产管理计划到期时，基础资产所产生的现金流量按上述顺序依次偿付持有者的本金及最后一年的收益；如果基础资产产生的现金流量不足以支付所有持有者的本金及收益的，按上述顺序依次偿付。

(2)8月7日，甲公司以2 000万元购入由某银行发行的两年期理财产品，预计年收益率为6%。根据该银行理财产品合同的约定，将客户投资理财产品募集的资金投资于3A级公司债券、申购新股和购买国债。

要求：

(1)根据资料(1)，判断甲公司购入的优先级A类资产支持证券在初始确认时应当如何分类，并说明理由。

(2)根据资料(2)，判断甲公司购入的银行理财产品在初始确认时应当如何分类，并说明理由。

答案(1)甲公司应将购入的优先级A类资产支持证券在初始确认时将其分类为以公允价值计量且其变动计入当期损益的金融资产。理由：甲公司购入的优先级A类资产支持证券所属的基础资产不满足合同现金流量特征的条件。

(2)甲公司购入的银行理财产品在初始确认时应将其分类为以公允价值计量且其变动计入当期损益的金融资产。理由：由于甲公司购买的理财产品合同规定所作的三类投资项目，不全部是仅为对本金和以未偿付本金金额为基础的利息支付，不满足合同现金流量特征的条件。

【财政部企业会计准则实施问答】企业对持有的结构性存款进行会计处理，假设该结构性存款符合《中国银保监会办公厅关于进一步规范商业银行结构性存款业务的通知》(银保监办发〔2019〕204号)定义，即为嵌入金融衍生产品的存款，通过与利率、汇率、指数等的波动挂钩或者与某实体的信用情况挂钩，使存款人在承担一定风险的基础上获得相应的收益。通常应当分类为以公允价值计量且其变动计入当期损益的金融资产，记入“交易性金融资产”科目，并在资产负债表中“交易性金融资产”项目列示。

4. 金融资产分类的特殊规定

(1)非交易性权益工具投资指定。

权益工具投资一般不符合本金加利息的合同现金流量特征，因此只能分类为以公允价值计量且其变动计入当期损益的金融资产。然而在初始确认时，企业可以将非交易性权益工具投资指定为以公允价值计量且其变动计入其他综合收益的金融资产，并按金融工具相关准则规定确认股利收入。该指定一经作出，不得撤销。企业投资其他上市公司股票或者非上市公司股权的，都可能属于这种情形。

企业应当设置“其他权益工具投资”科目核算。

(2)基本会计处理原则。

初始确认时，企业可基于单项非交易性权益工具投资，将其指定为以公允价值计量且其变动计入其他综合收益的金融资产，其公允价值的后续变动计入其他综合收益，不需计提减值准备。除了获得的股利(明确代表投资成本部分收回的股利除外)计入当期损益外，其他相关的利得和损失(包括汇兑损益)均应当计入其他综合收益，且后续不得转入当期损益。当金融资产终止确认时，之前计入其他综合收益的累计利得或损失应当从其他综合收益中转出，计入留存收益。

(3)不能指定为以公允价值计量且其变动计入其他综合收益的金融资产。

①符合金融负债定义但是被分类为权益工具的特殊金融工具(包括可回售工具和发行方仅在清算时才有义务向另一方按比例交付其净资产的金融工具)本身并不符合权益工具的定义，因此从投资方的角度也就不符合指定为以公允价值计量且其变动计入其他综合收益的金融资产的条件。例如某些开放式基金，基金持有人可将基金份额回售给基金，该基金发行的基金份额并不符合权益工具的定义，只是按照金融工具列报准则符合列报为权益工具条件的可回售工具。这种情况下，投资人持有的该基金份额，不能指定为以公允价值计量且其变动计入其他综合收益的金融资产。

②企业在非同一控制下的企业合并中确认的或有对价构成金融资产的，该金融资产应当分类为以公允价值计量且其变动计入当期损益的金融资产，不得指定为以公允价值计量且其变动计入其他综合收益的金融资产。

【快速记忆】金融资产“三分类”的相关内容总结如表13-4所示。

表13-4　金融资产“三分类”的相关内容总结

金融资产类别	合同现金流量特征	金融工具类型	业务模式	会计科目	计量原则
第一类(以摊余成本计量的金融资产)	仅为对本金和以未偿付本金金额为基础的利息的支付(本金+利息)	债务工具(如普通债券、贷款、应收款项等)	收取合同现金流量	债权投资、贷款、应收账款等	实际利率法+摊余成本+减值
第二类(以公允价值计量且其变动计入其他综合收益的金融资产)	一般情形：同上	债务工具	收取合同现金流量以及出售	其他债权投资等	实际利率法+公允价值+减值
	直接指定：不属于以上情形	权益工具	非交易性	其他权益工具投资	公允价值
第三类(以公允价值计量且其变动计入当期损益的金融资产)	不属于以上两类(兜底分类)	债务工具、权益工具(如股票、基金、可转换债券等)	不属于以上两类	交易性金融资产	公允价值

(二)金融负债的分类

(1)以摊余成本计量的金融负债，包括应付债券、长期借款等。

(2)以公允价值计量且其变动计入当期损益的金融负债，包括交易性金融负债(含属于金融负债的衍生工具)和指定为以公允价值计量且其变动计入当期损益的金融负债。

在非同一控制下的企业合并中，企业作为购买方确认的或有对价形成金融负债的，该金融负债应当按照以公允价值计量且其变动计入当期损益进行会计处理。

(3)金融资产转移不符合终止确认条件或继续涉入被转移金融资产所形成的金融负债，包括继续涉入负债。

(4)部分财务担保合同，以及不属于以公允价值计量且其变动计入当期损益的金融负债的以低于市场利率贷款的贷款承诺。

三、债权投资与其他债权投资的计量及会计处理(如表13-5)★★★

表13-5　债权投资与其他债权投资的计量及会计处理

<table>
<tr><th>项目</th><th>债权投资
[以摊余成本计量的金融资产]</th><th>其他债权投资
[以公允价值计量且其变动计入其他综合收益的金融资产]</th></tr>
<tr><td>初始计量</td><td colspan="2">企业初始确认此类金融资产时，应当按照公允价值计量，相关交易费用应当计入其初始确认金额。但是企业取得金融资产所支付的价款中包含的已到付息期但尚未领取的债券利息，应当单独确认为应收项目进行处理</td></tr>
<tr><td rowspan="2">后续计量</td><td colspan="2">企业应当采用实际利率法计算确认利息收入等。实际利率法，是指计算金融资产或金融负债的摊余成本以及将利息收入或利息费用分摊计入各会计期间的方法。
(1)摊余成本。
金融资产或金融负债的摊余成本，应当以该金融资产或金融负债的初始确认金额经下列调整后的结果确定：①扣除已偿还的本金；②加上或减去采用实际利率法将该初始确认金额与到期日金额之间的差额进行摊销形成的累计摊销额；③扣除累计计提的损失准备(仅适用于金融资产)。
(2)利息收入计算方法。
①金融资产未发生减值，或金融资产发生减值且属于第一或第二阶段：
利息收入=金融资产期初账面余额×实际利率[如为其他债权投资，则此处所说的“账面余额”不包含“公允价值变动”明细科目金额]
②金融资产发生减值且属于第三阶段：
利息收入=金融资产期初摊余成本×实际利率</td></tr>
<tr><td>(3)不确认公允价值变动</td><td>(3)分类为以公允价值计量且其变动计入其他综合收益的金融资产所产生的所有利得或损失，除减值损失或利得和汇兑损益之外，均应当计入其他综合收益，直至该金融资产终止确认或被重分类。该金融资产终止确认时，之前计入其他综合收益的累计利得或损失应当从其他综合收益中转出，计入当期损益</td></tr>
<tr><td rowspan="2">账务处理</td><td>(1)取得债券投资时：
借：债权投资—成本[面值]
　　　　　—利息调整[差额，或贷方]
　　应收利息[购买价款中包含的已到付息期但尚未领取的债券利息]
　　贷：银行存款[实际支付金额]</td><td>(1)取得债券投资时：
借：其他债权投资—成本[面值]
　　　　　　　—利息调整[差额，或贷方]
　　应收利息[购买价款中包含的已到付息期但尚未领取的债券利息]
　　贷：银行存款[实际支付金额]</td></tr>
<tr><td>(2)期末计息：
借：应收利息[分期付息]
　　债权投资—应计利息[到期一次还本付息]
　　贷：投资收益[摊余成本×实际利率]
　　　　债权投资—利息调整[摊销额，或借方]
实际收到利息时：
借：银行存款
　　贷：应收利息</td><td>(2)期末计息：
借：应收利息[分期付息]
　　其他债权投资—应计利息[到期一次还本付息]
　　贷：投资收益[摊余成本×实际利率]
　　　　其他债权投资—利息调整[摊销额，或借方]
实际收到利息时：
借：银行存款
　　贷：应收利息</td></tr>
</table>

续表

<table>
<tr><th>项目</th><th>债权投资
[以摊余成本计量的金融资产]</th><th>其他债权投资
[以公允价值计量且其变动计入其他综合收益的金融资产]</th></tr>
<tr><td rowspan="2">账务处理</td><td>—</td><td>(3)期末确认公允价值变动：
借：其他债权投资—公允价值变动
贷：其他综合收益
或相反分录</td></tr>
<tr><td>(3)到期收到利息和本金：
借：银行存款
贷：应收利息[分期付息]
债权投资—应计利息[到期一次还本付息]
—成本</td><td>(4)处置时：
借：银行存款
其他综合收益[或贷方]
贷：其他债权投资—成本
—应计利息
—利息调整[或借方]
—公允价值变动[或借方]
投资收益[差额，或借方]</td></tr>
</table>

【例题7·综合题】甲公司为上市公司，2×21年12月31日，以21 900万元的价格购入乙公司于2×21年1月1日发行的5年期一次还本、分期付息债券，债券面值总额为20 000万元，付息日为每年1月5日，票面年利率为6%。另支付交易费用9.19万元。甲公司确定该债券实际利率为5%。甲公司于每年年末计提债券利息；根据其管理该债券的业务模式和该债券的合同现金流量特征，将该债券分类为两种假定情况：假定一，以摊余成本计量的金融资产；假定二，以公允价值计量且其变动计入其他综合收益的金融资产。

2×22年12月31日该债券的公允价值为21 000万元(不含利息)。

2×23年12月31日公允价值为20 700万元(不含利息)。不考虑减值因素。

2×24年1月6日，甲公司出售全部该债券，取得价款20 800万元。

要求：根据以上资料，分两种情况编制债权投资和其他债权投资的相关会计分录。[此处仅用于对比相关处理]

答案

(1)2×21年12月31日的会计处理如表13-6所示。

表13-6　2×21年12月31日的会计处理

划分为债权投资		划分其他债权投资	
借：债权投资—成本	20 000	借：其他债权投资—成本	20 000
应收利息	1 200	应收利息	1 200
债权投资—利息调整	709.19	其他债权投资—利息调整	709.19
贷：银行存款	21 909.19	贷：银行存款	21 909.19

(2)2×22年1月5日的会计处理如表13-7所示。

表13-7　2×22年1月5日的会计处理

划分为债权投资		划分为其他债权投资	
借：银行存款	1 200	借：银行存款	1 200
贷：应收利息	1 200	贷：应收利息	1 200

(3)2×22 年 12 月 31 日的会计处理如表 13-8 所示。

表 13-8 2×22 年 12 月 31 日的会计处理

划分为债权投资	划分为其他债权投资
①应收利息=20 000×6%=1 200(万元)。 ②实际利息收入=20 709.19×5%=1 035.46(万元)。 ③利息调整=1 200-1 035.46=164.54(万元)。 借:应收利息 1 200 贷:债权投资—利息调整 164.54 投资收益 1 035.46	①应收利息=同左 ②实际利息收入=同左 ③利息调整=同左 借:应收利息 1 200 贷:其他债权投资—利息调整 164.54 投资收益 1 035.46
④按照摊余成本进行后续计量,不需要编制分录。	④公允价值变动=21 000-(20 709.19-164.54)=455.35(万元)。 借:其他债权投资—公允价值变动 455.35 贷:其他综合收益 455.35
『提示』 ①年末债权投资的账面余额=20 709.19-164.54=20 544.65(万元)。 ②年末债权投资的账面价值=20 544.65(万元)	『提示』 ①年末其他债权投资的(不考虑公允价值变动明细)账面余额=20 544.65(万元)。【注:仅是计算下一年实际利息收入的基础】 ②年末其他债权投资的账面价值=21 000(万元)

(4)2×23 年 1 月 5 日,收到利息(略)。

(5)2×23 年 12 月 31 日的会计处理如表 13-9 所示。

表 13-9 2×23 年 12 月 31 日的会计处理

划分为债权投资	划分为其他债权投资
①应收利息=20 000×6%=1 200(万元)。 ②实际利息收入=20 544.65×5%=1 027.23(万元)。 ③利息调整=1 200-1 027.23=172.77(万元)。 借:应收利息 1 200 贷:债权投资—利息调整 172.77 投资收益 1 027.23	①应收利息=同左 ②实际利息收入=同左 ③利息调整=同左 借:应收利息 1 200 贷:其他债权投资—利息调整 172.77 投资收益 1 027.23
④按照摊余成本进行后续计量,不需要编制分录	④公允价值变动=20 700-(21 000-172.77)=-127.23(万元)。 借:其他综合收益 127.23 贷:其他债权投资—公允价值变动 127.23
『提示』 ①年末债权投资账面余额=20 544.65-172.77=20 371.88(万元)。 ②年末债权投资的账面价值=20 371.88(万元)	『提示』 ①年末其他债权投资的(不考虑公允价值变动明细)账面余额=20 544.65-172.77=20 371.88(万元)。 ②年末其他债权投资的账面价值=20 700(万元)

(6)2×24 年 1 月 5 日,收到利息:(略)。

(7)2×24 年 1 月 6 日,甲公司出售全部该债券(在此只针对其他债权投资进行讲解):

①"成本"=20 000(万元)

②"利息调整"=(1)709.19-(3)164.54-(5)172.77=371.88(万元)

③"公允价值变动"=(3)455.35-(5)127.23=328.12(万元)

④会计处理

借：银行存款　　　　　20 800
　　其他综合收益　　　　328.12
　贷：其他债权投资—成本　　20 000
　　　　　　　　　—利息调整
　　　　　　　　　　　　　　371.88
　　　　　　　　　—公允价值变动
　　　　　　　　　　　　　　328.12
　　　投资收益　　　　　　　428.12

『提示』如果上述债券为到期一次还本付息，其会计处理特别之处为将“应收利息”科目替换“债权投资—应计利息”或“其他债权投资—应计利息”。

四、交易性金融资产与其他权益工具投资的计量及会计处理（如表13-10）★★★

表 13-10　交易性金融资产与其他权益工具投资的计量及会计处理

项目	交易性金融资产 ［以公允价值计量且其变动计入当期损益的权益工具投资］	其他权益工具投资 ［以公允价值计量且其变动计入其他综合收益的非交易性权益工具投资］
初始计量	（1）企业初始确认金融资产，应当按照公允价值计量，相关交易费用应当直接计入当期损益	（1）企业初始确认金融资产，应当按照公允价值计量，相关交易费用应当计入初始确认金额
	（2）企业取得金融资产所支付的价款中包含的已宣告但尚未发放的现金股利，应当单独确认为应收项目进行处理	
后续计量	对于按照公允价值进行后续计量的金融资产，其公允价值变动形成的利得或损失，应当记入“公允价值变动损益”科目	指定为以公允价值计量且其变动计入其他综合收益的非交易性权益工具投资，除了获得的股利计入当期损益外，其他相关的利得和损失（包括汇兑损益）均应当计入其他综合收益，且后续不得转入当期损益。当其终止确认时，之前计入其他综合收益的累计利得或损失应当从其他综合收益中转出，计入留存收益
账务处理	（1）取得股票或股权投资 借：交易性金融资产—成本［公允价值］ 　　投资收益［交易费用］ 　　应收股利［支付的价款中包含的已宣告但尚未发放的现金股利］ 　　贷：银行存款	（1）取得股票或股权投资 借：其他权益工具投资—成本［公允价值+交易费用］ 　　应收股利［支付的价款中包含的已宣告但尚未发放的现金股利］ 　　贷：银行存款
	（2）公允价值变动 借：交易性金融资产—公允价值变动 　　贷：公允价值变动损益 或相反分录	（2）公允价值变动 借：其他权益工具投资—公允价值变动 　　贷：其他综合收益 或相反分录
	（3）宣告发放现金股利 借：应收股利 　　贷：投资收益 借：银行存款 　　贷：应收股利	（3）宣告发放现金股利 同左

续表

项目	交易性金融资产 ［以公允价值计量且其变动计入当期损益的权益工具投资］	其他权益工具投资 ［以公允价值计量且其变动计入其他综合收益的非交易性权益工具投资］
账务处理	(4)处置 借：银行存款 　贷：交易性金融资产—成本 　　　　　　　　　—公允价值变动［或借方］ 　　　投资收益［或借方］ 『提示』处置该金融资产时，其公允价值变动，不需要转入投资收益	(4)处置 借：银行存款 　其他综合收益 　贷：其他权益工具投资—成本 　　　　　　　　　　—公允价值变动［或借方］ 　　　盈余公积［或借方］ 　　　利润分配—未分配利润［或借方］

【例题8·综合题】 A公司按照净利润的10%计提盈余公积金，有关股票投资业务如下。

(1)2×20年11月6日，A公司购买B公司发行的股票100万股，成交价为每股25.2元，其中包含已宣告但尚未发放的现金股利每股0.2元，另付交易费用6万元，占B公司表决权资本的1%；

(2)2×20年11月10日，收到上述现金股利；

(3)2×20年12月31日，该股票每股市价为28元；

(4)2×21年4月3日，B公司宣告发放现金股利每股0.3元，4月30日，A公司收到现金股利；

(5)2×21年12月31日，该股票每股市价为26元；

(6)2×22年2月6日，A公司出售B公司全部股票，出售价格为每股30元，另支付交易费用8万元。

A公司将该股票分类为两种假定情况：①将其划分为以公允价值计量且其变动计入当前损益的金融资产；②将其指定为以公允价值计量且其变动计入其他综合收益的非交易性权益工具投资。

要求：根据以上资料，分两种情况编制交易性金融资产和其他权益工具投资的相关会计分录。［此处仅用于对比相关处理］

答案

(1)2×20年11月6日的会计处理如表13-11所示。

表13-11　2×20年11月6日的会计处理

划分为交易性金融资产	指定为其他权益工具投资
初始成本＝100×(25.2－0.2)＝2 500(万元)。 借：交易性金融资产—成本　2 500 　　投资收益　6 　　应收股利　20 　贷：银行存款　2 526	初始成本＝100×(25.2－0.2)＋6＝2 506(万元)。 借：其他权益工具投资—成本　2 506 　　应收股利　20 　贷：银行存款　2 526

(2)2×20年11月10日的会计处理如表13-12所示。

表13-12　2×20年11月10日的会计处理

划分为交易性金融资产	指定为其他权益工具投资
借：银行存款　20 　贷：应收股利　20	借：银行存款　20 　贷：应收股利　20

(3)2×20 年 12 月 31 日的会计处理如表 13-13 所示。

表 13-13 2×20 年 12 月 31 日的会计处理

划分为交易性金融资产	指定为其他权益工具投资
公允价值变动=100×28-2 500=300(万元)。 借:交易性金融资产—公允价值变动 300 贷:公允价值变动损益 300	公允价值变动=100×28-2 506=294(万元)。 借:其他权益工具投资—公允价值变动 294 贷:其他综合收益 294
①年末“交易性金融资产”项目列示金额=100×28=2 800(万元)。 ②影响本年营业利润的金额=-6+300=294(万元)	①年末“其他权益工具投资”项目列示金额=100×28=2 800(万元)。 ②影响本年营业利润的金额=0

(4)2×21 年 4 月 3 日及 4 月 30 日的会计处理如表 13-14 所示。

表 13-14 2×21 年 4 月 3 日及 4 月 30 日的会计处理

划分为交易性金融资产	指定为其他权益工具投资
借:应收股利 (100×0.3)30 贷:投资收益 30 借:银行存款 30 贷:应收股利 30	借:应收股利 (100×0.3)30 贷:投资收益 30 借:银行存款 30 贷:应收股利 30

(5)2×21 年 12 月 31 日的会计处理如表 13-15 所示。

表 13-15 2×21 年 12 月 31 日的会计处理

划分为交易性金融资产	指定为其他权益工具投资
公允价值变动=100×(26-28)=-200(万元)。 借:公允价值变动损益 200 贷:交易性金融资产—公允价值变动 200	公允价值变动=100×(26-28)=-200(万元)。 借:其他综合收益 200 贷:其他权益工具投资—公允价值变动 200
年末交易性金融资产账面价值=100×26=2 600(万元)。 影响本年营业利润的金额=30-200=-170(万元)	年末其他权益工具投资账面价值=100×26=2 600(万元)。 影响本年营业利润的金额=30(万元)

(6)2×22 年 2 月 6 日的会计处理如表 13-16 所示。

表 13-16 2×22 年 2 月 6 日的会计处理

划分为交易性金融资产	指定为其他权益工具投资
分析:明细科目为①成本=2 500(万元);②公允价值变动=(3)300-(5)200=100(万元)。 借:银行存款 (100×30-8)2 992 贷:交易性金融资产—成本 2 500 —公允价值变动 100 投资收益 (2 992-2 600)392 『提示』按照新会计准则,处置该金融资产时,其公允价值变动 100 万元,不需要转入投资收益	分析:明细科目为①成本=2 506(万元);②公允价值变动=(3)294-(5)200=94(万元)。 借:银行存款 (100×30-8)2 992 其他综合收益 94 贷:其他权益工具投资—成本 2 506 —公允价值变动 94 盈余公积 (486×10%)48.6 利润分配—未分配利润 437.4
交易性金融资产快速计算: 处置时影响投资收益=处置时影响营业利润=净售价2 992-账面价值 2 600=392(万元)	其他权益工具投资快速计算: 处置时影响投资收益=处置时影响营业利润=0; 持有期间累计确认投资收益=持有期间确认的股利收入 30 万元

【快速记忆】以公允价值计量且其变动计入其他综合收益的金融资产的总结如图 13-6 所示。

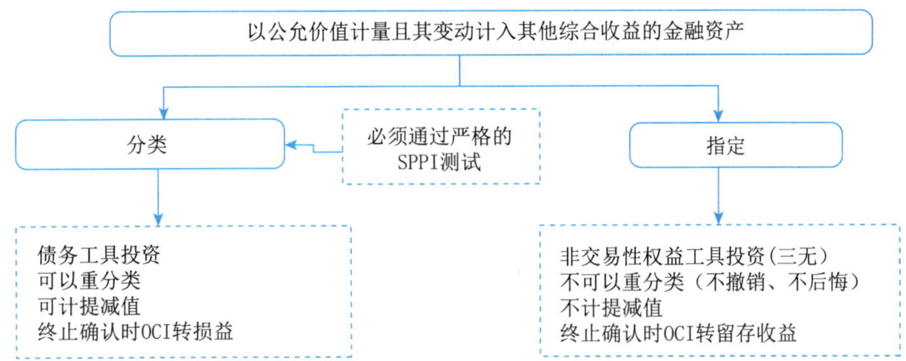

图 13-6　以公允价值计量且其变动计入其他综合收益的金融资产的总结

【例题 9 · 计算分析题】☆甲公司为一家上市公司，相关年度发生与金融工具有关的交易或事项如下：

(1)2×18 年 7 月 1 日，甲公司购入了乙公司同日按面值发行的债券 50 万张，该债券每张面值为 100 元，面值总额 5 000 万元，款项已以银行存款支付。根据乙公司债券的募集说明书，该债券的年利率为 6%(与实际利率相同)，自发行之日起开始计息，债券利息每年支付一次，于每年 6 月 30 日支付；期限为 5 年，本金在债券到期时一次性偿还。甲公司管理乙公司债券的目标是在保证日常流动性需求的同时，维持固定的收益率。

2×18 年 12 月 31 日，甲公司所持上述乙公司债券的公允价值(不含利息)为 5 200 万元。

2×19 年 1 月 1 日，甲公司基于流动性需求将所持乙公司债券全部出售，取得价款 5 202 万元。

(2)2×19 年 7 月 1 日，甲公司从二级市场购入了丙公司发行的 5 年期可转换债券 10 万张，以银行存款支付价款 1 050 万元，另支付交易费用 15 万元。根据丙公司可转换债券的募集说明书，该可转换债券每张面值为 100 元；票面年利率为 1.5%，利息每年支付一次，于可转换债券发行之日起每满 1 年的当日支付；可转换债券持有人可于可转换债券发行之日满 3 年后第一个交易日起至到期日止，按照 20 元/股的转股价格将持有的可转换债券转换为丙公司的普通股。

2×19 年 12 月 31 日，甲公司所持上述丙公司可转换债券的公允价值(不含利息)为 1 090 万元。

(3)2×19 年 9 月 1 日，甲公司向特定的合格投资者按面值发行优先股 1 000 万股，每股面值 100 元，扣除发行费用 3 000 万元后的发行收入净额已存入银行。根据甲公司发行优先股的募集说明书，本次发行优先股的票面股息率为 5%；甲公司在有可分配利润的情况下，可以向优先股股东派发股息；在派发约定的优先股当期股息前，甲公司不得向普通股股东分配股利；除非股息支付日前 12 个月发生甲公司向普通股股东支付股利等强制付息事件，甲公司有权取消支付优先股当期股息，且不构成违约；优先股股息不累积；优先股股东按照约定的票面股息率分配股息后，不再同普通股股东一起参加剩余利润分配；甲公司有权按照优先股票面金额加上当期已决议支付但尚未支付的优先股股息之和赎回并注销本次发行的优先股；本次发行的优先股不设置投资者回售条款，也不设置强制转换为普通股的条款；甲公司清算时，优先股股东的清偿顺序劣后于普通债务的债权人，但在普通股股东之前。

甲公司根据相应的议事机制，能够自主决定普通股股利的支付。

本题不考虑相关税费及其他因素。

要求：(1)根据资料(1)，判断甲公司所持乙公司债券应予确认的金融资产类别，从业务模式和合同现金流量特征两个方面说明理由，并编制与购入、持有及出售乙公司债券相关的会计分录。

(2)根据资料(2)，判断甲公司所持丙公司可转换债券应予确认的金融资产类别，说明理由，并编制与购入、持有丙公司可转换债券相关的会计分录。

(3)根据资料(3)，判断甲公司发行的优先股是负债还是权益工具，说明理由，并编制发行优先股的会计分录。

答案

(1)甲公司所持乙公司债券应予确认的金融资产类别是以公允价值计量且其变动计入其他综合收益的金融资产。

理由：由于甲公司管理乙公司债券的目标是在保证日常流动性需求的同时，维持固定的收益率，该种业务模式是以收取合同现金流量和出售金融资产为目标的业务模式；所持乙公司债券的合同现金流量特征与基本借贷安排相一致，即在特定日期产生的现金流量仅为对本金和以未偿付本金金额为基础的利息的支付。

借：其他债权投资—成本　　5 000
　贷：银行存款　　5 000

借：应收利息(5 000×6%×6/12)150
　贷：投资收益　　150

借：其他债权投资—公允价值变动
　　(5 200-5 000)200
　贷：其他综合收益　　200

注：如果条件中没有指明“期末公允价值5 200万元”中是否包含利息，则默认其包含利息。此种情况下，期末应确认的公允价值变动金额=5 200-5 000-150=50(万元)，后续分录金额做相应调整即可。

借：银行存款　　5 202
　投资收益　　148
　贷：其他债权投资—成本　　5 000
　　　—公允价值变动　　200
　　应收利息　　150

借：其他综合收益　　200
　贷：投资收益　　200

(2)甲公司所持丙公司可转换债券应予确认的金融资产类别是以公允价值计量且其变动计入当期损益的金融资产。

理由：由于嵌入了一项转股权，甲公司所持丙公司可转换债券在基本借贷安排的基础上，会产生基于其他因素变动的不确定性，不符合本金和以未偿付本金金额为基础的利息支付额的合同现金流量特征。

借：交易性金融资产—成本　　1 050
　投资收益　　15
　贷：银行存款　　1 065

借：应收利息
　　(10×100×1.5%×6/12)7.5
　贷：投资收益　　7.5

借：交易性金融资产—公允价值变动
　　40
　贷：公允价值变动损益　　40

(3)甲公司发行的优先股是权益工具。

理由：①由于本次发行的优先股不设置投资者回售条款，甲公司能够无条件地避免赎回优先股并交付现金或其他金融资产的合同义务；②由于甲公司有权取消支付优先股当期股息，甲公司能够无条件地避免交付现金或其他金融资产以支付股息的合同义务；③在发生强制付息事件的情况下，甲公司根据相应的议事机制能够决定普通股股利的支付，因此也就能够无条件地避免交付现金或其他金融资产以支付股息的合同义务。

借：银行存款　　97 000
　贷：其他权益工具　　97 000

【例题10·多选题】☆下列各项中，在相关资产处置时应当转入当期损益的有(　)。

A. 自用房地产转换为以公允价值计量的投资性房地产时计入其他综合收益的部分

B. 权益法下投资方应享有被投资单位因接受其他股东资本性投入导致所有者权益变动计入资本公积的金额

C. 指定为公允价值计量且其变动计入其他综合收益的权益工具投资，因以前期间公

允价值变动累计计入其他综合收益的金额

D. 同一控制下企业合并中长期股权投资初始投资成本与支付对价之间的差额计入资本公积的部分

解析 选项 A，处置时其他综合收益结转计入其他业务成本；选项 B，处置时资本公积结转计入投资收益；选项 C，其他综合收益结转计入留存收益；选项 D，处置时不需要结转。

答案 AB

五、交易性金融资产与交易性金融负债的计量及会计处理（如表 13-17）★

表 13-17　交易性金融资产与交易性金融负债的计量及会计处理

项目	交易性金融资产 ［以公允价值计量且其变动计入当期损益的债务工具投资］	交易性金融负债 ［以公允价值计量且其变动计入当期损益的金融负债］
初始计量	企业初始确认金融资产，应当按照公允价值计量，相关交易费用应当直接计入当期损益	企业初始确认金融负债，应当按照公允价值计量，相关交易费用应当直接计入当期损益
后续计量	对于按照公允价值进行后续计量的金融资产，其公允价值变动形成的利得或损失，应当记入“公允价值变动损益”科目	对于按照公允价值进行后续计量的金融负债，其公允价值变动形成的利得或损失，应当记入“公允价值变动损益”科目
账务处理	（1）取得金融资产： 借：交易性金融资产 　　贷：银行存款	（1）发行短期融资券： 借：银行存款 　　贷：交易性金融负债
	（2）期末确认公允价值变动： 借：交易性金融资产 　　贷：公允价值变动损益 或相反分录	（2）期末确认公允价值变动： 借：公允价值变动损益 　　贷：交易性金融负债 或相反分录。 因企业自身信用风险变动引起的公允价值的变动： 借：其他综合收益 　　贷：交易性金融负债 或相反分录
	（3）期末确认利息收入： 借：应收利息 　　贷：投资收益	（3）期末确认利息费用： 借：财务费用 　　贷：应付利息
	（4）到期收回本息： 借：银行存款 　　投资收益［或贷方］ 　　贷：交易性金融资产［账面价值］ 　　　　应收利息	（4）到期支付本息： 借：交易性金融负债［账面价值］ 　　应付利息 　　贷：银行存款 　　　　公允价值变动损益［或借方］ 该金融负债终止确认时，之前计入其他综合收益的累计利得或损失应当从其他综合收益中转出，计入留存收益

【例题 11 · 计算分析题】甲公司经批准公开发行短期融资券，发行规模为 10 000 万元，主承销商、簿记管理人为招商银行，联席主承销商为浦发银行。发行日为 2×20 年 6 月 30 日，起息日为 2×20 年 7 月 1 日，上市流通日为 2×20 年 7 月 8 日，期限为 12 个月，票面年利率 6%，每张面值为 100 元，共计 100 万张，到期一次还本付息。所募集资金主要用于公司购买原材料等流动资金需求。假定不考虑发行短期融资券相关的交易费用

以及企业自身信用风险变动。2×20 年 12 月 31 日，该短期融资券市场价格为每张 110 元（不含利息）；2×21 年 6 月 30 日，该短期融资券到期兑付完成。甲公司将该短期融资券指定为以公允价值计量且其变动计入当期损益的金融负债。

乙公司在发行当日以银行存款 10 000 万元购入甲公司发行的短期融资券，指定为以公允价值计量且其变动计入当期损益的金融资产。

要求：根据资料编制乙公司和甲公司相关会计分录。

答案

（1）发行时（购入时）的会计处理如表 13-18 所示。

表 13-18　发行时（购入时）的会计处理

指定为交易性金融资产			指定为交易性金融负债		
借：交易性金融资产	10 000		借：银行存款	10 000	
贷：银行存款		10 000	贷：交易性金融负债		10 000

（2）2×20 年 12 月 31 日的会计处理如表 13-19 所示。

表 13-19　2×20 年 12 月 31 日的会计处理

指定为交易性金融资产			指定为交易性金融负债		
借：交易性金融资产	（11 000-10 000）1 000		借：公允价值变动损益	（11 000-10 000）1 000	
贷：公允价值变动损益		1 000	贷：交易性金融负债		1 000
借：应收利息	（10 000×6%/2）300		借：财务费用	（10 000×6%/2）300	
贷：投资收益		300	贷：应付利息		300

（3）2×21 年 6 月 30 日的会计处理如表 13-20 所示。

表 13-20　2×21 年 6 月 30 日的会计处理

指定为交易性金融资产			指定为交易性金融负债		
借：应收利息	（10 000×6%/2）300		借：财务费用	300	
贷：投资收益		300	贷：应付利息		300
借：银行存款	10 600		借：交易性金融负债	11 000	
投资收益	1 000		应付利息	600	
贷：交易性金融资产		11 000	贷：银行存款		10 600
应收利息		600	公允价值变动损益		1 000

【快速记忆】金融资产的初始计量：

①交易性金融资产、交易性金融负债的初始计量：按照公允价值进行初始计量；相关交易费用计入当期损益；

②债权投资、其他债权投资、其他权益工具投资的初始计量：按照公允价值+相关交易费用确定入账价值。

【快速记忆】资产应当采用的后续计量方法：

①按照公允价值进行后续计量的：衍生工具（借方余额）、交易性金融资产、其他债权投资、其他权益工具投资、投资性房地产（公允价值模式）；

②按照摊余成本进行后续计量的：贷款、债权投资、应收款项（一般）、合同资产；

③按照成本与可变现净值孰低进行后续计量的：存货；

④按照账面价值与可收回金额孰低进行后续计量的：固定资产（在建工程）、无形资产（研发支出）、投资性房地产（成本模式）、

长期股权投资、商誉；

⑤按照账面价值与公允价值减去出售费用后的净额孰低进行后续计量的：持有待售的非流动资产或处置组。

六、金融工具的减值★★

（一）金融工具减值概述

新准则对金融工具减值的规定通常称为“预期信用损失法”。该方法与过去规定的、根据实际已发生减值损失确认减值准备的方法有着根本性不同。在预期信用损失法下，减值准备的计提不以减值的实际发生为前提，而是以未来可能的违约事件造成的损失的期望值来计量当前（资产负债表日）应当确认的减值准备。

1. 预期信用损失的定义

预期信用损失，是指以发生违约的风险为权重的金融工具信用损失的加权平均值。这里的发生违约的风险，可以理解为发生违约的概率。这里的信用损失，是指企业按照原实际利率折现的、根据合同应收的所有合同现金流量与预期收取的所有现金流量之间的差额，即全部现金流缺口的现值。由于预期信用损失考虑付款的金额和时间分布，因此即使企业预期能够全额收回合同约定的金额，但如果收款时间晚于合同规定的时间，也会产生信用损失。

【例题12·单选题】☆按照企业会计准则的规定，确定企业金融资产预期信用损失的方法是（　）。

A. 金融资产的预计未来现金流量与其账面价值之间的差额

B. 金融资产的公允价值与其账面价值之间的差额

C. 金融资产的公允价值减去处置费用后的净额与其账面价值之间的差额的现值

D. 应收取金融资产的合同现金流量与预期收取的现金流量之间差额的现值

解析▶预期信用损失，是指以发生违约的风险为权重的金融工具信用损失的加权平均值，企业应按照原实际利率折现的、根据合同应收的所有合同现金流量与预期收取的所有现金流量之间的差额，即全部现金短缺的现值，确认信用减值损失。　**答案**▶D

2. 适用减值规定的金融工具

具体包括以下各项：①债权投资、应收款项等；②其他债权投资；③租赁应收款；④合同资产；⑤企业作出的贷款承诺（不含以公允价值计量且其变动计入当期损益的金融负债）；⑥财务担保合同。

3. 金融工具减值的三阶段

按照准则相关规定，可以将金融工具发生信用减值的过程分为三个阶段，对于不同阶段的金融工具的减值有不同的会计处理方法。预期信用损失的确认和利息收入的计算如表13-21所示。

表13-21　预期信用损失的确认和利息收入的计算

	具体情形	信用损失准备的确认	利息收入的计算
三阶段模型	第一阶段：信用风险自初始确认后未显著增加（首次取得金融资产，或者其后期间信用风险未发生显著上升）	企业应当按照未来12个月的预期信用损失计量损失准备	账面余额（即未扣除减值准备）×实际利率
	第二阶段：信用风险自初始确认后已显著增加但尚未发生信用减值	企业应当按照该工具整个存续期的预期信用损失计量损失准备	同上
	第三阶段：初始确认后发生信用减值（存在已经发生信用减值的证据）	同上	摊余成本（账面余额减已计提减值准备）×实际利率

续表

具体情形	信用损失准备的确认	利息收入的计算
简化处理的金融资产	同上	账面余额（即未扣除减值准备）×实际利率

上述三阶段的划分，适用于购买或源生时未发生信用减值的金融工具。对于购买或源生时已发生信用减值的金融资产，企业应当仅将初始确认后整个存续期内预期信用损失的变动确认为损失准备，并按其摊余成本和经信用调整的实际利率计算利息收入。

（二）对信用风险显著增加的评估

1. 一般原则

企业应当在资产负债表日评估金融工具信用风险自初始确认后是否已显著增加。这里的信用风险，是指发生违约的概率。

（1）判断标准。

企业应当通过比较金融工具在初始确认时所确定的预计存续期内的违约概率和该工具在资产负债表日所确定的预计存续期内的违约概率，来判定金融工具信用风险是否显著增加。

（2）评估信用风险变化所考虑的因素。

在确定金融工具的信用风险水平时，企业应当考虑以合理成本即可获得的、可能影响金融工具信用风险的、合理且有依据的信息。合理成本即无须付出不必要的额外成本或努力。

（3）逾期与信用风险显著增加。

金融资产发生逾期，是指交易对手未按合同规定时间支付约定的款项，既包括本金不能按时足额支付的情况，也包括利息不能按时足额支付的情况。

逾期是金融工具信用风险显著增加的常见结果。因此，逾期可能被作为信用风险显著增加的标志。但是，信用风险显著增加作为逾期的主要原因，通常先于逾期发生。企业只有在难于获得前瞻性信息，从而无法在逾期发生前确定信用风险显著增加的情况下，才能以逾期的发生来确定信用风险的显著增加。换言之，企业应尽可能在逾期发生前确定信用风险的显著增加。

如果以合理成本即可获得合理且有依据的前瞻性信息，企业在确定信用风险是否显著增加时，不得仅依赖逾期信息。

无论企业采用何种方式评估信用风险是否显著增加，如果合同付款逾期超过（含）30 日，则通常可以推定金融资产的信用风险显著增加，除非企业以合理成本即可获得合理且有依据的信息，证明即使逾期超过 30 日信用风险仍未显著增加。例如，如果未能及时付款是由于管理上的疏忽而并非借款人本身的财务困难所致。

企业通常应当在金融工具逾期前确认整个存续期内的预期信用损失，因此，如果企业在逾期超过 30 日前可以确定信用风险显著增加，那么不得适用上述推定。企业确定信用风险显著增加的时点应当早于实际发生减值的时点，这是“预期信用损失法”的应有之义。

（4）逾期与违约。

企业在确定信用风险时所采用的违约定义，应当与其内部基于信用风险管理目的而采用的违约定义保持一致，并在必要时考虑其他定性指标，例如借款合同对债务人财务指标做出的限制性条款。

实务中，一些企业以逾期达到一定天数作为违约的标准。企业可以根据所处环境和债务工具特点对构成违约的逾期天数做出定义，但是，如果一项金融工具逾期超过（含）90 日，则企业应当推定该金融工具已发生违约，除非企业有合理且有依据的信息，表明以更长的逾期时间作为违约标准更为恰当。

信用风险显著增加的评估如图 13－7 所示。

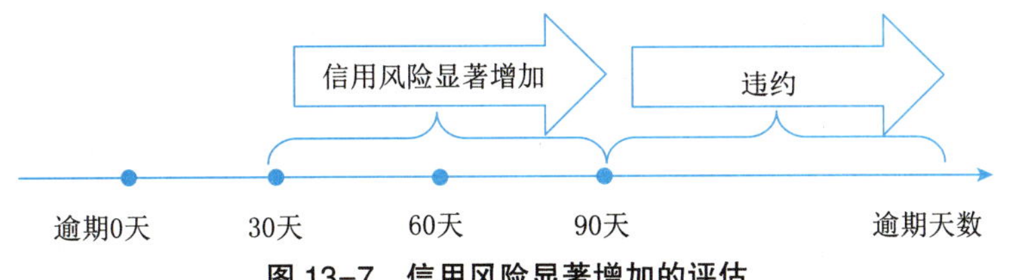

图 13-7 信用风险显著增加的评估

2. 特殊情形

出于简化会计处理、兼顾现行实务的考虑，准则规定了两类特殊情形。在这两类情形下，企业无须就金融工具初始确认时的信用风险与资产负债表日的信用风险进行比较分析。

(1)较低信用风险。

如果企业确定金融工具的违约风险较低，借款人在短期内履行其支付合同现金流量义务的能力很强，并且即使较长时期内经济形势和经营环境存在不利变化，也不一定会降低借款人履行其支付合同现金流量义务的能力，那么该金融工具可被视为具有较低的信用风险。例如，企业在具有较高信用评级的商业银行的定期存款可能被视为具有较低的信用风险。

(2)应收款项、租赁应收款和合同资产。

新收入准则规范的交易形成的不含重大融资成分的应收款项或合同资产，企业应当始终按照整个存续期内预期信用损失的金额计量其损失准备。

新收入准则规范的交易形成的包含重大融资成分的应收款项或合同资产和新租赁准则规范的交易形成的租赁应收款，企业可以作出会计政策选择，按照相当于整个存续期内预期信用损失的金额计量其损失准备。

【财政部企业会计准则实施问答】 企业对向其他企业提供的委托贷款、财务担保或向集团关联企业提供的资金借贷等进行减值会计处理时，是否可以采用按照整个存续期内预期信用损失的金额计量损失准备的简化处理方法？

答案 企业以预期信用损失为基础，对向其他企业提供的委托贷款、财务担保或向集团内关联企业提供的资金借贷等进行减值会计处理时，应当将其发生信用减值的过程分为三个阶段，对不同阶段的预期信用损失采用相应的会计处理方法，不得采用按照整个存续期内预期信用损失的金额计量损失准备的简化处理方法。

（三）预期信用损失的计量

根据准则，预期信用损失是以违约概率为权重的、金融工具现金流缺口(即合同现金流量与预期收到的现金流量之间的差额)的现值的加权平均值。这一定义说明了预期信用损失的基本计算方法。

1. 不同金融工具预期信用损失的计量

不同金融工具的预期信用损失有着不同的计算基础：

(1)对于金融资产，信用损失应为下列两者差额的现值：①企业依照合同应收取的合同现金流量，②企业预期能收到的现金流量。

(2)对于购买或源生时未发生信用减值、但在后续资产负债表日已发生信用减值的金融资产，企业在计量其预期信用损失时，应当基于该金融资产的账面余额与按该金融资产原实际利率折现的预计未来现金流量的现值之间的差额。

企业可在计量预期信用损失时运用简便方法。例如，对于应收账款的预期信用损失。

2. 折现率

对于购买或源生已发生信用减值的金融资产，企业应当采用在初始确认时确定的经信用调整的实际利率。

3. 预期信用损失的概率加权属性

企业对预期信用损失的估计，是概率加权的结果，应当始终反映发生信用损失的可能性以及不发生信用损失的可能性，而不是仅对最坏或最好的情形作出估计。

4. 估计预期信用损失的期间

估计预期信用损失的期间，是指相关金融工具可能发生的现金流缺口所属的期间。企业计量预期信用损失的最长期限应当为企业面临信用风险的最长合同期限(包括由于续约选择权可能延续的合同期限)。

12个月内预期信用损失，是指因资产负债表日后12个月内(若金融工具的预计存续期少于12个月则为更短的存续期间)可能发生的违约事件而导致的金融工具在整个存续期内现金流缺口的加权平均现值，而非发生在12个月内的现金流缺口的加权平均现值。例如，企业预计一项剩余存续期为3年的债务工具在未来12个月内将发生债务重组，重组将对该工具整个存续期内的合同现金流量进行调整，则所有合同现金流量的调整(无论归属在哪个期间)都属于计算12个月内预期信用损失的考虑范围。

预期信用损失的估计期间的确定如图13-8所示。

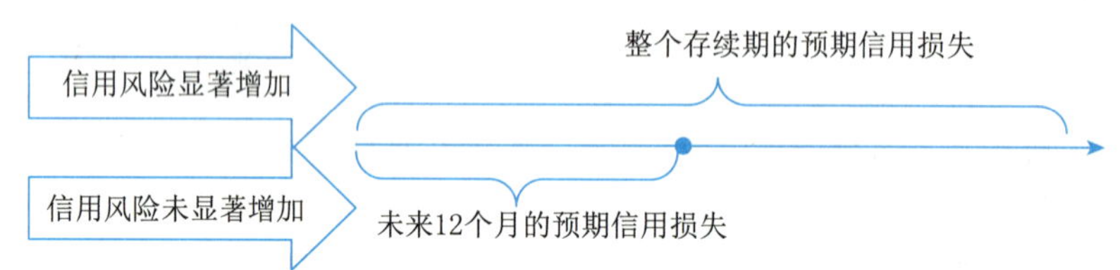

图13-8 预期信用损失的估计期间的确定

(四)金融工具减值的账务处理

1. 减值准备的计提和转回

借：信用减值损失

　　贷：债权投资减值准备[债权投资计提的减值]

　　　　其他综合收益[其他债权投资计提的减值]

　　　　坏账准备[应收款项计提的减值]

　　　　贷款损失准备

　　　　应收融资租赁货款减值准备

　　　　预计负债[用于贷款承诺及财务担保合同]

借：资产减值损失

　　贷：合同资产减值准备[合同资产计提的减值]

转回时，做相反的会计分录。

『提示』其他债权投资计提的信用减值计入其他综合收益。

2. 已发生信用损失金融资产的核销

企业实际发生信用损失，认定相关金融资产无法收回，经批准予以核销的，应当根据批准的核销金额，借记“贷款损失准备”等科目，贷记相应的资产科目，如“贷款”“应收账款”等。若核销金额大于已计提的损失准备，还应按其差额借记“信用减值损失”科目。

【例题13·计算分析题】(1)甲公司于2×20年12月15日购入一项公允价值为2 000万元的债务工具，分类为以公允价值计量且其变动计入其他综合收益的金融资产。该工具合同期限为5年，年利率为5%，实际利率为5%。初始确认时，甲公司已经确定其不属于购入或源生的已发生信用减值的金融资产。

(2)2×20年12月31日，由于市场利率变动，该债务工具的公允价值跌至1 900万元。甲公司认为，该工具的信用风险自初始确认后并无显著增加，应按12个月内预期信用损失计量损失准备，损失准备金额为60万元。

(3)2×21年1月1日，甲公司以当日的公允价值1 900万元作为售价，出售该债务工具。

要求：编制甲公司的相关会计分录(为简化处理，本例不考虑利息)。

答案

(1)购入该工具时：

借：其他债权投资—成本　　2 000

贷：银行存款 2 000

(2)2×20 年 12 月 31 日：

借：其他综合收益 (1 900−2 000)100

贷：其他债权投资—公允价值变动 100

借：信用减值损失 60

贷：其他综合收益 60

(3)2×21 年 1 月 1 日：

借：银行存款 1 900

投资收益 40

其他债权投资—公允价值变动 100

贷：其他综合收益 (100−60)40

其他债权投资—成本 2 000

七、 金融资产和金融负债的重分类★★

(一)金融工具重分类的原则

企业改变其管理金融资产的业务模式时，应当按照金融工具准则的相关规定对所有受影响的相关金融资产进行重分类。企业对所有金融负债均不得进行重分类。所以，金融资产(即非衍生债权资产)可以在以摊余成本计量、以公允价值计量且其变动计入其他综合收益和以公允价值计量且其变动计入当期损益之间进行重分类。

企业对金融资产进行重分类，应当自重分类日起采用未来适用法进行相关会计处理，不得对以前已经确认的利得、损失(包括减值损失或利得)或利息进行追溯调整。重分类日，是指导致企业对金融资产进行重分类的业务模式发生变更后的首个报告期间的第一天。

以下情形不属于业务模式变更：

(1)企业持有特定金融资产的意图改变。企业即使在市场状况发生重大变化的情况下改变对特定资产的持有意图，也不属于业务模式变更。

(2)金融资产特定市场暂时性消失从而暂时影响金融资产出售。

(3)金融资产在企业具有不同业务模式的各部门之间转移。

如果企业管理金融资产的业务模式没有发生变更，而金融资产的条款发生变更但未导致终止确认的，不允许重分类。如果金融资产条款发生变更导致金融资产终止确认的，不属于重分类，企业应当终止确认原金融资产，同时按照变更后的条款确认一项新金融资产。

【例题 14·多选题】☆2×18 年，甲公司及其子公司发生的相关交易或事项如下：(1)因乙公司的信用等级下降，甲公司将持有并分类为以摊余成本计量的乙公司债券全部出售，同时将该类别的债权投资全部重分类为以公允价值计量且其变动计入其他综合收益的金融资产；(2)因考虑公允价值变动对净利润的影响，甲公司将持有丙公司 8%的股权投资从以公允价值计量且其变动计入当期损益的金融资产，重分类为以公允价值计量且其变动计入其他综合收益的金融资产；(3)甲公司的子公司(风险投资机构)新取得丁公司 30%股权并对其具有重大影响，对其投资采用公允价值计量；(4)甲公司对戊公司增资，所持戊公司股权由 30%增加至 60%，并能够对戊公司实施控制，甲公司将对戊公司的股权投资核算方法由权益法改为成本法。下列各项关于甲公司及其子公司上述交易或事项会计处理的表述中，正确的有( )。

A. 甲公司出售所持乙公司债券后对该类别的债权投资予以重分类

B. 甲公司对所持丙公司股权投资予以重分类

C. 风险投资机构对所持丁公司股权投资以公允价值计量

D. 甲公司对戊公司股权投资核算方法由权益法改为成本法

解析▶ 企业改变其管理金融资产的业务模式时，应当按照规定对所有受影响的相关金融资产进行重分类。只有当企业开始或终止某项对其经营影响重大的活动时(如当企业收购、处置或终止某一业务线时)，其管理金融资产的业务模式才会发生变更。事项(1)信用等级下降，以及事项(2)考虑公允价值变动对净利润的影响，不是能够使企业改变管理金融资产业务模式的事项，因此事项(1)(2)金融资产不得进行重分类，选项 AB 不正确。

答案 CD

(二)金融资产重分类的计量

1. 以摊余成本计量的金融资产的重分类

(1)债权投资重分类为交易性金融资产，应当按照该资产在重分类日的公允价值进行计量，原账面价值与公允价值之间的差额计入当期损益。一般会计分录为：

借：交易性金融资产[公允价值]
　　债权投资减值准备[终止确认原损失准备]
　贷：债权投资[余额]
　　　公允价值变动损益[倒挤，或借记]

【例题 15·计算分析题】 2×19 年 10 月 15 日，甲银行以公允价值 500 万元(等于其面值)购入一项债券投资，并按规定将其分类为以摊余成本计量的金融资产，该债券的账面余额为 500 万元。2×20 年 10 月 15 日，甲银行变更了其管理债券投资组合的业务模式，该变更符合重分类的要求，因此，甲银行于 2×21 年 1 月 1 日将该债券从以摊余成本计量重分类为交易性金融资产。2×21 年 1 月 1 日，该债券的公允价值为 490 万元，已确认的减值准备为 6 万元。假设不考虑该债券的利息收入。

要求：编制甲银行的相关会计分录。

答案 甲银行的会计处理如表 13-22 所示。

表 13-22　甲银行的会计处理

重分类前的会计处理			重分类日 2×21 年 1 月 1 日的会计处理	
借：债权投资	500		借：交易性金融资产	490
贷：银行存款		500	债权投资减值准备	6
借：信用减值损失	6		公允价值变动损益	4(倒挤)
贷：债权投资减值准备		6	贷：债权投资	500

(2)债权投资重分类为其他债权投资，应当按照该金融资产在重分类日的公允价值进行计量。原账面价值与公允价值之间的差额计入其他综合收益。该金融资产重分类不影响其实际利率和预期信用损失的计量。一般会计分录为：

借：其他债权投资[公允价值]
　　债权投资减值准备[冲减原损失准备]
　贷：债权投资[余额]
　　　其他综合收益[倒挤]

【例题 16·计算分析题】 资料同上一道例题。假定甲银行于 2×21 年 1 月 1 日将该债券从以摊余成本计量的金融资产重分类为其他债权投资。

要求：编制甲银行的相关会计分录。

答案 甲银行的会计处理如表 13-23 所示。

表 13-23　甲银行的会计处理

重分类前的会计处理			重分类日 2×21 年 1 月 1 日的会计处理	
借：债权投资	500		借：其他债权投资	490
贷：银行存款		500	债权投资减值准备	6
借：信用减值损失	6		其他综合收益	4(差额)
贷：债权投资减值准备		6	贷：债权投资	500

2. 以公允价值计量且其变动计入其他综合收益的金融资产的重分类

(1)其他债权投资重分类为债权投资，应当将之前计入其他综合收益的累计利得或损失转出，调整该金融资产在重分类日的公允价值，并以调整后的金额作为新的账面价值，即视同该金融资产一直以摊余成本计量。该金融资产重分类不影响其实际利率和预期信用损失的计量。一般分录为：

借：债权投资[成本、利息调整、应计利息明细科目对应结转]

　　贷：其他债权投资

将重分类之前计入其他综合收益的累计利得或损失冲回：

借：其他综合收益—其他债权投资公允价值变动

　　贷：其他债权投资—公允价值变动

如果重分类前该金融资产存在预期信用损失而计提了损失准备，结转资产减值准备：

借：其他综合收益—信用减值准备

　　贷：债权投资减值准备

【例题17·计算分析题】2×20年10月15日，甲公司以公允价值500万元购入一项债券投资，并按规定将其分类为以公允价值计量且其变动计入其他综合收益的金融资产，该债券的账面余额为500万元。2×21年10月15日，甲公司变更了其管理债券投资组合的业务模式，该变更符合重分类的要求，因此，甲公司于2×22年1月1日将该债券从以公允价值计量且其变动计入其他综合收益的金融资产重分类为以摊余成本计量的金融资产。2×21年年末确认的减值准备为6万元。2×20年年末、2×21年年末和2×22年1月1日，该债券的公允价值分别为500万元、490万元和490万元。

要求：编制甲公司的相关会计分录(假设不考虑利息收入)。

答案 甲公司的会计处理如表13-24所示。

表13-24 甲公司的会计处理

重分类前的会计处理	重分类日2×22年1月1日的会计处理
借：其他债权投资—成本 500 　贷：银行存款 500	借：债权投资—成本 500 　贷：其他债权投资—成本 500
借：信用减值损失 6 　贷：其他综合收益 6	借：其他综合收益 6 　贷：债权投资减值准备 6
借：其他综合收益 (500-490)10 　贷：其他债权投资—公允价值变动 10	借：其他债权投资—公允价值变动 10 　贷：其他综合收益 10

『提示』应试时建议合并编制重分类日的会计分录。

(2)其他债权投资重分类为交易性金融资产，应当继续以公允价值计量该金融资产。同时，企业应当将之前计入其他综合收益的累计利得或损失从其他综合收益转入当期损益。一般会计分录为：

借：交易性金融资产—成本

　　贷：其他债权投资—成本

调整其他债权投资的公允价值变动：

借：其他债权投资—公允价值变动[或贷记]

　　公允价值变动损益[或贷记]

　　贷：其他综合收益[或借记]

　　　　交易性金融资产—公允价值变动[或借记]

存在减值准备的，应转回：

借：其他综合收益—信用减值准备

　　贷：公允价值变动损益

【例题18·计算分析题】资料同上一道例题，甲公司于2×22年1月1日将该债券从以公允价值计量且其变动计入其他综合收益的金融资产重分类为交易性金融资产。

要求：编制甲公司的相关会计分录（假设不考虑利息收入）。

答案▶甲公司的会计处理如表13-25所示。

表13-25 甲公司的会计处理

重分类前的会计处理	重分类日2×22年1月1日的会计处理
借：其他债权投资—成本 500 贷：银行存款 500	借：交易性金融资产—成本 500 贷：其他债权投资—成本 500
借：信用减值损失 6 贷：其他综合收益 6	借：其他综合收益 6 贷：公允价值变动损益 6
借：其他综合收益 (500-490)10 贷：其他债权投资—公允价值变动 10	借：其他债权投资—公允价值变动 10 公允价值变动损益 10 贷：其他综合收益 10 交易性金融资产—公允价值变动 10

3. 以公允价值计量且其变动计入当期损益的金融资产的重分类

（1）交易性金融资产重分类为债权投资，应当以其在重分类日的公允价值作为新的账面余额。

一般会计分录为：

借：债权投资［公允价值］

贷：交易性金融资产

对以公允价值计量且其变动计入当期损益的金融资产进行重分类的，企业应当根据该金融资产在重分类日的公允价值确定其实际利率。同时，企业应当自重分类日起对该金融资产适用金融资产减值的相关规定，并将重分类日视为初始确认日。

【例题19·计算分析题】 2×19年10月15日，甲银行以公允价值500万元购入一项债券投资，并按规定将其分类为以公允价值计量且其变动计入当期损益的金融资产，该债券的账面余额为500万元。2×20年10月15日，甲银行变更了其管理债券投资组合的业务模式，该变更符合重分类的要求，因此，甲银行于2×21年1月1日将该债券从以公允价值计量且其变动计入当期损益的金融资产重分类为以摊余成本计量的金融资产。该项金融资产在2×20年12月31日和2×21年1月1日的公允价值为490万元。

要求：编制甲银行的相关会计分录（假设不考虑利息收入）。

答案▶甲银行的会计处理如表13-26所示。

表13-26 甲银行的会计处理

重分类前的会计处理	重分类日2×21年1月1日的会计处理
借：交易性金融资产—成本 500 贷：银行存款 500 借：公允价值变动损益 (500-490)10 贷：交易性金融资产—公允价值变动 10	借：债权投资 490 贷：交易性金融资产 490

（2）交易性金融资产重分类为其他债权投资，应当继续以公允价值计量该金融资产。

一般会计分录为：

借：其他债权投资

贷：交易性金融资产［公允价值］

【例题20·计算分析题】 资料同上一道例题。甲银行于2×21年1月1日将该债券从以公允价值计量且其变动计入当期损益的金融资产重分类为其他债权投资。该项金融资产在2×20年12月31日和2×21年1月1日的公允价值为490万元。

要求：编制甲银行的相关会计分录(假设不考虑利息收入)。

答案 甲银行的会计处理如表13-27所示。

表13-27　甲银行的会计处理

重分类前的会计处理	重分类日2×21年1月1日的会计处理
借：交易性金融资产—成本　500 　贷：银行存款　500 借：公允价值变动损益　(500-490)10 　贷：交易性金融资产—公允价值变动　10	借：其他债权投资　490 　贷：交易性金融资产　490

【例题21·多选题】☆下列各项中，应当计入发生当期损益的有(　)。

A. 以现金结算的股份支付形成的负债在可行权日后结算前资产负债表日公允价值的变动

B. 原分类为权益工具的金融工具重分类为金融负债时公允价值与账面价值的差额

C. 自用房地产转换为采用公允价值模式计量的投资性房地产时公允价值小于原账面价值的差额

D. 以摊余成本计量的金融资产重分类为以公允价值计量且其变动计入当期损益的金融资产时公允价值与原账面价值的差额

解析 选项B，权益工具重分类为金融负债时账面价值与公允价值的差额应该计入资本公积，不能计入当期损益。**答案** ACD

八、永续债的会计处理★★★

(一)关于永续债发行方会计分类应当考虑的因素

永续债发行方在确定永续债的会计分类是权益工具还是金融负债时，应当考虑下列因素：

1. 关于到期日。

永续债发行方在确定永续债会计分类时，应当以合同到期日等条款内含的经济实质为基础，谨慎判断是否能无条件地避免交付现金或其他金融资产的合同义务。当永续债合同其他条款未导致发行方承担交付现金或其他金融资产的合同义务时，发行方应当区分下列情况处理：

(1)永续债合同明确规定无固定到期日且持有方在任何情况下均无权要求发行方赎回该永续债或清算的，通常表明发行方没有交付现金或其他金融资产的合同义务。即发行方分类为权益工具。

(2)永续债合同未规定固定到期日且同时规定了未来赎回时间(即“初始期限”)的：

①当该初始期限仅约定为发行方清算日时，通常表明发行方没有交付现金或其他金融资产的合同义务，即发行方分类为权益工具。但清算确定将会发生且不受发行方控制，或者清算发生与否取决于该永续债持有方的，发行方仍具有交付现金或其他金融资产的合同义务，即发行方分类为金融负债。

『提示』不受发行方控制：确认金融负债：a. 清算确定将会发生且不受发行方控制，或者清算发生与否取决于该永续债持有方的；b. 控股股东发生变更不受发行方控制。

②当该初始期限不是发行方清算日且发行方能自主决定是否赎回永续债时，发行方应当谨慎分析自身是否能无条件地自主决定不行使赎回权，即发行方分类为权益工具。如不能，通常表明发行方有交付现金或其他金融资产的合同义务，即发行方分类为金融负债。

2. 关于清偿顺序。

当永续债合同其他条款未导致发行方承担交付现金或其他金融资产的合同义务时，

发行方应当区分下列情况处理：

(1)合同规定发行方清算时永续债劣后于发行方发行的普通债券和其他债务的，通常表明发行方没有交付现金或其他金融资产的合同义务。即发行方分类为权益工具。

『提示』劣后资金相对于优先资金而言，在一个集合产品中，劣后资金承担全部风险，优先资金不承担风险，换句话说，亏的时候先亏劣后资金，优先资金不会亏，是保本的。

(2)合同规定发行方清算时永续债与发行方发行的普通债券和其他债务处于相同清偿顺序的，应当审慎考虑此清偿顺序是否会导致持有方对发行方承担交付现金或其他金融资产合同义务的预期，并据此确定其会计分类。

3. 关于利率跳升和间接义务。

如果发行方决定不赎回则永续债票息率上浮(即“利率跳升”或“票息递增”)的，发行方应当结合所处实际环境考虑该利率跳升条款是否构成交付现金或其他金融资产的合同义务。如果跳升次数有限、有最高票息限制(即“封顶”)且封顶利率未超过同期同行业同类型工具平均的利率水平，或者跳升总幅度较小且封顶利率未超过同期同行业同类型工具平均的利率水平，可能不构成间接义务；即发行方分类为权益工具。

如果永续债合同条款虽然规定了票息封顶，但该封顶票息水平超过同期同行业同类型工具平均的利率水平，通常构成间接义务，即发行方分类为金融负债。

(二)永续债持有方的会计处理

(1)对于属于权益工具投资的永续债，持有方应当将其分类为交易性金融资产，或在符合条件时对非交易性权益工具投资初始指定为其他权益工具投资。

(2)对于不属于权益工具投资的永续债，持有方应当将其分类为债权投资、其他债权投资、交易性金融资产。

【例题22·综合题】☆(节选)2×18年，甲公司发生的相关交易或事项如下：

10月1日，甲公司向特定的合格机构投资者按面值发行永续债3 000万元。根据募集说明书的约定，本次发行的永续债无期限，票面年利率为4.8%，按年支付利息；5年后甲公司可以赎回，如果不赎回，票面年利率将根据当时的基准利率上浮1%；除非利息支付日前12个月发生甲公司向普通股股东支付股利等强制付息事件，甲公司有权取消支付永续债当期的利息，且不构成违约；在支付约定的永续债当期利息前，甲公司不得向普通股股东分配股利；甲公司有权按照永续债票面金额加上当期已决议支付但尚未支付的永续债利息之和赎回本次发行的永续债；本次发行的永续债不设置投资者回售条款，也不设置强制转换为普通股的条款；甲公司清算时，永续债持有者的清偿顺序劣后于普通债务的债权人，但在普通股股东之前。

甲公司根据相应的议事机制，能够自主决定普通股股利的支付。

要求：根据资料，判断甲公司发行的永续债在初始确认时应当如何分类，说明理由，并编制相关的会计分录。

答案▶甲公司发行的永续债应当分类为权益工具。理由：甲公司能够无条件避免交付现金或其他金融资产的合同义务。

借：银行存款　　　　3 000
　　贷：其他权益工具　　　　3 000

九、金融资产转移★★

(一)金融资产终止确认的一般原则

金融资产终止确认，是指企业将之前确认的金融资产从其资产负债表中予以转出。金融资产满足下列条件之一的，应当终止确认：

(1)收取该金融资产现金流量的合同权利终止。

如因合同到期而使合同权利终止，金融

资产不能再为企业带来经济利益，应当终止确认该金融资产。

(2)该金融资产已转移，且该转移满足有关终止确认的规定。

企业收取一项金融资产现金流量的合同权利并未终止，但若企业转移了该项金融资产，同时该转移满足有关终止确认的规定，在这种情况下，企业也应当终止确认被转移的金融资产。

(二)分析所转移金融资产的风险和报酬转移情况

(1)企业转移了金融资产所有权上几乎所有风险和报酬的，应当终止确认该金融资产，并将转移中产生或保留的权利和义务单独确认为资产或负债。

以下情形表明企业已将金融资产所有权上几乎所有的风险和报酬转移给了转入方：

①企业无条件出售金融资产。企业出售金融资产时，如果根据与购买方之间的协议约定，在任何时候(包括所出售金融资产的现金流量逾期未收回时)购买方均不能够向企业进行追偿，企业也不承担任何未来损失，此时，企业可以认定几乎所有的风险和报酬已经转移，应当终止确认该金融资产。

②企业出售金融资产，同时约定按回购日该金融资产的公允价值回购。企业通过与购买方签订协议，按一定价格向购买方出售了一项金融资产，同时约定到期日企业再将该金融资产购回，回购价为到期日该金融资产的公允价值。此时，该项金融资产如果发生公允价值变动，其公允价值变动由购买方承担，因此可以认定企业已经转移了该项金融资产所有权上几乎所有的风险和报酬，应当终止确认该金融资产。同样，企业在金融资产转移以后只保留了优先按照回购日公允价值回购该金融资产的权利的，也应当终止确认所转移的金融资产。

③企业出售金融资产，同时与转入方签订看跌或看涨期权合约，且该看跌或看涨期权为深度价外期权(即到期日之前不大可能变为价内期权)，此时可以认定企业已经转移了该项金融资产所有权上几乎所有的风险和报酬，应当终止确认该金融资产。

(2)企业保留了金融资产所有权上几乎所有风险和报酬的，应当继续确认该金融资产。

以下情形通常表明企业保留了金融资产所有权上几乎所有的风险和报酬：

①企业出售金融资产并与转入方签订回购协议，协议规定企业将按照固定回购价格或是按照原售价加上合理的资金成本向转入方回购原被转移金融资产，或者与售出的金融资产相同或实质上相同的金融资产。

②企业融出证券或进行证券出借。

③企业出售金融资产并附有将市场风险敞口转回给企业的总回报互换。企业应当继续确认所出售的金融资产。

④企业出售短期应收款项或信贷资产，并且全额补偿转入方可能因被转移金融资产发生的信用损失。即当已转移的金融资产将来发生信用损失时，由企业(出售方)进行全额补偿。在这种情况下，企业保留了该金融资产所有权上几乎所有的风险和报酬，因此不应当终止确认所出售的金融资产。

⑤企业出售金融资产，同时与转入方签订看跌或看涨期权合约，且该看跌期权或看涨期权为一项价内期权。

⑥采用附追索权方式出售金融资产。企业出售金融资产时，如果根据与购买方之间的协议约定，在所出售金融资产的现金流量无法收回时，购买方能够向企业进行追偿，企业也应承担任何未来损失。此时，可以认定企业保留了该金融资产所有权上几乎所有的风险和报酬，不应当终止确认该金融资产。

【例题23·单选题】☆2×18年3月20日，甲公司将所持账面价值为7 800万元的5年期国债以8 000万元的价格出售给乙公司。按照出售协议的约定，甲公司出售该国债后，与该国债相关的损失或收益均归乙公司承担或享有。该国债出售前，甲公司将其分类为以公允价值计量且其变动计入其他综合收益的金融资产。不考虑其他因素，下列各项关于甲公司出售国债会计处理的表述中，正确的是(　)。

A. 将出售国债取得的价款确认为负债

B. 终止确认所持国债的账面价值

C. 出售国债取得的价款与其账面价值的差额计入所有者权益

D. 国债持有期间因公允价值变动计入其他综合收益的金额转为留存收益

解析 由于出售协议约定，甲公司出售国债后，与该国债相关的损失或收益均归乙公司承担或享有，因此符合终止确认条件，甲公司应终止确认所持国债的账面价值，将取得价款净额计入银行存款，选项A不正确，选项B正确；由于出售前甲公司将其分类为以公允价值计量且其变动计入其他综合收益的金融资产，因此出售取得价款与账面价值的差额计入投资收益，持有期间因公允价值变动计入其他综合收益的金额转入投资收益，选项CD不正确。 **答案** B

(3)企业既没有转移也没有保留金融资产所有权上几乎所有的风险和报酬的，应当判断其是否保留了对金融资产的控制，根据是否保留了控制分别进行处理。

如果没有保留对该金融资产的控制的，应当终止确认该金融资产。

企业既没有转移也没有保留金融资产所有权上几乎所有的风险和报酬，且未放弃对该金融资产控制的，应当按照其继续涉入被转移金融资产的程度确认有关金融资产，并相应确认有关负债。在这种情况下确认的有关金融资产和有关负债反映了企业所承担的被转移金融资产价值变动风险或报酬的程度。

【例题24·综合题】 ☆(节选)2×18年，甲公司发生的相关交易或事项如下：

9月30日，甲公司与其开户银行签订保理协议，将一年后到期的5 000万元不带息应收账款，按照4 800万元的价格出售给其开户银行。按照保理协议的约定，如果应收账款到期后债务人不能按期支付款项，甲公司有义务向其开户银行偿付。当日，甲公司收到其开户银行支付的4 800万元款项。

甲公司对应收账款进行管理的目标是，将应收账款持有到期后收取款项，同时兼顾流动性要求转让应收账款。

要求：根据资料，判断甲公司保理的应收账款在初始确认时应当如何分类，并说明理由；判断甲公司保理的应收账款能否终止确认，说明理由，并编制与应收账款保理相关的会计分录；说明该保理应收账款在甲公司2×18年12月31日资产负债表中列示的项目名称。

答案 甲公司保理的应收账款应在初始确认时分类为以公允价值计量且其变动计入其他综合收益的金融资产。

理由：甲公司管理应收账款的业务模式既以收取合同现金流量为目标，又以出售该金融资产为目标。

甲公司应收账款不符合终止确认的条件，不应终止确认。

理由：按照保理协议的约定，如果应收账款到期债务人不能按期支付款项，甲公司具有偿付的义务；该保理的应收账款的风险和报酬尚未转移，不应终止确认相应的应收账款。

借：银行存款　　4 800

　贷：短期借款　　4 800

借：财务费用

　　[(5 000−4 800)×3/12]50

　贷：短期借款　　50

甲公司2×18年12月31日资产负债表中列示的项目名称为：应收款项融资。

(三)金融资产转移的会计处理

1. 满足终止确认条件的金融资产转移的会计处理

(1)金融资产整体转移的会计处理。

金融资产整体转移形成的损益＝因转移

收到的对价-所转移金融资产账面价值+/-原直接计入其他综合收益的公允价值变动累计利得(或损失)[其他权益工具投资除外]

(2)金融资产部分转移的会计处理。

企业转移了金融资产的一部分，且该被转移部分满足终止确认条件的，应当将转移前金融资产整体的账面价值，在终止确认部分和继续确认部分之间，按照转移日各自的相对公允价值进行分摊。

2. 继续确认被转移金融资产的会计处理

企业保留了被转移金融资产所有权上几乎所有的风险和报酬的，表明企业所转移的金融资产不满足终止确认的条件，不应当将其从企业的资产负债表中转出。此时，企业应当继续确认所转移的金融资产整体，因资产转移而收到的对价，应当在收到时确认为一项金融负债。需要注意的是，该金融负债与被转移金融资产应当分别确认和计量，不得相互抵销。在后续会计期间，企业应当继续确认该金融资产产生的收入或利得以及该金融负债产生的费用或损失。

3. 继续涉入被转移金融资产的会计处理

企业既没有转移也没有保留金融资产所有权上几乎所有风险和报酬，且保留了对该金融资产控制的，应当按照其继续涉入被转移金融资产的程度继续确认该被转移金融资产，并相应确认相关负债。企业所确认的被转移的金融资产和相关负债，应当反映企业所保留的权利和承担的义务。

十、套期会计★

(一)套期的概念

套期，是指企业为管理外汇风险、利率风险、价格风险、信用风险等特定风险引起的风险敞口，指定金融工具为套期工具，以使套期工具的公允价值或现金流量变动，预期抵销被套期项目全部或部分公允价值或现金流量变动的风险管理活动。

(二)套期的分类

在套期会计中，套期可划分为公允价值套期、现金流量套期和境外经营净投资套期。

1. 公允价值套期

公允价值套期，是指对已确认资产或负债、尚未确认的确定承诺，或上述项目组成部分的公允价值变动风险敞口进行的套期。该公允价值变动源于特定风险，且将影响企业的损益或其他综合收益。其中，影响其他综合收益的情形，仅限于企业对指定为以公允价值计量且其变动计入其他综合收益的非交易性权益工具投资的公允价值变动风险敞口进行的套期。

以下是公允价值套期的例子：

(1)某企业签订一项以固定利率换浮动利率的利率互换合约(收固定利率，付浮动利率)，对其承担的固定利率负债的利率风险引起的公允价值变动风险敞口进行套期。

套期工具：利率互换合同；被套期项目：固定利率金融工具的利率风险引起的公允价值变动风险敞口，如果市场利率发生变动，金融工具的公允价值也会发生变动。

(2)某钢铁公司签订一项6个月后以固定价格购买铁矿石的合同(尚未确认的确定承诺)，为规避铁矿石价格风险，该公司签订一项商品(铁矿石)期货合约，对该确定承诺的价格风险引起的公允价值变动风险敞口进行套期。

套期工具：期货合同；被套期项目：价格风险引起的公允价值变动风险敞口，如果铁矿石6个月后价格下降，低于固定价格，就会发生损失。

(3)某企业购买一项期权合同，对持有的选择以公允价值计量且其变动计入其他综合收益的非交易性权益工具投资的证券价格风险引起的公允价值变动风险敞口进行套期。

套期工具：期权合同；被套期项目：证券价格风险引起的公允价值变动风险敞口，如果价格下跌，就会发生损失。

2. 现金流量套期

现金流量套期，是指对现金流量变动风险敞口进行的套期。该现金流量变动源于与已确认资产或负债、极可能发生的预期交易，或与上述项目组成部分有关的特定风险，且将影响企业的损益。

以下是现金流量套期的例子。

(1)某企业签订一项以浮动利率换固定利率的利率互换合约(收浮动利率，付固定利率)，对其承担的浮动利率债务的利率风险引起的现金流量变动风险敞口进行套期。

套期工具：利率互换合同；被套期项目：浮动利率债务的利率风险引起的现金流量变动风险敞口。浮动利率本身就相当于市场利率，对负债的公允价值没有影响，如果市场利率上升，每期支付的利息的现金流量就增加。

(2)某航空公司签订一项远期合同，对3个月后预期极可能发生的与购买燃油相关的价格风险引起的现金流量变动风险敞口进行套期。

套期工具：远期合同；被套期项目：价格风险引起的现金流量变动风险敞口。如果以后价格上升，采购成本就会增加。

(3)某企业签订一项外汇远期合同，对以固定外币价格买入原材料的极可能发生的预期交易的外汇风险引起的现金流量变动风险敞口进行套期。

套期工具：外汇远期合同；被套期项目：外汇风险引起的现金流量变动风险敞口。如果以后外汇汇率上升，采购成本就会增加。

3. 境外经营净投资套期

境外经营净投资套期，是指对境外经营净投资外汇风险敞口进行的套期。境外经营净投资，是指企业在境外经营净资产中的权益份额。

例如，甲公司对其境外子公司(乙公司)净投资为1 600万美元，为规避外汇风险，该公司与某境外金融机构签订了一项外汇远期合同，约定在2年后到期时，甲公司按照1美元=7.1元人民币的汇率出售给该金融机构1 600万美元，并将其指定为对该境外净投资的外汇风险进行套期。由于对境外经营净投资进行了套期，使得收回境外经营净投资时规避了汇率变动的风险。

此外，企业对确定承诺的外汇风险进行套期的，可以将其作为现金流量套期或公允价值套期处理。例如，某航空公司签订一项6个月后以固定外币金额购买飞机的合同(尚未确认的确定承诺)，为规避外汇风险，签订一项外汇远期合同，对该确定承诺的外汇风险引起的公允价值变动或者现金流量变动风险敞口进行套期。

【快速记忆】套期会计模式如表13-28所示。

表13-28 套期会计模式

公允价值套期	现金流量套期	境外经营净投资套期
对被套项目的公允价值变动风险敞口进行的套期	对被套项目的现金流量变动风险敞口进行的套期	对境外经营净投资外汇风险敞口进行的套期
特定风险将影响企业的损益或其他综合收益	特定风险将影响企业的损益	指企业在境外经营净资产中的权益份额
已确认资产或负债	已确认资产或负债	
尚未确认的确定承诺 (指已经签订远期合同，表明未来需要购买或销售资产，但是现在还未购买，所以在报表中尚未确认)	尚未确认的确定承诺(仅指外汇风险)	企业对确定承诺的外汇风险进行套期的，可以将其作为现金流量套期或公允价值套期

续表

公允价值套期	现金流量套期	境外经营净投资套期
	极可能发生的预期交易(没签合同的为预期交易)	

(三)套期会计方法

对于满足套期会计准则规定条件的套期，企业可运用套期会计方法进行处理。套期会计方法，是指企业将套期工具和被套期项目产生的利得或损失在相同会计期间计入当期损益(或其他综合收益)以反映风险管理活动影响的方法。

(四)套期工具和被套期项目

1. 套期工具

(1)符合条件的套期工具。

套期工具，是指企业为进行套期而指定的、其公允价值或现金流量变动预期可抵销被套期项目的公允价值或现金流量变动的金融工具。企业可以作为套期工具的金融工具包括：

①以公允价值计量且其变动计入当期损益的衍生工具，但签出期权(卖出期权)除外。企业只有在对购入期权进行套期时，签出期权才可以作为套期工具。

衍生工具通常可以作为套期工具。

②以公允价值计量且其变动计入当期损益的非衍生金融资产或非衍生金融负债，但指定为以公允价值计量且其变动计入当期损益，且其自身信用风险变动引起的公允价值变动计入其他综合收益的金融负债除外。

『提示』a. 其他权益工具投资在任何情况下都不能作为合格的套期工具。企业的套期工具是用来对冲风险，套期工具的公允价值变动可以抵消被套期项目的公允价值变动。非交易性权益工具投资的公允价值变动计入其他综合收益，不影响损益，无法对冲企业的风险。

b. 其他权益工具投资可以作为被套项目。如果套期工具是对选择以公允价值计量且其变动计入其他综合收益的非交易性权益工具投资(或其组成部分)进行套期的，套期工具(期权合同)产生的利得或损失应当计入其他综合收益。

③对于外汇风险套期，企业可以将非衍生金融资产(选择以公允价值计量且其变动计入其他综合收益的非交易性权益工具投资除外)或非衍生金融负债的外汇风险成分指定为套期工具。

(2)对套期工具的指定。

①企业在确立套期关系时，应当将前述符合条件的金融工具整体指定为套期工具，因为企业对套期工具进行计量时，通常以该金融工具整体为对象，采用单一的公允价值基础对其进行计量。但是，由于期权的时间价值、远期合同的远期要素和金融工具的外汇基差通常具备套期成本的特征且可以单独计量，与被套期项目的价值变动无关，不能用来抵销被套期项目的风险，所以要排除。为便于提高某些套期关系的有效性，允许企业在对套期工具进行指定时，作出以下例外处理。

a. 对于期权，企业可以将期权的内在价值和时间价值分开，只将期权的内在价值变动指定为套期工具。

b. 对于远期合同，企业可以将远期合同的远期要素和即期要素分开，只将即期要素的价值变动指定为套期工具。

c. 对于金融工具，企业可以将金融工具的外汇基差单独分拆，只将排除外汇基差后的金融工具指定为套期工具。

②企业可以将套期工具的一定比例指定为套期工具，但不可以将套期工具剩余期限内某一时段的公允价值变动部分指定为套期工具。

③企业可以将两项或两项以上金融工具

(或其一定比例)的组合指定为套期工具(包括组合内的金融工具形成风险头寸相互抵销的情形)。

(3)使用单一套期工具对多种风险进行套期。

企业通常将单项套期工具指定为对一种风险进行套期。但是，如果对套期工具与被套期项目的不同风险敞口之间有具体指定关系，则一项套期工具可以被指定为对一种以上的风险进行套期。

2. 被套期项目

(1)符合条件的被套期项目。

被套期项目，是指使企业面临公允价值或现金流量变动风险，且被指定为被套期对象的、能够可靠计量的项目。企业可以将下列单个项目、项目组合或其组成部分指定为被套期项目：

①已确认资产或负债。

②尚未确认的确定承诺。其中，确定承诺，是指在未来某特定日期或期间，以约定价格交换特定数量资源、具有法律约束力的协议；尚未确认，是指尚未在资产负债表中确认。

③极可能发生的预期交易。预期交易，是指尚未承诺但预期会发生的交易。企业应当明确区分预期交易与确定承诺。

④境外经营净投资。境外经营净投资包括《企业会计准则第19号——外币交易》及其相关规定所定义的境外经营净投资及实质构成境外经营净投资的外币货币性项目。境外经营可以是企业的子公司、合营安排、联营企业或分支机构。在境内的子公司、合营安排、联营企业或分支机构，采用不同于企业记账本位币的，也视同境外经营。

(2)项目组成部分。

企业可以将上述已确认资产或负债、尚未确认的确定承诺、极可能发生的预期交易以及境外经营净投资等单个项目整体或者项目组合指定为被套期项目，企业也可以将上述单个项目或者项目组合的一部分(项目组成部分)指定为被套期项目。

①项目整体公允价值或现金流量变动中仅由某一个或多个特定风险引起的公允价值或现金流量变动部分(风险成分)。在风险管理实务中，企业经常不是为了对被套期项目整体公允价值或现金流量变动进行套期，而仅为了对特定风险成分进行套期。

②一项或多项选定的合同现金流量。在企业风险管理活动中，企业有时会对一项或多项选定的合同现金流量进行套期，例如，企业有一笔期限为10年、年利率8%、按年付息的长期银行借款，企业出于风险管理需要，对该笔借款所产生的前5年应支付利息进行套期。按照规定，一项或多项选定的合同现金流量可以指定为被套期项目。

③项目名义金额的组成部分。项目名义金额的组成部分，是指项目整体金额或数量的特定部分，其可以是项目整体的一定比例部分(例如1 000吨铜存货中的20%)，也可以是项目整体的某一层级部分(例如某月购入的前100桶原油或某月售出的前100兆瓦小时的电力)。

【例题25·多选题】☆下列各项中，能够作为甲公司套期交易中被套期项目的有(　)。

A. 甲公司在境外子公司净资产中的权益份额

B. 甲公司一笔期限为10年，年利率为6%，按年付息的长期借款产生的5年应支付的利息

C. 甲公司签订的一份法律上具有约束力的采购协议，约定6个月后以固定的价格采购固定数量的原油

D. 甲公司出口销售收到的2 000万美元外币存款

解析▶选项A，境外经营净投资可以被指定为被套期项目，境外经营净投资，是指企业在境外经营净资产中的权益份额；选项B，一项或多项选定的合同现金流量可以指定为被套期项目；选项C，属于尚未确认

的确定承诺，可以作为被套期项目；选项D，属于项目名义金额的组成部分，可以作为被套期项目。

答案 ABCD

（五）确认和计量

1. 公允价值套期

公允价值套期满足运用套期会计方法条件的，应当按照下列规定处理：

（1）套期工具产生的利得或损失应当计入当期损益。如果套期工具是对选择以公允价值计量且其变动计入其他综合收益的非交易性权益工具投资（或其组成部分）进行套期的，套期工具产生的利得或损失应当计入其他综合收益。

（2）被套期项目因被套期风险敞口形成的利得或损失应当计入当期损益，同时调整未以公允价值计量的已确认被套期项目的账面价值。

被套期项目为分类为以公允价值计量且其变动计入其他综合收益的金融资产（或其组成部分）的，其因被套期风险敞口形成的利得或损失应当计入当期损益，其账面价值已经按公允价值计量，不需要调整。

被套期项目为企业选择以公允价值计量且其变动计入其他综合收益的非交易性权益工具投资（或其组成部分）的，其因被套期风险敞口形成的利得或损失应当计入其他综合收益，其账面价值已经按公允价值计量，不需要调整。

被套期项目为尚未确认的确定承诺（或其组成部分）的，其在套期关系指定后因被套期风险引起的公允价值累计变动额应当确认为一项资产或负债，相关的利得或损失应当计入各相关期间损益。当履行确定承诺而取得资产或承担负债时，应当调整该资产或负债的初始确认金额，以包括已确认的被套期项目的公允价值累计变动额。

2. 现金流量套期

（1）现金流量套期满足运用套期会计方法条件的，应当按照下列规定处理：

①套期工具产生的利得或损失中属于有效套期的部分，作为现金流量套期储备，应当计入其他综合收益。现金流量套期储备的金额，应当按照下列两项的绝对额中较低者确定：

a. 套期工具自套期开始的累计利得或损失；

b. 被套期项目自套期开始的预计未来现金流量现值的累计变动额。

每期计入其他综合收益的现金流量套期储备的金额应当为当期现金流量套期储备的变动额。

②套期工具产生的利得或损失中属于无效套期的部分（即扣除计入其他综合收益后的其他利得或损失），应当计入当期损益。

（2）现金流量套期储备的金额，应当按照下列规定处理：

①被套期项目为预期交易，且该预期交易使企业随后确认一项非金融资产或非金融负债的，或者非金融资产或非金融负债的预期交易形成一项适用于公允价值套期会计的确定承诺时，企业应当将原在其他综合收益中确认的现金流量套期储备金额转出，计入该资产或负债的初始确认金额。

②对于不属于上述①中所涉及的现金流量套期，企业应当在被套期的预期现金流量影响损益的相同期间，将原在其他综合收益中确认的现金流量套期储备金额转出，计入当期损益。

③如果在其他综合收益中确认的现金流量套期储备金额是一项损失，且该损失全部或部分预计在未来会计期间不能弥补的，企业应当在预计不能弥补时，将预计不能弥补的部分从其他综合收益中转出，计入当期损益。

（3）当企业对现金流量套期终止运用套期会计时，在其他综合收益中确认的累计现金流量套期储备金额，应当按照下列规定进行处理：

①被套期的未来现金流量预期仍然会发生的，累计现金流量套期储备的金额应当予以保留，并按照前述现金流量套期储备的后

续处理规定进行会计处理。

②被套期的未来现金流量预期不再发生的，累计现金流量套期储备的金额应当从其他综合收益中转出，计入当期损益。被套期的未来现金流量预期不再极可能发生但可能预期仍然会发生，在预期仍然会发生的情况下，累计现金流量套期储备的金额应当予以保留，并按照前述现金流量套期储备的后续处理规定进行会计处理。

3. 境外经营净投资套期

对境外经营净投资的套期，包括对作为净投资的一部分进行会计处理的货币性项目的套期，应当按照类似现金流量套期会计的规定处理：

(1)套期工具形成的利得或损失中属于有效套期的部分，应当计入其他综合收益。

全部或部分处置境外经营时，上述计入其他综合收益的套期工具利得或损失应当相应转出，计入当期损益。

(2)套期工具形成的利得或损失中属于无效套期的部分，应当计入当期损益。

扫我做试题

一、单项选择题

1. ☆下列金融资产中，不能以摊余成本计量的是(　)。

A. 可随意支取的银行定期存款

B. 现金

C. 与黄金挂钩的结构性存款

D. 保本固定收益的银行理财产品

2. 2×22 年 1 月 1 日，甲公司从二级市场购入一批 5 年期债券，支付价款 530 万元，另支付交易费用 10 万元。该批债券的面值总额为 500 万元，年利率为 3%，剩余期限为 4 年，每年利息于次年 1 月 10 日支付。该项债券在特定日期产生的合同现金流量仅为对本金及以未偿付本金金额为基础的利息的支付。假定不考虑其他因素。针对甲公司的上述债券投资，下列说法中正确的是(　)。

A. 如既以收取合同现金流量为目标，又以出售该金融资产为目标，则应分类为以公允价值计量且其变动计入其他综合收益的金融资产，其初始入账价值为 530 万元

B. 如以收取合同现金流量为目标，则应分类为以公允价值计量且其变动计入其他综合收益的金融资产，其初始入账价值为 525 万元

C. 如持有该金融资产的目的是交易性的，则应分类为以公允价值计量且其变动计入当期损益的金融资产，其初始入账价值为 515 万元

D. 如以收取合同现金流量为目标，则应分类为以摊余成本计量的金融资产，其初始入账价值为 540 万元

3. ☆甲公司以人民币为记账本位币，2×18 年 3 月 10 日以每股 5 美元的价格购入乙公司在境外上市交易的股票 20 万股，发生相关交易费用 1 万美元，甲公司将其指定为以公允价值计量且其变动计入其他综合收益的金融资产，当日汇率为 1 美元 = 6.6 元人民币。2×18 年 12 月 31 日，乙公司股票的市场价格为每股 6 美元，当日汇率为 1 美元 = 6.9 元人民币。2×19 年 2 月 5 日，甲公司以每股 8 美元的价格将持有的乙公司股票全部出售，当日汇率为 1 美元 = 6.8 元人民币。不考虑相关税费及其他因素，下列关于甲公司上述交易或事项

会计处理的表述中，正确的是(　)。

A. 购入乙公司股票的初始入账金额为660万元人民币

B. 2×18年12月31日确认其他综合收益161.4万元人民币

C. 2×18年12月31日确认财务费用36万元人民币

D. 2×19年2月5日确认投资收益260万元人民币

4. 关于金融资产的分类，下列说法中不正确的是(　)。

A. 衍生金融资产一般不可以分类为以摊余成本计量的金融资产

B. 如果符合其他条件，企业不能以某债务工具投资是浮动利率投资为由而不将其分类为以摊余成本计量的金融资产

C. 企业持有的股权投资可能分类为以摊余成本计量的金融资产

D. 投资企业将通过出售某项金融资产来获取其现金流量的，不可以将其分类为以摊余成本计量的金融资产

5. 2×22年1月3日，甲公司经批准按面值发行优先股，以5年为一个股息率调整期，即股息率每5年调整一次，每个股息率调整期内每年以约定的相同票面股息率支付股息。首个股息率调整期的股息率，由股东大会授权董事会通过询价方式确定为4.50%。优先股的股息发放条件为：有可分配税后利润的情况下，可以向优先股股东分配股息。甲公司有权全部或部分取消优先股股息的宣派和支付，且不构成违约事件。甲公司可以自由支配取消的优先股股息用于偿付其他到期债务，本次发行的优先股采取非累积股息支付方式，本次优先股股东不参与剩余利润分配。不考虑其他因素，下列关于甲公司发行优先股可以选择的会计处理是(　)。

A. 确认为其他权益工具

B. 指定为以公允价值计量且其变动计入当期损益的金融负债

C. 确认为以摊余成本计量的金融负债

D. 确认为衍生工具

6. 下列有关企业发行的权益工具的会计处理中，不正确的是(　)。

A. 甲公司发行的优先股要求每年按6%的股息率支付优先股股息，则甲公司承担了支付未来每年6%股息的合同义务，应当就该强制付息的合同义务确认金融负债

B. 乙公司发行的一项永续债，无固定还款期限且不可赎回、每年按8%的利率强制付息；尽管该项工具的期限永续且不可赎回，但由于企业承担了以利息形式永续支付现金的合同义务，因此应当就该强制付息的合同义务确认金融负债

C. 丙公司发行了一项无固定期限、能够自主决定支付本息的可转换优先股，按相关合同规定，该优先股的持有方将在第五年年末将发行的该工具强制转换为可变数量的普通股，因此丙公司应将该优先股分类为金融负债

D. 丁公司发行了一项年利率为8%、无固定还款期限、可自主决定是否支付利息的不可累积永续债，该永续债票息在丁公司向其普通股股东支付股利时必须支付(即"股利推动机制")，丁公司根据相应的议事机制能够自主决定普通股股利的支付。鉴于丁公司发行该永续债之前多年来均支付了普通股股利，因此应将该永续债整体分类为金融负债

7. 下列不属于金融负债的是(　)。

A. 以普通股总额结算的股票期权，且以固定数量的自身权益工具交换固定金额的现金或其他金融资产的衍生工具

B. 签出的外汇期权

C. 企业取得一项金融资产，并承诺两个月后向卖方交付本企业发行的普通股，交付的普通股数量根据交付时的股价确定

D. 发行的承诺支付固定利息的公司债券

8. 2×21年1月1日，甲公司以5 100万元银行存款作为对价购入乙公司当日发行的一

项一般公司债券，期限为4年，面值为5 000万元，票面年利率为4%，每年年末付息到期一次还本。甲公司购入该项债券投资后，拟长期持有，按期收取利息、到期收回本金，但如果未来市场利率大幅变动时，甲公司不排除将该项债券投资出售以实现收益最大化的可能性。不考虑其他因素，则甲公司应将该项金融资产分类为(   )。

A. 以摊余成本计量的金融资产

B. 以公允价值计量且其变动计入其他综合收益的金融资产

C. 以公允价值计量且其变动计入当期损益的金融资产

D. 其他应收款

9. 甲公司2×21年度发生的有关交易或事项如下：(1)购入乙上市公司5%的股权，实际支付价款9 000万元，另发生相关交易费用40万元；取得乙公司股权后，对乙公司的财务和经营政策无控制、共同控制或重大影响，准备近期出售，年末公允价值为9 500万元。(2)购入丙上市公司的股票，实际支付价款8 000万元，另发生相关交易费用30万元；取得丙公司2%股权后，对丙公司的财务和经营政策无控制、共同控制或重大影响，甲公司将其指定为非交易性权益工具投资，年末公允价值为8 500万元。(3)购入丁公司发行的分期付息、到期还本的公司债券50万张，实际支付价款4 975万元，另支付交易费用25万元；该债券每张面值为100元，期限为5年，票面年利率为4%，甲公司管理该金融资产的业务模式既以收取合同现金流量为目标又以出售该金融资产为目标，年末公允价值(不含利息)为5 050万元。(4)购入戊公司发行的分期付息、到期还本的公司债券100万张，实际支付价款10 000万元，包含支付的交易费用80万元；该债券每张面值为100元，期限为5年，票面年利率为5%，甲公司管理该金融资产的业务模式是以收取合同现金流量为目标，年末公允价值为10 100万元。不考虑其他因素，下列各项关于甲公司上述交易或事项会计处理的表述中，不正确的是(   )。

A. 购入乙公司的股权确认为交易性金融资产，初始入账价值为9 000万元，年末账面价值为9 500万元

B. 购入丙公司的股权确认为其他权益工具投资，初始入账价值为8 030万元，年末账面价值为8 500万元

C. 购入丁公司的债权确认为其他债权投资，初始入账价值为5 000万元，年末账面价值为5 050万元

D. 购入戊公司债券确认为债权投资，初始入账价值为10 000万元，年末账面余额为10 100万元

10. 甲公司2×21年5月16日以每股6元的价格购进某普通股股票60万股，其中包含已宣告但尚未发放的现金股利每股0.1元，另支付相关交易费用0.6万元。甲公司根据其管理该股票的业务模式和该股票的合同现金流量特征，将该权益工具投资确认为以公允价值计量且其变动计入当期损益的金融资产，2×21年6月5日收到上述现金股利。2×21年12月31日，该股票收盘价格为每股5元。2×22年7月15日，甲公司以每股5.5元的价格将股票全部售出。不考虑其他因素，下列关于甲公司会计处理的表述中，不正确的是(   )。

A. 应确认交易性金融资产的初始入账价值为354万元

B. 对2×21年营业利润的影响金额为-54万元

C. 2×22年7月15日出售该金融资产影响投资收益的金额为30万元

D. 对2×22年营业利润的影响金额为30万元

11. 甲公司于2×21年1月1日购入某公司于

当日发行的 5 年期、一次还本、分期付息的公司债券，每年年末支付利息，票面年利率为 5%，面值总额为 3 000 万元，实际支付的价款为 3 130 万元，另支付交易费用 2.27 万元，实际利率为 4%。甲公司根据其管理该债券的业务模式和该债券的合同现金流量特征，将该债券分类为以摊余成本计量的金融资产。不考虑其他因素，下列关于甲公司会计处理的表述中，不正确的是(　)。

A. 该金融资产应通过“债权投资”科目核算

B. 2×21 年年末该金融资产的账面余额为 3 107.56 万元

C. 2×22 年该金融资产应确认的投资收益为 124.30 万元

D. 2×22 年年末该金融资产账面余额为 3 158.96 万元

12. 2×21 年 2 月 5 日，甲公司以 14 元/股的价格购入乙公司股票 100 万股，支付手续费 1.4 万元。甲公司将该股票投资分类为交易性金融资产。2×21 年 12 月 31 日，乙公司股票价格为 18 元/股。2×22 年 2 月 20 日，乙公司分配现金股利，甲公司实际获得现金股利 16 万元。2×22 年 3 月 20 日，甲公司以 23.2 元/股的价格将其持有的乙公司股票全部出售。不考虑其他因素，甲公司因持有乙公司股票在 2×22 年确认的投资收益是(　)。

A. 520 万元　　B. 536 万元

C. 936 万元　　D. 933.2 万元

13. 2×21 年 6 月 2 日，甲公司自二级市场购入乙公司股票 1 000 万股，支付价款 12 000 万元，另支付佣金等费用 24 万元。甲公司将购入的上述乙公司股票指定为以公允价值计量且其变动计入其他综合收益的非交易性权益工具投资。2×21 年 12 月 31 日，乙公司股票的市价为每股 15 元。2×22 年 8 月 20 日，甲公司以每股 16.5 元的价格将所持有乙公司股票全部出售，另支付佣金等手续费用 49.5 万元。不考虑其他因素影响，甲公司出售乙公司股票应确认的留存收益是(　)。

A. 4 426.5 万元　　B. 1 450.5 万元

C. 4 476 万元　　D. 4 500 万元

14. 甲公司利用自有资金购买银行理财产品。该理财产品为非保本非固定收益型，根据合同约定，该理财产品期限为三年，预计年收益率 6%，当年收益于下年 1 月底前支付；理财产品到期时按资产的实际现金流量情况支付全部或部分本金；银行不保证偿还全部本金和支付按照预计收益率计算的收益。甲公司根据其管理层决议，收取该理财产品的现金流量，且不存在到期前处置的可能性。不考虑其他因素，甲公司持有该银行理财产品应借记的会计科目是(　)。

A. 交易性金融资产

B. 债权投资

C. 其他债权投资

D. 其他权益工具投资

15. 下列金融工具的重分类的表述中不正确的是(　)。

A. 企业改变其管理金融资产的业务模式时，应当按照规定对所有受影响的相关金融资产进行重分类

B. 企业对所有金融负债均不得进行重分类

C. 金融资产中的非衍生债权资产可以在以摊余成本计量、以公允价值计量且其变动计入其他综合收益和以公允价值计量且其变动计入当期损益之间进行重分类

D. 金融资产中的非衍生权益资产可以在以公允价值计量且其变动计入其他综合收益和以公允价值计量且其变动计入当期损益之间进行重分类

16. 2×21 年，乙公司取得一项对丙公司的债券投资，将其划分为摊余成本计量的金

融资产。2×22 年年初，该公司将其管理债券投资组合的业务模式由以收取合同现金流量为目标变更为既以收取合同现金流量为目标，又以出售为目标，该变更符合金融资产重分类的要求。在重分类日，乙公司所持有的对丙公司的债券投资的账面成本为 1 100 万元（其中成本为 1 000 万元，利息调整为 100 万元），公允价值（不含利息）为 1 200 万元。假定不考虑其他因素，则下列关于乙公司在重分类日的会计处理的表述中，不正确的是（ ）。

A. 重分类日的相关会计处理不影响当期损益

B. 乙公司应将上述债券投资重分类为以公允价值计量且其变动计入当期损益的金融资产

C. 重分类日应借记“其他债权投资”科目的金额为 1 200 万元

D. 重分类日应贷记“其他综合收益”科目的金额为 100 万元

17. 甲公司仅在单一区域经营，2×22 年其应收账款组合累计为 1 500 万元，其客户群由众多小客户组成，并且根据风险特征分类应收账款，该应收账款不包括重大融资成分。上述应收账款应始终按照整个存续期预期信用损失计算减值准备。甲公司运用了准备矩阵确定该组合的预期信用损失。该准备矩阵基于该应收账款预期存续期的历史观察违约损失率，并根据前瞻性估计予以调整，在每一报告日，对历史观察违约损失率予以更新，并对前瞻性估计的变动予以分析，预计下一年的经济情况恶化。甲公司对准备矩阵作出如下估计：

项目	未逾期	逾期 1～30 天	逾期 31～60 天	逾期 61～90 天	逾期 > 90 天
违约损失率	0.6%	1.6%	3.6%	6.6%	12.6%

来自众多小客户的应收账款合计 1 500 万元，并已准备矩阵计量。未逾期为 100 万元、逾期 1～30 天为 200 万元、逾期 31～60 天为 300 万元、逾期 61～90 天为 400 万元、逾期 > 90 天为 500 万元。假定 2×22 年年初“坏账准备”的余额为 80 万元。不考虑其他因素，则 2×22 年甲公司确认的信用减值损失为（ ）。

A. 74 万元　　B. 24 万元

C. 80 万元　　D. 0

18. 甲公司于 2×22 年 1 月 1 日购入面值为 1 000 万元的 3 年期债券，实际支付的价款为 1 000 万元。该债券票面利率和实际利率均为 6%，每年年末付息。甲公司将其分类为以公允价值计量且其变动计入其他综合收益的金融资产。2×22 年年末，该项金融资产的公允价值为 900 万元。甲公司经评估认定该项金融工具的信用风险自初始确认后已显著增加，经测算，甲公司计算剩余存续期预期信用损失为 200 万元。不考虑其他因素，该项金融资产对甲公司 2×22 年损益的影响金额为（ ）。

A. 60 万元　　B. 200 万元

C. 100 万元　　D. −140 万元

19. 下列有关金融工具减值会计处理表述不正确的是（ ）。

A. 信用风险自初始确认后未显著增加（第一阶段），企业应当按照未来 12 个月的预期信用损失计量损失准备，并按其账面余额（即未扣除减值准备）和实际利率计算利息收入

B. 信用风险自初始确认后已显著增加但尚未发生信用减值（第二阶段），企业应当按照该工具整个存续期的预期信用损失计量损失准备，并按其账面余额和实际利率计算利息收入

C. 初始确认后发生信用减值（第三阶

段)，企业应当按照该工具整个存续期的预期信用损失计量损失准备，但对利息收入的计算不同于处于前两阶段的金融资产，对于已发生信用减值的金融资产，企业应当按其摊余成本(不包含公允价值变动部分的账面余额减已计提的减值准备)和实际利率计算利息收入

D. 对于购买或源生时已发生信用减值的金融资产，企业应当仅将初始确认后整个存续期内预期信用损失的变动确认为损失准备，并按其账面余额和未经信用调整的实际利率计算利息收入

20. 甲公司有一项于2×22年年末到期的应收票据，价款总额为2 500万元，2×21年10月1日，甲公司向银行贴现，且银行拥有追索权。甲公司贴现收到的净价款为2 400万元。不考虑其他因素，下列关于甲公司应收票据贴现处理的表述中正确的是(　)。

A. 甲公司应确认短期借款2 400万元

B. 甲公司应将贴现息100万元在贴现期间按照票面利率法确认为利息费用

C. 甲公司应将该票据终止确认

D. 甲公司应确认当期损益100万元

21. 下列关于继续涉入金融资产的说法中，不正确的是(　)。

A. 继续涉入所形成的相关资产和负债不应当相互抵销

B. 企业应当对继续确认的被转移金融资产确认所产生的收入(或利得)，对相关负债确认所产生的费用(或损失)

C. 通过对所转移金融资产提供担保方式继续涉入的，应当在转移日按照金融资产的账面价值和担保金额两者之中的较高者，确认继续涉入形成的资产

D. 在判断是否保留了对被转移金融资产的控制时，应当根据转入方是否具有出售被转移金融资产的实际能力而确定

22. 2×22年1月1日，甲公司将持有的乙公司发行的10年期公司债券出售给丙公司，经协商出售价格为4 950万元。甲公司将债券出售给丙公司的同时签订了一项看涨期权合约，期权行权日为2×22年12月31日，行权价为6 000万元，期权的公允价值(时间价值)为150万元。假定甲公司预计行权日该债券的公允价值为4 500万元。该债券于2×21年1月1日发行，甲公司持有该债券时已将其分类为以公允价值计量且其变动计入其他综合收益的金融资产，面值为4 500万元，年利率为6%(等于实际利率)，每年年末支付利息，2×21年12月31日该债券公允价值为4 650万元。不考虑其他因素，下列甲公司的会计处理中，不正确的是(　)。

A. 由于期权的行权价(6 000万元)大于预计该债券在行权日的公允价值(4 500万元)，因此，该看涨期权属于重大价外期权

B. 甲公司应当终止确认该债券

C. 出售时应确认投资收益600万元

D. 收到的出售款项与其他债权投资的账面价值的差额确认为其他业务成本150万元

23. 下列关于套期工具与被套期项目的表述中，正确的是(　)。

A. 以公允价值计量且其变动计入当期损益的非衍生金融负债均可以作为套期工具

B. 企业自身权益工具可以作为套期工具

C. 以公允价值计量且其变动计入当期损益的非衍生金融资产可以作为套期工具

D. 企业不可以将已确认资产或负债的组成部分指定为被套期项目

二、多项选择题

1. ☆2×20年，甲公司发生的有关交易或事项如下：(1)以200万元购买结构性存款，该结构性存款与黄金价格挂钩，预计收益率为6%；(2)买入大豆期货合约，拟在到

期前进行平仓；(3)以600万元购买乙上市公司发行的可转换公司债券；(4)以500万元认购合伙企业10%的份额，担任有限合伙人，合伙协议约定合同期限为五年。不考虑其他因素，下列各项关于甲公司持有的金融资产会计处理的表述中，正确的有(　)。

A. 将持有的结构性存款分类为以摊余成本计量的金融资产

B. 将持有的期货合约分类为以公允价值计量且其变动计入当期损益的金融资产

C. 将持有的可转换公司债券分类为以公允价值计量且其变动计入当期损益的金融资产

D. 将持有的丙合伙企业份额指定为以公允价值计量且其变动计入其他综合收益的金融资产

2. 2×21年1月1日，甲公司按面值发行2万份永续债，每份面值为500元。合同约定：如果甲公司当年产生足够可供分配利润时，需按6%的利率向永续债持有人支付利息，如果甲公司当年可供分配利润不足，则当年无须履行该项支付义务，直至产生足够可供分配利润再继续支付利息，永续债利息不可累积。假定不考虑其他因素。下列关于甲公司所发行的永续债的说法中，不正确的有(　)。

A. 该永续债属于一项权益工具

B. 该永续债属于一项金融负债

C. 该永续债应通过“其他权益工具”科目核算

D. 该永续债应通过“资本公积”科目核算

3. 下列有关金融资产或金融负债的会计处理中，正确的有(　)。

A. 某项债券投资如果被分类为以公允价值计量且其变动计入其他综合收益的金融资产，则其公允价值变动形成的利得或损失，除减值损失和汇兑差额外，应当直接计入所有者权益，在该金融资产终止确认时转出，计入当期损益

B. 企业为消除会计错配，可以将某项金融资产指定为以公允价值计量且其变动计入当期损益的金融资产，且该指定可以撤销

C. 如果取得某项金融资产的合同现金流量不仅限于本金和利息，则一般应该将其分类为以公允价值计量且其变动计入当期损益的金融资产

D. 对于指定为以公允价值计量且其变动计入当期损益的金融负债，其公允价值变动均应计入当期损益

4. 下列与投资相关的会计处理方法的表述中，不正确的有(　)。

A. 企业为进行价值投资而购入一项股权投资，对被投资方不具有重大影响，拟长期持有获取稳定分红，企业应将其指定为以公允价值计量且其变动计入其他综合收益的金融资产

B. 企业管理某项金融资产的业务模式为以收取合同现金流量为目标，则应将其分类为以摊余成本计量的金融资产

C. 如果母公司是投资性主体，则母公司应当仅将为其投资活动提供相关服务的子公司(如有)纳入合并范围并编制合并财务报表；其他子公司不应当予以合并，母公司对其他子公司的投资应确认为长期股权投资

D. 投资企业持有的对被投资单位不具有控制、共同控制或重大影响，并在活跃市场中没有报价、公允价值不能可靠计量的权益性投资，投资方应将其确认为长期股权投资

5. A公司2×21年有关金融资产业务如下：(1)A公司1月1日购入甲公司5%的股权，指定为以公允价值计量且其变动计入其他综合收益的金融资产；3月6日甲公司宣告分配现金股利100万元。(2)A公司2月1日购入乙公司发行5年期债券，分类为以公允价值计量且其变动计入其他综合收益的金融资产，本金为1 000万元，

票面利率为5%，等于实际利率。(3)A公司3月1日购入丙公司于当日发行的3年期债券，分类为以摊余成本计量的金融资产，面值为1 000万元，票面利率为3%，等于实际利率。(4)A公司4月2日购入丁公司1%的股权，分类为以公允价值计量且其变动计入当期损益的金融资产；8月6日丁公司宣告现金股利200万元。不考虑其他因素，下列有关A公司2×21年金融资产或金融负债表述中，正确的有(　)。

A. 3月6日甲公司宣告分配现金股利，A公司确认投资收益5万元

B. 12月31日A公司应确认持有乙公司发行的5年期债券的投资收益45.83万元

C. 12月31日A公司应确认持有丙公司发行的3年期债券的投资收益25万元

D. 8月6日丁公司宣告现金股利，A公司确认投资收益2万元

6. 下列金融工具的重分类的表述中正确的有(　)。

A. 企业对金融资产进行重分类，应当自重分类日起采用未来适用法进行相关会计处理，不得对以前已经确认的利得、损失(包括减值损失或利得)或利息进行追溯调整

B. 重分类日，是指导致企业对金融资产进行重分类的业务模式发生变更后的首个报告期间的第一天

C. 甲上市公司决定于2×22年3月22日改变某金融资产的业务模式，则重分类日为2×22年4月1日(即下一个季度会计期间的期初)

D. 乙上市公司决定于2×22年10月15日改变某金融资产的业务模式，则重分类日为2×23年1月1日

7. 甲公司2×21年有关金融资产处置业务的资料如下：(1)处置一项交易性金融资产，其账面价值为800万元(其中，成本为900万元，公允价值变动为-100万元)，处置所得价款为1 000万元；(2)处置一项债权投资，其账面价值为800万元(其中，成本为900万元，利息调整为-100万元)，处置所得价款为1 000万元；(3)处置一项其他债权投资，其账面价值为800万元(其中，成本为900万元，公允价值变动为-100万元)，处置所得价款为1 000万元；(4)处置一项其他权益工具投资，其账面价值为800万元(其中，成本为900万元，公允价值变动为-100万元)，处置所得价款为1 000万元。不考虑其他因素，关于上述金融资产的处置，下列表述中正确的有(　)。

A. 处置交易性金融资产时影响营业利润的金额为200万元

B. 处置债权投资时确认投资收益为200万元

C. 处置其他债权投资时确认投资收益为100万元，影响营业利润的金额为200万元

D. 处置其他权益工具投资时影响留存收益的金额为100万元

8. 下列有关不同类金融资产之间重分类的表述中，正确的有(　)。

A. 以摊余成本计量的金融资产不能重分类为以公允价值计量且其变动计入当期损益的金融资产

B. 指定为以公允价值计量且其变动计入其他综合收益的金融资产(股权投资)不可以重分类为以摊余成本计量的金融资产

C. 分类为以公允价值计量且其变动计入当期损益的金融资产(股权投资)不能重分类为以公允价值计量且其变动计入其他综合收益的金融资产

D. 以公允价值计量且其变动计入其他综合收益的金融资产可以重分类为以公允价值计量且其变动计入当期损益的金融资产

9. 下列金融工具的减值的会计处理表述中，正确的有(　)。

A. 如果该金融工具的信用风险自初始确

认后已显著增加，企业应当按照相当于该金融工具整个存续期内预期信用损失的金额计量其损失准备

B. 预期信用损失是指以发生违约的风险为权重的金融工具信用损失的加权平均值

C. 如果该金融工具的信用风险自初始确认后并未显著增加，企业应当按照相当于该金融工具未来12个月内预期信用损失的金额计量其损失准备

D. 金融资产形成的损失准备的增加或转回金额，应当作为减值损失或利得计入当期损益

10. 企业下列确定有关金融工具的信用损失表述正确的有(　)。

A. 对于未提用的贷款承诺，信用损失应为在贷款承诺持有人提用相应贷款的情况下，企业应收取的合同现金流量与预期收取的现金流量之间差额的现值

B. 对于金融资产，信用损失应为企业应收取的合同现金流量与预期收取的现金流量之间差额的现值

C. 对于财务担保合同，信用损失应为企业就该合同持有人发生的信用损失向其作出赔付的预计付款额，减去企业预期向该合同持有人、债务人或任何其他方收取的金额之间差额的现值

D. 对于资产负债表日已发生信用减值但并非购买或源生已发生信用减值的金融资产，信用损失应为该金融资产账面余额与按原实际利率折现的估计未来现金流量的现值之间的差额

11. 对于购买或源生的已发生信用减值的金融资产账务处理的表述中，正确的有(　)。

A. 在每个资产负债表日，企业应当将整个存续期内预期信用损失的变动金额作为减值损失或利得计入当期损益

B. 企业应当在资产负债表日仅将自初始确认后整个存续期内预期信用损失的累计变动确认为损失准备

C. 资产负债表日确定的整个存续期内预期信用损失小于初始确认时估计现金流量所反映的预期信用损失的金额，企业也应当将预期信用损失的有利变动确认为减值利得

D. 应按照摊余成本和原实际利率计算利息收入

12. 下列各种情形，一般不应终止确认相关金融资产的有(　)。

A. 企业将金融资产出售同时与买入方签订买断式回购协议

B. 企业采用附追索权方式出售金融资产

C. 企业将金融资产出售同时与买入方签订看跌期权合约，且该看跌期权是一项重大价内期权

D. 企业将金融资产出售同时与买入方签订看跌期权合约，且该看跌期权是一项重大价外期权

13. 下列有关套期的交易或事项中，属于公允价值套期的有(　)。

A. 甲企业签订一项以固定利率换浮动利率的利率互换合约，对其承担的固定利率负债的利率风险引起的公允价值变动风险敞口进行套期

B. 乙企业签订一项未来买入A存货的远期合同，对2个月后预期极可能发生的与购买A存货相关的价格风险引起的现金流量变动风险敞口进行套期

C. 丙企业签订一项以浮动利率换固定利率的利率互换合约，对其承担的浮动利率债务的利率风险引起的现金流量变动风险敞口进行套期

D. 丁企业购买一项看跌期权合同，对持有的选择以公允价值计量且其变动计入其他综合收益的非交易性权益工具投资的证券价格风险引起的公允价值变动风险敞口进行套期

14. 运用套期会计方法对各类套期进行会计处理需满足的条件有(　)。

A. 套期关系仅由符合条件的套期工具和

被套期项目组成

B. 在套期开始时，企业正式指定了套期工具和被套期项目，并准备了关于套期关系和企业从事套期的风险管理策略和风险管理目标的书面文件

C. 套期关系符合套期有效性要求

D. 套期工具必须为衍生工具

15. 2×22 年 1 月 1 日，某公司为规避所持有的自产铁矿石的公允价值变动风险，决定在期货市场上建立套期保值头寸，并指定某期货合约为 2×22 年上半年铁矿石价格变化引起的公允价值变动风险的套期。该期货合约的标的资产与被套期项目(铁矿石)在数量、质次、价格变动和产地方面相同。2×22 年 1 月 1 日，该期货合约的公允价值为零，被套期项目(铁矿石)的账面价值和成本均为 5 000 万元，公允价值也是 5 000 万元。2×22 年 6 月 30 日，该期货合约的公允价值上涨了 500 万元，铁矿石的公允价值下降了 500 万元。当日，该公司按公允价值将铁矿石出售，并将该期货合约结算。假定该公司经评估认定该套期完全有效。不考虑其他因素，则下列说法中正确的有(　)。

A. 该公司应在 2×22 年 1 月 1 日将被套期项目自“库存商品”科目转入“被套期项目”科目

B. 该公司应在 2×22 年 6 月 30 日根据套期工具的公允价值变动额贷记“公允价值变动损益”科目 500 万元

C. 该公司应在 2×22 年 6 月 30 日根据被套期项目公允价值的变动额借记“套期损益”科目 500 万元

D. 该公司应在 2×22 年 6 月 30 日确认主营业务成本 5 000 万元

三、计算分析题

1. A 公司按年计提利息，有关债券投资业务如下：

(1)2×18 年 1 月 1 日，A 公司购入 B 公司当日发行的一批 5 年期债券，面值为 5 000 万元，实际支付价款为 4 639.52 万元(含交易费用 9.52 万元)，票面利率为 10%，每年年末支付利息，到期一次归还本金。初始确认时确定的实际利率为 12%。

(2)该债券在 2×18 年年末和 2×19 年年末的公允价值(不含利息)分别为 5 000 万元和 4 900 万元，且该金融工具未来 12 个月内的预期信用损失的金额均为零。A 公司认为其所购入的金融工具的违约风险较低，从近期来看，发行人具有较强的履行合同现金流量义务的能力，从长期来看，经济环境和企业经营环境的不利变化可能会但并不必然会降低发行人履行合同现金流量义务的能力，因此，该公司将其视为具有较低信用风险的金融工具，属于金融工具的信用风险自初始确认后未显著增加的情形，该公司按照相当于该金融工具未来 12 个月内的预期信用损失的金额计量损失准备。

(3)2×20 年 12 月 31 日，由于市场利率变动，该债务工具的公允价值跌至 4 800 万元。A 公司认为，该债券的信用风险自初始确认后已经显著增加但未发生信用减值，按照相当于该金融工具整个存续期的预期信用损失的金额计量损失准备 200 万元。

(4)2×21 年 1 月 6 日，A 公司决定以当日的公允价值 4 730.99 万元，出售该债务工具。

要求：

(1)A 公司根据该项债券投资的合同现金流量特征及管理该项金融资产的业务模式，可能将其分类为以摊余成本计量的金融资产，也可能将其分类为以公允价值计量且其变动计入其他综合收益的金融资产，根据资料(1)、(2)和(3)，编制该项金融资产被分类为债权投资和被分类为其

他债权投资两种情形下的相关会计分录。

(2)根据资料(4)，计算该项金融资产被分类为其他债权投资的前提下出售时应确认的投资收益，并编制相关会计分录。(答案金额以万元为单位，计算结果保留两位小数)

2. 甲公司系上市公司，按季对外提供财务报表。2×20 年与金融资产相关的资料如下：

(1)甲公司 2×20 年 4 月 6 日购买 B 公司发行的股票 500 万股，每股成交价为 5.4 元，包含已宣告但尚未发放的股利，其中，每股派 0.3 元现金股利，每 10 股派 2 股股票股利；另付交易费用 2 万元，甲公司拟近期出售。

(2)2×20 年 4 月 15 日收到发放的股利，每股派 0.3 元现金股利和每 10 股派 2 股股票股利。

(3)2×20 年 12 月 10 日甲公司出售股票 300 万股，每股成交价为 5.8 元，另支付相关税费 1.2 万元。

(4)2×20 年 12 月 31 日该股票每股市价为 5 元。

(5)2×21 年 7 月 26 日出售股票 200 万股，每股成交价为 4.8 元，另支付相关税费 1.8 万元。

(6)2×21 年 12 月 31 日该股票每股市价为 4.2 元。

要求：按上述资料编制相关的会计分录。(答案金额以万元为单位)

3. A 公司有关股票投资业务如下：

(1)2×17 年 7 月 10 日，购买 B 公司发行的股票 300 万股，占 B 公司表决权资本的 5%，成交价每股为 14.8 元，其中包含已宣告但尚未发放的现金股利每股 0.2 元，另付交易费用 10 万元。

(2)2×17 年 7 月 20 日，收到现金股利。

(3)2×17 年 12 月 31 日，该股票每股市价为 15 元。

(4)2×18 年 4 月 3 日，B 公司宣告发放现金股利每股 0.3 元，4 月 30 日，收到现金股利。

(5)2×18 年 12 月 31 日，该股票每股市价为 13 元，A 公司经评估认定该项金融资产并不存在预期信用损失。

(6)2×19 年 B 公司因违反相关证券法规，受到证券监管部门查处，受此影响，2×19 年 12 月 31 日收盘价格为每股市价为 6 元。

(7)至 2×20 年 12 月 31 日，B 公司整改完成，加之市场宏观面好转，2×20 年 12 月 31 日收盘价格为每股市价为 15 元。

(8)2×21 年 1 月 6 日，A 公司出售 B 公司全部股票，出售价格为每股市价 18 元，另支付交易费用 12 万元。

(9)其他资料：A 公司计提盈余公积的比例为 10%；所得税率为 25%，税法规定，金融资产的公允价值变动不计入当期应纳税所得额，待处置时缴纳所得税。

要求：根据两项假定(假定指定为其他权益工具投资和假定分类为交易性金融资产)，分别按已知资料的时间先后顺序编制相关会计分录，并说明 2×17 年至 2×20 年各年年末金融资产的列报金额、影响各年营业利润的金额和其他综合收益的金额，计算 2×17 年与金融资产相关纳税调整金额、应纳税暂时性差异、递延所得税负债、递延所得税费用，计算 2×21 年处置金融资产影响投资收益和营业利润的金额。(答案金额以万元为单位)

4. A 公司为集团公司，其子公司因变更了债券管理的业务模式，在 2×21 年 1 月 1 日进行一系列债务工具类金融资产重分类，假设不考虑该债券的利息收入。资料如下：

(1)2×20 年 1 月 6 日，甲公司以银行存款 1 000 万元购入一项债务工具投资组合，面值总额为 1 000 万元，分类为以摊余成本计量的金融资产。2×20 年 12 月 31 日，由于市场利率变动，该债务工具的信用风险自初始确认后已经显著增加，按照预期信用损失计量损失准备的金额为 90 万元。

2×20 年年末，甲公司变更了其管理债券投资组合的业务模式，该变更符合重分类的要求，2×21 年 1 月 1 日将该债券从以摊余成本计量的金融资产重分类为以公允价值计量且其变动计入当期损益的金融资产。重分类日该债券组合的公允价值为 1 100 万元。

(2)2×20 年 2 月 1 日，乙公司以银行存款 2 000 万元购入一项债券投资组合，面值总额为 2 000 万元，分类为以摊余成本计量的金融资产。2×20 年 12 月 31 日，由于市场利率变动，该债务工具的信用风险自初始确认后已经显著增加，按照预期信用损失计量损失准备的金额为 190 万元。2×20 年年末，乙公司变更了其管理债券投资组合的业务模式，该变更符合重分类的要求，2×21 年 1 月 1 日将该债券从以摊余成本计量的金融资产重分类为以公允价值计量且其变动计入其他综合收益的金融资产。重分类日该债券组合的公允价值为 1 900 万元。

(3)2×20 年 3 月 1 日，丙公司以银行存款 3 000 万元购入一项债券投资组合，面值总额为 3 000 万元，分类为以公允价值计量且其变动计入其他综合收益的金融资产。2×20 年 12 月 31 日，由于市场利率变动，债务工具公允价值下跌至 2 900 万元，信用风险自初始确认后已经显著增加，按照预期信用损失计量损失准备的金额为 290 万元。2×20 年年末，丙公司变更了其管理债券投资组合的业务模式，该变更符合重分类的要求，2×21 年 1 月 1 日将公允价值计量且其变动计入其他综合收益的金融资产重分类为以摊余成本计量的金融资产。重分类日该债券组合的公允价值为 2 900 万元。

(4)2×20 年 4 月 1 日，丁公司以银行存款 4 000 万元购入一项债券投资组合，面值总额为 4 000 万元，分类为以公允价值计量且其变动计入其他综合收益的金融资产。2×20 年 12 月 31 日，由于市场利率变动，债务工具公允价值下跌至 3 900 万元，信用风险自初始确认后已经显著增加，按照预期信用损失计量损失准备的金额为 390 万元。2×20 年年末，丁公司变更了其管理债券投资组合的业务模式，该变更符合重分类的要求，2×21 年 1 月 1 日将以公允价值计量且其变动计入其他综合收益的金融资产，重分类为以公允价值计量且其变动计入当期损益的金融资产。重分类日该债券组合的公允价值为 3 900 万元。

(5)2×20 年 5 月 1 日，戊公司以银行存款 5 000 万元购入一项债券投资组合，面值总额为 5 000 万元，分类为以公允价值计量且其变动计入当期损益的金融资产。2×20 年 12 月 31 日，债务工具公允价值为 5 500 万元，2×20 年年末，戊公司变更了其管理债券投资组合的业务模式，该变更符合重分类的要求，2×21 年 1 月 1 日将以公允价值计量且其变动计入当期损益的金融资产重分类为以摊余成本计量的金融资产。重分类日该债券组合的公允价值为 5 500 万元。

(6)2×20 年 6 月 1 日，己公司以银行存款 6 000 万元购入一项债券投资组合，面值总额为 6 000 万元，分类为以公允价值计量且其变动计入当期损益的金融资产。2×20 年 12 月 31 日，债务工具公允价值为 6 600 万元，2×20 年年末，己公司变更了其管理债券投资组合的业务模式，该变更符合重分类的要求，2×21 年 1 月 1 日将以公允价值计量且其变动计入当期损益的金融资产重分类为以公允价值计量且其变动计入其他综合收益的金融资产。重分类日该债券组合的公允价值为 6 600 万元。

要求：根据以上资料分别编制 A 集团下各个子公司的相关会计分录。(答案金额以万元为单位)

同步训练答案及解析

一、单项选择题

1. C 【解析】结构性存款一般是指在原有的普通存款基础上，套入黄金、外汇等投资标的收益率的创新型存款产品，结构性存款和资本市场、黄金市场等交易收益挂钩，所以其收益率不固定，其在特定日期产生的现金流量，并不是仅为对本金和以未偿付本金金额为基础的利息的支付，因此选项 C 不能以摊余成本计量。

2. C 【解析】如既以收取合同现金流量为目标，又以出售该金融资产为目标，则应分类为以公允价值计量且其变动计入其他综合收益的金融资产，如以收取合同现金流量为目标，则应分类为以摊余成本计量的金融资产，这两种情况下，初始入账价值＝530＋10－500×3%＝525（万元）。持有该金融资产的目的是交易性的，则应分类为以公允价值计量且其变动计入当期损益的金融资产，初始入账价值＝530－500×3%＝515（万元）。

3. B 【解析】购入乙公司股票的初始入账金额＝（5×20＋1）×6.6＝666.6（万元人民币），选项 A 不正确；2×18 年 12 月 31 日，应确认其他综合收益＝6×20×6.9－666.6＝161.4（万元人民币），其他权益工具投资期末公允价值变动与汇率变动一并计入其他综合收益，不影响财务费用，选项 B 正确，选项 C 不正确；企业出售其他权益工具投资时，处置价款与其账面价值的差额（8×20×6.8－6×20×6.9），以及原确认的其他综合收益（161.4），均转入留存收益，不影响投资收益，选项 D 不正确。

4. C 【解析】企业持有的股权投资的合同现金流量一般并非本金和利息，因此不能划分为以摊余成本计量的金融资产。

5. A 【解析】对于甲公司发行的该项优先股，甲公司有权全部或部分取消优先股股息的宣派和支付，且不构成违约事件，甲公司可以自由支配取消的优先股股息用于偿付其他到期债务，说明甲公司能够无条件地避免以交付现金或其他金融资产来履行相关合同义务，因此应当将该项优先股归类为权益工具。

6. D 【解析】选项 C，对于非衍生工具，如果发行方未来有义务交付可变数量的自身权益工具进行结算，则应该分类为金融负债，因此选项 C 正确；选项 D，尽管丁公司多年来均支付了普通股股利，但由于丁公司能够根据相应的议事机制自主决定普通股股利的支付，并进而影响永续债利息的支付，对丁公司而言，该永续债并未形成支付现金或其他金融资产的合同义务，因此应将该永续债整体分类为权益工具。

7. A 【解析】选项 A，属于权益工具。

8. B 【解析】该项金融资产的合同现金流量为本金及利息，甲公司管理该项金融资产的业务模式既以收取合同现金流量为目标，又有出售的动机，因此应将该项金融资产划分为以公允价值计量且其变动计入其他综合收益的金融资产。

9. D 【解析】购入戊公司发行的分期付息、到期还本的公司债券，后续计量按照摊余成本计量，在没有利息调整的情况下，年末账面余额仍然为 10 000 万元。

10. B 【解析】选项 A，交易性金融资产的初始入账价值＝60×（6－0.1）＝354（万元）；选项 B，影响 2×21 年营业利润＝－0.6＋（60×5－354）＝－54.6（万元）；选项 C，2×22 年 7 月 15 日出售该金融资产影响投资收益的金额＝60×5.5－60×5＝30（万元）；选项 D，影响 2×22 年营业利润的金额=60×5.5-60×5=30(万元)。

『提示』公允价值变动损益不需要转入投资收益。

11. D 【解析】选项B，2×21年确认投资收益=(3 130+2.27)×4%=125.29(万元)，2×21年年末账面余额=3 132.27-(3 000×5%-125.29)=3 107.56(万元)；选项C，2×22年确认投资收益=3 107.56×4%=124.30(万元)；选项D，2×22年年末账面余额=3 107.56-(3 000×5%-124.30)=3 081.86(万元)。因此，选项D不正确。

12. B 【解析】投资收益=现金股利确认的投资收益16+处置时确认的投资收益100×(23.2-18)=536(万元)。

13. A 【解析】甲公司出售乙公司股票应确认的留存收益=实际收到的对价(1 000×16.5-49.5)-初始投资成本12 024=4 426.5(万元)。

14. A 【解析】该理财产品的合同现金流量并非为本金和利息，且企业管理该理财产品的业务模式也不是收取利息、收回本金，所以甲公司应将该理财产品划分为以公允价值计量且其变动计入当期损益的金融资产。

15. D 【解析】准则只允许金融资产中的非衍生债权资产进行重分类，权益工具投资不得重分类。

16. B 【解析】该项金融资产的合同现金流量为本金和利息，重分类后企业管理该项金融资产的业务模式既以收取合同现金流量为目标又以出售为目标，因此应将其划分为以公允价值计量且其变动计入其他综合收益的金融资产，选项B不正确。重分类时应确认的其他综合收益=1 200-1 100=100(万元)，选项D正确。

17. B 【解析】2×22年甲公司应确认的信用减值损失=100×0.6%+200×1.6%+300×3.6%+400×6.6%+500×12.6%-80=24(万元)。

18. D 【解析】甲公司应将该项金融资产划分为其他债权投资，在持有期间所计提的利息，应计入投资收益，在期末所确认的公允价值变动，计入其他综合收益，在期末所确认的减值损失，计入信用减值损失。因此该项金融资产对甲公司2×22年损益的影响金额=1 000×6%-200=-140(万元)。

19. D 【解析】选项D，对于购买或源生时已发生信用减值的金融资产，企业应当仅将初始确认后整个存续期内预期信用损失的变动确认为损失准备，并按其摊余成本和经信用调整的实际利率计算利息收入。

20. A 【解析】甲公司应收票据贴现，银行拥有追索权，因此不应将票据终止确认，应将其取得的贴现款确认为一项负债(短期借款)，贴现息一般应在贴现期间按照实际利率法确认为利息费用，因此选项A正确。

21. C 【解析】通过对所转移金融资产提供担保方式继续涉入的，应当在转移日按照金融资产的账面价值和担保金额两者之中的较低者，确认继续涉入形成的资产。

22. D 【解析】由于期权的行权价(6 000万元)大于预计该债券在行权日的公允价值(4 500万元)，因此，该看涨期权属于重大价外期权，即预计甲公司在行权日不会重新购回该债券。所以，在转让日，可以判定债券所有权上的风险和报酬已经全部转移给丙公司，甲公司应当终止确认该债券。但同时，由于签订了看涨期权合约，获得了一项新的资产，应当按照在转让日的公允价值(150万元)确认该期权。甲公司出售该债券业务应做如下会计分录：

借：银行存款　　4 950
　　衍生工具—看涨期权　　150
　　贷：其他债权投资　　4 650
　　　　投资收益　　450

同时，将原计入所有者权益的公允价值变动利得或损失转出：

借：其他综合收益　　150
　贷：投资收益　　150

23. C 【解析】指定为以公允价值计量且其变动计入当期损益，且其自身信用风险变动引起的公允价值变动计入其他综合收益的金融负债不可以作为套期工具，故选项A不正确。企业自身权益工具不属于企业的金融资产或金融负债，不能作为套期工具，故选项B不正确。已确认资产或负债的单个项目、项目组合或其组成部分也可以指定为被套期项目，故选项D不正确。符合条件的套期工具：①以公允价值计量且其变动计入当期损益的衍生工具；②以公允价值计量且其变动计入当期损益的非衍生金融资产或非衍生金融负债；③对于外汇风险套期，企业可以将非衍生金融资产或非衍生金融负债的外汇风险成分指定为套期工具。

二、多项选择题

1. BC 【解析】选项A，应当分类为以公允价值计量且其变动计入当期损益的金融资产；选项D，合伙企业吸收甲公司的入股款，属于符合金融负债定义但是被分类为权益工具的特殊金融工具，本身并不符合权益工具的定义，因此从投资方的角度来看也就不符合指定为以公允价值计量且其变动计入其他综合收益的金融资产的条件，因此选项D错误。
2. ACD 【解析】虽然利息的支付取决于是否有可供分配利润使得利息支付义务成为或有情况下的义务，但是甲公司并不能无条件地避免支付现金的合同义务，因此甲公司应当将该永续债划分为一项金融负债，通过“应付债券”科目核算。
3. AC 【解析】选项B，将某项金融资产指定为以公允价值计量且其变动计入当期损益的金融资产的，一经指定，不可撤销；选项D，对于此类金融负债，如果是由企业自身信用风险变动引起的该金融负债公允价值的变动金额，则应当计入其他综合收益。
4. BCD 【解析】选项B，如果该项金融资产的现金流量并不是仅为本金和利息，则不应划分为以摊余成本计量的金融资产；选项C，母公司对其他子公司的投资应当按照公允价值计量且其变动计入当期损益；选项D，由于投资企业对被投资单位不具有控制、共同控制或重大影响，所以一般应按金融工具确认和计量准则处理，不能确认为长期股权投资。
5. ABCD 【解析】选项B，确认投资收益=1 000×5%×11/12=45.83(万元)；选项C，确认投资收益=1 000×3%×10/12=25(万元)。
6. ABCD
7. ABD 【解析】选项A，影响营业利润的金额=1 000-800=200(万元)。选项B，处置时确认的投资收益=1 000-800=200(万元)。选项C，处置时确认的投资收益=1 000-900=100(万元)；影响营业利润的金额=1 000-800-100=100(万元)。选项D，处置时影响留存收益的金额=1 000-900=100(万元)。
8. BCD
9. ABCD
10. ABCD
11. ABC 【解析】对于购买或源生时已发生信用减值的金融资产，应按其摊余成本和经信用调整的实际利率计算利息收入。
12. ABC 【解析】选项ABC，企业仍保留了该金融资产所有权上几乎所有的风险和报酬，不符合终止确认金融资产的条件；选项D，重大价外期权，即期权合约条款的设计使得金融资产的买方极小可能会到期行权，因此应终止确认。

『提示』买断式回购交易是指金融资产持有人在将该金融资产卖给购买方的同时，交易双方约定在未来某一日期，再由卖方以约定价格从买方购回该金融资产的交易。

13. AD 【解析】选项B、C，属于现金流量套期。

14. ABC

15. AC 【解析】选项 B，应当记入“套期损益”科目的贷方。选项 D，应当确认主营业务成本 4 500 万元。具体会计处理如下：

2×22 年 1 月 1 日

借：被套期项目　　5 000

　贷：库存商品　　5 000

2×22 年 1 月 1 日，被指定为套期工具的期货合约的公允价值为 0，不作账务处理。

2×22 年 6 月 30 日，确认套期工具和被套期项目的公允价值变动：

借：套期工具　　500

　贷：套期损益　　500

借：套期损益　　500

　贷：被套期项目　　500

确认销售收入：

借：应收账款/银行存款　　4 500

　贷：主营业务收入　　4 500

结转销售成本

借：主营业务成本　　4 500

　贷：被套期项目　　4 500

结算期货合同

借：银行存款　　500

　贷：套期工具　　500

三、计算分析题

1.【答案】

(1)①2×18 年 1 月 1 日：

债权投资	其他债权投资
借：债权投资—成本　5 000 　贷：银行存款　4 639.52 　　债权投资—利息调整　360.48	借：其他债权投资—成本　5 000 　贷：银行存款　4 639.52 　　其他债权投资—利息调整　360.48

②2×18 年 12 月 31 日：

债权投资	其他债权投资
应收利息 = 5 000×10% = 500(万元)。 实际利息收入 = 4 639.52×12% = 556.74(万元)。 利息调整摊销 = 556.74-500 = 56.74(万元)。 年末摊余成本 = 4 639.52+56.74 = 4 696.26(万元)	同左
借：应收利息　500 　债权投资—利息调整　56.74 　贷：投资收益　556.74 借：银行存款　500 　贷：应收利息　500	借：应收利息　500 　其他债权投资—利息调整　56.74 　贷：投资收益　556.74 借：银行存款　500 　贷：应收利息　500
—	公允价值变动 = 5 000-4 696.26 = 303.74(万元)。 借：其他债权投资—公允价值变动　303.74 　贷：其他综合收益—其他债权投资公允价值变动　303.74

③2×19 年 12 月 31 日：

债权投资	其他债权投资
应收利息 = 5 000×10% = 500(万元)。 实际利息收入 = 4 696.26×12% = 563.55(万元)。 利息调整摊销 = 563.55-500 = 63.55(万元)。 年末摊余成本 = 4 696.26+63.55 = 4 759.81(万元)	同左

续表

债权投资	其他债权投资
借：应收利息 500 债权投资—利息调整 63.55 贷：投资收益 563.55 收到利息的会计分录略	借：应收利息 500 其他债权投资—利息调整 63.55 贷：投资收益 563.55 收到利息的会计分录略
—	公允价值变动＝4 900－(5 000＋63.55)＝－163.55(万元)。 借：其他综合收益—其他债权投资公允价值变动 163.55 贷：其他债权投资—公允价值变动 163.55

④2×20 年 12 月 31 日：

债权投资	其他债权投资
应收利息＝5 000×10%＝500(万元)。 实际利息收入＝4 759.81×12%＝571.18(万元)。 利息调整摊销＝571.18－500＝71.18(万元)。 年末计提减值前的摊余成本＝4 759.81＋71.18＝4 830.99(万元)	同左
借：应收利息 500 债权投资—利息调整 71.18 贷：投资收益 571.18 收到利息的会计分录略	借：应收利息 500 其他债权投资—利息调整 71.18 贷：投资收益 571.18 收到利息的会计分录略
—	公允价值变动＝4 800－(4 900＋71.18)＝－171.18(万元)。 借：其他综合收益—其他债权投资公允价值变动 171.18 贷：其他债权投资—公允价值变动 171.18
借：信用减值损失 200 贷：债权投资减值准备 200	借：信用减值损失 200 贷：其他综合收益—信用减值准备 200

(2)2×21 年 1 月 6 日：

“其他债权投资—成本”科目余额＝5 000(万元)[借方]。

“其他债权投资—利息调整”科目余额＝360.48－56.74－63.55－71.18＝169.01(万元)[贷方]。

“其他债权投资—公允价值变动”科目余额＝303.74－163.55－171.18＝－30.99(万元)[贷方]。

“其他综合收益—其他债权投资公允价值变动”科目余额＝－30.99(万元)[借方]。

“其他综合收益—信用减值准备”科目余额＝200(万元)[贷方]。

借：银行存款 4 730.99

其他综合收益—信用减值准备 200

其他债权投资—利息调整 169.01

其他债权投资—公允价值变动 30.99

贷：其他综合收益—其他债权投资公允价值变动 30.99

其他债权投资—成本 5 000

投资收益 100

出售时确认的投资收益＝公允价值 4 730.99－账面价值 4 800＋其他综合收益(－30.99＋200)＝100(万元)。

2.【答案】

(1)2×20 年 4 月 6 日：

借：交易性金融资产—成本
[500×(5.4-0.3)]2 550
应收股利 (500×0.3)150
投资收益 2
贷：银行存款 2 702

(2)2×20年4月15日：
借：银行存款 150
贷：应收股利 (500×0.3)150

对于股票股利应于除权日在备查账簿中登记，不需要作会计处理。

分配股票股利后，持有的股票股数为=500+500/10×2=600(万股)。

(3)2×20年12月10日：
借：银行存款(300×5.8-1.2)1 738.8
贷：交易性金融资产—成本
(2 550/600×300)1 275
投资收益 463.8

(4)2×20年12月31日：
借：交易性金融资产—公允价值变动
(300×5-1 275)225
贷：公允价值变动损益 225

(5)2×21年7月26日：
借：银行存款 (200×4.8-1.80)958.2
投资收益 41.8
贷：交易性金融资产—成本
[(2 550-1 275)×2/3]850
—公允价值变动
(225×2/3)150

(6)2×21年12月31日：
借：公允价值变动损益
(100×5-100×4.2)80
贷：交易性金融资产—公允价值变动
80

3.【答案】

(1)A公司2×17年7月10日购买B公司发行的股票的会计分录：

其他权益工具投资	交易性金融资产
初始确认成本=300×(14.8-0.2)+10=4 390(万元)。 借：其他权益工具投资—成本 4 390 应收股利 60 贷：银行存款 4 450	初始确认成本=300×(14.8-0.2)=4 380(万元)。 借：交易性金融资产—成本 4 380 投资收益 10 应收股利 60 贷：银行存款 4 450

(2)A公司2×17年7月20日收到B公司分配现金股利的会计分录：

其他权益工具投资	交易性金融资产
借：银行存款 60 贷：应收股利 60	借：银行存款 60 贷：应收股利 60

(3)A公司2×17年12月31日金融资产公允价值变动的会计分录：

其他权益工具投资	交易性金融资产
公允价值变动=300×15-4 390=110(万元)。 借：其他权益工具投资—公允价值变动 110 贷：其他综合收益 110	公允价值变动=300×15-4 380=120(万元)。 借：交易性金融资产—公允价值变动 120 贷：公允价值变动损益 120
2×17年年末该项金融资产的列示金额=300×15=4 500(万元)。 影响2×17年营业利润的金额=0。 影响2×17年其他综合收益的金额=110(万元)	2×17年年末该项金融资产的列示金额=300×15=4 500(万元)。 影响2×17年营业利润的金额=-10+120=110(万元)

续表

其他权益工具投资	交易性金融资产
纳税调整金额=0。 应纳税暂时性差异=110(万元)。 递延所得税负债=110×25%=27.5(万元)。 递延所得税费用=0(应确认其他综合收益) 借:其他综合收益 27.5 　贷:递延所得税负债 27.5	纳税调整金额=-120(万元)。 应纳税暂时性差异=120(万元)。 递延所得税负债=120×25%=30(万元)。 递延所得税费用=30(万元)。 借:所得税费用 30 　贷:递延所得税负债 30

(4)2×18 年 4 月 3 日和 4 月 30 日 B 公司宣告发放的现金股利及收到现金股利的会计分录:

其他权益工具投资	交易性金融资产
4 月 3 日: 借:应收股利 (300×0.3)90 　贷:投资收益 90 4 月 30 日: 借:银行存款 90 　贷:应收股利 90	4 月 3 日: 借:应收股利 (300×0.3)90 　贷:投资收益 90 4 月 30 日: 借:银行存款 90 　贷:应收股利 90

(5)A 公司 2×18 年 12 月 31 日金融资产公允价值变动的会计分录:

其他权益工具投资	交易性金融资产
公允价值变动=300×(13-15)=-600(万元)。 借:其他综合收益 600 　贷:其他权益工具投资—公允价值变动 600	公允价值变动=300×(13-15)=-600(万元)。 借:公允价值变动损益 600 　贷:交易性金融资产—公允价值变动 600
2×18 年该项金融资产的列示金额=300×13=3 900(万元)。 影响 2×18 年营业利润的金额=90(万元)。 影响 2×18 年其他综合收益的金额=-600(万元)	2×18 年该项金融资产的列示金额=300×13=3 900(万元)。 影响 2×18 年营业利润的金额=90-600=-510(万元)
借:递延所得税负债 27.5 　贷:其他综合收益 27.5 借:递延所得税资产 [(600-110)×25%]122.5 　贷:其他综合收益 122.5	借:递延所得税负债 30 　贷:所得税费用 30 借:递延所得税资产 [(600-120)×25%]120 　贷:所得税费用 120

(6)A 公司 2×19 年 12 月 31 日该金融资产相关的会计分录:

其他权益工具投资	交易性金融资产
公允价值变动=300×(6-13)=-2 100(万元)。 借:其他综合收益 2 100 　贷:其他权益工具投资—公允价值变动 2 100	公允价值变动=300×(6-13)=-2 100(万元)。 借:公允价值变动损益 2 100 　贷:交易性金融资产—公允价值变动 2 100
2×19 年该项金融资产的列示金额=300×6=1 800(万元)。 影响 2×19 年营业利润的金额=0。 影响 2×19 年其他综合收益的金额=-2 100(万元)	2×19 年该项金融资产的列示金额=300×6=1 800(万元)。 影响 2×19 年营业利润的金额=-2 100(万元)
借:递延所得税资产 (2 100×25%)525 　贷:其他综合收益 525	借:递延所得税资产 525 　贷:所得税费用 525

(7)2×20 年 12 月 31 日该金融资产相关会计分录：

其他权益工具投资	交易性金融资产
公允价值变动=300×(15-6)=2 700(万元)。 借：其他权益工具投资—公允价值变动　2 700 　贷：其他综合收益　2 700	公允价值变动=300×(15-6)=2 700(万元)。 借：交易性金融资产—公允价值变动　2 700 　贷：公允价值变动损益　2 700
2×20 年该项金融资产的列示金额=300×15=4 500(万元)。 影响 2×20 年营业利润的金额=0。 影响 2×20 年其他综合收益的金额=2 700(万元)	2×20 年该项金融资产的列示金额=300×15=4 500(万元)。 影响 2×20 年营业利润的金额=2 700(万元)
计税基础=4 390(万元)，应纳税暂时性=4 500-4 390=110(万元) 借：其他综合收益　(525+122.5)647.5 　贷：递延所得税资产　647.5 借：其他综合收益　(110×25%)27.5 　贷：递延所得税负债　27.5	计税基础=4 380(万元)，应纳税暂时性差异=4 500-4 380=120(万元) 借：所得税费用　645 　贷：递延所得税资产　645 借：所得税费用　(120×25%)30 　贷：递延所得税负债　30

『提示』指定为以公允价值计量且其变动计入其他综合收益的非交易性权益工具投资不能计提损失准备。

(8)2×21 年 1 月 6 日出售金融资产的相关会计分录：

其他权益工具投资	交易性金融资产
成本=4 390(万元)。 公允价值变动=110-600-2 100+2 700=110(万元)。 累计计入其他综合收益的公允价值变动金额=110-600-2 100+2 700=110(万元)。 借：银行存款　(300×18-12)5 388 　贷：其他权益工具投资—成本　4 390 　　　　　　　　　—公允价值变动　110 　　盈余公积　88.8 　　利润分配—未分配利润　799.2 借：其他综合收益　110 　贷：盈余公积　11 　　利润分配—未分配利润　99 处置时影响投资收益的金额=0。 处置时影响营业利润的金额=0	成本=4 380(万元)。 公允价值变动=120-600-2 100+2 700=120(万元)。 累计计入公允价值变动损益的公允价值变动金额=120-600-2 100+2 700=120(万元)。 借：银行存款　5 388 　贷：交易性金融资产—成本　4 380 　　　　　　　　—公允价值变动　120 　　投资收益　888 处置时影响投资收益的金额=处置时影响营业利润的金额=5 388-300×15=888(万元)
借：递延所得税负债　27.5 　贷：其他综合收益　27.5	借：递延所得税负债　30 　贷：所得税费用　30

4.【答案】

(1)资料(1)：

重分类前：债权投资	重分类日：交易性金融资产
借：债权投资　1 000 　贷：银行存款　1 000 借：信用减值损失　90 　贷：债权投资减值准备　90	借：交易性金融资产　1 100 　债权投资减值准备　90 　贷：债权投资　1 000 　　公允价值变动损益　190

(2)资料(2)：

重分类前：债权投资			重分类日：其他债权投资		
借：债权投资	2 000		借：其他债权投资	1 900	
贷：银行存款		2 000	债权投资减值准备	190	
借：信用减值损失	190		贷：债权投资		2 000
贷：债权投资减值准备		190	其他综合收益		90

(3)资料(3)：

重分类前：其他债权投资			重分类日：债权投资		
借：其他债权投资	3 000		借：债权投资	3 000	
贷：银行存款		3 000	贷：其他债权投资		3 000
借：信用减值损失	290		借：其他综合收益	290	
贷：其他综合收益		290	贷：债权投资减值准备		290
借：其他综合收益	100		借：其他债权投资	100	
贷：其他债权投资		(3 000−2 900)100	贷：其他综合收益		100

(4)资料(4)：

重分类前：其他债权投资			重分类日：交易性金融资产		
			借：交易性金融资产	3 900	
借：其他债权投资	4 000		其他债权投资	100	
贷：银行存款		4 000	贷：其他债权投资		4 000
借：信用减值损失	390		借：其他综合收益	390	
贷：其他综合收益		390	贷：公允价值变动损益		390
借：其他综合收益	100		借：公允价值变动损益	100	
贷：其他债权投资		(4 000−3 900)100	贷：其他综合收益		100

(5)资料(5)：

重分类前：交易性金融资产			重分类日：债权投资		
借：交易性金融资产	5 000				
贷：银行存款		5 000	借：债权投资	5 500	
借：交易性金融资产	500		贷：交易性金融资产		5 500
贷：公允价值变动损益		500			

(6)资料(6)：

重分类前：交易性金融资产			重分类日：其他债权投资		
借：交易性金融资产	6 000				
贷：银行存款		6 000	借：其他债权投资	6 600	
借：交易性金融资产	600		贷：交易性金融资产		6 600
贷：公允价值变动损益		600			

第十四章　租　赁

考情解密

历年考情概况

本章在2020年按照新修订的租赁准则编写，修改幅度较大，在2020年考试中涉及承租人会计处理的综合题。本章主要考点是与租赁相关的概念、承租人的会计处理、出租人的会计处理及售后租回交易的会计处理等。本章也曾经与差错更正相结合在主观题中出现。2022年考生在学习本章内容时，应特别关注。

近年考点直击

考点	主要考查题型	考频指数	考查角度
承租人的会计处理	单选题、多选题、计算分析题、综合题	★★★	①判断现金流量表的类别；②租赁和非租赁部分进行分拆的处理；③判断租入商业用房的租赁期，并说明理由；④计算租赁付款额及租赁负债的初始入账金额、使用权资产的成本，并编制相关会计分录；⑤计算使用权资产的折旧额和租赁负债的利息费用等
出租人的会计处理	单选题	★★	存在免租期时计算年租金收入
特殊租赁业务的会计处理	综合题	★	给出资料，判断会计处理正误，并进行更正

2022年考试变化

完善了租赁期的确定、存在可变租赁付款额时租赁负债的处理、短期租赁的判断等内容，增加了承租人发生租赁资产改良支出及复原支出的处理，其他内容未发生实质性变化。

考点详解及精选例题

一、租赁的识别

（一）租赁的定义

在合同开始日，企业应当评估合同是否为租赁或者包含租赁。

租赁，是指在一定期间内，出租人将资产的使用权让与承租人以获取对价的合同。如果合同一方让渡了在一定期间内控制一项或多项已识别资产使用的权利以换取对价，则该合同为租赁或者包含租赁。一项合同要被分类为租赁，必须要满足租赁三要素。租赁三要素如图14-1所示。

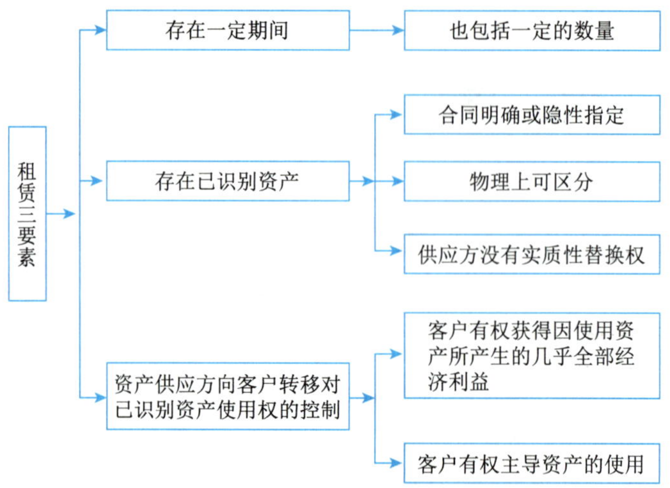

图 14-1　租赁三要素

（二）已识别资产

1. 明确指定或隐性指定

已识别资产通常由合同明确指定，也可以在资产可供客户使用时隐性指定。

2. 物理可区分

如果资产的部分产能在物理上可区分（例如，承租某一办公楼的第 8 层全部房间），则该部分产能属于已识别资产。

3. 实质性替换权

如果资产供应方在整个使用期间拥有对某资产的实质性替换权，则该资产不属于已识别资产。同时符合下列条件时，表明资产供应方拥有资产的实质性替换权：

（1）资产供应方拥有在整个使用期间替换资产的实际能力。

（2）资产供应方通过行使替换资产的权利将获得经济利益。即替换资产的预期经济利益将超过替换资产所需成本。

（三）客户控制已识别资产使用权

为确定合同是否让渡了在一定期间内控制已识别资产使用的权利，企业应当评估合同中的客户是否有权获得在使用期间因使用已识别资产所产生的几乎全部经济利益，并有权在该使用期间主导已识别资产的使用。

1. 客户是否有权获得因使用资产所产生的几乎全部经济利益

在评估客户是否有权获得因使用已识别资产所产生的几乎全部经济利益时，企业应当在约定的客户权利范围内考虑其所产生的经济利益。

2. 客户是否有权主导资产的使用

存在下列情形之一的，可视为客户有权主导对已识别资产在整个使用期间的使用：

（1）客户有权在整个使用期间主导已识别资产的使用目的和使用方式。

如果客户有权在整个使用期间在合同界定的使用权范围内改变资产的使用目的和使用方式，则视为客户有权在该使用期间主导资产的使用目的和使用方式。

（2）已识别资产的使用目的和使用方式在使用期间前已预先确定，并且客户有权在整个使用期间自行或主导他人按照其确定的方式运营该资产，或者客户设计了已识别资产（或资产的特定方面）并在设计时已预先确定了该资产在整个使用期间的使用目的和使用方式。

例如，通过设计资产或在合同中对资产的使用做出限制来预先确定相关决策。

识别合同中是否包含租赁的流程如图 14-2 所示。

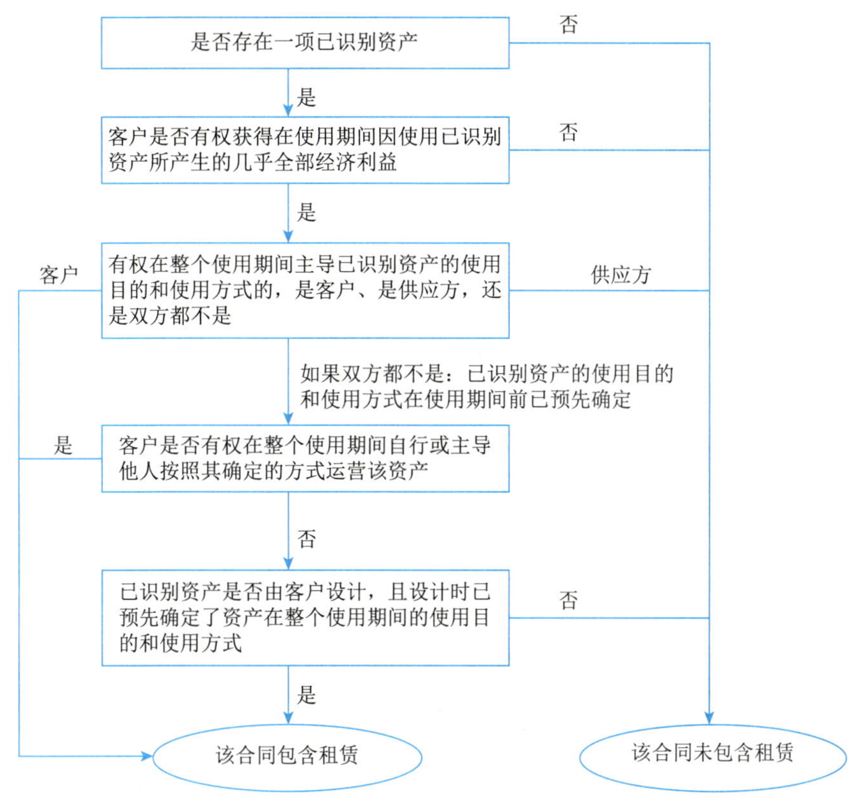

图 14-2 识别合同中是否包含租赁的流程

二、租赁的分拆与合并

（一）租赁的分拆

合同中同时包含多项单独租赁的，承租人和出租人应当将合同予以分拆，并分别将各项单独租赁进行会计处理。合同中同时包含租赁和非租赁部分的，承租人和出租人应当将租赁和非租赁部分进行分拆。分拆时，各租赁部分应当分别按照租赁准则进行会计处理，非租赁部分应当按照其他适用的企业会计准则进行会计处理。

同时符合下列条件，使用已识别资产的权利构成合同中的一项单独租赁：

（1）承租人可从单独使用该资产或将其与易于获得的其他资源一起使用中获利。

（2）该资产与合同中的其他资产不存在高度依赖或高度关联关系。

出租人可能要求承租人承担某些款项，却并未向承租人转移商品或服务。例如，出租人可能将管理费或与租赁相关的其他成本计入应付金额，而并未向承租人转移商品或服务。此类应付金额不构成合同中单独的组成部分，而应视为总对价的一部分分摊至单独识别的合同组成部分。

1. 承租人的处理

在分拆合同包含的租赁和非租赁部分时，承租人应当按照各项租赁部分单独价格及非租赁部分的单独价格之和的相对比例分摊合同对价。租赁和非租赁部分的相对单独价格，应当根据出租人或类似资产供应方就该部分或类似部分向企业单独收取的价格确定。如果可观察的单独价格不易于获得，承租人应当最大限度地利用可观察的信息估计单独价格。

为简化处理，承租人可以按照租赁资产的类别选择是否分拆合同包含的租赁和非租赁部分。承租人选择不分拆的，应当将各租赁部分及与其相关的非租赁部分分别合并为租赁，按照租赁准则进行会计处理。但是，应分拆的嵌入衍生工具，承租人不应将其与租赁部分合并进行会计处理。

2. 出租人的处理

出租人应当分拆租赁部分和非租赁部分，根据收入准则关于交易价格分摊的规定分摊合同对价。

（二）租赁的合并（如图 14-3）

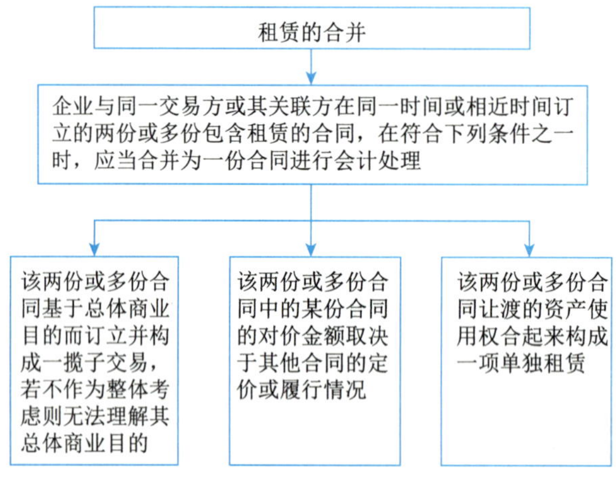

图 14-3　租赁的合并

『提示』两份或多份合同合并为一份合同进行会计处理的，仍然需要区分该合同中的租赁部分和非租赁部分。

三、租赁期（如图 14-4）

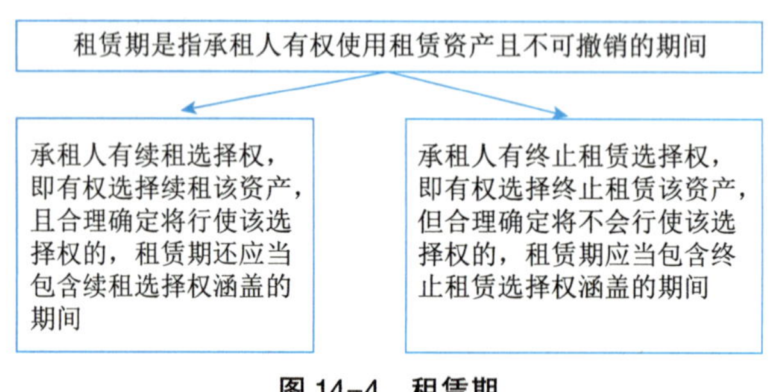

图 14-4　租赁期

（一）租赁期开始日

租赁期自租赁期开始日起计算。租赁期开始日，是指出租人提供租赁资产使其可供承租人使用的起始日期。如果承租人在租赁协议约定的起租日或租金起付日之前，已获得对租赁资产使用权的控制，则表明租赁期已经开始。租赁协议中对起租日或租金支付时间的约定，并不影响租赁期开始日的判断。

（二）不可撤销期间

在确定租赁期和评估不可撤销租赁期间时，企业应根据租赁条款约定确定可强制执行合同的期间。

如果承租人和出租人双方均有权在未经另一方许可的情况下终止租赁，且罚款金额不重大，则该租赁不再可强制执行。

如果只有承租人有权终止租赁，则在确定租赁期时，企业应将该项权利视为承租人可行使的终止租赁选择权予以考虑。如只有出租人有权终止租赁，则不可撤销的租赁期包括终止租赁选择权所涵盖的期间。

（三）续租选择权和终止租赁选择权

在租赁期开始日，企业应当评估承租人是否合理确定将行使续租或购买标的资产的选择权，或者将不行使终止租赁选择权。

在评估时，企业应当考虑对承租人行使续租选择权或不行使终止租赁选择权带来经济利益的所有相关事实和情况，包括自租赁期开始日至选择权行使日之间的事实和情况的预期变化。需考虑的因素包括但不限于以下方面：

（1）与市价相比，选择权期间的合同条款和条件。例如：选择权期间内为使用租赁资产而需支付的租金；可变租赁付款额或其他或有款项，如因终止租赁罚款和余值担保导致的应付款项；初始选择权期间后可行使的其他选择权的条款和条件，如续租期结束时可按低于市价的价格行使购买选择权。

（2）在合同期内，承租人进行或预期进行重大租赁资产改良的，在可行使续租选择权、终止租赁选择权或者购买租赁资产选择权时，预期能为承租人带来的重大经济利益。

（3）与终止租赁相关的成本。

例如，谈判成本、搬迁成本、寻找与选择适合承租人需求的替代资产所发生的成本、将新资产融入运营所发生的整合成本、终止租赁的罚款、将租赁资产恢复至租赁条款约定状态的成本、将租赁资产归还至租赁条款约定地点的成本等。

（4）租赁资产对承租人运营的重要程度。例如，租赁资产是否为一项专门资产，租赁资产位于何地以及是否可获得合适的替换资产等。

（5）与行使选择权相关的条件及满足相关条件的可能性。例如，租赁条款约定仅在满足一项或多项条件时方可行使选择权，此时还应考虑相关条件及满足相关条件的可能性。

四、承租人会计处理

在租赁期开始日，承租人应当对租赁确认使用权资产和租赁负债，应用短期租赁和低价值资产租赁简化处理的除外。

（一）租赁负债的初始计量

租赁负债应当按照租赁期开始日尚未支付的租赁付款额的现值进行初始计量。

1. 租赁付款额

是指承租人向出租人支付的与在租赁期内使用租赁资产的权利相关的款项。租赁付款额包括以下五项内容：

（1）固定付款额及实质固定付款额，存在租赁激励的，扣除租赁激励相关金额。实质固定付款额是指在形式上可能包含变量但实质上无法避免的付款额。

①付款额设定为可变租赁付款额，但该可变条款几乎不可能发生，没有真正的经济实质。

②承租人有多套付款额方案，但其中仅有一套是可行的。在此情况下，承租人应采用该可行的付款额方案作为租赁付款额。

③承租人有多套可行的付款额方案，但必须选择其中一套。在此情况下，承租人应采用总折现金额最低的一套作为租赁付款额。

（2）取决于指数或比率的可变租赁付款额。

可变租赁付款额，是指承租人为取得在租赁期内使用租赁资产的权利，而向出租人支付的因租赁期开始日后的事实或情况发生变化（而非时间推移）而变动的款项。可变租赁付款额可能与下列各项指标或情况挂钩：

①由于市场比率或指数数值变动导致的价格变动。例如，央行基准利率或消费者价格指数（CPI）变动可能导致租赁付款额调整（纳入租赁负债的初始计量中）。

②承租人源自租赁资产的绩效。例如，零售业不动产租赁可能会要求基于使用该不

动产取得的销售收入的一定比例确定租赁付款额(不纳入租赁负债的初始计量中，发生时计入损益或产品成本)。

③租赁资产的使用。例如，车辆租赁可能要求承租人在超过特定里程数时支付额外的租赁付款额(不纳入租赁负债的初始计量中，发生时计入损益或产品成本)。

【快速记忆】可变租赁付款额中，仅取决于指数或比率的可变租赁付款额纳入租赁负债的初始计量中，包括与消费者价格指数挂钩的款项、与基准利率挂钩的款项和为反映市场租金费率变化而变动的款项等。此类可变租赁付款额应当根据租赁期开始日的指数或比率确定。除了取决于指数或比率的可变租赁付款额之外，其他可变租赁付款额均不纳入租赁负债的初始计量中。

(3)购买选择权的行权价格，前提是承租人合理确定将行使该选择权。

在租赁期开始日，承租人应评估是否合理确定将行使购买标的资产的选择权。如果承租人合理确定将行使购买标的资产的选择权，则租赁付款额中应包含购买选择权的行权价格。

(4)行使终止租赁选择权需支付的款项，前提是租赁期反映出承租人将行使终止租赁选择权。

在租赁期开始日，承租人应评估是否合理确定将行使终止租赁选择权。如果承租人合理确定将行使终止租赁选择权，则租赁付款额中应包含行使终止租赁选择权需支付的款项，并且租赁期不应包含终止租赁选择权涵盖的期间。

(5)根据承租人提供的担保余值预计应支付的款项。

担保余值，是指与出租人无关的一方向出租人提供担保，保证在租赁结束时租赁资产的价值至少为某指定的金额。如果承租人提供了对余值的担保，则租赁付款额应包含该担保下预计应支付的款项，它反映了承租人预计将支付的金额，而不是承租人担保余值下的最大敞口。

2. 折现率

租赁负债应当按照租赁期开始日尚未支付的租赁付款额的现值进行初始计量。在计算租赁付款额的现值时，承租人应当采用租赁内含利率作为折现率；无法确定租赁内含利率的，应当采用承租人增量借款利率作为折现率。

(二)使用权资产的初始计量

使用权资产，是指承租人可在租赁期内使用租赁资产的权利。在租赁期开始日，承租人应当按照成本对使用权资产进行初始计量。该成本包括下列四项：

(1)租赁负债的初始计量金额。

(2)在租赁期开始日或之前支付的租赁付款额；存在租赁激励的，应扣除已享受的租赁激励相关金额。

(3)承租人发生的初始直接费用。

(4)承租人为拆卸及移除租赁资产、复原租赁资产所在场地或将租赁资产恢复至租赁条款约定状态预计将发生的成本，注意需要考虑货币时间价值。

承租人有可能在租赁期开始日就承担了上述成本的支付义务，也可能在特定期间内因使用标的资产而承担了相关义务。承租人应在其有义务承担上述成本时，将这些成本确认为使用权资产成本的一部分。

【例题1·综合题】2×20年1月1日，承租人正保远程教育集团(以下简称正保公司)就某栋建筑物的某3个楼层与出租人乙公司签订了为期10年的租赁协议，并拥有5年的续租选择权。有关资料如下：

初始租赁期内的不含税租金为每年1 000万元，续租期间的不含税租金为每年1 100万元，所有款项应于每年年初支付。为获得该项租赁，正保公司发生的初始直接费用为400万元，其中，300万元为向该楼层前任租户支付的款项，100万元为向促成此租赁交易的房地产中介支付的佣金。作为对正保公司的激励，乙公司同意补偿正保公司100万元的佣金。

在租赁期开始日，正保公司评估后认为，不能合理确定将行使续租选择权，因此，将租赁期确定为10年。

正保公司无法确定租赁内含利率，其增量借款年利率为5%，该利率反映的是正保公司以类似抵押条件借入期限为10年、与使用权资产等值的相同币种的借款而必须支付的利率。

预计租赁期结束时将上述建筑物3个楼层恢复最初状态将发生成本100万元。为简化处理，假设不考虑相关税费影响。[已知：(P/A，5%，9)=7.107 82；(P/F，5%，10)=0.613 9]

要求：编制承租人正保公司租赁期开始日相关会计分录。

答案

(1)计算正保公司租赁期开始日租赁付款额的现值，并确认租赁负债和使用权资产。

在租赁期开始日，由于每年年初支付租金，所以在支付第1年的租金1 000万元以后，剩余9年租金(每年1 000万元)按5%的年利率折现后的现值计量租赁负债。

①剩余9期租赁付款额=1 000×9=9 000(万元)。

②租赁负债=剩余9期租赁付款额的现值=1 000×(P/A，5%，9)=1 000×7.107 82=7 107.82(万元)。

③未确认融资费用=剩余9期租赁付款额9 000-剩余9期租赁付款额的现值7 107.82=1 892.18(万元)。

④使用权资产=剩余9期租赁付款额的现值7 107.82(万元)。

借：使用权资产　7 107.82

　　租赁负债—未确认融资费用　1 892.18

　贷：租赁负债—租赁付款额　9 000

借：使用权资产　1 000

　贷：银行存款(第1年的租赁付款额)　1 000

(2)将初始直接费用计入使用权资产的初始成本。

借：使用权资产　400

　贷：银行存款　400

(3)将已收的租赁激励相关金额从使用权资产入账价值中扣除。

借：银行存款　100

　贷：使用权资产　100

(4)复原费用的现值=100×(P/F，5%，10)=100×0.613 9=61.39(万元)。

借：使用权资产　61.39

　贷：预计负债　61.39

综上，正保公司使用权资产的初始成本=7 107.82+1 000+400-100+61.39=8 469.21(万元)。

(三)租赁负债的后续计量

1. 计量基础

在租赁期开始日后，承租人应当按以下原则对租赁负债进行后续计量：

(1)确认租赁负债的利息时，增加租赁负债的账面金额；即：

借：财务费用—利息费用

　贷：租赁负债—未确认融资费用

承租人应当按照固定的周期性利率计算租赁负债在租赁期内各期间的利息费用，并计入当期损益，但按照借款费用等其他准则规定应当计入相关资产成本的，从其规定。

此处的周期性利率，是指承租人对租赁负债进行初始计量时所采用的折现率，或者因租赁付款额发生变动或因租赁变更而需按照修订后的折现率对租赁负债进行重新计量时，承租人所采用的修订后的折现率。

(2)支付租赁付款额时，减少租赁负债的账面金额；即：

借：租赁负债—租赁付款额

　贷：银行存款

(3)因重估或租赁变更等原因导致租赁付款额发生变动时，重新计量租赁负债的账面价值。

【例题 2·综合题】沿用例题 1 正保公司资料。

要求：计算 2×20 年-2×25 年利息费用，编制 2×20 年年末、2×21 年相关会计分录。

答案▶提示：每年年初付款。

(1)2×20 年-2×25 年利息费用的计算如表 14-1 所示。

表 14-1　2×20 年-2×25 年利息费用的计算　单位：万元

年份	支付当年(第 1 年例外)租金前的租赁负债年初余额①	租赁付款额②	利息费用 ③=(①-②)×5%	租赁负债年末余额 ④=①-②+③
2×20 年	7 107. 82	—	355. 39	7 463. 21
2×21 年	7 463. 21	1 000	323. 16	6 786. 37
2×22 年	6 786. 37	1 000	289. 32	6 075. 69
2×23 年	6 075. 69	1 000	253. 78	5 329. 47
2×24 年	5 329. 47	1 000	216. 47	4 545. 94
2×25 年	4 545. 94	1 000	177. 30	3 723. 24

(2)会计分录。

①2×20 年年末未确认融资费用摊销额=(年初租赁付款额 9 000-年初未确认融资费用 1 892. 18)×5%=355. 39(万元)。

借：财务费用—利息费用　355. 39
　贷：租赁负债—未确认融资费用　355. 39

2×20 年年末摊销复原费用应负担的利息费用=61. 39×5%=3. 07(万元)。

借：财务费用—利息费用　3. 07
　贷：预计负债　3. 07

②2×21 年年初：

借：租赁负债—租赁付款额　1 000
　贷：银行存款　1 000

2×21 年年末未确认融资费用摊销额=[(9 000-1 000)-(1 892. 18-355. 39)]×5%=323. 16(万元)。

借：财务费用—利息费用　323. 16
　贷：租赁负债—未确认融资费用　323. 16

2×21 年年末摊销复原费用应负担的利息费用=(61. 39+3. 07)×5%=3. 22(万元)。

借：财务费用—利息费用　3. 22
　贷：预计负债　3. 22

未纳入租赁负债计量的可变租赁付款额，即并非取决于指数或比率的可变租赁付款额，应当在实际发生时计入当期损益，但按照《企业会计准则第 1 号——存货》等其他准则规定应当计入相关资产成本的，从其规定。

【例题 3·综合题】沿用上述例题 1 正保公司资料，除固定付款额外，合同还规定租赁期间正保公司 3 个楼层当年营业收入超过 4 000 万元的，当年应再支付按实际营业收入的 1%计算的租金，于当年年末支付。假设在租赁的第 3 年，正保公司的营业收入为 5 000 万元。

要求：编制正保公司 2×22 年支付可变租赁付款额的会计分录。

答案▶由于该可变租赁付款额与未来的营业收入挂钩，而并不是取决于指数或比率的，因此不应被纳入租赁负债的初始计量中。正保公司第 3 年年末应支付的可变租赁付款额为 50 万元，在实际发生时计入当期损益。

借：销售费用等　(5 000×1%)50
　贷：银行存款　50

【例题 4·综合题】沿用上述例题 1 正保公司资料，但没有固定付款额，租赁合同约定，租赁期为 10 年，年租金按照租赁资产当年营业收入的 80%计算，于每年年末支付给出租人。假定不考虑其他因素。2×20 年营业收入为 20 000 万元。

要求：说明该租赁合同应如何对租赁负

债进行初始计量和后续计量，编制2×20年支付可变租赁付款额的会计分录。

答案 按照上述租赁合同约定，租赁付款额按照租赁资产年营业收入的一定比例计算，属于可变租赁付款额，但该可变租赁付款额不取决于指数或比率的变化，而是取决于租赁资产的未来绩效，因此，初始计量时取决于指数或比率的可变租赁付款额为0。在假定不考虑其他因素的情况下，租赁负债的初始计量金额为0。根据租赁准则，未纳入租赁负债计量的可变租赁付款额，即并非取决于指数或者比率的可变租赁付款额，应当在实际发生时计入当期损益，但按照《企业会计准则第1号——存货》等其他准则规定应当计入相关资产成本的，从其规定。

借：销售费用等 (20 000×80%)16 000

　贷：银行存款 16 000

2. 租赁负债的重新计量

在租赁期开始日后，当发生下列四种情形时，承租人应当按照变动后的租赁付款额的现值重新计量租赁负债，并相应调整使用权资产的账面价值。使用权资产的账面价值已调减至零，但租赁负债仍需进一步调减的，承租人应当将剩余金额计入当期损益。

(1)实质固定付款额发生变动。

如果租赁付款额最初是可变的，但在租赁期开始日后的某一时点转为固定，那么，在潜在可变性消除时，该付款额成为实质固定付款额，应纳入租赁负债的计量中。承租人应当按照变动后租赁付款额的现值重新计量租赁负债。该情形下，承租人的折现率不变，即采用租赁期开始日确定的折现率。

【例题5·计算分析题】 2×20年年初，承租人甲公司签订了一份为期10年的机器租赁合同。租金于每年年末支付，并按以下方式确定：第1年，租金是可变的，根据该机器在第1年下半年的实际产能确定；第2年至第10年，每年的租金根据该机器在第1年下半年的实际产能确定，即租金将在第1年年末转变为固定付款额。在租赁期开始日，甲公司无法确定租赁内含利率，其增量借款利率为5%。假设在第1年年末，根据该机器在第1年下半年的实际产能所确定的租赁付款额为每年1 000万元。已知(P/A，5%，9)=7.107 8。

要求：编制甲公司在第1年年末(2×20年)的相关会计分录。

答案 在租赁期开始时，由于未来的租金尚不确定，因此甲公司的租赁负债为零。在第1年年末，租金的潜在可变性消除，成为实质固定付款额(即每年1 000万元)，因此甲公司应基于变动后的租赁付款额重新计量租赁负债，并采用不变的折现率(即5%)进行折现。

(1)支付第一年租金：

借：制造费用等 1 000

　贷：银行存款 1 000

(2)确认使用权资产和租赁负债：

后续年度需支付的租赁付款额=1 000×9=9 000(万元)。

租赁付款额在第1年年末的现值=1 000×(P/A，5%，9)=1 000×7.107 8=7 107.8(万元)。

未确认融资费用=9 000-7 107.8=1 892.2(万元)。

借：使用权资产 7 107.8

　租赁负债—未确认融资费用 1 892.2

　贷：租赁负债—租赁付款额 9 000

(2)担保余值预计的应付金额发生变动。

在租赁期开始日后，承租人应对其在担保余值下预计支付的金额进行估计。该金额发生变动的，承租人应当按照变动后租赁付款额的现值重新计量租赁负债，采用的折现率仍然不变。

(3)用于确定租赁付款额的指数或比率发生变动。

在租赁期开始日后，因浮动利率的变动而导致未来租赁付款额发生变动的，承租人应当按照变动后租赁付款额的现值重新计量租赁负债。在该情形下，承租人应采用反映利率变动的修订后的折现率进行折现。

在租赁期开始日后，因用于确定租赁付款额的指数或比率（浮动利率除外）的变动而导致未来租赁付款额发生变动的，承租人应当按照变动后租赁付款额的现值重新计量租赁负债。该情形下，承租人的折现率不变。

需要得注意的是，仅当现金流量发生变动时，即租赁付款额的变动生效时，承租人才应重新计量租赁负债，以反映变动后的租赁付款额。承租人应基于变动后的合同付款额，确定剩余租赁期内的租赁付款额。

【例题6·综合题】 沿用上述例题1正保公司资料。其他补充资料：合同规定，租赁付款额在租赁期开始日后每两年基于过去24个月消费者价格指数的上涨进行上调。租赁期开始日的消费者价格指数为100。正保公司在初始计量租赁负债时，应基于租赁期开始日的消费者物价指数确定租赁付款额，无须对后续年度因消费者物价指数变化而导致的租金变动作出估计。因此，在租赁期开始日，正保公司应以每年1 000万元的租赁付款额为基础计量租赁负债。假设在2×22年年初（租赁第3年年初）的消费者价格指数为108，正保公司在租赁期开始日采用的折现率为5%，已知(P/A，5%，7)＝5.786 37。

要求：编制2×22年年初重新计量租赁负债的相关会计分录。

答案

(1)2×22年年初（在第3年年初）租赁负债＝6 786.37（万元）。

解析 计算方法有3种：

方法一：见前表。

方法二：1 000+1 000×(P/A，5%，7)＝1 000+1 000×5.786 37＝6 786.37（万元）。

方法三：(9 000－1 000)－(1 892.18－355.39－323.16)＝6 786.37（万元）。

(2)经消费者价格指数调整后的第3年租赁付款额＝1 000×108/100＝1 080（万元）。

(3)应当于第3年年初重新计量租赁负债，以反映变动后的租赁付款额，即租赁负债应当以每年1 080万元的租赁付款额（剩余8笔）为基础进行重新计量。每年1 080万元的租赁付款额按不变的折现率（即5%）进行折现：

2×22年年初重新计量租赁负债＝1 080+1 080×(P/A，5%，7)＝1 080+1 080×5.786 37＝7 329.28（万元）。

(4)正保公司的租赁负债将增加＝重新计量后的租赁负债7 329.28－重新计量前的租赁负债6 786.37＝542.91（万元）。

(5)相关账务处理：

借：使用权资产　542.91

　　租赁负债——未确认融资费用　97.09

　贷：租赁负债——租赁付款额　(8×80)640

(4)购买选择权、续租选择权或终止租赁选择权的评估结果或实际行使情况发生变化。

租赁期开始日后，发生下列两种情形的，承租人应采用修订后的折现率对变动后的租赁付款额进行折现，以重新计量租赁负债：

①续租选择权或终止租赁选择权：发生承租人可控范围内的重大事件或变化，且影响承租人是否合理确定将行使续租选择权或终止租赁选择权的，承租人应当对其是否合理确定将行使相应选择权进行重新评估。

②购买选择权：发生承租人可控范围内的重大事件或变化，且影响承租人是否合理确定将行使购买选择权的，承租人应当对其是否合理确定将行使购买选择权进行重新评估。

上述两种情形下，承租人在计算变动后租赁付款额的现值时，应当采用剩余租赁期间的租赁内含利率作为折现率；无法确定剩余租赁期间的租赁内含利率的，应当采用重估日的承租人增量借款利率作为折现率。

『提示』 可控范围内：例如房价上涨，

不在企业的可控范围内。因此，虽然该事项导致购买选择权及续租选择权的评估结果发生变化，但不需重新计量租赁负债。

【例题 7 · 综合题】沿用上述例题 1 正保公司资料。2×20 年 1 月 1 日，承租人正保公司就某栋建筑物的某 3 个楼层与出租人乙公司签订了为期 10 年的租赁协议，并拥有 5 年的续租选择权。在租赁期开始日，正保公司评估后认为，不能合理确定将行使续租选择权，因此，将租赁期确定为 10 年。

其他补充资料：在第 5 年至第 6 年，正保公司的业务显著增长，其日益壮大的人员规模意味着需要扩租办公楼。为了最大限度降低成本，正保公司于第 6 年年末额外签订了一份为期 8 年、在同一办公楼内其他楼层的租赁合同，在第 7 年年初起租。假设正保公司无法确定剩余租赁期间的租赁内含利率，其第 6 年年末的增量借款利率为 4.5%。

已知：(P/A，5%，3) = 2.723 24；(P/A，4.5%，3) = 2.748 96；(P/A，4.5%，5) = 4.389 98；(P/F，4.5%，3) = 0.876 30。

要求：

(1)判断正保公司能否合理确定将行使现有租赁合同下的续租选择权。

(2)计算第 6 年年末承租人正保公司重新计量租赁负债的金额，并编制会计分录。

答案

(1)可以合理确定正保公司将行使现有租赁合同下的续租选择权。理由：将扩张的人员安置到在同一办公楼内其他楼层的决定，在正保公司的可控范围内，并影响其是否合理确定将行使现有租赁合同下的续租选择权。如果在其他办公楼中租入一个类似的楼层，正保公司可能会产生额外的费用，因为其人员将处于两栋不同的办公楼中，而将全部人员搬迁到其他办公楼的费用可能会更高。在第 6 年年末，正保公司重新评估后认为，其合理确定将行使现有租赁合同下的续租选择权，因此该租赁的租赁期由 10 年变为 15 年。

(2)正保公司应采用修订后的折现率对变动后的租赁付款额进行折现，以重新计量租赁负债：

①第 6 年年末，在对租赁期变动进行会计处理之前，承租人正保公司相关资料如下：租赁负债为 3 723.24 万元，即 3 723.24 = 1 000+1 000×(P/A，5%，3) = 1 000+1 000×2.723 24。

②承租人正保公司按照以下金额进行重新计量租赁负债：剩余 4 期付款额 1 000 万元和随后 5 期付款额 1 100 万元按照修改后的年折现率 4.5%进行折现的现值，在第 6 年年末，正保公司重新评估后的租赁期为 15 年，因此应将剩余租赁期(第 7 年至第 15 年)内的租赁付款额(共 9 笔)纳入租赁负债，并采用修订后的折现率进行折现。

由于每年年初付租金，因此：

重新计量后的租赁负债 = 1 000+1 000×(P/A，4.5%，3) + 1 100 × (P/A，4.5%，5)×(P/F，4.5%，3) = 7 980.59(万元)。

③租赁负债增加额 = 重新计量后的租赁负债 7 980.59 − 此前租赁负债账面金额 3 723.24 = 4 257.35(万元)；承租人对使用权资产进行相应调整，以反映新增使用权的成本，确认如下：

借：使用权资产　　4 257.35
　　租赁负债—未确认融资费用　　1 242.65
　贷：租赁负债—租赁付款额　　(1 100×5)5 500

2×26 年 − 2×34 年利息费用的计算如表 14-2 所示。

表 14-2　2×26 年-2×34 年利息费用的计算　　单位：万元

年份	支付当年(第 1 年例外)租金前的租赁负债年初余额①	租赁付款额②	利息费用 ③=(①-②)×4.5%	租赁负债年末余额 ④=①-②+③
2×26 年	7 980.59	1 000	314.13	7 294.72
2×27 年	7 294.72	1 000	283.26	6 577.98
2×28 年	6 577.98	1 000	251.01	5 828.99
2×29 年	5 828.99	1 000	217.30	5 046.29
2×30 年	5 046.29	1 100	177.58	4 123.87
2×31 年	4 123.87	1 100	136.07	3 159.94
2×32 年	3 159.94	1 100	92.70	2 152.64
2×33 年	2 152.64	1 100	47.36	1 100
2×34 年	1 100	1 100	0	—

【例题 8·综合题】承租人中华会计网络公司(以下简称中华公司)与出租人乙公司签订了一份为期 5 年的演播录课室全套设备租赁合同，租赁期开始日为 2×21 年 1 月 1 日。

(1)中华公司计划开发自有设备以替代租赁资产，自有设备计划在 5 年内投入使用。中华公司拥有在租赁期结束时以 1 000 万元购买该设备的选择权。每年的租赁付款额固定为 2 000 万元，于每年年末支付。中华公司无法确定租赁内含利率，其增量借款利率为 5%。在租赁期开始日，中华公司对行使购买选择权的可能性进行评估后认为，不能合理确定将行使购买选择权。这是因为，中华公司计划开发自有设备，继而在租赁期结束时替代租赁资产。因此中华公司确认租赁期为 5 年，并对租赁资产采用直线法计提折旧。已知(P/A，5%，5)= 4.33。

(2)假设在 2×23 年(第 3 年)年末，中华公司作出削减开发项目的战略决定，包括上述替代设备的开发。该决定在中华公司的可控范围内，并影响其是否合理确定将行使购买选择权。此外，中华公司预计该设备在租赁期结束时的公允价值为 4 000 万元。中华公司重新评估其行使购买选择权的可能性后认为，其合理确定将行使该购买选择权。原因是：在租赁期结束时不大可能有可用的替代设备，并且该设备在租赁期结束时的预期市场价值(4 000 万元)远高于行权价格(1 000 万元)。因此，中华公司应在第 3 年年末将购买选择权的行权价格纳入租赁付款额中。假设中华公司无法确定剩余租赁期间的租赁内含利率，其第 3 年年末的增量借款利率为 5.5%。中华公司预计该设备剩余使用年限为 7 年，采用直线法计提折旧，预计净残值为 0。已知(P/A，5.5%，2)= 1.85；(P/F，5.5%，2)= 0.9。

要求：

(1)编制中华公司租赁期开始日确认租赁负债、使用权资产的会计分录；

(2)根据资料(1)，计算 2×21 年-2×25 年确认的利息费用，编制 2×21 年和 2×22 年年末相关会计分录。

(3)根据资料(2)，计算 2×23 年年末重新计量租赁负债的金额，并编制租赁负债后续计量相关会计分录。

答案

(1)租赁期开始日确认租赁负债=2 000×(P/A，5%，5)= 2 000×4.33=8 660(万元)。

借：使用权资产　　8 660

　　租赁负债—未确认融资费用

　　　　(10 000-8 660)1 340

贷：租赁负债—租赁付款额
(2 000×5)10 000

(2)①租赁负债的后续计量如表 14-3 所示。

表 14-3　租赁负债的后续计量　　单位：万元

年度	租赁负债年初金额①	利息费用 ②=①×5%	租赁付款额③	租赁负债年末金额 ④=①+②-③
2×21 年	8 660	433	2 000	7 093
2×22 年	7 093	354.65	2 000	5 447.65
2×23 年	5 447.65	272.38	2 000	3 720.03
2×24 年	3 720.03	186	2 000	1 906.03
2×25 年	1 906.03	2 000-1 906.03=93.97	2 000	—

②2×21 年年末支付及摊销：

借：租赁负债—租赁付款额　2 000
　贷：银行存款　2 000

未确认融资费用摊销额=(年初租赁付款额 10 000-年初未确认融资费用 1 340)×5%=433(万元)。

借：财务费用—利息费用　433
　贷：租赁负债—未确认融资费用 433

借：管理费用等　1 732(8 660/5)
　贷：使用权资产累计折旧　1 732

③2×22 年年末支付及摊销：

借：租赁负债—租赁付款额　2 000
　贷：银行存款　2 000

未确认融资费用摊销额=[(10 000-2 000)-(1 340-433)]×5%=354.65(万元)。

借：财务费用—利息费用　354.65
　贷：租赁负债—未确认融资费用　354.65

借：管理费用等　1 732
　贷：使用权资产累计折旧　1 732

(3)在第 3 年年末，中华公司重新计量租赁负债以涵盖购买选择权的行权价格，并采用修订后的折现率 5.5%进行折现。

重新计量后的租赁负债(支付前 3 年的付款额后)=2 000×(P/A，5.5%，2)+1 000×(P/F，5.5%，2)=2 000×1.85+1 000×0.9=4 600(万元)。

重新计量前的租赁负债(支付前 3 年的付款额后)=3 720.03(万元)。

应调整增加使用权资产=4 600-3 720.03=879.97(万元)。

借：使用权资产　879.97
　租赁负债—未确认融资费用
　　(1 000-879.97)120.03
　贷：租赁负债—租赁付款额　1 000

租赁负债的后续计量如表 14-4 所示。

表 14-4　租赁负债的后续计量　　单位：万元

年度	租赁负债年初金额①	利息费用 ②=①×5.5%	租赁付款额③	租赁负债年末金额 ④=①+②-③
2×24 年	4 600	253	2 000	2 853
2×25 年	2 853	147=2 000+1 000(行权价格)-2 853	2 000	1 000

借：租赁负债—租赁付款额　2 000
　贷：银行存款　2 000

借：财务费用—利息费用　253
　贷：租赁负债—未确认融资费用 253

借：管理费用等
620.57[(8 660/5×2+879.97)/7]
　贷：使用权资产累计折旧　620.57

借：租赁负债—租赁付款额　2 000
　贷：银行存款　2 000

借：财务费用—利息费用　　147
　贷：租赁负债—未确认融资费用 147
借：管理费用等　　620.57
　贷：使用权资产累计折旧　　620.57
借：固定资产—办公楼　　3 102.83
　使用权资产累计折旧
　(8 660/5×3+620.57×2) 6 437.14
　租赁负债—租赁付款额　　1 000
　贷：使用权资产
　　(8 660+879.97) 9 539.97
　　银行存款　　1 000

【例题9·综合题】沿用上述例题正保公司资料。2×20年1月1日，承租人正保公司就某栋建筑物的某3个楼层与出租人乙公司签订了为期5年的租赁协议。其他资料：于每年年初支付改为年末支付。无法确定租赁内含利率，其增量借款利率为5%。

(1)不可撤销租赁期为5年，并且合同约定在第5年年末，正保公司有权选择以每年1 000万元续租5年，也有权选择以20 000万元购买该房产。正保公司在租赁期开始时评估认为，可以合理确定将行使续租选择权，而不会行使购买选择权，因此将租赁期确定为10年，按直线法对使用权资产计提折旧，预计净残值为0。

(2)在第4年，该房产所在地房价显著上涨，正保公司预计租赁期结束时该房产的市价为40 000万元，正保公司在第4年年末重新评估后认为，能够合理确定将行使上述购买选择权，而不会行使上述续租选择权。

已知：(P/A，5%，10)= 7.721 73；(P/A，5%，9)= 7.107 82；(P/A，5%，8)= 6.463 21；(P/A，5%，7)= 5.786 37；(P/A，5%，6)= 5.075 69；(P/A，5%，5)= 4.329 47。

要求：

(1)计算在租赁期开始日，正保公司确认的租赁负债和使用权资产，并编制会计分录。

(2)根据资料(1)，计算正保公司2×20年至2×24年利息费用，编制2×20年年末、2×21年年末相关会计分录。

(3)根据资料(2)，判断房价上涨是否需要重新计量租赁负债，说明理由；计算正保公司2×24年年末“使用权资产累计折旧”“租赁负债—未确认融资费用”科目余额。

(4)编制正保公司2×24年年末行使购买选择权的会计分录。

答案

(1)租赁期开始日确认的租赁负债和使用权资产 = 1 000×(P/A，5%，10)= 1 000×7.721 73=7 721.73(万元)。

借：使用权资产　　7 721.73
　租赁负债—未确认融资费用
　(10 000-7 721.73) 2 278.27
　贷：租赁负债—租赁付款额
　　(1 000×10) 10 000

(2)正保公司2×20年-2×24年的利息费用如表14-5所示。

表14-5　正保公司2×20年-2×24年的利息费用　　单位：万元

年度	租赁负债年初金额①	利息费用②=①×5%	租赁付款额③	租赁负债年末金额④=①+②-③
2×20年	7 721.73	386.09	1 000	7 107.82 或1 000×(P/A，5%，9)= 1 000×7.107 82 = 7 107.82
2×21年	7 107.82	355.39	1 000	6 463.21 或1 000×(P/A，5%，8)= 1 000×6.463 21 = 6 463.21

续表

年度	租赁负债年初金额①	利息费用②=①×5%	租赁付款额③	租赁负债年末金额④=①+②-③
2×22 年	6 463.21	323.16	1 000	5 786.37 或 1 000×(P/A, 5%, 7)= 1 000×5.786 37 = 5 786.37
2×23 年	5 786.37	289.32	1 000	5 075.69 或 1 000×(P/A, 5%, 6)= 1 000×5.075 69 = 5 075.69
2×24 年	5 075.69	253.78	1 000	4 329.47 或 1 000×(P/A, 5%, 5)= 1 000×4.329 47 = 4 329.47

2×20 年年末：

借：租赁负债—租赁付款额　1 000

　贷：银行存款　1 000

未确认融资费用摊销额=(年初租赁付款额 10 000-年初未确认融资费用 2 278.27)×5%=386.09(万元)；

或=1 000×(P/A，5%，10)×5%=1 000×7.721 73×5%=386.09(万元)。

借：财务费用—利息费用　386.09

　贷：租赁负债—未确认融资费用　386.09

借：管理费用等　772.173(7 721.73/10)

　贷：使用权资产累计折旧　772.173

2×21 年年末：

借：租赁负债—租赁付款额　1 000

　贷：银行存款　1 000

未确认融资费用摊销额=[(10 000-1 000)-(2 278.27-386.09)]×5%=355.39(万元)；

或=1 000×(P/A，5%，9)×5%=1 000×7.107 82×5%=355.39(万元)。

借：财务费用—利息费用　355.39

　贷：租赁负债—未确认融资费用　355.39

借：管理费用等　772.173

　贷：使用权资产累计折旧　772.173

(3)房价上涨不需要重新计量租赁负债。

理由：该房产所在地区的房价上涨属于市场情况发生的变化，不在正保公司的可控范围内。因此，虽然该事项导致购买选择权及续租选择权的评估结果发生变化，但正保公司不需重新计量租赁负债。

①使用权资产累计折旧=7 721.73/10×5=3 860.87(万元)。

②租赁负债的账面价值=4 329.47(万元)。

其中，租赁付款额=10 000-5 000=5 000(万元)。

未确认融资费用余额=5 000-4 329.47=670.53(万元)。

(4)正保公司 2×24 年年末行使购买选择权的会计分录：

借：固定资产—办公楼　19 531.39

　使用权资产累计折旧　3 860.87

　租赁负债—租赁付款额　5 000

　贷：使用权资产　7 721.73

　　租赁负债—未确认融资费用　670.53

　　银行存款　20 000

『提示』承租人甲公司与出租人乙公司签订了一项租赁合同，约定甲公司从乙公司租入一台设备，用于生产某型号的家电产品，租赁期为 4 年，每年的租赁付款额按照设备当年运营收入的 70%计算，于每年末支付给乙公司，假定不考虑其他因素。该种情况下，租赁付款额按照设备年运营收入的一定比例计算，属于可变租赁付款额，但该可变租赁付款额取决于设备的未来绩效而不是取决于指数或比率，因而不纳入租赁负债的初始计量。在不存在其他租赁付款额的情况下，该租赁合同的租赁负债初始计量金额为0。后续计量时，甲公司应将按照设备运营收入70%计算的可变租赁付款额计入该型家电产品成本。

（四）使用权资产的后续计量

1. 计量基础

在租赁期开始日后，承租人应当采用成本模式对使用权资产进行后续计量，即以成本减累计折旧及累计减值损失计量使用权资产。

承租人按照租赁准则有关规定重新计量租赁负债的，应当相应调整使用权资产的账面价值。

2. 使用权资产的折旧

承租人应当参照固定资产有关折旧规定，自租赁期开始日起对使用权资产计提折旧。使用权资产通常应自租赁期开始的当月计提折旧，当月计提确有困难的，为便于实务操作，企业也可以选择自租赁期开始的下月计提折旧，但应对同类使用权资产采取相同的折旧政策。计提的折旧金额应根据使用权资产的用途，计入相关资产的成本或者当期损益。

承租人在确定使用权资产的折旧方法时，应当根据与使用权资产有关的经济利益的预期实现方式作出决定。通常，承租人按直线法对使用权资产计提折旧，其他折旧方法更能反映使用权资产有关经济利益预期实现方式的，应采用其他折旧方法。

承租人在确定使用权资产的折旧年限时，应遵循以下原则：承租人能够合理确定租赁期届满时取得租赁资产所有权的，应当在租赁资产剩余使用寿命内计提折旧；承租人无法合理确定租赁期届满时能够取得租赁资产所有权的，应当在租赁期与租赁资产剩余使用寿命两者孰短的期间内计提折旧。如果使用权资产的剩余使用寿命短于前两者，则应在使用权资产的剩余使用寿命内计提折旧。

『提示』例如使用权资产寿命9年，租赁期10年，假设其(租赁资产)寿命20年，并且租赁期结束后，承租人不取得租赁资产，按照使用权资产的寿命9年计提折旧。

【例题10·单选题】☆2×19年6月30日，甲公司与乙公司签订租赁合同，从乙公司租入一栋办公楼。根据租赁合同的约定，该办公楼不可撤销的租赁期为5年，租赁期开始日为2×19年7月1日，月租金为25万元，于每月末支付，前3个月免付租金，在不可撤销的租赁期到期后，甲公司拥有3年按市场租金行使的续租选择权。从2×19年7月1日起算，该办公楼剩余使用寿命为30年。假定在不可撤销的租赁期结束时甲公司将行使续租选择权，不考虑其他因素，甲公司对该使用权资产计提折旧的年限是(　)。

A. 4.75年　　B. 5年

C. 8年　　D. 30年

解析 承租人无法合理确定租赁期届满时能否取得租赁资产所有权的，应当在租赁期与租赁资产剩余使用寿命两者孰短的期间内计提折旧。因为不可撤销的租赁期结束时甲公司将行使续租选择权，因此甲公司应按8年(5+3)确定租赁期，又因为办公楼剩余使用寿命为30年，所以甲公司应按孰短的时间(即8年)对该使用权资产计提折旧。

答案 C

『拓展』承租人能够合理确定租赁期届满时取得租赁资产所有权的，应当在租赁资产剩余使用寿命内计提折旧，即30年；如果使用权资产的剩余使用寿命短于前两者，则应在使用权资产的剩余使用寿命内计提折旧。

3. 使用权资产的减值

在租赁期开始日后，承租人应当按照《企业会计准则第8号——资产减值》的规定，确定使用权资产是否发生减值，并对已识别的减值损失进行会计处理。使用权资产发生减值的，按应减记的金额，借记“资产减值损失”科目，贷记“使用权资产减值准备”科目。使用权资产减值准备一旦计提，不得转回。承租人应当按照扣除减值损失之后的使用权资产的账面价值，进行后续折旧。

【例题 11 · 计算分析题】承租人甲公司签订了一份为期 10 年的机器租赁合同，用于甲公司生产经营。相关使用权资产的初始账面价值为 10 000 万元，按直线法在 10 年内计提折旧，年折旧费为 1 000 万元。第 5 年年末，该使用权资产可收回金额为 3 000 万元。

要求：计算在第 5 年年末该使用权资产的减值损失及之后每年的折旧费。

答案

(1)使用权资产在减值前的账面价值 = 10 000 - 10 000/10×5 = 5 000(万元)。

(2)确认该使用权资产减值损失 = 5 000 - 3 000 = 2 000(万元)。

(3)计提减值损失之后，该使用权资产的账面价值减至 3 000 万元(即 5 000 - 2 000)。

(4)之后每年的折旧费 = 3 000/5 = 600(万元)。

4. 承租人发生的租赁资产改良支出及其导致的预计复原支出的会计处理

如果承租人为拆卸及移除租赁资产、复原租赁资产所在场地或将租赁资产恢复至租赁条款约定状态预计将发生的成本，属于为生产存货而发生的，则适用存货准则，否则计入使用权资产的初始计量成本；承租人应当按照或有事项准则进行确认和计量。

承租人发生的租赁资产改良支出不属于使用权资产，应当记入“长期待摊费用”科目。租赁资产改良导致的预计复原支出如果属于为生产存货而发生的，则适用存货准则，并按照或有事项准则进行确认和计量。

(五)租赁变更的会计处理

租赁变更，是指原合同条款之外的租赁范围、租赁对价、租赁期限的变更，包括增加或终止一项或多项租赁资产的使用权，延长或缩短合同规定的租赁期等。租赁变更生效日，是指双方就租赁变更达成一致的日期。

『提示』注意与“租赁负债的重新计量”区别。租赁负债的重新计量包括：实质固定付款额发生变动(折现率不变)；担保余值预计的应付金额发生变动(折现率不变)；因浮动利率的变动而导致未来租赁付款额发生变动的(折现率变)，因指数或比率(浮动利率除外)的变动而导致未来租赁付款额发生变动的(折现率不变)；购买选择权、续租选择权或终止租赁选择权的评估结果或实际行使情况发生变化(折现率变)。

1. 租赁变更作为一项单独租赁处理

租赁发生变更且同时符合下列条件的，承租人应当将该租赁变更作为一项单独租赁进行会计处理：

(1)该租赁变更通过增加一项或多项租赁资产的使用权而扩大了租赁范围或延长了租赁期限；

(2)增加的对价与租赁范围扩大部分或租赁期限延长部分的单独价格按该合同情况调整后的金额相当。

【例题 12 · 计算分析题】中华会计网络公司(以下简称中华公司)与拥有 10 万平方米办公楼的乙公司就 4 000 平方米的办公场所签订了一项为期 10 年的租赁合同。

租赁期开始日为 2×20 年 1 月 1 日。在第 6 年年初，因业务发展的需要，中华公司和乙公司同意对原租赁合同进行变更，以扩租同一办公楼内 6 000 平方米的办公场所。扩租的场所于第 6 年第一季度末可供中华公司使用。增加的租赁对价与新增 6 000 平方米办公场所的当前市价(根据中华公司获取的扩租折扣进行调整后的金额)相当。扩租折扣反映了乙公司节约的成本，即若将相同场所租赁给新租户，乙公司将会发生的额外成本(如营销成本)。请问中华公司能否将该变更作为一项单独的租赁进行会计处理。

答案 中华公司应当将该变更作为一项单独的租赁，与原来的 10 年期租赁分别进行会计处理。原因在于，该租赁变更通过增加6 000平方米办公场所的使用权而扩大了租赁范围，并且增加的租赁对价与新增使用权的单独价格按该合同情况调整后的金额相当。据此，在新租赁的租赁期开始日(即第6年第一季度末)，中华公司确认与新增6 000平方米办公场所租赁相关的使用权资产和租赁负债。中华公司对原有4 000平方米办公场所租赁的会计处理不会因为该租赁变更而进行任何调整。

2. 租赁变更未作为一项单独租赁处理

承租人应当在租赁变更生效日进行下列会计处理：

(1)按照租赁分拆的规定对变更后合同的对价进行分摊；

(2)确定变更后的租赁期；

(3)采用变更后的折现率对变更后的租赁付款额进行折现，以重新计量租赁负债；

(4)在计算变更后租赁付款额的现值时，承租人应当采用剩余租赁期间的租赁内含利率作为折现率；无法确定剩余租赁期间的租赁内含利率的，应当采用租赁变更生效日的承租人增量借款利率作为折现率；

(5)就上述租赁负债调整的影响，承租人应区分以下情形进行会计处理：

①租赁变更导致租赁范围缩小或租赁期缩短的，承租人应当调减使用权资产的账面价值，以反映租赁的部分终止或完全终止。承租人应将部分终止或完全终止租赁的相关利得或损失计入当期损益。

②其他租赁变更，承租人应当相应调整使用权资产的账面价值。

【例题13·综合题】 中华会计网络公司(以下简称中华公司)与拥有10万平方米办公楼的乙公司就4 000平方米的办公场所签订了一项为期10年的租赁合同。

(1)租赁期开始日为2×20年1月1日，年租赁付款额为1 000万元，在每年年末支付。中华公司无法确定租赁内含利率，在租赁期开始日，中华公司的增量借款利率为6%。

(2)在第6年年初，即2×25年1月1日，中华公司和乙公司同意对原租赁合同进行变更，即自第6年年初起，将原租赁场所缩减至2 000平方米。每年的租赁付款额(自第6年至第10年)调整为600万元。承租人在第6年年初的增量借款利率为5%。

不考虑其他因素。

已知：(P/A，6%，10)＝7.360 1；(P/A，6%，9)＝6.801 7；(P/A，6%，8)＝6.209 8；(P/A，6%，7)＝5.582 4；(P/A，6%，6)＝4.917 3；(P/A，6%，5)＝4.212 4；(P/A，5%，5)＝4.329 5。

要求：

(1)计算中华公司2×20年1月1日租赁期开始日租赁负债和使用权资产的初始确认金额，并编制会计分录。

(2)编制中华公司2×20年12月31日相关会计分录。

(3)计算中华公司2×21-2×24年每年年末未确认融资费用的摊销额(不需要填表)。

(4)编制2×25年年初租赁变更生效日相关会计分录。

答案

(1)2×20年1月1日租赁期开始日租赁负债和使用权资产的初始确认金额＝1 000×(P/A，6%，10)＝1 000×7.360 1＝7 360.1(万元)。

借：使用权资产　　7 360.1
　　租赁负债—未确认融资费用
　　　　(10 000－7 360.1)2 639.9
　　贷：租赁负债—租赁付款额
　　　　(1 000×10)10 000

(2)2×20年12月31日：

借：租赁负债—租赁付款额　　1 000
　　贷：银行存款　　1 000

未确认融资费用摊销额＝(年初租赁付款额10 000－年初未确认融资费用2 639.9)×6%＝441.61(万元)。

借：财务费用　　441.61
　　贷：租赁负债—未确认融资费用
　　　　441.61

借：管理费用 (7 360.1/10)736.01

贷：使用权资产累计折旧 736.01

(3)2×21～2×24年每年年末未确认融资费用的摊销额：

2×21年年末=[(10 000-1 000)-(2 639.9-441.61)]×6%=408.10(万元)；

或=[1 000×(P/A，6%，9)]×6%=1 000×6.801 7×6%=408.10(万元)。

2×22年年末=[(10 000-1 000×2)-(2 639.9-441.61-408.10)]×6%=372.59(万元)；

或=[1 000×(P/A，6%，8)]×6%=1 000×6.209 8×6%=372.59(万元)。

2×23年年末=[(10 000-1 000×3)-(2639.9-441.61-408.10-372.59)]×6%=334.94(万元)；

或=[1 000×(P/A，6%，7)]×6%=1 000×5.582 4×6%=334.94(万元)。

2×24年年末=[(10 000-1 000×4)-(2639.9-441.61-408.10-372.59-334.94)]×6%=295.04(万元)。

或=[1 000×(P/A，6%，6)]×6%=1 000×4.917 3×6%=295.04(万元)。

(4)编制2×25年年初租赁变更生效日相关会计分录。

在租赁变更生效日(即第6年年初)，中华公司基于以下情况对租赁负债进行重新计量：剩余租赁期为5年；年付款额为600万元；采用修订后的折现率5%进行折现。

①租赁变更后的租赁负债=600×(P/A，5%，5)=600×4.329 5=2 597.7(万元)。

②按照缩减的50%使用面积，调减使用权资产和租赁负债账面价值。

冲减50%使用权资产=7 360.1×50%=3 680.05(万元)

冲减50%使用权资产累计折旧=7 360.1/10×5×50%=1 840.03(万元)

冲减50%租赁负债的账面价值=4 212.38×50%=2 106.19(万元)。

解析▶租赁负债的账面价值=(10 000-1 000×5)-(2 639.9-441.61-408.10-372.59-334.94-295.04)=4 212.38(万元)；

或=1 000×(P/A，6%，5)=1 000×4.212 4=4 212.4(万元)(与4 212.38差额0.02是由于小数尾差的影响)。

③会计分录：

借：租赁负债—租赁付款额

[(10 000-1 000×5)×50%]2 500

使用权资产累计折旧 1 840.03

贷：租赁负债—未确认融资费用

(2 500-2 106.19)393.81

使用权资产 3 680.05

资产处置损益 266.17

④中华公司将剩余租赁负债(2 106.19万元)与变更后重新计量的租赁负债(2 597.7万元)之间的差额491.51万元，相应调整使用权资产的账面价值。

借：使用权资产 491.51

租赁负债—未确认融资费用

8.49

贷：租赁负债—租赁付款额

[(600-1 000×50%)×5]500

【例题14·综合题】沿用上述例题13中华公司资料。其他资料：在第7年年初，中华公司和乙公司同意对原租赁合同进行变更，即将租赁期延长4年。每年的租赁付款额不变(即在第7年至第14年的每年年末支付1 000万元，该金额不能反映租赁范围扩大部分的单独价格按照合同情况调整后的金额)。中华公司在第7年年初的增量借款利率为7%。已知：(P/A，7%，8)=5.971 3；(P/A，6%，4)=3.465 1。

要求：计算中华公司在租赁变更生效日租赁变更后的租赁负债、租赁变更前的租赁负债、调整使用权资产的账面价值。

答案▶在租赁变更生效日(即第7年年初)，中华公司基于下列情况对租赁负债进行重新计量：①剩余租赁期为8年；②年付款额为1 000万元；③采用修订后的折现率7%进行折现。据此：

(1)租赁变更后的租赁负债=1 000×

(P/A，7%，8)＝1 000×5.971 3＝5 971.30(万元)。

(2)租赁变更前的租赁负债＝1 000×(P/A，6%，4)＝1 000×3.465 1＝3 465.10(万元)。

(3)调整使用权资产的账面价值＝变更后租赁负债的账面价值5 971.30－变更前的账面价值3 465.10＝2 506.20(万元)。

『提示』租赁变更导致租赁范围缩小或租赁期缩短的，承租人应当相应调减使用权资产的账面价值，并将部分终止或完全终止租赁的相关利得或损失计入当期损益。短期租赁是指在租赁期开始日，租赁期不超过12个月的租赁。因此，租赁变更导致租赁期缩短至1年以内的，承租人应当调减使用权资产的账面价值，部分终止租赁的相关利得或损失记入“资产处置损益”科目。企业不得改按短期租赁进行简化处理或追溯调整。

(六)短期租赁和低价值资产租赁

对于短期租赁和低价值资产租赁，承租人可以选择不确认使用权资产和租赁负债。

租赁付款额在租赁期内各个期间按照直线法或其他系统合理的方法计入相关资产成本或当期损益。其他系统合理的方法能够更好地反映承租人的受益模式的，承租人应当采用该方法。

1. 短期租赁

短期租赁，是指在租赁期开始日，租赁期不超过12个月的租赁。包含购买选择权的租赁不属于短期租赁。

当承租人与出租人签订租赁期为1年的租赁合同时，不能简单认为该租赁的租赁期为1年，而应当基于所有相关事实和情况判断可强制执行合同的期间以及是否存在实质续租、终止等选择权以合理确定租赁期。如果历史上承租人与出租人之间存在逐年续签的惯例，或者承租人与出租人互为关联方，尤其应当谨慎确定租赁期。

对于短期租赁，承租人可以按照租赁资产的类别作出采用简化会计处理的选择。承租人如果对某类租赁资产作出了简化会计处理的选择，未来该类资产下所有的短期租赁都应采用简化会计处理。某类租赁资产是指企业运营中具有类似性质和用途的一组租赁资产。

企业在考虑所有相关事实和情况后确定租赁期为1年的，其他会计估计应与此一致。例如，与该租赁相关的租赁资产改良支出、初始直接费用等应当在1年内以直线法或其他系统合理的方法进行摊销。

【例题15·计算分析题】承租人与出租人签订了一份租赁合同，约定不可撤销期间为10个月，且承租人拥有3个月的续租选择权。在租赁期开始日，承租人判断可以合理确定将行使续租选择权，因为续租期的月租赁付款额明显低于市场价格。在此情况下，判断是否属于短期租赁。

答案不属于短期租赁。理由：承租人确定租赁期为13个月，超过12个月，不属于短期租赁，承租人不能选择简化会计处理。

『提示』包含购买选择权的租赁即使租赁期不超过12月，也不属于短期租赁。

2. 低价值资产租赁

低价值资产租赁，是指单项租赁资产为全新资产时价值较低的租赁。

承租人在判断是否是低价值资产租赁时，应基于租赁资产的全新状态下的价值进行评估，不应考虑资产已被使用的年限。

对于低价值资产租赁，承租人可根据每项租赁的具体情况作出简化会计处理选择。低价值资产同时应满足下列规定：即只有承租人能够从单独使用该低价值资产或将其与承租人易于获得的其他资源一起使用中获利，且该项资产与其他租赁资产没有高度依赖或高度关联关系时，才能对该资产租赁选择进行简化会计处理。

低价值资产租赁的标准应该是一个绝对金额，即仅与资产全新状态下的绝对价值有关，不受承租人规模、性质等影响，也不考虑该资产对于承租人或相关租赁交易的重要性。常见的低价值资产的例子包括平板电脑、普通办公家具、电话等小型资产。但是，如果承租人已经或者预期要把相关资产进行转租赁，则不能将原租赁按照低价值资产租赁进行简化会计处理。

值得注意的是，符合低价值资产租赁的，也并不代表承租人若采取购入方式取得该资产时该资产不符合固定资产确认条件。

【例题 16 · 计算分析题】承租人与出租人签订了一份租赁合同，约定的租赁资产包括：(1)IT 设备，包括供员工个人使用的笔记本电脑、台式电脑、平板电脑、桌面打印机和手机等；(2)办公家具，如桌椅和办公隔断等；(3)饮水机；(4)服务器，其中包括增加服务器容量的单独组件，这些组件根据承租人需要陆续添加到大型服务器以增加服务器存储容量。

通常，办公笔记本电脑全新时的单独价格不超过人民币 10 000 元，台式电脑、平板电脑、桌面打印机和手机全新时的单独价格不超过人民币 5 000 元，普通办公家具的单独价格不超过人民币 10 000 元，饮水机的单独价格不超过人民币 1 000 元，服务器单个组件的单独价格不超过人民币 10 000 元。判断上述(1)、(2)、(3)和(4)业务，能否作为低价值租赁资产进行会计处理。

答案 上述租赁资产中，(1)、(2)和(3)，即各种 IT 设备、办公家具、饮水机都能够单独使承租人获益，且与其他租赁资产没有高度依赖或高度关联关系。通常情况下，符合低价值资产租赁的资产全新状态下的绝对价值应低于人民币 40 000 元。故，承租人将 IT 设备、办公家具、饮水机作为低价值租赁资产，选择按照简化方法进行会计处理。

对于(4)，即服务器中的组件，尽管单个组件的单独价格较低，但由于每个组件都与服务器中的其他部分高度相关，承租人若不租赁服务器就不会租赁这些组件，不构成单独的租赁部分，因此不能作为低价值租赁资产进行会计处理。

五、出租人会计处理

(一)出租人的租赁分类

1. 融资租赁和经营租赁

出租人应当在租赁开始日将租赁分为融资租赁和经营租赁。

(1)融资租赁。

一项租赁实质上转移了与租赁资产所有权有关的几乎全部风险和报酬，出租人应当将该项租赁分类为融资租赁。

(2)经营租赁。

出租人应当将除融资租赁以外的其他租赁分类为经营租赁。

(3)租赁开始日后，除非发生租赁变更，出租人无须对租赁的分类进行重新评估。

租赁资产预计使用寿命、预计余值等会计估计变更或发生承租人违约等情况变化的，出租人不对租赁进行重分类。

2. 融资租赁的分类标准

一项租赁存在下列一种或多种情形的，通常分类为融资租赁(与老准则基本相同)：

(1)在租赁期届满时，租赁资产的所有权转移给承租人。即如果在租赁协议中已经约定，或者根据其他条件，在租赁开始日就可以合理地判断，租赁期届满时出租人会将资产的所有权转移给承租人，那么该项租赁通常分类为融资租赁。

(2)承租人有购买租赁资产的选择权，所订立的购买价款预计将远低于行使选择权时租赁资产的公允价值，因而在租赁开始日就可以合理确定承租人将行使该选择权。

(3)资产的所有权虽然不转移，但租赁期占租赁资产使用寿命的大部分。实务中，这里的“大部分”一般指租赁期占租赁开始日租赁资产使用寿命的 75%以上(含 75%)，这条标准强调的是租赁期占租赁资产使用寿命的比例，而非租赁期占该项资产全部可使用年限的比例。如果租赁资产是旧资产，在租赁前已使用年限超过资产自全新时起算可使用年限的75%以上时，则这条判断标准不适用，不能使用这条标准确定租赁的分类。

(4)在租赁开始日，租赁收款额的现值几乎相当于租赁资产的公允价值。这里的“几乎相当于”，通常掌握在90%以上。

(5)租赁资产性质特殊，如果不作较大改造，只有承租人才能使用。租赁资产由出租人根据承租人对资产型号、规格等方面的特殊要求专门购买或建造的，具有专购、专用性质。这些租赁资产如果不作较大的重新改制，其他企业通常难以使用。这种情况下，通常也分类为融资租赁。

一项租赁存在下列一项或多项迹象的，也可能分类为融资租赁(新)：

(1)若承租人撤销租赁，撤销租赁对出租人造成的损失由承租人承担。

(2)资产余值的公允价值波动所产生的利得或损失归属于承租人。

例如，租赁结束时，出租人以相当于资产销售收益的绝大部分金额作为对租金的退还，说明承租人承担了租赁资产余值的几乎所有风险和报酬。

(3)承租人有能力以远低于市场水平的租金继续租赁至下一期间。

此经济激励政策与购买选择权类似，如果续租选择权行权价远低于市场水平，可以合理确定承租人将继续租赁至下一期间。

(二)出租人对融资租赁的会计处理

1. 初始计量

在租赁期开始日，出租人应当对融资租赁确认应收融资租赁款，并终止确认融资租赁资产。出租人对应收融资租赁款进行初始计量时，应当以租赁投资净额作为应收融资租赁款的入账价值。

租赁投资净额为未担保余值和租赁期开始日尚未收到的租赁收款额按照租赁内含利率折现的现值之和。租赁内含利率，是指使出租人的租赁收款额的现值与未担保余值的现值之和(即租赁投资净额)等于租赁资产公允价值与出租人的初始直接费用之和的利率。因此，出租人发生的初始直接费用包括在租赁投资净额中，也即包括在应收融资租赁款的初始入账价值中。

租赁收款额和租赁付款额内容的对比说明如表14-6所示。

表14-6　租赁收款额和租赁付款额内容的对比说明

项目	租赁付款额(承租人)	租赁收款额(出租人)
定义	租赁付款额，是指承租人向出租人支付的与在租赁期内使用租赁资产的权利相关的款项	租赁收款额，是指出租人因让渡在租赁期内使用租赁资产的权利而应向承租人收取的款项
内容	(1)固定付款额及实质固定付款额，存在租赁激励的，扣除租赁激励相关金额	(1)承租人需支付的固定付款额及实质固定付款额。存在租赁激励的，应当扣除租赁激励相关金额。 与承租人基本相同
	(2)取决于指数或比率的可变租赁付款额。 可变租赁付款额，是指承租人为取得在租赁期内使用租赁资产的权利，而向出租人支付的因租赁期开始日后的事实或情况发生变化(而非时间推移)而变动的款项	(2)取决于指数或比率的可变租赁付款额。该款项在初始计量时根据租赁期开始日的指数或比率确定。 与承租人基本相同
	(3)购买选择权的行权价格，前提是承租人合理确定将行使该选择权	(3)购买选择权的行权价格，前提是合理确定承租人将行使该选择权。 与承租人基本相同

续表

项目	租赁付款额(承租人)	租赁收款额(出租人)
内容	(4)行使终止租赁选择权需支付的款项，前提是租赁期反映出承租人将行使终止租赁选择权	(4)承租人行使终止租赁选择权需支付的款项，前提是租赁期反映出承租人将行使终止租赁选择权。 与承租人基本相同
	(5)根据承租人提供的担保余值预计应支付的款项	(5)由承租人、与承租人有关的一方以及有经济能力履行担保义务的独立第三方向出租人提供的担保余值。 与承租人基本相同
计算方法	租赁负债="租赁负债—租赁付款额"-"租赁负债—未确认融资费用"	应收融资租赁款=租赁投资净额=未担保余值现值+租赁收款额现值=租赁资产公允价值+出租人初始直接费用="应收融资租赁款—租赁收款额"-"应收融资租赁款—未实现融资收益"+"应收融资租赁款—未担保余值"

若某融资租赁合同必须以收到租赁保证金为生效条件，出租人收到承租人交来的租赁保证金，借记"银行存款"科目，贷记"其他应收款—租赁保证金"或"其他应付款—租赁保证金"科目。承租人到期不交租金，以保证金抵作租金时，借记"其他应收款—租赁保证金"或"其他应付款—租赁保证金"科目，贷记"应收融资租赁款"科目。承租人违约，按租赁合同或协议规定没收保证金时，借记"其他应收款—租赁保证金"或"其他应付款—租赁保证金"科目，贷记"营业外收入"等科目。

2. 融资租赁的后续计量

出租人应当按照固定的周期性利率计算并确认租赁期内各个期间的利息收入。

『提示』(1)在初始计量时，无论是纳入承租人租赁负债还是出租人租赁投资净额的可变租赁付款额，只包含取决于指数或比率的可变租赁付款额。之后支付或取得的可变租赁付款额，如与资产的未来绩效或使用情况挂钩的可变租赁付款额，应当在实际发生时计入当期损益(承租人一般确认为费用、出租人一般确认为收益)。

(2)出租人应定期复核计算租赁投资总额时所使用的未担保余值。若预计未担保余值降低，出租人应修改租赁期内的收益分配，并立即确认预计的减少额。

【例题17·综合题】2×20年1月1日，甲公司与乙公司签订了一份租赁合同，从乙公司租入一条用于生产全自动成套机器的流水线。

(1)租赁合同主要条款如下：

①租赁资产：X型流水线。

②租赁期开始日：2×20年1月1日；租赁期：2×20年1月1日—2×25年12月31日，共6年。

③固定租金支付：自2×20年1月1日起，每年年末支付租金800万元。如果甲公司能够在每年年末的最后一天及时付款，则给予减少租金50万元的奖励。

取决于指数或比率的可变租赁付款额：租赁期限内，如遇中国人民银行贷款基准利率调整时，出租人将对租赁利率作出同方向、同幅度的调整。基准利率调整日之前各期和调整日当期租金不变，从下一期租金开始按调整后的租金金额收取。

④该流水线在2×20年1月1日的公允价值为3 500万元，账面价值为3 000万元。

⑤初始直接费用：签订租赁合同过程中乙公司发生可归属于租赁项目的手续费、佣金50万元。

⑥承租人的购买选择权：租赁期届满时，甲公司享有优惠购买该流水线的选择权，购买价为100万元，估计该日租赁资产的公允

价值为400万元。

⑦取决于租赁资产绩效的可变租赁付款额：2×21年和2×22年两年，甲公司每年按该流水线所生产的产品—全自动成套机器的年销售收入的10%向乙公司支付。

⑧承租人的终止租赁选择权：甲公司享有终止租赁选择权。在租赁期间，如果甲公司终止租赁，需支付的款项为剩余租赁期间的固定租金支付金额。

⑨担保余值和未担保余值均为0。

⑩全新流水线的使用寿命为7年。

(2)假设2×21年和2×22年，甲公司分别实现全自动成套机器年销售收入5 000万元和10 000万元。根据租赁合同，乙公司2×21年和2×22年应向甲公司收取的与销售收入挂钩的租金分别为500万元和1 000万元。

(3)租赁期届满时承租人行使了购买权，乙公司实际收到100万元。

其他资料：(P/A，8%，6)=4.622 9，(P/A，7%，6)=4.766 5，(P/F，8%，6)=0.630 2，(P/F，7%，6)=0.666 3。不考虑其他因素。

要求：根据以上资料编制出租人乙公司相关会计分录。

答案

(1)判断租赁类型。

①存在优惠购买选择权：优惠购买价100万元远低于行使选择权日租赁资产的公允价值400万元，即购买价格100万元仅为公允价值的25%(远低于公允价值400万元)，因此在2×20年1月1日就可合理确定甲公司将会行使这种选择权。

②租赁期6年，占租赁开始日租赁资产使用寿命的85.71%(6/7=85.71%)≥75%，占租赁资产使用寿命的大部分。

③乙公司综合考虑其他各种情形和迹象，认为该租赁实质上转移了与该流水线所有权有关的几乎全部风险和报酬，因此将这项租赁认定为融资租赁。(注：考试时满足一个条件即可)

(2)确定租赁收款额。

①固定付款额扣除租赁激励后的金额=(800-50)×6=4 500(万元)。

②取决于指数或比率的可变租赁付款额。该款项在初始计量时根据租赁期开始日的指数或比率确定，因此在租赁期开始日不做考虑。

③承租人购买选择权的行权价格。

租赁期届满时，甲公司享有优惠购买该流水线的选择权，购买价为100万元，估计该日租赁资产的公允价值为400万元。优惠购买价100万元远低于行使选择权日租赁资产的公允价值，因此在2×20年1月1日就可合理确定甲公司将会行使这种选择权。

结论：租赁收款额中应包括承租人购买选择权的行权价格100万元。

④终止租赁的罚款。

虽然甲公司享有终止租赁选择权，但若终止租赁，甲公司付的款项为剩余租赁期间的固定租金支付金额。

结论：根据上述条款，可以合理确定甲公司不会行使终止选择权

⑤由承租人向出租人提供的担保余值：甲公司向乙公司提供的担保余值为0元。

综上所述，“应收融资租赁款—租赁收款额”明细科目初始确认金额=①4 500+③100=4 600(万元)。

(3)确认租赁投资总额。

租赁投资总额=出租人应收的租赁收款额4 600+未担保余值0=4 600(万元)。

(4)确认租赁投资净额的金额和未实现融资收益。

“应收融资租赁款”总账科目初始确认金额(租赁投资净额)=租赁资产公允价值3 500+出租人发生的租赁初始直接费用50=3 550(万元)。

“应收融资租赁款—未实现融资收益”明细科目初始确认金额=租赁投资总额4 600-租赁投资净额3 550=1 050(万元)。

(5)计算租赁内含利率。

租赁内含利率是使租赁投资总额的现值3 550万元(即租赁投资净额)等于租赁资产的公允价值与出租人的初始直接费用之和的利率。

(800－50)×(P/A，r，6)+100×(P/F，r，6)=3 550(万元)

r=7%时，(800－50)×P/A，7%，6)+100×(P/F，7%，6)=(800－50)×4.766 5+100×0.666 3=3 641.505(万元)；

r=8%时，(800－50)×(P/A，8%，6)+100×(P/F，8%，6)=(800－50)×4.622 9+100×0.630 2=3 530.195(万元)；

插值法计算：(r－7%)/(8%－7%)=(3 550－3 641.505)/(3 530.195－3 641.505)

计算得到租赁的内含利率为7.82%。

(6)2×20年1月1日。

借：应收融资租赁款—租赁收款额　4 600

　贷：银行存款　50

　　融资租赁资产　3 000

　　资产处置损益　(3 500－3 000)500

　　应收融资租赁款—未实现融资收益　1 050

(7)出租人租赁期内各期利息收入的计算如表14-7所示。

表14-7　出租人租赁期内各期利息收入的计算　单位：万元

日期	确认的利息收入 ①=期初③×7.82%	租赁收款额②	租赁投资净额余额 期末③=期初③+①-②
2×20年1月1日	—	—	3 550
2×20年12月31日	277.61	750	3 077.61
2×21年12月31日	240.67	750	2 568.28
2×22年12月31日	200.84	750	2 019.12
2×23年12月31日	157.90	750	1 427.02
2×24年12月31日	111.59	750	788.61
2×25年12月31日	61.39*	750	100
2×25年12月31日	—	100	—
合计	1 050	4 600	—

注：*作尾数调整61.39=750+100－788.61。

2×20年12月31日收到第1期租金时：

借：银行存款　750

　贷：应收融资租赁款—租赁收款额　750

未实现融资收益摊销额=(年初租赁收款额4 600－年初未实现融资收益1 050)×7.82%=277.61(万元)。

借：应收融资租赁款—未实现融资收益　277.61

　贷：租赁收入　277.61

2×21年12月31日收到第2期租金：

借：银行存款　750

　贷：应收融资租赁款—租赁收款额　750

未实现融资收益摊销额=[(4 600－750)－(1 050－277.61)]×7.82%=240.67(万元)。

借：应收融资租赁款—未实现融资收益　240.67

　贷：租赁收入　240.67

后续年份收到固定租金和未实现融资收益摊销的处理依此类推，略。

(8)收取的与销售收入挂钩的租金：

2×21年：

借：银行存款(或应收账款)　500

　贷：租赁收入　(5 000×10%)500

2×22 年：

借：银行存款(或应收账款)　1 000

　贷：租赁收入　(10 000×10%)1 000

(9)租赁期届满，承租人行使购买权时：

借：银行存款　100

　贷：应收融资租赁款—租赁收款额　100

【财政部企业会计准则实施问答】承租人于新冠肺炎疫情期间欠付租金，出租人应当如何进行会计处理？

答案如果承租人欠付租金，但租赁合同未发生变更，出租人应继续按原租赁合同的条款进行相关会计处理。出租人可作出会计政策选择，对租赁应收款按照相当于整个存续期内预期信用损失的金额计量损失准备，也可将其发生信用减值的过程分为三个阶段，对不同阶段的预期信用损失采用相应的会计处理方法。如果承租人与出租人就租金减让达成新的约定，并满足《新冠肺炎疫情相关租金减让会计处理规定》(财会〔2020〕10号)中关于简化处理的条件，出租人可以选择采用简化方法进行会计处理。

3. 融资租赁变更的会计处理

(1)租赁变更作为一项单独租赁处理。

融资租赁发生变更且同时符合下列条件的，出租人应当将该变更作为一项单独租赁进行会计处理：

①该变更通过增加一项或多项租赁资产的使用权而扩大了租赁范围；

②增加的对价与租赁范围扩大部分或租赁期限延长部分的单独价格按该合同情况调整后的金额相当。

『提示』与承租人会计处理完全一致。

(2)租赁变更未作为一项单独租赁处理—被分类为经营租赁。

如果融资租赁的变更未作为一项单独租赁进行会计处理，且满足假如变更在租赁开始日生效，该租赁会被分类为经营租赁条件的，出租人应当自租赁变更生效日开始将其作为一项新租赁进行会计处理，并以租赁变更生效日前的租赁投资净额作为租赁资产的账面价值。

【例题18·综合题】2×20年1月1日，华中公司与乙公司签订了一份租赁合同，从乙公司租入1套成套机器用于生产产品，且构成融资租赁。

(1)租赁合同主要条款如下：

①租赁期开始日：2×20年1月1日。

②租赁期：2×20年1月1日—2×24年12月31日，共5年。

③固定租金支付：自2×20年1月1日起，每年年末支付租金1 000万元。

④租赁资产在2×20年1月1日的公允价值为3 790.8万元，账面价值为3 000万元。

⑤全新成套机器的使用寿命为5年。

(2)在第二年年初，即2×21年1月1日，华中公司与乙公司协商同意对原租赁进行修改，缩短租赁期限到第三年年末，每年支付租金时点不变，租金总额从5 000万元变更到3 300万元(即第一年1 000万元已经支付，第二年和第三年各支付1 150万元)。假设不涉及未担保余值、担保余值、终止租赁罚款等。已知(P/A，10%，5)=3.790 8。

要求：

(1)根据资料(1)，编制乙公司2×20年相关会计分录；

(2)说明第二年年初租赁变更会计处理方法，并编制相关会计分录。

答案

(1)①固定收款额扣除租赁激励后的金额=1 000×5=5 000(万元)。

②“应收融资租赁款—租赁收款额”明细科目初始确认金额=5 000(万元)。

③“应收融资租赁款”总账科目初始确认金额(租赁投资净额)=租赁资产公允价值3 790.8+出租人发生的租赁初始直接费用0=3 790.8(万元)。

④“应收融资租赁款—未实现融资收益”

明细科目初始确认金额=租赁投资总额5 000-租赁投资净额3 790.8=1 209.2(万元)。

⑤计算租赁内含利率。

租赁内含利率是使租赁投资总额的现值(即租赁投资净额)等于租赁资产的公允价值与出租人的初始直接费用之和的利率。

按照公式1 000×(P/A, r, 5)=3 790.8(万元),计算得出租赁内含利率为10%。

2×20年1月1日:

借:应收融资租赁款—租赁收款额 5 000

贷:融资租赁资产 3 000

资产处置损益 (3 790.8-3 000)790.8

应收融资租赁款—未实现融资收益 1 209.2

2×20年12月31日收到第1期租金时:

借:银行存款 1 000

贷:应收融资租赁款—租赁收款额 1 000

未实现融资收益摊销额=(年初租赁收款额5 000-年初未实现融资收益1 209.2)×10%=379.08(万元)。

借:应收融资租赁款—未实现融资收益 379.08

贷:租赁收入 (3 790.8×10%)379.08

2×20年12月31日租赁投资净额余额=(5 000-1 000)-(1 209.2-379.08)=3 169.88(万元)。

(2)如果原租赁期限设定为3年,在租赁开始日,租赁类别被分类为经营租赁(3/5=60%小于75%),那么,在租赁变更生效日,即第2年年初,出租人应将租赁投资净额余额3 169.88万元作为该套机器设备的入账价值,并从第二年年初开始,作为一项新的经营租赁(2年租赁期,每年年末收取租金1 150万元)进行会计处理。

第二年年初会计分录如下:

借:固定资产 3 169.88

应收融资租赁款—未实现融资收益 (1 209.2-379.08)830.12

贷:应收融资租赁款—租赁收款额 (5 000-1 000)4 000

(3)租赁变更未作为一项单独租赁处理—被分类为融资租赁。

如果融资租赁的变更未作为一项单独租赁进行会计处理,且满足假如变更在租赁开始日生效,该租赁会被分类为融资租赁条件的,出租人修改或重新议定租赁合同,未导致应收融资租赁款终止确认,但导致未来现金流量发生变化的,应当重新计算该应收融资租赁款的账面余额,并将相关利得或损失计入当期损益。

【例题19·综合题】沿用华中公司资料。其他资料:在第2年年初,2×21年1月1日,华中公司与乙公司因为设备适用性等原因同意对原租赁进行修改,从第二年开始,每年支付租金额变为950万元,租金总额从5 000万元变更到4 800万元(即第一年已经支付1 000万元,其余4年支付950万元)。已知(P/A, 10%, 4)=3.169 9。

要求:说明第二年年初租赁变更会计处理方法,并编制相关会计分录。

答案 如果此付款变更在租赁开始日生效,租赁类别仍被分类为融资租赁,那么,在租赁变更生效日—第二年年初,按10%原租赁内含利率重新计算租赁投资净额。

(1)租赁投资净额=950×(P/A, 10%, 4)=950×3.169 9=3 011.41(万元)。

(2)原租赁投资净额账面余额=3 169.88(万元)。

(3)计入当期损益=3 169.88-3 011.41=158.47(万元)。

其中"应收融资租赁款—租赁收款额"减少200(50×4年)万元,"应收融资租赁款—未实现融资收益"减少41.53万元。

第二年年初会计分录如下:

借:租赁收入 158.47

应收融资租赁款—未实现融资收益 41.53

贷：应收融资租赁款—租赁收款额 200

(三)出租人对经营租赁的会计处理

1. 租金的处理

在租赁期内各个期间，出租人应采用直线法或者其他系统合理的方法将经营租赁的租赁收款额确认为租金收入。如果其他系统合理的方法能够更好地反映因使用租赁资产所产生经济利益的消耗模式的，则出租人应采用该方法。

2. 出租人对经营租赁提供激励措施

出租人提供免租期的，出租人应将租金总额在整个租赁期内(包含免租期)，按直线法或其他合理的方法进行分配，免租期内应当确认租金收入。出租人承担了承租人某些费用的，出租人应将该费用自租金收入总额中扣除，按扣除后的租金收入余额在租赁期内进行分配。

【例题20·综合题】☆甲公司为一家主要从事不动产和股权投资的公司，2×17年、2×18年和2×19年发生的相关交易或事项如下：

2×18年4月1日，甲公司将原本用于出售的一处商铺出租给丁公司，租期为3年，租金分为两部分：①固定租金：按季度支付租金，每季度租金为300万元；②变动租金：按照丁公司当年营业收入的1%收取，于每年年初收取上年变动租金。由于受到疫情影响，为了鼓励丁公司的承租活动，甲公司免除丁公司2×18年第二季度租金。2×18年，丁公司实现营业收入2 500万元。

要求：根据资料，计算甲公司2×18年应确认租金收入的金额，并编制相关会计分录。

答案 甲公司2×18年应确认租金收入的金额＝(300×4×3－300)/3×9/12＋2 500×1%＝850(万元)

分录为：

借：银行存款 600

其他应收款 250

贷：其他业务收入 850

3. 初始直接费用

出租人发生的与经营租赁有关的初始直接费用应当资本化至租赁标的资产的成本，在租赁期内按照与租金收入相同的确认基础分期计入当期损益。

4. 折旧和减值

对于经营租赁资产中的固定资产，出租人应当采用类似资产的折旧政策计提折旧；对于其他经营租赁资产，应当根据该资产适用的企业会计准则，采用系统合理的方法进行摊销。出租人应当按照《企业会计准则第8号——资产减值》的规定，确定经营租赁资产是否发生减值，并对已识别的减值损失进行会计处理。

5. 可变租赁付款额

出租人取得的与经营租赁有关的可变租赁付款额，如果是与指数或比率挂钩的，应在租赁期开始日计入租赁收款额；除此之外的，应当在实际发生时计入当期损益。

6. 经营租赁的变更

经营租赁发生变更的，出租人应自变更生效日开始，将其作为一项新的租赁进行会计处理，与变更前租赁有关的预收或应收租赁收款额视为新租赁的收款额。

六、特殊租赁业务的会计处理

(一)转租赁

转租情况下，原租赁合同和转租赁合同通常都是单独协商的，交易对手也是不同的企业，租赁准则要求转租出租人对原租赁合同和转租赁合同分别根据承租人和出租人会计处理要求，进行会计处理。

承租人在对转租赁进行分类时，转租出租人应基于原租赁中产生的使用权资产，而不是租赁资产(如作为租赁对象的不动产或设备)进行分类。原租赁资产不归转租出租人所有，原租赁资产也未计入其资产负债表。因此，转租出租人应基于其控制的资产(即使用权资产)进行会计处理。

原租赁为短期租赁，且转租出租人作为承租人已经按照租赁准则采用简化会计处理方法的，应将转租赁分类为经营租赁。

【例题 21·计算分析题】 承租人甲公司与出租人乙公司签订了一项租赁合同(原租赁)，租赁资产为 2 000 平方米的办公楼，租赁期开始日：2×20 年 1 月 1 日；租赁期：2×20 年 1 月 1 日—2×24 年 12 月 31 日，共 5 年。在第 3 年年初，甲公司将该 2 000 平方米办公楼转租给丙公司，期限为原租赁的剩余 3 年时间(转租赁)。假设不考虑初始直接费用。请问甲公司(原租赁承租人)应如何进行会计处理。

答案 ▶甲公司应基于原租赁形成的使用权资产对转租赁进行分类。转租赁的期限覆盖了原租赁的所有剩余期限，综合考虑其他因素，甲公司判断其实质上转移了与该项使用权资产有关的几乎全部风险和报酬，甲公司将该项转租赁分类为融资租赁。

甲公司的会计处理为：

(1)终止确认与原租赁相关且转给丙公司(转租承租人)的使用权资产，并确认转租赁投资净额；

(2)将使用权资产与转租赁投资净额之间的差额确认为损益；

(3)在资产负债表中保留原租赁的租赁负债，该负债代表应付原租赁出租人的租赁付款额。在转租期间，中间出租人既要确认转租赁的融资收益，也要确认原租赁的利息费用。

【例题 22·综合题】 ☆甲公司是一家大型零售企业，其 2×19 年度发生的相关交易或事项如下：

(1)2×19 年 1 月 1 日，甲公司与乙公司签订商业用房租赁合同，向乙公司租入 A 大楼一至四层商业用房用于零售经营。根据租赁合同的约定，商业用房的租赁期为 10 年，自合同签订之日算起，乙公司有权在租赁期开始日 5 年以后终止租赁，但需向甲公司支付相当于 6 个月租金的违约金；每年租金为 2 500 万元，于每年年初支付；如果甲公司每年商品销售收入达到或超过 100 000 万元，甲公司还需支付经营分享收入 100 万元；租赁期到期后，甲公司有权按照每年 2 500 万元续租 5 年；租赁结束移交商业用房时，甲公司需将商业用房恢复至最初乙公司交付时的状态。同日，甲公司向乙公司支付第一年租金 2 500 万元。为获得该项租赁，甲公司向房地产中介支付佣金 40 万元。

甲公司在租赁期开始时经评估后认为，其可以合理确定将行使续租选择权；预计租赁期结束商业用房恢复最初状态将发生成本 60 万元。甲公司对租入的使用权资产采用年限平均法自租赁期开始日计提折旧，预计净残值为 0。

(2)2×19 年 4 月 1 日，经过三个月的场地整理和商品准备，甲公司在租入的 A 大楼一至四层开设的 B 商场正式对外营业。甲公司采用三种方式进行经营，第一种是自行销售方式，即甲公司从供应商处采购商品并销售给顾客，第二种是委托代销方式，即甲公司接受供应商的委托销售商品，并按照销售收入的一定比例收取费用；第三种是租赁柜台方式，即甲公司将销售商品的专柜租赁给商户经营，并每月收取固定的费用。……。

在租赁柜台方式下，甲公司与商户签订 3 年的租赁协议，将指定区域的专柜租赁给商户，商户每月初按照协议约定的固定金额支付租金；商户在专柜内负责销售甲公司指定类别的商品，但具体销售什么商品由商户自己决定；商户销售商品的货款由甲公司收银台负责收取，发票由甲公司负责对外开具，每月末甲公司与商户核对无误后，将款项金额支付给商户。甲公司 2×19 年度应向商户收取的租金 800 万元已全部收到。

其他有关资料：第一，甲公司无法确定

租赁内含利率，其增量借款利率为6%。第二，年金现值系数：(P/A，6%，15)=9.712 2，(P/A，6%，14)=9.295 0，(P/A，6%，10)=7.360 1，(P/A，6%，9)=6.801 7；复利现值系数：(P/F，6%，15)=0.417 3，(P/F，6%，14)=0.442 3，(P/F，6%，10)=0.558 4，(P/F，6%，9)=0.591 9。第三，本题不考虑税费及其他因素。

要求：

(1)根据资料(1)，判断甲公司租入A大楼一至四层商业用房的租赁期，并说明理由。

(2)根据资料(1)，计算甲公司在2×19年1月1日尚未支付的租赁付款额及租赁负债的初始入账金额。

(3)根据资料(1)，计算甲公司使用权资产的成本，并编制相关会计分录。

(4)根据资料(1)，计算甲公司2×19年度使用权资产的折旧额。

(5)根据资料(1)，计算甲公司2×19年度租赁负债的利息费用，并编制相关会计分录。

(6)根据资料(2)，判断甲公司转租柜台是否构成一项租赁，并说明理由。

(7)根据资料(2)，判断甲公司转租柜台是经营租赁还是融资租赁，并说明理由。

答案

(1)租赁期为15年。理由：在租赁期开始日，甲公司(承租人)评估后认为可以合理确定将行使续租选择权，因此，租赁期确定为15年。

(2)在2×19年1月1日尚未支付租赁付款额=14×2 500=35 000(万元)；租赁负债的初始入账金额=2 500×(P/A，6%，14)=2 500×9.295 0=23 237.5(万元)。

(3)使用权资产的成本=23 237.5+2 500+60×(P/F，6%，15)+40=25 802.54(万元)。

相关会计分录；

借：使用权资产　　25 802.54

　租赁负债—未确认融资费用　　11 762.5

　贷：租赁负债—租赁付款额　　35 000

　　银行存款　　2 540

　　预计负债　(60×0.417 3)25.04

(4)甲公司2×19年度使用权资产的折旧额=25 802.54÷15=1 720.17(万元)。

(5)甲公司2×19年度租赁负债的利息费用=23 237.5×6%=1 394.25(万元)。

相关会计分录：

借：财务费用　　1 394.25

　贷：租赁负债—未确认融资费用　　1 394.25

(6)构成一项租赁。理由：一项合同被分类为租赁，必须要满足三要素：(1)存在一定期间(甲公司与商户签订3年的租赁协议)；(2)存在已识别资产(甲公司将指定区域的专柜租赁给商户)；(3)资产供应方向客户转移对已识别资产使用权的控制(该专柜使用期间几乎全部经济利益由商户获得)。转租情况下，原租赁合同和转租赁合同都是单独协商的，交易对手也是不同的企业，因此，该转租构成一项租赁。

(7)属于经营租赁。理由：转租赁期限为3年，原租赁期限为15年，转租赁期限占原租赁期限的20%，小于75%，因此属于经营租赁。

(二)生产商或经销商出租人的融资租赁会计处理

生产商或经销商通常为客户提供购买或租赁其产品或商品的选择。如果生产商或经销商出租其产品或商品构成融资租赁，则该交易产生的损益应相当于按照考虑适用的交易量或商业折扣后的正常售价直接销售标的资产所产生的损益。

1. 主营业务收入的确认

在租赁期开始日应当按照租赁资产公允价值与租赁收款额按市场利率折现的现值两者孰低确认收入。

2. 主营业务成本的确认

按照**租赁资产账面价值**扣除**未担保余值的现值后的余额**结转销售成本。

3. 取得融资租赁所发生的成本不属于初始直接费用

由于取得融资租赁所发生的成本主要与生产商或经销商赚取的销售利得相关，生产商或经销商出租人应当在租赁期开始日将其计入损益(销售费用)。即与其他融资租赁出租人不同，生产商或经销商出租人取得融资租赁所发生的成本不属于初始直接费用，不计入租赁投资净额。

【例题23·综合题】华南公司是一家设备生产商，该公司于2×19年1月1日与乙公司(生产型企业)签订了一份租赁合同，向乙公司出租所生产的设备，合同主要条款如下：

(1)租赁资产：X型数控设备；

(2)租赁期：2×19年1月1日-2×21年12月31日，共3年；

(3)租金支付：自2×19年起每年年末支付年租金1 000万元；

(4)租赁合同规定的年利率：5%，与市场利率相同；

(5)该设备于2×19年1月1日的公允价值为2 700万元，账面价值为2 000万元；

(6)华南公司取得该租赁发生的相关成本为5万元；

(7)该设备于2×19年1月1日交付乙公司，预计使用寿命为8年，无残值；租赁期届满时，乙公司可以0.1万元购买该设备，预计租赁到期日该设备的公允价值不低于1 500万元，乙公司对此金额提供担保；租赁期内该设备的保险、维修等费用均由乙公司自行承担。假设不考虑其他因素和各项税费影响。已知：(P/A，5%，3)=2.723 2；(P/F，5%，3)=0.863 8；(P/A，6%，3)=2.673 0；(P/F，6%，3)=0.839 6。

要求：根据上述资料编制华南公司相关会计分录。

答案

(1)租赁期满乙公司可以远低于租赁到期日租赁资产公允价值的金额0.1万元购买租赁资产，华南公司认为其可以合理确定乙公司将行使购买选择权，综合考虑其他因素，与该项资产所有权有关的几乎所有风险和报酬已实质转移给乙公司，因此华南公司将该租赁认定为融资租赁。

(2)租赁收款额=租金×期数+购买价格=1 000×3+0.1=3 000.1(万元)。

租赁收款额现值=1 000×(P/A，5%，3)+0.1×(P/F，5%，3)=1 000×2.723 2+0.1×0.863 8=2 723.29(万元)。

按照租赁资产公允价值2 700万元与租赁收款额按市场利率折现的现值2 723.29万元两者孰低的原则，确认收入为2 700万元。

(3)销售成本=账面价值-未担保余值的现值=2 000-0=2 000(万元)。

(4)①2×19年1月1日(租赁期开始日)：

借：应收融资租赁款—租赁收款额 3 000.1
　贷：主营业务收入 2 700
　　应收融资租赁款—未实现融资收益 300.1

借：主营业务成本 2 000
　贷：库存商品 2 000

借：销售费用 5
　贷：银行存款 5

由于华南公司在确定营业收入和租赁投资净额(即应收融资租赁款)时，是基于租赁资产的公允价值，因此，华南公司需要根据租赁收款额、未担保余值和租赁资产公允价值重新计算租赁内含利率。

即1 000×(P/A，r，3)+0.1×(P/F，r，3)=2 700(万元)。

r=5%，1 000×(P/A，5%，3)+0.1×(P/F，5%，3)=1 000×2.723 2+0.1×0.863 8=2 723.29(万元)；

r=6%，1 000×(P/A，6%，3)+0.1×(P/F，6%，3)=1 000×2.673 0+0.1×0.839 6=2 673.08(万元)；

插值法计算：(r－5%)/(6%－5%)＝(2 700－2 723.29)/(2 673.08－2 723.29)

计算得到：r＝5.46%。

②2×19年12月31日会计分录：

借：银行存款　　1 000

　贷：应收融资租赁款—租赁收款额　　1 000

未实现融资收益摊销额＝(年初租赁收款额3 000.1－年初未实现融资收益300.1)×5.46%＝147.42(万元)。

借：应收融资租赁款—未实现融资收益　　147.42

　贷：租赁收入　　147.42

③2×20年12月31日会计分录：

借：银行存款　　1 000

　贷：应收融资租赁款—租赁收款额　　1 000

未实现融资收益摊销额＝[(3 000.1－1 000)－(300.1－147.42)]×5.46%＝100.87(万元)。

借：应收融资租赁款—未实现融资收益　　100.87

　贷：租赁收入　　100.87

④2×21年12月31日会计分录：

借：银行存款　　1 000.1

　贷：应收融资租赁款—租赁收款额　　1 000.1

未实现融资收益摊销额采用倒挤的方法，金额＝1 000－(948.29－0.1)＝51.81(万元)。

借：应收融资租赁款—未实现融资收益　　51.81

　贷：租赁收入　　51.81

(三)售后租回交易

若企业(卖方兼承租人)将资产转让给其他企业(买方兼出租人)，并从买方兼出租人租回该项资产，则卖方兼承租人和买方兼出租人均应按照售后租回交易的规定进行会计处理。企业应当按照新收入准则的规定，评估确定售后租回交易中的资产转让是否属于销售，并区别进行会计处理。

如果承租人在资产转移给出租人之前已经取得对标的资产的控制，则该交易属于售后租回交易。然而，如果承租人未能在资产转移给出租人之前取得对标的资产的控制，那么即便承租人在资产转移给出租人之前先获得标的资产的法定所有权，该交易也不属于售后租回交易。

比如说A公司出售给B公司一项资产，然后B公司再将该资产出租给A公司，但是A公司出售给B公司资产之前，A公司只是取得了该资产的法定所有权，不能对该资产按照自己的意愿使用处置等(比如有协议对A进行限制的情况，或者A从上游购进资产再卖给B，但是资产并未运到A处，而是直接运到了B处。这种情况下，A也没有控制过该资产)，即A公司并未取得该资产的控制权，那么这种情况下，B公司再将该资产出租给A公司的业务并不属于售后租回业务。

1. 售后租回交易中的资产转让属于销售

(1)卖方兼承租人应当按原资产账面价值中与租回获得的使用权有关的部分，计量售后租回所形成的使用权资产，并仅就转让至买方兼出租人的权利确认相关利得或损失。

(2)买方兼出租人根据其他适用的《企业会计准则》对资产购买进行会计处理，并根据租赁准则对资产出租进行会计处理。

如果销售对价的公允价值与资产的公允价值不同，或者出租人未按市场价格收取租金，企业应当进行以下调整：

(1)销售对价低于市场价格的款项作为预付租金进行会计处理；

(2)销售对价高于市场价格的款项作为买方兼出租人向卖方兼承租人提供的额外融资进行会计处理。

同时，承租人按照公允价值调整相关销售利得或损失，出租人按市场价格调整租金收入。

在进行上述调整时，企业应当按以下二

者中较易确定者进行：

（1）销售对价的公允价值与资产的公允价值的差异；

（2）合同付款额的现值与按市场租金计算的付款额的现值的差异。

【例题24·计算分析题】 甲公司（卖方兼承租人）以银行存款40 000万元的价格向乙公司（买方兼出租人）出售一栋建筑物，交易前该建筑物的账面原值是24 000万元，累计折旧是4 000万元。与此同时，甲公司与乙公司签订了合同，取得了该建筑物18年的使用权（全部剩余使用年限为40年），年租金为2 400万元，于每年年末支付。根据交易的条款和条件，甲公司转让建筑物符合新收入准则中关于销售成立的条件。假设不考虑初始直接费用和各项税费的影响。该建筑物在销售当日的公允价值为36 000万元。甲、乙公司均确定租赁内含年利率为4.5%。（P/A，4.5%，18）= 12.159 992

要求：分别作出甲公司和乙公司对于该项业务的会计处理。

答案

分析：由于该建筑物的销售对价并非公允价值，甲公司和乙公司分别进行了调整，以按照公允价值计量销售收益和租赁应收款。

超额售价4 000万元（40 000-36 000）作为乙公司向甲公司提供的额外融资进行确认，甲公司和乙公司分别确认为金融负债（长期应付款）和金融资产（长期应收款）。

年付款额现值 = 2 400×（P/A，4.5%，18）= 2 400×12.159 992 = 29 183.98（万元）。

额外融资年付款额 = 2 400×4 000/（25 183.98+4 000）= 328.95（万元）

租赁相关年付款额 = 2 400×25 183.98/（25 183.98注+4 000）= 2 071.05（万元）或 = 2 400-328.95 = 2 071.05（万元）

注：即18年使用权资产的租赁付款额现值，该金额为甲公司年付款2 400万元中与租赁相关年付款额2 071.05万元的现值，即2 071.05×（P/A，4.5%，18）= 2 071.05×12.159 992 = 25 183.98（万元）（有尾差）

（1）在租赁期开始日，甲公司对该交易的会计处理如下：

①按与租回获得的使用权部分占该建筑物的原账面金额的比例计算售后租回所形成的使用权资产。

使用权资产 = 该建筑物的账面价值（24 000-4 000）×（18年使用权资产的租赁付款额现值25 183.98/该建筑物的公允价值36 000）= 13 991.1（万元）。

②计算与转让至乙公司的权利相关的利得。

出售该建筑物的全部利得 = 36 000-20 000 = 16 000（万元）。

其中：

与该建筑物使用权相关利得 = 16 000×（25 183.98/36 000）= 11 192.88（万元）；

与转让至乙公司的权利相关的利得 = 16 000-11 192.88 = 4 807.12（万元）。

③会计分录：

与额外融资相关：

借：银行存款 4 000

　　贷：长期应付款 4 000

与租赁相关：

借：银行存款 36 000

　　使用权资产 13 991.1

　　累计折旧 4 000

　　租赁负债—未确认融资费用

　　（37 278.9-25 183.98）12 094.92

　　贷：固定资产—建筑物 24 000

　　　　租赁负债—租赁付款额

　　　　（2 071.05×18）37 278.9

　　　　资产处置损益 4 807.12

④后续甲公司支付的年付款额2 400万元中2 071.05万元作为租赁付款额处理；额外融资年付款额为328.95万元，作为以下两项进行会计处理：结算金融负债4 000万元而支付的款项和利息费用。以第一年年末为例：

借：租赁负债—租赁付款额

　　2 071.05

长期应付款　　148.95

财务费用　　1 313.28

贷：租赁负债—未确认融资费用　　1 133.28

银行存款　　2 400

其中：租赁相关年付款额=2 400-328.95=2 071.05(万元)。长期应付款减少额=额外融资年付款额328.95-实际利息费用180(4 000×4.5%)=148.95(万元)。利息费用=租赁相关年付款额现值25 183.95×4.5%+额外融资4 000×4.5%=1 133.28+180=1 313.28(万元)。2 400万元为年付款额。

(2)综合考虑租期占该建筑物剩余使用年限的比例等因素，乙公司将该建筑物的租赁分类为经营租赁。

在租赁期开始日，乙公司对该交易的会计处理如下：

借：固定资产—建筑物　　36 000

长期应收款　　4 000

贷：银行存款　　40 000

租赁期开始日之后，乙公司将从甲公司处年收款额2 400万元中的2 071.05万元作为租赁收款额进行会计处理。从甲公司处年收款额中的其余328.95万元作为以下两项进行会计处理：结算金融资产4 000万元而收到的款项以及利息收入。以第一年年末为例：

借：银行存款　　2 400

贷：租赁收入　　2 071.05

利息收入　　180

长期应收款　　148.95

2. 售后租回交易中的资产转让不属于销售

卖方兼承租人不终止确认所转让的资产，而应当将收到的现金作为金融负债，并按照新金融工具准则进行会计处理。买方兼出租人不确认被转让资产，而应当将支付的现金作为金融资产，并按照新金融工具准则进行会计处理。

【例题25·计算分析题】甲公司(卖方兼承租人)以银行存款24 000万元的价格向乙公司(买方兼出租人)出售一栋建筑物，交易前该建筑物的账面原值是24 000万元，累计折旧是4 000万元。与此同时，甲公司与乙公司签订了合同，取得了该建筑物18年的使用权(全部剩余使用年限为40年)，年租金为2 000万元，于每年年末支付，租赁期满时，甲公司将以0.1万元购买该建筑物。根据交易的条款和条件，甲公司转让建筑物不满足新收入准则中关于销售成立的条件。假设不考虑初始直接费用和各项税费的影响。该建筑物在销售当日的公允价值为36 000万元。

要求：编制甲公司和乙公司在租赁期开始日的相关会计分录。

答案在租赁期开始日，甲公司和乙公司对该交易的会计处理如下：

借：银行存款　　24 000

贷：长期应付款　　24 000

在租赁期开始日，乙公司对该交易的会计处理如下：

借：长期应收款　　24 000

贷：银行存款　　24 000

七、承租人的列报

1. 资产负债表

承租人应当在资产负债表中单独列示使用权资产和租赁负债。其中，租赁负债通常分别非流动负债和一年内到期的非流动负债(即，资产负债表日后12个月内租赁负债预期减少的金额)列示。

2. 利润表

承租人应当在利润表中分别列示租赁负债的利息费用与使用权资产的折旧费用。其中，租赁负债的利息费用在财务费用项目列示。

3. 现金流量表

承租人应当在现金流量表中按照如下方式列示：

(1)偿还租赁负债本金和利息所支付的

现金，应当计入筹资活动现金流出；

(2)对短期租赁和低价值资产租赁进行简化处理的，支付的相关付款额，应当计入经营活动现金流出；

(3)支付的未纳入租赁负债计量的可变租赁付款额，应当计入经营活动现金流出。

【财政部企业会计准则实施问答】承租人支付预付租金以及租赁保证金所支付的现金在现金流量表中应当如何列报？

答案企业支付的预付租金和租赁保证金应当计入筹资活动现金流出，支付的按租赁准则简化处理的短期租赁和低价值资产租赁相关的预付租金和租赁保证金应当计入经营活动现金流出。

扫我做试题

一、单项选择题

1. ☆甲公司从乙公司租入一辆汽车，租赁期为两年，租赁费用共计20万元。双方签订的合同还约定，乙公司向甲公司派出一名司机，该名司机在租赁期内按照甲公司的安排驾驶该租赁汽车。不考虑折现及其他因素，下列各项关于上述租赁交易会计处理的表述中，正确的是(　)。

   A. 乙公司分拆租赁部分和非租赁部分，分别按照租赁准则和收入准则进行会计处理

   B. 乙公司按租赁准则每月确认租赁收入0.83万元

   C. 乙公司按收入准则每月确认服务收入0.83万元

   D. 甲公司按接受服务进行会计处理

2. 下列各项中，属于“取决于指数或比率的可变租赁付款额”的是(　)。

   A. 船舶租赁中要求承租人在超过特定航行里程数时支付的额外租赁付款额

   B. 根据基准利率变动而调整的租赁付款额

   C. 商铺租赁中根据租赁期内承租人通过该商铺所取得销售收入的一定比例而确定的租赁付款额

   D. 生产设备租赁中要求承租人在超过特定产量时支付的额外租赁付款额

3. 2×21年1月1日，甲公司租入乙公司的一项设备，租赁期开始日为2×21年1月1日。该设备在当日的公允价值为210万元，租赁期为3年，自2×21年起每年年末支付租金80万元，租赁内含利率为7%。双方约定租赁期满时甲公司支付10万元即可购买该设备，预计租赁期满时该设备的公允价值为40万元，可以合理确定甲公司将在租赁期满时行使该优惠购买选择权。甲公司在租入该设备时为运回该设备发生了运输费等费用4万元，假定不考虑增值税等其他因素，则甲公司所取得的该项使用权资产的入账价值为(　)。[(P/A，7%，3)=2.624 3；(P/F，7%，3)=0.816 3；计算结果保留两位小数]

   A. 218.11万元　　B. 214.00万元

   C. 210.00万元　　D. 222.11万元

4. 甲公司从乙公司租赁商铺事项如下：2×20年11月1日，甲公司董事会作出决议租赁商铺；2×20年12月1日，甲公司与乙公司签订合同；2×21年1月1日，乙公司将房屋钥匙交付甲公司，甲公司在收到钥匙后，就可以自主安排对商铺的装修布置，并安排搬迁。合同约定有3个月的免租期，起租日为2×21年4月1日，甲公司自起租日开始支付租金。该项租赁业务的租赁期开始日是(　)。

   A. 2×20年11月1日

B. 2×20 年 12 月 1 日

C. 2×21 年 1 月 1 日

D. 2×21 年 4 月 1 日

5. 下列各项中，在租赁期开始日，使用权资产初始计量不包含的内容是( )。

A. 租赁负债的初始计量金额

B. 在租赁期开始日或之前支付的租赁付款额；存在租赁激励的，应扣除已享受的租赁激励相关金额

C. 承租人为评估是否签订租赁合同而发生的差旅费、法律费用

D. 承租人为拆卸及移除租赁资产、复原租赁资产所在场地或将租赁资产恢复至租赁条款约定状态预计将发生的成本

6. 2×21 年初，甲公司就 5 000 平方米办公场所与乙公司签订了一项为期 3 年的租赁合同，由于市场发生变化，在 第 2 年年初，甲公司与乙公司对租赁合同协商进行修改，同意对原租赁剩余的租赁金额进行变更，由原每年年末支付租金 40 万元调整为 50 万元，租赁期限保持不变，租赁内含利率无法确定，承租人甲公司在租赁期开始日的增量借款利率为 6%，第 2 年年初增量借款利率为 7%，不考虑其他因素，甲公司在租赁合同修改日应调整的使用权资产的金额为( )。[(P/A，6%，3) = 2.673 0，(P/A，6%，2) = 1.833 4，(P/F，6%，3) = 0.839 6；(P/A，7%，2) = 1.808 0，(P/F，7%，2) = 0.873 4]

A. 17.06 万元　　B. 71.28 万元

C. 90.4 万元　　D. 100 万元

7. 某租赁公司于 2×21 年 1 月 1 日将一套大型电子计算机以融资租赁方式租给 B 企业。双方签订合同，自当日起，B 企业租赁该设备 48 个月，每 6 个月月末支付租金 600 万元。双方就担保余值的约定如下：如果标的资产在租赁期结束时的公允价值低于 2 000 万元，则 B 企业需向租赁公司支付 2 000 万元与标的资产在租赁期结束时公允价值之间的差额。未担保余值为 0，租赁公司和 B 企业均预计该电子计算机在租赁期结束时的公允价值为 350 万元。租赁资产在当日的账面价值为 5 000 万元，公允价值为 6 000 万元。不考虑其他因素，下列有关租赁公司在 2×21 年 1 月 1 日的会计处理的表述中，不正确的是( )。

A. 租赁收款额为 6 450 万元

B. 应确认的资产处置损益为 1 000 万元

C. 应收融资租赁款的账面价值为 6 450 万元

D. 应收融资租赁款—未实现融资收益为 450 万元

8. 甲公司签订了一份为期 5 年的机器租赁合同。租金于每年年末支付，并按以下方式确定：第 1 年，租金是可变的，根据该机器在第 1 年下半年的实际产能确定；第 2 年至第 5 年，每年的租金根据该机器在第 1 年下半年的实际产能确定，即租金将在第 1 年年末转变为固定付款额。在租赁期开始日，甲公司无法确定租赁内含利率，其增量借款利率为 5%。假设在第 1 年年末，根据该机器在第 1 年下半年的实际产能所确定的租赁付款额为每年 1 000 万元。已知(P/A，5%，4) = 3.546，不考虑其他因素，第 1 年年末确认使用权资产为( )。

A. 3 546 万元　　B. 4 546 万元

C. 1 000 万元　　D. 4 000 万元

9. 下列有关承租人短期租赁和低价值资产租赁会计处理的表述中，不正确的是( )。

A. 承租人应当将短期租赁和低价值资产租赁的租赁付款额，在租赁期内各个期间按照直线法或其他系统合理的方法计入相关资产成本或当期损益

B. 租赁期不超过 12 个月但包含购买选择权的租赁，不属于短期租赁

C. 低价值资产租赁，是指单项租赁资产为全新资产时价值较低的租赁

D. 通常情况下，符合低价值资产租赁的资产全新状态下的绝对价值应低于人民币 5 000 元

10. 乙公司将一台管理用固定资产以经营租赁方式租赁给甲公司，租赁期为3年，租金总额为15 000元(已扣除免租期租金，免租期为2个月)，其中第一年租金6 000元，第二年租金5 000元，第三年租金4 000元。此外，每年乙公司还承担了本应由甲公司承担的固定资产修理费用，每年的金额为300元。假定甲公司将该项租赁业务认定为低价值租赁。不考虑其他因素，下列关于甲公司的会计处理，表述正确的是(　)。
A. 每年确认的租金费用是4 700元
B. 每年确认的管理费用是4 900元
C. 第一年确认的租金费用是6 000元
D. 第二年、第三年确认的租金费用分别是5 000元、4 000元

11. 甲企业(原租赁承租人)与乙企业(原租赁出租人)就5 000平方米办公场所签订了一项为期5年的租赁(原租赁)。在第3年年初，甲企业将该5 000平方米办公场所转租给丙企业，期限为原租赁的剩余3年时间(转租赁)。假设不考虑初始直接费用等因素。甲企业应基于原租赁形成的使用权资产对转租赁进行分类，其会计处理表述不正确的是(　)。
A. 终止确认与原租赁相关且转给丙企业(转租承租人)的使用权资产，并确认转租赁投资净额
B. 将使用权资产与转租赁投资净额之间的差额确认为损益
C. 在资产负债表中保留原租赁的租赁负债，该负债代表应付原租赁出租人的租赁付款额的现值
D. 在转租期间，中间出租人不需确认转租赁的融资收益，也不再确认原租赁的利息费用，二者已相互抵销

12. 甲公司与乙公司签订了一份为期5年的设备租赁合同，租赁期开始日为2×21年1月1日。甲公司每年的固定租赁付款额为1 000万元，于每年年末支付。甲公司无法确定租赁内含利率，其增量借款利率为5%，采用直线法按5年对使用权资产计提折旧，预计净残值为0。已知(P/A，5%，5)＝4.33，不考虑其他因素，下列甲公司2×21年年末有关财务报表列示的表述中正确的是(　)。
A. 使用权资产列示3 464万元
B. 财务费用列示50万元
C. 租赁负债列示4 546.5万元
D. 一年内到期的非流动负债列示0万元

二、多项选择题

1. ☆2020年1月1日，甲公司与乙公司签订商铺租赁合同，甲公司从乙公司租入一间铺子，租期2年，每月固定租金2万元，在此基础上，再按当月商铺销售额的5%支付变动租金。2020年度，甲公司支付给乙公司31万元，其中租赁保证金2万元，固定租金24万元，基于销售额计算的变动租金5万元。不考虑其他因素，下列各项关于甲公司的表述正确的有(　)。
A. 支付的租赁保证金2万元应当作为筹资活动现金流出
B. 支付的固定租金24万元应当作为筹资活动现金流出
C. 支付的基于销售额计算的变动租金5万元应当作为经营活动现金流出
D. 支付的31万元应当作为经营活动现金流出

2. 关于承租人对租赁业务的会计处理，下列说法中正确的有(　)。
A. 对于短期租赁和低价值资产租赁，承租人可以选择不确认使用权资产和租赁负债
B. 在租赁期开始日后，承租人应当采用成本模式对使用权资产进行后续计量
C. 对于使用权资产，承租人通常应自租赁期开始的当月起对其计提折旧，当月计提确有困难的，也可以选择自租赁期开始的下月计提折旧
D. 承租人对使用权资产计提减值准备后，

在后续期间减值因素消失时，可以将其转回

3. 关于售后租回交易的会计处理，下列表述中正确的有(　)。

A. 售后租回交易中的资产转让属于销售的，卖方兼承租人应当按原资产账面价值中与租回获得的使用权有关的部分，计量售后租回所形成的使用权资产

B. 售后租回交易中的资产转让属于销售的，卖方兼承租人应仅就转让至买方兼出租人的权利确认相关利得或损失

C. 售后租回交易中的资产转让属于销售的，如果销售对价的公允价值与资产的公允价值不同，或者出租人未按市场价格收取租金，则销售对价低于市场价格的款项应作为预付租金处理

D. 售后租回交易中的资产转让不属于销售的，卖方兼承租人应终止确认所转让的资产

4. 承租人与出租人签订的租赁合同，在租赁期开始日，下列关于租赁期的表述正确的有(　)。

A. 承租人与出租人签订了一份租赁合同，约定自租赁期开始日2年内不可撤销，如果撤销，双方将支付重大罚金，2年期满后，经双方同意可再延长2年，如有一方不同意，将不再续期，则确定租赁期为2年

B. 承租人签订了一份设备租赁合同，包括2年不可撤销期限和1年期固定价格续租选择权，续租选择权期间的合同条款和条件与市价接近，没有终止罚款或其他因素表明承租人合理确定将行使续租选择权，则确定租赁期为2年

C. 承租人签订了一份建筑租赁合同，包括2年不可撤销期限和1年按照市价行使的续租选择权。在搬入该建筑之前，承租人花费了大量资金对租赁建筑进行了改良，预计在2年结束时租赁资产改良仍将具有重大价值，且该价值仅可通过继续使用租赁资产实现，则承租人确定租赁期为3年

D. 承租人甲公司租入某办公楼的一层楼，期限为8年。甲公司有权选择在第4年后提前终止租赁，并以相当于6个月的租金作为罚金；每年的租赁付款额为固定金额24万元；该办公楼是全新的，并且在周边商业园区的办公楼中处于技术领先水平；上述租赁付款额与市场租金水平相符。该项租赁的租赁期确定为8年

5. 下列各项中，属于租赁业务的初始直接费用的有(　)。

A. 因签订租赁合同而发生的佣金

B. 因签订租赁合同而发生的印花税

C. 为评估是否签订租赁合同而发生的差旅费

D. 为评估是否签订租赁合同而发生的法律费用

6. 承租人甲公司与出租人乙公司签订了为期10年的商铺租赁合同。每年的固定租赁付款额为100万元，在每年年末支付，除固定付款额外，合同还规定按照租赁期间甲公司商铺年销售额的5%额外计算当年租金，于当年年末支付。甲公司该商铺在租赁期的第1年的销售额为1 000万元。不考虑其他因素，下列甲公司的会计处理表述正确的有(　)。

A. 未纳入租赁负债计量的、并非取决于指数或比率的可变租赁付款额，应当在实际发生时计入当期损益

B. 对于第1年应支付的可变租赁付款额50万元，应在实际发生时计入当期损益

C. 应将第1年的可变租赁付款额50万元计入营业外支出

D. 应将第1年的可变租赁付款额50万元计入使用权资产

7. 在租赁期开始日后，承租人应当按照变动后的租赁付款额的现值重新计量租赁负债，并相应调整使用权资产的账面价值。当发生下列情形时，其会计处理表述正确的有(　)。

A. 实质固定付款额发生变动，承租人应当按照变动后租赁付款额的现值重新计量租赁负债，在该情形下，承租人采用的折

现率不变

B. 担保余值预计的应付金额发生变动，承租人应当按照变动后租赁付款额的现值重新计量租赁负债。在该情形下，承租人采用的折现率不变

C. 因用于确定租赁付款额的指数或比率的变动，承租人应当按照变动后租赁付款额的现值重新计量租赁负债。在该情形下，承租人应采用反映利率变动的修订后的折现率进行折现

D. 因用于确定租赁付款额的指数或比率(浮动利率除外)的变动而导致未来租赁付款额发生变动的，承租人应当按照变动后租赁付款额的现值重新计量租赁负债。在该情形下，承租人采用的折现率不变

8. 甲公司签订了一项为期 10 年的不动产租赁合同，每年的租赁付款额为 3 000 万元，于每年年初支付。合同规定，租赁付款额在租赁期开始日后每两年基于过去 24 个月消费者价格指数的上涨进行上调。租赁期开始日的消费者价格指数为 125。假设在租赁期的第 3 年年初的消费者价格指数为 135。甲公司在租赁期开始日采用的折现率为 5%，已知(P/A，5%，7)= 5.786 4。不考虑其他因素，则下列说法中正确的有(　)。

A. 在第 3 年年初支付第 3 年租金和重新计量租赁负债之前，租赁负债的余额为 20 359.2 万元

B. 经消费者价格指数调整后的第 3 年租赁付款额为 3 240 万元

C. 在第 3 年年初重新计量后，租赁负债为 21 987.94 万元

D. 在第 3 年年初，应将使用权资产和租赁负债的账面余额调增 1 628.74 万元

9. 下列各项中，应计入出租人租赁收款额的有(　)。

A. 承租人需支付的固定付款额及实质固定付款额，存在租赁激励的，应当扣除租赁激励相关金额

B. 取决于指数或比率的可变租赁付款额，该款项在初始计量时根据租赁期开始日的指数或比率确定。

C. 能合理确定承租人将行使购买选择权而将支付的行权价格

D. 租赁期反映出承租人将行使终止租赁选择权的情况下，承租人行使终止租赁选择权需支付的款项

10. 下列关于出租人融资租赁后续计量的表述中，正确的有(　)。

A. 纳入出租人租赁投资净额的可变租赁付款额只包含取决于指数或比率的可变租赁付款额

B. 出租人应定期复核计算租赁投资总额时所使用的未担保余值

C. 若预计未担保余值降低，出租人应修改租赁期内的收益分配，并立即确认预计的减少额

D. 出租人取得的未纳入租赁投资净额计量的可变租赁付款额，比如与资产的未来绩效或使用情况挂钩的可变租赁付款额，应当在实际发生时计入当期损益

三、计算分析题

甲公司 2×18 年至 2×20 年发生交易或事项如下：

(1)2×18 年 12 月 1 日，甲公司与乙公司签订租赁合同，甲公司租入乙公司的一整层公寓。租赁期自 2×19 年 1 月 1 日至 2×23 年 12 月 31 日；租金为 50 万元/年，每年年初支付。2×19 年 1 月 1 日，甲公司向乙公司支付第一年的租金 50 万元。甲公司向房地产中介支付佣金 2 万元。甲公司增量借款利率为 5%。

2×19 年 1 月 1 日，甲公司将从乙公司租入的公寓免费提供给 10 名管理人员居住。

(2)2×20 年 1 月 1 日，由于公寓漏水等严重质量问题，甲公司未向乙公司支付第二年租金，并与乙公司协商后解除了租赁合同。双方不再互相补偿。

2×20 年 1 月 1 日，甲公司以 1 000 万元向丙公司购买房屋，当日办理了款项支付、房屋移交等手续；同日，甲公司以 800 万元的价格将房屋出售给 10 名管理人员，并约定该 10 名管理人员购买房屋后必须在甲公司服务五年。

(3) 2×20 年 5 月 12 日，甲公司以成本 700 元/件、已计提存货跌价准备 70 元/件的自产产品作为福利发放给 200 名员工，每人 1 件。该 200 名员工包括管理人员 50 人、销售人员 30 人、生产人员 120 人。该产品同期市场价格为 640 元/件。

其他资料：(P/A，5%，5) = 4.329 5；(P/A，5%，4) = 3.546 0；假定不考虑增值税等相关税费。

要求：

(1) 根据资料(1)，说明甲公司对租入公寓和将公寓提供给管理人员居住应当如何进行会计处理；计算租赁负债入账价值与使用权资产的入账价值，编制甲公司 2×19 年度与租赁相关的会计分录。

(2) 根据资料(2)，计算甲公司解除租赁合同对 2×20 年损益的影响金额，以及甲公司将新购房屋出售给管理人员对 2×20 年损益的影响金额；编制甲公司 2×20 年与终止租赁协议相关的会计分录。

(3) 根据资料(3)，编制甲公司发放非货币性福利相关的会计分录。

四、综合题

1. 华中公司(承租人)与乙公司(出租人)签订了关于 5 个楼层的办公楼租赁合同。有关资料如下：

(1) 租赁期为 10 年，并附有 5 年的续租选择权。

(2) 租赁期开始日为 2×21 年 1 月 1 日，初始租赁期内租赁付款额为每年 5 000 万元，选择权期间为每年 5 500 万元，所有款项应在每年年初支付。

(3) 为获得该项租赁，华中公司发生的初始直接费用为 2 000 万元，其中，1 500 万元为向该办公楼前任租户支付的款项，500 万元为向房地产中介支付的佣金。

(4) 作为对签署此项租赁的承租人的激励，出租人乙公司同意为华中公司报销 500 万元的佣金。

承租人华中公司经分析认为不能合理确定将行使续租选择权，因此将租赁期确定为 10 年。假定华中公司无法获知该项租赁在租赁期开始日的租赁内含利率，华中公司的增量借款利率为每年 5%，该利率反映的是华中公司以类似抵押条件借入期限为 10 年、与使用权资产等值的相同币种的借款而必须支付的固定利率。华中公司预计在整个租赁期内平均地消耗该使用权资产的未来经济利益，因此按直线法对使用权资产计提折旧，预计净残值为 0。办公楼用于华中公司行政办公。

(5) 已知(P/A，5%，9) = 7.107 82，不考虑其他因素的影响。

要求：

(1) 计算华中公司在租赁期开始日应确认的租赁负债、使用权资产的初始确认金额，并编制华中公司相关资产负债初始计量的相关会计分录。

(2) 计算使用权资产和租赁负债在初始租赁期(10 年)的金额，并填列下列表格(单位：万元)。

租赁负债					使用权资产		
利率：5%					年限：10 年		
年份	期初余额	租赁付款额	利息费用	期末余额	期初余额	折旧费用	期末余额
1							
2							

续表

租赁负债					使用权资产		
利率：5%					年限：10 年		
年份	期初余额	租赁付款额	利息费用	期末余额	期初余额	折旧费用	期末余额
3							
4							
5							
6							
7							
8							
9							
10							

(3)编制华中公司在2×21 年年末、2×22 年全年的相关会计分录。

2. 承第 1 题华中公司资料。在租赁的第 6 年年末（2×26 年年末），华中公司（承租人）收购无关第三方 A 公司。收购之前，A 公司在华中公司距离较远的另一建筑物中租了一层楼，其租赁合同包含可由 A 公司行使的终止租赁选择权。收购 A 公司之后，华中公司由于员工人数增加而需在合适的建筑物中租赁两个楼层。为使成本最小化，承租人华中公司在其向乙公司租赁的办公楼中单独就另外两个楼层签订了为期 8 年的租赁合同，该楼层在第 7 年年末时可供使用，同时自第 8 年年初 A 公司提前终止了 A 公司被收购前签订的租赁。

第 6 年年末时，承租人华中公司的增量借款利率为 6%，该利率反映的是承租人华中公司以类似抵押条件借入期限为 9 年、与使用权资产等值的相同币种的借款而必须支付的固定利率。承租人华中公司预计在整个租赁期内平均地消耗该使用权资产的未来经济利益，因此按直线法对使用权资产计提折旧，预计净残值为 0。

已知：（P/A，5%，3）= 2.723 246；（P/A，6%，3）= 2.673 01；（P/A，6%，5）= 4.212 36；（P/F，6%，3）= 0.839 62。不考虑其他因素的影响。

要求：

(1)判断承租人华中公司由于其收购了 A 公司并决定搬迁 A 公司，是否合理确定将行使续租选择权，并说明理由。

(2)计算第 6 年年末承租人华中公司重新计量租赁负债的金额，并编制相关会计分录。

(3)计算第 7 年至第 15 年的使用权资产和租赁负债的金额(单位：万元)。

租赁负债					使用权资产		
利率：6%					年限：9 年		
年份	期初余额	租赁付款额	利息费用	期末余额	期初余额	折旧费用	期末余额
7							
8							
9							
10							

续表

租赁负债				使用权资产		
11						
12						
13						
14						
15						

3. 承接第1题华中公司资料。华中公司(承租人)与乙公司(出租人)签订了一项为期10年的某办公楼5个楼层的租赁合同，每年的租赁付款额为5 000万元，于每年年初支付。

(1)合同规定，租赁付款额每两年基于过去24个月消费者价格指数(CPI)的上涨上调一次。租赁期开始日(2×21年1月1日)的消费者价格指数为104。假定不考虑初始直接费用。租赁内含利率无法直接确定，承租人华中公司的增量借款利率为每年5%，该利率反映的是承租人华中公司以类似抵押条件借入期限为10年、与使用权资产等值的相同币种的借款而必须支付的固定利率。承租人华中公司预计在整个租赁期内平均地消耗该使用权资产的未来经济利益，因此按直线法对使用权资产计提折旧，预计净残值为0。租赁第三年年初(2×23年1月1日)的消费者价格指数为109.2。已知(P/A，5%，7)=5.786 37。

(2)合同规定，承租人华中公司每年均应就该项租赁支付可变租赁付款额，其金额为承租人华中公司年销售额的1%。2×21年年末，华中公司的年销售额为60 000万元。

(3)不考虑其他因素的影响。

要求：

(1)根据资料(1)，计算第三年年初华中公司重新计量租赁负债的金额，编制华中公司对使用权资产进行相应调整的会计分录和承租人支付第三年的租赁付款额的会计分录。

(2)根据资料(2)，编制华中公司在2×21年支付可变租赁付款额的会计分录。

4. 华中公司(承租人)与乙公司(出租人)签订了关于5个楼层的办公楼租赁合同。有关资料如下：

(1)租赁期开始日为2×21年1月1日，每年租金为5 000万元，于每年年末支付。华中公司无法获得相关租赁内含利率，其增量借款利率为5%。

(2)不可撤销租赁期为5年，并且合同约定在第5年年末，华中公司有权选择以每年5 000万元续租5年，也有权选择以100 000万元购买该房产。华中公司在租赁期开始时评估认为，可以合理确定将行使续租选择权，而不会行使购买选择权，因此将租赁期确定为10年，按直线法对使用权资产计提折旧，预计净残值为0。

(3)在第4年，该房产所在地房价显著上涨，华中公司预计租赁期结束时该房产的市价为200 000万元，华中公司在第4年年末重新评估后认为，能够合理确定将行使上述购买选择权，而不会行使上述续租选择权。

(4)已知：(P/A，5%，10)=7.721 73；(P/A，5%，9)=7.107 82；(P/A，5%，8)=6.463 21；(P/A，5%，7)=5.786 37；(P/A，5%，6)=5.075 69；(P/A，5%，5)=4.329 47。

(5)不考虑其他因素的影响。

要求：

(1)计算华中公司在租赁期开始日应确认的租赁负债和使用权资产，并编制会计分录。

(2)计算华中公司在2×21年至2×25年应

确认的利息费用。

年度	租赁负债年初金额	利息费用	租赁付款额	租赁负债年末金额

(3)编制2×21年、2×22年的相关会计分录。

(4)判断房价上涨时华中公司是否需要重新计量租赁负债，并说明理由；计算华中公司2×25年年末的“使用权资产累计折旧”“租赁负债—未确认融资费用”科目余额。

(5)编制华中公司2×25年年末行使购买选择权的会计分录(单位：万元)。

5. 华南公司与乙公司签订了一项租赁合同，有关资料如下：

(1)租赁期开始日为2×21年1月1日，华南公司从乙公司处租入2 000平方米的办公场所，租赁期为10年，年租赁付款额为2 000万元，于每年年末支付。租赁内含利率无法直接确定，承租人在租赁期开始日的年增量借款利率为6%。此外华南公司发生的初始直接费用为39.8万元，其中，9.8万元为向该楼层前任租户支付的款项，30万元为向房地产中介机构支付的佣金；作为对华南公司的激励，乙公司同意补偿华南公司10万元佣金，并于当日支付给华南公司。

(2)假定一：在第6年年初，华南公司和出租人乙公司同意对原租赁剩余的五年租赁进行修改，以扩租同一建筑物内3 000平方米的办公场所。扩租的场所于第6年第二季度末时可供华南公司使用。租赁对价的增加额与新租入3 000平方米办公场所的当前市价根据承租人所获折扣进行调整后的金额相当，该折扣反映了出租人乙公司节约的成本，即将相同场所租赁给新租户则出租人会发生的营销成本等。

(3)假定二：在第6年年初(即2×26年1月1日)，华南公司和乙公司同意对原租赁合同进行变更，即自第6年年初起，将原租赁场所缩减至1 000平方米。每年的租赁付款额(自第6年至第10年)调整为1 200万元。租赁内含利率无法直接确定，华南公司在第6年年初的增量借款利率为5%。

(4)假定三：在第7年年初，华南公司和乙公司同意对原租赁合同进行变更，即将租赁期延长4年。每年的租赁付款额不变(即在第7年至第14年的每年年末支付2 000万元)。租赁内含利率无法直接确定，华南公司在第7年年初的增量借款利率为7%。

(5)假定四：在第6年年初，因浮动利率的变动而导致未来租赁付款额发生变动的，承租人华南公司与出租人同意对原租赁剩余的五年租赁进行修改，将租赁付款额从每年2 000万元降至每年1 900万元。租赁内含利率无法直接确定。承租人在租赁期开始日的增量借款年利率为6%，在第6年年初的增量借款年利率为7%。每年的租赁付款额在每年年末支付。

(6)已知：(P/A，5%，5)＝4.329 5；(P/A，6%，10)＝7.360 1；(P/A，6%，5)＝4.212 4；(P/A，7%，8)＝5.971 3；(P/A，6%，4)＝3.465 1；(P/A，7%，5)＝4.100 2。不考虑其他因素。

要求：

(1)根据资料(1)，计算承租人华南公司租赁负债的初始确认金额，并编制初始确认的与租赁相关的资产和负债相关会计分录。

(2)根据资料(1)，计算在租赁条款修改前承租人华南公司的相关使用权资产和租赁负债在各年(即第1年至第5年，以及第6年年初)的金额，填列下列表格(单位：万元)，并编制承租人华南公司在第一年和第二年支付租赁付款额和摊销融资费用的相关会计分录(编制分录时需列明这两年的融资费用摊销额的计算过程)。

租赁负债					使用权资产		
利率：6%					年限：10年		
年份	期初余额	利息费用	租赁付款额	期末余额	期初余额	折旧费用	期末余额
1							
2							
3							
4							
5							
6							

(3)根据假定一，判断承租人华南公司是否应将增加3 000平方米场所使用权的扩租作为一项单独的租赁进行会计处理，并说明理由。

(4)根据假定二，计算承租人华南公司因原租赁场所缩减至1 000平方米而发生的租赁负债减少额、使用权资产减少额，并编制相关会计分录，同时计算华南公司租赁变更生效日以后各年的利息费用、折旧费用(单位：万元)。

租赁负债					使用权资产		
利率：5%(修订后)					年限：5年		
年份	期初余额	利息费用	租赁付款额	期末余额	期初余额	折旧费用	期末余额

(5)根据假定三，计算华南公司在租赁变更生效日租赁变更后的租赁负债、租赁变更前的租赁负债、使用权资产账面价值的调整金额。

(6)根据假定四，计算华南公司在租赁变更生效日租赁变更后的租赁负债、租赁变更前的租赁负债、使用权资产账面价值的调整金额。

6. 2×22年1月1日，A公司与B租赁公司签订了一份租赁合同。相关资料如下：

(1)租赁标的物：程控生产线。

(2)租赁期开始日：租赁物运抵A公司生产车间之日(即2×22年1月1日)。

(3)租赁期：从租赁期开始日算起36个月(即2×22年1月1日-2×24年12月31日)。

(4)租金支付方式：自租赁期开始日起每年年末支付租金1 000万元。

(5)该生产线为全新设备，估计使用年限为4年。其在2×22年1月1日的账面价值和公允价值均为 2 600 万元。B 租赁公司为该项租赁发生初始直接费用 100 万元。

(6)2×23 年和 2×24 年两年，A 公司每年按该生产线所生产产品的年销售收入的 5%向 B 租赁公司支付经营分享收入。A 公司在 2×23 年和 2×24 年分别实现产品销售收入 10 000 万元和 15 000 万元。

(7)A 公司在租赁谈判和签订租赁合同过程中发生可归属于该租赁项目的手续费为 10 万元。A 公司对使用权资产采用年限平均法计提折旧。

(8)假定担保余值和未担保余值均为 0。

(9)2×24 年 12 月 31 日，A 公司将该生产线退还 B 租赁公司。

(10)其他资料：假定 A 公司未能获知出租人的租赁内含利率，A 公司的增量借款年利率为 8%；(P/A，8%，3) = 2.577 1，(P/A，4%，3) = 2.775 1；(P/A，6%，3) = 2.673 0；不考虑其他因素。

要求：分别按年编制 A 公司和 B 公司的会计分录。

7. 华东公司是一家设备生产商，该公司于 2×20 年 1 月 1 日与乙公司(生产型企业)签订了一份租赁合同，向乙公司出租其所生产的设备，合同主要条款如下：

(1)租赁资产：火力发电设备；

(2)租赁期：2×20 年 1 月 1 日至 2×22 年 12 月 31 日，共 3 年；

(3)租金支付：自 2×20 年起每年年末支付年租金 6 000 万元；

(4)租赁合同规定的年利率：5%，与市场利率相同；

(5)该设备在 2×20 年 1 月 1 日的公允价值为 16 500 万元，账面价值为 12 000 万元；

(6)华东公司取得该租赁发生的相关成本为 30 万元；

(7)该设备于 2×20 年 1 月 1 日交付乙公司，预计使用寿命为 8 年，预计净残值为 0；租赁期届满时，乙公司可以 0.6 万元购买该设备，预计租赁到期日该设备的公允价值不低于 9 000 万元，乙公司对此金额提供担保；租赁期内该设备的保险、维修等费用均由乙公司自行承担。假设不考虑其他因素和各项税费影响。已知(P/A，5%，3) = 2.723 2；(P/F，5%，3) = 0.863 8。

要求：

(1)判断华东公司(出租人)租赁类型。

(2)计算租赁期开始日租赁收款额按市场利率折现的现值，确定收入和结转成本的金额。

(3)编制 2×20 年 1 月 1 日(租赁期开始日)会计分录。

(4)计算华东公司各年融资收益，并填列下列表格。

计算租赁期内各期分摊的融资收益 单位：万元

日期	确认的融资收益	收取租赁款项	应收租赁款净额

(5)编制 2×20 年、2×21 年、2×22 年相关的会计分录，并写出各年未实现融资收益摊销额的计算过程。(假设不考虑行使购买选择权的分录)

同步训练答案及解析

一、单项选择题

1. A 【解析】合同中同时包含租赁和非租赁部分的，承租人和出租人应当将租赁和非租赁部分进行分拆。分拆时，各租赁部分应当分别按照租赁准则进行会计处理，非租赁部分应当按照其他适用的企业会计准则进行会计处理。

2. B 【解析】选项C，属于取决于租赁资产绩效的可变租赁付款额；选项A、D，属于取决于租赁资产的使用的可变租赁付款额。

3. D 【解析】甲公司所取得的该项使用权资产的入账价值=80×(P/A，7%，3)+10×(P/F，7%，3)+4=222.11(万元)。

4. C 【解析】由于甲公司自2×21年1月1日起已获得商铺使用权的控制，因此租赁期开始日为2×21年1月1日，即租赁期包含出租人给予承租人的免租期。

5. C 【解析】使用权资产的初始计量金额应包含承租人发生的初始直接费用。初始直接费用，是指为达成租赁所发生的增量成本。增量成本是指若企业不取得该租赁，则不会发生的成本，如佣金、印花税等。无论是否实际取得租赁都会发生的支出，不属于初始直接费用，例如为评估是否签订租赁合同而发生的差旅费、法律费用等，此类费用应当在发生时计入当期损益。

6. A 【解析】第2年年初重新计量的租赁负债入账价值=50×1.808 0=90.40(万元)；原租赁负债剩余账面价值=40×1.833 4=73.34(万元)，租赁合同修改日应调整的使用权资产的金额=90.4-73.34=17.06(万元)。相关会计分录如下：

借：使用权资产　17.06
　　租赁负债—未确认融资费用　2.94
　贷：租赁负债—租赁付款额　20

7. C 【解析】选项A，租赁收款额=600×8+(2 000-350)=6 450(万元)；选项B，应确认的资产处置损益=6 000-5 000=1 000(万元)；选项C，应收融资租赁款的账面价值=6 450-450=6 000(万元)；相关会计分录如下：

借：应收融资租赁款—租赁收款额　6 450
　贷：融资租赁资产　5 000
　　　资产处置损益　1 000
　　　应收融资租赁款—未实现融资收益　450

8. A 【解析】在租赁期开始时，由于未来的租金尚不确定，因此甲公司的租赁负债为零。在第1年年末，租金的潜在可变性消除，成为实质固定付款额(即每年1 000万元)，因此甲公司应基于变动后的租赁付款额重新计量租赁负债，并采用不变的折现率(即5%)进行折现。在支付第1年的租金之后，甲公司后续年度需支付的租赁付款额为4 000万元(即1 000×4)，租赁付款额在第1年年末的现值为3 546万元[即1 000×(P/A，5%，4)]，未确认融资费用为454万元(4 000-3 546)。甲公司在第1年年末的相关会计分录如下：

支付第一年租金：

借：制造费用等　1 000
　贷：银行存款　1 000

确认使用权资产和租赁负债：

借：使用权资产　3 546
　　租赁负债—未确认融资费用　(4 000-3 546)454
　贷：租赁负债—租赁付款额　4 000

9. D 【解析】选项D，通常情况下，符合低价值资产租赁的资产全新状态下的绝对价值应低于人民币 40 000 元。

10. A 【解析】每年应确认的租金费用 =(15 000-300×3)÷3=4 700(元)；每年确认的管理费用 = 4 700+300 = 5 000(元)。注意，本题中出租人承担了承租人的某些费用，其实这些费用出租人会以租金的形式从承租人处取得，因此本题中承租人甲公司每年需要承担的费用 5 000 元中有 300 元属于修理费用。相关的会计分录如下：

借：管理费用—租赁费 (4 700×3)14 100

—维修费 (300×3)900

贷：其他应付款 15 000

假设一次性支付三年全部租金：

借：其他应付款 15 000

贷：银行存款 15 000

11. D 【解析】选项 D，在转租期间，中间出租人既要确认转租赁的融资收益，也要确认原租赁的利息费用。

12. A 【解析】选项 A，租赁期开始日确认租赁负债 = 1 000×(P/A，5%，5) = 1 000×4.33 = 4 330(万元)，会计分录如下：

借：使用权资产 4 330

租赁负债—未确认融资费用 (5 000-4 330)670

贷：租赁负债—租赁付款额 (1 000×5)5 000

2×21 年年末，使用权资产的列示金额 = 使用权资产的账面价值 = 4 330-4 330/5 = 3 464(万元)。

选项 B，2×21 年年末，财务费用 = 融资费用摊销额 =(年初租赁付款额 5 000-年初未确认融资费用 670)×5% = 216.5(万元)。

选项 C、D，2×21 年年末租赁负债余额 =(5 000-1 000)-(670-216.5) = 3 546.5(万元)；2×22 年年末确认融资费用摊销额 = 3 546.5×5% = 177.33(万元)；2×22 年年末租赁负债余额 =(5 000-1 000-1 000)-(670-216.5-177.33) = 2 723.83(万元)；2×21 年年末资产负债表"租赁负债"项目列示的金额为 2 723.83(万元)；2×21 年年末资产负债表"一年内到期的非流动负债"项目列示的金额 = 3 546.5-2 723.83 = 822.67(万元)。

二、多项选择题

1. ABC 【解析】按照租赁会计准则的规定，企业支付的固定租金和租赁保证金应当计入筹资活动现金流出，选项 A、B 正确；支付的按租赁准则简化处理的短期租赁付款额和低价值资产租赁付款额以及未纳入租赁负债的可变租赁付款额计入经营活动现金流出，选项 C 正确，选项 D 不正确。

2. ABC 【解析】选项 D，使用权资产减值准备一旦计提，不得转回。

3. ABC 【解析】选项 D，售后租回交易中的资产转让不属于销售的，卖方兼承租人不应终止确认所转让的资产，而应当将收到的现金作为金融负债处理。

4. ABCD

5. AB 【解析】无论是否实际取得租赁都会发生的支出，不属于初始直接费用，例如为评估是否签订租赁合同而发生的差旅费、法律费用等，此类费用应当在发生时计入当期损益。

6. AB

7. ABD 【解析】因浮动利率的变动而导致未来租赁付款额发生变动的，承租人应当按照变动后租赁付款额的现值重新计量租赁负债。在该情形下，承租人应采用反映利率变动的修订后的折现率进行折现。所以选项 C 不正确。

8. ABCD 【解析】选项 A，在第 3 年年初支付第 3 年租金和重新计量租赁负债之前，租赁负债的余额 = 3 000+3 000×(P/A，5%，7) = 3 000 + 3 000 × 5.786 4 =

20 359.2(万元)。选项 B，经消费者价格指数调整后的第 3 年租赁付款额 = 3 000×135/125 = 3 240(万元)。选项 C，在第 3 年年初重新计量租赁负债，以反映变动后的租赁付款额，即租赁负债应当以每年 3 240 万元的租赁付款额(剩余 8 笔)为基础进行重新计量。在第 3 年年初，甲公司按以下金额重新计量租赁负债：每年 3 240 万元的租赁付款额按不变的折现率(即 5%)进行折现，即，3 240+3 240×(P/A，5%，7)= 21 987.94(万元)。因此租赁负债将增加 1 628.74 万元(21 987.94－20 359.2)。

借：使用权资产　　1 628.74
　　租赁负债—未确认融资费用　　291.26
　　贷：租赁负债—租赁付款额　　(240×8)1 920

9. ABCD

10. ABCD

三、计算分析题

【答案】

(1)①对于租入的公寓，甲公司应在租赁期开始日确认使用权资产和租赁负债，按照租赁期开始日尚未支付的租赁付款额的现值计量租赁负债，按照成本计量使用权资产；后续期间，应按照周期性利率计算租赁负债在租赁期内的各期间的利息费用，按照固定资产准则的相关规定，自租赁期开始日起对使用权资产计提折旧。

甲公司将公寓提供给管理人员居住，应作为非货币性福利处理。由于不属于短期租赁，租入公寓确认为使用权资产，因此应视为以自有资产无偿提供给职工使用，按其受益对象，将各期折旧金额计入当期损益，同时确认应付职工薪酬。

②租赁负债的入账价值 = 50×(P/A，5%，4) = 50×3.546 0 = 177.3(万元)。

使用权资产的入账价值 = 50×(P/A，5%，4) + 50 + 2 = 50×3.546 0 + 50 + 2 = 229.3(万元)。

租赁期开始日的分录为：

借：使用权资产　　229.3
　　租赁负债—未确认融资费用　22.7
　　贷：租赁负债—租赁付款额　　(50×4)200
　　　　银行存款　　52

2×19 年年末的会计分录为：

未确认融资费用摊销额 = 177.3×5% = 8.87(万元)。

借：财务费用　　8.87
　　贷：租赁负债—未确认融资费用 8.87

借：应付职工薪酬—非货币性福利　　45.86
　　贷：使用权资产累计折旧　　(229.3/5)45.86

借：管理费用　　45.86
　　贷：应付职工薪酬—非货币性福利　　45.86

(2)①2×20 年 1 月 1 日，使用权资产账面价值 = 229.3－45.86 = 183.44(万元)，租赁负债的账面价值 = 177.3 + 8.87 = 186.17(万元)；因此停止租赁对损益的影响 = 186.17－183.44 = 2.73(万元)。

因购买房屋向管理人员出售影响损益的金额 = －(1 000－800)/5 = －40(万元)。

②停止租赁的会计分录为：

借：租赁负债—租赁付款额　　200
　　使用权资产累计折旧　　45.86
　　贷：租赁负债—未确认融资费用　　(22.7－8.87)13.83
　　　　使用权资产　　229.3
　　　　资产处置损益　　2.73

甲公司购买房屋作为福利的分录为：

购入住房时：

借：固定资产　　1 000
　　贷：银行存款　　1 000

向职工出售住房时：

借：银行存款　　800

长期待摊费用 200
贷：固定资产 1 000

2×20 年年末摊销：

借：管理费用 (200/5)40
贷：应付职工薪酬—非货币性福利 40

借：应付职工薪酬—非货币性福利 40
贷：长期待摊费用 40

(3)甲公司发放自产产品作为福利的：

借：生产成本 (120×640/10 000)7.68
管理费用 (50×640/10 000)3.2
销售费用 (30×640/10 000)1.92
贷：应付职工薪酬—非货币性福利 (200×640/10 000)12.8

借：应付职工薪酬—非货币性福利 12.8
贷：主营业务收入 12.8

借：主营业务成本 12.6
存货跌价准备 (70×200/10 000)1.4
贷：库存商品 (700×200/10 000)14

四、综合题

1.【答案】

(1)租赁期开始日(2×21 年 1 月 1 日)：

①租赁负债 = 5 000×(P/A，5%，9) = 5 000×7.107 82 = 35 539.1(万元)。

【解析】以剩余 9 期付款额(每期 5 000 万元)按 5%的年利率折现。

②使用权资产初始确认金额 = (35 539.1+5 000)+2 000−500 = 42 039.1(万元)。

【解析】在租赁期开始日，华中公司支付第一年的租赁付款额 5 000 万元和发生初始直接费用 2 000 万元，计入使用权资产初始确认金额。从出租人处收到租赁激励 500 万元冲减使用权资产初始确认金额。

③承租人初始确认的与租赁相关的资产和负债会计分录：

借：使用权资产 (35 539.1+5 000)40 539.1
租赁负债—未确认融资费用 (45 000−35 539.1)9 460.9
贷：租赁负债—租赁付款额 (5 000×9)45 000
银行存款 5 000

借：使用权资产 2 000
贷：银行存款 2 000

借：银行存款 500
贷：使用权资产 500

(2)第 1 年至第 10 年的使用权资产和租赁负债的金额(单位：万元)。

租赁负债					使用权资产		
利率：5%					年限：10 年		
年份	期初余额①	租赁付款额②	利息费用③ = (①−②)×5%	期末余额 ④ = ①−②+③	期初余额①	折旧费用 ② = ①/10	期末余额 ③ = ①−②
1	35 539.1	—	1 776.96	37 316.06	42 039.1	4 203.91	37 835.19
2	37 316.06	5 000	1 615.80	33 931.86	37 835.19	4 203.91	33 631.28
3	33 931.86	5 000	1 446.59	30 378.45	33 631.28	4 203.91	29 427.37
4	30 378.45	5 000	1 268.92	26 647.37	29 427.37	4 203.91	25 223.46
5	26 647.37	5 000	1 082.37	22 729.74	25 223.46	4 203.91	21 019.55
6	22 729.74	5 000	886.49	18 616.23	21 019.55	4 203.91	16 815.64
7	18 616.23	5 000	680.81	14 297.04	16 815.64	4 203.91	12 611.73
8	14 297.04	5 000	464.85	9 761.89	12 611.73	4 203.91	8 407.82
9	9 761.89	5 000	238.11(倒挤)	5 000	8 407.82	4 203.91	4 203.91
10	5 000	5 000	—	—	4 203.91	4 203.91	—

(3)①2×21 年 12 月 31 日：

2×21 年年末未确认融资费用摊销额=(租赁付款额期初余额 45 000-未确认融资费用期初余额 9 460.9)×5% = 1 776.96(万元)。

借：财务费用　　1 776.96

　贷：租赁负债—未确认融资费用　　1 776.96

使用权资产累计折旧=42 039.1/10=4 203.91(万元)。

借：管理费用　　4 203.91

　贷：使用权资产累计折旧　　4 203.91

②2×22 年年初华中公司支付第二年的租赁付款额：

借：租赁负债—租赁付款额　　5 000

　贷：银行存款　　5 000

2×22 年年末：

2×22 年年末未确认融资费用摊销额=[(45 000-5 000)-(9 460.9-1 776.96)]×5%=1 615.80(万元)。

借：财务费用　　1 615.80

　贷：租赁负债—未确认融资费用　　1 615.80

借：管理费用　　4 203.91

　贷：使用权资产累计折旧　　4 203.91

2.【答案】

(1)承租人华中公司由于收购了 A 公司并决定搬迁 A 公司，可合理确定将行使续租选择权。理由：将 A 公司的员工搬迁至华中公司所使用的同一办公楼中，对华中公司在 10 年不可撤销期间结束时进行续租产生了经济激励。收购 A 公司并将 A 公司的员工进行搬迁，是在华中公司控制范围内的重大事件，并影响了华中公司是否合理确定将行使之前在确定租赁期时未纳入租赁期的续租选择权。原因在于，与用等额租金在选择权期间租赁替代资产相比，租赁原来的楼层对华中公司具有更大的效用(也具有更大的收益)。如果华中公司在其他建筑物中租赁相似的楼层，则会因劳动力分散于不同的建筑物而产生额外成本。因此，在第 6 年年末，华中公司可得出结论认为，由于其收购了 A 公司并决定搬迁 A 公司，其可合理确定将行使续租选择权。

(2)①第 6 年年末时，在对租赁期变动进行会计处理之前，承租人华中公司相关资料如下：

2×26 年年末"租赁负债"账面金额=18 616.23(万元)。

【解析】方法一：见上题答案的计算表；

方法二：5 000+5 000×(P/A，5%，3)=5 000+5 000×2.723 246=18 616.23(万元)。

方法三：单独计算

2×21 年年末未确认融资费用摊销额=(租赁付款额期初余额 45 000-未确认融资费用期初余额 9 460.9)×5% = 1 776.96(万元)。

2×22 年年末未确认融资费用摊销额=[(45 000-5 000)-(9 460.9-1 776.96)]×5%=1 615.80(万元)。

2×23 年年末未确认融资费用摊销额=[(45 000-5 000×2)-(9 460.9-1 776.96-1 615.80)]×5%=1 446.59(万元)。

2×24 年年末未确认融资费用摊销额=[(45 000-5 000×3)-(9 460.9-1 776.96-1 615.80-1 446.59)]×5%=1 268.92(万元)。

2×25 年年末未确认融资费用摊销额=[(45 000-5 000×4)-(9 460.9-1 776.96-1 615.80-1 446.59-1 268.92)]×5%=1 082.37(万元)。

2×26 年年末未确认融资费用摊销额=[(45 000-5 000×5)-(9 460.9-1 776.96-1 615.80-1 446.59-1 268.92-1 082.37)]×5%=886.49(万元)。

"租赁负债"账面金额=[(45 000-5 000×5)-(9 460.9-1 776.96-1 615.80-1 446.59-1 268.92-1 082.37-886.49)]=

18 616. 23(万元)。

2×26 年年末“使用权资产”账面价值=42 039. 1-4 203. 91×6=16 815. 64(万元)。

②华中公司按照以下金额进行重新计量租赁负债：

重新计量后的租赁负债=5 000+5 000×(P/A，6%，3)+5 500×(P/A，6%，5)×(P/F，6%，3)=5 000+5 000×2. 673 01+5 500×4. 212 36×0. 839 62=37 817. 35(万元)。

【解析】剩余 4 年付款额(每年 5 000 万元)和随后 5 年付款额(每年 5 500 万元)按照修改后的年折现率 6%进行折现的现值。(P/F，6%，3)的含义，由于年初支付 5 500 万元，所以递延期为 3 年，第 7 年年初至第 10 年年初。因发生承租人可控范围内的重大事件或变化，且影响了续租选择权的行使，所以按照估计日增量借款利率作为折现率。其中承租人华中公司在其向乙公司租赁的办公楼中单独就另外两个楼层签订了为期 8 年的租赁合同，这应该作为单独的租赁合同进行处理，本题中只针对行使续租选择权而重新计量原来的租赁负债。

③华中公司的租赁负债增加额=重新计量后的租赁负债 37 817. 35-此前租赁负债账面金额 18 616. 23=19 201. 12(万元)；华中公司应对使用权资产进行相应调整，以反映新增使用权的成本。

借：使用权资产　　19 201. 12

　　租赁负债—未确认融资费用

　　　　(27 500-19 201. 12)8 298. 88

　贷：租赁负债—租赁付款额

　　　　(5 500×5)27 500

④重新计量之后，华中公司使用权资产的账面价值=此前使用权资产 16 815. 64+新增使用权的成本 19 201. 12=36 016. 76(万元)。

自第 7 年年初起，承租人按照修改后的年折现率 6%对租赁负债计算利息费用。

(3)第 7 年至第 15 年的使用权资产和租赁负债的金额(单位：万元)。

租赁负债					使用权资产		
利率：6%					年限：9 年		
年份	期初余额①	租赁付款额②	利息费用③=(①-②)×6%	期末余额④=①-②+③	期初余额①	折旧费用②=①/9	期末余额③=①-②
7	37 817. 35	5 000	1 969. 04	34 786. 39	36 016. 76	4 001. 86	32 014. 9
8	34 786. 39	5 000	1 787. 18	31 573. 57	32 014. 9	4 001. 86	28 013. 04
9	31 573. 57	5 000	1 594. 41	28 167. 98	28 013. 04	4 001. 86	24 011. 18
10	28 167. 98	5 000	1 390. 08	24 558. 06	24 011. 18	4 001. 86	20 009. 32
11	24 558. 06	5 500	1 143. 48	20 201. 54	20 009. 32	4 001. 86	16 007. 46
12	20 201. 54	5 500	882. 09	15 583. 63	16 007. 46	4 001. 86	12 005. 6
13	15 583. 63	5 500	605. 02	10 688. 65	12 005. 6	4 001. 86	8 003. 74
14	10 688. 65	5 500	311. 35(倒挤)	5 500	8 003. 74	4 001. 86	4 001. 88
15	5 500	5 500	—	—	4 001. 88	4 001. 88(倒挤)	—

3.【答案】

(1)①第三年年初，在对消费者价格指数变化导致未来租赁付款额变动进行会计处理以及支付第三年的租赁付款额之前，承租人华中公司的租赁负债为 33 931. 86 万元(见第 1 题计算表)；或单独计算如下：

2×21 年末未确认融资费用摊销额=(租赁付款额期初余额 45 000-未确认融资费用期初余额 9 460. 9)×5%= 1 776. 96(万元)。

2×22 年末未确认融资费用摊销额=

[(45 000-5 000)-(9 460.9-1 776.96)]×5%=1 615.80(万元)。

租赁负债=(45 000-5 000)-(9 460.9-1 776.96-1 615.80)=33 931.86(万元)。

②经消费者价格指数调整后的第三年付款额=5 000×109.2÷104=5 250(万元)。

因为用于确定付款额的消费者价格指数变动，导致未来租赁付款额发生变动，承租人对租赁负债进行重新计量，以反映修改后的租赁付款额，即租赁负债现在应反映8年租赁付款额5 250万元，按不变的年折现率5%计算。

③第三年年初，华中公司按以下金额重新计量租赁负债。

8期付款额5 250万元按不变的年折现率5%折现的现值=5 250+5 250×(P/A，5%，7)=5 250+5 250×5.786 37=35 628.44(万元)。

华中公司的租赁负债增加额=重新计量后的租赁负债35 628.44-此前租赁负债账面金额33 931.86=1 696.58(万元)。

承租人对使用权资产进行相应调整并确认如下：

借：使用权资产　　1 696.58

　　租赁负债—未确认融资费用

　　　　(2 000-1 696.58)303.42

　　贷：租赁负债—租赁付款额

　　　　(250×8)2 000

第三年年初，承租人支付第三年的租赁付款额，并确认如下：

借：租赁负债　　5 250

　　贷：银行存款　　5 250

(2)华中公司在2×21年发生的与租赁相关的额外费用为600万元(60 000×1%)，在2×21年将其确认为当期损益。

借：销售费用等　　600

　　贷：银行存款　　600

4.【答案】

(1)华中公司在租赁期开始日应确认的租赁负债和使用权资产=5 000×(P/A，5%，10)=5 000×7.72 173=38 608.65(万元)。

借：使用权资产　　38 608.65

　　租赁负债—未确认融资费用

　　　　(50 000-38 608.65)11 391.35

　　贷：租赁负债—租赁付款额

　　　　(5 000×10)50 000

(2)华中公司在2×21年至2×25年应确认的利息费用如下(单位：万元)。

年度	租赁负债年初金额①	利息费用②=①×5%	租赁付款额③	租赁负债年末金额④=①+②-③
2×21年	38 608.65	1 930.43	5 000	35 539.08
2×22年	35 539.08	1 776.95	5 000	32 316.03
2×23年	32 316.03	1 615.80	5 000	28 931.83
2×24年	28 931.83	1 446.59	5 000	25 378.42
2×25年	25 378.42	1 268.92	5 000	21 647.34

(3)2×21年年末：

借：租赁负债—租赁付款额　　5 000

　　贷：银行存款　　5 000

未确认融资费用的摊销=(期初租赁付款额50 000-期初未确认融资费用11 391.35)×5%=1 930.43(万元)。

借：财务费用—利息费用　　1 930.43

　　贷：租赁负债—未确认融资费用

　　　　1 930.43

借：管理费用

　　　　(38 608.65/10)3 860.87

　　贷：使用权资产累计折旧　　3 860.87

2×22年年末：

借：租赁负债—租赁付款额　　5 000

　　贷：银行存款　　5 000

未确认融资费用的摊销=[期初租赁付款额(50 000-5 000)-期初未确认融资费用(11 391.35-1 930.43)]×5%=1 776.95

(万元)。

借：财务费用—利息费用　　1 776.95

　　贷：租赁负债—未确认融资费用

　　　　　　　　　　　　　　1 776.95

借：管理费用

　　　　　　(38 608.65/10)3 860.87

　　贷：使用权资产累计折旧　　3 860.87

(4)该房产所在地区的房价上涨属于市场情况发生的变化，不在华中公司的可控范围内。因此，虽然该事项导致购买选择权及续租选择权的评估结果发生变化，但华中公司不需重新计量租赁负债。

①2×25 年年末，使用权资产的累计折旧=3 860.87×5=19 304.35(万元)。

②2×25 年年末，租赁负债的账面价值=21 647.34(万元)。

其中，租赁付款额=50 000-25 000=25 000(万元)。

未确认融资费用=25 000-21 647.34=3 352.66(万元)。

(5)2×25 年年末行使购买选择权：

借：固定资产—办公楼

　　　　　　　97 656.96(倒挤)

　　使用权资产累计折旧　19 304.35

　　租赁负债—租赁付款额　　25 000

　　贷：使用权资产　　　　　38 608.65

　　　　银行存款　　　　　　100 000

　　　　租赁负债—未确认融资费用

　　　　　　　　　　　　　　3 352.66

5.【答案】

(1)租赁负债的初始确认金额=2 000×(P/A,6%，10)=2 000×7.360 1=14 720.2(万元)。

借：使用权资产　　　　14 720.2

　　租赁负债—未确认融资费用

　　　　(20 000-14 720.2)5 279.8

　　贷：租赁负债—租赁付款额

　　　　　　　　(2 000×10)20 000

借：使用权资产　　　　　　39.8

　　贷：银行存款　　　　　　39.8

借：银行存款　　　　　　　10

　　贷：使用权资产　　　　　　10

使用权资产确认金额=14 720.2+39.8-10=14 750(万元)。

(2)修改前使用权资产和修改前租赁负债在第 1 年至第 5 年，以及第 6 年年初的金额(单位：万元)。

租赁负债					使用权资产		
利率：6%					年限：10 年		
年份	期初余额①	利息费用 ②=①×6%	租赁付款额③	期末余额 ④=①+②-③	期初余额①	折旧费用 ②=①/10	期末余额
1	14 720.20	883.21	2 000	13 603.41	14 750	1 475	13 275
2	13 603.41	816.20	2 000	12 419.61	13 275	1 475	11 800
3	12 419.61	745.18	2 000	11 164.79	11 800	1 475	10 325
4	11 164.79	669.89	2 000	9 834.68	10 325	1 475	8 850
5	9 834.68	590.08	2 000	8 424.76	8 850	1 475	7 375
6	8 424.76	—	—	—	7 375	—	—

第一年年末会计分录：

借：租赁负债—租赁付款额　　2 000

　　贷：银行存款　　　　　　　2 000

未确认融资费用摊销额=(年初租赁付款额 20 000-年初未确认融资费用 5 279.8)×6%=883.21(万元)。

借：财务费用　　　　　　883.21

　　贷：租赁负债—未确认融资费用

　　　　　　　　　　　　　　883.21

借：管理费用　　(14 750/10)1 475

　　贷：使用权资产累计折旧　　1 475

第二年年末会计分录：

借：租赁负债—租赁付款额　　2 000
　贷：银行存款　　2 000

未确认融资费用摊销额=[(20 000-2 000)-(5 279.8-883.21)]×6%=816.2(万元)。

借：财务费用　　816.2
　贷：租赁负债—未确认融资费用　　816.2

借：管理费用　　1 475
　贷：使用权资产累计折旧　　1 475

(3)根据假定一，华南公司应当将该变更作为一项单独的租赁，与原来的10年期租赁分别进行会计处理。原因在于，该租赁变更通过增加3 000平方米办公场所的使用权而扩大了租赁范围，并且增加的租赁对价与新增使用权的单独价格按该合同情况调整后的金额相当。据此，在新租赁的租赁期开始日(即第6年第二季度末)，华南公司确认与新增3 000平方米办公场所租赁相关的使用权资产和租赁负债。华南公司对原有2 000平方米办公场所租赁的会计处理不会因为该租赁变更而进行任何调整。

(4)根据假定二：

①在租赁变更生效日(即第6年年初)，华南公司基于以下情况对租赁负债进行重新计量：剩余租赁期为5年；年付款额为1 200万元；采用修订后的折现率5%进行折现。

②租赁变更后的租赁负债=1 200×(P/A，5%，5)=1 200×4.329 5=5 195.4(万元)。

③按照缩减50%使用面积的比例，冲减使用权资产和租赁负债账面价值。

a. 冲减50%“使用权资产”科目余额=14 750×50%=7 375(万元)。

b. 冲减50%“使用权资产累计折旧”科目余额=(14 750/10×5)×50%=3 687.5(万元)。

c. 冲减50%租赁负债的账面价值=8 424.76×50%=4 212.38(万元)。

【解析】根据(2)的表格中计算的第六年年初的账面价值为8 424.76(万元)。

④会计分录：

借：租赁负债—租赁付款额
　[(20 000-2 000×5)×50%]5 000
　使用权资产累计折旧　　3 687.5
　贷：租赁负债—未确认融资费用
　　(5 000-4 212.38)787.62
　　使用权资产　　7 375
　　资产处置损益　　524.88

⑤华南公司将剩余租赁负债(4 212.38万元)与变更后重新计量的租赁负债(5 195.4万元)之间的差额983.02万元，相应调整使用权资产的账面价值。

借：使用权资产　　983.02
　租赁负债—未确认融资费用　　16.98
　贷：租赁负债—租赁付款额
　　[(1 200-2 000×50%)×5]1 000

⑥华南公司租赁变更生效日以后各年利息费用、折旧费用(单位：万元)。

租赁负债					使用权资产		
利率：5%(修订后)					年限：5年		
年份	期初余额①	利息费用 ②=①×5%	租赁付款额③	期末余额 ④=①+②-③	期初余额①	折旧费用 ②=①/5	期末余额
6	5 195.4 (重新计量的)	259.77	1 200	4 255.17	4 670.52 (重新计量的)	934.10	3 736.42
7	4 255.17	212.76	1 200	3 267.93	3 736.42	934.10	2 802.32
8	3 267.93	163.40	1 200	2 231.33	2 802.32	934.10	1 868.22
9	2 231.33	111.57	1 200	1 142.9	1 868.22	934.10	934.12
10	1 142.9	57.1(倒挤)	1 200	—	934.12	934.12	—

（注：重新计量使用权资产=剩余50%“使用权资产”科目余额7 375（14 750×50%）-剩余50%“使用权资产累计折旧”科目余额3 687.5（14 750/10×5）×50%）+调整使用权资产的账面价值983.02=4 670.52（万元）

（5）根据假定三，在租赁变更生效日（即第7年年初），华南公司基于下列情况对租赁负债进行重新计量：剩余租赁期为8年；年付款额为2 000万元；采用修订后的折现率7%进行折现。

①租赁变更后的租赁负债=2 000×（P/A，7%，8）=2 000×5.971 3=11 942.6（万元）。

②租赁变更前的租赁负债=2 000×（P/A，6%，4）=2 000×3.465 1=6 930.2（万元）。

③使用权资产账面价值的调整金额=变更后租赁负债的账面价值11 942.6-变更前的账面价值6 930.2=5 012.4（万元）。

（6）根据假定四，在修改生效日（第6年年初），华南公司基于下列情况对租赁负债进行重新计量：剩余租赁期为5年，年付款额为1 900万元，增量借款年利率为7%。

①租赁变更后的租赁负债 =1 900×（P/A，7%，5）=1 900×4.100 2 =7 790.38（万元）。

②租赁变更前的租赁负债 =8 424.76（万元）。

③使用权资产账面价值的调整金额=变更后租赁负债的账面价值7 790.38-变更前的账面价值8 424.76=-634.38（万元）。

6.【答案】

A公司和B公司的相关会计分录如下（单位：万元）

项目	A公司（承租人）	B公司（出租人）
租赁期开始日	租赁负债=1 000×（P/A，8%，3）=1 000×2.577 1=2 577.1（万元）。 借：使用权资产 2 587.1 租赁负债—未确认融资费用 （3 000-2 577.1）422.9 贷：租赁负债—租赁付款额 3 000 银行存款 10	①判断租赁类型。 由于租赁期/租赁开始日租赁资产使用寿命=3/4=75%，所以该项租赁属于融资租赁。 ②“应收融资租赁款—租赁收款额”明细科目初始确认金额=1 000×3=3 000（万元）。 ③租赁投资总额=应收的租赁收款额3 000+未担保余值0=3 000（万元）。 ④“应收融资租赁款”总账科目初始确认金额（租赁投资净额）=租赁资产公允价值2 600+出租人发生初始直接费用100=2 700（万元）。租赁收款额现值1 000×（P/A，r，3）+未担保余值的现值0=租赁资产公允价值2 600 +出租人初始直接费用100。 当r=4% 1 000×（P/A，4%，3）= 2 775.1 当r=6% 1 000×（P/A，6%，3）=2 673 （r-4%）/（6%-4%）=（2 700-2 775.1）/（2 673-2 775.1） 计算得出，租赁内含利率r=5.47% ⑤“应收融资租赁款—未实现融资收益”明细科目初始确认金额=租赁投资总额3 000—租赁投资净额2 700=300（万元）。 借：应收融资租赁款—租赁收款额 3 000 贷：融资租赁资产 2 600 银行存款 100 应收融资租赁款—未实现融资收益 （3 000-2 700）300

续表

项目	A 公司(承租人)	B 公司(出租人)
2×22 年 12 月 31 日	借：租赁负债—租赁付款额 1 000 贷：银行存款 1 000 应确认的利息费用=(年初租赁付款额 3 000-年初未确认融资费用 422.9)×8%=206.17(万元)。 借：财务费用 206.17 贷：租赁负债—未确认融资费用 206.17	借：银行存款 1 000 贷：应收融资租赁款—租赁收款额 1 000 应确认的利息收入=(年初租赁收款额 3 000-年初未实现融资收益 300)×5.47%=147.69(万元)。 借：应收融资租赁款—未实现融资收益 147.69 贷：租赁收入 147.69
2×23 年 12 月 31 日	借：租赁负债—租赁付款额 1 000 贷：银行存款 1 000 应确认的利息费用=[(3 000-1 000)-(422.9-206.17)]×8%=142.66(万元)。 借：财务费用 142.66 贷：租赁负债—未确认融资费用 142.66	借：银行存款 1 000 贷：应收融资租赁款—租赁收款额 1 000 应确认的利息收入=[(3 000-1 000)-(300-147.69)]×5.47%=101.07(万元)。 借：应收融资租赁款—未实现融资收益 101.07 贷：租赁收入 101.07
2×24 年 12 月 31 日	借：租赁负债—租赁付款额 1 000 贷：银行存款 1 000 应确认的利息费用=422.9-206.17-142.66=74.07(万元)。 借：财务费用 74.07 贷：租赁负债——未确认融资费用 74.07	借：银行存款 1 000 贷：应收融资租赁款—租赁收款额 1 000 应确认的利息收入=300-147.69-101.07=51.24(万元)。 借：应收融资租赁款—未实现融资收益 51.24 贷：租赁收入 51.24
每年计提折旧	借：制造费用 (2 587.1×1/3)862.37 贷：使用权资产累计折旧 862.37 (第三年折旧金额为 862.36 万元)	—
可变租赁付款额的处理	2×23 年和 2×24 年，根据合同规定向 B 公司支付经营分享收入： 借：销售费用等 (10 000×5%)500 贷：银行存款等 500 借：销售费用等 (15 000×5%)750 贷：银行存款等 750	2×23 年和 2×24 年，根据合同规定向 A 公司收取经营分享收入： 借：银行存款等 500 贷：租赁收入 500 借：银行存款等 750 贷：租赁收入 750

续表

项目	A 公司(承租人)	B 公司(出租人)
2×24 年 12 月 31 日	将该生产线退还 B 公司： 借：使用权资产累计折旧　2 587.1 　贷：使用权资产　2 587.1	2×24 年 12 月 31 日，租赁期届满时，将该生产线从 A 公司收回，作备查登记

7.【答案】

(1)租赁期届满时，乙公司可以远低于租赁到期日租赁资产公允价值的金额 0.6 万元购买租赁资产，华东公司认为其可以合理确定乙公司将行使购买选择权，综合考虑其他因素，与该项资产所有权有关的几乎所有风险和报酬已实质转移给乙公司，因此华东公司应将该租赁认定为融资租赁。

(2)①租赁收款额 = 租金×期数+购买价格 = 6 000×3+0.6 = 18 000.6(万元)。

②租赁收款额按市场利率折现的现值 = 6 000×(P/A，5%，3)+0.6×(P/F，5%，3) = 6 000×2.723 2+0.6×0.863 8 = 16 339.72(万元)。

③按照租赁资产公允价值 16 500 万元与租赁收款额按市场利率折现的现值 16 339.72 万元两者孰低的原则，确认收入为 16 339.72 万元。

④租赁资产账面价值扣除未担保余值的现值后的余额，确定销售成本金额。

销售成本 = 账面价值 12 000-未担保余值的现值 0 = 12 000(万元)。

(3)2×20 年 1 月 1 日(租赁期开始日)：

借：应收融资租赁款—租赁收款额　18 000.6

　贷：主营业务收入　16 339.72

　　应收融资租赁款—未实现融资收益　1 660.88

借：主营业务成本　12 000

　贷：库存商品　12 000

借：销售费用　30

　贷：银行存款　30

(4)华东公司各年融资收益，如下表所示。由于华东公司在确定营业收入和租赁投资净额(即应收融资租赁款)时，是基于租赁收款额的现值，因此，华东公司不需要重新计算租赁内含利率。

日期	确认的融资收益	收取租赁款项	应收租赁款净额
	①=期初③×5%	②	③期末=期初③+①-②
2×20 年 1 月 1 日	—	—	16 339.72
2×20 年 12 月 31 日	816.99	6 000	11 156.71
2×21 年 12 月 31 日	557.84	6 000	5 714.55
2×22 年 12 月 31 日	286.05 *	6 000	0.6
2×22 年 12 月 31 日	—	0.6	—
合计	1 660.88	18 000.6	—

注：* 作尾数调整：6 000-5 714.55+0.6 = 286.05。

(5)①2×20 年 12 月 31 日会计分录：

借：银行存款　6 000

　贷：应收融资租赁款—租赁收款额　6 000

未实现融资收益摊销额 = (18 000.6-1 660.88)×5% = 816.99(万元)。

借：应收融资租赁款—未实现融资收益　816.99

　贷：租赁收入　816.99

②2×21 年 12 月 31 日会计分录：

借：银行存款　　6 000
　贷：应收融资租赁款—租赁收款额　　6 000

未实现融资收益摊销额 = [(18 000.6 - 6 000) - (1 660.88 - 816.99)] × 5% = 557.84(万元)。

借：应收融资租赁款—未实现融资收益　　557.84
　贷：租赁收入　　557.84

③2×22 年 12 月 31 日会计分录：

借：银行存款　　6 000
　贷：应收融资租赁款—租赁收款额　　6 000

未实现融资收益摊销额 = 1 660.88 - 816.99 - 557.84 = 286.05(万元)。

借：应收融资租赁款—未实现融资收益　　286.05
　贷：租赁收入　　286.05

第十五章　持有待售的非流动资产、处置组和终止经营

考情解密

历年考情概况

持有待售的非流动资产、处置组和终止经营的会计处理在往年考试中偶有涉及，只是分散于固定资产等章节，所占分值较少。随着持有待售的非流动资产、处置组和终止经营准则的颁布和实施，教材将这部分内容独立为一章，因此这部分内容在考试中的重要程度也有所提升，既可能单独出客观题，也可能与固定资产、长期股权投资或企业合并等章节的内容相结合出现在主观题中。

近年考点直击

考点	主要考查题型	考频指数	考查角度
持有待售非流动资产的核算	单选题、多选题	★★★	①持有待售的长期股权投资；②持有待售的无形资产后续计量；③拟出售固定资产在资产负债表日后事项期间满足划分为持有待售类别的条件不应作为调整事项调整资产负债表日所属年度财务报表相关项目；④计算持有待售固定资产的列报金额；⑤描述持有待售固定资产的会计处理
终止经营的定义和列报	单选题、计算分析题	★★★	①终止经营的相关损益列报；②给出相关事项，判断列报项目；③给出具体经济业务，判断是否构成终止经营

2022年考试变化

本章考试内容未发生实质性变化。

考点详解及精选例题

一、持有待售类别的分类

（一）持有待售类别分类的基本要求

1. 分类原则

企业主要通过出售而非持续使用一项非流动资产或处置组收回其账面价值的，应当将其划分为持有待售类别。处置组，是指在一项交易中作为整体通过出售或其他方式一并处置的一组资产，以及在该交易中转让的与这些资产直接相关的负债。处置组中可能包含企业的任何资产和负债。企业合并中取得的商誉应当按照合理的方法分摊至相关的资产组或资产组组合，如果处置组即为该资产组或者包括在该资产组或资产组组合中，

处置组也应当包含分摊的商誉。

非流动资产或处置组划分为持有待售类别，应当同时满足两个条件：

(1)可立即出售。根据类似交易中出售此类资产或处置组的惯例，在当前状况下即可立即出售。

(2)出售极可能发生。出售极可能发生，即企业已经就一项出售计划作出决议且获得确定的购买承诺，预计出售将在一年内完成。有关规定要求企业相关权力机构或者监管部门批准后方可出售的，应当已经获得批准。具体来说，“出售极可能发生”应当包含以下3层含义：

①企业出售非流动资产或处置组的决议一般需要由企业相应级别的管理层作出，如果有关规定要求企业相关权力机构或者监管部门批准后方可出售，应当已经获得批准。

②企业已经获得确定的购买承诺，确定的购买承诺是企业与其他方签订的具有法律约束力的购买协议，该协议包含交易价格、时间和足够严厉的违约惩罚等重要条款，使协议出现重大调整或者撤销的可能性极小。

③预计自划分为持有待售类别起一年内，出售交易能够完成。

2. 延长一年期限的例外条款

有些情况下，可能由于发生一些企业无法控制的原因导致出售未能在一年内完成。如果涉及的出售不是关联方交易，且有充分证据表明企业仍然承诺出售非流动资产或处置组，允许放松一年期限条件，企业可以继续将非流动资产或处置组划分为持有待售类别。企业无法控制的原因包括：

(1)意外设定条件。买方或其他方意外设定导致出售延期的条件，企业针对这些条件已经及时采取行动，且预计能够自设定导致出售延期的条件起一年内顺利化解延期因素。即企业在初始对非流动资产或处置组进行分类时，能够满足划分为持有待售类别的所有条件，但此后买方或其他方提出一些意料之外的条件，且企业已经采取措施加以应对，预计能够自设定这些条件起一年内满足条件并完成出售，那么即使出售无法在最初一年内完成，企业仍然可以维持原持有待售类别的分类。

(2)发生罕见情况。这里的“罕见情况”主要指因不可抗力引发的情况、宏观经济形势发生急剧变化等不可控情况。如果企业针对这些新情况在最初一年内已经采取必要措施，而且该非流动资产或处置组重新满足了持有待售类别的划分条件，也就是在当前状况下可立即出售且出售极可能发生，那么即使原定的出售计划无法在最初一年内完成，企业仍然可以维持原持有待售类别的分类。

3. 不再继续满足划分条件的处理

持有待售的非流动资产或处置组不再继续满足持有待售类别划分条件的，企业不应当继续将其划分为持有待售类别。部分资产或负债从持有待售的处置组中移除后，如果处置组中剩余资产或负债新组成的处置组仍然满足持有待售类别划分条件，企业应当将新组成的处置组划分为持有待售类别，否则应当将满足持有待售类别划分条件的非流动资产单独划分为持有待售类别。

(二)某些特定持有待售类别分类的具体应用

1. 专为转售而取得的非流动资产或处置组

对于企业专为转售而新取得的非流动资产或处置组，如果在取得日满足“预计出售将在一年内完成”的规定条件，且短期(通常为三个月)内很可能满足划分为持有待售类别的其他条件，企业应当在取得日将其划分为持有待售类别。

2. 持有待售的长期股权投资

企业因出售对子公司的投资等原因导致其丧失对子公司的控制权，应当在拟出售的部分满足持有待售类别划分条件时，在母公司个别财务报表中、合并财务报表中会计处理方法见例题1。

【例题1·计算分析题】甲公司为母公司，其子公司、联营企业和合营企业包括A公司、B公司、C公司、D公司、E公司、F公司，甲公司拟出售其持有的部分长期股权投资，假设拟出售的股权符合持有待售类别的划分条件。

(1)情形一：甲公司拥有子公司A公司100%的股份，拟出售全部股权。

(2)情形二：甲公司拥有子公司B公司100%的股权，拟出售55%的股权，出售后将丧失对子公司的控制权，但仍对其具有重大影响。

(3)情形三：甲公司拥有子公司C公司100%的股权，拟出售25%的股权，出售这部分股权后仍然拥有对该子公司的控制权。

(4)情形四：甲公司拥有子公司D公司55%的股权，拟出售6%的股权，出售后将丧失对该子公司的控制权，但仍对其具有重大影响。

(5)情形五：甲公司拥有联营企业E公司35%的股权，拟出售30%的股权，甲公司持有剩余的5%的股权，且对被投资方E公司不具有重大影响。

(6)情形六：甲公司拥有合营企业F公司50%的股权，拟出售35%的股权，甲公司持有剩余的15%的股权，且对被投资方F公司不具有共同控制或重大影响。

要求：分别说明上述各种情形在个别财务报表和合并财务报表中的会计处理思路。

答案

(1)在母公司个别财务报表中将拥有的子公司A公司全部股权划分为持有待售类别。在合并财务报表中将子公司A公司所有资产和负债划分为持有待售类别。

(2)在母公司个别财务报表中将拥有的子公司B公司全部股权划分为持有待售类别。在合并财务报表中将子公司B公司所有资产和负债划分为持有待售类别。

(3)由于甲公司仍然拥有对子公司C公司的控制权，该长期股权投资并不是“主要通过出售而非持续使用以收回其账面价值”的，因此不应当将拟处置的部分股权划分为持有待售类别。

(4)在母公司个别财务报表中将拥有的子公司D公司55%的股权划分为持有待售类别，在合并财务报表中将子公司D公司所有资产和负债划分为持有待售类别。

(5)应将拟出售E公司的30%股权划分为持有待售类别，不再按权益法核算，剩余5%的股权在前述30%的股权处置前，应当继续采用权益法进行会计处理，在前述30%的股权处置后，应当按照金融工具确认和计量准则的有关规定进行会计处理。

(6)应将拟出售F公司的35%股权划分为持有待售类别，不再按权益法核算，剩余15%的股权在前述35%的股权处置前，应当继续采用权益法进行会计处理，在前述35%的股权处置后，应当按照金融工具确认和计量准则的有关规定进行会计处理。

【例题2·多选题】☆下列各项甲公司拟出售其持有的部分长期股权投资的情形中，拟出售的股权均满足划分为持有待售类别的条件，剩余部分权益性投资应当采用权益法进行会计处理的有(　)。

A. 甲公司持有联营企业40%股权，拟出售30%的股权，出售后对被投资方不再具有重大影响

B. 甲公司持有子公司的100%股权，拟出售90%的股权，出售后将丧失对子公司的控制权，对被投资方不具有重大影响

C. 甲公司持有合营企业50%的股权，拟出售45%的股权，出售后将丧失对合营企业的共同控制，对被投资方不具有重大影响

D. 甲公司持有子公司100%的股权，拟出售60%的股权，出售后将丧失对子公司控制权，对被投资方具有重大影响

解析 选项A、C，应将拟出售的部分划分为持有待售类别，不再按权益法核算，剩余部分在拟出售部分处置前，应当采用权益法进行会计处理。选项B、D，在甲公司个

别财务报表中应将拥有的子公司的全部股权划分为持有待售类别。 答案 ▶ AC

3. 拟结束使用而非出售的非流动资产或处置组

企业不应当将拟结束使用而非出售的非流动资产或处置组划分为持有待售类别。原因是企业对该非流动资产或处置组的使用实质上几乎贯穿了其整个经济使用寿命期，其账面价值并非主要通过出售收回，而是主要通过持续使用收回。例如，因已经使用至经济寿命期结束而将某机器设备报废，并收回少量残值。对于暂时停止使用的非流动资产，企业不应当认为其拟结束使用，也不应当将其划分为持有待售类别。

二、持有待售类别的计量★★★

（一）划分为持有待售类别前的计量

企业将非流动资产或处置组首次划分为持有待售类别前，应当按照相关会计准则规定计量非流动资产或处置组中各项资产和负债的账面价值。例如，按照固定资产和无形资产准则的规定，对固定资产计提折旧、对无形资产进行摊销；按照资产减值准则的规定，企业应当判断资产是否存在可能发生减值的迹象，如果资产发生了减值，企业应当在划分为持有待售类别前考虑进行减值测试。

（二）划分为持有待售类别时的计量

1. 对于持有待售的非流动资产或处置组

初始计量时，企业应当按照相关会计准则规定计量处置组中不适用持有待售准则计量规定的资产和负债的账面价值。

（1）持有待售的非流动资产或处置组，如果其整体的账面价值低于其公允价值减去出售费用后的净额的，不需要对账面价值进行调整；

（2）持有待售的非流动资产或处置组，如果其整体的账面价值高于其公允价值减去出售费用后的净额的，应当将账面价值减记至公允价值减去出售费用后的净额，减记的金额确认为资产减值损失，计入当期损益，同时计提持有待售资产减值准备。

企业应当按照《企业会计准则第39号——公允价值计量》的有关规定确定非流动资产或处置组的公允价值。

出售费用是企业发生的可以直接归属于出售资产或处置组的增量费用。

2. 对于转售而取得的非流动资产或处置组

对于取得日划分为持有待售类别的非流动资产或处置组，企业应当在初始计量时比较假定其不划分为持有待售类别情况下的初始计量金额和公允价值减去出售费用后的净额，以两者孰低计量。

按照上述原则，在合并报表中，非同一控制下的企业合并中新取得的非流动资产或处置组划分为持有待售类别的，应当按照公允价值减去出售费用后的净额计量；同一控制下的企业合并中非流动资产或处置组划分为持有待售类别的，应当按照合并日在被合并方的账面价值与公允价值减去出售费用后的净额孰低计量。

除企业合并中取得的非流动资产或处置组外，由以公允价值减去出售费用后的净额作为非流动资产或处置组初始计量金额而产生的差额，应当计入当期损益。

借：持有待售资产［孰低计量］
　　资产减值损失
　　贷：银行存款

【例题3·计算分析题】2×21年3月1日，甲公司购入乙公司全部股权，支付价款8 000万元。购入该股权之前，甲公司的管理层已经作出决议，一旦购入乙公司将在一年内将其出售给丙公司，乙公司在当前状况下即可立即出售。预计甲公司还将为出售该子公司支付60万元的出售费用。甲公司与丙公司计划于2×21年3月31日签署股权转让合同。

假定一：甲公司与丙公司初步议定股权

转让价格为 8 100 万元。

假定二：甲公司尚未与丙公司议定转让价格，购买日股权公允价值与支付价款 8 000 万元一致。

要求：根据上述假定，分别作出甲公司在 2×21 年 3 月 1 日的相关会计处理。

答案 2×21 年 3 月 1 日甲公司的账务处理如表 15-1 所示。

表 15-1　甲公司的账务处理

基于假定一	基于假定二
乙公司是专为转售而取得的子公司，其在不划分为持有待售类别情况下的初始计量金额应当为 8 000 万元，当日公允价值减去出售费用后的净额为 8 040 万元(8 100-60)，按照二者孰低计量。 借：持有待售资产—长期股权投资　　8 000 　贷：银行存款　　8 000	乙公司是专为转售而取得的子公司，其在不划分为持有待售类别情况下的初始计量金额为 8 000 万元，当日公允价值减去出售费用后的净额为 7 940 万元(8 000-60)，按照二者孰低计量。 借：持有待售资产—长期股权投资　　7 940 　资产减值损失　　60 　贷：银行存款　　8 000

（三）划分为持有待售类别后的计量

1. 持有待售的非流动资产的后续计量

企业在资产负债表日重新计量持有待售的非流动资产时，如果其账面价值高于公允价值减去出售费用后的净额，应当将账面价值减记至公允价值减去出售费用后的净额，减记的金额确认为资产减值损失，计入当期损益，同时计提持有待售资产减值准备。

如果后续资产负债表日持有待售的非流动资产公允价值减去出售费用后的净额增加，以前减记的金额应当予以恢复，并在划分为持有待售类别后非流动资产确认的资产减值损失金额内转回，转回金额计入当期损益，划分为持有待售类别前确认的资产减值损失不得转回。

持有待售的非流动资产不应计提折旧或摊销。

【例题 4 · 计算分析题】接例题 3。2×21 年 3 月 1 日，甲公司购入乙公司全部股权，支付价款 8 000 万元。购入该股权之前，甲公司的管理层已经作出决议，一旦购入乙公司将在一年内将其出售给丙公司，乙公司在当前状况下即可立即出售。

3 月 31 日，甲公司与丙公司签订合同，转让所持有乙公司的全部股权，转让价格为 8 035 万元，甲公司预计还将支付 40 万元的出售费用。

要求：根据上述资料，分别作出甲公司的相关会计处理。

答案 甲公司的相关会计处理如表 15-2 所示。

表 15-2　甲公司的相关会计处理

基于假定一	基于假定二
3 月 1 日： 借：持有待售资产—长期股权投资　　8 000 　贷：银行存款　　8 000	3 月 1 日： 借：持有待售资产—长期股权投资　　7 940 　资产减值损失　　60 　贷：银行存款　　8 000

续表

基于假定一	基于假定二
3月31日，甲公司持有的乙公司股权公允价值减去出售费用后的净额为7 995万元(8 035-40)，账面价值为8 000万元，以二者孰低计量，账务处理如下： 借：资产减值损失　(8 000-7 995)5 　贷：持有待售资产减值准备—长期股权投资　5	3月31日，甲公司持有的乙公司股权的公允价值减去出售费用后的净额为7 995万元，账面价值为7 940万元，以二者孰低计量，甲公司不需要进行账务处理

2. 持有待售的处置组的后续计量

(1)企业在资产负债表日重新计量持有待售的处置组时，应当首先按照相关会计准则规定计量处置组中不适用持有待售准则计量规定的资产和负债的账面价值，其中资产包括流动资产以及采用公允价值模式进行后续计量的投资性房地产、金融工具等非流动资产。例如，处置组中的金融工具，应当按照《企业会计准则第22号——金融工具确认和计量》的规定计量。

(2)在进行上述计量后，企业应当比较持有待售的处置组整体账面价值与公允价值减去出售费用后的净额，如果账面价值高于其公允价值减去出售费用后的净额，应当将账面价值减记至公允价值减去出售费用后的净额，减记的金额确认为资产减值损失，计入当期损益，同时计提持有待售资产减值准备。

(3)对于持有待售的处置组确认的资产减值损失金额，如果该处置组包含商誉，应当先抵减商誉的账面价值，再根据处置组中适用持有待售准则计量规定的各项非流动资产账面价值所占比重，按比例抵减其账面价值。确认的资产减值损失金额应当以处置组中包含的适用持有待售准则计量规定的各项资产的账面价值为限，处置组中的流动资产以及适用于其他准则计量规定的非流动资产不应分摊该资产减值损失。

(4)如果后续资产负债表日持有待售的处置组公允价值减去出售费用后的净额增加，以前减记的金额应当予以恢复，并在划分为持有待售类别后适用持有待售准则计量规定的非流动资产确认的资产值损失金额内转回，转回金额计入当期损益，且不应当重复确认不适用持有待售准则计量规定的资产和负债按照相关准则规定已经确认的利得。已抵减的商誉账面价值，以及适用持有待售准则计量规定的非流动资产在划分为持有待售类别前确认的资产减值损失不得转回。对于持有待售的处置组确认的资产减值损失后续转回金额，应当根据处置组中除商誉外适用持有待售准则计量规定的各项非流动资产账面价值所占比重，按比例增加其账面价值。

持有待售的处置组中的非流动资产不应计提折旧或摊销，持有待售的处置组中的负债和适用其他准则计量规定的金融资产、以公允价值计量的投资性房地产等的利息或租金收入、支出以及其他费用应当继续予以确认。

【例题5·综合题】甲公司有一个独立核算的生产汽车配件的事业部，因进行重大资产重组，经过董事会批准决定将其处置。2×21年发生下列经济业务：

(1)9月6日，甲公司与乙公司签订转让协议，将该事业部整体转让，初定转让价格为19 000万元。同时转让协议还约定，对于该事业部以前年度购买的一项作为其他债权投资核算的债券，其转让价格以转让完成当日市场报价为准。假设该事业部满足划分为持有待售类别的条件，但不符合终止经营的定义。9月6日，该事业部相关科目余额(持有待售会计处理前)如表15-3所示(单位：万元)。

表 15-3 事业部相关科目余额

科目名称	借方余额	科目名称	贷方余额
库存商品	8 700	存货跌价准备	1 000
其他债权投资	3 800	累计折旧	300
固定资产	11 000	固定资产减值准备	150
无形资产	9 500	累计摊销	140
商誉	2 000	无形资产减值准备	50
		应付账款	11 200
合计	35 000	合计	12 840

该处置组在划分为持有待售前的账面价值为 22 160 万元(35 000－12 840)，至 9 月 6 日，固定资产还应当计提折旧 50 万元，无形资产还应当计提摊销 10 万元，固定资产和无形资产均用于管理用途。9 月 6 日，其他债权投资的公允价值降至 3 600 万元，固定资产的可收回金额降至 10 200 万元，其他资产、负债价值没有发生变化。9 月 6 日，该事业部的公允价值为 19 000 万元，甲公司预计为转让该事业部还需支付律师费等咨询费共计 700 万元。假设甲公司不存在其他持有待售的非流动资产或处置组，不考虑所得税影响。

(2)9 月 30 日，该事业部尚未完成转让，甲公司作为其他债权投资核算的债券投资的公允价值上升至 3 700 万元。假设其他资产、负债价值没有变化。乙公司在对事业部进行检查时发现某些资产轻微破损，甲公司同意修理，预计修理费用为 50 万元，甲公司还将律师和注册会计师咨询费预计金额调整至 400 万元。当日事业部处置组整体的公允价值为 19 100 万元。

要求：

(1)根据资料(1)，编制 9 月 6 日甲公司在将该处置组划分为持有待售类别前的相关会计分录。

(2)根据资料(1)，编制 9 月 6 日甲公司将该处置组划分为持有待售类别时的相关会计分录，计算处置组划分为持有待售类别时应计提的减值损失并编制相关会计分录。

(3)编制 9 月 30 日甲公司的相关会计分录。

(4)说明上述处置组在甲公司 9 月 30 日的资产负债表和利润表中的列示项目和金额。

答案

(1)9 月 6 日将该处置组划分为持有待售类别前，应当按照适用的会计准则计量各项资产和负债的账面价值：

①借：管理费用　　60
　　贷：累计折旧　　50
　　　　累计摊销　　10

②借：其他综合收益
　　　　(3 800－3 600)200
　　贷：其他债权投资　　200

③固定资产应计提的减值准备＝账面价值(11 000－300－150－50)－可收回金额 10 200＝300(万元)。

借：资产减值损失　　300
　　贷：固定资产减值准备　　300

(2)①将该事业部处置组相关资产和负债划分为持有待售类别：

借：持有待售资产—库存商品 8 700
　　　　—其他债权投资
　　　　(3 800－200)3 600
　　　　—固定资产
　　　　10 200
　　　　—无形资产
　　　　(9 500－140－50－10)9 300
　　　　—商誉　　2 000
　　存货跌价准备　　1 000

固定资产减值准备

(150+300)450

累计折旧　　(300+50)350

累计摊销　　(140+10)150

无形资产减值准备　　50

贷：持有待售资产减值准备—存货

跌价准备　　1 000

库存商品　　8 700

其他债权投资　　3 600

固定资产　　11 000

无形资产　　9 500

商誉　　2 000

借：应付账款　　11 200

贷：持有待售负债—应付账款

11 200

②a. 划分为持有待售类别时账面价值=(8 700+3 600+10 200+9 300+2 000-1 000)-11 200=21 600(万元)。

b. 持有待售处置组应确认的资产减值损失=21 600-(19 000-700)=3 300(万元)。

其中：

商誉应分摊减值损失=2 000(万元)。

固定资产分摊减值损失=(3 300-2 000)×10 200/(10 200+9 300)=680(万元)。

无形资产分摊减值损失=(3 300-2 000)×9 300/(10 200+9 300)=620(万元)。

抵减减值损失后处置组账面价值=21 600-3 300=18 300(万元)。

解析 持有待售资产的减值损失应当先抵减处置组中商誉的账面价值2 000万元，剩余金额1 300万元再根据固定资产、无形资产的账面价值所占比重，按比例抵减其账面价值。其中：

抵减减值损失后“持有待售资产—固定资产”账面价值=10 200-680=9 520(万元)。

抵减减值损失后“持有待售资产—无形资产”账面价值=9 300-620=8 680(万元)。

③会计分录：

借：资产减值损失　　3 300

贷：持有待售资产减值准备—商誉

2 000

—固定资产

680

—无形资产

620

(3)①计量其他债权投资：

借：持有待售资产—其他债权投资

(3 700-3 600)100

贷：其他综合收益　　100

②该处置组的账面价值=18 300+其他债权投资确认的利得100=18 400(万元)。

公允价值减去出售费用后的净额=19 100-(50+400)=18 650(万元)。

转回已经确认的持有待售资产减值损失金额=18 650-18 400=250(万元)。

『提示』处置组的公允价值减去出售费用后的净额在后续期间增加的，应当在原已确认的持有待售资产减值损失范围内转回，但已抵减的商誉账面价值2 000万元和划分为持有待售类别前已计提的资产减值准备不得转回，因此应当以1 300万元为限(固定资产分摊减值损失680+无形资产分摊减值损失620)进行转回。根据固定资产、无形资产账面价值所占比重，按比例转回其账面价值。

固定资产分摊的减值损失转回=250×10 200/(10 200+9 300)=130.77(万元)。

无形资产分摊的减值损失转回=250×9 300/(10 200+9 300)=119.23(万元)。

借：持有待售资产减值准备—固定资产

130.77

—无形资产

119.23

贷：资产减值损失　　250

至此，已将处置组的账面价值按公允价值减去出售费用后的净额(18 650万元)进行了调整。

(4)甲公司在2×21年9月30日的资产负债表中应当列示“持有待售资产”29 850万元，列示“持有待售负债”11 200万元。由于处置组不符合终止经营定义，持有待售资产确认的资产减值损失应当在利润表中以持续经营损益列示。同时，企业应当在附注中进一步披露该持有待售处置组的相关信息。

(四)不再继续划分为持有待售类别的计量

非流动资产或处置组因不再满足持有待售类别划分条件而不再继续划分为持有待售类别或非流动资产从持有待售的处置组中移除时，应当按照以下两者孰低计量：

(1)划分为持有待售类别前的账面价值，按照假定不划分为持有待售类别情况下本应确认的折旧、摊销或减值等进行调整后的金额；

(2)可收回金额。

这样处理的结果是，原来划分为持有待售的非流动资产或处置组在重新分类后的账面价值，与其从未划分为持有待售类别情况下的账面价值相一致。

由此产生的差额计入当期损益，可以通过"资产减值损失"科目进行会计处理。

(五)终止确认

企业终止确认持有待售的非流动资产或处置组，应当将尚未确认的利得或损失计入当期损益。

【例题6·计算分析题】接例题3和例题4。2×21年3月1日，甲公司购入乙公司全部股权，支付价款8 000万元。购入该股权之前，甲公司的管理层已经作出决议，一旦购入乙公司将在一年内将其出售给丙公司，乙公司在当前状况下即可立即出售。

其他资料：6月25日，甲公司为转让乙公司的股权支付律师费25万元。6月29日，甲公司完成对乙公司的股权转让，收到价款8 035万元。

要求：根据上述资料作出甲公司的相关会计处理。

答案 甲公司的会计处理如表15-4所示。

表15-4 甲公司的会计处理

基于假定一	基于假定二
(1)3月1日： 借：持有待售资产—长期股权投资 8 000 　贷：银行存款 8 000	(1)3月1日： 借：持有待售资产—长期股权投资 7 940 　资产减值损失 60 　贷：银行存款 8 000
(2)3月31日： 借：资产减值损失 (8 000-7 995)5 　贷：持有待售资产减值准备—长期股权投资 5	(2)3月31日： 甲公司不需要进行账务处理
(3)6月25日支付出售费用： 借：投资收益 25 　贷：银行存款 25	(3)6月25日支付出售费用： 会计分录同左
6月29日： 借：银行存款 8 035 　持有待售资产减值准备—长期股权投资 5 　贷：持有待售资产—长期股权投资 8 000 　　投资收益 40	6月29日： 借：银行存款 8 035 　贷：持有待售资产—长期股权投资 7 940 　　投资收益 95

【例题7·综合题】接例题5。2×21年10月8日，该生产汽车配件的事业部完成转让，甲公司以银行存款分别支付维修费用50万元和律师咨询费等370万元。当日甲公司作为其他债权投资核算的债务工具在投资市场的报价为3 740万元，乙公司以银行存

款支付所有转让价款 19 140 万元(此价款已考虑了其他债权投资在转让完成当日的市场报价因素)。

要求：作出甲公司的相关账务处理。

答案 甲公司账务处理如下：

借：资产处置损益　　　　50
　贷：银行存款　　　　　　50

借：资产处置损益　　　　370
　贷：银行存款　　　　　　370

借：银行存款　　　　19 140
　持有待售资产减值准备—存货跌价准备
　　　　　　　　　　1 000
　　　　　　　　—固定资产
　　　　(680-130.77)549.23
　　　　　　　　—无形资产
　　　　(620-119.23)500.77
　　　　　　　　—商誉
　　　　　　　　　　2 000
　持有待售负债—应付账款
　　　　　　　　　　11 200
　贷：持有待售资产—库存商品 8 700
　　　　　　　　—其他债权投资
　　　　　　　　　　3 700
　　　　　　　　—固定资产
　　　　　　　　　　10 200
　　　　　　　　—无形资产 9 300
　　　　　　　　—商誉　　2 000
　　资产处置损益　　　　　490

借：资产处置损益 (-200+100)100
　贷：其他综合收益　　　　100

三、持有待售类别的列报

持有待售资产和负债不应当相互抵销。“持有待售资产”和“持有待售负债”应当分别作为流动资产和流动负债列示。对于当期首次满足持有待售类别划分条件的非流动资产或划分为持有待售类别的处置组中的资产和负债，不应当调整可比会计期间资产负债表。企业应当在附注中披露有关持有待售的非流动资产或处置组的有关信息。

非流动资产或处置组在资产负债表日至财务报告批准报出日之间满足持有待售类别划分条件的，应当作为资产负债表日后非调整事项进行会计处理，并在附注中披露有关信息。

四、终止经营★★

(一)终止经营的认定条件

终止经营是指企业满足下列条件之一的、能够单独区分的组成部分，且该组成部分已经处置或划分为持有待售类别：

(1)该组成部分代表一项独立的主要业务或一个单独的主要经营地区；

(2)该组成部分是拟对一项独立的主要业务或一个单独的主要经营地区进行处置的一项相关联计划的一部分；

(3)该组成部分是专为转售而取得的子公司。

终止经营的定义包含以下三方面含义：

(1)终止经营应当是企业能够单独区分的组成部分。该组成部分的经营和现金流量在企业经营和编制财务报表时是能够与企业的其他部分清楚区分的。企业组成部分可能是一个资产组，也可能是一组资产组组合，通常是企业的一个子公司、一个事业部或事业群。

(2)终止经营应当具有一定的规模。终止经营应当代表一项独立的主要业务或一个单独的主要经营地区，或者是拟对一项独立的主要业务或一个单独的主要经营地区进行处置的一项相关联计划的一部分。专为转售而取得的子公司属于企业可单独区分的组成部分，但对其规模没有要求。

并非所有处置组都符合终止经营定义中的规模条件，企业需要运用职业判断加以确定。如果企业主要经营一项业务或主要在一个地理区域内开展经营，企业的一个主要产品或服务线就可能满足终止经营定义中的规模条件。有些专为转售而取得的重要的合营企业或联营企业，也可能因为符合终止经营定义中的规模等条件而构成终止经营。

(3)终止经营应当满足一定的时点要求。符合终止经营定义的组成部分应当属于以下两种情况：

①该组成部分在资产负债表日之前已经处置，包括已经出售、结束使用(如关停或报废等)。

②随着处置计划的进行，组成部分中的一些资产组或资产组组合可能先满足持有待售类别划分条件且构成企业的终止经营，其他资产组或资产组组合可能在未来满足持有待售类别的划分条件，应当适时将其作为终止经营处理。

(二)终止经营的列报

企业应当在利润表中分别列示持续经营损益和终止经营损益。

不符合终止经营定义的持有待售的非流动资产或处置组所产生的下列相关损益，应当在利润表中作为持续经营损益列报：①企业初始计量或在资产负债表日重新计量持有待售的非流动资产或处置组时，因账面价值高于其公允价值减去出售费用后的净额而确认的资产减值损失。②后续资产负债表日持有待售的非流动资产或处置组公允价值减去出售费用后的净额增加，因恢复以前减记的金额而转回的资产减值损失。③持有待售的非流动资产或处置组的处置损益。

终止经营的相关损益应当作为终止经营损益列报，列报的终止经营损益应当包含整个报告期间，而不仅包含认定为终止经营后的报告期间。相关损益具体包括：①终止经营的经营活动损益，如销售商品、提供服务的收入、相关成本和费用等。②企业初始计量或在资产负债表日重新计量符合终止经营定义的持有待售的处置组时，因账面价值高于其公允价值减去出售费用后的净额而确认的资产减值损失。③后续资产负债表日符合终止经营定义的持有待售处置组的公允价值减去出售费用后的净额增加，因恢复以前减记的金额而转回的资产减值损失。④终止经营的处置损益。⑤终止经营处置损益的调整金额，可能引起调整的情形包括：最终确定处置条款，如与买方商定交易价格调整额和补偿金；消除与处置相关的不确定因素，如确定卖方保留的环保义务或产品质量保证义务；履行与处置相关的职工薪酬支付义务等。

企业在处置终止经营的过程中可能附带产生一些增量费用，如果不进行该项处置就不会产生这些费用，企业应当将这些增量费用作为终止经营损益列报。

【例题8 · 多选题】☆下列各项关于终止经营列报的表述中，错误的有(　)。

A. 终止经营的经营损益作为持续经营损益列报

B. 终止经营的处置损益以及调整金额作为终止经营损益列报

C. 拟结束使用而非出售的处置组满足终止经营定义中有关组成部分条件的，自停止使用日起作为终止经营列报

D. 对于当期列报的终止经营，在当期财务报表中将处置日前原来作为持续经营损益列报的信息重新作为终止经营损益列报，但不调整可比会计期间利润表

解析 选项A，应作为终止经营损益列报；选项D，对于当期列报的终止经营，企业应当在当期财务报表中，将原来作为持续经营损益列报的信息重新作为可比会计期间终止经营损益列报。这意味着对于可比会计期间的利润表，作为终止经营列报的不仅包括在可比会计期间即符合终止经营定义的处置组，还包括在当期首次符合终止经营定义的处置组。

答案 AD

同步训练

限时65min

一、单项选择题

1. ☆2×20 年 10 月 1 日，甲公司与交易对手方签订股权出售协议，协议约定甲公司出售其全资子公司(乙公司)80%的股权。2×21 年 3 月 15 日，相关各方办理了股权过户登记手续、董事会改选、支付股权转让款等事项。乙公司的经营地区在华南地区，是甲公司的一个单独的主要经营地区。处置乙公司股权后，甲公司将退出华南地区。甲公司 2×20 年度财务报告经批准于 2×21 年 4 月 15 日对外报出。甲公司在编制 2×20 年度对外财务报表时，下列各项会计处理的表述中，正确的是(　)。
   A. 个别财务报表中将持有的乙公司长期股权投资的 80%重分类为持有待售资产
   B. 比较合并财务报表中将乙公司 2×19 年度的经营损益列报为终止经营损益
   C. 合并财务报表中不再将乙公司纳入 2×20 年度合并范围
   D. 合并财务报表中终止经营损益为乙公司 2×20 年 10 月至 12 月的经营损益
2. 下列各项资产，应划分为持有待售资产的是(　)。
   A. A 公司于 2×21 年 1 月 1 日取得一项不需安装的管理用设备，同时与 M 公司签订一项不可撤销的协议，约定于 5 年后向 M 公司出售该设备
   B. B 公司停止使用一条生产线，准备在 1 年内将其对外出售，但尚未找到意向买家
   C. C 公司于 2×21 年 2 月 1 日与 N 公司签订不可撤销的协议，约定于当年 8 月 1 日向 N 公司出售一台闲置的生产设备
   D. D 公司正在与 W 公司进行谈判协商，以寻求在 1 年内向 W 公司出售一栋闲置厂房，但双方尚未就该事项签订书面合同
3. 某项被划分为持有待售类别的资产或处置组在后续期间不再满足持有待售类别划分条件的，其正确的处理方法是(　)。
   A. 停止将其划分为持有待售类别，并按照“被划分为持有待售之前的账面价值按照其假定在没有被划分为持有待售的情况下本应确认的折旧、摊销或减值等进行调整后的金额”与“可收回金额”两者孰低计量
   B. 停止将其划分为持有待售类别，并按照决定不再出售之日的可收回金额计量
   C. 停止将其划分为持有待售类别，并按照决定不再出售之日的公允价值计量
   D. 立即终止确认
4. 2×21 年 12 月，鉴于相关产品需求不旺，A 公司董事会通过了如下决议：(1)决定将其持有的甲生产设备暂停使用并进行封存，待相关产品市场需求转旺时再启用。该设备的原价为 5 000 万元，至董事会作出该项决议时已计提折旧 2 000 万元，未计提减值准备。(2)决定将其持有的乙生产设备出售，并于当日与独立第三方签订出售协议，拟将该设备以 500 万元的价格出售给独立第三方，预计出售过程中将发生的出售费用为 50 万元。该设备的原价为 1 000 万元，至董事会决议出售时已计提折旧 200 万元，未计提减值准备。至 2×21 年 12 月 31 日，该设备出售尚未完成，但 A 公司预计将于 2×22 年第一季度完成。不考虑其他因素，下列各项关于 A 公司上述设备的表述中，正确的

是(　)。

A. 甲设备被封存后，应暂停折旧

B. 应在2×21年年末资产负债表中将甲设备以3 000万元的金额列报为持有待售资产

C. 应在2×21年年末对乙设备计提减值准备350万元

D. 乙设备在2×21年年末资产负债表中应以800万元的金额列报为持有待售资产

5. 2×21年10月12日，A公司董事会作出决议，决定从B公司购入一项大型工程设备W，并计划将其转售给另一客户C公司，该项工程设备已被使用3年，预计尚可使用10年。2×21年10月20日，A公司实际购入该项W工程设备。同时，A公司与C公司就转售该项W工程设备而开展的相关谈判已取得实质性进展，预计双方很可能在1个月内签订不可撤销的设备转售合同，并将在1年内将该设备转售给C公司。不考虑其他因素，下列表述中正确的是(　)。

A. A公司应将取得的W工程设备确认为库存商品

B. A公司应从2×21年11月开始对W工程设备计提折旧

C. A公司应在2×21年10月20日将W工程设备确认为持有待售资产

D. A公司应在购入W工程设备时先将其确认为固定资产，然后在与C公司签订不可撤销合同时将其转入持有待售资产

6. 下列各项有关持有待售的非流动资产或处置组的计量，表述不正确的是(　)。

A. 对于取得日划分为持有待售类别的非流动资产或处置组，企业应当在初始计量时比较假定其不划分为持有待售类别情况下的初始计量金额和公允价值减去出售费用后的净额，以两者孰低计量。除企业合并中取得的非流动资产或处置组外，由非流动资产或处置组以公允价值减去出售费用后的净额作为初始计量金额而产生的差额，应当计入当期损益

B. 企业初始计量或在资产负债表日重新计量持有待售的非流动资产或处置组时，其账面价值高于公允价值减去出售费用后的净额的，应当将账面价值减记至公允价值减去出售费用后的净额，减记的金额确认为资产减值损失，计入当期损益，同时计提持有待售资产减值准备

C. 对于持有待售的处置组确认的资产减值损失金额，应当先抵减处置组中商誉的账面价值，再根据处置组中适用本准则计量规定的各项非流动资产账面价值所占比重，按比例抵减其账面价值

D. 划分为持有待售类别的非流动资产确认的资产减值损失不得转回

7. 2×21年4月25日，A公司董事会决议处置一栋办公楼。2×21年6月30日，A公司与B公司就该栋办公楼签订了一项转让协议，协议约定：A公司应于协议签订后1年内将该栋办公楼转让给B公司，售价为500万元，同时双方约定，如果A公司向B公司实际转让该栋办公楼时，该栋办公楼所在地的房价上涨幅度超过30%时，B公司应向A公司多付150万元的对价。如果一方取消合同，需向另一方支付违约金100万元。2×21年6月30日，该栋办公楼的原价为900万元，已计提折旧200万元，已计提减值准备100万元。2×21年下半年，该栋办公楼所在地的房价普遍出现了35%以上的涨幅。2×21年12月31日，A公司和B公司经过协商后，一致同意将该栋办公楼的售价修改为650万元。截至2×21年12月31日，A公司尚未将该栋办公楼出售给B公司。不考虑其他因素，下列表述中不正确的是(　)。

A. A公司应在2×21年6月30日计提减值准备100万元，并计入持有待售资产减值准备

B. A公司应在2×21年6月30日资产负债

表中列示持有待售资产500万元

C. A公司应在2×21年12月31日转回减值准备150万元

D. A公司应在2×21年12月31日资产负债表中列示持有待售资产600万元

8. 2×21年12月31日，A公司将一组资产划分为持有待售处置组，该组资产包含一条生产线、一栋厂房和一项土地使用权。首次将该处置组划分为持有待售类别前资料如下：生产线的原价为400万元，已计提折旧50万元(包含本月计提折旧)，已计提固定资产减值准备50万元(即全部为本月计提减值准备)；厂房的原价为1 000万元，已计提折旧500万元(包含本月计提折旧)；土地使用权的原价为700万元，已计提摊销350万元(包含本月计提摊销)。该组资产的售价为850万元，相关出售费用为45万元。不考虑其他因素，则A公司在2×21年12月31日对该组资产中的生产线应计提的资产减值损失金额为(　)。

A. 90万元　　B. 345万元

C. 100万元　　D. 0

二、多项选择题

1. 甲公司2×22年1月1日与乙公司签订一项转让协议，将其一家销售门店转让给乙公司，初定价格为500万元，甲公司预计出售费用为5万元。假定甲公司该门店满足划分为持有待售类别的条件，但不符合终止经营的定义。甲公司将其划分为持有待售的资产组(假定全部为资产，不存在负债)。当日，该处置组原账面价值为600万元，其中包括一项交易性金融资产账面价值100万元。协议约定，该项金融资产转让价格以转让当日市场价格为准。2×22年5月1日，甲公司办理完毕资产组的转移手续，实际收取乙公司支付的价款510万元，实际发生处置费用5万元。当日该交易性金融资产公允价值为110万元。不考虑其他因素，甲公司的下列会计处理中不正确的有(　)。

A. 甲公司应在2×22年1月1日确认资产减值损失100万元

B. 持有待售资产在2×22年1月1日的账面价值为500万元

C. 甲公司应在2×22年5月1日确认公允价值变动损益10万元

D. 2×22年5月1日，甲公司因处置资产而确认的损益10万元

2. 下列关于终止经营列报的相关表述中，不正确的有(　)。

A. 企业应当在利润表中分别列示持续经营损益和终止经营损益

B. 终止经营的相关损益应当作为终止经营损益列报

C. 列报的终止经营损益应当仅包含认定为终止经营后的报告期间

D. 企业处置终止经营过程中发生的增量费用应当作为持续经营损益列报

3. 甲公司于2×19年9月1日取得乙公司80%的股权，取得该项股权投资后，甲公司能够控制乙公司。2×20年12月6日，甲公司董事会作出决议，决定向丙公司出售乙公司10%的股权，并于2×20年12月16日与丙公司就该事项签订了一项不可撤销的股权转让合同。该合同约定，甲公司应于2×21年3月31日之前将该合同履行完毕。该合同履行完后，甲公司仍能控制乙公司。截至2×20年年末，双方尚未实际履行该合同。不考虑其他因素，则下列表述中不正确的有(　)。

A. 甲公司应于2×20年12月16日将其持有的对乙公司的股权投资全部转入持有待售资产

B. 甲公司应于2×20年12月16日将其拟出售给丙公司的部分股权投资转入持有待售资产

C. 甲公司在2×20年年末编制合并报表时，应在合并报表中将乙公司的资产和负

债列为持有待售类别

D. 甲公司在2×20年年末应将乙公司纳入合并范围

4. 下列有关持有待售的非流动资产或处置组的分类，表述正确的有(　)。

A. 企业专为转售而取得的非流动资产或处置组，在取得日满足“预计出售将在一年内完成”的规定条件，且短期(通常为3个月)内很可能满足持有待售类别的其他划分条件的，企业应当在取得日将其划分为持有待售类别

B. 企业主要通过出售(包括具有商业实质的非货币性资产交换)而非持续使用一项非流动资产或处置组收回其账面价值的，应当将其划分为持有待售类别

C. 因企业无法控制的原因，导致非关联方之间的交易未能在一年内完成，且有充分证据表明企业仍然承诺出售非流动资产或处置组的，企业应当继续将非流动资产或处置组划分为持有待售类别

D. 企业因出售对子公司的投资等原因导致其丧失对子公司控制权的，如果出售后企业保留部分权益性投资，在母公司个别财务报表、合并财务报表中不应将子公司所有资产和负债划分为持有待售类别

5. 下列有关持有待售的非流动资产或处置组的计量，表述正确的有(　)。

A. 已抵减的商誉账面价值，以及非流动资产在划分为持有待售类别前确认的资产减值损失不得转回

B. 后续资产负债表日持有待售的处置组公允价值减去出售费用后的净额增加的，以前减记的金额应当予以恢复，并在划分为持有待售类别后适用第42号准则计量规定的非流动资产确认的资产减值损失金额内转回，转回金额计入当期损益

C. 划分为持有待售的处置组确认的资产减值损失后续转回金额，应当根据处置组中除商誉外各项非流动资产账面价值所占比重，按比例增加其账面价值

D. 持有待售的非流动资产或处置组中的非流动资产不应计提折旧或摊销，持有待售的处置组中负债的利息和其他费用不应当继续予以确认

6. 下列关于持有待售的非流动资产或处置组的计量、终止确认和列报，表述正确的有(　)。

A. 非流动资产因不再满足持有待售类别的划分条件而不再继续划分为持有待售类别时，应当按照以下两者孰低计量：①划分为持有待售类别前的账面价值，按照假定不划分为持有待售类别情况下本应确认的折旧、摊销或减值等进行调整后的金额；②可收回金额

B. 企业终止确认持有待售的非流动资产或处置组时，应当将尚未确认的利得或损失计入当期损益

C. 企业应当在资产负债表中区别于其他资产单独列示持有待售的非流动资产或持有待售的处置组中的资产，区别于其他负债单独列示持有待售的处置组中的负债

D. 持有待售的非流动资产或持有待售的处置组中的资产与持有待售的处置组中的负债不应当相互抵销，应当分别作为流动资产和流动负债列示

三、计算分析题

乙公司2×21年有关持有待售非流动资产资料如下：

(1)2×21年8月6日，乙公司购入B公司全部股权，支付价款2 400万元。购入该股权之前，乙公司的管理层已经作出决议，一旦购入B公司将在一年内将其出售给丁公司，B公司在当前状况下即可立即出售。预计乙公司还将为出售该B公司支付18万元的出售费用。乙公司与丁公司计划于2×21年8月31日签署股权转让合同，乙公司尚未与丁公司议定转让价格，购买日股权公允价值与支付价款一致。

(2)2×21年8月31日，乙公司与丁公司

签订合同，转让所持有B公司的全部股权，转让价格为2 410万元，乙公司预计将支付出售费用调整为12万元。

(3)2×21年9月25日，乙公司为转让B公司的股权支付律师费7.5万元。

(4)2×21年9月29日，乙公司完成对B公司的股权转让，收到价款2 410万元。

要求：

(1)根据资料(1)，说明乙公司取得的B公司全部股权的会计处理方法，编制2×21年8月6日乙公司取得的B公司的会计分录。

(2)根据资料(2)，判断2×21年8月31日重新计量持有待售资产(长期股权投资)是否计提持有待售资产减值准备，如果计提编制其会计分录。

(3)根据资料(3)，编制2×21年9月25日，乙公司为转让B公司的股权支付律师费7.5万元。

(4)根据资料(4)，编制2×21年9月29日终止确认持有待售非流动资产的会计分录。

四、综合题

A公司是一家经营24小时便利店业务的境内上市公司，在全国拥有1 000多家便利店(为非法人分支机构)，其中在北京市拥有便利店200家，2×21年11月20日，A公司董事会决定将其位于北京市海淀区中关村大街人民大学附近的B便利店予以出售。相关资料如下：

(1)2×21年12月25日，A公司与C公司签订转让B便利店的协议，协议规定转让价格为100万元；转让时间点为2×22年2月10日，转让日B便利店所有资产负债均由C公司承接；如果任何一方违约，违约一方需按照转让价格的20%支付另一方违约金。该协议满足合同法规定的所有要件。A公司、C公司的管理层已经批准该协议。

(2)2×21年12月31日，B便利店停止营业。当日，B便利店的资产总额为162万元(其中银行存款70万元，库存商品72万元，固定资产25万元，累计折旧5万元)，负债总额为70万元(均为应付账款，其中10万元将于2×22年1月10日支付)。A公司预计因出售B便利店需支付的相关税费为12万元。当日按会计准则规定应计提固定资产折旧2万元。A公司和C公司不存在关联方关系，A公司2×21年度财务报表于2×22年3月15日对外提供。

(3)2×22年2月10日，B便利店的资产总额为150万元(其中，银行存款60万元，库存商品72万元，固定资产18万元)，负债总额为60万元(全部为应付账款)。

(4)2×22年2月10日，A公司与C公司办理了B便利店相关资产和负债的交接手续。当日，C公司向A公司支付转让价款100万元，A公司已存收银行。A公司因出售B便利店实际支付的相关税费为10万元，除上述所给资料外，不考虑其他因素。

要求：

(1)编制2×21年12月31日将该处置组划分为持有待售类别前相关会计分录。

(2)编制2×21年12月31日将该处置组划分为持有待售类别时相关会计分录。

(3)判断A公司出售的B便利店是否构成终止经营，并说明理由。

(4)说明拟出售B便利店的资产及负债在A公司2×21年年末资产负债表中应列表的项目名称及金额，计算“将处置组划分为持有待售类别”这一事项对A公司2×21年度利润表的影响金额。

(5)判断A公司出售B便利店的交易在2×21年对外提供的财务报表中应当作为资产负债表日后调整事项处理还是作为非调整事项处理，并说明理由。

(6)编制2×22年1月10日的相关会计分录。

(7)编制2×22年2月10日的相关会计分录。

同步训练答案及解析

一、单项选择题

1. B 【解析】由于处置子公司股权后将丧失控制权，因此个别财务报表应将拥有的子公司全部股权划分为持有待售类别，选项A不正确；甲公司将子公司股权划分为持有待售类别之后，仍应将其纳入合并范围，选项C不正确；终止经营的相关损益应当作为终止经营损益列报，列报的终止经营损益应当包含整个报告期间，而不仅包含认定为终止经营后的期间，选项D不正确。

2. C 【解析】选项A，并未准备在一年内出售，不符合持有待售的条件；选项B，没有明确的出售目标，也没有签订不可撤销的转让协议，不符合持有待售的条件；选项D，没有签订不可撤销的转让协议，因此不符合持有待售的条件。

3. A 【解析】某项资产或处置组被划分为持有待售，但后来不再满足持有待售类别的划分条件的，企业应当停止将其划分为持有待售，并按照下列两项金额中较低者计量：①该资产或处置组被划分为持有待售类别之前的账面价值，按照假定在没有被划分为持有待售的情况下本应确认的折旧、摊销或减值等进行调整后的金额；②可收回金额。选项A正确。

4. C 【解析】选项A，暂时闲置的固定资产应继续计提折旧，折旧金额计入管理费用；选项B，对于暂时停止使用的非流动资产，不应当将其划分为持有待售类别；选项C、D，A公司应将乙生产设备划分为持有待售的非流动资产，其公允价值减去出售费用后的净额=500-50=450(万元)；账面价值为800万元(1 000-200)大于调整后的预计净残值450万元，因此，应该在划分为持有待售当日计提减值准备，应计提的减值准备=800-450=350(万元)。在“持有待售资产”项目中列示450万元。

5. C 【解析】企业专为转售而取得的非流动资产或处置组，在取得日满足“预计出售将在一年内完成”的规定条件，且短期(通常为3个月)内很可能满足持有待售类别的其他划分条件的，企业应当在取得日将其划分为持有待售类别，选项C正确。

6. D 【解析】选项D，划分为持有待售类别前确认的资产减值损失不得转回，划分为持有待售时计提的减值金额可以转回。

7. C 【解析】A公司的相关会计分录如下：

(1)2×21年6月30日：

借：持有待售资产　600
　　累计折旧　200
　　固定资产减值准备　100
　　贷：固定资产　900

借：资产减值损失　100
　　贷：持有待售资产减值准备　100

(2)2×21年12月31日：

①转回减值准备前的账面价值=500(万元)。

②公允价值减去出售费用后的净额=650(万元)。

③转回持有待售资产减值损失=100(万元)。

借：持有待售资产减值准备　100
　　贷：资产减值损失　100

8. A 【解析】该处置组的账面价值=(400-50-50)+(1 000-500)+(700-350)=1 150(万元)。

公允价值减去出售费用后的净额 = 850 - 45 = 805(万元)。

该处置组应计提的资产减值损失 = 1 150 - 805 = 345(万元)。

因此,该组资产中的生产线应计提的资产减值损失 = 345×(300/1 150) = 90(万元)。

二、多项选择题

1. ABC 【解析】选项 A,2×22 年 1 月 1 日应确认的资产减值损失 = 600 - (500 - 5) = 105(万元)。选项 B,持有待售资产在 2×22 年 1 月 1 日的账面价值为 495 万元。选项 C,2×22 年 5 月 1 日,甲公司不需要确认公允价值变动损益。选项 D,2×22 年 5 月 1 日,甲公司因处置资产而确认的损益 = (510 - 5) - 495 = 10(万元)。
2. CD 【解析】选项 C,终止经营的相关损益应当作为终止经营损益列报,列报的终止经营损益应当包含整个报告期间,而不仅包含认定为终止经营后的报告期间;选项 D,企业应当将这些增量费用作为终止经营损益列报。
3. ABC 【解析】甲公司部分出售对乙公司投资后并未丧失对乙公司的控制,因此甲公司在个别报表上不需要将对乙公司的股权投资划分为持有待售类别,在合并报表上也不应将乙公司的资产和负债列为持有待售类别。
4. ABC 【解析】选项 D,无论出售后企业是否保留部分权益性投资,应当在拟出售的对子公司投资满足持有待售类别划分条件时,在母公司个别财务报表中将对子公司投资整体划分为持有待售类别,在合并财务报表中将子公司所有资产和负债划分为持有待售类别。
5. ABC 【解析】选项 D,持有待售的处置组中负债的利息和其他费用应当继续予以确认。
6. ABCD

三、计算分析题

【答案】

(1)B 公司是专为转售而取得的子公司,其如果不划分为持有待售类别情况下的初始计量金额为 2 400 万元,当日公允价值减去出售费用后的净额为 2 382 万元(2 400-18),按照二者孰低计量。

借:持有待售资产—长期股权投资　2 382

　资产减值损失　18

　贷:银行存款　2 400

(2)2×21 年 8 月 31 日,乙公司持有的 B 公司股权的公允价值减去出售费用后的净额为 2 398 万元(2 410-12),账面价值为 2 382 万元,以二者孰低计量,乙公司不需要进行账务处理。

(3)2×21 年 9 月 25 日:

借:投资收益　7.5

　贷:银行存款　7.5

(4)2×21 年 9 月 29 日:

借:银行存款　2 410

　贷:持有待售资产—长期股权投资　2 382

　　投资收益　28

四、综合题

【答案】

(1)2×21 年 12 月 31 日将该处置组划分为持有待售类别前:

借:销售费用等　2

　贷:累计折旧　2

(2)2×21 年 12 月 31 日将该处置组划分为持有待售类别时:

①将该处置组相关资产和负债划分为持有待售类别:

借:持有待售资产—银行存款　70

　—库存商品　72

　—固定资产

　(25-5-2)18

累计折旧　　(5+2)7
　　贷：银行存款　　70
　　　　库存商品　　72
　　　　固定资产　　25
借：应付账款　　70
　　贷：持有待售负债—应付账款　　70

②划分为持有待售类别时账面价值=(70+72+18)-70=90(万元)。

③企业应当比较持有待售的处置组整体账面价值90万元与公允价值减去出售费用后的净额88万元(100-12)，由于账面价值90万元高于其公允价值减去出售费用后的净额88万元，应当将账面价值减记至公允价值减去出售费用后的净额，减记的金额2万元确认为资产减值损失，计入当期损益，同时计提持有待售资产减值准备。

借：资产减值损失　　2
　　贷：持有待售资产减值准备—固定资产　　2

计提减值准备后的便利店资产总额=160-2=158(万元)。

(3)不构成终止经营。理由：尽管B便利店是一个处置组，也符合持有待售类别的划分条件，但由于它相对于A公司在全国以及北京市经营规模来说，该便利店不能代表一项独立的主要业务或一个单独的主要经营地区，也不构成拟对一项独立的主要业务或一个单独的主要经营地区进行处置的一项相关联计划的一部分，因此该处置组并不构成企业的终止经营。

(4)在2×21年报表中的列示项目名称及其金额：

相关资产在资产负债表中应列示的项目为"持有待售资产"，列示金额为158万元。

相关负债在资产负债表中应列示的项目为"持有待售负债"，列示金额为70万元。

"将处置组划分为持有待售类别"这一事项对A公司2×21年度利润表的影响金额为-2万元。

(5)属于日后非调整事项。理由：与B便利店资产和负债相关的交接手续在2×22年才办理，该情况在报告年度资产负债表日之前并不存在。

(6)2×22年1月10日的相关会计分录：

借：持有待售负债—应付账款　　10
　　贷：持有待售资产—银行存款　　10

(7)2×22年2月10日的相关会计分录：

借：资产处置损益　　10
　　贷：银行存款　　10
借：银行存款　　100
　　持有待售资产减值准备—固定资产　　2
　　持有待售负债—应付账款　　60
　　贷：持有待售资产—银行存款　　(70-10)60
　　　　　　　　　　—库存商品　　72
　　　　　　　　　　—固定资产　　18
　　　　资产处置损益　　12

第十六章　所有者权益

考情解密

历年考情概况

本章考试主要涉及客观题，在近几年的考试中分值在 4 分左右，在考试中所占分值较少，并且很少单独出题，通常是结合其他章节进行考查。本章主要考点包括其他权益工具、其他综合收益、资本公积和留存收益的核算，以及各项业务对所有者权益项目的影响。

近年考点直击

考点	主要考查题型	考频指数	考查角度
资本公积的核算	单选题、综合题	★★	①在合并资产负债表中应当计入资本公积的事项；②不会引起资本公积增减变动的事项；③计算资本公积的确认金额；④控股股东对企业的资本性投入；⑤股本溢价不能重分类进损益
其他综合收益的核算	单选题、多选题、计算分析题	★★★	①选择不能重分类进损益的其他综合收益；②给出事项，作出账务处理，并计算其他综合收益的金额；③判断哪些属于直接计入所有者权益的利得或损失
所有者权益总额	单选题、多选题、综合题	★★	①判断具体业务是否对所有者权益产生影响；②相关业务对所有者权益总额影响金额的计算；③应付股利的处理

2022 年考试变化

本章考试内容未发生实质性变化。

考点详解及精选例题

一、实收资本★

（一）实收资本增加

1. 所有者（包括原企业所有者和新投资者）投入的资本

借：银行存款、固定资产、无形资产等［合同、协议约定的价值，合同、协议约定的价值不公允的按照公允价值计量］

应交税费—应交增值税（进项税额）

贷：实收资本（或股本）［在注册资本或股本中所占份额］

资本公积—资本溢价/股本溢价

2. 资本公积转增实收资本或股本

借：资本公积—资本溢价/股本溢价

贷：实收资本/股本

3. 盈余公积转增实收资本或股本

借：盈余公积

贷：实收资本/股本

4. 股份有限公司发放股票股利

股东大会批准的利润分配方案中分配的股票股利，应在办妥增资手续后：

借：利润分配

贷：股本

5. 可转换公司债券行权时债券转为股票

借：应付债券—可转换公司债券(面值)

其他权益工具

应付债券—可转换公司债券(利息调整)[或贷记]

贷：股本

资本公积—股本溢价

6. 权益结算的股份支付被行权

借：银行存款[收取的价款]

资本公积—其他资本公积

贷：股本/实收资本

资本公积—股本溢价/资本溢价

(二)实收资本减少

1. 企业按照法定程序报经批准减少实收资本

借：实收资本

贷：库存现金/银行存款等

2. 股份有限公司通过回购本公司股票方式减少注册资本

企业回购自身权益工具支付的对价和交易费用，应当减少所有者权益。

二、其他权益工具★

“其他权益工具”科目核算企业发行的除普通股以外的归类为权益工具的各种金融工具。发行方主要账务处理：

(1)发行方发行的金融工具归类为权益工具：

借：银行存款[按实际收到的金额]

贷：其他权益工具—优先股、永续债等

在存续期间分派股利(含分类为权益工具的工具所产生的利息，下同)的，作为利润分配处理。

借：利润分配—应付优先股股利、应付永续债利息

贷：应付股利—优先股股利、永续债利息等

(2)发行方发行的金融工具为复合金融工具的，按照与“可转换公司债券”相同的原则处理。

(3)金融工具的重分类。

①由于发行的金融工具原合同条款约定的条件或事项随着时间的推移或经济环境的改变而发生变化，导致原归类为权益工具的金融工具重分类为金融负债的，应当于重分类日进行如下处理：

借：其他权益工具[该工具的账面价值]

贷：应付债券[按该工具的公允价值]

资本公积—股本溢价[按该工具的公允价值与账面价值的差额]

发行方以重分类日计算的实际利率作为应付债券后续计量利息调整等的基础。

②因发行的金融工具原合同条款约定的条件或事项随着时间的推移或经济环境的改变而发生变化，导致原归类为金融负债的金融工具重分类为权益工具的，应于重分类日进行如下处理：

借：应付债券

贷：其他权益工具[按金融负债的账面价值]

(4)发行方按合同条款约定赎回所发行的除普通股以外的分类为权益工具的金融工具：

借：库存股—其他权益工具[按赎回价格]

贷：银行存款

注销所购回的金融工具：

借：其他权益工具[按该工具对应的其他权益工具的账面价值]

贷：库存股—其他权益工具[按该

工具的赎回价格]

资本公积—股本溢价[按其差额，或借记]

资本公积不够冲减的，依次冲减盈余公积和未分配利润。

(5)发行方按合同条款约定将发行的除普通股以外的金融工具转换为普通股的：

借：应付债券、其他权益工具[按该工具对应的金融负债或其他权益工具的账面价值]

贷：股本/实收资本[按普通股的面值]

资本公积—股本溢价/资本溢价[按其差额]

【例题1·单选题】☆下列各项交易或事项产生的差额中，应当计入所有者权益的是(　)。

A. 企业发行公司债券实际收到的价款与债券面值之间的差额

B. 企业发行可转换公司债券的发行价格与负债公允价值之间的差额

C. 企业将债务转为权益工具时债务账面价值与权益工具公允价值之间的差额

D. 企业购入可转换公司债券实际支付的价款与可转换公司债券面值之间的差额

解析▶企业发行公司债券实际收到的价款与债券面值之间的差额，属于发行债券的溢价或折价，应记入"应付债券—利息调整"，选项A不正确；企业购入可转换公司债券，通常应作为交易性金融资产核算，实际支付价款与债券面值的差额不单独体现，选项D不正确。

答案▶B

三、资本公积★★

资本公积应当按照"资本溢价(或股本溢价)"明细、"其他资本公积"明细分别核算。

1."资本溢价(股本溢价)"明细科目核算

(1)企业收到投资者出资额超出其在注册资本或股本中所占份额的部分，计入资本溢价(或股本溢价)。可转换公司债券持有人行使转换权利、将债务转为权益工具等业务所形成的资本溢价/股本溢价部分，实质上也属于此种情形。

与发行权益性证券直接相关的手续费、佣金等交易费用，应冲减资本公积—资本溢价(或股本溢价)。

(2)同一控制下的控股合并中，长期股权投资初始投资成本与所付对价的账面价值(或所发行权益性证券面值总额)之间的差额，应计入资本公积—资本溢价(或股本溢价)(具体会计处理见前述章节)。

2."其他资本公积"明细科目核算

其他资本公积，简单来讲，即除资本溢价(或股本溢价)以外的资本公积。

常见的涉及"其他资本公积"明细科目的交易或事项有：①以权益结算的股份支付在等待期内的相关核算；②权益法下，被投资单位发生除净损益、其他综合收益以及利润分配以外的所有者权益的其他变动时，投资方的相关核算。(具体会计处理见前述章节)

3. 资本公积转增资本的会计处理

借：资本公积—资本溢价/股本溢价

贷：实收资本/股本

四、其他综合收益★★★

其他综合收益，是指企业根据其他会计准则规定未在当期损益中确认的各项利得和损失。包括下列两类：

1. 以后会计期间不能重分类进损益的其他综合收益

(1)重新计量设定受益计划净负债或净资产导致的变动。

(2)权益法下不能转损益的其他综合收益。

(3)其他权益工具投资的公允价值变动。

(4)企业自身信用风险公允价值变动。

2. 以后会计期间满足规定条件时将重分类进损益的其他综合收益

(1)权益法下可转损益的其他综合收益。

(2)其他债权投资的公允价值变动。

(3)金融资产重分类计入其他综合收益的金额。

(4)其他债权投资信用减值准备。

(5)存货或自用房地产转换为公允价值模式投资性房地产的贷方差额。

(6)现金流量套期储备。

(7)外币财务报表折算差额。

【例题2·多选题】☆下列各项中，属于在以后会计期间满足规定条件时将重分类进损益的其他综合收益的有(　)。

A. 外币财务报表折算差额

B. 分类为以公允价值计量且其变动计入其他综合收益的金融资产公允价值变动

C. 分类为以公允价值计量且其变动计入其他综合收益的金融资产信用减值准备

D. 指定为以公允价值计量且其变动计入当期损益的金融负债因企业自身信用风险变动引起的公允价值变动

答案 ▶ ABC

五、留存收益★

(一)盈余公积

1. 盈余公积概述

公司制企业根据计提依据不同可以将盈余公积分为法定盈余公积和任意盈余公积，其中前者是以国家的法律或行政规章为依据提取，后者是由企业自行决定提取。

公司制企业一般应按如下顺序进行利润分配。

(1)提取法定盈余公积。

公司制企业应按照税后利润的10%提取法定盈余公积；公司计提的法定盈余公积累计金额超过公司注册资本的50%时，则可以不再提取。公司的法定盈余公积不足以弥补以前年度亏损的，应当先用当年利润弥补亏损，再提取法定盈余公积。

【快速记忆】非公司制企业提取法定盈余公积的比例可以超过10%。

(2)提取任意盈余公积。

公司制企业在提取法定盈余公积之后，可以根据经股东会或股东大会决议继续从税后利润中提取任意盈余公积。

【快速记忆】非公司制企业经类似权力机构批准后可以提取任意盈余公积。

(3)向投资者分配利润或股利。

公司应当对弥补亏损和提取盈余公积后所余税后利润向投资者进行分配，其中：

①如果公司是有限责任公司，则应按照股东实缴的出资比例分取红利，但全体股东约定不按照出资比例分取红利的除外；

②如果公司是股份有限公司，则应按照股东持有的股份比例分配，但股份有限公司章程规定不按持股比例分配的除外。

2. 盈余公积的用途

企业提取盈余公积主要可以用于以下几个方面：①弥补亏损；②转增资本；③扩大生产经营。

3. 盈余公积的会计处理

(1)提取盈余公积。

企业提取盈余公积时，借记“利润分配—提取法定盈余公积”“利润分配—提取任意盈余公积”科目，贷记“盈余公积—法定盈余公积”“盈余公积—任意盈余公积”科目。

(2)盈余公积补亏。

企业发生亏损时，应由企业自行弥补。弥补亏损的渠道主要有三条：一是用以后年度税前利润弥补。按照现行制度规定，企业发生亏损时，可以用以后五年内实现的税前利润弥补，即税前利润弥补亏损的期间为五年。二是用以后年度税后利润弥补。企业发生的亏损经过五年税前弥补尚未补足的亏损应用所得税后的利润弥补。三是以盈余公积弥补亏损。企业以提取的盈余公积弥补亏损时，应当由公司董事会提议，并经股东大会批准。企业用盈余公积弥补亏损时，借记“盈余公积”科目，贷记“利润分配—盈余公积补亏”科目。

(3)盈余公积转增资本。

企业将盈余公积(包括法定盈余公积和任意盈余公积)转增资本时，必须经股东大会决议批准。在实际将盈余公积转增资本时，要按股东原有持股比例结转。按照公司法的规定，法定公积金(指法定盈余公积)转为资本时，所留存的该项公积金不得少于转增前公司注册资本的25%。

经股东大会或类似机构决议，用盈余公积转增资本，借记“盈余公积”科目，贷记“实收资本”或“股本”科目。经股东大会或类似机构决议，用盈余公积派送新股，按派送新股计算的金额，借记“盈余公积”科目，按股票面值和派送新股总数计算的股票面值总额，贷记“股本”科目。

企业提取的盈余公积，无论是用于弥补亏损，还是用于转增资本，只不过是在企业所有者权益内部作结构上的调整，比如企业以盈余公积弥补亏损时，实际是减少盈余公积留存的数额，以此抵补未弥补亏损的数额，并不引起企业所有者权益总额的变动；企业以盈余公积转增资本时，也只是减少盈余公积结存的数额，但同时增加企业实收资本或股本的数额，也并不引起所有者权益总额的变动。

(二)未分配利润

1. 未分配利润概述

未分配利润是企业用以以后年度进行分配的结存利润，是企业所有者权益的组成部分。未分配利润从数值上等于期初未分配利润加上本期实现的净利润，减去提取的各种盈余公积和分配的利润后的余额。

2. 未分配利润的会计处理

(1)分配股利或利润。

企业在经股东大会或类似机构决议之后分配给股东或投资者的现金股利或利润：

借：利润分配—应付现金股利或利润

　　贷：应付股利

如果是分配给股东的股票股利，应在办妥增资手续后按照发放的金额：

借：利润分配—转作股本的股利

　　贷：股本

(2)期末结转。

企业期(月)末结转利润时，应将各损益类科目的金额转入“本年利润”科目，从而结平各损益类科目，结出“本年利润”科目余额。结转后，“本年利润”科目如果为贷方余额，表示当期实现的净利润，如果为借方余额，表示当期发生的净亏损。

年度终了，企业应将本年实现的净利润，自“本年利润”科目转入“利润分配—未分配利润”科目，借记“本年利润”科目，贷记“利润分配—未分配利润”科目，为净亏损的作相反的会计分录；同时，将“利润分配”科目所属其他明细科目的余额转入“利润分配—未分配利润”明细科目。结转后，本科目除“未分配利润”明细科目外，其他明细科目应无余额。并且，如果“未分配利润”明细科目为贷方余额，表示未分配的利润，如果为借方余额，则表示未弥补的亏损。

(3)弥补亏损。

以前年度形成的未弥补亏损，由于其形成的时间长短不同等原因，有的可以用当年实现的税前利润弥补，有的需要用税后利润弥补。企业以税前利润弥补亏损和以税后利润弥补亏损的会计处理方法均为：将当年实现的利润自“本年利润”科目转入“利润分配—未分配利润”科目的贷方，其贷方发生额与“利润分配—未分配利润”的借方余额自然抵补。

但是，以税前利润和以税后利润弥补亏损在计算交纳所得税时的处理是不同的。如果是以税前利润弥补亏损，其弥补的数额可以抵减当期企业应纳税所得额，如果是以税后利润弥补亏损，其弥补的数额不能作为纳税所得扣除处理。

同步训练

限时 50min

扫我做试题

一、单项选择题

1. ☆下列各项所有者权益相关项目中，以后期间能够转入当期净利润的是( )。
   A. 非交易性权益工具投资公允价值变动额
   B. 股本溢价
   C. 重新计量设定受益变动额
   D. 现金流量套期工具的利得或损失中属于有效套期的部分
2. 下列各项中，不影响其他综合收益的是( )。
   A. 发行的可转换公司债券中包含的权益成分的价值
   B. 应享有联营企业其他综合收益变动的份额
   C. 其他债权投资公允价值变动收益
   D. 自用房地产转为公允价值模式计量的投资性房地产的情况下，转换日公允价值大于原账面价值的差额
3. 下列各项中，会引起留存收益总额发生增减变动的是( )。
   A. 盈余公积转增资本
   B. 盈余公积补亏
   C. 资本公积转增资本
   D. 用税后利润补亏
4. 甲公司回购股票等相关业务如下：2×21 年 12 月 31 日，经股东大会批准，甲公司以现金回购本公司股票 3 000 万股并注销，假定甲公司按照每股 21 元的价格回购股票。截至 2×21 年 12 月 31 日甲公司共发行股票 20 000 万股，股票面值为每股 1 元，“资本公积—股本溢价”科目余额为 55 260 万元，“盈余公积”科目余额为 2 000 万元，“利润分配—未分配利润”贷方余额为 3 000 万元。甲公司按照 10% 计提盈余公积。下列关于甲公司回购、注销本公司股票会计处理的表述中，不正确的是( )。
   A. 回购本公司股票的库存股成本为 63 000 万元
   B. 注销本公司股票时冲减股本的金额为 3 000 万元
   C. 注销本公司股票时冲减股本溢价的金额为 55 260 万元
   D. 注销本公司股票时冲减利润分配的金额为 4 266 万元
5. A 公司 2×21 年发生下列有关经济业务：(1)增发新股 1 000 万股，面值为每股 1 元，发行价格为 5 元，另支付券商佣金手续费 5 万元；(2)以资本公积 200 万元转增资本；(3)因债权投资减值因素消失转回上年计提的减值准备 10 万元；(4)企业生产部门机器设备发生日常维护支出 40 万元；(5)接受母公司捐赠现金 300 万元；(6)持有的交易性金融资产公允价值上升 60 万元；(7)因出租设备取得租金收入 40 万元；(8)因出售固定资产产生净收益 30 万元；(9)收到联营企业分派的现金股利 60 万元；(10)固定资产盘盈净收益 10 万元；(11)提取任意盈余公积 20 万元；(12)以银行存款 50 万元回购本公司的股票，准备减资；(13)提取安全生产费用 60 万元。假设上述存货至年末尚未对外销售。假定未发生其他业务，下列有关 A 公司会计处理的表述中，不正确的是( )。
   A. 因上述事项影响 2×21 年所有者权益的金额是 5 455 万元

B. 因上述事项影响 2×21 年留存收益的金额是 150 万元

C. 因上述事项影响 2×21 年未分配利润的金额是 130 万元

D. 因上述事项影响 2×21 年专项储备的金额是 0

二、多项选择题

1. 下列各项中，在相关资产处置时应转入当期损益的有（　）。

A. 权益法核算的股权投资因享有联营企业可重分类进损益的其他综合收益而计入其他综合收益的部分

B. 以公允价值计量且其变动计入其他综合收益的金融资产（债务工具投资）因公允价值变动而产生的其他综合收益

C. 同一控制下企业合并中股权投资入账价值与支付对价差额计入资本公积的部分

D. 自用房地产转为以公允价值计量的投资性房地产在转换日计入其他综合收益的部分

2. 下列事项中，属于直接计入所有者权益的利得或损失的有（　）。

A. 应享有其联营企业实现的除净损益、利润分配以及其他综合收益以外的所有者权益其他变动的份额

B. 现金流量套期工具的利得或损失中属于有效套期的部分

C. 对境外子公司外币报表折算形成的差额

D. 出售固定资产形成的处置净损失

3. 下列各项中，能引起实收资本或股本发生增减变动的有（　）。

A. 将盈余公积转增资本

B. 投资者投入资本

C. 将资本公积转增资本

D. 实际发放现金股利

4. 下列项目中，应通过“资本公积—其他资本公积”科目核算的有（　）。

A. 债权人豁免的债务

B. 无法支付的应付账款

C. 长期股权投资采用权益法核算的，被投资单位除净损益、其他综合收益和利润分配以外的所有者权益的其他变动，投资企业按照持股比例应享有的份额

D. 以权益结算的股份支付换取职工或其他方提供服务的，资产负债表日按规定确定的成本费用金额

三、计算分析题

1. 甲公司适用的所得税税率为 25%，其 2×21 年年初“资本公积”科目的贷方余额为 1 000 万元、“其他综合收益”科目的贷方余额为 1 500 万元、“盈余公积”科目的贷方余额为 150 万元；其 2×21 年有关资本公积、其他综合收益和盈余公积的业务资料如下：

(1) 2×21 年 1 月 1 日，甲公司以一项对某企业的长期股权投资作为合并对价取得同一集团内乙公司有表决权资本的 60%，合并日，乙公司所有者权益总额相对于集团最终控制方而言的账面价值为 1 500 万元。甲公司投出长期股权投资的账面余额为 700 万元（其中，投资成本为 500 万元，损益调整 200 万元），未计提减值准备。

(2) 2×21 年 7 月 1 日，甲公司以银行存款购买丙公司有表决权资本的 30%，对其产生重大影响。当年丙公司其他债权投资公允价值下降 100 万元，丙公司除此之外未发生其他引起所有者权益变动的事项，丙公司适用的所得税税率为 25%。甲公司拟长期持有该投资。

(3) 2×21 年 8 月 1 日，甲公司在二级市场以银行存款 5 000 万元购买丁公司有表决权资本的 1%，没有产生重大影响，划分为其他权益工具投资。年末该投资的公允价值为 5 200 万元。

(4) 2×21 年 12 月 31 日，对于权益结算的股份支付以授予日的公允价值为基础确认当期费用 300 万元，假定不考虑所得税

影响。

(5)2×21 年提取盈余公积 202.5 万元，用盈余公积转增资本 120 万元。

假定甲公司当年未发生其他与资本公积、其他综合收益和盈余公积相关的业务。

要求：(1)根据以上资料编制相关会计分录；

(2)计算 2×21 年年末甲公司资产负债表“资本公积”“其他综合收益”“盈余公积”项目的余额；利润表“其他综合收益的税后净额”项目列示金额。

2. 甲公司 2×21 年度发生的交易和事项如下：

(1)1 月 1 日，甲公司与乙公司签订租赁合同，将本公司原作为固定资产的一栋写字楼出租给乙公司，租期 5 年，年租金 400 万元，于每年年末支付，该写字楼的成本为 8 000 万元，截至出租时已计提折旧 1 200 万元，按照周边写字楼的市面价格估计，该写字楼的公允价值为 9 400 万元，12 月 31 日甲公司收到乙公司支付的年租金 400 万元。

甲公司采用公允价值模式对投资性房地产进行后续计量，12 月 31 日，因租赁市场短期回调，甲公司上述写字楼的公允价值为 9 200 万元。

(2)1 月 1 日，甲公司以 5 元/股的授予价格向 20 名高管人员授予限制性股票 800 万股，发行价款 4 000 万元，已收到并存入银行，限制性股票的登记手续已办理完成，根据限制性股票激励计划，激励对象在同时满足下列条件时，限制方可解除，激励对象自授予限制性股票之日起在甲公司持续服务满 3 年，平均净资产收益率达到 10%，否则，甲公司将按照授予价格回购激励对象持有的限制性股票，当日甲公司股票的市场价格为 20 元/股。

2×21 年度，甲公司没有高管人员离开公司，净资产收益率为 13%，甲公司预计未来 2 年也不会有高管人员离开公司，每年的净资产收益率能够实现 10%的目标。

(3)2 月 10 日，甲公司支付价款 620 万元购入乙公司股票 100 万股(占乙公司发行在外股份数的 1%)，另支付交易费用 0.8 万元，购入时乙公司已宣告发放现金股利，甲公司按照购入股份比例计算可分得股利 46 万元，甲公司将所购入乙公司股票指定为以公允价值计量且其变动计入其他综合收益的非交易性权益工具投资。

3 月 2 日，甲公司收到乙公司分配的现金股利 46 万元。

12 月 31 日，甲公司所持乙公司股票的公允价值为 550 万元。

本题不考虑相关税费及其他因素。

要求：根据上述资料，逐项计算上述交易或事项对甲公司 2×21 年度其他综合收益的影响金额，编制相关会计分录。

同步训练答案及解析

一、单项选择题

1. D 【解析】选项 A、C，计入不能重分类进损益的“其他综合收益”。选项 B，“资本公积—股本溢价”不能重分类进损益。

2. A 【解析】选项 A，计入其他权益工具。

3. A 【解析】选项 A，导致盈余公积减少，实收资本(股本)增加。选项 B，属于留存收益的内部组成部分一增一减，留存收益总额不变。选项 D，是“利润分配—未分配利润”科目借方贷方自动抵减，不作会计分录。

4. D 【解析】回购库存股的成本 = 3 000×21 = 63 000(万元)，相关会计分录为：

回购时：

借：库存股　　63 000

贷：银行存款　63 000

注销时：

借：股本　3 000

资本公积—股本溢价　55 260

盈余公积　2 000

利润分配—未分配利润　2 740

贷：库存股　63 000

5. D 【解析】影响2×21年年末所有者权益的金额=(1)1 000×5-5+(3)10+(5)300+(6)60+(7)40+(8)30+(10)10-(12)50+(13)60=5 455(万元)；影响2×21年留存收益的金额=(3)10+(6)60+(7)40+(8)30+(10)10=150(万元)；影响2×21年末分配利润的金额=(3)10+(6)60+(7)40+(8)30+(10)10-(11)20=130(万元)；影响2×21年专项储备的金额是60万元。

二、多项选择题

1. ABD 【解析】选项C，同一控制下企业合并中股权投资入账价值与支付对价的差额记入"资本公积—资本溢价(或股本溢价)"，在长期股权投资处置时无须转出。
2. BC 【解析】选项A，直接记入"资本公积—其他资本公积"，不属于利得或损失；选项D，借记"资产处置损益"，属于直接计入当期利润的损失。
3. ABC 【解析】实际发放现金股利应借记"应付股利"科目，贷记"银行存款"科目，不影响股本或实收资本。
4. CD 【解析】选项A、B，一般都应计入当期损益。

三、计算分析题

1. 【答案】

(1)资料(1)：

借：长期股权投资　(1 500×60%)900

贷：长期股权投资—投资成本　500

—损益调整　200

资本公积—股本溢价　200

资料(2)：

借：其他综合收益

(100×75%×30%)22.5

贷：长期股权投资—其他综合收益

22.5

资料(3)：

借：其他权益工具投资—成本　5 000

贷：银行存款　5 000

借：其他权益工具投资—公允价值变动

200

贷：其他综合收益　200

借：其他综合收益　(200×25%)50

贷：递延所得税负债　50

资料(4)：

借：管理费用等　300

贷：资本公积—其他资本公积　300

资料(5)：

借：利润分配—提取盈余公积　202.5

贷：盈余公积　202.5

借：盈余公积　120

贷：股本　120

(2)"资本公积"项目的余额=1 000+200+300=1 500(万元)；

"其他综合收益"项目的余额=1 500-22.5+200-50=1 627.5(万元)；

"盈余公积"项目的余额=150+202.5-120=232.5(万元)；

"其他综合收益的税后净额"项目列示金额=-22.5+200×75%=127.5(万元)。

2. 【答案】

(1)对甲公司2×21年度其他综合收益的影响金额=9 400-(8 000-1 200)=2 600(万元)。相关会计分录如下：

2×21年1月1日：

借：投资性房地产—成本　9 400

累计折旧　1 200

贷：固定资产　8 000

其他综合收益　2 600

2×21年12月31日：

借：公允价值变动损益

(9 400-9 200)200

贷：投资性房地产—公允价值变动 200

借：银行存款 400

贷：其他业务收入 400

(2)对甲公司2×21年度其他综合收益的影响金额=0。相关会计分录如下：

2×21年1月1日：

借：银行存款 4 000

贷：股本 800

资本公积—股本溢价 3 200

借：库存股 4 000

贷：其他应付款 4 000

2×21年12月31日：

借：管理费用 [800×(20−5)×1/3]4 000

贷：资本公积—其他资本公积 4 000

(3)对甲公司2×21年度其他综合收益的影响金额 = 550 − (620 − 46 + 0.8) = −24.8(万元)。相关会计分录如下：

2×21年2月10日：

借：其他权益工具投资—成本 574.8

应收股利 46

贷：银行存款 620.8

2×21年3月2日：

借：银行存款 46

贷：应收股利 46

2×21年12月31日：

借：其他综合收益 24.8

贷：其他权益工具投资—公允价值变动 24.8

第十七章　收入、费用和利润

考情解密

历年考情概况

本章是全书的重点章节。本章历年考试平均分值约18分，属于每年命题的必考章节，也是注册会计师在以后的执业过程中高度关注的一个领域，考生务必全面掌握。本章内容既可能在客观题中考查收入金额的计算、收入确认时点的判断等，也可能在主观题中单独考查相关业务的收入确认原则或者结合差错更正、资产负债表日后事项等综合考查其账务处理。

近年考点直击

考点	主要考查题型	考频指数	考查角度
收入的确认和计量	单选题、多选题、综合题	★★★	①判断属于在某一时段内或某一时点履行的履约义务，并作出账务处理；②特定交易的会计处理；③合同变更与可变对价的区分；④合同合并与分拆；⑤销售佣金的会计处理
利润的核算	单选题、多选题	★★	①选择影响营业利润的项目；②营业利润的计算；③选择影响净利润的事项

2022年考试变化

新增社会资本方对政府和社会资本合作(PPP)项目合同的会计处理，其他内容未发生实质性变化。

考点详解及精选例题

一、收入的确认★★★

收入的确认和计量大致分为五步：一是识别与客户订立的合同；二是识别合同中的单项履约义务；三是确定交易价格；四是将交易价格分摊至各单项履约义务；五是履行每一单项履约义务时确认收入。其中第一步、第二步和第五步属于收入的确认，第三步和第四步属于收入的计量。我们分“收入的确认”和“收入的计量”两个知识点进行阐述。

(一)识别与客户订立的合同

1. 合同的识别

(1)合同的含义。合同，是指双方或多方之间订立有法律约束力的权利义务的协议，包括书面形式、口头形式以及其他可验证的形式(如隐含于商业惯例或企业以往的习惯做法中等)。

企业与客户之间的合同同时满足下列五项条件的，企业应当在履行了合同中的履约义务，即在客户取得相关商品控制权时确认收入：

①合同各方已批准该合同并承诺将履行各自义务；②该合同明确了合同各方与所转让商品相关的权利和义务；③该合同有明确的与所转让商品相关的支付条款；④该合同具有商业实质，即履行该合同将改变企业未来现金流量的风险、时间分布或金额；⑤企业因向客户转让商品而有权取得的对价很可能收回。

对于不能同时符合上述收入确认的五个条件的合同，企业只有在不再负有向客户转让商品的剩余义务(例如，合同已完成或取消)，且已向客户收取的对价(包括全部或部分对价)无须退回时，才能将已收取的对价确认为收入；否则，应当将已收取的对价作为负债进行会计处理。

(2)合同的持续评估。在后续期间，客户的信用风险显著升高，企业需要评估其在未来向客户转让剩余商品而有权取得的对价是否很可能收回，如果不能满足很可能收回的条件，应当停止确认收入，并且只有当后续合同条件再度满足时或者当企业不再负有向客户转让商品的剩余义务，且已向客户收取的对价无须退回时，才能将已收取的对价确认为收入，但是，不应当调整在此之前已经确认的收入。

【例题1·计算分析题】甲公司与乙公司签订合同，将一项专利技术授权给乙公司使用，专门用于生产产品，并按其生产产品的销售收入的20%收取特许权使用费。2×20年1月1日为合同开始日，甲公司评估认为，该合同在合同开始日满足合同确认收入的五个条件。该专利技术在合同开始日即授权给乙公司使用。在合同开始日后的2×20年内，乙公司每季度向甲公司提供产品销售报告，并在约定的期间内支付特许权使用费。在2×21年内，乙公司继续使用该专利技术，但是乙公司的财务状况下滑，融资能力下降，可用现金不足，因此，乙公司仅按合同支付了当年第一季度的特许权使用费，而后三个季度仅按象征性金额付款。在2×22年内，乙公司继续使用甲公司的专利技术，但是，甲公司得知，乙公司已经完全丧失了融资能力，且流失了大部分客户，因此，乙公司的付款能力进一步恶化，信用风险显著升高。甲公司各年应如何确认收入？

答案①该合同在2×20年1月1日满足收入确认的条件，因此甲公司在乙公司使用该专利技术的行为发生时，按照约定的特许权使用费确认收入。②2×21年，由于乙公司的信用风险升高，甲公司在确认收入的同时，按照金融资产减值的要求对乙公司的应收款项进行减值测试。③2×22年，由于乙公司的财务状况恶化，信用风险显著升高，甲公司对该合同进行了重新评估，认为“企业因向客户转让商品而有权取得的对价很可能收回”这一条件不再满足，因此，甲公司不再确认特许权使用费收入，同时对现有应收款项是否发生减值继续进行评估。

(3)合同存续期间的确定。合同存续期间是合同各方拥有现时可执行的具有法律约束力的权利和义务的期间。

2. 合同合并

企业与同一客户同时订立或在相近时间内先后订立的两份或多份合同，在满足下列条件之一时，应当合并为一份合同进行会计处理：

(1)该两份或多份合同基于同一商业目的而订立并构成一揽子交易，如一份合同在不考虑另一份合同的对价的情况下将会发生亏损；

(2)该两份或多份合同中的一份合同的对价金额取决于其他合同的定价或履行情况，如一份合同如果发生违约，将会影响另一份合同的对价金额；

(3)该两份或多份合同中所承诺的商品(或每份合同中所承诺的部分商品)构成单项履约义务。两份或多份合同合并为一份合同进行会计处理的，仍然需要区分该份合同中包含的各单项履约义务。

3. 合同变更

合同变更，是指经合同各方同意对原合

同范围或价格(或两者)作出的变更。企业应当区分下列三种情形对合同变更分别进行会计处理：

(1)合同变更部分作为单独合同。

合同变更增加了可明确区分的商品及合同价款，且新增合同价款反映了新增商品单独售价的，应当将该合同变更作为一份单独的合同(即一份新的合同)进行会计处理。

【例题2·计算分析题】2×22年7月1日甲公司与客户乙公司签订销售合同，向客户出售60万件产品，每件产品合同价格为100元，这些产品在6个月内移交。2×22年10月31日甲公司将30万件产品移交之后，双方对该合同进行了修订，修订后的合同要求甲公司除在2×22年12月31日移交剩余的30万件产品外，还应额外向客户再交付15万件产品，其中10万件产品于2×22年12月31日交付，其余5万件于2×23年1月31日交付，额外交付的这15万件产品按照每件90元的价格计价，假定该价格反映了合同变更时该产品的单独售价并且可以与原产品区别开来。甲公司于控制权转移时确认收入。

要求：计算甲公司2×22年应确认的收入，并说明理由。

答案▶甲公司2×22年应确认的收入=100×60+90×10=6 900(万元)。理由：“额外交付15万件产品”的合同修订，事实上构成了一项关于未来产品的单独的合同，且该合同并不影响对现有合同的会计处理。企业应对原合同中的60万件产品，每件确认100元的销售收入；对新合同中的15万件产品，每件确认90元的收入。因此，甲公司在2×22年应确认收入6 900万元。

(2)合同变更作为原合同终止及新合同订立。

合同变更不属于上述第(1)种情形，且在合同变更日已转让商品与未转让商品之间可明确区分的，应当视为原合同终止，同时，将原合同未履约部分与合同变更部分合并为新合同进行会计处理。新合同的交易价格应当为下列两项金额之和：一是原合同交易价格中尚未确认为收入的部分(包括已从客户收取的金额)；二是合同变更中客户已承诺的对价金额。

【例题3·计算分析题】资料同上。假定额外交付的这15万件产品按照每件76元的价格计价，同时假定该价格不能反映合同变更时该产品的单独售价(合同变更时的单独售价为每件90元)，但是可以与原产品区别开来。甲公司于控制权转移时确认收入。

要求：计算甲公司2×22年应确认的收入，并说明理由。

答案▶甲公司2×22年应确认的收入=100×30+(100×30+76×15)/45×(30+10)=6 680(万元)。理由：对于合同变更新增的15万件产品，由于其售价不能反映该产品在合同变更时的单独售价，因此，该合同变更不能作为单独合同进行会计处理。由于尚未转让给客户的产品(包括原合同中尚未交付的30万件产品以及新增的15万件产品)与已转让的产品是可明确区分的，但是新的售价不能反映合同变更时该产品的单独售价。因此，甲公司应当将该合同变更作为原合同终止，同时，将原合同的未履约部分与合同变更中新增的部分合并为新合同进行会计处理。该新合同中，剩余产品为45万件(30+15)，其对价合计为4 140万元，即原合同下尚未确认收入的客户已承诺对价3 000万元(100×30)与合同变更中新增部分的对价1 140万元(76×15)之和，对于新合同中的45万件产品，每件产品应确认的收入为92元(4 140/45)。2×22年10月31日移交的30万件产品单价为100元，2×22年12月31日移交的40万件产品单价则按照92元计算。

(3)合同变更部分作为原合同的组成部分。

合同变更不属于上述第(1)种情形，且在合同变更日已转让商品与未转让商品之间不可明确区分的，应当将该合同变更部分作为原合同的组成部分，在合同变更日重新计算履约进度，并调整当期收入和相应成本等。

【例题4·单选题】☆2×17年2月1日，甲公司与乙公司签订了一项总额为20 000万元的固定造价合同，在乙公司自有土地上为乙公司建造一栋办公楼。截至2×17年12月20日止，甲公司累计已发生成本6 500万元。2×17年12月25日，经协商合同双方同意变更合同范围，增加装修办公楼的服务内容，合同价格相应增加3 400万元。假定上述新增合同价款不能反映装修服务的单独售价，不考虑其他因素，下列各项关于上述合同变更会计处理的表述中，正确的是（ ）。

A. 合同变更部分作为单独合同进行会计处理

B. 合同变更部分作为原合同的组成部分进行会计处理

C. 原合同未履约部分与合同变更部分作为新合同进行会计处理

D. 合同变更部分作为单项履约义务于完成装修服务时确认收入

解析▶在合同变更日已转让商品与未转让商品之间不可明确区分的，应当将该合同变更部分作为原合同的组成部分，在合同变更日重新计算履约进度，并调整当期收入和相应成本等。

答案▶B

（二）识别合同中的单项履约义务

合同开始日，企业应当对合同进行评估，识别该合同所包含的各单项履约义务，并确定各单项履约义务是在某一时段内履行，还是在某一时点履行，然后，在履行了各单项履约义务时分别确认收入。履约义务，是指合同中企业向客户转让可明确区分商品的承诺。

下列情况下，企业应当将向客户转让商品的承诺作为单项履约义务：一是企业向客户转让可明确区分商品的承诺。二是企业向客户转让一系列实质相同且转让模式相同的、可明确区分商品的承诺。

1. 可明确区分的商品

企业向客户承诺的商品同时满足下列两项条件的，应当作为可明确区分的商品：

（1）该商品本身能够明确区分，即从物理层面是可明确区分的商品，客户能够从该商品本身或从该商品与其他易于获得资源一起使用中受益。

当客户能够使用、消耗或以高于残值的价格出售商品，或者以能够产生经济利益的其他方式持有商品时，表明客户能够从该商品本身获益。例如，企业通常会单独销售该商品等。

（2）在合同层面继续评估转让该商品的承诺是否与合同中其他承诺彼此之间可明确区分，可单独区分，即转让该商品的承诺在合同中是可明确区分的。

下列情形通常表明企业向客户转让商品的承诺与合同中的其他承诺不可单独区分：

①企业需提供重大的服务以将该商品与合同中承诺的其他商品进行整合，形成合同约定的某个或某些组合产出转让给客户，说明企业向客户转让该商品的承诺与合同中其他承诺是不可明确区分的。

②该商品将对合同中承诺的其他商品予以重大修改或定制。

如果某项商品将对合同中承诺的其他商品作出重大修改或定制，即实质上每一项商品将被整合在一起以生产合同约定的组合产出。例如，企业承诺向客户提供其开发的一款现有财务软件，并提供安装服务，但是企业在安装过程中需要在该软件现有基础上对其进行定制化的重大修改，为该软件增加重要的新功能以使其能够与客户现有的ERP管理系统相兼容。在这种情况下，转让财务软件的承诺与提供定制化重大修改的承诺在合同层面是不可明确区分的，即作为单项履约义务进行会计处理。

③该商品与合同中承诺的其他商品具有高度关联性。也就是说，合同中承诺的每一

单项商品均受到合同中其他商品的重大影响。合同中包含多项商品时，如果企业无法通过单独交付其中的某一单项商品而履行其合同承诺，可能表明合同中的这些商品会受到彼此的重大影响。

④在企业向客户销售商品的同时，约定企业需要将商品运送至客户指定的地点的情况下，企业需要根据相关商品的控制权转移时点判断该运输活动是否构成单项履约义务。

2. 一系列实质相同且转让模式相同的、可明确区分商品的承诺

当企业向客户连续转让某项承诺的商品时，如每天提供保洁服务的长期劳务合同等，如果这些商品属于实质相同且转让模式相同的一系列商品，企业应当将这一系列商品作为单项履约义务。其中，转让模式相同，是指每一项可明确区分的商品均满足在某一时段内履行履约义务的条件，且采用相同方法确定其履约进度。

(三)履行每一单项履约义务时确认收入

企业应当在履行了合同中的履约义务，即客户取得相关商品控制权时确认收入。首先应按收入准则相关规定判断履约义务是否满足在某一时段内履行的条件，如不满足，则该履约义务属于在某一时点履行的履约义务。对于在某一时段内履行的履约义务，企业应当选取恰当的方法来确定履约进度；对于在某一时点履行的履约义务，企业应当综合分析控制权转移的迹象，判断其转移时点。

1. 在某一时段内履行的履约义务

(1)在某一时段内履行履约义务的条件。满足下列条件之一的，属于在某一时段内履行履约义务，相关收入应当在该履约义务履行的期间内确认：

①客户在企业履约的同时即取得并消耗企业履约所带来的经济利益。②客户能够控制企业履约过程中在建的商品。③企业履约过程中所产出的商品具有不可替代用途，且该企业在整个合同期间内有权就累计至今已完成的履约部分收取款项。

【例题5·计算分析题】甲公司为一家会计师事务所，与客户签订了一份提供审计服务的合同，合同约定由甲公司为客户提供审计报告。如果客户在甲公司完全遵守合同义务的前提下终止合同，需要赔偿甲公司所发生的成本及按15%的毛利率所计算的毛利。15%的毛利率接近甲公司类似合同所产生的利润率。

要求：判断甲公司的上述履约义务是时段内义务还是时点义务。

答案甲公司的上述履约义务是时段内义务。理由：虽然“客户在企业履约的同时即取得并消耗企业履约所带来的经济利益”这一条件不满足(因为如果甲公司未能履行其义务，甲公司已完成的工作无法给客户带来的经济利益—客户只有在收到了审计报告后才能获益)，但是由于该审计服务具有不可替代用途(因为该审计服务是针对该客户的具体情况而提供的)，甲公司有权就累计至今已完成的履约部分收取能够补偿其已发生成本和合理利润的款项，并且该权利具有法律约束力，因此甲公司的上述履约义务是时段内义务。

(2)在某一时段内履行的履约义务的收入确认。对于在某一时段内履行的履约义务，企业应当在该段时间内按照履约进度确认收入，但履约进度不能合理确定的除外。企业应当考虑商品的性质，采用产出法或投入法确定恰当的履约进度。

①产出法。产出法是根据已转移给客户的商品对于客户的价值确定履约进度，比如按照实际测量的完工进度、评估已实现的结果、已达到的里程碑、时间进度、已完工或交付的产品等确定履约进度。

【例题6·计算分析题】甲公司与客户(市天然气公司)签订合同，为该客户服务的一个居民小区更换2 000块燃气表，合同价格为14万元(不含税价)。截至2×22年12月31日，甲公司共更换燃气表1 500块，剩余

部分预计在2×23年1月10日之前完成。该合同仅包含一项履约义务，且该履约义务满足在某一时段内履行的条件。假定不考虑其他情况。

要求：计算甲公司2×22年应确认的收入。

答案 甲公司提供的更换燃气表的服务属于在某一时段内履行的履约义务，甲公司按照已完成的工作量确定履约进度。因此，截至2×22年12月31日，该合同的履约进度为75%（1 500÷2 000），甲公司应确认的收入=14×75%=10.5（万元）。

②**投入法**。投入法是根据企业履行履约义务的投入确定履约进度。实务中，通常按照累计实际发生的成本占预计总成本的比例（即，成本法）确定履约进度，累计实际发生的成本包括企业向客户转移商品过程中所发生的直接成本和间接成本，如直接人工、直接材料、分包成本以及其他与合同相关的成本。

【例题7·综合题】甲公司为建筑企业，适应的增值税税率为9%，2×22年年初与其客户签订一项总金额为1 160万元（不含税）的固定造价合同，为其建造一住宅小区，该合同不可撤销。甲公司负责工程的施工及全面管理，客户按照第三方工程监理公司确认的工程完工量，每年与甲公司结算一次；该工程已于2×22年2月开工，预计2×25年6月完工；预计可能发生的工程总成本为1 100万元。到2×23年年末，由于材料价格上涨等因素，甲公司将预计工程总成本调整为1 200万元。2×24年年末根据工程最新情况将预计工程总成本调整为1 220万元。假定该建造工程整体构成单项履约义务，并属于在某一时段内履行的履约义务，该公司采用成本法确定履约进度，不考虑其他相关因素。该合同的其他有关资料如表17-1所示。

表17-1 合同相关资料

单位：万元

项目	2×22年	2×23年	2×24年	2×25年	2×26年
年末累计实际发生成本	308	600	976	1 220	—
年末预计完成合同尚需发生成本	792	600	244	—	—
本期结算合同价款（不含税）	348	392	360	60	—
本期实际收到价款（含税）	379.32	427.28	392.4	—	65.4

上述支出均为原材料、应付职工薪酬。按照合同约定，工程质保金60万元需等到2×26年年末保证期结束且未发生重大质量问题方能收款。假定甲公司与客户结算时即发生增值税纳税义务。

要求：编制相关会计分录。

答案

2×22年账务处理如下：

（1）实际发生合同成本：

借：合同履约成本　308

　贷：原材料、应付职工薪酬　308

（2）确认计量当年的收入并结转成本：

履约进度=308÷（308+792）=28%。

合同收入=1 160×28%=324.8（万元）。

借：合同结算—收入结转　324.8

　贷：主营业务收入　324.8

借：主营业务成本　308

　贷：合同履约成本　308

（3）结算合同价款：

借：应收账款　379.32

　贷：合同结算—价款结算　348

　　应交税费—应交增值税（销项税额）　31.32

（4）实际收到合同价款：

借：银行存款　379.32

　贷：应收账款　379.32

2×22年12月31日，“合同结算”科目的余额为贷方23.2万元（348-324.8），表明甲公司已经与客户结算但尚未履行履约义务的金额为23.2万元，由于甲公司预计该部分履约义务将在2×23年内完成，因此，应在资产负债表中作为合同负债列示。

2×23年的账务处理如下：

(1)实际发生合同成本：

借：合同履约成本　(600−308)292

　贷：原材料、应付职工薪酬　292

(2)确认计量当年的收入并结转成本，同时，确认合同预计损失：

履约进度＝600÷(600+600)＝50%。

合同收入＝1 160×50%−324.8＝255.2(万元)。

借：合同结算—收入结转　255.2

　贷：主营业务收入　255.2

借：主营业务成本　292

　贷：合同履约成本　292

合同预计损失＝(600＋600−1 160)×(1−50%)＝20(万元)。

在2×23年年末，由于该合同预计总成本(1 200万元)大于合同总收入(1 160万元)，预计发生损失总额为40万元，由于其中20万元(40×50%)已经反映在损益中，因此应将剩余的、为完成工程将发生的预计损失20万元确认为当期损失。根据《企业会计准则第13号——或有事项》的相关规定，待执行合同变成亏损合同的，该亏损合同产生的义务满足相关条件的，则应当对亏损合同确认预计负债。因此，为完成工程将发生的预计损失20万元应当确认为预计负债。

借：主营业务成本　20

　贷：预计负债　20

(3)结算合同价款：

借：应收账款　427.28

　贷：合同结算—价款结算　392

　　应交税费—应交增值税(销项税额)　35.28

(4)实际收到合同价款：

借：银行存款　427.28

　贷：应收账款　427.28

2×23年12月31日，“合同结算”科目的余额为贷方160万元(23.2+392−255.2)，表明甲公司已经与客户结算但尚未履行履约义务的金额为160万元，由于甲公司预计该部分履约义务将在2×24年内完成，因此，应在资产负债表中作为合同负债列示。

2×24年的账务处理如下：

(1)实际发生合同成本：

借：合同履约成本　(976−600)376

　贷：原材料、应付职工薪酬　376

(2)确认计量当年的合同收入并结转成本，同时调整合同预计损失：

履约进度＝976÷(976+244)＝80%。

合同收入＝1 160×80%−324.8−255.2＝348(万元)。

合同预计损失＝(976＋244−1160)×(1−80%)−20＝−8(万元)。

借：合同结算—收入结转　348

　贷：主营业务收入　348

借：主营业务成本　376

　贷：合同履约成本　376

在2×24年年末，由于该合同预计总成本(1 220万元)大于合同总收入(1 160万元)，预计发生损失总额为60万元，由于其中48万元(60×80%)已经反映在损益中，因此预计负债的余额为12万元(60−48)，反映剩余的、为完成工程将发生的预计损失，因此，本期应转回合同预计损失8万元。

借：预计负债　8

　贷：主营业务成本　8

(3)结算合同价款：

借：应收账款　392.4

　贷：合同结算—价款结算　360

　　应交税费—应交增值税(销项税额)　32.4

(4)实际收到合同价款：

借：银行存款　392.4

　贷：应收账款　392.4

2×24年12月31日，“合同结算”科目的余额为贷方172万元(160−348+360)，表明甲公司已经与客户结算但尚未履行履约义务的金额为172万元，由于该部分履约义务将在2×25年6月底前完成，因此，应在资产负债表中作为合同负债列示。

2×25年1月至6月的账务处理如下：

(1)实际发生合同成本：

借：合同履约成本　244

　贷：原材料、应付职工薪酬　(1 220-976)244

(2)确认计量当期的合同收入并结转成本及已计提的合同损失：

2×25年1月至6月确认的合同收入=合同总金额-截至目前累计已确认的收入=1 160-324.8-255.2-348=232(万元)。

借：合同结算—收入结转　232

　贷：主营业务收入　232

借：主营业务成本　244

　贷：合同履约成本　244

借：预计负债　(20-8)12

　贷：主营业务成本　12

2×25年6月30日，“合同结算”科目的余额为借方60万元(232-172)，是工程质保金，需等到客户于2×26年年末保质期结束且未发生重大质量问题后方能收款，应当在资产负债表中作为合同资产列示。

2×26年的账务处理：

(1)保质期结束且未发生重大质量问题：

借：应收账款　65.4

　贷：合同结算　60

　　应交税费—应交增值税(销项税额)　5.4

(2)实际收到合同价款：

借：银行存款　65.4

　贷：应收账款　65.4

【例题8·计算分析题】☆2×17年至2×20年，甲公司及乙公司发生的相关交易或事项如下：

(1)2×17年3月10日，甲公司以6 000万元的价格取得一宗土地使用权，使用期限50年，自2×17年4月1日开始起算。该土地在甲公司所属的A酒店旁边，甲公司拟在新买的土地上建造A酒店2期。与土地使用权相关的产权登记手续于2×17年4月1日办理完成，购买土地使用权相关的款项已通过银行转账支付。

(2)2×17年3月20日，甲公司与乙公司签订一份固定造价合同，合同约定：乙公司为甲公司建造A酒店2期项目，合同价款为16 000万元，建造期间为2×17年4月1日至2×19年9月30日；乙公司负责工程的施工建造和管理，甲公司根据第三方工程监理公司确定的已完成工程量，每年末与乙公司结算一次；在A酒店2期项目建造过程中甲公司有权修改其设计方案；如甲公司终止合同，A酒店2期项目已建造的部分归甲公司所有；如果工程发生重大质量问题，乙公司应按实际损失支付赔偿款；双方确定合同价款的10%作为质量保证金，如果工程在完工之日起1年内没有发生重大质量问题，甲公司将支付工程质量保证金。

(3)2×17年4月10日，乙公司开始对A酒店2期项目进行施工，预计合同总成本为12 000万元。2×18年因建筑材料涨价等原因，乙公司将预计合同总成本调整为18 000万元。截至2×19年9月30日，累计实际发生的工程成本为17 500万元。乙公司采用成本法确定履约进度，每年实际发生的成本中60%为建筑材料费用，其余为工资薪金支出。与该项目合同相关的资料如表17-2所示。

表17-2　合同相关资料

单位：万元

项目	2×17年	2×18年	2×19年	2×20年
至年末累计实际发生成本	3 600	10 800	17 500	—

续表

项目	2×17 年	2×18 年	2×19 年	2×20 年
预计完成合同尚需发生的成本	8 400	7 200	—	—
年末结算合同价款	4 800	5 600	5 600	—
实际收到价款	4 000	5 500	4 900	1 600

(4)甲公司A酒店2期项目2×19年9月30日完工，达到合同约定的可使用状态，并经验收后交付使用。

其他有关资料：第一，甲公司与乙公司无关联方关系。第二，乙公司建造A酒店2期项目整体构成单项履约义务。第三，乙公司单独设置"合同结算"科目对工程项目进行核算，不设置"合同资产"和"合同负债"科目。第四，本题不考虑税费及其他因素。

要求：

(1)指出乙公司确认收入的时点，并说明理由。

(2)计算乙公司2×18年和2×19年分别应确认的收入。

(3)编制乙公司2×18年与履行合同义务相关的会计分录，说明乙公司因履行该合同义务确认的资产和负债在2×18年12月31日资产负债表中列示的项目名称及金额。

(4)计算甲公司A酒店2期项目的实际成本。

答案

(1)乙公司为甲公司建造A酒店2期项目属于在某一时段履行的履约义务，应在履约的各个期间按照履约进度确认收入。

理由：由于在甲公司所属土地上建造A酒店2期项目，在建造过程中甲公司能够控制乙公司在履约过程中在建的A酒店2期项目。

(2)2×17年应确认的收入=3 600/(3 600+8 400)×16 000=4 800(万元)；

2×18年应确认的收入=10 800/(10 800+7 200)×16 000-4 800=4 800(万元)；

2×19年应确认的收入=16 000-4 800-4 800=6 400(万元)。

(3)借：合同履约成本　(10 800-3 600)7 200

　　贷：原材料　(7 200×60%)4 320

　　　　应付职工薪酬　(7 200×40%)2 880

借：合同结算—收入结转　4 800

　　贷：主营业务收入　4 800

借：主营业务成本　7 200

　　贷：合同履约成本　7 200

确认预计损失=[(10 800+7 200)-16 000]×[(1-10 800/(10 800+7 200)]=2 000×(1-60%)=800(万元)。

借：主营业务成本　800

　　贷：预计负债　800

借：应收账款　5 600

　　贷：合同结算—合同价款　5 600

借：银行存款　5 500

　　贷：应收账款　5 500

乙公司2×18年12月31日资产负债表中列示的项目名称为：合同负债。金额为800万元(4 800+5 600-4 800-4 800)。

(4)A酒店2期项目的实际成本=16 000+(6 000/50×2.5)=16 300(万元)。

此外，在采用投入法时应注意以下3个特别问题：

一是，当企业从事的工作或发生的投入是在整个履约期间内平均发生时，可以按照直线法确认收入。

二是，投入法下，企业应当扣除那些虽然已经发生，但是并未反映企业向客户转移商品履约情况的投入。例如，企业为履行合同应开展一些初始活动，应计入销售费用或合同取得成本。因为这些活动并没有向客户转移企业承诺的服务，则企业在使用投入法确定履约进度时，不应将为开展这些活动发生的相关投入包括在内。

三是，企业在采用成本法确定履约进度时，可能需要对已发生的成本进行适当调整的情形有：已发生的成本并未反映企业履行其履约义务的进度。例如，企业非正常消耗，包括非正常消耗的直接材料、直接人工及制造费用等，不应包括在累计实际发生的成本中。已发生的成本与企业履行其履约义务的进度不成比例。企业在采用成本法时需要进行适当调整。

【例题9·计算分析题】2×22年10月，甲公司与客户签订合同，为客户装修一栋办公楼并安装若干部外购的电梯，假定该装修服务(包括安装电梯)构成单项履约义务，并属于在某一时段内履行的履约义务，甲公司采用成本法确定履约进度。合同总金额为500万元。甲公司预计的合同总成本为400万元，其中包括电梯的采购成本150万元。2×22年12月，甲公司将电梯运达施工现场并经过客户验收，客户已取得对电梯的控制权，但是根据装修进度，预计到2×23年2月才会安装该电梯。截至2×22年12月，甲公司累计发生成本200万元，其中包括支付给电梯供应商的采购成本150万元，电梯采购成本相对于预计总成本而言是重大的。上述金额均不含增值税。

要求：计算甲公司在2×22年应确认的收入和成本。

答案由于装修服务(包括安装电梯)构成一项履约义务，甲公司认为其已发生的成本和履约进度不成比例，按照发生的总成本计算履约进度会高估其实际履约的程度，因此需要对履约进度的计算作出调整，将电梯的采购成本排除在已发生成本和预计总成本之外。在该合同中，该电梯不构成单项履约义务，其成本相对于预计总成本而言是重大的，客户先取得了电梯的控制权，随后才接受与之相关的安装服务，因此，截至2×22年12月，甲公司发生成本200万元(包括电梯采购成本150万元)，甲公司在客户取得该电梯控制权时，按照该电梯采购成本的金额确认转让电梯产生的收入。

2×22年12月该合同的履约进度=(200-150)/(400-150)=20%。

2×22年应确认的收入金额=(500-150)×20%+150=220(万元)。

2×22年应结转成本金额=(400-150)×20%+150=200(万元)。

2. 在某一时点履行的履约义务

当一项履约义务不属于在某一时段内履行的履约义务时，应当属于在某一时点履行的履约义务。对于在某一时点履行的履约义务，企业应当在客户取得相关商品控制权时点确认收入。在判断客户是否已取得商品控制权时企业应当考虑下列五个迹象：

(1)企业就该商品享有现时收款权利，即客户就该商品负有现时付款义务。

(2)企业已将该商品的法定所有权转移给客户，即客户已拥有该商品的法定所有权。

(3)企业已将该商品实物转移给客户，即客户已实物占有该商品。

需要说明的是，客户占有了某项商品的实物并不意味着其就一定取得了该商品的控制权，反之亦然。

①支付手续费方式的委托代销安排。

【例题10·计算分析题】甲公司委托乙公司销售A商品2 000件，每件成本为0.2万元。合同约定乙公司应按每件0.5万元对外销售，甲公司按不含增值税的销售价格的10%向乙公司支付手续费。除非这些商品在乙公司存放期间内由于乙公司的责任发生毁损或丢失，否则在A商品对外销售之前，乙公司没有义务向甲公司支付货款。乙公司不承担包销责任，没有售出的A商品须退回给甲公司，同时，甲公司也有权要求收回A商品或将其销售给其他的客户。

2×22年5月31日甲公司发出A商品，2×22年6月乙公司对外销售A商品1 600件并收到货款，2×22年6月30日甲公司收到代销清单注明乙公司对外实际销售1 600件A

商品，2×22 年 7 月 10 日甲公司收到乙公司货款。甲公司和乙公司均开具增值税专用发票。假定甲公司发出 A 商品时纳税义务尚未发生，A 商品适用的增值税税率为 13%，手续费适用的增值税税率为 6%，不考虑其他因素。

要求：根据上述资料，分别作出甲、乙公司的相关账务处理。

答案本例中，甲公司将 A 商品发送至乙公司后，乙公司虽然已经实物占有 A 商品，但是仅是接受甲公司的委托销售 A 商品，并根据实际销售的数量赚取一定比例的手续费。甲公司有权要求收回 A 商品或将其销售给其他的客户，乙公司并不能主导这些商品的销售，这些商品对外销售与否、是否获利以及获利多少等不由乙公司控制，乙公司没有取得这些商品的控制权。因此，甲公司将 A 商品发送至乙公司时，不应确认收入，而应当在乙公司将 A 商品销售给最终客户时确认收入。

(1)甲公司的账务处理如下：

①2×22 年 5 月 31 日发出商品时：

借：发出商品　　(2 000×0.2)400

　贷：库存商品　　400

②2×22 年 6 月 30 日收到代销清单，在乙公司将 A 商品销售给最终客户时确认收入：

借：应收账款　　904

　贷：主营业务收入　(1 600×0.5)800

　　应交税费—应交增值税(销项税额)　　104

借：主营业务成本　(1 600×0.2)320

　贷：发出商品　　320

借：销售费用—代销手续费　(800×10%)80

　应交税费—应交增值税(进项税额)　　4.8

　贷：应收账款　　84.8

③2×22 年 7 月 10 日收到乙公司支付的货款：

借：银行存款　　(904-84.8)819.2

　贷：应收账款　　819.2

(2)乙公司的账务处理如下：

①2×22 年 5 月 31 日收到商品时：

借：受托代销商品　(2 000×0.5)1 000

　贷：受托代销商品款　　1 000

②2×22 年 6 月对外销售时：

借：银行存款　　904

　贷：受托代销商品　(1 600×0.5)800

　　应交税费—应交增值税(销项税额)　　104

③2×22 年 6 月 30 日收到增值税专用发票：

借：受托代销商品款　　800

　应交税费—应交增值税(进项税额)　　104

　贷：应付账款　　904

④支付货款并计算代销手续费：

借：应付账款　　904

　贷：银行存款　　819.2

　　其他业务收入—代销手续费　80

　　应交税费—应交增值税(销项税额)　　4.8

『提示』“发出商品”和“应收退货成本”科目的区别如表 17-3 所示。

表 17-3　“发出商品”和“应收退货成本”科目的区别

项目	发出商品	应收退货成本
会计科目性质、报表列示不同	属于存货会计科目，报表列示“存货”项目	属于资产会计科目，报表列示“其他流动资产”或“其他非流动资产”项目
会计处理适用范围不同	适用于委托代销委托方的会计处理	适用于附有销售退回条款的销售的会计处理

续表

项目	发出商品	应收退货成本
确认收入先后顺序不同	发出商品时，先不确认收入，而通过"发出商品"科目核算；待收到代销清单，在受托方将商品销售给最终客户时确认收入，并结转销售成本	发出商品时，先确认收入，即企业应当在客户取得相关商品控制权时，按照因向客户转让商品而预期有权收取的对价金额确认收入，按照预期因销售退回将退还的金额确认负债；同时，按照预期将退回商品转让时的账面价值，扣除收回该商品预计发生的成本后的余额，确认为一项资产，按照所转让商品转让时的账面价值，扣除上述资产成本的净额结转成本

②售后代管商品安排。售后代管商品是指根据企业与客户签订的合同，已经就销售的商品向客户收款或取得了收款权利，但是直到在未来某一时点将该商品交付给客户之前，仍然继续持有该商品实物的安排。当客户已经取得了对该商品的控制权时，即使客户决定暂不行使实物占有的权利，其依然有能力主导该商品的使用并从中获得几乎全部的经济利益。因此，企业不再控制该商品，而只是向客户提供了代管服务。

企业同时满足下列四项条件，才表明客户取得了该商品的控制权：一是该安排必须具有商业实质，例如，该安排是应客户的要求而订立的；二是属于客户的商品必须能够单独识别；三是该商品可以随时交付给客户；四是企业不能自行使用该商品或将该商品提供给其他客户。

需要注意的是，如果在满足上述条件的情况下，企业对尚未发货的商品确认了收入，则企业应当考虑是否还承担了其他的履约义务，例如，向客户提供保管服务等，从而应当将部分交易价格分摊至该履约义务。

(4)企业已将该商品所有权上的主要风险和报酬转移给客户，即客户已取得该商品所有权上的主要风险和报酬。

(5)客户已接受该商品。如果客户已经接受了企业提供的商品，例如，企业销售给客户的商品通过了客户的验收，可能表明客户已经取得了该商品的控制权。

【例题 11 · 多选题】☆对于在某一时点履行的履约义务，企业应当在客户取得相关商品控制权时确认收入。在判断客户是否取得商品的控制权时，企业应当考虑的迹象有（　）。

A. 客户已接受该商品

B. 客户已拥有该商品的法定所有权

C. 客户就该商品负有现时付款义务

D. 客户已取得该商品所有权上的主要风险和报酬

答案 ▶ ABCD

二、收入的计量★★★

企业应当首先确定合同的交易价格，再按照分摊至各单项履约义务的交易价格计量收入。

(一)确定交易价格

交易价格，是指企业因向客户转让商品而预期有权收取的对价金额。在确定交易价格时，企业应当考虑可变对价、合同中存在的重大融资成分、非现金对价以及应付客户对价等因素的影响，并应当假定将按照现有合同的约定向客户转让商品，且该合同不会被取消、续约或变更。

1. 可变对价

企业与客户的合同中约定的对价金额可能是固定的，也可能会因折扣、价格折让、返利、退款、奖励积分、激励措施、业绩奖金、索赔等因素而变化。

(1)可变对价最佳估计数的确定。企业应当按照**期望值**或**最可能发生金额**确定可变对价的最佳估计数：

①期望值是按照各种可能发生的对价金额及相关概率计算确定的金额。如果企业拥有大量具有类似特征的合同，并估计可能产生多个结果时，通常按照期望值估计可变对价金额。

【例题 12 · 计算分析题】甲公司生产和销售智能手机。2×22 年 3 月，甲公司向零售商乙公司销售 1 万部智能手机，每部价格为 6 000 元，合同价款合计 6 000 万元已经收到，控制权已经转移。甲公司向乙公司提供价格保护，同意在未来 6 个月内，如果同款智能手机售价下降，则按照合同价格与最低售价之间的差额向乙公司支付差价。甲公司根据以往执行类似合同的经验，预计各种结果发生的概率如表 17-4 所示。上述价格均不包含增值税。

表 17-4 各种结果发生概率

未来 6 个月内的降价金额	概率
0	40%
200 元/部	30%
500 元/部	20%
1 000 元/部	10%

要求：计算甲公司 2×22 年 3 月甲公司向乙公司销售智能手机的交易价格，并编制会计分录。

答案 甲公司认为期望值能够更好地预测其有权获取的对价金额。在该方法下，甲公司估计每部智能手机的交易价格 = (6 000 − 0) × 40% + (6 000 − 200) × 30% + (6 000 − 500) × 20% + (6 000 − 1 000) × 10% = 5 740 (元)。1 万部智能手机的交易价格总额 = 5 740(万元)。

借：银行存款　　6 000

　贷：主营业务收入　　5 740

　　　预计负债——应付退货款　　260

②最可能发生金额是一系列可能发生的对价金额中最可能发生的单一金额，即合同最可能产生的单一结果。当合同仅有两个可能结果(例如，企业能够达到或不能达到某业绩奖金目标)时，按照最可能发生金额估计可变对价金额可能是恰当的。

(2)计入交易价格的可变对价金额的限制。计入交易价格的可变对价金额还应该满足限制条件，即包含可变对价的交易价格，应当不超过在相关不确定性消除时，累计已确认的收入极可能不会发生重大转回的金额。企业在评估是否极可能不会发生重大转回时，应当同时考虑收入转回的可能性及其比重。其中，“极可能”发生的概率应远高于“很可能(即可能性超过 50%)”，但不要求达到“基本确定(即可能性超过 95%)”。

企业应当将满足上述限制条件的可变对价的金额，计入交易价格。

【例题 13 · 计算分析题】2×22 年 1 月 1 日，甲公司与客户签订合同，以每件产品 300 元的价格向其销售产品；如果客户在 2×22 年上半年的采购量超过 60 万件，该产品的销售价格将追溯下调至每件 250 元。该产品的控制权在交付时转移给客户。在合同开始日，甲公司估计该客户上半年的采购量能够达到 100 万件。2×22 年 2 月末甲公司交付了第一批产品共 20 万件；2×22 年 4 月末甲公司交付了第二批产品共 30 万件；2×22 年 6 月末甲公司交付了第三批产品共 15 万件。6 月末一次性收取上半年价款。上述价格均不包含增值税，且假定不考虑相关税费影响。

要求：编制甲公司在 2×22 年的相关会计分录。

答案 甲公司将产品交付给客户时取得了无条件的收款权，即甲公司有权按照每件产品 300 元的价格向客户收取款项，直到客户的上半年采购量达到 60 万件为止。由于甲公司估计客户的采购量能够达到 100 万件，因此，根据将可变对价计入交易价格的限制要求，甲公司确定每件产品的交易价格为 250 元。

(1)2×22 年 2 月末，甲公司交付产品时的账务处理为：

借：应收账款　　　　(20×300)6 000
　　贷：主营业务收入　(20×250)5 000
　　　　预计负债—应付退货款
　　　　　　　　　　　(20×50)1 000

(2)2×22 年 4 月末，甲公司交付产品时的账务处理为：

借：应收账款　　　　(30×300)9 000
　　贷：主营业务收入　(30×250)7 500
　　　　预计负债—应付退货款
　　　　　　　　　　　(30×50)1 500

(3)2×22 年 6 月末，甲公司交付产品时的账务处理为：

借：应收账款　　　　(15×250)3 750
　　贷：主营业务收入　(15×250)3 750

同时：

借：预计负债—应付退货款　2 500
　　贷：应收账款　　　　　2 500
借：银行存款　　(65×250)16 250
　　贷：应收账款　　　　　16 250

【例题 14 · 计算分析题】2×22 年 1 月 1 日，甲公司与乙公司签订合同，向其销售 A 产品。合同约定，当乙公司在 2×22 年的采购量不超过 500 万件时，每件产品的价格 180 元，当乙公司在 2×22 年的采购量超过 500 万件时，每件产品的价格为 160 元。乙公司在第一季度的采购量为 150 万件，甲公司预计乙公司全年的采购量不会超过 500 万件。2×22 年 4 月，乙公司因市场需求而增加了原材料的采购量，第二季度共向甲公司采购 A 产品 200 万件，甲公司预计乙公司全年的采购量将超过 500 万件，因此，全年采购量适用的产品单价均将调整为 160 元。

要求：分别计算确定甲公司在 2×22 年第一季度和第二季度应确认的收入。

答案 2×22 年第一季度，甲公司根据以往经验估计乙公司全年的采购量将不会超过 500 万件，甲公司按照 180 元的单价确认收入，满足在不确定性消除之后(即乙公司全年的采购量确定之后)，累计已确认的收入将极可能不会发生重大转回的要求，因此，甲公司在第一季度确认的收入金额 = 180×150 = 27 000(万元)。

2×22 年第二季度，甲公司对交易价格进行重新估计，由于预计乙公司全年的采购量将超过 500 万件，按照 160 元的单价确认收入，才满足极可能不会导致累计已确认的收入发生重大转回的要求。因此，甲公司在第二季度确认的收入金额 = 160×(200+150) − 27 000 = 29 000(万元)。

【例题 15 · 计算分析题】2×22 年 9 月 1 日甲公司向乙公司销售一批产品，售价为 1 000 万元，增值税税额为 130 万元，合同规定现金折扣为：2/10、1/20、n/30。乙公司明确表示将会提前付款，享受现金折扣 2%的折扣。

要求：作出甲公司的相关会计处理。

答案 企业在销售商品时给予客户的现金折扣，应当按照可变对价的相关规定进行会计处理。现金折扣 20 万元，收入确认金额为 980 万元(1 000−20)，但是增值税税额还是 130 万元。

借：应收账款　　　　　　1 110
　　贷：主营业务收入　　　　980
　　　　应交税费—应交增值税(销项税额)　130

实际收到款项(假定在 9 月 10 日前收到)时：

借：银行存款　　　　　　1 110
　　贷：应收账款　　　　　1 110

2. 合同中存在的重大融资成分

合同中存在重大融资成分的，企业应当按照假定客户在取得商品控制权时即以现金支付的应付金额(即，现销价格)确定交易价格。企业在确定该重大融资成分的金额时，应使用将合同对价的名义金额折现为商品的现销价格的折现率。该折现率一经确定，不得因后续市场利率或客户信用风险等情况的变化而变更。企业确定的交易价格与合同承诺的对价金额之间的差额，应当在合同期间内采用实际利率法摊销。

为简化实务操作，如果在合同开始日，

企业预计客户取得商品控制权与客户支付价款间隔不超过一年的，可以不考虑合同中存在的重大融资成分。

『提示』因有关部门需要履行相关审批程序等导致收款时间较长且是必要的，则不属于存在重大融资成分的情形。

【例题 16·计算分析题】2×22 年 1 月 1 日，甲公司与乙公司签订合同，向其销售一批产品。合同约定，该批产品将于 3 年之后交货。合同中包含两种可供选择的付款方式，即乙公司可以在 3 年后交付产品时支付 2 000 万元，或者在合同签订时支付 1 679.2 万元。乙公司选择在合同签订时支付货款。该批产品的控制权在交货时转移。甲公司于 2×22 年 1 月 1 日收到乙公司支付的货款。上述价格均不包含增值税，且假定不考虑相关税费影响。

假定按照上述两种付款方式计算的内含利率为 6%。考虑到乙公司付款时间和产品交付时间之间的间隔以及现行市场利率水平，甲公司认为该合同包含重大融资成分。假定上述业务的融资费用不符合借款费用资本化的要求。

要求：根据上述资料，作出甲公司的相关账务处理。

答案由于该合同包含重大融资成分，因此甲公司在确定交易价格时，应当对合同承诺的对价金额进行调整，以反映该重大融资成分的影响。甲公司的账务处理为：

(1)2×22 年 1 月 1 日收到货款：

借：银行存款　　1 679.2

　　未确认融资费用　　320.8

　　贷：合同负债　　2 000

(2)2×22 年 12 月 31 日确认融资成分的影响：

借：财务费用 (1 679.2×6%) 100.75

　　贷：未确认融资费用　　100.75

(3)2×23 年 12 月 31 日确认融资成分的影响：

借：财务费用 (1 779.95×6%) 106.8

　　贷：未确认融资费用　　106.8

(4)2×24 年 12 月 31 日交付产品：

借：财务费用

　　(320.8－100.75－106.8) 113.25

　　贷：未确认融资费用　　113.25

借：合同负债　　2 000

　　贷：主营业务收入　　2 000

3. 非现金对价

当企业因转让商品而有权向客户收取的对价是非现金形式时，如实物资产、无形资产、股权、客户提供的广告服务等。企业通常应当按照非现金对价在合同开始日的公允价值确定交易价格。非现金对价公允价值不能合理估计的，企业应当参照其承诺向客户转让商品的单独售价间接确定交易价格。

合同开始日后非现金对价的公允价值发生变动的处理思路，如图 17-1 所示。

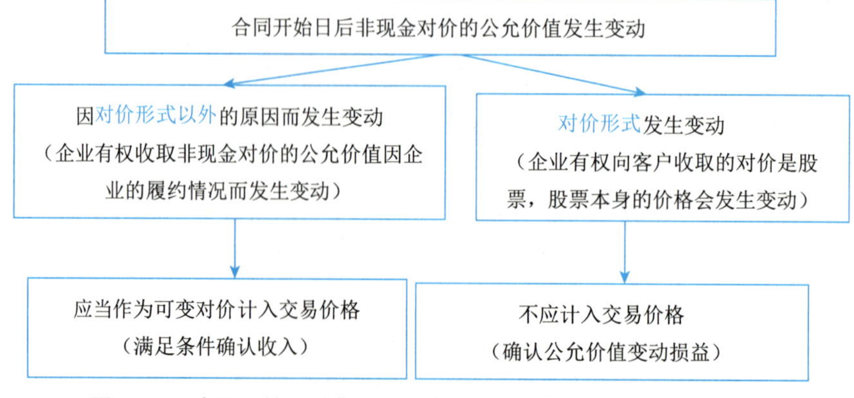

图 17-1　合同开始日后非现金对价的公允价值发生变动的处理思路

【例题 17 · 计算分析题】甲公司为客户生产一批产品。双方约定，如果甲公司能够在 30 天内交货，则可以额外获得 200 万股客户的股票作为奖励。合同开始日，该股票的价格为每股 5 元；由于缺乏执行类似合同的经验，当日，甲公司估计，该 200 万股股票的公允价值计入交易价格将不满足累计已确认的收入极可能不会发生重大转回的限制条件。合同开始日之后的第 25 天，甲公司将该批产品交付给客户，从而获得了 200 万股股票，该股票在此时的价格为每股 6 元。假定甲公司将该股票作为以公允价值计量且其变动计入当期损益的金融资产。

要求：根据上述资料，作出甲公司的相关账务处理。

答案 合同开始日，该股票的价格为每股 5 元，由于缺乏执行类似合同的经验，当日，甲公司估计，该 200 万股股票的公允价值计入交易价格将不满足累计已确认的收入极可能不会发生重大转回的限制条件，因此，甲公司不应将该 200 万股股票的公允价值 1 000 万元计入交易价格。合同开始日之后的第 25 天，甲公司获得了 200 万股股票，该股票在此时的价格为每股 6 元。甲公司应当将股票（非现金对价）的公允价值因对价形式以外的原因而发生的变动，即 1 000 元（5×200）确认为收入，因对价形式原因而发生的变动，即 200 万元（1 200－1 000）计入公允价值变动损益。

借：交易性金融资产　（6×200）1 200
　　贷：主营业务收入　（5×200）1 000
　　　　公允价值变动损益　200

4. 应付客户对价

企业需要向客户或第三方支付对价的，应当将该应付对价冲减交易价格，但应付客户对价是为了自客户取得其他可明确区分商品的除外。

【例题 18 · 计算分析题】甲公司为保健品制造企业，2×22 年 1 月 1 日与大型连锁超市签订一年期合同，约定超市在一年内至少购买价值 1 500 万元的保健品。合同规定：企业需要在合同开始日向超市支付 150 万元的不可返还款项，以补偿超市为了摆放保健品更改货架发生的购买冷藏柜支出。假定超市全年采购价款为 1 500 万元，不考虑相关税费影响。

要求：根据上述资料，说明甲公司 2×22 年的相关会计处理。

答案 甲公司支付给超市的 150 万元并未取得可明确区分的商品或服务，因此作为交易价格的抵减。甲公司 2×22 年确认销售收入 1 350 万元（1 500－150）。

（1）在合同开始日向超市支付 150 万元：

借：其他应收款　150
　　贷：银行存款　150

（2）假定年末一次确认收入并收到货款 1 500 万元：

借：银行存款　1 500
　　贷：主营业务收入　1 350
　　　　其他应收款　150

（二）将交易价格分摊至各单项履约义务

1. 分摊合同折扣

合同中包含两项或多项履约义务的，企业应当在合同开始日，按照各单项履约义务所承诺商品的单独售价的相对比例，将交易价格分摊至各单项履约义务。

单独售价是指企业向客户单独销售商品的价格。单独售价无法直接观察的，企业应当综合考虑其能够合理取得的全部相关信息，采用市场调整法、成本加成法、余值法等方法合理估计单独售价。

当客户购买的一组商品中所包含的各单项商品的单独售价之和高于合同交易价格时，表明客户因购买该组商品而取得了合同折扣。合同折扣，是指合同中各单项履约义务所承诺商品的单独售价之和高于合同交易价格的金额。企业应当在各单项履约义务之间按比例分摊合同折扣。

（1）有确凿证据表明合同折扣与合同中

全部履约义务相关的，企业应当将该合同折扣分摊至全部履约义务。

当合同中包含两项或多项履约义务时，如果企业履行了其中的一项履约义务、向客户转让商品而获得了一项有权收取对价的权利，且该权利取决于时间流逝之外的其他因素，则企业应将其确认为合同资产而不应确认为应收款项。

【例题 19·计算分析题】2×21 年 3 月 1 日，甲公司与客户签订合同，向其销售 A、B 两项商品，合同价款为 500 万元。A 商品的单独售价为 120 万元，B 商品的单独售价为 480 万元，单独售价合计 600 万元。合同约定，A 商品于合同开始日交付，B 商品在一个月之后交付，只有当两项商品全部交付之后，甲公司才有权收取 500 万元的合同对价。假定 A 商品和 B 商品分别构成单项履约义务，其控制权在交付时转移给客户。上述价格均不包含增值税，且假定不考虑相关税费影响。

要求：根据上述资料，作出甲公司的相关账务处理。

答案

分摊至 A 商品的合同价款 = 500×120/(120+480) = 100(万元)。

分摊至 B 商品的合同价款 = 500×480/(120+480) = 400(万元)。

甲公司的账务处理如下：

(1)交付 A 商品时：

借：合同资产　　100

　　贷：主营业务收入　　100

(2)交付 B 商品时：

借：应收账款　　500

　　贷：合同资产　　100

　　　　主营业务收入　　400

『提示』合同资产与应收账款的区别如表 17-5 所示。

表 17-5　合同资产与应收账款的区别

项目	合同资产	应收账款
定义	是指企业已向客户转让商品而有权收取对价的权利，且该权利取决于时间流逝之外的其他因素	是企业无条件收取合同对价的权利，该权利应当作为应收账款单独列示
二者的区别	合同资产并不是一项无条件收款权，该权利除了时间流逝之外，还取决于其他条件（例如，履行合同中的其他履约义务）才能收取相应的合同对价	应收账款代表的是无条件收取合同对价的权利，即企业仅仅随着时间的流逝即可收款
二者的风险不同	合同资产除信用风险之外，还可能承担其他风险，如履约风险等	应收账款仅承担信用风险

(2)有确凿证据表明合同折扣仅与合同中一项或多项（而非全部）履约义务相关的，企业应当将该合同折扣分摊至相关的一项或多项履约义务。

【例题 20·计算分析题】甲公司与客户签订合同，向其销售 A、B、C 三种产品，合同总价款为 140 万元，这三种产品构成三项履约义务。企业经常以 60 万元单独出售 A 产品，其单独售价可直接观察；B 产品和 C 产品的单独售价不可直接观察，甲公司采用市场调整法估计的 B 产品单独售价为 35 万元，采用成本加成法估计的 C 产品单独售价为 65 万元。甲公司通常以 60 万元的价格单独销售 A 产品，并将 B 产品和 C 产品组合在一起以 80 万元的价格销售。上述价格均不包含增值税。

要求：根据上述资料，分别确定 A 产品、B 产品和 C 产品的交易价格。

答案 三种产品的单独售价合计为 160 万元(60+35+65)，而该合同的价格为 140 万元，该合同的整体折扣为 20 万元。由于甲公司经常将 B 产品和 C 产品组合在一起以 80 万元的价格销售，该价格与其单独售价之和 100 万元(35+65)的差额为 20 万元，与该合同的整体折扣一致，而 A 产品单独销售的价格与其单独售价一致，证明该合同的整体折扣仅应归属于 B 产品和 C 产品。

A 产品应分摊的交易价格=60(万元)。

B 产品应分摊的交易价格=80×35/(35+65)=28(万元)。

C 产品应分摊的交易价格=80×65/(35+65)=52(万元)。

(3)有确凿证据表明，合同折扣仅与合同中的一项或多项(而非全部)履约义务相关，且企业采用余值法估计单独售价的，应当首先在该一项或多项(而非全部)履约义务之间分摊合同折扣，然后再采用余值法估计单独售价。

【例题 21 · 计算分析题】沿用上题相关资料，A、B、C 产品的单独售价均不变，合计为 160 万元(60+35+65)，B、C 产品组合销售的折扣仍为 20 万元。

甲公司与该客户签订的合同中还包括销售 D 产品。该合同的总价款为 190 万元。D 产品的价格波动巨大，甲公司向不同的客户单独销售 D 产品的价格在 30 万元至 80 万元之间，甲公司计划用余值法估计其单独售价。

要求：根据上述资料，说明甲公司应如何确定 D 产品的交易价格。

答案由于 D 产品价格波动巨大，甲公司计划用余值法估计其单独售价。由于合同折扣 20 万元仅与 B、C 产品有关，因此，甲公司首先应当在 B、C 产品之间分摊合同折扣。A、B 和 C 产品在分摊了合同折扣之后的单独售价分别为 60 万元、28 万元和 52 万元，合计为 140 万元。然后，甲公司采用余值法估计 D 产品的单独售价为 50 万元(190-140)，该金额在甲公司以往单独销售 D 产品的价格区间之内，表明该分摊结果符合分摊交易价格的目标，即该金额能够反映甲公司因转让 D 产品而预期有权收取的对价金额。

2. 分摊可变对价

合同中包含可变对价的，该可变对价可能与整个合同相关，也可能仅与合同中的某一特定组成部分有关，后者包括两种情形：一是可变对价可能与合同中的一项或多项(而非全部)履约义务有关，例如，是否获得奖金取决于企业能否在指定时期内转让某项已承诺的商品。二是可变对价可能与企业向客户转让的构成单项履约义务的一系列可明确区分商品中的一项或多项(而非全部)商品有关，例如，为期两年的保洁服务合同中，第二年的服务价格将根据指定的通货膨胀率确定。

同时满足下列两项条件的，企业应当将可变对价及可变对价的后续变动额全部分摊至与之相关的某项履约义务，或者构成单项履约义务的一系列可明确区分商品中的某项商品：

(1)可变对价的条款专门针对企业为履行该项履约义务或转让该项可明确区分商品所作的努力；

(2)企业在考虑了合同中的全部履约义务及支付条款后，将合同对价中的可变金额全部分摊至该项履约义务或该项可明确区分商品符合分摊交易价格的目标。

对于不满足上述条件的可变对价及可变对价的后续变动额，以及可变对价及其后续变动额中未满足上述条件的剩余部分，企业应当按照分摊交易价格的一般原则，将其分摊至合同中的各单项履约义务。对于已履行的履约义务，其分摊的可变对价后续变动额应当调整变动当期的收入。

3. 分摊交易价格的后续变动

合同开始日之后，由于相关不确定性的消除或环境的其他变化等原因，交易价格可能会发生变化，从而导致企业因向客户转让商品而预期有权收取的对价金额发生变化。交易价格发生后续变动的，企业应当按照在合同开始日所采用的基础将该后续变动金额分摊至合同中的履约义务。企业不得因合同开始日之后单独售价的变动而重新分摊交易价格。

对于合同变更导致的交易价格后续变动，应当按照准则有关合同变更的规定进行会计处理。合同变更之后发生可变对价后续变动的，企业应当区分下列三种情形分别进行会计处理：

(1)合同变更属于“一、收入的确认”中关于“合同变更”的情形(1)的，企业应当判断可变对价后续变动与哪一项合同相关，并按照分摊可变对价的相关规定进行会计处理。

(2)合同变更属于“一、收入的确认”中关于“合同变更”的情形(2)的，且可变对价后续变动与合同变更前已承诺可变对价相关的，企业应当首先将该可变对价后续变动额以原合同开始日确定的单独售价为基础进行分摊，然后再将分摊至合同变更日尚未履行履约义务的该可变对价后续变动额以新合同开始日确定的基础进行二次分摊。

(3)合同变更之后发生除上述第(1)种和第(2)种情形以外的可变对价后续变动的，企业应当将该可变对价后续变动额分摊至合同变更日尚未履行(或部分未履行)的履约义务。

三、合同成本★★

(一)合同履约成本

合同履约成本确认为资产应满足的条件如下：

(1)该成本与一份当前或预期取得的合同直接相关。

与合同直接相关的成本包括直接人工、直接材料、制造费用或类似费用(如，与组织和管理生产、施工、服务等活动发生的费用，包括管理人员的职工薪酬、劳动保护费、固定资产折旧费及修理费、物料消耗、取暖费、水电费、办公费、差旅费、财产保险费、工程保修费、排污费、临时设施摊销费等)、明确由客户承担的成本以及仅因该合同而发生的其他成本(如支付给分包商的成本、机械使用费、设计和技术援助费用、施工现场二次搬运费、生产工具和用具使用费、检验试验费、工程定位复测费、工程点交费用、场地清理费等)。

(2)该成本增加了企业未来用于履行(或持续履行)履约义务的资源。

(3)该成本预期能够收回。

需要注意的是，企业应当在下列支出发生时，将其计入当期损益：一是管理费用，除非这些费用明确由客户承担。二是非正常消耗的直接材料、直接人工和制造费用(或类似费用)。三是与履约义务中已履行(包括已全部履行或部分履行)部分相关的支出，即该支出与企业过去的履约活动相关。四是无法在尚未履行的与已履行(或已部分履行)的履约义务之间区分的相关支出。

『提示』核算时应设置“合同履约成本”科目。与“生产成本”核算方法基本相同。

【例题22·多选题】☆下列各项中，不应作为合同履约成本确认为资产的有(　)。

A. 为取得合同发生但预期能够收回的增量成本

B. 为组织和管理企业生产经营发生的但非由客户承担的管理费用

C. 为履行合同发生的非正常消耗的直接材料、直接人工和制造费用

D. 无法在尚未履行的与已履行(或已部分履行)的履约义务之间区分的支出

答案 ABCD

(二)合同取得成本

企业为取得合同发生的增量成本预期能够收回的，应当作为合同取得成本确认为一项资产。增量成本，是指企业不取得合同就不会发生的成本。

为简化实务操作，该资产摊销期限不超过一年的，可以在发生时计入当期损益(销售费用)。

企业为取得合同发生的、除预期能够收回的增量成本之外的其他支出(如无论是否取得合同均会发生的差旅费、投标费等)，应当在发生时计入当期损益，除非这些支出明确由客户承担。

『提示』会计核算时，应设置“合同取得成本”科目。

【例题 23·计算分析题】甲公司是一家咨询公司，其销售部门为竞标赢得一个新客户、取得该客户的合同发生下列支出：(1)聘请外部律师和注册会计师进行尽职调查的支出为 1 万元；(2)因投标发生的投标费和差旅费为 2 万元；(3)按公司规定每赢得一个新客户需支付给销售人员的奖金为 3 万元。甲公司预期这些支出未来能够收回。此外，甲公司根据其年度销售目标、整体盈利情况及个人业绩等向销售部门经理支付年度奖金 4 万元。

要求：根据上述资料，说明甲公司对于上述支出应如何进行会计处理。

答案▶本例中，甲公司向销售人员支付的奖金属于为取得合同发生的增量成本，应当将其作为合同取得成本确认为一项资产。甲公司聘请外部律师和注册会计师进行尽职调查发生的支出、为投标发生的投标费和差旅费，无论是否取得合同都会发生，不属于增量成本，因此，应当于发生时直接计入当期损益。甲公司向销售部门经理支付的年度奖金也不是为取得合同发生的增量成本，这是因为该奖金发放与否以及发放金额还取决于其他因素(包括公司的盈利情况和个人业绩)，其并不能直接归属于可识别的合同。

(三)与合同履约成本和合同取得成本有关的资产的摊销和减值

1. 有关的资产的摊销

对于合同履约成本和合同取得成本中被确认为资产的部分，企业应当采用与该资产相关的商品收入确认相同的基础(即在履约义务履行的时点或按照履约义务的履约进度)进行摊销，计入当期损益。

2. 有关的资产的减值

(1)与合同成本有关的资产，其账面价值高于下列两项的差额的，超出部分应当计提减值准备，并确认为资产减值损失：

①企业因转让与该资产相关的商品预期能够取得的剩余对价；

②为转让该相关商品估计将要发生的成本。

资产减值损失＝账面价值－(预期能够取得的剩余对价－估计将要发生的成本)

(2)以前期间减值的因素之后发生变化，使得“企业因转让与该资产相关的商品预期能够取得的剩余对价”减去“为转让该相关商品估计将要发生的成本”的差额高于该资产账面价值的，应当转回原已计提的资产减值准备，并计入当期损益，但转回后的资产账面价值不应超过假定不计提减值准备情况下该资产在转回日的账面价值。

四、特定交易的会计处理★★★

(一)附有销售退回条款的销售

对于此类业务，企业应当在客户取得相关商品控制权时，按照因向客户转让商品而预期有权收取的对价金额(即不包含预期因销售退回将退还的金额)确认收入，按照预期因销售退回将退还的金额确认负债；同时，按照预期将退回商品转让时的账面价值，扣除收回该商品预计发生的成本(包括退回商品的价值减损)后的余额，确认为一项资产，按照所转让商品转让时的账面价值，扣除上述资产成本的净额结转成本。

每一资产负债表日，企业应当重新估计未来销售退回情况，并对上述资产和负债进行重新计量。如有变化，应当作为会计估计变更进行会计处理。

对于附有销售退回条款的销售，如果企业在客户要求退货时有权向客户收取一定金额的退货费，则企业在估计预期有权收取的对价金额时，应当将该退货费包括在内。

【例题24·计算分析题】甲公司系办公家具销售企业，2×20年6月30日向客户销售办公桌1 000张，每张办公桌的价格为500元，成本为300元。根据合同约定，客户有权在收到办公桌的30天内退货，但是需要向甲公司支付10%的退货费(即每张办公桌的退货费为50元)。根据历史经验，甲公司预计该批产品的退货率为10%(即估计退货100张办公桌)，且退货过程中，甲公司预计为每张退货的办公桌发生的成本为30元。2×20年7月30日退货期届满，实际退货40张办公桌，甲公司为每张退货办公桌发生的成本为30元，甲公司于当日收到相关货款。上述价格均不包含增值税，假定不考虑相关税费影响。

要求：根据上述资料，作出甲公司的相关账务处理。

答案

甲公司在将办公桌的控制权转移给客户时的账务处理为：

借：应收账款　　(1 000×0.05)50

　贷：主营业务收入

　　　　(900×0.05+100×0.005)45.5

　　　预计负债—应付退货款

　　　　(100×0.05-100×0.005)4.5

借：主营业务成本

　　(900×0.03+100×0.003)27.3

　应收退货成本

　　(100×0.03-100×0.003)2.7

　贷：库存商品　　(1 000×0.03)30

2×20年7月30日，实际发生办公桌退回时：

借：库存商品　　(40×0.03)1.2

　预计负债—应付退货款　　4.5

　贷：应收退货成本 (1.2-0.12)1.08

　　　主营业务收入

　　　　(60×0.05-60×0.005)2.7

　　　应收账款

　　　　(40×0.05-40×0.005)1.8

　　　银行存款　　(40×0.003)0.12

借：主营业务成本

　　(60×0.03-60×0.003)1.62

　贷：应收退货成本　　1.62

借：银行存款

　　(960×0.05+40×0.005)48.2

　贷：应收账款　　(50-1.8)48.2

【例题25·综合题】☆(节选)甲公司是一家在科创板上市的综合性医疗集团公司，2×18年和2×19年发生相关交易或事项如下：

……

(3)2×18年3月，甲公司开发的一款处方药取得批准并对外销售，为了尽快获得市场认可，甲公司批准了一项销售政策：医院购买的该药品在有效期内若未实现对外销售，可返还给甲公司，该药品自出厂之日起一年内有效。2×18年3月1日至12月31日期间，甲公司对外销售该药品5 000箱，每箱售价3万元，每箱成本1万元，甲公司估计该药品退货率为20%。根据国家政策，甲公司收到退回的该药品应予以销毁。

2×19年4月10日，甲公司对2×18年销售的该药品截至2×19年3月底的退货情况统计，并得出实际退货率为10%。甲公司管理层根据实际退货统计情况，对该药品退货率进行重新估计，将该药品的退货率调整为15%。

2×19年4月20日，甲公司2×18年财务报告经批准对外报出。

其他资料：第一，相关交易收付款项均以银行存款按合同约定时间收取或支付；第二，不考虑税费影响。

要求：编制甲公司2×18年确认药品销售收入的会计分录；判断甲公司对退货率调整是否属于2×18年资产负债表日后调整事项，说明理由，并编制相关会计分录。

答案 甲公司2×18年确认药品销售收入的会计分录：

借：银行存款　　(5 000×3)15 000

　贷：主营业务收入

　　　　(15 000-3 000)12 000

预计负债 （15 000×20%）3 000

借：主营业务成本

（5 000×80%）4 000

应收退货成本

（5 000×20%）1 000

贷：库存商品 （5 000×1）5 000

甲公司对退货率的调整属于2×18年资产负债表日后调整事项。理由：因为该销售事项在资产负债表日前已经存在，日后期间按照新取得的证据对原来已存在情况进行调整，应作为日后调整事项处理。分录为：

借：预计负债

［15 000×（20%-15%）］750

贷：以前年度损益调整——调整主营业务收入 750

借：以前年度损益调整——调整主营业务成本 250

贷：应收退货成本 （5 000×5%）250

『提示』实际收到退货药品的处理如下：

借：库存商品 （5 000×1×10%）500

预计负债 （15 000×10%） 1 500

贷：应收退货成本 500

其他应付款

（5 000×3×10%）1 500

借：以前年度损益调整——调整资产减值损失 500

贷：存货跌价准备 500

（二）附有质量保证条款的销售

企业在向客户销售商品时，可能会为所销售的商品提供质量保证，其中，有一些质量保证是为了向客户保证所销售的商品符合既定标准，即保证类质量保证（三包服务）；而另一些质量保证则是在向客户保证所销售的商品符合既定标准之外提供了一项单独的服务，即服务类质量保证。

企业应当对其所提供的质量保证的性质进行分析，对于客户能够选择单独购买质量保证的，表明该质量保证构成单项履约义务；对于客户虽然不能选择单独购买质量保证，但是，如果该质量保证在向客户保证所销售的商品符合既定标准之外提供了一项单独服务的，也应当作为单项履约义务。作为单项履约义务的质量保证应当按收入准则规定进行会计处理，并将部分交易价格分摊至该项履约义务。对于不能作为单项履约义务的质量保证，企业应当按照《企业会计准则第13号——或有事项》的规定进行会计处理。

【例题26 · 计算分析题】甲公司为通信公司，其在2×22年1月初向客户销售的手机的单独售价为5 000元/部，成本为3 000元/部。该手机全国联保，享受三包服务，质保期为一年，在此期间内如因手机自身质量问题出现故障，甲公司负责提供质量保证服务。甲公司估计保修费用为所售手机收入的2%。此外，自2×22年1月1日起，甲公司向客户提供3年期全保修服务，在此期间内，三包服务范围以外因客户使用不当造成的手机故障（例如因使用不当造成手机碎屏或进水）的，甲公司也提供免费维修服务。全保修3年的单独售价为360元/部，客户不能单独购买该维修服务。2×22年1月初甲公司销售手机1万部，交易价格5 092万元已经收到。不考虑货币时间价值和增值税等因素的影响。

要求：根据上述资料，说明甲公司应如何进行会计处理。

答案▶甲公司的承诺包括：销售手机、提供质量保证服务以及维修服务。甲公司针对产品的质量问题提供的质量保证服务是为了向客户保证所销售商品符合既定标准，因此不构成单项履约义务；甲公司对由于客户使用不当而导致的产品故障提供的免费维修服务，属于在向客户保证所销售商品符合既定标准之外提供的单独服务，应该作为单项履约义务。因此，在该合同下，甲公司的履约义务有两项：销售手机和提供全保修3年期维修服务，甲公司应当按照其各自交易价格确认这两项履约义务。

甲公司在2×22年1月的会计处理为：

借：银行存款　5 092
　贷：主营业务收入　(5 092×5 000/5 360)4 750
　　合同负债　(5 092×360/53 60)342
借：主营业务成本　3 000
　贷：库存商品　3 000
借：销售费用　(4 750×2%)95
　贷：预计负债　95
借：合同负债　(342/3/12)9.5
　贷：主营业务收入　9.5

(三)主要责任人和代理人

当企业向客户销售商品涉及其他方参与其中时，企业应当确定其自身在该交易中的身份是主要责任人还是代理人。主要责任人应当按照已收或应收对价总额确认收入；代理人应当按照预期有权收取的佣金或手续费的金额确认收入。

1. 主要责任人或代理人的判断原则

(1)企业在判断其是主要责任人还是代理人时，应当根据其承诺的性质，也就是履约义务的性质，确定企业在某项交易中的身份是主要责任人还是代理人。企业承诺自行向客户提供特定商品的，其身份是主要责任人；企业承诺安排他人提供特定商品的，即为他人提供协助的，其身份是代理人。

在确定企业承诺的性质时，企业应当首先识别向客户提供的特定商品。这里的特定商品，是指向客户提供的可明确区分的商品或可明确区分的一揽子商品，根据前述可明确区分的商品的内容，该特定的商品也包括享有由其他方提供的商品的权利。

(2)企业应当评估特定商品在转让给客户之前，企业是否控制该商品。企业在将特定商品转让给客户之前控制该商品的，表明企业的承诺是自行向客户提供该商品，或委托另一方(包括分包商)代其提供该商品，因此，企业为主要责任人；相反，企业在特定商品转让给客户之前不控制该商品的，表明企业的承诺是安排他人向客户提供该商品，是为他人提供协助，因此，企业为代理人。

2. 企业作为主要责任人的情况

当存在第三方参与企业向客户提供商品时，企业向客户转让特定商品之前能够控制该商品的，应当作为主要责任人。企业作为主要责任人的情形包括：

(1)企业自该第三方取得商品或其他资产控制权后，再转让给客户。这里的商品或其他资产也包括企业向客户转让的未来享有由其他方提供服务的权利。企业应当评估该权利在转让给客户前，企业是否控制该权利。

【例题27·计算分析题】甲公司经营一家电商平台，平台商家自行负责商品的采购、定价、发货以及售后服务，甲公司仅提供平台供商家与消费者进行交易并负责协助商家和消费者结算货款，甲公司按照货款的5%向商家收取佣金，并判断自己在商品买卖交易中是代理人。2×20年，甲公司向平台的消费者销售了500万张不可退的电子购物卡，每张卡的面值为100元，总额50 000万元。假设不考虑相关税费的影响。

要求：根据上述资料，作出甲公司的相关账务处理。

答案考虑到甲公司在商品买卖交易中为代理人，仅为商家和消费者提供平台及结算服务，并收取佣金，因此，甲公司销售电子购物卡收取的款项50 000万元中，仅佣金部分2 500万元(50 000×5%，不考虑相关税费)代表甲公司已收客户(商家)对价而应在未来消费者消费时作为代理人向商家提供代理服务的义务，应当确认合同负债。对于其余部分(即47 500万元)，为甲公司代商家收取的款项，作为其他应付款，待未来消费者消费时支付给相应的商家。

借：银行存款　50 000
　贷：合同负债　2 500
　　其他应付款　47 500

(2)企业能够主导第三方代表本企业向

客户提供服务。当企业承诺向客户提供服务，并委托第三方(例如分包商、其他服务提供商等)代表企业向客户提供服务时，如果企业能够主导该第三方代表本企业向客户提供服务，则表明企业在相关服务提供给客户之前能够控制该相关服务。

【例题28·计算分析题】 A公司与B公司签订合同，为其办公楼提供保洁服务，并商定了服务范围及其价格。A公司每月按照约定的价格向B公司开具发票，B公司按照约定的日期向A公司付款。双方签订合同后，A公司委托服务提供商C公司代表其为B公司提供该保洁服务，与其签订了合同。A公司和C公司商定了服务价格，双方签订的合同付款条款大致上与A公司和B公司约定的付款条款一致。当C公司按照与A公司的合同约定提供了服务时，无论B公司是否向A公司付款，A公司都必须向C公司付款。B公司无权主导C公司提供未经A公司同意的服务。

要求：判断A公司在该交易中的身份为主要责任人还是代理人，并说明理由。

答案 是主要责任人。理由：A公司向B公司提供的特定服务是办公楼的保洁服务，除此之外，A公司并没有向B公司承诺任何其他的商品。根据A公司与C公司签订的合同，A公司能够主导C公司所提供的服务，包括要求C公司代表A公司向B公司提供保洁服务，相当于A公司利用其自身资源履行了该合同。B公司无权主导C公司提供未经A公司同意的服务。因此，A公司在C公司向B公司提供保洁服务之前控制了该服务，A公司在该交易中的身份为主要责任人。

(3)企业自第三方取得商品控制权后，通过提供重大的服务将该商品与其他商品整合成合同约定的某组合产出转让给客户。此时，企业承诺提供的特定商品就是合同约定的组合产出。企业只有获得为生产该特定商品所需要的投入(包括从第三方取得的商品)的控制权，才能将这些投入加工整合为合同约定的组合产出。例如，计算机房的建设、系统集成。

3. 在实务中进行判断时应综合考虑的事实和情况

实务中，企业在判断其在向客户转让特定商品之前是否已经拥有对该商品的控制权时，不应仅局限于合同的法律形式，而应当综合考虑所有相关事实和情况进行判断，这些事实和情况包括：

(1)企业承担向客户转让商品的主要责任，即验收风险。

企业在评估是否承担向客户转让商品的主要责任时，应当从客户的角度出发，即客户认为哪一方承担了主要责任，例如客户认为谁对商品的质量或性能负责、谁负责提供售后服务、谁负责解决客户投诉等。

(2)企业在转让商品之前或之后承担了该商品的存货风险。

存货可能因发生减值、毁损或灭失等而给企业造成损失，此即存货风险。比如，如果企业在与客户订立合同之前已经购买或者承诺将自行购买特定商品，这可能表明企业在将该特定商品转让给客户之前，承担了该特定商品的存货风险，企业有能力主导特定商品的使用并从中取得几乎全部的经济利益；此外，在附有销售退回条款的销售中，企业将商品销售给客户之后，客户有权要求向该企业退货，这可能表明企业在转让商品之后仍然承担了该商品的存货风险。

(3)企业有权自主决定所交易商品的价格。

企业有权决定客户为取得特定商品所需支付的价格，可能表明企业有能力主导有关商品的使用并从中获得几乎全部的经济利益。

需要强调的是，企业在判断其是主要责任人还是代理人时，应当以该企业在特定商品转让给客户之前是否能够控制这些商品为原则。

『提示』委托方通过与加工方签订销售合同的形式将原材料等“销售”给加工方并委

托其加工，同时与加工方签订采购合同以回购加工后的商品的，如果加工方不能主导该原材料的使用并获得几乎全部经济利益，即加工方并未取得待加工原材料的控制权，则该原材料仍属于委托方的存货，委托方不应确认销售原材料的收入，加工方应按照净额确认受托加工服务费收入。

（四）附有客户额外购买选择权的销售

如果客户只有在订立了一项合同的前提下才取得了额外购买选择权，并且客户行使该选择权购买额外商品时，能够享受到超过该地区或该市场中其他同类客户所能够享有的折扣，则通常认为该选择权向客户提供了一项重大权利。该选择权向客户提供了重大权利的，应当作为单项履约义务。在这种情况下，客户在该合同下支付的价款实际上购买了两项单独的商品：一是客户在该合同下原本购买的商品；二是客户可以免费或者以折扣价格购买额外商品的权利。企业应当将交易价格在这两项商品之间进行分摊。

【例题 29·综合题】☆甲公司是一家大型零售企业，其2×19年度发生的相关交易或事项如下：

（1）2×19年4月1日，经过三个月的场地整理和商品准备，甲公司在租入的A大楼一至四层开设的B商场正式对外营业。甲公司采用三种方式进行经营，第一种是自行销售方式，即甲公司从供应商处采购商品并销售给顾客，第二种是委托代销方式，即甲公司接受供应商的委托销售商品，并按照销售收入的一定比例收取费用；第三种是租赁柜台方式，即甲公司将销售商品的专柜租赁给商户经营，并每月收取固定的费用。

根据委托销售合同的约定，甲公司接受委托代销供应商的商品，供应商应当确保所提供的商品符合国家标准；代销商品的价格由供应商确定，在甲公司商场中的售价不得高于所在城市其他商场中相同商品的价格；供应商应指派促销员在甲公司商场内负责代销商品的销售服务工作，妥善保管其在甲公司商场内的代销商品，并承担因保管不善及不可抗力而造成的一切风险和损失；供应商负责做好代销商品的售后服务工作，并承担因代销商品所引起的所有法律责任；代销商品的货款由甲公司收银台负责收取，发票由甲公司负责对外开具，每月末甲公司与供应商核对无误后，将扣除应收代销费用后的金额支付给供应商；供应商应按甲公司代销商品收入的10%向甲公司支付代销费用。

在租赁柜台方式下，甲公司与商户签订3年的租赁协议，将指定区域的专柜租赁给商户，商户每月初按照协议约定的固定金额支付租金；商户在专柜内负责销售甲公司指定类别的商品，但具体销售什么商品由商户自己决定；商户销售商品的货款由甲公司收银台负责收取，发票由甲公司负责对外开具，每月末甲公司与商户核对无误后，将款项金额支付给商户。甲公司2×19年度应向商户收取的租金800万元已全部收到。2×19年度，甲公司B商场通过自行销售方式销售商品85 000万元，相应的商品成本73 000万元；通过委托销售方式销售商品26 000万元，相应的商品成本21 000万元；通过出租柜台方式销售商品16 000万元，相应的商品成本13 000万元。

（2）甲公司的B商场自营业开始推行一项奖励积分计划。根据该计划，客户在B商场每消费100元（不包括通过委托销售方式和出租柜台销售的商品）可获得1积分，每个积分从次月开始在购物时可以抵减1元。截至2×19年12月31日，甲公司共向客户授予奖励积分850万个；客户共兑换了450万个积分。根据甲公司其他地区商场的历史经验，甲公司估计该积分的兑换率为90%。

其他有关资料：本题不考虑税费及其他因素。

要求：

（1）根据资料（1），判断甲公司在委托销售方式下是主要责任人还是代理人，并说明理由。

(2)根据资料(1)，编制甲公司2×19年度委托销售和租赁柜台方式下确认收入的会计分录。

(3)根据资料(1)和(2)，计算甲公司2×19年度自行销售方式下商品和奖励积分应分摊的交易价格，并编制确认收入和结转已销商品成本的会计分录。

答案

(1)甲公司属于代理人。

理由：由于供应商应当确保所提供的商品符合国家标准，代销商品的价格由供应商确定，甲公司只是按照代销商品收入的10%收取代销手续费，并且代销商品在甲公司商场中的风险和损失与代销商品的售后服务工作由供应商承担，因此，甲公司在向客户转让商品前不能够控制该商品，所以，甲公司属于代理人。

(2)2×19年度委托销售确认收入的会计分录：

对外销售时：

借：银行存款　26 000

　贷：受托代销商品　26 000

收到发票：

借：受托代销商品款　26 000

　贷：应付账款　26 000

支付货款并计算代销手续费：

借：应付账款　26 000

　贷：银行存款　23 400

　　其他业务收入　2 600

2×19年度租赁柜台方式下确认收入的会计分录：

借：银行存款　800

　贷：租赁收入(其他业务收入)　800

(3)奖励积分应分摊的交易价格＝85 000×850×90%/(85 000＋850×90%)＝758.18(万元)。

商品应分摊的交易价格＝85 000－758.18＝84 241.82(万元)。

积分兑换确认收入金额＝758.18×450/(850×90%)＝445.99(万元)。

相关会计分录：

借：银行存款　85 000

　贷：主营业务收入　84 241.82

　　合同负债　758.18

借：合同负债　445.99

　贷：主营业务收入　445.99

借：主营业务成本　73 000

　贷：库存商品　73 000

(五)授予知识产权许可

授予知识产权许可，是指企业授予客户对企业拥有的知识产权享有相应权利。常见的知识产权包括软件和技术、影视和音乐等的版权、特许经营权以及专利权、商标权和其他版权等。

1. 授予知识产权许可是否构成单项履约义务

授予客户的知识产权许可不构成单项履约义务的，企业应当将该知识产权许可和所售商品一起作为单项履约义务进行会计处理。

2. 授予知识产权许可属于在某一时段履行的履约义务

授予客户的知识产权许可构成单项履约义务的，企业应当根据该履约义务的性质，进一步确定其是在某一时段内履行还是在某一时点履行。企业向客户授予的知识产权许可，同时满足下列三项条件的，应当作为在某一时段内履行的履约义务确认相关收入；否则，应当作为在某一时点履行的履约义务确认相关收入：

(1)合同要求或客户能够合理预期企业将从事对该项知识产权有重大影响的活动。

(2)该活动对客户将产生有利或不利影响。

(3)该活动不会导致向客户转让商品。

3. 授予知识产权许可属于在某一时点履行的履约义务

授予知识产权许可不属于在某一时段内履行的履约义务的，应当作为在某一时点履行的履约义务，在履行该履约义务时确认收入。

【例题30·计算分析题】 甲公司为一家文化公司，所从事的业务范围涉及音乐唱片制作、唱片印刷、唱片出版、音乐制作、明星包装、歌手宣传推广、演出、版权代理、无线运营等。2×21年将其拥有的一首中国经典管弦乐的版权授予乙公司，并约定乙公司在两年内有权在国内所有商业渠道(包括电视、广播和网络广告等)使用该经典管弦乐。因提供该版权许可，甲公司每月收取5 000元的固定对价。除该版权之外，甲公司无须提供任何其他的商品。该合同不可撤销。

要求：判断甲公司的上述义务是否属于某一时点履行的履约义务，计算甲公司在2×21年应确认的收入金额，并说明理由。

答案 属于某一时点履行的履约义务，2×21年一次性确认收入120 000元(5 000×24)。理由：甲公司除了授予该版权许可外不存在其他履约义务。甲公司并无任何义务从事改变该版权的后续活动，该版权也具有重大的独立功能(即管弦乐的录音可直接用于播放)，乙公司主要通过该重大独立功能获利，而非甲公司的后续活动。因此，合同未要求甲公司从事对该版权许可有重大影响的活动，乙公司对此也没有形成合理预期，甲公司授予该版权许可属于在某一时点履行的履约义务，应在乙公司能够主导该版权的使用并从中获得几乎全部经济利益时，全额确认收入。

4. 基于销售或使用情况的特许权使用费

企业向客户授予知识产权许可，并约定按客户实际销售或使用情况收取特许权使用费的，应当在客户后续销售或使用行为实际发生与企业履行相关履约义务二者孰晚的时点确认收入。

【例题31·计算分析题】 甲公司是一家著名的中超足球俱乐部。甲公司授权乙公司在其设计生产的服装、帽子、水杯以及毛巾等产品上使用甲公司球队的名称和图标，授权期间为2年。合同约定，甲公司收取的合同对价由两部分组成：一是1 000万元固定金额的使用费；二是按照乙公司销售上述商品所取得销售额的10%计算的提成。乙公司预期甲公司会继续参加当地顶级联赛，并取得优异的成绩。

要求：针对该事项，说明甲公司的会计处理思路。

答案 本例中，该合同仅包括一项履约义务，即授予使用权许可，甲公司继续参加比赛并取得优异成绩等活动是该许可的组成部分，而并未向客户转让任何可明确区分的商品或服务。由于乙公司能够合理预期甲公司将继续参加比赛，甲公司的成绩将会对其品牌(包括名称和图标等)的价值产生重大影响，而该品牌价值可能会进一步影响乙公司产品的销量，甲公司从事的上述活动并未向乙公司转让任何可明确区分的商品，因此，甲公司授予的该使用权许可，属于在某一时段内履行的履约义务。甲公司收取的1 000万元固定金额的使用费应当在2年内平均确认收入，按照乙公司销售相关商品所取得销售额的10%计算的提成应当在乙公司的销售实际完成时确认收入。

(六)售后回购

售后回购，是指企业销售商品的同时承诺或有权选择日后再将该商品购回的销售方式。一般来说，售后回购通常有三种形式：一是企业和客户约定企业有义务回购该商品，即存在远期安排。二是企业有权利回购该商品，即企业拥有回购选择权。三是当客户要求时，企业有义务回购该商品，即客户拥有回售选择权。对于不同类型的售后回购交易，企业应当区分下列两种情形分别进行会计处理：

1. 企业因存在与客户的远期安排而负有回购义务或企业享有回购权利

在销售时点，客户并没有取得该商品的控制权。在这种情况下，企业应根据下列情况分别进行相应的会计处理：一是回购价格低于原售价的，应当视为租赁交易，按照《企业会计准则第21号——租赁》的相关规定进行会计处理。二是回购价格不低于原售价的，应当视为融资交易，在收到客户款项时确认金融负债，而不是终止确认该资产，并将该款项和回购价格的差额在回购期间内确认为利息费用等。

【例题32·单选题】☆2×19年2月16日，甲公司以500万元的价格向乙公司销售一台设备。双方约定，1年以后甲公司有义务以600万元的价格从乙公司处回购该设备。对于上述交易，不考虑增值税及其他因素，甲公司正确的会计处理方法是（ ）。

A. 作为租赁交易进行会计处理

B. 作为融资交易进行会计处理

C. 作为附有销售退回条款的销售交易进行会计处理

D. 分别作为销售和购买进行会计处理

解析 企业因存在与客户的远期安排而负有回购义务的，回购价格不低于原售价的，应当视为融资交易，选项B正确。 **答案** B

2. 企业应客户要求回购商品

企业负有应客户要求回购商品义务的，应当在合同开始日评估客户是否具有行使该要求权的重大经济动因。客户具有行使该要求权的重大经济动因的，企业应当将回购价格与原售价进行比较，并按照上述第1种情形下的原则将该售后回购作为租赁交易或融资交易进行相应的会计处理。客户不具有行使该要求权的重大经济动因的，企业应当将该售后回购作为附有销售退回条款的销售交易进行相应的会计处理。回购价格明显高于该资产回购时的市场价值时，通常表明客户有行权的重大经济动因。

【例题33·计算分析题】甲公司向乙公司销售其生产的一台设备，销售价格为1 000万元，双方约定，乙公司在2年后有权要求甲公司以800万元的价格回购该设备。甲公司预计该设备在回购时的市场价值（假定300万元）将远低于800万元。

要求：根据上述资料，说明甲公司应如何进行会计处理。

答案 假定不考虑时间价值的影响，甲公司的回购价格800万元低于原售价1 000万元，但远高于该设备在回购时的市场价值300万元，甲公司判断乙公司有重大的经济动因行使其权利要求甲公司回购该设备。因此，甲公司应当将该交易作为租赁交易进行会计处理。

（七）客户未行使的权利

对于因销售商品而向客户收取的预收款，企业应当将预收的款项确认为合同负债，待履行了相关履约义务时再转为收入。

【例题34·计算分析题】甲公司为一家连锁餐饮企业，为增值税一般纳税人，适用的增值税税率为6%。2×21年，甲公司向客户销售了6 000张储值卡，每张卡的面值为1 000元，总额为600万元。客户可在甲公司经营的任何一家门店使用该储值卡进行消费。根据历史经验，甲公司预期客户购买的储值卡中将有相当于储值卡面值金额1%（即6万元）的部分不会被消费。截至2×21年12月31日，客户使用该储值卡消费的金额为500万元，在客户使用该储值卡消费时发生增值税纳税义务。

要求：根据上述资料，作出甲公司的相关账务处理。

答案

（1）销售储值卡：

借：库存现金等　　600

　贷：合同负债　　（600/1.06）566.04

　　应交税费—待转销项税额　33.96

（2）根据储值卡的消费金额确认收入：

甲公司预期将有权获得与客户未行使的合同权利相关的金额为6万元，该金额应当按照客户行使合同权利的模式按比例确认为收入。

销售的储值卡应当确认的收入＝（500＋6×500/594）/（1＋6%）＝476.46（万元）。

借：合同负债　　　　　　476.46
　应交税费—待转销项税额
　　　(500/1.06×6%)28.30
　贷：主营业务收入　　　　476.46
　　应交税费—应交增值税(销项税额)　　28.30

(八)无须退回的初始费

企业可能在合同开始日(或邻近合同开始日)向客户收取无须退回的初始费，如入会费、接驳费、初装费等。

该初始费与向客户转让已承诺的商品相关，并且该商品构成单项履约义务的，企业应当在转让该商品时，按照分摊至该商品的交易价格确认收入；该初始费与向客户转让已承诺的商品相关，但该商品不构成单项履约义务的，企业应当在包含该商品的单项履约义务履行时，按照分摊至该单项履约义务的交易价格确认收入；该初始费与向客户转让已承诺的商品不相关的，该初始费应当作为未来将转让商品的预收款，在未来转让该商品时确认为收入。

企业为履行合同开展初始活动，但这些活动本身并没有向客户转让已承诺的商品的，企业为开展这些活动所发生的支出，应当按照收入准则的有关合同履约成本的相关规定确认为一项资产或计入当期损益，并且企业在确定履约进度时，也不应当考虑这些成本，因为这些成本并不反映企业向客户转让商品的进度。

【例题35·计算分析题】甲公司为一家会员制高尔夫俱乐部。甲公司与客户签订了为期3年的合同，客户入会之后可以随时在该俱乐部打高尔夫。除俱乐部的年费20 000元之外，甲公司还向客户收取了200元的入会费，用于补偿俱乐部为客户进行注册登记、准备会籍资料以及制作会员卡等初始活动所花费的成本。甲公司收取的入会费和年费均无须返还。

要求：根据上述资料，说明甲公司应如何进行会计处理。

答案本例中，甲公司承诺的服务是向客户提供高尔夫服务，而甲公司为会员入会所进行的初始活动并未向客户提供其所承诺的服务，而只是一些内部行政管理性质的工作。因此，甲公司虽然为补偿这些初始活动向客户收取了200元入会费，但是该入会费实质上是客户为高尔夫服务所支付的对价的一部分，故应当作为高尔夫服务的预收款，与收取的年费一起在3年内分摊确认为收入。

【例题36·计算分析题】☆甲公司是一家投资控股型的上市公司，拥有从事各种不同业务的子公司。

(1)甲公司的子公司——乙公司是一家建筑承包商，专门从事办公楼设计和建造业务。2×17年2月1日，乙公司与戊公司签订办公楼建造合同，按照戊公司的特定要求在戊公司的土地上建造一栋办公楼。根据合同的约定，建造该办公楼的价格为8 000万元，乙公司分三次收取款项，分别于合同签订日、完工进度达到50%、竣工验收日收取合同造价的20%、30%、50%。

工程于2×17年2月开工，预计于2×19年年末完工。乙公司预计建造上述办公楼的总成本为6 500万元，截至2×17年12月31日止，乙公司累计实际发生的成本为3 900万元。乙公司按照累计实际发生的成本占预计总成本的比例确定履约进度。

(2)甲公司的子公司—丙公司是一家生产通信设备的公司。2×17年1月1日，丙公司与己公司签订专利许可合同，许可己公司在5年内使用自己的专利技术生产A产品。根据合同的约定，丙公司每年向己公司收取由两部分金额组成的专利技术许可费：一是固定金额200万元，于每年年末收取；二是按照己公司A产品销售额的2%计算的提成，于第二年初收取。根据以往年度的经验和做法，丙公司可合理预期不会实施对该专利技术产生重大影响的活动。

2×17年12月31日，丙公司收到己公司支付的固定金额专利技术许可费200万元。

2×17年度，已公司销售A产品80 000万元。

其他有关资料：

第一，本题涉及的合同均符合企业会计准则关于合同的定义，均经合同各方管理层批准。

第二，乙公司和丙公司估计，因向客户转让商品或提供服务而有权取得的对价很可能收回。

第三，不考虑货币时间价值，不考虑税费及其他因素。

要求：

(1)根据资料(1)，判断乙公司的建造办公楼业务是属于在某一时段内履行履约义务还是属于在某一时点履行履约义务，并说明理由。

(2)根据资料(1)，计算乙公司2×17年度的合同履约进度，以及应确认的收入和成本。

(3)根据资料(2)，判断丙公司授予知识产权许可属于在某一时段内履行履约义务还是属于在某一时点履行履约义务，并说明理由；说明丙公司按照已公司A产品销售额的2%收取的提成应于何时确认收入。

(4)根据资料(2)，编制丙公司2×17年度与收入确认相关的会计分录。

答案

(1)属于在某一时段内履行履约义务。

理由：满足下列条件之一的，属于在某一时段内履行履约义务：客户在企业履约的同时即取得并消耗企业履约所带来的经济利益；客户能够控制企业履约过程中在建的商品；企业履约过程中所产出的商品具有不可替代用途，且该企业在整个合同期间内有权就累计至今已完成的履约部分收取款项。本题中，由于乙公司在戊公司的土地上建造办公楼，戊公司能够控制乙公司在建的办公楼，因此，属于在某一时段内履行履约义务。

(2)合同履约进度=3 900/6 500=60%。

应确认的收入=8 000×60%=4 800(万元)。

应确认的成本=6 500×60%=3 900(万元)。

(3)授予知识产权许可是属于在某一时点履行履约义务。

理由：授予知识产权许可同时满足下列条件时，应当作为在某一时段内履行的履约义务确认相关收入；否则，应当作为在某一时点履行的履约义务确认相关收入：①合同要求或客户能够合理预期企业将从事对该项知识产权有重大影响的活动；②该活动对客户将产生有利或不利影响；③该活动不会导致向客户转让商品。本题中，由于丙公司合理预期不会实施对许可已公司使用的专利技术产生重大影响的活动，授予的专利技术属于在某一时点履行履约义务。

企业向客户授予知识产权许可，并约定按客户实际销售或使用情况收取特许权使用费的，应在下列两项孰晚的时点确认收入：一是客户后续销售或使用行为实际发生；二是企业履行相关履约义务。本题中，丙公司按照已公司A产品销售额的2%收取的提成应于每年年末确认收入。

(4)相关会计分录：

借：应收账款　(200×5)1 000

　贷：其他业务收入　1 000

借：银行存款　200

　贷：应收账款　200

借：应收账款　(80 000×2%)1 600

　贷：其他业务收入　1 600

五、关于社会资本方对政府和社会资本合作(PPP)项目合同的会计处理★★★

(一)PPP项目合同概述

PPP项目合同，是指社会资本方与政府方依法依规就PPP项目合作所订立的合同(如高速公路收费、污水处理服务、垃圾处理项目等)。

该合同应当同时符合下列特征(以下简称“双特征”)：①社会资本方在合同约定的运营期间内代表政府方使用PPP项目资产提供公共产品和服务；②社会资本方在合同约

定的期间内就其提供的公共产品和服务获得补偿。

PPP 项目合同应当同时符合下列条件(以下简称“双控制”)：①政府方控制或管制社会资本方使用 PPP 项目资产必须提供的公共产品和服务的类型、对象和价格；②PPP 项目合同终止时，政府方通过所有权、收益权或其他形式控制 PPP 项目资产的重大剩余权益。

(二)相关会计处理

(1)社会资本方提供建造服务(含建设和改扩建，下同)或发包给其他方等，应当按照收入准则确定其身份是主要责任人还是代理人，并进行会计处理，确认合同资产。

(2)社会资本方根据 PPP 项目合同约定，提供多项服务(如既提供 PPP 项目资产建造服务又提供建成后的运营服务、维护服务)的，应当按照收入准则的规定，识别合同中的单项履约义务，将交易价格按照各项履约义务的单独售价的相对比例分摊至各项履约义务。

(3)在 PPP 项目资产的建造过程中发生的借款费用，社会资本方应当按照借款费用准则的规定进行会计处理。对于确认为无形资产的部分，社会资本方在相关借款费用满足资本化条件时，应当将其予以资本化，并在 PPP 项目资产达到预定可使用状态时，结转至无形资产。对于其他借款费用，社会资本方均应予以费用化。

(4)社会资本方根据 PPP 项目合同约定，在项目运营期间，有权向获取公共产品和服务的对象收取费用，但收费金额不确定的，该权利不构成一项无条件收取现金的权利，应当在 PPP 项目资产达到预定可使用状态时，将相关 PPP 项目资产的对价金额或确认的建造收入金额确认为无形资产，并按照无形资产准则的规定进行会计处理。

(5)社会资本方根据 PPP 项目合同约定，在项目运营期间，满足有权收取可确定金额的现金(或其他金融资产)条件的，应当在社会资本方拥有收取该对价的权利(该权利仅取决于时间流逝的因素)时确认为应收款项，并按照金融工具准则的规定进行会计处理。社会资本方应当在 PPP 项目资产达到预定可使用状态时，将相关 PPP 项目资产的对价金额或确认的建造收入金额，超过有权收取可确定金额的现金(或其他金融资产)的差额，确认为无形资产。

(6)社会资本方根据 PPP 项目合同，自政府方取得其他资产，该资产构成政府方应付合同对价的一部分的，社会资本方应当按照收入准则的规定进行会计处理，不作为政府补助。

(7)PPP 项目资产达到预定可使用状态后，社会资本方应当按照收入准则确认与运营服务相关的收入。

(8)为使 PPP 项目资产保持一定的服务能力或在移交给政府方之前保持一定的使用状态，社会资本方根据 PPP 项目合同而提供的服务不构成单项履约义务的，应当将预计发生的支出，按照或有事项准则的规定进行会计处理(确认为预计负债)。

『提示』社会资本方不得将 PPP 项目资产确认为其固定资产。

【财政部企业会计准则实施问答 1】对于社会资本方将相关 PPP 项目资产的对价金额或确认的建造收入金额确认为无形资产的部分，在相关建造期间确认的合同资产应当在资产负债表“无形资产”项目中列报。

【财政部企业会计准则实施问答 2】对于社会资本方将相关 PPP 项目资产的对价金额或确认的建造收入金额确认为无形资产的部分，相关借款费用满足资本化条件的，社会资本方应当将其予以资本化，计入“PPP 借款支出”科目，期末，“PPP 借款支出”科目的借方余额应在资产负债表“无形资产”项目中列报；待 PPP 项目资产达到预定可使用状态时，将计入“PPP 借款支出”科目的金额结转至“无形资产”科目。除上述情形以外的其他借款费用，社会资本方应将其予以费用化，计入财务费用。

【例题37·多选题】下列关于社会资本方对政府和社会资本合作(PPP)项目合同的会计处理的表述，不正确的有( )。

A. 社会资本方既提供PPP项目资产建造服务又提供建成后的运营服务、维护服务的，应全部作为一项履约义务进行处理

B. 在PPP项目资产的建造过程中发生的借款费用，社会资本方均应予以费用化

C. 社会资本方应将PPP项目资产确认为一项固定资产

D. 社会资本方自政府方取得其他资产，且该资产构成政府方应付合同对价的一部分的，社会资本方应将其作为政府补助

解析 选项A，社会资本方既提供PPP项目资产建造服务又提供建成后的运营服务、维护服务的，应当按照收入准则的规定，识别合同中的单项履约义务，将交易价格按照各项履约义务的单独售价的相对比例分摊至各项履约义务；选项B，对于PPP项目中被社会资本方确认为无形资产的部分，相关借款费用满足资本化条件的，应当将其予以资本化，计入“PPP借款支出”科目；选项C，社会资本方应将符合相关条件的PPP项目资产确认为一项无形资产，不能确认为固定资产；选项D，社会资本方自政府方取得其他资产，且该资产构成政府方应付合同对价的一部分的，社会资本方应按照收入准则的规定进行会计处理，不作为政府补助。

答案 ABCD

【例题38·多选题】下列关于社会资本方在建造服务期间会计处理的表述中，不正确的有( )。

A. 社会资本方应采用成本加成法确定建造服务的单独售价

B. 社会资本方应按照项目资产的公允价值确定建造服务的单独售价

C. 社会资本方确认收入时，应借记“应收账款”或“银行存款”科目，贷记“主营业务收入”科目

D. 社会资本方发生的建造成本，应借记“无形资产”科目，贷记“原材料”“应付职工薪酬”等科目

解析 在建造服务期间，社会资本方应采用成本加成法确定建造服务的单独售价，从而确定交易价格，选项B错误；社会资本方确认收入时，应借记“合同资产”科目，贷记“主营业务收入”科目，选项C错误；社会资本方发生的建造成本，应借记“合同履约成本”科目，贷记“原材料”“应付职工薪酬”等科目，选项D错误。

答案 BCD

六、期间费用★

本期发生的、不能直接或间接归入某种产品成本而直接计入损益的各项费用，即为期间费用。它具体包括管理费用、销售费用、研发费用和财务费用。

七、利润的构成★★

(一)营业利润

营业利润=营业收入-营业成本-税金及附加-销售费用-管理费用-研发费用-财务费用-资产减值损失-信用减值损失+其他收益+投资收益(-投资损失)+净敞口套期收益(-净敞口套期损失)+公允价值变动收益(-公允价值变动损失)+资产处置收益(-资产处置损失)

(二)利润总额

利润总额=营业利润+营业外收入-营业外支出

(三)净利润

净利润=利润总额-所得税费用

八、营业外收支的会计处理★★

(一)营业外收入

反映企业发生的除营业利润以外的收益，主要包括与企业日常活动无关的政府补助、盘盈利得、捐赠利得(企业接受股东或股东的子公司直接或间接的捐赠，经济实质属于股东对企业的资本性投入的除外)等。

(二)营业外支出

反映企业发生的除营业利润以外的支出，主要包括公益性捐赠支出、非常损失、盘亏损失、非流动资产毁损报废损失等。“非流动资产毁损报废损失”通常包括因自然灾害发生毁损、已丧失使用功能等原因而报废清理产生的损失。企业在不同交易中形成的非流动资产毁损报废利得和损失不得相互抵销，应分别在“营业外收入”科目和“营业外支出”科目进行核算。

同步训练

限时 200min

扫我做试题

一、单项选择题

1. 甲公司经营一家会员制健身俱乐部，其服务对象仅限于会员，客户入会后可以随时在该俱乐部健身。甲公司与某客户签订了为期两年的合同，一次性收取5 000元的健身年费(每年2 500元)。此外，甲公司还向该客户收取了400元的入会费，用于补偿俱乐部为该客户进行登记注册等初始活动所花费的成本。甲公司收取的年费和入会费均无须返还。不考虑其他因素，下列关于该俱乐部入会费和年费会计处理的说法中，正确的是(　)。

   A. 将收取的入会费一次性确认为收入，将收取的年费在两年内分摊确认收入

   B. 入会费是用于补偿初始活动的成本，所以应在收到时冲减管理费用，收取的年费则应在两年内分摊确认为收入

   C. 入会费和年费均应在收到时一次性确认为收入

   D. 入会费和年费均应在两年内分摊确认为收入

2. 甲公司与客户乙公司签订合同，在2×22年内以固定单价20万元向乙公司交付120件产品，无折扣、折让等金额可变条款，且根据甲公司的政策不会提供价格折让等可能导致对价金额可变的安排。甲公司向乙公司交付60件产品后，市场新出现一款竞争产品，单价为每件13万元。为了维系客户关系，甲公司与乙公司达成协议，将剩余60件产品的价格降为每件12.5万元，已转让的60件产品与未转让的60件产品可明确区分。假定不考虑亏损合同等其他因素。对于上述事项，甲公司正确的会计处理是(　)。

   A. 甲公司与乙公司对原合同价格作出的变更属于可变对价，不应作为合同变更进行会计处理，如剩余60件产品按时交货，则2×22年应确认的收入为300万元(12.5×120-20×60)

   B. 甲公司与乙公司对原合同价格作出的变更属于可变对价，且应同时作为合同变更进行会计处理，如剩余60件产品按时交货，则2×22年应确认的收入为1 500万元(12.5×120)

   C. 甲公司与乙公司对原合同价格作出的

变更不属于可变对价，应作为合同变更进行会计处理，如剩余 60 件产品按时交货，则 2×22 年应确认收入为 1 950 万元（20×60+12.5×60）

D. 甲公司与乙公司对原合同价格作出的变更属于会计变更，如剩余 60 件产品按时交货，则 2×22 年应确认收入 1 500 万元（12.5×120）

3. 2×22 年 1 月 1 日，甲公司与客户乙公司签订合同，在一年内以固定单价 20 万元向乙公司交付 120 件产品。甲公司以往的习惯做法表明，在该商品出现瑕疵时，通常会向客户提供一定的价格折让。合同开始日，甲公司估计将每件产品给予 2.5% 价格折让（即每件 0.5 万元，以固定单价 19.5 万元销售），合计 60 万元价格折让。2×22 年 1 月 30 日，甲公司向乙公司交付 60 件产品，乙公司已取得这些产品的控制权。次日，乙公司发现上述产品存在质量瑕疵需要保修，甲公司返工处理后，乙公司对返工后的产品表示满意。甲公司在返工过程中发生保修费用 1 万元。甲公司对存在质量瑕疵产品提供的返工服务属于保证类质量保证，不构成单项履约义务，甲公司在销售上述产品时已根据或有事项准则对相关的质保义务确认了预计负债 2 万元。2×22 年 2 月 28 日，为了维系客户关系，甲公司按以往的习惯做法主动提出对合同中 120 件产品给予 3% 价格折让，即每件 0.6 万元的价格折让，共计 72 万元（20×120×3%），该折让符合甲公司以往的习惯做法。甲公司与乙公司达成协议，通过调整剩余 60 件产品价格的形式提供价格折让，即将待交付的 60 件产品的单价调整为 19.3 万元（20－0.5－0.1×2）。2×22 年 3 月 31 日，甲公司交付剩余 60 件产品。不考虑其他因素，下列关于甲公司会计处理的说法中，不正确的是（　）。

A. 2×22 年 1 月 30 日，甲公司向乙公司交付 60 件产品时应确认收入 1 170 万元

B. 实际支付保修费用 1 万元时应冲减预计负债

C. 2×22 年 2 月 28 日，甲公司冲减当期收入 6 万元

D. 2×22 年 3 月 31 日，甲公司应确认收入 1 158 万元

4. 甲公司与客户乙公司签订合同，为其提供广告投放服务，广告投放时间为 2×22 年 1 月 1 日至 6 月 30 日，投放渠道为北京公交汽车站的一个广告灯箱，合同金额为 300 万元。合同中无折扣、折让等金额可变条款，也未约定投放效果标准，且甲公司已公开宣布的政策、特定声明或者以往的习惯做法等相关事实和情况表明，甲公司不会提供价格折让等安排。双方约定，2×22 年 1 月至 6 月乙公司于每月月末支付 50 万元。广告投放内容由乙公司决定，对于甲公司而言，该广告投放为一系列实质相同且转让模式相同的、可明确区分的商品。广告投放以后，由于城市改造、公交线路调整等原因，人流量骤减，乙公司对广告投放效果不满意。2×22 年 3 月 31 日，甲公司与乙公司达成并批准执行广告投放服务补充协议，约定对后续广告服务打五折处理。假设甲公司为提供广告服务而占用的灯箱不构成租赁，不考虑其他因素和相关税费，不涉及亏损合同的相关会计处理。下列关于甲公司会计处理的表述中，不正确的是（　）。

A. 甲公司的合同中不存在可变对价

B. 2×22 年 3 月 31 日的补充协议，应当作为合同变更进行会计处理

C. 甲公司应当将合同变更作为原合同终止及新合同订立进行会计处理

D. 根据补充协议，甲公司在 2×22 年 4 月至 6 月所提供的广告投放服务的交易价格为 150 万元

5. 资料同上。2×22 年 3 月 31 日，甲公司与乙公司达成并批准执行广告投放服务补充协议，约定增加广告投放时间，将合同期

限延长至2×22年8月31日，但合同总价300万元不变，乙公司于4月至8月每月月底支付30万元。不考虑其他因素，下列关于甲公司会计处理的表述中，不正确的是(　)。

A. 根据补充协议，甲公司在2×22年4月至6月所提供的广告投放服务的交易价格为每月37.5万元

B. 2×22年3月31日的补充协议，应当作为合同变更进行会计处理

C. 甲公司应当将合同变更作为原合同终止及新合同订立进行会计处理

D. 甲公司不需对2×22年1月至3月已确认的收入金额进行调整

6. 资料同上。2×22年3月31日，甲公司与乙公司达成并批准执行广告投放服务补充协议，约定增加广告投放媒体，即从2×22年4月1日起到2×22年6月30日，甲公司为乙公司提供两个灯箱来投放广告，在新增的灯箱上提供的广告服务本身是可明确区分的，合同总价300万元和付款情况不变。不考虑其他因素，在2×22年4月至6月，甲公司每月所提供的广告投放服务的交易价格为(　)。

A. 15万元　　B. 50万元

C. 66.67万元　　D. 75万元

7. 甲公司与乙公司签订合同，为其提供一条高山观光索道的全套设备。甲公司仅向乙公司提供该套设备的购置安装，不参与乙公司观光索道的运营和管理，不提供其他服务，但是需要根据法定要求提供质量保证，该合同仅包含一项履约义务。在观光索道安装完成投入运营后，乙公司向甲公司支付固定价款，总金额为8 000万元(等于甲公司该套设备生产安装的实际成本)，8 000万元固定价款付清后，观光索道的所有权移交给乙公司。在观光索道投入运营后的5年内，乙公司于每年结束后，按该条观光索道门票收入的20%支付款项给甲公司。假定不考虑其他因素。下列关于甲公司会计处理的表述中，不正确的是(　)。

A. 该合同的对价金额中包含可变对价，其可变对价为观光索道投入运营后5年内门票收入的20%

B. 该合同的固定价格8 000万元可直接计入交易价格

C. 该合同中可变对价的最佳估计数一经确定，不得重新调整

D. 对于该合同中的可变对价，甲公司应当按照期望值或最可能发生金额确定其最佳估计数并计入交易价格

8. 甲公司是一家经营高端品牌的大型商场，其与乙公司、丙公司的合作方式如下：(1)乙公司是一家高档手表供应商，其在甲公司指定区域设立专柜，并委派营业员销售手表，乙公司负责专柜内手表的保管、出售、调配或下架，承担丢失和毁损风险，拥有未售手表的所有权。乙公司负责实际定价销售，甲公司负责对商场内销售的手表统一收款，开具发票。甲公司将收到客户款项扣除10%后支付给乙公司。甲公司通过各种促销活动以提高商场的总体业绩。促销活动分为甲公司主导的促销活动和乙公司自行打折活动。乙公司自行开展打折活动时，打折的幅度和范围需符合甲公司的定位。如果需办理退换货，甲公司可自行决定为客户办理退换货、赔偿等事项，之后可向乙公司追偿。(2)丙公司是一家高档化妆品供应商，丙公司向甲公司提供某品牌化妆品，并与其他品牌同类化妆品统一摆放在甲公司指定位置。甲公司委派营业员销售该品牌化妆品，并负责专柜内化妆品的保管、出售、调配或下架，承担丢失和毁损风险，拥有未售化妆品的所有权。甲公司对商场内化妆品统一定价，统一收款。如果需办理退换货，甲公司可自行决定为客户办理退换货、赔偿等事项，如属化妆品质量问题，可向丙公司追偿。假定不考虑租赁、相关税费等其

他因素。下列关于甲公司会计处理的表述中，不正确的是(　)。

A. 企业应当根据其在向客户转让商品前是否拥有对该商品的控制权来判断其从事交易时的身份是主要责任人还是代理人

B. 在甲公司与乙公司的合作方式中，乙公司是主要责任人

C. 在甲公司与乙公司的合作方式中，甲公司一般应当按照其收到客户款项的10%确认收入

D. 在甲公司与丙公司的合作方式中，丙公司是主要责任人

9. 甲公司是一家知名卫浴产品生产零售商，在全国各地均拥有直营连锁店。某卫浴产品生产商乙公司向甲公司供应卫浴产品，乙公司按甲公司供货清单的要求将商品发送到甲公司指定的直营门店。商品收到后，甲公司组织验货，验货合格后，甲公司负责其保管、出售、调配或下架，承担丢失和毁损风险，拥有未售卫浴产品的所有权。甲公司将从乙公司采购的卫浴产品与其自产的卫浴产品一起管理并负责实际销售，其商标为甲公司商标，对外宣传为联名款。甲乙双方协商确定标价，甲公司在标价8折以上可自行对外销售并制定相应的促销策略，8折以下需得到乙公司的许可。甲乙双方根据销售收入每月三七分成。如果商品自上架陈列60日仍未售出，甲公司有权将未出售的商品全部退回给乙公司，但在甲公司决定将商品退回前，乙公司不得取回、调换或移送商品。如果需办理退换货的，甲公司可自行决定为客户办理退换货、赔偿等事项，之后可向乙公司追偿。乙公司根据历史经验，在向甲公司交货时即可合理估计上架60日未售出商品或消费者退回商品的比例。假定不考虑其他因素。下列关于甲公司和乙公司会计处理的表述中，不正确的是(　)。

A. 乙公司所产卫浴产品在甲公司直营连锁店向客户销售时，甲公司是主要责任人

B. 乙公司将商品发送到甲公司指定的直营门店并经甲公司验收合格后，应确认销售收入

C. 乙公司应在甲公司取得相关卫浴产品控制权时，一般应按照预期因销售退回将退还的金额确认预计负债

D. 甲公司应在客户付款购买乙公司所产卫浴产品时，按照卫浴产品实际售价的30%确认收入

10. A企业集团拥有甲、乙两个子公司。A企业集团相关子公司在2×22年发生的部分业务如下：(1)甲公司与丙公司签订合同，为其进行某新型疫苗的药理药效实验。合同约定，甲公司按照丙公司预先确定的实验测试的材料、方式和次数进行实验并记录实验结果，且需向丙公司实时汇报和提交实验过程中所获取的数据资料，实验完成后应向丙公司提交一份药理药效实验报告，用于丙公司后续的临床医药实验。假定该合同仅包含一项履约义务。如甲公司中途被更换，丙公司聘请另一家企业可以在甲公司已完成的工作基础上继续进行药理药效实验并提交实验报告，新聘企业在继续履行剩余履约义务时将不会享有甲公司目前已控制的、且在将剩余履约义务转移给该企业后仍然控制的任何资产的利益。(2)乙公司与丁公司签订合同，为其开发一套定制化软件系统。合同约定，乙公司需在丁公司办公现场通过丁公司的内部模拟系统进行软件开发，开发过程中所形成的全部电脑程序、代码等应存储于丁公司的内部模拟系统中，开发人员不得将程序代码等转存至其他电脑中，开发过程中形成的程序、文档等所有权和知识产权归丁公司所有。如果乙公司被中途更换，其他供应商无法利用乙公司已完成工作，而需要重新执行软件定制工作。丁公司对乙公司开发过程中形成的代码和程序没有合理用途，丁公司

并不能够利用开发过程中形成的程序、文档，并从中获取经济利益。丁公司将组织里程碑验收和终验，并按照合同约定分阶段付款，其中预付款比例为合同价款的4%，里程碑验收时付款比例为合同价款的66%，终验阶段付款比例为合同价款的30%。如果丁公司违约，需支付合同价款10%的违约金。不考虑其他因素，则下列说法中不正确的是(　)。

A. 甲公司向丙公司提供的实验服务属于在某一时段内履行的履约义务

B. 如果甲公司向丙公司提供的实验服务的履约进度能够合理确定，甲公司应按照履约进度确认收入

C. 乙公司向丁公司提供的定制软件开发业务属于在某一时段内履行的履约义务

D. 对于乙公司向丁公司提供的定制软件开发业务，乙公司应在相关控制权转移给丁公司时确认收入

11. 企业合同变更增加了不可明确区分的商品及合同价款且新增合同价款不能反映新增商品单独售价的情况下，如果在合同变更日已转让商品与未转让商品不可明确区分，则企业对该合同变更进行的下列账务处理中正确是(　)。

A. 将该合同变更作为一份单独的合同进行会计处理

B. 终止原合同，同时将原合同未履约部分与合同变更部分合并为新合同进行会计处理

C. 将该合同变更部分作为原合同的组成部分继续进行会计处理

D. 将该合同变更作为企业损失处理

12. 甲公司为一家锂电池生产企业，拟通过参与竞标的方式，成为某新能源汽车公司的供应商，并与该公司签订销售合同。为此，甲公司聘请相关人员做市场调查，发生支出160万元；参与竞标共发生支出240万元；另外，发生销售人员佣金150万元；甲公司预期这些支出未来均能够收回。不考虑其他因素，甲公司应确认合同取得成本的金额为(　)。

A. 400万元　　B. 550万元

C. 310万元　　D. 150万元

13. 2×20年1月1日，甲公司与乙公司签订合同，将一项非专利技术使用权授予乙公司使用。该合同在合同开始日满足确认收入的条件。在2×20年度内，乙公司每月就该非专利技术使用权的使用情况向甲公司报告，并在每月月末支付特许权使用费。在2×21年内，乙公司继续使用该专利技术，但是乙公司的财务状况下滑，信用风险提高。下列关于甲公司会计处理的表述中，不正确的是(　)。

A. 2×20年度内，甲公司在乙公司使用该专利技术的行为发生时，应当按照约定的特许权使用费确认收入

B. 2×21年度内，由于乙公司信用风险提高，甲公司不应当确认收入

C. 2×21年度内，甲公司应当按照金融资产减值的要求对乙公司的应收款项进行减值测试

D. 假设2×22年度内，乙公司的财务状况进一步恶化，信用风险显著提升，不再满足收入确认条件，则甲公司不再确认收入，并对现有应收款项是否发生减值继续进行评估

14. 2×20年1月1日，甲公司与乙公司签订合同，允许乙公司经营其连锁餐厅，双方协议约定，甲公司每年收取特许权使用费40万元，按季度收取特许权使用费。合同签订日，符合收入确认条件，连锁餐厅自当日起交由乙公司经营。2×20年乙公司财务状况良好，每季度向甲公司提交经营报告和支付特许权使用费。但自2×21年，周边又相继出现了其他几家餐厅，致使乙公司经营的餐厅竞争压力倍增，顾客也日渐减少，从而财务状况下滑，现金不足，因此当年只支付了第一季度的特许权使用费，后三个

季度均只支付了一半的特许权使用费。2×22 年财务状况进一步恶化，信用风险加剧。根据上述资料，甲公司进行的下列会计处理中，不正确的是(　)。

A. 2×20 年需要确认特许权使用费收入

B. 2×21 年第一季度收到的特许权使用费 10 万元应确认收入

C. 2×22 年对已有的应收款项是否发生减值继续进行评估

D. 2×22 年确认收入的同时借记“应收账款”科目

15. 下列关于存在应付客户对价的情形的会计处理表述中，不正确的是(　)。

A. 企业应付客户对价超过向客户取得可明确区分商品公允价值的，超过金额应当冲减交易价格

B. 企业应付客户对价是为了自客户取得其他可明确区分商品的，该应付客户对价应当冲减交易价格

C. 向客户取得的可明确区分商品公允价值不能合理估计的，企业应当将应付客户对价全额冲减交易价格

D. 在将应付客户对价冲减交易价格处理时，企业应当在确认相关收入与支付客户对价二者孰晚的时点冲减当期收入

16. 甲公司是一家专门提供股票或基金等资产管理服务的企业。2×21 年 10 月 1 日，甲公司与乙公司签订合同，为其一只股票型基金提供资产管理服务，合同期限是 4 年。合同约定，甲公司所能获得的报酬包括两部分：(1)每季度末按该基金净值的 1.5%收取管理费，该管理费不会因基金净值的后续变化而调整或被要求退回；(2)该基金若是 4 年内累计回报超过 15%，则超额回报部分的 30%作为业绩奖励给予甲公司。2×21 年年末，该基金的净值为 10 亿元，甲公司重新估计相关因素后，认定影响该季度管理费收入的不确定性因素已消除。假定不考虑其他因素，甲公司进行的下列会计处理，不正确的是(　)。

A. 2×21 年年末确认管理费用收入 1 500 万元

B. 2×21 年年末根据超额回报确认业绩奖励收入

C. 2×21 年不确认业绩奖励收入

D. 管理费收入和业绩奖励均属于可变对价

17. 甲公司为一家保健品生产销售企业。2×22 年年初，甲公司与一家大型连锁超市乙公司签订一年期合同，约定乙公司在年内至少购买甲公司价值为 3 000 万元的保健品。同时该合同还规定，甲公司需要在合同开始日向乙公司一次性支付 300 万元的不可返还款项，以补偿乙公司为了摆放商品更改货架发生的支出。2×22 年 1 月，甲公司向乙公司支付不可返还款项 300 万元，并向乙公司超市销售一批保健品，开出增值税发票，不含税价款为 500 万元，产品成本为 100 万元。不考虑其他因素，甲公司下列会计处理表述不正确的是(　)。

A. 甲公司支付给乙公司超市的 300 万元作为销售费用计入当期损益

B. 甲公司支付给乙公司超市的 300 万元并未取得可明确区分的商品或服务，因此为交易价格的抵减

C. 甲公司应在确认商品销售收入的同时，按 10%比例抵减销售收入

D. 2×22 年 1 月甲公司确认收入 450 万元，结转销售成本 100 万元

18. 甲公司 2×22 年 2 月初推出一项销售政策，客户购买 1 000 元的 A 商品，可得到一张 35%的折扣券，客户可以在未来的 1 个月内使用该折扣券购买甲公司的任一商品。同时，甲公司计划推出春节期间促销活动，在未来 1 个月内针对所有产品均提供 5%的折扣。上述两项优惠不能叠加使用。根据历史经验，甲公司预计有 85%的客户会使用该折扣券，额外购

买的商品的金额平均为100元。上述金额均不包含增值税，且假定不考虑相关税费影响。本月有1万名客户购买了A商品(每名客户购买了1 000元的A商品)，实际收到货款1 000万元。不考虑其他因素，下列关于甲公司会计处理的表述中，不正确的是( )。

A. 购买A商品的客户能够取得35%的折扣券，其远高于所有客户均能享有的5%的折扣，因此，甲公司认为该折扣券向客户提供了重大权利，应当作为单项履约义务

B. 考虑到客户使用该折扣券的可能性以及额外购买的金额，甲公司估计该折扣券的单独售价为100元

C. A商品分摊的交易价格为975.13万元

D. 折扣券选择权分摊的交易价格为24.87万元

19. 2×22年1月，甲公司与客户乙公司签订一项销售合同，约定向客户出售600件产品，每件产品的合同价格为1万元，共计600万元，这些产品将在3个月内分批发货，每一个月发货200件产品。2×22年1月和2月，甲公司分别发货200件。在甲公司已将400件产品移交乙公司之后，甲公司与乙公司进行了合同修订，修订后的合同要求甲公司在2×22年3月额外向乙公司发货100件产品，额外交付的100件产品的销售单价为每件0.85万元，共计85万元，该价格反映了这些产品在当时的市场价格并且可以与原产品区别开来。2×22年3月，甲公司实际发货300件。不考虑相关税费等因素，则甲公司在2×22年3月应确认的收入金额为( )。

A. 285万元　　B. 200万元

C. 85万元　　D. 300万元

20. 2×18年1月1日，A公司与客户签订合同，每日为客户的办公楼提供保洁服务，合同期为3年(即从2×18年1月1日至2×20年12月31日)，客户每年向A公司支付保洁服务费20万元(假定该价格反映了合同开始日该项服务的单独售价)。合同执行至2×19年12月31日，即在第二年末，合同双方对合同进行了变更，将第三年(即2×20年)的保洁服务费调整为16万元(假定该价格反映了合同变更日该项服务的单独售价)，同时以60万元的价格将合同期限再延长4年，即延长期限为2×21年1月1日至2×24年12月31日(假定该价格不能反映这4年的保洁服务在合同变更日的单独售价)，即每年的服务费为15万元(60/4年)，于每年年初支付。上述价格均不包含增值税。不考虑其他因素，A公司在2×20年应确认的收入为( )。

A. 31万元　　B. 20万元

C. 15.2万元　　D. 15万元

21. A公司销售的产品包括甲产品、乙产品和丙产品，甲产品经常单独出售，其可直接观察的单独售价为60万元；乙产品和丙产品的单独售价不可直接观察，A公司采用市场调整法估计乙产品的单独售价为30万元，采用成本加成法估计丙产品的单独售价为10万元。2×22年，A公司与客户签订合同，向其销售甲、乙、丙三种产品，合同总价款为80万元，这三种产品构成3个单项履约义务。假定上述价格均不包含增值税。不考虑其他因素，针对上述合同，关于A公司在2×22年确认上述产品的收入的表述中，不正确的是( )。

A. 对于甲产品，应确认收入60万元

B. 对于乙产品，应确认收入24万元

C. 对于丙产品，应确认收入8万元

D. 对于A公司所售的甲产品、乙产品和丙产品，应确认的总收入为80万元

22. A公司销售的产品包括甲产品、乙产品和丙产品，甲产品经常单独出售，其可直接观察的单独售价为60万元；乙产品

和丙产品的单独售价不可直接观察，A公司采用市场调整法估计乙产品的单独售价为30万元，采用成本加成法估计丙产品的单独售价为10万元。A公司经常以60万元的价格单独销售甲产品，并且经常将乙产品和丙产品组合在一起以20万元的价格销售。假定上述价格均不包含增值税。2×22年，A公司与客户签订合同，向其销售甲、乙、丙三种产品，合同总价款为80万元，这三种产品构成3个单项履约义务。不考虑其他因素，针对上述合同，关于A公司在2×22年确认上述产品的收入的表述中，不正确的是(　)。

A. 甲产品确认收入为48万元

B. 乙产品确认收入为15万元

C. 丙产品确认收入为5万元

D. 甲产品、乙产品和丙产品确认总收入为80万元

23. ☆2×20年，甲公司发生的相关交易或事项如下：(1)以存货清偿债务，产生债务重组收益20万元；(2)固定资产盘盈100万元；(3)存货盘盈10万元；(4)固定资产报废利得1万元。不考虑其他因素，甲公司2×20年度应计入营业外收入的金额是(　)。

A. 11万元　　B. 131万元

C. 101万元　　D. 1万元

24. 甲公司主要经营连锁美容店。2×21年年初，甲公司向客户销售了1 000张储值卡，每张卡的面值为1万元，总额为1 000万元。客户可在甲公司经营的任何一家门店使用该储值卡进行消费。根据历史经验，甲公司预期客户购买的储值卡中将有相当于储值卡面值金额10%(即100万元)的部分不会被消费。截至2×21年12月31日，客户使用该储值卡消费的金额为600万元。甲公司为增值税一般纳税人，在客户使用该储值卡消费时发生增值税纳税义务。假定甲公司适用的增值税税率为6%。甲公司的相关账务处理不正确的是(　)。(计算结果保留两位小数)

A. 2×21年年初销售储值卡时确认收入1 000万元

B. 2×21年年末应当按照客户行使合同权利的模式按比例确认为收入

C. 2×21年年末根据储值卡的消费金额冲减合同负债628.93万元

D. 2×21年年末根据储值卡的消费金额确认收入628.93万元

25. 根据PPP项目合同约定，社会资本方在项目运营期间有权收取可确定金额的现金或其他金融资产，在PPP项目资产达到预定可使用状态时，关于该项目相关无形资产入账金额，下列确定标准正确的是(　)。

A. PPP项目资产的对价金额

B. PPP项目资产确认的建造收入金额

C. 在PPP项目运营期间，该项目有权收取可确定金额的现金(或其他金融资产)

D. PPP项目资产的对价金额或确认的建造收入金额，超过有权收取可确定金额的现金(或其他金融资产)的差额

二、多项选择题

1. 下列关于售后回购交易会计处理的表述中，不正确的有(　)。

A. 对于企业因存在与客户的远期安排而负有回购义务或企业享有回购权利的销售业务，如果企业预期将会回购，且回购价格不低于原售价，则应视为租赁交易处理

B. 售后回购构成融资交易的，企业不应终止确认所售商品，而应在收到客户款项时确认金融负债，并将该款项和回购价格的差额在回购期间内确认为利息费用等

C. 对于企业负有应客户要求回购商品义务的销售业务，如果客户具有行使该要求权的重大经济动因，则企业应将售后回购作为附有销售退回条款的销售交易进行会

计处理

D. 对于企业负有应客户要求回购商品义务的销售业务，如果客户不具有行使该要求权重大经济动因的，企业应作为租赁交易或融资交易进行会计处理

2. 甲公司是一家建筑公司，于2×21年1月1日与乙公司签订了一项2 000万元的建筑合同。该合同约定，甲公司在乙公司所持有的土地上建造一栋办公楼，如果甲公司能在24个月内将该办公楼建造完工，则乙公司将额外奖励甲公司300万元。2×21年年末，甲公司已为该项业务发生合同成本500万元，该合同的预计总成本为800万元，甲公司认为该办公楼能否在2×22年年末完工具有较大的不确定性。2×22年3月10日，双方协商同意更改建筑平面图并修改合同，固定对价和预期成本分别增加150万元和120万元。合同修改日，甲公司根据其自身经验判断，该办公楼很可能于2×22年11月30日完工。甲公司按照成本法确定上述合同的履约进度。不考虑其他因素，甲公司下列关于合同变更会计处理的表述中，正确的有(　)。

A. 该合同在变更后仍只包含一项单项履约义务

B. 应在合同变更日将300万元奖励收入包含在合同总收入中

C. 在合同变更日重新计算的2×21年度履约进度为54.35%

D. 合同变更日应调增当期期初留存收益81.58万元

3. ☆甲公司是一家房地产开发企业，甲公司委托乙公司进行房地产销售，并约定每签订一份销售合同，甲公司按照合同价款的10%向乙公司支付销售佣金。2×22年8月，甲公司签订的销售合同价款总计6 000万元，其中2 000万元所对应的房屋于2×22年12月交付给客户，剩余4 000万元所对应的房屋预计将在2×23年12月交付客户。截至2×22年12月31日，佣金尚未支付给乙公司。下列各项关于甲公司2×22年销售佣金会计处理的表述中，正确的有(　)。

A. 确认应付乙公司的款项为600万元

B. 确认营业成本600万元

C. 确认销售费用200万元

D. 2×22年12月31日的合同取得成本余额为600万元

4. 2×22年12月1日，甲公司与客户签订合同，为客户的一台大型设备进行改良并更换该设备的减速机，合同总金额为200万元。甲公司预计的合同总成本为150万元，其中包括减速机的采购成本60万元。2×22年12月，甲公司将减速机运达改良施工现场并经过客户验收，客户已取得减速机的控制权。但根据改良进度，预计到2×23年3月才会安装减速机。截至2×22年12月31日，甲公司累计发生成本87万元，其中包括购买减速机的采购成本60万元。假定该改良业务构成单项履约义务，并属于在某一时段内履行的履约义务，甲公司是主要责任人，但不参与减速机的生产和制造；甲公司采用投入法(即成本法)确定履约进度。假定上述金额均不包含增值税。不考虑其他因素。甲公司2×22年年末进行的下列会计处理的表述中，不正确的有(　)。

A. 确认合同履约进度58%

B. 确认收入116万元

C. 确认成本87万元

D. 不确认收入和成本，减速机安装完毕检验合格后才能确认收入和成本

5. 甲公司与乙公司签订合同，合同约定，由甲公司在乙公司持有的一宗土地使用权上按乙公司的设计要求建造一栋办公楼；在建造过程中乙公司有权修改该办公楼的设计，并与甲公司重新协商设计变更后的合同价款；乙公司每月月末按当月工程进度向甲公司支付工程款。如果乙公司终止该合同，已完成建造部分的办公楼归乙公司

所有。不考虑其他因素，则下列甲公司会计处理的表述中，正确的有( )。

A. 该合同中的履约义务属于某一时点履行的履约义务

B. 甲公司应在该合同履行完毕时一次性确认收入

C. 甲公司应在提供服务的期间内按履约进度确认收入

D. 该合同中的履约义务属于某一时段内履行的履约义务

6. A公司为集团公司，其子公司在2×22年发生了以下业务：(1)甲公司向客户销售一台自产的设备并负责安装服务。合同约定的设备价款为100万元，安装服务费为10万元，设备销售与设备安装服务，均可以分别单独销售或提供。(2)乙公司向客户销售一台自产的设备并负责安装服务。合同约定设备的价款为200万元(含安装服务费)，设备销售与设备安装服务，不可进行单独销售或提供。(3)丙物业管理公司，与客户签订一项为客户提供保洁服务的劳务合同，期限为一年，合同价格为300万元，合同内容包括保洁服务，保安服务和设备维修服务。该合同属于企业向客户转让一系列实质相同且转让模式相同的、可明确区分商品的承诺。(4)丁汽车制造公司与客户签订一项汽车销售合同，价款为50万元，假定国家规定销售方需对此类车型提供1年质保，但是该企业承诺为客户提供3年质保，即延保2年，该延保服务的价格为5万元，于销售该汽车时一次性收取。下列A公司的子公司其履约义务判断正确的有( )。

A. 甲公司向客户销售一台自产设备并负责安装服务的合同，包含两项履约义务

B. 乙公司向客户销售一台自产设备并负责安装服务的合同，只包含一项履约义务

C. 丙物业管理公司为客户提供保洁服务的劳务合同，只包含一项履约义务

D. 丁公司与客户签订的汽车销售合同包含两项履约义务

7. 2×20年1月1日，甲公司与丙公司签订合同，每月为丙公司员工提供业务培训服务，合同期限为三年，丙公司每年向甲公司支付培训服务费13万元(假定该价格反映了合同开始日该项服务的单独售价)。2×21年12月31日，双方对合同进行变更，将2×22年的培训服务费调整为10万元(假定该价格反映了合同变更日该项服务的单独售价)，同时以26万元的价格将合同期限延长三年(假定该价格不反映合同变更日该三年培训服务费的单独售价)。不考虑其他因素，下列关于甲公司的会计处理的表述中，正确的有( )。

A. 2×20年和2×21年，甲公司每年确认收入13万元

B. 由于新增的三年培训服务费的价格不能反映该项服务在合同变更时的单独售价，因此该项合同变更不能作为单独的合同进行会计处理

C. 甲公司应当将该合同变更作为原合同终止，同时将原合同中未履约部分与合同变更合并为一份新合同进行会计处理

D. 新合同的合同期限为四年，每年确认收入为9万元

8. 下列关于履约进度的表述中，正确的有( )。

A. 当履约进度不能合理确定时，企业已经发生的成本预计能够得到补偿的，应当按照已经发生的成本金额确认收入，直到履约进度能够合理确定为止

B. 当客观环境发生变化时，企业需要重新评估履约进度是否发生变化，该变化应当作为会计估计变更进行会计处理

C. 对于每一项履约义务，企业只能采用一种方法来确定其履约进度

D. 资产负债表日，企业应当对履约进度进行重新估计

9. 下列各项业务中，需要通过营业外支出核算的有( )。

A. 转回存货跌价准备
B. 固定资产出售净损失
C. 自然灾害所造成的存货盘亏净损失
D. 公益性捐赠支出

10. 甲公司是一家著名的足球俱乐部。甲公司2×22年年初授权乙公司在其设计生产的服装、帽子、水杯以及毛巾等特许产品上使用甲公司球队的名称和图标，授权期间为3年。合同约定，甲公司收取的合同对价由两部分组成：(1)600万元固定金额的使用费；(2)每年按照乙公司销售上述商品所取得销售额的10%计算的提成。乙公司预期甲公司会继续参加国内顶级联赛，并取得优异的成绩。甲公司2×22年一次性收取乙公司支付的600万元固定金额的使用费，乙公司2×22年销售特许产品已确认收入为2 000万元。甲公司2×22年有关确认收入的表述中，正确的有(　)。
A. 该合同的履约义务为某一时点履行的履约义务
B. 甲公司收取的600万元固定金额的使用费应当在3年内平均确认收入
C. 甲公司按照乙公司销售特许商品所取得销售额的10%计算的提成应当在乙公司的销售实际完成时确认收入
D. 甲公司2×22年确认收入的金额为400万元

11. 甲公司是一家音乐唱片公司。2×22年12月1日，该公司向顾客授予一项针对一张1975年录制的某一著名管弦乐队演奏的古典交响音乐的唱片许可证，该客户是一家消费品公司，该许可证将使其拥有在两年内所有的商业渠道(包括电视广播网络广告)使用该交响乐唱片的权利，甲公司每个月收取10万元的固定对价。该合同不可撤销。2×22年甲公司下列会计处理的表述中，正确的有(　)。
A. 甲唱片公司转让许可证的承诺的性质是向客户提供知识产权的使用权，属于某一时点履行的履约义务
B. 甲唱片公司转让许可证的承诺的性质是向客户提供知识产权的使用权，属于某一时段履行的义务
C. 2×22年甲唱片公司一次性确认收入240万元
D. 2×22年甲唱片公司确认一个月收入10万元

三、计算分析题

1. ☆甲公司为电信服务运营企业。2×19年度发生的有关交易或事项如下：
(1)2×19年11月1日，甲公司与乙公司签订合同，合同约定：从合同签订的次月1日起甲公司为乙公司提供网络接入和运营服务；乙公司每月向甲公司支付服务费200万元，并同意在其游戏平台的页面上呈现甲公司的品牌标识。乙公司在其运营的游戏平台的页面上提供类似品牌广告的收费为每月50万元。
(2)2×19年11月30日，甲公司董事会批准了管理层提出的客户忠诚度计划，具体内容为：客户在甲公司消费价值满100元的通话服务时，甲公司将在下月向其免费提供价值10元的通话服务。2×19年12月，客户消费了价值10 000万元的通话服务(假定均符合下月享受免费通话服务的条件)。甲公司已收到全部的款项。
(3)2×19年12月10日，甲公司推出预缴话费送手机活动，客户只需预缴话费3 000元，即可免费获得市价为1 600元、成本为1 200元的手机一部，并从参加活动的下月起未来24个月内每月享受价值100元、成本为80元的通话服务。当月共有5万名客户参与了此项活动。不考虑货币时间价值、相关税费及其他因素。
要求：根据资料(1)至(3)，分别计算甲公司2×19年12月应确认的收入金额，说明理由，并编制与收入确认相关的会计分录(无须编制结转相关成本的会计分录，

计算结果保留两位小数)。

2. 甲公司为一家大型制造业企业，其在2×22年销售商品资料如下：

(1)2×22年1月1日，甲公司向乙公司销售一台自产设备，销售价格为500万元，同时双方约定1年之后，甲公司将以400万元的价格回购该设备。该台设备的成本为300万元。甲公司已于2×22年1月1日收到相关款项，商品已发出，2×22年12月31日回购该设备。

(2)2×22年7月1日，甲公司向丙公司销售一台自产设备，销售价格为200万元，成本为120万元；商品尚未发出，款项已经收到。协议约定，甲公司应于2×22年12月31日将所售商品购回，回购价为260万元。

(3)2×22年8月1日，甲公司向丁公司销售一台自产设备，销售价格为300万元，成本为200万元。双方约定，丁公司在2年后有权要求甲公司以150万元的价格回购该设备。甲公司预计该设备在回购时的市场价值为80万元，远低于回购价。

假定不考虑货币时间价值、增值税等其他因素。

要求：

(1)根据资料(1)，判断甲公司与乙公司的交易属于融资交易还是租赁交易，说明理由，并编制相关会计分录。

(2)根据资料(2)，判断甲公司与丙公司的交易属于融资交易还是租赁交易，说明理由，并编制相关会计分录。

(3)根据资料(3)，判断甲公司与丁公司的交易属于融资交易还是租赁交易，说明理由。

3. 甲公司、乙公司均为增值税一般纳税人，适用的增值税税率为13%。2×22年发生下列业务：

(1)2×22年3月1日，甲公司向乙公司销售一批商品100件，单位销售价格为10万元，单位成本为8万元，开出的增值税专用发票上注明的销售价格为1 000万元，增值税税额为130万元。协议约定，在2×22年6月30日之前有权退回商品。商品已经发出，款项已经收到。甲公司根据过去的经验，估计该批商品退货率为8%。

(2)2×22年3月31日，甲公司对退货率进行了重新估计，将该批商品的退货率调整为10%。

(3)2×22年4月30日，发生销售退回5件，商品已经入库，并已开出红字增值税专用发票。

(4)2×22年6月30日，再发生销售退回6件，商品已经入库，并已开出红字增值税专用发票。

其他资料：不考虑所得税等其他税费和其他因素的影响。

要求：根据上述资料，编制甲公司相关会计分录。(答案中的金额单位用万元表示)

4. 甲公司为商品销售企业，2×22年年初对A、B、C品牌的商品开始推行积分奖励计划。2×22年、2×23年发生如下经济业务。

(1)截至2×22年1月31日，甲公司销售A品牌商品共计50 000万元(不包括客户使用奖励积分购买的商品，下同)，授予客户奖励积分共计50 000万分，假设每个奖励积分可抵0.01元。根据历史经验，甲公司估计授予的奖励积分将有80%被兑换。

2×22年年末，客户累计使用奖励积分共计30 000万分。甲公司对积分的兑换率进行了重新估计，仍然预计客户总共将会兑换80%的积分。

2×23年年末，客户累计使用奖励积分共计35 000万分。甲公司对积分的兑换率进行了重新估计，预计客户总共将会兑换90%的积分。

(2)截至2×22年1月31日，甲公司销售B品牌商品共计20 000万元，同时授予客户奖励积分20 000万分(假设每个奖励积分可抵0.01元)，参与本计划的客户所得的奖励积分可以换取手机和某影院的电影票，甲公司估计授予的奖励积分将有80%被兑换。2×22年年末部分客户以10 000万积分兑换一批手机；2×23年年末部分客户以另外6 000万积分兑换一批电影票(甲公司以40万元从影院购得)，当日甲公司估计剩余积分不会被使用。

(3)2×22年1月31日，甲公司销售C品牌商品共计5 000万元，参与本计划的客户可以享受每消费1元积2分的活动，因此共授予客户奖励积分10 000万分(假设每个奖励积分可抵0.01元)。客户可在2年内凭此类积分兑换橄榄油，过期作废。预计相关客户将在有效期内兑换全部积分。2×22年年末客户共使用5 000万分兑换橄榄油商品。

假定上述金额均不包含增值税且不考虑其他因素等的影响。

要求：根据资料(1)、(2)、(3)，编制相关会计分录。(无须编制结转相关成本的会计分录，计算结果保留两位小数)

5. 甲公司2×22年发生的与收入相关的交易或事项如下：

(1)2×22年7月1日，甲公司与客户乙公司签订合同，向其销售A、B两项商品，A商品的单独售价为300万元，B商品的单独售价为1 200万元，合计为1 500万元，合同约定的价款为1 250万元。同时合同约定，A商品于合同开始日交付，B商品在二个月之后交付，只有当两项商品全部交付之后，甲公司才有权收取1 250万元的合同对价。假定A商品和B商品分别构成单项履约义务，其控制权在交付时转移给客户。2×22年7月1日，甲公司交付A商品。2×22年9月1日，甲公司交付B商品时收到全部货款。

(2)2×22年8月1日，甲公司与客户丙公司签订一项销售C商品并安装的合同，合同期限6个月，交易价格1 350万元。合同约定，当甲公司履约销售C商品并安装完毕时，才能从丙公司收取全部合同金额，甲公司对C商品质量和安装质量承担责任。该C商品单独售价1 000万元，安装劳务单独售价500万元。2×22年8月5日，甲公司以银行存款850万元购入并取得该C商品的控制权，于当日按合同约定直接运抵丙公司指定地点并安装，丙公司对其验收并取得控制权，此时甲公司向客户丙公司销售C商品履约义务已完成。至2×22年12月31日，甲公司实际发生安装费用240万元(均系甲公司员工薪酬)，估计还将发生安装费用160万元，甲公司向丙公司提供C商品安装劳务属于一个时段履行的履约义务，按实际发生的成本占估计总成本的比例确定履约进度。

上述价格均不包含增值税，且假定不考虑相关税费等因素的影响。

要求：

(1)计算分摊至A商品和B商品的交易价格，

(2)编制2×22年7月1日交付A商品、9月1日交付B商品的会计分录。

(3)判断甲公司向丙公司销售C商品时的身份是主要责任人还是代理人，并说明理由。

(4)计算甲公司将交易价格分摊到C商品销售与安装的金额。

(5)编制2×22年甲公司购入、销售与安装C商品时的会计分录。

6. A公司为一家集销售美容仪器及经营连锁美容店的企业。2×22年发生下列业务：

(1)2×22年A公司与B公司签订一项美容仪器产品的销售合同，合同约定A公司向B公司销售一批美容仪器产品。A公司承诺该批美容仪器售出后1年内如出现非意外事件造成的故障或质量问题，A公司根据“三包”规定，免费负责保修(含零部件的更换)，同时A公司还向B公司提供一项延保服务，即在法定保修期1年之外，延长保修期3年且该延保服务不能单独购买。该批美容仪器产品和延保服务的单独标价分别为198万元和2万元。A公司根据以往经验估计在法定保修期（1年）内很可能发生的保修费用为6万元。该批美容仪器产品的成本为60万元。合同签订当日，A公司将该批仪器交付给B公司，同时B公司向A公司支付了180万元价款。

（2）2×22年，A公司向客户销售了5 000张储值卡，每张卡的面值为1万元，总额为5 000万元。客户可在A公司经营的任何一家门店使用该储值卡进行消费。根据历史经验，A公司预期客户购买的储值卡中将有相当于储值卡面值金额4%（即200万元）的部分不会被消费。截至2×22年12月31日，客户使用该储值卡消费的金额为3 000万元。

假定不考虑增值税等相关税费及货币时间价值因素。

要求：根据以上资料编制相关会计分录。

7. 2×21年1月1日，甲建筑公司与乙公司签订一份办公楼建造工程合同，该合同约定，该工程的造价为6 300万元（不含增值税），工程期限为1年半，甲公司负责工程的施工及全面管理，乙公司按照第三方工程监理公司确认的工程完工量，每半年与甲公司结算一次；该办公楼位于乙公司的土地上，在办公楼建造过程中乙公司有权修改其设计方案；如乙公司终止合同，办公楼已建造的部分归乙公司所有；如果工程发生重大质量问题，甲公司应按实际损失支付赔偿款。预计2×22年6月30日竣工；预计可能发生的总成本为3 800万元。假定该建造工程整体构成单项履约义务，并属于在某一时段履行的履约义务，甲公司采用成本法确定履约进度，增值税税率为9%，不考虑其他相关因素。

2×21年6月30日，工程累计实际发生成本1 500万元（原材料占60%，职工薪酬占10%，其余为机械作业费用），预计完成合同尚需发生成本2 500万元。甲公司与乙公司结算合同价款2 500万元（不含增值税），甲公司实际收到价款2 180万元（含增值税）。

2×21年12月31日，工程累计实际发生成本3 000万元（原材料占60%，职工薪酬占10%，其余为机械作业费用），预计完成合同尚需发生成本2 000万元。甲公司与乙公司结算合同价款1 100万元（不含增值税），甲公司实际收到价款1 090万元（含增值税）。

2×22年6月30日，工程累计实际发生成本4 500万元（原材料占60%，职工薪酬占10%，其余为机械作业费用），乙公司与甲公司结算了合同竣工价款2 700万元（不含增值税），并支付剩余工程款3 597万元（含增值税）。

假定甲公司与乙公司结算时即发生增值税纳税义务，乙公司在实际支付工程价款的同时支付其对应的增值税款。

要求：指出甲公司确认收入的时点，并说明理由。根据以上资料编制甲公司相关会计分录。

四、综合题

☆甲公司产品销售政策规定，对初次购买其生产的产品的客户不提供价格折让，对于再次购买其生产的产品的客户，提供1%至5%的价格折让。2×19年至2×20年甲公司发生的有关交易事项如下：

（1）2×19年7月10日，甲公司与乙公司签订的商品销售合同约定，甲公司向乙公司销售A产品500件。甲公司应于2×19年12月10日前交付，合同价格为每件25万元。乙公司于合同签订日预付合同价格的20%。

2×19年9月12日，甲公司与乙公司对上述合同签订的补充协议约定，乙公司追加购买A产品200件，追加价格为每件24万元。甲公司应于2×19年12月20日前交付。乙公司于补充协议签订日预付合同价格的20%。

甲公司对外销售A产品价格为每件25万元。

2×19年12月10日，乙公司收到700件A产品并验收合格入库，剩余款项(包括增值税)以银行存款支付。乙公司另以银行存款支付发生的运输费200万元，增值税18万元；发生运输保险费20万元，增值税1.2万元；发生入库前挑选整理费5万元和入库后整理费3万元。

(2)按照丙公司经营策略，丙公司拟采购一台大型机械设备，为此丙公司进行了招标，甲公司中标，承接了丙公司的项目。

2×19年10月30日，甲公司与丙公司签订的大型机械设备采购合同约定，甲公司为丙公司生产的一台大型机械设备提供安装(假定该设备安装复杂，只能由甲公司提供)，合同价格为15 000万元。甲公司应于2×20年9月30日前交货。2×19年11月5日，甲公司与丙公司又签订另一份合同，约定甲公司为丙公司建造的大型机械设备在交付丙公司后，需对大型机械设备进行重大修改，以实现与丙公司现有若干设备的整合，合同价格为3 000万元。甲公司应于2×20年11月30日前完成对该设备的重大修改。上述两份合同的价格均反映了市场价格。

2×19年11月10日，甲公司与丙公司签订的一份服务合同约定，甲公司在未来3年内为丙公司上述设备进行维护，合同价为每年800万元。甲公司为其他公司提供类似服务的合同价格与该合同确定的价格相同。

设备及安装、修改、整合工作均按合同约定的时间完成，丙公司检验合格，并于2×20年12月1日投入生产使用。

(3)甲公司研究开发一项新型环保技术。该技术用于其生产的产品可以大大减少碳排放量。该新型环保技术于2×20年7月1日达到预定可使用状态，其中形成无形资产的成本为1 600万元，2×20年直接计入当期损益的研发费用为600万元。当地政府为补贴甲公司成功研发形成的无形资产，2×20年5月20日向甲公司拨付200万元补助。甲公司预计该新型环保技术形成的无形资产可使用10年，预计净残值为0，按直线法摊销。按企业所得税法规定，企业发生的研发费用加计扣除。研发费用直接计入当期损益的，按其实际发生费用加计100%在计算应纳税所得额时扣除；形成资产成本的，按实际发生成本加计100%的金额于10年、按直线法摊销的金额在计算应纳税所得额时扣除(不考虑净残值)。

其他资料：(1)甲公司和乙公司均为增值税一般纳税人；(2)上述合同均通过批准，满足合同成立的条件；(3)甲公司适用的增值税税率为13%，所得税税率为25%；(4)合同价、售价均为不含税金额；(5)除资料(3)外，其他事项的会计处理与税法处理相同；(6)政府补助采用总额法核算，2×20年初无形资产账面价值为零；(7)不考虑除增值税、所得税外其他相关税费。

要求：

(1)根据资料(1)，判断甲公司与乙公司在原合同基础上签订补充协议，是否属于合同变更，说明处理方法、理由；判断甲公司确认销售A产品收入的方法、时点，说明理由；编制出售A产品的分录。

(2)根据资料(1)，计算乙公司购入产品的成本总额和单位成本。

(3)根据资料(2)，判断甲公司与丙公司分别签订的三份合同是否应合并，说明理由；合同合并后，判断每份合同有几项履约义务，并说明理由；如合同不合并，判断每份合同有几项履约义务。

(4)根据资料(3)，判断无形资产2×20年7月1日账面价值与计税基础是否确认递延所得税并说明理由；计算2×20年12月31日账面价值和计税基础；说明政府补助的会计处理方法，并计算计入损益的金额。

同步训练答案及解析

一、单项选择题

1. D 【解析】甲公司承诺的服务是向客户提供健身服务，而入会费是为了补偿俱乐部为客户进行登记注册等初始活动所花费的成本，这些初始活动并没有向客户提供实际的健身服务，所以该入会费实质上是客户为健身服务所支付的对价的一部分，故应和年费一起作为健身服务的预收款，计入合同负债，在2年内分摊确认为收入。

2. C 【解析】选项A、B，由于甲公司不会提供价格折让等可能导致对价金额可变的安排，上述价格折让是市场条件的变化引发，这种变化是甲公司在合同开始日根据其所获得的相关信息无法合理预期的，由此导致的合同各方达成协议批准对原合同价格作出的变更，不属于可变对价，应作为合同变更进行会计处理；选项C、D，该合同变更未增加可明确区分的商品，甲公司已转让的60件产品与未转让的60件产品之间可明确区分，因此，该合同变更应作为原合同终止及新合同订立进行会计处理，甲公司向乙公司交付剩余60件产品时，应确认收入750万元(12.5×60)。

3. D 【解析】选项A，2×22年1月30日，甲公司向乙公司交付60件产品，甲公司应确认的收入＝20×60－60×60/120＝1 170(万元)；选项B，由于甲公司对存在质量瑕疵产品提供的返工服务属于保证类质量保证，在销售时已根据或有事项准则对相关的质保义务确认了预计负债，因此实际发生保修费用时应冲减相关预计负债；选项C，为维系客户关系，甲公司提供了质保之外的价格折让，并且在合同开始日，根据甲公司以往的习惯，可以预期如果商品不符合合同约定的质量标准，甲公司将给予乙公司一定的价格折让，而后续实际给予的折扣与初始预计的折扣差异属于相关不确定性消除而发生的可变对价的变化，而非合同变更导致的，应作为合同可变对价的后续变动进行会计处理。由于并无证据表明甲公司给予的价格折让与某部分履约义务相关，因此甲公司给予的价格折让与整个合同相关，应当分摊至整个合同的履约义务，其中，已交付的60件产品的履约义务已经完成，其控制权已经转移，因此，甲公司应在2×22年2月28日将总的价格折让增加额12万元(72－60)按比例分摊至已交付的60件产品，冲减当期收入6万元(12×60/120或0.1×60)；选项D，甲公司在2×22年3月31日应确认的收入＝20×60－72×(60/120)＝1 164(万元)。

4. D 【解析】选项A、B，由于甲公司与乙公司签订合同时并没有约定可变对价，且甲公司已公开宣布的政策、特定声明或者以往的习惯做法等相关事实和情况表明，甲公司不会提供折扣或折让等安排，所以，合同中不存在可变对价，对于2×22年3月31日的补充协议，甲公司应作为合同变更进行会计处理；选项C、D，由于上述合同变更并没有增加可明确区分的商品及合同价款，且合同变更日已提供的广告服务与未提供的广告服务之间可明确区分，所以甲公司应当将合同变更作为原合同终止及新合同订立进行会计处理。新合同的服务时间为2×22年4月至6月，交易价格＝

50×(1-50%)×3=75(万元)。

5. A 【解析】甲乙双方批准对合同范围作出变更，合同变更增加的广告投放时间本身可明确区分，甲公司承诺增加的服务时间与原服务时间并未形成组合产出、不存在重大修改和定制、高度关联等情况，因此，合同变更增加了可明确区分的广告投放服务时间，没有新增合同价款，所以甲公司应当将合同变更作为原合同终止及新合同订立进行会计处理。新合同的服务时间为2×22年4月1日至2×22年8月31日，交易价格为每月30万元。

6. B 【解析】甲乙双方批准对合同范围作出变更，合同变更增加了广告投放服务的范围，在新增的灯箱上提供的广告服务本身是可明确区分的，因此合同变更增加了可明确区分的广告投放服务，但是没有新增合同价款，甲公司应当将合同变更作为原合同终止及新合同订立进行会计处理。新合同(两个灯箱)的服务时间为2×22年4月1日至2×22年6月30日，交易价格为每月50万元(150/3)。

7. C 【解析】该合同的对价金额由两部分组成，即8 000万元的固定价格以及在5年内按乙公司该条观光索道门票收入的20%计算的可变对价。对于固定价格，甲公司应当将8 000万元直接计入交易价格。对于可变对价，甲公司应当按照期望值或最可能发生金额确定该可变对价的最佳估计数，计入交易价格的可变对价金额还应该满足准则规定的限制条件(即包含可变对价的交易价格，应当不超过在相关不确定性消除时，累计已确认的收入极可能不会发生重大转回的金额)。选项ABD，会计处理正确。选项C，甲公司应在不确定性消除之前的每一资产负债表日重新评估该可变对价的金额，且变更为会计估计变更。

8. D 【解析】选项B，在甲公司与乙公司的合作方式中，在客户付款购买手表之前，乙公司能够主导手表的使用，例如出售、调配或下架，并从中获得其几乎全部的经济利益，因此乙公司拥有对该手表的控制权，是主要责任人，甲公司是代理人；选项C，主要责任人应当按照已收或应收对价总额确认收入；代理人应当按照预期有权收取的佣金或手续费的金额确认收入；选项D，在甲公司与丙公司的合作方式中，在客户付款购买该品牌化妆品之前，甲公司能够主导该品牌化妆品的使用，例如出售、调配或下架，并从中获得其几乎全部的经济利益，拥有对该品牌化妆品的控制权，甲公司是主要责任人。

9. D 【解析】选项A，在客户付款购买卫浴产品之前，甲公司能够主导卫浴产品的使用，例如出售、调配或下架，并从中获得其几乎全部的经济利益，拥有对该商品的控制权，因此甲公司是主要责任人。选项B，乙公司将卫浴产品发送到甲公司指定的直营门店并经甲公司验收合格后，商品控制权发生转移，因此乙公司应该在此时确认销售收入。选项C，由于上架60日未售出的商品或消费者退回的商品，甲公司有权退回给乙公司或向乙公司追偿，乙公司应当按照附有销售退回条款的销售进行会计处理。选项D，在客户付款购买乙公司所产卫浴产品时，由于甲公司是主要责任人，因此甲公司一般应该按照实际售价确认收入。

10. C 【解析】选项A，由于甲公司实验过程中的资料和数据已实时提交给丙公司，且如果在甲公司履约的过程中更换其他企业继续进行药理药效实验，其他企业可以在甲公司已完成的工作基础上继续进行药理药效实验并提交实验报告，实质上无须重复执行甲公司累计已经完成的工作，因此，丙公司能够控制企业履约过程中在建的商品，丙公司在甲公司履约的同时即取得并消耗了甲公司履约所带来的经济利益，甲公司提供的实验服务属于在某一时段内履行的履约义务。所以选项 AB 正确。选项 C，如果乙公司被中途更换，新供应商需要重新执行软件定制工作，所以丁公司在乙公司履约的同时并未取得并消耗乙公司软件开发过程中所带来的经济利益；丁公司并不能够合理利用开发过程中形成的程序、文档，并从中获得几乎全部的经济利益，所以丁公司不能够控制乙公司履约过程中在建的商品；丁公司按照合同约定分阶段付款，预付款仅 4%，后续进度款仅在相关里程碑达到及终验时才支付，且如果丁公司违约，仅需支付合同价款 10%的违约金，表明乙公司并不能在整个合同期内任一时点就累计至今已完成的履约部分收取能够补偿其已发生成本和合理利润的款项。综上所述，该定制软件开发业务不满足属于在某一时段内履行履约义务的条件，属于在某一时点履行的履约义务，选项 C 不正确，选项 D 正确。

11. C 【解析】选项 A，当合同变更增加了可明确区分的商品及合同价款，且新增合同价款反映了新增商品单独售价的，才应当将该合同变更作为一份单独的合同进行会计处理；选项 B，在合同变更日已转让商品与未转让商品之间可明确区分的，且不属于“合同变更增加了可明确区分的商品及合同价款，且新增合同价款反映了新增商品单独售价的”才应终止原合同，同时将原合同未履约部分与合同变更部分合并为新合同进行会计处理。

12. D 【解析】不论是否取得合同，市场调查支出和参与竞标的支出都会发生，所以不属于增量成本，应在发生时计入当期损益；而发生的销售人员佣金，属于为取得合同发生的增量成本(不取得合同便不会发生)，所以应作为合同取得成本确认为一项资产，即确认合同取得成本 150 万元。

13. B 【解析】选项 B，2×21 年度内，由于乙公司信用风险提高，甲公司在确认收入的同时，按照金融资产减值的要求对乙公司的应收款项进行减值测试。

14. D 【解析】2×22 年乙公司财务状况进一步恶化，信用风险加剧，不再符合收入确认条件，所以甲公司不再确认特许权使用费收入，同时对现有应收金额是否发生减值继续进行评估。

15. B 【解析】企业存在应付客户对价的，应当将该应付对价冲减交易价格，但应付客户对价是为了自客户取得其他可明确区分商品的除外。企业应付客户对价是为了向客户取得其他可明确区分商品的，应当采用与企业其他采购相一致的方式确认所购买的商品。企业应付客户对价超过向客户取得可明确区分商品公允价值的，超过金额应当冲减交易价格。向客户取得的可明确区分商品公允价值不能合理估计的，企业应当将应付客户对价全额冲减交易价格。在将应付客户对价冲减交易价格处理时，企业应当在确认相关收入与支付(或承诺支付)客户对价二者孰晚的时点冲减当期收入。

16. B 【解析】业绩奖励为可变对价，仍然会受到基金未来累积回报的影响，有关将可变对价计入交易价格的限制条件仍然没有得到满足，因此，不能确认收入。

17. A 【解析】选项 A、B，甲公司支付给乙公司超市的 300 万元并未取得可明确区分的商品或服务，因此为交易价格的抵减，不应作为销售费用处理。选项 C、D，甲公司应在确认商品销售收入的同时，按 10%(300/3 000)比例抵减销售收入，2×22 年 1 月甲公司确认收入 = 500×90% = 450(万元)。

18. B 【解析】由于未来一个月所有客户均能享受 5%的折扣，说明向购买 A 产品的客户提供的重大权利的折扣是增量折扣 30%，考虑到客户使用该折扣券的可能性以及额外购买的金额，甲公司估计该折扣券的单独售价为 25.5 元［100×85%×(35%-5%)］。甲公司按照 A 产品和折扣券单独售价的相对比例对交易价格进行分摊：

A 商品分摊的交易价格=1 000×1 000÷(1 000+25.5)×1=975.13(万元)。

折扣券选择权分摊的交易价格=1 000×25.5÷(1 000+25.5)×1=24.87(万元)。

甲公司在销售 A 商品时的账务处理如下：

借：银行存款　　　　1 000

　　贷：主营业务收入　　　975.13

　　　　合同负债　　　　　24.87

19. A 【解析】该合同修订内容(甲公司在 2×22 年 3 月额外向乙公司发货 100 件产品)，事实上构成了一项关于未来产品销售的单独的合同，且该合同并不影响对现有合同的会计处理。甲公司应对原合同中的未履行部分，即尚未交付的 200 件产品，按每件 1 万元的单位售价确认销售收入；对新合同中的 100 件产品，按每件 0.85 万元单位售价确认收入。即甲公司在 2×22 年 3 月应确认的收入金额=200×1+100×0.85=285(万元)。

20. C 【解析】在合同开始日，A 公司认为其每日为客户提供的保洁服务是可明确区分的，但由于 A 公司向客户转让的是一系列实质相同且转让模式相同的、可明确区分的服务，因此将其作为单项履约义务。在合同开始的前两年，即合同变更之前，A 公司每年确认收入 20 万元。在合同变更日(2×19 年 12 月 31 日)，由于新增的 4 年保洁服务的价格不能反映该项服务在合同变更时的单独售价，因此，该合同变更内容不能作为单独的合同进行会计处理，由于在剩余合同期间需提供的服务与已提供的服务是可明确区分的，A 公司应当将该合同变更作为原合同终止，同时，将原合同中未履约的部分与合同变更部分合并为一份新合同进行会计处理。该新合同的合同期限为 5 年，对价为 76 万元，即原合同下尚未确认收入的对价 16 万元与新增的 4 年保洁服务相应的对价 60 万元之和，新合同中 A 公司每年确认的收入为 15.2 万元(76/5)。

21. A 【解析】由于单独售价之和 100 万元(60+30+10)超过所承诺的对价 80 万元，因此客户实际上是因购买一揽子商品而获得了折扣。A 公司应将折扣在甲、乙、丙三种产品之间按照单独售价比例进行分摊。因此，各产品分摊的交易价格分别为：

甲产品确认收入=80×60/(60+30+10)=48(万元)。

乙产品确认收入=80×30/(60+30+10)=24(万元)。

丙产品确认收入=80×10/(60+30+10)=8(万元)。

合计确认的收入=48+24+8=80(万元)。

22. A 【解析】这三种产品的单独售价合计为 100 万元(60+30+10)，而该合同的价格为 80 万元，因此该合同的折扣为 20 万元。由于公司经常将乙产品和丙产品组合在一起以 20 万元的价格销售，该价格与其单独售价的差额为 20 万元［(30+10)-20］，与该合同的折扣一致，而甲产品单独销售的价格与其单独售价一致，证明该合同的折扣仅应归属于乙产品和丙产品。因此，在该合同下，分摊至甲产品的交易价格为 60 万元，分摊至乙产品和丙产品的交易价格合计为 20 万元，A 公司应当进一步按照乙产品和丙产品的单独售价的相对比例将该价格在二者之间进行分摊。因此，各产品分摊的交易价格分别为：

甲产品=60(万元)。

乙产品=20×30/(30+10)=15(万元)。

丙产品=20×10/(30+10)=5(万元)。

合计=60+15+5=80(万元)。

23. D 【解析】事项(1)，应计入其他收益。事项(2)，应作为前期差错更正处理，计入以前年度损益调整。事项(3)，应冲减管理费用。事项(4)，应当计入营业外收入。

24. A 【解析】(1)销售储值卡：

借：银行存款　　1 000

　贷：合同负债　(1 000/1.06)943.40

　　应交税费—待转销项税额 56.60

(2)根据储值卡的消费金额确认收入=[600+100×(600/900)]/(1+6%)=628.93(万元)。

借：合同负债　　628.93

　应交税费—待转销项税额

　　[(600/(1+6%)×6%]33.96

　贷：主营业务收入　　628.93

　　应交税费—应交增值税(销项税额)　　33.96

25. D 【解析】社会资本方应当在PPP项目资产达到预定可使用状态时，将相关PPP项目资产的对价金额或确认的建造收入金额，超过有权收取可确定金额的现金(或其他金融资产)的差额，确认为无形资产。

二、多项选择题

1. ACD 【解析】选项A，企业应将该业务视为融资交易处理。选项C，企业应将该业务作为租赁交易或融资交易处理。选项D，企业应将该业务作为附有销售退回条款的销售交易进行会计处理。

2. ABC 【解析】选项A，由于合同变更日已转让的商品与未转让的商品之间不可明确区分，所以应当将合同变更部分作为原合同的组成部分进行会计处理，属于单项履约义务；选项C，在合同变更日重新计算的2×21年度履约进度=500/(800+120)×100%=54.35%；选项D，甲公司在2×21年年末所确认的履约进度=500/800×100%=62.5%，所确认的收入=2 000×62.5%=1 250(万元)；因合同变更而应在合同变更日调增其所确认的收入=(2 000+150+300)×54.35%-1 250=81.58(万元)，对于该调整额，不应追溯调整期初留存收益，而应计入当期收入。

3. AC 【解析】2×22年应支付乙公司的佣金=6 000×10%=600(万元)，应确认为合同取得成本；由于本年2 000万元所对应的房屋交付给客户，因此这部分对应的合同取得成本应进行摊销，即应确认销售费用=2 000×10%=200(万元)；至年末，合同取得成本余额=600-200=400(万元)。因此，选项A、C正确。相关会计分录为：

借：合同取得成本　　600

　贷：应付账款　　600

借：销售费用　　200

　贷：合同取得成本　　200

4. ABD 【解析】截至2×22年12月31日，甲公司发生成本87万元(包括购买减速机的采购成本60万元)，由于其已发生的成本和履约进度不成比例，因此需要对履约进度的计算作出调整，将减速机的采购成本排除在已发生成本和预计总成本之外。在该合同中，该减速机不构成单项履约义务，其成本相对于预计总成本而言是重大的，甲公司是主要责任人，但是未参与该减速机的生产和制造，客户先取得了减速机的控制权，随后才接受与之相关的安装服务，因此，甲公司在客户取得该减速机控制权时，按照该减速机采购成本的金额确认转让减速机产生的收入。因此2×22年12月，该合同的履约进度=(87-60)/(150-60)×100%=30%，应确认的收入金额=(200-60)×30%+60=102(万元)，应确认的成本金额=(150-60)×30%+60=87(万元)。

5. CD 【解析】甲公司为乙公司建造办公楼，该办公楼位于乙公司的土地使用权上，终止合同时，已建造的办公楼归乙公司所有。这些均表明乙公司在该办公楼建造的过程中就能够控制该在建工程。因此，甲公司提供的该建造服务属于在某一时段内履行的履约义务，甲公司应当在提供该服务的期间内确认收入。

6. ABCD 【解析】选项A，包含两项履约义务，因为不具有高度关联性。选项B，只包含一项履约义务，因为具有高度关联性。

7. ABCD 【解析】该合同变更不属于合同变更部分作为单独合同进行会计处理的情形，且在合同变更日已转让商品与未转让商品之间可明确区分，应当视为原合同终止，同时，将原合同未履约部分与合同变更部分合并为新合同进行会计处理。新合同的交易价格应当为下列两项金额之和：一是原合同交易价格中尚未确认为收入的部分(包括已从客户收取的金额)；二是合同变更中客户已承诺的对价金额。选项D，新合同的合同期限为四年，每年确认收入=(10+26)/4=9(万元)。

8. ABCD

9. CD 【解析】选项A，转回存货跌价准备应通过“资产减值损失”科目核算；选项B，固定资产出售净损失计入“资产处置损益”科目，不影响营业外支出。

10. BCD 【解析】选项A，该合同仅包括一项履约义务，即授予使用权许可，甲公司继续参加比赛并取得优异成绩等活动是该许可的组成部分，而并未向客户转让任何可明确区分的商品或服务。由于乙公司能够合理预期甲公司将继续参加比赛，甲公司的成绩将会对其品牌(包括名称和图标等)的价值产生重大影响，而该品牌价值可能会进一步影响乙公司产品的销量，甲公司从事的上述活动并未向乙公司转让任何可明确区分的商品，因此，甲公司授予的该使用权许可，属于在某一时段内履行的履约义务。选项B、C、D，甲公司收取的600万元固定金额的使用费应当在3年内平均确认收入，按照乙公司销售相关商品所取得销售额的10%计算的提成应当在乙公司的销售实际完成时确认收入。甲公司2×22年确认收入的金额=600/3+2 000×10%=400(万元)。

11. AC 【解析】甲唱片公司唯一的履约义务是授予许可证，许可证的有效期为两年，其地域的范围以及确定的允许对唱片进行的使用均为合同中承诺的许可证属性。甲唱片公司并没有改变授予许可证的唱片的任何合同义务，授予许可证的唱片具有重大的单独功能(比如说播放功能)，因此客户从唱片获益的能力并非主要源于唱片公司将从事对该项知识产权有重大影响的活动。即唱片公司转让许可证的承诺的性质是向客户提供知识产权的使用权，属于某一时点履行的义务，应一次性确认收入240万元(10×24)。

三、计算分析题

1. 【答案】

资料(1)：

甲公司2×19年12月应确认的收入金额=200+50=250(万元)。理由：企业存在应付客户对价的，应当将该应付对价冲减交易价格，但应付客户对价是为了自客户取得其他可明确区分商品的除外。企业应付客户对价是为了自客户取得其他可明确区分商品的，应当采用与企业其他采购相一致的方式确认所购买的商品。甲公司支付的广告费的对价属于可明确区分的商品，所以其支付的广告费不能冲减交易价格。

会计分录如下：

借：银行存款等　　200
　　销售费用　　50
　　贷：主营业务收入　　250

资料(2)：

甲公司估计该免费通话的单独售价=10 000×10/100=1 000(万元)。

分摊至客户当月消费的通话服务的交易价格为 = 10 000/(10 000+1 000)×10 000 = 9 090.91(万元)。
分摊至下月免费提供的通话服务的交易价格为 = 1 000/(10 000+1 000)×10 000 = 909.09(万元)。
所以甲公司2×19年12月应确认的收入金额 = 10 000/(10 000+1 000)×10 000 = 9 090.91(万元)。
理由：对于附额外购买选择权的销售，企业应当将交易价格分摊至该履约义务，在客户未来行使购买选择权取得相关商品控制权时，或者在该选择权失效时，确认相应的收入。因此，甲公司应将交易价格分摊至免费通话服务，分摊的交易价格计入合同负债中。
相关的分录如下：
借：银行存款　　10 000
　　贷：主营业务收入　　9 090.91
　　　　合同负债　　909.09
资料(3)：
分摊至手机的交易价格 = 3 000×5×1 600/(1 600+100×24) = 6 000(万元)。
分摊至通话服务的交易价格 = 3 000×5×2 400/(1 600+100×24) = 9 000(万元)。
甲公司2×19年12月应确认的收入金额 = 3 000×5×1 600/(1 600+100×24) = 6 000(万元)。
理由：企业向客户预收销售商品款项的，应当先将该款项确认为合同负债，待履行了相关履约义务时再转为收入。所以在2×19年12月应当确认销售手机对应的收入，将分摊至通话服务的交易价格作为合同负债处理，未来客户实际享有话费服务时再确认相关收入。
相关会计分录如下：
借：银行存款　　(3 000×5)15 000
　　贷：主营业务收入　　6 000
　　　　合同负债　　9 000

2.【答案】
(1)甲公司向乙公司销售设备应当作为租赁交易进行会计处理。理由：根据合同，甲公司将在1年后回购该设备，且回购价格低于销售价格，乙公司并未取得该设备的控制权，该交易的实质是乙公司支付了100万元(500-400)的对价取得了该设备1年的使用权。因此，甲公司应当将该交易作为租赁交易进行会计处理。相关会计分录如下：
出售时：
借：银行存款等　　500
　　贷：其他应付款　　500
借：发出商品　　300
　　贷：库存商品　　300
确认租赁收入：
借：其他应付款　　100
　　贷：其他业务收入等　　100
回购时：
借：其他应付款　　400
　　贷：银行存款　　400
借：库存商品　　300
　　贷：发出商品　　300
(2)甲公司向丙公司销售设备应当作为融资交易进行会计处理。理由：该项交易中回购价格高于原售价，所以应当视为融资交易，在收到客户款项时确认金融负债，并将该款项与回购价格的差额在回购期间内确认为利息费用等。相关会计分录如下：
收到出售价款时：
借：银行存款　　200
　　贷：其他应付款　　200
回购价大于原售价的差额，应在回购期间确认为利息费用，计入当期财务费用。由于回购期间为6个月，货币时间价值影响不大，故采用直线法计提利息费用，每月计提利息费用 = (260-200)/6 = 10(万元)。
回购期内每月的会计分录为：
借：财务费用　　10

贷：其他应付款 10

回购商品时：

借：其他应付款 260

贷：银行存款 260

(3)甲公司向丁公司销售设备应当作为租赁交易进行会计处理。理由：甲公司的回购价格远高于该设备在回购时的市场价值，因此丁公司有重大的经济动因行使其权利要求甲公司回购该设备；同时，由于回购价低于原售价，因此，甲公司应当将该交易作为租赁交易进行会计处理。

3.【答案】

(1)2×22 年 3 月 1 日发出商品时：

借：银行存款 1 130

贷：主营业务收入(100×10×92%)920

预计负债—应付退货款 (100×10×8%)80

应交税费—应交增值税(销项税额) 130

借：主营业务成本 (100×8×92%)736

应收退货成本 (100×8×8%)64

贷：库存商品 800

(2)2×22 年 3 月 31 日，重新评估退货率时：

借：主营业务收入 [(10%-8%)×1 000]20

贷：预计负债—应付退货款 20

借：应收退货成本 [(10%-8%)×800]16

贷：主营业务成本 16

(3)2×22 年 4 月 30 日发生销售退回时：

借：库存商品 (5×8)40

应交税费—应交增值税(销项税额) (5×10×13%)6.5

预计负债—应付退货款(10×5)50

贷：银行存款 (5×10×1.13)56.5

应收退货成本 (8×5)40

(4)2×22 年 6 月 30 日发生销售退回 6 件：

借：库存商品 (6×8)48

应交税费—应交增值税(销项税额) (6×10×13%)7.8

主营业务收入 (1×10)10

预计负债—应付退货成本 (80+20-50)50

贷：应收退货成本 (8×6)48

银行存款 (6×10×1.13)67.8

借：应收退货成本 8

贷：主营业务成本 (1×8)8

4.【答案】

(1)A 品牌商品：

①2×22 年 1 月 31 日，客户购买 A 品牌商品的单独售价合计为 50 000 万元，估计积分的单独售价 = 50 000×0.01×80% = 400(万元)。

分摊至商品的交易价格 = 50 000×50 000/(50 000+400) = 49 603.17(万元)。

分摊至积分的交易价格 = 50 000×400/(50 000+400) = 396.83(万元)。

借：银行存款 50 000

贷：主营业务收入 49 603.17

合同负债 396.83

②2×22 年度因客户使用奖励积分应当确认的收入 = 396.83×30 000/(50 000×80%) = 297.62(万元)。

借：合同负债 297.62

贷：主营业务收入 297.62

③2×23 年度因客户使用奖励积分应当确认的收入 = 35 000/(50 000×90%)×396.83-297.62 = 11.03(万元)；剩余未兑换的积分 = 396.83 - 297.62 - 11.03 = 88.18(万元)。

借：合同负债 11.03

贷：主营业务收入 11.03

(2)B 品牌商品：

①2×22 年 1 月 31 日，估计积分的单独售价 = 20 000×80%×0.01 = 160(万元)。

分摊至 B 品牌商品的交易价格 = 20 000×20 000/(20 000+160) = 19 841.27(万元)。

分摊至积分的交易价格 = 20 000×160/(20 000+160) = 158.73(万元)。

借：银行存款 20 000

贷：主营业务收入　　19 841.27

合同负债　　158.73

②2×22 年年末：

借：合同负债

[158.73×10 000/(20 000×80%)]99.21

贷：主营业务收入　　99.21

③2×23 年年末：

借：合同负债　(158.73-99.21)59.52

贷：银行存款等　　40

主营业务收入　　19.52(倒挤)

(3)C 品牌商品：

①2×22 年 1 月 31 日，估计积分的单独售价＝10 000×0.01＝100(万元)。

分摊至 C 品牌商品的交易价格＝5 000×5 000/(5 000+100)＝4 901.96(万元)。

分摊至积分的交易价格＝5 000×100/(5 000+100)＝98.04(万元)。

借：银行存款　　5 000

贷：主营业务收入　　4 901.96

合同负债　　98.04

②2×22 年年末兑换橄榄油：

借：合同负债　　(98.04/2)49.02

贷：主营业务收入　　49.02

5.【答案】

(1)分摊至 A 商品的交易价格＝1 250×300/(300+1 200)＝250(万元)。

分摊至 B 商品的交易价格＝1 250×1 200/(300+1 200)＝1 000(万元)。

(2)交付 A 商品时：

借：合同资产　　250

贷：主营业务收入　　250

交付 B 商品时：

借：银行存款　　1 250

贷：合同资产　　250

主营业务收入　　1 000

(3)甲公司是主要责任人。

理由：2×22 年 8 月 5 日，甲公司购入 C 商品并取得该 C 商品的控制权，甲公司对 C 商品质量和安装质量承担责任。因此甲公司是主要责任人。

(4)C 商品销售应分摊的交易价格＝1 350×1 000/(1 000+500)＝900(万元)

C 商品安装应分摊的交易价格＝1 350×500/(1 000+500)＝450(万元)

(5)

借：库存商品　　850

贷：银行存款　　850

借：合同资产　　900

贷：主营业务收入—C 商品销售　　900

借：主营业务成本　　850

贷：库存商品　　850

借：合同履约成本—C 商品安装　　240

贷：应付职工薪酬　　240

2×22 年 12 月 31 日安装履约进度＝240/(240+160)×100%＝60%

2×22 年 12 月 31 日应确认安装收入金额＝450×60%＝270(万元)。

借：合同资产　　270

贷：主营业务收入—C 商品安装　　270

借：主营业务成本—C 商品安装　　240

贷：合同履约成本—C 商品安装　　240

6.【答案】

(1)销售美容仪器产品：

借：银行存款　　180

贷：主营业务收入

[180×198/(198+2)]178.2

合同负债　[180×2/(198+2)]1.8

借：主营业务成本　　60

贷：库存商品　　60

借：销售费用　　6

贷：预计负债　　6

A 公司确认的延保服务收费 1.8 万元应当在延保期间根据延保服务进度确认为收入。

(2)销售储值卡：

借：银行存款　　5 000

贷：合同负债　　5 000

2×22 年 12 月 31 日，根据储值卡的消费金额确认收入＝3 000+200×(3 000/4 800)＝3 125(万元)。

借：合同负债　　3 125
　贷：主营业务收入　　3 125

7.【答案】

(1)甲公司为乙公司建造办公楼属于在某一时段履行的履约义务，应在履约的各个期间确认收入。

理由：甲公司为乙公司建造办公楼，该办公楼位于乙公司的土地上，乙公司终止合同时，已建造的办公楼归乙公司所有。这些均表明乙公司在该办公楼建造的过程中就能够控制该在建的办公楼。因此，甲公司提供的该建造服务属于在某一时段内履行的履约义务，甲公司应当在提供该服务的期间内确认收入。

(2)2×21年1月1日至6月30日实际发生工程成本时：

借：合同履约成本　　1 500
　贷：原材料　　(1 500×60%)900
　　应付职工薪酬　　(1 500×10%)150
　　累计折旧　　(1 500×30%)450

(3)2×21年6月30日：

履约进度＝1 500÷(1 500＋2 500)×100%＝37.5%。

合同收入＝6 300×37.5%＝2 362.5(万元)。

借：合同结算—收入结转　　2 362.5
　贷：主营业务收入　　2 362.5

借：主营业务成本　　1 500
　贷：合同履约成本　　1 500

借：应收账款　　2 725
　贷：合同结算—价款结算　　2 500
　　应交税费—应交增值税(销项税额)　　225

借：银行存款　　2 180
　贷：应收账款　　2 180

当日，“合同结算”科目的余额为贷方137.5万元(2 500－2 362.5)，表明甲公司已经与客户结算但尚未履行履约义务的金额为137.5万元，由于甲公司预计该部分履约义务将在2×21年内完成，因此，应在资产负债表中作为合同负债列示。

(4)2×21年7月1日至12月31日实际发生工程成本时

借：合同履约成本　　(3 000－1 500)1 500
　贷：原材料　　(1 500×60%)900
　　应付职工薪酬　　(1 500×10%)150
　　累计折旧　　(1 500×30%)450

(5)2×21年12月31日：

履约进度＝3 000÷(3 000＋2 000)×100%＝60%。

合同收入＝6 300×60%－2 362.5＝1 417.5(万元)。

借：合同结算—收入结转　　1 417.5
　贷：主营业务收入　　1 417.5

借：主营业务成本　　1 500
　贷：合同履约成本　　1 500

借：应收账款　　1 199
　贷：合同结算—价款结算　　1 100
　　应交税费—应交增值税(销项税额)　　99

借：银行存款　　1 090
　贷：应收账款　　1 090

当日，“合同结算”科目的余额为借方180(1 417.5－1 100－137.5)万元，表明甲公司已经履行履约义务但尚未与客户结算的金额为180万元，由于该部分金额将在2×22年内结算，因此，应在资产负债表中作为合同资产列示。

(6)2×22年1月1日至6月30日实际发生工程成本时：

借：合同履约成本　　(4 500－3 000)1 500
　贷：原材料　　900
　　应付职工薪酬　　150
　　累计折旧　　450

(7)2×22年6月30日：

由于当日该工程已竣工决算，其履约进度为100%。

合同收入＝6 300－2 362.5－1 417.5＝2 520(万元)。

借：合同结算—收入结转　　2 520
　　贷：主营业务收入　　2 520
借：主营业务成本　　1 500
　　贷：合同履约成本　　1 500
借：应收账款　　2 943
　　贷：合同结算—价款结算　　2 700
　　　　应交税费—应交增值税（销项税额）　　243
借：银行存款　　3 597
　　贷：应收账款　　3 597

当日，“合同结算”科目的余额为 0（180+2 520-2 700）。

四、综合题

【答案】

（1）①属于合同变更；

处理方法：合同变更部分作为单独合同进行会计处理的情形，即合同变更作为一项新的合同进行会计处理。

理由：该合同变更增加了 200 件 A 产品，售价每件 24 万元，并且新的售价 24 万元属于企业按照惯例向客户提供折扣而进行的调整，能够体现新增商品的单独售价。合同变更增加了可明确区分的商品及合同价款，且新增合同价款反映了新增商品单独售价的，合同变更部分作为单独合同进行会计处理。

②确认收入的方法：甲公司应对原合同中的 500 件产品，每件确认 25 万元的销售收入；对新合同中的 200 件产品，每件确认 24 万元的销售收入。

确认收入的时点：应于交付商品时确认收入。

理由：甲公司销售 A 商品属于在某一时点履行的履约义务，应于交付商品即商品法定所有权转移给客户时确认收入。

③甲公司会计分录：

2×19 年 7 月 10 日

借：银行存款　（25×500×20%）2 500
　　贷：合同负债　　2 500

2×19 年 9 月 12 日

借：银行存款　（24×200×20%）960
　　贷：合同负债　　960

2×19 年 12 月 10 日

借：银行存款
　　（25×500×80%+24×200×80%+17 300×13%）16 089
　　合同负债　（2 500+960）3 460
　　贷：主营业务收入　　17 300
　　　　应交税费—应交增值税（销项税额）
　　　　（17 300×13%）2 249

（2）乙公司购入产品的成本总额 = 500×25+200×24+200+20+5 = 17 525（万元）

单位成本 = 17 525/（500+200）= 25.04（万元）

（3）①甲公司与丙公司分别签订的采购大型机械设备并安装合同与对大型机械设备的重大修改合同，应当合并为一个合同。

理由：甲公司与丙公司虽然分别签订了两份合同，但该两份合同基于同一商业目的而订立并构成一揽子交易，两份合同形成单项履约义务。

②该合并后的合同包含一项履约义务，即为丙公司提供大型机械设备并进行重大修改。

理由：甲公司向丙公司转让的大型机械设备的承诺，与后续重大修改的承诺之间不可明确区分。

③甲公司与丙公司签订的服务合同为一份单独的合同。

④甲公司与丙公司签订的服务合同包含一项履约义务，即向丙公司提供设备后续维护服务。

（4）①2×20 年 7 月 1 日，账面价值与计税基础不一致形成的暂时性差异，不需要确认递延所得税。

理由：因该项无形资产并非产生于企业合并，同时在其初始确认时既不影响会计利润也不影响应纳税所得额，因此相关的暂时性差异不确认递延所得税。

2×20 年 12 月 31 日，账面价值 = 1 600-

1 600/10/2 = 1 520(万元)，计税基础 = 1 600×(1+100%) − 1 600×(1+100%)/10/2 = 3 040(万元)。

②政府补助属于与资产相关的政府补助，并且甲公司按照总额法核算，因此政府补助应于收到时先计入递延收益，然后在资产达到预定可使用状态后，在资产摊销的期间内分摊计入当期损益。

因政府补助计入当期损益的金额 = 200/10/2 = 10(万元)。

2022年

注册会计师全国统一考试

会计

应试指南

下册

■ 郭建华 主编

■ 正保会计网校 编

感恩22年相伴 助你梦想成真

中国商业出版社

目录 CONTENTS

下　册

第四部分 考前模拟

第十八章　政府补助

考情解密

历年考情概况

本章内容较少，比较简单，但却是近年考试的“常客”。本章在近几年考题中的平均分值为6分左右，不仅在客观题中单独考查，还会在主观题中考查其账务处理。在学习本章时需要全面掌握相关知识，争取做到“手到擒来”。

近年考点直击

考点	主要考查题型	考频指数	考查角度
政府补助的概念	单选题	★	①政府补助的范围；②判断哪些属于政府补助；③与政府补助有关的现金流量表的列示
政府补助会计处理	单选题、多选题、计算分析题、综合题	★★★	①判断各项业务的会计处理是否正确；②与收入结合相关会计处理；③计算与收益或资产相关的政府补助的金额，编制相关业务的会计分录；④与差错更正结合考查账务处理；⑤政府补助的退还

2022年考试变化

补充完善了政府补助界定，其他内容未发生实质性变动。

考点详解及精选例题

一、政府补助的概念★

（一）政府补助的定义和特征

1. 定义

政府补助是指企业从政府**无偿**取得货币性资产或非货币性资产。

（1）主要形式如下：

包括政府对企业的无偿拨款、税收返还、财政贴息，以及无偿给予非货币性资产等。**直接减征免征**、**增加计税抵扣额**、**抵免部分税额**等不涉及资产直接转移的经济资源，**不适用**政府补助准则。

（2）部分减免税款不属于政府补助，但需要按照政府补助准则进行会计处理：

借：应交税费—应交增值税（减免税款）［招用自主就业退役士兵减征的税额］

—应交增值税［小微企业免征的税额］

贷：其他收益

此外，按照当期可抵扣进项税额加计10%，抵减应纳税额，应通过**其他收益**核算。

企业超比例安排残疾人就业或者为安排残疾人就业作出显著成绩，按规定收到的奖励，记入“其他收益”科目。

（3）增值税出口退税不属于政府补助。

2. 政府补助的特征

(1)政府补助是来源于政府的经济资源。

政府主要是指行政事业单位及类似机构。对于企业收到的来源于其他方的补助，如有确凿证据表明政府是补助的实际拨付者，其他方只起到代收代付作用的，该项补助也属于来源于政府的经济资源。

【例题1·综合题】☆(节选)甲公司拥有乙公司、丙公司、丁公司和戊公司等子公司，需要编制合并财务报表。甲公司及其子公司相关年度发生的交易或事项如下：

丙公司是一家高新技术企业，甲公司持有其60%股权。为购买科学实验需要的B设备，2×22年5月10日，丙公司通过甲公司向政府相关部门递交了400万元补助的申请。

2×22年11月20日，甲公司收到政府拨付的丙公司购置B设备补助400万元。2×22年11月26日，甲公司将收到的400万元通过银行转账给丙公司。

要求：判断该补助是甲公司的政府补助还是丙公司的政府补助，并说明理由。

答案 是丙公司的政府补助。

理由：该补助的对象是丙公司，甲公司只是起到代收代付的作用。

(2)政府补助是无偿的。

即企业取得来源于政府的经济资源，不需要向政府交付商品或服务等对价。无偿性是政府补助的基本特征。这一特征将政府补助与政府以投资者身份向企业投入的资本、政府购买服务等政府与企业之间的互惠性交易区别开来。

政府以投资者身份向企业投入资本，享有相应的所有者权益，则政府与企业之间是投资者与被投资者的关系，属于互惠性交易。

借：银行存款

　　贷：股本、资本公积等

企业从政府取得的经济资源，如果与企业销售商品或提供劳务等活动密切相关，且该经济资源是企业商品或服务的对价或者是对价的组成部分，应当适用《企业会计准则第14号——收入》等相关会计准则，不适用政府补助准则。

借：银行存款、应收账款

　　贷：主营业务收入等

【例题2·计算分析题】☆甲公司是一家从事政府鼓励类产品的生产和销售的上市公司，其生产的产品列入国家补贴目录，按照政府限定的价格对外销售后可按规定申请政府补贴。甲公司2×22年至2×24年发生的相关交易或事项如下：

2×22年度，甲公司销售政府鼓励类产品5 000件，每件销售价格为12万元，根据国家相关规定，年度终了后三个月内，销售政府鼓励类产品的企业，可按政府文件规定的标准和条件申请政府补贴，实际能够收到的政府补贴取决于政府审批的结果，2×23年2月，甲公司预计因2×22年销售政府鼓励类产品可取得50 000万元的补贴，并按程序向政府有关部门提交了申请，甲公司在2×22年度财务报表中将上述申请的政府补贴作为销售收入确认。本题不考虑税费和其他因素。

要求：根据资料，判断甲公司2×22年将预计可收到的政府补贴确认为收入是否正确，并说明理由。

答案 正确。理由：因为该款项与具有明确商业实质的交易相关，不是自国家无偿取得的现金流入，为企业正常销售的一部分。

(二)政府补助的形式

政府补助的形式主要有政府对企业的无偿拨款、财政贴息、税收返还和无偿给予非货币性资产等。

(三)政府补助的分类

政府补助准则规定，企业不论通过何种形式取得的政府补助，在会计处理上应当划分为与资产相关的政府补助和与收益相关的政府补助。

二、政府补助的确认与计量★★

（一）政府补助的确认

政府补助同时满足下列条件的，才能予以确认：一是企业能够满足政府补助所附条件；二是企业能够收到政府补助。

（二）政府补助的计量

总原则，政府补助为货币性资产的，应当按照收到或应收的金额计量。

（1）如果企业已经实际收到补助资金，应当按照实际收到的金额计量。

（2）如果资产负债表日企业尚未收到补助资金，但企业在符合了相关政策规定后就相应获得了收款权，且与之相关的经济利益很可能流入企业，企业应当在这项补助成为应收款时按照应收的金额计量。

（3）政府补助为非货币性资产的，应当按照**公允价值**计量；公允价值不能可靠取得的，按照名义金额计量。

（三）政府补助会计处理方法

政府补助有两种会计处理方法：**总额法**和**净额法**。

1. 总额法

在确认政府补助时，将其全额一次或分次确认为收益，而不是作为相关资产账面价值或者成本费用等的扣减。

2. 净额法

将政府补助确认为对相关资产账面价值或者所补偿成本费用等的扣减。

企业应当根据经济业务的实质，判断某一类政府补助业务应当采用总额法还是净额法进行会计处理。通常情况下，对同类或类似政府补助业务只能选用一种方法，同时，企业对该业务应当一贯地运用该方法，不得随意变更。企业对某些补助只能采用一种方法，例如，对一般纳税人增值税即征即退只能采用总额法进行会计处理。

政府补助准则规定，与企业日常活动**相关**的政府补助，应当按照经济业务实质，计入**其他收益**或冲减**相关成本费用**。与企业日常活动**无关**的政府补助，应当计入**营业外收支**。

三、与资产相关政府补助的具体会计处理★★★

与资产相关的政府补助是指企业取得的、用于购建或以其他方式形成长期资产的政府补助。

（一）企业收到货币性资产

1. 先取得与资产相关的政府补助再购建长期资产

（1）总额法。

①企业收到补助资金时：

借：银行存款

　　贷：递延收益

②从开始对相关资产计提折旧或进行摊销时起按照合理、系统的方法将递延收益分期计入当期收益：

借：递延收益

　　贷：其他收益［与企业日常活动相关的政府补助］

　　　　营业外收入［与企业日常活动无关的政府补助］

需要说明的是，采用总额法的，如果对应的长期资产在持有期间发生减值损失，递延收益的摊销仍保持不变，不受减值因素的影响。

③相关资产在使用寿命结束时和结束前被处置，尚未分配的递延收益余额，应当一次性转入资产处置当期的损益，不再予以递延。

相关资产被划分为持有待售类别的，应先将尚未分配的递延收益余额冲减相关资产的账面价值，再按照《企业会计准则第42

号——持有待售的非流动资产、处置组和终止经营》的要求进行会计处理。

(2)净额法。

①企业收到补助资金时：

借：银行存款

　　贷：递延收益

②在相关资产达到预定可使用状态或预定用途时将递延收益冲减资产账面价值：

借：递延收益

　　贷：固定资产、无形资产等

企业对某项经济业务，选择总额法或净额法后，应当对该业务一贯地运用该方法，不得随意变更。

【例题3·计算分析题】 按照国家有关政策，企业购置环保设备可以申请补贴，以补偿其环保支出。甲公司于2×22年1月向政府有关部门提交了600万元的补助申请，作为对其购置环保设备的补贴。2×22年3月1日，甲公司收到政府补助600万元。2×22年4月20日甲公司购入不需要安装的环保设备用于产品生产，实际成本为900万元，使用寿命10年，采用直线法计提折旧，不考虑净残值。2×30年4月，甲公司将该设备出售，取得价款100万元。本例中不考虑增值税。假定直线法为分摊政府补助的合理方法。

要求：针对上述事项，分别采用总额法和净额法编制甲公司的相关会计分录。

答案▶甲公司会计处理如表18-1所示。

表18-1　甲公司在总额法与净额法下的会计处理

总额法	净额法
(1)2×22年3月1日，实际收到政府补助确认递延收益	
借：银行存款 600 　贷：递延收益 600	借：银行存款 600 　贷：递延收益 600
(2)2×22年4月20日购入设备	
借：固定资产 900 　贷：银行存款 900	借：固定资产 900 　贷：银行存款 900 借：递延收益 600 　贷：固定资产 600
(3)自2×22年5月起，每个资产负债表日(月末)计提折旧，同时分摊的递延收益(如果有)	
①计提折旧： 借：制造费用 7.5 　贷：累计折旧 (900/10/12)7.5 ②月末分摊递延收益： 借：递延收益 (600/10/12)5 　贷：其他收益 5	计提折旧： 借：制造费用 2.5 　贷：累计折旧 [(900-600)/10/12]2.5
(4)2×30年4月出售设备，同时转销递延收益余额(如果有)	
借：固定资产清理 180 　累计折旧 (900/10×8)720 　贷：固定资产 900 借：递延收益 (600-600/10×8)120 　贷：固定资产清理 120 借：银行存款 100 　贷：固定资产清理 60 　　资产处置损益 40	借：固定资产清理 60 　累计折旧 (300/10×8)240 　贷：固定资产 300 借：银行存款 100 　贷：固定资产清理 60 　　资产处置损益 40

2. 相关长期资产投入使用后再取得与资产相关的政府补助

如果相关长期资产投入使用后企业再取得与资产相关的政府补助，总额法下应当在相关资产的剩余使用寿命内按照合理、系统的方法将递延收益分期计入当期收益；净额法下应当在取得补助时冲减相关资产的账面价值，并按照冲减后的账面价值和相关资产的剩余使用寿命计提折旧或进行摊销。

(二)企业收到长期非货币性资产

政府无偿给予企业长期非货币性资产。如无偿给予的土地使用权、天然起源的森林等。取得的政府补助为非货币性资产的，企业应当按照公允价值或名义金额对类似补助进行计量。

(1)收到非货币性资产时：

借：相关资产科目

　　贷：递延收益

(2)在相关资产使用寿命内按合理系统的方法分期计入损益：

借：递延收益

　　贷：其他收益或营业外收入

对以名义金额(1元)计量的政府补助在取得时计入当期损益。

四、与收益相关政府补助的具体会计处理★★★

(一)用于补偿企业以后期间的相关成本费用或损失

(1)如果收到时，暂时无法确定企业能否满足政府补助所附条件，则先计入其他应付款。

借：银行存款

　　贷：其他应付款

客观情况表明企业能够满足政府补助所附条件后再确认递延收益。

借：其他应付款

　　贷：递延收益

如果收到时，客观情况表明企业能够满足政府补助所附条件，则应当确认为递延收益。

借：银行存款

　　贷：递延收益

(2)在确认成本费用或损失期间计入当期损益，或冲减相关成本。

①总额法：

借：递延收益

　　贷：其他收益[与企业日常活动相关的政府补助]

　　　　营业外收入[与企业日常活动无关的政府补助]

②净额法：

借：递延收益

　　贷：管理费用、生产成本等[与企业日常活动相关的政府补助]

　　　　营业外支出[与企业日常活动无关的政府补助]

【例题4·计算分析题】甲公司为高新技术企业，2×22年3月15日与企业所在地开发区政府签订合作协议，根据协议约定开发区政府向甲公司提供600万元奖励基金，用于企业的人才激励和人才引进奖励。甲公司必须按年向开发区政府报送详细的资金使用计划，并按规定用途使用资金。协议同时还约定，甲公司自获得奖励起6年内注册地不迁离本区，否则开发区政府有权追回奖励资金。甲公司于2×22年9月6日收到600万元补助资金。甲公司预计不会迁离本区，并分别在2×22年12月、2×23年12月、2×24年12月使用了300万元、200万元、100万元，将其用于发放总裁级别高级管理人员年度奖金。甲公司按照实际支出金额摊销与收益相关的政府补助。

要求：编制甲公司2×22年的相关会计分录。

答案　甲公司在实际收到补助资金时，应当先判断是否满足递延收益确认条件。如果暂时无法确定甲公司能否满足政府补助所附条件(在未来6年内不得迁离该地区)，则应当将收到的补助资金先记入“其他应付款”科目，待客观情况表明企业其能够满足政府补助所附条件后再转入“递延收益”科目。如果客观情况表明甲公司在未来6年内离开该地区的可能性很小，比如通过成本效益分析认为甲公司离开该地区的成本大大高于收益，则甲公司在收到补助资金时应当记入“递延收益”科目。按规定用途实际使用资金时再结转计入当期损益。

账务处理如下：

(1)2×22年9月6日甲公司实际收到补助资金，客观情况表明甲公司在未来10年内离开该地区的可能性很小：

借：银行存款　600

　贷：递延收益　600

(2)2×22年12月甲公司确认职工薪酬和以补贴资金发放高级管理人员奖金时的会计处理如表18-2所示。

表18-2　甲公司在总额法与净额法下的会计处理

总额法			净额法		
借：管理费用	300		借：管理费用	300	
贷：应付职工薪酬		300	贷：应付职工薪酬		300
借：应付职工薪酬	300		借：应付职工薪酬	300	
贷：银行存款		300	贷：银行存款		300
借：递延收益	300		借：递延收益	300	
贷：其他收益		300	贷：管理费用		300

（二）用于补偿企业已发生的相关成本费用或损失

这一类补助，通常与企业已经发生的行为有关，是对企业已发生的成本费用或损失的补偿。或是对企业过去行为的奖励。用于补偿企业已发生的相关成本费用或损失的，直接计入当期损益或冲减相关成本。

『提示』增值税即征即退政策，只有一种核算方法，即总额法。

【例题5·计算分析题】丙公司2×22年11月遭受重大自然灾害，并于2×22年12月30日收到了政府补助资金200万元。

要求：编制丙公司的相关会计分录。

答案由于是与企业日常活动无关的政府补助，所以计入营业外收支，丙公司的会计处理如表18-3所示。

表18-3　丙公司在总额法与净额法下的会计处理

总额法			净额法		
借：银行存款	200		借：银行存款	200	
贷：营业外收入		200	贷：营业外支出		200

五、政府补助退回的会计处理

已确认的政府补助需要退回的，应当在需要退回的当期分情况按照以下规定进行会计处理：

(1)初始确认时冲减相关资产账面价值的，调整资产账面价值；

(2)存在相关递延收益的，冲减相关递延收益账面余额，超出部分计入当期损益；

(3)属于其他情况的，直接计入当期损益。

此外，对于属于前期差错的政府补助退回，应当按照《企业会计准则第28号——会计政策、会计估计变更和差错更正》作为前期差错更正进行追溯调整。

【例题6·多选题】☆下列各项关于已确认的政府补助需要退回的会计处理的表述中，

正确的有( )。

A. 初始确认时冲减资产账面价值的，调整资产账面价值

B. 初始确认时计入其他收益或营业外收入的，直接计入当期损益

C. 初始确认时冲减相关成本费用或营业外支出的，直接计入当期损益

D. 初始确认时确认为递延收益的，冲减相关递延收益账面余额，超出部分计入当期损益

答案 ABCD

【例题7·计算分析题】沿用例题3的相关资料。假设2×23年5月，因客观环境改变，甲公司不再符合申请政府补助的条件，有关部门要求甲公司全额退回补助款。甲公司于当月退回了补助款600万元。

要求：针对上述事项，分别采用总额法和净额法编制甲公司的相关会计分录。

答案 甲公司会计处理如表18-4所示。

表18-4 甲公司在总额法与净额法下的会计处理

总额法	净额法
企业应当结转尚未分配的递延收益，并将超出部分计入当期损益。因为本例中该项补助与日常活动相关，所以这部分退回的补助应冲减退回当期的其他收益。 注：2×22年5月递延收益开始摊销，至2×23年5月已摊销1年。 借：递延收益 (600-600/10)540 　　其他收益 60 　　贷：银行存款 600	企业计算应补提的折旧，将这部分费用计入当期损益，相应调整固定资产的账面价值。 借：固定资产 600 　　其他收益 60 　　贷：银行存款 600 　　　　累计折旧 60

六、政府补助特定业务的会计处理★★

(一)综合性项目政府补助

综合性项目政府补助，包含与资产相关的政府补助和与收益相关的政府补助，企业应当将其进行分解，分别进行会计处理。难以区分的，应当将其整体归类为与收益相关的政府补助进行会计处理。

【例题8·计算分析题】甲公司位于北京中关村永丰高新技术产业基地。2×22年6月15日，甲公司与所在地科技创新委员会签订了科技计划项目合作书，拟对甲公司的新材料研究项目提供研究补助资金。该项目总预算600万元，其中，政府部门资助300万元，甲公司自筹300万元。政府部门资助的300万元用于补助设备费200万元，其余100万元属于与收益相关的政府补助(包括材料费用50万元，测试化验加工费30万元，差旅费5万元，会议费5万元，专家咨询费10万元)。本例中除设备费用外的其他各项费用都计入研发支出。政府部门应当在合同签订之日起30日内将资金拨付给甲公司。甲公司于2×22年7月10日收到补助资金。在项目期内按照合同约定的用途使用了补助资金，其中甲公司于2×22年7月25日按项目合同书的约定购置了相关设备。设备成本260万元，其中使用补助资金200万元，该设备使用年限10年，采用直线法计提折旧，不考虑净残值，假设不考虑相关税费，甲公司对收到的与资产相关的政府补助选择净额法进行会计处理。

要求：根据上述资料，编制甲公司的相关会计分录。

答案 甲公司收到的政府补助是综合性项目政府补助，需要区分与资产相关的政府补助和与收益相关的政府补助并分别进行处理。

(1)2×22年7月10日：

借：银行存款 300

　　贷：递延收益 300

(2)2×22年7月25日：

借：固定资产 260

贷：银行存款　　　　260

借：递延收益　　　　200

贷：固定资产　　　　200

(3)自 2×22 年 8 月起，每个资产负债表日(月末)计提折旧，折旧费用计入研发支出。

借：研发支出［(260-200)/10/12］0.5

贷：累计折旧　　　　0.5

(4)对其他与收益相关的政府补助，甲公司按规定用途，实际使用补助资金时计入损益，或者在实际使用的当期期末根据当期累计使用的资金额计入损益。

借：递延收益

贷：其他收益(总额法)

管理费用等损益类科目(净额法)

(二)政策性优惠贷款贴息的会计处理

企业取得政策性优惠贷款贴息的，应区分以下两种情况：

1. 财政将贴息资金拨付给贷款银行

在财政将贴息资金拨付给贷款银行的情况下，由贷款银行以政策优惠利率向企业提供贷款。在这种方式下，受益企业按照优惠利率向贷款银行支付利息，并没有直接从政府取得利息补助。企业可以选择以下方法之一进行会计处理：

(1)以实际收到的借款金额作为借款的入账价值，按照借款本金和该政策性优惠利率计算相关借款费用。

(2)以借款的公允价值作为借款的入账价值并按照实际利率法计算借款费用，实际收到的金额与借款公允价值之间的差额确认为递延收益，递延收益在借款存续期内采用实际利率法摊销，冲减相关借款费用。

企业选择了上述两种方法之一后，应当一致地运用，不得随意变更。

【例题 9·计算分析题】 2×22 年 1 月 1 日丙公司向银行贷款 5 000 万元，期限 2 年，按月计息，按季度付息，到期一次还本。该笔贷款资金将被用于国家扶持产业，符合财政贴息条件，所以贷款利率显著低于丙公司取得同类贷款的市场利率。假设丙公司取得同类贷款的市场利率为 9%。丙公司与银行签订的贷款合同约定的年利率为 3%，丙公司按季度向银行支付贷款利息。财政按年向银行拨付贴现利息。贴息后实际支付的年利率为 3%，贷款期间利息费用满足资本化条件，计入相关在建工程的成本。假定借款的公允价值为 4 452.77 万元。

要求：根据上述资料，分别采用“以实际收到的借款金额作为借款的入账价值”和“以借款的公允价值作为借款的入账价值”两种方法编制丙公司的相关会计分录。

答案 公司的会计处理如表 18-5 所示。

表 18-5　丙公司在总额法与净额法下的会计处理

以实际收到的借款金额作为借款的入账价值	以借款的公允价值作为借款的入账价值
2×22 年 1 月 1 日： 借：银行存款　　5 000 　贷：长期借款—本金　　5 000	借：银行存款　　5 000 　长期借款—利息调整　　547.23 　贷：长期借款—本金　　5 000 　　递延收益　　547.23
从 2×22 年 1 月起： 每月实际承担的利息支出＝5 000×3%/12＝12.5(万元)。 借：在建工程　　12.5 　贷：应付利息　　12.5	从 2×22 年 1 月起，每月末按月计提利息。每月实际承担的利息支出＝4 452.77×9%/12＝33.4(万元)。 借：在建工程　　33.4 　贷：应付利息　　12.5 　　长期借款—利息调整　　20.9 同时摊销递延收益： 借：递延收益　　20.9 　贷：在建工程　　20.9

2. 财政将贴息资金直接**拨付给受益企业**

财政将贴息资金直接拨付给受益企业，企业先按照同类贷款市场利率向银行支付利息，财政部门定期与企业结算贴息。在这种方式下，由于企业先按同类贷款市场利率向银行支付利息，所以实际收到的借款金额通常就是借款的公允价值，企业应当将对应的贴现利息**冲减相关借款费用**。

『提示』财政直接拨付受益企业的贴息资金实际采用净额法进行会计处理。

【例题10·计算分析题】沿用例题9的相关资料。丙企业与银行签订的贷款合同约定的年利率为9%，并且按月计提利息，按季度向银行支付贷款利息。以付息凭证向财政申请贴息资金。财政部门按年与丙企业结算贴现资金。

要求：根据上述资料，编制丙企业的相关会计分录。

答案

(1)2×22年1月1日，取得银行贷款5 000万元。

借：银行存款　　5 000

　贷：长期借款—本金　　5 000

(2)2×22年1月31日起每月末按月计提利息。

应向银行支付的利息金额=5 000×9%/12=37.5(万元)。

实际承担的利息支出=5 000×3%/12=12.5(万元)。

应收政府帖息为25万元(37.5-12.5)。

借：在建工程　　37.5

　贷：应付利息　　37.5

借：其他应收款　　25

　贷：在建工程　　25

【例题11·多选题】☆下列各项关于企业取得的政府补助会计处理的表述中，错误的有(　)。

A. 财政直接拨付受益企业的贴息资金采用总额法进行会计处理

B. 总额法下在相关资产处置时尚未摊销完的与资产相关的政府补助继续按期摊销计入当期损益

C. 同时包含与资产相关部分和与收益相关部分的政府补助难以区分时，全部作为与资产相关的政府补助进行会计处理

D. 同时使用总额法和净额法对不同类别的政府补助进行会计处理

解析 财政直接拨付受益企业的贴息资金采用净额法进行会计处理，所以选项A不正确；总额法下相关资产在使用寿命结束时或结束前被处置(出售、转让、报废等)，尚未分摊的递延收益余额应当一次性转入资产处置当期的损益，不再予以递延，所以选项B不正确；综合性项目政府补助同时包含与资产相关的政府补助和与收益相关的政府补助，企业需要将其进行分解并分别进行会计处理；难以区分的，企业应当将其整体归类为与收益相关的政府补助进行会计处理，所以选项C不正确。 **答案** ABC

同步训练

限时70min

扫我做试题

一、单项选择题

1. ☆2×22年，甲公司发生的有关交易或事项如下：(1)2月1日，甲公司所在地政府与其签订的合同约定，甲公司为当地政府开发一套交通管理系统，合同价格500万元。该交通管理系统已于2×22年12月20日经当地政府验收并投入使用，

合同价款已收存甲公司银行；(2)经税务部门认定，免征甲公司2×22年度企业所得税150万元；(3)甲公司开发的高新技术设备于2×22年9月30日达到预定可使用状态并投入使用，该设备预计使用10年，预计净残值为0，采用年限平均法计提折旧。为鼓励甲公司开发高新技术设备，当地政府于2×22年7月1日给予甲公司补助100万元；(4)收到税务部门退回的增值税税额80万元。甲公司对政府补助采用总额法进行会计处理，不考虑相关税费及其他因素，下列关于甲公司2×22年度对上述交易或事项会计处理的表述中，正确的是(　)。

A. 退回的增值税税额作为政府补助确认为其他收益

B. 为当地政府开发的交通管理系统取得的价款作为政府补助确认为其他收益

C. 当地政府给予的开发高新技术设备补助款作为政府补助于2×22年确认5万元的其他收益

D. 免征企业所得税作为政府补助确认为其他收益

2. 下列关于政府补助的表述中，不正确的是(　)。

A. 以较低价格向农村销售家电而收到的政府给予的补贴款一般不属于政府补助

B. 企业应将综合性项目的政府补助分解为与资产相关的部分和与收益相关的部分，分别进行会计处理；难以区分的，则应将其整体归类为与收益相关的政府补助

C. 因购买的长期资产属于公益项目而收到政府给予的补助属于与资产相关的政府补助

D. 与收益相关的政府补助只能采用净额法进行处理

3. 2×22年2月，甲企业需购置一台科研设备，预计价款为1 500万元，因资金不足，按相关规定向有关部门提出补助540万元的申请。2×22年3月1日，政府相关部门批准了甲企业的申请并拨付甲企业540万元财政拨款(同日到账)。2×22年4月30日，甲企业购入科研设备并投入使用，实际成本为1 400万元，预计使用5年，预计净残值为0，采用直线法计提折旧。甲企业采用总额法对与资产相关的政府补助进行核算，并采用与固定资产相同的折旧率进行分摊，不考虑其他因素，甲企业2×22年应确认的其他收益金额为(　)。

A. 390万元　　B. 108万元

C. 81万元　　D. 72万元

4. A公司2×22年自财政部门取得以下款项：(1)因安置职工再就业，按照国家规定可以申请财政补助资金30万元，A公司按规定办理了补助资金申请手续。2×22年12月收到财政拨付补助资金30万元。(2)A公司销售其自主开发生产的动漫软件，按照国家规定，该软件产品适用增值税即征即退政策，在2×22年12月进行纳税申报时，对归属于11月的增值税即征即退提交退税申请，经主管税务机关审核后的退税额为40万元。(3)2×22年12月20日，A公司收到政府拨来的以前年度已完成的重点科研项目的经费补贴30万元。A公司2×22年确认的当期损益为(　)。

A. 70万元　　B. 100万元

C. 60万元　　D. 0

5. 甲公司为一家公共交通运输企业，甲公司2×22年自财政部门取得以下款项：(1)根据当地政府有关规定，财政部门按照企业所运营的公交车数量给予财政定额补贴款，每季度为300万元，用于公交车日常维护费，于每个季度初支付。假定公交车各月的日常维护费是均衡的，2×22年1月初甲公司收到财政拨付的第1季度补贴款300万元。(2)为了解决交通拥堵的问题，鼓励市民绿色出行，政府规定，公交车单一票价2元，乘客刷卡1元，财政部门给予1元的补贴。2×22年2月，甲公司实际

收到乘客刷卡票款收入 500 万元，同时收到财政部门给予的补贴 500 万元。假定甲公司取得的与收益相关的政府补助能满足政府补助所附条件，且采用总额法计量。下列各项关于甲公司 2×22 年会计处理的表述正确的是(　)。

A. 2×22 年第 1 季度取得与收益相关的政府补助是 800 万元

B. 2×22 年第 1 季度取得与资产相关的政府补助是 1 300 万元

C. 2×22 年 1 月在确认费用和损失期间计入其他收益 300 万元

D. 2×22 年 2 月确认营业收入 1 000 万元

二、多项选择题

1. 下列交易或事项中，属于政府补助的有(　)。

A. 收到先征后返的增值税 100 万元

B. 因满足税法规定直接减征消费税 400 万元

C. 收到当地政府无偿划拨的款项 1 000 万元

D. 收到增值税出口退税 50 万元

2. 下列关于企业取得财政贴息的会计处理表述中，正确的有(　)。

A. 财政将贴息资金拨付给贷款银行，由贷款银行以政策性优惠利率向受益企业提供贷款，如果以实际收到的贷款金额入账，应该按照政策性优惠利率计算借款费用

B. 财政将贴息资金拨付给贷款银行，由贷款银行以政策性优惠利率向受益企业提供贷款的，如果以借款的公允价值作为借款的入账价值，递延收益在贷款的存续期间内采用实际利率法摊销，冲减相关借款费用

C. 财政将贴息资金直接拨付给受益企业的，以实际收到的贷款金额入账的，应该按照合同利率计算借款费用

D. 财政将贴息资金直接拨付给受益企业的，确定的递延收益按照直线法摊销，并计入当期损益

3. 企业进行的下列与资产相关的政府补助的会计处理表述中，正确的有(　)。

A. 企业收到货币性资产，总额法下企业收到补助资金时先确认递延收益，在相关资产使用寿命内按合理、系统的方法分期计入其他收益

B. 企业收到货币性资产，净额法下企业收到补助资金时先确认递延收益，购入相关固定资产等时将补助冲减其账面价值

C. 企业收到非货币性资产时，如果资产的公允价值能够可靠计量，确认递延收益，在相关资产使用寿命内按合理、系统的方法分期计入其他收益

D. 企业收到非货币性资产时，对以名义金额计量的政府补助应在取得时计入当期损益

三、计算分析题

1. 甲公司为母公司，其子公司包括 A 公司、B 公司、C 公司、D 公司、E 公司、F 公司，均为增值税一般纳税人，适用的增值税税率均为 13%。2×20 年至 2×23 年，各公司发生的与政府补助相关的会计业务如下：

(1) A 公司为购置生产设备的配套环保设备向当地政府申请补贴，以补偿其环保支出。2×20 年 1 月，A 公司向当地政府有关部门提交了 300 万元的补助申请资料，作为对其购置环保设备的补贴。2×20 年 6 月 15 日，该申请经政府审批通过；政府于当日实际拨付该款项。2×20 年 6 月 20 日，A 公司购入不需要安装的环保设备，取得增值税专用发票注明的价款为 500 万元，增值税税额为 65 万元，价款已全部支付，并交付生产车间使用。该设备的预计使用年限为 10 年，采用直线法计提折旧，不考虑净残值。A 公司按照直线法分摊与资产相关的政府补助。

假设一：2×21 年 6 月 30 日，有关部门在对 A 公司的检查中发现，A 公司不符合申请补助的条件，要求 A 公司退还补贴款。A 公司于当月退还了补贴款 300 万元。

假设二：2×23 年 6 月，因产品更新换代，A 公司出售了这台设备，取得价款 400 万元(不含增值税)。

(2)2×20 年 1 月 10 日，B 公司与企业所在地地方政府签订合作协议。协议约定，为了帮助企业引进人才，提升当地企业整体水平，当地政府提供给 B 公司 800 万元奖励基金。B 公司必须按规定使用该奖励基金，且每年年初向当地政府报送详细的资金使用计划。同时，协议还约定，B 公司自获得奖励起 8 年内注册地不得迁离本地，否则政府将追回奖励基金。B 公司经过分析认为，在未来 8 年内离开该地区的可能性几乎为零，且若 B 公司离开该地，其成本远高于收益。B 公司于 2×20 年 2 月 10 日收到 800 万元补助资金，分别在 2×20 年 12 月、2×21 年 12 月、2×22 年 12 月使用了 200 万元、280 万元、320 万元发放给高级管理人员作为年度奖金并计入当期管理费用。B 公司采用净额法计量其政府补助。

(3)2×20 年 1 月，C 公司在某开发区内投资设立生产基地，并与开发区政府签订合作协议。协议约定，自协议签订之日起十二个月内，该政府向 C 公司提供 500 万元产业补贴资金用于奖励 C 公司在开发区内投资；C 公司自获得补贴起 5 年内注册地址不得迁离本区。若 C 公司在此期间内提前搬离开发区，C 公司应按照实际留在本区的时间，保留部分补贴并按剩余时间返还补贴资金。C 公司于 2×20 年 6 月 30 日收到补贴资金。C 公司经过分析认为，在未来 5 年内搬离开发区可能性很小。C 公司采用总额法计量其政府补助。

假设 C 公司因重大战略调整，于 2×22 年 6 月 30 日搬离开发区，开发区政府根据协议要求 C 公司退回剩余补贴款。

(4)2×20 年 5 月 15 日，某市科技创新委员会为弥补企业的新产品研究项目支出，与 D 公司签订了科技计划项目合作书。该项目总预算 800 万元，其中，该委员会资助 400 万元，D 公司自筹 400 万元，该委员会资助的 400 万元用于补助设备款 200 万元，其余 200 万元用于新产品研究项目的前期支出。除设备价款外的其他各项费用都计入研发支出。该委员会应于合同签订之日起 30 日内向 D 公司拨付资金。根据双方约定，D 公司应当按合同规定的开支范围，对该补助经费实行专款专用。项目实施期限为自合同签订之日起 30 个月，期满后 D 公司研发项目如未通过验收，在该项目实施期满后 3 年内不得再申请科技补贴资金。

D 公司于 2×20 年 6 月 15 日收到补助资金。在项目期内按照合同约定使用了该补助资金，2×20 年为项目研究阶段。

D 公司于 2×20 年 6 月 30 日按项目合同书的约定购置了相关设备，设备成本为 1 000 万元，增值税的进项税额为 130 万元，其中使用补助资金 200 万元，该设备预计使用年限为 10 年，采用直线法计提折旧，不考虑净残值。

D 公司于 2×20 年 6 月 30 日至年末按项目合同书的约定支付了与新产品研究项目相关的差旅费 2 万元、会议费 3 万元、专家咨询费 4 万元、管理费用 5 万元。全部使用补助资金。

假设 D 公司对其政府补助采用净额法进行会计处理，同时对与资产相关的政府补助采用直线法摊销。

(5)E 公司销售其自主开发生产的某数据库软件，按照国家有关规定，该公司的这种产品按 13%的税率征收增值税后，对其增值税实际税负超过 3%的部分，实行即征即退。2×20 年 9 月在进行纳税申报时，对归属于8月的增值税即征即退提交退税申请，经主管税务机关审核后的退税额为10万元。此外2×20年8月E公司遭受重大自然灾害，并于2×20年12月收到了政府补助资金20万元。E公司对其取得的政府补助均采用总额法核算。

(6)F公司是一家化工生产企业且属于高新技术企业。其所生产A产品的原料是石脑油。石脑油按成品油项目在生产环节征收消费税，根据相关补助政策，F公司符合按照实际耗用量退还所含消费税的要求。假定F公司购买石脑油的单价为4 000元/吨(其中消费税1 578元/吨)。本期将23万吨石脑油投入生产，石脑油转换率1.15：1(1.15吨石脑油可生产1吨A产品)，共生产A产品20万吨。

假设F公司采用净额法对其政府补助进行会计处理。

要求：

(1)根据资料(1)，分别采用总额法和净额法，①编制A公司2×20年与政府补助、购置生产设备的配套环保设备相关的会计分录；②根据假设一资料，编制2×21年退还补贴款的会计分录；③根据假设二资料，编制2×23年处置环保设备的会计分录。

(2)根据资料(2)，①判断B公司是否满足递延收益的确认条件，并说明理由；②编制B公司2×20年2月10日实际收到补助资金的会计分录；③编制2×20年12月B公司将补贴资金发放高级管理人员奖金时的会计分录。

(3)根据资料(3)，①判断C公司在收到补助资金时是否应计入递延收益，并说明理由；②编制C公司2×20年12月31日分摊该补贴款确认损益的相关会计分录以及C公司2×22年6月30日退回补贴款的相关会计分录。

(4)根据资料(4)，①判断D公司收到的政府补助是否是综合性项目政府补助，并说明如何对该政府补助进行会计处理；②编制D公司2×20年6月实际收到政府补贴资金的会计分录；③编制D公司2×20年使用部分补助资金购入设备、按年计提折旧的相关会计分录；④编制D公司2×20年支付差旅费、会议费、专家咨询费、管理费用的会计分录。

(5)根据资料(5)，编制E公司收到政府补助资金的会计分录。

(6)根据资料(6)，编制F公司收到政府补助资金的会计分录。

2. A公司是一家生产和销售高效照明产品的企业，采用净额法核算政府补助。

(1)2×22年7月购买一项土地所有权，用以建设研发办公楼，支付购买价款9 000万元；同时向当地政府提交补助申请。由于该高效照明产品符合国家节能减排的政策，因此国家相关部门同意A公司申请，并拨付土地购置补偿款3 000万元。A公司当月开始该办公楼的投资建设，至2×22年年末建设完工。

(2)根据国家有关部门要求，A公司代国家进口LED半导体材料，按国家有关规定将产品按照进口价格的80%出售给政府指定的生产照明产品的企业，进销差价由财政补贴。2×22年1月，进口LED半导体材料100吨，价格为1 200万元/吨，全部材料收到并入库。2×22年2月，将进口LED半导体材料全部销售给其他企业取得货款收入96 000万元。2×22年年末，A公司收到国家财政支付的进销差价补偿款24 000万元。

(3)A公司作为一家生产和销售高效照明产品的企业，其参与了国家组织的高效照明产品推广的招标会，并以8 000万元的价格中标，其中财政补贴资金为5 000万元，将高效照明产品销售给终端用户的价格为3 000万元，并按照高效照明产品实际安装数量、中标供货协议价格、补贴标准等，申请财政补贴资金。2×22年度，A公司按照合同要求全部将高效照明产品发出，取得终端用户货款及获得财政资金共计8 000万元，该批高效照明产品的成本为6 000万元。

(4)2×22年1月1日，A公司向银行贷款1 250万元，期限5年，按年计息，每年年末付息，到期一次还本并支付最后一期利息。由于该笔贷款资金将被用于国家扶植的高效照明产业，符合财政贴息条件，所以贷款利率显著低于A公司取得同类贷款的市场利率。假设A公司取得同类贷款的市场利率为10%。A公司与银行签订的上述贷款合同约定的年利率为4.72%，A公司按年向银行支付贷款利息。财政按年向银行拨付贴息。贴息后实际支付的年利率为4.72%，贷款前两年利息费用满足资本化条件，计入相关在建工程的成本。假定借款的公允价值为1 000万元。

(5)2×22年1月1日，A公司向银行贷款1 000万元，期限3年，按年计息，每年年末付息，到期一次还本。由于该笔贷款资金将被用于国家扶植的高效照明产业，符合财政贴息条件。假设A公司与银行签订的贷款合同约定的年利率为8%。以付息凭证向财政申请贴息资金，财政贴息年利率为4%，财政部门按年与A公司结算贴息资金。A公司取得该贷款用于建造生产车间，且2×22年属于资本化期间。

要求：

(1)根据资料(1)，判断A公司收到国家补偿金额的会计处理方法，并说明理由；编制A公司取得土地使用权的相关分录。

(2)根据资料(2)，说明A公司取得LED半导体材料的进销差价补偿是否属于政府补助，并编制A公司2×22年进口、销售LED半导体材料的会计分录。

(3)根据资料(3)，说明A公司取得财政补贴资金应如何进行会计处理，并编制A公司2×22年销售高效照明产品的会计分录。

(4)根据资料(4)，分别采用下列两种方法编制A公司2×22年的相关会计分录：方法一，以实际收到的借款金额作为借款的入账价值，按照借款本金和该政策性优惠利率计算借款费用；方法二，以借款的公允价值作为借款的入账价值并按照实际利率法计算借款费用，实际收到的金额与借款公允价值之间的差额确认为递延收益，递延收益在借款存续期内采用实际利率法摊销，冲减相关借款费用。

(5)根据资料(5)，编制A公司与银行贷款贴息相关的会计分录。

四、综合题

甲公司为增值税一般纳税人，适用的所得税税率为25%，2×22年自财政部门取得以下款项：

(1)2×22年3月1日，甲公司准备开始进行某研发项目的前期研究，为此甲公司向财政部门申请该项目的财政补贴15 000万元，申请书注明该研发项目预计周期为两年，预计研究总投入为15 000万元，项目自2×22年7月1日开始启动。2×22年7月1日，甲公司取得当地财政部门拨款9 300万元，2×22年7月1日至年末累计发生研究支出4 650万元(均为职工薪酬)。

(2)甲公司2×22年1月接受国防科工委委托开始研发一种新型产品，研究成果归甲公司所有，该产品代表着未来科技和产业发展的新方向、对经济社会全局和长远发展具有重大引领带动作用，具有知识技术密集、物质资源消耗少、成长潜力大、综合效益好的特点，为此甲公司向财政部门申请该项目的财政补贴20 000万元。该研发活动刚刚进入研究阶段，截至2×22年12月31日，该项目已发生研究支出8 000万元，均为职工薪酬。2×22年12月31日，甲公司因上述研发项目收到战略性新兴产业研究补贴20 000万元。

(3)甲公司2×22年7月1日收到拨来的以前年度已完成重点科研项目的经费补贴

1 600万元，政府补助文件明确规定，该重点科研项目如果形成无形资产，将于国家有关部门验收合格后1个月支付经费补贴1 600万元，如果未通过验收不予支付。该重点科研项目已于2×22年7月1日结项并已通过国家有关部门验收，且已达到预定可使用状态并交付使用，无形资产的入账价值为2 000万元，预计使用年限10年，采用直线法计提摊销，不考虑净残值。假定甲公司对该项政府补助采用总额法进行会计处理，并按照直线法摊销。

(4)甲公司于2×22年6月20日取得国家对公司技改项目的支持资金3 390万元，用于购置固定资产，所购置的固定资产已取得增值税专用发票，价款3 000万元，增值税进项税额390万元，该固定资产于2×22年12月31日达到预定可使用状态，预计使用年限20年，采用年限平均法计提折旧，不考虑净残值。假定甲公司对该项政府补助采用总额法进行会计处理，并按照直线法摊销。

(5)甲公司2×22年税前利润为10 000万元，税法规定，企业取得国家财政性补贴和其他补贴收入，应并入实际收到该补贴收入年度的应纳税所得额，予以征收企业所得税。

不考虑固定资产、无形资产等纳税调整。

其他资料：假定甲公司收到补助款时，客观情况表明其能够满足政府补助所附条件。除特殊说明外，政府补助采用净额法核算。甲公司按照实际支出金额摊销与收益相关的政府补助。

要求：

(1)根据资料(1)，判断该政府补助款的分类，说明如何进行账务处理，并编制甲公司相关的会计分录。

(2)根据资料(2)，编制甲公司相关的会计分录。

(3)根据资料(3)，编制甲公司相关的会计分录。

(4)根据资料(4)，编制甲公司相关的会计分录。

(5)根据资料(5)，计算应纳税所得额、应交所得税、递延所得税费用，编制甲公司相关的会计分录。

同步训练答案及解析

一、单项选择题

1. A 【解析】选项B，该交易是与政府的互惠性交易，不属于政府补助。选项C，计入其他收益的金额=100/10×3/12=2.5(万元)。选项D，通常情况下，直接减征、免征、增加计税抵扣额、抵免部分税额等不涉及资产直接转移的经济资源，不适用政府补助准则。

2. D 【解析】选项D，政府补助的会计处理有两种方法：一是总额法；二是净额法。一般情况下，对于与收益相关的政府补助，企业既可以选择采用总额法，也可以选择采用净额法。

3. D 【解析】企业采用总额法核算与资产相关的政府补助时，应在收到政府补助时借记有关资产科目，贷记“递延收益”科目，然后将政府补助在相关资产使用寿命内按合理、系统的方法分期计入损益，借记“递延收益”科目，贷记“其他收益”等科目。相关资产在使用寿命结束时或结束前被处置(出售、转让、报废等)，尚未分摊的递延收益余额应当一次性转入资产处置当期损益，不再予以递延。因此甲企业2×22年应确认的其他收益金额=540÷5×8/12=72(万元)。

4. B 【解析】A公司2×22年确认的当期损益=30+40+30=100(万元)。

5. D 【解析】选项A，2×22年第1季度取得与收益相关的政府补助是300万元；选项B，2×22年未取得与资产相关的政府补助；选项C，2×22年1月初收到的补贴款用于补偿企业以后期间相关费用或损失，所以2×22年1月在确认费用和损失期间计入其他收益的金额=300/3=100(万元)；选项D，因为票价补贴事项的最终受益者是乘客并不是甲公司，可以理解为是政府购买劳务服务，即政府向社会提供公共服务的一种形式，所以甲公司自财政部门取得的款项不属于政府补助，该款项与具有明确商业实质的交易相关，应作为企业正常销售价款的一部分，2×22年2月确认营业收入=500+500=1 000(万元)。

二、多项选择题

1. AC 【解析】政府补助的主要形式包括政府对企业的无偿拨款、税收返还、财政贴息，以及无偿给予非货币性资产等。选项A属于税收返还；选项C属于政府对企业的无偿拨款；选项B，属于直接减征，这类税收优惠为不涉及资产直接转移的经济资源，不适用政府补助准则；选项D，增值税出口退税实际上是政府退回企业事先垫付的进项税，所以不属于政府补助。

2. ABC 【解析】选项D，财政将贴息资金直接拨付给受益企业，企业先按照同类贷款市场利率向银行支付利息，财政部门定期与企业结算利息。在这种方式下，由于企业先按同类贷款市场利率向银行支付利息，所以实际收到的借款金额通常就是借款的公允价值，企业应当将对应的贴息冲减相关借款费用。

3. ABCD 【解析】企业收到货币性资产，总额法下先确认递延收益，并在相关资产使用寿命内按合理、系统的方法分期计入其他收益；净额法下先确认递延收益，并在购入相关固定资产等时将补助冲减其账面价值，所以选项AB正确；企业收到非货币性资产时，如果资产的公允价值能够可靠计量，要先确认递延收益，并在相关资产使用寿命内按合理、系统的方法分期计入其他收益；对以名义金额(1元)计量的政府补助，应在取得时就计入当期损益，所以选项CD正确。

三、计算分析题

1. 【答案】

(1)①2×20年6月15日实际收到财政拨款

总额法	净额法
借：银行存款 300 　贷：递延收益 300	借：银行存款 300 　贷：递延收益 300

2×20年6月20日购入设备

总额法	净额法
借：固定资产 500 　应交税费—应交增值税(进项税额) 65 　贷：银行存款 565	借：固定资产 500 　应交税费—应交增值税(进项税额) 65 　贷：银行存款 565 同时： 借：递延收益 300 　贷：固定资产 300

2×20 年计提折旧，总额法同时分摊递延收益

总额法	净额法
借：制造费用　25 　贷：累计折旧　(500/10×6/12)25 分摊递延收益： 借：递延收益　(300/10×6/12)15 　贷：其他收益　15	借：制造费用　10 　贷：累计折旧　[(500−300)/10×6/12)]10

②假设一：2×21 年 6 月 30 日，A 公司于当月退还了补贴款 300 万元

总额法	净额法
应当结转递延收益并将超出部分计入当期损益。 注：2×20 年 7 月 1 日递延收益开始摊销，至 2×21 年 6 月 30 日，摊销 1 年。 借：递延收益　(300−300/10)270 　其他收益　30 　贷：银行存款　300	应当视同一开始就没有收到政府补助，调整相关资产账面价值。 借：固定资产　300 　其他收益　30 　贷：银行存款　300 　　累计折旧　(300/10)30

③假设二：2×23 年 6 月出售设备同时转销递延收益余额

总额法	净额法
借：固定资产清理　350 　累计折旧　(500/10×3)150 　贷：固定资产　500 借：递延收益　(300−300/10×3)210 　贷：固定资产清理　210 借：银行存款　452 　贷：固定资产清理　400 　　应交税费—应交增值税(销项税额)　52 借：固定资产清理　260 　贷：资产处置损益　260	借：固定资产清理　140 　累计折旧　(200/10×3)60 　贷：固定资产　(500−300)200 借：银行存款　452 　贷：固定资产清理　400 　　应交税费—应交增值税(销项税额)　52 借：固定资产清理　260 　贷：资产处置损益　260

(2)①满足递延收益的确认条件。理由：B 公司经过分析认为，在未来 8 年内离开该地区的可能性几乎为零，并通过成本效益原则分析认为 B 公司离开该地区的成本大大高于收益，B 公司在收到补助资金时应当计入“递延收益”科目。实际按规定用途使用补助资金时再冲减当期损益。

②2×20 年 2 月 10 日 B 公司实际收到补助资金时：

借：银行存款　800
　贷：递延收益　800

③2×20 年 12 月 B 公司将补贴资金发放高级管理人员时：

借：管理费用　200
　贷：应付职工薪酬　200
借：应付职工薪酬　200
　贷：银行存款　200
借：递延收益　200
　贷：管理费用　200

(3)①C 公司在收到补助资金时应计入递延收益。理由：C 公司经过分析认为，在未来 5 年内搬离开发区可能性很小。因此 C 公司应当在收到补助资金时记入“递延收益”科目。

②由于协议约定如果 C 公司提前搬离开发

区，开发区政府有权追回部分补贴，说明C公司每留在开发区一年，就有权取得与这一年相关的补助，即与这一年补助有关的不确定性基本消除。补贴收益得以实现，所以应当将补贴在5年内平均摊销结转计入损益。

2×22年6月30日，因C公司重大战略调整，搬离开发区，C公司应退回补贴款300万元。

相关分录为：

2×20年6月30日：

借：银行存款　500

　　贷：递延收益　500

2×20年12月31日：

借：递延收益　(500/5×6/12)50

　　贷：其他收益　50

2×22年6月30日：

借：递延收益　(500-500/5×2)300

　　贷：其他应付款　300

(4)①D公司收到的政府补助是综合性项目政府补助，需要区分与资产相关的政府补助和与收益相关的政府补助并分别进行会计处理。

②2×20年6月15日：

借：银行存款　400

　　贷：递延收益　400

③2×20年6月30日：

借：固定资产　1 000

　　应交税费—应交增值税(进项税额)　130

　　贷：银行存款　1 130

借：递延收益　200

　　贷：固定资产　200

2×20年12月末：

借：研发支出—费用化支出　[(1 000-200)/10×6/12]40

　　贷：累计折旧　40

借：管理费用　40

　　贷：研发支出—费用化支出　40

④2×20年6月30日至年末发生相关支出时：

借：研发支出—费用化支出　14

　　贷：银行存款　14

借：管理费用　14

　　贷：研发支出—费用化支出　14

借：递延收益　14

　　贷：管理费用　14

(5)①E公司销售软件时即征即退增值税与企业日常销售密切相关，属于与企业的日常活动相关的政府补助。2×20年9月申请退税并确定了增值税退税额时确认其他收益：

借：其他应收款等　10

　　贷：其他收益　10

②2×20年12月收到的政府补助(遭受重大自然灾害)与企业日常活动无关，所以计入营业外收入：

借：银行存款　20

　　贷：营业外收入　20

(6)F公司根据当期产量及所购原材料供应商的消费税证明，申请退还相应的消费税，当期应退消费税=20×1.15×1 578=36 294(万元)，F公司在期末结转存货成本和主营业务成本之前，做如下会计分录：

借：其他应收款　36 294

　　贷：生产成本　36 294

2.【答案】

(1)资料(1)，A公司取得国家拨付的土地购置补偿款，应作为与资产相关的政府补助，收到时冲减相关资产成本。理由：该补偿款是对购买土地使用权的补偿，属于与资产相关的政府补助。

购入土地使用权时：

借：无形资产　9 000

　　贷：银行存款　9 000

收到补偿款时：

借：银行存款　3 000

　　贷：无形资产　3 000

(2)资料(2)，A公司取得LED半导体材料的进销差价补偿款不属于政府补助。

借：库存商品　（100×1 200）120 000
　　贷：银行存款　120 000
借：银行存款　（120 000×80%）96 000
　　应收账款　（120 000×20%）24 000
　　贷：主营业务收入　120 000
借：主营业务成本　120 000
　　贷：库存商品　120 000
借：银行存款　24 000
　　贷：应收账款　24 000

（3）资料（3），A 公司虽然取得财政补贴资金，但最终受益人是从 A 公司购买高效照明产品的大宗用户和城乡居民，相当于政府以中标协议供货价格从 A 公司购买了高效照明产品，再以中标协议供货价格减去财政补贴资金后的价格将产品销售给终端用户。

实际操作时，政府并没有直接从事高效照明产品的购销，但以补贴资金的形式通过 A 公司的销售行为实现了政府推广使用高效照明产品的目标，实际上政府是购买了 A 公司的商品。对 A 公司而言，仍按照中标协议供货价格销售产品，高效照明产品的销售收入由两部分构成：一是终端用户支付的购买价款；二是财政补贴资金。所以，这样的交易是互惠的，具有商业实质，并与 A 公司销售商品的日常经营活动密切相关，因此 A 公司收到的财政补贴资金 5 000 万元应当按照收入准则的规定确认为产品销售收入。

A 公司 2×22 年销售高效照明产品的会计处理：

借：银行存款　8 000
　　贷：主营业务收入　8 000
借：主营业务成本　6 000
　　贷：库存商品　6 000

（4）①2×22 年 1 月 1 日，取得银行贷款：

方法一	方法二
借：银行存款　1 250 　　贷：长期借款—本金　1 250	借：银行存款　1 250 　　长期借款—利息调整　250 　　贷：长期借款—本金　1 250 　　　　递延收益　250

②2×22 年 12 月 31 日，计提利息：

方法一	方法二
实际承担的利息支出 = 1 250×4.72% = 59（万元）。 借：在建工程　59 　　贷：应付利息　59	实际承担的利息支出 = 1 000×10% = 100（万元）。 借：在建工程　100 　　贷：应付利息　59 　　　　长期借款—利息调整　41 同时摊销递延收益： 借：递延收益　41 　　贷：在建工程　41

『提示』这两种方法下计入在建工程的利息支出是一致的，均为 59 万元，不同的是第一种方法下长期借款在资产负债表中反映的账面价值为 1 250 万元，第二种方法下长期借款在资产负债表中反映的账面价值为 1 041 万元，递延收益为 209 万元。

（5）财政将贴息资金拨付给受益企业，企业先按照同类贷款实际市场利率向银行支付利息，财政部门定期与企业结算贴息。在这种方式下，由于企业先按同类贷款市场利率向银行支付利息，所以实际收到的借款金额通常就是借款的公允价值，企业应当将对应的贴息冲减相关借款费用。

①2×22 年 7 月 1 日取得银行贷款 1 000

万元：

借：银行存款　1 000

　贷：长期借款—本金　1 000

②2×22 年年末计提利息：

应向银行支付的利息金额 = 1 000×8% = 80(万元)。

实际承担的利息支出 = 1 000×4% = 40(万元)。

借：在建工程　80

　贷：应付利息　80

借：其他应收款　40

　贷：在建工程　40

四、综合题

【答案】

(1)该政府补助属于与收益相关的政府补助，应当在取得补助款时计入递延收益。且题目中说明甲公司按照实际支出金额摊销与收益相关的政府补助，因此应在实际使用的当期期末根据当期累计实际使用的金额冲减相关管理费用。

借：银行存款　9 300

　贷：递延收益　9 300

借：研发支出　4 650

　贷：应付职工薪酬　4 650

借：管理费用　4 650

　贷：研发支出　4 650

借：递延收益　4 650

　贷：管理费用　4 650

(2)

借：研发支出　8 000

　贷：应付职工薪酬　8 000

借：管理费用　8 000

　贷：研发支出　8 000

借：银行存款　20 000

　贷：递延收益　20 000

借：递延收益　8 000

　贷：管理费用　8 000

(3)

借：银行存款　1 600

　贷：递延收益　1 600

借：递延收益　(1 600/10×6/12)80

　贷：其他收益　80

(4)

借：银行存款　3 390

　贷：递延收益　3 390

借：固定资产　3 000

　应交税费—应交增值税(进项税额)　390

　贷：银行存款　3 390

(5)应纳税所得额=10 000+(9 300−4 650)+(20 000−8 000)+(1 600−80)+3 390 = 31 560(万元)。

应交所得税=31 560×25%=7 890(万元)。

递延所得税资产 = [(9 300−4 650)+(20 000−8 000)+(1 600−80)+3 390]×25%=5 390(万元)。

递延所得税费用=−5 390(万元)。

借：所得税费用　2 500

　递延所得税资产　5 390

　贷：应交税费—应交所得税　7 890

第十九章　所得税

考情解密

历年考情概况

本章是全书中比较重要的一章，几乎每年的主观题中都有涉及。每年考试中，本章内容所占分值较高，平均分值在 18 分左右。大家一定要予以重视。在主观题中，本章主要与收入、金融工具、长期股权投资、无形资产、固定资产等章节相结合，考查递延所得税资产、递延所得税负债、应纳税所得额、所得税费用等问题。客观题的考点是确定纳税调整的项目、判断某一项资产或负债是否产生暂时性差异，计算递延所得税费用、所得税费用等。

近年考点直击

考点	主要考查题型	考频指数	考查角度
计税基础	计算分析题、综合题	★★	计算某一项资产的计税基础
暂时性差异	计算分析题、综合题	★★	判断某一项资产、负债是否产生暂时性差异
递延所得税的确认和计量	单选题、计算分析题、综合题	★★★	①计算应确认的递延所得税资产(或负债)的金额；②编制相关的会计分录；③判断某一特殊事项是否确认递延所得税
应交所得税的确认和计量	计算分析题、综合题	★★★	①给出资料，计算应交所得税的金额；②编制应交所得税的会计分录
所得税费用的确认和计量	单选题、计算分析题、综合题	★★★	①给出相关事项，计算所得税费用的金额；②编制相关的会计分录；③会计差错更正中涉及的所得税相关会计处理

2022 年考试变化

本章考试内容未发生实质性变化。

考点详解及精选例题

一、所得税会计的核算程序★★

企业采用资产负债表债务法核算所得税的，一般应于每一资产负债表日对所得税进行核算。核算过程如下：

(1)确定产生暂时性差异的项目；

(2)确定资产或负债的账面价值及计税基础；

(3)计算暂时性差异的期末余额：

①应纳税暂时性差异，如图 19-1 所示。

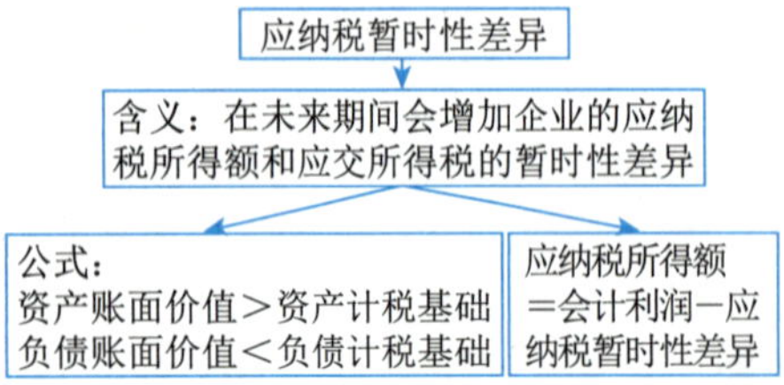

应纳税暂时性差异

含义：在未来期间会增加企业的应纳税所得额和应交所得税的暂时性差异

公式：
资产账面价值＞资产计税基础
负债账面价值＜负债计税基础

应纳税所得额
=会计利润－应纳税暂时性差异

图 19-1　应纳税暂时性差异

②可抵扣暂时性差异，如图 19-2 所示。

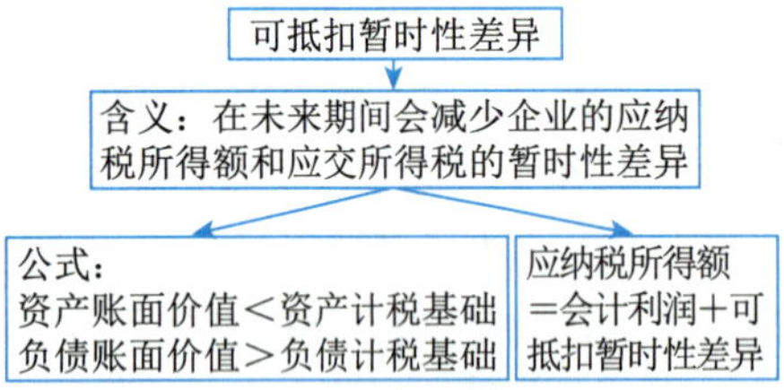

可抵扣暂时性差异

含义：在未来期间会减少企业的应纳税所得额和应交所得税的暂时性差异

公式：
资产账面价值＜资产计税基础
负债账面价值＞负债计税基础

应纳税所得额
=会计利润＋可抵扣暂时性差异

图 19-2　可抵扣暂时性差异

(4)计算“递延所得税负债”“递延所得税资产”科目的**期末余额**：

①“递延所得税负债”科目的期末余额=应纳税暂时性差异的期末余额×**未来转回时**的所得税税率

②“递延所得税资产”科目的期末余额=可抵扣暂时性差异的期末余额×**未来转回时**的所得税税率

(5)计算“递延所得税负债”“递延所得税资产”科目的**发生额**：

①“递延所得税负债”科目发生额=期末余额-期初余额

②“递延所得税资产”科目发生额=期末余额-期初余额

(6)计算所得税费用：

所得税费用=**当期**所得税费用+**递延**所得税费用(或-递延所得税收益)

二、资产、负债计税基础★★★

(一)资产的计税基础

通常情况下，资产在取得时其入账价值与计税基础是相同的，后续计量过程中因会计准则规定与税法规定不同，可能产生账面价值与计税基础的差异。

1. 固定资产

(1)折旧方法不同产生的差异。

(2)折旧年限不同产生的差异。

(3)因计提固定资产减值准备产生的差异。

【例题 1·计算分析题】 甲公司适用的所得税税率为 25%。假设甲公司预计其在未来期间能获得足够的应纳所得额用以抵扣可抵扣暂时性差异。

(1)2×19 年年末购入管理用固定资产，成本为 3 600 万元，采用年限平均法计提折旧，预计使用年限为 10 年，预计净残值为 0。税法规定该固定资产的计税年限最低为 15 年，甲公司在计税时按照 15 年采用直线法(预计净残值为 0)计算确定的折旧在所得税税前扣除。

(2)2×22 年 10 月 1 日，甲公司董事会决定将其固定资产的折旧年限由 10 年调整为 20 年。

要求：根据上述资料，作出甲公司的相关所得税会计处理。

答案

2×21 年年末所得税会计处理如下：

年末账面价值=3 600-3 600÷10×2=2 880(万元)。

年末计税基础=3 600-3 600÷15×2=3 120(万元)。

年末累计可抵扣暂时性差异=3 120-2 880=240(万元)。

年末递延所得税资产余额=240×25%=60(万元)。

年末递延所得税资产发生额=60-30=30(万元)。

注：2×20 年年末累计可抵扣暂时性差异为 120 万元(3 600/10-3 600/15)，因此，2×20 年年末递延所得资产余额为 30 万元(120×25%)。

2×21 年应确认的递延所得税费用为-30 万元。

2×22 年年末所得税会计处理如下：

2×22 年的折旧额=3 600÷10×9/12+(3 600-3 600÷10×2-3 600÷10×9/12)÷

(20×12−2×12−9)×3＝307.83(万元)。

年末账面价值＝2 880−307.83＝2 572.17(万元)。

年末计税基础＝3 600−3 600÷15×3＝2 880(万元)。

年末递延所得税资产余额＝(2 880−2 572.17)×25%＝76.96(万元)。

年末递延所得税资产发生额＝76.96−60＝16.96(万元)。

2×22 年确认递延所得税收益为 16.96 万元。

2. 无形资产

除内部研发外，企业通过外购等其他方式取得的无形资产，初始确认时其入账价值与税法规定的计税基础之间一般不存在差异。

(1)内部研究开发取得无形资产的差异。

会计准则规定，研究阶段的支出应当费用化计入当期损益，开发阶段符合资本化条件以后至达到预定用途前发生的支出应当资本化作为无形资产的成本。

税法规定，除制造业以外的企业(且不属于烟草制造业、住宿和餐饮业、批发和零售业、房地产业、租赁和商务服务业、娱乐业)，企业开展研发活动中实际发生的研发费用，未形成无形资产计入当期损益的，在 2023 年 12 月 31 日前，在按规定据实扣除的基础上，再按照实际发生额的 75%在税前加计扣除；形成无形资产的，在上述期间按照无形资产成本的 175%在税前摊销。制造业企业开展研发活动中实际发生的研发费用，未形成无形资产计入当期损益的，在按规定据实扣除的基础上，自 2021 年 1 月 1 日起，再按照实际发生额的 100%在税前加计扣除；形成无形资产的，自 2021 年 1 月 1 日起，按照无形资产成本的 200%在税前摊销。

做题时，题目条件会明确给出研发支出加计扣除或加计摊销的比例，按题目条件的比例处理即可。

如无形资产的确认不是产生于企业合并交易，同时在(初始)确认时既不影响会计利润也不影响应纳税所得额，则按照所得税准则的规定，不确认有关暂时性差异的所得税影响。

【例题 2·计算分析题】甲公司适用的所得税税率为 25%，各年实现利润总额均为 10 000 万元。自 2×21 年 1 月 1 日起，甲公司自行研究开发一项新专利技术。税法规定，研究开发支出未形成无形资产计入当期损益的，按照研究开发费用的 75%加计扣除；形成无形资产的，按照无形资产成本的 175%摊销。

(1)2×21 年度研发支出为 1 500 万元，其中费用化支出为 500 万元，资本化支出为 1 000 万元。至 2×21 年年末尚未达到预定可使用状态。

(2)2×22 年发生资本化支出 1 400 万元，2×22 年 7 月 1 日该项专利技术获得成功并取得专利权。甲公司预计该项专利权的使用年限为 10 年，预计净残值为 0，采用直线法进行摊销，均与税法规定相同。

要求：分别作出甲公司在 2×21 年年末、2×22 年年末的所得税会计处理。

答案

(1)甲公司 2×21 年年末所得税会计处理如下：

年末开发支出账面价值＝1 000(万元)。

年末开发支出计税基础＝1 000×175%＝1 750(万元)。

年末可抵扣暂时性差异＝750(万元)。

自行研发的无形资产不是产生于企业合并，且初始确认时，既不影响应纳税所得额也不影响会计利润，故不确认相关的递延所得税资产。

应交所得税＝(10 000−500×75%)×25%＝2 406.25(万元)。

(2)2×22 年年末所得税会计处理如下：

年末无形资产账面价值＝2 400−2 400/10×6/12＝2 400−120＝2 280(万元)。

年末无形资产计税基础＝2 400×175%−2 400×175%/10×6/12＝2 280×175%＝

3 990(万元)。

年末累计可抵扣暂时性差异=3 990-2 280=1 710(万元)。自行研发的无形资产不是产生于企业合并，且初始确认时，既不影响应纳税所得额也不影响会计利润，故不确认相关的递延所得税资产。

应交所得税=(10 000+2 400/10×6/12-2 400×175%/10×6/12)×25%=2 477.5(万元)。

(2)无形资产后续计量的差异。

无形资产后续计量中，由于会计与税法在无形资产是否需要摊销、摊销方法和年限及无形资产减值准备的提取的规定上存在差异，因而会形成暂时性差异。

①对于使用寿命不确定的无形资产，按照企业会计准则规定不计提摊销，但应于会计期末进行减值测试；税法中没有界定使用寿命不确定的无形资产，即按照税法规定，企业取得的无形资产均应在一定期限内摊销。对于使用寿命不确定的无形资产在持有期间，因会计和税法中对摊销规定的不同，会造成其账面价值与计税基础的差异。

②在对无形资产计提减值准备的情况下，因税法规定所计提的减值准备不允许税前扣除，也会造成其账面价值与计税基础的差异。

【例题3·计算分析题】A公司适用的所得税税率为25%，各年税前会计利润均为10 000万元。企业在计税时，对无形资产按照10年的期限摊销，预计净残值为0，摊销金额允许税前扣除。

(1)A公司于2×21年1月1日取得某项无形资产，取得成本为1 000万元，取得该项无形资产后，根据各方面情况判断，A公司无法合理预计其使用期限，将其作为使用寿命不确定的无形资产。

(2)2×22年12月31日，对该项无形资产进行减值测试，可收回金额为600万元。

(3)假设A公司预计其在未来期间能获得足够的应纳税所得额用来抵扣可抵扣暂时性差异。

要求：分别作出A公司在2×21年年末、2×22年年末的所得税会计处理。

答案

(1)2×21年年末：

账面价值=1 000(万元)。

计税基础=1 000-1 000/10=900(万元)。

应纳税暂时性差异=100(万元)。

递延所得税负债发生额=100×25%=25(万元)。

应交所得税=(10 000+0-100)×25%=2 475(万元)。

确认所得税费用=2 475+25=2 500(万元)。

(2)2×22年年末：

应计提的减值准备=1 000-600=400(万元)。

账面价值=600(万元)。

计税基础=1 000-100×2=800(万元)。

可抵扣暂时性差异=200(万元)。

递延所得税资产余额=200×25%=50(万元)。

递延所得税负债发生额=0-25=-25(万元)。

递延所得税资产发生额=50-0=50(万元)。

确认递延所得税费用=-25-50=-75(万元)。

应交所得税=(10 000+400-100)×25%=2 575(万元)。

确认所得税费用=2 575-75=2 500(万元)。

3. 以公允价值计量且其变动计入当期损益(或其他综合收益)的金融资产和投资性房地产

税法规定，企业以公允价值计量的金融资产以及投资性房地产等，持有期间公允价值的变动不计入应纳税所得额。在实际处置或结算时，按照处置价款与历史成本或历史成本为基础确认的处置成本的差额计入处置或结算期间的应纳税所得额。税法计税时不考虑以公允价值计量的金融资产、投资性房地产等在持有期间公允价值的波动，因此账面价值与计税基础之间会存在差异。

【例题4·计算分析题】甲公司适用的所得税税率为25%，各年税前会计利润均为10 000万元。假定2×21年期初暂时性差异余额为0，甲公司预计其在未来期间能获得足够的应纳税所得额用来抵扣可抵扣暂时性差异，不考虑其他因素。有关业务如下：

(1)2×21 年 11 月 20 日，甲公司自公开市场取得一项权益性投资分类为交易性金融资产或指定为其他权益工具投资(为便于对比说明)，支付价款 1 000 万元，本年末该权益性投资的公允价值为 1 100 万元。

(2)2×22 年 12 月 31 日，该权益性投资的公允价值为 800 万元。

要求：针对该项投资作为交易性金融资产核算和作为其他权益工具投资核算这两种情况，分别编制其在 2×21 年和 2×22 年的相关会计分录。

答案

(1)甲公司 2×21 年与所得税相关的会计处理如表 19-1 所示。

表 19-1　甲公司 2×21 年与所得税相关的会计处理

交易性金融资产	其他权益工具投资
年末账面价值=1 100(万元)。 年末计税基础=1 000(万元)。 应纳税暂时性差异=100(万元)	同左
递延所得税负债余额=100×25%=25(万元)。 确认的递延所得税费用=25(万元)。 应交所得税=(10 000-100)×25%=2 475(万元)。 确认的所得税费用=2 475+25=2 500(万元)	递延所得税负债余额=100×25%=25(万元)。 确认其他综合收益=-25(万元)。 应交所得税=10 000×25%=2 500(万元)。 确认所得税费用=2 500(万元)
借：所得税费用　2 500 　贷：递延所得税负债　25 　　应交税费—应交所得税　2 475	借：所得税费用　2 500 　其他综合收益　25 　贷：递延所得税负债　25 　　应交税费—应交所得税　2 500

(2)甲公司 2×22 年与所得税相关的会计处理如表 19-2 所示。

表 19-2　甲公司 2×22 年与所得税相关的会计处理

交易性金融资产	其他权益工具投资
年末账面价值=800(万元)。 年末计税基础=1 000(万元)。 年末累计可抵扣暂时性差异=200(万元)	同左
递延所得税资产余额=200×25%=50(万元)。 递延所得税资产发生额=50-0=50(万元)。 递延所得税负债发生额=0-25=-25(万元)。 确认递延所得税费用=-50-25=-75(万元)。 应交所得税=(10 000+300)×25%=2 575(万元)。 确认所得税费用=2 575-75=2 500(万元)	递延所得税资产余额=200×25%=50(万元)。 递延所得税资产发生额=50-0=50(万元)。 递延所得税负债发生额=0-25=-25(万元)。 确认其他综合收益=50+25=75(万元)。 应交所得税=10 000×25%=2 500(万元)。 确认所得税费用=2 500(万元)
借：所得税费用　2 500 　递延所得税资产　50 　递延所得税负债　25 　贷：应交税费—应交所得税　2 575	借：所得税费用　2 500 　递延所得税资产　50 　递延所得税负债　25 　贷：应交税费—应交所得税　2 500 　　其他综合收益　75

【例题 5·计算分析题】 A 公司适用的所得税税率为 25%，各年税前会计利润均为 10 000 万元。假定税法规定的折旧方法、折旧年限及净残值与会计规定相同。同时，税法规定资产在持有期间公允价值的变动不计入应纳税所得额，待处置时一并计算确定应

计入应纳税所得额的金额。

(1)2×21 年 1 月 1 日，A 公司将其某自用房屋用于对外出租，并采用公允价值模式对该投资性房地产进行后续计量。该房屋的成本为5 000 万元，预计使用年限为 20 年。转为投资性房地产之前，已使用4 年，按年限平均法计提折旧，预计净残值为 0。2×21 年 1 月 1 日账面价值为 4 000 万元(5 000-5 000/20×4)，转换日公允价值为 5 000 万元，转换日产生其他综合收益 1 000 万元。2×21 年 12 月 31 日的公允价值为 6 000 万元。

(2)该项投资性房地产在 2×22 年 12 月 31 日的公允价值为 5 600 万元。

要求：分别作出 A 公司在 2×21 年年末、2×22 年年末的所得税会计处理。

答案

(1)2×21 年年末所得税的处理如下：

年末账面价值=6 000(万元)。

年末计税基础=5 000-5 000÷20×5=3 750(万元)。

年末应纳税暂时性差异=6 000-3 750=2 250(万元)。

年末"递延所得税负债"科目余额=2 250×25%=562.5(万元)。

年末"递延所得税负债"科目发生额=562.5-0=562.5(万元)。

其中：确认其他综合收益=1 000×25%=250(万元)。

确认递延所得税费用=562.5-250=312.5(万元)。

应交所得税=(10 000-公允价值变动 1 000-税法折旧 5 000/20)×25%=2 187.5(万元)。

确认所得税费用=2 187.5+312.5=2 500(万元)。

借：所得税费用　　2 500
　　其他综合收益　　250
　　贷：递延所得税负债　　562.5
　　　　应交税费—应交所得税　2 187.5

(2)2×22 年年末所得税的处理如下：

年末账面价值=5 600(万元)。

年末计税基础=5 000-5 000÷20×6=3 500(万元)。

年末应纳税暂时性差异累计余额=2 100(万元)。

年末"递延所得税负债"科目余额=2 100×25%=525(万元)。

年末"递延所得税负债"科目发生额=525-562.5=-37.5(万元)。

应交所得税=(10 000+公允价值变动损失 400-5 000÷20)×25%=2 537.5(万元)。

确认所得税费用=2 537.5-37.5=2 500(万元)。

借：所得税费用　　2 500
　　递延所得税负债　　37.5
　　贷：应交税费—应交所得税 2 537.5

4. 其他计提资产减值准备的各项资产

税法规定，预计的资产的减值在转化为实质性损失之前，不允许税前扣除，从而造成资产的账面价值与其计税基础之间存在差异。

【例题 6 · 计算分析题】 A 公司适用的所得税税率为 25%，税法规定：各项资产减值准备不允许税前扣除；各年实现税前会计利润均为 10 000 万元。假设 A 公司预计其在未来期间能获得足够的应纳税所得额用来抵扣可抵扣暂时性差异。2×21 年发生的有关交易或事项如下：

(1)应收账款年初余额为 6 000 万元，坏账准备年初余额为 600 万元，递延所得税资产年初余额为 150 万元。2×21 年计提坏账准备 400 万元，应收账款在 2×21 年年末的余额为 10 000 万元，坏账准备在 2×21 年年末的余额为 1 000 万元(600+400)。

(2)库存商品年初余额为 25 000 万元，存货跌价准备年初余额为 2 000 万元，递延所得税资产年初余额为 500 万元。2×21 年转回存货跌价准备 400 万元，2×21 年计提存货跌价准备 100 万元。库存商品在 2×21 年年末的余额为 30 000 万元，存货跌价准备在 2×21 年年末的余额为 1 700 万元(2 000-400+100)。

要求：根据上述资料，①说明 2×21 年的暂时性差异变动情况；②计算应确认或转回的递延所得税负债或递延所得税资产金额；③说明其理由；④计算纳税调整的金额；⑤计算递延所得税费用。

答案

事项（1）应收账款：

①2×21年年末，应收账款的账面价值=9 000（万元），应收账款的计税基础=10 000（万元），本年产生的可抵扣暂时性差异=（10 000-9 000）-600=400（万元）。

②确认的递延所得税资产=400×25%=100（万元）。

③理由：该应收账款的账面价值小于计税基础，形成可抵扣暂时性差异，期末暂时性差异大于期初暂时性差异，需要确认递延所得税资产。

④纳税调整增加金额为400万元。

⑤递延所得税费用=-400×25%=-100（万元）。

事项（2）存货：

①2×21年年末，存货的账面价值=30 000-1 700=28 300（万元），存货的计税基础=30 000（万元），本年产生的可抵扣暂时性差异=（30 000-28 300）-2 000=-300（万元），即转回可抵扣暂时性差异300万元。

②转回递延所得税资产=300×25%=75（万元）。

③理由：该存货的账面价值小于计税基础，形成可抵扣暂时性差异，期末暂时性差异小于期初暂时性差异，可抵扣暂时性差异减少，因此转回递延所得税资产。

④纳税调整减少金额为300万元。

⑤递延所得税费用=300×25%=75（万元）。

5. 长期股权投资

税法中对于投资资产的处理，要求按规定确定其成本后，在转让或处置投资资产时，其成本准予扣除。因此，税法中对于长期股权投资并没有权益法的概念。

会计上对长期股权投资采用权益法核算的，长期股权投资的账面价值会随着投资企业应享有被投资单位净资产份额的变动而变动，由此导致其账面价值与计税基础产生差异。如果企业拟长期持有该项投资，则：

（1）因初始投资成本的调整产生的暂时性差异预计未来期间不会转回，对未来期间没有所得税影响；因此不确认递延所得税。

（2）因确认投资损益产生的暂时性差异，如果在未来期间逐期分回现金股利或利润时免税，也不存在对未来期间的所得税影响；因此不确认递延所得税。

（3）因确认应享有被投资单位其他权益变动而产生的暂时性差异，在长期持有的情况下预计未来期间也不会转回；因此不确认递延所得税。

采用权益法核算的长期股权投资所涉及的所得税会计处理思路如图19-3所示。

图19-3　采用权益法核算的长期股权投资所涉及的所得税会计处理思路

【快速记忆】税法规定，我国境内居民企业之间取得的股息、红利免税，如果企业拥有一项拟长期持有的股权投资并采用成本法核算，对于被投资单位宣告发放的现金股利，应纳税调减，不需要确认递延所得税资产。如果采用权益法核算且拟长期持有，则相关纳税调整思路如表19-3所示。

表19-3　采用权益法核算长期股权投资的纳税调整思路

项目	是否需要纳税调整	是否确认递延所得税
对初始投资成本的调整，产生营业外收入	调整减少	不确认
确认投资收益（确认投资损失）	调整减少（调整增加）	不确认

续表

项目	是否需要纳税调整	是否确认递延所得税
被投资单位宣告现金股利	不调整	不确认
因被投资单位其他综合收益变动，或其他所有者权益变动	不调整	不确认

【例题7·计算分析题】☆甲公司2×21年度财务报表经董事会批准于2×22年3月15日对外报出，甲公司与2×21年度财务报表相关的交易或事项如下：

2×21年1月1日，甲公司从无关联关系的第三方处受让了其所持有乙公司30%股权，转让价格为2 000万元，款项已用银行存款支付。乙公司的股东变更登记手续已经办理完成，取得投资当日，乙公司净资产账面价值为5 000万元，可辨认净资产公允价值为7 000万元，除账面价值为1 000万元，公允价值为3 000万元的专利权外，其他资产、负债的公允价值与账面价值相同。该专利预计使用20年，已使用10年，自甲公司取得乙公司股权起尚可使用10年，预计净残值为0，采用直线法摊销，受让乙公司股权后，甲公司能够对乙公司施加重大影响，甲公司拟长期持有对乙公司的股权投资。

2×21年度，乙公司账面实现净利润1 000万元，因金融资产公允价值变动确认其他综合收益50万元。

其他相关资料：

①乙公司的会计政策和会计期间与甲公司相同；

②甲公司和乙公司均为国内居民企业，其适用的企业所得税税率均为25%；

③取得乙公司股权日，乙公司可辨认净资产公允价值与账面价值的差额不考虑企业所得税的影响；

④除题目要求外本题不考虑所得税及其他因素。

要求：根据资料，判断甲公司对乙公司长期股权投资形成的暂时性差异是否应确认递延所得税，并说明理由；如应确认递延所得税，计算递延所得税金额，并编制相关的会计分录。

答案▶甲公司对乙公司长期股权投资形成的暂时性差异不应确认递延所得税。

理由：因为甲公司拟长期持有乙公司该30%的股权，则因初始投资成本的调整产生的暂时性差异预计未来期间不会转回，对未来期间没有所得税影响；因确认投资损益产生的暂时性差异，如果在未来期间逐期分回现金股利或利润时免税（我国税法规定，居民企业间的股息、红利免税），也不存在对未来期间的所得税影响；因确认应享有被投资单位其他权益变动而产生的暂时性差异，在长期持有的情况下预计未来期间也不会转回。因此，在准备长期持有的情况下，对于采用权益法核算的长期股权投资账面价值与计税基础之间的差异，投资企业一般不确认相关的所得税影响。

6. 广告费和业务宣传费支出

企业发生的符合条件的广告费和业务宣传费支出，除另有规定外，不超过当年销售收入15%的部分，准予扣除；超过部分，准予结转以后纳税年度扣除。会计准则规定，该类费用不形成资产负债表中的资产，应于发生时计入当期损益，由于税法角度可以确定其计税基础，因此形成暂时性差异。

【例题8·计算分析题】A公司适用的所得税税率为25%。假定A公司税前会计利润为1 000万元。不考虑其他纳税调整。2×22年发生1 700万元广告费支出，发生时已作为销售费用计入当期损益。税法规定，该类支出不超过当年销售收入15%的部分允许当期税前扣除，超过部分允许向以后年度结转税前扣除。A公司2×22年实现销售收入10 000万元。

要求：根据上述资料，作出A公司的相关会计处理。

答案▶A公司的所得税会计处理如表19-4所示。

表 19-4　A 公司的所得税会计处理

假定一：价款已经支付	假定二：价款尚未支付
资产账面价值＝0	负债账面价值＝1 700(万元)
资产计税基础＝1 700－10 000×15%＝200(万元)	负债计税基础＝10 000×15%＝1 500(万元)
可抵扣暂时性差异＝200(万元)	可抵扣暂时性差异＝200(万元)

2×22 年应交所得税＝(1 000＋200)×25%＝300(万元)。

2×22 年年末“递延所得税资产”科目余额＝200×25%＝50(万元)。

2×22 年确认所得税费用＝300－50＝250(万元)。

借：所得税费用　250

　　递延所得税资产　50

　　贷：应交税费—应交所得税　300

7. 未弥补亏损

对于按照税法规定可以结转以后年度的未弥补亏损及税款抵减，应比照可抵扣暂时性差异，以未来很可能获得的用来抵扣可抵扣亏损和税款抵减的应纳税所得额为限，确认与其相关的递延所得税资产。

8. 分期收款销售商品形成的长期应收款

合同或协议价款的收取采用递延方式，实质上具有融资性质，一般应当按照现销价格(通常为合同或协议价款的现值)确定销售商品收入金额。应收的合同或协议价款与现销价格之间的差额，应当在合同或协议期间内采用实际利率法进行摊销，计入当期损益(冲减财务费用)。税法规定，以分期收款方式销售货物的，按照合同约定的收款日期确认收入的实现。

【例题 9·计算分析题】乙公司为增值税一般纳税人，适用的增值税税率为 13%。2×22 年 1 月 1 日，乙公司与甲公司签订一项购货合同，乙公司向其出售一台大型机器设备，甲公司在当日即取得该设备控制权。合同约定，乙公司采用分期收款方式销售。该设备价款共计 6 000 万元(不含增值税)，分 6 期平均收取，首期款项 1 000 万元于 2×22 年 1 月 1 日收到，其余款项在 5 年期间平均收取，每年的收款日期为当年 12 月 31 日。收到款项时开出增值税专用发票。商品成本为 3 000 万元。假定折现率为 10%，按照现销价确认的会计收入为 4 790.8 万元。乙公司 2×22 年实现的利润总额为 10 000 万元。乙公司预计其在未来期间能够产生足够的应纳税所得额用以抵扣可抵扣暂时性差异。

要求：

(1)编制乙公司 2×22 年 1 月 1 日的相关会计分录；

(2)编制乙公司 2×22 年 12 月 31 日的相关会计分录；

(3)作出乙公司在 2×22 年 12 月 31 日的相关所得税处理。

答案(1)2×22 年 1 月 1 日：

借：长期应收款

　　(1 000×6×1.13)6 780

　　贷：主营业务收入　4 790.8

　　　　未实现融资收益　1 209.2

　　　　应交税费—待转销项税额　780

借：银行存款　1 130

　　应交税费—待转销项税额　130

　　贷：长期应收款　1 130

　　　　应交税费—应交增值税(销项税额)　130

借：主营业务成本　3 000

　　贷：库存商品　3 000

(2)2×22 年 12 月 31 日：

借：未实现融资收益　379.08

　　贷：财务费用

　　　　[(5 000－1 209.2)×10%]379.08

借：银行存款　1 130

　　应交税费—待转销项税额　130

　　贷：长期应收款　1 130

　　　　应交税费—应交增值税(销项

税额）　　　130

2×22年12月31日长期应收款的不含税账面价值＝（6 000－1 000×2）－（1 209.2－379.08）＝3 169.88（万元）。

（3）2×22年12月31日的所得税处理：

税法确认的销售收入为2 000(6 000/6×2)万元；结转销售成本1 000(3 000/6×2)万元。

会计确认的销售收入为4 790.8万元，结转销售成本为3 000万元；确认的财务费用为－379.08万元。汇算清缴时需纳税调整－1 169.88【－会计利润（4 790.8－3 000＋379.08)+税法利润(2 000－1 000)万元】。

年末长期应收款的不含税账面价值＝3 169.88（万元）。

年末长期应收款的计税基础＝0。

应纳税暂时性差异＝3 169.88（万元）。

应确认的递延所得税负债＝3 169.88×25%＝792.47（万元）。

年末存货账面价值＝0。

年末存货计税基础＝3 000－1 000＝2 000（万元）。

可抵扣暂时性差异＝2 000（万元）。

应确认的递延所得税资产＝2 000×25%＝500（万元）。

应交所得税＝(10 000－1 169.88)×25%＝2 207.53（万元）。

所得税费用＝2 207.53＋792.47－500＝2 500（万元）。

（二）负债的计税基础

计算公式如下：

负债的计税基础＝负债的账面价值－未来期间可税前扣除的金额

某些情况下，负债的确认可能会影响企业的损益，并影响不同期间的应纳税所得额，使其计税基础与账面价值之间产生差额。

现就有关负债计税基础的确定，举例说明如下：

1. 预计负债

（1）因计提产品保修费用确认的预计负债。

企业应按照或有事项准则的规定，将预计提供售后服务发生的支出在销售当期确认为预计负债，同时计入当期损益（销售费用）。如果税法规定，有关的支出应于发生时税前扣除，则会产生可抵扣暂时性差异。

【例题10·单选题】☆甲公司2×20年会计核算与税法计量存在如下差异：(1)因存货减值计提存货跌价准备300万元；(2)因产品质量保证计提预计负债200万元；(3)因自行研发无形资产发生研究费用1 000万元，税法规定可以按照75%进行加计扣除。甲公司采用资产负债表债务法核算所得税，适用的所得税税率为25%，假定未来存在足够的应纳税所得额抵减可抵扣暂时性差异。甲公司2×20年应确认递延所得税资产的金额是（　）。

A. 125万元　　B. 375万元

C. 312.5万元　　D. 75万元

解析▶ 甲公司应确认递延所得税资产＝（300+200）×25%＝125（万元），自行研发无形资产的研究费用加计扣除不属于可抵扣暂时性差异，不需要确认递延所得税资产。

答案▶ A

（2）因未决诉讼等确认的预计负债。

因为未决诉讼确认的预计负债，如果税法规定其支出实际发生时可以税前扣除，则会产生暂时性差异；如果税法规定其支出无论是否实际发生均不允许税前扣除，即未来期间按照税法规定可予抵扣的金额为0，其账面价值与计税基础相同，则不会产生暂时性差异。

（3）附有销售退回条款的销售涉及的预计负债。

【例题11·计算分析题】甲公司为增值税一般纳税人，适用的增值税税率为13%，商品出售时纳税义务已经发生，实际发生退回时取得税务机关开具的红字增值税专用发票。假定商品发出时控制权转移给客户。2×22年12月31日，甲公司向乙公司销售

5 000 件商品，单位销售价格为 500 元，单位成本为 400 元，开出的增值税专用发票上注明的销售价格为 250 万元，增值税税额为 32.5 万元。商品已经发出，但款项尚未收到。根据协议约定，乙公司在 2×23 年 3 月 31 日之前有权退还商品。甲公司根据过去的经验，估计该批商品的退货率为 20%。

要求：根据上述资料，作出甲公司的相关会计处理。

答案 甲公司的账务处理如下：

(1)2×22 年 12 月 31 日会计处理：

借：应收账款　　282.5

　贷：主营业务收入　　(5 000×0.05×80%)200

　　预计负债—应付退货款　　(5 000×0.05×20%)50

　　应交税费—应交增值税(销项税额)　(5 000×0.05×13%)32.5

借：主营业务成本　　(5 000×0.04×80%)160

　应收退货成本　　(5 000×0.04×20%)40

　贷：库存商品　　(5 000×0.04)200

(2)所得税处理，假定甲公司税前会计利润为 10 000 万元。所得税税率为 25%。

①预计负债—应付退货款：

账面价值=50(万元)。

计税基础=50-50=0。

年末可抵扣暂时性差异=50(万元)。

年末“递延所得税资产”科目发生额=50×25%=12.5(万元)。

②应收退货成本：

账面价值=40(万元)。

计税基础=0。

年末应纳税暂时性差异=40(万元)。

年末“递延所得税负债”科目发生额=40×25%=10(万元)。

借：所得税费用　　2 500

　递延所得税资产　　12.5

　贷：递延所得税负债　　10

　　应交税费—应交所得税　[(10 000+50-40)×25%]2 502.5

2. 合同负债

企业预收客户款项销售商品时，其预收的款项因不符合会计准则规定的收入确认条件未确认为收入的合同负债，如果按照税法规定应计入当期应纳税所得额，则其于当期就已计算交纳所得税，未来期间可全额税前扣除，因此合同负债的计税基础为 0。

【例题 12·计算分析题】A 公司于 2×22 年 12 月 20 日自客户收到一笔合同预付款，金额为 100 万元，在收到时因不符合收入确认条件，将其作为合同负债核算。假定按照税法规定，该款项应计入取得当期的应纳税所得额并计算交纳所得税，不考虑其他因素。

假定 A 公司 2×22 年税前会计利润为 10 000 万元，所得税税率为 25%，A 公司在未来期间能产生足够的应纳税所得额用以利用可抵扣暂时性差异形成的所得税影响。A 公司预计将于 2×23 年年初就上述合同确认收入 100 万元。不考虑其他因素。

要求：根据上述资料，作出 A 公司在 2×22 年的相关所得税处理。

答案

年末合同负债账面价值=100(万元)。

年末合同负债计税基础=100-100=0。

年末可抵扣暂时性差异=100(万元)。

年末递延所得税资产余额=100×25%=25(万元)。

年末递延所得税资产发生额=25(万元)。

应交所得税=(10 000+100)×25%=2 525(万元)。

确认所得税费用=2 525-25=2 500(万元)。

借：所得税费用　　2 500

　递延所得税资产　　25

　贷：应交税费—应交所得税　　2 525

3. 以公允价值计量且其变动计入当期损益的金融负债

【例题 13·计算分析题】2×22 年 10 月

2日，A公司发行5 000万张人民币短期融资券，期限为1年，票面年利率为6%，每张面值为100元，到期一次还本付息。A公司将该短期融资券指定为以公允价值计量且其变动计入当期损益的金融负债。2×22年年末，该短期融资券的市场价格每张95元(不含利息)。假定A公司适用的所得税税率为25%。

要求：根据上述资料，编制A公司的相关会计分录。

答案

(1)2×22年10月2日：

借：银行存款 (5 000×100)500 000

　　贷：交易性金融负债 500 000

(2)2×22年12月31日：

借：交易性金融负债 25 000

　　贷：公允价值变动损益

　　　　(500 000-5 000×95)25 000

借：财务费用

　　(500 000×6%×3/12)7 500

　　贷：应付利息 7 500

(3)所得税处理：

负债的账面价值=500 000-25 000=475 000(万元)。

负债的计税基础=500 000(万元)。

应纳税暂时性差异=25 000(万元)。

递延所得税负债=25 000×25%=6 250(万元)。

借：所得税费用 6 250

　　贷：递延所得税负债 6 250

4. 权益结算的股份支付

(1)对于股权激励计划实行后立即可以行权的，上市公司可以根据实际行权时该股票的公允价格与激励对象实际行权支付价格的差额和数量，计算确定作为当年上市公司工资薪金支出，依照税法规定进行税前扣除。

(2)对股权激励计划实行后，需待一定服务年限或者达到规定业绩条件(以下简称等待期)方可行权的。上市公司等待期内会计上计算确认的相关成本费用，不得在对应年度计算缴纳企业所得税时扣除。在股权激励计划可行权后，上市公司方可根据该股票实际行权时的公允价格与当年激励对象实际行权支付价格的差额及数量，计算确定作为当年上市公司工资薪金支出，依照税法规定进行税前扣除。此种情况下，企业等待期内确认的成本费用金额，与未来可税前抵扣的金额之间可能存在差异；企业应以未来期间很可能取得的应纳税所得额为限，按照期末股价估计未来可税前扣除的金额确认递延所得税资产，其中未来可税前抵扣的金额超过等待期内确认的成本费用的部分所对应的递延所得税资产计入所有者权益(资本公积)，剩余部分对应的递延所得税资产计入当期损益(所得税费用)。

(3)股票实际行权时的公允价格，以实际行权日该股票的收盘价格确定。

【例题14·计算分析题】A公司为我国A股上市公司，企业所得税税率为25%。该公司在两个年度内给10位公司高管实施了股票期权激励计划，该公司股权激励的具体内容如表19-5所示。

表19-5 A公司股权激励的具体内容

授予日	授予期权合计数	授予日公允价值	行权价格	可行权日	等待期
2×22.1.1	100万股	5元/股	4.5元/股	2×23.12.31	2年

A公司授予股票期权的可行权条件如下：连续工作满2年。第一年没有高管离开，A公司估计两年内没有高管离开。A公司的股票在2×22年12月31日的收盘价为12.5元/股。

要求：根据上述资料，作出2×22年度A公司有关股权激励的会计处理及所得税处理。

答案

(1)权益结算的股份支付会计处理：

借：管理费用 (100×5×1/2)250

　　贷：资本公积—其他资本公积 250

(2)所得税处理：

年末股票的公允价值=100×12.5×1/2=625(万元)。

年末股票期权行权价格=100×4.5×1/2=225(万元)。

年末预计未来期间可税前扣除的金额=625-225=400(万元)。

年末确认递延所得税资产=400×25%=100(万元)。

2×22年度，A公司根据会计准则规定在当期确认的成本费用为250万元，但预计未来期间可税前扣除的金额为400万元，超过了该公司当期确认的成本费用。根据《企业会计准则讲解(2010)》的规定，超过部分的所得税影响应直接计入所有者权益。因此，具体的所得税会计处理如下：

借：递延所得税资产　　100

　贷：资本公积——其他资本公积

　　　[(400-250)×25%]37.5

　　所得税费用　　(100-37.5)62.5

5. 递延收益

如果政府补助为应税收入，则收到时应计入当期应纳税所得额，资产负债表日该递延收益的计税基础为0，属于可抵扣暂时性差异。

【例题15·计算分析题】2×22年甲公司取得当地财政部门拨款2 000万元，用于资助甲公司2×22年7月开始进行的一项研发项目的前期研究，预计将发生研究支出2 000万元。项目自2×22年7月开始启动，至年末累计发生研究支出1 500万元。税法规定，该政府补助免征企业所得税。假定甲公司按照实际支出金额摊销与收益相关的政府补助。

要求：作出甲公司对该交易事项的会计处理。

答案

甲公司对该交易事项的会计处理如下：

借：银行存款　　2 000

　贷：递延收益　　2 000

借：递延收益　　1 500

　贷：其他收益或管理费用　　1 500

递延收益的账面价值=2 000-1 500=500(万元)。

递延收益的计税基础=500-0=500(万元)。

不产生暂时性差异，但是产生永久性差异，即其他收益/管理费用1 500万元需要纳税调整减少。

6. 其他负债

其他负债主要是企业应交的罚款和滞纳金等。企业此类业务在实际支付之前确认为负债，同时计入当期费用；但是税法规定，罚款和滞纳金不能税前扣除，因此，其计税基础=账面价值-未来期间计税时可予税前扣除的金额(0)=账面价值，不产生暂时性差异。

【快速记忆】暂时性差异和非暂时性差异(永久性差异)在会计核算上的异同如图19-4所示。

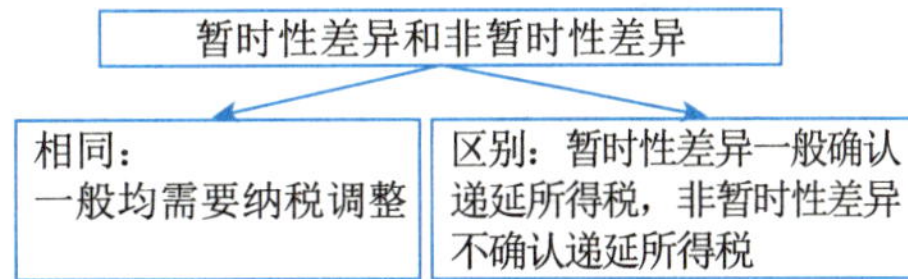

图19-4　暂时性差异和非暂时性差异在会计核算上的异同

三、递延所得税负债、递延所得税资产的确认和计量★★★

(一)递延所得税负债的确认和计量

1. 递延所得税负债的确认

(1)除企业会计准则中明确规定不可确认递延所得税负债的情况以外，企业应对所有的应纳税暂时性差异确认相关的递延所得税负债。企业确认递延所得税负债时，一般应计入所得税费用，但直接计入所有者权益的交易或事项以及企业合并的除外。

(2)不确认递延所得税负债或资产的特殊情况：

①商誉的初始确认。非同一控制企业合并中确认的合并商誉，如果税法规定该项合并作为免税合并，那么合并商誉计税基础为

0，账面价值大于计税基础，形成应纳税暂时性差异，不确认递延所得税负债。

②无形资产的研发，如果符合税法中的加计扣除规定的，不确认递延所得税资产。

③长期股权投资采用权益法核算的，在拟长期持有的情况下，不确认递延所得税负债或资产。

2. 递延所得税负债的计量

(1)对于递延所得税负债，按照预期清偿该负债期间的适用税率(即相关应纳税暂时性差异转回期间的所得税税率)计量。

(2)按照企业会计准则规定，无论应纳税暂时性差异的转回期间如何，企业均不应当对递延所得税负债进行折现。

(二)递延所得税资产的确认和计量

1. 递延所得税资产确认的一般原则

(1)企业应当以未来期间很可能取得用来抵扣可抵扣暂时性差异的应纳税所得额为限，确认由可抵扣暂时性差异产生的递延所得税资产。

因为确认的递延所得税资产是要在以后期间转回的，所以在确认时要考虑以后期间是否有足够的应纳税所得额用以抵扣转回的可抵扣暂时性差异。

(2)企业对于能够结转以后年度的可抵扣亏损和税款抵减，应当以很可能获得用来抵扣可抵扣亏损和税款抵减的未来应纳税所得额为限，确认相应的递延所得税资产。

2. 递延所得税资产的计量

(1)税率的确定。

确认递延所得税资产时，应估计相关可抵扣暂时性差异的转回期间，以转回期间适用的所得税税率为基础计量，并且无论可抵扣暂时性差异的转回期间如何，企业均不应当对递延所得税资产进行折现。

(2)递延所得税资产的减值。

①资产负债表日，企业应当对递延所得税资产的账面价值进行复核。如果未来期间很可能无法取得足够的应纳税所得额用以抵扣递延所得税资产的利益，应当减记递延所得税资产的账面价值(借记“所得税费用”科目，贷记“递延所得税资产”科目)。

②企业在以后期间有证据表明很可能获得足够的应纳税所得额用以抵扣可抵扣暂时性差异时，应将减记的递延所得税资产的账面价值予以转回(借记“递延所得税资产”科目，贷记“所得税费用”科目)。

(三)已确认的递延所得税资产和递延所得税负债因税率变动的重新计量

企业因税收法规变化而致使其适用税率发生变化时，应按照新的税率对已确认的递延所得税资产和递延所得税负债重新计量，调整已确认的金额，以反映税率变化的影响。

适用税率发生变化时，应重新计量已确认的递延所得税资产和递延所得税负债，除直接计入所有者权益的交易或事项产生的递延所得税资产和递延所得税负债以外，应将其影响数计入变化当期的所得税费用。

【例题 16 · 综合题】☆甲公司适用的企业所得税税率为 25%。经当地税务机关批准，甲公司自 2×21 年 2 月取得第一笔生产经营收入所属纳税年度起，享受“三免三减半”的税收优惠政策，即 2×21 年-2×23 年免交企业所得税，2×24 年-2×26 年减半按照 12.5%的税率缴纳企业所得税。甲公司 2×23 年-2×27 年有关会计处理与税收处理不一致的交易或事项如下：

(1)2×22 年 12 月 10 日，甲公司购入一台不需要安装即可投入使用的行政管理用 A 设备，成本为 6 000 万元。该设备采用年数总和法计提折旧，预计使用 5 年，预计无净残值。税法规定，固定资产按照年限平均法计提的折旧准予在税前扣除。假定税法规定的 A 设备预计使用年限及净残值与会计规定相同。

(2)甲公司拥有一栋五层高的 B 楼房，用于本公司行政管理部门办公。迁往新建的办公楼后，甲公司 2×27 年 1 月 1 日与乙公司签订租赁协议，将B楼房租赁给乙公司使用。租赁合同约定，租赁期为3年，租赁期开始日为2×27年1月1日；年租金为240万元，于每月月末分期支付。B楼房转换为投资性房地产前采用年限平均法计提折旧，预计使用50年，预计无净残值；转换为投资性房地产后采用公允价值模式进行后续计量。转换日，B楼房原价为800万元，已计提折旧为400万元，公允价值为1 300万元。2×27年12月31日，B楼房的公允价值为1 500万元。税法规定，企业的各项资产以历史成本为计量基础；固定资产按照年限平均法计提的折旧准予在税前扣除。假定税法规定的B楼房预计使用年限及净残值与其转换为投资性房地产前的会计规定相同。

(3)2×27年7月1日，甲公司以1 000万元的价格购入国家同日发行的国债，款项已用银行存款支付。该债券的面值为1 000万元，期限为3年，年利率为5%(与实际利率相同)，利息于每年6月30日支付，本金到期一次支付。甲公司根据其管理该国债的业务模式和该国债的合同现金流量特征，将购入的国债分类为以摊余成本计量的金融资产。税法规定，国债利息收入免交企业所得税。

(4)2×27年9月3日，甲公司向符合税法规定条件的公益性社会团体捐赠现金600万元。税法规定，企业发生的公益性捐赠支出不超过年度利润总额12%的部分准予扣除。

其他资料如下：

第一，2×27年度，甲公司实现利润总额4 500万元。第二，2×23年年初，甲公司递延所得税资产和递延所得税负债无余额，无未确认递延所得税资产的可抵扣暂时性差异和可抵扣亏损。除上面所述外，甲公司2×23年－2×27年无其他会计处理与税收处理不一致的交易或事项。第三，2×23年－2×27年各年年末，甲公司均有确凿证据表明未来期间很可能获得足够的应纳税所得额用来抵扣可抵扣暂时性差异。第四，不考虑除所得税外的其他税费及其他因素。

要求：

(1)根据资料(1)，分别计算甲公司2×23年－2×27年各年A设备应计提的折旧，并填写完成下列表格。

单位：万元

项目	2×23年年末	2×24年年末	2×25年年末	2×26年年末	2×27年年末
账面价值					
计税基础					
暂时性差异					

(2)根据资料(2)，编制甲公司2×27年与B楼房转换为投资性房地产及其后续公允价值变动相关的会计分录。

(3)根据资料(3)，编制甲公司2×27年与购入国债及确认利息相关的会计分录。

(4)根据上述资料，计算甲公司2×23年－2×26年各年年末的递延所得税资产或负债余额。

(5)根据上述资料，计算甲公司2×27年的应交所得税和所得税费用，以及2×27年年末的递延所得税资产或负债余额，并编制相关会计分录。

答案

(1)根据资料(1)：

2×23年A设备应计提的折旧＝6 000×5/(1+2+3+4+5)＝2 000(万元)。

2×24年A设备应计提的折旧＝6 000×4/(1+2+3+4+5)＝1 600(万元)。

2×25年A设备应计提的折旧＝6 000×3/(1+2+3+4+5)＝1 200(万元)。

2×26年A设备应计提的折旧＝6 000×2/(1+2+3+4+5)＝800(万元)。

2×27 年 A 设备应计提的折旧 = 6 000×1/(1+2+3+4+5) = 400(万元)。

单位：万元

项目	2×23 年年末（0%）	2×24 年年末（12.5%）	2×25 年年末（12.5%）	2×26 年年末（12.5%）	2×27 年年末（25%）
账面价值	6 000−2 000 =4 000	4 000−1 600 =2 400	2 400−1 200 =1 200	1 200−800 =400	400−400 =0
计税基础	6 000−6 000/5 =4 800	4 800−1 200 =3 600	3 600−1 200 =2 400	2 400−1 200 =1 200	1 200−1 200 =0
暂时性差异	800	1 200	1 200	800	0

(2)根据资料(2)：

借：投资性房地产　1 300

　　累计折旧　400

　　贷：固定资产　800

　　　　其他综合收益　900

借：投资性房地产　200

　　贷：公允价值变动损益　200

(3)根据资料(3)：

借：债权投资　1 000

　　贷：银行存款　1 000

借：应收利息　25

　　贷：投资收益　25

(4)2×23 年−2×26 年各年年末的递延所得税资产或负债余额。

单位：万元

项目	2×23 年年末（0%）	2×24 年年末（12.5%）	2×25 年年末（12.5%）	2×26 年年末（12.5%）	2×27 年年末（25%）
账面价值	6 000−2 000 =4 000	4 000−1 600 =2 400	2 400−1 200 =1 200	1 200−800 =400	400−400 =0
计税基础	6 000−6 000/5 =4 800	4 800−1 200 =3 600	3 600−1 200 =2 400	2 400−1 200 =1 200	1 200−1 200 =0
暂时性差异	800	1 200	1 200	800	0
本年暂时性差异	800−0=800	1 200−800 =400	1 200−1 200 =0	800−1 200 =−400	0−800 =−800

因 2×21 年−2×23 年免交企业所得税，2×24 年−2×26 年减半按照 12.5%缴纳。

2×23 年年末的递延所得税资产余额 = 400×12.5%+400×25% = 150(万元)。

2×24 年年末的递延所得税资产余额 = 400×12.5%+800×25% = 250(万元)。

2×25 年年末的递延所得税资产余额 = 400×12.5%+800×25% = 250(万元)。

2×26 年年末的递延所得税资产余额 = 800×25% = 200(万元)。

(5)应交所得税 = (4 500−800−200−16−25+60)×25% = 879.75(万元)。

递延所得税资产发生额 = 0−800×25% = −200(万元)。

递延所得税负债发生额 = [1 500−(800−400−16)]×25% = 279(万元)。

其中：其他综合收益 = (1 300−400)×25% = 225(万元)。

递延所得税费用 = 279−225 = 54(万元)。

所得税费用 = 879.75+200+54 = 1 133.75(万元)。

借：所得税费用　1 133.75

　　其他综合收益

　　　　[(1 300−400)×25%]225

　　贷：递延所得税负债　279

　　　　应交税费—应交所得税　879.75

　　　　递延所得税资产　200

四、所得税费用的确认和计量★★★

（一）当期所得税

当期所得税，是指企业按照税法规定计算确定的针对当期发生的交易和事项，应缴纳给税务部门的所得税金额，即当期应交所得税，应以适用的税收法规为基础计算确定。即：

当期所得税=当期应交所得税

当期应交所得税在确认时，如果会计处理与税法处理存在差异，企业应当按照税法规定，对会计利润进行调整，计算出当期应纳税所得额，按照应纳税所得额与适用所得税税率计算确定当期应交所得税。

当期应纳税所得额=会计利润+纳税调整增加金额-纳税调整减少金额

（二）递延所得税

递延所得税，是指按照企业会计准则规定应予确认的递延所得税资产和递延所得税负债在期末应有的金额相对于原已确认金额之间的差额，即递延所得税资产及递延所得税负债的当期发生额，但直接计入所有者权益的交易或事项及企业合并的所得税影响不包括在内。用公式表示即为：

递延所得税费用(或收益)=递延所得税负债增加额(-减少额)-递延所得税资产增加额(+减少额)=(递延所得税负债的期末余额-递延所得税负债的期初余额)-(递延所得税资产的期末余额-递延所得税资产的期初余额)

『提示』确认递延所得税资产或递延所得税负债，对应科目的选择。

①所得税费用：除②③这两种情况外，其他的一般均计入所得税费用；

②其他综合收益、资本公积：直接计入所有者权益的交易；

③商誉：企业合并中取得的资产、负债，其账面价值与计税基础不同，应确认相关递延所得税的，递延所得税的确认影响合并中产生的商誉或是计入当期损益的金额，不影响所得税费用。

（三）所得税费用

利润表中的所得税费用由两个部分组成：当期所得税和递延所得税。即：

所得税费用=当期所得税+递延所得税

计入当期损益的所得税费用或收益不包括企业合并和直接在所有者权益中确认的交易或事项产生的所得税影响。与直接计入所有者权益的交易或者事项相关的当期所得税和递延所得税，应当计入所有者权益。所得税费用应当在利润表中单独列示。

同步训练

限时 85min

扫我做试题

一、单项选择题

1. 下列各项资产或负债中，计税基础为0的是(　)。

A. 当年购入的作为固定资产核算的、入账价值超过500万元的生产设备

B. 因欠税产生的应交税款滞纳金

C. 因产品质量保证而确认的预计负债

D. 因购入存货形成的应付账款

2. 甲公司2×22年度会计处理与税务处理存在差异的交易或事项如下：(1)当年购入的交易性金融资产公允价值上升40万元。根据税法规定，交易性金融资产持有期间公允价值的变动金额不计入当期应纳税所

得额。(2)计提与担保事项相关的预计负债600万元。根据税法规定，与上述担保事项相关的支出不得税前扣除。(3)计提固定资产减值准备140万元。根据税法规定，计提的资产减值准备在未发生实质性损失前不允许税前扣除。(4)因为亏损合同而确认预计负债100万元，税法规定在该合同损失实际发生时允许税前扣除。不考虑其他因素，甲公司因上述事项或交易产生的可抵扣暂时性差异是(　)。

A. 880万元　　B. 280万元

C. 240万元　　D. 840万元

3. 甲公司适用的所得税税率为25%，2×22年年末，甲公司持有乙公司30%股权并施加重大影响，采用权益法核算，其初始投资成本为1 000万元。截至2×22年12月31日，甲公司该股权投资的账面价值为1 380万元，其中，因乙公司2×22年实现净利润，甲公司按持股比例计算确认增加的长期股权投资账面价值300万元，因乙公司持有的以公允价值计量且其变动计入其他综合收益的金融资产(不属于非交易性权益工具投资)本年公允价值变动增加的其他综合收益，甲公司按持股比例计算确认增加的长期股权投资账面价值80万元。甲公司计划于2×23年出售该项股权投资，出售计划已经股东大会批准，预计2×23年2月办理完毕相关资产过户手续，售价为2 600万元。2×22年12月31日，甲公司将其划分为持有待售非流动资产。税法规定，居民企业间的股息、红利免税。甲公司2×22年年末有关所得税的会计处理中，不正确的是(　)。

A. 长期股权投资的账面价值为1 380万元、计税基础为1 000万元

B. 确认递延所得税负债95万元

C. 确认递延所得税费用95万元

D. 确认其他综合收益-20万元

4. 甲公司2×20年12月31日购入一台价值1 000万元的设备，预计使用年限为5年，预计无净残值，采用年限平均法计提折旧，税法规定采用双倍余额递减法按5年计提折旧，预计无净残值。甲公司各年实现的利润总额均为2 000万元，适用的所得税税率为25%。不考虑其他因素，下列有关甲公司所得税的会计处理，不正确的是(　)。

A. 2×21年年末应确认递延所得税负债50万元

B. 2×22年年末累计产生的应纳税暂时性差异为240万元

C. 2×22年确认的递延所得税费用为10万元

D. 2×22年利润表确认的所得税费用为10万元

5. 甲公司2×22年有关业务资料如下：(1)2×22年当期发生研发支出1 000万元，其中应予资本化形成无形资产的金额为600万元。2×22年7月1日研发的无形资产达到预定可使用状态，预计使用年限为10年，预计净残值为0，采用直线法计提摊销(与税法规定相同)。税法规定，企业为开发新技术、新产品、新工艺发生的研究开发费用，未形成无形资产的，按照研发费用的75%加计扣除；形成无形资产的，按照无形资产成本的175%摊销。(2)甲公司2×22年因债务担保于当期确认了100万元的预计负债。税法规定，因债务担保发生的支出不得税前列支。(3)甲公司2×22年实现税前利润1 000万元。下列有关所得税会计处理的表述中，不正确的是(　)。

A. 2×22年年末产生可抵扣暂时性差异427.5万元

B. 应确认递延所得税资产106.88万元

C. 应交所得税为194.38万元

D. 所得税费用为194.38万元

6. AS公司属于高新技术企业，适用的所得税税率为15%，预计自2×22年开始不再属于高新技术企业，且所得税税率将变更

为25%。与所得税有关的资料如下：(1)2×21年1月1日期初余额资料：递延所得税负债期初余额为30万元(因上年交易性金融资产产生应纳税暂时性差异200万元而确认)；递延所得税资产期初余额为13.5万元(因上年预计负债产生可抵扣暂时性差异90万元而确认)；(2)2×21年12月31日期末余额资料：交易性金融资产账面价值为1 500万元，计税基础为1 000万元；预计负债账面价值为100万元，计税基础为0；(3)除上述项目外，AS公司其他资产、负债的账面价值与其计税基础不存在差异，AS公司预计在未来期间能够产生足够的应纳税所得额用来抵扣可抵扣暂时性差异；(4)2×21年税前会计利润为1 000万元。2×21年12月31日AS公司所做的所得税相关的会计处理中，不正确的是(.)。

A. 当期所得税费用为106.5万元

B. 递延所得税费用为83.5万元

C. 所得税费用为150万元

D. 应交所得税为106.5万元

7. A公司适用的所得税税率为25%。2×21年1月1日A公司将其某自用房屋对外出租，该房屋的成本为7 500万元，预计使用年限为20年。转为投资性房地产之前，已使用4年，企业按照年限平均法计提折旧，预计净残值为0。转换日该房屋的公允价值等于账面价值，均为6 000万元。转为投资性房地产核算后，能够持续可靠取得该投资性房地产的公允价值，A公司采用公允价值模式对该投资性房地产进行后续计量。该项投资性房地产在2×21年12月31日的公允价值为9 000万元。2×21年税前会计利润为10 000万元。该项投资性房地产在2×22年12月31日的公允价值为8 500万元。2×22年税前会计利润为10 000万元。假定该房屋税法规定的折旧方法、折旧年限及净残值与自用时的会计规定相同；A公司2×21年期初递延所得税负债余额为0。同时，税法规定资产在持有期间公允价值变动不计入应纳税所得额，待处置时一并计算确定应计入应纳税所得额的金额。假定不存在其他差异，下列有关A公司2×21年12月31日所得税的会计处理，不正确的是(　)。

A. 2×21年年末“递延所得税负债”科目余额为843.75万元

B. 2×21年应确认的递延所得税费用为843.75万元

C. 2×21年应交所得税为2 500万元

D. 2×21年所得税费用为2 500万元

8. 资料同上。下列有关2×22年12月31日所得税的会计处理，不正确的是(　)。

A. 2×22年年末“递延所得税负债”科目发生额为-31.25万元

B. 2×22年递延所得税费用为31.25万元

C. 2×22年应交所得税为2 531.25万元

D. 2×22年所得税费用为2 500万元

9. A公司适用的企业所得税税率为25%。2×21年1月1日，A公司向其50名高管人员每人授予1万份股票期权，行权价格为每股4元，可行权日为2×22年12月31日。授予日权益工具的公允价值为3元/股。A公司授予股票期权的行权条件如下：如果公司的年销售收入增长率均不低于4%且高管人员至可行权日仍在A公司任职，该股票期权才可以行权。截至2×21年12月31日，高管人员均未离开A公司，A公司预计未来也不会有人离职。A公司的股票在2×21年12月31日的市场价格为12元/股。A公司2×21年销售收入增长率为4.1%，预计2×22年销售收入增长率为4.5%。假定税法规定，针对该项股份支付以后期间可税前扣除的金额为股票的公允价值与行权价格之间的差额。不考虑其他因素，下列关于A公司2×21年会计处理的表述中，不正确的是(　)。

A. 2×21年1月1日不作会计处理

B. 2×21 年 12 月 31 日应确认管理费用 75 万元

C. 2×21 年 12 月 31 日应确认递延所得税资产 50 万元

D. 2×21 年 12 月 31 日应确认所得税费用 50 万元

10. 甲公司适用的所得税税率为 25%。2×22 年甲公司实现利润总额 1 050 万元，永久性差异资料如下：2×22 年收到按照票面利率计算的国债利息收入 56 万元，按照实际利率计算国债实际利息收入 50 万元；因违反环保法规被环保部门处以罚款 100 万元。暂时性差异资料如下：递延所得税负债年初余额为 100 万元，年末余额为 125 万元，上述差异均产生于固定资产；递延所得税资产年初余额为 150 万元，年末余额为 200 万元，上述差异均产生于交易性金融资产。不考虑其他因素，甲公司 2×22 年计算的所得税费用是(　)。

A. 262.5 万元　　B. 287.5 万元

C. 275 万元　　D. 300 万元

二、多项选择题

1. ☆在未来期间能够产生足够的应纳税所得额用以抵减可抵扣暂时性差异，并且不考虑其他因素的情况下，下列各项交易或事项涉及所得税会计处理的表述中，正确的有(　)。

A. 内部研发形成的无形资产初始入账金额与计税基础之间的差异，应确认递延所得税，并计入当期损益

B. 企业发行可转换公司债券初始入账金额与计税基础之间的差异，应确认递延所得税，并计入当期损益

C. 股份支付产生的暂时性差异，如果预计未来期间可抵扣的金额超过等待期内确认的成本费用，超出部分形成的递延所得税应计入所有者权益

D. 以公允价值计量且其变动计入其他综合收益的非交易性权益工具投资的公允价值变动产生的暂时性差异，应确认递延所得税并计入其他综合收益

2. 2×21 年 11 月 20 日，甲公司以 5 100 万元的价格购入一台大型机械设备，经安装调试后，于 2×21 年 12 月 31 日投入使用。该设备的设计使用年限为 25 年，甲公司预计使用 20 年，预计净残值为 100 万元，按双倍余额递减法计提折旧。企业所得税法允许该设备按 20 年、预计净残值 100 万元、以年限平均法计提的折旧在计算应纳税所得额时扣除。甲公司 2×22 年实现利润总额 3 000 万元，适用的企业所得税税率为 25%，甲公司预计未来期间能够产生足够的应纳税所得额用以抵减可抵扣暂时性差异。甲公司用该设备生产的产品全部对外出售。除本题所给资料外，无其他纳税调整事项，不考虑除企业所得税以外的其他相关税费及其他因素。下列各项关于甲公司 2×22 年度对上述设备相关会计处理的表述中，正确的有(　)。

A. 2×22 年年末该设备的账面价值为 4 850万元

B. 确认当期所得税 815 万元

C. 设备的账面价值小于其计税基础的差异 260 万元应确认递延所得税资产 65 万元

D. 计提折旧 510 万元

3. 下列有关递延所得税会计处理的表述中，正确的有(　)。

A. 无论暂时性差异的转回期间如何，相关的递延所得税资产和递延所得税负债都不需要折现

B. 企业应当针对本期发生的暂时性差异全额确认递延所得税资产或递延所得税负债

C. 与直接计入所有者权益的交易或者事项相关的递延所得税影响，应当计入所有者权益

D. 在企业合并中，购买方取得可抵扣暂时性差异但在购买日因不符合递延所得税

资产确认条件而未确认的，如果购买日后12个月内满足相关条件而需确认相关递延所得税资产，则应当在确认相关递延所得税资产的同时冲减商誉，商誉不足冲减的，差额部分确认为当期损益

4. 下列各项中，产生暂时性差异但是不需要确认递延所得税的有(　)。

A. 由于债务担保确认的预计负债

B. 采用权益法核算的拟长期持有的长期股权投资按照享有的被投资单位实现的公允净利润份额所确认的投资收益

C. 非同一控制下免税合并确认的商誉

D. 内部研究开发形成无形资产的加计摊销额

5. 甲公司适用的所得税税率为25%，2×22年发生的交易或事项中，会计与税法处理存在差异的如下：①其他权益工具投资，期末公允价值大于取得成本的差额为800万元；②收到与资产相关的政府补助8 000万元，相关资产至年末尚未开始计提折旧，税法规定此补助应于收到时确认为当期收益。甲公司2×22年利润总额为20 000万元，假定递延所得税资产和递延所得税负债的年初余额均为0，未来期间能够取得足够的应纳税所得额用以抵减可抵扣暂时性差异。不考虑其他因素，下列关于甲公司2×22年所得税的会计处理，正确的有(　)。

A. 所得税费用为5 000万元

B. 应交所得税为7 000万元

C. 递延所得税负债为200万元

D. 递延所得税资产为2 000万元

6. 甲公司适用的所得税税率为25%。2×22年年初"预计负债—预计产品保修费用"科目余额为500万元，"递延所得税资产"科目余额为125万元。2×22年税前会计利润为1 000万元。2×22年发生下列业务：(1)甲公司因销售产品承诺提供保修服务，按照税法规定，与产品售后服务相关的费用在实际发生时允许税前扣除。甲公司2×22年实际发生保修费用400万元，本年因产品保修承诺确认销售费用600万元。(2)甲公司2×22年12月31日涉及一项合同违约诉讼案件，甲公司估计败诉的可能性为60%，如败诉，赔偿金额很可能为100万元。假定税法规定合同违约损失实际发生时可以税前扣除。下列关于甲公司2×22年会计处理的表述中，正确的有(　)。

A. 与产品售后服务相关的预计负债余额为700万元

B. 与产品售后服务相关费用应确认递延所得税资产的发生额50万元

C. 与合同违约诉讼相关的预计负债余额为100万元

D. 合同违约诉讼案件应确认递延所得税收益25万元

7. 根据所得税准则计量的规定，下列表述正确的有(　)。

A. 有关暂时性差异产生于企业合并交易，且该企业合并为同一控制下企业合并的，在确认合并中产生的递延所得税资产或负债时，相关影响应计入商誉

B. 资产负债表日，对于递延所得税资产和递延所得税负债，应当根据税法规定，按照当期适用的所得税税率计量

C. 适用税率发生变化的，应对已确认的递延所得税资产和递延所得税负债进行重新计量，除直接计入所有者权益的交易或者事项产生的递延所得税资产和递延所得税负债以外，应当将其影响数计入变化当期的所得税费用

D. 递延所得税资产和递延所得税负债的计量，应当反映资产负债表日企业预期收回资产或清偿负债方式的所得税影响，即在计量递延所得税资产和递延所得税负债时，应当采用与收回资产或清偿债务的预期方式相一致的税率和计税基础

三、计算分析题

1. 甲公司适用的企业所得税税率为25%。经

当地税务机关批准，甲公司自2×19年1月取得第一笔生产经营收入所属纳税年度起，享受“三免三减半”的税收优惠政策，即2×19年至2×21年免交企业所得税，2×22年至2×24年减半按照12.5%的税率缴纳企业所得税。甲公司2×21年至2×25年有关会计处理与税收处理不一致的交易或事项如下：

2×20年12月30日，甲公司购入一台不需要安装即可投入使用的行政管理用A设备，成本为1 000万元。该设备采用双倍余额递减法计提折旧，预计使用寿命为5年，预计无净残值。税法规定，固定资产按照年限平均法计提的折旧准予在税前扣除。假定税法规定的A设备预计使用年限及净残值与会计规定相同。

要求：

计算2×21年年末至2×25年年末递延所得税资产余额及其发生额，并编制与递延所得税相关的会计分录。

2. 甲公司为高新技术企业，适用的所得税税率为15%。2×21年1月1日递延所得税资产余额（全部为存货项目计提的跌价准备产生）为15万元；递延所得税负债余额（全部为交易性金融资产项目的公允价值变动产生）为7.5万元。根据税法规定自2×22年1月1日起甲公司不再属于高新技术企业，同时该公司适用的所得税税率变更为25%。

该公司2×21年利润总额为5 000万元，涉及所得税会计的交易或事项如下：

(1)2×21年1月1日，以1 043.27万元自证券市场购入当日发行的一项3年期每年付息、到期还本的国债。该国债票面金额为1 000万元，票面年利率为6%，实际年利率为5%。甲公司将该国债作为以摊余成本计量的金融资产核算。税法规定，国债利息收入免交所得税。

(2)2×21年1月1日，以2 000万元自证券市场购入当日发行的一项5年期每年付息、到期还本的公司债券。该债券票面金额为2 000万元，票面年利率为5%，实际年利率为5%。甲公司将其作为以摊余成本计量的金融资产核算。税法规定，公司债券利息收入需要交纳所得税。

(3)2×20年11月23日，甲公司购入一台管理用设备，支付购买价款等共计1 500万元。12月30日，该设备经安装达到预定可使用状态。甲公司预计该设备使用年限为5年，预计净残值为0，采用年数总和法计提折旧。税法规定该设备采用年限平均法计提折旧，假定甲公司该设备折旧年限、预计净残值符合税法规定。

(4)2×21年6月20日，甲公司因违反税收的规定被税务部门处以10万元罚款，该项罚款未支付。税法规定，企业违反国家法规所支付的罚款不允许在税前扣除。

(5)2×21年10月5日，甲公司自证券市场购入某股票，支付价款200万元（假定不考虑交易费用）。甲公司将该股票指定为以公允价值计量且其变动计入其他综合收益的金融资产。12月31日，该股票的公允价值为150万元。税法规定，该类金融资产持有期间公允价值变动金额不计入应纳税所得额，待出售时一并计入应纳税所得额。

(6)2×21年12月10日，甲公司被乙公司提起诉讼，要求其赔偿未履行合同造成的经济损失。12月31日，该诉讼尚未审结。甲公司预计很可能支出的金额为100万元。税法规定，该诉讼损失在实际发生时允许在税前扣除。

(7)2×21年计提产品质量保证（法定质保）160万元，实际发生保修费用80万元。

(8)2×21年没有发生存货跌价准备的变动。

(9)2×21年没有发生交易性金融资产项目的公允价值变动。

甲公司预计在未来期间有足够的应纳税所得额用于抵扣可抵扣暂时性差异。

要求(计算结果保留两位小数)：

(1)计算甲公司2×21年的应纳税所得额和应交所得税。

(2)计算甲公司2×21年应确认的递延所得税和所得税费用。

(3)编制甲公司2×21年确认所得税费用的相关会计分录。

四、综合题

☆甲公司为一家上市公司，2×21年度和2×22年度发生的有关交易或事项如下：

(1)甲公司2×21年12月1日起开始推行一项会员客户奖励积分计划。根据该计划，会员客户在甲公司每消费100元可获得1个积分，每个积分从次月开始在会员客户购物时可抵减1元。2×21年12月，甲公司共向其会员客户销售商品1 000万元，这些客户共获得10万个积分。根据历史经验，甲公司对该积分的兑换率预计还是85%，2×22年1月，甲公司的会员客户在购物时使用了2万个积分，抵减购物款2万元，甲公司对该积分的兑换率预计还是85%。假定企业所得税法对上述交易的处理与企业会计准则相同。

(2)2×21年1月1日，为激励高管人员，甲公司以每股5元的价格向20名高管人员每人授予50万股限制性股票(每股面值为1元)，发行价款5 000万元已于当日收存银行，并办理完成限制性股票的股权过户登记手续。根据限制性股票激励计划，被授予限制性股票的高管人员从2×21年1月1日起在甲公司连续服务5年，其所授予的限制性股票才能够解除限售。如果这些高管人员在5年内离开甲公司，甲公司有权以授予价格每股5元回购其被授予的限制性股票。

2×21年年末，甲公司预计限制性股票限售的5年内高管人员离职的比例为10%。2×21年1月1日和2×21年12月31日，甲公司股票的市场价格分别为每股20元和每股25元。

根据企业所得税法规定，对于附有服务条件的股权激励计划，等待期内确认的成本费用不得税前扣除，待行权后根据实际行权时股份公允价值与激励对象实际行权支付的价格之间的差额允许税前扣除。甲公司根据期末股票的市场价格估计未来因股份支付可在税前扣除的金额。

(3)2×21年1月1日，甲公司购入一项房产并对外出租，将该房产作为投资性房地产核算，采用成本模式进行后续计量。该房产的购入成本为8 000万元，预计使用寿命为40年，预计净残值为0，甲公司对其采用年限平均法计提折旧。2×22年1月1日，甲公司将投资性房地产的后续计量由成本模式变更为公允价值模式。当日，该房产的公允价值为8 500万元。

税法规定，甲公司上述房产的折旧年限为20年，预计净残值为0，采用年限平均法计提的折旧可在税前扣除。假定2×21年该项房产在会计和税法上均按12个月计提折旧。

(4)甲公司共有2 000名职工，从2×21年1月1日起实行累积带薪缺勤制度。该制度规定，每个职工每年可享受10个工作日的带薪休假，未使用的年休假只能向后结转一个日历年度，超过1年未使用的年休假权利作废；职工离职时，甲公司对职工未使用的累积带薪休假不支付现金。职工休假时以后进先出为基础，即首先从当年可享受的休假权利中扣除，再从上年结转的带薪休假的余额中扣除。2×21年甲公司每个职工平均未使用带薪休假为4天，2×21年12月31日甲公司预计2×22年1 800名职工将享受不超过10天的带薪休假，另外200名职工每人平均享受12天年休假，这200名职工均为管理人员。甲公司管理人员平均每个工作日工资为600元。

假定企业所得税法对上述交易的处理与企

业会计准则相同。

其他资料：甲公司适用的所得税税率为25%，甲公司按照净利润的10%计提法定盈余公积，不计提任意盈余公积，不考虑除所得税以外其他相关税费的影响。

要求：

(1)根据资料(1)，计算甲公司2×21年12月向会员客户销售商品应当确认的收入金额，以及2×22年1月会员客户使用积分应当确认的收入金额，并编制相关会计分录。

(2)根据资料(2)，计算甲公司2×21年度应确认的股份支付费用金额以及因股份支付应确认的递延所得税金额，并编制授予限制性股票、确认股份支付费用以及确认递延所得税的相关会计分录。

(3)根据资料(3)，计算甲公司2×21年度因投资性房地产应确认的递延所得税金额，并编制相关会计分录；说明甲公司2×22年1月1日变更投资性房地产后续计量模式的会计处理原则，并编制相关会计分录。

(4)根据资料(4)，计算甲公司2×21年度因实行累积带薪缺勤制度应当确认的应付职工薪酬金额，并编制相关会计分录。

同步训练答案及解析

一、单项选择题

1. C 【解析】选项C，企业因产品质量保证确认的预计负债，税法允许在以后实际发生时税前列支，即该预计负债的计税基础=账面价值-未来期间可以税前列支的金额=0。

2. C 【解析】事项(1)，导致资产(交易性金融资产)的账面价值大于计税基础，产生应纳税暂时性差异；事项(2)，由于相关支出实际发生时不允许税前扣除，因此相关预计负债的计税基础=账面价值600万元-未来期间可以税前扣除的金额0=600(万元)，不产生暂时性差异；事项(3)，导致资产(固定资产)的账面价值小于计税基础，产生可抵扣暂时性差异；事项(4)，导致负债的账面价值(100万元)大于计税基础(0)，产生可抵扣暂时性差异；因此，甲公司因上述事项或交易产生的可抵扣暂时性差异=140+100=240(万元)。

3. C 【解析】长期股权投资的账面价值=1 380(万元)，计税基础=1 000(万元)，形成应纳税暂时性差异，由于甲公司计划于2×23年出售该项股权投资，且股东大会已经批准，因此需要确认递延所得税负债。2×22年递延所得税负债=(300+80)×25%=95(万元)。

4. D 【解析】选项A，2×21年年末，账面价值=1 000-1 000/5=800(万元)；计税基础=1 000-1 000×2/5=600(万元)；应确认的递延所得税负债=(800-600)×25%=50(万元)。选项B，2×22年年末，账面价值=1 000-1 000/5×2=600(万元)，计税基础=600-600×2/5=360(万元)，应纳税暂时性差异=600-360=240(万元)。选项C，递延所得税负债发生额=(600-360)×25%-50=10(万元)，应确认递延所得税费用10万元。选项D，因不存在非暂时性差异等特殊因素，2×22年应确认所得税费用=2 000×25%=500(万元)。

5. B 【解析】选项A，无形资产账面价值=600-600/10×6/12=570(万元)，计税基础=600×175%-600×175%/10×6/12=997.5(万元)，产生可抵扣暂时性差异427.5万元；预计负债计税基础=账面价值 100－未来期间可以税前扣除的金额 0（因为税法不允许抵扣债务担保损失）＝100（万元），无暂时性差异；所以年末形成可抵扣暂时性差异 427.5 万元；选项 B，研发支出形成的无形资产虽然产生可抵扣暂时性差异，但不确认递延所得税；选项 C，应交所得税＝（1 000－400×75%－600/10×6/12×75%＋100）×25%＝194.38（万元）；选项 D，因为不需要确认递延所得税，所以所得税费用等于应交所得税，为 194.38 万元。

6. C 【解析】选项 A、D，当期所得税费用，即应交所得税＝［1 000－（500－200）＋（100－90）］×15%＝106.5（万元）；选项 B，递延所得税负债发生额＝500×25%－30＝95（万元），或者 30/15%×（25%－15%）＋300×25%＝95（万元），或者 300×25%＋30/15%×25%－30＝95（万元）；递延所得税资产发生额＝100×25%－13.5＝11.5（万元），或者 13.5/15%×（25%－15%）＋10×25%＝11.5（万元），或者 13.5/15%×25%＋10×25%－13.5＝11.5（万元）；递延所得税费用＝95－11.5＝83.5（万元）；选项 C，所得税费用＝106.5＋83.5＝190（万元）。

『提示』所得税费用由当期所得税费用即应交所得税和递延所得税费用构成。

7. C 【解析】选项 A，2×21 年年末投资性房地产的账面价值＝9 000（万元），计税基础＝7 500－7 500÷20×5＝5 625（万元），应纳税暂时性差异＝9 000－5 625＝3 375（万元），“递延所得税负债”余额＝3 375×25%＝843.75（万元）；选项 B，“递延所得税负债”发生额＝843.75－0＝843.75（万元），确认递延所得税费用；选项 C，应交所得税＝（10 000－3 000－7 500÷20）×25%＝1 656.25（万元）；选项 D，所得税费用＝1 656.25＋843.75＝2 500（万元）。

8. B 【解析】选项 A、B，2×22 年年末投资性房地产的账面价值＝8 500（万元），计税基础＝7 500－7 500÷20×6＝5 250（万元），应纳税暂时性差异余额＝8 500－5 250＝3 250（万元），“递延所得税负债”科目余额＝3 250×25%＝812.5（万元），“递延所得税负债”科目发生额＝812.5－843.75＝－31.25（万元），形成递延所得税收益；选项 C，应交所得税＝（10 000＋500－7 500÷20）×25%＝2 531.25（万元）；选项 D，所得税费用＝2 531.25－31.25＝2 500（万元）。

9. D 【解析】2×21 年 12 月 31 日应确认的成本费用＝1×50×3×1/2＝75（万元）。股票的公允价值＝1×50×12×1/2＝300（万元）。股票期权的行权价格＝1×50×4×1/2＝100（万元）。预计未来期间可税前扣除的金额＝300－100＝200（万元）。递延所得税资产＝200×25%＝50（万元）。A 公司预计未来期间可税前扣除的金额为 200 万元，超过了该公司当期确认的成本费用 75 万元，超过部分的所得税影响应直接计入所有者权益（资本公积）。

10. C 【解析】甲公司 2×22 年的所得税费用＝（1 050－50＋100－25/25%＋50/25%）×25%＋（25－50）＝275（万元）。

快速计算：1 050×25%＋永久性差异（－50＋100）×25%＝262.5＋12.5＝275（万元）。

二、多项选择题

1. CD 【解析】资产或负债初始入账金额与计税基础之间的差额，如不是形成于企业合并，也不影响损益或应纳税所得额，则不应确认递延所得税，选项 A、B 不正确。

2. BCD 【解析】选项 A、D，2×22 年甲公司该设备计提折旧＝5 100×2/20＝510（万元），2×22 年年末该设备账面价值＝5 100－510＝4 590（万元）。选项 B、C，2×22 年年末该设备计税基础＝5 100－（5 100－100）/20＝4 850（万元），资产的账面价值小于计税基础，形成可抵扣暂时性差异＝4 850－4 590＝260（万元），确认递延所得税资产＝260×25%＝65（万元），甲公司确认当期应交所得税=(3 000+260)×25%=815(万元)。

3. ACD 【解析】选项B，并不是所有暂时性差异都可以确认递延所得税，如自行研发无形资产的加计摊销形成的暂时性差异不确认相应的递延所得税。此外，对于递延所得税资产，还应该以未来期间能够获得的应纳税所得额为限进行确认。

4. BCD 【解析】选项A，税法规定，债务担保发生的支出不得税前扣除，属于非暂时性差异；选项B，采用权益法核算的长期股权投资，后续计量确认投资收益产生的差异，虽然属于暂时性差异，但是在长期持有的情况下，预计未来期间不会转回，故不需要确认递延所得税；选项C，非同一控制下免税合并确认的商誉计税基础为0，虽然有暂时性差异，但是如果确认该部分暂时性差异产生的递延所得税负债，则意味着购买方在企业合并中获得的可辨认净资产的价值量下降，企业应增加商誉的价值，商誉的账面价值增加以后，可能很快就要计提减值准备，同时其账面价值的增加还会进一步产生应纳税暂时性差异，使得递延所得税负债和商誉价值量的变化不断循环，所以不确认递延所得税；选项D，内部研究开发形成无形资产的加计摊销额，虽然产生了暂时性差异，但是由于该暂时性差异在产生时既不影响会计利润，也不影响应纳税所得额，所以不确认递延所得税。

5. ABCD 【解析】应交所得税=(20 000+8 000)×25%=7 000(万元)；递延所得税负债=800×25%=200(万元)，计入其他综合收益，不影响所得税费用；递延所得税资产=8 000×25%=2 000(万元)；所得税费用=7 000-2 000=5 000(万元)。

6. ABCD 【解析】选项A、B，与产品售后服务相关的预计负债账面价值=500-400+600=700(万元)，计税基础=700-700=0，"递延所得税资产"科目发生额=700×25%-125=50(万元)；选项C、D，与合同违约诉讼相关的预计负债账面价值=100(万元)，计税基础=100-100=0(万元)，"递延所得税资产"科目发生额=25(万元)，形成递延所得税收益。

7. CD 【解析】选项A，有关暂时性差异产生于企业合并，且该企业合并为非同一控制下企业合并的，暂时性差异确认相关的所得税时，应调整合并商誉；选项B，递延所得税资产或递延所得税负债，应按照预期收回该资产或清偿该负债期间适用的税率计量。

三、计算分析题

1. 【答案】

分析过程如下：

单位：万元

项目	2×21年末(0%)	2×22年末(12.5%)	2×23年末(12.5%)	2×24年末(12.5%)	2×25年末(25%)
账面价值	1 000-1 000×40%=600	600-600×40%=360	360-360×40%=216	216-216/2=108	108-216/2=0
计税基础	1 000-1 000/5=800	800-200=600	600-200=400	400-200=200	200-200=0
累计可抵扣暂时性差异	200	240	184	92	0
暂时性差异本期发生额	200-0=200	240-200=40	184-240=-56	92-184=-92	0-92=-92

(1)2×21年年末：

递延所得税资产余额=(56+92)×12.5%+52×25%=31.5(万元)。

递延所得税资产发生额=31.5(万元)。

借：递延所得税资产　　31.5

　贷：所得税费用　　31.5

(2)2×22 年年末：

递延所得税资产余额=(56+92)×12.5%+(52+40)×25%=41.5(万元)。

递延所得税资产发生额=41.5-31.5=10(万元)。

借：递延所得税资产　　10
　　贷：所得税费用　　10

(3)2×23 年年末：

递延所得税资产余额=92×12.5%+92×25%=34.5(万元)。

递延所得税资产发生额=34.5-41.5=-7(万元)。

借：所得税费用　　7
　　贷：递延所得税资产　　7

(4)2×24 年年末：

递延所得税资产余额=92×25%=23(万元)。

递延所得税资产发生额=23-34.5=-11.5(万元)。

借：所得税费用　　11.5
　　贷：递延所得税资产　　11.5

(5)2×25 年年末：

递延所得税资产余额=0。

递延所得税资产发生额=0-23=-23(万元)。

借：所得税费用　　23
　　贷：递延所得税资产　　23

2.【答案】

(1)甲公司 2×21 年的应纳税所得额=5 000-1 043.27×5%(事项 1)+(1 500×5/15-1 500/5)(事项 3)+10(事项 4)+100(事项 6)+(160-80)(事项 7)=5 337.84(万元)。

应交所得税=5 337.84×15%=800.68(万元)。

(2)甲公司 2×21 年年末“递延所得税资产”科目余额=[15/15%+(1 500×5/15-1 500/5)(事项 3)+(200-150)(事项 5)+100(事项 6)+(160-80)(事项 7)]×25%=132.5(万元)。

“递延所得税资产”科目的本期发生额=132.5-15=117.5(万元)。

其中，事项(5)形成的递延所得税资产本期发生额=50×25%=12.5(万元)，计入其他综合收益。

“递延所得税负债”科目的期末余额=7.5÷15%×25%=12.5(万元)。

“递延所得税负债”科目的本期发生额=12.5-7.5=5(万元)。

应确认的递延所得税费用=-(117.5-12.5)+5=-100(万元)。

所得税费用=800.68-100=700.68(万元)。

(3)甲公司 2×21 年确认所得税费用的相关会计分录：

借：所得税费用　　700.68
　　递延所得税资产　　117.5
　　贷：应交税费—应交所得税　　800.68
　　　　递延所得税负债　　5
　　　　其他综合收益　　12.5

四、综合题

【答案】

(1)①商品的单独售价=1 000(万元)。

积分的单独售价=10×1×85%=8.5(万元)。

甲公司按照商品和积分单独售价的相对比例对交易价格进行分摊：

分摊至商品的交易价格=1 000/(1 000+8.5)×1 000=991.57(万元)。

分摊至积分的交易价格=8.5/(1 000+8.5)×1 000=8.43(万元)。

2×21 年 12 月向会员客户销售商品确认收入的金额为 991.57 万元，分录如下：

借：银行存款　　1 000
　　贷：主营业务收入　　991.57
　　　　合同负债　　8.43

②2×22 年 1 月，甲公司的会员客户在购物时使用了 2 万个积分，应确认收入的金额=2/8.5×8.43=1.98(万元)。

借：合同负债　　1.98
　　贷：主营业务收入　　1.98

(2)授予日的会计分录为：

借：银行存款　　5 000

贷：股本　　　　（20×50×1）1 000
　　资本公积—股本溢价　　　4 000

同时：

借：库存股　　　　　　　　5 000
　贷：其他应付款—限制性股票回购义务　5 000

2×21 年年末，确认管理费用和资本公积金额=（20－20×10%）×50×（20－5）×1/5=2 700（万元）。

借：管理费用　　　　　　　2 700
　贷：资本公积—其他资本公积　2 700

与递延所得税相关的会计处理：

年末股票的公允价值=（20－20×10%）×50×25×1/5=4 500（万元）。

年末股票期权行权价格=（20－20×10%）×50×5×1/5=900（万元）。

年末预计未来期间可税前扣除的金额=4 500－900=3 600（万元）。

借：递延所得税资产　　（3 600×25%）900
　贷：所得税费用　　（2 700×25%）675
　　资本公积—其他资本公积　（900×25%）225

（3）①2×21 年 12 月 31 日，投资性房地产的账面价值和计税基础如下：

账面价值=8 000－8 000/40=7 800（万元）。

计税基础=8 000－8 000/20=7 600（万元）。

投资性房地产账面价值（7 800 万元）大于计税基础（7 600 万元），产生应纳税暂时性差异 200 万元，确认的递延所得税负债=200×25%=50（万元），会计分录如下：

借：所得税费用　　　　　　50
　贷：递延所得税负债　　　　50

②会计处理原则：投资性房地产后续计量由成本模式变更为公允价值模式的，应作为会计政策变更处理，并按计量模式变更时公允价值与原账面价值的差额调整期初留存收益。变更时的会计分录如下：

借：投资性房地产—成本　　8 000
　　　　　　　—公允价值变动　500
　　投资性房地产累计折旧　　200
　贷：投资性房地产　　　　　8 000
　　递延所得税负债　　　　　175
　　盈余公积　　　　　　　52.5
　　利润分配—未分配利润　　472.5

（4）甲公司 2×21 年度因实行累积带薪缺勤制度应当确认的应付职工薪酬金额=（12－10）×200×600/10 000=24（万元），分录如下：

借：管理费用　　　　　　　24
　贷：应付职工薪酬—累积带薪缺勤 24

第二十章　非货币性资产交换

考情解密

历年考情概况

本章在考试中以客观题为主，但是在主观题中也可能有所涉及。本章内容主要围绕非货币性资产交换展开，是对前面的基础性章节的综合运用，有一定难度。本章考试分值通常为2~4分，每年都会在客观题中考查非货币性资产交换的认定，主观题中非货币性资产交换与其他章节的结合考查也偶有出现。客观题考点主要为非货币性资产交换的判断、换入资产的入账价值的确定等；主观题主要与股权投资、差错更正等内容结合。

近年考点直击

考点	主要考查题型	考频指数	考查角度
非货币性资产交换的认定	单选题、多选题	★★★	给出相关事项，判断哪些属于非货币性资产交换
以公允价值计量的非货币性资产交换的会计处理	单选题、多选题	★★★	①给出相关资料，计算换入资产的入账价值以及换出资产对损益的影响；②与其他章节结合考查非货币性资产交换的会计处理原则

2022年考试变化

本章考试内容未发生实质性变化。

考点详解及精选例题

一、非货币性资产交换的认定 ★★★

非货币性资产交换，是指企业主要以固定资产、无形资产、投资性房地产和长期股权投资等非货币性资产进行的交换。该交换不涉及或只涉及少量的货币性资产（即补价）。

（一）货币性资产和非货币性资产

1. 货币性资产

货币性资产，是指企业持有的货币资金和收取固定或可确定金额的货币资金的权利。

2. 非货币性资产

非货币性资产，是指货币性资产以外的资产。

『提示』投资方以一项固定资产出资取得对被投资方的权益性投资（具有重大影响或共同控制，不构成企业合并），对投资方来说，换出资产为固定资产，换入资产为长期股权投资，属于非货币性资产交换；对被投资方来说，则属于接受权益性投资，不属于非货币性资产交换。

（二）适用范围

（1）企业以存货换取客户的非货币性资产的，换出存货的一方的会计处理适用收入准则。

（2）非货币性资产交换中涉及企业合并的，适用企业合并准则、长期股权投资准则和合并财务报表准则。

（3）非货币性资产交换中涉及由金融工具确认和计量准则规范的金融资产的，金融资产的确认、终止确认和计量适用金融工具确认和计量准则和金融资产转移准则。

（4）非货币性资产交换中涉及由租赁准则规范的使用权资产或应收融资租赁款等的，相关资产的确认、终止确认和计量适用租赁准则。

（5）适用权益性交易相关会计处理规定的情形为：非货币性资产交换的一方直接或间接对另一方持股且以股东身份进行交易，或者非货币性资产交换的双方均受同一方或相同的多方最终控制，且该非货币性资产交换的交易实质是交换的一方向另一方进行了权益性分配或交换的一方接受了另一方权益性投入。

【例题1·多选题】☆下列各项关于甲公司发生的交易或事项中，不适用非货币性资产交换准则进行会计处理的有（　）。

A. 甲公司以出租的厂房换取乙公司所持联营企业的投资

B. 甲公司以专利权作价对其合营企业进行增资，增资后未达到控制

C. 甲公司以持有的债权投资换取丙公司的专有技术

D. 甲公司以生产用设备向股东分配利润

解析▶甲公司持有的债权投资属于货币性资产，所以该交换不属于非货币性资产交换，选项C错误；分配利润不作为非货币性资产交换处理，选项D错误。　**答案**▶CD

（三）非货币性资产交换的认定

在涉及少量补价的情况下，以补价占整个资产交换金额的比例低于25%（注意不含25%）作为参考。如果高于25%（含25%），则视为以货币性资产取得非货币性资产，适用收入准则或其他一些准则。

1. 收到补价的企业

收到的补价÷换出资产公允价值<25%

2. 支付补价的企业

支付的补价÷（支付的补价+换出资产公允价值）<25%

『提示』分子和分母，均不含增值税。

【例题2·单选题】☆对于甲公司而言，下列各项交易中，应当认定为非货币性资产交换进行会计处理的是（　）。

A. 甲公司以一批产成品交换乙公司一台汽车

B. 甲公司以其作为固定资产核算的生产设备交换乙公司一批原材料

C. 甲公司以应收丁公司的2 200万元银行承兑汇票交换乙公司一栋办公用房

D. 甲公司以一项专利权交换乙公司一项非专利技术，并以银行存款收取补价，所收取补价占换出专利权公允价值的30%

解析▶选项A，甲公司以一批产成品交换乙公司一台汽车，应按照收入会计准则进行确认计量；选项C，换出的银行承兑汇票属于货币性资产，不属于非货币性资产交换；选项D，收取的补价占换出资产公允价值的比例为30%，超过了25%，不属于非货币性资产交换。　**答案**▶B

二、非货币性资产交换的确认

（一）非货币性资产交换中的换入资产的确认、换出资产的终止确认

（1）对于换入资产，企业应当在换入资产符合资产定义并满足资产确认条件时予以确认；

（2）对于换出资产，企业应当在换出资产满足资产终止确认条件时终止确认。

(二)换入资产的确认时点与换出资产的终止确认时点不一致时的处理原则

换入资产的确认时点与换出资产的终止确认时点不一致的，企业在资产负债表日应当按照下列原则进行处理：

(1)换入资产满足资产确认条件，换出资产尚未满足终止确认条件的，在确认换入资产的同时将交付换出资产的义务确认为一项负债。

(2)换入资产尚未满足资产确认条件，换出资产满足终止确认条件的，在终止确认换出资产的同时将取得换入资产的权利确认为一项资产。

三、以公允价值计量的非货币性资产交换的会计处理★★★

条件：非货币性资产交换同时满足下列条件的，应当以公允价值为基础计量：①该项交换具有商业实质；②换入资产或换出资产的公允价值能够可靠地计量。

(一)单项资产交换

1. 换出资产的公允价值更加可靠

(1)计算换入资产成本。

换入资产成本=**换出资产的公允价值+支付补价的公允价值(-收到补价的公允价值)**+应支付的相关税费

『提示』若收到含税补价(收到银行存款支付的补价)或者支付含税补价(以银行存款支付补价)，则计算公式如下：

换入资产成本=换出资产不含税公允价值+增值税销项税额(或换出资产含税公允价值)+支付含税补价/-收到含税补价-增值税进项税额+应支付的相关税费

『提示』判断题目中给出的补价是否含税的思路：

甲公司换出固定资产：公允价值为110万元；含税公允价值为124.3万元。

乙公司换出无形资产：公允价值为100万元。含税公允价值为106万元。

甲公司收到不含税补价=110-100=10(万元)。

甲公司收到含税补价=124.3-106=18.3(万元)，即10+(14.3-6)=18.3(万元)。

(2)计算换出资产处置损益。

换出资产处置损益=换出资产的公允价值-换出资产账面价值

①换出资产为固定资产、在建工程、无形资产的，换出资产公允价值和换出资产账面价值的差额，计入**资产处置损益**。

②换出资产为长期股权投资的，换出资产公允价值和换出资产账面价值的差额，计入**投资收益**。

③换出资产为投资性房地产的，按换出资产公允价值或换入资产公允价值确认**其他业务收入**，按换出资产账面价值结转**其他业务成本**，二者之间的差额计入**当期损益**。

【例题3·计算分析题】甲、乙公司均为增值税一般纳税人，适用的增值税税率为13%。2×22年9月，甲公司以生产经营过程中使用的若干台A设备交换乙公司生产的一批B商品。资产交换日资料如下：

(1)甲公司换出A设备：固定资产原价为3 000万元，累计折旧为900万元，公允价值为1 800万元。

(2)乙公司换出生产的B商品：库存商品账面价值为1 500万元，公允价值为1 800万元。

双方计税价格等于公允价值。甲公司换入的B商品作为固定资产管理，乙公司换入A设备作为固定资产管理。整个交易过程中，除甲公司支付A设备的清理费30万元外，没有发生其他相关税费。假定该项交换具有商业实质且其换入换出资产的公允价值能够可靠地计量。

要求：编制甲公司和乙公司非货币性资产交换的会计分录。

答案整个资产交换过程没有涉及收付货币性资产，因此，该项交换属于非货币性资产交换。本例对甲公司来讲，换入的B商品是经营过程中必需的资产，对乙公司来讲，换入的A设备是生产B商品过程中必须使用的机器，两项资产交换后对换入企业的特定价值显著不同，两项资产的交换具有商业实质；同时，两项资产的公允价值都能够可靠地计量，符合以公允价值计量的两个条件，因此，甲公司和乙公司均应当以换出资产的公允价值为基础，确定换入资产的成本，并确认产生的损益。甲、乙公司会计处理如表20-1所示。

表20-1 甲公司和乙公司的会计处理

甲公司换入B商品	乙公司换入A设备
换入资产成本=换出资产的公允价值1 800+应支付的相关税费0=1 800(万元)。 换出资产处置损益=换出资产的公允价值1 800-换出资产账面价值(3 000-900)-税费30=-330(万元)	换入资产成本=换出资产的公允价值1 800+应支付的相关税费0=1 800(万元)。 换出资产的营业利润=换入资产的公允价值1 800-换出资产账面价值1 500=300(万元)
借：固定资产清理 2 100 累计折旧 900 贷：固定资产—A设备 3 000 借：固定资产清理 30 贷：银行存款 30	乙公司换出存货的交易符合《企业会计准则第14号——收入》规定的收入确认条件。企业应当按照非现金对价在合同开始日的公允价值确定交易价格
借：固定资产 1 800 应交税费—应交增值税(进项税额) 234 资产处置损益 (1 800-2 100-30)330 贷：固定资产清理 2 130 应交税费—应交增值税(销项税额) 234	借：固定资产—A设备 1 800 应交税费—应交增值税(进项税额) 234 贷：主营业务收入 1 800 应交税费—应交增值税(销项税额) 234 借：主营业务成本 1 500 贷：库存商品—B商品 1 500

【例题4·计算分析题】甲、乙公司均为增值税一般纳税人，适用的增值税税率为9%，假定资产交换具有商业实质且其换入换出资产的公允价值能够可靠地计量。

2×22年3月，甲公司以其持有对A公司20%股权的长期股权投资交换乙公司作为无形资产核算的土地使用权，置换日有关资料如下：

(1)甲公司换出的长期股权投资的账面价值为1 900万元(投资成本为1 000万元，其他权益变动为900)，公允价值为4 900万元。

(2)乙公司换出的无形资产的账面价值为3 000万元(成本3 500万元，已计提摊销额500万元)，乙公司开出增值税专用发票，不含税公允价值5 000万元，含税公允价值5 450万元。

甲公司以银行存款向乙公司支付不含税补价100万元(5 000-4 900)或支付含税补价550万元(5 450-4 900)。甲公司将收到的上述土地使用权作为无形资产核算；乙公司将收到的上述20%的股权投资仍然作为长期股权投资核算，且乙公司原未持有A公司股权，不考虑对初始投资成本的调整。

要求：编制甲公司和乙公司的相关会计分录。

答案甲公司和乙公司的会计处理如表20-2所示。

表20-2 甲公司和乙公司的会计处理

甲公司的会计处理(甲公司支付不含税补价)	乙公司的会计处理(乙公司收到不含税补价)
①属于非货币性资产交换。理由：由于100/(100+4 900)=2%<25%，所以属于非货币性资产交换	①属于非货币性资产交换。理由：由于100/5 000=2%<25%，所以属于非货币性资产交换

续表

甲公司的会计处理（甲公司支付不含税补价）	乙公司的会计处理（乙公司收到不含税补价）
②甲公司换入无形资产成本为5 000万元。 【解析：甲公司换入无形资产成本=换出资产不含税公允价值4 900+支付的不含税的补价100+应支付的相关税费0=5 000（万元），或=换出资产含税公允价值4 900+支付的银行存款550-可抵扣的增值税进项税5 000×9%+应支付的相关税费0=5 000（万元）】	②乙公司换入长期股权投资入账成本为4 900万元。 【解析：乙公司换入长期股权投资入账成本=换出资产不含税公允价值5 000-收到的不含税的补价100+应支付的相关税费0=4 900（万元），或=换出资产含税公允价值5 450-收到的银行存款550=4 900（万元）】
③甲公司确认投资收益=公允价值4 900-账面价值1 900+900=3 900（万元）	③乙公司确认资产处置损益=公允价值5 000-账面价值3 000=2 000（万元）
借：无形资产　5 000 　应交税费—应交增值税（进项税额）　450 　贷：长期股权投资—投资成本　1 000 　　　　　　　—其他权益变动　900 　　投资收益　（4 900-1 900）3 000 　　银行存款　550 借：资本公积　900 　贷：投资收益　900	借：长期股权投资　4 900 　银行存款　550 　累计摊销　500 　贷：无形资产　3 500 　　应交税费—应交增值税（销项税额）　450 　　资产处置损益　2 000

2. 有确凿证据表明换入资产的公允价值更加可靠

（1）计算换入资产成本

换入资产成本=换入资产的公允价值+应支付的相关税费（不需要考虑补价因素）

（2）计算换出资产的公允价值

换出资产的公允价值=换入资产的公允价值+收到补价的公允价值-支付补价的公允价值

（3）计算换出资产的处置损益

换出资产的处置损益=换出资产公允价值-换出资产账面价值

【例题5·计算分析题】甲公司经与乙公司协商，进行资产置换，资产置换日资料如下：

（1）甲公司换出：投资性房地产：账面价值为500万元（成本为600万元，已计提折旧为100万元）；公允价值为600万元；

（2）乙公司换出：交易性金融资产：账面价值为550万元；公允价值为750万元。

（3）有确凿证据表明甲公司换入资产的公允价值更加可靠，甲公司支付补价50万元。假定上述资产交换前后用途不变。不考虑增值税等税费。

要求：编制甲公司的相关会计分录。

答案

（1）换入资产成本=换入资产的公允价值750+应支付的相关税费0=750（万元）。

（2）换出资产的公允价值=换入资产的公允价值750-支付补价的公允价值50=700（万元）。

（3）换出资产的处置损益=换出资产的公允价值700-换出资产账面价值500=200（万元）。

（4）会计分录：

借：交易性金融资产　750
　贷：其他业务收入　700
　　银行存款　50
借：其他业务成本　500
　投资性房地产累计折旧　100
　贷：投资性房地产　600

（二）多项资产交换

以公允价值为基础计量的非货币性资产交换，同时换入或换出多项资产的，应当按照下列规定进行处理：

1. 换出资产的公允价值更加可靠

（1）计算换入资产总成本：

换入资产总成本=换出各项资产的公允价值+支付补价的公允价值-收到补价的公允价值

(2)计算各项换入资产的成本：

对于同时换入的多项资产，按照换入的金融资产以外的各项换入资产公允价值相对比例将换入资产总额扣除换入金融资产公允价值后的净额进行分摊，以分摊至各项换入资产的金额，加上应支付的相关税费，作为各项换入资产的成本进行初始计量。

(3)计算各项换出资产处置损益：

对于同时换出的多项资产，将各项换出资产的公允价值与其账面价值之间的差额，在各项换出资产终止确认时计入当期损益。

【例题6·计算分析题】正保公司和乙公司均为增值税一般纳税人，适用的增值税税率为13%(存货)、9%(不动产)。正保公司为适应经营业务发展的需要，经与乙公司协商，进行资产置换，资料如下：

(1)正保公司换出：

①厂房：账面价值为1 200万元(成本1 500万元、累计计提折旧300万元)；公允价值为1 000万元，销项税额为90万元。

②投资性房地产：账面价值为500万元(成本为400万元，公允价值变动为100万元；此外，该房地产由固定资产转换为投资性房地产时产生的其他综合收益为100万元)；公允价值为600万元，销项税额为54万元。

③其他权益工具投资：账面价值为200万元(成本为180万元，公允价值变动为20万元)；公允价值为400万元。

不含税公允价值合计为2 000万元，含税公允价值合计为2 144万元。

(2)乙公司换出：

①办公楼：公允价值为600万元，销项税额为54万元。

②交易性金融资产：公允价值为950万元。

③无形资产：公允价值为400万元，销项税额为36万元。

不含税公允价值合计为1 950万元，含税公允价值为2 040万元。

(3)正保公司收到不含税补价50万元和增值税进销差额54万元(即合计收到银行存款104万元)。

假定上述资产交换前后用途不变。正保公司按照10%的比例提取盈余公积。

要求：编制正保公司的相关会计分录。

答案

(1)判断：50/2 000=2.5%<25%，属于非货币性资产交换。

(2)正保公司换入资产的总成本=2 000-50+0=1 950(万元)或2 144-104-90+0=1 950(万元)。

(3)正保公司换入各项资产的成本：

换入的交易性金融资产的成本等于其在取得时的公允价值，即950万元。

换入的固定资产的成本=(1 950-950)×600/(600+400)=600(万元)。

换入的无形资产的成本=(1 950-950)×400/(600+400)=400(万元)。

(4)正保公司的相关会计分录：

借：固定资产清理　1 200
　　累计折旧　300
　贷：固定资产　1 500

借：固定资产—办公楼　600
　　无形资产　400
　　应交税费—应交增值税(进项税额)　90
　　交易性金融资产　950
　　资产处置损益　200
　　银行存款　104
　贷：固定资产清理　1 200
　　　其他业务收入　600
　　　其他权益工具投资—成本　180
　　　　　　　　　　—公允价值变动　20
　　　盈余公积　20
　　　利润分配—未分配利润　180

　　　　应交税费—应交增值税(销项税额)　144
借：其他业务成本　300
　　公允价值变动损益　100
　　其他综合收益　100
　　贷：投资性房地产—成本　400
　　　　　　　　　—公允价值变动　100
借：其他综合收益　20
　　贷：盈余公积　2
　　　　利润分配　18

以下的例题为特殊补价情况，有确凿证据表明换出资产的公允价值更加可靠。

【例题7·计算分析题】 接正保公司的例题资料。将资料(3)正保公司收到不含税补价50万元，或正保公司收到补价银行存款104万元(含税补价)修改为：由于乙公司认为换入正保公司确认的其他权益工具投资的前景不乐观，按合同约定正保公司少收取乙公司补价10万元；即正保公司收到不含税补价40万元，或正保公司收到补价银行存款94万元(含税补价：即不含税补价40+销项税额144-进项税额90=94)。

此外交易过程中，正保公司为换入办公楼和无形资产分别用银行存款支付了契税及过户费用10万元和6万元。

要求：编制正保公司相关会计分录。

答案

(1)判断：40/2 000=2%<25%，属于非货币性资产交换。

(2)正保公司换入资产总成本=2 000-40+0=1 960(万元)，或2 144-94-90+0=1 960(万元)。

(3)正保公司换入各项资产的成本：

换入的交易性金融资产的成本等于其在取得时的公允价值，即950万元。

换入的固定资产的成本=(1 960-950)×600/(600+400)+10=606+10=616(万元)。

换入的无形资产的成本=(1 960-950)×400/(600+400)+6=404+6=410(万元)。

(4)正保公司换入各项资产的会计分录：

借：固定资产清理　1 200
　　累计折旧　300
　　贷：固定资产　1 500
借：固定资产—办公楼　606
　　无形资产　404
　　应交税费—应交增值税(进项税额)　90
　　交易性金融资产　950
　　资产处置损益　200
　　银行存款　94
　　贷：固定资产清理　1 200
　　　　其他业务收入　600
　　　　其他权益工具投资—成本　180
　　　　　　　　　　　—公允价值变动　20
　　　　盈余公积　20
　　　　利润分配—未分配利润　180
　　　　应交税费—应交增值税(销项税额)　144
借：固定资产—办公楼　10
　　无形资产　6
　　贷：银行存款　16

其他会计分录同上题。

『拓展』乙公司非货币性资产交换的计算过程如下：

(1)判断：40/(40+1 950)=2.01%<25%，属于非货币性资产交换。

(2)乙公司换入资产总成本=1 950+40+0=1 990(万元)，或2 040+94-144+0=1 990(万元)。

(3)乙公司换入各项资产的成本：

换入的其他权益工具投资成本等于其在取得时的公允价值，即400万元。

换入的厂房的成本=(1 990-400)×1 000/(1 000+600)=993.75(万元)。

换入的投资性房地产的成本=(1 990-400)×600/(1 000+600)=596.25(万元)。

2. 有确凿证据表明换入资产的公允价值更加可靠

(1)计算各项换入资产成本：

换入资产成本=换入资产的公允价值+应支付的相关税费(与补价无关且无须分摊)

(2)计算各项换出资产的公允价值：

有确凿证据表明换入资产的公允价值更加可靠的，按照各项换出资产的公允价值的相对比例，将换入资产的公允价值总额(涉及补价的，减去支付补价的公允价值或加上收到补价的公允价值)分摊至各项换出资产，分摊至各项换出资产的金额与各项换出资产账面价值之间的差额，在各项换出资产终止确认时计入当期损益。

(3)计算换出资产的处置损益：

换出资产的处置损益=换出资产的公允价值-换出资产账面价值

【例题8·计算分析题】甲公司为适应经营业务发展的需要，经与乙公司协商，进行资产置换，对于甲公司而言，该项交换具有商业实质，且有确凿证据表明换入资产的公允价值更加可靠，以各项换入资产的公允价值和应支付的相关税费作为各项换入资产的初始计量金额。

资料如下：

(1)甲公司换出：

①厂房：账面价值为1 200万元，公允价值1 300万元。

②设备：账面价值为500万元，公允价值700万元。

公允价值合计2 000万元(不可靠)，甲公司收到补价100万元。

(2)乙公司换出：

①办公楼：公允价值为1 000万元。

②无形资产：公允价值为950万元。

公允价值合计为1 950万元，乙公司支付补价100万元。

要求：计算甲公司厂房和设备公允价值及其资产处置损益。

答案

(1)换入资产的初始计量金额=换入资产的公允价值1 950+应支付的相关税费0=1 950(万元)。

(2)换出资产的公允价值总额=换入资产的公允价值1 950+收到补价的公允价值100=2 050(万元)。

厂房公允价值=2 050×1 300/(1 300+700)=1 332.5(万元)。

设备公允价值=2 050×700/(1 300+700)=717.5(万元)。

(3)厂房的处置损益=1 332.5-1 200=132.5(万元)。

设备的处置损益=717.5-500=217.5(万元)。

四、以换出资产账面价值计量的非货币性资产交换的会计处理★

非货币性资产交换不满足以公允价值计量的条件，应当以账面价值为基础计量：

(一)不涉及补价的

换入资产的初始计量金额=换出资产的账面价值+应支付的相关税费

对于换出资产，终止确认时不确认损益。

(二)涉及补价的

换入资产的初始计量金额=换出资产的账面价值+支付补价的账面价值+应支付的相关税费=换出资产的账面价值-收到补价的公允价值+应支付的相关税费

对于换出资产，终止确认时不确认损益。

(三)同时换入或换出多项资产的

对于同时换入的多项资产，按照各项换入资产的公允价值的相对比例，将换出资产的账面价值总额(涉及补价的，加上支付补价的账面价值或减去收到补价的公允价值)分摊至各项换入资产，加上应支付的相关税费，作为各项换入资产的初始计量金额。

换入资产的公允价值不能够可靠计量的，可以按照各项换入资产的原账面价值的相对比例或其他合理的比例对换出资产的账面价值进行分摊。

对于同时换出的多项资产，各项换出资产终止确认时均不确认损益。

【例题9·计算分析题】甲公司和乙公司均为增值税一般纳税人，其适用的增值税税率为13%(设备)、6%(商标权)、9%(不动产)。假定甲公司与乙公司进行的资产交换不具有商业实质，公允价值不能可靠计量；相关资产在交换前后用途不变；税务局核定的计税基础等于其账面价值，甲公司、乙公司已经分别开出增值税专用发票。详细资料如下：

(1)甲公司换出：

①设备：原值为1 200万元，已计提折旧750万元，税务局核定的增值税销项税额为58.5万元。

②商标权：初始成本450万元，累计摊销额270万元，税务局核定的增值税销项税额10.8万元。

③换出资产的账面价值合计为630万元。

(2)乙公司换出：

①在建的工程：已发生的成本为525万元，税务局核定的增值税销项税额为47.25万元。

②长期股权投资账面余额为150万元，未计提减值准备。

③换出资产的账面价值合计为675万元。

(3)双方商定以账面价值为基础，乙公司收取银行存款45万元。

要求：编制甲公司上述非货币性资产交换的相关会计分录。

答案

(1)计算甲公司换入各项资产的入账价值：

甲公司换入资产的总成本=换出资产的总价值630+换出资产增值税销项税额(58.5+10.8)-换入资产增值税进项税额47.25+支付的补价45=697.05(万元)。

换入在建的工程的成本=697.05×525/(525+150)=542.15(万元)。

换入长期股权投资的成本=697.05×150/(525+150)=154.9(万元)。

(2)编制甲公司换入各项资产的会计分录：

借：固定资产清理 450
　　累计折旧 750
　　贷：固定资产 1 200

借：在建工程 542.15
　　应交税费—应交增值税(进项税额) 47.25
　　长期股权投资 154.9
　　累计摊销 270
　　贷：固定资产清理 450
　　　　应交税费—应交增值税(销项税额) (58.5+10.8)69.3
　　　　无形资产 450
　　　　银行存款 45

扫我做试题

一、单项选择题

1. 2×22年3月，甲公司用一项无形资产与乙公司的一台生产设备进行交换，同时甲公司另向乙公司收取银行存款19.2万元。甲公司的该项无形资产的账面价值为150万元，公允价值为200万元；乙公司的该项生产设备的账面价值为120万元，公允价值为160万元。甲公司为换入生产设备发生运输费5万元(不考虑运输费所涉及的增值税因素)、安装费10万元。交易当日，双方均已办妥资产所有权的转让手续。甲、乙公司均为增值税一般纳税人，生产设备适用增值税税率为13%，甲公司换出无形资产免征增值税。假定该项资产交换具有商业实质，不考虑其他因素，则甲公司换入生产设备的入账价值为(　)。

A. 160万元　　B. 180.8万元

C. 175万元　　D. 179.2万元

2. 2×22年1月，甲公司以一台机器设备换入乙公司持有的一项专利权和一项交易性金融资产(股票)。甲公司换出的机器设备的账面价值为800万元，公允价值为1 000万元，经税务机关核定的增值税税额为130万元。乙公司换出的专利权的账面价值为450万元，公允价值为500万元，经税务机关核定的增值税税额为30万元；换出的交易性金融资产的账面价值为400万元(其中，成本为300万元，公允价值变动100万元)，公允价值为500万元。甲公司为换入专利权支付专业人员服务费5万元，乙公司为换入机器设备发生运杂费10万元，甲公司另收到乙公司支付的银行存款100万元。甲公司和乙公司均为增值税一般纳税人，甲公司将换入的专利权作为无形资产核算，将换入的股票作为交易性金融资产核算。交换当日双方均已办妥资产所有权的转让手续。假设该项交换具有商业实质，不考虑其他因素，下列有关该项交换的会计处理的表述中，不正确的是(　)。

A. 甲公司换入的专利权的入账价值为502.5万元

B. 甲公司换入的交易性金融资产的入账价值为500万元

C. 乙公司换入的机器设备的入账价值为1 010万元

D. 乙公司换出资产应确认的损益为150万元

3. 下列各项中，对甲公司来说不适用非货币性资产交换准则的是(　)。

A. 甲公司以一项以经营租赁方式出租的土地使用权换取戊公司的一项生产性生物资产

B. 甲公司以一套大型设备换入乙公司60%的股权，取得这部分股权投资后，能够对乙公司实施控制

C. 甲公司以一项公允价值为4 000万元的无形资产换入丙公司一项公允价值为5 000万元的在建工程，同时以银行存款支付补价1 000万元

D. 甲公司以生产经营过程中使用的一台设备与乙公司生产的一批办公家具进行交换

4. 从企业自身的角度判断，下列各项经济业务属于非货币性资产交换的会计处理的表述中，正确的是(　)。

A. 甲公司以一项固定资产出资取得对被投资方乙公司的权益性投资，取得这部分投资后，甲公司对乙公司具有重大影响，对甲公司来说，属于非货币性资产交换

B. 甲公司以一项固定资产出资取得对被投资方乙公司的权益性投资，取得这部分投资后，甲公司对乙公司具有重大影响，对乙公司来说，属于非货币性资产交换

C. 甲公司以发行股票方式取得固定资产的，对甲公司来说，属于非货币性资产交换

D. 在最终控制方的安排下，甲公司以明显不公平的代价将其持有的一项无形资产转让给子公司，同时取得子公司的一批存货，该交易属于非货币性资产交换

5. A公司和B公司均为增值税一般纳税人，A公司以一项固定资产与B公司的一项长期股权投资进行资产置换，交换前后资产的用途保持不变。置换日的相关资料如下：(1)A公司换出的固定资产(生产设备)成本为300万元，已计提折旧45万

元，不含税公允价值为 270 万元，含税公允价值为 305.1 万元；支付固定资产清理费用 5 万元。(2) B 公司换出的长期股权投资账面余额为 285 万元，其中投资成本为 200 万元、损益调整 75 万元、其他综合收益 5 万元(可重分类进损益)、其他权益变动 5 万元，已计提减值准备 60 万元，公允价值为 350 万元。(3) A 公司另向 B 公司支付银行存款 44.9 万元。(4) 假定该项交换具有商业实质，A 公司因换入长期股权投资而持有被投资单位 40%的表决权股份，当日被投资单位可辨认净资产的公允价值为 1 000 万元。不考虑其他因素，下列有关 A 公司和 B 公司非货币性资产交换的会计处理的表述中，不正确的是(　)。

A. A 公司换入长期股权投资的入账价值为 400 万元

B. A 公司因该项非货币性资产交换确认损益 60 万元

C. B 公司换入固定资产的入账成本为 270 万元

D. B 公司换出长期股权投资确认的投资收益为 125 万元

6. A 公司、B 公司均为增值税一般纳税人，A 公司以一项无形资产交换 B 公司生产经营中使用的固定资产，交换前后资产的用途保持不变。交换日有关资料如下：(1) A 公司换出无形资产的账面余额为 1 500 万元，已累计摊销 500 万元，税务机构核定的销项税额为 130 万元；(2) B 公司换出固定资产的原值为 1 350 万元，累计折旧为 250 万元；税务机构核定的销项税额为 143 万元；(3) 假定该项交换不具有商业实质。双方协商 A 公司另向 B 公司支付银行存款 100 万元(增值税不单独收付)。不考虑其他因素，下列关于 A 公司、B 公司的会计处理的表述中，正确的是(　)。

A. A 公司换入固定资产的入账价值为 1 100 万元

B. A 公司换出无形资产时应确认处置损益

C. B 公司换入无形资产的入账价值为 1 000 万元

D. B 公司换出的固定资产不确认处置损益

7. 甲、乙公司均为增值税一般纳税人，甲公司对投资性房地产采用成本模式计量。2×22 年 2 月 10 日，甲公司以投资性房地产和厂房交换乙公司生产经营用的 C 设备和 D 设备，有关资料如下：(1) 甲公司换出：①投资性房地产原值为 450 万元，为 2×21 年 6 月 10 日购入并对外出租的办公用房，预计使用年限为 10 年，采用直线法计提折旧，预计净残值为 0；不含税公允价值为 650 万元，增值税销项税额为 58.5 万元；②厂房原值为 200 万元，为 2×17 年 2 月 10 日购建完成，预计使用年限为 50 年，采用直线法计提折旧，预计净残值为 0；不含税公允价值为 300 万元，增值税销项税额为 27 万元。(2) 乙公司换出：①C 设备原值为 250 万元，已计提折旧 50 万元，不含税公允价值为 300 万元，增值税销项税额为 39 万元；②D 设备原值为 600 万元，已计提折旧 100 万元，不含税公允价值为 600 万元，增值税销项税额为 78 万元。(3) 假定该项交换具有商业实质。(4) 甲公司另收到乙公司支付的银行存款 18.5 万元(18.5 万元为甲公司应收的不含税补价 50 万元扣除甲公司应付的增值税进销差额 31.5 万元)。不考虑其他因素，下列有关甲公司会计处理的表述中，不正确的是(　)。

A. 换入 C 设备的入账价值为 300 万元

B. 换入 D 设备的入账价值为 600 万元

C. 换出投资性房地产确认其他业务收入为 650 万元

D. 换出厂房确认资产处置损益 103 万元

8. 甲公司以库存商品 A 产品、投资性房地产交换乙公司的原材料、固定资产(机器设备)，假定交换前后资产用途保持不变。甲公司和乙公司交换的存货和固定资产适用的增值税税率均为13%，有关资料如下：(1)甲公司换出：①库存商品A产品：账面成本为100万元，已计提存货跌价准备30万元，不含税公允价值为150万元；②投资性房地产：账面价值为120万元(其中成本为125万元，公允价值变动减少5万元)，公允价值200万元(该投资性房地产不考虑增值税)。合计不含税公允价值为350万元，合计含税公允价值为369.5万元。(2)乙公司换出：①原材料：账面成本为80万元，已计提存货跌价准备5万元，不含税公允价值为100万元；②固定资产：账面原值为150万元，已计提折旧为10万元，不含税公允价值为200万元。合计不含税公允价值为300万元，合计含税公允价值为339万元。(3)乙公司另向甲公司支付银行存款30.5万元。(4)假定该项交换具有商业实质，且换出存货的交易均符合收入准则规定的收入确认条件，不考虑其他因素。下列有关乙公司该项资产交换的会计处理的表述中，不正确的是(　)。

A. 利润表中确认营业收入100万元

B. 利润表中确认资产减值损失转回5万元

C. 换入投资性房地产的入账价值为200万元

D. 换入库存商品A产品的入账价值为150万元

二、多项选择题

1. 2×22年甲公司发生的有关交易或事项如下：(1)甲公司与丙公司签订的资产交换协议约定，甲公司以其拥有50年使用权的一宗土地，换取丙公司持有的乙公司40%的股权，交易后甲公司对乙公司具有重大影响。(2)丙公司以发行自身普通股换取甲公司一条生产线。假定上述资产交换具有商业实质，换出资产与换入资产的公允价值均能可靠计量。不考虑相关税费及其他因素，下列各项与上述交易或事项相关会计处理的表述中，正确的有(　)。

   A. 甲公司以土地使用权换取的对乙公司40%股权投资，应按非货币性资产交换原则进行会计处理

   B. 甲公司换出土地使用权公允价值与账面价值的差额，应确认为资产处置损益

   C. 丙公司应按照换出股权的公允价值计量换入土地使用权的成本

   D. 丙公司以发行自身普通股换取甲公司一条生产线，应按非货币性资产交换原则进行会计处理

2. 甲公司为房地产开发企业，下列各项具有商业实质的资产交换交易中，甲公司应当适用《企业会计准则第7号——非货币性资产交换》的规定进行会计处理的有(　)。

   A. 甲公司以一批施工设备换取丙公司的一项土地使用权

   B. 甲公司以其拥有的一项专利权换取戊公司的十台机器设备

   C. 甲公司以其一栋已开发完成的商品房换取己公司的一项土地使用权

   D. 甲公司以其一套用于经营出租的公寓换取丁公司的一项对合营企业的长期股权投资

3. 在换入资产的确认时点与换出资产的终止确认时点存在不一致的情形下，在资产负债表日，企业下列会计处理表述中正确的有(　)。

   A. 换入资产满足资产确认条件，换出资产尚未满足终止确认条件的，在确认换入资产的同时将交付换出资产的义务确认为一项其他应付款

   B. 换入资产满足资产确认条件，换出资产尚未满足终止确认条件的，以后期间换出资产满足终止确认条件时，应冲减原确认的其他应付款，同时终止确认换出资产

的账面价值

C. 换入资产尚未满足资产确认条件，换出资产满足终止确认条件的，在终止确认换出资产的同时将取得换入资产的权利确认为一项其他应收款

D. 换入资产尚未满足资产确认条件，换出资产满足终止确认条件的，以后期间换入资产满足资产确认条件时，冲减原确认的其他应收款，同时确认换入资产

4. 下列关于非货币性资产交换的处理的表述中，正确的有（ ）。

A. 当交换具有商业实质且有确凿证据表明换入资产的公允价值更加可靠的，企业应当以换入资产的公允价值为基础确定换入资产的初始计量金额

B. 当交换不具有商业实质但是换入或换出资产的公允价值能够可靠计量时，应采用公允价值计量换入资产的入账价值

C. 当交换具有商业实质且换出资产的公允价值能够可靠计量时，应采用公允价值计量换入资产的入账价值

D. 当交换具有商业实质但是换入和换出资产的公允价值均不能可靠计量时，应采用账面价值计量换入资产的入账价值

5. 下列关于非货币性资产交换的表述中，正确的有（ ）。

A. 非货币性资产交换具有商业实质且公允价值能够可靠计量的，换出资产的公允价值与其账面价值的差额一般应计入当期损益

B. 对于同时换入多项资产的以公允价值为基础计量的非货币性资产交换，有确凿证据表明换入资产的公允价值更加可靠的，企业应以各项换入资产的公允价值和应支付的相关税费作为各项换入资产的初始计量金额

C. 对于同时换入多项资产的以公允价值为基础计量的非货币性资产交换，如不涉及补价，则企业一般应按照换入的金融资产以外的各项换入资产公允价值相对比例，将换出资产公允价值总额扣除换入金融资产公允价值后的净额进行分摊

D. 换入资产的未来现金流量在风险、时间分布或金额方面与换出资产显著不同时，具有商业实质

6. 甲公司与丙公司签订一项资产置换合同，甲公司以其持有的联营企业 30%股权作为对价，另以银行存款支付补价 100 万元换取丙公司的一台大型生产设备。该联营企业 30%股权的取得成本为 2 200 万元，取得时该联营企业可辨认净资产公允价值为 7 500 万元（与账面价值相等）。甲公司取得该股权起至置换大型设备时，该联营企业累计实现净利润 3 500 万元，分配现金股利 400 万元，其他综合收益（能够重分类进损益）增加 650 万元。交换日，甲公司持有该联营企业 30%股权的公允价值为 3 800 万元，丙公司该设备的公允价值为 3 900 万元，账面价值为 2 500 万元。不考虑相关税费及其他因素，下列各项对上述交易的会计处理中，正确的有（ ）。

A. 甲公司处置该联营企业股权确认投资收益 620 万元

B. 丙公司确认换入该联营企业股权初始投资成本为 3 800 万元

C. 丙公司确认换出大型生产设备的损益为 1 400 万元

D. 甲公司确认换入大型生产设备的入账价值为 3 900 万元

三、计算分析题

1. 甲公司和乙公司均为增值税一般纳税人。经协商，甲公司和乙公司于 2×22 年 5 月 30 日签订资产交换合同，当日生效。双方交换资产的公允价值和账面价值资料如下：

（1）甲公司用于交换的资产资料如下：

科目	账面价值	公允价值
固定资产—办公楼	600 万元(其中原价为 750 万元，已计提折旧 150 万元)	550 万元(增值税为 49.5 万元)
投资性房地产—写字楼	1 800 万元(其中原价为 2 100 万元，已计提折旧 300 万元)	1 950 万元(增值税为 175.5 万元)
交易性金融资产(股票)	125 万元	150 万元
合计	2 525 万元	2 650 万元(增值税为 225 万元)

(2)乙公司用于交换的资产资料如下：

科目	账面价值	公允价值
无形资产—土地使用权	1 050 万元(其中成本 1 100 万元，累计摊销额为 50 万元)	1 200 万元(增值税为 108 万元)
固定资产—数控机床	1 600 万元(其中原价为 2 000 万元，已计提折旧 400 万元)。	1 500 万元(增值税为 195 万元)
合计	2 650 万元	2 700 万元(增值税为 303 万元)

甲公司以银行存款向乙公司支付补价 40 万元[注：本应为 50 万元(2 700-2 650=50)，但因乙公司急于实施此项交换，故同意甲公司实际支付补价 40 万元]。双方于 2×22 年 6 月 30 日完成了资产交换手续。甲公司以银行存款向乙公司支付增值税差额 78 万元(303-225)。交易过程中，甲公司用银行存款支付了土地使用权的契税及过户费用 30 万元，乙公司用银行存款支付了办公楼和写字楼的契税及过户费用，其中办公楼的为 20 万元，写字楼的为 50 万元。假设甲公司和乙公司此前均未对上述资产计提减值准备，上述资产交换后的用途不发生改变。不考虑其他税费。

要求：

(1)判断该交换是否属于非货币性资产交换。

(2)判断该交换是否具有商业实质。

(3)判断该交换是以换出资产的公允价值还是以换入资产的公允价值为基础确定各项换入资产的成本。

(4)计算甲公司换入的各项资产的初始计量金额，并编制相关会计分录。

(5)计算乙公司换入的各项资产的初始计量金额，并编制相关会计分录。

2. 资料同上。假定甲公司有确凿证据表明换入资产的公允价值更加可靠。

要求：

(1)说明甲公司换入资产的初始计量金额确定方法。

(2)说明甲公司换出资产确认当期损益的方法。

(3)编制甲公司非货币性资产交换的会计分录。

四、综合题

1. A、B 公司均为增值税一般纳税人，销售建筑物等不动产和土地使用权适用的增值税税率均为 9%。A 公司与 B 公司发生的交易或事项的相关资料如下：

(1)2×22 年 7 月 1 日，A 公司与 B 公司签订协议进行资产置换，A 公司换出用于经营出租的土地使用权及其地上建筑物(写字楼)。B 公司换出对甲公司的长期股权投资和对乙公司的其他权益工具投资。A 公司与 B 公司于当日办理完毕相关资产所有权的转移手续。

A 公司换出资产：①投资性房地产—土地

使用权，账面价值为20 000万元(其中原值为20 600万元，已计提摊销额600万元)，不含税公允价值为30 000万元；②投资性房地产—写字楼，账面价值为9 000万元(其中原值为10 000万元，已计提折旧1 000万元)，不含税公允价值为20 000万元。合计不含税公允价值为50 000万元，增值税销项税额为4 500万元。

B公司换出资产：①长期股权投资—甲公司(持股比例为27%)，账面价值为30 000万元，其中投资成本为25 000万元、损益调整为4 000万元、其他综合收益为800万元(可重分类进损益)、其他权益变动为200万元，公允价值为40 000万元；②其他权益工具投资—乙公司(持股比例为5%)，账面价值为9 000万元(等于其入账成本)，公允价值为15 000万元。合计公允价值为55 000万元。

A公司向B公司支付银行存款500万元，该项交易具有商业实质且公允价值能够可靠计量。

(2)由于此前A公司已持有甲公司3%的股权并将其划分为其他权益工具投资，因此在该项非货币性资产交换发生后，A公司合计持有甲公司30%的股权，对甲公司具有重大影响；2×22年7月1日，A公司原持有的对甲公司3%股权投资的账面价值为3 800万元(其中包括公允价值变动增加额186万元)，公允价值为4 444万元。2×22年7月1日，甲公司可辨认净资产的公允价值为150 000万元，仅有一项固定资产的公允价值与账面价值不相等，除此以外，其他可辨认资产、负债的账面价值与公允价值相等。该固定资产原值为2 000万元，已使用2年，已计提折旧400万元，甲公司预计该固定资产使用年限为10年，净残值为0；A公司预计该固定资产公允价值为4 000万元；按年限平均法计提折旧，预计尚可使用年限为8年，预计净残值为0。双方采用的会计政策、会计期间相同，不考虑所得税因素。

A公司取得对乙公司的股权投资后，拟短期持有以赚取价差。

(3)B公司换入土地使用权及其地上建筑物(写字楼)，于2×22年7月1日投入改扩建工程，改良后准备用于公司总部行政管理。土地使用权预计尚可使用年限为40年，净残值为0，按直线法计提摊销；写字楼预计尚可使用年限为10年，净残值为0，按年限平均法计提折旧。

(4)2×22年9月10日，A公司将其成本为180万元的商品以300万元的价格出售给甲公司，甲公司将取得的商品作为管理用固定资产，预计使用年限为10年，净残值为0，按照年限平均法计提折旧；至2×22年资产负债表日，甲公司仍未对外出售该固定资产。2×22年12月31日，甲公司全年实现净利润4 000万元，其中1月1日至7月1日甲公司发生净亏损1 000万元。

(5)2×22年12月31日，B公司换入的写字楼改良工程完工并达到预定可使用状态，发生支出6 000万元(不包含土地使用权摊销)，改良完成后写字楼预计尚可使用年限变为30年，净残值为0，按年限平均法计提折旧。

其他资料：A公司按照10%的比例计提法定盈余公积，不计提任意盈余公积；不考虑其他因素。

要求：

(1)根据资料(1)和资料(2)，计算2×22年7月1日A公司换入对甲公司、对乙公司股权投资的初始投资成本并编制相关的会计分录。

(2)根据资料(1)和资料(3)，编制2×22年7月1日B公司换入土地使用权和写字楼的相关会计分录。

(3)根据资料(2)和资料(4)，编制A公司2×22年12月31日有关长期股权投资的会计分录。

(4)根据资料(5)，计算B公司2×22年12月31日有关写字楼改良工程完工达到预定可使用状态的成本；编制土地使用权在2×22年下半年摊销的会计分录。

2. A公司和B公司均为增值税一般纳税人。假定整个交换过程中没有发生除增值税以外的其他相关税费，该交换具有商业实质。

(1)A公司和B公司为了整合资源，于2×22年1月31日进行资产置换，并于当日办理完毕相关法律手续。

2×22年1月31日，A公司换出资产的有关资料如下：①作为无形资产核算的一宗土地使用权，原值为3 400万元，累计摊销为400万元，不含税公允价值为4 500万元，增值税销项税额为405万元；②该宗土地上的厂房，原价为2 000万元，累计折旧为100万元，不含税公允价值为2 100万元，增值税销项税额为189万元；③该厂房内的生产经营用设备，账面原值为260万元，已计提折旧10万元，不含税公允价值为200万元，增值税销项税额为26万元。上述资产均不存在处置费用。

A公司上述资产的不含税公允价值合计为6 800万元，含税公允价值合计为7 420万元。

2×22年1月31日，B公司换出资产的有关资料如下：①部分对甲公司的长期股权投资，置换前B公司对甲公司的持股比例为80%，账面价值为10 400万元，置换后，B公司对甲公司的持股比例为40%。置换当日，B公司换出的这部分对甲公司的股权投资的公允价值为6 000万元。该投资为B公司于2×21年自非关联方购入的甲公司80%的股权，初始投资成本为10 400万元，当日合并报表确认了商誉，购买日至置换日甲公司累计实现净利润1 250万元(其中包括2×22年年初至置换日实现的净利润250万元)，其他综合收益增加250万元；置换后B公司持有甲公司40%的股权，对甲公司具有重大影响。②乙库存商品，账面余额为70万元，已计提存货跌价准备10万元，不含税公允价值为100万元，增值税销项税额为13万元。③对乙公司的股票投资，置换前B公司将其划分为以公允价值计量且其变动计入当期损益的金融资产，账面价值400万元，公允价值为600万元。

B公司上述资产的不含税公允价值合计为6 700万元，含税公允价值合计为6 713万元。此外，B公司于2×22年1月31日向A公司支付银行存款707万元。

(2)A公司取得对甲公司40%的长期股权投资后，采用权益法核算，当日甲公司可辨认净资产的公允价值为15 075万元。取得的乙商品仍然作为库存商品，取得的对乙公司的股票投资准备近期出售。

(3)B公司取得的土地使用权及其地上厂房、厂房内的机器设备准备全部对外出租，且董事会已作出书面决议，明确表明将其用于经营出租且持有意图短期内不再发生变化。

2×22年1月31日，B公司取得地上厂房、厂房内的机器设备后立即投入改良工程。

(4)2×22年1月31日，A公司取得对甲公司的长期股权投资时，甲公司仅有一项无形资产的公允价值与账面价值不相等，除此以外，其他可辨认资产、负债的账面价值与公允价值相等。该无形资产原值为160万元，预计使用年限为10年，已使用5年，净残值为0，按照直线法摊销；A公司预计该无形资产公允价值为200万元，预计剩余使用年限为5年，净残值为0，按照直线法摊销。2×22年8月，甲公司将其成本为900万元的商品以1 000万元的价格出售给A公司，A公司将取得的商品作为存货，至2×22年年末，A公司仍未对外出售该存货。甲公司2×22年实现的净利润为1 200万元(包括置换前的净利润250万元)。

(5)2×22年12月末，A公司持有的乙公司股票的公允价值为700万元。

(6)2×22年6月末，B公司投入改良工程的厂房、机器设备完工达到预定可使用状态，实际发生支出1 100万元(其中厂房支出1 000万元，设备支出100万元)，已通过银行存款支付，并于当日将地上厂房、厂房内的机器设备全部出租给丙公司。土地使用权尚可使用年限为30年，采用直线法计提摊销；厂房预计尚可使用年限为20年，机器设备预计尚可使用年限为10年，采用年限平均法计提折旧；假定这三项资产的预计净残值均为0。B公司投资性房地产后续计量采用公允价值模式。2×22年12月末土地使用权、地上厂房、厂房内的机器设备公允价值分别为6 000万元、4 000万元、500万元。

其他资料：上述公司均按照10%的比例计提法定盈余公积，不计提任意盈余公积，不考虑其他因素。

要求：

(1)根据资料(1)、(2)，编制A公司相关的会计分录。

(2)根据资料(1)、(3)，编制B公司相关的会计分录。

(3)根据资料(4)，编制A公司2×22年年末有关长期股权投资的会计分录。

(4)根据资料(5)，编制A公司2×22年年末有关对其持有乙公司的股票投资的会计分录。

(5)根据资料(6)，编制B公司2×22年6月末改良工程完工并对外出租的会计分录。编制B公司2×22年12月末有关土地使用权、地上厂房、机器设备的会计分录(不考虑租金收入)。

同步训练答案及解析

一、单项选择题

1. C 【解析】该项非货币性资产交换具有商业实质且双方资产的公允价值均能够可靠计量，因此甲公司换入生产设备的入账价值＝200－19.2－160×13%＋5＋10＝175(万元)。

2. A 【解析】对于同时换入的多项资产，按照换入的金融资产以外的各项换入资产公允价值相对比例，将换出资产公允价值总额(涉及补价的，加上支付补价的公允价值或减去收到补价的公允价值)扣除换入金融资产公允价值后的净额进行分摊，以分摊至各项换入资产的金额，加上应支付的相关税费，作为各项换入资产的成本进行初始计量；金融资产单独以其公允价值进行计量。因此，甲公司换入资产的总价值＝1 000＋130－30－100＝1 000(万元)，交易性金融资产的入账价值＝500(万元)，无形资产的入账价值＝1 000－500＋5＝505(万元)。乙公司换入机器设备的入账价值＝500＋500＋10＝1 010(万元)；乙公司确认的损益＝500－450＋500－400＝150(万元)。

3. B 【解析】选项B，由于甲公司取得这部分股权投资后能够对乙公司实施控制，形成了企业合并，因此适用企业合并准则、长期股权投资准则和合并财务报表准则等，不适用非货币性资产交换准则。选项C，补价所占比例＝1 000/(4 000＋1 000)×100%＝20%<25%，适用非货币性资产交换准则。

4. A 【解析】选项A、B，投资方以一项固定资产出资取得对被投资方的权益性投资，取得这部分投资后，对被投资方具有重大影响或共同控制的，对投资方来说，换出资产为固定资产，换入资产为长期股权投资，属于非货币性资产交换；对被投资方来说，则属于接受权益性投资，不属于非货币性资产交换。选项C，企业以发行股票方式取得非货币性资产的，相当于以权益工具结算买入非货币性资产，适用其他相关会计准则。选项D，集团重组中发生的非货币性资产划拨、划转行为，在股东或最终控制方的安排下，企业无代价或以明显不公平的代价将非货币性资产转让给其他企业或接受其他企业的非货币性资产，该类转让的实质是企业进行了权益性分配或接受了权益性投入，不适用非货币性资产交换准则，应当适用权益性交易会计处理的有关规定。

5. D 【解析】A公司的会计处理：不含税补价=350-270=80(万元)；换入长期股权投资的初始投资成本=270+80=350(万元)[或=270×1.13+44.9=350(万元)]；应享有被投资方可辨认净资产公允价值份额=1 000×40%=400(万元)，大于初始投资成本350万元，因此换入的长期股权投资的入账价值为400万元。A公司因该项非货币性资产交换确认损益=270-(300-45+5)+50(营业外收入)=60(万元)。B公司的会计处理：换入固定资产的成本=350-80=270(万元)[或=350-44.9-270×13%=270(万元)]。选项D，B公司换出长期股权投资确认的投资收益=350-(285-60)+5+5=135(万元)。

6. D 【解析】A公司换入固定资产的入账价值=(1 500-500)+130-143+100=1 087(万元)。B公司换入无形资产的入账价值=(1 350-250)+143-130-100=1 013(万元)。

7. D 【解析】选项A，换入C设备的入账价值=(不含税公允价值950-收到不含税补价50)×[300/(300+600)]=300(万元)，或：换入C设备的入账价值=[不含税公允价值950-收到银行存款18.5+销项税额(58.5+27)-可抵扣增值税进项税额(39+78)]×[300/(300+600)]=300(万元)；选项B，换入D设备的入账价值=(950-50)×600/900=600(万元)；选项D，甲公司换出厂房确认资产处置损益=300-(200-200/50×5)=120(万元)。

8. B 【解析】选项B，处置存货时，存货跌价准备的转销应通过“主营业务成本”或“其他业务成本”科目核算；选项C，乙公司支付的不含税补价=(150+200)-(100+200)=50(万元)，换入投资性房地产的入账价值=(300+50)×200/350=200(万元)；选项D，换入库存商品的入账价值=(300+50)×150/350=150(万元)。

二、多项选择题

1. ABC 【解析】甲公司以土地使用权交换乙公司40%股权的交易，应适用非货币性资产交换准则，甲公司应以换出土地使用权的公允价值为基础计量换入股权投资，换出土地使用权应按照公允价值与账面价值的差额确认资产处置损益，选项A、B正确；丙公司应以换出股权投资的公允价值为基础计量换入土地使用权成本，换出股权投资视为处置长期股权投资，确认相关损益影响，选项C正确；丙公司以发行普通股方式换取生产线，属于权益性交易，不能按照非货币性资产交换准则处理，选项D不正确。

2. ABD 【解析】选项C，甲公司以其一栋已开发完成的商品房换取己公司的一项土地使用权，应当适用于收入准则，不适用非货币性资产交换准则。

3. ABCD

4. ACD 【解析】选项B，当交换不具有商业实质但是换入或换出资产的公允价值能够可靠计量时，应采用账面价值计量换入资产的入账价值。

5. ABCD

6. ABCD 【解析】甲公司持有的该股权投资在处置日的账面价值=2 200+(7 500×30%-2 200)+(3 500-400+650)×30%=3 375(万元)，因此甲公司处置该联营企业股权应确认的投资收益＝3 800－3 375+650×30%＝620(万元)。

三、计算分析题

1.【答案】

(1)涉及收付货币性资产，应当计算货币性资产占整个资产交换的比例。

甲公司支付补价40万元：40/(40+2 650)＝1.49%<25%，属于非货币性资产交换。

乙公司收到补价40万元：40/2 700＝1.48%<25%，属于非货币性资产交换。

(2)该交换具有商业实质。理由：用于交换的办公楼是通过在办公楼使用寿命内与其他资产协同生产产品并对外销售而产生现金流量，写字楼是通过经营出租并定期收取租金而产生稳定均衡的现金流量，交易性金融资产是通过持有期间取得现金股利或出售产生现金流。土地使用权是通过在其上建造房屋后与房屋共同产生现金流量，数控机床是通过使用或提供服务而产生独立的现金流量，各项资产的未来现金流量在风险、时间和金额方面均明显不同，因而该交换具有商业实质。同时，各项资产的公允价值都能够可靠地计量，符合以公允价值为基础计量的条件。

(3)本题均没有确凿证据表明换入资产的公允价值更加可靠，甲公司和乙公司均以换出资产的公允价值为基础确定各项换入资产的成本，并确认各项换出资产产生的损益。

(4)①确定各项换入资产的初始计量金额。

用于分摊的金额＝换出资产的公允价值总额2 650(550+1 950+150)+支付的不含税补价40＝2 690(万元)。

无形资产的初始计量金额＝2 690×1 200/(1 200+1 500)+30＝1 195.56+30＝1 225.56(万元)。

固定资产的初始计量金额＝2 690×1 500/(1 200+1 500)＝1 494.44(万元)。

②相关会计分录如下：

借：固定资产清理　600
　　累计折旧—办公楼　150
　　贷：固定资产—办公楼　750

借：无形资产—土地使用权　1 225.56
　　固定资产—数控机床　1 494.44
　　应交税费—应交增值税(进项税额)
　　　　(108+195)303
　　资产处置损益　(550－600)50
　　贷：固定资产清理　600
　　　　其他业务收入　1 950
　　　　应交税费—应交增值税(销项税额)
　　　　　　(49.5+175.5)225
　　　　交易性金融资产　125
　　　　投资收益　(150－125)25
　　　　银行存款　(30+40+78)148

借：其他业务成本　1 800
　　投资性房地产累计折旧　300
　　贷：投资性房地产　2 100

(5)①确定各项换入资产的初始计量金额。

乙公司换入的多项资产中包含由金融工具确认和计量准则规范的交易性金融资产，应当按照金融工具确认和计量准则的规定进行会计处理。乙公司在确定换入的其他多项资产的初始计量金额时，应当将该金融资产公允价值从换出资产公允价值总额(涉及补价的，加上支付补价的公允价值或减去收到补价的公允价值)中扣除。用于分摊的金额计算如下：

用于分摊的金额＝换出资产的公允价值2 700万元(1 200+1500)－收到的补价40万元－换入的金融资产的公允价值150＝2 510(万元)。

交易性金融资产的初始计量金额＝150(万元)。

固定资产的初始计量金额＝2 510×550/(550+1 950)+20＝552.2+20＝572.2(万元)。

投资性房地产的初始计量金额＝2 510×1 950/(550+1 950)+50＝1 957.8+50＝2 007.8(万元)。

②相关会计分录如下：

借：固定资产清理　1 600

累计折旧　400
贷：固定资产　2 000
借：固定资产　552.2
投资性房地产　1 957.8
交易性金融资产　150
累计摊销　50
应交税费—应交增值税(进项税额)　225
银行存款　(78+40)118
贷：无形资产　1 100
固定资产清理　1 600
应交税费—应交增值税(销项税额)　303
资产处置损益　(1 200-1 050+1 500-1 600)50
借：固定资产　20
投资性房地产　50
贷：银行存款　70

2.【答案】

(1)有确凿证据表明换入资产的公允价值更加可靠的，以各项换入资产的公允价值和应支付的相关税费作为各项换入资产的初始计量金额。

(2)有确凿证据表明换入资产的公允价值更加可靠的，按照各项换出资产的公允价值的相对比例，将换入资产的公允价值总额(涉及补价的，减去支付补价的公允价值或加上收到补价的公允价值)分摊至各项换出资产，分摊至各项换出资产的金额与各项换出资产账面价值之间的差额，在各项换出资产终止确认时计入当期损益。但是换出的交易性金融资产，应当按照其自身的公允价值与账面价值的差额确认处置损益，交易性金融资产的公允价值应当从换入资产公允价值总额中扣除。

(3)编制甲公司非货币性资产交换的会计分录。

①确定各项换入资产的初始计量金额。

换入资产的金额=换入资产的公允价值总额2 700(1 200+1 500)+应支付的相关税费0=2 700(万元)。

无形资产的初始计量金额=1 200+30=1 230(万元)。

固定资产的初始计量金额=1 500(万元)

②确认换出资产的公允价值

换出固定资产的公允价值=(2 700-150-支付补价的公允价值40)×550/(550+1 950)= 552.2(万元)

投资性房地产的公允价值=(2 700-150-支付补价的公允价值40)×1 950/(550+1 950)= 1 957.8(万元)

固定资产处置损益=552.2-600=-47.8(万元)

借：无形资产　1 230
固定资产　1 500
应交税费—应交增值税(进项税额)　(108+195)303
资产处置损益　47.8
贷：固定资产清理　600
其他业务收入　1 957.8
应交税费—应交增值税(销项税额)　(49.5+175.5)225
交易性金融资产　125
投资收益　(150-125)25
银行存款　(30+78+40)148
借：其他业务成本　1 800
投资性房地产累计折旧　300
贷：投资性房地产　2 100

四、综合题

1.【答案】

(1)换入对乙公司股权投资的入账价值=该项股权投资在当日的公允价值=15 000(万元)。

换入对甲公司长期股权投资的初始投资成本=原3%的股权投资的公允价值+换入27%的股权投资的成本=4 444+(50 000+4 500+500-15 000)=44 444(万元)。

借：长期股权投资—甲公司(投资成本)　44 444

交易性金融资产—乙公司 15 000
贷：其他权益工具投资 3 800
盈余公积 64.4
利润分配—未分配利润 579.6
其他业务收入 50 000
应交税费—应交增值税(销项税额) 4 500
银行存款 500
借：其他综合收益 186
贷：盈余公积 18.6
利润分配—未分配利润 167.4
借：其他业务成本 29 000
投资性房地产累计折旧 1 000
投资性房地产累计摊销 600
贷：投资性房地产—写字楼 10 000
—土地使用权 20 600
借：长期股权投资—甲公司(投资成本) 556
贷：营业外收入 (150 000×30%-44 444)556

(2)2×22 年 7 月 1 日 B 公司换入土地使用权和写字楼的相关会计分录：
借：无形资产—土地使用权 30 000
在建工程 20 000
应交税费—应交增值税(进项税额) 4 500
银行存款 500
贷：长期股权投资—甲公司(投资成本) 25 000
—甲公司(损益调整) 4 000
—甲公司(其他综合收益) 800
—甲公司(其他权益变动) 200
其他权益工具投资—乙公司9 000
投资收益 (40 000-30 000)10 000
盈余公积 600
利润分配—未分配利润 5 400
借：其他综合收益 800
资本公积—其他资本公积 200
贷：投资收益 1 000

(3)A 公司 2×22 年 12 月 31 日有关长期股权投资的会计分录：
甲公司调整后的净利润 = [4 000 - (-1 000)] - (4 000/8 - 2 000/10) ÷ 2 - (120-120/10×3/12) = 4 733(万元)，应确认的投资收益 = 4 733 × 30% = 1 419.9(万元)，长期股权投资的相关分录：
借：长期股权投资—甲公司(损益调整) 1 419.9
贷：投资收益 1 419.9

(4)B 公司写字楼改良工程完工达到预定可使用状态的成本 = 20 000+6 000+30 000/40/12×6 = 26 375(万元)。
土地使用权摊销的会计分录：
借：在建工程 375
贷：累计摊销 (30 000/40/12×6)375

2.【答案】
(1)A 公司相关的会计分录：
借：固定资产清理 2 150
累计折旧 (100+10)110
贷：固定资产 (2 000+260)2 260
借：长期股权投资—甲公司(投资成本) 6 000
库存商品—乙商品 100
应交税费—应交增值税(进项税额) 13
交易性金融资产—成本 600
银行存款 707
累计摊销 400
贷：无形资产 3 400
固定资产清理 2 150
应交税费—应交增值税(销项税额) (405+189+26)620
资产处置损益 (4 500-3 000+2 300-2 150)1 650
借：长期股权投资—甲公司(投资成本) 30

贷：营业外收入

(15 075×40%-6 000)30

(2)B公司相关的会计分录：

借：投资性房地产—土地使用权(在建)

4 500

—厂房(在建)

2 100

在建工程　200

应交税费—应交增值税(进项税额)

(405+189+26)620

贷：长期股权投资—甲公司

(10 400×40%/80%)5 200

投资收益

(6 000-5 200+600-400)1 000

主营业务收入　100

应交税费—应交增值税(销项税额)

13

交易性金融资产　400

银行存款　707

借：主营业务成本　60

存货跌价准备　10

贷：库存商品—乙商品　70

剩余股权投资按权益法调整原账面价值：

借：长期股权投资—甲公司(损益调整)

500

—甲公司(其他综合收益)

100

贷：盈余公积　(1 000×40%×10%)40

利润分配—未分配利润

(1 000×40%×90%)360

投资收益　(250×40%)100

其他综合收益　(250×40%)100

(3)甲公司调整后的净利润＝1 200－250－(200/5－160/10)×11/12－(1 000－900)＝828(万元)。

借：长期股权投资—甲公司(损益调整)

331.2

贷：投资收益　(828×40%)331.2

(4)A公司2×22年年末有关对其持有乙公司的股票投资的会计分录：

借：交易性金融资产—公允价值变动

100

贷：公允价值变动损益(700-600)100

(5)B公司2×22年6月末改良工程完工并对外出租的会计分录：

借：投资性房地产—厂房(在建)

1 000

在建工程　100

贷：银行存款　1 100

借：投资性房地产—土地使用权(成本)

4 500

—厂房(成本)

(2 100+1 000)3 100

固定资产　(200+100)300

贷：投资性房地产—土地使用权(在建)

4 500

—厂房(在建)3 100

在建工程　300

B公司2×22年12月末有关土地使用权、地上厂房、机器设备的会计分录：

借：投资性房地产—土地使用权(公允价值变动)

(6 000-4 500)1 500

—厂房(公允价值变动)

(4 000-3 100)900

贷：公允价值变动损益　2 400

借：其他业务成本　(300/10/2)15

贷：累计折旧　15

第二十一章　债务重组

考情解密

历年考情概况

本章考试的题型以客观题为主，主观题主要与其他有关章节如存货、固定资产、金融资产、长期股权投资、企业合并、负债和所有者权益等相结合进行考查。本章在考试中所占分值较少，通常在2分左右。本章重点掌握以非现金资产清偿债务及混合重组的账务处理，需特别注意控股股东对企业的资本性投入的会计核算。本章内容于2020年按照新修订的会计准则编写，在2022年还应继续重点关注这部分内容。

近年考点直击

考点	主要考查题型	考频指数	考查角度
债务重组的定义和方式	计算分析题	★★	母公司豁免实质上构成了对子公司的资本性投入
以资产偿还债务	单选题、多选题、计算分析题、综合题	★★★	①给定相关业务，判断债权人的会计处理是否正确；②计算债务重组利得或损失；③债务人对抵债资产的损益核算；④债权人取得受让资产入账成本的确定
修改其他条款的处理	综合题	★★★	①与资产负债表日后事项结合考查会计处理原则；②与所有者权益等章节结合考查债务重组的处理

2022年考试变化

本章考试内容未发生实质性变动。

考点详解及精选例题

一、债务重组的定义和方式★★

（一）债务重组定义

债务重组，是指在不改变交易对手方的情况下，经债权人和债务人协定或法院裁定，就清偿债务的时间、金额或方式等重新达成协议的交易。

债务重组涉及的债权和债务是指《企业会计准则第22号——金融工具确认和计量》规范的金融工具。

（1）债务重组是在不改变交易对手方的情况下进行的交易。

实务中经常出现第三方参与相关交易的情形。例如某公司以不同于原合同条款的方式代债务人向债权人偿债；又如新组建的公司承接原债务人的债务，与债权人进行债务重组；再如，资产管理公司从债权人处购得债权，与债务人进行债务重组。

企业首先考虑债权和债务是否发生终止确认，适用于《企业会计准则第 22 号——金融工具确认和计量》和《企业会计准则第 23 号——金融资产转移》等准则，再就债务重组交易适用《企业会计准则第 12 号——债务重组》准则。

（2）债务重组不强调在债务人发生财务困难的背景下进行，也不论债权人是否做出让步。

也就是说，无论何种原因导致债务人未按原定条件偿还债务，也无论双方是否同意债务人以低于债务的金额偿还债务，只要债权人和债务人就债务条款重新达成了协议，就符合债务重组定义。例如，债权人在减免债务人部分债务本金的同时提高剩余债务的利息，或者债权人同意债务人用等值库存商品抵偿到期债务等，均属于准则规范的债务重组。

（二）适用范围

准则适用于所有债务重组，但下列各项适用其他相关会计准则：

（1）债务重组中涉及的债权、重组债权、债务、重组债务和其他金融工具的确认、计量和列报，分别适用金融工具确认和计量准则和金融工具列报准则。债务重组中所说的债权和债务，包括租赁应收款和租赁应付款，但合同资产、合同负债、预计负债等不包括在内。

（2）通过债务重组形成企业合并的，适用企业合并准则。

（3）债权人或债务人中的一方直接或间接对另一方持股且以股东身份进行债务重组的，或者债权人与债务人在债务重组前后均受同一方或相同的多方最终控制，且该债务重组的交易实质是债权人或债务人进行了权益性分配或接受了权益性投入的，适用权益性交易的有关会计处理规定。

债务重组构成权益性交易的情形包括：①债权人直接或间接对债务人持股，或者债务人直接或间接对债权人持股，且持股方以股东身份进行债务重组；②债权人与债务人在债务重组前后均受同一方或相同的多方最终控制，且该债务重组的交易实质是债权人或债务人进行了权益性分配或接受了权益性投入。

（三）债务重组的方式

（1）债务人以资产清偿债务。

（2）债务人将债务转为权益工具（会计处理体现为股本、实收资本、资本公积等科目）。

下列内容不属于债务人将债务转为权益工具的债务重组方式：

一是有些债务重组名义上采用“债转股”的方式，但同时附加相关条款，如约定债务人在未来某个时点有义务以某一金额回购股权，或债权人持有的股份享有强制分红等。

二是债权人和债务人协商以一项同时包含金融负债成分和权益工具成分的复合金融工具替换原债权债务。

（3）修改其他条款。

是债务人不以资产清偿债务，也不将债务转为权益工具，而是改变债权和债务的其他条款的债务重组方式，如调整债务本金、改变债务利息、变更还款期限等。经修改其他条款的债权和债务分别形成重组债权和重组债务。

（4）组合方式。

是采用债务人以资产清偿债务、债务人将债务转为权益工具、修改其他条款三种方式中一种以上方式的组合清偿债务的债务重组方式。例如，债权人和债务人约定，由债务人以机器设备清偿部分债务，将另一部分债务转为权益工具，调减剩余债务的本金，但利率和还款期限不变；再如，债务人以现金清偿部分债务，同时将剩余债务展期等。

二、债权和债务的终止确认

债务重组中涉及的债权和债务的终止确

认，应当按照金融工具相关准则中有关金融资产和金融负债终止确认的规定进行处理。债权人在收取债权现金流量的合同权利终止时终止确认债权，债务人在债务的现时义务解除时终止确认债务。

在报告期间已经开始协商、但在报告期资产负债表日后的债务重组，不属于资产负债表日后调整事项。

对于终止确认的债权，债权人应当结转已计提的减值准备中对应该债权终止确认部分的金额。对于终止确认的分类为以公允价值计量且其变动计入其他综合收益的债权，之前计入其他综合收益的累计利得或损失应当从其他综合收益中转出，记入“投资收益”科目。

三、以资产清偿债务方式进行债务重组的★★★

（一）以金融资产清偿债务（如表 21-1）

表 21-1　以金融资产清偿债务

债权人的会计处理	债务人的会计处理
债权人受让包括现金在内的单项或多项金融资产的，应当按照金融工具确认和计量准则的规定进行确认和计量。金融资产初始确认时应当以公允价值计量，金融资产确认金额与债权终止确认日账面价值之间的差额记入“投资收益”科目	债务人以单项或多项金融资产清偿债务的，债务的账面价值与偿债金融资产账面价值的差额，记入“投资收益”科目。 偿债金融资产已计提减值准备的，应结转已计提的减值准备
借：银行存款、其他债权投资、其他权益工具投资等[金融资产公允价值] 　　坏账准备 　　投资收益[金融资产公允价值与债权账面价值的差额，或贷记] 　贷：应收账款[账面余额]	借：应付账款[账面价值] 　贷：银行存款、其他债权投资、其他权益工具投资等[账面价值] 　　　投资收益[债务的账面价值-偿债金融资产账面价值，或借记] 同时： 借：其他综合收益 　贷：投资收益[其他债权投资清偿债务] 　　　盈余公积、利润分配[其他权益工具投资清偿债务] 或相反分录

【例题 1·计算分析题】2×22 年 6 月 6 日，甲公司向乙公司销售商品一批，应收乙公司款项的入账金额为 100 万元。甲公司将该应收款项分类为以摊余成本计量的金融资产。乙公司将该应付账款分类为以摊余成本计量的金融负债。2×22 年 8 月 8 日，双方签订债务重组合同，乙公司以一项作为交易性金融资产核算的股权工具偿还该欠款。交易性金融资产的账面价值为 90 万元（其中成本 69.4 万元，公允价值变动 20.6 万元），公允价值为 80 万元，双方于当日办理完成股权转让手续。甲公司支付交易费用 4 万元，将取得的股权投资作为交易性金融资产核算。当日甲公司应收款项已计提坏账准备 10 万元，乙公司应付款项的账面价值仍为 100 万元。金融资产的增值税税率为 6%（依据金融资产公允价值与取得时成本的差额计税）。

要求：分别作出债权人和债务人的相关会计处理。

答案▶债权人和债务人在重组时的相关会计处理如表 21-2 所示。

表 21-2　债权人和债务人的相关会计处理

债权人的会计处理	债务人的会计处理
借：交易性金融资产　80 　坏账准备　10 　投资收益　（金融资产确认金额 80-债权账面价值 90-交易费用 4）14 　贷：应收账款　100 　　银行存款　4	借：应付账款　100 　贷：交易性金融资产　90 　　应交税费—转让金融商品应交增值税[（80-69.4）/1.06×6%]0.6 　　投资收益　（债务的账面价值 100-偿债金融资产账面价值 90-税费 0.6）9.4

（二）以非金融资产清偿债务（如表 21-3）

表 21-3　以非金融资产清偿债务

债权人的会计处理	债务人的会计处理
（1）债权人初始确认受让的金融资产以外的资产时，非金融资产的成本=**放弃债权的公允价值**+使该资产达到当前位置和状态所发生的可直接归属于该资产的税金、运输费、装卸费、保险费等其他成本。 （2）放弃债权的公允价值与账面价值之间的差额，应当记入当期**"投资收益"**科目	（1）债务人以单项或多项非金融资产清偿债务，或者以包含金融资产和非金融资产在内的多项资产清偿债务的，**不需要区分**资产处置损益和债务重组损益，也**不需要区分**不同资产的处置损益，而将所清偿债务**账面价值**与转让资产**账面价值**之间的差额记入**"其他收益**—债务重组收益"科目。偿债资产已计提减值准备的应结转已计提的减值准备。 （2）债务人以包含非金融资产的处置组清偿债务的，应当将所清偿债务和处置组中负债的账面价值之和与处置组资产的账面价值之间的差额记入**"其他收益**—债务重组收益"科目。处置组所属的资产组或资产组合，按照资产减值准则分摊了企业合并中取得的商誉的，该处置组应包含分摊至处置组的商誉。处置组中的资产已计提减值准备的，应结转已计提的减值准备。 （3）债务人以日常活动产出的商品或服务清偿债务的，用于偿债的资产可能体现为存货等资产，此时，债务人应当将相关债务的账面价值与存货等资产的账面价值间的差额，记入"其他收益—债务重组收益"科目
借：库存商品、固定资产等[放弃债权的公允价值+相关税费] 　坏账准备 　投资收益[放弃债权的公允价值与账面价值之间的差额，或贷记] 　贷：应收账款 　　银行存款[相关税费]	借：应付账款[账面价值] 　贷：库存商品、无形资产、固定资产清理[账面价值] 　　其他收益—债务重组收益[所清偿债务账面价值与转让资产账面价值的差额，或借记]

【例题 2·计算分析题】 2×22 年 3 月 18 日，甲公司向乙公司销售商品一批，应收乙公司款项的入账金额为 3 660 万元。甲公司将该应收款项分类为以摊余成本计量的金融资产。乙公司将该应付账款分类为以摊余成本计量的金融负债。9 月 18 日，甲公司应收乙公司账款 3 660 万元已逾期，双方经协商决定进行债务重组。乙公司以一项固定资产（设备）抵偿上述债务，该项设备的成本为 2 850 万元，已计提折旧 50 万元。当日双方

已办理完成该资产转让手续，甲公司该项应收账款在重组日的公允价值为 3 390 万元。甲公司已对该债权计提坏账准备 20 万元。甲公司为取得抵债资产支付评估费用 6 万元。

要求：编制甲公司和乙公司在债务重组时的会计分录。

答案▶债务重组双方的会计分录如表 21-4 所示。

表 21-4　债务重组双方的会计分录

甲公司的账务处理	乙公司的账务处理
借：固定资产　(3 390+6)3 396 　　坏账准备　20 　　投资收益　(3 390-3 640)250 　　贷：应收账款　3 660 　　　　银行存款　6	借：固定资产清理　2 800 　　累计折旧　50 　　贷：固定资产　2 850 借：应付账款　3 660 　　贷：固定资产清理　2 800 　　　　其他收益—债务重组收益　860

（三）以多项资产清偿债务（如表 21-5）

表 21-5　以多项资产清偿债务

债权人的会计处理	债务人的会计处理
债权人受让多项非金融资产，或者包括金融资产、非金融资产在内的多项资产的，应当按照金融工具确认和计量准则的规定确认和计量受让的金融资产；按照受让的金融资产以外的各项资产在债务重组合同生效日的**公允价值比例**，对放弃债权在合同生效日的公允价值**扣除受让金融资产在当日的公允价值**后的净额进行分配，并以此为基础分别确定各项资产的成本。放弃债权的公允价值与账面价值之间的差额记入“投资收益”科目	见“以非金融资产清偿债务”
借：交易性金融资产[按债权终止确认日的公允价值确认] 　　库存商品[按合同生效日的公允价值比例分配确认] 　　固定资产等[按合同生效日的公允价值比例分配确认] 　　坏账准备 　　投资收益[或贷记] 　　贷：应收账款 　　　　银行存款[相关税费]	借：应付账款[账面价值] 　　贷：交易性金融资产、库存商品、固定资产清理等[账面价值] 　　　　其他收益—债务重组收益[所清偿债务账面价值与转让资产账面价值的差额，或借记]

【例题 3 · 计算分析题】 2×22 年 3 月 18 日，甲公司向乙公司销售商品一批，应收乙公司款项的入账金额为 3 660 万元。甲公司将该应收款项分类为以摊余成本计量的金融资产。乙公司将该应付账款分类为以摊余成本计量的金融负债。9 月 18 日，甲公司应收乙公司账款 3 660 万元已逾期，经协商决定进行债务重组，合同生效日（9 月 18 日）乙公司抵债资产的资料如下：

（1）以一项交易性金融资产（股权）抵偿上述部分债务，该项股权投资的成本为 1 000 万元，公允价值变动 200 万元，当日公允价值为 1 390 万元。

（2）以一项固定资产（设备）抵偿上述部分债务，该项设备的成本为 650 万元，已计提折旧 50 万元，当日公允价值为 700 万元。

（3）以一项库存商品抵偿上述部分债务，该存货的成本为 1 200 万元，当日公允价值为 1 300 万元。

甲公司该项应收账款在 9 月 18 日的公允

价值为3 390万元。甲公司已对该债权计提坏账准备20万元。

2×22年10月18日双方办理完成抵债资产转让手续，甲公司将该股权投资分类为交易性金融资产，当日该股权的公允价值为1 400万元。

要求：计算债权人甲公司固定资产的成本和库存商品的成本；编制2×22年10月18日债务重组双方的会计分录。

答案 债务重组双方的会计分录如表21-6所示。

表21-6 债务重组双方的会计分录

甲公司的账务处理	乙公司的账务处理
(1)固定资产的成本=(放弃债权在合同生效日的公允价值3 390-合同生效日金融资产公允价值1 390)×700/(700+1 300)=700(万元)。 库存商品的成本=(3 390-1 390)×1 300/(700+1 300)=1 300(万元)	—
(2)2×22年10月18日债务重组的会计分录。 借：交易性金融资产 1 400 固定资产 700 库存商品 1 300 坏账准备 20 投资收益 240 贷：应收账款 3 660	2×22年10月18日债务重组的会计分录。 借：固定资产清理 600 累计折旧 50 贷：固定资产 650 借：应付账款 3 660 贷：交易性金融资产 1 200 固定资产清理 600 库存商品 1 200 其他收益—债务重组收益 660

【快速记忆】以资产清偿债务方式进行债务重组：

(1)债权人：

①债权人受让包括单项或多项金融资产的，初始确认时应当以其公允价值计量；金融资产确认金额与债权终止确认日账面价值之间的差额，记入“投资收益”科目。

②债权人受让非金融资产的，其初始确认时应当以放弃债权的公允价值，以及使该资产达到当前位置和状态所发生的税费为基础确认；放弃债权的公允价值与账面价值之间的差额，记入“投资收益”科目。

③债权人受让包括金融资产、非金融资产在内的多项资产的，先按照公允价值确认受让的金融资产；然后再按照受让的金融资产以外的各项资产在债务重组合同生效日的公允价值比例，对放弃债权在合同生效日的公允价值扣除受让金融资产在当日的公允价值后的净额进行分配，并以此为基础分别确定各项资产的成本。放弃债权的公允价值与账面价值之间的差额，记入“投资收益”科目。

(2)债务人：

①债务人以单项或多项金融资产清偿债务的，债务的账面价值与偿债金融资产账面价值的差额，记入“投资收益”科目。

②债务人以单项或多项非金融资产清偿债务，或者以包含金融资产和非金融资产在内的多项资产清偿债务的，不需要区分资产处置损益和债务重组损益，也不需要区分不同资产的处置损益，而将所清偿债务账面价值与转让资产账面价值之间的差额记入“其他收益”科目。

(四)债权人受让处置组

债务人以处置组清偿债务的，债权人应

当分别按照《企业会计准则第22号——金融工具确认和计量》和其他相关准则的规定，对处置组中的金融资产和负债进行初始计量，然后按照金融资产以外的各项资产在债务重组合同生效日的公允价值比例，对放弃债权在合同生效日的公允价值以及承担的处置组中负债的确认金额之和，扣除受让金融资产当日公允价值后的净额进行分配，并以此为基础分别确定各项资产的成本。放弃债权的公允价值与账面价值之间的差额，记入“投资收益”科目。

（五）债权人将受让的资产或处置组划分为持有待售类别

债务人以资产或处置组清偿债务，且债权人在取得日未将受让的相关资产或处置组作为非流动资产和非流动负债核算，而是将其划分为持有待售类别的，债权人应当在初始计量时，比较假定其不划分为持有待售类别情况下的初始计量金额和公允价值减去出售费用后的净额，以两者孰低计量。

【例题4·计算分析题】2×22年3月18日，甲公司向乙公司销售商品一批，应收乙公司款项的入账金额为4 000万元。甲公司将该应收款项分类为以摊余成本计量的金融资产。乙公司将该应付账款分类为以摊余成本计量的金融负债。4月18日，甲公司应收乙公司账款4 000万元已逾期，双方经协商决定进行债务重组。乙公司以一项作为无形资产核算的土地使用权抵偿上述债务，5月18日，双方办理完成该资产转让手续并由甲公司支付相关过户费用15万元，甲公司该项应收账款当日的公允价值为3 585万元。甲公司已对该债权计提坏账准备100万元。假设甲公司管理层决议，受让该土地使用权后将在半年内将其出售，当日无形资产的公允价值为3 510万元，预计未来出售该无形资产时将发生10万元的出售费用，该无形资产满足持有待售资产确认条件。

要求：编制2×22年5月18日债权人甲公司的相关会计分录（为比较分别说明未划分为持有待售资产和划分为持有待售资产的会计处理）。

答案 甲公司的相关会计分录如表21-7所示。

表21-7 甲公司的相关会计分录

未划分为持有待售资产	划分为持有待售资产
无形资产的入账价值=放弃债权的公允价值3 585+相关税费15=3 600（万元）	对该无形资产进行初始确认时，假定不划分为持有待售类别情况下的无形资产入账金额3 600（3 585+15）万元与公允价值减出售费用后的净额3 500万元（3 510-10）孰低计量
借：无形资产 （3 585+15）3 600 坏账准备 100 投资收益 315 贷：应收账款 4 000 银行存款 15	借：持有待售资产—无形资产 3 500 坏账准备 100 资产减值损失 （315+100）415 贷：应收账款 4 000 银行存款 15 『提示』资产减值损失是按照《企业会计准则第42号——持有待售的非流动资产、处置组和终止经营》规定处理

四、将债务转为权益工具方式进行债务重组(如表 21-8)★★★

表 21-8　将债务转为权益工具方式进行债务重组

债权人的会计处理	债务人的会计处理
将债务转为权益工具方式进行债务重组导致债权人将债权转为对联营企业或合营企业的权益性投资的，债权人应当按照前述以资产清偿债务方式进行债务重组的规定计量其初始投资成本。 放弃债权的公允价值与账面价值之间的差额，应当计入当期损益	债务重组采用将债务转为权益工具方式进行的，债务人初始确认权益工具时，应当按照权益工具的公允价值计量，权益工具的公允价值不能可靠计量的，应当按照所清偿债务的公允价值计量。所清偿债务账面价值与权益工具确认金额之间的差额，记入“投资收益”科目。债务人因发行权益工具而支出的相关税费等，应当依次冲减资本公积(资本或股本溢价)、盈余公积、未分配利润等
借：长期股权投资[放弃债权的公允价值+相关税费] 　坏账准备 　投资收益[放弃债权的公允价值与账面价值之间的差额，或贷记] 　贷：应收账款 　　银行存款[相关税费]	借：应付账款 　贷：实收资本/股本 　　资本公积—资本溢价(或股本溢价) 　　银行存款[支付相关税费] 　　投资收益[清偿债务账面价值-权益工具确认金额]

『提示』实务中，有些债务重组名义上采用“债转股”的方式，但同时附加相关条款，比如约定债务人在未来某个时点以某一金额回购股权，或债权人持有的股份享有强制分红权等。对债务人来说，这些“股权”不属于金融工具有关准则中分类为权益工具的金融工具，因此不属于债务人将债务转为权益工具的债务重组方式。债权人和债务人还可能协议以一项同时包含金融负债成分和权益工具成分的复合金融工具替换原债权债务，这也不属于债务人将债务转为权益工具的债务重组方式。

【例题 5·计算分析题】2×22 年乙公司(债权人)和甲公司(债务人)债务重组资料如下：

(1)3 月 6 日，甲公司从乙公司购买一批材料，约定 6 个月后甲公司应结清款项 5 000 万元(假定无重大融资成分)。乙公司将该应收款项分类为以公允价值计量且其变动计入当期损益的金融资产；甲公司将该应付款项分类为以摊余成本计量的金融负债。

(2)6 月 30 日，应收款项和应付款项的公允价值均为 4 250 万元。

(3)9 月 30 日，甲公司因无法支付货款与乙公司协商进行债务重组，双方商定乙公司将该债权转为对甲公司的股权投资。当日应收款项和应付款项的公允价值均为 3 800 万元。

(4)10 月 8 日，乙公司办理了对甲公司的增资手续，甲公司和乙公司分别支付手续费等相关费用 75 万元和 60 万元。债转股后甲公司总股本为 6 250 万元，乙公司持有的抵债股权占甲公司总股本的 20%，对甲公司具有重大影响，甲公司股权公允价值不能可靠计量。甲公司应付款项的账面价值仍为 5 000 万元。应收款项和应付款项的公允价值仍为3 800 万元。

假定不考虑其他相关税费。

要求：

(1)编制乙公司(债权人)2×22 年 3 月 6 日至 10 月 8 日的会计分录。

(2)编制甲公司(债务人)2×22 年 3 月 6 日至 10 月 8 日的会计分录。

答案▶乙公司和甲公司的会计分录如表

21-9 所示。

表 21-9　乙公司和甲公司的会计分录

乙公司（债权人）的会计处理	甲公司（债务人）的会计处理
①3 月 6 日： 借：交易性金融资产—成本　5 000 　贷：主营业务收入　5 000	①3 月 6 日： 借：原材料　5 000 　贷：应付账款　5 000
②6 月 30 日： 借：公允价值变动损益　（5 000-4 250）750 　贷：交易性金融资产—公允价值变动　750 ③9 月 30 日： 借：公允价值变动损益　（4 250-3 800）450 　贷：交易性金融资产—公允价值变动　450	—
④10 月 8 日： 长期股权投资初始投资成本＝应收款项公允价值 3 800+相关税费 60＝3 860（万元）	②10 月 8 日，由于甲公司股权的公允价值不能可靠计量，初始确认权益工具时，应当按照所清偿债务的公允价值 3 800 万元计量，并扣除因发行权益工具支出的相关税费 75 万元
借：长期股权投资—投资成本　3 860 　交易性金融资产—公允价值变动（750+450）1 200 　贷：交易性金融资产—成本　5 000 　　银行存款　60	借：应付账款　5 000 　贷：股本　（6 250×20%）1 250 　　资本公积　（3 800-1 250-75）2 475 　　银行存款　75 　　投资收益　（5 000-3 800）1 200

五、采用修改其他条款方式进行债务重组（如表 21-10）★★★

表 21-10　采用修改其他条款方式进行债务重组

项目	债权人	债务人
原则	债务重组通过调整债务本金、改变债务利息、变更还款期限等修改合同条款方式进行的，合同修改前后的交易对手方没有发生改变，合同涉及的本金、利息等现金流量很难在本息之间及债务重组前后做出明确分割，即很难单独识别合同的特定可辨认现金流量。因此通常情况下，应当整体考虑是否对全部债权的合同条款做出了实质性修改。如果做出实质性修改，或者债权人与债务人之间签订协议，以获取实质上不同的新金融资产方式替换债权，应当终止确认原债权，并按照修改后的条款或新协议确认新金融资产	如果对债务或部分债务的合同条款做出实质性修改形成重组债务，或者债权人与债务人之间签订协议，以承担实质上不同的重组债务方式替换债务，债务人应当终止确认原债务，同时按照修改后的条款确认一项新金融负债。其中，如果重组债务未来现金流量（包括支付和收取的某些费用）现值与原债务的剩余期间现金流量现值之间的差异超过 10%，则意味着新的合同条款进行了实质性修改或者重组债务是实质上不同的，有关现值的计算均采用原债务的实际利率
	『提示』债权人，修改其他条款方式或组合方式进行债务重组，一般为实质性修改	『提示』债务人，实质性修改的判断，需要考虑 10% 的标准，债权人没有 10% 的标准

续表

项目	债权人	债务人
会计处理方法	如果修改其他条款导致全部债权终止确认，债权人应当按照修改后的条款以**公允价值**初始计量重组债权，重组债权的确认金额与债权终止确认日账面价值之间的差额，记入**“投资收益”**科目	如果修改其他条款导致债务终止确认，债务人应当按照**公允价值**计量重组债务，终止确认的债务账面价值与重组债务确认金额之间的差额，记入**“投资收益”**科目
	如果修改其他条款未导致债权终止确认，债权人应当根据其分类，继续以摊余成本、以公允价值计量且其变动计入其他综合收益，或者以公允价值计量且其变动计入当期损益进行后续计量	如果修改其他条款未导致债务终止确认，或者仅导致部分债务终止确认，对于未终止确认的部分债务，债务人应当根据其分类，继续以摊余成本、以公允价值计量且其变动计入当期损益或其他适当方法进行后续计量
	对于以摊余成本计量的债权，债权人应当根据重新议定合同的现金流量变化情况，重新计算该重组债权的账面余额，并将相关利得或损失记入“投资收益”科目	对于以摊余成本计量的债务，债务人应当根据重新议定合同的现金流量变化情况，重新计算该重组债务的账面价值，并将相关利得或损失记入“投资收益”科目
	重新计算的该重组债权的账面余额，应当根据将重新议定或修改的合同现金流量按债权原实际利率折现的现值确定，购买或源生的已发生信用减值的重组债权，应按经信用调整的实际利率折现。对于修改或重新议定合同所产生的成本或费用，债权人应当调整修改后的重组债权的账面价值，并在修改后重组债权的剩余期限内摊销	重新计算的该重组债务的账面价值，应当根据将重新议定或修改的合同现金流量按适用的实际利率折现的现值确定。对于修改或重新议定合同所产生的成本或费用，债务人应当调整修改后的重组债务的账面价值，并在修改后重组债务的剩余期限内摊销

【例题6·计算分析题】2×21年7月1日乙公司向甲公司销售商品，开出已承兑的商业汇票，乙公司以摊余成本计量该项应收票据，甲公司以摊余成本计量该项应付票据。票据面值为10 000万元，期限为半年，年利率6%，2×21年12月31日票据到期，票据利息已经支付，由于甲公司出现严重资金周转问题，无法偿还票据本金。当日乙公司将应收票据转换为应收账款，甲公司将应付票据转换为应付账款。

(1)2×22年1月10日，乙公司同意与甲公司就该项应收账款重新达成协议，新协议约定：

①甲公司将一项作为固定资产核算的房产转让给乙公司，用于抵偿部分债务2 000万元。该房产账面原值2 400万元，累计折旧800万元，未计提减值准备；

②甲公司向乙公司增发股票1 000万股，面值1元/股，占甲公司股份总额的1%，用于抵偿部分债务4 000万元，甲公司股票于2×22年1月10日的收盘价为4元/股；

③在甲公司履行上述偿债义务后，乙公司免除甲公司1 000万元债务，并将尚未偿还的债务3 000万元展期至2×22年12月31日，年利率8%；如果甲公司未能履行①②所述偿债义务，乙公司有权终止债务重组协议，尚未履行的债权调整承诺随之失效。

乙公司该应收账款于2×22年1月10日的公允价值为9 200万元，予以展期的应收账款的公允价值为3 000万元。已计提坏账准备600万元。

2×22年3月2日，双方办理完成房产转让手续，乙公司将该房产作为投资性房地产核算。

要求：根据资料(1)，编制乙公司和甲公司2×22年3月2日的会计分录。

答案▶乙公司和甲公司的会计分录如表21-11所示。

表 21-11　乙公司和甲公司的会计分录

债权人(乙公司)的会计处理	债务人(甲公司)的会计处理
投资性房地产成本=放弃债权公允价值 9 200-受让股权公允价值 4 000-重组债权公允价值 3 000=2 200(万元)。 借：投资性房地产　2 200 　贷：应收账款　2 200 『提示』债权人应在收取债权现金流量的合同权利终止时，同时终止确认全部债权。所以 2×22 年 3 月 2 日不能终止确认全部债权，也就不能确认债务重组相关损益。	借：固定资产清理　1 600 　累计折旧　800 　贷：固定资产　2 400 借：应付账款　1 600 　贷：固定资产清理　1 600 『提示』如果债务人通过交付资产或权益工具解除了其清偿债务的现时义务，债务人一般可以终止确认该债务。所以 2×22 年 3 月 2 日不能终止确认全部债务，也就不能确认债务重组相关损益。

(2)2×22 年 5 月 9 日，双方办理完成股权转让手续，乙公司将该股权投资分类为以公允价值计量且其变动计入当期损益的金融资产，甲公司股票当日收盘价为 4.02 元/股。

要求：根据资料(2)，编制乙公司和甲公司 2×22 年 5 月 9 日的会计分录。

答案乙公司和甲公司的会计分录如表 21-12 所示。

表 21-12　乙公司和甲公司的会计分录

债权人(乙公司)的会计处理	债务人(甲公司)的会计处理
甲公司与乙公司以组合方式进行债务重组，同时涉及以资产清偿债务、将债务转为权益工具、包括债务豁免的修改其他条款等方式，可以认为对全部债权的合同条款做出了实质性修改，债权人在收取债权现金流量的合同权利终止时应当终止确认全部债权，即在 2×22 年 5 月 9 日该债务重组协议的执行过程和结果不确定性消除时，可以确认全部债务重组相关损益，并按照修改后的条款确认新金融资产	该债务重组协议的执行过程和结果不确定性于 2×22 年 5 月 9 日消除时，债务人清偿该部分债务的现时义务已经解除，可以确认债务重组相关损益，并按照修改后的条款确认新金融负债
受让股权的公允价值=4.02×1 000=4 020(万元) 投资收益=新金融资产的确认金额(4 020+3 000)-债权终止确认日账面价值(7 800-800)=20(万元) 借：交易性金融资产　4 020 　应收账款—债务重组　3 000 　坏账准备　600 　投资收益　180 　贷：应收账款　(10 000-2 200)7 800	『提示』重组债务未来现金流量(包括支付和收取的某些费用)现值与原债务的剩余期间现金流量现值之间的差异超过 10%，有关现值的计算均采用原债务的实际利率。 债务未来现金流量(包括支付费用)现值 =3 000×(1+8%)/(1+6%)=3 057(万元) 现金流变化=(3 057-3 000)/3 000=1.9%<10% 因此针对 3 000 万元本金部分的合同条款的修改不构成实质性修改，不终止确认该部分负债。 借：应付账款　(10 000-1 600)8 400 　贷：股本　1 000 　　资本公积　(1 000×3.02)3 020 　　应付账款—债务重组　3 057 　　其他收益　1 323

六、以组合方式进行债务重组(如表 21-13)★★★

表 21-13　以组合方式进行债务重组

债权人的会计处理	债务人的会计处理
债务重组采用组合方式进行的，一般可以认为对全部债权的合同条款做出了实质性修改，债权人应当按照修改后的条款，以公允价值初始计量重组债权和受让的新金融资产，按照受让的金融资产以外的各项资产在债务重组合同生效日的公允价值比例，对放弃债权在合同生效日的公允价值扣除重组债权和受让金融资产当日公允价值后的净额进行分配，并以此为基础分别确定各项资产的成本。 放弃债权的公允价值与账面价值之间的差额，记入“投资收益”科目	以组合方式进行债务重组的，债务人应当按照前述的规定确认和计量权益工具和重组债务，所清偿债务的账面价值与转让资产的账面价值以及权益工具和重组债务的确认金额之和的差额，应当记入“其他收益—债务重组收益”或“投资收益”(仅涉及金融工具时)科目

『提示』对于企业因破产重整而进行的债务重组，由于涉及破产重整的债务重组协议执行过程及结果存在重大不确定性，因此企业通常应在破产重整协议履行完毕后确认债务重组收益，除非有确凿证据表明上述重大不确定性已经消除。

【例题 7·计算分析题】甲、乙公司均为增值税一般纳税人，适用增值税税率为13%，有关债务重组资料如下：

(1)2×21 年 11 月 5 日，甲公司向乙公司赊购一批材料，含税价为 1 170 万元。乙公司以摊余成本计量该项债权，甲公司以摊余成本计量该项债务。

(2)2×22 年 9 月 10 日，甲公司因发生财务困难，无法按合同约定偿还债务，双方协商进行债务重组。乙公司同意甲公司用其生产的商品、作为固定资产管理的机器设备和一项债券投资抵偿欠款。甲公司用于抵债的资产的资料如下：

①库存商品：成本为 350 万元；不含税市价为 450 万元(等于计税价格)。

②固定资产：原价为 750 万元，累计折旧为 200 万元，已计提减值准备 90 万元；不含税公允价值为 375 万元(等于计税价格)。

③债权投资：账面价值总额为 75 万元；市价为 117.75 万元。票面利率与实际利率一致，按年付息；

当日，该项债务的账面价值仍为 1 170 万元。

抵债资产于 2×22 年 9 月 20 日转让完毕，甲公司发生设备运输费用 3.25 万元。甲公司已开出增值税专用发票，增值税销项税额为 107.25 万元。

(3)乙公司将受让的商品、设备和债券投资分别作为原材料、固定资产和以公允价值计量且其变动计入当期损益的金融资产核算。

2×22 年 9 月 10 日，乙公司该债权的公允价值为 1 050 万元。

2×22 年 9 月 20 日，乙公司对该债权已计提坏账准备 95 万元，债券投资市价为 105 万元。

要求：分别编制债权人和债务人的会计分录。

答案 ▶债权人和债务人的会计分录如表 21-14 所示。

表 21-14　债权人和债务人的会计分录

债权人（乙公司）的会计处理	债务人（甲公司）的会计处理
（1）2×22 年 9 月 10 日合同生效日： 原材料的成本＝（放弃债权在合同生效日的公允价值 1 050－合同生效日金融资产公允价值 117.75－107.25）×450/（450+375）＝450（万元）。 固定资产的成本＝（1 050－117.75－107.25）×375/（450+375）＝375（万元）	—
（2）2×22 年 9 月 20 日： 借：原材料　450 　　固定资产　375 　　应交税费—应交增值税（进项税额）　107.25 　　交易性金融资产　105 　　坏账准备　95 　　投资收益 　　　　［1 050－（1 170－95）+（105－117.75）］37.75 　贷：应收账款—甲公司　1 170	甲公司 9 月 20 日的账务处理如下： 借：固定资产清理　460 　　累计折旧　200 　　固定资产减值准备　90 　贷：固定资产　750 借：固定资产清理　3.25 　贷：银行存款　3.25 借：应付账款　1 170 　贷：固定资产清理　463.25 　　　库存商品　350 　　　应交税费—应交增值税（销项税额）　107.25 　　　债权投资—成本　75 　　　其他收益—债务重组收益　174.5

同步训练

限时 75min

一、单项选择题

1. 2×22 年 7 月 1 日甲公司销售一批商品给丙公司，含税价款为 1 000 万元，合同约定，丙公司应于 2×22 年 10 月 1 日前支付上述款项。丙公司以摊余成本计量该应付账款。丙公司到期无力支付款项，经协商，甲公司同意丙公司将其拥有的一项交易性金融资产（股权）用于抵偿债务，丙公司该“交易性金融资产—成本”的余额为 550 万元，“交易性金融资产—公允价值变动”的余额为 100 万元（借方），公允价值为 660 万元（含已宣告但尚未发放的现金股利 5 万元）；甲公司以摊余成本模式计量该项应收账款，已计提坏账准备 220 万元，当日股权转让手续办理完毕。甲公司将收到的股权直接指定为以公允价值计量且其变动计入其他综合收益的金融资产。不考虑其他因素，下列关于甲公司和丙公司债务重组的处理中，表述正确的是（　）。

A. 丙公司应将上述债务重组损益计入其他收益

B. 丙公司以交易性金融资产抵偿债务视同将交易性金融资产按照公允价值出售处理

C. 丙公司应确认投资收益 345 万元

D. 甲公司应确认投资收益－340 万元

2. 下列交易或事项，一般适用《企业会计准则第 12 号——债务重组》的是（　）。

A. 在债务人未发生财务困难的情况下，

债务人以公允价值为300万元的固定资产抵偿300万元购货款

B. A公司以不同于原合同条款的方式代B公司(债务人)向C公司(债权人)偿债

C. 债务人在破产清算期间偿还债权人50%的债务，剩余债务无力偿还

D. 通过债务重组形成企业合并

3. 债务人以单项或多项金融资产清偿债务的，债权人和债务人下列会计处理表述不正确的是(　)。

A. 债权人受让金融资产，金融资产初始确认时应当以其公允价值计量。金融资产确认金额与债权终止确认日账面价值之间的差额，计入投资收益

B. 债务人以单项或多项金融资产清偿债务的，债务的账面价值与偿债金融资产账面价值的差额，计入其他收益

C. 对于以分类为以公允价值计量且其变动计入其他综合收益的债务工具投资清偿债务的，之前计入其他综合收益的累计利得或损失应当从其他综合收益中转出，计入投资收益

D. 对于以指定为以公允价值计量且其变动计入其他综合收益的非交易性权益工具投资清偿债务的，之前计入其他综合收益的累计利得或损失应当从其他综合收益中转出，计入盈余公积、利润分配—未分配利润等

4. 债务人以非金融资产清偿债务的，债权人和债务人下列会计处理表述不正确的是(　)。

A. 债权人受让的非金融资产的成本为放弃债权的公允价值，以及使该资产达到当前位置和状态所发生的可直接归属于该资产的税金、运输费、装卸费、保险费等其他成本

B. 债权人放弃债权的公允价值与账面价值之间的差额计入投资收益

C. 债务人以单项或多项非金融资产清偿债务，或者以包括金融资产和非金融资产在内的多项资产清偿债务的，不需要区分资产处置损益和债务重组损益，也不需要区分不同资产的处置损益，而应将所清偿债务账面价值与转让资产账面价值之间的差额计入其他收益

D. 债务人以单项或多项非金融资产清偿债务，应将所清偿债务账面价值与转让资产公允价值之间的差额计入投资收益

5. 债务人将债务转为权益工具，债权人和债务人下列会计处理表述不正确的是(　)。

A. 债务人初始确认权益工具时，应当按照权益工具的公允价值计量，除非权益工具的公允价值不能可靠计量

B. 债务人初始确认权益工具时，如果权益工具的公允价值不能可靠计量的，应当按照所清偿债务的公允价值计量

C. 债务人所清偿债务账面价值与权益工具确认金额之间的差额计入其他收益

D. 债权人取得的对债务人股权投资构成对联营企业或合营企业投资的，其成本一般为放弃债权的公允价值与直接相关税费的合计

6. 甲公司应收乙公司800万元货款，已计提坏账准备100万元。2×21年3月1日，双方经协商同意进行债务重组，乙公司以其拥有的一栋办公楼和一批存货抵偿所欠债务。用于抵债的办公楼原值为700万元，已提折旧为200万元，公允价值为600万元；用于抵债的存货账面价值为90万元，公允价值为120万元。当日办妥相关资产转移手续，双方的债权债务就此结清。甲公司上述债权的公允价值为660万元。甲公司为取得上述办公楼发生契税10万元。不考虑其他税费等因素，下列有关甲公司对该项债务重组的会计处理中，不正确的是(　)。

A. 所取得的存货的入账价值为110万元

B. 所取得的办公楼的入账价值为610万元

C. 应确认的损益为-40万元

D. 应借记坏账准备 100 万元

7. 甲公司是乙公司的母公司，为了弥补乙公司临时性经营现金流短缺，2×21 年甲公司向乙公司提供 5 000 万元无息借款，并约定于 1 年后收回。借款期满时，债务人乙公司确实出现财务困难，乙公司与包括甲公司在内的其他债权人进行债务重组。其他债权人对其债务普遍进行了减半的豁免，甲公司作为股东比其他债务人多豁免 1 500 万元债务。不考虑其他因素，则下列会计处理中不正确的是(　)。

A. 债务重组中不属于权益性交易的部分仍然应当确认债务重组相关损益

B. 正常豁免 2 500 万元债务的交易应当确认债务重组相关损益

C. 甲公司作为股东比其他债权人多豁免 1 500 万元债务的交易应当作为权益性交易处理

D. 甲公司和乙公司应当将上述交易全部作为权益性交易处理，不确认债务重组相关损益

8. A 公司和 B 公司有关债务重组资料如下：2×21 年 1 月 12 日，B 公司从 A 公司购买一批原材料，应付货款金额为 1 100 万元，至 2×21 年 12 月 2 日尚未支付。2×21 年 12 月 31 日，双方协商决定 B 公司以一项商标权和一项交易性金融资产偿还债务。该商标权的账面原值为 440 万元，B 公司已对该商标权计提累计摊销 30 万元，公允价值为 420 万元；交易性金融资产的账面价值为 500 万元(其中成本明细科目余额为 600 万元，公允价值变动明细科目贷方余额 100 万元)，公允价值为 510 万元。A 公司已对该债权计提坏账准备 40 万元。应收账款的公允价值 1 000 万元。当日办妥相关资产转移手续，双方的债权债务就此结清。假定不考虑其他因素影响，下列关于 A 公司、B 公司债务重组的会计处理中，不正确的是(　)。

A. A 公司因债务重组确认投资损失为 60 万元

B. A 公司受让无形资产的入账价值为 490 万元、交易性金融资产入账价值为 510 万元

C. B 公司确认损益时不需要区分资产处置损益和债务重组收益

D. B 公司应确认资产处置损益 690 万元

9. A 公司和 B 公司有关债务重组的资料如下：2×21 年 1 月 3 日，A 公司因购买材料而欠 B 公司购货款及税款合计 2 500 万元。该笔应付账款到期时，A 公司无力偿付。2×21 年 5 月 2 日，经双方协商同意，A 公司以 300 万股普通股偿还债务，普通股每股面值为 1 元，每股市价为 8 元。当日 A 公司办理完毕增资手续，同时以银行存款支付发行股票的手续费 20 万元。B 公司将收到的股权作为交易性金融资产核算，另以银行存款支付相关交易费用 20 万元。B 公司已经对该项应收账款提取坏账准备 50 万元，该项应收账款在重组日的公允价值为 2 400 万元。不考虑其他因素，下列有关 A、B 公司与债务重组相关的会计处理中，不正确的是(　)。

A. A 公司确认资本公积—股本溢价 2 080 万元

B. A 公司确认的损益为 100 万元

C. B 公司确认的交易性金融资产入账价值为 2 400 万元

D. B 公司确认的损益为-80 万元

二、多项选择题

1. ☆甲公司应收乙公司货款 1 000 万元，已计提坏账准备 50 万元。2×20 年 3 月 1 日，甲乙双方签订的债务重组协议约定：(1)乙公司以账面价值 480 万元商品抵偿债务 500 万元；(2)乙公司向甲公司增发股票 200 万股，用于抵偿债务 500 万元；(3)前述两项偿债事项互为条件，若其中一项没有完成，则甲公司保留向乙公司收取 1 000 万元现金的权利。2×20 年 3 月

1日，甲公司债权的公允价值为940万元，乙公司股票的公允价值为2.5元/股。2×20年3月15日，甲公司将收到的商品作为存货管理。2×20年5月1日，乙公司办理完成股权增发手续，甲公司将其指定为以公允价值计量且其变动计入其他综合收益的金融资产，当日乙公司股票的公允价值为2.4元/股。不考虑其他因素，下列各项关于甲公司债务重组相关处理的表述中，正确的有(　)。

A. 2×20年3月15日确认存货440万元

B. 2×20年3月15日确认投资收益-35万元

C. 2×20年5月1日确认其他权益工具投资480万元

D. 2×20年5月1日确认投资收益-30万元

2. 以资产清偿债务方式进行债务重组的，债权人初始确认受让的金融资产以外的资产时，其会计处理表述正确的有(　)。

A. 存货的成本，包括放弃债权的公允价值和使该资产达到当前位置和状态所发生的可直接归属于该资产的税金、运输费、装卸费、保险费等其他成本

B. 对联营企业或合营企业投资的成本，包括放弃债权的公允价值和可直接归属于该资产的税金等其他成本

C. 投资性房地产的成本，包括放弃债权的公允价值和可直接归属于该资产的税金等其他成本

D. 固定资产的成本，包括放弃债权的公允价值和使该资产达到预定可使用状态前所发生的可直接归属于该资产的税金、运输费、装卸费、安装费、专业人员服务费等其他成本。

3. 下列有关债权人进行的债务重组会计处理表述正确的有(　)。

A. 债权人取得无形资产的成本，包括放弃债权的公允价值和可直接归属于使该资产达到预定用途所发生的税金等其他成本

B. 采用修改其他条款方式进行债务重组的，债权人应当按照《企业会计准则第22号——金融工具确认和计量》的规定，确认和计量重组债权

C. 将债务转为权益工具方式进行债务重组导致债权人将债权转为对联营企业或合营企业的权益性投资的，债权人应当按照以资产清偿债务方式进行债务重组的规定计量其初始投资成本

D. 债权人放弃债权的公允价值与账面价值之间的差额，应当计入当期损益

4. 下列有关债务人进行债务重组的会计处理表述正确的有(　)。

A. 以资产清偿债务方式进行债务重组的，债务人应当在相关资产和所清偿债务符合终止确认条件时予以终止确认，所清偿债务账面价值与转让资产账面价值之间的差额计入当期损益

B. 将债务转为权益工具方式进行债务重组的，债务人初始确认权益工具时一般应当按照权益工具的公允价值计量，所清偿债务账面价值与权益工具确认金额之间的差额，应当计入当期损益

C. 采用修改其他条款方式进行债务重组的，债务人应当按照《企业会计准则第22号——金融工具确认和计量》和《企业会计准则第37号——金融工具列报》的规定，确认和计量重组债务

D. 以多项资产清偿债务或者组合方式进行债务重组的，债务人应当将所清偿债务的账面价值与转让资产的账面价值以及权益工具和重组债务的确认金额之和的差额，计入当期损益

5. 2×21年8月18日，甲公司向乙公司销售商品一批，应收乙公司款项的入账金额为1 900万元。甲公司将该应收款项分类为以摊余成本计量的金融资产。乙公司将该应付账款分类为以摊余成本计量的金融负债。2×21年12月18日，双方签订债务重组合同，乙公司以一项固定资产偿还该欠款。该固定资产的账面余额为2 000万元，累计折旧额为200万元，已计提减值准备

40万元。12月28日，双方办理完成该固定资产转让手续，甲公司为取得该固定资产支付评估费用80万元。甲公司应收款项的公允价值为1 740万元，已计提坏账准备140万元，乙公司应付款项的账面价值仍为1 900万元。假设不考虑相关税费等因素。下列会计处理表述中正确的有(　)。

A. 甲公司因债务重组取得的固定资产的入账价值为1 820万元

B. 甲公司因债务重组放弃债权的公允价值1 740万元与账面价值1 760万元之间的差额20万元，计入“投资收益”科目借方

C. 乙公司不需要区分资产处置损益和债务重组损益，也不需要区分不同抵债资产的处置损益

D. 乙公司应将所清偿债务账面价值与转让资产账面价值之间的差额，计入投资收益

6. 2×21年2月6日，甲公司从乙公司购买一批材料，约定6个月后甲公司应结清款项500万元。乙公司将该应收款项分类为以公允价值计量且其变动计入当期损益的金融资产；甲公司将该应付款项分类为以摊余成本计量的金融负债。2×21年9月30日，甲公司因无法支付货款与乙公司协商进行债务重组，双方商定乙公司将该债权转为对甲公司的股权投资。当日，乙公司办结了对甲公司的增资手续，甲公司和乙公司各支付手续费等相关费用6万元。债转股后甲公司总股本为500万元，乙公司持有的抵债股权占甲公司总股本的30%，对甲公司具有重大影响，甲公司股权公允价值不能可靠计量。甲公司应付款项的账面价值仍为500万元，乙公司应收款项的账面价值为380万元(其中，成本500万元，公允价值变动为-120万元)。2×21年9月30日，应收款项和应付款项的公允价值均为380万元。假定不考虑其他相关税费等因素。9月30日下列会计处理表述中正确的有(　)。

A. 乙公司对甲公司长期股权投资的初始投资成本为386万元

B. 乙公司应收款项的账面价值与其公允价值均为380万元，债务重组日不产生损益

C. 甲公司影响所有者权益的金额为374万元

D. 甲公司确认其他收益的金额为6万元

三、计算分析题

1. ☆甲公司2×17年至2×18年发生交易或事项如下：

资料一：2×17年12月，乙公司赊销给甲公司一批商品，含税价款是1 500万元。2×18年7月10日，现因甲公司财务困难，无法支付货款，乙公司与甲公司协商进行债务重组。债务重组协议约定：甲公司以一项金融资产和一批存货抵偿所欠债务，用于抵债的存货账面价值400万元，已计提存货跌价准备50万元，公允价值360万元(不含增值税，下同)；用于抵债的金额资产，甲公司将其分类为以公允价值计量且其变动计入其他综合收益的金融资产，账面价值是1 000万元(初始取得时成本是920万元，公允价值变动金额是80万元)，公允价值950万元(与债务重组协议签订日的公允价值相同)。当日办理完毕资产转移手续。

乙公司将该债权分类为以摊余成本计量的金融资产，债务重组前已计提减值准备498.6万元，2×18年7月10日该债权的公允价值是1 398.6万元。乙公司取得用于抵债的商品后作为库存商品处理，取得金融资产后，根据管理该投资的业务模式以及其现金流量特征，将其划分为以摊余成本计量的金融资产。

甲公司将该应付账款分类为以摊余成本计量的金融负债。甲公司用于抵债的库存商品适用的增值税税率是13%，金融资产的增值税税率是6%(依据金融资产公允价值

与取得时成本的差额计税)。

资料二:丙公司是甲公司的母公司,丙公司应收甲公司货款 1 100 万元。2×18 年 12 月 1 日,甲公司与丙公司签订债务重组协议,协议约定丙公司豁免甲公司所欠 1 000 万元货款,剩余货款于 12 月 31 日前支付。2×18 年 12 月 31 日,甲公司支付了剩余债务 100 万元。

其他资料:不考虑货币时间价值;不考虑除增值税以外的其他相关税费。

要求:

(1)根据资料一,判断乙公司取得抵债资产的入账的时间;计算甲、乙公司确认债务重组损益的金额并编制甲、乙公司的会计分录。

(2)根据资料二,说明丙公司对甲公司豁免债务的会计处理方法,编制甲公司的会计分录。

2. 2×21 年 1 月 3 日,B 公司因购买材料而欠 A 公司购货款 2 500 万元。由于 B 公司无法偿付应付账款,2×21 年 5 月 2 日经双方协商同意,B 公司以 300 万股自身普通股偿还债务,B 公司普通股的面值为每股 1 元,公允价值为每股 8 元。当日,B 公司相关增资手续办理完毕,A 公司取得这部分股权后,将其指定以公允价值计量且其变动计入其他综合收益的金融资产。在债务重组时,A 公司已对该项应收账款提取坏账准备 20 万元。

其他资料:不考虑其他因素的影响。

要求:编制债务重组双方的会计分录。

3. 甲、乙公司均为增值税一般纳税人,适用增值税税率为 13%,有关债务重组资料如下:

(1)2×20 年 11 月 5 日,甲公司向乙公司赊购一批材料,含税价为 5 850 万元。乙公司以摊余成本计量该项债权,甲公司以摊余成本计量该项债务。

(2)2×21 年 9 月 10 日,甲公司因发生财务困难,无法按合同约定偿还债务,双方协商进行债务重组。乙公司同意甲公司用其一批自产产品、一项固定资产和一项交易性金融资产抵偿欠款。甲公司用于抵债的资产的资料如下:

①库存商品:成本为 2 000 万元,已计提存货跌价准备 250 万元;不含税市价为 2 250 万元,增值税税额为 292.5 万元。

②固定资产:原价为 3 750 万元,累计折旧为 1 450 万元;不含税公允价值为 1 875 万元;增值税税额为 243.75 万元。

③交易性金融资产:账面价值总额为 375 万元;市价为 588.75 万元。

当日,甲公司该项债务的账面价值仍为 5 850 万元。乙公司该项债权的公允价值为 5 250 万元。

抵债资产于 2×21 年 9 月 20 日转让完毕,甲公司发生设备运输费用 16.25 万元。

(3)乙公司将受让的商品、固定资产和股权投资分别作为原材料、固定资产和交易性金融资产核算。

2×21 年 9 月 20 日,乙公司对该债权已计提坏账准备 475 万元,股权投资市价为 525 万元。

其他资料:不考虑其他因素的影响。

要求:分别编制债权人和债务人债务重组的相关分录。

同步训练答案及解析

一、单项选择题

1. C 【解析】债务人以金融资产清偿债务的,债务的账面价值与偿债金融资产账面价值的差额,计入投资收益,且不同于出售,选项 A、B 错误;丙公司应确认投资收益的金额=1 000-550-100-5 = 345(万元)，选项C正确；甲公司应确认投资收益的金额=660-(1 000-220)=-120(万元)，选项D错误。

丙公司(债务人)的会计处理是：

借：应付账款　1 000
　贷：交易性金融资产—成本　550
　　　—公允价值变动　100
　　应收股利　5
　　投资收益　345

甲公司(债权人)的会计处理为：

借：其他权益工具投资—成本　655
　应收股利　5
　坏账准备　220
　投资收益　120
　贷：应收账款　1 000

2. A 【解析】债务重组，是指在不改变交易对手方的情况下，经债权人和债务人协定或法院裁定，就清偿债务的时间、金额或方式等重新达成协议的交易。选项B，改变了交易对手方，不适用债务重组准则；选项C，适用清算会计的处理原则，不适用债务重组准则；选项D，适用企业合并准则，不适用债务重组准则。

3. B 【解析】选项B，债务人以单项或多项金融资产清偿债务的，债务的账面价值与偿债金融资产账面价值的差额，计入投资收益。

4. D 【解析】选项D，债务人以单项或多项非金融资产清偿债务，应将所清偿债务账面价值与转让资产账面价值之间的差额，计入其他收益。

5. C 【解析】选项C，债务人所清偿债务账面价值与权益工具确认金额之间的差额，计入投资收益。

6. B 【解析】所取得的存货的入账价值=660×[120/(600+120)]=110(万元)；所取得的办公楼的入账价值=660×[600/(600+120)]+10=560(万元)；应确认的损益=660-(800-100)=-40(万元)。

7. D 【解析】债务重组中不属于权益性交易的部分仍然应当确认债务重组相关损益。债务人乙公司确实出现财务困难，其他债权人对其债务普遍进行了减半的豁免，那么甲公司作为股东比其他债务人多豁免1 500万元债务的交易应当作为权益性交易处理，正常豁免2 500万元债务的交易应当确认债务重组相关损益。

8. D 【解析】选项A、B，A公司(债权人)的会计处理如下：

借：交易性金融资产　510
　无形资产　(1 000-510)490
　坏账准备　40
　投资收益　(1 060-1 000)60
　贷：应收账款　1 100

B公司(债务人)的会计处理如下：

借：应付账款　1 100
　累计摊销　30
　贷：无形资产　440
　　交易性金融资产　500
　　其他收益—债务重组收益　190

选项D不正确。

9. D 【解析】A公司的会计分录为：

借：应付账款　2 500
　贷：股本　(300×1)300
　　资本公积　(300×7-20)2 080
　　投资收益　(2 500-2 400)100
　　银行存款　20

B公司的会计分录为：

借：交易性金融资产　(300×8)2 400
　坏账准备　50
　投资收益　(2 450-2 400+20)70
　贷：应收账款　2 500
　　银行存款　20

二、多项选择题

1. ACD 【解析】3月15日，存货的入账成本=940-2.5×200=440(万元)，选项A正确；5月1日，其他权益工具投资的入账成本=2.4×200=480(万元)，选项C正确；债权人应当在收取债权现金流量的合同权利终止时应当终止确认全部债权，即在2×20年5月1日该债务重组协议的执行过程和结果不确定性消除时，可以确认全部债务重组相关损益，应确认投资收益=440+480-(1 000-50)=-30(万元)，选项B不正确，选项D正确。分录为：

3月15日：

借：库存商品　　440

　贷：应收账款　　440

5月1日：

借：其他权益工具投资　　480

　坏账准备　　50

　投资收益　　30

　贷：应收账款　　(1 000-440)560

2. ABCD

3. ABCD

4. ABCD

5. ABC 【解析】选项D，乙公司应将所清偿债务账面价值与转让资产账面价值之间的差额，计入其他收益。甲公司的账务处理如下：

借：固定资产　　(1 740+80)1 820

　坏账准备　　140

　投资收益　　20

　贷：应收账款　　1 900

　　银行存款　　80

乙公司的账务处理如下：

借：固定资产清理　　1 760

　累计折旧　　200

　固定资产减值准备　　40

　贷：固定资产　　2 000

借：应付账款　　1 900

　贷：固定资产清理　　1 760

　　其他收益—债务重组收益　　140

6. ABC 【解析】(1)债权人乙公司的账务处理如下：

9月30日，乙公司对甲公司长期股权投资的成本为应收款项公允价值(380万元)与相关税费(6万元)的合计，即386万元。

借：长期股权投资—投资成本　　(380+6)386

　交易性金融资产—公允价值变动　　120

　贷：交易性金融资产—成本　　500

　　银行存款　　6

(2)甲公司债务人的会计处理如下：

9月30日，由于甲公司股权的公允价值不能可靠计量，初始确认权益工具时应当按照所清偿债务的公允价值380万元计量，并扣除因发行权益工具支出的相关税费6万元。

借：应付账款　　500

　贷：实收资本　　(500×30%)150

　　资本公积—资本溢价　　(380-150-6)224

　　银行存款　　6

　　投资收益　　120

三、计算分析题

1. 【答案】

(1)乙公司取得抵债资产的入账的时间：2×18年7月10日，理由：当日双方办理完成了资产转移手续，乙公司可以控制取得的抵债资产。

甲公司确认的重组损益=1 500-[400+1 000+360×13%+(950-920)×6%]+80=131.4(万元)

乙公司确认的债务重组损益=放弃债权的公允价值-放弃债权的账面价值=1 398.6-(1 500-498.6)=397.2(万元)。

甲公司的会计处理：

借：应付账款　　1500

　存货跌价准备　　50

　其他综合收益　　80

　贷：库存商品　　450

　　其他债权投资　　1000

　　应交税费—应交增值税(销项税额)　　46.8

—转让金融商品应交增值税 1.8

其他收益 131.4

乙公司的会计处理：

借：库存商品 401.80(1 398.6-950-46.8)

债权投资 950

应交税费—应交增值税(进项税额) 46.8

坏账准备 498.6

贷：应收账款 1 500

投资收益 397.2

(2)母公司豁免的部分实质上构成了对甲公司的资本性投入，母公司(丙公司)层面应将所豁免的债权转为对子公司追加的投资成本，计入长期股权投资成本；子公司(甲公司)应将所豁免的债务转入资本公积。

2×18 年 12 月 1 日

借：应付账款 1 000

贷：资本公积 1 000

2×18 年 12 月 31 日

借：应付账款 100

贷：银行存款 100

2.【答案】

A 公司的会计处理：

借：其他权益工具投资 (300×8)2 400

坏账准备 20

投资收益 80

贷：应收账款 2 500

B 公司的会计处理：

借：应付账款 2 500

贷：股本 300

资本公积—股本溢价 [300×(8-1)]2 100

投资收益 (2 500-300×8)100

3.【答案】

(1)债权人的会计处理。

原材料和固定资产的成本应当以其公允价值比例(2 250 : 1 875)对放弃债权公允价值扣除受让金融资产公允价值后的净额进行分配后的金额为基础确定。

原材料的成本 = (5 250-588.75-536.25)×2 250/(2 250+18 75) = 2 250(万元)。

固定资产的成本 = (5 250-588.75-536.25)×1 875/(2 250+1 875) = 1 875(万元)。

2×21 年 9 月 20 日，乙公司的账务处理如下：

借：原材料 2 250

固定资产 1 875

应交税费—应交增值税(进项税额) 536.25

交易性金融资产 525

坏账准备 475

投资收益 188.75

贷：应收账款—甲公司 5 850

(2)债务人的会计处理。

甲公司 9 月 20 日的账务处理如下：

借：固定资产清理 2 300

累计折旧 1 450

贷：固定资产 3 750

借：固定资产清理 16.25

贷：银行存款 16.25

借：应付账款 5 850

存货跌价准备 250

贷：固定资产清理 2 316.25

库存商品 2 000

应交税费—应交增值税(销项税额) 536.25

交易性金融资产 375

其他收益—债务重组收益 872.5

第二十二章　外币折算

考情解密

历年考情概况

本章内容较少，结构比较清晰，考试分值通常为2～4分。本章客观题主要考查日常外币业务的核算、外币财务报表折算汇率的选择；主观题主要考查期末汇兑损益、合并财务报表中涉及的外币报表折算差额的计算等，还可以与“借款费用”等内容相结合考查。

近年考点直击

考点	主要考查题型	考频指数	考查角度
外币交易发生时的处理	单选题、多选题、计算分析题	★★	①金融资产与外币业务结合的核算；②收到外币美元资本投入时按合同约定的折算汇率折算的人民币记账；③判断各项目外币业务会计处理正确性
外币货币性项目或非货币性项目的期末调整或结算	单选题	★★	①汇率变动导致的汇兑差额；②结算日的会计处理；③计算外币货币性项目对营业利润产生的影响金额
外币财务报表折算	单选题、多选题	★★★	①选择按照某一折算汇率折算的项目；②判断某一项目选择折算汇率是否正确；③外币报表折算差额的处理原则

2022年考试变化

本章新增了外币预收账款和预付账款、合同资产和合同负债不属于货币性项目的相关表述，其他内容未发生实质性变化。

考点详解及精选例题

一、记账本位币的确定★

企业的记账本位币，是指企业经营所处的主要经济环境中的货币。主要经济环境通常是其主要产生和支出现金的经济环境。

（一）企业记账本位币的确定

企业通常应选择人民币作为记账本位币。业务收支以人民币以外的货币为主的企业，可以按规定选定其中一种货币作为记账本位币。但是，编报的财务报表应当折算为人民币。

企业选定记账本位币，应当考虑下列因素：

（1）与收入相关的日常活动所使用的货币。该货币主要影响商品和劳务的销售价格，通常以该货币进行商品和劳务的计价和结算。如国内甲公司为从事贸易的企业，90%以上的销售收入以人民币计价和结算。人民币是主要影响甲公司商品和劳务销售价格的货币。

(2)与支出相关的日常活动所使用的货币。该货币主要影响商品和劳务所需人工、材料和其他费用，通常以该货币进行上述费用的计价和结算。如国内乙公司为工业企业，所需机器设备、厂房、人工以及原材料等均在国内采购，以人民币计价和结算。人民币是主要影响商品和劳务所需人工、材料和其他费用的货币。

实务中，企业选定记账本位币，通常应综合考虑上述两项因素，而不是仅考虑其中一项，因为企业的经营活动往往是收支并存的。

(3)融资活动获得的货币以及保存从经营活动中收取款项时所使用的货币。在有些情况下，企业根据收支情况难以确定记账本位币，需要在收支基础上结合融资活动获得的资金或保存从经营活动中收取款项时所使用的货币，进行综合分析后作出判断。

(二)企业境外经营记账本位币的确定

1. 境外经营的含义

有两方面的含义：一是指企业在境外的子公司、合营企业、联营企业、分支机构；二是当企业在境内的子公司、联营企业、合营企业或者分支机构，选定的记账本位币与企业的记账本位币不同的，也应当视同境外经营。

『提示』确定境外经营，不仅仅是以地理位置是否在境外为判定标准。

2. 境外经营记账本位币的确定

企业选定境外经营的记账本位币，除考虑一般因素外，还应当考虑下列因素：

(1)境外经营对其所从事的活动是否拥有很强的自主性；

(2)境外经营活动中与企业的交易是否在境外经营活动中占有较大比重；

(3)境外经营活动产生的现金流量是否直接影响企业的现金流量、是否可以随时汇回；

(4)境外经营活动产生的现金流量是否足以偿还其现有债务和可预期的债务。

【例题1·单选题】A公司为境内上市公司，其记账本位币为人民币。下列有关A公司境外经营经济业务会计处理的表述中，表述正确的是(　)。

A. 与境外某公司合资在北京兴建甲公司，甲公司的记账本位币为欧元，A公司参与甲公司的财务和经营政策的决策，境外公司控制这些政策的制定。因此，甲公司不是A公司的境外经营

B. 为应对近期欧洲市场销量的增加，A公司在德国设立一分支机构乙公司，乙公司所需资金由A公司提供，其任务是负责从A公司进货并在欧洲市场销售，然后将销售款直接汇回A公司。因此，乙公司是A公司的境外经营

C. 与境外丙公司在丙公司所在地合建一工程项目，A公司提供技术资料，丙公司提供场地、设备及材料，该项目竣工后予以出售，A公司、丙公司按8∶2分配税后利润，双方已经合作结束。丙公司的记账本位币为美元，除上述项目外，A公司、丙公司无任何关系。因此，丙公司是A公司的境外经营

D. 通过收购，持有香港丁上市公司发行在外有表决权股份的80%，从而拥有该公司的绝对控制权，丁公司的记账本位币为港元。因此，丁公司是A公司的境外经营

解析▶选项A，甲公司为A公司境内的联营企业，但由于其记账本位币为欧元，所以甲公司为A公司的境外经营；选项B，乙公司是A公司的境外分支机构，但不是境外经营，因为其记账本位币也是人民币；选项C，丙公司并不是A公司的子公司、合营企业、联营企业、分支机构，所以不属于A公司的境外经营。 **答案**▶D

(三)记账本位币的变更

企业选择的记账本位币一经确定，不得随意改变，除非与确定记账本位币相关的企业经营所处的主要经济环境发生了重大变化。

企业因经营所处的主要经济环境发生重

大变化，确需变更记账本位币的，应当采用变更当日的即期汇率将所有项目折算为变更后的记账本位币。按照新的记账本位币计量的历史成本等于折算后的金额。由于所有项目均采用同一即期汇率进行折算，因此不会产生汇兑差额。

若企业确需变更记账本位币，则需提供确凿的证据证明其经营所处的主要经济环境确实发生了重大变化，且应在附注中说明变更的理由。

企业记账本位币如果发生变更，资产负债表和利润表中的所有项目按照变更当日的即期汇率折算为记账本位币时，其比较财务报表中的所有项目也应当按照可比当日的即期汇率进行折算。

二、外币交易的会计处理★★

（一）会计处理原则

1. 交易发生日

（1）对于发生的外币交易，应当将外币金额折算为记账本位币金额。

（2）外币交易应当在初始确认时，采用交易发生日的即期汇率将外币金额折算为记账本位币金额；也可以采用按照系统合理的方法确定的、与交易发生日即期汇率近似的汇率折算。

（3）企业收到投资者以外币投入的资本，应当采用交易发生日即期汇率折算，不得采用合同约定汇率和即期汇率的近似汇率折算。因此，外币投入资本与相应的货币性项目的记账本位币金额相等，不会产生外币资本折算差额。

2. 资产负债表日及结算日

（1）货币性项目。资产负债表日及结算日，需采用当日即期汇率对外币货币性项目进行折算，因当日即期汇率与初始确认时或者前一资产负债表日即期汇率不同而产生的汇兑差额，一般计入当期损益。

（2）非货币性项目。资产负债表日，以历史成本计量的外币非货币性项目，仍采用交易发生日的即期汇率折算，不改变其记账本位币金额。

外币预收账款和预付账款、合同负债和合同资产均不满足货币性项目的定义，属于以历史成本计量的外币非货币性项目，在资产负债表日不产生汇兑差额。

（二）外币交易日、结算日及资产负债表日的会计处理

假定下列例题的记账本位币均为人民币，对外币交易均采用交易日的即期汇率折算。

1. 投入外币资本

【例题2·单选题】甲股份有限公司根据其与外商签订的投资合同，外商将分两次投入外币资本，投资合同约定的汇率是1美元=6.94元人民币。2×21年8月1日，第一次收到外商投入资本1 000万美元，当日即期汇率为1美元=6.93元人民币；2×22年1月31日，第二次收到外商投入资本1 000万美元，当日即期汇率为1美元=6.96元人民币。2×22年1月末甲公司“股本”科目期末余额为（　）。

A. 12 080万元人民币

B. 6 060万元人民币

C. 6 030万元人民币

D. 13 890万元人民币

解析 “股本”科目期末余额=1 000×6.93+1 000×6.96=13 890（万元人民币）。

答案 D

2. 企业与银行发生货币兑换

【例题3·计算分析题】假定甲公司在8月6日发生了以下业务：

假定一：甲公司到银行将100万美元兑换为人民币。

假定二：甲公司以人民币自银行购买100万美元。

当日，银行的美元买入价为1美元=7.05元人民币，中间价为1美元=7.06元人

民币，卖出价为 1 美元 = 7.07 元人民币。不考虑其他因素。

要求：分别根据上述假定编制甲公司的相关会计分录。

答案 甲公司在 8 月 6 日的会计处理如表 22-1 所示。

表 22-1　甲公司在 8 月 6 日的会计处理

假定一：将 100 万美元到银行兑换为人民币		假定二：以人民币自银行购买 100 万美元	
借：银行存款—人民币	(100×7.05)705	借：银行存款—美元	(100×7.06)706
财务费用	1	财务费用	1
贷：银行存款—美元	(100×7.06)706	贷：银行存款—人民币	(100×7.07)707

3. 应付账款汇兑损益

【例题 4·计算分析题】 A 公司按月计算汇兑损益。2×22 年 3 月 20 日，A 公司从国外购入固定资产（不需要安装的机器设备），根据双方供货合同，货款共计 100 万美元，货到后 20 日内 A 公司付清所有货款。2×22 年 3 月 20 日的即期汇率为 1 美元 = 7.03 元人民币。2×22 年 3 月 31 日的即期汇率为 1 美元 = 7.04 元人民币。

假定一：2×22 年 4 月 3 日，A 公司以美元存款付清所有货款。当日的即期汇率为 1 美元 = 7.05 元人民币。

假定二：2×22 年 4 月 3 日，A 公司以人民币存款付清所有货款。当日的银行卖出价为 1 美元 = 7.07 元人民币。

要求：作出 A 公司的相关会计处理。

答案

(1) 3 月 20 日（交易日）：

借：固定资产　　703

　贷：应付账款—美元　　(100×7.03)703

(2) 3 月 31 日：

应付账款汇兑差额 = 100×(7.04－7.03) = 1（万元）。

借：财务费用　　1

　贷：应付账款—美元　　1

(3) 基于假定一，4 月 3 日的会计处理如下：

借：应付账款—美元[账面余额]　　(100×7.04)704

　财务费用—汇兑差额　　1

　贷：银行存款—美元　　(100×7.05)705

(4) 基于假定二，4 月 3 日的会计处理如下：

借：应付账款—美元[账面余额]　　704

　财务费用—汇兑差额　　3

　贷：银行存款—人民币　　(100×7.07)707

4. 应收账款汇兑损益

【例题 5·计算分析题】 甲公司按季度计算汇兑损益。2×22 年 3 月 3 日，向乙公司出口销售商品 1 000 万欧元，当日的即期汇率为 1 欧元 = 7.15 元人民币。假设不考虑相关税费，货款尚未收到。3 月 31 日，甲公司仍未收到乙公司的销售货款，当日的即期汇率为 1 欧元 = 7.13 元人民币。

5 月 20 日收到上述货款 1 000 万欧元存入银行。假定 5 月 20 日即期汇率为 1 欧元 = 7.16 元人民币。

要求：根据上述资料，作出甲公司的相关会计处理。

答案

(1) 3 月 3 日（交易日）：

借：应收账款—欧元　　7 150

　贷：主营业务收入　　(1 000×7.15)7 150

(2) 3 月 31 日（资产负债表日）：

应收账款汇兑差额 = 1 000×(7.13－7.15) = －20（万元人民币）。

借：财务费用—汇兑差额　　20

贷：应收账款—欧元　　　　　20

(3)5月20日：

借：银行存款—欧元

(1 000×7.16)7 160

贷：应收账款—欧元[账面余额]

(1 000×7.13)7 130

财务费用—汇兑差额　　　　30

5. 短期借款汇兑损益

会计处理比照应付账款处理。

『提示』企业为购建或生产符合资本化条件的资产而借入的外币专门借款，在借款费用资本化期间内，因汇率变动的影响，外币专门借款本金及利息产生的汇兑差额，应当予以资本化，计入相关资产的成本。

6. 以外币购入存货计提存货跌价准备

由于存货在资产负债表日采用成本与可变现净值孰低计量，因此，在以外币购入存货并且该存货在资产负债表日的可变现净值以外币反映时，计提存货跌价准备时应当考虑汇率变动的影响。

【例题6·单选题】甲公司按年计算汇兑损益。2×21年10月2日，从德国采购国内市场尚无的A商品100万件，每件价格为10欧元，当日即期汇率为1欧元=7.35元人民币。2×21年12月31日，尚有10万件A商品未销售出去，国内市场仍无A商品供应，A商品在国际市场的价格降至8欧元。2×21年12月31日的即期汇率是1欧元=7.37元人民币。假定不考虑增值税等相关税费。甲公司计提的存货跌价准备为(　)。

A. 145.4万元人民币

B. 140万元人民币

C. 284万元人民币

D. 0

解析 10月2日，购入A商品：

借：库存商品—A

(100×10×7.35)7 350

贷：银行存款—欧元　　　　7 350

12月31日，应计提的存货跌价准备=成本10×10×7.35－可变现净值10×8×7.37=145.4(万元人民币)。

借：资产减值损失　　　　145.4

贷：存货跌价准备　　　　145.4

答案 A

『提示』对于汇率的变动和计提存货跌价准备的金额不需要进行区分，计入当期损益。

7. 金融资产汇兑差额

(1)债权投资、其他债权投资。

『提示』债权投资、其他债权投资均属于外币货币性金融资产，其汇率变动产生的汇兑差额应当计入当期损益；其他债权投资公允价值变动计入其他综合收益；按实际利率法计算的资产相关的外币利息产生的汇兑差额，应当计入当期损益。处置时对于汇率的变动和处置损益不进行区分，计入当期损益(投资收益)。

【例题7·计算分析题】☆甲公司以人民币为记账本位币，其发生的相关外币交易或事项如下：

(1)2×17年7月1日，甲公司支付价款500万美元(含交易费用)购入乙公司同日发行的债券5万张，该债券单位面值为100美元，票面年利率为6%(等于实际利率)，按年支付利息，于每年6月30日支付。债券期限为5年，本金在债券到期时一次性偿还。甲公司管理该债券的业务模式是持有该债券以保证收益率，同时考虑流动性需求。当日，美元对人民币的即期汇率为1美元=7.3元人民币。

(2)2×17年12月31日，美元对人民币的即期汇率为1美元=7.5元人民币；甲公司所持乙公司债券的公允价值(含利息)为520万美元。

(3)2×18年6月30日，甲公司收到乙公司支付的债券利息30万美元，当日，美元对人民币的即期汇率为1美元=7.4元人民币。

(4)2×18年12月31日，美元对人民币的即期汇率为1美元=7.2元人民币；甲公司所持乙公司债券的公允价值(含利息)为505万美元。

(5)2×19 年 1 月 1 日，甲公司将所持乙公司债券的 50% 予以出售，取得款项 250 万美元。当日，美元对人民币的即期汇率为 1 美元 = 7.2 元人民币。

本题不考虑税费及其他因素。

要求：

(1)根据资料(1)，判断甲公司所购入乙公司债券应予确认的金融资产类别，并说明理由。

(2)根据上述资料，分别计算甲公司所持乙公司债券计入 2×17 年度和 2×18 年度损益的汇兑差额。

(3)根据上述资料，编制甲公司与购入、持有及出售乙公司债券相关的会计分录。

答案

(1)该金融资产应该归类为第二类，即以公允价值计量且其变动计入其他综合收益的金融资产，作为其他债权投资进行核算。

理由：①甲公司管理该金融资产的业务模式既以收取合同现金流量为目标又以出售该金融资产为目标；②该债券产生的合同现金流量，仅为对本金和以未偿付本金金额为基础的利息的支付。因此应将该债券投资分类为第二类金融资产。

(2)2×17 年的汇兑损益 = 500×(7.5－7.3) = 100(万元人民币)，为一项汇兑收益。

2×18 年的汇兑损益 = 500×(7.2－7.5) + 500×6%×1/2×(7.4－7.5) = －151.5(万元人民币)，为一项汇兑损失。

(3)2×17 年 7 月 1 日：

借：其他债权投资—成本(美元)　(500×7.3)3 650

　贷：银行存款—美元　(500×7.3)3 650

2×17 年 12 月 31 日：

借：应收利息—美元　[(500×6%/2)×7.5]112.5

　贷：投资收益　112.5

借：其他债权投资—成本(美元)　[500×(7.5－7.3)]100

　贷：财务费用—汇兑收益　100

借：其他债权投资—公允价值变动(美元)　37.5

　贷：其他综合收益　[(520－500)×7.5－112.5]37.5

2×18 年 6 月 30 日：

借：应收利息—美元　[(500×6%)×1/2×7.4]111

　贷：投资收益　111

借：银行存款—美元　222

　　财务费用　1.5

　贷：应收利息　223.5

2×18 年 12 月 31 日：

借：应收利息—美元　[(500×6%/2)×7.2]108

　贷：投资收益　108

借：财务费用—汇兑损失　[500×(7.2－7.5)]150

　贷：其他债权投资—成本(美元)　150

借：其他综合收益　[(505－500)×7.2－37.5－108]109.5

　贷：其他债权投资—公允价值变动(美元)　109.5

2×19 年 1 月 1 日：

借：银行存款　(250×7.2)1 800

　　投资收益　18

　　其他债权投资—公允价值变动(美元)　[(109.5－37.5)×50%]36

　贷：其他债权投资—成本(美元)　[(3 650+100－150)×50%]1 800

　　　应收利息　(108×50%)54

借：投资收益　[(109.5－37.5)×50%]36

　贷：其他综合收益　36

(2)其他权益工具投资、交易性金融资产。

『提示』其他权益工具投资、交易性金融资产一般属于外币非货币性金融资产，其汇率变动产生的汇兑差额，与其公允价值变动一并计入其他综合收益或公允价值变动损益，不需要区分汇率变动和公允价值变动。但其外币现金股利/外币应收利息产生的汇兑差额，应当计入当期损益。处置时对于汇率的变动和处置损益不进行区分，分别计入留存收益或当期损益。

【例题8·计算分析题】国内乙公司于2×21年12月10日以每股3美元的价格购入丙公司B股100万股，当日汇率为1美元=7.03元人民币，款项已付。2×21年12月31日，由于市价变动，当月购入的丙公司B股的市价变为每股2.8美元，当日汇率为1美元=7.04元人民币。2×22年1月10日，乙公司将所购丙公司B股股票按当日市价每股2.6美元全部售出，当日汇率为1美元=7.05元人民币。假定不考虑相关税费等其他因素的影响。

要求：假定乙公司将上述股权投资划分为其他权益工具投资或交易性金融资产，分别编制乙公司的相关会计处理。

答案

乙公司的相关会计处理如表22-2所示。

表22-2 乙公司的相关会计处理

其他权益工具投资	交易性金融资产
①2×21年12月10日，购入股票： 借：其他权益工具投资—成本 2 109 　贷：银行存款—美元 (3×100×7.03)2 109 ②2×21年12月31日应确认的公允价值变动=2.8×100×7.04-2 109=-137.8(万元人民币)。 借：其他综合收益 137.8 　贷：其他权益工具投资—公允价值变动 137.8	①2×21年12月10日，购入股票： 借：交易性金融资产—成本 2 109 　贷：银行存款—美元 (3×100×7.03)2 109 ②2×21年12月31日的公允价值变动损益=2.8×100×7.04-2 109=-137.8(万元人民币)。 借：公允价值变动损益 137.8 　贷：交易性金融资产—公允价值变动 137.8
『提示』137.8万元人民币既包含该股票公允价值变动的影响，又包含人民币与美元之间汇率变动的影响	『提示』137.8万元人民币既包含该股票公允价值变动的影响，又包含人民币与美元之间汇率变动的影响
③2×22年1月10日出售： 借：银行存款—美元 (2.6×100×7.05)1 833 　盈余公积、利润分配—未分配利润 276 　其他权益工具投资—公允价值变动 137.8 　贷：其他权益工具投资—成本 2 109 　　其他综合收益 137.8	③2×22年1月10日出售： 借：银行存款—美元 (2.6×100×7.05)1 833 　投资收益 138.2 　交易性金融资产—公允价值变动 137.8 　贷：交易性金融资产—成本 2 109
『提示』其他权益工具投资处置时不需要对汇率的变动和处置利得损失进行区分，计入留存收益	『提示』交易性金融资产处置时不需要对汇率的变动和处置损益进行区分，计入投资收益

【快速记忆】外币业务因汇率变动计入的会计科目：

(1)外币货币性项目：汇率变动计入财务费用或在建工程等；

(2)存货：期末计量时所考虑的汇率变动因素计入资产减值损失(包括汇率变动，也包括存货减值损失，不区分)；

(3)交易性金融资产：汇率变动与公允价值的变动一并计入公允价值变动损益；

(4)其他权益工具投资：汇率变动与公允价值的变动一并计入其他综合收益；

(5)其他债权投资：汇率变动计入财务费用，公允价值变动计入其他综合收益；

(6)债权投资：汇率变动计入财务费用。

三、外币财务报表折算★★★

企业的子公司、合营企业、联营企业和分支机构如果采用与企业相同的记账本位币，即便是设在境外，其财务报表也不存在折算问题。但是，如果企业境外经营的记账本位币不同于企业的记账本位币，企业通过编制合并财务报表、进行权益法核算等将境外经营纳入企业财务报表中时，境外经营的财务报表需按企业记账本位币进行折算。

（一）境外经营财务报表的折算

对境外经营的财务报表进行折算时，应当遵循下列规定：

（1）资产负债表中的资产和负债项目，采用资产负债表日的即期汇率折算，所有者权益项目除“未分配利润”项目外，其他项目采用发生时的即期汇率折算。

（2）利润表中的收入和费用项目，采用交易发生日的即期汇率，也可以采用即期汇率的近似汇率折算。

（3）外币财务报表折算差额。企业对境外经营的财务报表进行折算时，应当将外币财务报表折算差额在资产负债表中所有者权益项目下列示（其他综合收益）；企业在处置境外经营时，应当将资产负债表中所有者权益项目下列示的、与该境外经营相关的外币报表折算差额，自所有者权益项目转入处置当期损益，处置部分境外经营的，应当按处置的比例计算处置部分的外币财务报表折算差额，转入处置当期损益。

【例题9·多选题】☆企业对境外子公司的外币财务报表进行折算时，下列各项财务报表项目中，应当采用交易发生日的即期汇率折算的有（　）。

A. 实收资本　　B. 未分配利润

C. 长期股权投资　D. 资本公积

解析▶境外经营的外币资产负债表中，资产和负债项目应采用资产负债表日的即期汇率折算，所有者权益项目除“未分配利润”项目外，其他项目采用发生时的即期汇率折算。

答案▶AD

【例题10·多选题】☆甲公司以人民币为记账本位币，下列各项关于甲公司外币折算会计处理的表述中，错误的有（　）。

A. 为购建符合资本化条件的资产而借入的外币专门借款本金及利息发生的汇兑损益在资本化期间内计入所购建资产的成本

B. 资产负债表日外币预付账款按即期汇率折算的人民币金额与其账面人民币金额之间的差额计入当期损益

C. 对境外经营财务报表进行折算产生的外币财务报表折算差额在合并资产负债表所有者权益中单设项目列示

D. 收到投资者投入的外币资本按合同约定汇率折算

解析▶预付账款属于非货币性项目，且以成本进行计量，所以资产负债表日不产生汇兑差额，选项B错误；对境外经营财务报表进行折算产生的外币财务报表折算差额应在“其他综合收益”项目反映，因此该选项说单设项目列示不正确，选项C错误；企业收到投资者以外币投入的资本，无论是否有合同约定汇率，均不采用合同约定汇率和即期汇率的近似汇率折算，而是采用交易日即期汇率折算，选项D错误。

答案▶BCD

（二）包含境外经营的合并财务报表编制的特别处理

（1）当境外经营为企业的子公司，企业应依据少数股东在该境外经营所有者权益中享有的份额，计算少数股东应当分担的外币报表折算差额，并以少数股东权益在合并资产负债表中列示。

借：其他综合收益

　　贷：少数股东权益

（2）企业如有实质上构成对境外经营（子公司）净投资的外币货币性项目，编制合并财务报表时，应分情况编制调整抵销分录：

①实质上构成对子公司净投资的外币货币性项目，若以母、子公司的记账本位币反映，则在抵销长期应收应付项目的同时，将相关外币货币性项目产生的汇兑差额应转入“其他综合收益”：

借：其他综合收益

贷：财务费用

②实质上构成对子公司净投资的外币货币性项目，若以母、子公司的记账本位币以外的货币反映，则在抵销长期应收应付项目时，将母、子公司该外币货币性项目产生的汇兑差额同时相互抵销，如有差额，记入“其他综合收益”项目。

企业在编制合并财务报表时，如果各子公司之间也存在实质上构成对另一子公司(境外经营)净投资的外币货币性项目，参照以上原则编制相应的抵销分录。

同步训练

限时 75min

扫我做试题

一、单项选择题

1. 甲公司以人民币为记账本位币。2×21 年 11 月 30 日，该公司以 8 000 美元/台的价格自国际市场购入 A 产品 22 台(该产品在国内市场尚无供应)。2×21 年 12 月 31 日，甲公司已经售出 A 产品 2 台，库存尚有 20 台，国内市场仍无 A 产品供应，其在国际市场的价格已降至 6 500 美元/台。假定 11 月 30 日的即期汇率是 1 美元 = 6.54 元人民币，12 月 31 日的即期汇率是 1 美元 = 6.44 元人民币。不考虑增值税等其他因素，该公司在 2×21 年 12 月 31 日应对 A 产品计提的资产减值损失为(　)。

A. 196 200 元人民币

B. 209 200 元人民币

C. 193 200 元人民币

D. 0

2. 国内 A 公司超过 92%的营业收入来自对各国的出口，其商品价格一般以美元结算，主要受美元影响，其人工成本、原材料及相应的厂房设施、机器设备等 95%以上在国内采购并且以人民币计价，A 公司在国外取得的收入在汇回国内时可以自由兑换为人民币，且 A 公司对所有以外币结算的资金往来业务都进行了套期保值操作，下列说法正确的是(　)。

A. A 公司应该以美元作为记账本位币，因为美元对其日常活动收入起主要作用

B. A 公司应该以美元作为记账本位币，因为美元在国际结算中风险较低

C. A 公司应该以人民币作为记账本位币，因为人民币对其日常活动支出起主要作用

D. A 公司应该以人民币作为记账本位币，因为人民币对其日常活动支出起主要作用且其已经对外币交易进行了套期保值操作

3. 甲公司以人民币为记账本位币，发生外币交易时采用交易发生日的即期汇率进行折算。2×21 年与外币投资相关业务如下：(1)12 月 6 日，甲公司以每股 9 美元的价格购入乙公司 B 股 500 万股作为交易性金融资产，当日即期汇率为 1 美元 = 6.63 元人民币。12 月 31 日，乙公司股票市价为每股 10 美元。(2)12 月 20 日，甲公司以每股 6.5 美元的价格购入丙公司 B 股 5 000 万股作为其他权益工具投资，当日即期汇率为 1 美元 = 6.65 元人民币。12 月 31 日，丙公司股票市价为每股 7 美元。2×21 年 12 月 31 日市场汇率为 1 美元 = 6.5 元人民币。不考虑其他因素，上述业务对甲公司 2×21 年营业利润的影响金额为(　)。

A. −1 210 万元人民币

B. 2 665 万元人民币

C. 727.5 万元人民币

D. 3 875 万元人民币

4. 甲公司发生的外币交易及相应的会计处理如下：(1)自境外市场购入一批存货，国内市场中无该类存货供应，期末按该批存货的外币可变现净值与即期汇率计算确定其人民币可变现净值，并以此为基础计提存货跌价准备；(2)为建造固定资产借入外币专门借款，将该外币专门借款在资本化期间的利息和汇兑差额计入在建工程成本；(3)以外币计价的交易性金融资产，期末按外币市价与即期汇率计算的结果确定其期末公允价值，并以此为基础计算确认公允价值变动损益；(4)收到投资者投入的外币资本，按照合同约定汇率折算实收资本。不考虑其他因素，甲公司对上述外币交易进行的会计处理中不正确的是(　)。

A. 以外币计价的存货跌价准备的计提

B. 外币专门借款利息及汇兑差额的处理

C. 以外币计价的交易性金融资产公允价值变动损益的确认

D. 股东作为出资投入的外币资本的折算

5. 国内甲公司的记账本位币为人民币，采用交易发生日的即期汇率折算外币业务。2×21年1月1日，甲公司支付价款1 000万美元购入A公司发行的3年期公司债券，划分为其他债权投资，该债券面值为1 000万美元，票面利率为6%，于年末支付本年利息，实际利率为6%，当日即期汇率为1美元＝7.03元人民币。2×21年12月31日，该债券公允价值为1 100万美元，当日即期汇率为1美元＝7.04元人民币。不考虑其他因素，因购买A公司债券，甲公司2×21年年末产生的汇兑差额为(　)。

A. 0

B. 10万元人民币

C. 7 040万元人民币

D. 7 030万元人民币

6. 下列有关外币交易或事项的表述中，不正确的是(　)。

A. 对于需要计提减值准备的外币应收项目，应先按资产负债表日的即期汇率折算，再计提减值准备

B. 甲公司为境内上市公司，其记账本位币为人民币，与境外某公司合资在上海浦东兴建乙公司，乙公司的记账本位币为美元，甲公司参与乙公司的财务和经营政策的决策，境外投资公司控制这些政策的制定。因此，乙公司不是甲公司的境外经营

C. 对于以历史成本计量的外币非货币性项目，已经在交易发生日按照当日即期汇率折算，资产负债表日不应改变其原记账本位币金额，不产生汇兑差额

D. 有关记账本位币变更的处理，《企业会计准则第19号——外币折算》规定，应当采用变更当日的即期汇率将所有项目折算为变更后的记账本位币

7. 下列关于外币财务报表折算的表述中，不正确的是(　)。

A. 资产项目和负债项目应当采用资产负债表日的即期汇率进行折算

B. 所有者权益项目，除“未分配利润”项目外，其他项目均应采用交易发生时的即期汇率进行折算

C. 利润表中的收入和费用项目，应当采用交易发生日的即期汇率折算，也可以采用与交易发生日即期汇率近似的汇率进行折算

D. 在部分处置境外经营时，应将资产负债表中所有者权益项目下列示的、与境外经营相关的全部外币财务报表折算差额转入当期损益

8. 母公司的记账本位币为人民币，其境外子公司编制报表的货币为美元。本期期末汇率为1美元＝7.04元人民币，平均汇率为1美元＝7.03元人民币，利润表和所有者权益变动表采用平均汇率折算。该子公司资产负债表中“盈余公积”期初数为150万美元，折合为人民币1 215万元，本期所有者权益变动表“提取盈余公积”为155万

美元。经折算后，该子公司资产负债表“盈余公积”的本期期末数应为(　)。

A. 2 304.65 万元人民币

B. 2 306.2 万元人民币

C. 2 147.2 万元人民币

D. 2 144.15 万元人民币

9. 国内 A 公司的记账本位币为人民币。A 公司对外币交易采用交易发生日的即期汇率折算，按月计算汇兑损益。8 月 24 日，从国外 B 公司购入固定资产(生产设备，不需安装)，根据双方供货合同，不含税价款共计 100 万美元，货到后 10 日内 A 公司付清所有货款。当日即期汇率为 1 美元 = 6.8 元人民币，当日以人民币支付增值税税额 88.4 万元。8 月 31 日的即期汇率为 1 美元 = 6.9 元人民币。9 月 3 日，A 公司根据供货合同付清所有货款(即结算日)，当日即期汇率为 1 美元 = 6.85 元人民币，当日银行卖出价为 1 美元 = 6.87 元人民币。不考虑其他因素，下列有关 A 公司 8 月外币业务的会计处理，不正确的是(　)。

A. 8 月 24 日固定资产入账价值为 680 万元

B. 8 月 24 日“应付账款—美元”科目的发生额为 680 万元

C. 8 月 31 日应付账款产生汇兑收益 10 万元人民币

D. 8 月 31 日“应付账款—美元”科目的余额为 690 万元

10. 资料同上。下列有关 A 公司 9 月 3 日(结算日)的会计处理，不正确的是(　)。

A. 如果以美元存款付清所有货款，应冲减“应付账款—美元”余额 690 万元

B. 如果以美元存款付清所有货款，应确认汇兑收益 5 万元

C. 如果以人民币存款付清所有货款，应冲减“应付账款—美元”余额 687 万元

D. 如果以人民币存款付清所有货款，应确认汇兑收益 3 万元

二、多项选择题

1. 以下关于外币交易的处理，说法正确的有(　)。

A. 以历史成本计量的外币非货币性项目，在资产负债表日不产生汇兑差额

B. 如存货的可变现净值以外币确定，确定存货的期末价值时，要先将可变现净值折算为记账本位币，可变现净值小于存货成本的差额计入资产减值损失

C. 如果交易性金融资产的期末公允价值以外币反映，则其因汇率变动所引起的价值变动应计入公允价值变动损益

D. 如果其他债权投资的期末公允价值以外币反映，则其因汇率变动所引起的价值变动一般应计入其他综合收益

2. 下列关于企业外币业务汇率选择的说法中，表述正确的有(　)。

A. 企业收到投资者以外币投入的资本，有合同约定汇率的，按照合同约定汇率折算，否则采用交易发生日即期汇率折算

B. 资产负债表日，外币货币性项目应按照当日即期汇率进行调整

C. 资产负债表日，以历史成本计量的外币非货币性项目，仍采用交易发生日即期汇率折算的金额计量

D. 外币交易应当在初始确认时，采用交易发生日的即期汇率将外币金额折算为记账本位币金额，不得采用按照系统合理的方法确定的、与交易发生日即期汇率近似的汇率折算

3. 当市场汇率上升时，下列账户中会发生汇兑损失的有(　)。

A. 外币短期借款

B. 采用成本模式计量的投资性房地产

C. 外币应收账款

D. 外币其他应付款

4. 下列情况中，企业应选择人民币作为记账本位币的有(　)。

A. 甲公司系国内外贸自营出口企业，超

过80%的营业收入来自向美国的出口，其商品销售价格主要受美元的影响，以美元计价；其人工成本、原材料以及相应的厂房设施、机器设备等80%在国外采购并以美元计价

B. 乙公司的人工成本、原材料以及相应的厂房设施、机器设备等100%在国内采购并以人民币计价，乙公司取得美元营业收入在汇回国内时直接兑换为人民币存款，且该企业对美元波动产生的外币风险进行了套期保值

C. 丙公司的原材料全部来自欧盟，主要加工技术、机器设备及主要技术人员均由欧盟方面提供，生产的产品面向国内出售。假定为满足采购原材料所需欧元的需要，该公司向欧盟某银行借款10亿欧元，期限为20年，该借款是丙公司当期流动资金净额的4倍。由于原材料采购以欧元结算，企业经营所需要的营运资金即融资获得的资金也使用欧元

D. 丁公司80%的经营收入及其原材料购买都以人民币计价并结算

5. 企业选定境外经营的记账本位币除了应当考虑一般企业确定记账本位币的因素外，还应当考虑的因素有(　)。

A. 境外经营活动产生的现金流量是否直接影响企业的现金流量、是否可以随时汇回

B. 境外经营活动产生的现金流量是否足以偿还其现有债务和可预期的债务

C. 境外经营对其所从事的活动是否拥有很强的自主性

D. 境外经营活动中与企业的交易是否在境外经营活动中占有较大比重

6. 企业发生各类外币业务因汇率的变动而产生的影响，可能计入的会计科目有(　)。

A. 公允价值变动损益

B. 财务费用

C. 在建工程

D. 管理费用

7. 在进行外币财务报表折算时，应按照交易发生时的即期汇率折算的报表项目有(　)。

A. 长期借款　　　B. 实收资本

C. 固定资产　　　D. 其他综合收益

8. 下列各项关于外币财务报表折算的会计处理中，不正确的有(　)。

A. 以母、子公司记账本位币以外的货币反映的实质上构成对境外经营子公司净投资的外币货币性项目，应将母、子公司因该项目所产生的汇兑差额相互抵销，并将差额列示于合并财务报表中的“财务费用”项目

B. 如果企业的境外经营为其控股子公司，则应将少数股东所应分担的外币报表折算差额并入少数股东权益，列示于合并资产负债表

C. 在合并财务报表中对境外经营子公司产生的外币报表折算差额应在归属于母公司的所有者权益中单列“外币报表折算差额”项目反映

D. 以母公司记账本位币反映的实质上构成对境外经营子公司净投资的外币货币性项目，其产生的汇兑差额在合并财务报表中应转入其他综合收益

9. 乙公司的记账本位币是人民币，对外币交易采用交易发生日的即期汇率折算，按季计算汇兑损益。7月18日，从中国银行借入专门借款1 000万港元用于建造固定资产(该项工程的建造期间超过1年，且在7月1日已动工并发生了部分资产支出)，年利率为5%，期限为3个月，借入的港元暂存银行。借入当日的即期汇率为1港元=0.9元人民币。9月30日的即期汇率为1港元=0.85元人民币。3个月后，即10月18日，乙公司以人民币向中国银行归还借入的1 000万港元和利息12.5万港元。归还借款时的港元卖出价为1港元=0.88元人民币，即期汇率为1港元=0.84元人民币。不考虑其他因素，下列有关乙公司在资本化期间内外币业务的会计处理，正确的有(　)。

A. 7月18日取得借款时贷记“短期借款—港元”科目的金额为900万元

B. 9月30日短期借款形成的汇兑收益为50万元冲减在建工程成本

C. 9月30日“短期借款—港元”科目的余额为850万元

D. 10月18日增加在建工程成本41万元

10. 下列关于外币交易的会计处理，说法正确的有(　)。

A. 企业购建固定资产而占用的外币一般借款，在借款费用资本化期间产生的汇兑差额应该计入固定资产成本

B. 其他权益工具投资的外币现金股利产生的汇兑差额，应当计入其他综合收益

C. 金融资产对应的“应收利息”科目所产生的汇兑差额，应当计入当期损益

D. 处置的境外经营为子公司的，将已列入其他综合收益的外币报表折算差额中归属于少数股东的部分，视全部处置或部分处置分别予以终止确认或转入少数股东权益

三、计算分析题

AS上市公司(本题下称“AS公司”)以人民币作为记账本位币，属于增值税一般纳税人，适用的增值税税率为13%，外币交易采用交易发生日的即期汇率折算。AS公司发生如下业务：

(1)2×21年10月20日，当日即期汇率为1美元=7.03元人民币，AS公司以0.2万美元/台的价格从美国购入国际最新型号的健身器材500台(该健身器材在国内市场尚无供应)，并于当日以美元存款支付相关货款。购入的健身器材作为库存商品核算。AS公司另以人民币支付进口关税70万元，支付进口增值税100.49万元。

(2)2×21年10月25日，AS公司以每股6.5港元的价格购入乙公司的H股500万股，分类为以公允价值计量且其变动计入当期损益的金融资产，另支付交易费用10万港元，当日即期汇率为1港元=0.88元人民币，款项已用港元支付。

(3)2×21年11月26日，AS公司以每股7港元的价格购入丙公司的H股800万股，不准备近期出售，指定为以公允价值计量且其变动计入其他综合收益的金融资产，当日即期汇率为1港元=0.87元人民币，款项已用港元支付。

(4)2×21年12月1日，AS公司按面值购入美国丁公司分期付息、到期一次还本的债券，分类为以公允价值计量且其变动计入其他综合收益的金融资产，债券的面值为1 000万美元，票面利率为12%。当日即期汇率为1美元=7.02元人民币，款项已用美元支付。

(5)2×21年12月31日，健身器材库存尚有100台，但预计售价已降至0.18万美元/台。12月31日的即期汇率为1美元=7.04元人民币。假定不考虑相关销售税费。

(6)2×21年12月31日，乙公司H股的市价为每股6港元，丙公司H股的市价为每股8港元，当日即期汇率为1港元=0.86元人民币。

(7)2×21年12月31日，美国丁公司债券的公允价值(不含利息)为990万美元，当日即期汇率为1美元=7.04元人民币。

(8)2×22年3月6日，AS公司将所购乙公司H股按当日市价每股7港元全部售出，所得港元价款存入银行，当日即期汇率为1港元=0.75元人民币。假定不考虑相关税费的影响。

要求：

(1)编制AS公司2×21年相关会计分录。

(2)计算上述业务对AS公司2×21年度损益的影响。

(3)编制AS公司2×22年3月6日出售交易性金融资产的会计分录。

四、综合题

A公司以人民币作为记账本位币，对外币

业务采用交易发生日的即期汇率折算，并按月计算汇兑损益，A 公司的合并财务报表于年末编制。2×21 年 6 月 30 日有关外币账户期末余额如下表所示：

项目	外币金额	折算汇率	折合人民币金额
银行存款	1 000 万美元 1 500 万港币	7.01 0.85	7 010 万元 1 275 万元
应收账款	5 000 万美元	7.01	35 050 万元
预付账款	3 150 万欧元	7.65	24 097.5 万元
其他债权投资	1 000 万欧元	7.65	7 650 万元
应收利息	1 000×6%/2=30(万欧元)	7.65	229.5 万元
应付账款	2 000 万美元	7.01	14 020 万元
长期借款	10 000 万美元	7.01	70 100 万元
应付利息	10 000×6%/2=300(万美元)	7.01	2 103 万元

上述其他债权投资和应收利息，系 2×21 年 1 月 1 日按面值 1 000 万欧元购入，按月计提利息，按年付息，票面利率为 6%，已确认应收利息 30 万欧元。

上述长期借款，系 2×21 年 1 月 1 日专门借入用于建造某生产线，借入后即存入银行美元账户。该笔借款本金为 10 000 万美元，期限为 3 年，年利率为 6%，按月计提利息，每年年末支付利息，已确认应付利息 300 万美元。闲置专门美元借款资金用于短期投资，年收益率为 4%，假定投资收益于每月月末收取并存入银行。工程于 2×21 年 1 月 1 日开工建设，满足借款费用资本化条件。至 2×21 年 6 月 30 日，该生产线仍在建造过程中，已使用外币专门借款 4 800 万美元，预计将于 2×21 年 12 月末完工。

A 公司 2×21 年 7 月发生以下外币业务：

(1)A 公司 2×21 年 7 月 1 日以 1 000 万港元购买了在香港注册的 B 公司发行在外的 80%股份，并自当日起能够控制 B 公司的财务和经营政策。为实现此项合并，A 公司另以人民币支付相关审计、法律咨询等费用 60 万元。B 公司所有客户都位于香港，以港元作为主要结算货币，且与当地的银行保持长期良好的合作关系，其借款主要从当地银行借入。2×21 年 7 月 1 日，B 公司可辨认净资产公允价值为 1 100 万港元(含一项管理用无形资产评估增值 100 万港元，预计剩余使用年限为 10 年，采用直线法摊销)；当日港元与人民币之间的即期汇率为 1 港元=0.8 元人民币。

自购买日至 2×21 年 12 月 31 日，B 公司以购买日可辨认净资产账面价值为基础计算实现的净利润为 300 万港元。假定未发生其他引起所有者权益变动的事项。

B 公司的利润表在折算为 A 公司记账本位币时，按照平均汇率折算。其他相关汇率信息如下：2×21 年 7 月 31 日，1 港元=0.9 元人民币；2×21 年 12 月 31 日，1 港元=0.9 元人民币；2×21 年度平均汇率为 1 港元=0.85 元人民币。不考虑所得税影响。

(2)7 月 1 日收到某外商投入的外币资本 5 000 万美元，交易日即期汇率为 1 美元=7.04 元人民币。款项已存入银行。

(3)7 月 1 日，为建造上述生产线从国外购买需安装的机器设备一台，价款为 4 000 万美元，已用美元存款支付。购入后即投入安装。交易日即期汇率为 1 美元=7.04 元人民币。(不考虑增值税等相关税费)

(4)7 月 26 日，向国外乙公司销售产品一批，价款共计2 000万美元，交易日即期汇率为1美元=7.02元人民币，款项尚未收到。（不考虑产品成本以及增值税等相关税费）

（5）7月28日，以美元存款偿还上月发生的应付账款1 000万美元，交易日即期汇率为1美元=7.02元人民币。

（6）7月29日，以人民币偿还上月发生的应付账款1 000万美元，交易日银行卖出价为1美元=7.03元人民币。

（7）7月31日，收到6月发生的应收甲公司账款3 000万美元存入银行美元账户，交易日即期汇率为1美元=7.02元人民币。

（8）7月31日，收到6月发生的应收账款1 000万美元直接兑换为人民币，交易日银行买入价为1美元=7元人民币。

（9）7月31日，欧元与人民币之间的即期汇率为1欧元=7.66元人民币。其他债权投资的公允价值（不含利息）为1 050万欧元。

假定A公司当月未发生其他业务。

要求：

（1）计算2×21年7月1日A公司购入B公司的企业合并成本，说明审计、法律咨询费的处理原则，计算A公司购入B公司在合并财务报表中应确认的商誉以及12月31日将B公司财务报表折算为A公司记账本位币时产生的外币报表折算差额。

（2）根据资料（2）~（8），编制A公司相关的会计分录。

（3）分别计算A公司7月31日除其他债权投资、长期借款及其利息外的其他外币货币性账户的汇兑损益，并编制相关的会计分录。

（4）计算7月31日A公司因其他债权投资应确认的公允价值变动和利息收入，并编制相关的会计分录。

（5）计算A公司7月31日有关借款费用的资本化金额，并编制相关的会计分录。

同步训练答案及解析

一、单项选择题

1. B 【解析】对A产品计提的存货跌价准备=20×8 000×6.54−20×6 500×6.44=209 200（元人民币）。

2. D 【解析】A公司的业务中，美元对其日常活动收入起主要作用，而人民币对其日常活动支出起主要作用，单凭这两点无法判定其记账本位币，需要考虑其他因素，A公司已经对外币交易进行了套期保值操作，则外币的汇率变动影响可以基本消除，所以这里应该选择人民币作为记账本位币。

3. B 【解析】因其他权益工具投资的公允价值变动（含汇率变动因素的影响）计入其他综合收益，因此上述业务对甲公司2×21年营业利润的影响金额=500×10×6.5−500×9×6.63=2 665（万元人民币）。

4. D 【解析】企业收到投资者以外币投入的资本，无论是否有合同约定汇率，均不采用合同约定汇率或即期汇率的近似汇率折算，而是采用交易日即期汇率折算，不产生外币资本折算差额，选项D错误。

5. B 【解析】甲公司2×21年年末产生的汇兑差额=1 000×（7.04−7.03）=10（万元人民币）。

6. B 【解析】选项B，乙公司为甲公司的联营企业，虽然乙公司设在境内，但其记账本位币为美元，在境内设立的分支机构、子公司、联营企业及合营企业采用不同的记账本位币的，也应视同为境外经营。

7. D 【解析】选项D，应按处置比例计算处置部分的外币财务报表折算差额，转入处置当期损益。

8. A 【解析】本期期末该子公司资产负债表“盈余公积”的期末数＝1 215＋155×7.03＝2 304.65（万元人民币）。

9. C 【解析】选项C，8月31日应付账款产生汇兑损失10万元人民币［100×（6.9－6.8）］。

10. C 【解析】选项C，不论以美元付款还是以人民币付款，都应冲减“应付账款—美元”余额690万元，即将“应付账款—美元”科目余额结平。会计分录如下：

如果以美元存款付清所有货款：

借：应付账款—美元（100×6.9）690

　　贷：银行存款—美元（100×6.85）685

　　　　财务费用—汇兑差额　5

如果以人民币存款付清所有货款：

借：应付账款—美元（100×6.9）690

　　贷：银行存款—人民币（100×6.87）687

　　　　财务费用—汇兑差额　3

二、多项选择题

1. ABC 【解析】选D，由于其他债权投资一般属于外币货币性项目，所以其因汇率变动所引起的价值变动一般应计入财务费用。

2. BC 【解析】选项A，企业收到投资者以外币投入的资本，一律采用交易发生日即期汇率折算。选项D，外币交易应当在初始确认时，采用交易发生日的即期汇率将外币金额折算为记账本位币金额；也可以采用按照系统合理的方法确定的、与交易发生日即期汇率近似的汇率折算。

3. AD 【解析】选项B，汇率发生变动对其没有影响；选项C，当市场汇率上升时，外币应收账款产生的是汇兑收益。

4. BD 【解析】选项A，甲公司应选择美元作为记账本位币；选项C，从融资活动获得的资金角度看，丙公司应当选择欧元作为记账本位币。

5. ABCD

6. ABCD 【解析】为购建或生产满足资本化条件的资产发生的应予资本化的外币借款费用产生的汇兑差额在“在建工程”“制造费用”等科目核算；对于外币交易性金融资产，其汇率变动的影响应当计入公允价值变动损益；对于筹建期间发生的借款费用产生的汇兑差额，应当计入管理费用。一般情况下发生的汇兑损益均计入当期财务费用。

7. BD 【解析】资产负债表中的资产和负债项目，采用资产负债表日的即期汇率折算，所有者权益项目除“未分配利润”项目外，其他项目采用交易发生时的即期汇率折算。

8. AC 【解析】选项A，应该差额转入“其他综合收益”项目。选项C，应按归属于母公司的部分在“其他综合收益”项目反映，而不是单列于“外币报表折算差额”项目。

9. ABCD 【解析】会计分录如下：

①7月18日：

借：银行存款—港元（1 000×0.9）900

　　贷：短期借款—港元　900

②9月30日：

短期借款汇兑差额＝1 000×（0.85－0.9）＝－50（万元）。［汇兑收益］

借：短期借款—港元　50

　　贷：在建工程　50

③10月18日：

借：短期借款—港元［账面余额］850

　　在建工程　30

　　贷：银行存款—人民币（1 000×0.88）880

支付利息：

借：在建工程　11

　　贷：银行存款—人民币（12.5×0.88）11

10. CD 【解析】选项A，外币专门借款在资本化期间产生的汇兑差额，应当予以资本化，计入固定资产的成本，而外币一般借款的汇兑差额，则计入当期损益；选项 B，应当计入当期损益。

三、计算分析题

【答案】

(1)AS 公司 2×21 年相关会计分录：

①借：库存商品 (0.2×500×7.03+70)773

应交税费—应交增值税(进项税额) 100.49

贷：银行存款—美元 (0.2×500×7.03)703

—人民币 170.49

②借：交易性金融资产—乙公司 (6.5×500×0.88)2 860

投资收益 (10×0.88)8.8

贷：银行存款—港元 2 868.8

③借：其他权益工具投资—丙公司 4 872

贷：银行存款—港元 (800×7×0.87)4 872

④借：其他债权投资—丁公司 7 020

贷：银行存款—美元 (1 000×7.02)7 020

⑤2×21 年 12 月 31 日健身器材应计提的存货跌价准备 = 773×100÷500－100×0.18×7.04=27.88(万元)。

借：资产减值损失 27.88

贷：存货跌价准备 27.88

⑥交易性金融资产(乙公司)公允价值变动=6×500×0.86－2 860=－280(万元)。

借：公允价值变动损益 280

贷：交易性金融资产—乙公司 280

⑦其他权益工具投资(丙公司)公允价值变动=800×8×0.86－4 872=632(万元)。

借：其他权益工具投资 632

贷：其他综合收益 632

⑧其他债权投资(丁公司)应收利息 = 1 000×12%×1/12×7.04=70.4(万元)。

借：应收利息—美元 70.4

贷：投资收益 70.4

公允价值变动与汇率变动 = 990×7.04－1 000×7.02=－50.4(万元)。

其中：公允价值变动 = (990－1 000)×7.04=－70.4(万元)。

汇兑损益=1 000×(7.04－7.02)=20(万元)。

借：其他综合收益 70.4

贷：其他债权投资 50.4

财务费用 20

(2)上述业务对 AS 公司 2×21 年度损益的影响=－②8.8－⑤27.88－⑥280+⑧70.4+⑧20=－226.28(万元)。

(3)

借：银行存款—港元 (7×500×0.75)2 625

贷：交易性金融资产 2 580

投资收益 45

四、综合题

【答案】

(1)①A 公司购买 B 公司的企业合并成本=1 000×0.8=800(万元)。

②A 公司合并 B 公司时发生的审计、法律咨询费用应计入当期损益(管理费用)。

③A 公司购买 B 公司产生的商誉 = (1 000－1 100×80%)×0.8=96(万元)。

④B 公司 2×21 年度财务报表折算为 A 公司记账本位币时产生的外币报表折算差额=持续计算的可辨认净资产的公允价值(1 100+300－100/10÷2)×资产负债表日即期汇率 0.9－[购买日所有者权益项目人民币余额 1 100×0.8+净利润外币项目金额(300－100/10÷2)×平均汇率 0.85]=124.75(万元)。

(2)资料(2)：

借：银行存款—美元 (5 000×7.04)35 200

贷：股本(实收资本) 35 200

资料(3)：

借：在建工程　28 160

　贷：银行存款—美元　(4 000×7.04)28 160

资料(4)：

借：应收账款—美元　(2 000×7.02)14 040

　贷：主营业务收入　14 040

资料(5)：

借：应付账款—美元[冲减账面余额]　(1 000×7.01)7 010

　　财务费用　10

　贷：银行存款—美元　(1 000×7.02)7 020

资料(6)：

借：应付账款—美元[冲减账面余额]　(1 000×7.01)7 010

　　财务费用　20

　贷：银行存款—人民币　(1 000×7.03)7 030

资料(7)：

借：银行存款—美元　(3 000×7.02)21 060

　贷：应收账款—美元[冲减账面余额]　(3 000×7.01)21 030

　　　财务费用　30

资料(8)：

借：银行存款—人民币　(1 000×7)7 000

　　财务费用　10

　贷：应收账款—美元[冲减账面余额]　(1 000×7.01)7 010

(3)①“银行存款—美元”账户汇兑损益=(1 000+5 000-4 000-1 000+3 000)×7.02-(7 010+35 200-28 160-7 020+21 060)=-10(万元)。[汇兑损失]

“银行存款—港元”账户汇兑损益=(1 500-1 000)×0.9-(1 275-1 000×0.8)=-25(万元)。[汇兑损失]

②“应收账款—美元”账户汇兑损益=(5 000+2 000-3 000-1 000)×7.02-(35 050+14 040-21 030-7 010)=10(万元)。[汇兑收益]

③“应付账款—美元”账户汇兑损益=(2 000-1 000-1 000)×7.02-(14 020-7 010-7 010)=0。

④借：财务费用　25

　　应收账款—美元　10

　贷：银行存款—美元　10

　　　　　—港元　25

(4)①7月31日其他债权投资的利息=1 000×6%/12×7.66=38.3(万元)。

“应收利息—欧元”账户汇兑损益=30×(7.66-7.65)+5×(7.66-7.66)=0.3(万元)。

借：应收利息—欧元　38.6

　贷：投资收益　38.3

　　　财务费用　0.3

②“其他债权投资—欧元”公允价值变动=(1 050-1 000)×7.66=383(万元)。

“其他债权投资—欧元”汇率变动=1 000×(7.66-7.65)=10(万元)。

借：其他债权投资—欧元　393

　贷：其他综合收益　383

　　　财务费用　10

(5)①利息资本化金额的确定：

应付利息=10 000×6%×1/12=50(万美元)。

闲置资金收益=(10 000-4 800-4 000)×4%×1/12=4(万美元)。

资本化金额=50-4=46(万美元)。

折合人民币=46×7.02=322.92(万元)。

借：在建工程　322.92

　　银行存款—美元　(4×7.02)28.08

　贷：应付利息—美元　(50×7.02)351

②汇兑差额资本化金额的确定：

汇兑差额=10 000×(7.02-7.01)+300×(7.02-7.01)+50×(7.02-7.02)=103(万元)。

借：在建工程　103

　贷：长期借款—美元　100

　　　应付利息—美元　3

第二十三章　财务报告

考情解密

历年考情概况

本章内容与基础知识的联系较为紧密，内容较多，信息量很大，对理解能力的要求较高，而计算方面偏重于烦琐数据的整理，总体来说具有一定难度。本章考试分值一般在6分左右。本章客观题主要考点包括资产负债表流动性项目的判断、利润表营业利润项目的计算、现金流量表项目的分类、关联方关系的认定、会计报表附注披露等。

近年考点直击

考点	主要考查题型	考频指数	考查角度
资产负债表	单选题、多选题	★★★	①流动性项目与非流动性项目的判断；②允许以净额列示的项目
利润表	单选题、多选题	★★★	在相关资产处置时应当转入当期损益的或影响营业利润的内容及其计算
现金流量表	单选题、多选题	★★★	①现金流量的分类；②现金等价物的内容、影响现金流量的项目；③经营活动现金流量净额的计算；④将净利润调节为经营活动现金流量
所有者权益变动表	多选题	★	调整"本年年初余额"的交易或事项
关联方的披露	单选题、多选题	★★★	①关联方关系的认定；②关联交易类型的判断

2022年考试变化

本章新增了承租人现金流量表列报的相关内容，其他内容未发生实质性变化。

考点详解及精选例题

一、资产负债表★★★

（一）流动资产项目、流动负债项目

1. 流动资产项目

（1）"交易性金融资产"项目，应根据"交易性金融资产"科目的相关明细科目的期末余额分析填列。自资产负债表日起超过一年到期且预期持有超过一年的以公允价值计量且其变动计入当期损益的非流动金融资产的期末账面价值，在"其他非流动金融资产"项目反映。

（2）"应收票据"项目，反映资产负债表日以摊余成本计量的商业汇票，该项目应根据"应收票据"科目的期末余额，减去"坏账准备"科目中相关坏账准备期末余额后的金额分析填列。"应收账款"项目比照其处理。

（3）"应收款项融资"项目，反映资产负

债表日以公允价值计量且其变动计入其他综合收益的应收票据和应收账款等。

(4)“其他应收款”项目，应根据“应收利息”“应收股利”“其他应收款”科目的期末余额合计数，减去“坏账准备”科目中相关坏账准备期末余额后的金额填列。

(5)“持有待售资产”项目，应根据“持有待售资产”科目的期末余额，减去“持有待售资产减值准备”科目的期末余额后的金额填列。

(6)“一年内到期的非流动资产”项目，通常反映预计自资产负债表日起一年内变现的非流动资产。对于按照相关会计准则采用折旧(或摊销、折耗)方法进行后续计量的固定资产、使用权资产、无形资产和长期待摊费用等非流动资产，折旧(或摊销、折耗)年限(或期限)只剩一年或不足一年的，或预计在一年内(含一年)进行折旧(或摊销、折耗)的部分，不得归类为流动资产，仍在各该非流动资产项目中填列，不转入“一年内到期的非流动资产”项目。

2. 流动负债项目

(1)“交易性金融负债”项目，反映资产负债表日企业承担的交易性金融负债，以及企业持有的指定为以公允价值计量且其变动计入当期损益的金融负债的期末账面价值。该项目应根据“交易性金融负债”科目的相关明细科目的期末余额填列。

(2)“应付票据”项目，应根据“应付票据”科目的期末余额填列。

(3)“应付账款”项目，应根据“应付账款”和“预付账款”科目所属的相关明细科目的期末贷方余额合计数填列。

(4)“其他应付款”项目，应根据“应付利息”“应付股利”“其他应付款”科目的期末余额合计数填列。

(5)“持有待售负债”项目，反映资产负债表日处置组中与划分为持有待售类别的资产直接相关的负债的期末账面价值。该项目应根据“持有待售负债”科目的期末余额填列。

(二)非流动资产项目、非流动负债项目

1. 非流动资产项目

(1)“债权投资”项目，应根据“债权投资”科目的相关明细科目期末余额，减去“债权投资减值准备”科目中相关减值准备的期末余额后的金额分析填列。自资产负债表日起一年内到期的长期债权投资的期末账面价值，在“一年内到期的非流动资产”项目反映。企业购入的以摊余成本计量的一年内到期的债权投资的期末账面价值，在“其他流动资产”项目反映。

(2)“其他债权投资”项目，应根据“其他债权投资”科目的相关明细科目的期末余额分析填列。自资产负债表日起一年内到期的长期债权投资的期末账面价值，在“一年内到期的非流动资产”项目反映。企业购入的以公允价值计量且其变动计入其他综合收益的一年内到期的债权投资的期末账面价值，在“其他流动资产”项目反映。

(3)“其他权益工具投资”项目，应根据“其他权益工具投资”科目的期末余额填列。

(4)“固定资产”项目，应根据“固定资产”科目的期末余额，减去“累计折旧”和“固定资产减值准备”科目的期末余额后的金额，以及“固定资产清理”科目的期末余额填列。

(5)“在建工程”项目，应根据“在建工程”科目的期末余额，减去“在建工程减值准备”科目的期末余额后的金额，以及“工程物资”科目的期末余额，减去“工程物资减值准备”科目的期末余额后的金额填列。

(6)“使用权资产”项目，应根据“使用权资产”科目的期末余额，减去“使用权资产累计折旧”和“使用权资产减值准备”科目的期末余额后的金额填列。

2. 非流动负债项目

(1)“租赁负债”项目，反映资产负债表日承租人企业尚未支付的租赁付款额的期末

账面价值。该项目应根据“租赁负债”科目的期末余额填列。自资产负债表日起一年内到期应予以清偿的租赁负债的期末账面价值，在“一年内到期的非流动负债”项目反映。

（2）“长期应付款”项目，应根据“长期应付款”科目的期末余额，减去相关的“未确认融资费用”科目的期末余额后的金额，以及“专项应付款”科目的期末余额填列。

（3）“递延收益”项目中摊销期限只剩一年或不足一年的，或预计在一年内（含一年）进行摊销的部分，不得归类为流动负债，仍在该项目中填列，不转入“一年内到期的非流动负债”项目。

（三）与收入准则和金融工具准则相关的报表项目

（1）“合同资产”和“合同负债”项目。应分别根据“合同资产”科目、“合同负债”科目的相关明细科目的期末余额分析填列，同一合同下的合同资产和合同负债应当以净额列示，其中净额为借方余额的，应当根据其流动性在“合同资产”或“其他非流动资产”项目中填列，已计提减值准备的，还应减去“合同资产减值准备”科目中相关的期末余额后的金额填列；其中净额为贷方余额的，应当根据其流动性在“合同负债”或“其他非流动负债”项目中填列。

资产负债表日，“合同结算”科目的期末余额在借方的，根据其流动性在“合同资产”或“其他非流动资产”项目中填列；期末余额在贷方的，根据其流动性在“合同负债”或“其他非流动负债”项目中填列。

（2）按照收入准则确认为资产的合同取得成本，应当根据“合同取得成本”科目的明细科目初始确认时摊销期限是否超过一年或一个正常营业周期，在“其他流动资产”或“其他非流动资产”项目中填列，已计提减值准备的，还应减去“合同取得成本减值准备”科目中相关的期末余额后的金额填列。

（3）按照收入准则确认为资产的合同履约成本，应当根据“合同履约成本”科目的明细科目初始确认时摊销期限是否超过一年或一个正常营业周期，在“存货”或“其他非流动资产”项目中填列，已计提减值准备的，还应减去“合同履约成本减值准备”科目中相关的期末余额后的金额填列。

（4）按照收入准则确认为资产的应收退货成本，应当根据“应收退货成本”科目是否在一年或一个正常营业周期内出售，在“其他流动资产”或“其他非流动资产”项目中填列。

（5）按照收入准则确认为预计负债的应付退货款，应当根据“预计负债”科目下的“应付退货款”明细科目是否在一年或一个正常营业周期内清偿，在“其他流动负债”或“预计负债”项目中填列。

（6）按照金融工具确认和计量准则的相关规定对贷款承诺、财务担保合同等项目计提的损失准备，应当在“预计负债”项目中填列。

（四）所有者权益项目

（1）“其他权益工具”项目，对于资产负债表日企业发行的金融工具，分类为金融负债的，应在“应付债券”项目填列，对于优先股和永续债，还应在“应付债券”项目下的“优先股”项目和“永续债”项目分别填列；分类为权益工具的，应在“其他权益工具”项目填列，对于优先股和永续债，还应在“其他权益工具”项目下的“优先股”项目和“永续债”项目分别填列。

（2）“专项储备”项目，反映高危行业企业按国家规定提取的安全生产费的期末账面价值。该项目应根据“专项储备”科目的期末余额填列。

（五）特殊问题

（1）关于资金集中管理相关交易的列报问题。

资金集中管理，是指企业利用资金结算

中心、财务公司等平台进行的资金归集、结算、监控、金融服务等交易。

①对于成员单位纳入集团资金集中管理。

一是通过资金结算中心归集至集团母公司账户的资金，成员单位应当在资产负债表“其他应收款”项目中列示；二是未归集至集团母公司账户而直接通过财务公司归集的资金，成员单位应当在资产负债表“货币资金”项目中列示。

②对于归集至集团母公司账户的资金。

一是母公司应当在资产负债表“其他应付款”项目中列示；二是财务公司应当在资产负债表“吸收存款”项目中列示。

③对于成员单位纳入集团资金集中管理的、通过资金结算中心从集团母公司账户拆入的资金。

一是对于成员单位拆入的资金，成员单位应当在资产负债表“其他应付款”项目中列示；二是对于从集团母公司账户拆出的资金，母公司应当在资产负债表“其他应收款”项目中列示。

④对于成员单位纳入集团资金集中管理的、未从集团母公司账户而直接从财务公司拆入的资金。

一是对于成员单位拆入的资金，成员单位应当在资产负债表“短期借款”项目中列示；二是对于从财务公司拆出的资金，财务公司应当在资产负债表“发放贷款和垫款”项目中列示。

(2)负债在其对手方选择的情况下可通过发行权益进行清偿的条款与在资产负债表日负债的流动性划分无关。

(3)用于购建固定资产的预付款项的列报。

【例题1·计算分析题】 A公司为上市公司，该公司于2×21年预付给供应商5 000万元，用于进口某台机器设备。2×21年12月31日，该机器设备尚未到货。因此，A公司将该笔预付设备采购款通过“预付账款”科目进行核算。

要求：说明该笔预付账款在资产负债表中应该如何列报？

答案 ▶判断预付账款作为流动资产还是非流动资产列报应该依据该预付账款所购买的标的资产的类别来决定。例如，为购买存货支付预付账款应当列报为流动资产，而为购买固定资产支付的预付账款则应该列报为非流动资产。即，为购建固定资产而预付的款项，日常会计核算时在“预付账款”科目反映，在期末编制财务报表时，应分类为非流动资产，列示于其他非流动资产中，并在附注中披露其性质。

(4)资产负债表日后事项对流动负债与非流动负债划分的影响。

①资产负债表日起一年内到期的负债。对于在资产负债表日起一年内到期的负债，企业有意图且有能力自主地将清偿义务展期至资产负债表日后一年以上的，应当归类为非流动负债；不能自主地将清偿义务展期的，即使在资产负债表日后、财务报告批准报出日前签订了重新安排清偿计划协议，该项负债仍应当归类为流动负债。

②对于在资产负债表日或之前企业违反长期借款协议，准则规定，企业在资产负债表日或之前违反了长期借款协议，导致贷款人可随时要求清偿的负债，应当归类为流动负债。贷款人在资产负债表日或之前同意提供在资产负债表日后一年以上的宽限期，在此期限内企业能够改正违约行为，且贷款人不能要求随时清偿的，该项负债应当归类为非流动负债。

其他长期负债存在类似情况的，比照上述①②两点处理

【例题2·多选题】 ☆甲公司2×18年12月31日持有的部分资产和负债项目包括：(1)准备随时出售的交易性金融资产2 600万元；(2)因内部研发活动予以资本化的开发支出1 200万元，该开发活动形成的资产至2×18年年末尚未达到预定可使用状态；(3)将于2×19年3月2日到期的银行借款

2 000万元，甲公司正在于银行协商将其展期2年；(4)账龄在1年以上的应收账款3 400万元。不考虑其他因素，上述资产和负债在甲公司2×18年12月31日资产负债表中应当作为流动性项目列报的有(　)。

A. 开发支出　　B. 银行借款

C. 应收账款　　D. 交易性金融资产

解析 选项A，属于非流动性项目；选项B，该借款一年内到期，并且企业无权自主的将清偿义务推迟至资产负债表日起一年以上(需要与银行协商并且未协商确定完毕)，因此应归类为流动性项目；选项C，企业应收账款均应归类为流动性项目；选项D，交易性金融资产，准备随时出售，应归类为流动性项目。

答案 BCD

二、利润表★★★

(一)影响营业利润的项目(部分)

(1)"研发费用"项目，应根据"管理费用"科目下的**"研究费用"**明细科目的发生额，以及"管理费用"科目下的**"无形资产摊销"**明细科目的发生额分析填列。

(2)"财务费用"项目下的"利息费用"项目，应根据"财务费用"科目的相关明细科目的发生额分析填列。该项目作为"财务费用"项目的其中项，以正数填列。

(3)"财务费用"项目下的"利息收入"项目，应根据"财务费用"科目的相关明细科目的发生额分析填列。该项目作为"财务费用"项目的其中项，以正数填列。

(4)"其他收益"项目，应根据"其他收益"科目的发生额分析填列。企业作为个人所得税的扣缴义务人，根据《中华人民共和国个人所得税法》收到的扣缴税款手续费，应作为其他与日常活动相关的收益在该项目中填列。

(5)"以摊余成本计量的金融资产终止确认收益"项目，反映企业因转让等情形导致终止确认以摊余成本计量的金融资产而产生的利得或损失。该项目应根据"投资收益"科目的相关明细科目的发生额分析填列；如为损失，以"-"号填列。

(6)"净敞口套期收益"项目，反映净敞口套期下被套期项目累计公允价值变动转入当期损益的金额或现金流量套期储备转入当期损益的金额。该项目应根据"净敞口套期损益"科目的发生额分析填列；如为套期损失，以"-"号填列。

(7)"信用减值损失"项目，应根据"信用减值损失"科目的发生额分析填列。

(8)"资产处置收益"项目，反映企业出售划分为持有待售的非流动资产(金融工具、长期股权投资和投资性房地产除外)或处置组(子公司和业务除外)时确认的处置利得或损失，以及处置未划分为持有待售的固定资产、在建工程、生产性生物资产及无形资产而产生的处置利得或损失。非货币性资产交换中换出非流动资产(金融工具、长期股权投资和投资性房地产等除外)产生的利得或损失也包括在本项目内。该项目应根据"资产处置损益"科目的发生额分析填列；如为处置损失，以"-"号填列。

(二)不影响营业利润但影响利润总额的项目

(1)"营业外收入"项目，反映企业发生的除营业利润以外的收益，主要包括与企业日常活动无关的政府补助、盘盈利得、捐赠利得(企业接受股东或股东的子公司直接或间接的捐赠，经济实质属于股东对企业的资本性投入的除外)等。该项目应根据"营业外收入"科目的发生额分析填列。

(2)"营业外支出"项目，反映企业发生的除营业利润以外的支出，主要包括公益性捐赠支出、非常损失、盘亏损失、**非流动资产毁损报废损失**等。该项目应根据"营业外支出"科目的发生额分析填列。"非流动资产毁损报废损失"通常包括因自然灾害发生毁损、已丧失使用功能等原因而报废清理产生的损失。企业在不同交易中形成的非流动资产毁损报废利得和损失不得相互抵销，应分别在“营业外收入”项目和“营业外支出”项目进行填列。

(3)“(一)持续经营净利润”和“(二)终止经营净利润”项目，分别反映净利润中与持续经营相关的净利润和与终止经营相关的净利润；如为净亏损，以“-”号填列。该两个项目应按照《企业会计准则第 42 号——持有待售的非流动资产、处置组和终止经营》的相关规定分别列报。

(三)其他综合收益项目(部分)

(1)“其他权益工具投资公允价值变动”项目，反映企业指定为以公允价值计量且其变动计入其他综合收益的非交易性权益工具投资发生的公允价值变动。该项目应根据“其他综合收益”科目的相关明细科目的发生额分析填列。

(2)“企业自身信用风险公允价值变动”项目，反映企业指定为以公允价值计量且其变动计入当期损益的金融负债，由企业自身信用风险变动引起的公允价值变动而计入其他综合收益的金额。该项目应根据“其他综合收益”科目的相关明细科目的发生额分析填列。

(3)“其他债权投资公允价值变动”项目，反映企业分类为以公允价值计量且其变动计入其他综合收益的债权投资发生的公允价值变动。企业将一项以公允价值计量且其变动计入其他综合收益的金融资产重分类为以摊余成本计量的金融资产，或重分类为以公允价值计量且其变动计入当期损益的金融资产时，之前计入其他综合收益的累计利得或损失从其他综合收益中转出的金额作为该项目的减项。该项目应根据“其他综合收益”科目下的相关明细科目的发生额分析填列。

(4)“金融资产重分类计入其他综合收益的金额”项目，反映企业将一项以摊余成本计量的金融资产重分类为以公允价值计量且其变动计入其他综合收益的金融资产时，计入其他综合收益的原账面价值与公允价值之间的差额。该项目应根据“其他综合收益”科目下的相关明细科目的发生额分析填列。

(5)“其他债权投资信用减值准备”项目，反映企业分类为以公允价值计量且其变动计入其他综合收益的金融资产的损失准备。该项目应根据“其他综合收益”科目下的“信用减值准备”明细科目的发生额分析填列。

(6)“现金流量套期储备”项目，反映企业套期工具产生的利得或损失中属于套期有效的部分。该项目应根据“其他综合收益”科目下的“套期储备”明细科目的发生额分析填列。

【例题 3·多选题】☆下列各项关于财务报表列报的表述中，正确的有(　)。

A. 收到的扣缴个人所得税款手续费在利润表“其他收益”项目列报

B. 出售子公司产生的利得或损失在利润表“资产处置收益”项目列报

C. 收到与资产相关的政府补助在现金流量表中作为经营活动产生的现金流量列报

D. 自资产负债表日起超过 1 年到期且预期持有超过 1 年的以公允价值计量且其变动计入当期损益的金融资产在资产负债表中作为流动资产列报

解析▶选项 B，出售对子公司股权投资形成的利得或损失在“投资收益”项目列报；选项 D，应作为非流动资产列报。即自资产负债表日起超过一年到期且预期持有超过一年的以公允价值计量且其变动计入当期损益的非流动金融资产的期末账面价值，在“其他非流动金融资产”项目反映。 **答案**▶AC

三、现金流量表★★★

(一)现金流量表的编制基础

现金流量表以现金及现金等价物为基础

编制，划分为经营活动、投资活动和筹资活动的现金流量，按照收付实现制原则编制，将权责发生制下的盈利信息调整为收付实现制下的现金流量信息。

1. 现金

现金，是指企业库存现金以及可以随时用于支付的存款。不能随时用于支付的存款不属于现金。

2. 现金等价物

现金等价物，是指企业持有的期限短、流动性强、易于转换为已知金额现金、价值变动风险很小的投资。其中，“期限短”一般是指从购买日起3个月内到期。例如可在证券市场上流通的3个月内到期的短期债券等。

现金等价物虽然不是现金，但其支付能力与现金的差别不大，可视为现金。

现金等价物的定义本身，包含了判断一项投资是否属于现金等价物的四个条件，即，①期限短；②流动性强；③易于转换为已知金额的现金；④价值变动风险很小。现金等价物通常包括3个月内到期的短期债券投资。权益性投资变现的金额通常不确定，因而不属于现金等价物。

【例题4·单选题】 ☆2×18年12月31日，甲公司持有的投资包括：(1)持有联营企业(乙公司)30%股份；(2)持有子公司(丙公司)60%股份；(3)持有的5年期国债；(4)持有丁公司发行的期限为2个月的短期债券。不考虑其他因素，甲公司在编制2×18年度个别现金流量表时，应当作为现金等价物列示的是(　)。

A. 对乙公司的投资

B. 对丙公司的投资

C. 所持有的5年期国债

D. 所持有的丁公司发行的期限为2个月的短期债券

解析 现金等价物，是指企业持有的期限短、流动性强、易于转化为已知金额现金、价值变动风险很小的投资。其中，“期限短”一般是指从购买日起3个月内到期。综上所述，选项D符合题意。

答案 D

(二)经营活动产生的现金流量

1.“销售商品、提供劳务收到的现金”项目

销售商品、提供劳务收到的现金=营业收入+应交税费—应交增值税(销项税额)+[应收票据(账款)年初余额-应收票据(账款)期末余额]+(合同资产年初余额-合同资产期末余额)+(合同负债期末余额-合同负债年初余额)-当期计提的坏账准备+/-其他调整事项

2. 收到的税费返还

本项目反映企业收到返还的各种税费，如收到的增值税、所得税、消费税、关税和教育费附加返还款等。本项目可以根据有关科目的记录分析填列。

3. 收到其他与经营活动有关的现金

本项目反映企业除上述各项目外，收到的其他与经营活动有关的现金，如罚款收入、投资性房地产收到的租金收入、流动资产损失中由个人赔偿的现金收入、除税费返还外的其他政府补助收入等。

『提示』(1)与政府补助有关的现金流量表的列示：企业实际收到的政府补助，无论是与资产相关还是与收益相关，均在“收到其他与经营活动有关的现金”项目填列。

(2)选择简化处理的短期租赁付款额、低价值资产租赁付款额、未纳入租赁负债的可变租赁付款额，以及短期租赁和低价值资产租赁相关的预付租金和租赁保证金所涉及的现金流出，应作为经营活动现金流出处理。

(3)除第(2)点所述的情形外，企业支付预付租金和租赁保证金、偿还租赁负债本金和利息所涉及的现金流出，作为筹资活动现金流出处理。

4.“购买商品、接受劳务支付的现金”项目

购买商品、接受劳务支付的现金=营业成本+应交税费—应交增值税(进项税额)+(存货期末余额-存货年初余额)+(应付账款

年初余额-应付账款期末余额）+（应付票据年初余额-应付票据期末余额）+（预付款项期末余额-预付款项年初余额）-当期列入生产成本、制造费用（包括合同履约成本）的职工薪酬-当期列入生产成本、制造费用的折旧费（包括合同履约成本）

5.“支付给职工以及为职工支付的现金”项目

支付给职工以及为职工支付的现金=（应付职工薪酬年初余额+生产成本、制造费用、管理费用中职工薪酬-应付职工薪酬期末余额）-[应付职工薪酬（在建工程）年初余额-应付职工薪酬（在建工程）期末余额]

『提示』高管人员的现金结算的股份支付，即支付的基于股份支付方案给予高管人员的现金增值额属于“支付给职工以及为职工支付的现金”项目。

6.“支付的各项税费”项目

该项目反映企业按规定支付的各种税费，包括企业本期发生并支付的税费，以及本期支付以前各期发生的税费和本期预交的税费，包括所得税、增值税、消费税、印花税、房产税、土地增值税、车船税、教育费附加、矿产资源补偿费等，但不包括计入固定资产价值、实际支付的耕地占用税，也不包括本期退回的增值税、所得税。本期退回的增值税、所得税在“收到的税费返还”项目反映。

支付的各项税费=（应交所得税期初余额+当期所得税费用-应交所得税期末余额）+支付的税金及附加+应交税费—应交增值税（已交税金）

注：公式中不包括递延所得税费用

7.“支付其他与经营活动有关的现金”项目

该项目反映企业除上述各项目外所支付的其他与经营活动有关的现金，如支付的罚款、差旅费、业务招待费、保险费等。此外还包括支付的销售费用，及支付的制造费用。

支付其他与经营活动有关的现金=支付其他管理费用+支付的销售费用+支付的制造费用

（三）投资活动产生的现金流量

1.“收回投资收到的现金”项目

该项目反映企业出售、转让或到期收回除现金等价物以外的对其他企业的交易性金融资产、债权投资、其他债权投资、其他权益工具投资、长期股权投资（不包括处置子公司）收到的现金。债权性投资收回的利息、权益性投资收到的现金股利、处置子公司及其他营业单位收到的现金净额不包括在本项目内。本项目可根据“交易性金融资产”“债权投资”“其他债权投资”“其他权益工具投资”“长期股权投资”等科目的记录分析填列。

2.“取得投资收益收到的现金”项目

该项目反映企业交易性金融资产、债权投资、其他债权投资、其他权益工具投资等投资分得的现金股利，从子公司、联营企业或合营企业分回利润、现金股利而收到的现金（收到的现金股利），因债权性投资而取得的现金利息收入。包括在现金等价物范围内的债权性投资，其利息收入也在本项目中反映。但不包括股票股利。

取得投资收益收到的现金=现金股利+利息收入

3.“处置子公司及其他营业单位收到的现金净额”项目

该项目反映企业处置子公司及其他营业单位所取得的现金，减去相关处置费用以及子公司及其他营业单位持有的现金和现金等价物后的净额。本项目可以根据“长期股权投资”“银行存款”等科目的记录分析填列。

企业处置子公司及其他营业单位是整体交易，子公司和其他营业单位持有的现金和现金等价物的处理思路如下：

（1）企业整体处置非法人营业单位的情况下：

处置子公司或其他营业单位收到的现金净额=处置价款中收到现金的部分-其他营业单位持有的现金和现金等价物-相关处置费用

如为负数，应将该金额填列至“支付其他与投资活动有关的现金”项目中。

(2)企业处置子公司的情况下：

处置子公司及其他营业单位收到的现金净额=处置价款中收到现金的部分-相关处置费用

4. 处置固定资产、无形资产和其他长期资产收回的现金净额

本项目反映企业出售固定资产、无形资产和其他长期资产(如投资性房地产)所取得的现金，减去为处置这些资产而支付的有关税费后的净额。由于自然灾害等所造成的固定资产等长期资产报废、毁损而收到的保险赔偿收入，也在本项目中反映。如处置固定资产、无形资产和其他长期资产所收回的现金净额为负数，应作为投资活动产生的现金流量，在“支付其他与投资活动有关的现金”项目中反映。本项目可以根据“固定资产清理”“银行存款”等科目的记录分析填列。

5. “购建固定资产、无形资产和其他长期资产支付的现金”项目

该项目反映企业本期购买、建造固定资产、取得无形资产和其他长期资产(如投资性房地产)实际支付的现金，包括购买固定资产、无形资产等支付的价款及相关税费，以及用现金支付的应由在建工程和无形资产负担的职工薪酬。

『提示』(1)企业以分期付款方式购建的固定资产、无形资产，各期支付的现金均在“支付其他与筹资活动有关的现金”项目中反映。

(2)为购建固定资产、无形资产而发生的借款利息资本化部分，在筹资活动产生的现金流量“分配股利、利润或偿付利息支付的现金”中反映。

本项目可以根据“固定资产”“在建工程”“工程物资”“无形资产”“库存现金”“银行存款”等科目的记录分析填列。

6. “投资支付的现金”项目

除现金等价物以外的投资，交易性金融资产、债权投资，其他债权投资、其他权益工具投资、长期股权投资(不包括取得子公司支付的现金)，以及支付的佣金、手续费等交易费用。

『提示』取得子公司及其他营业单位支付的现金净额，应在“取得子公司及其他营业单位支付的现金净额”项目中反映。

7. “取得子公司及其他营业单位支付的现金净额”项目

该项目反映企业购买子公司及其他营业单位购买出价中以现金支付的部分，减去子公司及其他营业单位持有的现金和现金等价物后的净额。本项目可以根据“长期股权投资”“银行存款”等科目的记录分析填列。

(1)发生吸收合并(含同一控制和非同一控制)或业务合并的情况下：

取得子公司及其他营业单位支付的现金净额=购买出价中以现金支付的部分-其他营业单位持有的现金和现金等价物

如为负数，应在“收到其他与投资活动有关的现金”项目反映。

(2)控股合并取得的情况下：

取得子公司及其他营业单位支付的现金净额=购买出价中以现金支付的部分

8. 支付的其他与投资活动有关的现金

本项目反映企业除上述各项目外，支付的其他与投资活动有关的现金。其他与投资活动有关的现金，如果价值较大的，应单列项目反映。本项目可以根据有关科目的记录分析填列。

(四)筹资活动产生的现金流量

1. 吸收投资收到的现金

本项目反映企业以发行股票等方式筹集资金实际收到的款项净额(发行收入减去支付的佣金等发行费用后的净额)。注意，本项目不反映发行债券收到的款项。

2. 取得借款收到的现金

本项目反映企业举借各种短期、长期借款而收到的现金，以及发行债券实际收到的款项净额(发行收入减去支付的佣金等发行

费用后的净额)。本项目可以根据“短期借款”“长期借款”“交易性金融负债”“应付债券”“库存现金”“银行存款”等科目的记录分析填列。

3. 收到的其他与筹资活动有关的现金

『提示』售后租回业务(如融资业务)在本项目列示。

4. “偿还债务支付的现金”项目

该项目反映企业偿还债务本金所支付的现金，包括偿还金融企业的借款本金、偿还债券本金等。企业支付的借款利息和债券利息在“分配股利、利润或偿付利息支付的现金”项目反映，不包括在本项目内。本项目可以根据“短期借款”“长期借款”“应付债券”等科目的记录分析填列。

5. “分配股利、利润或偿付利息支付的现金”项目

该项目反映企业实际支付的现金股利、支付给其他投资单位的利润或用现金支付的借款利息、债券利息等。不同用途的借款，其利息的开支渠道不一样，如在建工程、制造费用、财务费用等，均在本项目中反映。本项目可以根据“应付股利”“应付利息”“在建工程”“制造费用”“研发支出”“财务费用”等科目的记录分析填列。

6. “支付其他与筹资活动有关的现金”项目

该项目反映企业除上述各项目外所支付的其他与筹资活动有关的现金流出，如以分期付款方式购建的固定资产、无形资产各期支付的现金等。若某项其他与筹资活动有关的现金流出金额较大，应单列项目反映。本项目可以根据“长期应付款”等科目的记录分析填列。

【例题5·多选题】☆对非金融企业而言，下列各项交易或事项产生的现金流量中，一般属于现金流量表中投资活动产生的现金流量的有(　)。

A. 收到贴现银行承兑汇票的款项

B. 收到保险公司因固定资产火灾损失支付的赔款

C. 支付购买可随时出售的交易性金融资产的价款

D. 支付购建固定资产专门借款的利息

解析▶ 选项A，如果是不附追索权的贴现收到的现金，属于经营活动产生的现金流量，如果是附追索权的贴现收到的现金，属于筹资活动产生的现金流量；选项D，属于筹资活动产生的现金流量。　**答案**▶ BC

(五)将净利润调节为经营活动现金流量

间接法，是指以**本期净利润**为起点，通过调整不涉及现金的收入、费用、营业外收支以及经营性应收应付等项目的增减变动，调整不属于经营活动的现金收支项目，据此计算并列报经营活动产生的现金流量的方法。

企业采用间接法将净利润调节为经营活动现金流量时，需要进行调整的项目主要有四大类，分别为：①实际没有支付现金的费用；②实际没有收到现金的收益；③不属于经营活动的损益；④经营性应收应付项目的增减变动。

经营活动产生的现金流量净额=净利润+不影响经营活动现金流量但减少净利润的项目-不影响经营活动现金流量但增加净利润的项目+与净利润无关但增加经营活动现金流量的项目-与净利润无关但减少经营活动现金流量的项目。

具体包括如下内容：①资产减值准备；②固定资产折旧；③无形资产摊销和长期待摊费用摊销；④处置固定资产、无形资产和其他长期资产的损失(减：收益)；⑤固定资产报废损失；⑥公允价值变动损失；⑦财务费用；⑧投资损失(减：收益)；⑨递延所得税资产减少(减：增加)；⑩递延所得税负债增加(减：减少)；⑪存货的减少(减：增加)；⑫经营性应收项目的减少(减：增加)；⑬经营性应付项目的增加(减：减少)。

【例题6·多选题】☆企业编制现金流量表将净利润调节为经营活动现金流量时，下

列各项中，属于在净利润的基础上调整增加的项目有（　）。

A. 存货的增加

B. 资产减值损失

C. 无形资产摊销

D. 公允价值变动收益

解析 存货的增减变动一般属于经营活动，存货增加，说明现金减少或经营性应付项目增加，属于在净利润的基础上调整减少的项目，选项 A 错误；公允价值变动收益一般属于投资活动，不属于经营活动，但增加了净利润，所以需要调减公允价值变动收益，选项 D 错误；选项 B、C 都减少净利润，但没有发生经营活动的现金流出，所以要在净利润的基础上调增。 **答案** BC

四、所有者权益变动表★

（一）“上年年末余额”项目

“上年年末余额”项目，应根据上年资产负债表中“实收资本（或股本）”“其他权益工具”“资本公积”“其他综合收益”“盈余公积”“未分配利润”等项目的年末余额填列。

（二）“会计政策变更”和“前期差错更正”项目

“会计政策变更”和“前期差错更正”项目，应根据“盈余公积”“利润分配”“以前年度损益调整”等科目的发生额分析填列，并在“上年年末余额”的基础上调整得出“本年年初余额”项目。

（三）“本年增减变动金额”项目

1. “综合收益总额”项目

“综合收益总额”项目，反映企业当年的综合收益总额，应根据当年利润表中“其他综合收益的税后净额”和“净利润”项目填列，并对应列在“其他综合收益”栏和“未分配利润”栏。

2. “所有者投入和减少资本”项目

“所有者投入和减少资本”项目，反映企业当年所有者投入的资本和减少的资本，其中：

（1）“所有者投入的普通股”项目，反映企业接受投资者投入形成的实收资本（或股本）和资本公积，应根据“实收资本”“资本公积”等科目的发生额分析填列，并对应列在“实收资本”栏和“资本公积”栏。

（2）“其他权益工具持有者投入资本”项目，反映企业接受其他权益工具持有者投入资本，应根据“其他权益工具”等科目的发生额分析填列，并对应列在“其他权益工具”栏。

（3）“股份支付计入所有者权益的金额”项目，反映企业处于等待期中的权益结算的股份支付当年计入资本公积的金额，应根据“资本公积”科目所属的“其他资本公积”二级科目的发生额分析填列，并对应列在“资本公积”栏。

3. “利润分配”下各项目

反映当年对所有者（或股东）分配的利润（或股利）金额和按照规定提取的盈余公积金额，并对应列在“未分配利润”栏和“盈余公积”栏。其中：

“提取盈余公积”项目，反映企业按照规定提取的盈余公积，应根据“盈余公积”“利润分配”科目的发生额分析填列。

“对所有者（或股东）的分配”项目，反映对所有者（或股东）分配的利润（或股利）金额，应根据“利润分配”科目的发生额分析填列。

4. “所有者权益内部结转”下各项目

反映不影响当年所有者权益总额的所有者权益各组成部分之间当年的增减变动，包括资本公积转增资本（或股本）、盈余公积转增资本（或股本）、盈余公积弥补亏损等。

五、关联方关系★★★

（一）关联方概述

关联方一般指有关联的各方，关联方关

系是指有关联的各方之间存在的内在联系。

一方控制、共同控制另一方或对另一方施加重大影响，以及两方或两方以上同受一方控制或共同控制的，构成关联方。

(二)关联方关系的认定

从一个企业的角度出发，与其存在关联方关系的各方包括以下几种情况：

(1)该企业的母公司。具体包括直接或间接地控制该企业的其他企业，以及能够对该企业实施直接或间接控制的单位等。

(2)该企业的子公司，具体包括直接或间接地被该企业控制的其他企业，以及直接或间接地被该企业控制的企业、单位、基金等特殊目的实体。

(3)与该企业受同一母公司控制的其他企业。因为两个或多个企业有相同的母公司，对它们都具有控制能力，即两个或多个企业如果有相同的母公司，它们的财务和经营政策都由相同的母公司决定，各个被投资企业之间由于受相同母公司的控制，可能为自身利益而进行的交易受到某种限制。因此，关联方披露准则规定，与该企业受同一母公司控制的两个或多个企业之间构成关联方关系。

(4)对该企业实施共同控制的投资方。此处的"共同控制"不仅包括直接的共同控制，还包括间接的共同控制。

『提示』虽然能对企业实施共同控制的投资方与该企业构成关联方关系，但能对同一企业实施共同控制的多个投资方之间，不会仅因为它们共同控制了同一家企业而具有关联方关系。

(5)对该企业施加重大影响的投资方。此处的"重大影响"不仅包括直接的重大影响，还包括间接的重大影响。对企业实施重大影响的投资方与该企业之间是关联方关系，但这些投资方之间并不能仅仅因为对同一家企业具有重大影响而视为存在关联方关系。

『提示』虽然能对企业施加重大影响的投资方与该企业构成关联方关系，但能对同一企业施加重大影响的多个投资方之间，不会仅因为它们能对同一家企业施加重大影响而具有关联方关系。

(6)该企业的合营企业。两方或多方共同控制某一企业时，该企业则为投资者的合营企业。

(7)该企业的联营企业。联营企业和重大影响是对应的，投资者能对被投资企业施加重大影响的，该被投资企业即为该投资者的联营企业。

(8)该企业的主要投资者个人及与其关系密切的家庭成员。能够控制、共同控制一个企业或者能对一个企业施加重大影响的个人投资者，即为此处所说的"主要投资者个人"。

(9)该企业或其母公司的关键管理人员及与其关系密切的家庭成员。常见的关键管理人员有董事长、董事、董事会秘书、总经理、总会计师、财务总监等。

(10)该企业主要投资者个人、关键管理人员或与其关系密切的家庭成员控制、共同控制的其他企业。

(11)该企业关键管理人员提供服务的提供方与服务接受方。如果提供关键管理人员服务的主体(以下简称服务提供方)向接受该服务的主体(以下简称服务接受方)提供关键管理人员服务，则需要具体分析判断服务提供方和服务接受方之间是否构成关联方关系。

①服务接受方在编制财务报表时，应当将服务提供方作为关联方进行相关披露。服务接受方可以不披露服务提供方所支付或应支付给服务提供方有关员工的报酬，但应当披露其接受服务而应支付的金额。

②服务提供方在编制财务报表时，不应仅仅因为向服务接受方提供了关键管理人员服务就将其认定为关联方，而应当按照《企业会计准则第36号——关联方披露》判断双方是否构成关联方并进行相应的会计处理。

『提示』(1)企业设立的企业年金基金也构成企业的关联方。

(2)按照企业会计准则解释第13号的规定，除《企业会计准则第36号——关联方披露》第四条规定外，下列各方构成关联方，应当按照第36号准则进行相关披露：

①企业与其所属企业集团的其他成员单位(包括母公司和子公司)的合营企业或联营企业。

②企业的合营企业与企业的其他合营企业或联营企业。

除第36号准则第五条和第六条规定外，两方或两方以上同受一方重大影响的，不构成关联方。

第36号准则中所指的联营企业包括联营企业及其子公司，合营企业包括合营企业及其子公司。

(三)不构成关联方关系的情况

(1)企业与和该企业发生日常往来的资金提供者、公用事业部门、政府部门和机构之间不构成关联方关系。

(2)企业与和该企业发生大量交易而存在经济依存关系的单个客户、供应商、特许商、经销商和代理商之间不构成关联方关系。

(3)共同控制合营企业的合营者之间，通常不构成关联方关系。

(4)仅仅同受国家控制而不存在其他关联方关系的企业之间，不构成关联方关系。

(5)受同一方重大影响的企业之间不构成关联方。例如，同一投资者的两家联营企业之间不构成关联方关系。

【例题7·单选题】甲公司是乙公司和丙公司的母公司，丁公司和戊公司分别是乙公司的合营企业和联营企业，己公司和庚公司分别是丙公司的合营企业和联营企业。下列各种关系中，不构成关联方关系的是(　)。

A. 甲公司和丁公司

B. 丙公司和戊公司

C. 戊公司和庚公司

D. 乙公司和己公司

解析▶ 受同一方重大影响的企业之间不构成关联方，所以戊公司与庚公司不构成关联方，应该选C选项。 **答案**▶ C

六、中期财务报告★

(一)中期财务报告的构成

中期财务报告至少应当包括资产负债表、利润表、现金流量表和附注。

(二)中期财务报告的编制要求

1. 中期财务报告编制应遵循的原则

(1)遵循与年度财务报告相一致的会计政策原则。

(2)遵循重要性原则。

重要性程度的判断应当以中期财务数据为基础，而不得以预计的年度财务数据为基础；重要性原则的运用应当保证中期财务报告包括了与理解企业中期末财务状况和中期经营成果及其现金流量相关的信息；重要性程度的判断需要根据具体情况作具体分析和职业判断。

(3)遵循及时性原则。

2. 中期合并财务报表和母公司财务报表编报要求

企业上年度编制合并财务报表的，中期期末应当编制合并财务报表。上年度财务报告除了包括合并财务报表，还包括母公司财务报表的，中期财务报告也应当包括母公司财务报表。

3. 比较财务报表编制要求

在中期财务报告中，企业应当提供以下比较财务报表：①本中期末的资产负债表和上年度末的资产负债表；②本中期的利润表年初至本中期末的利润表以及上年度可比期间的利润表(其中上年度可比期间的利润表是指上年度可比中期的利润表和上年度年初至上年可比中期末的利润表)；③年初至本中期末的现金流量表和上年度年初至上年可比本期末的现金流量表。

4. 中期财务报告的确认与计量

(1)中期财务报告的确认与计量的基本原则。

中期财务报告中各会计要素的确认和计量原则应当与年度财务报表所采用的原则相一致。

中期会计计量应当以年初至本中期末为基础，财务报告的频率不应当影响年度结果的计量。

企业在中期不得随意变更会计政策。

(2)企业取得的季节性、周期性或者偶然性收入，应当在发生时予以确认和计量，不应在中期财务报表中预计或者递延，但会计年度末允许预计或者递延的除外。

(3)企业在会计年度中不均匀发生的费用，应当在发生时予以确认和计量，不应在中期财务报表中预提或者待摊，但会计年度末允许预提或者待摊的除外。

5. 中期会计政策变更的处理

企业在中期发生了会计政策的变更的，应当按照《企业会计准则第28号——会计政策、会计估计变更和差错更正》处理，并按相关准则规定在附注中作相应披露。

同步训练

限时 50min

扫我做试题

一、单项选择题

1. 下列有关中期财务报告的确认与计量，表述不正确的是(　)。

A. 中期财务报告会计要素确认和计量原则应与本年度财务报告相一致

B. 在中期财务报告中运用重要性原则时，重要性程度的判断应当以中期财务数据为基础，而不得以预计的年度财务数据为基础

C. 对于周期性取得的收入，企业一般应当在发生时予以确认和计量，不应当在中期财务报表中预计或递延

D. 对于会计年度中不均匀发生的费用，均应当在中期财务报表中预提或待摊

2. 甲公司、乙公司和丙公司同属于一个企业集团，甲公司是乙公司和丙公司的母公司。此外，甲公司拥有A公司和B公司两个联营企业，乙公司拥有一个联营企业C公司，丙公司拥有一个合营企业D公司和一个联营企业E公司。不考虑其他因素，下列各项中不构成关联方关系的是(　)。

A. 甲公司与C公司

B. 乙公司与D公司

C. D公司和E公司

D. A公司和B公司

3. 下列关于资产负债表项目填列的表述中，不正确的是(　)。

A. 截至资产负债表日企业正处在清理过程中但尚未清理完毕的固定资产，应列示于“固定资产”项目

B. 折旧或摊销年限只剩余不足一年的使用权资产或长期待摊费用应填列于“一年内到期的非流动资产”项目

C. “应付利息”“应付股利”一般应填列于“其他应付款”项目

D. 自资产负债表日起一年内到期应予以清偿的租赁负债的期末账面价值，一般在“一年内到期的非流动负债”项目中填列

4. 2×21年12月31日，某企业“库存商品”科目的余额为200万元，“生产成本”科目的余额为20万元，“原材料”科目的余额为90万元，“材料成本差异”科目的借方余额为15万元。“存货跌价准备”科目的

余额为 20 万元，“制造费用”科目的余额为 265 万元，“合同履约成本”科目的余额为 100 万元，该项合同履约成本于 2×21 年 10 月 1 日确认，初始确认时摊销期限为 11 个月。“应收退货成本”科目的余额为 90 万元，“工程物资”科目的余额为 30 万元，假定不考虑其他因素，则该企业 2×21 年 12 月 31 日资产负债表中“存货”项目的金额为(　)。

A. 570 万元　　B. 670 万元

C. 760 万元　　D. 660 万元

5. 下列有关金融资产在资产负债表的列示，表述不正确的是(　)。

A. 自资产负债表日起超过一年到期且预期持有超过一年的以公允价值计量且其变动计入当期损益的非流动金融资产的期末账面价值，在“其他非流动金融资产”项目反映

B. 自资产负债表日起一年内到期的长期债权投资的期末账面价值，在“一年内到期的非流动资产”项目反映

C. 企业购入的以公允价值计量且其变动计入其他综合收益的一年内到期的债券投资的期末账面价值，在“其他流动资产”项目反映

D. “其他权益工具投资”项目，应根据“其他权益工具投资”科目，减去“其他权益工具投资减值准备”科目中相关减值准备的期末余额后的金额分析填列

6. 甲公司 2×21 年 12 月 31 日持有的下列资产、负债中，应当在 2×21 年 12 月 31 日资产负债表中作为流动性项目列报的是(　)。

A. 一项 2×21 年年末已确认预计负债的未决诉讼预计 2×22 年 2 月结案，如甲公司败诉，按惯例有关赔偿款需在法院作出判决之日起 30 日内支付

B. 作为衍生工具核算的 2×21 年 2 月发行的到期日为 2×23 年 8 月的以自身普通股为标的的看涨期权

C. 企业购买的商业银行非保本浮动收益理财产品到期日为 2×23 年 8 月且不能随时变现

D. 因 2×21 年销售产品形成到期日为 2×24 年 8 月 20 日的长期应收款

7. 下列各项现金流量中，属于投资活动且产生现金流量变化的是(　)。

A. 将销售产品产生的应收账款申请保理取得的现金，且银行对于标的债权具有追索权

B. 收到的活期存款利息

C. 库存商品换取长期股权投资的交易中，以银行存款支付补价

D. 以银行存款购买 2 个月内到期的债券投资

8. 甲公司于 2×17 年 7 月 1 日向 A 银行举借 5 年期的长期借款，下列各项情况在 2×21 年 12 月 31 日的资产负债表列示的表述中，不正确的是(　)。

A. 假定甲公司在 2×21 年 12 月 1 日与 A 银行完成长期再融资或展期，则该借款应当划分为非流动负债

B. 假定甲公司在 2×22 年 2 月 1 日(财务报告批准报出日为 2×22 年 3 月 31 日)完成长期再融资或展期，则该借款应当划分为流动负债

C. 假定甲公司与 A 银行的贷款协议上规定，甲公司在长期借款到期前可以自行决定是否展期，无须征得债权人同意，并且甲公司打算要展期，则该借款应当划分为非流动负债

D. 假定甲公司与 A 银行的贷款协议上规定，甲公司在长期借款到期前可以自行决定是否展期，无须征得债权人同意，但甲公司是否要展期尚未确定，则该借款应当划分为非流动负债

9. 2×21 年 12 月 1 日，甲公司按面值发行 5 万张可转换公司债券，每张面值 100 元，期限 5 年，到期前债券持有人有权随时按每张面值 100 元的债券转换为 5 股的比

例，将持有的债券转换为甲公司的普通股。根据这一转换条款，甲公司有可能在该批债券到期前(包括资产负债表日起12个月内)予以转股清偿。不考虑其他因素，甲公司在2×21年12月31日判断该可转换债券的负债成分列示情况的表述中，正确的是(　)。

A. 全部列示为流动负债

B. 全部列示为非流动负债

C. 扣除资产负债表日起12个月内予以转股清偿的部分列示为非流动负债

D. 资产负债表日起12个月内予以转股清偿的部分列示为流动负债

10. 甲公司2×21年度发生业务的有关资料如下：(1)权益法下享有被投资方可转损益的其他综合收益的份额增加33 000万元；(2)权益法下享有被投资方不能转损益的其他综合收益的份额增加8 765万元；(3)其他债权投资公允价值变动增加3 750万元；(4)金融资产重分类计入其他综合收益的金额减少6 750万元；(5)其他债权投资本期确认信用减值准备20 000万元。不考虑所得税等其他因素，甲公司2×21年度利润表"将重分类进损益的其他综合收益"项目本期金额为(　)。

A. 50 000万元　　B. 58 765万元

C. 30 000万元　　D. 63 500万元

11. 甲公司2×21年发生下列业务：(1)处置交易性金融资产，账面价值为1 200万元，售价1 500万元，款项已经收到；(2)处置其他债权投资，账面价值为1 500万元，售价1 800万元，款项已经收到；(3)到期收回债权投资，面值为1 000万元，期限3年，年利率为3%，到期一次还本付息；(4)处置对丙公司的长期股权投资，持股比例为40%，采用权益法核算，成本为5 000万元，售价为4 000万元，款项已经收到；(5)处置对乙公司的长期股权投资，持股比例为80%，采用成本法核算，成本为6 000万元，售价为7 000万元，款项已经收到；(6)整体处置非法人营业单位A，售价为1 000万元，该营业单位持有的现金及现金等价物为100万元，款项已经收到；(7)整体处置非法人营业单位B，售价为3 000万元，该营业单位持有的现金及现金等价物为3 100万元，款项已经收到；(8)上述投资持有期内于本年收到的现金股利合计为800万元，款项已经收到；(9)上述投资持有期内于本年确认的应收利息合计为500万元，款项已经收到。假定上述投资均为以前年度取得。不考虑其他因素，下列有关甲公司2×21年度个别现金流量表项目列报金额的表述中，不正确的是(　)。

A. "收回投资收到的现金"为8 300万元

B. "取得投资收益收到的现金"为1 390万元

C. "处置子公司及其他营业单位收到的现金净额"为7 900万元

D. "支付其他与投资活动有关的现金"为0

12. 下列有关现金流量表项目填列的表述中，正确的是(　)。

A. 以银行存款向税务部门缴纳税费填列在"支付的各项税费"项目

B. 以银行存款支付生产车间的制造费用填列在"购买商品、接受劳务支付的现金"项目

C. 投资性房地产收到的租金收入填列在"取得投资收益收到的现金"项目

D. 除税费返还外的其他政府补助收入填列在"收到其他与筹资活动有关的现金"项目

二、多项选择题

1. ☆下列关于现金流量表的列报，正确的有(　)。

A. 以银行汇票背书购买原材料，属于经营活动现金流出

B. 支付在建工程人员工资，属于投资活动现金流出

C. 收到政府补助，属于经营活动现金流入

D. 境外子公司受外汇管制，现金及现金等价物不能自由汇入，不能列为现金及现金等价物

2. ☆下列关于中期财务报告的说法中，正确的有(　)。

A. 中期财务报告中的附注相对于年度财务报告中的附注而言，可以适当简化的

B. 编制中期财务报告时应当将中期视为一个独立的会计期间，采用与年度财务报表相一致的会计政策

C. 编制中期财务报告应当以预计的年度财务数据为基础

D. 中期财务报告的会计计量与年度财务数据的计量相比，可在更大程度上依赖于估计

3. ☆乙公司为甲公司的联营企业，丙公司为乙公司的全资子公司，丁公司为甲公司的母公司(戊公司)的联营企业，不考虑其他因素，下列各公司构成甲公司关联方的有(　)。

A. 丙公司　　B. 丁公司

C. 戊公司　　D. 乙公司

4. 甲公司2×19年12月31日持有的下列资产、负债中，不应当在2×19年12月31日资产负债表中作为流动性项目列报的有(　)。

A. 2×19年年初购入并将于2×20年10月底到期的其他债权投资

B. 2×19年2月签订的作为衍生工具核算的外汇汇率互换合同，其到期日为2×21年8月，甲公司拟长期持有

C. 因当年新建固定资产存在弃置费用而确认的预计负债

D. 自资产负债表日起超过一年到期且预期持有超过一年的以公允价值计量且其变动计入当期损益的非流动金融资产

5. 在现金流量表补充资料中将净利润调节为经营活动现金流量时，下列各项中一般应在净利润的基础上予以调增的有(　)。

A. 计提信用损失准备

B. 长期待摊费用摊销

C. 公允价值变动收益

D. 递延所得税资产减少

6. 下列有关资产负债表项目列示的表述中，正确的有(　)。

A. 同一合同下的合同资产和合同负债应当以净额列示，如果净额为借方余额的，应当根据其流动性在“合同资产”或“其他非流动资产”项目中填列，已计提减值准备的，还应减去“合同资产减值准备”科目中相关的期末余额后的金额填列

B. 根据“合同取得成本”科目的明细科目初始确认时摊销期限是否超过一年或一个正常营业周期，在“其他流动资产”或“其他非流动资产”项目中填列，已计提减值准备的，还应减去“合同取得成本减值准备”科目中相关的期末余额后的金额填列

C. 根据“合同履约成本”科目的明细科目初始确认时摊销期限是否超过一年或一个正常营业周期，在“存货”或“其他非流动资产”项目中填列，已计提减值准备的，还应减去“合同履约成本减值准备”科目中相关的期末余额后的金额填列

D. 根据“应收退货成本”科目是否在一年或一个正常营业周期内出售，在“其他流动资产”或“其他非流动资产”项目中填列

7. 甲公司2×21年度发生的有关交易或事项如下：(1)期初出售固定资产收到现金净额60万元。该固定资产的成本为90万元，已计提累计折旧为80万元(均为以前年度计提)，未计提减值准备。(2)以现金200万元购入一项无形资产，本年度摊销60万元，其中40万元计入当期损益，20万元计入在建工程的成本。(3)以现金2 500万元购入一项固定资产，本年度计提折旧500万元，全部计入当期损益。(4)存货跌价准备期初余额为零，本年度

计提存货跌价准备920万元。(5)递延所得税资产期初余额为零，本年因计提存货跌价准备确认递延所得税资产230万元。(6)出售本年以现金购入的交易性金融资产(股票)，收到现金200万元。该交易性金融资产的成本为100万元，持有期间公允价值变动收益为50万元，出售时账面价值为150万元。(7)期初应收账款余额为1 000万元，本年度销售产品实现营业收入6 700万元，本年度因销售商品收到现金52 00万元，期末应收账款余额为2 500万元。甲公司2×21年度实现净利润5 500万元。不考虑其他因素，下列各项关于甲公司2×21年度现金流量表列报的表述中，正确的有(　)。

A. 投资活动现金流入260万元

B. 经营活动现金流入5 200万元

C. 投资活动现金流出2 800万元

D. 经营活动现金流量净额5 080万元

8. 下列各项关于现金流量表列报的表述中，正确的有(　)。

A. 偿还“租赁负债”的本金所涉及的现金流量属于筹资活动现金流出

B. 偿还“租赁负债”的利息所涉及的现金流量属于筹资活动现金流出

C. 支付购建固定资产而发生的资本化借款利息费用、费用化借款利息费用均在“分配股利、利润或偿付利息支付的现金”项目中列示

D. 支付分期付款方式购建固定资产的款项在“支付其他与筹资活动有关的现金”项目中列示

9. 甲公司2×21年财务报告于2×22年4月1日报出，有关借款资料如下：(1)2×21年年末，自乙银行借入的7 000万元借款按照协议将于5年后偿还，但因甲公司违反借款协议的规定使用资金，乙银行于2×21年11月1日要求甲公司于2×22年2月1日前偿还；2×21年12月31日，甲公司与乙银行达成协议，甲公司承诺按规定用途使用资金，乙银行同意甲公司按原协议规定的期限偿还该借款；(2)2×21年年末，自丙银行借入的8 000万元借款按照协议将于3年后偿还，但因甲公司违反借款协议的规定使用资金，丙银行于2×21年12月1日要求甲公司于2×22年3月1日前偿还；2×22年3月20日，甲公司与丙银行达成协议，甲公司承诺按规定用途使用资金，丙银行同意甲公司按原协议规定的期限偿还该借款。不考虑其他因素，下列各项关于甲公司2×21年12月31日资产负债表负债项目列报的表述中，正确的有(　)。

A. 乙银行的7 000万元借款作为非流动负债列报

B. 乙银行的7 000万元借款作为流动负债列报

C. 丙银行的8 000万元借款作为流动负债列报

D. 丙银行的8 000万元借款作为非流动负债列报

10. 企业发生的下列交易或事项中，会引起当年度营业利润发生变动的有(　)。

A. 对持有的存货计提跌价准备

B. 出售自有专利技术产生净收益

C. 持有的其他债权投资公允价值上升

D. 处置某项联营企业投资产生投资损失

同步训练答案及解析

一、单项选择题

1. D 【解析】选项D，对于会计年度中不均匀发生的费用，除了在会计年度末允许预提或者待摊的之外，企业都应当在发生时予以确认和计量，不应当在中期财务报表

中预提或者待摊。

2. D 【解析】按照企业会计准则解释第13号的有关规定，企业与其所属企业集团的其他成员单位(包括母公司和子公司)的合营企业或联营企业、企业的合营企业与企业的其他合营企业或联营企业一般构成关联方关系；两方或两方以上同受一方重大影响的，一般不构成关联方。

3. B 【解析】选项B，采用折旧(或摊销、折耗)方法进行后续计量的固定资产、使用权资产、无形资产和长期待摊费用等非流动资产，折旧(或摊销、折耗)年限(或期限)只剩一年或不足一年的，或预计在一年内(含一年)进行折旧(或摊销、折耗)的部分，不得归类为流动资产，仍在该非流动资产项目中填列，不转入"一年内到期的非流动资产"项目。

4. B 【解析】被确认为资产的合同履约成本，如果初始确认时摊销期限不超过一年，则在"存货"项目中填列，反之则在"其他非流动资产"项目中填列；"应收退货成本"科目金额应在"其他流动资产"或"其他非流动资产"项目中填列；"工程物资"科目金额应在"在建工程"项目中填列；因此，本题中"存货"项目的填列金额=200+20+90+15-20+265+100=670(万元)。

5. D 【解析】其他权益工具投资不计提减值准备。"其他权益工具投资"项目，应根据"其他权益工具投资"科目填列。

6. A 【解析】选项A，相关预计负债属于流动负债。

7. C 【解析】选项A，属于筹资活动产生的现金流量；选项B，属于经营活动产生的现金流量；选项D，属于投资活动，但现金流量没有发生变动。

8. D 【解析】对于在资产负债表日起一年内到期的负债，企业有意图且有能力自主地将清偿义务展期至资产负债表日后一年以上的，应当归类为非流动负债；如果企业有能力自主地将清偿义务展期至资产负债表日后一年以上，但尚无展期意图，资产负债表日应当将其归类为流动负债。

9. B 【解析】负债成分列示的判断不应考虑转股导致的清偿情况，因此该可转换公司债券的负债成分在2×21年12月31日甲公司的资产负债表上仍应当分类为非流动负债。

10. A 【解析】"将重分类进损益的其他综合收益"项目本期金额=(1)33 000+(3)3 750-(4)6 750+(5)20 000=50 000(万元)。

11. D 【解析】选项A，"收回投资收到的现金"项目=(1)1 500+(2)1 800+(3)1 000+(4)4 000=8 300(万元)；选项B，"取得投资收益收到的现金"项目=(3)1 000×3%×3+(8)800+(9)500=1 390(万元)；选项C，"处置子公司及其他营业单位收到的现金净额"项目=(5)7 000+(6)(1 000-100)=7 900(万元)；选项D，如果处置其他营业单位收到的现金净额为负数，应在"支付其他与投资活动有关的现金"项目中反映，金额=(7)3 100-3 000=100(万元)。

12. A 【解析】选项B，应填列至"支付其他与经营活动有关的现金"项目；选项C、D，均应填列至"收到其他与经营活动有关的现金"项目。

二、多项选择题

1. ABC 【解析】选项A，经营活动主要包括销售商品、提供劳务、购买商品、接受劳务、支付职工薪酬、支付税费等，所以以银行汇票背书购买原材料，属于经营活动现金流出。选项B，支付给职工的工资属于经营活动的现金流量，但是支付给在建工程员工的工资属于投资活动的现金流出。选项C，收到无论与资产相关的政府补助还是与收益相关的政府补助，都作为经营活动现金流入。选项D，属于现金及现金等价物，且企业应当披露企业持有但不能由母公司或集团内其他子公司使用的大额现金及现金等价物金额。

2. ABD 【解析】企业编制中期财务报告时，应以中期财务数据为基础，而不得以预计的年度财务数据为基础，选项 C 不正确。

3. ABCD 【解析】选项 A、D，企业与该企业的联营企业构成关联方，此处所说的“联营企业”包括联营企业的子公司。选项 B，企业与其所属企业集团的其他成员单位（包括母公司和子公司）的合营企业或联营企业构成关联方。选项 C，企业与该企业的母公司构成关联方。

4. BCD 【解析】选项 A，自资产负债表日起一年内到期的长期债权投资的期末账面价值，在“一年内到期的非流动资产”项目反映；选项 B，自报告之日起超过 12 个月到期且预期持有超过 12 个月的衍生工具应当划分为非流动资产或非流动负债；选项 D，应在“其他非流动金融资产”项目反映。

5. ABD 【解析】选项 C，公允价值变动收益导致净利润增加，但不影响经营活动现金流量，所以应予以调减。

6. ABCD

7. ABCD 【解析】选项 A，投资活动现金流入=(1)60+(6)200=260(万元)；选项 B，经营活动现金流入=(7)利润表营业收入 6 700+(应收账款年初 1 000-年末 2 500)=5 200(万元)；选项 C，投资活动现金流出=(2)200+(3)2 500+(6)100=2 800(万元)；选项 D，经营活动现金流量净额=净利润 5 500-(1)(60-10)+(2)40+(3)500+(4)920-(5)230-(6)(50+200-150)+(7)(1 000-2 500)=5 080(万元)。

8. ABCD 【解析】选项 C，购建固定资产或无形资产发生借款利息费用产生的现金流出，都是因为筹资发生的，因此无论是资本化还是费用化的利息费用支出都属于筹资活动现金流出，在“分配股利、利润或偿付利息支付的现金”项目中列示。

9. AC 【解析】企业在资产负债表日或之前违反了长期借款协议，导致贷款人可随时要求清偿的负债，应当归类为流动负债。但是，如果贷款人在资产负债表日或之前同意提供在资产负债表日后一年以上的宽限期，在此期限内企业能够改正违约行为，且贷款人不能要求随时清偿的，在资产负债表日的此项负债并不符合流动负债的判断标准，应当归类为非流动负债。

10. ABD 【解析】选项 A，记入“资产减值损失”科目，减少营业利润；选项 B，记入“资产处置损益”科目，增加营业利润；选项 C，记入“其他综合收益”科目，直接影响所有者权益，不影响营业利润；选项 D，借记“投资收益”科目，减少营业利润。

第二十四章　会计政策、会计估计及其变更和差错更正

考情解密

历年考情概况

本章是历年考试的重点内容，在客观题中主要考查会计政策、会计估计等相关概念以及会计政策与会计估计的划分，在主观题中则主要考查会计政策、会计估计变更及前期差错更正的会计处理。本章内容可以与其他各个章节的有关内容结合出题，考查考生对各章知识的综合运用能力。本章在历年考试中的分值一般为18~20分。

需要强调的是，会计政策变更与会计估计变更的划分几乎每年都考客观题，会计差错更正几乎每年必考主观题，难度较大，一般来讲，机考前侧重于差错金额的计算，而机考后侧重于会计科目差错的判断，考生应重点把握。

近年考点直击

考点	主要考查题型	考频指数	考查角度
会计政策变更与会计估计变更的划分	单选题、多选题	★★★	①选择属于会计政策变更的选项；②选择属于会计估计变更的选项
会计估计变更的会计处理	单选题	★	选择会计估计变更会计处理正确的选项
前期差错更正	计算分析题、综合题	★★★	判断会计处理的正误，说明理由，并编制更正分录或正确分录

2022年考试变化

本章考试内容未发生实质性变化。

考点详解及精选例题

一、会计政策及其变更★

（一）会计政策的概念

会计政策，是指企业在会计确认、计量和报告中所采用的**原则**、**基础**和**会计处理方法**。会计政策包括的会计原则、基础和处理方法，是指导企业进行会计确认和计量的具体要求。

（二）会计政策的判断

1. 与资产要素有关的会计政策

（1）存货的取得、发出和期末计价的处

理方法；

(2)长期股权投资的取得及后续计量中的成本法或权益法；

(3)投资性房地产的确认及其后续计量模式；

(4)固定资产、无形资产的确认条件及其减值政策；

(5)金融资产的分类；

(6)非货币性资产交换商业实质的判断。

2. 与负债要素有关的会计政策

(1)借款费用资本化的条件；

(2)债务重组的确认和计量；

(3)预计负债的确认和计量；

(4)应付职工薪酬和股份支付的确认和计量；

(5)金融负债的分类等。

3. 与所有者权益要素有关的会计政策

(1)权益工具的确认和计量；

(2)混合金融工具的分拆。

4. 与收入要素有关的会计政策

(1)商品销售收入和提供劳务收入的确认条件；

(2)建造合同、租赁合同、保险合同、贷款合同等合同收入的确认与计量方法。

5. 与费用要素有关的会计政策

(1)商品销售成本及劳务成本的结转；

(2)期间费用的划分。

6. 其他

除会计要素相关会计政策外，财务报表列报方面所涉及的编制现金流量表的直接法和间接法、合并财务报表合并范围的判断、分部报告中报告分部的确定，也属于会计政策。

【例题1・多选题】☆甲公司专门从事大型设备制造与销售，设立后即召开董事会会议，确定有关会计政策和会计估计事项。下列各项关于甲公司董事会确定的事项中，属于会计政策的有(　)。

A. 建造合同按照履约进度确认收入

B. 投资性房地产采用公允价值模式进行后续计量

C. 按照生产设备预计生产能力确定固定资产的使用寿命

D. 采用权益法核算对被投资单位具有重大影响的长期股权投资

解析▶确定固定资产的使用寿命，属于会计估计，选项C不正确。　**答案**▶ABD

(三)会计政策变更

会计政策变更，是指企业对相同的交易或者事项由原来采用的会计政策改用另一会计政策的行为。

1. 企业变更会计政策的条件

符合下列条件之一的，企业可以变更会计政策：

(1)法律、行政法规或国家统一的会计制度等要求变更。

法律、行政法规以及国家统一的会计制度的规定要求企业采用新的会计政策的，企业应按规定改变原会计政策，采用新的会计政策。

【快速记忆】依法变更，即国家要求企业变更会计政策，这一定属于会计政策变更！

(2)会计政策的变更能够提供更可靠、更相关的会计信息。

当经济环境、客观情况的改变，使企业原来采用的会计政策所提供的会计信息，已不能恰当地反映企业的财务状况、经营成果和现金流量时，企业应改变原有会计政策，改按新的会计政策进行核算，以便对外提供更可靠、更相关的会计信息。

【快速记忆】自行变更：即不是国家要求变更，而是企业在准则允许的前提下自行选择变更。比如投资性房地产的后续计量由成本模式变更为公允价值模式、发出存货的计量方法的变更等。

2. 不属于会计政策变更的情形

(1)本期发生的交易或者事项与以前相比**具有本质差别**而采用新的会计政策。

(2)对**初次发生**的或**不重要**的交易或者

事项采用新的会计政策。

（四）会计政策变更的会计处理

1. 追溯调整法

（1）计算会计政策变更的累积影响数。

会计政策变更累积影响数，是指按照变更后的会计政策对以前各期追溯计算的列报前期最早期初留存收益应有金额与现有金额之间的差额。确定会计政策变更累积影响数的步骤如下：①根据新的会计政策重新计算受影响的前期交易或事项；②计算两种会计政策下的差异；③计算差异的所得税影响金额（是指对递延所得税的影响，不涉及对应交所得税的影响）；④确定前期中每一期的税后差异；⑤计算会计政策变更的累积影响数。

（2）相关的账务处理。

涉及损益的通过“盈余公积”和“利润分配—未分配利润”科目核算。

（3）调整报表相关项目。

（4）报表附注说明。

【例题2·计算分析题】 A公司为上市公司，该公司按净利润的10%计提盈余公积。所得税税率为25%。该公司与投资性房地产有关的资料如下：

2×22年1月1日，A公司董事会决定将投资性房地产的后续计量模式从成本模式转换为公允价值模式。该房地产为2×18年12月外购的一栋写字楼，支付价款50 000万元，预计使用年限为50年，预计净残值为0，采用年限平均法计提折旧。同日将该写字楼租赁给B公司使用。2×22年以前，A公司对投资性房地产一直采用成本模式进行后续计量。2×21年年末及2×22年1月1日，该写字楼的公允价值为60 500万元。

税法规定该投资性房地产作为固定资产处理，折旧年限为50年，预计净残值为0，采用年限平均法计提折旧。公允价值变动损益不得计入应纳税所得额。

要求：根据上述资料，编制A公司的账务处理（要求列示明细科目）。

答案

借：投资性房地产—成本　　50 000

　　　　　　　　—公允价值变动

　　　　（60 500－50 000）10 500

　　投资性房地产累计折旧

　　　　（50 000/50×3）3 000

　贷：投资性房地产　　50 000

　　　递延所得税负债

　　［（60 500－50 000＋3 000）×25%］3 375

　　　盈余公积

　　　　（10 125×10%）1 012.5

　　　利润分配—未分配利润

　　　　（10 125×90%）9 112.5

注：上述计算式中的“10 125”是借贷方的差额，也可通过“投资性房地产的公允价值减去账面价值和递延所得税负债”来计算，即60 500－（50 000－3 000）－3 375＝10 125（万元）。

2. 未来适用法

未来适用法，是指将变更后的会计政策应用于变更日及以后发生的交易或者事项，或者在会计估计变更当期和未来期间确认会计估计变更影响数的方法。

采用未来适用法时，企业不需计算会计政策变更所产生的累积影响数，也不需重新编制以前年度的财务报表。在企业的会计账簿记录及财务报表上，变更之日仍保留原有的金额，不因会计政策变更而修改以前年度的既定结果，直接在现有金额的基础上按新的会计政策进行后续核算即可。

（五）会计政策变更的会计处理方法的选择

（1）企业依据法律、行政法规或者国家统一的会计制度等要求变更会计政策的情况：

①国家发布相关会计处理办法的，按照国家发布的相关规定执行；②国家没有发布相关会计处理办法的，应当采用追溯调整法处理。

(2)会计政策变更能够提供更可靠、更相关的会计信息的，应当采用追溯调整法处理，将会计政策变更累积影响数调整列报前期最早期初留存收益，其他相关项目的期初余额和列报前期披露的其他比较数据也应当一并调整，但确定该项会计政策变更累积影响数不切实可行的除外。

(3)确定会计政策变更对列报前期影响数不切实可行的，应当从可追溯调整的最早期间期初开始应用变更后的会计政策。在当期期初确定会计政策变更对以前各期累积影响数不切实可行的，应当采用未来适用法处理。

二、会计估计变更的会计处理★

(一)会计估计

是指财务报表中存在计量不确定性的货币金额。计量不确定性，是指在财务报表中的货币金额不能直接观察取得而需要进行估计的情况下，产生的不确定性。会计估计不能直接观察取得，进行会计估计时，涉及以最近可利用的信息为基础所作的判断和假设，并考虑使用某些计量技术。通常情况下，下列各项属于会计估计：

(1)存货可变现净值的确定，非流动资产可收回金额的确定。

(2)公允价值的确定。

(3)固定资产的使用寿命、预计净残值和折旧方法。

(4)使用寿命有限的无形资产的预计使用寿命、残值、摊销方法。

(5)职工薪酬金额的确定。

(6)预计负债金额的确定。

(7)投入法或产出法的确定。

(8)一般借款利息资本化金额的确定。

(9)应纳税暂时性差异和可抵扣暂时性差异的确定。

(10)与金融工具相关的公允价值的确定、摊余成本的确定、金融资产减值损失的确定。

(二)会计估计变更

是指由于资产和负债的当前状况及预期经济利益和义务发生了变化，从而对资产或负债的账面价值或者资产的预期消耗金额进行调整。

通常情况下，企业可能由于以下原因而发生会计估计变更：

(1)赖以进行估计的基础发生了变化。企业进行会计估计时需要依赖一定的基础，当企业进行会计估计所依赖的基础变化了，则企业的会计估计也需要作出相应的改变。例如，企业某项固定资产的折旧年限原定为8年，但后续期间所发生的情况表明，该资产总的受益年限已不足8年，则应相应调减折旧年限。

(2)取得了新的信息，积累了更多的经验。随着时间的推移，企业据以进行会计估计的信息在不断地更新，据以进行会计估计的经验也积累得更多了，在这种情况下，企业也需要不断地修正会计估计。例如，假定企业对所售产品计提产品质量保证费用的比例原为销售额的10%，后来根据新获得的信息判断，计提比例调整为销售额的15%更合理，则该企业需将计提比例变更为15%。

(三)会计估计变更应采用未来适用法处理

即在会计估计变更当期及以后期间，采用新的会计估计，不改变以前期间的会计估计，也不调整以前期间的报告结果。

(1)如果会计估计的变更仅影响变更当期，有关估计变更的影响应于当期确认。比如计提坏账准备。

(2)如果会计估计的变更既影响变更当期又影响未来期间，有关估计变更的影响在当期及以后各期确认。例如，应计提折旧的固定资产，其使用年限或预计净残值的估计发生的变更，常常影响变更当期及资产以后使用年限内各个期间的折旧费用。因此，这类会计估计的变更，应于变更当期及以后各期确认。

【例题3·计算分析题】A公司适用的所得税税率为25%。2×22年3月31日，A公司董事会决定将其固定资产的折旧年限由10年调整为6年。上述管理用固定资产系2×19年12月购入，成本为1 000万元，采用年限平均法计提折旧，预计净残值为0。税法规定该固定资产的计税年限为10年，折旧方法和预计净残值与会计相同。

要求：计算A公司因该项估计变更影响2×22年净利润的金额。

答案

(1)至2×22年3月31日的累计折旧额=1 000/10×2+1 000/10×3/12=225(万元)。

(2)至2×22年3月31日的账面价值=1 000-225=775(万元)。

(3)从2×22年4月1日至年末计提的折旧额=775/(6×12-2×12-3)×9=155(万元)。

(4)2×22年计提的折旧额=1 000/10×3/12+155=180(万元)。

(5)2×22年按照税法规定计算折旧额=1 000/10=100(万元)。

(6)确认递延所得税资产=(180-100)×25%=20(万元)。

(7)该会计估计变更影响2×22年净利润的金额=-[(180-100)-20]=-60(万元)或=-(180-100)×(1-25%)=-60(万元)。

三、会计政策变更与会计估计变更的划分★★★

企业应当以变更事项的会计确认、计量基础和列报项目是否发生变更作为判断该变更是会计政策变更还是会计估计变更的划分基础。

(一)以会计确认和列报项目是否发生变更作为判断基础

会计要素的确认标准，是会计处理的首要环节。一般地，对会计确认的指定或选择是会计政策，其相应的变更是会计政策变更。同时以列报项目是否发生变更作为判断基础，一般地，对列报项目的指定或选择是会计政策，其相应的变更是会计政策变更。

(二)以计量基础是否发生变更作为判断基础

历史成本、重置成本、可变现净值、现值、公允价值5项会计计量属性，是会计处理的计量基础。一般地，对计量基础的指定或选择是会计政策，其相应的变更是会计政策变更。

(三)为取得与资产负债表项目有关金额或数值所采用的处理方法一般不是会计政策

根据会计确认、计量基础和列报项目所选择的、为取得与资产负债表项目有关的金额或数值(如预计使用寿命、净残值等)所采用的处理方法，不是会计政策，而是会计估计，其相应的变更是会计估计变更。

【快速记忆】常见的会计政策变更与会计估计变更如表24-1所示。

表24-1 常见的会计政策变更与会计估计变更

序号	业务	会计政策变更	会计估计变更
1	因执行新颁布的或新修订的企业会计准则而发生变更，如执行新的收入、租赁、债务重组准则等	√	
2	投资性房地产的后续计量由成本模式改为公允价值模式	√	

续表

序号	业务	会计政策变更	会计估计变更
3	存货发出计价方法的变更(发出存货的计价方法由先进先出法变更为加权平均法)	√	
4	因业务模式的改变导致金融资产(债务工具)之间的重分类	×	×
5	金融负债与权益工具之间的重分类	×	×
6	因增资或减资导致长期股权投资与金融资产之间的转换	×	×
7	因增资或减资导致长期股权投资成本法与权益法之间的转换	×	×
8	低值易耗品摊销由一次摊销变更分次摊销	×	×
9	因用途发生改变导致固定资产等转变为投资性房地产，或导致投资性房地产转变为固定资产等	×	×
10	公允价值估算方法(估值技术包括市场法、收益法、成本法)的变更		√
11	固定资产、无形资产的折旧或摊销年限、预计净残值率的变更等		√
12	存货跌价准备原来按照类别来计提，现改为按照单项计提		√
13	因或有事项确认的预计负债根据最新证据进行调整		√
14	采用产出法或投入法确定履约进度的变化		√
15	应纳税暂时性差异和可抵扣暂时性差异的确定		√

【快速记忆】 报告年度资产负债表日至财务报告批准报出日之间发生的会计政策和会计估计变更，不属于资产负债表日后调整事项。

【例题4 · 单选题】 ☆甲公司2×22年2月购置了一栋办公楼，预计使用寿命40年，因此，该公司2×22年4月30日发布公告称：经公司董事会审议通过《关于公司固定资产折旧年限会计估计变更的议案》，决定调整公司房屋建筑物的预计使用寿命，从原定的20-30年调整为20-40年。不考虑其他因素，下列关于甲公司对该公告所述折旧年限调整会计处理的表述中，正确的是(　)。

A. 对房屋建筑物折旧年限的变更应当作为会计政策变更进行追溯调整

B. 将房屋建筑物折旧年限的变更作为会计估计变更处理，并从2×22年1月1日起开始未来适用

C. 对2×22年2月新购置的办公楼按照新的会计估计计提折旧不属于会计估计变更

D. 对因2×22年2月新购置办公楼折旧年限的确定导致对原有房屋建筑物折旧年限的变更应当作为重大会计差错进行追溯重述

解析 选项A，固定资产折旧年限的改变属于会计估计变更；选项B，会计估计变更按照未来适用法处理，应在变更当期及以后期间确认；选项D，固定资产折旧年限的改变不作为前期差错更正处理。　**答案** C

四、前期差错更正★★★

(一)不重要的前期差错或当期发生的差错

对于不重要的前期差错，可以采用未来适用法更正。

如果是发现当期的差错，直接调整当期相关项目即可。

(二)重要的前期差错

重要的前期差错，采用追溯重述法更正。

追溯重述法，是指在发现前期差错时，视同该项前期差错从未发生过，从而对财务报表相关项目进行更正的方法。

追溯重述法与追溯调整法的区分如图 24-1 所示。

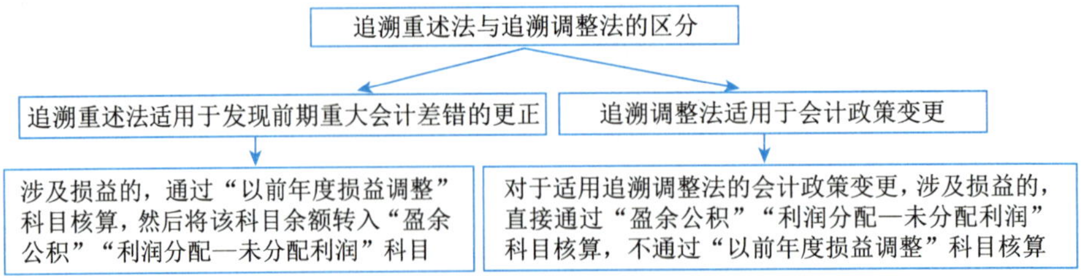

追溯重述法与追溯调整法的区分

追溯重述法适用于发现前期重大会计差错的更正

涉及损益的，通过“以前年度损益调整”科目核算，然后将该科目余额转入“盈余公积”“利润分配—未分配利润”科目

追溯调整法适用于会计政策变更

对于适用追溯调整法的会计政策变更，涉及损益的，直接通过“盈余公积”“利润分配—未分配利润”科目核算，不通过“以前年度损益调整”科目核算

图 24-1　追溯重述法与追溯调整法的区分

确定前期差错影响数不切实可行的，可以从可追溯重述的最早期间开始调整留存收益的期初余额，财务报表其他相关项目的期初余额也应当一并调整，也可以采用未来适用法。

【例题 5 · 单选题】☆甲公司注册在乙市，在该市有大量的投资性房地产。由于地处偏僻，乙市没有活跃的房地产交易市场，无法取得同类或类似房地产的市场价格。以前年度，甲公司对乙市投资性房地产采用公允价值模式进行后续计量。经董事会批准，甲公司从 2×22 年 1 月 1 日起将投资性房地产的后续计量由公允价值模式改变为成本模式。假定投资性房地产后续计量模式的改变对财务报表的影响重大，甲公司正确的会计处理方法是(　)。

A. 作为会计政策变更采用未来适用法进行会计处理

B. 作为会计估计变更采用未来适用法进行会计处理

C. 作为会计政策变更采用追溯调整法进行会计处理，并相应调整可比期间信息

D. 作为前期差错更正采用追溯重述法进行会计处理，并相应调整可比期间信息

解析 投资性房地产相关准则规定，投资性房地产后续计量模式不得从公允价值模式转为成本模式，所以甲公司的处理属于前期差错，应采用追溯重述法进行会计处理。

答案 D

（三）历年会计差错更正常规题型的总结

1. 第一种题型：本年发现本年的差错

更正方法：直接调整相应的会计科目，其中涉及损益的，也直接调整相关科目。需要强调的是，如果属于资产负债表日后期间发现报告年度的会计差错，如果题目明确说明不通过“以前年度损益调整”科目核算，应按本题型的会计处理方法进行会计处理。

【例题 6 · 综合题】☆针对甲公司 2×22 年度的财务报表，审计人员在审核时对以下交易或事项的会计处理提出疑问。

(1)因国家对 A 产品实施限价政策，甲公司生产的 A 产品的市场售价为 15 万元/件。根据国家相关政策，从 2×22 年 1 月 1 日起，甲公司每销售 1 件 A 产品，当地政府部门将给予补助 10 万元/件。2×22 年度，甲公司共销售 A 产品 1 120 件。收到政府给予的补助为 13 600 万元。A 产品的成本为 21 万元/件。

税法规定，企业自国家取得的资金除作为出资外，应计入当期应纳税所得额计算交纳企业所得税。甲公司将政府给予的上述补助计入 2×22 年度应纳税所得额，计算应缴纳的企业所得税。

对于上述交易或事项，甲公司进行了以下的会计处理。

借：银行存款	13 600	
贷：递延收益		13 600
借：递延收益	11 200	
贷：营业外收入		11 200
借：主营业务成本	23 520	
贷：库存商品		23 520
借：银行存款	16 800	
贷：主营业务收入		16 800

(2)2×22 年度，甲公司进行内部研究开发活动共发生支出 800 万元，其中，费用化

支出300万元，资本化支出500万元，均以银行存款支付。研发活动所形成的无形资产至2×22年12月31日尚未达到预定可使用状态。

税法规定，对于按照企业会计准则规定费用化的研发支出，计算当期应纳税所得额时加计75%税前扣除；对于资本化的研发支出，其计税基础为资本化金额的175%。

对于上述交易或事项，甲公司进行了以下会计处理：

借：研发支出—费用化支出　　300
　　　　　　—资本化支出　　500
　贷：银行存款　　　　　　　　800
借：递延所得税资产　　93.75
　贷：所得税费用　　　　93.75

(3)2×22年1月1日，甲公司持有联营企业(乙公司)30%股权，账面价值为3 200万元，其中投资成本2 600万元，损益调整600万元。2×22年9月30日，甲公司与市场独立第三方签订不可撤销协议，以4 000万元的价格出售乙公司30%股权。至2×22年12月31日，上述股权出售尚未完成，甲公司预计将于2×23年6月底前完成上述股权的出售。

2×22年，乙公司实现净利润1 600万元，其他综合收益净增加200万元，其中，1月1日至9月30日期间实现净利润1 000万元，其他综合收益净增加200万元。

税法规定，资产按取得时的成本作为计税基础。

对于上述交易或事项，甲公司进行了以下会计处理：

借：长期股权投资　　540
　贷：投资收益　　(1 600×30%)480
　　　其他综合收益　　(200×30%)60

(4)2×22年度，甲公司因销售B产品共收取合同价款1 000万元。在销售B产品时，甲公司向客户承诺，在销售B产品2年内，由于客户使用不当等原因造成B产品故障，甲公司免费提供维修服务。甲公司2年期维修服务可以单独作价出售，与本年度所售B产品相应的2年期维修服务售价为100万元，预计维修服务成本为80万元。甲公司不附加产品免费维修服务情况下出售B产品的售价为920万元。上述已售B产品的成本为700万元。至2×22年12月31日，尚未有客户向甲公司提出免费维修服务的要求。

假定该企业计税时对上述交易或事项的处理与企业会计准则的规定相同。

对于上述交易或事项，甲公司进行了以下的会计处理。

借：银行存款　　1 000
　贷：主营业务收入　　1 000
借：主营业务成本　　700
　贷：库存商品　　700
借：销售费用　　80
　贷：预计负债　　80

其他有关资料：第一，甲公司适用的企业所得税税率为25%，未来年度能够取得足够的应纳税所得额用以抵扣可抵扣暂时性差异；第二，2×22年年初，甲公司不存在递延所得税资产或负债的账面余额；第三，甲公司原取得对乙公司30%股权时，乙公司可辨认净资产公允价值与其账面价值相同；第四，不考虑企业所得税外的其他税费及其他因素。

要求：根据上述资料，判断甲公司对上述交易或事项的会计处理是否正确，说明理由，如果会计处理不正确，编制更正甲公司2×22年度财务报表的会计分录。

答案

资料(1)的会计处理不正确。理由：甲公司按照规定的限制价格出售，政府对差价给予补助，最终受益的是消费者，甲公司并没有直接从政府取得无偿的补助，企业从政府取得的经济资源，是与企业销售商品或提供劳务等活动密切相关的，且来源于政府的经济资源，是企业销售商品或提供劳务对价，或者是对价的组成部分，应按照收入准则予以确认和处理，不能作为政府补助进行处理。

更正分录为：

借：营业外收入　　11 200

贷：主营业务收入　　11 200

借：递延收益

(13 600-11 200)2 400

贷：合同负债　　2 400

借：递延所得税资产　　600

贷：所得税费用　(2 400×25%)600

资料(2)的会计处理不正确；理由：按企业会计准则的规定，企业内部研发活动所发生的费用化支出，应于期末转入管理费用；内部研发活动所发生的资本化支出的初始确认金额与其计税基础的差额，虽然形成了可抵扣暂时性差异，但是由于该事项不属于企业合并，且相关资本化支出在初始确认时既不影响会计利润也不影响应纳税所得额，所以不应对该可抵扣暂时性差异确认递延所得税资产。

更正分录为：

借：管理费用　　300

贷：研发支出—费用化支出　　300

借：所得税费用　　93.75

贷：递延所得税资产　　93.75

资料(3)的会计处理不正确；理由：该项长期股权投资在当前状况下可立即出售，已签订了不可撤销协议，且预计将在一年内完成出售交易，符合了持有待售类别的划分条件，故企业应将其划分为持有待售类别；对联营/合营企业的权益性投资被分类为持有待售资产的，应停止采用权益法核算；由于该股权投资拟近期出售，因此对于其按权益法核算时因账面价值和计税基础不一致所导致的暂时性差异，需要确认相应的递延所得税影响。

更正分录为：

借：投资收益

[(1 600-1 000)×30%]180

贷：长期股权投资　　180

借：持有待售资产　　3 560

贷：长期股权投资—投资成本

2 600

—损益调整

(600+1 000×30%)900

—其他综合收益

(200×30%)60

借：所得税费用　(900×25%)225

其他综合收益　(60×25%)15

贷：递延所得税负债　　240

资料(4)的会计处理不正确。理由：甲公司提供的2年期维修服务构成单项履约义务，应当按照销售商品与提供服务的单独售价相对比例，对交易价格进行分摊，在履行各项履约义务时分别确认收入。

B产品单独售价=920(万元)，维修服务单独售价=100(万元)，合同价款总额=1 000(万元)；

销售B产品应分摊的交易价格=920/(920+100)×1 000=901.96(万元)；

提供维修服务应分摊的交易价格=100/(920+100)×1 000=98.04(万元)；

甲公司2×22年应确认销售相关的收入901.96万元。

更正分录为：

借：主营业务收入　　98.04

贷：合同负债　　98.04

借：预计负债　　80

贷：销售费用　　80

借：应交税费—应交所得税　　4.51

贷：所得税费用　　4.51

2. 第二种题型：财务报告批准报出前发现报告年度的会计差错

更正方法：按照资产负债表日后事项处理原则处理，涉及损益的应通过"以前年度损益调整"科目核算。但是题目中明确说明不通过"以前年度损益调整"科目核算，则比照第一种题型进行会计处理。

3. 第三种题型：属于当年正常业务，而错误处理作为重大差错并追溯调整了上年财务报告

情况(1)：如"以前年度损益调整"科目余额已转入未分配利润，并调整了留存收益；更正方法：不需要再通过"以前年度损益调整"核算，而应直接调整期初留存收益。

【例题7·综合题】☆（节选）2×23年7月，甲公司一未决诉讼结案，法院判定甲公司承担损失赔偿责任3 000万元。该诉讼事项源于2×22年9月一竞争对手提起的对甲公司的起诉，编制2×22年财务报表期间，甲公司曾在法院的调解下，与原告方达成初步和解意向。按照该意向，甲公司需向对方赔偿1 000万元，甲公司据此在2×22年确认预计负债1 000万元。2×23年，原告方控股股东变更，新的控股股东认为原调解决定不合理，不再承认原初步和解相关事项，向法院请求继续原法律程序。因实际结案时需赔偿金额与原确认预计负债的金额差别较大，甲公司于2×23年进行了以下会计处理：

借：以前年度损益调整　　2 000
　　贷：预计负债　　2 000
借：盈余公积　　200
　　利润分配—未分配利润　　1 800
　　贷：以前年度损益调整　　2 000

要求：判断甲公司上述会计处理是否正确，说明理由，并编制相关更正分录。

答案　甲公司的会计处理不正确。

理由：甲公司在编制2×22年财务报表时，按照当时初步和解意向确认1 000万元预计负债不存在会计差错。后因情况变化导致法院判决结果与原预计金额存在的差额属于新发生情况，所承担损失的金额与原预计负债之间的差额应计入发生当期损益，不应追溯调整。

更正分录如下：

借：营业外支出　　2 000
　　贷：盈余公积　　200
　　　　利润分配—未分配利润　　1 800

情况（2）：如果没有将“以前年度损益调整”科目余额转入未分配利润，也未调整留存收益；更正方法：仍然需要通过“以前年度损益调整”核算，而不是直接调整期初留存收益。

【例题8·综合题】☆注册会计师在对甲公司2×23年度财务报表进行审计时，关注到甲公司对前期财务报表进行了追溯调整，具体情况如下：

（1）甲公司2×22年1月1日开始进行某项新技术的研发，截至2×22年12月31日，累计发生研究支出300万元，开发支出200万元。在编制2×22年度财务报表时，甲公司考虑到相关技术尚不成熟，能否带来经济利益尚不确定，将全部研究和开发费用均计入当期损益。2×23年12月31日，相关技术的开发取得重大突破，管理层判断其未来能够带来远高于研发成本的经济利益流入，且甲公司有技术、财务和其他资源支持其最终完成该项目。甲公司将本年发生的原计入管理费用的研发支出100万元全部转入“开发支出”项目，并对2×22年已费用化的研究和开发支出进行了追溯调整，相关会计处理如下（会计分录中的金额单位为万元，下同）：

借：研发支出—资本化支出　　600
　　贷：以前年度损益调整　　500
　　　　管理费用　　100

（2）2×22年7月1日，甲公司向乙公司销售产品，增值税专用发票上注明的销售价格为1 000万元，增值税税款130万元，并于当日取得乙公司转账支付的1 130万元。销售合同中还约定：2×23年6月30日甲公司按1 100万元的不含增值税价格回购该批商品，商品一直由甲公司保管，乙公司不承担商品实物灭失或损失的风险。在编制2×22年财务报表时，甲公司将上述交易作为一般的产品销售处理，确认了销售收入1 000万元，并结转销售成本600万元。

2×23年6月30日，甲公司按约定支付回购价款1 100万元和增值税税款143万元，并取得增值税专用发票。甲公司重新审阅相关合同，认为该交易实质上是抵押借款，上年度不应作为销售处理，相关会计处理如下：

借：以前年度损益调整［2×22年营业收入］
　　1 000
　　贷：其他应付款　　1 000
借：库存商品　　600

贷：以前年度损益调整[2×22 年营业成本] 600

借：其他应付款 1 000

财务费用 100

应交税费—应交增值税(进项税额) 143

贷：银行存款 1 243

(3)甲公司 2×22 年度因合同纠纷被起诉。在编制 2×22 年度财务报表时，该诉讼案件尚未判决，甲公司根据法律顾问的意见，按最可能发生的赔偿金额 100 万元确认了预计负债。2×23 年 7 月，法院判决甲公司赔偿原告 150 万元。甲公司决定接受判决，不再上诉。据此，甲公司相关会计处理如下：

借：以前年度损益调整 50

贷：预计负债 50

借：预计负债 150

贷：其他应付款 150

(4)甲公司某项管理用固定资产系 2×20 年 6 月 30 日购入并投入使用，该设备原值 1 200 万元，预计使用年限 12 年，预计净残值为 0，按年限平均法计提折旧。2×23 年 6 月，市场出现更先进的替代资产，管理层重新评估了该资产的剩余使用年限，预计其剩余使用年限为 6 年，预计净残值仍为零(折旧方法不予调整)。甲公司 2×23 年的相关会计处理如下：

借：以前年度损益调整 83.33

管理费用 133.33

贷：累计折旧 216.66

其他资料：不考虑所得税等相关税费的影响，以及以前年度损益调整结转的会计处理。

要求：根据资料(1)至(4)，判断甲公司对相关事项的会计处理是否正确，并说明理由；对于不正确的事项，编制更正有关会计处理的调整分录。

答案

事项(1)的会计处理不正确。

理由：2×23 年 12 月 31 日之前研发支出资本化条件尚未满足，在满足资本化条件后对于未满足资本化条件时已费用化的研发支出不应该进行调整。

调整分录：

借：管理费用 100

以前年度损益调整 500

贷：研发支出—资本化支出 600

事项(2)的会计处理不正确。理由：甲公司将上年处理作为会计差错予以更正是正确的，但关于融资费用的处理不正确，不应将融资费用全部计入 2×23 年度，该融资费用应在 2×22 年度与 2×23 年度之间进行分摊。

调整分录：

借：以前年度损益调整 50

贷：财务费用 50

事项(3)的会计处理不正确。理由：上年度对诉讼事项确认的预计负债是基于编制上年度财务报表时的情形作出的最佳估计，在没有明确证据表明上年度会计处理构成会计差错的情况下，有关差额应计入当期损益。

调整分录：

借：营业外支出 50

贷：以前年度损益调整 50

事项(4)的会计处理不正确。理由：折旧年限变更属于会计估计变更，不应追溯调整。

估计变更后，剩余年限中每年折旧金额=(1 200-1 200/12×3)÷6=150(万元)，即每半年折旧额 75 万元。2×23 年当年应确认的折旧金额=1 200/12×1/2+75=125(万元)，因此应调减错误的处理中确认的管理费用=133.33-125=8.33(万元)，应调减错误的处理中确认的累计折旧=216.66-125=91.66(万元)。

调整分录：

借：累计折旧 91.66

贷：管理费用 8.33

以前年度损益调整 83.33

同步训练

限时 130min

扫我做试题

一、单项选择题

1. 下列关于会计政策、会计估计及其变更的表述中，不正确的是(　)。

A. 企业应当在会计准则允许的范围内选择适合本企业情况的会计政策，但一经确定，不得随意变更

B. 会计政策是企业在会计确认、计量和报告中所采用的原则、基础和会计处理方法

C. 会计估计以最近可利用的信息或资料为基础，不会削弱会计确认和计量的可靠性

D. 会计估计变更应按照变更后的会计估计对以前各期追溯计算其产生的累积影响数

2. 甲公司2×22年以前执行《小企业会计准则》。由于甲公司将公开发行股票、债券，同时因经营规模和企业性质变化而成为大中型企业，按照准则规定应当从2×22年1月1日起转为执行《企业会计准则》。资料如下：甲公司2×19年以560万元的价格从上海证券交易所购入A公司的股票，以交易为目的。按照原《小企业会计准则》确认为“短期投资”并采用成本法对该股票进行初始和后续计量。按照《企业会计准则》的规定，对其以交易为目的购入的股票由原成本法改为公允价值计量，且其变动计入当期损益。甲公司适用的所得税税率为25%，按净利润的10%提取法定盈余公积，按净利润的5%提取任意盈余公积。甲公司所持的A公司股票2×22年年初的公允价值为640万元。不考虑相关税费及其他因素，下列关于甲公司会计处理的表述中，不正确的是(　)。

A. 对其以交易为目的购入的股票由原成本法改为公允价值计量属于会计政策变更

B. 调整增加交易性金融资产账面价值80万元

C. 确认递延所得税负债20万元

D. 该会计政策变更对留存收益的影响额为80万元

3. 甲公司、A公司和B公司均为国内居民企业，适用的所得税税率均为25%。甲公司因执行新企业会计准则，在2×22年1月1日进行了如下变更：(1)2×22年1月1日将对A公司2%无公开报价的权益工具投资由可供出售金融资产变更为其他权益工具投资，该投资在2×22年年初的账面余额为50 000万元，变更日该投资计税基础为50 000万元，公允价值为42 000万元，甲公司拟将其作为非交易性投资管理。(2)原持有B公司30%的股权投资，对B公司具有重大影响，2×22年1月1日对B公司追加投资，持股比例达到60%，后续计量方法由权益法改为成本法。原投资在2×22年年初的账面余额为10 000万元，其中，投资成本为8 000万元，损益调整为2 000万元，未发生减值。变更日该投资计税基础为8 000万元，甲公司拟长期持有该项投资。(3)2×22年1月1日将一项衍生金融负债(与在活跃市场中没有报价的权益工具挂钩并须通过交付该权益工具进行结算)由成本计量变更为公允价值计量，该衍生金融负债于2×22年年初的账面价值为6 000万元，公允价值为6 300万元。变更日该衍生金融负债的计税基础为6 000万元。(4)2×22年1月

1 日开始执行新租赁准则，执行新租赁准则前融资租入的固定资产的账面价值为 1 000 万元，长期应付款扣除未确认融资费用后的账面价值为 900 万元。不考虑其他因素，下列表述不正确的是(　)。

A. 对 A 公司投资由可供出售金融资产改为其他权益工具投资属于会计政策变更

B. 对 B 公司投资的后续计量方法由权益法改为成本法属于会计政策变更

C. 将衍生金融负债由成本计量变更为公允价值计量属于会计政策变更

D. 因执行新租赁准则改变租入资产的核算方法属于会计政策变更

4. 资料同上。下列关于甲公司的会计处理的表述中，不正确的是(　)。

A. 变更日对 A 公司投资应调减其账面价值 8 000 万元，确认递延所得税资产 2 000 万元，差额调整期初留存收益

B. 变更日对 B 公司投资的账面价值不需要追溯调整

C. 变更日衍生金融负债应追溯调增其账面价值 300 万元，确认递延所得税资产 75 万元，并调减期初留存收益 225 万元

D. 变更日采用追溯调整法，将所租入固定资产的账面价值 1 000 万元转为使用权资产，将长期应付款扣除未确认融资费用后的账面价值 900 万元转为租赁负债

5. 甲公司适用的所得税税率为 25%，2×22 年 1 月 1 日开始对有关会计政策和会计估计作如下变更：(1)所得税的会计处理由应付税款法改为资产负债表债务法。所得税税率预计在未来期间不会发生变化。(2)2×22 年 1 月 1 日将作为投资性房地产核算的办公楼的后续计量由成本模式改为公允价值模式。该办公楼于 2×22 年年初账面价值为 10 000 万元，未发生减值，变更日的公允价值为 20 000 万元。变更日其计税基础与其原账面价值相同。(3)将管理用固定资产的预计使用年限由 10 年改为 8 年，折旧方法由年限平均法改为双倍余额递减法。该固定资产原计提折旧额为每年 100 万元(与税法规定相同)，2×22 年计提的折旧额为 300 万元。变更日其计税基础与其原账面价值相同。(4)发出存货成本的计量方法由先进先出法改为个别计价法，累积影响数无法确定。该存货 2×22 年年末账面价值为 58 000 万元，计税基础 60 000 万元。不考虑其他因素，下列关于甲公司会计政策和会计估计变更及后续的会计处理，不正确的是(　)。

A. 变更日对出租办公楼调增账面价值 10 000 万元

B. 变更日对出租办公楼确认递延所得税负债 2 500 万元

C. 将 2×22 年度管理用固定资产增加的折旧 200 万元计入当期损益，多计提的 200 万元折旧，应确认递延所得税资产 50 万元

D. 发出存货成本由先进先出法改为个别计价法，因累积影响数无法确定，应采用未来适用法，年末不确认相应的递延所得税

6. A 公司从 2×22 年 1 月开始由原执行小企业会计准则，改为执行企业会计准则，同时改用双倍余额递减法计提固定资产折旧(折旧年限和预计净残值不变)，并将所得税的核算方法由应付税款法变更为资产负债表债务法，A 公司适用的所得税税率为 25%。A 公司于 2×19 年 12 月 1 日购入一台不需要安装的设备并投入使用。该设备入账价值为 1 800 万元，采用年限平均法计提折旧(税法规定采用双倍余额递减法)，折旧年限为 5 年(与税法规定一致)，预计净残值为 0(与税法规定一致)。不考虑其他因素，假定本题中 2×22 年报表只列示 2×21 年比较报表，则该会计政策变更的累积影响数为(　)。

A. 241.2 万元　　B. -241.2 万元

C. 360 万元　　D. -90 万元

7. 资料同上。2×22 年该固定资产应计提的

折旧额为(　)。

A. 720万元　　B. 1 440万元

C. 540万元　　D. 1 080万元

8. 甲公司于2×22年12月发现，2×21年少计了一项管理用固定资产的折旧费用375万元，但在所得税纳税申报表中扣除了该项折旧费用，并对其记录了93.75万元的递延所得税负债(适用的企业所得税税率为25%)，甲公司按净利润的10%提取盈余公积。假定无其他纳税调整事项，不考虑其他因素，甲公司在2×22年因此项前期差错更正而减少的未分配利润为(　)。

A. 253.13万元　　B. 281.25万元

C. 28.13万元　　D. 93.75万元

9. 下列各项中，不属于会计政策变更的是(　)。

A. 因执行新租赁准则，将租入办公楼确认为使用权资产并确认租赁负债

B. 投资性房地产的后续计量由成本模式改为公允价值模式

C. 因执行新债务重组准则而改变债务重组事项的核算方法

D. 将一项固定资产的预计净残值由20万元变更为5万元

10. 采用追溯调整法计算出会计政策变更的累积影响数后，应当(　)。

A. 重新编制以前年度财务报表

B. 调整列报前期最早期初留存收益，以及财务报表其他相关项目的期初数和上年数

C. 调整列报前期最早期末及未来各期财务报表相关项目的数字

D. 只需在报表附注中说明其累积影响金额

11. 甲公司2×21年以前按销售额的1%预提产品质量保证费用。董事会决定该公司自2×21年度开始改按销售额的10%预提产品质量保证费用。假定以上事项均具有重大影响，且每年按销售额的1%预提的产品质量保证费用与实际发生的产品质量保证费用大致相符。甲公司在2×22年年度财务报告中对上述事项正确的会计处理方法是(　)。

A. 作为会计估计变更予以调整，并在会计报表附注中披露

B. 作为会计政策变更予以调整，并在会计报表附注中披露

C. 作为前期差错更正采用追溯重述法进行调整，并在会计报表附注中披露

D. 不作为会计政策变更、会计估计变更或前期差错更正调整，不在会计报表附注中披露

12. 某上市公司2×22年度的财务报告于2×23年4月30日批准对外报出。2×23年3月15日，该公司发现了2×21年度的一项重大会计差错。该公司调整资产负债表和利润表正确的做法是(　)。

A. 调整2×21年度资产负债表的年末余额和利润表本期金额

B. 调整2×21年度资产负债表的年初余额和利润表上期金额

C. 调整2×22年度资产负债表年初余额和年末余额，以及利润表上期金额

D. 调整2×22年度资产负债表的年末余额和利润表本期金额

二、多项选择题

1. ☆下列属于会计估计变更的有(　)。

A. 将产品质量保证计提比例由5%变为2%

B. 发出存货成本计量由先进先出法改为移动加权平均法

C. 企业持有非上市公司股权后被投资方上市，公允价值计量估值方法由权益法变为市场法

D. 固定资产摊销由年限平均法变为年数总和法

2. 下列各项属于企业发生会计估计变更时应在财务报表附注中披露的内容的有(　)。

A. 会计估计变更对当期的影响数

B. 会计估计变更的累积影响数

C. 会计估计变更的内容和原因

D. 会计估计变更对未来期间的影响数

3. 下列有关会计估计变更的表述中，正确的有（　）。

A. 会计估计变更应根据不同情况采用追溯重述法或追溯调整法进行处理

B. 会计估计变更的当年，如果企业发生重大亏损，企业应将这种变更作为重大会计差错予以更正

C. 会计估计变更，不改变以前期间的会计估计，也不调整以前期间的报告结果

D. 某项变更难以区分为会计政策变更或会计估计变更的，应作为会计估计变更处理

4. 下列关于会计估计变更和未来适用法的表述中，正确的有（　）。

A. 未来适用法是将变更后的会计政策应用于变更日及以后发生的交易或者事项的方法

B. 未来适用法是在会计估计变更当期和未来期间确认会计估计变更影响数的方法

C. 会计估计变更应调整会计估计变更当期期初留存收益

D. 会计估计变更应对变更年度资产负债表年初余额进行调整

5. 某股份有限公司2×22年发生或发现的下列交易或事项中(均具有重大影响)，会影响2×22年期初所有者权益的有（　）。

A. 发现2×21年漏记管理费用100万元

B. 将某项固定资产的折旧年限由15年改为11年

C. 2×21年应确认为资本公积的5 000万元计入了2×21年的投资收益

D. 在新企业会计准则首次执行日，对于满足预计负债确认条件且该日之前尚未计入资产成本的弃置费用，应当增加该项资产成本，并确认相应的负债；同时，将补提的折旧(折耗)调整留存收益

三、计算分析题

甲公司2×22年更换年审会计师事务所，新任注册会计师在对其2×22年度财务报表进行审计时，对以下事项的会计处理存在质疑：

(1)甲公司与其客户签订一项总金额为580万元的固定造价合同，该合同不可撤销。该工程已于2×22年2月开工，预计2×24年6月完工；预计可能发生的工程总成本为550万元。假定该建造工程整体构成单项履约义务，并属于在某一时段内履行的履约义务，该公司采用成本法确定履约进度，截至2×22年年末累计实际发生成本154万元，年末预计完成合同尚需发生成本396万元；本期结算合同价款174万元。上述价款均不含增值税税额。假定甲公司与客户结算时即发生增值税纳税义务，增值税税率为9%。甲公司2×22年会计处理如下：

借：生产成本　154

　贷：原材料、应付职工薪酬等　154

借：合同负债　154

　贷：主营业务收入　154

借：应收账款　189.66

　贷：合同负债　174

　　应交税费—应交增值税(销项税额)　15.66

(2)2×22年12月4日，甲公司与其控股股东M公司进行债务重组，重组过程中M公司豁免了甲公司所欠1 000万元货款。甲公司确认了营业外收入1 000万元。

(3)甲公司以支付土地出让金的方式购入一项土地使用权用于建设厂房，共支付价款8 000万元，随后政府以补贴该项建造工程的形式返还给甲公司1 600万元。至本年年末，该厂房尚未开始建造。甲公司将收到的政府补贴确认为其他收益。

(4)2×22年7月1日，甲公司授予其子公司(丁公司)的10名高级管理人员每人

1 万份股票期权，如果管理人员从授予日(2×22 年 7 月 1 日)起在丁公司连续工作 4 年，则服务期满时每人有权以每股 6 元的价格购买甲公司普通股股票 1 万股，甲公司的股票期权在授予日的公允价值为每股 12 元。至 2×22 年年末，丁公司的高级管理人员均未离职，甲公司预计未来 3.5 年内将有 1 名丁公司的高级管理人员离职。甲公司的会计处理：

借：管理费用　　13.5

　　贷：应付职工薪酬　　13.5

其他资料：甲公司对其取得的与资产相关的政府补助采用总额法核算，并在资产的使用寿命内平均分摊。不考虑其他因素的影响。

要求：

(1)根据上述资料，判断甲公司的会计处理是否正确，并说明理由，如果不正确，编制甲公司个别财务报表中的更正分录。(不需要通过“以前年度损益调整”科目)

(2)根据资料(4)，编制丁公司的会计分录。

四、综合题

1. 甲公司为上市公司，内审部门在审核甲公司 2×22 年度的财务报表时，对以下交易或事项的会计处理提出疑问：

(1)2×21 年 9 月 26 日，甲公司以银行存款 500 万元购入一项债券投资，并按规定将其分类为以公允价值计量且其变动计入其他综合收益的金融资产。2×21 年 12 月 15 日，甲公司变更了其管理债券投资组合的业务模式，该变更符合重分类的要求，因此，甲公司于 2×22 年 1 月 1 日将该债券从以公允价值计量且其变动计入其他综合收益的金融资产重分类为以摊余成本计量的金融资产。2×22 年 1 月 1 日，该债券的公允价值为 490 万元，此前已对该金融资产确认了公允价值变动损失 10 万元和信用减值损失 6 万元。假设不考虑利息收入。甲公司在重分类日的会计处理如下：

借：债权投资—成本　　500

　　贷：其他债权投资—成本　　500

(2)2×22 年 8 月 1 日，甲公司与 B 公司签订产品销售合同。合同约定，甲公司向 B 公司销售最近开发的商品，售价为 100 万元，增值税税额为 13 万元；B 公司有权于收到商品之日起 6 个月内无条件退还商品。2×22 年 8 月 5 日，甲公司将商品交付 B 公司并开出增值税专用发票，货款尚未收到。该批商品的成本为 60 万元。甲公司无法估计退货的可能性。甲公司的会计处理为：

借：应收账款　　113

　　贷：主营业务收入　　100

　　　　应交税费—应交增值税(销项税额)　　13

借：主营业务成本　　60

　　贷：库存商品　　60

(3)2×22 年 9 月 1 日，经董事会批准，甲公司的母公司实施一项股权激励计划，其主要内容为：甲公司的母公司向甲公司的 50 名管理人员每人授予 1 万份现金股票增值权，行权条件为甲公司管理人员必须连续服务满 2 年，每持有 1 份现金股票增值权即可以从甲公司的母公司获得相当于行权当日甲公司普通股股票每股市场价格的现金。甲公司本年度没有管理人员离职，预计剩余等待期内将有 2 名管理人员离职。每份现金股票增值权公允价值如下：2×22 年 9 月 1 日为 9 元；2×22 年 12 月 31 日为 10 元。甲公司的会计处理为：

借：管理费用　　80

　　贷：应付职工薪酬　　80

(4)2×22 年，甲公司将本公司商品出售给关联方(乙公司)，不含税的价款为 300 万元，成本为 120 万元，期末形成应收账款 339 万元。2×22 年年末，乙公司财务状况恶化，甲公司应收乙公司货款估计将于 5 年后收回，根据逾期天数及违约损失率计算其预期信用损失为151万元。甲公司的会计处理为：

借：主营业务收入　　　　300
　　贷：应收账款　　　　　　300

(5)2×22年，甲公司发行了一项面值为10 000万元、年利率为8%、无固定还款期限、可自主决定是否支付利息的不可累积永续债，其他合同条款如下(假定没有其他条款导致该工具被分类为金融负债)：①该永续债嵌入了一项看涨期权，允许甲公司在发行第5年及之后以面值回购该永续债。②如果甲公司在第5年年末没有回购该永续债，则之后的票息率增加至12%。(通常称为"票息递增"特征)。③该永续债票息在甲公司向其普通股股东支付股利时必须支付(即"股利推动机制")。假设：甲公司根据相应的议事机制能够自主决定普通股股利的支付；该公司多年来均支付普通股股利，且本年已宣告发放普通股现金股利。甲公司的会计处理为：

借：银行存款　　　　10 000
　　贷：应付债券—面值　　　　10 000

借：财务费用　　　　800
　　贷：应付利息　　　　　　800

其他相关资料：所涉及公司均为增值税一般纳税人，除特殊说明外，不考虑增值税等相关税费，不考虑提取盈余公积等其他因素。

要求：根据上述资料，逐项判断甲公司的会计处理是否正确，并说明理由；如果不正确，编制相关的更正分录(不需要通过"以前年度损益调整"科目)。

2. A股份有限公司(以下简称"A公司")为一般工业企业，适用的所得税税率为25%，按净利润的10%提取法定盈余公积，不提取任意盈余公积。假定对于会计差错，税法允许调整应交所得税。A公司2×21年度财务报告于2×22年3月20日批准对外报出，2×21年度的所得税汇算清缴在2×22年3月20日完成。A公司在2×22年度发生或发现如下事项：

(1)A公司于2×19年1月1日起计提折旧的一台管理用机器设备，原价为200万元，预计使用年限为10年(不考虑净残值因素)，按年限平均法计提折旧。由于技术进步的原因，从2×22年1月1日起，A公司决定将原估计的使用年限改为7年，同时改按年数总和法计提折旧(本事项不考虑会计处理与税法规定的差异)。

(2)A公司有一项投资性房地产(办公楼)，此前采用成本模式进行后续计量，至2×22年1月1日，该办公楼的原价为4 000万元，已提折旧240万元，已提减值准备100万元。2×22年1月1日，A公司决定采用公允价值模式对出租的办公楼进行后续计量。该办公楼于变更日的公允价值为3 800万元。假定2×21年12月31日前无法取得该办公楼的公允价值。2×22年1月1日该办公楼的计税基础为3 760万元。2×22年12月31日，A公司根据当前市场上相同或相似办公楼的市场价格估计该办公楼的公允价值为3 850万元。

(3)A公司在2×22年1月1日发现其自行建造的办公楼尚未办理结转固定资产手续。该办公楼已于2×21年6月30日达到预定可使用状态，并投入使用，A公司未按规定在6月30日办理竣工结算及结转固定资产的手续。2×21年6月30日该在建工程的科目余额为1 000万元；2×21年12月31日该在建工程的科目余额为1 095万元，其中包括建造该办公楼的相关专门借款在2×21年7月至12月期间发生的利息25万元，应计入管理费用的支出70万元。该办公楼竣工结算的建造成本为1 000万元，A公司预计该办公楼使用年限为50年，预计净残值为0，采用年限平均法计提折旧。

(4)A公司于2×22年2月25日发现，2×21年取得一项股权投资，取得成本为

300万元，A公司将其指定为以公允价值计量且其变动计入其他综合收益的金融资产。期末该项金融资产的公允价值为400万元，A公司将该公允价值变动计入公允价值变动损益。企业在计税时，没有将该公允价值变动损益计入应纳税所得额，但确认了递延所得税负债和所得税费用25万元。

其他资料：不考虑其他因素。

要求：

(1)判断上述事项分别属于何种会计变更或差错。

(2)根据上述事项编制2×22年的相关会计分录，如果属于会计估计变更，计算该变更对本年度留存收益的影响数。(会计更正无须通过“以前年度损益调整”或“利润分配—未分配利润”科目，直接使用相关会计科目，也无须编制提取盈余公积、结转利润分配的会计分录)。

3. 甲公司2×21年度财务报告于2×22年3月31日批准对外报出。甲公司2×21年度的所得税汇算清缴日为2×22年3月31日，适用的所得税税率为25%。甲公司按净利润的10%提取法定盈余公积，按净利润的5%提取任意盈余公积。在2×21年度的财务报告批准报出之前，财务人员发现甲公司有如下事项的会计处理不正确：

(1)甲公司于2×21年1月1日取得A公司20%的股份并作为长期股权投资核算。2×21年12月31日对A公司长期股权投资的账面价值为20 000万元，公允价值为17 000万元(假定不存在预计处置费用)，预计未来现金流量现值为19 000万元。2×21年12月31日，甲公司计算确定该项长期股权投资的可收回金额为17 000万元。甲公司不准备长期持有该项投资。其会计处理如下：

借：资产减值损失　　　　3 000

　贷：长期股权投资减值准备　　　　3 000

同时确认了相应的递延所得税资产。

(2)B公司为甲公司的第二大股东，持有甲公司20%的股份，共计1 800万股。因B公司欠甲公司3 000万元货款，逾期未偿还，甲公司于2×21年4月1日向人民法院提出申请，要求该法院采取诉前保全措施，保全B公司所持有的甲公司法人股。同年9月29日，人民法院向甲公司送达民事裁定书同意上述申请。

甲公司于9月30日对B公司提起诉讼，要求B公司偿还欠款。至2×21年12月31日，此案尚在审理中。甲公司估计该诉讼案件很可能胜诉，并可从保全的B公司所持甲公司股份的处置收入中收回全部欠款。

甲公司于2×21年12月31日进行的会计处理如下：

借：其他应收款　　　　3 000

　贷：营业外收入　　　　3 000

甲公司将上述营业外收入计入了2×21年的应纳税所得额。

(3)2×22年2月4日，甲公司收到某供货单位的通知，被告知该供货单位2×22年1月20日发生火灾，大部分设备和厂房被毁，不能按期交付甲公司所订购货物，且无法退还甲公司预付的购货款200万元。甲公司已通过法律途径要求该供货单位偿还预付的货款并承担相应的赔偿责任。甲公司将预付账款转为其他应收款并按200万元全额计提坏账准备。甲公司的会计处理如下：

借：以前年度损益调整—调整信用减值损失　　　　200

　贷：坏账准备　　　　200

借：递延所得税资产　　　　50

　贷：以前年度损益调整—调整所得税费用　　　　50

与此同时对2×21年度财务报表有关项目进行了调整。

(4)甲公司2×21年1月1日用银行存款1 000万元购入C公司股份的25%，并对C公司具有重大影响，甲公司对该项股权投资采用成本法核算。C公司2×21年1月1日的所有者权益账面价值为3 500万元，可辨认净资产的公允价值为3 800万元，其差额300万元为存货评估增值；甲公司2×21年12月1日向C公司销售一件产品，售价为200万元，成本为130万元，C公司购入后作为固定资产核算，当月未计提折旧。截至当年年末，C公司被评估增值的存货已经对外销售50%。C公司2×21年度实现净利润900万元。甲公司准备长期持有该股权投资。

甲公司2×21年1月1日的会计处理如下：

借：长期股权投资　　　　1 000

　贷：银行存款　　　　　　1 000

2×21年甲公司对C公司的投资未进行其他会计处理。

(5)甲公司对上述各项交易或事项均已确认暂时性差异的所得税影响。甲公司发生的可抵扣暂时性差异预计在未来3年内能够转回，长期股权投资期末采用账面价值与可收回金额孰低计价。甲公司计提的各项资产减值准备税法规定在实际发生时可以税前列支。不考虑除所得税以外的其他相关税费。

要求：

(1)根据上述资料，判断甲公司上述事项的会计处理是否正确，并说明理由；如果会计处理不正确，编制更正分录，涉及对“利润分配—未分配利润”及“盈余公积”调整的，合并一笔分录进行调整。

(2)将上述调整对财务报表的影响数填入下表(单位：万元，调增以“+”号表示，调减以“-”号表示)。

项目	利润及所有者权益变动表	资产负债表	
	2×21年度	2×21年年初数	2×21年年末数
信用减值损失			
资产减值损失			
投资收益			
营业外收入			
所得税费用			
净利润			
提取盈余公积			
其他应收款			
长期股权投资			
应交税费			
递延所得税资产			
盈余公积			
未分配利润			

4. 甲公司2×21年度财务报告于2×22年3月28日对外报出，甲公司按照净利润的10%提取法定盈余公积，不提取任意盈余公积。甲公司2×22年度发生的有关交易或事项以及相关的会计处理如下：

(1)甲公司于2×22年4月20日依据法院判决向银行支付连带保证责任赔款10 000万元，并将该事项作为会计差错追溯调整了2×21年度财务报表。

甲公司上述连带保证责任产生于2×20年。根据甲公司、乙公司及银行三方签订的合同，乙公司向银行借款9 000万元，除以乙公司拥有的一栋房产向银行提供抵押外，甲公司作为连带责任保证人，在乙公司无力偿付借款时承担连带保证责任。2×21年11月，乙公司无法偿还到期借款。2×21年12月31日，甲公司、乙公司及银行三方经协商，一致同意以乙公司用于抵押的房产先行拍卖抵偿借款本息。按当时乙公司抵押房产的市场价格估计，甲公司认为拍卖价款足以支付乙公司所欠银行借款本息10 000万元。为此，甲公司在其2×21年度财务报表附注中对上述连带保证责任进行了说明，但未确认与该事项相关的负债。

2×22年4月1日，由于抵押的房产存在产权纠纷，乙公司无法拍卖。为此，银行向法院提起诉讼，要求甲公司承担连带保证责任。2×22年4月20日，法院判决甲公司承担连带保证责任。甲公司于2×22年4月20日进行会计处理如下：

借：以前年度损益调整 10 000

　　贷：其他应付款 10 000

借：利润分配—未分配利润 9 000

　　盈余公积 1 000

　　贷：以前年度损益调整 10 000

(2)2×22年5月，银行要求甲公司承担连带偿债责任，甲公司为此被扣划了银行存款5 000万元。甲公司将该事项作为重大会计差错追溯调整了2×21年度财务报表。甲公司上述连带保证责任产生于2×19年。丙公司以自身土地使用权为抵押向银行借款5 000万元，甲公司同时开具了面值为5 000万元的商业承兑汇票作为质押。2×21年，因丙公司无力偿还银行债务本金5 000万元(利息已经支付)，银行起诉到法院。法院于2×21年12月作出一审判决，银行先执行丙公司的抵押土地使用权，该土地使用权在2×21年年末的评估值为6 000万元。

2×22年2月1日，法院二审判决，判定银行可以执行丙公司的抵押土地使用权，也可以要求甲公司就丙公司未偿还的银行借款承担质押票据的兑付责任。甲公司与丙公司、法院及银行进行了沟通，银行和法院均同意先执行丙公司的抵押土地使用权。2×22年3月，丙公司的抵押土地使用权经法院评估作价，准备拍卖。

甲公司在2×21年资产负债表日判断，由于丙公司抵押土地使用权价值约6 000万元，甲公司与法院和债权人就该偿债事项进行沟通后认为甲公司不会产生连带偿债损失。甲公司把上述事项作为或有负债进行披露(未计提预计负债)。2×22年4月到5月，由于丙公司濒临破产等诸多因素，法院迟迟未能执行对丙公司土地使用权的拍卖。甲公司于2×22年5月进行的会计处理如下：

借：以前年度损益调整 5 000

　　贷：预计负债 5 000

借：利润分配—未分配利润 4 500

　　盈余公积 500

　　贷：以前年度损益调整 5 000

(3)2×22年4月20日，甲公司收到当地税务部门返还其2×21年度已交增值税税款的通知，4月30日收到税务部门返还的增值税款项2 000万元。甲公司在对外提供2×21年度财务报表时，因无法预计增值税税负是否符合有关的税收优惠政策，故全额计算交纳了增值税。税务部门提供的税收返还凭证中注明上述返还款项为2×21年的增值税款项，为此，甲公司追溯调整了已对外报出的2×21年度财务报表相关项目的金额。甲公司4月20日进行会计处理如下：

借：其他应收款 2 000

　　贷：以前年度损益调整 2 000

借：以前年度损益调整 2 000

　　贷：利润分配—未分配利润 1 800

　　　　盈余公积 200

(4)2×22年7月，甲公司一项未决诉讼结案，法院判定甲公司承担损失赔偿责任

3 000万元。该诉讼事项源于2×21年9月一竞争对手提起的对甲公司的起诉，编制2×21年财务报表期间，甲公司曾在法院的调解下，与原告方达成初步和解意向。按照该意向，甲公司需向对方赔偿1 000万元，甲公司据此在2×21年确认预计负债1 000万元。2×22年，原告方控股股东变更，新的控股股东认为原调解决定不合理，不再承认原初步和解相关事项，向法院请求继续原法律程序。因实际结案时需赔偿金额与原确认预计负债的金额差别较大，甲公司于2×22年进行了以下会计处理：

借：以前年度损益调整　　2 000
　贷：预计负债　　2 000
借：盈余公积　　200
　　利润分配—未分配利润　　1 800
　贷：以前年度损益调整　　2 000

同时将相关预计负债转入其他应付款。

(5)假定不考虑所得税等因素的影响。

要求：根据上述资料，逐项判断甲公司的会计处理是否正确，并说明理由；如果甲公司的会计处理不正确，编制相关的更正分录。(答案中金额单位为万元)

同步训练答案及解析

一、单项选择题

1. D 【解析】选项D，会计估计变更采用未来适用法核算，不需要追溯调整以前数据。
2. D 【解析】该会计政策变更对留存收益的影响额＝(640－560)×75%＝60(万元)，会计分录如下(短期投资的余额转入交易性金融资产的分录略)：
借：交易性金融资产—公允价值变动　　(640－560)80
　贷：递延所得税负债　　(80×25%)20
　　利润分配—未分配利润　　(80×75%×85%)51
　　盈余公积　　(80×75%×15%)9
3. B 【解析】选项A，属于会计政策变更。在新企业会计准则施行日，对于之前以成本计量的、在活跃市场中没有报价且其公允价值不能可靠计量的权益工具投资，企业应当以其在新企业会计准则施行日的公允价值计量，原账面价值与公允价值之间的差额，应当计入新企业会计准则施行日所在报告期间的其他综合收益。选项B，因对B公司追加投资将长期股权投资的后续计量方法由权益法改为成本法属于正常的事项，不属于会计政策变更。
4. A 【解析】选项A，应调整其他综合收益。选项C，新准则施行日，对于之前以成本计量的、与在活跃市场中没有报价的权益工具挂钩并须通过交付该权益工具进行结算的衍生金融负债，企业应当以其在新准则施行日的公允价值计量。原账面价值与公允价值之间的差额，应当计入新准则施行日所在报告期间的期初留存收益。
5. D 【解析】选项A，应调增的账面价值＝20 000－10 000＝10 000(万元)；选项B，应确认的递延所得税负债＝10 000×25%＝2 500(万元)；选项C，2×22年度会计上比税法上多计提的折旧额，应确认的递延所得税资产＝200×25%＝50(万元)；选项D，存货期末应确认的递延所得税资产＝2 000×25%＝500(万元)。
6. D 【解析】会计政策变更的累积影响数，是指按照变更后的会计政策对以前各期追溯计算的列报前期最早期初留存收益应有金额与现有金额之间的差额。本题中，所得税核算方法变更属于会计政策变更，折旧方法变更属于估计变更，所以此处计算累积影响数时，只考虑所得税核算方法改变所带来的影响。同时还应注意，“列报期”为2×22年，“列报前期”为2×21年，“列报前期最早期初”即为2×21年年初（亦即2×20年年末），所以会计政策变更的累积影响数＝－（1 800×2/5－1 800/5）×25%＝－90（万元）。

7. A 【解析】变更折旧方法时，尚可使用年限为3年，所以2×22年应计提的折旧额＝（1 800－1 800/5×2）×2/3＝720（万元）。

8. A 【解析】未分配利润应调减的金额＝（375－93.75）×90%＝253.13（万元）。

9. D 【解析】选项D，属于会计估计变更。

10. B 【解析】对于比较财务报表可比期间以前的会计政策变更的累积影响数，应调整比较财务报表（即列报前期）最早期间的期初留存收益，财务报表其他相关项目的数字也应一并调整。

11. C 【解析】甲公司按照1%的比例预提质量保证费的处理符合实际情况，因此改按10%的比例预提属于滥用会计估计变更，应作为前期差错更正处理，同时由于相关事项具有重大影响，故应采用追溯重述法予以调整，并在会计报表附注中披露。

12. C 【解析】因为发现的是前期（即2×22年资产负债表日后期间发现的2×21年）的差错，所以需要调整报表中的比较数据，也就是本年的资产负债表的年初余额和年末余额以及利润表的上期金额。

二、多项选择题

1. ACD 【解析】选项B，属于会计政策变更。

2. ACD 【解析】企业应当在附注中披露与会计估计变更有关的下列信息：①会计估计变更的内容和原因；②会计估计变更对当期和未来期间的影响数；③会计估计变更的影响数不能确定的，披露这一事实和原因。

3. CD 【解析】选项A，会计估计变更应采用未来适用法。选项B，企业发生重大亏损或重大盈利与会计估计变更无关。

4. AB 【解析】未来适用法，是指将变更后的会计政策应用于变更日及以后发生的交易或者事项，或者在会计估计变更当期和未来期间确认会计估计变更影响数的方法。

5. ACD 【解析】选项A，属于重大前期差错，应追溯重述，会影响期初所有者权益；选项B，属于会计估计变更，采用未来适用法，不会影响期初所有者权益；选项C，影响所有者权益的具体项目；选项D，属于会计政策变更，应追溯调整，会影响期初所有者权益。

三、计算分析题

【答案】

（1）①甲公司的处理不正确。理由：甲公司在履约过程中所实际发生的成本（154万元）满足下列条件：该成本与一份当前或预期取得的合同直接相关、该成本增加了企业未来用于履行（或持续履行）履约义务的资源、该成本预期能够收回，所以应确认为合同履约成本。同时该业务属于在某一时段内履行的履约义务，应按照**履约进度**确认收入。更正分录：

借：合同履约成本　　154
　　贷：生产成本　　154

履约进度＝154÷（154＋396）＝28%。

合同收入＝580×28%＝162.4（万元）。

借：合同结算—收入结转　　162.4
　　贷：合同负债　　154
　　　　主营业务收入　　（162.4－154）8.4

借：主营业务成本　　154
　　贷：合同履约成本　　154

借：合同负债　　174
　　贷：合同结算—价款结算　　174

②甲公司的会计处理不正确。理由：根据债务重组准则规定，债权人或债务人中的

一方直接或间接对另一方持股且以股东身份进行债务重组的，或者债权人与债务人在债务重组前后均受同一方或相同的多方最终控制，且该债务重组的交易实质是债权人或债务人进行了权益性分配或接受了权益性投入的，适用权益性交易的有关会计处理规定。M 公司豁免甲公司所欠 1 000 万元货款这一行为从经济实质上来讲属于控股股东的资本性投入，甲公司应将被豁免的债务全额计入资本公积。更正分录：

借：营业外收入　　1 000
　贷：资本公积　　1 000

③甲公司的处理不正确。理由：该项补贴属于与资产相关的政府补助，应当先计入递延收益，自固定资产达到可使用状态的下月开始，在该资产使用寿命内分摊计入各期的其他收益。更正分录：

借：其他收益　　1 600
　贷：递延收益　　1 600

④甲公司的处理不正确。理由：甲公司向其子公司授予股票期权并以甲公司自身的股票进行结算，应当作为权益结算的股份支付处理，确认长期股权投资并计入资本公积。更正分录：

借：长期股权投资
　　[(10-1)×1×12×1/4×1/2]13.5
　应付职工薪酬　　13.5
　贷：资本公积—其他资本公积　　13.5
　　管理费用　　13.5

(2)企业集团内进行的股份支付计划，接受服务企业没有结算义务的，应当将该股份支付作为权益结算的股份支付处理，确认当期费用及资本公积，丁公司的分录为：

借：管理费用　　13.5
　贷：资本公积—其他资本公积　　13.5

四、综合题

1.【答案】

资料(1)，甲公司的会计处理不正确。理由：企业将一项以公允价值计量且其变动计入其他综合收益的金融资产重分类为以摊余成本计量的金融资产的，应当将之前计入其他综合收益的累计利得或损失转出，调整该金融资产在重分类日的公允价值，并以调整后的金额作为新的账面价值，即视同该金融资产一直以摊余成本计量。该金融资产重分类不影响其实际利率和预期信用损失的计量。更正分录如下：

借：其他债权投资—公允价值变动 10
　其他综合收益—信用减值准备　6
　贷：其他综合收益—其他债权投资公允价值变动　　10
　　债权投资减值准备　　6

资料(2)，甲公司的会计处理不正确。理由：客户有退货权，该合同的对价是可变的。由于甲公司缺乏有关退货情况的历史数据，考虑将可变对价计入交易价格的限制要求，在合同开始日不能将可变对价计入交易价格，因此，产品发出时确认的收入为0，其应当在退货期满后，根据实际退货情况，按照预期有权收取的对价金额确定交易价格。更正分录如下：

借：主营业务收入　　100
　贷：应收账款　　100
借：应收退货成本　　60
　贷：主营业务成本　　60

资料(3)，甲公司的会计处理不正确。理由：在集团股份支付中，接受服务企业(甲公司)没有结算义务，因此应该作为权益结算的股份支付进行会计处理。更正分录如下：

借：应付职工薪酬　　80
　贷：资本公积
　　[(50-0-2)×1×9×4/24]72
　　管理费用　　8

资料(4)，甲公司的会计处理不正确。理由：未发生退货的情况下不能冲减销售收入，应根据其未来现金流量情况估计可能收回的金额并在此基础上计提坏账准备。

更正分录如下：

借：应收账款　300

　　贷：主营业务收入　300

借：信用减值损失　151

　　贷：坏账准备　151

资料(5)，甲公司的会计处理不正确。理由：尽管甲公司多年来均支付普通股股利，但由于甲公司能够根据相应的议事机制自主决定普通股股利的支付，进而影响永续债利息的支付，对甲公司而言，该永续债并未形成支付现金或其他金融资产的合同义务；尽管甲公司有可能在第5年年末行使其回购权，但是甲公司并没有回购的合同义务，因此该永续债应整体被分类为权益工具。更正分录如下：

借：应付债券—面值　10 000

　　贷：其他权益工具　10 000

借：应付利息　800

　　贷：财务费用　(10 000×8%)800

借：利润分配　800

　　贷：应付股利　800

2.【答案】

(1)事项(1)属于会计估计变更，事项(2)属于会计政策变更，事项(3)和事项(4)属于前期重大会计差错。

(2)事项(1)：

2×22年年末应编制的会计分录如下：

借：管理费用　56

　　贷：累计折旧　56

此会计估计变更减少留存收益27万元[(56-20)×(1-25%)]，其中减少盈余公积2.7万元，减少未分配利润24.3万元。

事项(2)：

A公司2×22年1月1日应编制的会计分录为：

借：投资性房地产—成本　4 000

　　投资性房地产累计折旧　240

　　投资性房地产减值准备　100

　　贷：投资性房地产　4 000

　　　　递延所得税负债　[(3 800-3 760)×25%]10

　　　　递延所得税资产　(100×25%)25

　　　　盈余公积　[(3 800-3 660)×75%×10%]10.5

　　　　利润分配—未分配利润　[(3 800-3 660)×75%×90%]94.5

　　　　投资性房地产—公允价值变动　200

2×22年12月31日，确定其公允价值变动：

借：投资性房地产—公允价值变动　50

　　贷：公允价值变动损益　(3 850-3 800)50

借：所得税费用　12.5

　　贷：递延所得税负债　12.5

事项(3)：

结转固定资产并对2×21年下半年应计提的折旧进行调整：

借：固定资产　1 000

　　贷：在建工程　1 000

借：管理费用　10

　　贷：累计折旧　(1 000/50/2)10

借：财务费用　25

　　管理费用　70

　　贷：在建工程　95

借：应交税费—应交所得税　(105×25%)26.25

　　贷：所得税费用　26.25

2×22年应计提的折旧金额＝1 000/50＝20(万元)。

借：管理费用　20

　　贷：累计折旧　20

事项(4)：

借：公允价值变动损益　100

　　贷：其他综合收益　100

借：其他综合收益　(100×25%)25

　　贷：所得税费用　25

3.【答案】

(1)①资料(1)会计处理不正确。理由：长期股权投资的可收回金额应以未来现金流量现值和公允价值减去处置费用净额孰高计量，可收回金额应为19 000万元，应计提的长期股权投资减值准备金额=20 000-19 000=1 000(万元)。

借：长期股权投资减值准备　　2 000

　贷：以前年度损益调整—调整资产减值损失　　2 000

借：以前年度损益调整—调整所得税费用　　(2 000×25%)500

　贷：递延所得税资产　　500

②资料(2)会计处理不正确。理由：企业只有基本确定可以收到赔偿款时才可将或有事项涉及的应收金额确认为一项资产。

借：以前年度损益调整—调整营业外收入　　3 000

　贷：其他应收款　　3 000

借：应交税费—应交所得税　　(3 000×25%)750

　贷：以前年度损益调整—调整所得税费用　　750

③资料(3)会计处理不正确。理由：甲公司2×22年发现无法收到货物且无法收回货款的事项，属于非调整事项，不能调整报告年度的财务报表。

借：信用减值损失　　200

　贷：以前年度损益调整—调整信用减值损失　　200

借：以前年度损益调整—调整所得税费用　　50

　贷：递延所得税资产　　50

借：递延所得税资产　　50

　贷：所得税费用　　50

④资料(4)会计处理不正确。理由：甲公司对C公司的投资具有重大影响，应按照权益法进行核算。

借：长期股权投资—损益调整　　[(900-300×50%-70)×25%]170

　贷：以前年度损益调整—调整投资收益　　170

⑤调整2×21年利润分配和盈余公积：

借：利润分配—未分配利润　　430

　以前年度损益调整—调整投资收益　　170

　　—调整信用减值损失　　200

　　—调整资产减值损失　　2 000

　　—调整所得税费用　　200

　贷：以前年度损益调整—调整营业外收入　　3 000

借：盈余公积　　(430×15%)64.5

　贷：利润分配—未分配利润　　64.5

(2)2×21年度会计报表项目调整表如下表所示(单位：万元)。

项目	利润及所有者权益变动表	资产负债表	
	2×21年度	2×21年年初数	2×21年年末数
信用减值损失	-200		
资产减值损失	-2 000		
投资收益	+170		
营业外收入	-3 000		
所得税费用	-200		
净利润	-430		
提取盈余公积	-64.5		
其他应收款			-3 000+200=-2 800

续表

项目	利润及所有者权益变动表	资产负债表	
	2×21 年度	2×21 年年初数	2×21 年年末数
长期股权投资			+2 000+170=+2 170
应交税费			−750
递延所得税资产			−550
盈余公积			−64.5
未分配利润			−365.5

4.【答案】

(1)甲公司的会计处理不正确。理由：甲公司在 2×21 年度财务报表中对连带保证责任的处理是合理的，没有证据表明当时的判断存在差错，该事项不属于前期差错。2×22 年 4 月 20 日法院判决甲公司承担连带担保责任时，甲公司 2×21 年度的财务报表也已经对外报出，因此，支付的赔偿款 10 000 万元不能再追溯调整 2×21 年度的财务报表，应计入发生当期损益。更正分录：

借：营业外支出　10 000
　贷：利润分配—未分配利润　9 000
　　盈余公积　1 000

(2)甲公司的会计处理不正确。理由：甲公司在 2×21 年报中将丙公司的连带偿债责任作为或有事项披露是合理的。甲公司在 2×21 年资产负债表日根据当时存在的、预期能够取得的证据进行了判断，且没有证据表明当时的判断存在差错，因此，该事项不属于前期差错。

2×22 年 5 月，由于法院迟迟未能执行对丙公司土地使用权的拍卖，甲公司为此被扣划了银行存款 5 000 万元，这是该项偿债情况发生了变化，由此产生的对负债账面价值的重估和调整，应属于会计估计变更。甲公司 2×22 年发生的 5 000 万元偿债损失应计入 2×22 年的损益，不需要追溯调整 2×21 年的相关财务数据。更正分录：

借：营业外支出　5 000
　贷：利润分配—未分配利润　4 500
　　盈余公积　500

借：预计负债　5 000
　贷：其他应付款　5 000

(3)甲公司的会计处理不正确。理由：企业收到的增值税返还属于政府补助，应按政府补助准则的规定处理。在实际收到增值税返还时，直接计入当期其他收益，不应追溯调整报告年度财务报表项目。更正分录：

借：利润分配—未分配利润　1 800
　盈余公积　200
　贷：其他收益　2 000

(4)甲公司的会计处理不正确。理由：甲公司在编制 2×21 年财务报表时，按照当时初步和解意向确认 1 000 万元预计负债不存在会计差错。后因情况变化导致法院判决结果与原预计金额存在的差额属于新发生的情况，所承担损失的金额与原预计负债之间的差额应计入发生当期损益，不应追溯调整。更正分录：

借：营业外支出　2 000
　贷：盈余公积　200
　　利润分配—未分配利润　1 800

第二十五章　资产负债表日后事项

考情解密

历年考情概况

本章是全书的重点和难点章节，也是考试中所占分值比重较大的一章。本章分值平均 4 分左右，考试时多为客观题，考点主要是调整事项、非调整事项的判断，计算因调整事项产生的对报告年度损益影响金额；主观题主要是将本章内容与其他章节(如会计政策、会计估计变更及差错更正、所得税等)有关内容结合，考查考生综合运用各章内容的能力。

近年考点直击

考点	主要考查题型	考频指数	考查角度
日后事项的分类和判断	单选题、多选题、计算分析题、综合题	★★★	①调整事项或非调整事项的认定；②选择需要调整报告年度报表的事项
日后调整事项的具体会计处理	多选题、计算分析题、综合题	★★★	①计算因调整事项影响留存收益的金额；②日后期间未决诉讼的会计处理及报表的调整；③判断发生的交易事项是日后调整事项还是非调整事项，说明其会计处理方法；④判断政府补助相关收入、产品质量诉讼及完成固定资产决算手续等事项是否为资产负债表日后调整事项
日后非调整事项的处理	计算分析题、综合题	★★	①判断发生的交易事项是日后调整事项还是非调整事项，说明其会计处理方法；②与日后事项的分类等结合考查，说明某一事项的处理原则

2022 年考试变化

本章考试内容未发生实质性变化。

考点详解及精选例题

一、与资产负债表日后事项相关的概念★★★

资产负债表日后事项是指资产负债表日至财务报告批准报出日之间发生的有利或不利事项。

(一)资产负债表日

资产负债表日是指会计年度末和会计中期期末。其中，年度资产负债表日是指公历 12 月 31 日；会计中期通常包括半年度、季度和月度等，会计中期期末相应地是指公历半年末、季末和月末等。

（二）财务报告批准报出日

财务报告批准报出日是指董事会或类似机构批准财务报告报出的日期。

（三）有利或不利事项

资产负债表日后事项准则所称“有利或不利事项”，是指资产负债表日后所发生的对企业财务状况和经营成果具有一定影响（既包括有利影响也包括不利影响）的事项。

（四）资产负债表日后期间

资产负债表日后期间是自资产负债表日次日起至财务报告批准报出日止的一段时间，具体是指报告期间下一期间的第一天至董事会或类似机构批准财务报告对外公布的日期。如果企业在财务报告批准报出以后、实际报出之前的这段期间又发生与资产负债表日后事项有关的事项，且该事项影响了企业财务报告对外公布日期，则企业应当将董事会或类似机构再次批准财务报告对外公布的日期作为截止日期。

（五）资产负债表日后事项的内容

资产负债表日后事项包括资产负债表日后调整事项和资产负债表日后非调整事项。

1. 调整事项

是指对资产负债表日已经存在的情况提供了新的或进一步证据的事项。调整事项的特点是：

（1）在资产负债表日已经存在，资产负债表日后得以证实的事项；

（2）对按资产负债表日存在状况编制的财务报表产生重大影响的事项。

『提示』在报告期资产负债表日已经存在的债务，在日后期间与债权人达成的债务重组交易不属于资产负债表日后调整事项。

2. 非调整事项

是指表明资产负债表日后发生的情况的事项。资产负债表日后非调整事项虽然不影响资产负债日的存在情况，但不加以说明将会影响财务报告使用者作出正确估计和决策。

3. 调整事项与非调整事项的区别

企业在判断某一事项究竟是调整事项还是非调整事项时，主要是看该事项所表明的情况在资产负债表日或资产负债表日以前是否已经存在：如果该情况在资产负债表日或之前已经存在，则该事项属于调整事项，否则该事项属于非调整事项。

二、资产负债表日后调整事项 ★★

（一）调整事项的处理原则（如图25-1）

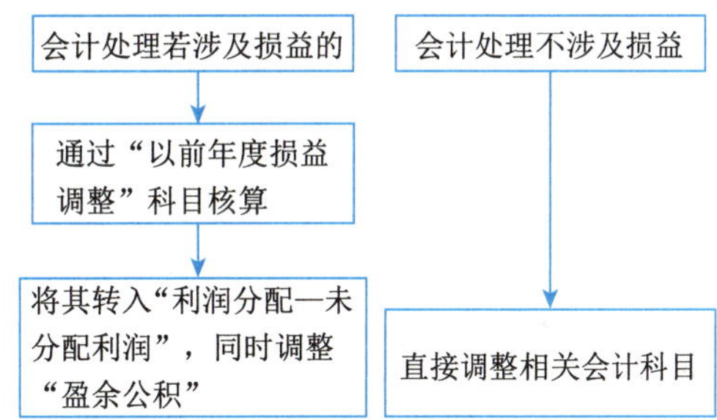

图25-1　调整事项的处理原则

1. 报表项目的调整方法

进行上述账务处理的同时，还应调整财务报表相关项目的数字，包括：

（1）资产负债表日编制的财务报表相关项目的期末数（即资产负债表）或本年发生数（即利润表）；

（2）当期编制的财务报表相关项目的期初数（即资产负债表）或上年数（即利润表）；

（3）上述调整如果涉及附注内容的，还应当调整附注相关项目的数字。

『提示』日后调整事项一般不需要在附注中披露。

2. 所得税的处理方法

『提示』假定资产负债表日为2×21年12月31日，2×21年度财务报告于2×22年4月30日批准报出，资产负债表日后事项涵盖期间为2×22年1月1日至2×22年4月30日。假定2×21年所得税汇算清缴于2×22年3月30日完成。调整事项发生于2×22年3月30日之前或发生于2×22年3月30日之后这两种情况下，相关所得税处理方法如图25-2所示。

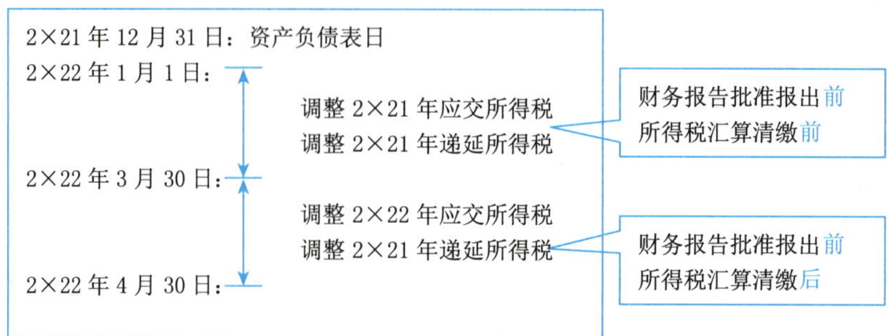

图25-2　日后事项中所得税的处理方法

（二）基本例题

下面的例题所涉及的A公司均为上市公司，系增值税一般纳税人，销售存货适用的增值税税率为13%，所得税税率为25%，2×21年的财务会计报告于2×22年4月30日经批准对外报出。2×21年所得税汇算清缴于2×22年4月30日完成。该公司按净利润的10%提取法定盈余公积，提取法定盈余公积之后，不再作其他分配。

（1）资产负债表日后诉讼案件结案，法院判决证实了企业在资产负债表日已经存在现时义务，需要调整原先确认的与该诉讼案件相关的预计负债，或确认一项新负债。

这一事项是指在资产负债表日已经存在的现时义务尚未确认，资产负债表日后至财务报告批准报出日之前获得了新的或进一步的证据，表明符合负债的确认条件，应在财务报告中予以确认，从而需要对财务报表相关项目进行调整；或者资产负债表日已确认的某项负债，在资产负债表日后至财务报告批准报出日之间获得新的或进一步的证据，表明需要对已经确认的金额进行调整。

【例题1·计算分析题】（1）A公司2×21年12月31日涉及一项未决诉讼，A公司估计败诉的可能性为80%，如果败诉很可能赔偿100万元。该案件的起因系A公司与甲公司签订一项供销合同，约定A公司在2×21年10月供应给甲公司一批物资。由于A公司未能按照合同发货，致使甲公司发生重大经济损失，甲公司通过法律程序要求A公司赔偿经济损失180万元，该诉讼案件在12月31日尚未判决。假定A公司2×21年的利润总额为10 000万元，税法规定，上述预计负债产生的损失仅允许在实际支出时予以税前扣除。

（2）假定一：2×22年3月6日，经法院一审判决，A公司需要偿付甲公司经济损失130万元，A公司与甲公司不再上诉，赔款已经支付。

假定二：2×22年3月6日，经法院一审判决，A公司需要偿付甲公司经济损失70万元，A公司与甲公司不再上诉，赔款已经支付。

要求：

（1）编制A公司2×21年12月31日相关会计分录。

（2）基于假定一和假定二，编制A公司2×22年3月6日的相关会计分录。

答案

（1）2×21年12月31日：

借：营业外支出　100

　贷：预计负债　100

借：所得税费用　（10 000×25%）2 500

　递延所得税资产　（100×25%）25

贷：应交税费—应交所得税

[(10 000+100)×25%]2 525

(2)A 公司 2×22 年 3 月 6 日的相关会计分录如表 25-1 所示。

表 25-1　A 公司 2×22 年 3 月 6 日的相关会计分录

基于假定一：需要偿付损失 130 万元	基于假定二：需要偿付损失 70 万元
①记录应付的赔偿款： 借：以前年度损益调整—调整营业外支出　30 　　预计负债　100 　　贷：其他应付款　130 借：其他应付款　130 　　贷：银行存款　130	①记录应付的赔偿款： 借：预计负债　100 　　贷：其他应付款　70 　　　　以前年度损益调整—调整营业外支出　30 借：其他应付款　70 　　贷：银行存款　70
『提示』这里应通过“其他应付款”科目进行过渡，不能直接在第 1 笔分录中贷记“银行存款”。准则规定，对于调整事项，不能调整报告年度资产负债表中的“货币资金”项目以及现金流量表(正表)	『提示』这里应通过“其他应付款”科目进行过渡，不能直接在第 1 笔分录中贷记“银行存款”。准则规定，对于调整事项，不能调整报告年度资产负债表中的“货币资金”项目以及现金流量表(正表)
②调整所得税： 借：应交税费—应交所得税　(130×25%)32.5 　　贷：以前年度损益调整—调整所得税费用　32.5 借：以前年度损益调整—调整所得税费用　25 　　贷：递延所得税资产　(100×25%)25	②调整所得税： 借：应交税费—应交所得税　(70×25%)17.5 　　贷：以前年度损益调整—调整所得税费用　17.5 借：以前年度损益调整—调整所得税费用　25 　　贷：递延所得税资产　(100×25%)25
③将“以前年度损益调整”科目余额转入利润分配： 借：利润分配—未分配利润　(30×75%)22.5 　　贷：以前年度损益调整　(30-32.5+25)22.5 借：盈余公积　2.25 　　贷：利润分配—未分配利润　(22.5×10%)2.25	③将“以前年度损益调整”科目余额转入利润分配： 借：以前年度损益调整　(30+17.5-25)22.5 　　贷：利润分配—未分配利润　(30×75%)22.5 借：利润分配—未分配利润　(22.5×10%)2.25 　　贷：盈余公积　2.25

【快速记忆】资产负债表日后调整事项发生于报告年度所得税汇算清缴之前的，相关所得税处理思路如下表 25-2 所示。

表 25-2　调整事项的相关所得税处理思路

项目	是否调整报告年度应交所得税	是否调整报告年度递延所得税资产
假定相关支出实际发生时允许税前扣除，且企业不再上诉、赔款已经支付。将“预计负债”转入“其他应付款”科目	应调减	将原确认的递延所得税资产转回
假定相关支出实际发生时允许税前扣除，且企业不服从判决，决定上诉。不能确认“其他应付款”	不调整	应调整原已确认的递延所得税资产
假定相关支出实际支付时税法也不允许税前扣除，比如涉及对外担保的预计负债	不调整	不调整

『提示』债务重组协议签订于报告年度资产负债表日后事项期间，为一个新的事项，不属于日后调整事项。

【例题 2·计算分析题】☆甲公司是一家上市公司，2×18 年和 2×19 年发生的相关交易或事项如下：

(1)2×18 年 3 月 1 日，甲公司临时股东大会审议通过向乙公司非公开发行股份购买乙公司所持丙公司100%股权的议案。2×18年6月10日，甲公司非公开发行股份购买丙公司100%股权的重组方案经政府相关部门核准，2×18年7月1日，甲公司向乙公司非公开发行2 400万股股票，并办理完成发行股份的登记手续，以及丙公司股东的变更登记手续。(后续资料：略)

(2)略。

(3)丙公司因其在2×18年6月30日前销售的产品存在质量问题并对客户造成损害，被客户在2×18年12月提起诉讼要求赔偿损失。2×19年3月20日，经产品质量部门和法务部门认定，丙公司因该诉讼事项很可能向客户赔偿300万元。

甲公司2×18年度合并财务报表经批准于2×19年4月10日对外报出。

其他有关资料：略。

要求：根据资料，判断丙公司该诉讼事项导致的义务是否应当在2×18年度个别财务报表中确认为预计负债，并说明理由。

答案 应当在2×18年度个别报表确认预计负债。

理由：因为2×19年3月20日丙公司2×18年度报表还没有对外报出，属于资产负债表日后期间。且该事项在2×18年度资产负债表日已经存在，在日后期间得以证实应该确认预计负债，所以应当作为调整事项，调整2×18年丙公司个别报表。

(2)资产负债表日后取得确凿证据，表明某项资产在资产负债表日发生了减值或者需要调整该项资产原先确认的减值金额。

此类情况一般是指企业在资产负债表日根据当时所掌握的信息判断某项资产可能发生了损失或减值，按当时的最佳估计金额反映在财务报表中；但在资产负债表日后期间，新取得的确凿证据表明该资产确实已经发生了损失或减值，则应对资产负债表日所作的估计予以修正。

【例题3·计算分析题】(1)A公司2×21年7月销售给丙公司一批产品，货款为1 500万元(含增值税)，丙公司于8月收到所购物资并验收入库，按合同规定，丙公司应于收到所购物资后一个月内付款。由于丙公司财务状况不佳，到2×21年12月31日仍未付款。A公司于12月31日预计该款项将于5年后收回，根据账面总额与违约损失率计算的整个存续期预期信用损失准备为200万元；税法规定，坏账准备在实际发生前不得税前扣除，在实际发生时允许税前扣除。假定A公司2×21年的利润总额为10 000万元。

(2)A公司于2×22年3月12日收到丙公司通知，丙公司已宣告破产清算，无力偿还所欠部分货款，A公司预计可收回应收账款的20%。

要求：编制A公司2×21年和2×22年相关会计分录。

答案

(1)2×21年年末A公司编制的会计分录：

借：信用减值损失　200
　贷：坏账准备　200

借：所得税费用
　(10 000×25%)2 500
　递延所得税资产 (200×25%)50
　贷：应交税费—应交所得税
　[(10 000+200)×25%]2 550

(2)应作为调整事项进行处理：

应补提的坏账准备=1 500×80%-200=1 000(万元)。

借：以前年度损益调整—调整信用减值损失　1 000
　贷：坏账准备　1 000

借：递延所得税资产
　(1 000×25%)250
　贷：以前年度损益调整—所得税费用
　250

将"以前年度损益调整"科目的余额转入利润分配等有关处理略。

【快速记忆】资产负债表日后调整事项涉及调整减值准备时的所得税处理思路如表25-3所示。

表 25-3　调整事项涉及调整减值准备时的所得税处理思路

项目	是否调整报告年度应交所得税	是否调整报告年度递延所得税资产
调整事项中补提减值准备，且假定相关减值损失在实际发生时允许税前扣除	不调整	借：递延所得税资产 贷：以前年度损益调整

(3)资产负债表日后进一步确定了资产负债表日前购入资产的成本或售出资产的收入。

这类调整事项包括两方面的内容：

①若资产负债表日前购入的资产已经按暂估金额等入账，资产负债表日后获得证据，可以进一步确定该资产的成本，则应该对已入账的资产成本进行调整。

②企业在资产负债表日符合收入确认条件确认资产销售收入，但资产负债表日后获得关于资产收入的进一步证据，如发生销售退回、销售折让等，此时也应调整财务报表相关项目的金额。

【例题 4・计算分析题】A 公司 2×22 年 2 月 10 日收到丁公司退货的产品。按照税法规定，销货方于收到购货方提供的《开具红字增值税专用发票申请单》时开具红字增值税专用发票，并作减少当期应纳税所得额处理。

该业务系 A 公司 2×21 年 11 月 1 日销售给丁公司产品一批，价款 1 000 万元，产品成本 800 万元，丁公司验收货物时发现不符合合同要求需要退货，A 公司收到丁公司的通知后希望再与丁公司协商，因此 A 公司 2×21 年 12 月 31 日仍确认了收入，将此应收账款1 130 万元(含增值税)列入资产负债表应收账款项目，对此项应收账款于年末未计提坏账准备。涉及报告年度所属期间的销售退回发生于报告年度所得税汇算清缴之前。

要求：根据上述资料，做出 A 公司 2×22 年 2 月 10 日的相关会计处理。

答案

A 公司的会计处理如下：

(1)调整销售收入：

借：以前年度损益调整—调整营业收入　1 000

　　应交税费—应交增值税(销项税额)　130

　贷：应收账款　1 130

(2)调整销售成本：

借：库存商品　800

　贷：以前年度损益调整—调整营业成本　800

(3)调整应交所得税：

借：应交税费—应交所得税　50

　贷：以前年度损益调整—调整所得税费用　[(1 000-800)×25%]50

将“以前年度损益调整”科目的余额转入利润分配等有关处理略。

【快速记忆】没有计提坏账准备的情况下，资产负债表日后调整事项涉及销售退回和折让的所得税处理思路如表 25-4 所示。

表 25-4　调整事项涉及销售退回和折让的所得税处理思路

项目	是否调整报告年度应交所得税	是否调整报告年度递延所得税
调整事项中涉及销售退回和折让，且发生于报告年度所得税汇算清缴之前	调整减少	不调整

【例题 5・计算分析题】☆甲公司是一家从事政府鼓励类产品的生产和销售的上市公司，其生产的产品列入国家补贴目录，按照政府限定的价格对外销售后可按规定申请政府补贴。甲公司 2×17 年至 2×19 年发生的相关交易或事项如下：

(1)2×17 年度，甲公司销售政府鼓励类产品 5 000 件，每件销售价格为 12 万元，根据国家相关规定，年度终了后三个月内，销售政府鼓励类产品的企业，可按政府文件规定的标准和条件申请政府补贴，实际能够收到的政府补贴取决于政府审批的结果，2×18 年 2 月，甲公司预计因 2×17 年销售政府鼓励类产品可取得 50 000 万元的补贴，并按程序向政府有关部门提交了申请，甲公司在 2×17 年度财务报表中将上述申请的政府补贴作为销售收入确认。

(2)2×18 年度，甲公司销售政府鼓励类产品 6 000 件，每件销售价格仍为 12 万元。2×19 年 1 月，甲公司按程序向政府有关部门提交了 60 000 万元的补贴申请。2×19 年 4 月 10 日，甲公司收到政府有关部门对其补贴申请的批复文件，经政府有关部门审核确定，甲公司 2×17 年度和 2×18 年度销售政府鼓励类产品可获得的政府补贴分别为 35 000 万元和 42 000 万元。2×19 年 4 月 20 日，甲公司 2×18 年度财务报表经批准对外报出。

本题不考虑税费和其他因素。

要求：根据资料(1)和(2)，说明甲公司 2×19 年 4 月 10 日收到补贴申请的批复文件，对甲公司 2×18 年度财务报表而言，是属于资产负债表日后调整事项，还是非调整事项，并说明理由。若属于调整事项，编制调整 2×18 年度财务报表的会计分录。

答案 ▶属于调整事项；理由：因为 2×19 年 4 月 10 日财务报表未对外批准报出，属于资产负债表日后期间，销售鼓励类产品可获得的补贴又是在 2×18 年资产负债表日已经存在，只是金额在日后期间得以证实，所以是调整事项。

应调整收入的金额＝(35 000－50 000)＋(42 000－60 000)＝－33 000(万元)，分录：

借：以前年度损益调整—营业收入　33 000

　贷：应收账款等　33 000

将“以前年度损益调整”科目的余额转入利润分配等有关处理略。

【例题 6 · 计算分析题】 ☆甲公司为境内上市公司，2×21 年度财务报表于 2×22 年 2 月 28 日经董事会批准对外报出。2×21 年，甲公司发生的有关交易或事项如下：

(1)甲公司历年来对所售乙产品实行“三包”服务，根据产品质量保证条款(不构成单项履约义务)，乙产品出售后两年内如发生质量问题，甲公司将负责免费维修、调换等(不包括非正常损坏)。甲公司 2×21 年年初与“三包”服务相关的预计负债账面余额为 60 万元，当年实际发生“三包”服务费用 45 万元。

按照以往惯例，较小质量问题发生的维修等费用为当期销售乙产品收入总额的 0.5%；较大质量问题发生的维修等费用为当期销售乙产品收入总额的 2%；严重质量问题发生的维修等费用为当期销售乙产品收入总额的 1%。根据乙产品质量检测及历年发生“三包”服务等情况，甲公司预计 2×21 年度销售乙产品中的 75%不会发生质量问题，20%可能发生较小质量问题，4%可能发生较大质量问题，1%可能发生严重质量问题。甲公司 2×21 年销售乙产品收入总额为 50 000 万元。

(2)2×22 年 1 月 20 日，甲公司收到其客户丁公司通知，因丁公司所在地于 2×22 年 1 月 18 日发生自然灾害，导致丁公司财产发生重大损失，无法偿付所欠甲公司货款 1 200 万元的 60%。甲公司已对该应收账款于 2×21 年年末计提 200 万元的坏账准备。

(3)根据甲公司与丙公司签订的协议，甲公司应于 2×21 年 9 月 20 日向丙公司销售一批乙产品，因甲公司未能按期交付，导致丙公司延迟向其客户交付商品而发生违约损失1 000 万元。为此，丙公司于 2×21 年 10 月 8 日向法院提起诉讼，要求甲公司按合同约定支付违约金 950 万元以及由此导致的丙公司违约损失 1 000 万元。

截至 2×21 年 12 月 31 日，双方拟进行和解，和解协议正在商定过程中。甲公司经咨询其法律顾问后，预计很可能赔偿金额在 950 万元至 1 000 万元之间。为此，甲公司于年末预计975万元损失并确认为预计负债。2×22年2月10日，甲公司与丙公司达成和解，甲公司同意支付违约金950万元和丙公司的违约损失300万元，丙公司同意撤诉。甲公司于2×22年3月20日通过银行转账支付上述款项。

假定本题不考虑相关税费及其他因素。

要求：

(1)根据资料(1)，说明甲公司“三包”服务有关的预计负债确定最佳估计数时的原则，计算甲公司2×21年应计提的产品“三包”服务费用；并计算甲公司2×21年12月31日与产品“三包”服务有关的预计负债年末余额。

(2)根据资料(2)和资料(3)，分别说明与甲公司有关的事项属于资产负债表日后调整事项还是非调整事项，并说明理由；如为调整事项，分别计算甲公司应调整2×21年年末留存收益的金额；如为非调整事项，说明其会计处理方法。

答案

(1)该或有事项涉及多个项目，最佳估计数应按照各种可能结果及相关概率加权计算确定。

2×21年应计提的产品“三包”服务费用＝50 000×0.5%×20%＋50 000×2%×4%＋50 000×1%×1%＝50+40+5＝95(万元)。

甲公司2×21年12月31日与产品“三包”服务有关的预计负债的年末余额＝60－45＋95＝110(万元)。

(2)事项(2)属于日后非调整事项。

理由：2×22年1月20日甲公司得知丁公司所在地区于2×22年1月18日发生自然灾害，导致丁公司发生重大损失，无法支付货款1 200万元的60%，这个自然灾害是在2×22年发生的，甲公司在日后期间得知，在资产负债表日及以前并不存在，所以属于日后非调整事项。

会计处理：对于无法偿还部分，应当确认坏账准备，直接计入2×22年当期损益，会计分录如下：

借：信用减值损失　　520

　贷：坏账准备　　520

事项(3)属于日后调整事项。

理由：该未决诉讼发生在2×21年，甲公司在2×21年年末确认了预计负债975万元，2×22年2月10日，甲公司和丙公司达成了和解，确定了最终支付的金额，2×21年的财务报表于2×22年2月28日对外报出，这里是日后期间确定了最终支付的金额，所以属于日后调整事项。

调整2×21年留存收益的金额：－[(950+300)－(1 000+950)/2]＝－275(万元)。

(4)资产负债表日后发现了财务报表舞弊或差错。

这一事项是指资产负债表日至财务报告批准报出日之前发生的属于资产负债表期间或以前期间存在的财务报表舞弊或差错，这种舞弊或差错应当作为资产负债表日后调整事项，调整报告年度的年度财务报告或中期财务报告相关项目的数字。

(5)其他。

①资产负债表日后对或有对价的调整。

②短期利润分享计划(或奖金计划)，在财务报告批准报出之前，企业根据经审计的净利润为基础确定的应支付薪酬金额。

③采用权益法核算时用于计算投资收益的联营企业未经审计净利润金额与经审计的净利润存在的差异。

④资产负债表日后提取法定盈余公积。

『提示』会计政策变更、会计估计变更与资产负债表日后事项没有关系，前期差错与资产负债表日后事项可能有关系。

三、资产负债表日后非调整事项 ★★

(一)资产负债表日后非调整事项的处理原则

资产负债表日后发生的非调整事项，是表明资产负债表日后发生的情况的事项，与资产负债表日存在状况无关，不应当调整资产负债表日的财务报表。有的非调整事项对财务报告使用者具有重大影响，如不加以说明，将不利于财务报告使用者作出正确估计和决策。因此，应在附注中进行披露。

（二）资产负债表日后非调整事项的具体会计处理

针对每项重要的非调整事项，企业应在附注中披露其性质、内容，及其对财务状况和经营成果的影响。如果企业无法对其作出估计，则应说明原因。

资产负债表日后非调整事项通常包括下列各项：

(1)资产负债表日后发生重大诉讼、仲裁、承诺。

(2)资产负债表日后资产价格、税收政策、外汇汇率发生重大变化。

(3)资产负债表日后因自然灾害导致资产发生重大损失。

(4)资产负债表日后发行股票和债券以及其他巨额举债。

(5)资产负债表日后资本公积转增资本。

(6)资产负债表日后发生巨额亏损。

(7)资产负债表日后发生企业合并或处置子公司。

(8)在资产负债表日后期间分派的现金股利和股票股利。

(9)其他。

①按照《企业会计准则第42号——持有待售的非流动资产、处置组和终止经营》，即使日后期间满足持有待售类别划分条件，依然属于非调整事项。

②对于在报告期间已经开始协商、但在报告期资产负债表日后达成的债务重组，不属于资产负债表日后调整事项，属于非调整事项。

③企业于资产负债表日对金融资产计提损失准备，报告期资产负债表日后期间，该笔金融资产到期并全额收回，企业在资产负债表日后期间终止确认金融资产，属于非调整事项。

④企业在资产负债表日考虑所有合理且有依据的信息，已采用预期信用损失法基于有关过去事项、当前状况以及未来经济状况预测计提了信用减值准备，不能仅因资产负债表日后交易情况认为已计提的减值准备不合理，并进而调整资产负债表日的财务报表。

【例题7·单选题】☆甲公司在资产负债表日后期间发生下列事项，属于非调整事项的是(　)。

A. 报告期间销售的产品有质量问题，被采购方退回

B. 股东大会通过利润分配方案，拟以资本公积转增股本并向全体股东分配股票股利

C. 外部审计师发现甲公司以前期间财务报表存在重大错误

D. 获悉法院关于乙公司破产清算的通告，甲公司资产负债表的应收乙公司的款项可能无法收回

解析 选项ACD，均作为资产负债表日后调整事项处理；选项B，对于资产负债表日后企业利润分配方案中拟分配的以及经审议批准宣告发放股票股利以及资本公积转增股本，均作为日后非调整事项处理。

答案 B

【例题8·多选题】☆下列各项资产负债表日至财务报表批准报出日之间发生的事项中，不应作为调整事项调整资产负债表日所属年度财务报表相关项目的有(　)。

A. 发生同一控制下企业合并

B. 发生销售退回

C. 发现报告年度财务报表存在重要差错

D. 拟出售固定资产在资产负债表日后事项期间满足划分为持有待售类别的条件

解析 选项A，日后期间发生的企业合并，属于非调整事项；选项D，日后期间满足划分为持有待售类别的条件，因该情况在资产负债表日不存在，所以，属于非调整事项；因此，应选择AD。 **答案** AD

同步训练

限时 60min

一、单项选择题

1. ☆甲公司2×19年度财务报告经批准于2×20年4月1日对外报出。下列各项关于甲公司发生的交易或事项中，需要调整2×19年度财务报表的是(　)。
   A. 2×20年1月15日签订购买子公司的协议，2×20年3月28日完成股权过户登记手续
   B. 2×20年3月1日发行新股
   C. 2×20年3月15日存货市场价格下跌
   D. 2×20年3月21日发现重要的前期差错
2. 资产负债表日后期间发生的下列事项中，属于调整事项的是(　)。
   A. 报告年度购入并作为交易性金融资产核算的股票的市价在资产负债表日后期间发生大幅下跌
   B. 已在报告年度资产负债表日暂估入账的固定资产在资产负债表日后期间竣工决算，发现其实际成本与暂估入账成本存在差异
   C. 取得另一公司70%的股权，从而实现企业合并
   D. 外汇汇率发生较大变动
3. 下列有关资产负债表日后事项的说法中，正确的是(　)。
   A. 基于谨慎性要求的考虑，资产负债表日后事项仅指资产负债表日至财务报告批准报出日之间发生的不利事项
   B. 涉及损益的调整事项发生在报告年度所得税汇算清缴后的，应调整报告年度的应纳所得税额
   C. 企业应当在报表附注中披露每项重要的资产负债表日后非调整事项的性质、内容及其对财务状况和经营成果的影响，无法作出估计的，应当说明原因
   D. 财务报告批准报出日是指董事会或类似机构实际对外公布财务报告的日期
4. A公司适用的所得税税率为25%，2×21年财务报告批准报出日为2×22年4月30日，2×21年所得税汇算清缴于2×22年4月30日完成。A公司在2×22年1月1日至4月30日发生下列事项：(1)2×22年2月10日支付2×21年度财务报告审计费40万元；(2)2×22年2月15日因遭受水灾，上年购入的存货发生毁损150万元；(3)2×22年3月15日，公司董事会提出2×21年度利润分配方案为每10股派2元现金股利；(4)2×22年4月15日，公司在一起历时半年的违约诉讼中败诉，支付赔偿金500万元，公司在2×21年年末已确认预计负债520万元。税法规定该诉讼损失在实际发生时允许税前扣除；(5)2×22年4月20日，因产品质量原因，客户将2×21年12月10日购入的一批大额商品全部退回，全部价款为500万元，成本为400万元。下列各项中，属于A公司资产负债表日后调整事项的是(　)。
   A. 支付2×21年度财务会计报告审计费
   B. 因遭受水灾，上年购入的存货发生毁损
   C. 董事会提出利润分配方案
   D. 法院判决违约诉讼败诉
5. 资料同上。下列有关A公司对资产负债表日后事项的会计处理中，正确的是(　)。
   A. 因产品退回，冲减2×21年度利润表营业收入500万元、营业成本400万元
   B. 因产品退回，冲减2×22年度利润表营

业收入 500 万元、营业成本 400 万元

C. 法院判决违约损失，应在 2×21 年资产负债表中调整增加预计负债 20 万元

D. 法院判决违约损失，应在 2×21 年资产负债表中调整增加递延所得税资产 5 万元

6. B 公司 2×21 年财务报告批准报出日为 2×22 年 4 月 30 日，该公司在 2×22 年 1 月 1 日至 4 月 30 日发生下列事项：(1) B 公司 2×21 年 10 月与乙公司签订一项购销合同，由于 B 公司未按合同发货，致使乙公司发生重大经济损失。B 公司被乙公司起诉，至 2×21 年 12 月 31 日法院尚未判决。B 公司 2×21 年 12 月 31 日在资产负债表中的“预计负债”项目反映了 100 万元的赔偿款。2×22 年 3 月 5 日法院判决，B 公司需偿付乙公司经济损失 120 万元。B 公司表示不再上诉，并立即支付了赔偿款。(2) B 公司 2×22 年 3 月 10 日发现 2×21 年 6 月一项已经达到预定可使用状态的管理用固定资产未结转，在建工程成本为 1 200 万元，预计使用年限为 10 年，无净残值，采用直线法计提折旧。(3) 2×22 年 4 月 20 日，因产品质量原因，甲公司要求对 2×21 年 12 月 26 日购入的商品在价格上给予 5% 的折让，全部价款为 1 000 万元，成本为 800 万元。B 公司同意折让 5%，并办理了相关手续。(4) 2×22 年 4 月 25 日，B 公司收到法院通知，丁公司起诉其侵犯丁公司商标权，要求赔偿经济损失 5 000 万元，B 公司预计败诉的可能性为 60%，如果败诉很可能赔偿 3 000 万元。至 2×22 年 4 月 30 日法院尚未判决。下列各项关于 B 公司对上述资产负债表日后事项的会计处理中，不正确的是(　)。

A. 法院判决违约损失，应在 2×21 年资产负债表中调整减少预计负债 100 万元，调增其他应付款 120 万元，应在 2×21 年利润表中调整增加营业外支出 20 万元

B. 未结转的管理用固定资产，应在 2×21 年资产负债表中调整增加固定资产 1 140 万元，调整减少在建工程 1 200 万元，应在 2×21 年利润表中调整增加管理费用 60 万元

C. 销售折让，应在 2×21 年利润表中调整减少营业收入 50 万元，调整减少营业成本 40 万元

D. 丁公司起诉 B 公司侵犯丁公司商标权，应在会计报表附注中披露

7. 甲公司 2×21 年财务报告批准报出日为 2×22 年 4 月 30 日，所得税汇算清缴完成日为 2×22 年 4 月 15 日。2×22 年 3 月 4 日，甲公司发现 2×21 年一项财务报表舞弊并涉及损益及货币资金收付。甲公司应调整的会计报表项目是(　)。

A. 2×21 年会计报表中资产负债表的期末余额和利润表本期金额

B. 2×22 年会计报表中资产负债表的上年年末余额和利润表上期金额

C. 2×21 年会计报表中资产负债表的上年年末余额和利润表上期金额

D. 2×22 年会计报表中资产负债表的期末余额和利润表本期金额

二、多项选择题

1. 甲公司的所得税税率为 25%。2×21 年财务报告于 2×22 年 4 月 20 日批准报出，2×21 年度所得税汇算清缴于 2×22 年 4 月 30 日完成。甲公司 2×21 年 12 月 31 日涉及一项诉讼案件，甲公司的法律顾问认为，败诉的可能性为 60%，如败诉，赔偿金额估计为 100 万元。甲公司实际确认预计负债 100 万元。2×22 年 3 月 14 日法院作出判决，甲公司应支付赔偿 140 万元，另支付诉讼费用 10 万元，甲公司不再上诉。假定税法规定该诉讼损失在实际支出时允许税前扣除。假定甲公司各年税前会计利润均为 5 000 万元。不考虑其他纳税调整事项。甲公司正确的会计处理有(　)。

A. 2×21 年末确认营业外支出 100 万元，

同时确认预计负债 100 万元

B. 2×21 年末确认所得税费用 1 250 万元，同时确认递延所得税资产 25 万元

C. 2×22 年 3 月 14 日法院作出判决应通过“以前年度损益调整”调增 2×21 年营业外支出 40 万元和管理费用 10 万元

D. 2×22 年 3 月 14 日法院作出判决调整减少 2×21 年应交所得税和递延所得税资产各 25 万元

2. 某公司 2×21 年度财务报告于 2×22 年 4 月 20 日批准对外报出。该公司在 2×22 年 3 月发现其 2×21 年年末库存商品的计量存在异常。经检查，该批产品在 2×21 年年末的账面余额为 610 万元，在 2×21 年年末的预计售价为 540 万元，预计销售费用和相关税金为 30 万元。当时，由于疏忽，会计人员将预计售价误记为 680 万元，未计提存货跌价准备。该公司适用的所得税税率为 25%。不考虑其他因素，则下列处理中正确的有(　)。

A. 调减 2×21 年“存货”项目金额 100 万元

B. 调增 2×21 年“递延所得税资产”项目金额 25 万元

C. 调减 2×21 年“存货”项目金额 70 万元

D. 调增 2×21 年“递延所得税资产”项目金额 17.5 万元

3. A 股份有限公司(以下称“A 公司”)2×21 年度财务报告于 2×22 年 2 月 20 日批准对外报出。A 公司发生的下列事项中，必须在其 2×21 年度会计报表附注中披露的有(　)。

A. 2×22 年 1 月 15 日，公司处置其持股比例为 51%的子公司

B. 2×22 年 1 月 20 日，公司遭受水灾造成存货重大损失 500 万元

C. 2×22 年 1 月 30 日，发现上年应计入财务费用的借款利息 0.10 万元误计入在建工程

D. 2×22 年 2 月 1 日，公司对外发行 5 年期、面值总额为 80 万元的债券，发行价格是 85 万元

4. 上市公司在其年度资产负债表日至财务报告批准报出日之间发生的下列事项中，属于资产负债表日后非调整事项的有(　)。

A. 向社会公众发行公司债券

B. 资本公积转增资本

C. 税收政策和外汇汇率发生重大变化

D. 取得的确凿证据表明某项资产在报告年度资产负债表日所计提的减值损失金额不准确

5. 甲公司适用的所得税税率为 25%，该公司在 2×21 年度财务报告批准报出前发生下列事项：(1)2×22 年 1 月 3 日，法院终审判决甲公司赔偿 A 公司损失 200 万元，当日，赔款已经支付。甲公司在 2×21 年年末已确认预计负债 160 万元。(2)2×22 年 4 月 16 日，收到购货方因商品质量问题退回的商品，该商品销售业务于 2×21 年 11 月发生，甲公司已确认收入 1 000 万元，结转销售成本 800 万元。(3)2×22 年 4 月 30 日，甲公司发生巨额亏损 20 000 万元，4 月 20 日向社会公众发行公司债券 40 000 万元，4 月 28 日向社会公众发行公司股票 100 000 万元，4 月 30 日资本公积转增资本 11 200 万元。(4)2×22 年 4 月 30 日发生台风导致甲公司存货严重受损，产生经济损失 10 000 万元。(5)2×22 年 4 月 30 日甲公司获得的进一步证据表明 2×21 年度已确认的信用减值损失需要调整增加 200 万元。下列关于甲公司 2×21 年会计报表相关项目的调整，正确的有(　)。

A. 调整增加利润表本期金额“营业外支出”项目 40 万元

B. 调整增加利润表本期金额“信用减值损失”项目 200 万元

C. 调整减少资产负债表期末余额“应交税费”项目 50 万元

D. 调整减少资产负债表期末余额“递延所得税资产”项目 50 万元

三、计算分析题

甲公司适用的所得税税率为25%，其2×21年度财务报告批准报出日为2×22年4月30日，2×21年所得税汇算清缴日为2×22年3月20日。假定税法规定，除为第三方提供债务担保损失不得税前扣除外，其他诉讼损失在实际发生时允许税前扣除。2×21年度资产负债表日后期间，注册会计师在对该公司2×21年度会计报表审计时发现以下事项。

(1)2×21年10月15日，A公司对甲公司提起诉讼，要求其赔偿违反经济合同给A公司所造成的损失500万元，甲公司在2×21年12月31日无法估计该项诉讼的结果。2×22年1月25日，法院一审判决甲公司败诉，要求其支付赔偿款400万元，并承担诉讼费5万元，甲公司对此结果不服并提起上诉，甲公司经咨询法律顾问预计该上诉很可能推翻原判，支付赔偿款300万元，并承担诉讼费5万元。

(2)2×21年11月14日，B公司对甲公司提起诉讼，要求其赔偿违反经济合同所造成的B公司损失400万元。2×21年年末，甲公司预计败诉的可能性为80%，最高赔偿金额为300万元，依据谨慎性要求，甲公司确认了300万元的预计负债，并在利润表上反映为营业外支出。日后期间，诉讼案情进一步明了，甲公司所聘专业律师预计赔偿金额在210-230万元之间，且此期间任一金额的可能性是相同的。该项诉讼在财务会计报告批准报出前尚未结案。

(3)2×21年12月31日，C公司对甲公司专利技术侵权提起诉讼，甲公司估计败诉的可能性为60%，如败诉，赔偿金额估计为100万元，甲公司实际确认预计负债100万元。2×22年3月15日法院判决甲公司败诉，赔偿金额为110万元。甲公司不再上诉，赔偿款项已支付。

(4)D公司从乙银行取得贷款，甲公司为其担保本息和罚息总金额的70%。2×21年12月31日D公司因无力偿还逾期借款，被乙银行起诉，甲公司成为第二被告，乙银行要求甲公司与被担保单位共同偿还贷款本息1 050万元，并支付罚息10万元。2×21年12月31日该诉讼仍在审理中。甲公司估计承担担保责任的可能性为90%，且D公司无偿还能力。甲公司在2×21年12月31日确认了相关的预计负债742万元。2×22年3月30日法院判决甲公司与D公司败诉，其中甲公司偿还贷款本息和罚息总额的70%。甲公司不再上诉，赔偿款项已支付。

要求：根据上述资料，针对资产负债表日后调整事项编制相关调整分录(不考虑盈余公积的调整)。

四、综合题

甲公司为上市公司，系增值税一般纳税人，适用的增值税税率为13%。甲公司2×21年度财务报告于2×22年4月30日经批准对外报出，2×21年所得税汇算清缴于2×22年4月30日完成。

(1)甲公司2×22年1月1日至2×22年4月30日之间发生如下事项。

①甲公司于2×22年1月10日收到A公司通知，A公司已进行破产清算，无力偿还所欠部分货款，甲公司预计可收回应收账款的50%。

该业务系甲公司2×21年3月销售给A公司一批产品，含税价款为580万元，成本为400万元，开出增值税专用发票。A公司于2×21年3月收到所购商品并验收入库。按合同规定A公司应于收到所购商品后一个月内付款。由于A公司财务状况不佳，面临破产，至2×21年12月31日仍未付款。2×21年年末甲公司对该项应收账款计提了坏账准备58万元。

②甲公司2×22年2月10日收到B公司退回的产品以及退回的增值税发票联、抵

扣联。

该业务系甲公司2×21年11月1日销售给B公司产品，不含税价款600万元，产品成本为400万元，B公司验收货物时发现不符合合同要求需要退货，甲公司收到B公司通知后希望再与B公司协商。因此甲公司编制12月31日资产负债表时仍确认了收入，结转了成本，对此项应收账款于年末计提坏账准备33.9万元。

③甲公司2×22年3月15日收到C公司因产品质量问题退回的产品以及退回的增值税发票联、抵扣联，并支付货款。

该业务系甲公司2×21年12月31日销售给C公司产品一批，交易价格200万元，产品成本160万元，合同规定延保服务的交易价格为2万元。增值税发票注明价款202万元，当日尚未收到货款。假定税法规定，在发生退货前，延保服务的交易价格2万元应计入2×21年度应纳税所得额。

④2×22年3月27日，经法院一审判决，甲公司需要赔偿D公司经济损失87万元，支付诉讼费用3万元。甲公司不再上诉，赔偿款和诉讼费用已经支付。

该业务系甲公司与D公司签订的一项供销合同，合同规定甲公司在2×21年9月供应给D公司一批货物，由于甲公司未能按照合同发货，致使D公司发生重大经济损失。D公司通过法律程序要求甲公司赔偿150万元，该诉讼案在12月31日尚未判决，甲公司已确认预计负债60万元(含诉讼费用3万元)。假定税法规定该诉讼损失实际发生时允许税前扣除。

⑤2×22年3月15日甲公司与E公司签订协议，E公司将其持有的乙公司60%的股权出售给甲公司，价款为10 000万元。

⑥2×22年3月7日，甲公司得知债务人F公司2×22年2月7日由于火灾发生重大损失，甲公司的应收账款预计有80%不能收回。

该业务系甲公司2×21年12月销售商品给F公司，价款为300万元，产品成本200万元。在2×21年12月31日债务人F公司财务状况良好，没有任何财务状况恶化的信息，债权人按照当时掌握的资料，对该应收账款计提了坏账准备6万元。

⑦2×22年3月20日甲公司股东会通过了董事会提请的利润分配方案，该方案为：分配现金股利300万元；分配股票股利400万股(每股面值为1元)。

(2)2×22年4月1日，甲公司总会计师对2×21年度下列相关业务的会计处理提出疑问，并要求会计部门予以更正。

①2×21年12月31日，甲公司存货中有400件A产品，A产品实际单位成本为120万元。其中，300件A产品签订不可撤销的销售合同，每件合同价格(不含增值税)为130万元；其余100件没有签订销售合同，每件市场价格(不含增值税)预期为118万元。销售每件A产品预期发生的销售费用及税金(不含增值税)为2万元。此前，未计提存货跌价准备。甲公司编制会计分录为：

借：资产减值损失　　1 400

　贷：存货跌价准备　　1 400

并于年末确认递延所得税资产350万元。

②2×21年甲公司以无形资产换入固定资产。换出无形资产的原值为580万元，累计摊销为80万元，公允价值为600万元，甲公司向乙公司支付的补价的公允价值为36万元。该交换具有商业实质。不考虑相关税费，甲公司会计处理如下：

借：固定资产　　536

　　累计摊销　　80

　贷：无形资产　　580

　　　银行存款　　36

其他资料：所得税采用资产负债表债务法核算，适用的所得税税率为25%。该公司按净利润的10%计提盈余公积，提取盈余公积之后，不再进行其他分配。如无特别说明，调整事项按税法规定均可调整应交纳的所得税；涉及递延所得税资产的，均假定未来期间能够产生足够的应纳税所得额用来抵扣可抵扣暂时性差异。税法规定计提的坏账准备不得税前扣除，应收款项发生实质性损失时才允许税前扣除。

要求：

(1)根据资料(1)，判断上述业务属于调整事项还是非调整事项；如果属于调整事项，请编制相关的调整分录，如果属于非调整事项，请说明处理原则。

(2)根据资料(2)，判断甲公司处理是否正确，并编制有关差错更正的会计分录。

(3)合并编制以前年度损益调整结转留存收益的分录。(计算结果保留两位小数)

同步训练答案及解析

一、单项选择题

1. D 【解析】选项A、B、C，均不属于调整事项，不需要调整报告年度报表。
2. B 【解析】选项A、C、D，均属于非调整事项。
3. C 【解析】选项A，资产负债表日后事项，是指资产负债表日至财务报告批准报出日之间发生的有利事项和不利事项；选项B，涉及损益的调整事项发生在报告年度所得税汇算清缴后的，不应调整报告年度的应纳所得税额；选项D，财务报告批准报出日是指董事会或类似机构批准财务报告报出的日期，不是实际报出日。
4. D 【解析】选项A，属于当年的正常业务；选项B、C，属于非调整事项。
5. A 【解析】选项A，应冲减报告年度会计报表相关项目的数字；选项C、D，应调减2×21年预计负债520万元，并确认其他应付款500万元，冲回原已确认的递延所得税资产130万元(520×25%)，调减应交税费125万元(500×25%)。
6. C 【解析】销售折让，应在2×21年利润表中调整减少营业收入50万元，不调整营业成本。
7. A

二、多项选择题

1. ABC 【解析】选项D，企业实际赔偿金额=140+10=150(万元)；因此应该调减报告年度应交所得税=150×25%=37.5(万元)，同时转回原已确认的递延所得税资产=100×25%=25(万元)，即调减应交所得税37.5万元和递延所得税资产25万元。
2. AB 【解析】存货的可变现净值=预计售价540-预计销售费用和相关税金30=510(万元)，小于存货成本610万元，应计提存货跌价准备100万元。

   借：以前年度损益调整—调整资产减值损失　　100
   　　贷：存货跌价准备　　100
   借：递延所得税资产　　(100×25%)25
   　　贷：以前年度损益调整—调整所得税费用　　25
   借：利润分配—未分配利润　　67.5
   　　盈余公积　　7.5
   　　贷：以前年度损益调整　　75
3. ABD 【解析】选项A、B、D，属于非调整事项，应在报表附注中披露；选项C，属于日后期间发现报告年度的非重要会计差错，应作为调整事项处理，不需要在会计报表附注中披露。
4. ABC 【解析】选项D，属于资产负债表日后调整事项。
5. AB 【解析】选项C，调整减少资产负债表“应交税费”项目期末余额=[200(1)+(1 000-800)(2)]×25%=100(万元)；选项D，调整增加资产负债表“递延所得税资产”项目期末余额 =［200（5）－160（1）］×25%＝10（万元）。

三、计算分析题

【答案】

（1）分录为：

借：以前年度损益调整—调整营业外支出　300

　　　　　　　　　—调整管理费用　5

　贷：预计负债　305

借：递延所得税资产　76.25

　贷：以前年度损益调整—调整所得税费用　（305×25%）76.25

借：利润分配—未分配利润　（305－76.25）228.75

　贷：以前年度损益调整　228.75

（2）分录为：

借：预计负债［300－（210+230）/2］80

　贷：以前年度损益调整—调整营业外支出　80

借：以前年度损益调整—调整所得税费用　20

　贷：递延所得税资产　（80×25%）20

借：以前年度损益调整　（80－20）60

　贷：利润分配—未分配利润　60

（3）分录为：

借：预计负债　100

　　以前年度损益调整—调整营业外支出　10

　贷：其他应付款　110

借：其他应付款　110

　贷：银行存款　110

（该笔分录不需要调整报告年度报表）

借：应交税费—应交所得税　（110×25%）27.5

　贷：以前年度损益调整—调整所得税费用　27.5

借：以前年度损益调整—调整所得税费用　25

　贷：递延所得税资产　（100×25%）25

借：利润分配—未分配利润　7.5

　贷：以前年度损益调整　7.5

（4）分录为：

借：预计负债　742

　贷：其他应付款　742

借：其他应付款　742

　贷：银行存款　742

（该笔分录不需要调整报告年度报表）

四、综合题

【答案】

（1）①判断：属于调整事项。

借：以前年度损益调整—调整信用减值损失　（580×50%－58）232

　贷：坏账准备　232

借：递延所得税资产　58

　贷：以前年度损益调整—调整所得税费用　（232×25%）58

②判断：属于调整事项。

借：以前年度损益调整—调整营业收入　600

　　应交税费—应交增值税（销项税额）　78

　贷：应收账款　678

借：库存商品　400

　贷：以前年度损益调整—调整营业成本　400

借：坏账准备　33.9

　贷：以前年度损益调整—调整信用减值损失　33.9

借：应交税费—应交所得税　［（600－400）×25%］50

　贷：以前年度损益调整—调整所得税费用　50

借：以前年度损益调整—调整所得税费用　（33.9×25%）8.48

　贷：递延所得税资产　8.48

③判断：属于调整事项。

借：以前年度损益调整—调整营业收入　200

合同负债　　2

应交税费—应交增值税(销项税额)　　26.26

贷：应收账款　　228.26

借：库存商品　　160

贷：以前年度损益调整—调整营业成本　　160

借：应交税费—应交所得税　　10.5

贷：以前年度损益调整—调整所得税费用　　[(202-160)×25%]10.5

借：以前年度损益调整—调整所得税费用　　0.5

贷：递延所得税资产　　(2×25%)0.5

④判断：属于调整事项。

借：以前年度损益调整—调整营业外支出　　30

预计负债　　60

贷：其他应付款—D公司　　87

—×法院　　3

借：应交税费—应交所得税　　22.5

贷：以前年度损益调整—调整所得税费用　　(90×25%)22.5

借：以前年度损益调整—调整所得税费用　　15

贷：递延所得税资产　　(60×25%)15

借：其他应付款—D公司　　87

—×法院　　3

贷：银行存款　　90

(该笔分录不需要调整报告年度报表)

⑤判断：属于非调整事项。

这一交易对甲公司来说属于日后期间发生的重大企业合并，应在其编制2×21年度财务报告时，披露与这一非调整事项有关的购置股份的事实，以及有关购置价格的信息。

⑥判断：属于非调整事项。

由于这一情况在资产负债表日并不存在，是资产负债表日后才发生的事项。因此，应作为非调整事项在会计报表附注中进行披露。

⑦判断：属于非调整事项。

由于这一情况在资产负债表日并不存在，是资产负债表日后才发生的事项，属于非调整事项。该事项对甲公司资产负债表日后的财务状况有较大影响，可能导致现金大规模流出、企业股权结构变动等，企业需要在财务报告中适当披露这一信息。

(2)①存货跌价准备的处理不正确。

签订销售合同的部分：

成本=300×120=36 000(万元)。

可变现净值=300×(130-2)=38 400(万元)。

成本小于可变现净值，不需要计提跌价准备。

未签订销售合同的部分：

成本=100×120=12 000(万元)。

可变现净值=100×(118-2)=11 600(万元)。

应计提跌价准备=12 000-11 600=400(万元)。

甲公司多计提跌价准备=1 400-400=1 000(万元)，更正分录为：

借：存货跌价准备　　1 000

贷：以前年度损益调整—调整资产减值损失　　1 000

借：以前年度损益调整—调整所得税费用　　(1 000×25%)250

贷：递延所得税资产　　250

②无形资产换入固定资产的会计处理不正确。更正分录为：

借：固定资产　　100

贷：以前年度损益调整—调整资产处置损益　　[600-(580-80)]100

借：以前年度损益调整—调整所得税费用　　(100×25%)25

贷：应交税费—应交所得税　　25

(3)将以前年度损益调整结转利润分配和盈余公积的会计分录：

借：以前年度损益调整　　473.92

贷：利润分配—未分配利润　　473.92

借：利润分配—未分配利润　　47.39

贷：盈余公积　　47.39

第二十六章 企业合并

考情解密

历年考情概况

本章内容与长期股权投资、合并财务报表相关知识点均为综合题的常规考点，并且属于综合题中题目分值较高的考点。从题型设计来看，涉及分析判断、金额计算以及分录编制等。从考查内容来看，或有对价和反向购买都曾在考题中出现过，考生应当全面掌握这两部分内容。在平时复习中应当注意通过题目举一反三，熟悉不同问法下的解答原则。

近年考点直击

考点	主要考查题型	考频指数	考查角度
或有对价	单选题	★★	①或有对价在合并资产负债表中列示的项目；②涉及或有对价的非同一控制下企业合并的合并成本的确定
反向购买	综合题	★★	合并类型的判断、购买方和被购买方的确定以及合并成本的计算等

2022年考试变化

本章考试内容未发生实质性变化。

考点详解及精选例题

一、企业合并概述

(一)企业合并的判断

企业合并是将两个或两个以上单独的企业(主体)合并形成一个报告主体的交易或事项。从会计角度来看，交易是否构成企业合并，是否能够按照企业合并准则进行会计处理，应从以下两个方面分析。

1. 被购买方是否构成业务

企业合并实质上属于一种购买行为，但其购买的不是单项资产，而是对净资产的购买，该净资产由一组有内在联系、为了某一既定的生产经营目的存在的多项资产组合或是多项资产、负债构成。一般情况下，一个企业取得了对一个或多个业务的控制权是企业合并的结果。因此，被购买的资产或资产负债组合构成"业务"是形成会计意义上的"企业合并"的前提。一个企业取得对另一个不构成业务的企业的控制权，不属于企业合并。

(1)业务。

业务是指企业内部某些生产经营活动或资产负债的组合，该组合具有投入、加工处理过程和产出能力，能够独立计算其成本费用或所产生的收入。

①《企业会计准则解释第 13 号》明确了在判断被收购标的是否构成业务时，不再强调“构成独立法人资格的部分”的相关内容，其是否具有独立法人资格并非判断标准。

要构成业务不需要有关资产、负债的组合一定构成一个企业，或是具有某一具体法律形式。实务中，虽然也有企业只经营单一业务，但一般情况下企业的分公司、独立的生产车间、不具有独立法人资格的分部等也会构成业务。

②有关的资产组合或资产、负债组合是否构成业务，不是看其在出售方手中如何经营，也不是看购买方在购入该部分资产或资产、负债组合后准备如何使用。

(2)构成企业合并的交易与不构成企业合并的资产或资产负债组合的购买，其会计处理存在实质上的差异。

①所取得的一组资产或资产、负债的组合不构成业务时，企业应识别并确认所取得的单独可辨认资产(包括无形资产)及承担的负债，按照购买日所取得的各项可辨认资产、负债的公允价值比例，将购买成本在各单独可辨认资产和负债间进行分摊。这样，所取得的有关资产、负债的初始入账价值可能并不等于其在购买时点的公允价值。上述会计处理不会产生商誉或购买利得。

②如果被购买资产构成业务，则企业应按照企业合并准则的有关规定进行处理。比如在非同一控制下的企业合并中，购买方自被购买方取得的各项可辨认资产、负债应当按照其在购买日的公允价值计量，合并成本大于购买方所取得的可辨认净资产公允价值份额的，应将该差额确认为商誉，企业成本小于购买方所取得的可辨认净资产公允价值份额的(廉价购买)，应将该差额计入当期损益。

【例题 1·计算分析题】 A 公司以银行存款 9 000 万元自非关联方购买了 B 公司 100%的股权，当日为购买日，为非同一控制下的控股合并。B 公司可辨认净资产的账面价值 5 500 万元(其中股本 1 000 万元、资本公积 3 500 万元、盈余公积 100 万元、未分配利润 900 万元)。B 公司不构成业务和构成业务时的相关资料分别如表 26-1 所示。

表 26-1　B 公司不构成业务和构成业务时的相关资料

A 公司合并 B 公司不构成业务	A 公司合并 B 公司构成业务
B 公司固定资产账面价值为 4 500 万元，存货账面价值为 1 000 万元。假定购买日 B 公司固定资产公允价值为 8 000 万元，存货公允价值为 2 000 万元。假定不存在其他资产、负债	B 公司可辨认净资产的公允价值为 8 000 万元，其中包括固定资产评估增值为 1 500 万元，存货评估增值为 1 000 万元

要求：A 公司在编制个别财务报表及合并财务报表时应当如何处理？

答案 A 公司编制个别财务报表及合并财务报表时的会计处理如表 26-2 所示。

表 26-2　A 公司编制个别财务报表及合并财务报表时的会计处理

A 公司合并 B 公司不构成业务	A 公司合并 B 公司构成业务
(1)A 公司个别财务报表的处理： 借：长期股权投资　9 000 　贷：银行存款　9 000	(1)A 公司个别财务报表的处理： 借：长期股权投资　9 000 　贷：银行存款　9 000

续表

A 公司合并 B 公司不构成业务	A 公司合并 B 公司构成业务
(2)A 公司编制合并财务报表时的处理： 将购买成本 9 000 万元基于购买日所取得固定资产、存货的相对公允价值，在各单独可辨认资产和负债间进行分配(本题没有其他资产、负债)。 固定资产应分配的金额 = 9 000×8 000/(8 000+2 000) = 7 200(万元)。 存货应分配的金额 = 9 000×2 000/(8 000+2 000) = 1 800(万元)。 分配的结果是取得的有关资产、负债的初始入账价值，不同于购买时点的公允价值，不会产生商誉或购买利得。故调整分录为： 借：固定资产　(7 200−4 500)2 700 　　存货　(1 800−1 000)800 　　贷：资本公积　3 500 抵销分录： 借：股本　1 000 　　资本公积　(3 500+3 500)7 000 　　盈余公积　100 　　未分配利润　900 　　贷：长期股权投资　9 000	(2)A 公司编制合并财务报表时的处理： 合并商誉 = 9 000−8 000×100% = 1 000(万元)。 调整分录为： 借：固定资产　1 500 　　存货　1 000 　　贷：资本公积　2 500 抵销分录： 借：股本　1 000 　　资本公积　(2 500+3 500)6 000 　　盈余公积　100 　　未分配利润　900 　　商誉　1 000 　　贷：长期股权投资　9000

(3)企业通常应将购买资产交易中的交易费用作为转让对价的一部分予以资本化，计入所购买资产的成本；而在企业合并中，交易费用应予以费用化。

(4)不构成业务合并和构成业务合并在递延所得税的处理上也存在差异：非业务合并，且既不影响会计利润也不影响应纳税所得额或可抵扣亏损，则企业不应对资产购买中因账面价值与税务基础不同所形成的暂时性差异确认递延所得税资产或负债；而在业务合并中，企业应对购买的资产和承担的债务因账面价值与税务基础不同所形成的暂时性差异确认递延所得税影响。

【快速记忆】“不构成企业合并的资产或资产负债组合的购买”与“构成企业合并的交易”的辨析如表 26-3 所示。

表 26-3　“不构成企业合并的资产或资产负债组合的购买”与“构成企业合并的交易”的辨析

项目	不构成企业合并的资产或资产负债组合的购买	构成企业合并的交易
含义	说明企业购买的是资产或资产组	购买方购买的是净资产，即经济实体
购买成本超过被购买对象的可辨认净资产公允价值的差额	不确认商誉或损益，付出的购买成本应当按照各项资产负债的相对公允价值比例进行分配	确认为商誉(或负商誉)
购买相关费用	计入购买资产的成本	计入当期损益
递延所得税资产或负债	不确认	确认

2. 交易发生前后是否涉及对标的业务控制权的转移

是否构成企业合并，不仅需要考虑企业所取得的资产或资产、负债组合是否构成业务，还需要考虑有关交易或事项是否引起报告主体发生变化。报告主体的变化源于控制权的变化。如果相关交易事项发生后，投资方能控制被投资方，则说明控制权发生了转移，该交易或事项发生以后，投资方应将被投资方纳入合并范围，从合并财务报告角度形成报告主体的变化。此外，如果在交易事项发生后，一方控制了另一方的全部净资产，且另一方在合并后失去其法人资格，则也涉及控制权及报告主体的变化，形成企业合并。

（二）企业合并的方式

按合并方式的不同，企业合并可分为控股合并、吸收合并和新设合并。

（三）企业合并类型的划分

按照企业合并准则的规定，企业合并主要有两种类型，即同一控制下的企业合并与非同一控制下的企业合并。

（四）构成业务的判断

企业会计准则解释第 13 号明确规定了关于企业合并中取得的经营活动或资产的组合是否构成业务的判断思路。

1. 构成业务的要素

业务是指企业内部某些生产经营活动或资产的组合，该组合一般具有投入、加工处理过程和产出能力，能够独立计算其成本费用或所产生的收入等。合并方在合并中取得的生产经营活动或资产的组合（以下简称组合）构成业务，通常应具有下列三个要素：

（1）投入，指原材料、人工、必要的生产技术等无形资产以及构成产出能力的机器设备等其他长期资产的投入。

（2）加工处理过程，指具有一定的管理能力、运营过程，能够组织投入形成产出能力的系统、标准、协议、惯例或规则。

（3）产出，包括为客户提供的产品或服务、为投资者或债权人提供的股利或利息等投资收益，以及企业日常活动产生的其他的收益。

2. 构成业务的判断条件

合并方在合并中取得的组合应当至少同时具有一项投入和一项实质性加工处理过程，且二者相结合对产出能力有显著贡献，该组合才构成业务。合并方在合并中取得的组合是否有实际产出并不是判断其构成业务的必要条件。

企业应当考虑产出的下列情况分别判断加工处理过程是否是实质性的：

（1）该组合在合并日无产出的，同时满足下列条件的加工处理过程应判断为是实质性的：①该加工处理过程对投入转化为产出至关重要；②具备执行该过程所需技能、知识或经验的有组织的员工，且具备必要的材料、权利、其他经济资源等投入，例如技术、研究和开发项目、房地产或矿区权益等。

（2）该组合在合并日有产出的，满足下列条件之一的加工处理过程应判断为是实质性的：①该加工处理过程对持续产出至关重要，且具备执行该过程所需技能、知识或经验的有组织的员工；②该加工处理过程对产出能力有显著贡献，且该过程是独有、稀缺或难以取代的。

企业在判断组合是否构成业务时，应当从市场参与者角度考虑是否可以将其作为业务进行管理和经营，而不是根据合并方的管理意图或被合并方的经营历史来判断。

【例题 2·计算分析题】 甲上市公司是一家港口运营商，通过签订资产收购协议，甲公司从第三方乙公司收购了与港口吊装、过磅业务相关的资产，包括应收账款、龙门吊、欧式起重机、桥式起重机、在建工程以及相关的订单处理系统和经营系统。同时乙公司相关业务人员全部转入甲公司并重新签订了劳动合同。乙公司具有吊装、过磅业务相关产出能力。购入的吊装及过磅业务相关资产的账面价值为 12 000 万元。根据评估报告，前述资产的成本法评估值为 10 500 万元，收益法评估值为 32 000 万元。买卖双方达成协议，按收益法评估值 32 000 万元确定交易价格，评估增值 20 000 万元。

要求：判断甲公司从乙公司购买的是一

组资产还是一项业务，说明理由。

答案甲公司从乙公司购买的是一项业务。理由：甲公司虽然采用了资产收购的法律形式，但其购买对象究竟是一组打包的资产还是一项业务，应结合所取得的相关资产、加工处理过程等进行综合判断。

首先，甲公司购入的这组资产包括与吊装、过磅业务相关的实物资产（如固定资产、在建工程）、人员投入以及与之相联系的加工处理过程（如订单处理系统和经营系统），乙公司同时具有吊装、过磅业务的产出能力。综上，甲公司收购的这组资产很可能是一项业务。

其次，买卖双方所达成的购买价32 000万元是依据收益法评估值而设定，该值远高于这组资产的账面价值12 000万元和成本法评估值，可能是商誉存在的迹象。

3. 集中度测试

企业会计准则第13号解释引入了集中度测试，以简化对于“业务”的判断。即，判断非同一控制下企业合并中取得的组合是否构成业务，也可选择采用集中度测试。

购买方可选择在按照构成业务的判断条件进行详细评估之前应用该测试，如果通过集中度测试，则应判断为不构成业务，且无须再进行详细评估；如果未通过集中度测试，或者选择不采用该测试，则必须进行详细评估。该测试无法确定一项交易构成业务收购，但可以确定一项交易不构成业务收购（即属于资产收购）。

集中度测试的流程如图26-1所示。

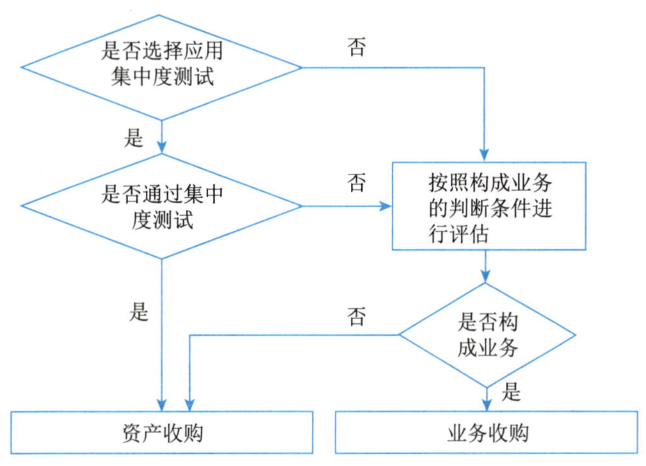

图26-1　集中度测试

集中度测试是非同一控制下企业合并的购买方在判断取得的组合是否构成一项业务时，可以选择采用的一种简化判断方式。进行集中度测试时，如果购买方取得的总资产的公允价值几乎相当于其中某一单独可辨认资产或一组类似可辨认资产的公允价值的，则该组合通过集中度测试，应判断为不构成业务，且购买方无须按照上述第2点的规定进行判断；如果该组合未通过集中度测试，购买方仍应按照上述第2点的规定进行判断。

购买方应当按照下列规定进行集中度测试：

（1）计算确定取得的总资产的公允价值。

取得的总资产不包括现金及现金等价物、递延所得税资产以及由递延所得税负债影响形成的商誉。购买方通常可以通过下列公式之一计算确定取得的总资产的公允价值：

总资产的公允价值=合并中取得的非现金资产的公允价值+（购买方支付的对价+购买日被购买方少数股东权益的公允价值+购买日前持有被购买方权益的公允价值-合并中所取得的被购买方可辨认净资产公允价值）-递延所得税资产-由递延所得税负债影响形成的商誉。

或者：总资产的公允价值=购买方支付的对价+购买日被购买方少数股东权益的公允价值+购买日前持有被购买方权益的公允价值+取得负债的公允价值(不包括递延所得税负债)-取得的现金及现金等价物-递延所得税资产-由递延所得税负债影响形成的商誉。

方法一中：(购买方支付的对价+购买日被购买方少数股东权益的公允价值+购买日前持有被购买方权益的公允价值)-合并中所取得的被购买方可辨认净资产公允价值=经评估确认的被购买企业的公允价值-合并中所取得的被购买方可辨认净资产公允价值=商誉(注：该商誉为不考虑所得税情况下的全部商誉)；

方法一和方法二的关系：合并中取得的非现金资产的公允价值-合并中所取得的被购买方可辨认净资产公允价值=取得负债的公允价值(不包括递延所得税负债)-取得的现金及现金等价物。

【例题3·计算分析题】 2×22年12月31日(购买日)甲公司以银行存款4 000万元作为对价从非关联方购买了乙公司50%的股权，在此之前甲公司原持有乙公司30%的股权，至此甲公司持股比例变更为80%并取得了控制权。2×22年12月31日购买日资料如下：

(1)经评估确认乙公司100%股权的公允价值为8 000万元，甲公司为收购50%股权支付对价4 000万元(8 000×50%)，少数股东权益公允价值为1 600万元(8 000×20%)，购买日前持有被购买方20%权益的公允价值为2 400万元(8 000×30%)。

(2)乙公司的资产、负债情况如下：货币资金2 000万元、固定资产公允价值为10 000万元、无形资产公允价值为8 000万元、负债公允价值(不包含递延所得税负债)14 000万元、固定资产和无形资产相关暂时性差异产生的递延所得税负债3 200万元。

假定不考虑其他因素影响。

要求：计算总资产的公允价值。

答案

公式一：总资产的公允价值=合并中取得的非现金资产的公允价值18 000(10 000+8 000)+[购买方支付50%权益的对价4 000+购买日前持有被购买方30%权益的公允价值2 400+购买日被购买方少数股东20%权益的公允价值1 600-合并中所取得的被购买方可辨认净资产公允价值6 000(10 000+8 000+2 000-14 000)]-递延所得税资产0-由递延所得税负债影响形成的商誉3 200×80%=17 440(万元)。

或：=合并中取得的非现金资产的公允价值18 000(10 000+8 000)+[经评估确认的乙公司100%股权公允价值为8 000万元-合并中所取得的被购买方可辨认净资产公允价值6 000]-递延所得税资产0-由递延所得税负债影响形成的商誉3 200×80%=17 440(万元)。

公式二：总资产的公允价值=购买方支付50%权益的对价4 000+购买日前持有被购买方30%权益的公允价值2 400+购买日被购买方少数股东20%权益的公允价值1 600+取得负债的公允价值(不包括递延所得税负债)14 000-取得的现金及现金等价物2 000-递延所得税资产0-由递延所得税负债影响形成的商誉3 200×80%=17 440(万元)。

或：=经评估确认的乙公司100%股权公允价值为8 000万元+取得负债的公允价值(不包括递延所得税负债)14 000-取得的现金及现金等价物2 000-递延所得税资产0-由递延所得税负债影响形成的商誉3 200×80%=17 440(万元)。

(2)关于单独可辨认资产。

单独可辨认资产是企业合并中作为一项单独可辨认资产予以确认和计量的一项资产或资产组。如果资产(包括租赁资产)及其附着物分拆成本重大，应当将其一并作为一项单独可辨认资产，例如土地和建筑物。

(3)关于一组类似资产。

企业在评估一组类似资产时，应当考虑其中每项单独可辨认资产的性质及其与管理产出相关的风险等。下列情形通常不能作为一组类似资产：①有形资产和无形资产；②不同类别的有形资产，例如存货和机器设备；③不同类别的可辨认无形资产，例如商标权和特许权；④金融资产和非金融资产；⑤不同类别的金融资产，例如应收款项和权益工具投资；⑥同一类别但风险特征存在重大差别的可辨认资产等。

『拓展』接上题。购买方取得的总资产的公允价值17 440万元大于其中某一单独可辨认资产（例如固定资产10 000）的公允价值，所以没有通过集中度测试，不应判断为不构成业务，应继续采用上述“2. 构成业务的判断条件”判断是否构成业务。

二、企业合并的会计处理

（一）同一控制下的企业合并

参与合并的企业在合并前后均受同一方或相同的多方最终控制且该控制并非暂时性的，为同一控制下的企业合并。

判断是否构成同一控制下企业合并需要考虑两个关键因素：一是合并方与被合并方在合并前后受同一方或相同的多方最终控制；二是该最终控制并非暂时性的（通常指一年以上）。

（二）非同一控制下的企业合并的处理

参与合并各方在合并前后不受同一方或相同的多方最终控制的合并交易，为非同一控制下的企业合并，即除判断属于同一控制下企业合并的情况以外其他的企业合并。

三、涉及或有对价的会计处理★★

企业合并各方可能在合并协议中约定，根据未来一项或多项或有事项的发生，购买方通过发行额外证券、支付额外现金或其他资产等方式追加合并对价，或者要求返还之前已经支付的对价，从而产生企业合并的或有对价（也称对赌协议或估值调整协议）问题。

（一）同一控制下企业合并涉及或有对价

同一控制下企业合并形成的控股合并，在确认长期股权投资初始投资成本时，应按照或有事项准则的相关规定，判断是否应就或有对价确认预计负债或者确认资产，以及确认的金额；确认预计负债或资产的，该预计负债或资产金额与后续或有对价结算金额的差额不影响当期损益，应当调整资本公积（资本溢价或股本溢价），资本公积（资本溢价或股本溢价）不足冲减的，调整留存收益。

『提示』同一控制下或有对价属于资产的，确认为其他应收款，如果或有对价属于负债的，确认为预计负债。交易性金融资产或交易性金融负债只是在非同一控制下存在或有对价时确认的。

（二）非同一控制下企业合并涉及或有对价

1. 原则

会计准则规定，购买方应当将合并协议约定的或有对价作为企业合并转移对价的一部分，按照其在购买日的公允价值计入企业合并成本。

（1）或有对价符合权益工具和金融负债定义的，购买方应当将支付或有对价的义务确认为一项权益（其他权益工具）或负债（交易性金融负债）。

（2）或有对价符合资产定义并满足资产确认条件的，购买方应当将符合合并协议约定条件的、可收回的部分已支付合并对价的权利确认为一项资产（交易性金融资产）。

（3）购买日12个月内出现对购买日已存在情况的新的或进一步证据需要调整或有对价的，应当予以确认，并对原计入合并商誉的金额进行调整；其他情况下发生的或有对价变化或调整，应当区分情况进行会计处理：或有对价为权益性质的，不进行会计处理；或有对价为资产或负债性质的，如果属于会计准则规定的金融工具，应当按照以公允价值计量且其变动计入当期损益进行会计处理，不得指定为以公允价值计量且其变动计入其他综合收益的金融资产。

2. 或有对价相关规定的侧重点

(1)购买方应在购买日合理估计或有对价，并将其计入企业合并成本。如果企业在购买日后12个月内取得了新的或进一步证据表明购买日已存在状况与原估计情况不同，从而需要调整合并成本的，可以据以调整企业合并成本。

(2)如果是由于出现新的情况导致对原估计或有对价进行调整的，则无论是购买日后12个月内还是其他时点，均不能再调整企业合并成本，相关或有对价属于金融工具的，应以公允价值计量，公允价值变动计入当期损益。

『提示』购买日后12个月内取得新的或进一步证据，应区分净利润(与购买日不相关)和收入(与购买日相关)的区别。或有对价相关条件为收入和利润实现情况的，应区别理解：收入实现与否，只要企业正常经营，那么，购买日后实现的收入，与购买日已存在情况是相关的，属于购买日已存在的情况的新的或进一步证据，如果发生在12个月以内的，则需要调整长期股权投资。而利润的实现，还和发生的成本等其他因素相关，无论实现与否，都不属于购买日已存在的情况的新的或进一步证据，属于购买日后新发生的情况，所以，无论是否12个月以内都不需要调整长期股权投资和商誉。

(3)非同一控制下企业合并中的或有对价构成金融资产或金融负债的，应当以公允价值计量并将其变动计入当期损益；或有对价属于权益性质的，应作为权益性交易进行会计处理。

3. 会计处理

(1)购买日或有对价不为0的情形。

情形一：很可能支付的补偿款。

【例题4·计算分析题】2×22年年初，A公司以现金100万元自B公司购买其持有的C公司100%股权，交易前，A公司与B公司不存在关联方关系；同时约定，A公司就C公司在收购完成后的经营业绩向B公司做出承诺，如果C公司当年营业收入达到1亿元，A公司将再向B公司支付购买价款10万元。购买日，A公司预计C公司很可能达到预期目标。

要求：编制A公司在购买日的会计分录。

答案 A公司在购买日的会计分录为：

借：长期股权投资　　110

　贷：银行存款　　100

　　交易性金融负债　　10

情形二：基本确定取得的补偿款。

【例题5·计算分析题】2×22年年初，A公司以现金100万元自B公司购买其持有的C公司100%股权，交易前，A公司与B公司不存在关联方关系；同时约定，B公司就C公司在收购完成后的经营业绩向A公司做出承诺，如果C公司当年营业收入未达到1亿元，B公司将向A公司返还购买价款10万元。购买日，A公司预计C公司不能达到预期目标，基本确定能够收到B公司返还的购买价款10万元。

要求：编制A公司在购买日的会计分录。

答案 A公司在购买日的会计分录为：

借：长期股权投资　　90

　交易性金融资产　　10

　贷：银行存款　　100

(2)购买日或有对价为0的情形。

情形一：预期支付的补偿款(即支付额外现金或其他资产等方式追加合并对价)。

【例题6·计算分析题】2×22年年初，A公司以现金100万元自B公司购买其持有的C公司100%股权，交易前，A公司与B公司不存在关联方关系；同时约定，A公司就C公司在收购完成后的经营业绩向B公司做出承诺，如果C公司未来三年营业收入累计达到3亿元，A公司将再向B公司支付购买价款10万元。购买日，A公司预计C公司不能达到预期目标。年末，A公司根据C公司第一年业绩情况，预计C公司三年内营业收入累计将达到3亿元。

要求：编制A公司的相关会计分录。

答案

A公司在购买日的会计分录为：

借：长期股权投资　　100

　贷：银行存款　　100

A公司在第一年年末的会计分录为：

借：长期股权投资　　10

　贷：交易性金融负债　　10

同时在合并报表中调整商誉，因为它属于与购买日已存在情况相关且不超过12个月的情形。

『拓展』假定在购买日和第一年年末，A公司均预计C公司三年内营业收入将达不到3亿元，则A公司在第一年无须进行会计处理。

第二年年末，A公司根据C公司前两年业绩情况，预计C公司三年内营业收入累计将达到3亿元，则A公司在第二年年末的会计分录为：

借：公允价值变动损益　　10

　贷：交易性金融负债　　10

注意，此时距离购买日已经超过12个月，因此不能再调整商誉。

情形二：预期取得的补偿款（即要求返还之前已经支付的对价）。

【例题7 · 计算分析题】2×22年年初，A公司以现金100万元自B公司购买其持有的C公司100%股权，交易前，A公司与B公司不存在关联方关系；同时约定，B公司就C公司在收购完成后的经营业绩向A公司做出承诺，如果C公司未来三年累计营业收入未达到3亿元，B公司将向A公司返还购买价款10万元，购买日，A公司预计C公司能达到预期目标。年末，A公司根据C公司第一年业绩情况，预计C公司三年内累计营业收入将不能达到3亿元。

要求：编制A公司的相关会计分录。

答案

A公司在购买日的会计分录为：

借：长期股权投资　　100

　贷：银行存款　　100

A公司在第一年年末的会计分录为：

借：交易性金融资产　　10

　贷：长期股权投资　　10

同时在合并报表中调整商誉，因为它属于与购买日已存在情况相关且不超过12个月的情形。

『拓展』假定在购买日和第一年年末，A公司均预计C公司三年内累计营业收入将达到3亿元，则A公司在第一年年末无须进行会计处理。

第二年年末，A公司根据C公司前两年业绩情况，预计C公司三年内累计营业收入将不能达到3亿元，则A公司在第二年年末的会计分录为：

借：交易性金融资产　　10

　贷：公允价值变动损益　　10

注意，此时距离购买日已经超过12个月，因此不能再调整商誉。

【例题8 · 单选题】☆2×16年12月30日，甲公司以发行新股作为对价，购买乙公司所持丙公司60%股份。乙公司在股权转让协议中承诺，在本次交易完成后的3年内（2×17年至2×19年），丙公司每年净利润不低于5 000万元，若丙公司实际利润低于承诺利润，乙公司将按照两者之间的差额及甲公司作为对价发行时的股票价格计算应返还给甲公司的股份数量，并在承诺期满后一次性予以返还。2×17年，丙公司实际利润低于承诺利润，经双方确认，乙公司应返还甲公司相应的股份数量。不考虑其他因素，下列各项关于甲公司应收取乙公司返还的股份在2×17年12月31日合并资产负债表中列示的项目名称是(　)。

A. 债权投资

B. 其他债权投资

C. 交易性金融资产

D. 其他权益工具投资

解析 因该或有事项发生在购买日12个月后，因此不能再对合并成本进行调整；甲公司以发行自身股票作为合并对价，若丙公司未完成承诺业绩，乙公司将返还甲公司所发行的部分股票，返还数量按照承诺利润和实际完成利润之间的差额以及甲公司发行的股票价格为依据计算得出，因此返还甲公司的股票数量是不固定的；该业务中甲公司拥有一项权利，到期甲公司有可能行权，收取数量不固定的自身普通股股票，因此参照金融工具准则，应该将此权利确认为一项金融资产，即交易性金融资产。因此甲公司收取乙公司返还的股份，应该在2×17年12月31日合并资产负债表中列示交易性金融资产。

答案 C

四、反向购买的处理★★

(一)反向购买的基本原则

对于以发行权益性证券交换股权的方式进行的非同一控制下企业合并来说，发行权益性证券的一方通常为购买方。但是在某些特殊情况下，在合并后，发行权益性证券的一方的生产经营决策可能被参与合并的另一方所控制。此时，发行权益性证券的一方虽然为法律上的母公司，但其实际上为会计上的被购买方(即会计上的子公司，下同)，该类企业合并通常称为“反向购买”。

【例题9·综合题】A上市公司于2×22年9月30日通过定向增发本企业普通股对B企业进行合并，取得B企业100%股权。假定不考虑所得税影响。在合并前，A公司和B企业的简化资产负债表如表26-4所示(单位：万元)。

表26-4　A公司和B企业的简化资产负债表

项目	A公司	B企业
流动资产	6 000	9 000
非流动资产	42 000	120 000
资产总额	48 000	129 000
流动负债	2 400	3 000
非流动负债	600	6 000
负债总额	3 000	9 000
所有者权益：		
股本	3 000	1 800
资本公积		
盈余公积	12 000	34 200
未分配利润	30 000	84 000
所有者权益总额	45 000	120 000

其他资料：

(1)2×22年9月30日，A公司通过定向增发本企业普通股，以2股换1股的比例自B企业原股东甲公司处取得了B企业全部股权。A公司共发行了3 600万股普通股以取得B企业全部1 800万股普通股。

(2)A公司每股普通股在2×22年9月30日的公允价值为20元，B企业每股普通股当日的公允价值为40元。A公司、B企业每股普通股的面值均为1元。

(3)2×22年9月30日，A公司(会计上的子公司)除非流动资产公允价值较账面价值高9 000万元以外，其他资产、负债项目的公允价值与其账面价值相同。

(4)假定A公司与B企业在合并前不存在任何关联方关系。

要求：

(1)确定购买方。

(2)计算相关合并成本。

(3)说明合并财务报表的编制思路。

答案

(1)购买方的确定如图26-2所示。

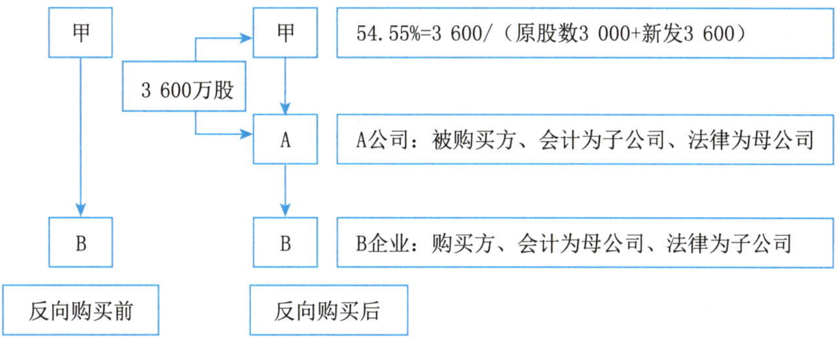

图 26-2　购买方的确定

A公司在该项合并中向B企业原股东(甲公司)增发了3 600万股普通股，合并后B企业原股东(甲公司)持有A公司的股权比例为54.55%。对于该项企业合并，虽然在合并中发行权益性证券的一方为A公司，但因其生产经营决策的控制权在合并后由B企业原股东甲公司控制，B企业应为购买方(会计上的母公司)，A公司为被购买方。注意从合并报表层面上来讲，甲公司是法律上最终控制方。

(2)计算B企业的合并成本。

『提示』谁计算合并成本，谁就是会计上的母公司，即购买方为B企业。

反向购买中，法律上的子公司(B企业，会计上的母公司)的企业合并成本是指其如果以发行权益性证券的方式为获取在合并后报告主体的股权比例，应向法律上母公司(A公司，会计上的子公司)的股东发行的权益性证券数量与权益性证券的公允价值计算的结果。

如果假定B企业发行本企业普通股在合并后主体享有同样的股权比例，则B企业应当发行的普通股股数为1 500万股(A公司股票数量3 000/A公司的换股比例2，或：1 800/54.55%-1 800)，其公允价值为60 000万元(1 500×40)，B企业合并成本为60 000万元。

解析 B企业合并成本的计算，按照“国际财务报告准则第3号——企业合并”规定，不同方法下，我国企业会计准则采用的是虚拟(模拟)增发的方法，在计算B企业需要虚拟增发的普通股股数时，1 800/[(1 800×A公司的换股比例2)/(1 800×A公司的换股比例2+A公司的原股数3 000)]-1 800，简化后B企业需要虚拟增发的普通股股数实际上就是：A公司的原股数3 000/A公司的换股比例2，即：3 000/2=1 500(万股)，也就是与“股权交换比例100%”无关。综上分析，只要A公司的换股比例不变，那么不管是100%、90%还是80%，只要构成了反向购买，则在我国准则目前所采用的虚拟增发法计算合并成本的前提下，B的合并成本(即长期股权投资)是确定的。(这也就解释了例题10假设90%的情况下为什么合并成本与100%情况下是一样的问题)

(3)合并财务报表的编制。

反向购买后，会计上子公司A公司(法律上的母公司)应当遵从以下原则编制合并财务报表：

『提示』表面上是法律上的母公司A公司编制的，但是实际上是站在会计上的母公司B企业角度来编制的，所以要抵销A公司的所有者权益。

①合并财务报表中，会计上的母公司B企业的资产、负债应以其在合并前的账面价值进行确认和计量，而会计上的子公司A公司的资产、负债应以其公允价值进行确认和计量。相关资产、负债项目合并金额的确定如表26-5所示(单位：万元)。

表 26-5 相关资产、负债项目合并金额的确定

项目	A 公司(会计上子公司)	B 企业(会计上母公司)	合并金额
流动资产	6 000	9 000	9 000+6 000=15 000
非流动资产	42 000	120 000	120 000+(42 000+9 000) =171 000
……			
流动负债	2 400	3 000	3 000+2 400=5 400
非流动负债	600	6 000	6 000+600=6 600
……			

②合并财务报表中的留存收益和其他权益余额应当反映的是法律上子公司(会计上的母公司 B 企业)在合并前的留存收益和其他权益余额。相关留存收益和其他权益余额的确定如表 26-6 所示(单位：万元)。

表 26-6 相关留存收益和其他权益余额的确定

项目	A 公司(会计上子公司)	B 企业(会计上母公司)	合并金额
……			
盈余公积	12 000	34 200	34 200
未分配利润	30 000	84 000	84 000
……			

③合并财务报表中的权益性工具的金额应当反映法律上子公司(会计上的母公司 B 企业)合并前发行在外的股份面值以及假定在确定该项企业合并成本过程中新发行的权益性工具的金额。但是在合并财务报表中的权益结构应当反映法律上母公司的权益结构，即法律上母公司发行在外权益性证券的数量及种类。相关权益性工具金额的确定如表 26-7 所示(单位：万元)。

表 26-7 相关权益性工具金额的确定

项目	A 公司(会计上子公司)	B 企业(会计上母公司)	合并金额
……			
股本(3 000+ 3 600=6 600 万股)	3 000	1 800	1 800+虚拟发行 1 500=3 300
资本公积			60 000-1 500=58 500

④企业合并成本大于合并中取得的法律上母公司(被购买方：会计上子公司 A 公司)可辨认净资产公允价值的份额体现为商誉，小于合并中取得的法律上母公司可辨认净资产公允价值的份额确认为合并当期损益。

商誉=B 企业合并成本 60 000-A 公司可辨认净资产[(48 000+9 000)-3 000]=6 000(万元)。

『提示』反向购买情况下，不需要计算持股比例，因为假设法律上的子公司 B 企业，购买了法律上母公司 A 公司全部的 100% 股权。

法律上子公司(会计上的母公司)的有关股东在合并过程中未将其持有的股份转换为

对法律上母公司(会计上的子公司)股份的，该部分股东享有的权益份额在合并财务报表中应作为少数股东权益列示，其金额为计算享有法律上子公司(会计上的母公司)合并前净资产账面价值的份额。

【例题10·综合题】承上例，假定会计上的母公司B企业的全部股东中只有其中的90%以原持有的对B企业股权换取了A公司增发的普通股。

要求：作出合并报表的相关会计处理。

答案 A公司应发行的普通股股数为3 240万股(1 800×90%×2)。企业合并后，B企业的股东拥有合并后报告主体的股权比例为51.92%[3 240/(原股数3 000+新发3 240)]。

通过假定B企业向A公司发行本企业普通股在合并后主体享有同样的股权比例，在计算B企业需发行的普通股数量时，不考虑少数股权的因素，故B企业应当发行的普通股股数为1 500万股(1 800×90%/51.92%-1 800×90%)，B企业在该项合并中的企业合并成本为60 000万元(1 500×40)，B企业未参与股权交换的股东拥有B企业的股份为10%，享有B企业合并前净资产的份额=120 000×10%=12 000(万元)，在合并财务报表中应作为少数股东权益列示。

解析 A公司的原股数3 000/A公司的换股比例2，即：3 000/2=1 500(万股)，也就是与“股权交换比例90%”无关。只要A公司的换股比例不变，那么不管是100%、90%还是70%，只要构成了反向购买，B企业应当发行的普通股股数是固定的。

合并商誉的计算同上。

A公司2×22年9月30日的合并资产负债表(简化)如表26-8所示(单位：万元)。

表26-8 合并资产负债表(简化)

项目	A公司(会计上子公司)	B企业(会计上母公司)	合并金额
……			
股本(3 000+3 240=6 240万股)	3 000	1 800	1 800×90%+虚拟发行1 500=3 120
资本公积			合并成本60 000-虚拟发行1 500=58 500
盈余公积	12 000	34 200	34 200×90%=30 780
未分配利润	30 000	84 000	84 000×90%=75 600
少数股东权益			120 000×10%=12 000
所有者权益合计	45 000	120 000	180 000

解析 在这个集团中，最终的控制方是甲公司(即B企业的原股东)，并且这个合并的实质是B企业合并了A公司，那么合并后的报告主体实质上就是B企业(也等同于B企业的原股东)，在合并报表中的少数股东也就是B企业的原股东中未参与股权交换的那10%的股东，所以少数股东权益就一定是B企业合并前的净资产的10%，本题中就是12 000(120 000×10%)万元。

应予说明的是，上述反向购买的会计处理原则仅适用于合并财务报表的编制。法律上母公司在该项合并中形成的对法律上子公司长期股权投资成本的确定，应当遵从《企业会计准则第2号——长期股权投资》的相关规定。

『提示』反向购买中，被购买方(即上市公司)构成业务的，购买方应按非同一控制下企业合并的原则处理。被购买方不构成业务的，购买方应按权益性交易的原则处理，不得确认商誉或当期损益。

（二）非上市公司以所持有的对子公司投资等资产为对价取得上市公司的控制权，构成反向购买的，上市公司编制合并财务报表时应当区别以下情况处理：

（1）交易发生时，上市公司未持有任何资产负债或仅持有现金、交易性金融资产等不构成业务的资产或负债的，上市公司在编制合并财务报表时，应当按照《财政部关于做好执行会计准则企业2008年年报工作的通知》（财会函〔2008〕60号）的规定执行，不确认商誉或是损益。

（2）交易发生时，上市公司保留的资产、负债构成业务的，应当按照《企业会计准则第20号——企业合并》及相关讲解的规定执行，即对于形成非同一控制下企业合并的，企业合并成本与取得的上市公司可辨认净资产公允价值份额的差额应当确认为商誉或是计入当期损益。

扫我做试题

一、单项选择题

1. 在非同一控制下控股合并中，因未来存在一项不确定性事项而发生或有对价的，下列会计处理方法的表述中，正确的是（　）。
   A. 从购买日起算12个月之后需要调整或有对价的，如果该或有对价为资产或负债性质，且属于金融工具相关准则规定的金融工具，则应采用公允价值计量且公允价值变动计入当期损益
   B. 购买日后出现对购买日已存在情况的新的或者进一步证据而需要调整或有对价的，均应当予以确认并对原计入合并商誉的金额进行调整
   C. 自购买日起12个月以后出现对购买日已存在情况的新的或者进一步证据而需要调整或有对价的，应当予以确认并调整资本公积
   D. 自购买日起12个月内出现对购买日已存在情况的新的或进一步证据而需要调整或有对价的，如果或有对价属于权益性质的，不进行会计处理

2. 在同一控制下企业控股合并中，因未来存在一定不确定性事项而发生的或有对价，下列会计处理方法的表述中，正确的是（　）。
   A. 合并日因或有对价确认预计负债或资产的，该预计负债或资产金额与后续或有对价结算金额的差额不影响当期损益，应当调整资本公积
   B. 合并日因或有对价确认预计负债或资产的，该预计负债或资产金额与后续或有对价结算金额的差额计入营业外收支
   C. 合并日12个月内出现对合并日已存在情况的新的或进一步证据需要调整或有对价的，应当予以确认并对长期股权投资成本进行调整
   D. 合并日12个月后出现对合并日已存在情况的新的或进一步证据需要调整或有对价的，应当予以确认并将其计入营业外收支

3. 甲公司为一家规模较小的上市公司，乙公司为某大型未上市的企业。甲公司和乙公司的股本金额分别为400万元和1 500万元。甲公司于2×22年6月2日通过向乙公司原股东定向增发500万股本企业普通股取得乙公司全部的1 500万股普通股。甲公司每股普通股在2×22年6月2日的公允价值为30元，乙公司每股普通股当

日的公允价值为 10 元。甲公司、乙公司每股普通股的面值均为 1 元。假定不考虑所得税影响，甲公司和乙公司在合并前不存在任何关联方关系。该项业务会计上的购买方的合并成本为( )。

A. 15 000 万元 B. 45 000 万元

C. 12 000 万元 D. 20 000 万元

二、多项选择题

1. 下列关于同一控制下企业合并的会计处理的表述中，不正确的有( )。

A. 合并方在合并过程中发生的审计、法律服务等费用应冲减资本公积

B. 母公司有可能在其个别财务报表或合并财务报表中反映一项新形成的商誉

C. 编制合并财务报表时，对于母子公司间存在的未实现内部交易损益不需要编制抵销分录

D. 通过多次交易，分步取得股权最终形成同一控制下控股合并的，初始投资成本为应享有被投资方相对于最终控制方而言的所有者权益的账面价值份额

2. 下列关于企业合并的表述中，正确的有( )。

A. 企业合并的结果通常是一个企业取得了对一个或多个业务的控制权

B. 如果一个企业取得了对另一个或多个企业的控制权，则该交易或事项形成企业合并

C. 企业取得了不构成业务的一组资产或净资产时，应将购买成本基于购买日所取得各项可辨认资产、负债账面价值基础上进行分配

D. 是否形成企业合并，关键要看有关交易或事项发生前后，是否引起报告主体的变化

3. 下列关于反向购买业务当期每股收益的计算的表述中，正确的有( )。

A. 自当期期初至购买日，发行在外的普通股数量应假定为在该项合并中会计上母公司向会计上子公司股东发行的普通股股数

B. 自当期期初至购买日，发行在外的普通股数量应假定为在该项合并中法律上母公司向法律上子公司股东发行的普通股股数

C. 自购买日至期末发行在外的普通股数量为会计上子公司实际发行在外的普通股股数

D. 自购买日至期末发行在外的普通股数量为法律上子公司实际发行在外的普通股股数

4. 甲公司、乙公司分别为一家小规模上市公司和一家未上市的大型民营企业。甲公司和乙公司的股本金额分别为 5 000 万元和 10 000 万元。为实现资源的优化配置，2×22 年 6 月 30 日，甲公司向乙公司原股东定向增发 20 000 万股本企业普通股取得乙公司全部的 10 000 万股普通股。当日甲公司每股普通股的公允价值为 10 元，乙公司每股普通股的公允价值为 20 元。甲公司、乙公司每股普通股的面值均为 1 元。假定不考虑所得税影响，甲公司和乙公司在合并前不存在任何关联方关系。针对该项业务，下列说法正确的有( )。

A. 甲公司、乙公司的合并属于反向购买

B. 乙公司为会计上的子公司

C. 乙公司的合并成本为 50 000 万元

D. 甲公司应该遵从规定编制合并财务报表

三、综合题

1. 甲上市公司有关股权投资资料如下：

(1) 甲公司于 2×21 年 1 月 2 日以现金 16 000 万元自乙公司购买其持有的丙公司 100%股权，并于当日向丙公司董事会派出成员，并能主导其财务和生产经营决策。股权转让协议约定，乙公司就丙公司在收购完成后的经营业绩向甲公司作出承诺：丙公司 2×21 年、2×22 年、2×23 年度

经审计的净利润分别不低于1 000万元、2 000万元和3 000万元。如果丙公司未达到上述承诺业绩，乙公司将在丙公司每一相应年度的审计报告出具后30日内，按丙公司实际实现的净利润与承诺利润的差额，以现金方式对甲公司进行补偿。购买日，甲公司根据丙公司所处市场状况及行业竞争力等情况判断，预计丙公司能够完成承诺期利润。

(2)丙公司在2×21年共实现净利润1 200万元，同时甲公司在2×21年年末预计丙公司2×22年、2×23年分别能够实现净利润约5 000万元。

(3)由于整体宏观经济形势变化，丙公司在2×22年共实现净利润1 400万元，同时甲公司在2×22年年末预期该趋势在2×23年将持续下去，预计丙公司2×23年能够实现净利润约2 600万元。

要求：

(1)根据资料(1)，说明甲公司购买日应确认的或有对价金额，说明理由，并编制会计分录。

(2)说明甲公司2×21年丙公司实现了预期利润，甲公司是否需要进行会计处理。

(3)说明甲公司2×22年预计丙公司未实现预期利润，甲公司如何进行会计处理。

2. A上市公司于2×22年3月31日通过定向增发本公司普通股对B公司进行合并，取得B公司80%的股权。假定不考虑所得税影响，该项业务的有关资料如下：

(1)2×22年3月31日，A公司通过定向增发本公司普通股，以2股换1股的比例自B公司原股东C公司处取得了B公司的股权。B公司的全部股东中假定只有其中的80%以原持有的对B公司股权换取了A公司增发的普通股。A公司共发行了2 000(1 250×80%×2)万股普通股。

(2)A公司普通股在2×22年3月31日的公允价值为每股28.75元，B公司普通股当日的公允价值为每股40元。A公司、B公司每股普通股的面值均为1元。

(3)2×22年3月31日，除A公司固定资产的公允价值总额较账面价值总额高1 000万元、B公司无形资产的公允价值总额较账面价值总额高6 000万元以外，A公司、B公司其他资产、负债项目的公允价值与其账面价值相同。

(4)假定A公司与B公司在合并前不存在任何关联方关系。

(5)A公司及B公司在合并前简化资产负债表如下表所示(单位：万元)。

项目	A公司		B公司	
	账面价值	公允价值	账面价值	公允价值
其他权益工具投资	6 000	6 000	2 250	2 250
固定资产	4 000	5 000	18 000	18 000
无形资产	13 000	13 000	20 000	26 000
资产总额	23 000	24 000	40 250	46 250
应付账款	500	500	500	500
长期借款	1 000	1 000	9 500	9 500
负债总额	1 500	1 500	10 000	10 000
股本	1 500		1 250	
资本公积	1 000		9 000	
盈余公积	4 000		0	

续表

项目	A 公司		B 公司	
	账面价值	公允价值	账面价值	公允价值
未分配利润	15 000		20 000	
所有者权益合计	21 500	22 500	30 250	36 250

要求：

(1)编制 A 公司购买日的会计分录，并计算合并后 A 公司个别财务报表中股东权益各项目的金额。

(2)判断该项企业合并是否属于反向购买，并说明理由；如果属于，计算 B 公司的合并成本；如果不属于，计算 A 公司的合并成本。(计算发行的股票数量时保留整数)。

(3)计算 A 公司 2×22 年 3 月 31 日合并资产负债表中各项目的合并金额。

同步训练答案及解析

一、单项选择题

1. A 【解析】选项 B、C、D，购买日后 12 个月内出现对购买日已存在情况的新的或者进一步证据而需要调整或有对价的情况时，应当予以确认并对原计入合并商誉的金额进行调整。如果是从购买日起算 12 个月之后发生或有对价变化或调整的，应分情况处理：①或有对价为权益性质的，不进行会计处理；②或有对价为资产或负债性质的，按照企业会计准则有关规定处理，如果属于金融工具相关准则规定的金融工具，应采用公允价值计量且公允价值变动计入当期损益。

2. A 【解析】在同一控制下企业控股合并中，因或有对价确认预计负债或资产的，该预计负债或资产金额与后续或有对价结算金额的差额不影响当期损益，应当调整资本公积(资本溢价或股本溢价)，资本公积(资本溢价或股本溢价)不足冲减的，调整留存收益。

3. C 【解析】甲公司在该项合并中向乙公司原股东增发了 500 万股普通股，合并后乙公司原股东持有甲公司的股权比例为[500/(400+500)×100%]55.56%，所以，本业务属于反向购买，购买方为乙公司，假定乙公司发行本企业普通股在合并后主体享有同样的股权比例，则乙公司应当发行的普通股股数为(1 500÷55.56%－1 500)1 200 万股，其公允价值=1 200×10=12 000(万元)，则购买方乙公司合并成本为 12 000 万元。

二、多项选择题

1. ABC 【解析】选项 A，应当计入当期损益；选项 B，对于同一控制下企业合并中取得的子公司，因长期股权投资与应享有子公司所有者权益的份额相等，长期股权投资与子公司所有者权益抵销过程中不产生差额，即合并中不形成新的商誉或应计入损益的因素；只有非同一控制下的企业合并，才有可能出现新的商誉；选项 C，编制合并财务报表时，如果存在未实现内部交易损益，需要编制抵销分录，抵销内部交易对合并报表损益的影响。

2. AD 【解析】选项 B，如果一个企业取得了对另一个或多个企业的控制权，而被购买方(或被合并方)并不构成业务，则该交易或事项不形成企业合并。构成业务是指企业具有投入、加工处理和产出能力，能够独立计算其成本费用或所产生的收入，只有取得了构成业务的公司的控制权，才属于企业合并；如果一个企业只是空壳，即其本身不构成业务，这种情况下，即使取得了控制权，也不属于企业合并。选项C，企业取得了不构成业务的一组资产或是净资产时，应将购买成本基于购买日所取得各项可辨认资产、负债相对公允价值基础上进行分配，不按照企业合并准则进行处理。

3. BC 【解析】选项B、C，自当期期初至购买日，发行在外的普通股数量应假定为在该项合并法律上母公司向法律上子公司股东发行的普通股股数；自购买日至期末发行在外的普通股数量为法律上母公司(即会计上子公司)实际发行在外的普通股股数。

4. ACD 【解析】选项A、B，本业务属于反向购买，购买方为乙公司，即会计上的母公司为乙公司，会计上的子公司为甲公司。选项C，甲公司在该项合并中向乙公司原股东增发了20 000万股普通股，合并后乙公司原股东持有甲公司的股权比例为80%(20 000/25 000×100%)，假定乙公司发行本企业普通股在合并后主体享有同样的股权比例，则乙公司应当发行的普通股股数为2 500万股(10 000÷80%-10 000)，因此乙公司企业合并成本=2 500×20=50 000(万元)。选项D，反向购买应由法律上的母公司(即甲公司)编制合并财务报表。

三、综合题

1. 【答案】

(1)或有对价估计金额为0。理由：甲公司与乙公司在交易前不存在关联方关系，该项企业合并应为非同一控制下企业合并。购买日为2×21年1月2日，当日甲公司支付了有关价款16 000万元，同时估计丙公司能够实现承诺利润，所以或有对价估计金额为0。甲公司应当确认对丙公司长期股权投资成本为16 000万元。

借：长期股权投资　　16 000

　贷：银行存款　　16 000

(2)2×21年丙公司实现了预期利润，甲上市公司无须进行会计处理。

(3)2×22年丙公司未实现预期利润，且预计2×23年也无法实现预期利润，则甲上市公司需要估计该或有对价的公允价值并予以确认。因该预期利润未实现的情况是在购买日后新发生的，在购买日后超过12个月且不属于对购买日已存在状况的进一步证据，应于发生时计入当期损益。乙公司对有关利润差额的补偿将以现金支付，该或有对价属于金融工具，甲上市公司应当进行的会计处理为：

借：交易性金融资产

　(2 000-1 400+3 000-2 600)1 000

　贷：公允价值变动损益　　1 000

同时，或有对价的公允价值调整在个别财务报表中不作为对长期股权投资成本的调整，相应地，在合并财务报表中，亦不能调整购买日原已确认商誉金额。但由于丙公司未实现预期利润，可能表明购买日原已确认商誉已发生减值，A上市公司应当对商誉进行减值测试。

2. 【答案】

(1)A公司在购买日的会计分录：

借：长期股权投资

　(2 000×28.75)57 500

　贷：股本　　2 000

　　资本公积—股本溢价　　55 500

合并后A公司的股东权益为：

股本=1 500+2 000=3 500(万元)；资本公积=1 000+55 500=56 500(万元)；盈余公积=4 000(万元)；未分配利润=15 000(万元)。

(2)①判断：属于反向购买。

理由：A 公司在该项企业合并中向 B 公司原股东 C 公司增发了 2 000 万股普通股，合并后 B 公司原股东 C 公司持有 A 公司的股权比例为 57.14%［2 000/(1 500+2 000)×100%］，对于该项企业合并，虽然在合并中发行权益性证券的一方为 A 公司，但因其生产经营决策的控制权在合并后由 B 公司原股东 C 公司所拥有，B 公司应为购买方(法律上的子公司)，A 公司为被购买方(法律上的母公司)，所以该项企业合并属于反向购买。

②假定 B 公司发行本公司普通股对 A 公司进行企业合并，在合并后主体享有同样的股权比例，在计算 B 公司需发行的普通股数量时，不考虑少数股权的因素，B 公司应当发行的普通股股数为 750(1 250×80%/57.14%-1 250×80%)万股。

B 公司的合并成本=750×40=30 000(万元)。

B 公司未参与股权交换的股东拥有 B 公司的股份为 20%，享有 B 公司合并前净资产的份额=30 250×20%=6 050(万元)，在合并财务报表中应作为少数股东权益列示。

合并商誉=30 000-22 500=7 500(万元)。

(3)A 公司 2×20 年 3 月 31 日合并资产负债表如下表所示(单位：万元)：

项目	A 公司	B 公司	金额
其他权益工具投资	6 000	2 250	6 000+2 250=8 250
长期股权投资	57 500		57 500+0-57 500=0
固定资产	4 000	18 000	(4 000+1 000)+18 000=23 000
无形资产	13 000	20 000	13 000+20 000=33 000
商誉			7 500
资产总额	80 500	40 250	71 750
应付账款	500	500	500+500=1 000
长期借款	1 000	9 500	1 000+9 500=10 500
负债总额	1 500	10 000	11 500
股本	1 500+2 000=3 500	1 250	1 250×80%+750=1 750
资本公积	1 000+55 500=56 500	9 000	9 000×80%+(30 000-750)=36 450
盈余公积	4 000		0
未分配利润	15 000	20 000	20 000×80%=16 000
少数股东权益	0	0	30 250×20%=6 050
所有者权益合计	79 000	30 250	60 250

第二十七章　合并财务报表

考情解密

历年考情概况

本章属于考试重点章节，也是难点章节，考试的题型以主观题为主，考查的主要内容为调整抵销分录的编制、合并财务报表项目金额的计算、特殊交易的合并会计处理等，具体包括：合并财务报表中调整抵销分录的编制(俗称六大调整抵销分录)、购买子公司少数股权的处理、通过多次交易分步实现的非同一控制下企业合并、不丧失控制权及丧失控制权情况下处置子公司部分投资的处理等。本章几乎年年考主观题，近几年考试中，平均分值约18分，属于非常重要的章节，考生在学习的过程中应给予足够的重视。

近年考点直击

考点	主要考查题型	考频指数	考查角度
合并财务报表编制的基本问题	单选题、多选题	★	①投资性主体处理；②控制的相关概念；③合并范围的确定，即考查母公司为非投资性主体的处理原则；④考查应统一的会计政策
调整、抵销分录的编制	多选题、综合题	★★★	①合并日、购买日及资产负债表日“六大”调整抵销分录的编制；②建造合同收入的抵销、估计退货率相关收入的抵销、投资性房地产的抵销
特殊交易在合并财务报表中的处理	单选题、多选题、综合题	★★★	①购买子公司少数股东权益的处理；②丧失控制权处置部分股权的处理；③多次交易分步实现非同一控制下企业合并的处理

2022年考试变化

本章删除了“合并财务报表的合并理论”的相关内容，其他内容未发生实质性变动。

考点详解及精选例题

一、合并范围的确定★

(一)以控制为基础确定合并范围

合并财务报表的合并范围应当以**控制**为基础予以确定。控制，是指投资方拥有对被投资方的权力，通过参与被投资方的相关活动而享有可变回报，并且有能力运用对被投资方的权力影响其回报金额。

投资方要达到控制，需具备两项基本要素，一是因参与被投资方的相关活动而享有**可变回报**；二是投资方拥有对被投资方的**权力**，且有能力运用对被投资方的权力影响其回报金额。投资方只有同时具备上述两个要素时，才能控制被投资方。

【例题1·多选题】☆下列各项中，满足控制条件的有(　)。

A. 拥有对被投资方的权力

B. 通过参与被投资方的相关活动而享有可变回报

C. 有能力运用对被投资方的权力影响其回报金额

D. 参与被投资方的财务和生产经营决策

解析 ▶ 控制，是指投资方拥有对被投资方的权力，通过参与被投资方的相关活动而享有可变回报，并且有能力运用对被投资方的权力影响其回报金额。选项D，不是确定是否满足达到控制的条件。　**答案** ▶ ABC

1. 判断通过参与被投资方的相关活动享有的是否为可变回报

(1)可变回报的定义。拥有控制权的投资方，因参与被投资方的相关活动而享有可变回报。可变回报，是不固定的并可能随被投资方业绩而变动的回报，可能是正数，也可能是负数，或者有正有负。

(2)可变回报的形式。投资方在判断其享有被投资方的回报是否变动以及如何变动时，应当根据合同安排的实质，而不是法律形式。最典型回报的例子是股利、被投资方经济利益的其他分配等。

2. 判断投资方是否对被投资方拥有权力，且有能力运用此权力影响其回报金额

(1)权力的定义。投资方有能力主导被投资方的相关活动时，视为投资方拥有对被投资方的权力。

(2)相关活动。

①识别被投资方的相关活动。相关活动是指对被投资方的回报产生重大影响的活动。通常包括商品或劳务的销售和购买、金融资产的管理、资产的购买和处置、研究与开发活动以及融资活动等。

②分析被投资方相关活动的决策机制。相关活动一般由企业章程、协议中约定的权力机构(例如股东会、董事会)来决策。

③当两个或两个以上投资方能够分别单方面主导被投资方的不同相关活动时，如何判断哪一方拥有权力。

(3)“权力”是一种实质性权利。

投资方在判断是否拥有对被投资方的权力时，应当仅考虑与被投资方相关的实质性权利，包括自身以及其他方所享有的实质性权利。仅享有保护性权利的投资方不拥有对被投资方的权力。

(4)主要责任人为权力的持有人。权力是为自己(主要责任人)行使，而非代其他方行使权力。如果代其他方行使权力，则行使人为代理人。

『提示』对于受托经营业务(即标的公司)的情况，在判断受托方是否为标的公司主要责任人时，应主要关注对标的公司拥有权力和享有可变回报的认定。

(5)权力的一般来源——表决权。

①以直接或间接拥有半数以上的表决权而拥有权力。

②持有被投资方半数以上表决权但没有权力。

『提示』被投资方相关活动被政府、法院、管理人、接管人、清算人或监管人等主导时，投资方虽然持有过半数表决权，一般也不拥有对被投资方的权力。但在自行(主动)清算的情况下，投资方仍拥有对被投资方的权力，仍能实施控制，此时仍应将其纳入合并范围。

③直接或间接结合，也只拥有被投资方半数或半数以下表决权，可综合考虑下列事实和情况，以判断其持有的表决权与相关事实和情况相结合是否赋予投资方拥有对被投资方的权力。

a. 投资方持有的表决权份额相对于其他投资方持有的表决权份额的大小，以及其他投资方持有表决权的分散程度。投资方持有的绝对表决权比例，或相对于其他投资方持有的表决权比例越高，其有现时能力主导被

投资方相关活动的可能性越大。为否决投资方意见而需要联合的其他投资方越多，投资方有现时能力主导被投资方相关活动的可能性越大。

b. 与其他表决权持有人的合同安排。投资方自己拥有的表决权不足，但通过与其他表决权持有人的合同安排使其能够控制足以主导被投资方相关活动的表决权，进而拥有对被投资方的权力。该类合同安排需确保投资方可以主导其他表决权持有人的表决，也就是说，其他表决权持有人需按照投资方的意愿进行表决。

『提示』如果上述合同安排(或协议)带有期限，且期限结束后投资方不拥有对被投资方权力的，则一般不应因此类合同安排(或协议)而认定对被投资方拥有控制。

c. 其他合同安排产生的权利。

(6)权力来自表决权以外的其他权利——合同安排。

投资方对被投资方的权力通常来自表决权，但有时，投资方对一些主体的权力不是来自表决权，而是由一项或多项合同安排决定。例如，证券化产品、资产支持融资工具、部分投资基金等结构化主体。

结构化主体，是指在确定其控制方时没有将表决权或类似权利作为决定因素而设计的主体。结构化主体的相关业务活动通常在合同约定的范围内开展，表决权或类似权利仅与行政性管理事务相关。主导该主体相关活动的依据通常是合同安排或其他安排形式。有关结构化主体的判断见《企业会计准则第41号——在其他主体中权益的披露》。

(7)权力与回报之间的联系。

投资方不仅要拥有对被投资方的权力和因参与被投资者相关活动而承担或有权获得可变回报，而且要能够使用权力来影响因参与被投资者相关活动而获得的回报。只有当投资方不仅拥有对被投资方的权力、通过参与被投资方相关活动享有可变回报，而且能够运用对被投资方的权力来影响回报金额时，投资方才能够控制被投资方。

(二)纳入合并范围的特殊情况—对被投资方可分割部分的控制

在少数情况下，如果有确凿证据表明同时满足下列条件并且符合相关法律法规规定的，投资方应当将被投资方的一部分视为被投资方可分割的部分，进而判断是否控制该部分(可分割部分)：

(1)该部分的资产是偿付该部分负债或该部分其他利益方的唯一来源，不能用于偿还该部分以外的被投资方的其他负债；

(2)除与该部分相关的各方外，其他方不享有与该部分资产相关的权利，也不享有与该部分资产剩余现金流量相关的权利。

实质上该部分的所有资产、负债及其他相关权益均与被投资方的剩余部分相隔离，即：该部分的资产产生的回报不能由该部分以外的被投资方其他部分享有，该部分的负债也不能用该部分以外的被投资方资产偿还。

如果被投资方的一部分资产和负债及其他相关权益满足上述条件，构成可分割部分，则投资方应当基于控制的判断标准确定其是否能控制该可分割部分，考虑该可分割部分的相关活动及其决策机制，投资方是否目前有能力主导可分割部分的相关活动并据以从中取得可变回报。如果投资方控制可分割部分，则应将其进行合并。

(三)合并范围的豁免——投资性主体

1. 豁免规定

母公司应当将其全部子公司(包括母公司所控制的被投资单位可分割部分、结构化主体)纳入合并范围。如果母公司是投资性主体，则只应将那些为投资性主体的投资活动提供相关服务的子公司纳入合并范围，其他子公司不应予以合并，应当按照公允价值计量且其变动计入当期损益。

一个投资性主体的母公司如果其本身不是投资性主体，则应当将其控制的全部主体，包括投资性主体以及通过投资性主体间接控制的主体，纳入合并财务报表范围。

2. 投资性主体的定义

当母公司同时满足以下三个条件时，该母公司属于投资性主体：

一是该主体以向投资方提供投资管理服务为目的，从一个或多个投资者获取资金。

二是该主体的唯一经营目的，是通过资本增值、投资收益或两者兼有而获得回报。例如，一个基金在募集说明书中可能说明其投资的目的是实现资本增值、一般情况下的投资期限较长、制定了比较清晰的投资退出战略等，这些描述与投资性主体的经营目的是一致的；反之，一个基金的经营目的如果是与被投资方合作开发、生产或者销售某种产品，则说明其不是投资性主体。

三是该主体按照公允价值对几乎全部投资业绩进行计量和评价。因为投资性主体相对于合并子公司财务报表或者按照权益法核算对联营企业或合营企业的投资，公允价值计量所提供的信息更具有相关性。

二、合并日、购买日合并财务报表的编制★★★

(一)合并日合并财务报表的编制

1. 同一控制下企业合并的处理原则

(1)合并方在合并中确认取得的被合并方的资产、负债仅限于被合并方账面上原已确认的资产和负债，合并中不产生新的资产和负债，也不产生新的商誉，但被合并方在企业合并前账面上原已确认的商誉应作为合并中取得的资产确认。

(2)合并方在合并中取得的被合并方各项资产、负债应维持其在被合并方的原账面价值不变。被合并方在企业合并前采用的会计政策与合并方不一致的，首先统一会计政策，即合并方应当按照本企业会计政策对被合并方资产、负债的账面价值进行调整，并以调整后的账面价值作为有关资产、负债的入账价值。

(3)母公司在将合并取得子公司股权登记入账后，合并日在编制合并资产负债表时，需将母公司对子公司的长期股权投资与母公司在子公司所有者权益中所享有的份额相抵销。

2. 合并日编制合并财务报表的调整抵销会计分录

同一控制下企业合并，编制合并日的合并财务报表时，一般包括合并资产负债表、合并利润表及合并现金流量表等。

(1)合并资产负债表：

被合并方的有关资产、负债应以其账面价值并入合并财务报表，这里的账面价值是指被合并方的有关资产、负债(包括最终控制方收购被合并方而形成的商誉)在最终控制方财务报表中的账面价值。抵销分录一般如下：

借：股本
　　资本公积
　　盈余公积
　　未分配利润
　　商誉[最终控制方收购被合并方形成的]
　贷：长期股权投资
　　　少数股东权益

注：同一控制下企业合并，如果抵销分录出现商誉，说明子公司是最终控制方外购的。

在合并资产负债表中，对于被合并方在企业合并前实现的留存收益(盈余公积和未分配利润之和)中归属于合并方的部分，应按以下原则，自合并方的资本公积转入盈余公积和未分配利润：

①确认企业合并形成的长期股权投资后，合并方账面资本公积(资本溢价或股本溢价)贷方余额大于被合并方在合并前实现的留存收益中归属于合并方的部分，在合并资产负债表中，应将被合并方在合并前实现的留存收益中归属于合并方的部分，体现在合并工作底稿中：

借：资本公积[被合并方留存收益×母公司持股比例]

　　贷：盈余公积[被合并方盈余公积×母公司持股比例]

　　　　未分配利润[被合并方未分配利润×母公司持股比例]

②确认企业合并形成的长期股权投资后，合并方账面资本公积(资本溢价或股本溢价)贷方余额小于被合并方在合并前实现的留存收益中归属于合并方的部分，在合并资产负债表中，应以合并方资本公积(资本溢价或股本溢价)的贷方余额为限，将被合并方在企业合并前实现的留存收益中归属于合并方的部分自“资本公积”转入“盈余公积”和“未分配利润”。在合并工作底稿中，借记“资本公积”项目，贷记“盈余公积”和“未分配利润”项目。

因合并方的资本公积(资本溢价或股本溢价)余额不足，被合并方在合并前实现的留存收益中归属于合并方的部分在合并资产负债表中未予全额恢复的，合并方应当在报表附注中对这一情况进行说明。

(2)合并利润表：

合并方在编制合并日的合并利润表时，应包含合并方及被合并方自合并当期期初至合并日实现的净利润。双方在当期发生的交易，应当按照合并财务报表的有关原则进行抵销。

(3)合并现金流量表：

合并方在编制合并日的合并现金流量表时，应包含合并方及被合并方自合并当期期初至合并日产生的现金流量。涉及双方当期发生内部交易产生的现金流量，应按照合并财务报表准则规定的有关原则进行抵销。

【例题2·计算分析题】A、B公司分别为甲公司控制下的两家子公司。2×21年3月，A公司与B公司控股股东甲公司签订协议，协议约定：A公司向甲公司定向发行本公司股票6 000万股普通股(每股面值1元)以换取甲公司持有B公司80%的股权，A公司该并购事项于2×21年5月4日经监管部门批准，作为对价定向发行的股票于2×21年6月30日发行，当日收盘价每股18元。A公司于6月30日起主导B公司财务和经营政策。合并后B公司仍维持其独立法人资格继续经营。合并日B公司资产、负债的账面价值为20 000万元。假定A、B公司采用的会计政策相同。合并日，甲公司合并财务报表中有关A公司及B公司的所有者权益构成如表27-1所示。

表27-1　A公司及B公司的所有者权益构成

A公司		B公司	
项目	金额(万元)	项目	金额(万元)
股本	36 000	股本	6 000
资本公积	10 000	资本公积	2 000
盈余公积	8 000	盈余公积	4 000
未分配利润	20 000	未分配利润	8 000
合计	74 000	合计	20 000

要求：编制A公司在合并日个别财务报表和合并财务报表的会计分录。

答案

(1)A公司在合并日个别财务报表的会计处理：

借：长期股权投资

　　(20 000×80%)16 000

　　贷：股本　6 000

　　　　资本公积—股本溢价　10 000

(2)A公司在合并日合并财务报表的会计处理：

①抵销A公司的长期股权投资账面价值与B公司所有者权益账面价值。

借：股本　　6 000

　资本公积　　2 000

　盈余公积　　4 000

　未分配利润　　8 000

　贷：长期股权投资

　　　　(20 000×80%)16 000

　　少数股东权益

　　　　(20 000×20%)4 000

②对于企业合并前B公司实现的留存收益中归属于合并方的部分应自资本公积(资本溢价或股本溢价)转入盈余公积和未分配利润。

借：资本公积　　9 600

　贷：盈余公积　(4 000×80%)3 200

　　未分配利润 (8 000×80%)6 400

(二)购买日合并财务报表的编制

1. 非同一控制下的企业合并中的会计处理原则

(1)企业合并成本在取得的可辨认资产和负债之间的分配。

①购买方在企业合并中取得的被购买方各项可辨认资产和负债，要作为本企业的资产、负债(或合并财务报表中的资产、负债)按照公允价值进行确认。

②企业合并中取得无形资产的确认。购买方在对企业合并中取得的被购买方资产进行初始确认时，应当对被购买方拥有的但在其财务报表中未确认的无形资产进行充分辨认和合理判断，满足条件的，应确认为无形资产。

(2)企业合并中产生或有负债的确认。

对于购买方在企业合并时可能需要代被购买方承担的或有负债，在购买日，可能相关的或有事项导致经济利益流出企业的可能性还比较小，但其公允价值能够合理确定的情况下，即需要作为合并中取得的负债确认。

(3)对于被购买方在企业合并之前已经确认的商誉和递延所得税项目，购买方不应予以考虑。

在按照规定确定了合并中应予确认的各项可辨认资产、负债的公允价值后，其计税基础与账面价值不同形成暂时性差异的，应当按照所得税会计准则的规定确认相应的递延所得税资产或递延所得税负债。

(4)企业合并成本与合并中取得的被购买方可辨认净资产公允价值份额之间差额的处理。

购买方对于企业合并成本与确认的被购买方可辨认净资产公允价值份额的差额，应视情况分别处理：

①企业合并成本大于合并中取得的被购买方可辨认净资产公允价值份额的差额，应确认为商誉。在控股合并情况下，该差额是指合并财务报表中应予列示的商誉；在吸收合并情况下，该差额是购买方在其账簿及个别财务报表中应确认的商誉。

商誉在确认以后，持有期间不要求摊销，企业应当按照《企业会计准则第8号——资产减值》的规定对其进行减值测试，对于可收回金额低于账面价值的部分，应计提减值准备。

②企业合并成本小于合并中取得的被购买方可辨认净资产公允价值份额的差额，应计入合并当期损益。在控股合并的情况下，上述差额应体现在合并当期的合并利润表中。在吸收合并的情况下，上述企业合并成本小于合并中取得的被购买方可辨认净资产公允价值的差额，应计入合并当期购买方的个别利润表。

(5)企业合并成本或合并中取得的可辨认资产、负债公允价值的调整。

按照购买法核算的企业合并，基本原则是确定公允价值，无论是作为合并对价付出的各项资产的公允价值，还是合并中取得被购买方各项可辨认资产、负债的公允价值，如果在购买日或合并当期期末，因各种因素影响无法合理确定的，合并当期期末，购买方应以暂时确定的价值为基础进行核算。

①购买日后12个月内对有关价值量的

调整。

合并当期期末，对合并成本或合并中取得的可辨认资产、负债以暂时确定的价值对企业合并进行处理的情况下，自购买日算起12个月内取得进一步的信息表明需对原暂时确定的企业合并成本或所取得的可辨认资产、负债的暂时性价值进行调整的，应视同在购买日发生，即进行追溯调整。

②超过规定期限后的价值量调整。

自购买日算起12个月以后对企业合并成本或合并中取得的可辨认资产、负债价值的调整，应当按照《企业会计准则第28号——会计政策、会计估计变更和会计差错更正》的原则进行处理，即对于企业合并成本、合并中取得可辨认资产、负债公允价值等进行的调整，应作为前期差错处理。

『提示』自购买日起12个月内发生的价值调整，一般应该调整商誉；而自购买日起12个月后发生的价值调整，都应该作为前期差错，不调整商誉。

2. 购买日合并财务报表的编制

非同一控制下的控股合并中，购买方一般应于购买日编制合并资产负债表。

在合并资产负债表中，合并中取得的被购买方各项可辨认资产、负债应以其在购买日的公允价值计量，长期股权投资的成本大于合并中取得的被购买方可辨认净资产公允价值份额的差额，体现为合并财务报表中的商誉；长期股权投资的成本小于合并中取得的被购买方可辨认净资产公允价值份额的差额，企业合并准则中规定应计入合并当期损益，因购买日不需要编制合并利润表，该差额体现在合并资产负债表上，应调整合并资产负债表的盈余公积和未分配利润。

(1)购买日计算合并商誉。

合并商誉=企业合并成本-合并中取得被购买方可辨认净资产公允价值(考虑所得税后)的份额

(2)购买日编制合并财务报表的调整抵销会计分录。

①调整分录(将子公司的账面价值调整为公允价值)：

借：存货、固定资产、无形资产等[评估增值]
　　递延所得税资产[评估减值确认递延所得税的影响]
　贷：应收账款等[评估减值]
　　　递延所得税负债[评估增值确认递延所得税的影响]
　　　资本公积[差额]

②抵销分录：

借：股本
　　其他权益工具
　　资本公积
　　其他综合收益
　　盈余公积
　　未分配利润
　　商誉
　贷：长期股权投资
　　　少数股东权益

三、年末合并财务报表的编制★★★

(一)对子公司的个别财务报表进行调整(调整分录)

1. 同一控制下企业合并中(包括直接投资)取得的子公司

如果不存在与母公司会计政策和会计期间不一致的情况，则不需要对该子公司的个别财务报表进行调整。

2. 非同一控制下企业合并中取得的子公司

除应考虑与母公司会计政策和会计期间不一致而调整子公司个别财务报表外，还应当通过编制调整分录，根据购买日该子公司可辨认资产、负债的公允价值，对子公司的个别财务报表进行调整。具体调整思路如表27-2所示(以非同一控制下控股合并为例，假定购买日子公司资产和负债的公允价值与计税基础之间形成了暂时性差异，且符合确认递延所得税的条件）：

表 27-2　非同一控制下企业合并对子公司个别财务报表的调整

第一年	第二年
(1)将购买日子公司的账面价值调整为公允价值： 借：存货[评估增值] 　　固定资产等[评估增值] 　　递延所得税资产[资产评估减值等原因确认的] 　　贷：应收账款[评估减值] 　　　　递延所得税负债[资产评估增值等原因确认的] 　　　　资本公积[差额]	(1)仍然将购买日子公司的账面价值调整为公允价值： 借：存货 　　固定资产等 　　递延所得税资产 　　贷：应收账款 　　　　递延所得税负债 　　　　资本公积
(2)期末调整其账面价值： 借：营业成本[购买日评估增值的存货对外销售] 　　管理费用[补提折旧、摊销] 　　应收账款 　　贷：存货 　　　　固定资产[累计折旧] 　　　　无形资产[累计摊销] 　　　　信用减值损失[按评估确认的金额收回，坏账已核销]	(2)期末调整其账面价值： 借：年初未分配利润 　　年初未分配利润 　　应收账款 　　贷：存货 　　　　固定资产[累计折旧] 　　　　无形资产[累计摊销] 　　　　年初未分配利润 调整本年： 借：管理费用[补提折旧或摊销] 　　贷：固定资产[累计折旧] 　　　　无形资产[累计摊销]
借：递延所得税负债 　　贷：递延所得税资产 　　　　所得税费用[或借方]	借：递延所得税负债 　　贷：递延所得税资产 　　　　年初未分配利润[或借方] 调整本年： 借：递延所得税负债 　　贷：递延所得税资产 　　　　所得税费用[或借方]

『提示』(1)如果题目中没有给所得税资料，则不需要编制递延所得税相关调整分录；

(2)如果购买日子公司可辨认净资产的公允价值与账面价值一致，上述调整分录不需要编制。

(二)将对子公司的长期股权投资调整为权益法(调整分录)

第一年：

(1)对于应享有子公司当期实现净利润的份额：

借：长期股权投资[子公司调整后净利润×母公司持股比例]

　　贷：投资收益

按照应承担子公司当期发生的亏损份额，做相反分录。

【快速记忆】(1)如果购买日子公司可辨认净资产的公允价值与账面价值一致，不需要对净利润调整，如果存在未实现的内部交易损益，也不需要对净利润进行调整。

(2)子公司发行累积优先股等其他权益工具的，无论当期是否宣告发放其股利，在计算列报母公司合并利润表中的“归属于母公司股东的净利润”时，应扣除当期归属于除母公司之外的其他权益工具持有者的可累积分配股利，扣除金额应在“少数股东损益”

项目中列示。

(2)对于当期子公司宣告分派的现金股利或利润：

借：投资收益[子公司宣告分派现金股利×母公司持股比例]
　　贷：长期股权投资

(3)对于子公司其他综合收益变动：

借：长期股权投资[子公司其他综合收益变动额×母公司持股比例]
　　贷：其他综合收益

或做相反分录。

(4)对于子公司除净损益、分配股利、其他综合收益以外所有者权益的其他变动：

借：长期股权投资[子公司资本公积等变动额×母公司持股比例]
　　贷：资本公积

或做相反分录。

第二年：

(1)将上年长期股权投资的有关核算按权益法进行调整：

借：长期股权投资
　　贷：年初未分配利润
　　　　其他综合收益
　　　　资本公积

或做相反分录。

(2)其他调整分录比照上述第一年的处理方法。

(三)长期股权投资项目与子公司所有者权益项目的抵销

借：股本[子公司：期初数+本期增减]
　　其他权益工具[子公司：期初数+本期增减]
　　资本公积[子公司：期初数+评估增值+本期增减]
　　其他综合收益[子公司：期初数+本期增减]
　　盈余公积[子公司：期初数+本期提取盈余公积]
　　年末未分配利润[子公司：期初数+调整后净利润－本期提取盈余公积－本期分配股利]
　　商誉[长期股权投资的金额大于享有子公司持续计算的可辨认净资产公允价值份额]
　　贷：长期股权投资[调整后的母公司金额即权益法的账面价值]
　　　　少数股东权益

【快速记忆】抵销子公司所有者权益项目：

(1)如果购买日子公司可辨认净资产的公允价值与账面价值不一致，应自购买日开始持续计算，方法见上。

(2)如果购买日子公司可辨认净资产的公允价值与账面价值一致，可以直接根据子公司年末个别财务报表所有者权益项目填列。

(3)抵销子公司所有者权益项目与持股比例无关。

(4)可通过购买日计算的商誉金额与上述抵销分录中的计算商誉金额进行比对，如果一致，一般说明上述抵销分录编制正确。

(四)母公司的投资收益与子公司利润分配的抵销

借：投资收益[子公司调整后的净利润×母公司持股比例]
　　少数股东损益[子公司调整后的净利润×少数股东持股比例]
　　年初未分配利润[子公司]
　　贷：提取盈余公积[子公司本期计提的金额]
　　　　向股东分配利润[子公司本期分配的股利]
　　　　年末未分配利润[从上笔抵销分录抄过来的金额]

【例题3·综合题】甲公司有关企业合并的资料如下：

2×21年1月3日，甲公司与乙公司签订购买乙公司持有的丙公司80%股权的合同。合同规定：甲公司向乙公司定向发行5 111万股本公司股票，以换取乙公司持有丙公司 80%的股权。甲公司定向发行的股票按规定为每股 4.8 元，双方确定的评估基准日为2×21 年 5 月 30 日。合同经双方股东大会批准后生效。购买丙公司 80%股权时，甲公司与乙公司不存在关联方关系。

(1)购买丙公司 80%股权的合同执行情况如下：

①2×21 年 4 月 2 日，甲公司和乙公司分别召开股东大会，批准通过了该购买股权的合同。

②以丙公司 2×21 年 5 月 30 日净资产评估值为基础，丙公司经评估确定 2×21 年 5 月 30 日的可辨认净资产公允价值(不含递延所得税资产和负债)为 32 000 万元。甲公司该并购事项于 2×21 年 6 月 1 日经监管部门批准，作为对价定向发行的股票于 2×21 年 6 月 30 日发行，当日收盘价为每股 6 元。

③甲公司和乙公司均于 2×21 年 6 月 30 日办理完毕上述相关股权登记手续。交易后乙公司持有甲公司在外发行的普通股股份的 6%，不具有重大影响。甲公司为定向增发普通股股票，支付券商佣金及手续费 300 万元。为核查丙公司资产价值，支付资产评估费 60 万元，以银行存款支付。

④甲公司于 2×21 年 6 月 30 日对丙公司董事会进行改组，并取得控制权。

⑤丙公司 2×21 年 6 月 30 日可辨认净资产的账面价值(不含递延所得税资产和负债)为 36 000 万元，其中：股本为 13 000 万元，资本公积为 20 000 万元，其他综合收益 2 000 万元，盈余公积为 100 万元，未分配利润为 900 万元。丙公司可辨认资产、负债的公允价值(不含递延所得税资产和负债)为 38 000 万元，与其账面价值仅有 5 项资产、或有负债存在差异，如表 27-3 所示(单位：万元)。

表 27-3　丙公司可辨认资产、负债的评估情况

项目	账面价值	公允价值	评估增值
存货	10 000	10 800	800
应收账款	4 000	3 900	-100
固定资产	500	900	400
无形资产	8 000	9 000	1 000
或有负债	—	100	100
合计			2 000

丙公司固定资产未来仍可使用 20 年，预计净残值为 0，采用年限平均法计提折旧。无形资产未来仍可使用 10 年，预计净残值为 0，采用直线法摊销。丙公司的固定资产、无形资产均为管理使用；固定资产、无形资产的折旧(或摊销)年限、折旧(或摊销)方法及预计净残值均与税法规定一致。购买日，丙公司资产和负债的账面价值与其计税基础相同，资产和负债的公允价值与计税基础之间形成的暂时性差异均符合确认递延所得税资产或递延所得税负债的条件，不考虑甲公司、丙公司除企业合并和编制合并财务报表之外的其他税费，两家公司适用的所得税税率均为 25%。除非有特别说明，本案例中的资产和负债的账面价值与计税基础相同。至本年年末应收账款按购买日评估确认的金额收回，评估确认的坏账已核销；购买日发生的评估增值的存货，本年已全部对外销售；上述或有负债为丙公司因质量诉讼案件而形成的，因购买日丙公司未满足预计负债确认条件而未确认，年末丙公司败诉并支付赔款 100 万元。

(2)2×21 年 7 月 1 日至 12 月 31 日丙公司个别财务报表确认净利润 3 000 万元，提取盈余公积 300 万元；2×21 年丙公司宣告分派现金股利 1 000 万元，丙公司其他综合收益增加 400 万元(已扣除所得税的影响，下同)，丙公司其他所有者权益变动 100 万元。

丙公司2×22年个别财务报表确认净利润5 005万元，提取盈余公积500.5万元；2×22年宣告分派普通股现金股利2 000万元，丙公司其他综合收益减少80万元。此外2×22年年末丙公司发行了一项可转换公司债券，在初始确认时将其包含的负债成分和权益成分进行分拆确认了其他权益工具1 500万元。

要求：

（1）编制甲公司在购买日个别财务报表及其合并财务报表的相关会计分录。

（2）编制甲公司在2×21年年末和2×22年年末合并财务报表的调整抵销分录。

答案

（1）购买日2×21年6月30日个别财务报表及其合并财务报表的相关会计分录。

①甲公司购买日个别财务报表的会计分录：

借：长期股权投资（5 111×6）30 666

　　贷：股本　5 111

　　　　资本公积　（5 111×5）25 555

借：管理费用　60

　　资本公积　300

　　贷：银行存款　（300+60）360

②合并中取得子公司可辨认净资产的公允价值＝38 000－2 000×25%＝37 500（万元）；或＝36 000+2 000×75%＝37 500（万元）。

③甲公司合并财务报表确认商誉＝30 666－37 500×80%＝666（万元）。

④甲公司合并财务报表调整抵销分录：

借：存货　800

　　固定资产　400

　　无形资产　1 000

　　递延所得税资产　（200×25%）50

　　贷：应收账款　100

　　　　预计负债　100

　　　　递延所得税负债　（2 200×25%）550

　　　　资本公积　（2 000×75%）1 500

借：股本　13 000

　　资本公积　（20 000+1 500）21 500

　　其他综合收益　2 000

　　盈余公积　100

　　未分配利润　900

　　商誉（30 666－37 500×80%）666

　　贷：长期股权投资　30 666

　　　　少数股东权益　（37 500×20%）7 500

（2）2×21年年末和2×22年年末的抵销、调整分录如表27-4所示。

表27-4　2×21年年末和2×22年年末的抵销、调整分录

2×21年	2×22年
①将子公司账面价值调整为公允价值	①将子公司账面价值调整为公允价值
借：存货　800 　　固定资产　400 　　无形资产　1 000 　　递延所得税资产　（200×25%）50 　　贷：应收账款　100 　　　　预计负债　100 　　　　递延所得税负债　（2 200×25%）550 　　　　资本公积　（2 000×75%）1 500	借：存货　800 　　固定资产　400 　　无形资产　1 000 　　递延所得税资产　50 　　贷：应收账款　100 　　　　预计负债　100 　　　　递延所得税负债　550 　　　　资本公积　1 500

续表

2×21 年	2×22 年
借：营业成本　800 　应收账款　100 　管理费用　60 　预计负债　100 　贷：存货　800 　　信用减值损失　100 　　固定资产　(400/20×6/12)10 　　无形资产　(1 000/10×6/12)50 　　营业外支出　100 借：递延所得税负债　(860×25%)215 　贷：递延所得税资产　(200×25%)50 　　所得税费用　165	借：年初未分配利润　800 　应收账款　100 　年初未分配利润　60 　预计负债　100 　贷：存货　800 　　年初未分配利润　100 　　固定资产　10 　　无形资产　50 　　年初未分配利润　100 借：递延所得税负债　215 　贷：递延所得税资产　50 　　年初未分配利润　165
—	借：管理费用　120 　贷：固定资产(累计折旧)　(400/20)20 　　无形资产(累计摊销)　(1 000/10)100 借：递延所得税负债　(120×25%)30 　贷：所得税费用　30
②按照权益法调整长期股权投资的账面价值	②按照权益法调整长期股权投资的账面价值
2×21 年丙公司实现净利润	调整上年
调整后的 2×21 年净利润＝调整前 3 000＋对购买日评估差额的调整[－800－60＋100＋100＋165]＝2 505(万元)。 或＝调整前 3 000＋[－800×75%－60×75%＋100×75%＋100×75%]＝2 505(万元)。 借：长期股权投资　(2 505×80%)2 004 　贷：投资收益　2 004	借：长期股权投资　2 004 　贷：年初未分配利润　2 004
分派现金股利 1 000 万元： 借：投资收益　(1 000×80%)800 　贷：长期股权投资　800	借：年初未分配利润　800 　贷：长期股权投资　800
其他综合收益变动增加 400 万元： 借：长期股权投资　(400×80%)320 　贷：其他综合收益　320	借：长期股权投资　320 　贷：其他综合收益　320
其他所有者权益变动增加 100 万元： 借：长期股权投资　(100×80%)80 　贷：资本公积　80	借：长期股权投资　80 　贷：资本公积　80
2×21 年 12 月 31 日按权益法调整后的长期股权投资的账面价值＝30 666＋2 004－800＋320＋80＝32 270(万元)	或合并编制： 借：长期股权投资　1 604 　贷：年初未分配利润　(2 004－800)1 204 　　其他综合收益　320 　　资本公积　80

续表

2×21 年	2×22 年
—	2×22 年丙公司实现净利润 调整后的 2×22 年净利润 = 5 005+对购买日评估差额的调整(-120+30) = 4 915(万元)。 借：长期股权投资　(4 915×80%)3 932 　贷：投资收益　3 932 分派普通股现金股利 2 000 万元。 合并财务报表冲减的投资收益 = 2 000×80% = 1 600(万元)。 借：投资收益　1 600 　贷：长期股权投资　1 600 其他综合收益减少 80 万元： 借：其他综合收益　64 　贷：长期股权投资　(80×80%)64 分拆确认其他权益工具增加 1 500 万元： 借：长期股权投资　(1 500×80%)1 200 　贷：资本公积　1 200 2×22 年 12 月 31 日按权益法调整后的长期股权投资的账面价值 = 30 666 + 1 604 + 3 932 - 1 600 - 64 + 1 200 = 35 738(万元)
③2×21 年长期股权投资与丙公司所有者权益的抵销	③2×22 年长期股权投资与丙公司所有者权益的抵销
借：股本　13 000 　资本公积　(20 000+1 500+100)21 600 　其他综合收益　(2 000+400)2 400 　盈余公积　(100+300)400 　年末未分配利润 　　(900+2 505-300-1 000)2 105 　商誉　(32 270-39 505×80%)666 　贷：长期股权投资　32 270 　　少数股东权益　(39 505×20%)7 901	借：股本　13 000 　其他权益工具　1 500 　资本公积　21 600 　其他综合收益　(2 400-80)2 320 　盈余公积　(400+500. 5)900. 5 　年末未分配利润　(2 105+4 915-500. 5-2 000)4 519. 5 　商誉　(35 738-43 840×80%)666 　贷：长期股权投资　35 738 　　少数股东权益　(43 840×20%)8 768
④甲公司 2×21 年投资收益与利润分配抵销	④甲公司 2×22 年投资收益与利润分配抵销
借：投资收益　(2 505×80%)2 004 　少数股东损益　(2 505×20%)501 　年初未分配利润　900 　贷：提取盈余公积　300 　　向股东分配利润　1 000 　　年末未分配利润　2 105	借：投资收益　(4 915×80%)3 932 　少数股东损益　(4 915×20%)983 　年初未分配利润　2 105 　贷：提取盈余公积　500. 5 　　向股东分配利润　2 000 　　年末未分配利润　4 519. 5

(五)未实现内部销售利润及其相关债权债务的抵销

1. 存货价值中包含的未实现内部销售利润的抵销(如表 27-5)

表 27-5　内部交易存货的抵销

第一年	第二年
(1)期末抵销未实现内部销售利润： 借：营业收入[内部销售企业的不含税收入] 　　贷：营业成本[倒挤] 　　　　存货[期末内部购销形成的存货价值×销售企业的毛利率]	(1)假定上期末实现内部销售商品全部对集团外销售： 借：年初未分配利润[上年营业收入-上年营业成本] 　　贷：营业成本 (2)假定当期内部购进商品全部对集团外销售： 借：营业收入 　　贷：营业成本 (3)期末抵销未实现内部销售利润： 借：营业成本 　　贷：存货
(2)确认递延所得税资产： 借：递延所得税资产 　　贷：所得税费用[抵销分录中(存货贷方发生额-借方发生额)×25%]	(4)确认递延所得税资产： 借：递延所得税资产 　　贷：年初未分配利润 借：递延所得税资产 　　贷：所得税费用 或相反分录
(3)同时逆流交易情况下，在存货中包含的未实现内部销售损益中，归属于少数股东的未实现内部销售损益分摊金额： 借：少数股东权益 　　贷：少数股东损益[损益项目借方发生额大于贷方发生额的差额×少数股东持股比例×75%]	(5)同时逆流交易情况下，在存货中包含的未实现内部销售损益中，归属于少数股东的未实现内部销售损益分摊金额： 借：少数股东权益[存货项目贷方发生额大于借方发生额的差额×少数%×75%] 　　少数股东损益[损益项目贷方发生额大于借方发生额的差额×少数%×75%] 　　贷：年初未分配利润
(4)抵销债权债务： 借：应付账款[含税金额] 　　贷：应收账款 借：应收账款—坏账准备 　　贷：信用减值损失 借：所得税费用 　　贷：递延所得税资产	(6)a. 抵销债权债务(第二年货款仍然未收付)： 借：应付账款 　　贷：应收账款 借：应收账款—坏账准备 　　贷：年初未分配利润 借(或贷)：应收账款—坏账准备 　　　　贷(或借)：信用减值损失 借：年初未分配利润 　　贷：递延所得税资产 借(或贷)：所得税费用 　　　　贷(或借)：递延所得税资产
—	b. 抵销债权债务(第二年货款已经收付)： 借：应收账款—坏账准备 　　贷：年初未分配利润 借：信用减值损失 　　贷：应收账款—坏账准备 借：年初未分配利润 　　贷：递延所得税资产 借：递延所得税资产 　　贷：所得税费用

续表

第一年	第二年
如果是逆流交易形成的应收账款，则还需要根据该应收账款信用减值损失因素相应调整少数股东损益和少数股东权益。此处略	如果是逆流交易形成的应收账款，则还需要根据该应收账款信用减值损失因素相应调整少数股东损益和少数股东权益。此处略

【例题4·计算分析题】A公司为B公司的母公司，持有B公司的股权比例为80%。A、B公司均为增值税一般纳税人，适用的增值税税率为13%，所得税税率为25%，发出存货采用先进先出法计价，与税法规定相同。A公司和B公司均按照应收账款余额10%计提坏账准备，税法规定计提坏账准备于实际发生时允许税前扣除。

(1)2×21年B公司向A公司销售甲产品100件，每件售价为8万元，成本为6万元，至年末已对外销售甲产品70件。货款尚未收付。

(2)2×22年B公司向A公司销售甲产品90件，每件售价为9万元，成本为8万元；至年末已对外销售甲产品20件。本年、上年货款均未收付。

要求：根据上述资料，编制相关合并财务报表抵销分录。

答案 A公司在合并财务报表中应编制的相关抵销分录如表27-6所示。

表27-6　A公司在合并财务报表中应编制的相关抵销分录

2×21年	2×22年
借：营业收入　(100×8)800 　贷：营业成本　[倒挤]740 　　存货　[30×(8-6)]60	借：年初未分配利润　60 　贷：营业成本　60
—	借：营业收入　(90×9)810 　贷：营业成本　810 借：营业成本　110 　贷：存货　[10×(8-6)+90×(9-8)]110
合并财务报表列报： 存货：30×6=180(万元)。 验算：个别财务报表(30×8)+合并财务报表(-60)=180(万元)	合并财务报表列报： 存货：10×6+90×8=780(万元)。 验算：个别财务报表(10×8+90×9)+合并财务报表(-110)=780(万元)
借：递延所得税资产　(60×25%)15 　贷：所得税费用　15	借：递延所得税资产　15 　贷：年初未分配利润　15 借：递延所得税资产　(110×25%-15)12.5 　贷：所得税费用　12.5
借：少数股东权益　(60×20%×75%)9 　贷：少数股东损益　9	借：少数股东权益　(110×20%×75%)16.5 　贷：年初未分配利润　9 　　少数股东损益　[(110-60)×20%×75%]7.5
抵销债权债务： 借：应付账款　(100×8×1.13)904 　贷：应收账款　904	抵销债权债务： 借：应付账款　[904+(90×9×1.13)]1 819.3 　贷：应收账款　1 819.3
借：应收账款—坏账准备　90.4 　贷：信用减值损失　(904×10%)90.4	借：应收账款—坏账准备　90.4 　贷：年初未分配利润　90.4 借：应收账款—坏账准备　91.53 　贷：信用减值损失　(90×9×1.13×10%)91.53

续表

2×21 年	2×22 年
借：所得税费用　(90.4×25%)22.6 　贷：递延所得税资产　22.6	借：年初未分配利润　22.6 　贷：递延所得税资产　22.6 借：所得税费用　(91.53×25%)22.88 　贷：递延所得税资产　22.88
借：少数股东损益　(90.4×20%×75%)13.56 　贷：少数股东权益　13.56	借：年初未分配利润　13.56 　少数股东损益　(91.53×20%×75%)13.73 　贷：少数股东权益　[(91.53+90.4)×20%×75%]27.29

【例题 5 · 计算分析题】 甲公司是乙公司的母公司，适用的所得税税率为 25%，2×21 年和 2×22 年有以下内部业务：

(1)2×21 年乙公司从甲公司购进 A 商品 500 件，购买价格为每件 6 万元。甲公司 A 商品每件成本为 4 万元。2×21 年乙公司对外销售 A 商品 400 件，每件销售价格为 9 万元；年末结存 A 商品 100 件。2×21 年 12 月 31 日，A 商品每件可变现净值为 5 万元。

(2)2×22 年乙公司对外销售 A 商品 90 件；2×22 年 12 月 31 日库存 10 件，A 商品每件可变现净值为 3 万元。

要求：

(1)编制 2×21 年的相关合并财务报表抵销分录。

(2)编制 2×22 年的相关合并财务报表抵销分录。

答案

(1)编制 2×21 年的相关合并财务报表抵销分录：

借：营业收入　(500×6)3 000
　贷：营业成本　2 800
　　存货　[(6-4)×100]200

借：存货—存货跌价准备　100
　贷：资产减值损失　100

【分析：集团公司角度：成本 = 100×4 = 400(万元)；可变现净值 = 100×5 = 500(万元)；不需要计提】

【分析：购进企业角度：成本 = 100×6 = 600(万元)；可变现净值 = 100×5 = 500(万元)；计提减值 100 万元】

借：递延所得税资产　25[(200-100)×25%]
　贷：所得税费用　25

(2)编制 2×22 年的相关合并财务报表抵销分录：

借：年初未分配利润　[(6-4)×100]200
　贷：营业成本　200

借：营业成本　[(6-4)×10]20
　贷：存货　20

借：存货—存货跌价准备　100
　贷：年初未分配利润　100

借：营业成本　90
　贷：存货—存货跌价准备　90

借：存货—存货跌价准备　(20-10)10
　贷：资产减值损失　10

借：递延所得税资产　25
　贷：年初未分配利润　25

借：所得税费用　25
　贷：递延所得税资产　[(20-100+90-10)×25%-25]25

【例题 6 · 综合题】 ☆甲公司为增值税一般纳税人，销售货物适用的增值税税率为 13%，适用的企业所得税税率为 25%。2×18 年，甲公司发生的相关交易或事项如下：

2 月 20 日，甲公司与子公司(乙公司)签订销售合同，向其销售 100 件 A 产品，每件销售价格为 20 万元、每件生产成本为 12 万元。甲公司于 3 月 25 日发出 A 产品，并开出了增值税专用发票。根据销售合同的约定，如甲公司销售的A产品存在质量问题，乙公司可在1年内退货。甲公司根据历史经验，估计该批A产品的退货率为8%。乙公司于3月28日收到所购A产品并验收入库，当日通过银行转账支付上述货款。

2×18年年末，甲公司本年销售给乙公司的A产品尚未发生退货，甲公司重新评估A产品的退货率为5%；乙公司本年从甲公司购入的A产品对外销售50%，其余形成存货。

其他有关资料：第一，上述销售价格不含增值税税额。第二，存货按取得时的成本确定计税基础；第三，甲公司预计未来年度有足够的应纳税所得额用以抵扣可抵扣暂时性差异。第四，乙公司适用的企业所得税税率为25%。第五，本题不考虑除增值税和企业所得税以外的税费及其他因素。

要求：根据上述资料，分别编制甲公司2×18年度在个别财务报表和合并财务报表中的相关会计分录。

答案 甲公司2×18年度个别财务报表和合并财务报表应编制的会计分录如表27-7所示。

表27-7 甲公司2×18年度个别财务报表和合并财务报表中应编制的会计分录

个别财务报表会计分录	合并财务报表抵销分录
为说明问题，简化编制会计分录，其实是需要分两个时点写的。 借：银行存款 2 260 贷：主营业务收入 (100×20×95%)1 900 预计负债 (100×20×5%)100 应交税费—应交增值税(销项税额) 260 借：主营业务成本 (100×12×95%)1 140 应收退货成本 (100×12×5%)60 贷：库存商品 1 200 借：递延所得税资产 (100×25%)25 贷：所得税费用 25 借：所得税费用 15 贷：递延所得税负债 (60×25%)15	借：营业收入 (100×20×95%)1900 其他流动负债—预计负债 (100×20×5%)100 贷：营业成本 1 540 其他流动资产—应收退货成本 (100×12×5%)60 存货 [(2 000−1 200)×50%]400 注1：1 540万元，甲公司个别财务报表确认营业成本1 140万元；乙公司个别财务报表确认营业成本100×20/2=1 000(万元)；合并层面营业成本为100×12/2=600(万元)；应该冲销营业成本1 140+1 000−600=1 540(万元)。 注2：400万元，甲公司个别财务报表没有存货了，乙公司个别财务报表存货为100×20/2=1 000(万元)；合并层面存货为100×12×50%=600(万元)，所以冲销存货1 000−600=400(万元)。 借：递延所得税资产 (400×25%)100 贷：所得税费用 100 借：所得税费用 25 贷：递延所得税资产 25 借：递延所得税负债 15 贷：所得税费用 15

2. 固定资产原价中包含的未实现内部销售利润的抵销

第一年：

(1)内部销售方为存货，购入方确认为固定资产：

①将与内部交易形成的固定资产包含的未实现内部销售损益予以抵销：

借：营业收入[内部销售企业的不含税收入]

贷：营业成本[内部销售企业的成本]

固定资产—原价[内部购进企业多计的原价]

②将内部交易形成的固定资产当期多计提的折旧予以抵销：

借：固定资产—累计折旧

贷：管理费用等

③确认递延所得税资产：

借：递延所得税资产

贷：所得税费用

(2)内部销售方为固定资产，购入方也确认为固定资产：

①将与内部交易形成的固定资产包含的未实现内部销售损益予以抵销：

借：资产处置收益[内部销售企业的利得]

　贷：固定资产—原价[内部购进企业多计的原价]

②将内部交易形成的固定资产当期多计提的折旧予以抵销：

借：固定资产—累计折旧

　贷：管理费用等

③确认递延所得税资产：

借：递延所得税资产

　贷：所得税费用

第二年：

①将期初未分配利润中包含的该未实现内部销售损益予以抵销，以调整期初未分配利润：

借：年初未分配利润

　贷：固定资产—原价

②将内部交易形成的固定资产上期多计提的折旧予以抵销，以调整期初未分配利润：

借：固定资产—累计折旧

　贷：年初未分配利润

③将内部交易形成的固定资产当期多计提的折旧予以抵销：

借：固定资产—累计折旧

　贷：管理费用等

④确认递延所得税资产：

借：递延所得税资产

　所得税费用[差额]

　贷：年初未分配利润

【例题 7 · 计算分析题】母公司和子公司适用的所得税税率均为 25%，母公司持有子公司 80%股权。2×20 年 6 月 30 日子公司以 1 000 万元的价格将其生产的产品销售给母公司，其销售成本为 800 万元。母公司购买该产品作为管理用固定资产，当日达到预定可以使用状态，货款 1 000 万元至 2×20 年年末母公司尚未支付货款，子公司按照 5%的比例计提坏账准备。假设母公司对该固定资产按 5 年的使用期限计提折旧，预计净残值为 0，采用年限平均法计提折旧。假定预计折旧年限、折旧方法和净残值与税法一致。税法规定，对于取得的固定资产以其历史成本计量，计提的坏账准备不得税前扣除，发生实质性损失时允许税前扣除。

2×21 年 12 月 31 日母公司支付了货款 1 000 万元。

要求：根据上述资料作出母公司编制合并财务报表时的相关抵销分录。

答案▶母公司编制合并财务报表时的相关抵销分录如表 27-8 所示。

表 27-8　母公司编制合并财务报表时的相关抵销分录

2×20 年	2×21 年
借：营业收入　1 000 　贷：营业成本　800 　　固定资产　200	借：年初未分配利润　200 　贷：固定资产　200
借：固定资产—累计折旧　(200/5×6/12)20 　贷：管理费用　20	借：固定资产—累计折旧　20 　贷：年初未分配利润　20 借：固定资产—累计折旧　(200/5)40 　贷：管理费用　40

续表

2×20 年	2×21 年
借：递延所得税资产　45 　贷：所得税费用　[(200-20)×25%]45	借：递延所得税资产　45 　贷：年初未分配利润　45 借：所得税费用　10 　贷：递延所得税资产 [(200-20-40)×25%-45=-10]10
借：少数股东权益　[(200-20)×20%×75%]27 　贷：少数股东损益　27	借：少数股东权益　[(200-20-40)×20%×75%]21 　少数股东损益　(40×20%×75%)6 　贷：年初未分配利润　27
合并财务报表列报： 固定资产：800-800/5/2=720(万元)。 验算：个别财务报表(1 000-1 000/5/2)+合并财务报表(-200+20)=720(万元)。 合并营业利润：-800/5×6/12=-80(万元)。 验算：个别财务报表(1 000-800-1 000/5/2)+合并财务报表(-1 000+800+20)=-80(万元)	合并财务报表列报： 固定资产：800-800/5×1.5=560(万元)。 验算：个别财务报表(1 000-1 000/5×1.5)+合并财务报表(-200+20+40)=560(万元)。 合并营业利润：-800/5×1=-160(万元)。 验算：个别财务报表(-1 000/5)+合并财务报表(40)=-160(万元)
抵销债权债务： 借：应付账款　1 000 　贷：应收账款　1 000 借：应收账款—坏账准备　50 　贷：信用减值损失　(1 000×5%)50 借：所得税费用　(50×25%)12.5 　贷：递延所得税资产　12.5 借：少数股东损益　(50×20%×75%)7.5 　贷：少数股东权益　7.5	抵销债权债务： 借：应收账款—坏账准备　50 　贷：年初未分配利润　50 借：信用减值损失　(1 000×5%)50 　贷：应收账款—坏账准备　50 借：年初未分配利润　12.5 　贷：递延所得税资产　12.5 借：递延所得税资产　12.5 　贷：所得税费用　12.5 借：年初未分配利润　7.5 　贷：少数股东权益　7.5 借：少数股东权益　7.5 　贷：少数股东损益　7.5

2×22 年：(以下不再考虑少数股东损益等的抵销)

借：年初未分配利润　200
　贷：固定资产—原价　200
借：固定资产—累计折旧(20+40)60
　贷：年初未分配利润　60
借：固定资产—累计折旧　40
　贷：管理费用　40
借：递延所得税资产　35
　贷：年初未分配利润　35
借：所得税费用　10
　贷：递延所得税资产
[(200-40×2.5)×25%-35=-10]10

『拓展』清理期间如何处理？

第一种情况：假定母公司在 2×25 年 6 月 30 日(已经使用 5 年)该固定资产使用期满时对其报废清理，假定处置损失转入个别财务报表“营业外支出”项目。编制抵销分录。

答案

2×25 年：

借：年初未分配利润　200
　贷：营业外支出　200
借：营业外支出　(40×4.5)180
　贷：年初未分配利润　180
借：营业外支出　20
　贷：管理费用　20

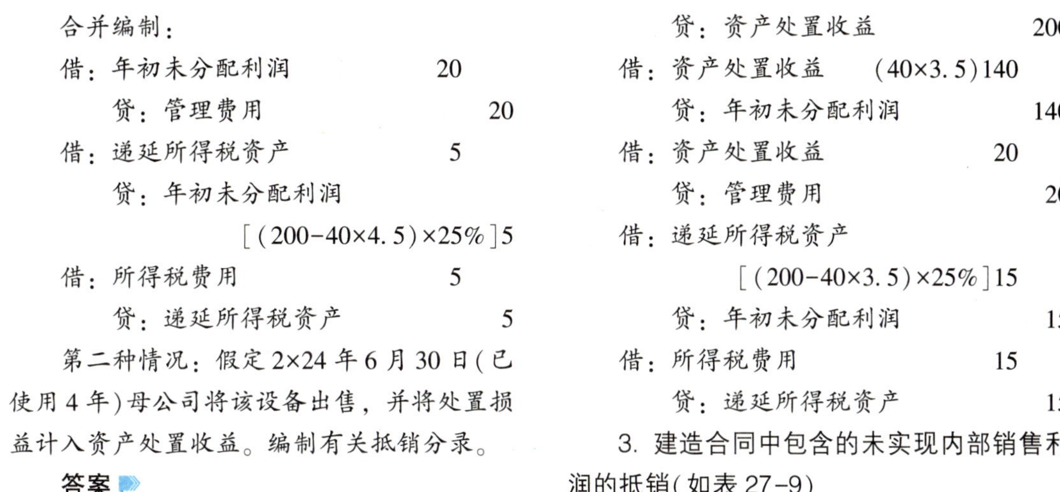

合并编制：

借：年初未分配利润　　20

　　贷：管理费用　　20

借：递延所得税资产　　5

　　贷：年初未分配利润

　　　　[(200−40×4.5)×25%]5

借：所得税费用　　5

　　贷：递延所得税资产　　5

第二种情况：假定2×24年6月30日(已使用4年)母公司将该设备出售，并将处置损益计入资产处置收益。编制有关抵销分录。

答案

借：年初未分配利润　　200

　　贷：资产处置收益　　200

借：资产处置收益　　(40×3.5)140

　　贷：年初未分配利润　　140

借：资产处置收益　　20

　　贷：管理费用　　20

借：递延所得税资产

　　　　[(200−40×3.5)×25%]15

　　贷：年初未分配利润　　15

借：所得税费用　　15

　　贷：递延所得税资产　　15

3. 建造合同中包含的未实现内部销售利润的抵销(如表27-9)

表27-9　建造合同中包含的未实现内部销售利润的抵销

个别财务报表会计分录(母公司)	个别财务报表会计分录(子公司)	合并财务报表抵销分录
第1年 借：合同履约成本 　贷：原材料、应付职工薪酬等 借：合同结算 　贷：主营业务收入 借：主营业务成本 　贷：合同履约成本 借：应收账款 　贷：合同结算 借：银行存款 　贷：应收账款	第1年 借：在建工程 　贷：银行存款	第1年 借：营业收入 　贷：营业成本 　　在建工程
第2年 借：合同履约成本 　贷：原材料、应付职工薪酬等 借：合同结算 　贷：主营业务收入 借：主营业务成本 　贷：合同履约成本 借：应收账款 　贷：合同结算 借：银行存款 　贷：应收账款	第2年 借：在建工程 　贷：银行存款 完工时： 借：固定资产 　贷：在建工程	第2年 借：年初未分配利润 　贷：在建工程 借：在建工程 　贷：固定资产 借：营业收入 　贷：营业成本 　　固定资产

【例题8·综合题】甲公司持有乙公司100%股权，乙公司是一家建筑施工企业。2×20年2月10日，甲公司与乙公司签订一项总金额为47 300万元的固定造价合同，将自建厂房工程出包给乙公司建造，自建厂房于2×20年3月1日开工，预计2×21年12月完工。乙公司预计建造上述厂房的总成本为38 700万元。甲公司和乙公司一致同

意按照乙公司累计实际发生的成本占预计总成本的比例确定履约进度。不考虑增值税等因素。

2×20 年度，乙公司为建造上述厂房实际发生成本 25 800 万元；由于材料价格上涨等因素，乙公司预计为完成工程尚需发生成本 17 200 万元。甲公司与乙公司在 2×20 年年末结算了合同价款 28 380 万元，乙公司在 2×20 年年末收到了上述价款。

2×21 年度，乙公司为建造上述厂房实际发生成本 18 060 万元；2×21 年 12 月 10 日，上述厂房全部完工，达到预定可使用状态。甲公司与乙公司在 2×21 年年末结算了合同价款 18 920 万元，乙公司在 2×21 年年末收到了上述价款。

要求：分别编制乙公司个别财务报表和甲公司合并财务报表中的相关会计分录。

答案 乙公司个别财务报表和甲公司合并财务报表中的相关会计分录如表 27－10 所示。

表 27-10　乙公司个别财务报表和甲公司合并财务报表中的相关会计分录

乙公司个别财务报表的会计分录	甲公司合并财务报表的抵销分录
2×20 年度： 借：合同履约成本　25 800 　贷：原材料、应付职工薪酬等　25 800 借：合同结算　[47 300×25 800/(25 800+17 200)] 28 380 　贷：主营业务收入　28 380 借：主营业务成本　25 800 　贷：合同履约成本　25 800 借：应收账款　28 380 　贷：合同结算　28 380 借：银行存款　28 380 　贷：应收账款　28 380	2×20 年度： 借：营业收入　28 380 　贷：营业成本　25 800 　　在建工程　2 580
2×21 年度： 借：合同履约成本　18 060 　贷：原材料、应付职工薪酬等　18 060 借：合同结算　(47 300－28 380) 18 920 　贷：主营业务收入　18 920 借：主营业务成本　18 060 　贷：合同履约成本　18 060 借：应收账款　18 920 　贷：合同结算　18 920 借：银行存款　18 920 　贷：应收账款　18 920	2×21 年度： 借：年初未分配利润　2 580 　贷：在建工程　2 580 借：在建工程　2 580 　贷：固定资产　2 580 借：营业收入　18 920 　贷：营业成本　18 060 　　固定资产　860

4. 企业内转让房地产缴纳的土地增值税

(1)在转让方(销售企业)的个别财务报表中，应在转让房地产取得增值额的当期，将土地增值税计入损益，主营房地产业务的企业土地增值税会计分录：

借：税金及附加

　贷：应交税金—应交土地增值税

(2)集团为了出售目的而持有的房地产，在合并财务报表中，集团内部转让房地产的期间，由于内部交易未实现的损益已经抵销，企业集团层面没有实现房地产增值，因而合并财务报表中没有反映该项转让交易的利得。相应的，集团内公司缴纳的土地增值税也不应当确认为当期损益，而在合并资产负债表中，将其作为一项资产列示。待房地产从该集团出售给第三方，在集团合并利润表中实现增值利得时，再将已缴纳的土地增值税转入当期损益。

【例题9·计算分析题】甲公司是乙公司的母公司，甲公司和乙公司都是房地产开发企业，甲公司将成本为1 000万元的商品房以1 500万元的价格销售给乙公司，土地增值税为150万元。假设不考虑增值税等因素的影响。

要求：编制甲、乙公司在个别财务报表中以及甲公司在合并财务报表中的会计分录。

答案

甲公司个别财务报表：

借：银行存款　1 500

　贷：主营业务收入　1 500

借：主营业务成本　1 000

　贷：开发产品　1 000

借：税金及附加　150

　贷：应交税费—应交土地增值税150

乙公司个别财务报表：

借：开发产品　1 500

　贷：银行存款　1 500

甲公司在合并财务报表中编制的调整抵销分录：

借：营业收入　1 500

　贷：营业成本　1 000

　　存货　500

借：其他(非)流动资产(资产类报表项目)　150

　贷：税金及附加　150

5. 集团内交易中产生的单方计提的增值税

纳入合并财务报表范围内的企业之间发生交易，其中一方将自产产品销售给另一方，如按照税法规定，出售方(销售企业)属增值税免税项目，销售自产产品免征增值税，而购入方(购买企业)属增值税应税项目，其购入产品过程中可以计算相应的增值税进项税额用于抵扣。由于税项是法定事项，在集团内部企业间进行产品转移时，进项税抵扣的权利已经成立，原则上不应抵销，在合并财务报表层面应体现为一项资产。另外，在内部交易涉及的产品出售给第三方之前，对合并财务报表而言，该交易本身并未实现利润。因此，在编制合并财务报表并抵销出售方(销售企业)对有关产品的未实现内部销售损益与购买方(购买企业)相应的存货账面价值时，该部分因增值税进项税额产生的差额在合并财务报表中可以确认为一项递延收益，并随着后续产品实现向第三方销售时再转入当期损益。

【例题10·计算分析题】甲公司将成本为800万元的自产产品以1 000万元销售给乙公司，甲公司免缴增值税，假定乙公司可以抵扣9%的进项税额。

要求：编制甲、乙公司在个别财务报表中以及甲公司在合并财务报表中的会计分录。

答案

甲公司个别财务报表：

借：银行存款　1 000

　贷：主营业务收入　1 000

借：主营业务成本　800

　贷：库存商品　800

乙公司个别财务报表：

借：原材料　910

　应交税费—应交增值税(进项税额)　90

　贷：银行存款　1 000

甲公司在合并财务报表中编制的调整抵销分录：

借：营业收入　1 000

　贷：营业成本　800

　　存货　110

　　递延收益　90

6. 无形资产原价中包含的未实现内部销售利润的抵销

比照固定资产原价中包含的未实现内部销售利润抵销的处理方法。

【快速记忆】母公司与子公司、子公司相互之间销售商品(或提供劳务，下同)或其他方式形成的存货、固定资产、工程物资、在建工程、无形资产等所包含的未实现内部销售损益应当抵销，相关总结：

（1）对于涉及的增值税不能抵销，题目中若是给出了含税（增值税）金额，一定要注意转换为不含税金额。

（2）在内部交易购进资产过程中发生的运杂费和安装费等不能抵销。

（3）对于内部交易形成的固定资产和无形资产注意：当月增加的固定资产，当月不提折旧；当月增加的无形资产，当月开始摊销。

（4）内部交易资产若是形成收益，第一年抵销分录中涉及递延所得税的一定是借记递延所得税资产，金额是抵销分录中的资产项目贷方金额减掉借方金额的差额乘以所得税税率；第二年连续编报的时候也是一样的道理。

7. 母公司与子公司之间出租投资性房地产的抵销

【例题11·综合题】☆甲公司为增值税一般纳税人，销售货物适用的增值税税率为13%，适用的企业所得税税率为25%。2×18年，甲公司发生的相关交易或事项如下：

2×18年年末，甲公司出租给乙公司办公楼的公允价值为3 300万元。该出租办公楼系甲公司从2×17年6月30日起出租给乙公司以供其办公使用；租赁期开始日，该办公楼的账面原价为2 500万元，采用年限平均法计提折旧，预计使用50年，预计净残值为0，截至租赁期开始日已计提折旧500万元，未计提减值准备。根据租赁合同的约定，该办公楼租赁期为5年，每年租金为100万元。

甲公司对投资性房地产采用公允价值模式进行后续计量。上述出租办公楼2×17年6月30日的公允价值为2 800万元，2×17年12月31日的公允价值为3 000万元。

其他有关资料：投资性房地产持有期间公允价值变动不计入应纳税所得额，以取得成本按期计提的折旧（与按转换为投资性房地产前会计上计提的折旧金额相同）可从应纳税所得额中扣除；除上所述外，甲公司其他交易或事项的会计处理与税法规定的税务处理不存在差异。甲公司预计未来年度有足够的应纳税所得额用以抵扣可抵扣暂时性差异。乙公司适用的企业所得税税率为25%。

要求：根据上述资料，编制甲公司2×17年和2×18年度在个别财务报表以及合并财务报表中的会计分录（不考虑与乙公司已确认的使用权资产及租赁负债相关的调整和抵销分录）。

答案甲公司2×17年和2×18年度个别财务报表以及合并财务报表应编制的会计分录如表27-11所示。

表27-11 甲公司2×17年和2×18年度个别财务报表和合并财务报表中应编制的会计分录

2×17年（个别财务报表）	2×18年（个别财务报表）
借：投资性房地产 2 800 　累计折旧 500 　贷：固定资产 2 500 　　其他综合收益 800 借：投资性房地产 （3 000－2 800）200 　贷：公允价值变动损益 200 借：银行存款 （100/2）50 　贷：其他业务收入 50 借：其他综合收益 200 　所得税费用 ［（200+2 500/50/2）×25%］56.25 　贷：递延所得税负债 　　［（3 000 － 2 500+500+2 500/50/2）×25%］256.25	借：投资性房地产 （3 300－3 000）300 　贷：公允价值变动损益 300 借：银行存款 100 　贷：其他业务收入 100 借：所得税费用 87.5 　贷：递延所得税负债 　　［（300+2 500/50）×25%］87.5

续表

2×17 年(合并财务报表)	2×18 年(合并财务报表)
2×17 年 借：固定资产　(2 500-500)2 000 　　其他综合收益　800 　　贷：投资性房地产　2 800 借：公允价值变动收益　200 　　贷：投资性房地产　200 借：管理费用　(2 500/50/2)25 　　贷：固定资产　25 借：营业收入　50 　　贷：管理费用　50 借：递延所得税负债　(1 025×25%)256.25 　　贷：其他综合收益　(800×25%)200 　　　　所得税费用　56.25	抵销 2×17 年： 借：固定资产　(2 500-500)2 000 　　其他综合收益　800 　　贷：投资性房地产　2 800 借：年初未分配利润　200 　　贷：投资性房地产　200 借：年初未分配利润　(2 500/50/2)25 　　贷：固定资产　25 借：递延所得税负债　(1 025×25%)256.25 　　贷：其他综合收益　(800×25%)200 　　　　年初未分配利润　56.25 抵销 2×18 年： 借：公允价值变动收益　300 　　贷：投资性房地产　(3 300-3 000)300 借：管理费用　(2 500/50)50 　　贷：固定资产　50 借：营业收入　100 　　贷：管理费用　100 借：递延所得税负债　87.5 　　贷：所得税费用　87.5

(六)内部债权债务的抵销

1. 应收账款与应付账款的抵销(见前内容)

2. 应收票据与应付票据、预付款项与预收款项(或合同负债)等(比照上述方法进行抵销处理)

3. 债券投资与应付债券的抵销处理

(1)债券投资与应付债券抵销时：

借：应付债券[期末摊余成本]
　　投资收益[借方差额]
　　贷：债权投资[期末摊余成本]
　　　　财务费用[贷方差额]

(2)投资收益与财务费用抵销时：

借：投资收益
　　贷：财务费用[孰低]

(3)应付利息与应收利息抵销时：

借：其他应付款—应付利息[面值×票面利率]
　　贷：其他应收款—应收利息

4. 长期应付款与长期应收款的抵销

【例题 12 · 综合题】☆甲公司为一家主要从事不动产和股权投资的公司，2×17 年、2×18 年和 2×19 年发生的相关交易或事项如下：

甲公司 2×18 年设立一家全资子公司戊公司，向其投入一项固定资产。

2×19 年 1 月 1 日，甲公司将戊公司 49%的股权转让给 A 公司，转让价款为 3 亿元，转让取得的价款专门用于戊公司一项工程的建造。A 公司不能转让该股权投资；2 年以后，甲公司需要按照 10%的利率确定的复利终值 3.63 亿元将该股权回购。

当日，甲公司将取得的 3 亿元款项借给戊公司，用于上述工程的建设，借款期限两年，年利率为 5%，到期一次归还本息；至年末该工程尚未完工。戊公司当期为进行工程建造发生支出 2 000 万元，闲置资金进行投资取得收益 450 万元。

要求：根据资料，计算该笔借款资本化的金额，并编制合并财务报表中与借款以及借款费用资本化相关的调整、抵销分录。

答案 该笔借款个别财务报表应该资本化的金额=30 000×5%-450=1 050(万元)

合并财务报表中应该资本化的金额=30 000×10%-450=2 550(万元)

合并财务报表中与借款以及借款费用资本化相关的调整、抵销分录:

借:长期应付款

(30 000+30 000×5%)31 500

贷:长期应收款 31 500

借:在建工程 (2 550-1 050)1 500

贷:财务费用 1 500

解析 甲公司和戊公司个别财务报表应编制的会计分录如表27-12所示。

表27-12 甲公司和戊公司个别财务报表应编制的会计分录

甲公司个别财务报表的会计分录	戊公司个别财务报表的会计分录
①向A公司转让股权(即股权质押取得的价款): 借:银行存款 30 000 贷:长期应付款 30 000 期末确认利息费用: 借:财务费用 3 000 贷:长期应付款 3 000	—
②将取得的转让款借给戊公司: 借:长期应收款 30 000 贷:银行存款 30 000 期末确认利息收益: 借:长期应收款 1 500 贷:财务费用 1 500	①从母公司处取得借款: 借:银行存款 30 000 贷:长期应付款 30 000 ②期末确认资本化的利息费用: 借:在建工程 1 500 贷:长期应付款 1 500 借:银行存款/应收利息 450 贷:在建工程 450

【快速记忆】个别财务报表长期股权投资权益法与合并财务报表长期股权投资权益法的区别:

假定甲公司对乙公司投资:

(1)投资时点为7月1日:被投资单位可辨认净资产公允价值10 000万元,其中:

①A商品评估增值100万元,至年末已经对外销售30%;②固定资产评估增值200万元,预计尚可使用年限10年,采用年限平均法计提折旧,预计净残值为0。

(2)内部交易:①甲公司向乙公司销售B商品,价款为300万元,成本为180万元,乙公司取得确认为存货,至年末已经对外销售30%;②9月30日甲公司向乙公司销售商品,价款为5 000万元,成本为4 400万元,乙公司取得确认为管理用固定资产,预计尚可使用年限10年,采用年限平均法计提折旧,预计净残值为0。

(3)乙公司本年实现净利润2 000万元,假设净利润在年度内均匀实现。

不考虑所得税等其他因素,则个别财务报表长期股权投资权益法与合并财务报表长期股权投资权益法的区别如表27-13所示。

表 27-13　个别财务报表长期股权投资权益法与合并财务报表长期股权投资权益法的区别

项目	个别财务报表长期股权投资权益法 假定持股比例 20%	合并财务报表长期股权投资权益法 假定持股比例 80%
投资时点：资产评估增值	无会计分录	借：存货　100 　固定资产　200 　贷：资本公积　300 借：营业成本　(100×30%)30 　管理费用　(200/10/2)10 　贷：存货　30 　　固定资产　10
	初始投资成本大于取得投资时应享有被投资单位可辨认净资产公允价值份额的：内含商誉；不调整	在合并财务报表中确认商誉
对被投资单位净损益的调整	调整后的净利润，既包括对投资时点的调整，也包括内部交易的调整。 调整后的净利润 = 2 000/2 - 100×30% - 200/10/2 - (300 - 180)×70% - (5 000 - 4 400) + 600/10×3/12 = 291(万元)。 借：长期股权投资—损益调整　58.2 　贷：投资收益　(291×20%)58.2 同时，对投资时点的调整、内部交易的调整，不需要单独编制调整抵销分录	调整后的净利润，仅包括对投资时点的调整，不包括内部交易的调整。 调整后的净利润 = 2 000/2 - 100×30% - 200/10/2 = 960(万元)。 借：长期股权投资　(960×80%)768 　贷：投资收益　768 同时，对投资时点的调整、内部交易的调整，需要单独编制调整抵销分录
取得现金股利	借：应收股利 　贷：长期股权投资—损益调整	借：投资收益 　贷：长期股权投资
其他综合收益	借：长期股权投资—其他综合收益 　贷：其他综合收益	借：长期股权投资 　贷：其他综合收益
其他权益变动	借：长期股权投资—其他权益变动 　贷：资本公积—其他资本公积	借：长期股权投资 　贷：资本公积
内部交易	无会计分录	借：营业收入　300 　贷：存货　[(300 - 180)×70%]84 　　营业成本　216 借：营业收入　5 000 　贷：固定资产　600 　　营业成本　4 400 借：固定资产　(600/10×3/12)15 　贷：管理费用　15

（七）合并现金流量表

1. 企业集团内部当期以现金投资或收购股权增加的投资所产生的现金流量的抵销处理

借：取得子公司及其他营业单位支付的现金净额

　贷：吸收投资收到的现金

2. 企业集团内部当期取得投资收益收到的现金与分配股利、利润或偿付利息支付的现金的抵销处理

借：分配股利、利润或偿付利息支付的现金

　贷：取得投资收益收到的现金

3. 企业集团内部当期销售商品所产生的现金流量的抵销处理

借：购买商品、接受劳务支付的现金

　贷：销售商品、提供劳务收到的现金

或：

借：购建固定资产、无形资产和其他长期资产支付的现金

　贷：销售商品、提供劳务收到的现金

4. 企业集团内部处置固定资产等收回的现金净额与购建固定资产等支付的现金的抵销处理

借：购建固定资产、无形资产和其他长期资产支付的现金

　贷：处置固定资产、无形资产和其他长期资产收回的现金净额

四、特殊交易在合并财务报表中的会计处理★★★

（一）控制权不变的情况下增资与减资的会计处理（如80%→90%、80%→70%）

1. 母公司购买子公司少数股东股权（如80%→90%）

（1）个别财务报表：

购买10%的股权时，按照实际支付价款或公允价值确认长期股权投资，如果以非货币性资产作为对价，应确认相关资产的处置损益。

『提示』自子公司少数股东处新取得的长期股权投资，不属于企业合并。

（2）合并财务报表：

合并资产负债表因购买10%的股权冲减母公司个别财务报表的资本公积＝支付对价－新增长期股权投资相对应享有子公司自购买日持续计算可辨认净资产份额。

『提示』上述的差额，实质上是股东之间的权益性交易，不能调整原合并财务报表已经确认的商誉或损益，只能调整资本公积，资本公积不足冲减的，调整留存收益。合并财务报表中原购买日确认的商誉或损益保持不变。

【例题13·综合题】接【例题3】资料回顾：2×21年6月30日甲公司取得丙公司80%的股权，形成非同一控制下的企业合并，初始投资成本为30 666万元。其他补充资料如下：

假定2×22年12月31日，甲公司又以公允价值为5 000万元，账面价值为4 500万元的固定资产（其中成本为4 600万元，已计提折旧100万元）作为对价，自丙公司的少数股东取得丙公司10%的股权。该项交易后，甲公司仍能够控制丙公司的财务和生产经营决策。甲公司与丙公司的少数股东在交易前不存在任何关联方关系。

要求：编制甲公司2×22年12月31日因购买10%股权个别财务报表的会计分录，计算合并财务报表中因购买10%股权而减少母公司的资本公积的金额。

答案

（1）个别财务报表：

借：固定资产清理　　4 500
　　累计折旧　　100
　贷：固定资产　　4 600
借：长期股权投资　　5 000
　贷：固定资产清理　　4 500
　　　资产处置损益　　500

（2）合并财务报表：

资料回顾：按购买日公允价值持续计算的2×22年年末丙公司可辨认净资产的公允价值为43 840万元。

①合并财务报表中，丙公司的有关资产、负债按照自购买日开始持续计算的价值进行合并，无须按照公允价值进行重新计量。

②合并财务报表因购买10%股权减少的资本公积＝新增加的长期股权投资成本5 000万元－按新取得的股权比例（10%）计算确定应享有子公司自购买日开始持续计算的可辨认净资产份额4 384万元（43 840×10%）＝5 000－4 384＝616（万元）。

【例题14·综合题】☆甲公司相关年度

发生的交易或事项如下：

(1) 2×18年1月1日，甲公司以发行4 000万股普通股(面值1元/股)为对价，从控股股东乙公司处购买其持有的丙公司70%股权。当日，甲公司所发行股份的公允价值为7元/股，丙公司账面所有者权益为22 000万元，其中股本2 000万元，资本公积8 000万元，盈余公积8 000万元，未分配利润4 000万元。另外，甲公司以银行存款支付中介机构费用1 000万元。

甲公司当日对丙公司的董事会进行改选，改选后能够控制丙公司的相关活动。

(2)2×18年3月10日，甲公司将其生产的成本为600万元的商品以800万元的价格出售给丙公司。至2×18年12月31日，丙公司自甲公司购入的商品已对外出售40%，售价为400万元；其余60%部分尚未对外销售，形成存货。

2×18年7月2日，甲公司以1 800万元的价格将一项专利技术转让给丙公司使用。该专利技术的成本为1 200万元，已摊销120万元，未计提减值准备。丙公司将受让的专利技术用于内部管理，原预计使用10年，已使用1年，预计尚可使用9年，预计净残值为0，采用直线法摊销。

至2×18年12月31日，丙公司尚未支付上述交易的价款；甲公司对账龄在1年以内的包括关联方在内的应收款项，按照其余额的5%计提坏账准备。

(3)2×18年度，丙公司实现净利润3 000万元，因持有金融资产确认其他综合收益600万元。2×18年12月31日，丙公司账面所有者权益为25 600万元，其中股本2 000万元，资本公积8 000万元，其他综合收益600万元，盈余公积8 300万元，未分配利润6 700万元。

(4)丙公司2×19年第一季度实现净利润1 000万元，其他综合收益未发生变化。2×19年3月31日，丙公司账面所有者权益为26 600万元，其中股本2 000万元，资本公积8 000万元，其他综合收益600万元，盈余公积8 300万元，未分配利润7 700万元。

(5)2×19年4月1日，甲公司支付价款14 600万元自外部独立第三方购买其所持丙公司30%股权，从而使丙公司成为甲公司的全资子公司。甲公司另向提供服务的中介机构支付费用300万元。

其他有关资料：第一，合并日，丙公司在其个别财务报表中资产、负债的账面价值与其在乙公司合并财务报表中的账面价值相同。第二，甲公司和丙公司均按照净利润的10%提取法定盈余公积，不计提任意盈余公积。第三，本题不考虑相关税费及其他因素。

要求：

(1)根据上述资料，判断甲公司取得丙公司股权的合并类型，并说明理由；编制合并日个别财务报表与合并财务报表相关会计分录。

(2)根据上述资料，编制甲公司2×18年度合并财务报表相关的调整和抵销分录。

(3)根据资料(5)，判断甲公司2×19年4月购买丙公司30%股权的性质，计算对丙公司30%股权投资在甲公司个别财务报表中应确认长期股权投资的金额，并编制相关会计分录。

(4)根据上述资料，编制甲公司购买丙公司30%股权时合并财务报表相关的调整和抵销分录。

答案

(1)①甲公司取得丙公司股权的合并类型为同一控制下企业合并。理由：甲公司从控股股东乙公司处购买其持有的丙公司70%股权，甲公司和丙公司在合并前后均同受乙公司控制。

②甲公司个别财务报表分录：

甲公司对丙公司的初始投资成本=22 000×70%=15 400(万元)。

借：长期股权投资　　15 400

　贷：股本　　4 000

　　资本公积　　11 400

借：管理费用　　1 000

贷：银行存款　1 000

③合并财务报表分录：

借：股本　2 000

资本公积　8 000

盈余公积　8 000

未分配利润　4 000

贷：长期股权投资　15 400

少数股东权益　6 600

④对于企业合并前子公司实现的留存收益中归属于合并方的部分应自资本公积转入盈余公积和未分配利润。

借：资本公积　8 400

贷：盈余公积　(8 000×70%)5 600

未分配利润　(4 000×70%)2 800

(2)①内部交易存货的抵销分录：

借：营业收入　800

贷：营业成本　[倒挤]680

存货　(200×60%)120

②内部交易无形资产的抵销分录：

借：资产处置收益　720

贷：无形资产—原价

[1 800-(1 200-120)]720

借：无形资产—累计摊销

(720/9/2)40

贷：管理费用　40

③内部债权债务的抵销分录：

借：应付账款等　(1 800+800)2 600

贷：应收账款等　2 600

借：应收账款等—坏账准备　130

贷：信用减值损失　(2 600×5%)130

④将对子公司的长期股权投资调整为权益法的调整分录：

借：长期股权投资　2 520

贷：投资收益　(3 000×70%)2 100

其他综合收益　(600×70%)420

⑤长期股权投资与子公司所有者权益项目的抵销分录：

借：股本　2 000

资本公积　8 000

盈余公积　8 300

未分配利润　6 700

其他综合收益　600

贷：长期股权投资　17 920

少数股东权益

(25 600×30%)7 680

⑥母公司的投资收益与子公司利润分配的抵销：

借：投资收益　(3 000×70%)2 100

少数股东损益(3 000×30%)900

年初未分配利润　4 000

贷：提取盈余公积　300

年末未分配利润　6 700

⑦对于企业合并前子公司实现的留存收益中归属于合并方的部分应自资本公积转入盈余公积和未分配利润。

借：资本公积　8 400

贷：盈余公积　(8 000×70%)5 600

未分配利润　(4 000×70%)2 800

(3)甲公司2×19年4月购买丙公司30%股权的性质属于购买子公司少数股东股权。

甲公司个别财务报表应确认长期股权投资的金额=14 600+300=14 900(万元)。

借：长期股权投资　14 900

贷：银行存款　14 900

(4)①合并财务报表因购买30%股权减少的资本公积=14 900-26 600×30%=6 920(万元)。

②调减合并资产负债表中的资本公积：

借：资本公积　6 920

贷：长期股权投资　6 920

③将对子公司的长期股权投资调整为权益法的调整分录：

借：长期股权投资　3 220

贷：年初未分配利润

(3 000×70%)2 100

其他综合收益　(600×70%)420

投资收益　(1 000×70%)700

④长期股权投资与子公司所有者权益项目的抵销分录：

借：股本　2 000

资本公积　8 000

其他综合收益　600
盈余公积　8 300
未分配利润　7 700
贷：长期股权投资
(15 400+14 900+3 220-6 920)26 600

⑤对于企业合并前子公司实现的留存收益中归属于合并方的部分应自资本公积转入盈余公积和未分配利润。

借：资本公积　8 400
贷：盈余公积　(8 000×70%)5 600
未分配利润　(4 000×70%)2 800

⑥母公司投资收益的抵销：

借：投资收益　(1 000×70%)700
少数股东损益(1 000×30%)300
年初未分配利润　6 700
贷：年末未分配利润　7 700

2. 不丧失控制权情况下部分处置对子公司长期股权投资(如80%→70%)

(1)个别财务报表：

在母公司个别财务报表中，即出售10%的股权取得的价款或对价的公允价值与所处置投资账面价值的差额，应作为投资损益计入处置投资当期母公司的个别财务报表。

(2)合并财务报表：

合并资产负债表调整母公司个别财务报表中资本公积=出售取得价款-出售长期股权投资相对应享有子公司自购买日或合并日持续计算的净资产份额。

『提示』该交易实质上是股东之间的权益性交易，不能调整投资损益，只能调整母公司的个别财务报表资本公积，资本公积不足冲减的，调整留存收益。此种情况下，在合并财务报表中，可以把子公司的净资产看作两部分：归属于母公司的所有者权益(包含子公司净资产和商誉)和少数股东权益(包含子公司净资产但不包含商誉)。当母公司出售部分股权时，相当于按比例把归属于母公司的所有者权益(包含子公司净资产和商誉)的账面价值调整至少数股东权益。

另外，如果是母公司购买少数股权，则是按比例把少数股东权益(包含子公司净资产但不包含商誉)的账面价值调整至归属于母公司的所有者权益。

【例题15·综合题】接【例题3】资料回顾：2×21年6月30日甲公司取得丙公司80%的股权，形成非同一控制下的企业合并，初始投资成本为30 666万元。其他补充资料如下：

假定2×22年12月31日，甲公司以银行存款5 000万元的价格出售丙公司10%的股权(即出售丙公司股权的12.5%)。该交易后甲公司持股比例变更为70%，但是仍然控制丙公司。

要求：编制甲公司2×22年12月31日因出售10%股权个别财务报表的会计分录，计算合并财务报表中因出售10%股权而增加母公司的资本公积的金额。

答案

(1)个别财务报表：

借：银行存款　5 000
贷：长期股权投资
(30 666×10%/80%；30 666×12.5%)3 833.25
投资收益　1 166.75

(2)合并财务报表：

资料回顾：按购买日公允价值持续计算的2×22年年末丙公司可辨认净资产的公允价值为43 840万元。

合并财务报表因处置10%股权确认资本公积=收到的对价5 000万元-与按照长期股权投资相对应享有子公司自购买日开始持续计算的净资产份额4 467.25万元[(43 840+666/80%)×10%]=532.75(万元)。

(二)长期股权投资成本法与金融资产之间的转换

金融资产与长期股权投资成本法之间的转换，包括5%(金融资产)→80%(成本法)；80%(成本法)→5%(金融资产)，其会计处理一般原则：一是原持有(或剩余)的5%股权投资在个别财务报表需按照公允价值计量；

在合并财务报表无须再按照公允价值计量。二是原投资确认“其他综合收益”“资本公积”在个别财务会计报表需要转入个别财务报表留存收益或投资收益，在合并财务报表无须再结转。

1. 企业因追加投资等原因能够对非同一控制下的被投资方实施控制[通过多次交易分步实现的非同一控制下企业合并，如5%(金融资产)→80%(成本法)]

(1)个别财务报表。

见长期股权投资章节，此处略。

(2)合并财务报表。

企业通过多次交易分步实现非同一控制下企业合并的，如果不属于“一揽子交易”，在合并财务报表中会计处理如下：

合并财务报表中的合并成本=购买日之前所持被购买方的股权于购买日的公允价值+购买日新购入股权所支付对价的公允价值

购买日的合并商誉=按上述计算的合并成本-应享有被购买方可辨认净资产公允价值的份额

【例题16·综合题】 5%(金融资产)→80%(成本法)，A公司2×20年、2×21年投资业务资料如下：

(1)2×20年6月1日，A公司以每股5元的价格购入某上市公司B公司的股票1 000万股，并由此持有B公司5%的股权。A公司与B公司不存在关联方关系。A公司根据其管理该权益工具的业务模式和合同现金流量特征，将其作为其他权益工具投资核算。2×20年12月31日该股票的收盘价格为每股7元。

(2)2×21年4月1日，A公司以银行存款175 000万元为对价，向B公司大股东收购B公司75%的股权，相关手续于当日完成。假设A公司购买B公司5%的股权和后续购买75%的股权不构成“一揽子交易”，A公司取得B公司控制权之日为2×21年4月1日，当日，原5%股权的公允价值为9 600万元，B公司可辨认净资产公允价值为230 175万元，不考虑相关税费等其他因素影响，A公司的盈余公积计提比例为10%。

要求：根据资料(1)和(2)，编制A公司个别财务报表和合并财务报表相关会计分录。

答案

(1)2×20年个别财务报表的会计分录：

借：其他权益工具投资—成本
　　(1 000×5)5 000
　贷：银行存款　5 000

借：其他权益工具投资—公允价值变动
　　2 000
　贷：其他综合收益　(1 000×2)2 000

(2)2×21年A公司个别财务报表的会计处理如下：

①购买日对子公司按成本法核算的初始投资成本=购买日前原持有其他权益工具投资的公允价值9 600+追加投资应支付对价的公允价值175 000=184 600(万元)。

借：长期股权投资　184 600
　贷：其他权益工具投资　7 000
　　盈余公积
　　　[(9 600-7 000)×10%]260
　　利润分配—未分配利润　2 340
　　银行存款　175 000

②购买日前原持有其他权益工具投资相关的累计确认的其他综合收益2 000万元，购买日转入留存收益。

借：其他综合收益　2 000
　贷：盈余公积　(2 000×10%)200
　　利润分配—未分配利润　1 800

(3)2×21年A公司的合并财务报表会计处理如下：

由于A公司将原持有B公司5%的股权作为其他权益工具投资进行核算，因此，购买日(即2×21年4月1日)该项其他权益工具投资的公允价值与其账面价值相等，即9 600万元，不存在差额。

合并财务报表中的合并成本=购买日之前所持被购买方的股权于购买日的公允价值

9 600+购买日新购入股权所支付对价的公允价值 175 000＝184 600（万元）。

购买日的合并商誉＝按上述计算的合并成本 184 600－应享有被购买方可辨认净资产公允价值的份额 230 175×80%＝460（万元）。

【例题 17·综合题】☆甲股份有限公司（以下简称“甲公司”）2×15 年、2×16 年发生的有关交易或事项如下：

（1）2×15 年 2 月 10 日，甲公司自公开市场以 6.8 元/股购入乙公司股票 2 000 万股，占乙公司发行在外股份数量的 4%，取得股票过程中另支付相关税费等 40 万元。甲公司在取得该部分股份后，未以任何方式参与乙公司日常管理，也未拥有向乙公司派出董事及管理人员的权利。甲公司管理该项金融资产的业务模式为长期持有、获取稳定分红。

（2）2×15 年 6 月 30 日，甲公司以 4 800 万元取得丙公司 20%股权。当日，交易各方办理完成股权变更登记手续，丙公司可辨认净资产公允价值为 28 000 万元，其中除一项土地使用权的公允价值为 2 400 万元、账面价值为 1 200 万元外，其他资产、负债的公允价值与账面价值相同。该土地使用权未来仍可使用 10 年，丙公司采用直线法摊销，预计净残值为 0。

当日，根据丙公司章程规定，甲公司向丙公司董事会派出一名成员，参与财务和生产经营决策。

（3）2×15 年 12 月 31 日，乙公司股票的收盘价为 8 元/股。

（4）2×16 年 6 月 30 日，甲公司自公开市场进一步购买乙公司股票 20 000 万股（占乙公司发行在外的普通股的 40%），购买价格为 8.5 元/股，支付相关税费 400 万元。当日，有关股份变更登记手续办理完成，乙公司可辨认净资产公允价值为 400 000 万元。购入上述股份后，甲公司立即对乙公司董事会进行改选，改选后董事会由 7 名董事组成，其中甲公司派出 4 名成员。乙公司章程规定，除公司合并、分立等事项应由董事会 2/3 及以上成员通过外，其他财务和生产经营决策由董事会 1/2 以上（含 1/2）成员通过后实施。

（5）2×16 年，甲公司与乙公司、丙公司发生的交易或事项如下：

7 月 20 日，甲公司将其生产的一台设备销售给丙公司。该设备在甲公司的成本为 600 万元，销售给丙公司的售价为 900 万元，有关款项已通过银行存款收取。丙公司将取得的设备作为存货。至 2×16 年年末，尚未对外销售。

8 月 30 日，甲公司自乙公司购进一批产品，该批产品在乙公司的成本为 800 万元，甲公司的购买价格为 1 100 万元，相关价款至 2×16 年 12 月 31 日尚未支付。甲公司已将其中的 30%对集团外销售。乙公司对 1 年以内应收账款（含应收关联方款项）按余额 5%计提坏账准备。

（6）丙公司 2×16 年实现净利润 4 000 万元。2×15 年年末持有的其他债权投资在 2×16 年数量未发生变化。年末公允价值下跌 400 万元。

其他有关资料：

本题不考虑所得税等相关税费以及其他因素的影响，有关各方在交易前不存在任何关联方关系。

要求：

（1）判断甲公司取得乙公司 4%股份应当划分的资产类别并说明理由，编制甲公司 2×15 年与取得和持有乙公司股份相关的会计分录；确定甲公司取得丙公司 20%股权应当采用的核算方法并说明理由，编制甲公司 2×15 年与取得丙公司股权相关的会计分录。

（2）判断甲公司对乙公司企业合并的类型并说明理由；确定甲公司对乙公司的合并日或购买日并说明理由；确定该项交易的企业合并成本，如果判断企业合并类型为非同一控制下企业合并的，则计算确定该项交易中购买日应确认的商誉金额。

（3）计算甲公司 2×16 年合并利润表中应当确认的投资收益，编制甲公司 2×16 年个别财务报表中与持有丙公司投资相关的会计分录。

(4)编制甲公司2×16年合并财务报表中与丙公司、乙公司未实现内部交易损益相关的调整或抵销分录。

答案

(1)甲公司应将取得的乙公司股权投资指定为以公允价值计量且其变动计入其他综合收益的非交易性权益工具投资的金融资产；理由：首先，因为甲公司取得该股权后，未以任何方式参与乙公司日常管理，也未拥有向乙公司派出董事或管理人员的权利，因此不具有重大影响；其次，甲公司管理该项金融资产的业务模式为长期持有、获取稳定分红，所以应该指定为以公允价值计量且其变动计入其他综合收益的非交易性权益工具投资的金融资产。

2×15年取得乙公司股份相关的会计分录：

借：其他权益工具投资
　　(2 000×6.8+40)13 640
　贷：银行存款　13 640

借：其他权益工具投资
　　(2 000×8−13 640)2 360
　贷：其他综合收益　2 360

甲公司取得丙公司股权应当确认为长期股权投资并采用权益法核算；理由：甲公司向丙公司董事会派出一名成员，参与财务和生产经营决策，因此对丙公司产生重大影响。

甲公司取得丙公司股权相关的会计分录：

借：长期股权投资　4 800
　贷：银行存款　4 800

借：长期股权投资
　　(28 000×20%−4 800)800
　贷：营业外收入　800

(2)甲公司对乙公司的合并类型：非同一控制下企业合并。理由：因为交易各方在合并前不具有关联方关系，不存在交易事项发生前后均能对交易各方实施控制的最终控制方。

购买日：2×16年6月30日。理由：当日甲公司对乙公司董事会进行改组，改组后能够控制乙公司财务和生产经营决策。

甲公司对乙公司企业合并成本=(20 000+2 000)×8.5=187 000(万元)。

合并商誉=187 000−400 000×44%=11 000(万元)。

(3)合并利润表中确认的投资收益=(4 000−120−300)×20%+(900−600)×20%=776(万元)。

『提示』本题没有告知乙公司当年实现的净利润，因此计算合并利润表中的投资收益时不需要考虑乙公司净利润的份额。

丙公司调整后的净利润=4 000−评估增值无形资产补提摊销(2 400−1 200)/10−(900−600)=3 580(万元)。

借：长期股权投资(3 580×20%)716
　贷：投资收益　716

借：其他综合收益　(400×20%)80
　贷：长期股权投资　80

(4)与丙公司内部交易的调整分录：

借：营业收入　(900×20%)180
　贷：营业成本　(600×20%)120
　　　投资收益　60

与乙公司内部交易的抵销分录：

借：营业收入　1 100
　贷：营业成本　890
　　　存货　[(1 100−800)×70%]210

借：少数股东权益
　　[210×(1−44%)]117.6
　贷：少数股东损益　117.6

借：应付账款　1 100
　贷：应收账款　1 100

借：应收账款　(1 100×5%)55
　贷：信用减值损失　55

借：少数股东损益
　　[55×(1−44%)]30.8
　贷：少数股东权益　30.8

2. 母公司因处置对子公司长期股权投资而丧失控制权——一次交易处置子公司[如80%(成本法)→5%(金融资产)，即出售

75%的股权或出售股权的 93.75%]

(1)个别财务报表的会计处理。

见长期股权投资章节，此处略。

(2)合并财务报表中的会计处理。

母公司因处置部分股权投资或其他原因丧失了对原有子公司控制的，在合并财务报表中，应当进行如下会计处理：

①终止确认长期股权资产、商誉等的账面价值，并终止确认少数股东权益(包括属于少数股东的其他综合收益)的账面价值。

②合并财务报表当期确认的投资收益=[(处置股权取得的对价+剩余股权公允价值)-原有子公司自购买日开始持续计算的可辨认净资产×原持股比例]-商誉+其他综合收益及资本公积×原持股比例

【例题 18·综合题】 接【例题 3】2×21 年 6 月 30 日甲公司取得丙公司 80%的股权，能够对丙公司实施控制，形成非同一控制下的企业合并，初始投资成本为 30 666 万元。2×22 年 12 月 31 日，甲公司因处置对子公司长期股权投资而丧失控制权，剩余股权转换为金融资产：

甲公司 2×22 年 12 月 31 日以 37 500 万元的对价将其持有的丙公司 75%的股权出售给第三方公司(或出售其持有丙公司股权的 93.75%)，处置后对丙公司的剩余持股比例降为 5%。剩余 5%股权的公允价值为 2 500 万元。当日，丙公司自购买日开始持续计算的可辨认净资产公允价值为 43 840 万元。

要求：编制甲公司个别财务报表和合并财务报表相关会计分录。

答案

(1)个别财务报表：

①按处置投资的比例结转应终止确认的长期股权投资成本：

借：银行存款　37 500

　贷：长期股权投资

　(30 666×75%/80%；30 666×93.75%)

　　28 749.38

　　投资收益　8 750.62

②将丧失控制之日的公允价值与账面价值之间的差额计入当期投资收益：

借：交易性金融资产或其他权益工具投资

　　2 500

　贷：长期股权投资

　　(30 666-28 749.38)1 916.62

　　投资收益　583.38

个别财务报表金融资产账面价值=2 500(万元)。

(2)合并财务报表：

合并财务报表确认的投资收益=处置股权取得的对价(37 500)与剩余股权公允价值(2 500)之和-按购买日公允价值持续计算的 2×22 年年末丙公司可辨认净资产的公允价值为 43 840×原持股比例 80%-商誉 666+丙公司其他综合收益(400-80)×原持股比例 80%+丙公司其他所有者权益 1 600×原持股比例 80%=5 798(万元)。

推导证明过程：

①视同在丧失控制权之日处置子公司，并按当日剩余 5%股权的公允价值(2 500 万元)重新计量该剩余股权。这一步骤无调整分录。

②对于个别财务报表中的部分处置收益的归属期间进行调整：

借：投资收益[代替原长期股权投资]

　　3 536

　贷：年初未分配利润[代替投资收益]

　　[(2 505-1 000)×80%]1 204

　　投资收益

　　[(4 915-2 000)×80%]2 332

③将资本公积、其他综合收益重分类转入投资收益。这一步骤无调整分录。

④抵销母公司投资收益：

借：投资收益　(4 915×80%)3 932

　少数股东损益(4 915×20%)983

　年初未分配利润　2 105

　贷：提取盈余公积　500.5

　　向股东分配利润　2 000

　　年末未分配利润　4 519.5

合并财务报表确认的投资收益=个别财务报表(处置投资收益 8 750.62+现金股利 2 000×80%+583.38)+合并财务报表[①重新计量 0+②归属期调整(-3 536+2 332)+③资本公积及其他综合收益 0-④3 932]=5 798(万元)。

(三)长期股权投资权益法与成本法之间的转换

长期股权投资权益法与成本法之间的转换,无论增资还是减资,其会计处理的一般原则:一是原持有(或剩余)的股权投资在个别财务会计报表均按照账面价值计量;在合并财务会计报表按照公允价值计量,公允价值与账面价值之间的差额计入合并财务报表投资收益。二是其他综合收益和资本公积在个别财务会计报表不需要转入个别财务报表投资收益;在合并财务会计报表中一般需要结转至当期合并财务报表投资收益(因被投资方持有的其他权益工具投资等原因所引起的其他综合收益除外)。

1. 企业因追加投资等原因能够对非同一控制下的被投资方实施控制[通过多次交易分步实现的非同一控制下企业合并,如 20%(权益法)→80%(成本法)]

(1)个别财务报表。

见长期股权投资章节,此处略。

(2)合并财务报表。

企业通过多次交易分步实现非同一控制下企业合并的,在合并财务报表上,如果不属于"一揽子交易",在合并财务报表中进行会计处理如下:

①购买日之前持有的被购买方的股权,应当按照该股权在购买日的公允价值进行重新计量,公允价值与其账面价值的差额计入当期投资收益;合并财务报表层面,视同处置原有的股权再按照公允价值购入一项新的股权。

借:长期股权投资[购买日的公允价值]

　　贷:长期股权投资[购买日的原账面价值]

　　　　投资收益

②购买日之前持有的被购买方的股权涉及权益法核算下的其他综合收益、其他所有者权益变动的,应当转为购买日所属当期收益,不能重分类进损益的其他综合收益除外。

借:其他综合收益

　　资本公积

　　贷:投资收益等

即个别财务报表不结转,合并财务报表结转。

③购买日计算合并商誉。

【例题 19·计算分析题】☆2×17 年至 2×18 年,甲公司发生的相关交易或事项如下:

(1)甲公司持有乙公司 20%股权,能够对乙公司施加重大影响。2×17 年 1 月 1 日,甲公司对乙公司股权投资的账面价值为 4 000 万元,其中投资成本为 3 200 万元,损益调整为 500 万元,以后期间可转入损益的其他综合收益为 300 万元。取得乙公司 20%股权时,乙公司各项可辨认资产、负债的公允价值与其账面价值相同。

2×17 年度,乙公司实现净利润 1 800 万元,分配现金股利 1 200 万元,无其他所有者权益变动事项。

(2)2×17 年 12 月 10 日,甲公司与丙公司签订股权转让协议,协议约定:甲公司以发行本公司普通股为对价,受让丙公司所持的乙公司 35%股权;双方同意以 2×17 年 11 月 30 日经评估乙公司全部股权公允价值 15 000 万元为依据,确定乙公司 35%股权的转让价格为 5 250 万元,由甲公司以 5 元/股的价格向丙公司发行 1 050 万股本公司普通股作为支付对价。

2×18 年 1 月 1 日,甲公司向丙公司定向发行本公司普通股 1 050 万股,丙公司向甲公司交付乙公司 35%股权,发行股份的登记手续以及乙公司股东的变更登记手续已办理完成。当日,甲公司对乙公司董事会进行改选，改选后甲公司能够控制乙公司的相关活动。购买日，甲公司股票的公允价值为7.5元/股，原持有乙公司20%股权的公允价值为4 500万元；乙公司净资产的账面价值为14 000万元(其中股本为8 000万元，盈余公积为2 000万元，未分配利润为4 000万元)，可辨认净资产的公允价值为16 000万元，除一项固定资产的公允价值大于其账面价值2 000万元外，其他各项资产、负债的公允价值与账面价值相同。

其他有关资料：第一，在取得乙公司35%股权前，甲公司与丙公司不存在关联方关系；第二，甲公司与乙公司之间未发生内部交易；第三，本题不考虑税费及其他影响因素。

要求：

(1)根据资料(1)，编制甲公司2×17年对乙公司股权投资进行权益法核算的会计分录，计算甲公司对乙公司股权投资2×17年12月31日的账面价值。

(2)根据资料(2)，编制甲公司取得乙公司35%股权的会计分录，计算甲公司取得股权日在其个别财务报表中对乙公司股权投资的账面价值。

(3)根据上述资料，判断甲公司合并乙公司的企业合并类型，并说明理由；如为非同一控制下企业合并，说明购买日，计算甲公司购买乙公司的合并成本和商誉，并编制甲公司购买日在合并财务报表中的调整和抵销分录。

答案

(1)借：长期股权投资—损益调整　360

　贷：投资收益　(1 800×20%)360

借：应收股利　240

　贷：长期股权投资—损益调整　(1 200×20%)240

借：银行存款　240

　贷：应收股利　240

甲公司对乙公司股权投资2×17年12月31日的账面价值=4 000+360-240=4 120(万元)。

(2)借：长期股权投资　(1 050×7.5)7 875

　贷：股本　1 050

　　资本公积—股本溢价　(7 875-1 050)6 825

甲公司取得股权日在其个别财务报表中对乙公司股权投资的账面价值=4 120+7 875=11 995(万元)。

(3)企业合并类型：属于非同一控制下企业合并。理由：甲公司与丙公司在该项交易发生前不存在关联方关系；不存在交易发生前后均对参与合并各方实施最终控制的一方。

购买日为2×18年1月1日。理由：甲公司对乙公司董事会进行改选，改选后能够控制乙公司。

企业合并成本=7.5×1 050+4 500=12 375(万元)

商誉=12 375-16 000×(20%+35%)=3 575(万元)。

借：固定资产　2 000

　贷：资本公积　2 000

借：长期股权投资　(4 500-4 120)380

　贷：投资收益　380

借：其他综合收益　300

　贷：投资收益　300

借：股本　8 000

　资本公积　2 000

　盈余公积　2 000

　未分配利润　4 000

　商誉　3 575

　贷：长期股权投资　12 375

　　少数股东权益　(16 000×45%)7 200

2. 处置对子公司长期股权投资而丧失控制权的情况[如80%(成本法)→20%(权益法)]

(1)个别财务报表的会计处理。

见长期股权投资章节，此处略。

(2)合并财务报表中的会计处理。

母公司因处置部分股权投资或其他原因丧失了对原有子公司控制的，在合并财务报表中，应当进行如下会计处理：

①终止确认长期股权资产、商誉等的账面价值，并终止确认少数股东权益(包括属于少数股东的其他综合收益)的账面价值。

②按照丧失控制权日的公允价值重新计量剩余股权，公允价值与账面价值的差额计入合并财务报表调整收益。

③合并财务报表当期确认的投资收益=[(处置股权取得的对价+剩余股权公允价值)-原有子公司自购买日开始持续计算的可辨认净资产×原持股比例]-商誉+其他综合收益及资本公积×原持股比例

【例题20·综合题】 接【例题3】2×21年6月30日甲公司取得丙公司80%的股权，能够对丙公司实施控制，形成非同一控制下的企业合并，初始投资成本为30 666万元。2×22年12月31日，甲公司因处置对子公司长期股权投资而丧失控制权，并转换为采用权益法核算的长期股权投资。

甲公司2×22年12月31日以30 000万元的对价将其持有的丙公司60%的股权出售给第三方公司(或出售其持有丙公司股权的75%)，处置后对丙公司的剩余持股比例降为20%。剩余20%股权的公允价值为10 000万元。当日，丙公司自购买日开始持续计算的可辨认净资产公允价值为43 840万元。

要求：编制甲公司2×22年12月31日个别财务报表和合并财务报表的相关会计分录。

答案

(1)个别财务报表：80%(成本法)→20%(权益法)。

①借：银行存款　　30 000

　贷：长期股权投资

(30 666×60%/80%；30 666×75%)22 999.5

　　投资收益　　7 000.5

②追溯最早投资时点：

剩余初始投资成本7 666.5万元(30 666-22 999.5)大于最早投资时点可辨认净资产的公允价值的份额7 500万元(37 500×20%)，不需要调整长期股权投资账面价值。

③资料回顾：调整后的2×21年净利润为2 505万元、分派现金股利1 000万元、其他综合收益变动增加400万元、其他所有者权益变动增加100万元；调整后的2×22年净利润为4 915万元、分派现金股利2 000万元、其他综合收益减少80万元，其他所有者权益变动增加1 500万元。

借：长期股权投资—损益调整　　884

　　—其他综合收益　　64

　　—其他权益变动　　320

　贷：盈余公积

(1 505×20%×10%)30.1

　　利润分配

(1 505×20%×90%)270.9

　　投资收益　　(2 915×20%)583

　　其他综合收益

[(400-80)×20%]64

　　资本公积—其他资本公积

[(100+1 500)×20%]320

个别财务报表长期股权投资账面价值=30 666-22 999.5+884+64+320=8 934.5(万元)。

(2)合并财务报表：

合并财务报表确认的投资收益=处置股权取得的对价(30 000)与剩余股权公允价值(10 000)之和-按购买日公允价值持续计算的2×22年年末丙公司可辨认净资产的公允价值为43 840×原持股比例80%-商誉666+丙公司其他综合收益(400-80)×原持股比例80%+丙公司其他所有者权益1 600×原持股比例80%=5 798(万元)。

①视同在丧失控制权之日处置子公司，并按当日剩余20%股权的公允价值(10 000万元)重新计量该剩余股权。

借：长期股权投资　　10 000

贷：长期股权投资　　8 934.5

投资收益　　1 065.5

②对于个别财务报表中的部分处置收益的归属期间进行调整。

借：投资收益[代替原长期股权投资]

2 652

贷：年初未分配利润[代替投资收益]

[(2 505-1 000)×60%]903

投资收益

[(4 915-2 000)×60%]1 749

③从资本公积、其他综合收益转出与剩余股权相对应的原计入权益的资本公积、其他综合收益，重分类转入投资收益。

借：资本公积　　(1 600×20%)320

其他综合收益

[(400-80)×20%]64

贷：投资收益　　384

④抵销母公司投资收益。

借：投资收益　　(4 915×80%)3 932

少数股东损益(4 915×20%)983

年初未分配利润　　2 105

贷：提取盈余公积　　500.5

向股东分配利润　　2 000

年末未分配利润　　4 519.5

⑤合并财务报表结果：

合并财务报表确认的投资收益=个别财务报表(处置投资收益7 000.5+现金股利2 000×80%+追溯调整583)+合并财务报表(①重新计量1 065.5+②归属期调整(-2 652+1 749)+③资本公积及其他综合收益384)-④3 932=5 798(万元)。

3. 投资方因其他投资方对其子公司增资而导致本投资方持股比例下降(股权被稀释)，从而丧失控制权但能实施共同控制或施加重大影响[如80%(成本法)→20%(权益法)]

(1)在个别财务报表中，应当对该项长期股权投资从成本法转为权益法核算。

首先，按照新的持股比例确认本投资方应享有的原子公司因增资扩股而增加净资产的份额，与应结转持股比例下降部分所对应的长期股权投资原账面价值之间的差额计入当期损益；

然后，按照新的持股比例视同自取得投资时即采用权益法核算进行调整。

(2)在合并财务报表中，应当按照《企业会计准则第33号——合并财务报表》的有关规定进行会计处理。

与上述母公司因处置对子公司长期股权投资而丧失控制权的方法相同。

【例题21·综合题】接【例题3】2×22年12月31日丙公司向非关联方X公司定向增发新股，增资150 000万元，相关手续于当日完成，甲公司对丙公司的持股比例下降为20%，对丙公司具有重大影响并丧失控制权，并转换为采用权益法核算的长期股权投资。剩余20%股权的公允价值为10 000万元。当日，丙公司自购买日开始持续计算的可辨认净资产公允价值为43 840万元。

要求：编制甲公司2×22年12月31日个别财务报表相关会计分录，计算合并财务报表确认的投资收益。

答案

(1)个别财务报表。

①按比例结转部分长期股权投资账面价值并确认相关损益。

按照新的持股比例(20%)确认应享有的原子公司因增资扩股而增加的净资产的份额=150 000×20%=30 000(万元)。

应结转持股比例下降部分所对应的长期股权投资原账面价值=30 666×60%/80%=22 999.5(万元)。

应享有的原子公司因增资扩股而增加净资产的份额(30 000万元)与应结转持股比例下降部分所对应的长期股权投资原账面价值(22 999.5万元)之间的差额为7 000.5万元应计入当期投资收益。

借：长期股权投资　　7 000.5

贷：投资收益　　7 000.5

②对剩余股权视同自取得投资时即采用权益法核算进行调整。

同上。

(2)合并财务报表。

合并财务报表确认的投资收益=处置股权取得的对价(0)与剩余股权公允价值(10 000)之和-按购买日公允价值持续计算的2×22年年末丙公司可辨认净资产的公允价值为43 840×原持股比例80%-商誉666+丙公司其他综合收益(400-80)×原持股比例80%+丙公司其他所有者权益1 600×原持股比例80%=-24 202(万元)。

(四)通过多次交易分步实现的同一控制下企业合并

(1)个别财务报表:

不属于“一揽子交易”的,取得控制权日,应按照以下步骤进行会计处理:

①在合并日,根据合并后应享有被合并方净资产在最终控制方合并财务报表中的账面价值的份额,确定长期股权投资的初始投资成本。

②合并日长期股权投资的初始投资成本,与达到合并前的长期股权投资账面价值加上合并日进一步取得股份新支付对价的账面价值之和的差额,调整资本公积(资本溢价或股本溢价),资本公积不足冲减的,冲减留存收益。

③合并日之前持有的股权投资,因采用权益法核算或金融工具确认和计量准则核算而确认的其他综合收益等,暂不进行会计处理。

(2)合并财务报表:

对于分步实现的同一控制下企业合并,根据企业合并准则,同一控制下企业合并在编制合并财务报表时,应视同参与合并的各方在最终控制方开始控制时即以目前的状态存在进行调整,在编制比较报表时,以不早于合并方和被合并方同处于最终控制方的控制之下的时点为限,将被合并方的有关资产、负债并入合并方合并财务报表的比较报表中,并将合并而增加的净资产在比较报表中调整所有者权益项下的相关项目。

为避免对被合并方净资产的价值进行重复计算,合并方在取得被合并方控制权之前持有的股权投资,在取得原股权之日与合并方和被合并方同处于同一方最终控制之日孰晚日起至合并日之间已确认有关损益、其他综合收益以及其他净资产变动,应分别冲减比较报表期间的期初留存收益或当期损益。

(五)“一揽子交易”:母公司因处置对子公司长期股权投资而丧失控制权—多次交易处置子公司[如100%(成本法)→80%(成本法)→0]

1. 个别财务报表

企业通过多次交易分步处置对子公司股权投资直至丧失控制权,如果上述交易属于一揽子交易的,应当将各项交易作为一项处置子公司股权投资并丧失控制权的交易进行会计处理;但是,在丧失控制权之前每一次处置价款与所处置的股权对应的长期股权投资账面价值之间的差额,在个别财务报表中,应当先确认为其他综合收益,到丧失控制权时再一并转入丧失控制权的当期损益。

2. 合并财务报表

企业通过多次交易分步处置对子公司股权投资直至丧失控制权,在合并财务报表中,首先,判断分步交易是否属于“一揽子交易”。

如果分步交易不属于“一揽子交易”,则在丧失对子公司控制权以前的各项交易,应按照本章上述“母公司在不丧失控制权的情况下部分处置对子公司的长期股权投资”的有关规定进行会计处理。

如果分步交易属于“一揽子交易”,则应将各项交易作为一项处置原有子公司并丧失控制权的交易进行会计处理,其中,对于丧失控制权之前的每一次交易,处置价款与处置投资对应的享有该子公司自购买日开始持续计算的可辨认净资产账面价值的份额之间的差额,在合并财务报表中应当计入其他综合收益,在丧失控制权时一并转入丧失控制权当期的损益。

【例题22·综合题】 A公司主要从事机

械产品的生产与销售，B公司为A公司的全资子公司，主要从事化工产品的生产与销售。A公司计划整合集团业务、剥离辅业，集中发展机械产品的主营业务。2×20年11月30日，A公司与C公司签订不可撤销的转让协议，约定A公司向C公司转让其持有的B公司100%股权，对价总额为5 000万元。考虑到C公司的资金压力以及股权平稳过渡，双方在协议中约定，C公司应在2×20年12月31日之前支付2 000万元，以先取得B公司20%股权；C公司应在2×21年12月31日之前支付3 000万元，以取得B公司剩余80%股权。2×20年12月31日至2×21年12月31日期间，B公司的相关活动仍然由A公司单方面主导，若B公司在此期间向股东进行利润分配，则后续80%股权的购买对价按C公司已分得的金额进行相应调整。

（1）2×20年12月31日，按照协议约定，C公司向A公司支付2 000万元，A公司将其持有的B公司20%股权转让给C公司并已办理股权变更手续；当日，B公司自购买日持续计算的可辨认净资产账面价值为3 500万元（其中股本3 000万元、以前年度累计实现的净利润300万元，2×20年累计实现的净利润200万元）。处置时长期股权投资的账面价值为3 000万元（初始投资成本为3 000万元）。

（2）2×21年6月30日，C公司向A公司支付3 000万元，A公司将其持有的B公司剩余80%股权转让给C公司并已办理股权变更手续，自此C公司取得B公司的控制权；当日，B公司自购买日持续计算的净资产账面价值为4 000万元。2×21年1月1日至2×21年6月30日，B公司实现净利润500万元，无其他净资产变动事项（不考虑所得税等影响）。

要求：

（1）判断是否属于“一揽子交易”，并说明理由。

（2）A公司转让持有的B公司20%股权，说明在合并财务报表会计处理方法，并编制合并财务报表最终的会计处理分录。

（3）A公司将其持有的B公司剩余80%股权转让，说明在合并财务报表中的会计处理方法，并计算合并财务报表当期应确认的投资收益。

答案

（1）属于“一揽子交易”，理由：A公司通过两次交易处置其持有的B公司100%股权，第一次交易处置B公司20%股权，仍保留对B公司的控制；第二次交易处置剩余80%股权，并于第二次交易后丧失对B公司的控制权。

①A公司处置B公司股权的商业目的是出于业务整合，剥离辅业的考虑，A公司的目的是处置其持有的B公司100%股权，两次处置交易结合起来才能达到其商业目的；

②两次交易在同一转让协议中同时约定；

③第一次交易中，20%股权的对价为2 000万元，相对于100%股权的对价总额5 000万元而言，第一次交易单独看并不经济，和第二次交易一并考虑才反映真正的经济影响，此外，如果在两次交易期间B公司进行了利润分配，也将据此调整对价，说明两次交易是在考虑了彼此影响的情况下订立的。

综合上述，在合并财务报表中，两次交易应作为“一揽子交易”，按照分步处置子公司股权至丧失控制权并构成“一揽子交易”的相关规定进行会计处理。

（2）2×20年12月31日，A公司转让持有的B公司20%股权，在B公司的股权比例下降至80%，A公司仍控制B公司。处置价款2 000万元与处置20%股权对应的B公司净资产账面价值的份额700万元（3 500×20%）之间的差额1 300万元，在合并财务报表中计入其他综合收益：

借：银行存款　　2 000

　贷：少数股东权益（3 500×20%）700

　　其他综合收益

　　（2 000-700）1 300

(3)2×21年1月1日至2×21年6月30日，B公司作为A公司持股80%的非全资子公司纳入A公司合并财务报表合并范围，B公司实现的净利润500万元中归属于C公司的份额100万元(500×20%)在A公司合并财务报表中确认少数股东损益100万元，并调整少数股东权益。

2×21年6月30日，A公司转让B公司剩余80%股权，丧失对B公司的控制权，不再将B公司纳入合并范围。

A公司应终止确认对B公司长期股权投资及少数股东权益等，并将处置价款3 000万元与享有的B公司净资产份额3 200万元(4 000×80%)之间的差额200万元，计入当期损益；同时，将第一次交易计入其他综合收益的1 300万元转入当期损益。

合并财务报表当期的确认投资收益=[(处置股权取得的对价3 000+剩余股权公允价值0)-原有子公司自购买日开始持续计算的可辨认净资产4 000×原持股比例80%]-商誉0+其他综合收益及资本公积0×原持股比例+第一次交易计入其他综合收益的1 300=1 100(万元)。

(六)因子公司的少数股东增资而稀释母公司拥有的股权比例

(1)增资后子公司账面净资产×母公司增资后持股比例。

(2)增资前子公司账面净资产×母公司增资前持股比例。

(3)差额计入合并资产负债表中资本公积。

【例题23·计算分析题】2×19年，A公司和B公司分别出资750万元和250万元设立C公司，A公司、B公司的持股比例分别为75%和25%。C公司为A公司的子公司。

2×21年B公司对C公司增资500万元，增资后占C公司股权比例为35%。交易完成后，A公司仍控制C公司。

C公司自成立日至增资前实现净利润1 000万元，除此以外，不存在其他影响C公司净资产变动的事项(不考虑所得税等影响)。

要求：在A公司合并财务报表中，B公司对C公司增资，计算A公司合并资产负债表中应调增的资本公积。

答案

A公司持股比例原为75%，由于少数股东增资而变为65%。

(1)增资后子公司账面净资产(1 000+1 000+500)×母公司增资后持股比例65%=1 625(万元)。

(2)增资前子公司账面净资产(1 000+1 000)×母公司增资前持股比例75%=1 500(万元)。

(3)A公司合并资产负债表中应调增资本公积=1 625-1 500=125(万元)。

【快速记忆】股权被稀释包括：

(1)25%→20%(权益法→权益法)→简称“后减去前”→差额计入个别财务报表“资本公积”。

(2)80%→70%(成本法→成本法)→简称“后减去前”→差额计入合并财务报表“资本公积”。

(3)80%→20%(成本法→权益法)→方法特殊。

(七)其他特殊交易

1. 母公司将借款作为实收资本投入子公司用于长期资产的建造，母公司应在合并财务报表层面反映借款利息的资本化金额。

2. 子公司作为投资性房地产的建筑物，出租给集团内其他企业使用，母公司应在合并财务报表层面作为固定资产反映。

同步训练

限时 150min

扫我做试题

一、单项选择题

1. ☆甲公司为制造业企业，其子公司乙公司是一家投资性主体，乙公司控制丙公司和丁公司，其中丙公司专门为乙公司投资活动提供相关服务。不考虑其他因素，下列各项会计处理的表述中，正确的是(　)。
A. 乙公司对丙公司的投资分类为以公允价值计量且其变动计入当期损益的金融资产
B. 乙公司应将丁公司纳入合并范围
C. 乙公司对丁公司的投资可以指定为以公允价值计量且其变动计入其他综合收益的金融资产
D. 甲公司应将乙公司、丙公司和丁公司纳入合并范围

2. 下列关于控制的说法中，不正确的是(　)。
A. 控制，是指投资方拥有对被投资方的权力，通过参与被投资方的相关活动而享有可变回报，并且有能力运用对被投资方的权力影响其回报金额
B. 只要投资方拥有对被投资方的权力，就说明投资方能够对被投资方实施控制
C. 如果事实和情况表明控制两项基本要素中的一个或多个发生变化，则投资方要重新判断其是否控制被投资方
D. 可变回报是不固定且可能随着被投资方业绩而变化的回报

3. 2×22 年甲公司与其子公司(乙公司)发生的有关交易或事项如下：(1)甲公司收到乙公司分派的现金股利 600 万元；(2)甲公司将其生产的产品出售给乙公司用于对外销售，收到价款及增值税 580 万元；(3)乙公司偿还上年度自甲公司购买产品的货款 900 万元；(4)乙公司将土地使用权及其地上厂房出售给甲公司，甲公司将其作为生产车间使用，乙公司共收到现金 3 500 万元。下列各项关于甲公司上述交易或事项在编制合并现金流量表应予抵销的表述中，不正确的是(　)。
A. 甲公司投资活动收到的现金 900 万元与乙公司筹资活动支付的现金 900 万元抵销
B. 甲公司经营活动收到的现金 1 480 万元与乙公司经营活动支付的现金 1 480 万元抵销
C. 甲公司投资活动支付的现金 3 500 万元与乙公司投资活动收到的现金 3 500 万元抵销
D. 甲公司投资活动收到的现金 600 万元与乙公司筹资活动支付的现金 600 万元抵销

4. 关于企业合并范围的确定及其豁免，下列说法中不正确的是(　)。
A. 母公司由非投资性主体变为投资性主体时，从转变日起，不为投资性主体的投资活动提供相关服务的子公司不再纳入合并范围
B. 投资性主体的投资者一般不应当是其关联方
C. 母公司由投资性主体变为非投资性主体时，应从转变日起将原未纳入合并范围的子公司纳入合并范围
D. 投资企业即使能对被投资方可分割的部分实施控制，也不应将其纳入合并范围

5. 2×21 年 1 月 1 日，甲公司取得乙公司 80% 股权，投资成本为 4 600 万元，当日乙公司可辨认净资产公允价值 5 000 万元，公允价值与账面价值相等，甲公司在合并乙

公司前与乙公司无关联方关系。2×21年1月1日至2×22年年末乙公司实现净利润1 200万元，实现其他综合收益税后净额320万元(可以转损益)。2×22年年末，经测试甲公司合并乙公司形成的商誉发生减值40万元。2×23年年初甲公司对外出售乙公司50%股权，出售价款为3 500万元，剩余30%股权仍可以达到重大影响，在丧失控制权日的公允价值为2 100万元。2×23年乙公司实现净利润400万元。不考虑其他因素，甲公司在2×23年合并报表中应确认处置乙公司的处置损益为(　)。

A. -176万元　　B. 80万元

C. 40万元　　D. -432万元

6. 合并资产负债表应当以母公司和子公司的资产负债表为基础，在抵销母公司与子公司、子公司相互之间发生的内部交易对合并资产负债表的影响后，由母公司编制。下列表述不正确的是(　)。

A. 子公司持有母公司的长期股权投资，应当视为企业集团的库存股，作为所有者权益的减项，在合并资产负债表中所有者权益项目下以“减：库存股”项目列示

B. 母公司对子公司的长期股权投资与母公司在子公司所有者权益中所享有的份额应当相互抵销，同时抵销相应的长期股权投资减值准备

C. 子公司相互之间持有的长期股权投资，应当比照母公司对子公司的股权投资的抵销方法，采用库存股法将长期股权投资与其对应的子公司所有者权益中所享有的份额相互抵销

D. 母公司与子公司、子公司相互之间的债权与债务项目应当相互抵销，同时抵销应收款项的坏账准备和债权投资的减值准备

7. 甲公司和乙公司的所得税税率均为25%，为同一集团内的两个子公司。内部交易资料如下：2×22年9月甲公司向乙公司销售商品100件，每件成本为1.2万元，每件销售价格为1.5万元，货款已经收付。2×22年12月末，乙公司全部未对外销售该批商品，期末该批存货的可变现净值为每件1.05万元。下列关于2×22年年末合并资产负债表的表述中，不正确的是(　)。

A. 合并资产负债表存货项目列示金额为105万元

B. 不需要抵销个别财务报表中已经确认的递延所得税资产11.25万元

C. 合并后合并资产负债表中递延所得税资产的余额为11.25万元

D. 需要抵销个别财务报表中已经确认的递延所得税资产7.5万元

8. A公司于2×21年6月以9 500万元取得B公司40%的股权，并对所取得的投资采用权益法核算，于2×21年确认对B公司的投资收益800万元。2×22年4月，A公司又投资7 100万元取得B公司另外30%的股权，对其改按成本法核算。A公司在取得对B公司的长期股权投资以后，B公司并未宣告发放现金股利或利润。A公司未对该项长期股权投资计提任何减值准备。2×21年6月和2×22年4月A公司对B公司投资时，B公司可辨认净资产公允价值分别为20 000万元和24 000万元，原取得40%股权购买日的公允价值为10 500万元。假定A、B公司在投资前不具有关联方关系，该项交易不属于一揽子交易。不考虑其他因素，A公司在购买日合并报表中应确认的商誉为(　)。

A. 20万元　　B. 800万元

C. 60万元　　D. 1 000万元

二、多项选择题

1. ☆2×18年2月1日，甲公司以4 000万元购买乙公司60%的股权，实现非同一控制下企业合并。购买日乙公司可辨认净资产的公允价值为5 000万元。2×19年3月1日，甲公司以1 500万元进一步购买乙公司20%的股权。乙公司可辨认净资产公

允价值自购买日持续计算的金额为6 000万元。甲公司合并财务报表中资本公积(资本溢价)为1 000万元。2×20年1月1日，甲公司以6 000万元出售乙公司40%的股权，丧失对乙公司的控制权，但仍能够对乙公司施加重大影响。乙公司可辨认净资产公允价值自购买日持续计算的金额为7 000万元。剩余40%股权的公允价值为3 000万元。不考虑其他因素，2×20年1月1日下列各项与甲公司处置乙公司股权相关会计处理的表述中，正确的有(　)。

A. 甲公司个别财务报表中确认股权处置损益3 250万元

B. 甲公司个别财务报表中剩余的长期股权投资的账面价值为3 000万元

C. 甲公司合并财务报表中确认股权处置损益2 100万元

D. 甲公司合并财务报表中剩余的长期股权投资的账面价值为3 000万元

2. 关于处置部分对子公司投资并丧失控制权情形的会计处理，下列表述中正确的有(　)。

A. 在个别财务报表中，剩余股权应当按其账面价值继续作为长期股权投资核算，不需要进行调整

B. 在个别财务报表中，处置部分股权投资后，投资方能够对原子公司实施共同控制或重大影响的，应按成本法转为权益法的相关规定进行会计处理

C. 在合并财务报表中，剩余股权应当按照其在丧失控制权日的公允价值进行重新计量

D. 在合并财务报表中，与原有子公司股权投资相关的可重分类进损益的其他综合收益，应当在丧失控制权时转为当期投资收益

3. 甲公司(非投资性主体)为乙公司、丙公司的母公司，乙公司为投资性主体，拥有两家全资子公司，两家子公司均不为乙公司的投资活动提供相关服务，丙公司为股权投资基金，拥有两家联营企业，丙公司对其拥有的两家联营企业按照公允价值考核和评价管理层业绩。不考虑其他因素，下列关于甲公司、乙公司和丙公司对其所持股权投资的会计处理中，正确的有(　)。

A. 乙公司不应编制合并财务报表

B. 丙公司在个别财务报表中对其拥有的两家联营企业的投资应按照公允价值计量，公允价值变动计入当期损益

C. 乙公司在个别财务报表中对其拥有的两家子公司应按照公允价值计量，公允价值变动计入当期损益

D. 甲公司在编制合并财务报表时，应将通过乙公司间接控制的两家子公司按公允价值计量，公允价值变动计入当期损益

4. 下列有关合并财务报表的表述，正确的有(　)。

A. 控制，是指投资方拥有对被投资方的权力，通过参与被投资方的相关活动而享有可变回报，并且有能力运用对被投资方的权力影响其回报金额

B. 投资方应当在综合考虑所有相关事实和情况的基础上对是否控制被投资方进行判断。一旦相关事实和情况的变化导致对控制定义所涉及的相关要素发生变化的，投资方应当进行重新评估

C. 投资方享有现时权利使其目前有能力主导被投资方的相关活动，而不论其是否实际行使该权利，视为投资方拥有对被投资方的权力

D. 两个或两个以上投资方分别享有能够单方面主导被投资方不同相关活动的现时权利的，能够主导对被投资方回报产生最重大影响的活动的一方拥有对被投资方的权力

5. 拥有决策权的投资方在判断其是否控制被投资方时，需要考虑其决策行为是以主要责任人的身份进行还是以代理人的身份进行，下列有关表述正确的有(　)。

A. 代理人并不对被投资方拥有控制，在评估控制时，代理人的决策权应被视为由主要责任人直接持有，权力属于主要责任人而非代理人

B. 当存在单独一方拥有实质性罢免权并能无理由地罢免决策者时，单凭这一点就足以得出决策者属于代理人的结论

C. 如果决策者在进行决策时需要取得数量较少的其他方的许可，则基本上可判断该决策者是代理人

D. 当存在单独一方持有实质性罢免权并能无理由地罢免决策者时，决策者属于主要责任人

6. 下列有关合并财务报表抵销处理方法的表述中，正确的有(　)。

A. 母公司向子公司出售资产所发生的未实现内部交易损益，应当全额抵销“归属于母公司所有者的净利润”

B. 子公司向母公司出售资产所发生的未实现内部交易损益，应当按照母公司对该子公司的持股比例在“归属于母公司所有者的净利润”和“少数股东损益”之间分配抵销

C. 子公司之间出售资产所发生的未实现内部交易损益，应当按照母公司对出售方子公司的持股比例在“归属于母公司所有者的净利润”和“少数股东损益”之间分配抵销

D. 子公司少数股东分担的当期亏损超过了少数股东在该子公司期初所有者权益中所享有的份额的，其余额仍应当冲减少数股东权益

7. 合并利润表应当以母公司和子公司的利润表为基础，在抵销母公司与子公司、子公司相互之间发生的内部交易对合并利润表的影响后，由母公司合并编制，下列表述正确的有(　)。

A. 母公司与子公司、子公司相互之间销售商品，期末未实现对外销售而形成存货等资产的，在抵销销售商品的营业成本和营业收入的同时，应当将各项资产所包含的未实现内部销售损益予以抵销

B. 在对母公司与子公司、子公司相互之间销售商品形成的固定资产或无形资产所包含的未实现内部销售损益进行抵销的同时，也应当对固定资产的折旧额或无形资产的摊销额与未实现内部销售损益相关的部分进行抵销

C. 母公司与子公司、子公司相互之间持有对方债券所产生的投资收益，应当与其相对应的发行方利息费用相互抵销

D. 母公司对子公司、子公司相互之间持有对方长期股权投资的投资收益应当抵销

8. 按照我国企业会计准则的规定，以下关于合并资产负债表的抵销，表述正确的有(　)。

A. 对于子公司持有的母公司股权，应当将其转为合并财务报表中的库存股

B. 非同一控制下的控股合并中，在购买日，母公司对子公司的长期股权投资大于母公司享有子公司可辨认净资产公允价值份额的差额，应当在商誉项目中列示

C. 母公司与子公司之间的债权与债务项目应当相互抵销，同时抵销应收款项的坏账准备和债权投资的减值准备

D. 母公司与子公司之间的债权投资与应付债券相互抵销后，产生的借方差额计入投资收益项目，贷方差额计入财务费用项目

9. 关于母公司在报告期内增减子公司在合并利润表的反映，下列说法中正确的有(　)。

A. 因同一控制下企业合并增加的子公司，在编制合并利润表时，应当将该子公司合并当期期初至报告期末的收入、费用、利润纳入合并利润表

B. 因非同一控制下企业合并增加的子公司，在编制合并利润表时，应当将该子公司合并当期期初至报告期末的收入、费用、利润纳入合并利润表

C. 因非同一控制下企业合并增加的子公司，在编制合并利润表时，应当将该子公司购买日至报告期末的收入、费用、利润

纳入合并利润表

D. 母公司在报告期内处置子公司，应当将该子公司期初至处置日的收入、费用、利润纳入合并利润表

10. 按照我国企业会计准则的规定，编制合并现金流量表时，抵销处理包括的内容有(　)。

A. 企业集团内部当期以现金投资或收购股权增加的投资所产生的现金流量的抵销处理

B. 企业集团内部当期取得投资收益收到的现金与分配股利、利润或偿付利息支付的现金的抵销处理

C. 企业集团内部以现金结算债权与债务所产生的现金流量的抵销处理

D. 企业集团内部当期销售商品所产生的现金流量的抵销处理

11. 甲公司有关投资业务如下：甲公司于2×22 年 1 月 2 日以 50 000 万元取得对乙公司 70% 的股权，当日起主导乙公司财务和经营政策。当日乙公司可辨认净资产公允价值总额为 62 500 万元。在甲公司取得乙公司股权投资前，双方不存在任何关联方关系。2×22 年 12 月 31 日，甲公司又出资 18 750 万元自乙公司的少数股东处取得乙公司 20% 的股权。2×22 年按甲公司取得乙公司投资日确定各项可辨认资产、负债的公允价值持续计算乙公司实现的净利润为 6 250 万元。甲公司与乙公司的少数股东在相关交易发生前不存在任何关联方关系。2×22 年 12 月 31 日，甲公司个别资产负债表中股东权益项目构成为：股本 10 000 万元，资本公积 20 000 万元(全部为股本溢价)，盈余公积 3 000 万元，未分配利润 8 000 万元。各公司按年度净利润的 10% 提取法定盈余公积。不考虑其他因素，下列有关甲公司对乙公司长期股权投资的会计处理，表述不正确的有(　)。

A. 2×22 年 1 月 2 日长期股权投资的入账价值为 50 000 万元

B. 2×22 年 12 月 31 日甲公司再次取得乙公司 20% 的股权属于企业合并

C. 2×22 年 12 月 31 日取得 20% 股权的入账价值为 18 750 万元

D. 甲公司编制 2×22 年合并财务报表应确认的商誉总额为 11 250 万元

12. 资料同上。下列有关甲公司 2×22 年 12 月 31 日合并财务报表的编制，表述不正确的有(　)。

A. 乙公司自购买日开始持续计算的可辨认净资产为 68 750 万元

B. 新取得的 20% 股权相对应的乙公司可辨认资产、负债的金额为 13 750 万元

C. 甲公司合并资产负债表中资本公积的金额为 25 000 万元

D. 甲公司合并资产负债表中未分配利润的金额为 13 625 万元

13. 甲公司有关投资业务的资料如下：2×21 年 1 月 2 日，甲公司对乙公司投资，取得乙公司 90% 的股权，取得成本为 9 000 万元，乙公司可辨认净资产公允价值总额为 9 500 万元。乙公司 2×21 年度按购买日公允价值持续计算的净利润为 4 000 万元，乙公司因其他债权投资公允价值变动增加其他综合收益 500 万元，假定乙公司一直未进行利润分配。甲公司和乙公司在交易发生前不存在任何关联方关系。乙公司 2×22 年前 6 个月按购买日公允价值计算的净利润为 3 000 万元。2×22 年 7 月 1 日，甲公司将其持有的对乙公司 70% 的股权出售给某企业，取得价款 8 000 万元，甲公司按净利润的 10% 提取盈余公积。在出售 70% 的股权后，甲公司对乙公司的持股比例为 20%，在被投资单位董事会中派有代表，但不能对乙公司的生产经营决策实施控制。2×22 年 7 月 1 日剩余股权的公允价值为 2 300 万元。不考虑所得税等因素的影响。下列有关甲公司的会计处理，正确

的有(　)。

A. 2×21 年 1 月 2 日合并财务报表中确认的商誉为 450 万元

B. 2×22 年 7 月 1 日甲公司个别财务报表中确认长期股权投资处置损益为 1 000 万元

C. 2×22 年 7 月 1 日影响甲公司个别财务报表投资收益为 1 600 万元

D. 2×22 年 7 月 1 日甲公司个别财务报表经过调整的长期股权投资账面价值为 3 500 万元

14. 资料同上。下列有关甲公司 2×22 年 7 月 1 日合并财务报表的会计处理，正确的有(　)。

A. 对于剩余股权，应当按照其在丧失控制权日的公允价值进行重新计量并减少投资收益和长期股权投资项目金额 1 200 万元

B. 对于个别财务报表中处置部分收益的归属期间进行调整，在合并财务报表中调整减少投资收益 4 900 万元

C. 从其他综合收益转出与剩余股权相对应的原计入权益的其他综合收益，重分类增加投资收益 100 万元

D. 2×22 年 7 月 1 日以后，乙公司不再纳入甲公司的合并财务报表范围

15. 下列各项中，投资方在确定合并财务报表合并范围时应考虑的因素有(　)。

A. 被投资方的设立目的

B. 投资方是否拥有对被投资方的权力

C. 投资方是否通过参与被投资方的相关活动而享有可变回报

D. 投资方是否有能力运用对被投资方的权力影响其回报金额

16. 母公司在编制合并财务报表前，对子公司所采用会计政策与其不一致的情形进行的下列会计处理中，正确的有(　)。

A. 按照子公司的会计政策另行编报母公司的财务报表

B. 要求子公司按照母公司的会计政策另行编报子公司的财务报表

C. 按照母公司自身的会计政策对子公司财务报表进行必要的调整

D. 按照子公司的会计政策对母公司自身财务报表进行必要的调整

三、综合题

1. ☆2×19 和 2×20 年，甲公司通过多次交易以不同方式购买乙公司股份，实现对乙公司的控制，并整合两家公司的业务实现协同发展，发生的相关交易或事项如下：

(1) 2×19 年 3 月 20 日，甲公司通过二级市场以 1 810 万元为对价购买乙公司 100 万股股票，占乙公司总股份的 5%，不能对其施加重大影响，作为一项长期战略投资，甲公司将其指定为以公允价值计量且其变动计入其他综合收益的金融资产，当日乙公司股票的公允价值为 18 元/股。2×19 年 3 月 5 日，乙公司宣告分配现金股利，每 10 股发放现金股利 1 元，除权日为 2×19 年 3 月 25 日。2×19 年 12 月 31 日，乙公司股票的公允价值为 25 元/股。

(2) 2×20 年 4 月 30 日，甲公司与乙公司大股东签署协议，以协议方式受让乙公司股票 1 400 万股，受让金额 42 000 万元，并办理了股权过户登记手续，当日乙公司股票的公允价值为 30 元/股。交易完成后，甲公司共持有乙公司股票 1 500 万股，占乙公司总股份的 75%，实现对乙公司的控制。乙公司的净资产账面价值为 6 000 万元(其中股本为 2 000 万元，资本公积为 2 000 万元，盈余公积为 1 000 万元，未分配利润为 1 000 万元)，可辨认净资产公允价值为 6 400 万元，两者的差异是一项品牌使用权所引起的，该品牌使用权的账面价值为 1 000 万元，公允价值为 1 400 万元，预计尚可使用期限为 20 个月，采用直线法摊销，预计净残值为 0。

(3) 收购乙公司后，甲公司董事会于 2×20 年 5 月通过决议整合甲公司和乙公司业务，批准甲、乙公司之间实施如下交易：①乙

公司将一项已经竣工并计入存货的房地产出售给甲公司作为商业地产出租经营，该房地产账面价值为5 000万元，出售价格为8 000万元。②甲公司将其生产的一批设备出售给乙公司作为管理用固定资产，该批设备的账面价值为1 400万元，销售价格为2 000万元。6月20日，上述交易完成，并办理价款支付和产权过户手续。甲公司将从乙公司取得的商业地产对外出租，将其分类为投资性房地产，采用公允价值模式进行后续计量。2×20年6月20日和2×20年12月31日，该房地产的公允价值分别为8 000万元和8 500万元。乙公司将从甲公司购入的设备作为管理用固定资产入账并投入使用，预计使用寿命为10年，预计净残值为0，采用年限平均法计提折旧。除上述交易外，甲公司和乙公司之间未发生其他交易或事项。

(4)为了向整合业务的发展提供资金，2×20年6月甲公司公开发行可转换公司债券60万份，该债券面值为每份100元，期限3年，票面年利率为6%，利息于每年年末付息，每份债券发行一年后可转换为10份普通股，甲公司发行债券时二级市场上与之类似但没有附带转换权的债券的市场利率为9%。

2×20年6月20日，甲公司发行可转换公司债券的申请得到批复。6月30日，甲公司成功按面值发行可转换公司债券并办理完毕相关发行登记手续，募集的资金存入专户管理。

其他资料：

(1)(P/F，9%，3)=0.772 2，(P/A，9%，3)=2.531 3。

(2)甲公司按实现净利润的10%计提法定盈余公积，不计提任意盈余公积。

(3)本题不考虑相关税费及其他因素。

要求：

(1)根据资料(1)，计算2×19年3月20日取得乙公司股权的初始入账金额并编制与甲公司2×19年取得及持有乙公司股权相关的会计分录。

(2)根据资料(2)，甲公司增持乙公司股份是否对甲公司个别财务报表损益产生影响，并说明理由，编制个别财务报表中与增持乙公司股权相关的会计分录。

(3)根据资料(1)、(2)、(3)，计算合并乙公司产生的商誉，并编制合并财务报表相关的调整或抵销分录。

(4)根据资料(4)，计算甲公司发行可转换债券初始确认时权益成分的入账金额，以及2×20年应确认的利息费用，并编制相关的会计分录。

2. ☆甲公司相关年度发生的有关交易或事项如下：

(1)2×18年1月1日，甲公司以发行5 000万股普通股为对价，从丙公司处购买其所持乙公司60%的股权，当日办理了股权过户登记手续。甲公司所发行股票面值为每股1元，公允价值为每股10元。另外，甲公司以银行存款支付了乙公司股权评估相关费用150万元。

2×18年1月1日，乙公司净资产账面价值为65 000万元，其中股本25 000万元，资产公积5 000万元，盈余公积26 000万元，未分配利润9 000万元；可辨认净资产公允价值为80 000万元。公允价值与账面价值差额为一宗土地使用权评估增值15 000万元，其他资产负债的账面价值等于公允价值。该土地使用权尚可使用50年，预计净残值为0，按直线法摊销。当日，甲公司对乙公司董事会改选，改选后能控制乙公司。

甲公司购买乙公司前，乙公司为甲公司常年客户；除此外，甲公司、乙公司、丙公司不存在其他关系。

(2)2×18年6月25日，甲公司出售其生产的设备给乙公司，售价2 500万元，成本2 000万元，乙公司作为管理用固定资产，并在2×18年6月28日投入使用。预计可使用10年，净残值为0，按照年限平均法计提折旧。截至2×18年12月31日，甲公司尚未收到款项，甲公司按应收款项余额的5%计提了坏账准备；该项应收款项于2×19年3月10日收存银行。

(3)2×18年度，乙公司实现净利润6 000万元，持有的金融资产公允价值上升确认其他综合收益1 000万元；2×18年12月31日，按购买日乙公司净资产账面价值持续计算的净资产为72 000万元，其中股本25 000万元，资本公积5 000万元，其他综合收益1 000万元，盈余公积26 600万元，未分配利润14 400万元。

(4)2×19年度，乙公司实现净利润5 000万元，金融资产公允价值上升确认其他综合收益200万元。

甲公司编制合并财务报表时，将乙公司作为一个资产组，2×18年年末减值测试时，没有发现该资产组存在减值。2×19年12月末，甲公司对该资产组减值测试，结果为：可收回金额92 000万元，乙公司净资产账面价值为77 200万元。

(5)2×20年1月1至3月1日，甲公司发生的交易或事项包括：1月20日，甲公司于2×19年12月销售的一批产品因质量问题被退回；2月22日，经批准发行公司债券8 500万元；2月28日，甲公司购买丁公司80%股权并控制丁公司。假定上述交易具有重要性。

其他资料：(1)甲公司、乙公司均按照10%提取盈余公积；(2)乙公司资产负债构成业务；(3)甲公司2×19年财务报告将于2×20年3月1日报出；(4)不考虑其他因素。

要求：

(1)根据资料(1)，计算长期股权投资的初始投资成本并编制相关分录，计算应确认合并商誉的金额。

(2)根据资料(1)、(2)、(3)，编制2×18年年末合并财务报表调整抵销分录。

(3)根据资料(2)，编制2×19年合并财务报表中与未分配利润相关的调整抵销分录。

(4)根据资料(1)-(4)，计算甲公司应计提的商誉减值准备，并编制相关分录。

(5)根据资料(5)，判断甲公司2×20年1月1日至3月1日发生的每项交易事项属于资产负债表日后调整事项还是非调整事项，说明处理方法。

3. 甲股份有限公司(本题下称“甲公司”)为上市公司。

(1)甲公司于2×20年3月1日与乙公司的控股股东A公司签订股权转让协议，主要内容如下：

①以乙公司2×20年3月1日经评估确认的净资产为基础，甲公司定向增发本公司普通股股票1 000万股(每股面值1元)给A公司取得乙公司80%的股权，确定每股价格为6.1元。

②甲公司该并购事项于2×20年4月1日经监管部门批准，作为对价定向发行的股票于2×20年6月30日发行，当日收盘价为每股6.52元，并于当日办理了股权登记手续。

③甲公司为定向增发普通股股票，支付佣金和手续费20万元；对乙公司资产进行评估发生评估费用10万元。相关款项已通过银行存款支付。

④甲公司于2×20年6月30日向A公司定向发行普通股股票后，即对乙公司董事会进行改组。改组后乙公司的董事会由9名董事组成，其中甲公司派出6名，其他股东派出1名，其余2名为独立董事。乙公司章程规定，其财务和生产经营决策须由董事会半数以上成员表决通过。

(2)2×20年6月30日，以2×20年3月1日评估确认的资产、负债价值为基础，乙公司可辨认净资产的账面价值(不含递延所得税资产和负债)为6 400万元，其中股本2 000万元、资本公积900万元、其他综合收益100万元(其他债权投资公允价值变动的利得)、盈余公积510万元、未分配利润2 890万元。可辨认净资产的公允价值为8 400万元(不含递延所得税资产和负债)。

(3)2×20年6月30日，乙公司可辨认资产、负债的公允价值与其账面价值仅有四项资产存在差异，如下所示(单位：万元)：

项目	账面价值	公允价值	评估增值
应收账款	400	200	-200
存货	1 500	1 700	200
固定资产	5 000	6 000	1 000
无形资产	8 000	9 000	1 000
合计	14 900	16 900	2 000

①截至2×20年年末，乙公司应收账款按购买日评估确认的金额收回，评估确认的坏账已核销。上述资产均未计提减值，资产和负债的计税基础等于其原账面价值。购买日，乙公司资产和负债的公允价值与其计税基础之间形成的暂时性差异均符合确认递延所得税资产或递延所得税负债的条件，不考虑甲公司、乙公司除企业合并和编制合并财务报表之外的其他税费，除非有特别说明，乙公司资产和负债的账面价值与计税基础相同。

②购买日发生的评估增值的存货，2×20年年末已全部对外销售。

③乙公司固定资产原预计使用年限为30年，预计净残值为0，采用年限平均法计提折旧，至购买日已使用10年，未来仍可使用20年，折旧方法及预计净残值不变。

④乙公司无形资产原预计使用年限为15年，预计净残值为0，采用直线法计提摊销，至购买日已使用5年，未来仍可使用10年，摊销方法及预计净残值不变。

假定乙公司的固定资产、无形资产均为管理部门使用；固定资产、无形资产的折旧(或摊销)年限、折旧(或摊销)方法及预计净残值均与税法规定一致。

(4)2×20年11月30日，乙公司向甲公司销售100台A产品，每台售价2万元(不含税，下同)，增值税税率为13%，每台成本为1万元，未计提存货跌价准备。当年甲公司从乙公司购入的A产品对外售出70台，其余部分形成期末存货。2×21年12月31日，A产品全部对外售出。

(5)其他有关资料如下：①甲公司与A公司在交易前不存在任何关联方关系，合并前甲公司与乙公司未发生任何交易。②各个公司所得税税率均为25%。预计在未来期间不会发生变化；预计未来期间有足够的应纳税所得额用以抵扣可抵扣暂时性差异。在合并财务报表层面出现的暂时性差异均符合递延所得税资产或递延所得税负债确认条件。③甲公司拟长期持有乙公司的股权，没有出售计划。④乙公司2×20年1-6月和7-12月实现的净利润均为677.5万元，2×20年下半年计提盈余公积135.5万元，分配现金股利500万元，因其他债权投资公允价值变动确认其他综合收益税后净额300万元。2×21年乙公司实现净利润为2 022.5万元，当年计提盈余公积202.25万元，年末分配现金股利200万元，其他债权投资公允价值下降而导致其他综合收益减少100万元(已扣除所得税影响)，其他所有者权益变动增加150万元。⑤不考虑其他因素的影响。

要求：

(1)根据资料(1)、(2)、(3)、(5)，确定甲公司合并乙公司的类型，并说明理由；如为同一控制下企业合并，确定其合并日，计算企业合并成本及合并日确认长期股权投资应调整所有者权益的金额；如为非同一控制下企业合并，确定其购买日，计算企业合并成本、合并中取得的可辨认净资产公允价值及合并中应予以确认的商誉或计入当期损益的金额。

(2)判断乙公司是否应纳入甲公司合并范围，并说明理由。

(3)根据资料(1)、(2)、(3)、(5)，编制2×20年6月30日在甲公司个别财务报表中对乙公司长期股权投资的相关会计分录、合并财务报表中的调整抵销分录。

(4)编制2×20年12月31日甲公司合并财务报表中有关的调整抵销会计分录；说明至2×20年12月31日乙公司可辨认净资产按照购买日的公允价值持续计算的账面价值。

(5)编制2×21年12月31日甲公司合并财务报表中有关的调整抵销会计分录；说明至2×21年12月31日乙公司可辨认净资产按照购买日的公允价值持续计算的账面价值。

4. 接上题资料。至2×21年12月31日乙公司可辨认净资产按照购买日的公允价值持续计算的账面价值为10 081.25万元。

假定一：2×22年1月1日甲公司的子公司丙公司以银行存款8 000万元自甲公司处购入乙公司80%的股权，丙公司于当日取得乙公司的控制权。

假定二：2×20年12月31日甲公司的子公司丙公司以银行存款2 000万元自甲公司处购入乙公司20%的股权并采用权益法核算。当日乙公司可辨认净资产的账面价值与公允价值均为6 877.5万元。2×21年乙公司实现净利润为2 022.5万元，当年计提盈余公积202.25万元，其他债权投资公允价值下降而导致其他综合收益减少100万元(已扣除所得税影响)，其他所有者权益变动增加150万元。年末分配现金股利200万元。2×22年1月1日甲公司的子公司丙公司以银行存款6 000万元自甲公司处购入乙公司60%的股权。假定该业务为非“一揽子交易”。

假定三：2×22年1月1日，甲公司又以公允价值为607万元，账面价值为500万元(其中成本为400万元，公允价值变动100万元)的投资性房地产作为对价，自乙公司的少数股东处取得乙公司6%的股权。至此甲公司持股比例达到86%，该项交易发生后，甲公司仍能够控制乙公司的财务和生产经营决策。甲公司与乙公司的少数股东在交易前不存在任何关联方关系。另以银行存款支付相关交易费用1万元。

假定四：2×22年1月2日，甲公司以608万元的价格出售乙公司6%的股权(即出售其持有乙公司股权的7.5%)。该项交易发生后，甲公司持股比例变更为74%，但是仍然控制乙公司。

假定五：2×22年1月2日，甲公司以5 000万元的对价将其持有的乙公司50%的股权出售给第三方公司(或出售其持有乙公司股权的62.5%)，处置后对乙公司的剩余持股比例降为30%，甲公司无法控制乙公司，故甲公司对乙公司长期股权投资由成本法转换为权益法核算。剩余30%股权的公允价值为3 000万元。当日，乙公司可辨认净资产账面价值为8 750万元，等于公允价值。

假定六：2×22年1月2日，Y公司(少数股东)对乙公司增资5 000万元，增资后甲公司占乙公司股权比例由80%稀释为30%。交易完成后，甲公司无法控制乙公司，由成本法转换为权益法核算。剩余30%股权的公允价值为3 000万元。

假定七：2×22年1月2日，甲公司以7 000万元的对价将其持有的乙公司70%的股权出售给第三方公司(或出售其持有乙公司股权的87.5%)，处置后对乙公司的剩余持股比例降为10%。交易完成后，甲公司无法控制乙公司，将剩余的10%股权指定为以公允价值计量且其变动计入其他综合收益的金融资产。

剩余10%股权的公允价值为1 000万元。

当日，乙公司可辨认净资产账面价值为8 750万元。

其他资料：假定丙公司有足够的资本公积；假定各方盈余公积计提的比例均为10%。

不考虑其他因素的影响。

要求：

(1)根据假定一的资料，①确定丙公司合并乙公司的类型，并说明理由；②计算丙公司长期股权投资的初始投资成本，并编制相关的会计分录；③编制丙公司2×22年1月1日合并财务报表中对乙公司长期股权投资的调整分录及相关抵销分录。

(2)根据假定二的资料，①编制丙公司2×20年12月31日与个别财务报表相关的会计分录以及2×21年的会计分录；②说明丙公司取得乙公司股权投资的企业合并类型，并说明理由；编制丙公司2×22年1月1日与个别财务报表相关的会计分录。

(3)根据假定三的资料，①说明甲公司自子公司少数股东处新取得6%的长期股权投资是否属于企业合并，并说明理由；②编制甲公司2×22年1月1日与个别财务报表相关的会计分录；③计算甲公司因购买6%股权在合并财务报表中减少的资本公积金额。

(4)根据假定四的资料，①编制甲公司2×22年1月2日处置6%股权与个别财务报表相关的会计分录；②计算甲公司2×22年1月2日处置6%股权在合并财务报表中确认的资本公积。

(5)根据假定五的资料，①编制甲公司2×22年1月2日处置50%股权的会计分录；②编制甲公司2×22年1月2日追溯调整的相关会计分录，并计算追溯调整后长期股权投资的账面价值；③说明处置50%股权时合并财务报表长期股权投资、商誉和少数股东权益的会计处理方法；④计算甲公司2×22年1月2日处置50%股权时合并财务报表确认的投资收益，并编制与合并财务报表相关的调整抵销分录。

(6)根据假定六的资料，①计算在甲公司个别财务报表中应确认的处置投资收益，并编制相关的会计分录；②编制个别财务报表由成本法转权益法的相关会计分录，计算追溯调整后长期股权投资的账面价值；③说明合并财务报表对已确认长期股权投资、商誉等的账面价值、确认少数股东权益的处理方法；④计算合并财务报表确认的投资收益，并编制合并财务报表相关调整的抵销分录。

(7)根据假定七的资料，①编制甲公司2×22年1月2日处置70%股权与个别财务报表相关的会计分录；②计算甲公司2×22年1月2日处置70%股权合并财务报表确认的投资收益，并编制与合并财务报表相关的调整抵销分录。

5. 甲公司有关投资业务资料如下：

(1)2×21年7月1日，甲公司以银行存款15 000万元从其他股东处购买了乙公司10%的股权。甲公司与乙公司的原股东在交易前不存在任何关联方关系，当日乙公司可辨认净资产的公允价值为160 000万元(含一项存货评估增值200万元和一项无形资产评估增值400万元，该无形资产预计尚可使用年限为10年，采用直线法摊销)。假定甲公司对乙公司的该项股权投资应划分为长期股权投资并采用权益法核算。

2×21年下半年乙公司向甲公司销售商品，成本200万元，售价300万元，截至2×21年年末甲公司已将其出售70%，其余部分形成存货。

2×21年下半年，乙公司因持有的其他债权投资公允价值变动而增加其他综合收益800万元、发行可分离交易可转债而产生的权益成分公允价值为200万元，在此期间乙公司一直未进行利润分配。乙公司在2×21年全年共实现净利润16 000万元(其中上半年发生净亏损190万元)。此外投资时评估增值的存货至本年年末已经对外出售70%。

2×21年年末，甲公司持有的该项股权投资的公允价值为18 000万元。

(2)假定一，2×22年1月1日，甲公司又以投资性房地产作为对价从乙公司其他股东处购买了乙公司50%的股权。追加投资后，甲公司对乙公司的持股比例上升为60%，取得了对乙公司的控制权。该分步交易不属于“一揽子交易”，甲公司作为对价的资产资料如下：投资性房地产账面价值为40 000万元(其中，成本为10 000万元，公允价值变动为30 000万元，将自用房地产转换为投资性房地产时产生其他综合收益5 000万元)，公允价值为95 000万元。

2×22年1月1日乙公司可辨认净资产账面价值总额为175 590万元(其中，股本20 000万元、资本公积41 000万元、盈余公积11 459万元、未分配利润103 131万元)，公允价值为175 660万元，其差额70万元为无形资产评估增值。原持有10%的股权投资的公允价值为18 000万元。

(3)假定二，2×22年1月1日，甲公司将其所持有的对乙公司股权投资的50%对外出售，取得价款9 000万元。交易后甲公司对乙公司的持股比例下降为5%，对乙公司不再具有重大影响，对于剩余股权投资，甲公司指定为以公允价值计量且其变动计入其他综合收益的非交易性权益工具投资。剩余5%的股权的公允价值为9 000万元。

其他资料：假定各方盈余公积计提的比例均为10%，不考虑增值税、所得税等因素。

要求：

(1)根据资料(1)，编制2×21年有关股权投资的会计分录，并计算至2×21年年末长期股权投资的账面价值。

(2)根据资料(2)假定一，计算2×22年1月1日甲公司追加投资后长期股权投资的初始投资成本；编制甲公司个别财务报表与原投资相关的会计分录。

(3)根据资料(2)假定一，计算2×22年1月1日甲公司合并财务报表应确认的合并成本及其商誉，并编制合并财务报表相关的调整、抵销分录。

(4)根据资料(3)假定二，计算2×22年1月1日甲公司由长期股权投资转换为金融资产时应确认的投资收益；编制甲公司相关的会计分录。

同步训练答案及解析

一、单项选择题

1. D 【解析】如果母公司是投资性主体，则只应将那些为投资性主体的投资活动提供相关服务的子公司纳入合并范围，其他子公司不应予以合并，母公司对其他子公司的投资应当按照公允价值计量且其变动计入当期损益。因此，乙公司应将丙公司纳入合并范围，应将对丁公司的投资分类为以公允价值计量且其变动计入当期损益的金融资产，选项ABC不正确。一个投资性主体的母公司如果其本身不是投资性主体，则应当将其控制的全部主体，包括投资性主体以及通过投资性主体间接控制的主体，纳入合并财务报表范围，选项D正确。

2. B 【解析】选项B，投资方要对被投资方实施控制，必须同时具备以下两个要素：①因涉入被投资方而享有可变回报；②拥有对被投资方的权力，并且有能力运用对被投资方的权力影响其回报金额。

3. A 【解析】事项(1)甲公司作为投资活动现金流入600万元，乙公司作为筹资活动现金流出600万元；事项(2)甲公司作为经营活动现金流入 580 万元，乙公司作为经营活动现金流出 580 万元；事项(3)甲公司作为经营活动现金流入 900 万元，乙公司作为经营活动现金流出 900 万元；事项(4)甲公司作为投资活动现金流出 3 500 万元，乙公司作为投资活动现金流入 3 500 万元。因此，甲公司经营活动现金流入 1 480 万元(580+900)与乙公司经营活动现金流出 1 480 万元抵销；甲公司投资活动现金流入 600 万元与乙公司筹资活动现金流出 600 万元抵销；甲公司投资活动现金流出 3 500 万元与乙公司投资活动现金流入 3 500 万元抵销。

4. D 【解析】选项 D，投资企业如果能对被投资方可分割的部分实施控制，则应该将该可分割部分纳入合并范围。

5. B 【解析】甲公司合并层面应确认处置损益＝(3 500＋2 100)－(5 000＋1 200＋320)×80%－(4 600－5 000×80%－40)＋320×80%＝80(万元)。

6. C 【解析】子公司相互之间持有的长期股权投资，应当比照母公司对子公司的股权投资的抵销方法，采用交互分配法将长期股权投资与其对应的子公司所有者权益中所享有的份额相互抵销。

7. D 【解析】选项 A，从集团公司角度来看，该批存货期末应以成本与可变现净值孰低计量，所以合并资产负债表存货项目列示金额＝100×1.05＝105(万元)；选项 B、C、D，不需要抵销个别财务报表中已经确认的递延所得税资产，因为合并财务报表角度应确认递延所得税资产 11.25 万元[(1.5－1.05)×100×25%]，而个别财务报表中已经确认的递延所得税资产也为 11.25 万元[(1.5－1.05)×100×25%]，正好相等，选项 D 错误。

8. B 【解析】企业通过多次交易分步实现非同一控制下企业合并的，应以原股权投资的公允价值与购买日新增投资成本之和作为合并成本，故 A 公司在购买日合并报表中应确认的商誉＝(10 500＋7 100)－24 000×70%＝800(万元)。

二、多项选择题

1. AD 【解析】甲公司取得 60% 的股权的初始投资成本为 4 000 万元，合并财务报表确认的合并商誉＝4 000－5 000×60%＝1 000(万元)；进一步取得 20% 的股权，个别财务报表 80% 股权的账面价值＝4 000+1 500＝5 500(万元)；处置 40% 的股权，个别财务报表确认的处置损益＝6 000－5 500×40%/80%＝3 250(万元)，剩余股权按照权益法调整后的账面价值＝5 500×40%/80%＋(7 000－5 000)×40%＝3 550(万元)，选项 A 正确，选项 B 不正确；合并财务报表中剩余股权按照公允价值重新计量，剩余长期股权投资账面价值为 3 000 万元，合并财务报表应确认处置损益＝(6 000＋3 000)－7 000×80%－1 000＝2 400(万元)，选项 C 不正确，选项 D 正确。

2. BCD 【解析】选项 A，剩余股权，改按权益法核算的，个别财务报表中应按其账面价值确认为长期股权投资并追溯调整，在合并财务报表中将剩余股权公允价值与账面价值之间的差额确认为投资收益；改按金融资产核算的，个别财务报表应按照其公允价值重新计量，公允价值与账面价值之间的差额应确认为投资收益。

3. ABC 【解析】选项 A、C，如果母公司是投资性主体，则母公司应当仅将为其投资活动提供相关服务的子公司(如有)纳入合并范围并编制合并财务报表，其他子公司不应当予以合并，母公司对其他子公司的投资应当按照公允价值计量且其变动计入当期损益；乙公司的两家子公司不为乙公司提供服务，因此不应纳入乙公司合并范围，乙公司不需要编制合并财务报表；选项 B，丙公司对其拥有的两家联营企业按照公允价值考核和评价管理层业绩，说明丙公司将其作为“直接指定为以公允价值计量且其变动计入当期损益的金融资产”核算；选项D，一个投资性主体的母公司如果其本身不是投资性主体，则应当将其控制的全部主体，包括投资性主体以及通过投资性主体间接控制的主体，纳入合并财务报表范围。

4. ABCD
5. ABC 【解析】选项D，由于决策者可以被一方无理由地罢免，则该决策者应属于代理人，而非主要责任人。
6. ABCD
7. ABCD
8. ABCD
9. ACD
10. ABCD
11. BD 【解析】选项B，2×22年12月31日，甲公司在进一步取得乙公司20%的少数股权时，不形成企业合并，因为之前取得70%乙公司的股权已经形成了企业合并，所以再次购入乙公司20%的股权，属于购买少数股东权益；选项D，甲公司取得对乙公司70%股权时产生的商誉=50 000−62 500×70%=6 250(万元)，在合并财务报表中应体现的商誉总额为6 250万元。
12. CD 【解析】选项A，子公司自购买日开始持续计算的可辨认净资产=62 500+6 250=68 750(万元)；选项B，合并财务报表中，乙公司的有关资产、负债应以其对母公司甲公司的价值进行合并，即与新取得的20%股权相对应的被投资单位可辨认资产、负债的金额=68 750×20%=13 750(万元)；选项C，因购买少数股权减少的资本公积=18 750−13 750=5 000(万元)，合并资产负债表资本公积=20 000−5 000=15 000(万元)；选项D，合并资产负债表未分配利润=8 000+6 250×70%=12 375(万元)。
13. ABCD 【解析】选项A，合并商誉=9 000−9 500×90%=450(万元)；选项B，2×22年7月1日甲公司个别财务报表中确认长期股权投资的处置损益=8 000−9 000×70%/90%=1 000(万元)；选项C，2×22年7月1日影响甲公司个别财务报表的投资收益=处置投资收益1 000+对剩余股权追溯调整确认的投资收益3 000×20%=1 600(万元)；选项D，2×22年7月1日甲公司个别财务报表经过调整的长期股权投资账面价值=9 000−7 000+7 500×20%=3 500(万元)。
14. ACD 【解析】选项A，甲公司在合并财务报表中对剩余股权投资按照公允价值进行重新计量的会计分录为：

借：长期股权投资　　2 300
　　投资收益　　1 200
　　贷：长期股权投资　　3 500

选项B，对于个别财务报表中处置部分收益的归属期间进行调整，在合并财务报表中调整减少投资收益2 800万元，分录为：

借：投资收益　　4 900
　　贷：未分配利润　　2 800
　　　　投资收益　　2 100

15. ABCD
16. BC 【解析】编制合并财务报表前，应当尽可能地统一母公司和子公司的会计政策，要求子公司所采用的会计政策与母公司保持一致。

三、综合题

1.【答案】

(1)2×19年3月20日取得乙公司股份的初始入账金额=1 810−10=1 800(万元)。

分录如下：

取得股权时：

借：其他权益工具投资—成本　　1 800
　　应收股利　　(100/10×1)10
　　贷：银行存款　　1 810

收到现金股利时：

借：银行存款　　10
　　贷：应收股利　　10

2×19年年末：

借：其他权益工具投资—公允价值变动
　　700

贷：其他综合收益

(25×100－1 800)700

(2)甲公司增持乙公司股份不影响甲公司个别财务报表损益。理由：在增资时，甲公司应将其原持有的其他权益工具投资的账面价值和公允价值的差额计入留存收益，同时应将相关的其他综合收益计入留存收益。分录如下：

借：长期股权投资　45 000

　贷：其他权益工具投资—成本　1 800

　　—公允价值变动　700

　　银行存款　42 000

　　盈余公积　50

　　利润分配—未分配利润　450

借：其他综合收益　700

　贷：盈余公积　70

　　利润分配—未分配利润　630

(3)甲公司合并乙公司产生的商誉＝45 000－6 400×75%＝40 200(万元)。相关的分录如下：

①购买日长期股权投资与所有者权益抵销分录：

借：股本　2 000

　资本公积　2 400

　盈余公积　1 000

　未分配利润　1 000

　商誉　40 200

　贷：长期股权投资　45 000

　　少数股东权益　1 600

②投资时点评估增值无形资产的确认及后续调整：

借：无形资产　400

　贷：资本公积　400

借：管理费用　(400/20×8)160

　贷：无形资产　160

③内部投资性房地产交易的抵销分录

借：营业收入　8 000

　贷：营业成本　5 000

　　其他综合收益　3 000

借：少数股东权益　750

　贷：少数股东损益　750

④内部固定资产交易的抵销分录：

借：营业收入　2 000

　贷：营业成本　1 400

　　固定资产　600

借：固定资产—累计折旧

(600/10×6/12)30

　贷：管理费用　30

(4)可转换公司债券负债成分的公允价值＝6 000×(P/F，9%，3)+6 000×6%×(P/A，9%，3)＝6 000×0.772 2+6 000×6%×2.531 3＝5 544.47(万元)

可转换公司债券权益成分的公允价值＝6 000－5 544.47＝455.53(万元)

2×20年应确认的利息费用＝5 544.47×9%×6/12＝249.5(万元)

发行可转换公司债券时：

借：银行存款　6 000

　应付债券—可转换公司债券(利息调整)

455.53

　贷：应付债券—可转换公司债券(面值)

6 000

　　其他权益工具　455.53

2×20年年末：

借：财务费用　249.5

　贷：应付利息—可转换公司债券利息

180

　　应付债券—可转换公司债券(利息调整)　69.5

2.【答案】

(1)初始投资成本＝5 000×10＝50 000(万元)。合并商誉＝50 000－80 000×60%＝2 000(万元)。

分录：

借：长期股权投资　50 000

　贷：股本　5 000

　　资本公积—股本溢价　45 000

借：管理费用　150

　贷：银行存款　150

(2)2×18 年年末

借：无形资产　　15 000
　贷：资本公积　　15 000

借：管理费用　　300
　贷：无形资产　　(15 000/50)300

借：营业收入　　2 500
　贷：营业成本　　2 000
　　固定资产　　500

借：固定资产　　25
　贷：管理费用　　25

借：应付账款　　2 500
　贷：应收账款　　2 500

借：应收账款—坏账准备　　125
　贷：信用减值损失　　(2 500×5%)125

2×18 年乙公司调整后的净利润 = 6 000−300 = 5 700(万元)

借：长期股权投资　　4 020
　贷：投资收益　　(5 700×60%)3420
　　其他综合收益　　(1 000×60%)600

借：股本　　25 000
　资本公积　　20 000
　盈余公积　　26 600
　未分配利润
　　14 100(9 000+5 700−600)
　其他综合收益　　1 000
　商誉　　2 000
　贷：长期股权投资　　54 020
　　少数股东权益　　34 680

借：投资收益　　3 420
　少数股东损益　　2 280
　年初未分配利润　　9 000
　贷：提取盈余公积　　600
　　年末未分配利润　　14 100

(3)2×19 年与未分配利润相关的调整抵销分录如下：

借：年初未分配利润　　500
　贷：固定资产　　500

借：固定资产　　25
　贷：年初未分配利润　　25

借：固定资产　　50
　贷：管理费用　　50

借：信用减值损失　　125
　贷：年初未分配利润 (2 500×5%)125

(4)合并财务报表中，不包含商誉的资产组的账面价值 = 80 000 + 5 700 + 1 000 + 4 700+200 = 91 600(万元)，小于可收回金额 92 000 万元，故未发生减值。

包含商誉的资产组的账面价值 = 91 600+2 000/60% = 94 933. 33(万元)；

包含商誉的资产组的减值金额 = 94 933. 33−92 000 = 2 933. 33(万元)；

因此，合并财务报表中应计提的商誉减值金额 = 2 933. 33×60% = 1 760(万元)。

分录：

借：资产减值损失　　1 760
　贷：商誉—商誉减值准备　　1 760

(5)事项一，销售的商品被退货是资产负债表日后调整事项；事项二和事项三均为非调整事项。

事项一，应冲销 2×19 年利润表中已确认的收入和已结转的成本；退回库存商品的，要调增 2×19 年资产负债表库存商品项目。

事项二和事项三，应当直接调整当期项目，不涉及 2×19 年报表的调整；并且在 2×19 年报表附注中予以披露。

3.【答案】

(1)属于非同一控制下的企业合并。理由：甲公司与 A 公司在交易前不存在任何关联方关系。

购买日为 2×20 年 6 月 30 日。

企业合并成本 = 1 000×6. 52 = 6 520(万元)。

合并中取得的可辨认净资产公允价值 = 6 400+2 000×75% = 7 900(万元)；或 = 8 400−2 000×25% = 7 900(万元)。

合并商誉 = 6 520−7 900×80% = 200(万元)。

(2)乙公司应纳入甲公司合并范围，理由：甲公司持有乙公司 80%表决权股份，能够主导乙公司的经营、财务等相关活动，表明甲公司对乙公司拥有权力，且甲公司可通过参与乙公司的经营、财务等相关活动而影响并享有可变回报(如，甲公司可以决定乙公司股利分配决策并取得乙公司分配的股利等)，因此甲公司对乙公司的财务决策和经营决策等均具有实质性权利，即甲公司有能力运用对乙公司的权力影响其回报金额。综上所述，甲公司对乙公司能够实施控制，因此甲公司编制合并财务报表时，应当将乙公司纳入合并范围。

(3)个别财务报表：

借：长期股权投资　6 520
　贷：股本　1 000
　　资本公积—股本溢价　(5.52×1 000)5 520

借：管理费用　10
　资本公积—股本溢价　20
　贷：银行存款　30

合并财务报表中购买日的调整抵销分录：

①调整子公司账面价值：

借：存货　200
　固定资产　1 000
　无形资产　1 000
　递延所得税资产　(200×25%)50
　贷：应收账款　200
　　递延所得税负债　(2 200×25%)550
　　资本公积　1 500

②抵销母公司的长期股权投资与子公司所有者权益：

借：股本　2 000
　资本公积　(900+1 500)2 400
　其他综合收益　100
　盈余公积　510
　未分配利润　2 890
　商誉　200
　贷：长期股权投资　6 520
　　少数股东权益(7 900×20%)1 580

(4)编制2×20年12月31日甲公司合并报表中有关调整抵销会计分录	**(5)编制2×21年12月31日甲公司合并报表中有关调整抵销会计分录**
①调整子公司资产、负债的账面价值	①调整子公司资产、负债的账面价值
借：存货　200 　固定资产　1 000 　无形资产　1 000 　递延所得税资产　(200×25%)50 　贷：应收账款　200 　　递延所得税负债　(2 200×25%)550 　　资本公积　1 500	借：存货　200 　固定资产　1 000 　无形资产　1 000 　递延所得税资产　(200×25%)50 　贷：应收账款　200 　　递延所得税负债　(2 200×25%)550 　　资本公积　1 500
借：营业成本　200 　应收账款　200 　管理费用　75 　贷：存货　200 　　信用减值损失　200 　　固定资产　(1 000/20×6/12)25 　　无形资产　(1 000/10×6/12)50	借：年初未分配利润　200 　应收账款　200 　年初未分配利润　75 　贷：存货　200 　　年初未分配利润　200 　　固定资产　(1 000/20×6/12) 25 　　无形资产　(1 000/10×6/12) 50 『提示』此分录中借贷都有年初未分配利润是为了说明上年损益项目的替换，在考试时按照余额在对应的借贷方体现即可。 借：管理费用　150 　贷：固定资产　(1 000/20)50 　　无形资产　(1 000/10)100

续表

(4)编制2×20年12月31日甲公司合并报表中有关调整抵销会计分录	(5)编制2×21年12月31日甲公司合并报表中有关调整抵销会计分录
借：递延所得税负债　(275×25%)68.75 　贷：递延所得税资产　(200×25%)50 　　所得税费用　18.75	借：递延所得税负债　68.75 　贷：递延所得税资产　50 　　年初未分配利润　18.75 借：递延所得税负债　(150×25%)37.5 　贷：所得税费用　37.5
②调整净利润及确认投资收益	②调整净利润及确认投资收益
调整后的净利润=677.5-200-75+200+18.75=621.25(万元)。 借：长期股权投资　(497+240)737 　贷：投资收益　(621.25×80%)497 　　其他综合收益　(300×80%)240 借：投资收益　400 　贷：长期股权投资　(500×80%)400 调整后的长期股权投资账面价值=6 520+737-400=6 857(万元)	借：长期股权投资　(737-400)337 　贷：年初未分配利润　(497-400)97 　　其他综合收益　240
—	调整后的净利润=2 022.5-150+37.5=1 910(万元)。 借：长期股权投资　1 528 　贷：投资收益　(1 910×80%)1 528 借：投资收益　(200×80%)160 　贷：长期股权投资　160 借：其他综合收益　(100×80%)80 　贷：长期股权投资　80 借：长期股权投资　120 　贷：资本公积　(150×80%)120 调整后的长期股权投资账面价值=6 857+1 528-160-80+120=8 265(万元)
③抵销长期股权投资	③抵销长期股权投资
借：股本　2 000 　资本公积　(900+1 500)2 400 　其他综合收益　(100+300)400 　盈余公积　(510+135.5)645.5 　年末未分配利润 　　(2 890+621.25-135.5-500)2875.75 　商誉　200 　贷：长期股权投资　6 857 　　少数股东权益　(8 321.25×20%)1 664.25	借：股本　2 000 　资本公积　(900+1 500+150)2 550 　其他综合收益　(100+300-100)300 　盈余公积　(645.5+202.25)847.75 　年末未分配利润 　　(2 875.75+1 910-202.25-200)4 383.5 　商誉　200 　贷：长期股权投资　8 265 　　少数股东权益　(10 081.25×20%)2 016.25
④抵销投资收益	④抵销投资收益

续表

(4)编制 2×20 年 12 月 31 日甲公司合并报表中有关调整抵销会计分录	(5)编制 2×21 年 12 月 31 日甲公司合并报表中有关调整抵销会计分录
借：投资收益 (621.25×80%)497 少数股东损益 124.25 年初未分配利润 2 890 贷：提取盈余公积 135.5 向股东分配利润 500 年末未分配利润 2 875.75	借：投资收益 (1 910×80%)1 528 少数股东损益 382 年初未分配利润 2 875.75 贷：提取盈余公积 202.25 向股东分配利润 200 年末未分配利润 4 383.5
⑤内部存货交易的抵销	⑤内部存货交易的抵销
借：营业收入 200 贷：营业成本 170 存货 (30×1)30 借：递延所得税资产 (30×25%)7.5 贷：所得税费用 7.5 抵销因抵销逆流存货交易产生的未实现内部交易损益对少数股东权益的影响份额： 借：少数股东权益 (30×20%×75%)4.5 贷：少数股东损益 4.5	借：年初未分配利润 30 贷：营业成本 30 借：递延所得税资产 7.5 贷：年初未分配利润 7.5 借：所得税费用 7.5 贷：递延所得税资产 7.5 借：少数股东权益 (30×20%×75%)4.5 贷：年初未分配利润 4.5 借：少数股东损益 (30×20%×75%)4.5 贷：少数股东权益 4.5

4.【答案】

(1)①丙公司合并乙公司的交易为同一控制下企业合并。理由：丙、乙公司在合并前后均受甲公司最终控制。

②丙公司长期股权投资的初始投资成本=10 081.25×80%+200=8 265(万元)。

借：长期股权投资 8 265
　贷：银行存款 8 000
　　资本公积—股本溢价 265

③2×22 年 1 月 1 日合并财务报表：

借：存货 200
　固定资产 1 000
　无形资产 1 000
　递延所得税资产 (200×25%)50
　贷：应收账款 200
　　递延所得税负债 (2 200×25%)550
　　资本公积 1 500

借：年初未分配利润 (200+75+150)425
　应收账款 200
　贷：存货 200
　　年初未分配利润 200
　　固定资产 (1 000/20×1.5)75
　　无形资产 (1 000/10×1.5)150

借：递延所得税负债 (68.75+37.5)106.25
　贷：递延所得税资产 50
　　年初未分配利润 56.25

借：股本 2 000
　资本公积 2 550
　其他综合收益 300
　盈余公积 847.75
　未分配利润 4 383.5
　商誉 200
　贷：长期股权投资 8 265
　　少数股东权益 2 016.25

借：资本公积 1 465
　贷：盈余公积 (337.75×80%)270.2
　　未分配利润 (1 493.5×80%)1 194.8

(2)①2×20 年 12 月 31 日个别财务报表：

借：长期股权投资—投资成本 2 000
　贷：银行存款 2 000

2×21 年 12 月 31 日个别财务报表：

借：长期股权投资—损益调整

(2 022.5×20%)404.5

—其他权益变动

(150×20%)30

其他综合收益　(100×20%)20

贷：投资收益　404.5

长期股权投资—其他综合收益

(100×20%)20

资本公积—其他资本公积　30

借：应收股利　(200×20%)40

贷：长期股权投资—损益调整　40

至此，长期股权投资的账面价值=2 000+404.5+30-20-40=2 374.5(万元)。

②丙公司合并乙公司的交易为同一控制下企业合并。理由：丙、乙公司在合并前后均受甲公司最终控制。

长期股权投资的初始投资成本=10 081.25×80%+200=8 265(万元)。

丙公司 2×22 年 1 月 1 日个别财务报表：

借：长期股权投资　8 265

长期股权投资—其他综合收益 20

资本公积—股本溢价　109.5

贷：长期股权投资—投资成本　2 000

—损益调整　364.5

—其他权益变动 30

银行存款　6 000

(3)①不属于企业合并。理由：企业在取得对子公司的控制权、形成企业合并后，购买少数股东全部或部分权益的，实质上是股东之间的权益性交易。

②甲公司 2×22 年 1 月 1 日个别财务报表：

借：长期股权投资　608

贷：其他业务收入　607

银行存款　1

借：其他业务成本　400

公允价值变动损益　100

贷：投资性房地产　500

③甲公司因购买 6%股权而导致合并财务报表中减少的资本公积=新增加的长期股权投资成本 608 万元-与按照新取得的股权比例计算确定应享有子公司自购买日开始持续计算的可辨认净资产份额(10 081.25×6%)604.88 万元=3.12(万元)。

(4)①甲公司 2×22 年 1 月 2 日个别财务报表：

借：银行存款　608

贷：长期股权投资

(6 520×6%/80%或 6 520×7.5%)489

投资收益　119

②甲公司 2×22 年 1 月 2 日处置 6%股权在合并财务报表确认的资本公积=处置取得价款 608 万元-与按照处置股权比例计算确定应享有子公司自购买日开始持续计算的净资产份额[(10 081.25+200/80%)×6%]=-11.875(万元)。

(5)①甲公司 2×22 年 1 月 2 日处置 50%股权个别财务报表：

借：银行存款　5 000

贷：长期股权投资

(6 520×50%/80%或 6 520×62.5%)4 075

投资收益　925

②追溯最早投资时点：

剩余股权的初始投资成本 2 445 万元(6 520-4 075)大于最早投资时点可辨认净资产的公允价值的份额 2 370 万元(7 900×30%)，不需要调整剩余初始投资成本。

借：长期股权投资—损益调整

[(621.25-500+1 910-200)×30%]549.38

—其他综合收益

[(300-100)×30%]60

—其他权益变动

[(0+150)×30%]45

贷：盈余公积　(549.38×10%)54.94

利润分配—未分配利润

(549.38×90%)494.44

其他综合收益　60

资本公积—其他资本公积　45

账面价值=6 520-4 075+(549.38+60+45)=3 099.38(万元)。

③应该终止确认长期股权投资、商誉等的账面价值，并终止确认少数股东权益(包括属于少数股东的其他综合收益)的账面价值。

④合并财务报表确认的投资收益=(处置股权取得的对价5 000+剩余股权公允价值3 000)-按购买日公允价值持续计算的2×21年年末(2×22年年初)乙公司可辨认净资产的公允价值10 081.25×原持股比例80%-商誉200+乙公司其他综合收益(300-100)×原持股比例80%+乙公司其他所有者权益150×原持股比例80%=15(万元)。

调整抵销分录：

a. 视同在丧失控制权之日处置子公司，并按当日剩余30%股权的公允价值(3 000万元)重新计量该剩余股权。

借：长期股权投资　　　　3 000
　　投资收益　　　　　　99.38
　　贷：长期股权投资　　　　3 099.38

b. 对于个别财务报表中的部分处置收益的归属期间进行调整。

借：投资收益[代替原长期股权投资]
[(621.25-500+1 910-200)×50%]915.63
　　贷：年初未分配利润[代替投资收益]
　　　　　　　　　　　　　915.63

c. 从资本公积、其他综合收益转出与剩余股权相对应的原计入权益的资本公积、其他综合收益，重分类转入投资收益。

借：其他综合收益　　　　60
　　资本公积　　　　　　45
　　贷：投资收益　　　　　　105

验算：合并财务报表确认的处置投资收益=个别财务报表(处置投资收益925)+合并财务报表[a重新计量(-99.38)+b归属期调整(-915.63)+c资本公积与其他综合收益105]=14.99≈15(万元)。

(6)①按照新的持股比例确认应享有的原子公司因增资扩股而增加的净资产的份额=5 000×30%=1 500(万元)。

应结转持股比例下降部分所对应的长期股权投资原账面价值=6 520×50%/80%=4 075(万元)。

应享有的原子公司因增资扩股而增加净资产的份额与应结转持股比例下降部分所对应的长期股权投资原账面价值之间的差额为-2 575万元(1 500-4 075)应计入当期投资收益。

借：投资收益　　　　　　2 575
　　贷：长期股权投资　　　　2 575

②追溯最早投资时点：

剩余股权的初始投资成本2 445万元(6 520-4 075)大于最早投资时点可辨认净资产的公允价值的份额2 370万元(7 900×30%)，不需要调整剩余初始投资成本。

借：长期股权投资—损益调整
[(621.25-500+1 910-200)×30%]549.38
　　　　　　　—其他综合收益
　　　　　　[(300-100)×30%]60
　　　　　　　—其他权益变动
　　　　　　[(0+150)×30%]45
　　贷：盈余公积　　(549.38×10%)54.94
　　　　利润分配—未分配利润
　　　　　　　　(549.38×90%)494.44
　　　　其他综合收益　　　　　60
　　　　资本公积—其他资本公积　　45

账面价值=6 520-2 575+(549.38+60+45)=4 599.38(万元)。

③应该终止确认长期股权投资、商誉等的账面价值，并终止确认少数股东权益(包括属于少数股东的其他综合收益)的账面价值。

④合并财务报表确认的投资收益=(处置股权取得的对价0+剩余股权公允价值3 000)-按购买日公允价值持续计算的2×21年年末(2×22年年初)乙公司可辨认净资产的公允价值10 081.25×原持股比例80%-商誉200+乙公司其他综合收益(300-100)×原持股比例80%+乙公司其他所有者权益150×原持股比例80%=-4 985(万元)。

调整抵销分录：

a. 视同在丧失控制权之日处置子公司，并按当日剩余 30%股权的公允价值(3 000 万元)重新计量该剩余股权。

借：长期股权投资　3 000

　投资收益　1 599. 38

　　贷：长期股权投资　4 599. 38

b. 对于个别财务报表中的部分处置收益的归属期间进行调整：

借：投资收益[代替原长期股权投资]

[(621. 25-500+1 910-200)×50%]915. 63

　　贷：年初未分配利润[代替投资收益]

　　915. 63

c. 从资本公积、其他综合收益转出与剩余股权相对应的原计入权益的资本公积、其他综合收益，重分类转入投资收益：

借：其他综合收益　60

　资本公积　45

　　贷：投资收益　105

验算：合并财务报表确认的处置投资收益=个别财务报表(投资收益-2 575)+合并财务报表[a 重新计量(-1 599. 38)+b 归属期调整(-915. 63)+c 资本公积与其他综合收益 105]≈-4 985(万元)。

(7)①甲公司 2×22 年 1 月 2 日个别财务报表：

借：银行存款　7 000

　　贷：长期股权投资

　(6 520×70%/80%或 6 520×87. 5%)5 705

　　　投资收益　1 295

借：其他权益工具投资

　　1 000[公允价值]

　　贷：长期股权投资 (6 520-5 705)815

　　　投资收益　185

个别财务报表中剩余股权的账面价值=1 000(万元)。

②甲公司 2×22 年 1 月 2 日处置 70%股权而在合并财务报表确认的投资收益=7 000+1 000-10 081. 25×80%-200+(300-100)×80%+150×80%=15(万元)。

调整抵销分录：

a. 视同在丧失控制权之日处置子公司，并按当日剩余 10%股权的公允价值(1 000 万元)重新计量该剩余股权。

无分录。

b. 对于个别财务报表中的部分处置收益的归属期间进行调整。

借：投资收益[代替原长期股权投资]

[(621. 25-500+1 910-200)×80%]1 465

　　贷：年初未分配利润[代替投资收益]

　　1 465

c. 从资本公积、其他综合收益转出与剩余股权相对应的原计入权益的资本公积、其他综合收益，重分类转入投资收益。

无分录。

验算：合并财务报表确认的处置投资收益=个别财务报表(投资收益 1 295+185)+合并财务报表[a 重新计量 0+b 归属期调整(-1 465)+c 资本公积与其他综合收益 0]=15(万元)。

5. **【答案】**

(1)2×21 年 7 月 1 日有关股权投资的会计分录：

借：长期股权投资—投资成本

　(160 000×10%)16 000

　　贷：银行存款　15 000

　　　营业外收入　1 000

调整后的净利润=16 190-200×70%-400/10/2-(300-200)×30%=16 000(万元)。

借：长期股权投资—损益调整

　(16 000×10%)1 600

　　贷：投资收益　1 600

借：长期股权投资—其他综合收益 80

　　贷：其他综合收益　(800×10%)80

借：长期股权投资—其他权益变动 20

　　贷：资本公积—其他资本公积

　(200×10%)20

2×21 年年末长期股权投资的账面价值=16 000+1 600+80+20=17 700(万元)。

(2)①2×22 年 1 月 1 日初始投资成本=

17 700+95 000=112 700(万元)。

②借：长期股权投资　　95 000

　　贷：其他业务收入　　95 000

借：其他业务成本　　5 000

　　公允价值变动损益　　30 000

　　其他综合收益　　5 000

　　贷：投资性房地产—成本　　10 000

　　　　　　　　　—公允价值变动　　30 000

同时，调整原投资账面价值(注：在不要求列示明细科目的情况下，此分录可省略。)

借：长期股权投资　　17 700

　　贷：长期股权投资—投资成本　16 000

　　　　　　　　　—损益调整　1 600

　　　　　　　　　—其他综合收益 80

　　　　　　　　　—其他权益变动 20

③购买日之前采用权益法核算而确认的其他综合收益和资本公积，应当在处置时转入损益。

(3)2×22 年 1 月 1 日合并财务报表：

①合并成本=18 000+95 000=113 000(万元)。

②合并商誉 = 113 000 - 175 660 × 60% = 7 604(万元)。

③按照公允价值进行重新计量 = 18 000 - 17 700 = 300(万元)。

借：长期股权投资　　18 000

　　贷：长期股权投资　　17 700

　　　　投资收益　　300

(合并财务报表层面，视同为处置原有的股权再按照公允价值购入一项新的股权)

④购买日之前持有的被购买方的股权涉及与其相关的其他综合收益等应当转为购买日所属当期收益：

借：其他综合收益　　80

　　资本公积　　20

　　贷：投资收益　　100

⑤调整抵销分录：

借：无形资产　　70

　　贷：资本公积　　70

借：股本　　20 000

　　资本公积　(41 000+70)41 070

　　盈余公积　　11 459

　　未分配利润　　103 131

　　商誉

　　　(113 000-175 660×60%)7 604

　　贷：长期股权投资　　113 000

　　　　少数股东权益

　　　　　(175 660×40%)70 264

(4)①长期股权投资转换为其他权益工具投资应确认的投资收益 = (9 000 + 9 000) - 17 700+80+20=400(万元)。

②借：银行存款　　9 000

　　贷：长期股权投资—投资成本

　　　　　(16 000×50%)8 000

　　　　　—损益调整

　　　　　(1 600×50%) 800

　　　　　—其他综合收益

　　　　　(80×50%)40

　　　　　—其他权益变动

　　　　　(20×50%)10

　　　　投资收益　　150

借：其他综合收益　　80

　　资本公积　　20

　　贷：投资收益　　100

借：其他权益工具投资　　9 000

　　贷：长期股权投资—投资成本　8 000

　　　　　　　　　—损益调整　800

　　　　　　　　　—其他综合收益 40

　　　　　　　　　—其他权益变动 10

　　　　投资收益　　150

第二十八章　每股收益

考情解密

历年考情概况

本章内容在教材中所占篇幅较少，但也是历年考试中的必考内容。在近几年考试中，通常以客观题的形式考查每股收益的计算、稀释性潜在普通股的判断以及重新计量每股收益的相关事项，也与股份支付等结合考查基本每股收益或稀释每股收益的计算。

近年考点直击

考点	主要考查题型	考频指数	考查角度
基本每股收益	单选题、多选题、计算分析题、综合题	★★★	①给出相关资料，计算基本每股收益；②影响基本每股收益金额的情形
稀释每股收益	单选题、多选题、综合题	★★	①计算稀释每股收益的金额；②稀释性判断的论述
每股收益的重新计算	多选题	★★	①重述比较期间每股收益；②判断应重新计算每股收益的事项

2022 年考试变化

本章新增了母子公司之间授予限制性股票进行股份支付时计算每股收益的例题。其他内容未发生实质性变化。

考点详解及精选例题

一、基本每股收益★★★

基本每股收益是按照归属于普通股股东的当期净利润除以当期实际发行在外普通股的加权平均数计算的每股收益。基本每股收益仅考虑当期实际发行在外的普通股股票。

企业对外提供合并财务报表的，每股收益准则仅要求其以合并财务报表为基础计算每股收益，并在合并财务报表中予以列报；与合并财务报表一同提供的母公司财务报表中不要求计算和列报每股收益，如果企业自行选择列报的，应以母公司个别财务报表为基础计算每股收益，并在其个别财务报表中予以列报。

(一)分子的确定

计算基本每股收益时，分子为归属于普通股股东的当期净利润，即企业当期实现的可供普通股股东分配的净利润或应由普通股股东分担的净亏损金额。发生亏损的企业，每股收益以负数列示。

【快速记忆】以合并财务报表为基础计算的每股收益，分子应当是归属于母公司普通股股东的合并净利润，即扣减少数股东损益后的余额。

（二）分母的确定

计算基本每股收益时，分母为当期发行在外普通股的加权平均数，即期初发行在外普通股股数根据当期新发行或回购的普通股股数与相应时间权数的乘积进行调整后的数量。

发行在外的普通股加权平均数=期初发行在外普通股股数+当期新发行普通股股数×已发行时间/报告期时间-当期回购普通股股数×已回购时间/报告期时间

已发行时间、报告期时间和已回购时间一般按照天数计算；在不影响计算结果合理性的前提下，也可以采用简化的计算方法。

【例题1·单选题】甲上市公司2×22年年初发行在外普通股股数为2 000万股，当年7月1日增发股票500万股，当年9月1日回购600万股股票用于激励员工，甲公司当年共实现净利润5 000万元，其中归属于普通股股东的净利润为4 500万元，甲公司当年的基本每股收益为（ ）。

A. 2.38元　　B. 2.44元

C. 2.14元　　D. 2.20元

解析 基本每股收益=4 500/(2 000+500×6/12-600×4/12)=2.20(元)。

『提示』计算基本每股收益时，分子一般是直接给定，分母要考虑时间权数。本题中，2 000万股是期初存在的，乘以12/12；500万股是7月1日增发的，故乘以时间权数6/12；600万股是9月1日回购的，故乘以时间权数4/12。

答案 D

（三）新发行的普通股股数

（1）新发行的普通股股数，从应收或实收对价之日起计算确定。一般情况下，应收或实收对价之日即为股票发行日。

（2）企业合并中作为对价发行的普通股何时计入发行在外普通股的加权平均数，应当区分两种情况处理：

①非同一控制下的企业合并，购买方自购买日起取得对被购买方的实际控制权。

【例题2·计算分析题】☆甲公司是一家上市公司，2×18年和2×19年发生的相关交易或事项如下：

（1）2×18年3月1日，甲公司临时股东大会审议通过向乙公司非公开发行股份购买乙公司所持丙公司100%股权的议案。2×18年6月10日，甲公司非公开发行股份并购买丙公司100%股权的重组方案经政府相关部门核准，2×18年7月1日，甲公司向乙公司非公开发行2 400万股股票，并办理完成发行股份的登记手续，以及丙公司股东的变更登记手续。当月，甲公司向乙公司发行股份的公允价值为每股10元；丙公司100%股权的公允价值为2 400万元，丙公司可辨认净资产公允价值为18 000万元，净资产账面价值16 000万元，差异由一项非专利技术导致，其账面价值为零，公允价值为2 000万元，该非专利技术自甲公司取得丙公司股权之日起预计使用10年，采用直线法摊销，预计净残值为0。甲公司此次非公开发行股份前的股份数为8 000万股。

（2）2×18年度，甲公司个别财务报表实现净利润20 000万元，丙公司个别财务报表实现净利润6 000万元，其中1月至6月为2 000万元。

其他有关资料：第一，甲公司在购买丙公司100%股权前，与乙公司不存在任何关联关系；第二，取得丙公司股权后，甲公司与丙公司之间未发生任何交易；第三，合并商誉未发生减值。第四，除资料（1）所述发行股份外，甲公司本年内未发生其他股份变动事项。第五，甲公司、丙公司适用的企业所得税税率均为25%，甲公司收购丙公司的交易满足税法中特殊性税务处理的条件，乙公司免交企业所得税。第六，本题不考虑所得税外其他税费及其他因素。

要求：根据资料，计算甲公司2×18年度合并财务报表中归属于母公司股东的净利润，以及2×18年度基本每股收益。

答案

归属于母公司股东的净利润=20 000+(6 000-2 000-2 000/10×6/12×75%)=23 925(万元)。

2×18 年度合并报表中基本每股收益=23 925/(8 000+2 400×6/12)=2.60(元)。

②在同一控制下的企业合并中，参与合并的企业在合并前后均受同一方或相同的多方最终控制。从最终控制方角度看，视同合并后形成的以合并财务报表为基础的报告主体在以前期间就一直存在，合并后以合并财务报表为基础的报告主体的留存收益包括参与合并各方在合并前实现净利润的累积金额。因此，与分子净利润口径相一致，同一控制下企业合并中作为对价发行的普通股，也应当视同列报最早期间期初(即 1 月 1 日)就已发行在外，计入各列报期间普通股的加权平均数。

【例题 3·计算分析题】A 公司和 B 公司分别为 S 公司控制下的两家全资子公司。2×22 年 6 月 30 日，A 公司自母公司 S 公司处取得 B 公司 100%的股权，合并后 B 公司仍维持其独立法人资格继续经营。为进行该项企业合并，A 公司向 B 公司的股东定向增发 8 000 万股本公司普通股(每股面值为 1 元)。该项合并中参与合并的企业在合并前及合并后均被 S 公司最终控制，为同一控制下的企业合并。假定 A 公司和 B 公司采用的会计政策相同，两家公司在合并前未发生任何交易，合并前 A 公司旗下没有子公司。

A 公司 2×21 年度净利润为 6 400 万元，B 公司 2×21 年度净利润为 800 万元；A 公司 2×22 年度合并净利润为 8 400 万元，其中包括被合并方 B 公司在合并前实现的净利润 760 万元。合并前 A 公司发行在外的普通股为 32 000 万股，假定除企业合并过程中定向增发股票外股数未发生其他变动。

要求：计算 2×22 年度 A 公司比较利润表中基本每股收益。

答案

2×22 年度基本每股收益=8 400/(32 000+8 000)=0.21(元)。

2×21 年度基本每股收益=(6 400+800)/(32 000+8 000)=0.18(元)。

二、稀释每股收益★★

(一)基本计算原则

企业计算稀释每股收益时，应考虑稀释性潜在普通股对分子和分母的调整影响，即以基本每股收益为基础，假定企业所有发行在外稀释性潜在普通股已实际转为普通股股票。

1. 稀释性潜在普通股

我国企业发行的潜在普通股主要有可转换公司债券、认股权证、股份期权等。潜在普通股通常对每股收益具有稀释的可能性。比如，可转换公司债券是一种潜在普通股，具有稀释每股收益的可能性，不是在实际转换时，而是在其存在期间具有稀释的可能性。等到实际转换时，就变为对基本每股收益的影响，而不是对稀释每股收益的影响。

稀释性潜在普通股，是指假设当期转换为普通股会减少每股收益的潜在普通股。对于亏损企业而言，稀释性潜在普通股假设当期转换为普通股，将会增加企业每股亏损的金额。

如果潜在普通股转换成普通股，将增加每股收益或是降低每股亏损的金额，则表明该潜在普通股不具有稀释性，而是具有反稀释性，在计算每股收益时，不应予以考虑。

2. 分子的调整

计算稀释每股收益时，应当根据下列事项对归属于普通股股东的当期净利润进行调整：

(1)当期已确认为费用的稀释性潜在普通股的利息。

潜在普通股一旦假定转换成普通股，与之相关的利息等费用将不再发生，原本已从企业利润中扣除的费用应当加回来，从而增加归属于普通股股东的当期净利润。因此，在计算稀释每股收益时，这一因素一般作为一项调增因素对归属于普通股股东的当期净利润进行调整，最常见的例子为**可转换公司债券的利息**。

（2）稀释性潜在普通股转换时将产生的收益或费用。

潜在普通股假定转换成发行在外普通股，除了直接导致当期净利润发生变化的调整因素外，还应考虑一些随之而来的间接影响因素。例如，实行利润分享和奖金计划的企业，假定潜在普通股转换成发行在外普通股，相关利息费用的减少将导致企业利润的增加，进而导致职工利润分享计划相关费用的增加，对此，也应当作为一项调减因素对归属于普通股股东的当期净利润进行调整。上述调整应当考虑相关的所得税影响，即按照税后影响金额进行调整。对于包含负债和权益成分的金融工具，仅需调整属于金融负债部分的相关利息、利得或损失。

3. 分母的调整

分母的构成包括：

（1）计算基本每股收益时普通股的加权平均数；

（2）假定稀释性潜在普通股转换为已发行普通股而增加的普通股股数的加权平均数。

假定稀释性潜在普通股转换为已发行普通股而增加的普通股股数应当按照其发行在外时间进行加权平均，具体含义如下：

①**以前期间发行**的稀释性潜在普通股，应当假设在**当期期初**转换为普通股。

②**当期发行**的稀释性潜在普通股，应当假设在**发行日**转换为普通股。

③**当期被转换或行权**的稀释性潜在普通股，应当从**当期期初（或发行日）至转换日（或行权日）**计入稀释每股收益中，从转换日（或行权日）起所转换的普通股则计入基本每股收益中。

（二）稀释每股收益的基本例题

1. 可转换公司债券

【例题4 · 计算分析题】 甲公司2×22年归属于普通股股东的净利润为35 707.57万元，期初发行在外普通股股数70 000万股，本年内普通股股数未发生变化。2×22年7月1日公司按面值发行5年期的可转换公司债券20 000万元，票面年利率为6%，每100元债券可转换为60股面值为1元的普通股。所得税税率为25%。甲公司发行可转换公司债券时二级市场上与之类似的没有转换权的债券市场利率为9%。考虑可转换公司债券在负债和权益成分之间的分拆。[（P/F，9%，5）= 0.649 9；（P/A，9%，5）= 3.889 7]

要求：计算甲公司2×22年的稀释每股收益。

答案

计算过程如下：

2×22年度稀释每股收益为：

（1）基本每股收益 = 35 707.57/70 000 = 0.51（元）；

（2）可转换公司债券负债成分的公允价值 = 20 000×0.649 9+20 000×6%×3.889 7 = 17 665.64（万元）；

（3）增加的净利润 = 17 665.64×9%×（1−25%）×6/12 = 596.22（万元）；

（4）增加的普通股加权平均股数 = （20 000/100×60）×6/12 = 6 000（万股）；

（5）增量股每股收益 = 596.22/6 000 ≈ 0.1（元），小于基本每股收益，具有稀释性；

（6）稀释每股收益 = （35 707.57 + 596.22）/（70 000+6 000）= 0.48（元）。

2. 认股权证、股份期权

认股权证或股份期权对每股收益的影响如图28-1所示。

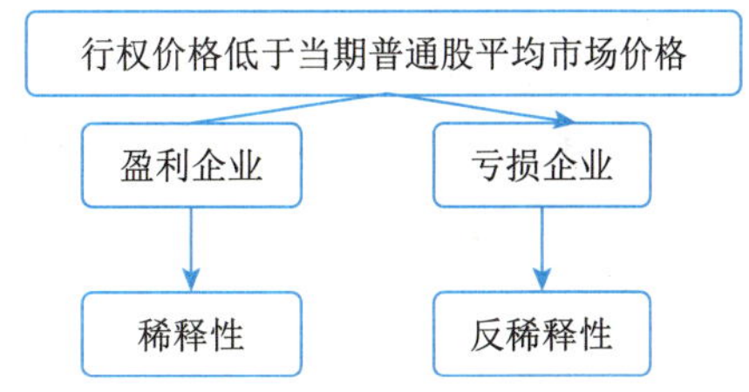

图28-1　认股权证或股份期权对每股收益的影响

对于稀释性认股权证、股份期权，计算稀释每股收益时，一般无须调整作为分子的净利润金额，只需按照下列公式对作为分母的普通股加权平均数进行调整：

调整增加的普通股股数＝拟行权时转换的普通股股数－拟行权时转换的普通股股数×行权价格/当期普通股平均市场价格

【例题5·计算分析题】甲公司有关资料如下：

(1)2×21年度归属于普通股股东的净利润为5 760万元，发行在外普通股加权平均数为6 000万股，2×21年4月1日，该公司对外发行1 000万份认股权证，行权日为2×22年4月1日，每份认股权证可以在行权日以7.6元的价格认购本公司1股新发的股份。该普通股2×21年后9个月平均市场价格为10元。

(2)2×22年度归属于普通股股东的净利润为5 760万元，2×22年年初已对外发行的普通股加权平均数仍然为6 000万股。该公司在2×21年4月1日所对外发行的1 000万份认股权证于2×22年4月1日全部行权，行权价格为7.6元。该普通股在2×22年前3个月的平均市场价格为15.2元。

要求：分别计算甲公司2×21年和2×22年的基本每股收益和稀释每股收益。

答案

(1)2×21年：

①2×21年基本每股收益＝5 760/6 000＝0.96(元)。

②2×21年稀释每股收益：

调整增加的普通股股数＝1 000－1 000×7.6/10＝240(万股)。

增加的普通股股数的加权平均数＝240×9/12＝180(万股)。

稀释每股收益＝5 760/(6 000＋180)＝0.93(元)。

(2)2×22年：

①2×22年基本每股收益＝5 760/(6 000＋1 000×9/12)＝0.85(元)。

②2×22年稀释每股收益：

调整增加的普通股股数＝1 000－1 000×7.6/15.2＝500(万股)。

增加的普通股股数的加权平均数＝500×3/12＝125(万股)。

稀释每股收益＝5 760/(6 750＋125)＝0.84(元)。

3. 限制性股票

上市公司采取授予限制性股票的方式进行股权激励的，在其等待期内应当按照以下原则计算每股收益。

(1)等待期内基本每股收益的计算。

企业在计算基本每股收益时，仅需要考虑实际发行在外普通股的影响；而企业发行的限制性股票，虽然已发行，但在未来可能会被回购，具有或有可发行的性质，因此计算基本每股收益时不应包括限制性股票。上市公司在等待期内基本每股收益的计算，应视其发放的现金股利是否可撤销采取不同的方法：

①现金股利可撤销，即一旦未达到解锁条件，被回购限制性股票的持有者将无法获得(或需要退回)其在等待期内应收(或已收)的现金股利。等待期内计算基本每股收益时，分子应扣除当期分配给预计未来可解锁限制性股票持有者的现金股利；分母不应包含限制性股票的股数。

②现金股利不可撤销，即不论是否达到解锁条件，限制性股票持有者仍有权获得(或不得被要求退回)其在等待期内应收(或已收)的现金股利。这种情况下，不管未来限制性股票是否解锁，持有者均能取得分配的现金股利而无须退回，因此，说明持有者能够同普通股东一起参与利润分配，能够享有与普通股相同的权利。等待期内计算基本每股收益时，分子应扣除归属于预计未来可解锁限制性股票的净利润；分母不应包含限制性股票的股数。

(2)等待期内稀释每股收益的计算。

企业等待期内计算稀释每股收益时，应视解锁条件不同采取不同的方法：

①解锁条件仅为服务期限条件的，企业应假设资产负债表日尚未解锁的限制性股票已于当期期初(或晚于期初的授予日)全部解锁，并参照《企业会计准则第34号——每股收益》中

股票期权有关规定考虑限制性股票的稀释性，即如果行权价格低于当期普通股平均市场价格，则具有稀释性。其中，行权价格为限制性股票的发行价格加上资产负债表日尚未取得的职工服务按《企业会计准则第 11 号——股份支付》有关规定计算确定的公允价值。锁定期内计算稀释每股收益时，分子应加回计算基本每股收益分子时已扣除的当期分配给预计未来可解锁限制性股票持有者的现金股利或归属于预计未来可解锁限制性股票的净利润。

行权价格＝限制性股票的发行价格+资产负债表日尚未取得的职工服务的公允价值

稀释每股收益＝当期净利润/(普通股加权平均数+调整增加的普通股加权平均数)
＝当期净利润/[普通股加权平均数+(限制性股票股数-限制性股票股数×行权价格/当期普通股平均市场价格)]

②解锁条件包含业绩条件的，企业应假设资产负债表日即为解锁日并据以判断资产负债表日的实际业绩情况是否满足解锁要求的业绩条件。若满足业绩条件的，应当参照上述解锁条件仅为服务期限条件的有关规定计算稀释性每股收益；若不满足业绩条件的，计算稀释性每股收益时不必考虑此限制性股票的影响。

【例题 6·计算分析题】甲公司为上市公司，采用授予职工限制性股票的形式实施股权激励计划。2×21 年 1 月 1 日，公司以非公开发行的方式向 700 名管理人员每人授予 100 股自身股票(每股面值为 1 元)，授予价格为每股 9 元。当日，700 名管理人员出资认购了相关股票，总认购款为 630 000 元，甲公司履行了相关增资手续。甲公司估计该限制性股票股权激励在授予日的公允价值为每股 12 元。

激励计划规定，这些管理人员从 2×21 年 1 月 1 日起在甲公司连续服务 3 年的，所授予股票将于 2×24 年 1 月 1 日全部解锁；期间离职的，甲公司将按照原授予价格每股 9 元回购相关股票。2×21 年 1 月 1 日至 2×24 年 1 月 1 日期间，所授予股票不得上市流通或转让；激励对象因获授限制性股票而取得的现金股利由公司代管，作为应付股利在解锁时向激励对象支付；对于未能解锁的限制性股票，公司在回购股票时应扣除激励对象已享有的该部分现金分红。

2×21 年度，甲公司实现净利润 720 万元，发行在外普通股(不含限制性股票)加权平均数为 400 万股，宣告发放现金股利每股 1 元；甲公司估计三年中离职的管理人员合计为 150 人，当年年末有 50 名管理人员离职。假定甲公司 2×21 年度当期普通股平均市场价格为每股 42 元。假定 1 年为 365 天，离职人员均为 12 月 31 日离职。

要求：计算甲公司 2×21 年度基本每股收益和稀释每股收益。

答案

基本每股收益＝[7 200 000－1×(700－150)×100]/4 000 000＝1.79(元)。

行权价格＝9+12×2/3＝17(元)。

由于行权价格低于当期普通股平均市场价格，因此应当考虑限制性股票的稀释性。

发行在外的限制性股份在 2×21 年的加权平均数＝700×100×(364/365)+(700－50)×100×(1/365)＝69 986.3(股)。

或＝650×100×(365/365)+50×100×(364/365)＝69 986.3(股)。

稀释每股收益＝7 200 000/[4 000 000+(69 986.3-69 986.3×17/42)]＝1.78(元)。

4. 企业承诺将回购其股份的合同

企业承诺将回购其股份的合同对每股收益的影响如图 28-2 所示。

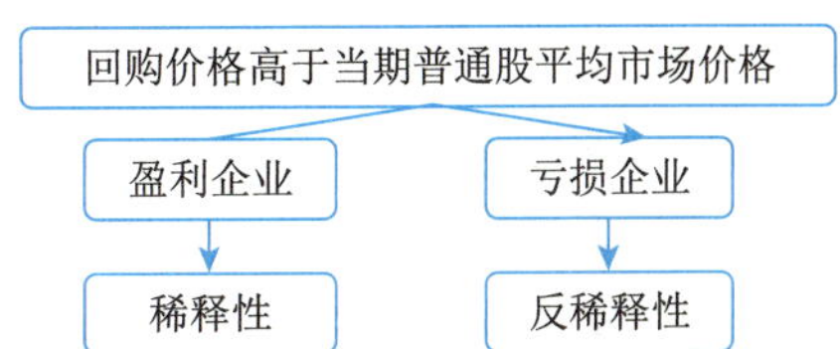

图 28-2　企业承诺将回购其股份的合同对每股收益的影响

计算稀释每股收益时，具体公式为：

调整增加的普通股股数=**拟回购的普通股股数×回购价格/当期普通股平均市场价格-拟回购的普通股股数**

【例题7·计算分析题】甲公司有关资料如下：

(1)2×21年度归属于普通股股东的净利润为4 000万元，发行在外普通股加权平均数为10 000万股。2×21年3月2日，该公司与股东签订一份远期回购合同，承诺一年后以每股8元的价格回购其发行在外的1 200万股普通股。假设该普通股在2×21年3月至12月的平均每股市场价格为5元。

(2)2×22年度归属于普通股股东的净利润为5 000万元，期初发行在外普通股加权平均数仍然为10 000万股。2×22年3月2日，该公司以每股8元的价格实际回购发行在外的1 200万股普通股。假设该普通股在2×22年1月至2月平均每股市场价格为4元。

要求：计算甲公司2×21年和2×22年的基本每股收益和稀释每股收益。

答案(1)2×21年：

①2×21年基本每股收益=4 000/10 000=0.4(元)。

②2×21年稀释每股收益：

调整增加的普通股股数=1 200×8/5-1 200=720(万股)。

增加的普通股股数的加权平均数=720×10/12=600(万股)。

稀释每股收益=4 000/(10 000+600)=0.38(元)。

(2)2×22年：

①2×22年基本每股收益=5 000/(10 000-1 200×10/12)=0.56(元)。

②2×22年稀释每股收益：

调整增加的普通股股数=1 200×8/4-1 200=1 200(万股)。

增加的普通股股数的加权平均数=1 200×2/12=200(万股)。

稀释每股收益=5 000/(9 000+200)=0.54(元)。

5. 多项潜在普通股

对外发行多项潜在普通股的企业应当按照下列步骤计算稀释每股收益：

(1)列出企业发行在外的各潜在普通股。

(2)假设各潜在普通股已于当期期初(或发行日)转换为普通股，确定其对归属于普通股股东当期净利润的影响金额。可转换公司债券的假设转换一般会增加当期净利润金额；股份期权和认股权证的假设行权一般不影响当期净利润。

(3)确定各潜在普通股假设转换后将增加的普通股股数。值得注意的是，稀释性股份期权和认股权证假设行权后，计算增加的普通股股数不是发行的全部普通股股数，而应当是其中无对价发行部分的普通股股数。

(4)计算各潜在普通股的增量股每股收益，判断其稀释性。**增量股每股收益越小**的潜在普通股稀释程度越大。

(5)按照潜在普通股稀释程度从大到小的顺序，将各稀释性潜在普通股分别计入稀释每股收益中。分步计算过程中，如果下一步得出的每股收益小于上一步得出的每股收益，表明新计入的潜在普通股具有稀释作用，应当计入稀释每股收益中；反之，则表明具有反稀释作用，不计入稀释每股收益中。

(6)最后得出的**最小**每股收益金额即为稀释每股收益。

【例题8·计算分析题】某公司2×22年度归属于普通股股东的净利润为3 750万元，发行在外普通股加权平均数为12 500万股。年初已发行在外的潜在普通股有：

(1)认股权证4 800万份，行权日为2×23年6月1日，每份认股权证可以在行权日以8元的价格认购1股本公司新发股票。

(2)按面值发行的五年期可转换公司债券50 000万元，债券每张面值100元，票面年利率为2.6%，转股价格为每股12.5元，即每100元债券可转换为8股面值为1元的普通股。

(3)按面值发行的三年期可转换公司债券100 000万元，债券每张面值100元，票面年利率为1.4%，转股价格为每股10元，即每100元债券可转换为10股面值为1元的普通股。

当期普通股平均市场价格为12元，年度内没有认股权证被行权，也没有可转换公司债券被转换或赎回，所得税税率为25%。假设不考虑可转换公司债券在负债和权益成分的分拆，且债券票面利率等于实际利率。

要求：计算该公司2×22年度的基本每股收益和稀释每股收益。

答案

(1)每股收益计算如下：

基本每股收益=3 750/12 500=0.3(元)。

(2)稀释每股收益计算如下：

①假设潜在普通股转换为普通股，计算增量股每股收益并排序。增量股每股收益的排序如表28-1所示。

表28-1 增量股每股收益的排序

项目	净利润增加	股数增加	增量股的每股收益	顺序
认股权证	-	4 800-4 800×8/12=1 600	-	1
2.6%债券	50 000×2.6%×(1-25%)=975	50 000/12.5或=50 000/100×8=4 000	975/4 000=0.24	3
1.4%债券	100 000×1.4%×(1-25%)=1 050	100 000/10=10 000	1 050/10 000=0.11	2

由于增量股每股收益越小，其稀释作用越大。由此可见，认股权证的稀释性最大，票面年利率为2.6%的可转换公司债券的稀释性最小。

②稀释每股收益的分步计算如表28-2所示。

表28-2 稀释每股收益的分步计算

项目	净利润	股数	每股收益	稀释性
基本每股收益	3 750	12 500	0.3	
认股权证	0	1 600		
	3 750	14 100	3 750/14 100=0.27	稀释
1.4%债券	1 050	10 000		
	4 800	24 100	4 800/24 100=0.20	稀释
2.6%债券	975	4 000		
	5 775	28 100	5 775/28 100=0.21	反稀释

因此，稀释每股收益为0.20元。

6. 子公司、合营企业或联营企业发行的潜在普通股

子公司、合营企业、联营企业发行能够转换成其普通股的稀释性潜在普通股，不仅应当包括在其稀释每股收益的计算中，而且应当包括在合并稀释每股收益以及投资者稀释每股收益的计算中。

三、每股收益的列报★★

(一)重新计算

1. 派发股票股利、公积金转增资本、拆股和并股

企业派发股票股利、公积金转增资本、拆股或并股等，会增加或减少其发行在外普通股或潜在普通股的数量，但并不影响所有

者权益的总金额，这既不影响企业所拥有或控制的经济资源，也不改变企业的盈利能力，即意味着同样的损益现在要由扩大或缩小了的股份规模来享有或分担。因此，为了保持会计指标的前后期可比性，企业应当在相关报批手续全部完成后，按调整后的股数重新计算各列报期间的每股收益。上述变化发生于资产负债表日至财务报告批准报出日之间的，应当以调整后的股数重新计算各列报期间的每股收益。

【例题9·单选题】☆甲公司2×17年度归属于普通股股东的净利润为5 625万元。2×17年1月1日，甲公司发行在外普通股股数为3 000万股。2×17年4月1日，甲公司按照每股10元的市场价格发行普通股1 000万股。2×18年4月1日，甲公司以2×17年12月31日股份总额4 000万股为基数，每10股以资本公积转增股本2股。不考虑其他因素，甲公司在2×18年度利润表中列示的2×17年度基本每股收益是( )。

A. 1.50元　　B. 1.25元

C. 1.41元　　D. 1.17元

解析 甲公司2×18年度利润表中列示的2×17年度基本每股收益=5 625/(3 000×1.2+1 000×9/12×1.2)=1.25(元)。　**答案** B

2. 配股

配股在计算每股收益时比较特殊，因为它是向全部现有股东以低于当前股票市价的价格发行普通股，实际上可以理解为按市价发行股票和无对价送股的混合体。也就是说，配股中包含的送股因素具有与股票股利相同的效果，导致发行在外普通股股数增加的同时，却没有相应的经济资源流入。因此，计算基本每股收益时，应当考虑配股中的送股因素，将这部分无对价的送股(不是全部配发的普通股)视同列报最早期间期初就已发行在外，并据以调整各列报期间发行在外普通股的加权平均数，计算各列报期间的每股收益。

为此，企业首先应当计算出一个调整系数，再用配股前发行在外普通股的股数乘以该调整系数，得出计算每股收益时应采用的普通股股数。

每股理论除权价格=(行权前发行在外普通股的公允价值总额+配股收到的款项)/行权后发行在外的普通股股数

调整系数=行权前发行在外普通股的每股公允价值/每股理论除权价格

因配股重新计算的上年度基本每股收益=上年度基本每股收益/调整系数

本年度基本每股收益=归属于普通股股东的当期净利润/(配股前发行在外普通股股数×调整系数×配股前普通股发行在外的时间权重+配股后发行在外普通股加权平均数)

3. 发行在外的除普通股以外的金融工具

企业存在发行在外的除普通股以外的金融工具的，在计算基本每股收益时，基本每股收益中的分子，即归属于普通股股东的净利润不应包含其他权益工具的股利或利息，其中，对于发行的不可累积优先股等其他权益工具应扣除当期宣告发放的股利，对于发行的累积优先股等其他权益工具，无论当期是否宣告发放股利，均应予以扣除。基本每股收益计算中的分母，为发行在外普通股的加权平均股数。对于同普通股股东一起参加剩余利润分配的其他权益工具，在计算普通股每股收益时，归属于普通股股东的净利润不应包含根据可参加机制计算的应归属于其他权益工具持有者的净利润。

【例题10·计算分析题】甲公司2×22年度实现净利润为300 000万元，发行在外普通股加权平均数为450 000万股。2×22年1月1日，甲公司按票面金额平价发行500万股优先股，优先股每股票面金额为100元。该批优先股股息不可累积，即当年度未向优先股股东足额派发股息的差额部分，不可累积到下一计息年度。2×22年12月31日，甲公司宣告并以现金全额发放当年优先股股息，股息率为6%。根据该优先股合同条款规定，甲公司将该批优先股分类为权益工具，优先股股息不在所得税前列支。

要求：计算甲公司2×22年度的基本每股收益。

答案 2×22年度基本每股收益计算如下：

归属于普通股股东的净利润＝300 000－100×500×6%＝297 000（万元）。

基本每股收益＝297 000/450 000＝0.66（元）。

【快速记忆】企业发行的金融工具中包含转股条款的，即存在潜在稀释性的，在计算稀释每股收益时考虑的因素与企业发行可转换公司债券、认股权证相同。

4. 以前年度损益的追溯调整或追溯重述

按照《企业会计准则第28号——会计政策、会计估计变更和差错更正》的规定对以前年度损益进行追溯调整或追溯重述的，应当重新计算各列报期间的每股收益。

【例题11·多选题】☆下列各项中，应该重新计算各项报表期间每股收益的有（ ）。

A. 报告年度以盈余公积转为股本

B. 报告年度资产负债表日后期间分拆股份

C. 报告年度以发行股份为对价实现非同一控制下企业合并

D. 报告年度因发生企业前期重大会计差错而对财务报告进行调整

解析 选项C，通过发行股票实现非同一控制下企业合并，企业的资产与所有者权益均发生变动，不需要重新计算各列报期的每股收益。 **答案** ABD

（二）列报

不存在稀释性潜在普通股的企业应当在利润表中单独列示基本每股收益。存在稀释性潜在普通股的企业应当在利润表中单独列示基本每股收益和稀释每股收益。编制比较财务报表时，各列报期间中只要有一个期间列示了稀释每股收益，那么所有列报期间均应当列示稀释每股收益，即使其金额与基本每股收益相等。

企业应当在附注中披露与每股收益有关的下列信息：（1）基本每股收益和稀释每股收益分子、分母的计算过程。（2）列报期间不具有稀释性但以后期间很可能具有稀释性的潜在普通股。（3）在资产负债表日至财务报告批准报出日之间，企业发行在外普通股或潜在普通股发生重大变化的情况。

企业如有终止经营的情况，应当在附注中分别按照持续经营和终止经营披露基本每股收益和稀释每股收益。

【例题12·多选题】☆下列各项情形中，根据企业会计准则的规定应当重述比较期间每股收益的有（ ）。

A. 报告年度资产负债表日后事项期间以盈余公积转增股本

B. 报告年度因发生同一控制下企业合并发行普通股

C. 报告年度发放股票股利

D. 报告年度因前期差错对比较期间损益进行追溯重述

解析 企业派发股票股利、公积金转增资本、拆股或并股等，会增加或减少其发行在外普通股或潜在普通股的数量，为了保持会计指标的前后期可比性，企业应当在相关报批手续全部完成后，按调整后的股数重新计算各列报期间的每股收益，选项AC正确；同一控制下企业合并，作为合并对价发行的普通股，应当计入各列报期间普通股的加权平均数，因此需要重述比较期间每股收益，选项B正确；对前期差错进行调整，影响了损益的，应当重新计算各列报期间的每股收益，选项D正确。 **答案** ABCD

同步训练

限时 60min

扫我做试题

一、单项选择题

1. ☆甲公司2×21年归属于普通股的净利润为2 400万元。2×21年1月1日发行在外的普通股为1 000万股。2×21年4月1日分派股票股利，以总股本1 000万股为基数，每10股送4股。2×22年7月1日，新发行股份300万股，2×23年3月1日以2×22年12月31日股份总数1 700万股为基数，每10股以资本公积转增股本2股。甲公司2×22年度报告于2×23年4月15日经批准对外报出，不考虑其他因素。甲公司在2×22年度利润表中列示的2×21年基本每股收益是(　)。

   A. 1.38元　　B. 1.41元

   C. 1.43元　　D. 1.71元

2. ☆甲公司2×22年1月1日发行股认股权证，约定2×23年7月1日为行权日，持有者在行权日可以以8元的价格购买1股甲公司新发行的2 000万股股份。2×22年甲公司发行普通股加权平均数为6 000万股，普通股平均市价为每股10元，归属于普通股股东的净利润为5 800万元，甲公司2×22年稀释每股收益为(　)。

   A. 0.73元　　B. 0.91元

   C. 0.76元　　D. 0.97元

3. 甲上市公司2×22年年初发行在外普通股的股数为1 000万股，当年7月1日增发股票250万股，当年9月1日回购300万股股票用于激励员工，甲公司当年共实现净利润5 000万元，其中归属于普通股股东的净利润为4 500万元，甲公司当年的基本每股收益为(　)。

   A. 4.76元　　B. 4.88元

   C. 4.28元　　D. 4.39元

4. 下列各项关于甲公司每股收益计算的表述中，正确的是(　)。

   A. 计算稀释每股收益时，股份期权应假设于当年1月1日转换为普通股

   B. 在计算合并财务报表的每股收益时，其分子应包括少数股东损益

   C. 计算稀释每股收益时，应在基本每股收益的基础上考虑具稀释性潜在普通股的影响

   D. 新发行的普通股应当自发行合同签订之日起计入发行在外普通股股数

5. 甲上市公司2×22年1月1日发行在外的普通股为60 000万股。2×22年度甲公司与计算每股收益相关的事项如下：(1)5月15日，以年初发行在外普通股股数为基数，每10股送3股股票股利，除权日为6月1日。(2)7月1日，甲公司与股东签订一份远期股份回购合同，承诺2年后以每股12元的价格回购股东持有的2 000万股普通股。(3)8月1日，根据已报经批准的股权激励计划，授予高级管理人员3 000万份股票期权，每份股票期权行权时可按6元的价格购买甲公司1股普通股。(4)10月1日，发行6 000万份认股权证，行权日为2×23年4月1日，每份认股权证可在行权日以6元的价格认购甲公司1股普通股。甲公司当期各期间的普通股平均市场价格均为每股10元，2×22年实现的归属于普通股股东的净利润为117 000万元。甲公司2×22年度下列相关计算中，不正确的是(　)。

   A. 基本每股收益在年初发行在外的普通股60 000万股的基础上计算

B. 基本每股收益是 1.5 元

C. 稀释每股收益是 1.28 元

D. 稀释每股收益是 1.48 元

6. 甲公司 2×22 年度净利润为 32 000 万元(不包括子公司利润或子公司支付的股利)，发行在外普通股 30 000 万股，持有子公司乙公司 60%的普通股股权。乙公司 2×22 年度归属于普通股股东的净利润为 1 782 万元，期初发行在外的普通股加权平均数为 300 万股，当期普通股平均市场价格为 6 元。2×22 年年初，乙公司对外发行 240 万份可用于购买其普通股的认股权证，行权价格为 3 元，甲公司持有 12 万份认股权证。假设母子公司之间没有其他需抵销的内部交易。甲公司取得对乙公司投资时，乙公司各项可辨认资产的公允价值与其账面价值一致。乙公司 2×22 年度的稀释每股收益为(　)。

A. 4.36 元　　B. 5.51 元

C. 4.54 元　　D. 4.24 元

7. 接上题。甲公司 2×22 年度合并报表的稀释每股收益为(　)。

A. 1.2 元　　B. 1.1 元

C. 1.09 元　　D. 2.1 元

二、多项选择题

1. 下列关于基本每股收益的表述中，正确的有(　)。

A. 发生亏损的企业，每股收益以负数列示

B. 以合并财务报表为基础计算的每股收益，分子应当是归属于母公司普通股股东的当期合并净利润

C. 计算基本每股收益时，分母应当为当期发行在外普通股的几何加权平均数

D. 公司库存股不属于发行在外的普通股，且无权参与利润分配，应当在计算每股收益分母时扣除

2. 下列关于每股收益的重新计算和列报的表述中，正确的有(　)。

A. 企业派发股票股利、公积金转增资本、拆股或并股时，一般均需要对各列报期间的每股收益进行重新计算

B. 因发放股票股利重新计算每股收益时，不需要对股票股利考虑时间权数

C. 编制比较财务报表时，各列报期间中只要有一个期间列示了稀释每股收益，那么所有列报期间均应当列示稀释每股收益

D. 按照会计政策、会计估计变更和差错更正准则规定对以前年度损益进行追溯调整或追溯重述的，应当重新计算各列报期间的每股收益

3. 甲公司为上市公司，其 2×22 年度基本每股收益为 0.60 元。甲公司 2×22 年度发生的可能影响其每股收益的交易或事项如下：(1)发行可转换公司债券，其当年增量股的每股收益为 0.46 元；(2)授予高管人员 2 000 万股股票期权，行权价格为 6 元/股；(3)接受部分股东按照市场价格的增资，发行在外普通股股数增加 3 000 万；(4)发行认股权证 1 000 万份，每份认股权证持有人有权利以 8 元的价格认购甲公司 1 股普通股。甲公司 2×22 年度股票的平均市场价格为 15 元/股。不考虑其他因素，下列各项中，对甲公司 2×22 年度基本每股收益具有稀释作用的有(　)。

A. 可转换公司债券

B. 股票期权

C. 认股权证

D. 股东增资

4. 甲公司 2×22 年 1 月 1 日发行在外的普通股为 27 000 万股，2×22 年度实现归属于普通股股东的净利润为 18 000 万元，当期各期间普通股平均市价均为每股 10 元。2×22 年度，甲公司发生的与其权益性工具相关的交易或事项如下：(1)4 月 20 日，宣告发放股票股利，以年初发行在外普通股股数为基础每 10 股送 1 股，除权日为 5 月 1 日。(2)7 月 1 日，根据经批准的股权激励计划，授予高管人员 6 000 万份股票期权。每份期权行权时按 4 元的价格购

买甲公司1股普通股，行权日为2×23年8月1日。(3)12月1日，甲公司按高价回购普通股6 000万股，以备实施股权激励计划之用。甲公司2×22年度的每股收益计算正确的有(　)。

A. 基本每股收益为0.62元

B. 基本每股收益为0.67元

C. 稀释每股收益为0.58元

D. 稀释每股收益为0.55元

5. 甲公司为上市公司，2×22年1月1日发行在外的普通股为10 000万股。2×22年，甲公司发生以下与权益性工具相关的交易或事项：(1)2月20日，甲公司与承销商签订股份发行合同。4月1日，定向增发4 000万股普通股作为非同一控制下企业合并对价，于当日取得对被购买方的控制权；(2)7月1日，根据股东大会决议，以2×22年6月30日股份为基础分派股票股利，每10股送2股；(3)10月1日，根据经批准的股权激励计划，授予高级管理人员2 000万份股票期权，每一份期权行权时可按5元的价格购买甲公司的1股普通股；(4)甲公司2×22年度各期间的普通股平均市价均为每股10元，2×22年度合并净利润为13 000万元，其中归属于甲公司普通股股东的部分为12 000万元。甲公司2×22年度的每股收益计算正确的有(　)。

A. 基本每股收益为0.77元

B. 基本每股收益为0.78元

C. 稀释每股收益为0.76元

D. 稀释每股收益为0.75元

6. 乙公司为甲公司通过非同一控制的控股合并取得的全资子公司。2×22年1月1日，乙公司采用授予职工限制性股票的形式实施股权激励计划，以定向增发方式向其100名管理人员每人授予1万股自身限制性股票，授予价格为每股15元；同时约定，该批管理人员从2×22年1月1日起在乙公司连续服务2年的，所授予股票将于2×24年1月1日全部解锁；其间离职的，乙公司将按照原授予价格回购相关股票。当日，该批管理人员全部认购了股票。乙公司履行了相关增资手续，该限制性股票激励计划在授予日的公允价值为每股8元。甲公司2×22年归属于普通股股东的净利润为50 000万元(不包括子公司的利润)，发行在外的普通股加权平均数为8 000万股。乙公司2×22年归属于普通股股东的净利润为30 000万元，发行在外普通股(不含限制性股票)加权平均数为5 000万股。2×22年度乙公司普通股平均市场价格为每股48元。至年末，乙公司管理人员无人离职。假定不考虑现金股利及其他因素，下列有关每股收益的计算，正确的有(　)。

A. 乙公司确认基本每股收益为6元

B. 乙公司确认稀释每股收益为5.93元

C. 甲公司合并财务报表中基本每股收益为6.25元

D. 甲公司合并财务报表中稀释每股收益为9.96元

7. 下列有关每股收益列报的表述中，正确的有(　)。

A. 所有企业均应在利润表中列示基本每股收益和稀释每股收益

B. 存在稀释性潜在普通股的上市公司应当在利润表中单独列示基本每股收益和稀释每股收益

C. 不存在稀释性潜在普通股的上市公司应当在利润表中单独列示基本每股收益

D. 与合并报表一同提供的母公司财务报表中企业可自行选择列报每股收益

8. 下列各项关于稀释每股收益的表述中，正确的有(　)。

A. 亏损企业签订的回购价格高于当期普通股平均市场价格的股份回购合同具有反稀释性

B. 亏损企业发行的行权价格低于当期普通股平均市场价格的股票期权具有反稀释性

C. 盈利企业签订的回购价格高于当期普

通股平均市场价格的股份回购合同具有稀释性

D. 盈利企业发行的行权价格低于当期普通股平均市场价格的认股权证具有稀释性

三、计算分析题

1. 甲上市公司2×22年1月1日发行在外的普通股为30 000万股。当年有关交易或事项如下：

(1)5月15日，以年初发行在外普通股股数为基数每10股送4股红股，以资本公积每10股转增3股，除权日为6月1日。

(2)4月1日，甲公司与股东签订一份远期股份回购合同，承诺3年后以每股12元的价格回购股东持有的1 000万股普通股。

(3)7月1日，根据经批准的股权激励计划，授予高级管理人员1 500万股股票期权，每一股股票期权行权时可按6元的价格购买甲公司1股普通股。

(4)10月1日，发行3 000万份认股权证，行权日为2×23年4月1日，每份认股权证可在行权日以6元的价格认购1股甲公司普通股。

其他资料：甲公司4月1日至年末普通股平均市场价格为每股10元，7月1日至年末普通股平均市场价格为每股12元，10月1日至年末普通股平均市场价格为每股18元。2×22年实现的归属于普通股股东的净利润为18 360万元。

要求：

(1)根据上述资料，计算甲公司2×22年度的基本每股收益。

(2)根据上述资料，计算甲公司2×22年度的稀释每股收益。

2. 甲公司为上市公司，2×20年至2×22年的有关资料如下：

(1)甲公司2×20年度归属于普通股股东的净利润为24 600万元，2×21年度为31 211.25万元，2×22年度为45 264万元。甲公司股票2×20年6月至2×20年12月平均市场价格为每股10元，2×21年1月至2×21年5月平均市场价格为每股12元。

(2)2×20年1月1日发行在外普通股股数为41 000万股。2×20年5月31日，经股东大会同意并经相关监管部门核准，甲公司以2×20年5月20日为股权登记日，向全体股东发放6 150万份认股权证，每份认股权证可以在2×21年5月31日按照每股6元的价格认购1股甲公司普通股。

(3)2×21年5月31日，认股权证持有人全部行权。

(4)2×22年9月25日，经股东大会批准，甲公司以2×22年6月30日股份47 150万股(41 000+6 150)为基数，向全体股东每10股派发2股股票股利。

要求(计算结果保留两位小数)：

(1)计算甲公司2×20年度利润表中列示的基本每股收益和稀释每股收益。

(2)计算甲公司2×21年度利润表中列示的基本每股收益和稀释每股收益。

(3)计算甲公司2×22年度利润表中列示的基本每股收益和稀释每股收益。

(4)计算甲公司2×22年度利润表中列示的经重新计算的2×21年度基本每股收益和稀释每股收益。

同步训练答案及解析

一、单项选择题

1. C 【解析】2×21年发行在外普通股加权平均数＝(1 000＋1 000/10×4)×1.2＝1 680(万股)，2×21年基本每股收益＝2 400/1 680＝1.43(元)。

2. B 【解析】认股权证调整增加的普通股股数=拟行权时转换的普通股股数-行权价格×拟行权时转换的普通股股数/当期普通股平均市场价格=2 000-8×2 000/10=400(万股)。稀释每股收益=5 800/(6 000+400)=0.91(元)。

3. D 【解析】基本每股收益=4 500/(1 000+250×6/12-300×4/12)=4.39(元)。

4. C 【解析】选项A，计算稀释每股收益时，该股份期权应假设于发行日或当期期初转换为普通股；选项B，以合并财务报表为基础的每股收益，分子是母公司普通股股东享有当期合并净利润部分，即**扣减少数股东损益**；选项D，新发行的普通股应当自增发日起计入发行在外普通股股数。

5. C 【解析】甲公司2×22年度基本每股收益=117 000/(60 000×1.3)=1.5(元)；因承诺回购股票调整增加的普通股加权平均数=(2 000×12/10-2 000)×6/12=200(万股)；因股票期权调整增加的普通股加权平均数=(3 000-3 000×6/10)×5/12=500(万股)；因发行认股权证调整增加的普通股加权平均数=(6 000-6 000×6/10)×3/12=600(万股)；因此甲公司2×22年度稀释每股收益=117 000/[60 000×1.3+(200+500+600)]=1.48(元)。

6. D 【解析】乙公司调整增加的普通股股数=240-240×3/6=120(万股)；乙公司的稀释每股收益=1 782/(300+120)=4.24(元)。

7. C 【解析】①归属于甲公司普通股股东的甲公司净利润=32 000(万元)；②乙公司净利润中归属于普通股且由甲公司享有的部分=4.24×300×60%=763.2(万元)；③乙公司净利润中归属于认股权证且由甲公司享有的部分=4.24×(240-240×3/6)×12/240=25.44(万元)；④甲公司合并报表的稀释每股收益=(32 000+763.2+25.44)/30 000=1.09(元)。

二、多项选择题

1. ABD 【解析】选项C，计算基本每股收益时，分母应当为当期发行在外普通股的算术加权平均数。

2. ABCD 【解析】选项B，股票股利的发放，不增加实际的股权融资金额，所以这种情况下不用考虑其时间权数，**视同期初就已经存在**即可。

3. ABC 【解析】增量股每股收益小于基本每股收益时，可以判断出该事项具有稀释性。可转换公司债券增量股每股收益小于基本每股收益，具有稀释作用；对于盈利企业，认股权证和股票期权等的行权价低于当期普通股平均市场价格时，具有稀释作用；因按市价增资导致发行在外的股数增加不具有稀释作用。

4. AC 【解析】基本每股收益=18 000/(27 000+27 000/10-6 000×1/12)=0.62(元)；稀释每股收益=18 000/[27 000+2 700-6 000×1/12+(6 000-6 000×4/10)×6/12]=0.58(元)。

5. AC 【解析】基本每股收益=12 000/[10 000+4 000×9/12+(10 000+4 000×9/12)/10×2]=12 000/15 600=0.77(元)；股票期权调整增加的普通股股数=(2 000-2 000×5/10)×3/12=250(万股)，稀释每股收益=12 000/(15 600+250)=0.76(元)。

6. ABD 【解析】(1)乙公司每股收益：
①基本每股收益=30 000/5 000=6(元)。
②行权价格=限制性股票的发行价格+资产负债表日尚未取得的职工服务的公允价值=15+8×1/2=19(元)。
由于行权价格均低于当期普通股平均市场价格48元，因此应当考虑限制性股票的稀释性。
发行在外的限制性股票在2×22年的加权平均数=100×1=100(万股)。
稀释每股收益=30 000/[5 000+(100-

19×100/48)]≈5.93(元)。

(2)甲公司合并每股收益:

①归属于母公司普通股股东的母公司净利润=50 000(万元)。

包括在合并基本每股收益计算中的子公司净利润部分=6×5 000×100%=30 000(万元)。

基本每股收益=(50 000+30 000)/8 000=10(元)。

②子公司净利润中归属于普通股且由母公司享有的部分=5.93×5 000×100%=29 650(万元)。

稀释每股收益=(50 000+29 650)/8 000≈9.96(元)。

7. BCD　**【解析】**选项A，只有普通股或潜在普通股已公开交易的企业，以及正处于公开发行普通股或潜在普通股过程中的企业才需在利润表中列示基本每股收益和稀释每股收益。

8. ABCD

三、计算分析题

1. **【答案】**

(1)基本每股收益=18 360/(30 000×1.7)=0.36(元)。

『提示』因送红股调整增加的普通股和因资本公积转增股份调整增加的普通股股数，在计算基本每股收益时调整发行在外的普通股加权平均数。

(2)因承诺回购股票调整增加的普通股加权平均数=(1 000×12/10-1 000)×9/12=150(万股)；因授予高级管理人员股票期权调整增加的普通股加权平均数=(1 500-1 500×6/12)×6/12=375(万股)；因发行认股权证调整增加的普通股加权平均数=(3 000-3 000×6/18)×3/12=500(万股)；稀释每股收益=18 360/(30 000×1.7+150+375+500)=0.35(元)。

2. **【答案】**

(1)①2×20年度基本每股收益计算如下:

基本每股收益=24 600/41 000=0.6(元)。

②2×20年稀释每股收益计算如下:

因认股权证调整增加的普通股加权平均数=(6 150-6 150×6/10)×7/12=1 435(万股)。

稀释每股收益=24 600/(41 000+1 435)=0.58(元)。

(2)①2×21年度基本每股收益计算如下:

2×21年发行在外普通股加权平均数=41 000+6 150×7/12=44 587.5(万股)。

基本每股收益=31 211.25/44 587.5=0.7(元)。

②2×21年稀释每股收益计算如下:

假设转换增加的普通股的加权平均数=(6 150-6 150×6/12)×5/12=1 281.25(万股)。

稀释每股收益=31 211.25/(44 587.5+1 281.25)=0.68(元)。

(3)2×22年度每股收益计算如下:

2×22年发行在外普通股加权平均数=(41 000+6 150)×1.2=56 580(万股)。

2×22年基本每股收益=45 264/56 580=0.8(元)。

稀释每股收益=基本每股收益=0.8(元)。

(4)经重新计算的2×21年度基本每股收益=31 211.25/(44 587.5×1.2)=0.58(元)。

经重新计算的2×21年度稀释每股收益=31 211.25/[(44 587.5+1 281.25)×1.2]=0.57(元)。

第二十九章 公允价值计量

考情解密

历年考情概况

本章规范了企业应当如何计量相关资产或负债的公允价值；主要介绍了公允价值计量的相关概念，估值技术的运用，非金融资产、负债和企业自身权益工具以及市场风险或信用风险可抵销的金融资产和金融负债的公允价值计量等内容。2016 年首次出现考题，2017 年至 2020 年连续考查，且均为文字表述的客观题，分值为 2 分。在学习的过程中需要注意对相关概念的把握。

近年考点直击

考点	主要考查题型	考频指数	考查角度
公允价值计量的概述和要求	单选题	★	①估值技术的市场法、收益法和成本法的选择；②相关资产或负债的公允价值的计量要求
公允价值层次	多选题	★	考查公允价值层次的相关概念

2022 年考试变化

本章考试内容未发生实质性变化。

考点详解及精选例题

一、公允价值的概述

（一）公允价值概念

1. 定义

公允价值，是指市场参与者在计量日发生的有序交易中，出售一项资产所能收到或者转移一项负债所需支付的价格，即**脱手价格**。企业应当严格按照公允价值定义对相关资产或负债进行公允价值计量。

2. 关于适用范围

（1）适用的范围。

①投资性房地产准则中规范的采用公允价值模式进行后续计量的投资性房地产；

②资产减值准则中规范的使用公允价值确定可收回金额的资产；

『提示』“未来现金流量的现值”，遵循资产减值准则的规定。

③政府补助准则中规范的以非货币性资产形式取得的政府补助；

④企业合并准则中规范的非同一控制下企业合并中取得的可辨认资产和负债以及作为合并对价发行的权益工具；

⑤金融工具确认和计量准则中规范的以公允价值计量且其变动计入当期损益的金融

资产或金融负债以及以公允价值计量且其变动计入其他综合收益的金融资产等。

(2)不适用的范围。

对于存货准则规范的可变现净值、资产减值准则规范的预计未来现金流量现值等与公允价值类似的其他计量属性，股份支付和租赁业务相关的计量，不遵循公允价值计量的有关规定。

(二)公允价值计量的基本要求

1. 相关资产或负债

企业以公允价值计量相关资产或负债，应当考虑该资产或负债的特征以及该资产或负债是以单项还是以组合的方式进行计量等因素。

(1)相关资产或负债的特征。

①资产状况和所在位置。市场参与者以公允价值计量一项非金融资产时，通常会考虑该资产的地理位置和环境、使用功能、结构、新旧程度、可使用状况等。因此，企业计量其公允价值时，也应考虑这些特征，对类似资产的可观察市场价格或其他交易信息进行调整，以确定该资产的公允价值。

②对资产出售或使用的限制。企业以公允价值计量相关资产，应当考虑出售或使用该资产所存在的限制因素。企业为合理确定相关资产的公允价值，应当区分该限制是针对资产持有者的，还是针对该资产本身的。

如果该限制是针对相关资产本身的，那么此类限制是该资产具有的一项特征，任何持有该资产的企业都会受到影响，市场参与者在计量日对该资产进行定价时会考虑这一特征。因此，企业以公允价值计量该资产，应当考虑该限制特征。

如果该限制是针对资产持有者的，那么此类限制并不是该资产的特征，只会影响当前持有该资产的企业，而其他企业可能不会受到该限制的影响，市场参与者在计量日对该资产进行定价时不会考虑该限制因素。因此，企业以公允价值计量该资产时，也不应考虑针对该资产持有者的限制因素。

(2)计量单元。

企业以公允价值计量相关资产或负债，该资产或负债可以是单项资产或负债，比如一台机器设备、一项专利权或者一项金融资产或负债，也可以是资产组合、负债组合或者资产和负债的组合，比如，由多台设备构成的一条生产线、《企业会计准则第20号——企业合并》中规范的业务等。

企业是以单项还是以组合的方式对相关资产或负债进行公允价值计量，取决于该资产或负债的**计量单元**。计量单元，是指相关资产或负债以单独或者组合方式进行计量的**最小单位**。企业在确认相关资产或负债时就已经确定了该资产或负债的计量单元。

2. 有序交易

企业以公允价值计量相关资产或负债，应当假定市场参与者在计量日出售资产或者转移负债的交易，是当前市场情况下的有序交易。企业应用于相关资产或负债公允价值计量的有序交易，是在计量日前一段时期内该资产或负债具有惯常市场活动的交易，不包括被迫清算和抛售。

(1)有序交易的识别。

当企业遇到下列情况时，相关资产或负债的交易活动通常不应作为有序交易：

①在当前市场情况下，市场在计量日之前一段时间内不存在相关资产或负债的惯常市场交易活动。

②在计量日之前，相关资产或负债存在惯常的市场交易，但资产出售方或负债转移方仅与单一的市场参与者进行交易。

③资产出售方或负债转移方处于或者接近于破产或托管状态，即资产出售方或负债转移方已陷入财务困境。

④资产出售方为满足法律或者监管规定而被要求出售资产，即被迫出售。

⑤与相同或类似资产或负债近期发生的其他交易相比，出售资产或转移负债的价格是一个异常值。

(2)有序交易价格的应用。

企业判定相关资产或负债的交易是有序交易的，在以公允价值计量该资产或负债时，应当考虑该交易的价格，即以该交易价格为基础确定该资产或负债的公允价值。企业在公允价值计量过程中赋予有序交易价格的权重时，应当考虑交易量、交易的可比性、交易日与计量日的临近程度等因素。

企业判定相关资产或负债的交易不是有序交易的，在以公允价值计量该资产或负债时，不应考虑该交易的价格，或者赋予该交易价格较低权重。

企业根据现有信息不足以判定该交易是否为有序交易的，在以公允价值计量该资产或负债时，应当考虑该交易的价格，但不应将该交易价格作为计量公允价值的唯一依据或者主要依据。相对于其他已知的有序交易价格，企业应赋予该交易较低权重。

3. 主要市场或最有利市场

企业以公允价值计量相关资产或负债，应当假定出售资产或者转移负债的有序交易在该资产或负债的**主要市场**进行。不存在主要市场的，企业应当假定该交易在相关资产或负债的**最有利市场**进行。

主要市场，是指相关资产或负债交易量最大和交易活跃程度最高的市场。最有利市场，是指在考虑**交易费用**和**运输费用**后，能够以最高金额出售相关资产或者以最低金额转移相关负债的市场。

(1)主要市场或最有利市场的识别。

企业根据可合理取得的信息，能够在交易日确定相关资产或负债交易量最大和交易活跃程度最高的市场的，应当将该市场作为相关资产或负债的主要市场。

企业根据可合理取得的信息，无法在交易日确定相关资产或负债交易量最大和交易活跃程度最高的市场的，应当在考虑交易费用和运输费用后能够以最高金额出售该资产或者以最低金额转移该负债的市场作为最有利市场。

相关资产或负债的主要市场(或者在不存在主要市场情况下的最有利市场)应当是企业可进入的市场，但不要求企业于计量日在该市场上实际出售资产或者转移负债。企业应当从自身角度，而非市场参与者角度，判定相关资产或负债的主要市场(或者在不存在主要市场情况下的最有利市场)。

(2)主要市场或最有利市场的应用。

①主要市场。

企业应当以主要市场上相关资产或负债的价格为基础，计量该资产或负债的公允价值。主要市场是资产或负债流动性最强的市场，能够为企业提供最具代表性的参考信息。因此，无论相关资产或负债的价格能够直接从市场观察到，还是通过其他估值技术获得，企业都应当以主要市场上相关资产或负债的价格为基础，计量该资产或负债的公允价值。即使企业能够于计量日在主要市场以外的另一个市场上，获得更高的出售价格或更低的转移价格，企业也仍应当以主要市场上相关资产或负债的价格为基础，计量该资产或负债的公允价值。且应当**考虑运输费用，不考虑交易费用**。

②最有利市场。

不存在主要市场或者无法确定主要市场的，企业应当以相关资产或负债最有利市场的价格为基础，计量其公允价值。企业在确定最有利市场时，应当考虑**交易费用、运输费用**等。

【例题1·单选题】☆甲公司在非同一控制下企业合并中取得10台生产设备，合并日以公允价值计量这些生产设备。甲公司可以进入X市场或Y市场出售这些生产设备，合并日相同生产设备每台交易价格分别为180万元和175万元。如果甲公司在X市场出售这些合并中取得的生产设备，需要支付相关交易费用100万元，将这些生产设备运到X市场需要支付运费60万元。如果甲公司在Y市场出售这些合并中取得的生产设备，需要支付相关交易费用80万元，将这些生产设备运到Y市场需要支付运费20万元。假定上述生产设备不存在主要市场，不考虑增值税及其他因素，甲公司上述生产设备的公允价值总额是（　）。

A. 1 640万元　　B. 1 650万元

C. 1 730万元　　D. 1 740万元

解析 分别计算各个市场可以获得的经济利益：X市场可以获得的经济利益 = 180×10-100-60 = 1 640（万元）；Y市场可以获得的经济利益 = 175×10-80-20 = 1 650（万元）；因此应当选择Y市场作为最有利市场，因此公允价值 = 175×10-20 = 1 730（万元）。企业根据主要市场或最有利市场的交易价格确定相关资产或负债的公允价值时，不应根据交易费用对该价格进行调整。此处的交易费用不包括运输费用。 **答案** C

4. 市场参与者

企业以公允价值计量相关资产或负债，应当充分考虑市场参与者之间的交易，采用市场参与者在对该资产或负债定价时为实现其经济利益最大化所使用的假设。

（1）市场参与者的特征。

市场参与者，是指在相关资产或负债的主要市场（或者在不存在主要市场情况下的最有利市场）中，相互独立的、熟悉资产或负债情况的、能够且愿意进行资产或负债交易的买方和卖方。市场参与者应当具备下列特征：

①市场参与者应当相互独立，不存在关联方关系。

②市场参与者应当熟悉情况，根据可获得的信息，包括通过正常的尽职调查获取的信息，对相关资产或负债以及交易具备合理认知。

③市场参与者应当有能力并自愿进行相关资产或负债的交易，而非被迫或以其他强制方式进行交易。

（2）市场参与者的确定。

企业在确定市场参与者时，应当考虑所计量的相关资产或负债、该资产或负债的主要市场（或者在不存在主要市场情况下的最有利市场）以及在该市场上与企业进行交易的市场参与者等因素，从总体上识别市场参与者。

（3）市场参与者的应用。

企业以公允价值计量相关资产或负债，应当基于市场参与者之间的交易确定该资产或负债的公允价值。如果市场参与者在交易中考虑了相关资产或负债的特征以及相关风险等，并根据这些特征或风险对该资产或负债的交易价格进行了调整，那么企业也应当采用市场参与者在对该资产或负债定价时所使用的这些假设。

企业应当从市场参与者角度计量相关资产或负债的公允价值，而不应考虑企业自身持有资产、清偿或者以其他方式履行负债的意图和能力。

二、公允价值计量要求★

（一）公允价值初始计量

企业应当根据交易性质和相关资产或负债的特征等，判断初始确认时的公允价值是否与其交易价格相等。企业在取得资产或者承担负债的交易中，交易价格是取得该资产所支付或者承担该负债所收到的价格，即进入价格。而相关资产或负债的公允价值是脱手价格，即出售该资产所能收到的价格或者转移该负债所需支付的价格。

大多数情况下，相关资产或负债的进入价格等于其脱手价格。例如，在交易日，企业购买一项资产的交易发生在出售该项资产主要市场（或者在不存在主要市场情况下的最有利市场）上的，取得该资产的交易价格与其脱手价格相等。

但在下列情况中，企业以公允价值对相关资产或负债进行初始计量的，不应将取得资产或者承担负债的交易价格作为该资产或负债的公允价值：

（1）关联方之间的交易。但如果企业有证据表明关联方之间的交易是按照市场条款进行的，则该交易价格可作为确定其公允价值的基础。

（2）被迫进行的交易，或者资产出售方（或负债转移方）在交易中被迫接受价格的交易。例如，资产出售方或负债转移方为满足监管或法律的要求而被迫出售资产或转移负债，或者资产出售方或负债转移方正陷于财务困境。

（3）交易价格所代表的计量单元不同于以公允价值计量的相关资产或负债的计量单元。例如，以公允价值计量的相关资产或负债仅是交易（例如，企业合并）中的一部分，而交易除该资产或负债外，还包括按照其他会计准则应单独计量但未确认的无形资产。

（4）进行交易的市场不是该资产或负债的主要市场（或者在不存在主要市场情况下的最有利市场）。

（二）估值技术

估值技术通常包括市场法、收益法和成本法。企业应当根据实际情况从市场法、收益法和成本法中选择一种或多种估值技术，用于估计相关资产或负债的公允价值。准则未规定企业应当优先使用何种估值技术，除非在活跃市场上存在相同资产或负债的公开报价。相关资产或负债存在活跃市场公开报价的，企业应当优先使用该报价确定该资产或负债的公允价值。

1. 市场法

市场法是利用相同或类似的资产、负债或资产和负债组合的价格以及其他相关市场交易信息进行估值的技术。企业应用市场法估计相关资产或负债公允价值的，可利用相同或类似的资产、负债或资产和负债的组合（例如，一项业务）的价格和其他相关市场交易信息进行估值。

（1）企业在使用市场法时，应当以市场参与者在相同或类似资产出售中能够收到或者转移相同或类似负债需要支付的公开报价为基础。

（2）企业在应用市场法时，除直接使用相同或类似资产或负债的公开报价外，还可以使用市场乘数法等估值方法。市场乘数法是一种使用可比企业市场数据估计公允价值的方法，包括上市公司比较法、交易案例比较法等。企业采用上市公司比较法时，可使用的市场乘数包括市盈率、市净率、企业价值/税息折旧及摊销前利润（EV/EB1TDA）乘数等。企业应当进行职业判断，考虑与计量相关的定性和定量因素，选择恰当的市场乘数。

2. 收益法

收益法是企业将未来金额转换成单一现值的估值技术。企业使用的收益法包括现金流量折现法、多期超额收益折现法（一般用于无形资产）、期权定价模型（一般用于衍生金融工具）等估值方法。

（1）现金流量折现法。现金流量折现法是企业在收益法中最常用到的估值方法，包括传统法（即折现率调整法）和期望现金流量法。

企业使用现金流量折现法估计相关资产或负债的公允价值时，需要在计量日从市场参与者角度考虑相关资产或负债的未来现金流量、现金流量金额和时间的可能变动、货币时间价值、因承受现金流量固有不确定性而要求的补偿（即风险溢价）、与负债相关的不履约风险（包括企业自身信用风险）、市场参与者在当前情况下可能考虑的其他因素等。

【快速记忆】（1）资产减值准则确定的未来现金流量现值，是站在企业角度预计未来的现金流量，而不是从市场参与者角度考虑相关资产的未来现金流量。

（2）为避免重复计算或忽略风险因素的影响，折现率与现金流量应当保持一致。例如，企业使用了合同现金流量的，应当采用能够反映预期违约风险的折现率；使用了概率加权现金流量的，应当采用无风险利率；

使用了包含了通货膨胀影响的现金流量的，应当采用名义折现率；使用了排除了通货膨胀影响的现金流量的，应当采用实际利率；使用税后现金流量的，应当采用税后折现率；使用税前现金流量的，应当采用税前折现率；使用人民币现金流量的，应当使用与人民币相关的利率等。

企业在现金流量折现法中所使用的现金流量是估计金额，而非确定的已知金额。当存在违约风险时，即使是合同约定的金额(例如，贷款承诺中约定的贷款金额)也是不确定的，所以，企业使用现金流量折现法时，将面临较多不确定性。

企业在以公允价值计量该资产或负债时应当考虑风险溢价。企业在某些情况下确定合适的风险溢价可能会存在较大的困难，但企业不能仅仅因为难以确定风险溢价而在公允价值计量中不考虑风险调整因素。

根据对风险的调整方式和采用现金流量类型，可以将现金流量折现法区分为两种方法，传统法和期望现金流量法。

①传统法。

传统法是使用在估计金额范围内最有可能的现金流量和经风险调整的折现率的一种折现方法。

企业在传统法中所使用的现金流量，包括合同现金流量、承诺现金流量或者最有可能的现金流量等。这些现金流量都以特定事项为前提条件，例如，债券中包含的合同现金流量或承诺现金流量是以债务人不发生违约为前提条件。

企业所使用的经风险调整的折现率，应当来自市场上交易的类似资产或负债的可观察回报率。在不存在可观察的市场回报率情况下，企业也可以使用估计的市场回报率。

【例题2 · 计算分析题】2×20年12月31日，甲商业银行从全国银行间债券市场购入乙公司发行的20万份中期票据，将其作为以公允价值计量且其变动计入其他综合收益的金融资产持有。该票据的信用评级为AAA，期限为7年，自2×20年12月31日起至2×27年12月31日止。该票据面值为人民币100元/份，票面年利率为6%。假定起息日为2×20年12月31日，付息日为2×21年至2×27年每年的12月31日。乙公司的长期信用评级为AAA。

2×21年12月31日，甲商业银行能够从中央国债登记结算有限责任公司公布的相关收益率曲线确定相同信用评级、相同期债券的市场回报率为8%。

2×21年12月31日，甲商业银行可根据该中期票据约定的合同现金流量(利息和本金)，运用市场回报率进行折现，得到对乙公司中期票据投资的公允价值为1 935.14万元。中期票据投资公允价值的计算如表29-1所示(单位：万元)(假定计算结果保留两位小数)。

表29-1　中期票据投资公允价值的计算

年份	2×21年	2×22年	2×23年	2×24年	2×25年	2×26年	2×27年	合计
现金流量	120	120	120	120	120	120	2 120	—
折现(8%)	1	0.925 9	0.857 3	0.793 8	0.735 0	0.680 6	0.630 2	—
现值	120	111.11	102.88	95.26	88.2	81.67	1 336.02	1 935.14

②期望现金流量法。

期望现金流量法是使用风险调整的期望现金流量和无风险利率，或者使用未经风险调整的期望现金流量和包含市场参与者要求的风险溢价的折现率的一种折现方法。

企业应当以概率为权重计算的期望现金流量反映未来所有可能的现金流量。企业在期望现金流量法中使用的现金流量是对所有可能的现金流量进行了概率加权，最终得到的期望现金流量不再以特定事项为前提条件，这不同于企业在传统法中所使用的现金流量。

企业在应用期望现金流量法时，有两种方法调整相关资产或负债期望现金流量的风险溢价：

第一种方法是，企业从以概率为权重计算的期望现金流量中扣除风险溢价，得到确定等值现金流量，并按照无风险利率对确定等值现金流量折现，从而估计出相关资产或负债的公允价值。

第二种方法是，企业在无风险利率之上增加风险溢价，得到期望回报率，并使用该期望回报率对以概率为权重计算的现金流量进行折现，从而估计出相关资产或负债的公允价值。企业可以使用对风险资产进行计价的模型估计期望回报率，例如资本资产定价模型。

(2)期权定价模型。企业可以使用布莱克—斯科尔斯模型、二叉树模型、蒙特卡洛模拟法等期权定价模型估计期权的公允价值。

3. 成本法

成本法，是反映当前要求重置相关资产服务能力所需金额的估值技术，通常是指现行重置成本法。在成本法下，企业应当根据折旧贬值情况，对市场参与者获得或构建具有相同服务能力的替代资产的成本进行调整。折旧贬值包括实体性损耗(例如，已经损坏了、陈旧了)、功能性贬值(例如，出现新的设备)以及经济性贬值(2008年经济危机，企业倒闭，导致设备价值贬值)。企业主要使用现行重置成本法估计与其他资产或其他资产和负债一起使用的有形资产的公允价值。

4. 估值技术的选择

企业在某些情况下使用单项估值技术是恰当的，如企业使用相同资产或负债在活跃市场上的公开报价计量该资产或负债的公允价值。但在有些情况下，企业可能需要使用多种估值技术，如企业对未上市企业股权投资的估值，将采用市场法和收益法。企业应当运用更多职业判断，确定恰当的估值技术。

企业在公允价值后续计量中使用了估值技术，并且运用了不可观察输入值的，应当确保该估值技术反映了计量日可观察的市场数据，例如，类似资产或负债的最近交易价格等。企业以相关资产或负债的交易价格作为其初始确认时的公允价值，并在公允价值后续计量中使用了不可观察输入值的，应当校正后续计量中运用的估值技术，以使得该估值技术确定的初始确认结果与初始确认时的交易价格相等。

企业在估计不存在活跃市场的权益工具的公允价值时，如果自权益工具购买日至计量日之间的间隔较短，并且在此期间没有发生对该权益工具价值产生重大影响的事件，企业可采用近期交易价格作为无公开报价权益工具的公允价值；如果权益工具非近期购买，或者自购买日至计量日之间发行权益工具的企业(发行人)发生了重大变化，企业可能不应按照近期交易价格确定权益工具的公允价值，应当根据发行人所处的发展阶段，选用恰当的估值方法进行估值。

企业在公允价值计量中使用的估值技术一经确定，不得随意变更。企业变更估值技术及其应用方法的，作为会计估计变更处理，并根据准则的披露要求对估值技术及其应用方法的变更进行披露。

【例题3·单选题】☆甲公司持有非上市的乙公司5%股权。以前年度，甲公司采用上市公司比较法、以市盈率为市场乘数估计所持乙公司股权投资的公允价值。由于客观情况发生变化，为使计量结果更能代表公允价值，甲公司从2×19年1月1日起变更估值方法，采用以市净率为市场乘数估计所持乙公司股权投资的公允价值。对于上述估值方法的变更，甲公司正确的会计处理方法是(　)。

A. 作为会计估计变更进行会计处理，并按照《企业会计准则第39号——公允价值计量》的规定对估值技术及其应用的变更进行披露

B. 作为会计估计变更进行会计处理，并

按照《企业会计准则第28号——会计政策、会计估计变更和差错更正》的规定对会计估计变更进行披露

C. 作为前期差错更正进行会计处理，并按照《企业会计准则第28号——会计政策、会计估计变更和差错更正》的规定对前期差错更正进行披露

D. 作为会计政策变更进行会计处理，并按照《企业会计准则第28号——会计政策、会计估计变更和差错更正》的规定对会计政策变更进行披露

答案 A

（三）输入值

企业以公允价值计量相关资产或负债，应当考虑市场参与者在对相关资产或负债进行定价时所使用的假设，包括有关风险的假设，例如，所用特定估值技术的内在风险等。市场参与者所使用的假设即为输入值，可分为可观察输入值和不可观察输入值。

企业使用估值技术时，应当优先使用可观察输入值，仅当相关可观察输入值无法取得或取得不切实可行时才使用不可观察输入值。企业通常可以从交易所市场、做市商市场、经纪人市场、直接交易市场获得可观察输入值。

（四）公允价值层次

企业应当将估值技术所使用的输入值划分为三个层次，并最优先使用活跃市场上相同资产或负债未经调整的报价（第一层次输入值），最后使用不可观察输入值（第三层次输入值）。

（1）第一层次输入值，是企业在计量日能够取得的相同资产或负债在活跃市场上未经调整的报价。活跃市场，是指相关资产或负债交易量及交易频率足以持续提供定价信息的市场。

（2）第二层次输入值，是除第一层次输入值外相关资产或负债直接或间接可观察的输入值。第二层次输入值包括：活跃市场中类似资产或负债的报价；非活跃市场中相同或类似资产或负债的报价；除报价以外的其他可观察输入值，包括在正常报价间隔期间可观察的利率和收益率曲线等；市场验证的输入值等。

企业以公允价值计量相关资产或负债的，类似资产或负债在活跃市场或非活跃市场的报价为该资产或负债的公允价值计量提供了依据，但企业需要对该报价进行调整。

（3）第三层次输入值，是相关资产或负债的不可观察输入值。第三层次输入值包括不能直接观察和无法由可观察市场数据验证的利率、股票波动率、企业合并中承担的弃置义务的未来现金流量、企业使用自身数据作出的财务预测等。

企业只有在相关资产或负债几乎很少存在市场交易活动，导致相关可观察输入值无法取得或取得不切实可行的情况下，才能使用第三层次输入值，即不可观察输入值。

【例题4·单选题】公允价值计量所使用的输入值划分为三个层次，下列各项输入值中，不属于第二层输入值的是（　）。

A. 活跃市场中类似资产或负债的报价

B. 活跃市场中相同资产或负债的报价

C. 非活跃市场中类似资产或负债的报价

D. 非活跃市场中相同资产或负债的报价

解析 第二层次输入值包括：①活跃市场中类似资产或负债的报价；②非活跃市场中相同或类似资产或负债的报价；③除报价以外的其他可观察输入值，包括在正常报价间隔期间可观察的利率和收益率曲线等；④市场验证的输入值等，所以应该选择B选项。

答案 B

三、公允价值计量的具体应用★

（一）非金融资产的公允价值计量

1. 非金融资产的最佳用途

企业以公允价值计量非金融资产，应当

考虑市场参与者通过直接将该资产用于最佳用途产生经济利益的能力，或者通过将该资产出售给能够用于最佳用途的其他市场参与者产生经济利益的能力。

最佳用途，是指市场参与者实现一项非金融资产或其所属的一组资产和负债的价值最大化时该非金融资产的用途。企业判定非金融资产的最佳用途，应当考虑该用途是否为法律上允许、实物上可能以及财务上可行的使用方式。

(1)企业判断非金融资产的用途在法律上是否允许，应当考虑市场参与者在对该非金融资产定价时所考虑的资产使用在法律上的限制。企业在计量日对非金融资产的使用必须未被法律禁止，例如，如果政府禁止在生态保护区内进行房地产开发和经营，则该保护区内土地的最佳用途不可能是工业或商业用途的开发。

(2)企业判断非金融资产的用途在实物上是否可能，应当考虑市场参与者在对该非金融资产定价时所考虑的资产实物特征，例如，一栋建筑物是否能够作为仓库使用，是否能够作为房屋出租，以及建筑物结构能否更改等。

(3)企业判断非金融资产的用途在财务上是否可行，应当考虑在法律上允许且实物上可能的情况下，市场参与者通过使用该非金融资产能否产生足够的收益或现金流量，从而在补偿将该非金融资产用于这一用途所发生的成本之后，仍然能够满足市场参与者所要求的投资回报。

通常情况下，企业对非金融资产的当前用途可视为最佳用途。

2. 非金融资产的估值前提

企业以公允价值计量非金融资产，应当在最佳用途的基础上确定该非金融资产的估值前提，即单独使用该非金融资产还是将其与其他资产或负债组合使用：

(1)通过单独使用实现非金融资产最佳用途的，该非金融资产的公允价值应当是将该资产出售给同样单独使用该资产的市场参与者的当前交易价格。

(2)通过与其他资产或负债组合使用实现非金融资产最佳用途的，该非金融资产的公允价值应当是将该资产出售给以同样组合方式使用资产的市场参与者的当前交易价格，并且假定市场参与者可以取得组合中的其他资产或负债。

(二)负债和企业自身权益工具的公允价值计量

企业以公允价值计量负债，应当假定在计量日将该负债转移给市场参与者，而且该负债在转移后继续存在，由作为受让方的市场参与者履行相关义务。同样，企业以公允价值计量自身权益工具，应当假定在计量日将该自身权益工具转移给市场参与者，而且该自身权益工具在转移后继续存在，并由作为受让方的市场参与者取得与该工具相关的权利并承担相应的义务。

在任何情况下，企业都应当最优先使用相关的可观察输入值，只有在相关可观察输入值无法取得或取得不切实可行的情况下，才可以使用不可观察输入值，用于估计在计量日市场参与者之间按照当前市场情况转移一项负债或权益工具的有序交易中的价格。

1. 确定负债或企业自身权益工具公允价值的方法

(1)具有可观察市场报价的相同或类似负债或企业自身权益工具。

如果存在相同或类似负债或企业自身权益工具可观察市场报价，企业应当以该报价为基础确定负债或企业自身权益工具的公允价值。

但在很多情况下，由于法律限制或企业未打算转移负债或企业自身权益工具等，企业可能无法获得转移相同或类似负债或企业自身权益工具的公开报价。

在上述情形下，企业应当确定该负债或自身权益工具是否被其他方作为资产持有。

相关负债或企业自身权益工具被其他方作为资产持有的，企业应当在计量日从持有对应资产的市场参与者角度，以对应资产的公允价值为基础，确定该负债或企业自身权益工具的公允价值；相关负债或企业自身权益工具没有被其他方作为资产持有的，企业应当从承担负债或者发行权益工具的市场参与者角度，采用估值技术确定该负债或企业自身权益工具的公允价值。

(2)被其他方作为资产持有的负债或企业自身权益工具。

对于不存在相同或类似负债或企业自身权益工具报价但其他方将其作为资产持有的负债或企业自身权益工具，企业应当根据下列方法估计其公允价值：

①如果对应资产存在活跃市场的报价，并且企业能够获得该报价，企业应当以对应资产的报价为基础确定该负债或企业自身权益工具的公允价值。

②如果对应资产不存在活跃市场的报价，或者企业无法获得该报价，企业可使用其他可观察的输入值，例如对应资产在非活跃市场中的报价。

③如果①②中的可观察价格都不存在，企业应使用收益法、市场法等估值技术。

(3)未被其他方作为资产持有的负债或企业自身权益工具。

不存在相同或类似负债或企业自身权益工具报价，并且其他方未将其作为资产持有的，企业应当从承担负债或者发行权益工具的市场参与者角度，采用估值技术确定该负债或企业自身权益工具的公允价值。即使不存在对应资产(如弃置义务)，企业也可使用估值技术计量该负债的公允价值，例如，市场参与者预期在履行义务时将发生的未来现金流出的现值。企业使用现金流量折现法计量未被其他方作为资产持有的负债的公允价值时，应当估计市场参与者为履行相关义务预期流出的未来现金流量。

2. 不履约风险

企业以公允价值计量相关负债，应当考虑不履约风险，并假定不履约风险在负债转移前后保持不变。不履约风险，是指企业不履行义务的风险，包括但不限于企业自身信用风险。企业以公允价值计量相关负债时，应该考虑其信用风险(信用状况)的影响，以及其他可能影响负债履行的因素。

同步训练

限时 35min

扫我做试题

一、单项选择题

1. 甲公司持有一批乙产品，共200件，现在需要评估其公允价值。乙产品共有三个市场，市场交易数据如下：

市场	销售价格(万元/件)	历史交易量(件)	交易费用(万元)	运输费用(万元)
A市场	5	无	20	6
B市场	6	无	22	8
C市场	5.5	无	18	10

不考虑其他因素，则乙产品的公允价值为(　)。

A. 1 192万元　　B. 1 170万元

C. 1 090万元　　D. 974万元

2. 企业在按照会计准则规定采用公允价值计量相关资产或负债时，下列各项有关确定公允价值的表述中，正确的是(　)。

A. 公允价值是指市场参与者在计量日发生的有序交易中购买一项资产所需支付的价格

B. 使用估值技术确定公允价值时，应当使用市场上可观察输入值，在无法取得或取得可观察输入值不切实可行时才能使用不可观察输入值

C. 在根据选定市场的交易价格确定相关资产或负债的公允价值时，应当根据交易费用对有关价格进行调整

D. 以公允价值计量资产或负债，应当首先假定出售资产或转移负债的有序交易在该资产或负债的最有利市场进行

3. 下列关于输入值的表述中，不正确的是(　)。

A. 输入值可分为可观察输入值和不可观察输入值

B. 企业使用估值技术时，只能使用可观察输入值

C. 企业通常可以从交易所市场、做市商市场、经纪人市场、直接交易市场获得可观察输入值

D. 无论企业在以公允价值计量相关资产或负债过程中是否使用不可观察输入值，其公允价值计量的目的仍是基于市场参与者角度确定在当前市场条件下计量日有序交易中该资产或负债的脱手价格

4. 2×22 年 7 月 1 日，甲公司购入乙上市公司 1 000 万股普通股股票，共支付 5 000 万元，假定不考虑相关税费。甲公司将这部分股权投资作为以公允价值计量且其变动计入当期损益的金融资产核算。2×22 年 12 月 31 日，乙上市公司普通股股票的收盘价为每股 5.8 元。在编制 2×22 年度财务报表时，甲公司根据乙上市公司普通股股票于 2×22 年 12 月 31 日的收盘价确定上述股权投资的公允价值为 5 800 万元(5.8×1 000)。甲公司确定上述股权投资的公允价值时所采用的估值技术是(　)。

A. 市场法　　B. 收益法

C. 成本法　　D. 权益法

5. 甲公司于 2×20 年 1 月 1 日购买了一台数控设备，其原始成本为 2 000 万元，预计使用寿命为 20 年。2×22 年，该数控设备生产的产品有替代产品上市，导致甲公司产品市场份额骤降 30%。2×22 年 12 月 31 日，甲公司决定对该数控设备进行减值测试，根据该数控设备的公允价值减去处置费用后的净额与预计未来现金流量现值中的较高者确定可收回全额。根据可获得的市场信息，甲公司决定采用重置成本法估计该数控设备的公允价值。甲公司在估计公允价值时，因无法获得该数控设备的市场交易数据，也无法获取其各项成本费用数据，故以其历史成本为基础，根据同类设备的价格上涨指数来确定该数控设备在全新状态下的公允价值。假设自 2×20 年至 2×22 年，此类数控设备价格指数按年分别为 5%、2%和 5%(均为上涨)。此外，在考虑实体性贬值、功能性贬值和经济性贬值后，甲公司确定该数控设备在 2×22 年 12 月 31 日的成新率为 60%。不考虑其他因素，则该数控设备在 2×22 年 12 月 31 日的公允价值为(　)。

A. 2 250 万元

B. 2 000 万元

C. 1 200 万元

D. 1 349.46 万元

6. 下列关于公允价值计量相关资产或负债的有序交易的表述中，不正确的是(　)。

A. 企业应当假定市场参与者在计量日出售资产或者转移负债的交易，是当前市场情况下的有序交易

B. 企业根据现有信息不足以判定该交易是否为有序交易的，应以交易价格作为该项资产或负债的公允价值

C. 在有序交易下，企业应以该交易价格

为基础确定该资产或负债的公允价值

D. 企业应用于相关资产或负债公允价值计量的有序交易不包括被迫清算和抛售

7. 下列关于主要市场或最有利市场的表述中，正确的是（ ）。

A. 企业应当从自身角度，而非市场参与者角度，判定相关资产或负债的主要市场

B. 企业正常进行资产出售或者负债转移的市场是主要市场或最有利市场

C. 相关资产或负债的主要市场要求企业于计量日在该市场上实际出售资产或者转移负债

D. 对于相同资产或负债而言，不同企业的主要市场相同

8. 下列关于市场参与者的表述中，不正确的是（ ）。

A. 企业在确定市场参与者时应考虑所计量的相关资产和负债

B. 企业在确定市场参与者时应考虑该资产或负债的主要市场

C. 企业应从自身持有资产、清偿或者以其他方式履行负债的意图和能力角度计量相关资产或负债的公允价值

D. 企业以公允价值计量相关资产或负债，应当基于市场参与者之间的交易确定该资产或负债的公允价值

9. 下列关于估值技术的表述中，不正确的是（ ）。

A. 企业应当优先使用市场法确定资产或负债的公允价值

B. 企业在应用估值技术估计相关资产或负债的公允价值时，应当根据可观察的市场信息定期校准估值模型

C. 企业使用估值技术的目的是估计市场参与者在计量日当前市场情况下的有序交易中出售资产或者转移负债的价格

D. 如果企业所使用的估值技术未能考虑市场参与者在对相关资产或负债估值时所考虑的所有因素，那么企业通过该估值技术获得的金额不能作为对计量日当前交易价格的估计

二、多项选择题

1. 下列属于第二层次输入值的有（ ）。

A. 相同资产或负债在活跃市场上未经调整的报价

B. 市场验证的输入值

C. 在正常报价间隔期间可观察的利率和收益率曲线等

D. 企业使用自身数据作出的财务预测

2. 以公允价值计量的资产应当考虑的因素有（ ）。

A. 资产状况

B. 资产所在的位置

C. 对资产出售或使用的限制

D. 资产的取得方式

3. 下列各项中，不应将取得资产或者承担负债的交易价格作为其公允价值的有（ ）。

A. 资产出售方（或负债转移方）在交易中被迫接受价格的交易

B. 交易价格所代表的计量单元不同于以公允价值计量的相关资产或负债的计量单元

C. 进行交易的市场不是该资产或负债的主要市场（或者在不存在主要市场情况下的最有利市场）

D. 关联方之间的交易，但客观证据表明该交易是按照市场条款进行的

4. 下列关于企业使用第三方报价机构估值的说法中，正确的有（ ）。

A. 企业使用第三方报价机构估值的，应将该公允价值计量结果划入第三层次输入值

B. 企业应当了解估值服务中应用到的输入值，并根据该输入值的可观察性和重要性，确定相关资产或负债公允价值计量结果的层次

C. 如果第三方报价机构提供了相同资产或负债在活跃市场报价的，企业应当将该资产或负债的公允价值计量划入第一层次

输入值

D. 企业在权衡作为公允价值计量输入值的报价时，应当考虑报价的性质

5. 下列关于非金融资产公允价值计量的表述中，正确的有(   )。

A. 企业以公允价值计量非金融资产，应当考虑市场参与者通过直接将该资产用于最佳用途产生经济利益的能力

B. 通常情况下，企业对非金融资产的当前用途可视为最佳用途

C. 企业以公允价值计量非金融资产时应确定将该资产单独使用还是将其与其他资产或负债组合使用

D. 企业以公允价值计量非金融资产时，该资产必须按照与其他会计准则规定的计量单元相一致的方式(可能是单项资产)出售

6. 企业以公允价值计量与其他资产或与其他资产及负债组合使用的非金融资产时，下列会导致估值前提对该非金融资产的公允价值有不同影响的情况有(   )。

A. 非金融资产与其他资产或负债组合使用前提下的公允价值，与该非金融资产单独使用前提下的公允价值可能相等

B. 非金融资产与其他资产或负债组合使用前提下的公允价值，可通过对单独使用的该非金融资产价值进行调整反映

C. 非金融资产与其他资产或负债组合使用前提下的公允价值，可通过市场参与者在资产公允价值计量中采用的假设反映

D. 非金融资产与其他资产或负债组合使用前提下的公允价值，可通过估值技术反映

7. 下列关于负债和企业自身权益工具的公允价值计量的表述中，正确的有(   )。

A. 企业以公允价值计量负债，应当假定在计量日将该负债转移给市场参与者，而且该负债在转移后继续存在，由作为受让方的市场参与者履行相关义务

B. 企业以公允价值计量自身权益工具，应当假定在计量日将该自身权益工具转移给市场参与者，而且该自身权益工具在转移后继续存在，并由作为受让方的市场参与者取得与该工具相关的权利、承担相应的义务

C. 如果存在相同或类似负债或企业自身权益工具可观察市场报价，企业应当以该报价为基础确定负债或企业自身权益工具的公允价值

D. 相关负债或企业自身权益工具被其他方作为资产持有的，企业应当在计量日从自身角度，以对应资产的公允价值为基础，确定该负债或企业自身权益工具的公允价值

同步训练答案及解析

一、单项选择题

1. A 【解析】由于无法判断各个市场的交易量，所以分别计算乙产品在各个市场出售可以获得的经济利益：在A市场可以获得的经济利益=200×5-20-6=974(万元)；在市场B可以获得的经济利益=200×6-22-8=1 170(万元)；在市场C可以获得的经济利益=200×5.5-18-10=1 072(万元)，B市场为最有利市场。企业根据主要市场或最有利市场的交易价格确定相关资产或负债的公允价值时，不应根据交易费用对该价格进行调整，交易费用不包括运输费用，因此乙产品的公允价值=200×6-8=1 192(万元)。

2. B 【解析】选项A，公允价值是指市场参与者在计量日发生的有序交易中，出售一项资产所能收到或者转移一项负债所需支

付的价格，即脱手价格；选项C，应当根据资产或负债的特征对有关价格进行调整，与交易费用无关；选项D，应当首先假定出售资产或转移负债的有序交易在该资产或负债的主要市场进行，不存在主要市场的才可以选择最有利市场。

3. B 【解析】选项B，企业使用估值技术时，应当优先使用可观察输入值，仅当相关可观察输入值无法取得或取得不切实可行时才使用不可观察输入值。

4. A

5. D 【解析】甲公司估计该设备公允价值为1 349.46万元（2 000×1.05×1.02×1.05×60%）。

6. B 【解析】选项B，在以公允价值计量该资产或负债时，应当考虑该交易的价格，但不应将该交易价格作为计量公允价值的唯一依据或者主要依据。

7. A 【解析】选项B，说法过于绝对，通常情况下，如果不存在相反的证据，企业正常进行资产出售或者负债转移的市场可以视为主要市场或最有利市场；选项C，相关资产或负债的主要市场应当是企业可进入的市场，但不要求企业于计量日在该市场上实际出售资产或者转移负债；选项D，对于相同资产或负债而言，不同企业可能具有不同的主要市场。

8. C 【解析】企业应当从市场参与者角度计量相关资产或负债的公允价值，而不应考虑企业自身持有资产、清偿或者以其他方式履行负债的意图和能力。

9. A 【解析】选项A，相关资产或负债存在活跃市场公开报价的，企业应当优先使用该报价确定该资产或负债的公允价值，其他情况下准则未规定企业应当优先使用何种估值技术。

二、多项选择题

1. BC 【解析】选项A，属于第一层次输入值；选项D，属于第三层次输入值，即不可观察输入值。

2. ABC 【解析】选项D，对资产以公允价值计量，一般不需要考虑资产的取得方式。

3. ABC 【解析】选项D，如果企业有证据表明关联方之间的交易是按照市场条件进行的，则该交易可作为确定其公允价值的基础。

4. BCD 【解析】选项A，企业应当了解估值服务中应用到的输入值，并根据该输入值的可观察性和重要性，确定相关资产或负债公允价值计量结果的层次，与是否属于第三方报价机构估值无关。

5. ABCD

6. ABCD

7. ABC 【解析】选项D，企业应当在计量日从持有对应资产的市场参与者角度，而不是自身角度来确定该负债或企业自身权益工具的公允价值。

第三十章　政府及民间非营利组织会计

考情解密

历年考情概况

本章属于2018年教材新增内容，在注会2018年以前的考试中均未涉及。本章的考试题型既可以出现客观题，也可以出现主观题，2018年考题涉及本章的计算分析题目，考生应引起注意。本章考核重点为政府单位特定业务的会计核算以及民间非营利组织特定业务的会计核算等。考生在备考时应注意掌握相关基本概念及常见的账务处理。

近年考点直击

考点	主要考查题型	考频指数	考查角度
政府单位特定业务会计核算的一般原则	多选题	★	根据相关资料，判断其处理是否正确
政府会计处理	计算分析题	★★	①财政授权支付的程序和账务处理；②各种政府会计处理的表述错误与否的判断；③预算结转结余及分配业务
民间非营利组织会计处理	单选题	★	①限定性收入和非限定性收入的核算；②受托代理资产业务的核算；③非营利组织的会计处理原则

2022年考试变化

本章将“国库集中支付业务”改为“财政拨款收支业务”，并调整相关内容；新增专用结余的核算、PPP合同项目和部门(单位)合并财务报表的内容；补充完善了债务预算支出和投资支出、固定资产、无形资产的部分内容。其他内容未发生实质性变化。

考点详解及精选例题

一、政府会计概述★

(一)政府会计标准体系

政府会计基本准则、具体准则及应用指南、政府会计制度和政府会计制度解释等构成了我国的政府会计标准体系。

(二)政府会计核算模式

政府会计由预算会计和财务会计构成。

1. 政府预算会计和财务会计的“适度分离”

(1)“双功能”。政府会计应当具备财务会计与预算会计双重功能。预算会计应准确完整反映政府预算收入、预算支出和预算结余等预算执行信息，财务会计应全面准确反映政府的资产、负债、净资产、收入、费用等财务信息。

(2)“双基础”。政府单位财务会计核算实行权责发生制；政府单位预算会计核算实行收付实现制。

(3)“双报告”。政府会计主体应当编制决算报告和财务报告。前者以收付实现制为基础，以预算会计核算生成的数据为准；后者以财务会计核算生成的数据为准。

2. 政府预算会计和财务会计的“相互衔接”

政府预算会计和财务会计的“相互衔接”的要求体现为：政府预算会计要素和财务会计要素相互协调，决算报告和财务报告相互补充，共同反映政府会计主体的预算执行信息和财务信息。

(三)政府会计要素及其确认和计量

1. 政府预算会计要素

政府预算会计要素包括预算收入、预算支出与预算结余。

(1)预算收入。

预算收入是指政府会计主体在预算年度内依法取得的并纳入预算管理的现金流入。

预算收入一般在实际收到时予以确认，以实际收到的金额计量。

(2)预算支出。

预算支出是指政府会计主体在预算年度内依法发生并纳入预算管理的现金流出。预算支出一般在实际支付时予以确认，以实际支付的金额计量。

(3)预算结余。

预算结余是指政府会计主体预算年度内预算收入扣除预算支出后的资金余额，以及历年滚存的资金余额。

预算结余包括结余资金和结转资金。结余资金是指年度预算执行终了，预算收入实际完成数扣除预算支出和结转资金后剩余的资金。结转资金是指预算安排项目的支出年终尚未执行完毕或者因故未执行，且下年需要按原用途继续使用的资金。

2. 政府财务会计要素

政府财务会计要素包括资产、负债、净资产、收入和费用。

二、单位会计核算一般原则★

(一)单位预算会计

单位预算会计主要通过预算会计“三要素”(预算收入、预算支出和预算结余)全面反映单位预算收支执行情况。预算会计“三要素”所构成的恒等式为“预算收入-预算支出=预算结余”。单位预算会计采用收付实现制。

单位预算会计中应设置“资金结存”科目，以核算纳入部门预算管理的资金的流入、流出、调整和滚存等情况。该科目下应设置“零余额账户用款额度”“货币资金”“财政应返还额度”三个明细科目。年末预算收支结转后，“资金结存”科目借方余额与预算结转结余科目贷方余额相等。

(二)单位财务会计

单位财务会计通过财务会计“五个要素”(资产、负债、净资产、收入、费用)全面反映单位财务状况、运行情况和现金流量情况。财务会计“五个要素”所构成的两个恒等式分别为：“资产-负债=净资产”(反映财务状况)，“收入-费用=本期盈余”(反映运行情况)。本期盈余经分配后最终转入净资产。财务会计实行权责发生制。

对于纳入部门预算管理的现金收支业务，单位应在采用财务会计核算的同时进行预算会计核算；对于其他业务，仅需进行财务会计核算。

【例题1 · 单选题】☆政府会计由预算会计和财务会计构成，下列关于政府会计的表述中，错误的是(　)。

A. 预算会计实行收付实现制，财务会计实行权责发生制

B. 政府会计主体应当建立预算会计和财务会计两套账，分别反映政府会计主体的预算执行信息和财务信息

C. 政府会计应当实现预算会计和财务会计双重功能

D. 政府会计主体应当以预算会计核算生成的数据为基础编制政府决算报告，以财务会计核算生成的数据为基础编制政府财务报告

解析 政府预算会计和财务会计"适度分离"，并不是要求政府会计主体分别建立预算会计和财务会计两套账。因此，选项B不正确。

答案 B

三、财政拨款收支业务的账务处理★

单位核算国库集中支付业务时，既要进行预算会计核算，也应进行财务会计核算。

（一）直接支付业务

（1）单位收到"财政直接支付入账通知书"时，按照通知书中的直接支付入账金额应作的处理如表30-1所示。

表30-1 直接支付业务

财务会计	预算会计
借：库存物品［材料、产品、包装物、低值易耗品，以及达不到固定资产标准的用具、装具、动植物等的成本］ 固定资产 应付职工薪酬 业务活动费用 单位管理费用 贷：财政拨款收入	借：行政支出［行政单位履行其职责实际发生的各项现金流出］ 事业支出［事业单位开展专业业务活动及其辅助活动实际发生的各项现金流出］ 贷：财政拨款预算收入

『提示』行政单位不使用"单位管理费用"科目，其发生的各项费用均记入"业务活动费用"科目。事业单位应当同时使用"业务活动费用"和"单位管理费用"科目，其业务部门开展专业业务活动及其辅助活动发生的各项费用记入"业务活动费用"科目，其本级行政及后勤管理部门发生的各项费用以及由单位统一负担的费用记入"单位管理费用"科目。

【例题2·计算分析题】2×22年10月9日，某事业单位根据经过批准的部门预算和用款计划，向同级财政部门申请支付第三季度水费105万元。10月18日，财政部门经审核后，以财政直接支付方式向自来水公司支付了该单位的水费105万元。10月23日，该事业单位收到了"财政直接支付入账通知书"。

要求：根据上述资料作出该单位的相关账务处理。

答案 该事业单位的会计处理如表30-2所示。

表30-2 该事业单位的会计处理

财务会计	预算会计
借：单位管理费用 105 贷：财政拨款收入 105	借：事业支出 105 贷：财政拨款预算收入 105

（2）年末，根据本年度财政直接支付预算指标数与当年财政直接支付实际支出数的差额的处理如表30-3所示。

表 30-3　财政直接支付预算指标数与实际支出数的差额的处理

财务会计	预算会计
借：财政应返还额度—财政直接支付 　贷：财政拨款收入	借：资金结存—财政应返还额度 　贷：财政拨款预算收入

（3）下年度恢复财政直接支付额度后，单位以财政直接支付方式发生实际支出时的处理如表 30-4 所示。

表 30-4　下年度恢复财政直接支付额度后发生支出时的处理

财务会计	预算会计
借：库存物品、固定资产、应付职工薪酬、业务活动费用、单位管理费用 　贷：财政应返还额度—财政直接支付	借：行政支出、事业支出等科目 　贷：资金结存—财政应返还额度

【例题 3 · 计算分析题】 2×21 年 12 月 31 日，某行政单位财政直接支付指标数与当年财政直接支付实际支出数之间的差额为 200 万元。2×22 年年初，财政部门恢复了该单位的财政直接支付额度。2×22 年 1 月 15 日，该单位以财政直接支付方式购买一批办公用物资（属于上年预算指标数），支付给供应商 100 万元价款。

要求：根据上述资料作出该单位的相关账务处理。

答案

（1）2×21 年 12 月 31 日补记指标数的会计处理如表 30-5 所示。

表 30-5　2×21 年 12 月 31 日补记指标数的会计处理

财务会计	预算会计
借：财政应返还额度—财政直接支付　200 　贷：财政拨款收入　200	借：资金结存—财政应返还额度　200 　贷：财政拨款预算收入　200

（2）2×22 年 1 月 15 日使用上年预算指标购买办公用品的会计处理如表 30-6 所示。

表 30-6　2×22 年 1 月 15 日使用上年预算指标购买办公用品的会计处理

财务会计	预算会计
借：库存物品　100 　贷：财政应返还额度—财政直接支付　100	借：行政支出　100 　贷：资金结存—财政应返还额度　100

（二）授权支付业务

（1）单位收到代理银行盖章的“授权支付到账通知书”应作的处理如表 30-7 所示。

表 30-7　收到“授权支付到账通知书”的处理

财务会计	预算会计
借：零余额账户用款额度 　贷：财政拨款收入	借：资金结存—零余额账户用款额度 　贷：财政拨款预算收入

（2）按规定支用额度时应作的处理如表 30-8 所示。

表 30-8　支用额度的处理

财务会计	预算会计
借：库存物品、固定资产、应付职工薪酬、业务活动费用、单位管理费用 　贷：零余额账户用款额度	借：行政支出、事业支出 　贷：资金结存—零余额账户用款额度

【例题 4·计算分析题】2×22 年 3 月，某科研所根据经过批准的部门预算和用款计划，向同级财政部门申请财政授权支付用款额度 360 万元。4 月 6 日，财政部门经审核后，以财政授权支付方式下达了 340 万元用款额度。4 月 8 日，该科研所收到了代理银行转来的“授权支付到账通知书”。5 月 20 日，购入不需要安装的科研设备一台，实际成本为 120 万元。

要求：根据上述资料作出该单位的相关账务处理。

答案

(1)4 月 8 日的会计处理如表 30-9 所示。

表 30-9　4 月 8 日的会计处理

财务会计	预算会计
借：零余额账户用款额度　340 　贷：财政拨款收入　340	借：资金结存—零余额账户用款额度　340 　贷：财政拨款预算收入　340

(2)5 月 20 日的会计处理如表 30-10 所示。

表 30-10　5 月 20 日的会计处理

财务会计	预算会计
借：固定资产　120 　贷：零余额账户用款额度　120	借：事业支出　120 　贷：资金结存—零余额账户用款额度　120

(3)年末，依据代理银行提供的对账单作注销额度(已下达的用款额度)应作的处理如表 30-11 所示。

表 30-11　注销额度的处理

财务会计	预算会计
借：财政应返还额度—财政授权支付 　贷：零余额账户用款额度	借：资金结存—财政应返还额度 　贷：资金结存—零余额账户用款额度

下年年初恢复额度时应作的处理如表 30-12 所示。

表 30-12　恢复额度的处理

财务会计	预算会计
借：零余额账户用款额度 　贷：财政应返还额度—财政授权支付	借：资金结存—零余额账户用款额度 　贷：资金结存—财政应返还额度

(4)年末，单位本年度财政授权支付预算指标数大于零余额账户用款额度下达数时(未下达的用款额度)应作的处理如表 30-13 所示。

表 30-13 财政授权支付预算指标数大于零余额账户用款额度下达数时的处理

财务会计	预算会计
借：财政应返还额度—财政授权支付 　贷：财政拨款收入	借：资金结存—财政应返还额度 　贷：财政拨款预算收入

下年度收到财政部门批复的上年末未下达零余额账户用款额度时应作的处理如表 30-14 所示。

表 30-14 收到财政部门批复的上年末未下达零余额账户用款额度时的处理

财务会计	预算会计
借：零余额账户用款额度 　贷：财政应返还额度—财政授权支付	借：资金结存—零余额账户用款额度 　贷：资金结存—财政应返还额度

【例题5·计算分析题】2×21 年 12 月 31 日，某事业单位经与代理银行提供的对账单核对无误后，将 300 万元零余额账户用款额度予以注销。另外，本年度财政授权支付预算指标数大于零余额账户用款额度下达数，未下达的用款额度为 400 万元。2×22 年度，该单位收到代理银行提供的额度恢复到账通知书及财政部门批复的上年末未下达零余额账户用款额度。

要求：根据上述资料作出该单位的相关账务处理。

答案

(1)2×21 年年末，依据代理银行提供的对账单作注销额度(已下达的用款额度)的会计处理如表 30-15 所示。

表 30-15 2×21 年年末的会计处理

财务会计	预算会计
借：财政应返还额度—财政授权支付　300 　贷：零余额账户用款额度　300	借：资金结存—财政应返还额度　300 　贷：资金结存—零余额账户用款额度　300

(2)2×22 年年初恢复额度时的会计处理如表 30-16 所示。

表 30-16 2×22 年年初的会计处理

财务会计	预算会计
借：零余额账户用款额度　300 　贷：财政应返还额度—财政授权支付　300	借：资金结存—零余额账户用款额度　300 　贷：资金结存—财政应返还额度　300

(3)2×21 年年末，单位本年度财政授权支付预算指标数大于零余额账户用款额度下达数(未下达的用款额度)的会计处理如表 30-17 所示。

表 30-17 2×21 年年末的会计处理

财务会计	预算会计
借：财政应返还额度—财政授权支付　400 　贷：财政拨款收入　400	借：资金结存—财政应返还额度　400 　贷：财政拨款预算收入　400

(4)2×22 年度收到财政部门批复的上年末未下达零余额账户用款额度时会计处理如表 30-18 所示。

表 30-18　2×22 年年末的会计处理

财务会计	预算会计
借：零余额账户用款额度　400 　贷：财政应返还额度—财政授权支付　400	借：资金结存—零余额账户用款额度　400 　贷：资金结存—财政应返还额度　400

【例题 6·单选题】☆下列各项关于科研事业单位有关业务或事项会计处理的表述中，正确的是(　)。

A. 涉及现金收支的业务采用预算会计核算，不涉及现金收支的业务采用财务会计核算

B. 开展技术咨询服务收取的劳务费(不含增值税)在预算会计下确认为其他预算收入

C. 年度终了，根据本年度财政直接支付预算指标数与本年财政直接支付实际支出数的差额，确认为其他预算收入

D. 财政授权支付方式下年度终了根据代理银行提供的对账单核对无误后注销零余额账户用款额度的余额并于下年年初恢复

解析 单位对于纳入年度部门预算管理的现金收支业务，在采用财务会计核算的同时应当进行预算会计核算，对于其他业务，仅需要进行财务会计核算，选项 A 不正确；科研事业单位对开展技术咨询服务收取的劳务费，在预算会计中应计入事业预算收入，选项 B 不正确；年末，根据本年度财政直接支付预算指标数与本年财政直接支付实际支出数的差额，在预算会计中借记“资金结存—财政应返还额度”科目，贷记“财政拨款预算收入”；在财务会计中，借记“财政应返还额度”科目，贷记“财政拨款收入”科目，选项 C 不正确。

答案 D

四、非财政拨款收支业务

对于纳入单位预算管理的现金收支业务，单位既应进行预算会计核算，也应进行财务会计核算。

(一)事业预算收入和事业收入

事业收入是指事业单位开展专业业务活动及其辅助活动实现的收入，不包括从同级政府财政部门取得的各类财政拨款。单位一方面应在预算会计中设置“事业预算收入”科目，另一方面应在财务会计中设置“事业收入”科目，前者采用收付实现制核算，后者采用权责发生制核算。

(1)对采用财政专户返还方式管理的事业(预算)收入，实现应上缴财政专户的事业收入应作的处理如表 30-19 所示。

表 30-19　实现应上缴财政专户的事业收入

财务会计	预算会计
收到应上缴财政专户的事业收入时： 借：银行存款 　贷：应缴财政款	—
向财政专户上缴款项时： 借：应缴财政款 　贷：银行存款	—
收到从财政专户返还的事业收入时： 借：银行存款 　贷：事业收入	按照实际收到的返还金额： 借：资金结存—货币资金 　贷：事业预算收入

【例题7 · 计算分析题】某事业单位部分事业收入采用财政专户返还的方式管理。2×22年9月5日，该单位收到应上缴财政专户的事业收入1 000万元。9月15日，该单位将上述款项上缴财政专户。10月15日，该单位收到从财政专户返还的事业收入1 000万元。

要求：根据上述资料作出该单位的相关账务处理。

答案▶2×22年该事业单位的会计处理如表30-20所示。

表30-20　2×22年该事业单位的会计处理

财务会计	预算会计
(1)收到应上缴财政专户的事业收入时： 借：银行存款　1 000 　贷：应缴财政款　1 000	—
(2)向财政专户上缴款项时： 借：应缴财政款　1 000 　贷：银行存款　1 000	—
(3)收到从财政专户返还的事业收入时： 借：银行存款　1 000 　贷：事业收入　1 000	借：资金结存—货币资金　1 000 　贷：事业预算收入　1 000

(2)对采用预收款方式确认的事业(预算)收入应作的处理如表30-21所示。

表30-21　采用预收款方式确认的事业(预算)收入

财务会计	预算会计
实际收到预收款项时： 借：银行存款 　贷：预收账款	借：资金结存—货币资金 　贷：事业预算收入
以合同完成进度确认事业收入时，按照基于合同完成进度计算的金额： 借：预收账款 　贷：事业收入	—

(3)对采用应收款方式确认的事业收入应作的处理如表30-22所示。

表30-22　采用应收款方式确认的事业收入

财务会计	预算会计
借：应收账款 　贷：事业收入[根据合同完成进度计算本期应收的款项]	—
借：银行存款 　贷：应收账款[实际收到款项时]	借：资金结存—货币资金 　贷：事业预算收入

(4)对于其他方式下确认的事业收入应作的处理如表30-23所示。

表 30-23　其他方式下确认的事业收入

财务会计	预算会计
借：银行存款、库存现金 　贷：事业收入[按照实际收到的金额]	借：资金结存—货币资金 　贷：事业预算收入
借：银行存款 　贷：应收账款[实际收到款项时]	—

(5)事业活动中涉及增值税业务的，事业收入按照实际收到的金额扣除增值税销项税之后的金额入账，事业预算收入按照实际收到的金额入账。

【例题 8·计算分析题】2×22 年 3 月，某科研事业单位(为增值税一般纳税人)开展技术咨询服务，开具的增值税专用发票上注明的劳务收入为 400 万元，增值税税额为 24 万元，款项已存入银行。

要求：根据上述资料作出该单位的相关账务处理。

答案 ▶ 2×22 年该事业单位的会计处理如表 30-24 所示。

表 30-24　2×22 年该事业单位的会计处理

财务会计	预算会计
(1)收到劳务收入时： 借：银行存款　424 　贷：事业收入　400 　　应交增值税—应交税金(销项税额)　24	借：资金结存—货币资金　424 　贷：事业预算收入　424
(2)实际缴纳增值税时： 借：应交增值税—应交税金(已交税金)　24 　贷：银行存款　24	借：事业支出　24 　贷：资金结存—货币资金　24

(二)捐赠(预算)收入和支出

1. 捐赠(预算)收入

捐赠收入是指单位接受其他单位或者个人的现金捐赠或非现金捐赠所取得的收入。同时，单位接受捐赠的现金资产应在预算会计中反映为捐赠预算收入。

(1)单位接受捐赠的货币资金，按照实际收到的金额应作的处理如表 30-25 所示。

表 30-25　接受捐赠的货币资金

财务会计	预算会计
借：银行存款、库存现金 　贷：捐赠收入	借：资金结存—货币资金 　贷：其他预算收入—捐赠预算收入

(2)单位接受捐赠的存货、固定资产等非现金资产应作的处理如表 30-26 所示。

表 30-26　接受捐赠的非现金资产

财务会计	预算会计
借：库存物品、固定资产[按照确定的成本] 　贷：银行存款[发生相关税费、运输费等] 　　捐赠收入[差额]	借：其他支出[发生相关税费、运输费等] 　贷：资金结存—货币资金

『提示』单位取得捐赠的货币资金按规定应上缴财政的，在财务会计上应当按照“应缴财政款”科目的相关规定进行处理，预算会计不作处理。单位接受捐赠人委托转赠的资产，在财务会计上应当按照受托代理业务相关规定进行处理，预算会计不作处理。

【例题9·计算分析题】2×22年3月12日，某事业单位接受甲公司捐赠的一批实验材料，甲公司所提供的凭据表明其价值为200万元，该事业单位以银行存款支付了运输费2万元。假设不考虑相关税费。

要求：根据上述资料作出该单位的相关账务处理。

答案 2×22年该事业单位的会计处理如表30-27所示。

表30-27　2×22年该事业单位的会计处理

财务会计	预算会计
借：库存物品　202 　贷：捐赠收入　200 　　银行存款　2	借：其他支出　2 　贷：资金结存—货币资金　2

2. 捐赠(支出)费用的相关处理如表30-28所示。

表30-28　捐赠(支出)费用的相关处理

财务会计	预算会计
借：其他费用[单位对外捐赠现金资产] 　贷：银行存款、库存现金	借：其他支出[按照实际捐赠的金额] 　贷：资金结存—货币资金

对外捐赠非现金资产(如库存物品、固定资产等)的，单位应在财务会计中将资产的账面价值转入资产处置费用。如果不涉及相关费用的支付，则预算会计不需要作账务处理。

『提示』单位向其附属单位分配受赠的货币资金，应按“对附属单位补助费用(支出)”科目相关规定处理；向其附属单位以外的其他单位分配受赠的货币资金，应按“其他费用(支出)”科目相关规定处理；单位向政府会计主体分配受赠的非现金资产，应按“无偿调拨净资产”科目相关规定处理；单位向非政府会计主体分配受赠的非现金资产，应按“资产处置费用”科目相关规定处理。

(三)债务预算收入和债务还本支出

单位应在预算会计中设置“债务预算收入”和“债务还本支出”科目，在财务会计中设置“短期借款”“长期借款”“应付利息”等科目。债务预算收入核算事业单位按照规定从银行和其他金融机构等借入的、纳入部门预算管理的、不以财政资金作为偿还来源的债务本金。债务还本支出核算事业单位偿还自身承担的纳入预算管理的从金融机构举借的债务本金的现金流出。

(1)事业单位借入各种短期借款、长期借款时应作的处理如表30-29所示。

表30-29　借入各种短期借款、长期借款

财务会计	预算会计
借：银行存款 　贷：短期借款、长期借款	借：资金结存—货币资金[实际借入金额] 　贷：债务预算收入

(2)事业单位按期计提及支付长期借款的利息时应作的处理如表30-30所示。

表 30-30 计提及支付长期借款的利息

财务会计	预算会计
借：其他费用、在建工程 　　贷：应付利息、长期借款—应付利息 借：应付利息、长期借款—应付利息 　　贷：银行存款	借：事业支出 　　贷：资金结存—货币资金

（3）事业单位偿还各项短期或长期借款时应作的处理如表 30-31 所示。

表 30-31 偿还各项短期或长期借款

财务会计	预算会计
借：短期借款、长期借款 　　贷：银行存款	借：债务还本支出[按照偿还的借款本金] 　　贷：资金结存—货币资金

『提示』（1）单位从同级财政取得政府债券资金的，不应计入债务预算收入，在财务会计中计入财政拨款收入，在预算会计中计入财政拨款预算收入；同级财政以地方政府债券置换单位原有负债的，单位应在财务会计中借记“长期借款”“应付利息”等科目，贷记“累计盈余”科目，预算会计不作处理。

（2）单位需要向同级财政上缴专项债券对应项目专项收入的，取得专项收入时，应当借记“银行存款”等科目，贷记“应缴财政款”科目；实际上缴时，借记“应缴财政款”科目，贷记“银行存款”等科目。预算会计不作处理。

（四）投资支出

事业单位以货币资金对外投资发生的现金流出即投资支出。为此，事业单位应在预算会计中设置“投资支出”科目，在财务会计中设置“短期投资”“长期股权投资”“长期债券投资”等科目。

（1）事业单位以货币资金对外投资时应作的处理如表 30-32 所示。

表 30-32 以货币资金对外投资

财务会计	预算会计
借：短期投资、长期股权投资、长期债券投资 　　贷：银行存款	借：投资支出[投资金额+相关税费] 　　贷：资金结存—货币资金

『提示』单位按规定出资成立非营利法人单位，不应按照投资业务进行会计处理，应在出资时按照出资金额，在财务会计中借记“其他费用”科目，贷记“银行存款”等科目；同时，在预算会计中借记“其他支出”科目，贷记“资金结存”科目。

（2）收到取得投资时实际支付价款中包含的已到付息期但尚未领取的利息或股利时应作的处理如表 30-33 所示。

表 30-33 收到价款中包含的已到付息期但尚未领取的利息或股利

财务会计	预算会计
借：银行存款 　　贷：短期投资、应收股利、应收利息	借：资金结存—货币资金[实际收到金额] 　　贷：投资支出

（3）事业单位持有股权投资期间收到被投资单位发放的分期付息的利息时应作的处理如表 30-34 所示。

表 30-34 收到被投资单位发放的利息

财务会计	预算会计
借：银行存款 　贷：应收利息	借：资金结存—货币资金 　贷：投资预算收益[按照实际收到的金额]

(4)事业单位出售、对外转让或到期收回本年度以货币资金取得的对外投资时应作的处理如表 30-35 所示。

表 30-35 出售、对外转让或到期收回本年度以货币资金取得的对外投资

财务会计	预算会计
借：银行存款[按照实际收到的金额] 　贷：短期投资、长期股权投资、长期债券投资[账面余额] 　　应收股利、应收利息 　　投资收益	借：资金结存—货币资金[按照实际收到的金额] 　贷：投资支出[按照取得投资时该科目的发生额] 　　投资预算收益[差额] 『提示』如果单位出售、对外转让或到期收回的是以前年度以货币资金取得的对外投资，应当将上述业务处理中的"投资支出"科目改为"其他结余"

【例题 10·计算分析题】 2×18 年 7 月 1 日，某事业单位以银行存款购入 5 年期国债 500 万元，年利率为 3%，按年分期付息，到期还本，付息日为每年 7 月 1 日，最后一年偿还本金并付最后一次利息。

要求：根据上述资料作出该单位的相关账务处理。

答案

①2×18 年 7 月 1 日购入国债的会计处理如表 30-36 所示。

表 30-36 2×18 年 7 月 1 日购入国债的会计处理

财务会计	预算会计
借：长期债券投资　500 　贷：银行存款　500	借：投资支出　500 　贷：资金结存—货币资金　500

②2×19 年至 2×22 年，每年计提债券利息的会计处理如表 30-37 所示。

表 30-37 2×19 年至 2×22 年每年计提债券利息的会计处理

财务会计	预算会计
借：应收利息　(500×3%)15 　贷：投资收益　15 每年 7 月 1 日实际收到利息时： 借：银行存款　15 　贷：应收利息　15	借：资金结存—货币资金　15 　贷：投资预算收益　15

③2×23 年 7 月 1 日，收回债券本息的会计处理如表 30-38 所示。

表 30-38　2×13 年 7 月 1 日收回债券本息的会计处理

财务会计	预算会计
借：银行存款　515 　贷：长期债券投资　500 　　投资收益　15	借：资金结存—货币资金　515 　贷：其他结余　500 　　投资预算收益　15 『提示』如果单位出售、对外转让或到期收回的是以前年度以货币资金取得的对外投资，应当将上述业务处理中的“投资支出”科目改为“其他结余”科目

五、预算结转结余及分配业务★

对于财政拨款结转结余和非财政拨款结转结余，单位应当严格区分。财政拨款结转结余不参与事业单位的结余分配，单位应单独设置“财政拨款结转”和“财政拨款结余”科目核算。对于非财政拨款结转结余，单位应设置“非财政拨款结转”“非财政拨款结余”“专用结余”“经营结余”“非财政拨款结余分配”等科目进行核算。

(一)财政拨款结转、结余的核算

事业单位应当在预算会计中设置“财政拨款结转”科目，核算滚存的财政拨款结转资金。年末，单位应当将财政拨款收入和对应的财政拨款支出结转入“财政拨款结转”科目。

单位在预算会计中应当设置“财政拨款结余”科目，核算单位滚存的财政拨款项目支出结余资金。年末，按照有关规定将符合财政拨款结余性质的项目余额转入财政拨款结余：

1. 财政拨款结转、结余的会计处理

年末，单位应当将财政拨款收入和对应的财政拨款支出结转入“财政拨款结转”科目。预算会计主要账务处理如下：

(1)结转财政拨款收入本年发生额：

借：财政拨款预算收入

　贷：财政拨款结转

(2)根据各项支出中的财政拨款支出本年发生额：

借：财政拨款结转

　贷：事业支出(财政拨款支出)等

(3)完成上述财政拨款收支结转后，将财政拨款结余性质的项目余额转入财政拨款结余：

借：财政拨款结转—累计结转

　贷：财政拨款结余—结转转入

【例题 11 · 计算分析题】2×22 年 6 月，财政部门拨付某事业单位基本支出补助 800 万元、项目补助 200 万元，“事业支出”科目下“财政拨款支出(基本支出)”“财政拨款支出(项目支出)”明细科目的当期发生额分别为 800 万元和 160 万元。月末，该事业单位将本月财政拨款收入和支出结转。

要求：根据上述资料作出该单位的相关账务处理。

答案

(1)结转财政拨款收入：

借：财政拨款预算收入—基本支出　800

　　　　　　　　　—项目支出　200

　贷：财政拨款结转—本年收支结转　800

　　　　　　　　—项目支出结转　200

(2)结转财政拨款支出：

借：财政拨款结转—本年收支结转　800

　　　　　　　—项目支出结转　160

　贷：事业支出—财政拨款支出(基

本支出)　800
—财政拨款支出(项目支出)　160

【例题 12 · 计算分析题】2×22 年年末，某事业单位完成财政拨款收支结转后，对财政拨款各明细项目进行分析，按照有关规定将某项目结余资金 9 万元转入财政拨款结余。

要求：根据上述资料作出该单位的相关账务处理。

答案

借：财政拨款结转—累计结转—项目支出结转　9
　贷：财政拨款结余—结转转入　9

2. 财政拨款结转、结余的特殊会计处理

(1)按照规定从其他单位调入财政拨款结转资金的，按照实际调增的额度数额或调入的资金数额应作的处理如下表 30-39 所示。

表 30-39　从其他单位调入财政拨款结转资金的处理

财务会计	预算会计
借：零余额账户用款额度、财政应返还额度等 　贷：累计盈余	借：资金结存—财政应返还额度、零余额账户用款额度等 　贷：财政拨款结转—归集调入

(2)按规定上缴(或注销)财政拨款结转资金、向其他单位调出财政拨款结转资金，按照实际上缴资金数额、实际调减的额度数额或调出的资金数额应作的处理如表 30-40 所示。

表 30-40　上缴(或注销)财政拨款结转资金、向其他单位调出财政拨款结转资金的处理

财务会计	预算会计
借：累计盈余 　贷：零余额账户用款额度、财政应返还额度等	借：财政拨款结转—归集上缴、归集调出 　贷：资金结存—财政应返还额度、零余额账户用款额度等

(3)因发生会计差错等事项调整以前年度财政拨款结转资金的，按照调整的金额应作的处理如表 30-41 所示。

表 30-41　因发生会计差错等事项调整以前年度财政拨款结转资金的处理

财务会计	预算会计
借或贷：以前年度盈余调整 　贷或借：零余额账户用款额度、银行存款等	借或贷：资金结存—财政应返还额度、零余额账户用款额度等 　贷或借：财政拨款结转—年初余额调整

(二)非财政拨款结转、非财政拨款结余的核算

非财政拨款结转资金是指事业单位除财政拨款收支、经营收支以外的各非同级财政拨款专项资金收入与其相关支出相抵后剩余滚存的、须按规定用途使用的结转资金。在预算会计中，单位应设置“非财政拨款结转”科目，核算单位除财政拨款收支、经营收支以外各非同级财政拨款专项资金的调整、结转和滚存情况。

非财政拨款结余指单位历年滚存的非限定用途的非同级财政拨款结余资金，主要为非财政拨款结余扣除结余分配后滚存的金额。在预算会计中，单位应设置“非财政拨款结余”科目，核算单位历年滚存的非限定用途的非同级财政拨款结余资金。

1. 非财政拨款结转、非财政拨款结余的基本账务处理

非财政拨款结转、结余的账务处理如下：

(1)年末，将预算收入本年发生额中的专项资金收入、非财政拨款专项资金支出转入“非财政拨款结转”科目。

①结转非财政拨款专项资金收入：

借：事业预算收入

　　上级补助预算收入

　　附属单位上缴预算收入

　　非同级财政拨款预算收入

　　债务预算收入

　　其他预算收入

　　贷：非财政拨款结转

②结转非财政拨款专项资金支出：

借：非财政拨款结转

　　贷：行政支出

　　　　事业支出

　　　　其他支出

(3)年末，完成上述结转后，将留归本单位使用的非财政拨款专项(项目已完成)剩余资金转入非财政拨款结余：

借：非财政拨款结转—累计结转

　　贷：非财政拨款结余—结转转入

【例题 13 · 计算分析题】 2×22 年 1 月，某事业单位启动一项科研项目。当年收到上级主管部门拨付的非财政专项资金 1 000 万元，为该项目发生事业支出 960 万元。2×22 年 12 月项目结项，经上级主管部门批准，该项目的结余资金留归事业单位使用。

要求：根据上述资料作出该单位的相关账务处理。

答案

①收到上级主管部门拨付款项时的会计处理如表 30-42 所示。

表 30-42　收到上级主管部门拨付款项时的会计处理

财务会计	预算会计
借：银行存款　1 000 　贷：上级补助收入　1 000	借：资金结存—货币资金　1 000 　贷：上级补助预算收入　1 000

②发生业务活动费用(事业支出)时的会计处理如表 30-43 所示。

表 30-43　发生业务活动费用(事业支出)时的会计处理

财务会计	预算会计
借：业务活动费用　960 　贷：银行存款　960	借：事业支出　960 　贷：资金结存—货币资金　960

③年末结转上级补助预算收入中该科研专项资金收入：

借：上级补助预算收入　1 000

　　贷：非财政拨款结转—本年收支结转　1 000

④年末结转事业支出中该科研专项支出：

借：非财政拨款结转—本年收支结转　960

　　贷：事业支出—非财政专项资金支出　960

⑤经批准确定结余资金留归本单位使用时：

借：非财政拨款结转—累计结转　40

　　贷：非财政拨款结余—结转转入　40

2. 非财政拨款结转、非财政拨款结余的特殊会计处理

(1)按照规定从科研项目预算收入中提取项目管理费或间接费时，按照提取金额应作的处理如表 30-44 所示。

表 30-44　从科研项目预算收入中提取项目管理费或间接费的处理

财务会计	预算会计
借：单位管理费用 　　贷：预提费用—项目间接费或管理费	借：非财政拨款结转—项目间接费用或管理费 　　贷：非财政拨款结余—项目间接费用或管理费

(2)因会计差错更正等事项调整非财政拨款结转资金的，按照收到或支出的金额应作的处理如表 30-45 所示。

表 30-45　因会计差错更正等事项调整非财政拨款结转资金

财务会计	预算会计
借或贷：银行存款 　　　　贷或借：以前年度盈余调整	借或贷：资金结存—货币资金 　　　　贷或借：非财政拨款结转—年初余额调整
按照规定缴回非财政拨款结转资金的，按照实际缴回资金数额： 借：累计盈余 　　贷：银行存款	按照规定缴回非财政拨款结转资金的，按照实际缴回资金数额： 借：非财政拨款结转—缴回资金 　　贷：资金结存—货币资金

(三)专用结余、经营结余、其他结余及非财政拨款结余分配

1. 专用结余的核算

事业单位应在预算会计中设置“专用结余”科目，核算专用结余资金的变动和滚存情况。

(1)按规定从本年度非财政拨款结余或经营结余中提取基金的：

预算会计中：

借：非财政拨款结余分配

　　贷：专用结余

同时，财务会计中：

借：本年盈余分配

　　贷：专用基金

(2)使用从非财政拨款结余或经营结余中提取的专用基金时：

预算会计中：

借：专用结余

　　贷：资金结存—货币资金

同时，财务会计中：

借：专用基金

　　贷：银行存款

2. 经营结余的核算

事业单位应当在预算会计中设置**“经营结余”**科目。期末，事业单位应当结转本期经营收支。

(1)根据经营预算收入本期发生额：

借：经营预算收入

　　贷：经营结余

(2)根据经营支出本期发生额：

借：经营结余

　　贷：经营支出

(3)年末，如“经营结余”科目为**贷方**余额，将余额结转入“非财政拨款结余分配”科目，借记“经营结余”科目，贷记“非财政拨款结余分配”科目；如为**借方**余额，为经营亏损，**不予结转**。

3. 其他结余的核算

单位应当在预算会计中设置“其他结余”科目，核算单位本年度除财政拨款收支、非同级财政专项资金收支和经营收支以外各项收支相抵后的余额。

借：事业预算收入

　　上级补助预算收入

　　附属单位上缴预算收入

　　非同级财政拨款预算收入

　　债务预算收入

　　其他预算收入

　　投资预算收益

贷：其他结余

借：其他结余

贷：行政支出

事业支出

其他支出

上缴上级支出

对附属单位补助支出

投资支出

债务还本支出

年末，完成上述结转后，行政单位将“其他结余”科目余额转入“非财政拨款结余—累计结余”科目；事业单位将“其他结余”科目余额转入“非财政拨款结余分配”科目。

【例题 14 · 计算分析题】2×22 年 12 月，某事业单位对其收支科目进行分析：

(1)经营预算收入本年发生额为 188 万元。(2)经营支出本年发生额为 128 万元。(3)事业预算收入和上级补助预算收入本年发生额中的非专项资金收入分别为 200 万元和 40 万元。(4)事业支出和其他支出本年发生额中的非财政非专项资金支出分别为 160 万元和 20 万元。(5)对附属单位补助支出本年发生额为 40 万元。

要求：根据上述资料，作出该单位的年末相关账务处理。

答案

(1)结转本年经营预算收入：

借：经营预算收入　　188

　贷：经营结余　　188

(2)结转本年经营支出：

借：经营结余　　128

　贷：经营支出　　128

(3)结转本年非财政、非专项资金预算收入：

借：事业预算收入　　200

　上级补助预算收入　　40

　贷：其他结余　　240

(4)结转本年非财政、非专项资金支出：

借：其他结余　　220

　贷：事业支出—其他资金支出　　160

　　其他支出　　20

　　对附属单位补助支出　　40

4. 非财政拨款结余分配的核算

事业单位应当在预算会计中设置“非财政拨款结余分配”科目，核算事业单位本年度非财政拨款结余分配的情况和结果，相关账务处理如表 30-46 所示。

表 30-46　非财政拨款结余分配的核算

财务会计	预算会计
—	借：其他结余 　经营结余 　贷：非财政拨款结余分配
借：本年盈余分配 　贷：专用基金—职工福利基金	借：非财政拨款结余分配[提取专用基金] 　贷：专用结余—职工福利基金
—	借：非财政拨款结余分配 　贷：非财政拨款结余[将“非财政拨款结余分配”的余额转入非财政拨款结余]

【例题 15 · 计算分析题】2×22 年年终结账时，某事业单位当年经营结余的贷方余额为 150 万元，其他结余的贷方余额为 200 万元。该事业单位按照有关规定提取职工福利基金 50 万元。

要求：根据上述资料，作出该单位的年末相关账务处理。

答案

（1）结转其他结余：

借：其他结余 200

贷：非财政拨款结余分配 200

（2）结转经营结余：

借：经营结余 150

贷：非财政拨款结余分配 150

（3）提取专用基金：

借：非财政拨款结余分配 50

贷：专用结余—职工福利基金 50

同时：

借：本年盈余分配 50

贷：专用基金—职工福利基金 50

（4）将“非财政拨款结余分配”的余额转入非财政拨款结余：

借：非财政拨款结余分配

（200+150-50）300

贷：非财政拨款结余 300

六、净资产业务

在财务会计中，累计实现的盈余和无偿调拨的净资产是单位净资产的来源。为核算净资产，单位应在财务会计中设置“累计盈余”“专用基金”“无偿调拨净资产”“权益法调整”“本期盈余”“本期盈余分配”“以前年度盈余调整”等科目。

（一）本期盈余及本年盈余分配

1. 本期盈余

本期盈余反映单位本期各项收入、费用相抵后的余额。期末，单位应当将各类收入科目的本期发生额转入本期盈余。

借：财政拨款收入

事业收入

上级补助收入

附属单位上缴收入

经营收入

非同级财政拨款收入

投资收益

捐赠收入

利息收入

租金收入

其他收入

贷：本期盈余

将各类费用科目本期发生额转入本期盈余：

借：本期盈余

贷：业务活动费用

单位管理费用

经营费用

所得税费用

资产处置费用

上缴上级费用

对附属单位补助费用

其他费用

年末，单位应当将“本期盈余”科目余额转入“本年盈余分配”科目。

2. 本年盈余分配

单位设置“本年盈余分配”科目，反映单位本年度盈余分配的情况和结果。

年末，单位应当将“本期盈余”科目余额转入“本年盈余分配”科目

借或贷：本期盈余

贷或借：本年盈余分配

根据有关规定从本年度非财政拨款结余或经营结余中提取专用基金的，按照预算会计下计算的提取金额：

借：本年盈余分配

贷：专用基金

然后，将“本年盈余分配”科目余额转入“累计盈余”科目。

（二）专用基金

专用基金是指事业单位按照规定提取或设置的具有专门用途的净资产，主要包括职工福利基金、科技成果转换基金等。在财务会计中，事业单位应设置“专用基金”科目，以核算专用基金的取得和使用情况。事业单位从本年度非财政拨款结余或经营结余中提取专用基金的，在财务会计“专用基金”科目核算的同时，还应在预算会计“专用结余”科

目进行核算。

1. 专用基金的取得(相关账务处理如表 30-47)

表 30-47　专用基金的取得

财务会计	预算会计
事业单位根据有关规定从预算收入中提取专用基金并计入费用的： 借：业务活动费用 　　贷：专用基金	—
单位根据有关规定设置的其他专用基金(如留本基金)，按照实际收到的基金金额： 借：银行存款 　　贷：专用基金	—
年末，事业单位根据有关规定从本年度非财政拨款结余或经营结余中提取专用基金： 借：本年盈余分配 　　贷：专用基金	借：非财政拨款结余分配 　　贷：专用结余

2. 专用基金的使用(相关账务处理如表 30-48)

表 30-48　专用基金的使用

财务会计	预算会计
事业单位按照规定使用提取的专用基金时： 借：专用基金 　　贷：银行存款	借：专用结余[使用从非财政拨款结余或经营结余中提取的专用基金] 　　事业支出[使用从预算收入中提取并计入费用的专用基金] 　　贷：资金结存—货币资金
单位使用提取的专用基金购置固定资产、无形资产的，按照固定资产、无形资产成本金额： 借：固定资产、无形资产 　　贷：银行存款 同时，按照专用基金使用金额： 借：专用基金 　　贷：累计盈余	借：专用结余[使用从非财政拨款结余或经营结余中提取的专用基金] 　　事业支出[使用从预算收入中提取并计入费用的专用基金] 　　贷：资金结存—货币资金

(三)无偿调拨净资产

政府单位之间在经批准后可以无偿调拨资产。除非涉及以现金支付相关费用等，否则无偿调拨非现金资产通常不涉及资金业务，不需要进行预算会计核算。无偿调拨资产业务属于政府间净资产的变化，调入调出方不确认相应的收入和费用。为核算单位无偿调入或调出非现金资产所引起的净资产变动，单位应设置“无偿调拨净资产”科目。

(1)单位按照规定取得无偿调入的非现金资产等，按照相关资产在调出方的账面价值加相关税费、运输费等确定的金额应作的一般处理如表 30-49 所示。

表 30-49　取得无偿调入的非现金资产等的处理

财务会计	预算会计
借：库存物品 长期股权投资 固定资产 无形资产 公共基础设施 政府储备物资 文物文化资产 保障性住房 贷：零余额账户用款额度、银行存款[调入方的相关费用] 无偿调拨净资产[差额]	借：其他支出 贷：资金结存[调入方实际发生的费用]

(2)单位按照规定经批准无偿调出非现金资产等，按照调出资产的账面余额或账面价值应作的处理如表 30-50 所示。

表 30-50　无偿调出非现金资产等的处理

财务会计	预算会计
借：无偿调拨净资产 固定资产累计折旧 无形资产累计摊销 公共基础设施累计折旧(摊销) 保障性住房累计折旧 贷：库存物品 长期股权投资 固定资产 无形资产 公共基础设施 政府储备物资 文物文化资产 保障性住房 按照调出过程中发生的归属于调出方的相关费用： 借：资产处置费用 贷：零余额账户用款额度 银行存款 年末，单位应将“无偿调拨净资产”科目余额转入累计盈余，借记或贷记“无偿调拨净资产”科目，贷记或借记“累计盈余”科目	借：其他支出 贷：资金结存[调出方实际发生费用]

【例题 16·计算分析题】 2×22 年 5 月 5 日，某行政单位接受其他部门无偿调入物资一批，该批物资在调出方的账面价值为 60 万元，经验收合格后入库。物资调入过程中该单位以银行存款支付了运输费 0.1 万元。不考虑相关税费。

要求：根据上述资料，作出该单位的相关账务处理。

答案 2×22 年该行政单位的会计处理如表 30-51 所示。

表 30-51　2×22 年该行政单位的会计处理

财务会计	预算会计
借：库存物品　60.1 　贷：银行存款　0.1 　　无偿调拨净资产　60	借：其他支出　0.1 　贷：资金结存—货币资金　0.1

【例题 17 · 计算分析题】2×22 年 7 月 5 日，某事业单位经批准对外无偿调出一套设备，该设备账面余额为 200 万元，已计提折旧 80 万元。设备调拨过程中该单位以现金支付了运输费 2 万元。不考虑相关税费。

要求：根据上述资料，作出该单位的相关账务处理。

答案 2×22 年该事业单位的会计处理如表 30-52 所示。

表 30-52　2×22 年该事业单位的会计处理

财务会计	预算会计
借：无偿调拨净资产　120 　固定资产累计折旧　80 　贷：固定资产　200 借：资产处置费用　2 　贷：库存现金　2	借：其他支出　2 　贷：资金结存—货币资金　2

(四)权益法调整

“权益法调整”科目核算事业单位持有的长期股权投资采用权益法核算时，按照被投资单位除净损益和利润分配以外的所有者权益变动份额调整长期股权投资账面余额而计入净资产的金额。年末，按照被投资单位除净损益和利润分配以外的所有者权益变动应享有(或应分担)的份额，借记或贷记“长期股权投资—其他权益变动”科目，贷记或借记“权益法调整”科目。处置长期股权投资时，按照原计入净资产的相应部分金额，借记或贷记“权益法调整”科目，贷记或借记“投资收益”科目。

(五)以前年度盈余调整

“以前年度盈余调整”科目核算单位本年度发生的调整以前年度盈余的事项，包括本年度发生的重要前期差错更正涉及调整以前年度盈余的事项。单位对上述事项进行调整后，应将该科目余额转入累计盈余，借记或贷记“累计盈余”科目，贷记或借记“以前年度盈余调整”科目。

(六)累计盈余

“累计盈余”科目核算单位历年实现的盈余扣除盈余分配后滚存的金额，以及因无偿调入调出资产产生的净资产变动额。

年末，将“本年盈余分配”科目的余额转入累计盈余：

借：本年盈余分配
　　无偿调拨净资产
　　贷：累计盈余

或编制相反会计分录。

按照规定上缴、缴回、单位间调剂结转结余资金产生的净资产变动额，以及对以前年度盈余的调整金额，也通过“累计盈余”科目核算。

七、资产业务

(一)资产业务的几个共性内容

1. 资产取得

(1)单位以外购方式取得的资产的成本

通常包括购买价款、相关税费（不包括按规定可抵扣的增值税进项税额）以及使得资产达到目前场所和状态或交付使用前所发生的归属于该项资产的其他费用。

（2）单位以自行加工或自行建造方式取得的资产的成本通常包括该项资产至验收入库或交付使用前所发生的全部必要支出。

（3）对于单位以接受捐赠方式取得的非现金资产，如果是存货、固定资产、无形资产，则成本按照有关凭据注明的金额加上相关税费等确定；没有相关凭据可供取得，但按规定经过资产评估的，其成本按照评估价值加上相关税费等确定；没有相关凭据可供取得，也未经资产评估的，其成本比照同类或类似资产的市场价格加上相关税费等确定；没有相关凭据且未经资产评估，同类或类似资产的市场价格也无法可靠取得的，按照名义金额（人民币1元）入账。如果是经管资产（如投资和公共基础设施、政府储备物资、保障性住房、文物文化资产等），则初始成本不能采用名义金额计量，只能按照前三个层次进行计量。盘盈资产的入账成本的确定参照上述规定。

『提示』"同类或类似资产的市场价格"，一般指取得资产当日捐赠方自产物资的出厂价、所销售物资的销售价、非自产或销售物资在知名大型电商平台同类或类似商品价格等。如果存在政府指导价或政府定价的，应符合其规定。

如果接受捐赠的资产的成本能够合理确定，则单位应按确定的成本减去相关税费后的净额计入捐赠收入。否则，单位应单独设置备查簿进行登记，并将相关税费等计入当期费用。

（4）单位以无偿调入方式取得的资产的成本按照调出方账面价值加上相关税费等确定。如果无偿调入资产在调出方账上已经按制度规定提足折旧，账面价值为0或者账面余额为名义金额，则单位（调入方）应当将调入过程中其承担的相关税费计入当期费用，不计入调入资产的初始入账成本。

（5）单位通过置换方式取得的资产的成本按照换出资产的评估价值，加上支付的补价或减去收到的补价，加上为换入资产发生的其他相关支出确定。

2. 资产处置

无偿调拨、出售、出让、转让、置换、对外捐赠、报废、毁损以及货币性资产损失核销等，均属于资产处置的形式。通常情况下，单位应当将被处置资产账面价值转销计入资产处置费用，并按照"收支两条线"将处置净收益上缴财政。如按规定将资产处置净收益纳入单位预算管理的，应将净收益计入当期收入。

对于盘盈、盘亏、报废或毁损的资产，单位应在报经批转前将其账面价值转入"待处理财产损溢"，待报经批准后再进行资产处置。

对于无偿调出的资产，单位应当在转销被处置资产账面价值时冲减无偿调拨净资产。

对于置换换出的资产，应当与换入资产一同进行相关会计处理。

（二）应收账款

"应收账款"科目核算单位因出租资产、出售物资等应收取的款项以及事业单位提供服务、销售产品等应收取的款项。目前，我国政府会计核算中除了对事业单位收回后不需上缴财政的应收账款和其他应收款进行减值处理外，对于其他资产均未考虑减值。

1. 收回后不需上缴财政的应收账款

（1）对于应收账款收回后不需上缴财政的，单位发生应收账款时，按照应收未收金额：

借：应收账款

　　贷：事业收入、经营收入、租金收入、其他收入等

（2）收回应收账款时，按照实际收到的金额应作的处理如表30-53所示。

表 30-53　收回后不需上缴财政的应收账款的处理

财务会计	预算会计
借：银行存款 　　贷：应收账款	借：资金结存—货币资金 　　贷：事业预算收入、经营预算收入

(3)年末，事业单位对收回后不需上缴财政的应收账款进行全面检查，分析其可收回性，对预计可能产生的坏账损失计提坏账准备、确认坏账损失应作的处理如表 30-54 所示。

表 30-54　计提坏账准备、确认坏账损失的处理

财务会计	预算会计
提取坏账准备时： 借：其他费用 　　贷：坏账准备	—
对于账龄超过规定年限并确认无法收回的应收账款，应当按照有关规定报经批准后： 借：坏账准备 　　贷：应收账款	—
已核销应收账款在以后期间又收回： 借：应收账款 　　贷：坏账准备 借：银行存款 　　贷：应收账款	借：资金结存—货币资金 　　贷：非财政拨款结余

2. 收回后需上缴财政的应收账款

对于应收账款收回后需上缴财政的，单位发生应收账款时，按照应收未收金额：

借：应收账款

　　贷：应缴财政款

收回应收账款时，按照实际收到的金额：

借：银行存款

　　贷：应收账款

将款项上缴财政时：

借：应缴财政款

　　贷：银行存款

年末，对于账龄超过规定年限、确认无法收回的应收账款，按照规定报经批准后予以核销。按照核销金额，借记“应缴财政款”科目，贷记“应收账款”科目。已核销的应收账款在以后期间又收回的，按照实际收回金额，借记“银行存款”等科目，贷记“应缴财政款”科目。

(三)库存物品

“库存物品”科目核算单位在开展业务活动及其他活动中为耗用或出售而储存的各种材料、产品、包装物、低值易耗品，以及达不到固定资产标准的用具、装具、动植物等的成本。

单位随买随用的零星办公用品，可以在购进时直接列作费用，不通过“库存物品”科目核算。单位控制的政府储备物资，应当通过“政府储备物资”科目核算，不通过“库存物品”科目核算。单位受托存储保管的物资和受托转赠的物资，应当通过“受托代理资产”科目核算，不通过“库存物品”科目核算。单位为在建工程购买和使用的材料物资，应当通过“工程物资”科目核算，不通过“库存物品”科目核算。

1. 库存物品的取得(相关账务处理如表30-55)

表30-55　库存物品的取得

财务会计	预算会计
单位外购的库存物品验收入库，按照确定的成本： 借：库存物品 　贷：财政拨款收入、零余额账户用款额度等	借：行政支出、事业支出、经营支出 　贷：财政拨款预算收入、资金结存
自制或委托加工的库存物品验收入库，按照确定的成本： 借：库存物品 　贷：加工物品—自制物品 　　　　　　—委托加工物品	—
单位接受捐赠的库存物品验收入库，按照确定的成本： 借：库存物品 　贷：银行存款[相关税费、运输费等] 　　捐赠收入[差额] 按名义金额入账的： 借：库存物品 　贷：捐赠收入[名义金额] 借：其他费用 　贷：银行存款[相关税费、运输费等]	捐赠过程中实际支付的相关税费、运输费等： 借：其他支出 　贷：资金结存
单位无偿调入的库存物品验收入库： 借：库存物品 　贷：银行存款[相关税费、运输费] 　　无偿调拨净资产[差额]	单位无偿调入的库存物品支付的相关税费、运输费等： 借：其他支出 　贷：资金结存
单位置换换入的库存物品验收入库，按照确定的成本： 借：库存物品 　资产处置费用 　贷：相关资产[按照换出资产的账面余额。换出资产为固定资产、无形资产的，还应当借记"固定资产累计折旧""无形资产累计摊销"科目] 　　银行存款[置换过程中发生的其他相关支出] 　　其他收入 涉及补价的，还应考虑补价对处置损益的影响	置换过程中实际支付的相关支出： 借：其他支出 　贷：资金结存

【例题18·计算分析题】 2×22年3月5日，某事业单位(为增值税一般纳税人)购入物资一批，取得的增值税专用发票上注明的物资价款为100万元，增值税税额为13万元，已经税务局认证。款项尚未支付，当日收到物资，经验收合格后入库。3月10日，该单位以银行存款支付了价款113万元。

要求：根据上述资料，作出该单位的相关账务处理。

答案 2×22年该事业单位的会计处理如表30-56所示。

表 30-56　2×22 年该事业单位的会计处理

财务会计	预算会计
3 月 5 日购入物资： 借：库存物品　100 　应交增值税—应交税金(进项税额)　13 　贷：应付账款　113 3 月 10 日支付价款： 借：应付账款　113 　贷：银行存款　113	借：事业支出　113 　贷：资金结存—货币资金　113

【例题 19·计算分析题】2×22 年 6 月 30 日，某行政单位经批准以其 1 部公务轿车置换另一单位的办公用品(不符合固定资产确认标准)一批，办公用品已验收入库。该轿车账面余额 30 万元，已计提折旧 15 万元，评估价值为 18 万元。置换过程中该单位收到对方支付的补价 1.5 万元已存入银行，另外以现金支付运输费 0.75 万元。不考虑其他因素。

要求：根据上述资料，作出该单位的相关账务处理。

答案 2×22 年该事业单位的会计处理如表 30-57 所示。

表 30-57　2×22 年该事业单位的会计处理

财务会计	预算会计
借：库存物品　(18-1.5+0.75)17.25 　固定资产累计折旧　15 　银行存款　1.5 　贷：固定资产　30 　　库存现金　0.75 　　应缴财政款　(1.5-0.75)0.75 　　其他收入　2.25	借：其他支出　0.75 　贷：资金结存—货币资金　0.75

2. 库存物品的发出

(1)单位因开展业务活动等领用、按照规定自主出售发出或加工发出库存物品，按照领用、出售等发出物品的实际成本：

借：业务活动费用、单位管理费用、经营费用、加工物品

　贷：库存物品

(2)经批准对外出售的库存物品(不含可自主出售的库存物品)发出时，按照库存物品的账面余额：

借：资产处置费用

　贷：库存物品

同时，按照收到的价款：

借：银行存款

　贷：银行存款[按照处置过程中发生的相关费用]

　　应缴财政款[差额]

(3)经批准对外捐赠的库存物品发出时，按照库存物品的账面余额和对外捐赠过程中发生的归属于捐出方的相关费用合计数应作的处理如表 30-58 所示。

表 30-58　对外捐赠的库存物品

财务会计	预算会计
借：资产处置费用 　贷：库存物品[按照库存物品账面余额] 　　银行存款[捐出方的相关费用]	借：其他支出 　贷：资金结存

(4)经批准无偿调出的库存物品发出时，按照库存物品的账面余额应作的处理如表 30-59 所示。

表 30-59　无偿调出的库存物品

财务会计	预算会计
借：无偿调拨净资产 　贷：库存物品 借：资产处置费用[调出方的相关费用] 　贷：银行存款	借：其他支出[调出方的相关费用] 　贷：资金结存

(四)固定资产

固定资产，是指单位为满足自身开展业务活动或其他活动需要而控制的使用年限超过 1 年(不含 1 年)、单位价值在规定标准以上，并在使用过程中基本保持原有物质形态的资产。

单位价值虽未达到规定标准，但是使用年限超过 1 年(不含 1 年)的大批同类物资，如图书、家具、用具、装具等，应当确认为固定资产。

1. 取得固定资产

(1)购入不需要安装的固定资产验收合格时，按照确定的固定资产成本应作的处理如表 30-60 所示。

表 30-60　购入不需要安装的固定资产

财务会计	预算会计
借：固定资产 　贷：财政拨款收入[直接支付业务] 　　零余额账户用款额度[授权支付业务]	借：行政支出、事业支出、经营支出 　贷：财政拨款预算收入[直接支付业务] 　　资金结存[授权支付业务]

购入需要安装的固定资产，在安装完毕交付使用前通过“在建工程”科目核算，安装完毕交付使用时再转入“固定资产”科目。

【例题 20・计算分析题】 2×22 年 7 月 18 日，某事业单位(为增值税一般纳税人)经批准购入一栋办公大楼，取得的增值税专用发票上注明的价款为 4 000 万元，增值税税额为 360 万元(增值税税率为 9%)，该单位以银行存款支付了相关款项。

要求：根据上述资料作出该单位的相关账务处理。

答案 2×22 年该事业单位的会计处理如表 30-61 所示。

表 30-61　2×22 年该事业单位的会计处理

财务会计	预算会计
借：固定资产　4 000 　应交增值税—应交税金(进项税额)　360 　贷：银行存款　4 360	借：事业支出　4 360 　贷：资金结存—货币资金　4 360

(2)自行建造的固定资产交付使用时，按照在建工程成本，借记“固定资产”科目，贷记“在建工程”科目。已交付使用但尚未办理竣工决算手续的固定资产，按照估计价值入账，待办理竣工决算后再按照实际成本调整原来的暂估价值。

『提示』单位办理竣工决算后，按照实际成本与暂估价值的差额计入净资产：

借：固定资产

贷：以前年度盈余调整(或作反向分录)

调整后，再将“以前年度盈余调整”科目转入“累计盈余”科目。

(3)融资租赁取得的固定资产，其成本按照租赁协议或者合同确定的租赁价款、相关税费以及固定资产交付使用前所发生的可归属于该项资产的运输费、途中保险费、安装调试费等确定。融资租入的固定资产，按照确定的成本应作的处理如表30-62所示。

表30-62 融资租赁取得的固定资产

财务会计	预算会计
借：固定资产[不需要安装] 在建工程[需要安装] 贷：长期应付款[租赁协议或者合同确定的租赁付款额] 财政拨款收入、零余额账户用款额度、银行存款[支付的运输费、途中保险费、安装调试费等金额]	在预算会计中按照实际支付的税费等金额： 借：行政支出、事业支出、经营支出 贷：财政拨款预算收入、资金结存

(4)接受捐赠的固定资产，按照确定的固定资产成本应作的处理如表30-63所示。

表30-63 接受捐赠的固定资产

财务会计	预算会计
借：固定资产[不需要安装]、在建工程[需要安装] 贷：零余额账户用款额度、银行存款[发生的相关税费、运输费等] 捐赠收入[差额]	在预算会计中按照实际支付的税费、运输费等金额： 借：其他支出 贷：资金结存

(5)无偿调入的固定资产，按照确定成本应作的处理如表30-64所示。

表30-64 无偿调入的固定资产

财务会计	预算会计
借：固定资产[不需要安装]、在建工程[需要安装] 贷：零余额账户用款额度、银行存款[发生的相关税费、运输费] 无偿调拨净资产[差额]	在预算会计中按照实际支付的税费、运输费等金额： 借：其他支出 贷：资金结存

2. 固定资产后续支出

通常情况下，为增加资产使用效能或延长使用年限而发生的改建、扩建、大型维修改造等后续支出，应当计入相关资产成本；为维护资产正常使用而发生的日常维修、养护等后续支出，应当计入当期费用。列入部门预算支出经济分类科目中资本性支出的后续支出，应当予以资本化。

将固定资产转入改建、扩建时：

借：在建工程[账面价值]

固定资产累计折旧[已计提折旧]

贷：固定资产[账面余额]

3. 对固定资产计提折旧

除下列资产外，单位应当按月对固定资

产计提折旧：文物和陈列品；动植物；图书、档案；单独计价入账的土地；以名义金额计量的固定资产。

单位应当根据相关规定以及固定资产的性质和使用情况，合理确定固定资产的使用年限。因改建、扩建等而延长固定资产使用年限的，应当重新确定固定资产的折旧年限。单位盘盈、无偿调入、接受捐赠以及置换的固定资产，应当考虑该项资产的新旧程度，按照其尚可使用的年限计提折旧。

单位固定资产的折旧规则为：**当月增加，当月开始计提**；**当月减少，当月不再计提**。

如果固定资产已提足折旧，则无论是否还继续使用，均不再计提折旧（已提足折旧的固定资产，可以继续使用的，应当继续使用）；固定资产提前报废的，不再补提折旧。

单位按月计提固定资产折旧时，按照应计提折旧金额：

借：业务活动费用［单位依法履职或开展专业业务活动及其辅助活动所发生的］

　　单位管理费用［事业单位本级行政及后勤管理部门开展管理活动发生的］

　　经营费用［事业单位在专业业务活动及其辅助活动之外开展非独立核算经营活动发生的］

　　贷：固定资产累计折旧

4. 处置固定资产（相关账务处理如表30-65）

表 30-65　处置固定资产

财务会计	预算会计
（1）报经批准出售、转让固定资产： 借：资产处置费用［被出售、转让固定资产的账面价值］ 　　固定资产累计折旧［按照固定资产已计提的折旧］ 　　贷：固定资产［固定资产账面余额］ 同时： 借：银行存款［按照收到的价款］ 　　贷：银行存款［按照处置过程中发生的相关费用］ 　　　　应缴财政款［差额］	—
（2）报经批准对外捐赠固定资产： 借：资产处置费用 　　固定资产累计折旧［固定资产已计提的折旧］ 　　贷：固定资产［按照被处置固定资产账面余额］ 　　　　银行存款［捐出方的相关费用］	按照实际支付的相关费用金额： 借：其他支出 　　贷：资金结存
（3）报经批准无偿调出固定资产： 借：无偿调拨净资产［差额］ 　　固定资产累计折旧［已计提的折旧］ 　　贷：固定资产［按照被处置固定资产账面余额］ 借：资产处置费用［归属调出方的相关费用］ 　　贷：银行存款	归属调出方的相关费用： 借：其他支出 　　贷：资金结存

【例题 21 · 计算分析题】 2×22 年 12 月末，某事业单位（为增值税小规模纳税人）对固定资产进行盘点，盘亏笔记本电脑一台，账面余额为 1.8 万元，已提折旧 0.3 万元，报经批准后应由单位职工李四赔偿 0.75 万元，款项已经收到，其他损失由单位承担。

要求：根据上述资料作出该单位的相关账务处理。

答案

（1）固定资产转入待处置资产时：

借：待处理财产损溢　　1.5
　固定资产累计折旧　　0.3
　　贷：固定资产　　1.8

(2)收到李四赔偿款时：

借：库存现金　　0.75
　　贷：待处理财产损溢　　0.75

(3)固定资产报经批准予以核销时：

借：资产处置费用　　1.5
　　贷：待处置财产损溢　　1.5

借：待处理财产损溢　　0.75
　　贷：应缴财政款　　0.75

(五)自行研发取得的无形资产

单位自行研究开发项目的支出可以分为研究阶段支出与开发阶段支出。对于研究阶段的支出，单位应将其于发生时计入当期费用；对于开发阶段的支出，单位应先按合理方法进行归集，最终形成无形资产的，应转入无形资产成本；最终未形成无形资产的，应计入当期费用。自行研究开发项目尚未进入开发阶段，或者确实无法区分研究阶段支出和开发阶段支出，但按法律程序已申请取得无形资产的，应将相关的注册费、聘请律师费等费用确认为无形资产。

(1)对于研究阶段的支出，应当先在“研发支出”科目归集。

期(月)末，应当将归集的研究阶段的支出金额转入当期费用：

借：业务活动费用
　　贷：研发支出—研究支出

(2)对于开发阶段的支出，先通过“研发支出”科目进行归集，待自行研究开发项目完成，达到预定用途形成无形资产的，按照“研发支出”科目归集的开发阶段的支出金额：

借：无形资产
　　贷：研发支出—开发支出

单位应于每年年度终了评估研究开发项目是否能达到预定用途，如预计不能达到预定用途(如无法最终完成开发项目并形成无形资产的)，应当将已发生的开发支出金额全部转入当期费用。

(六)公共基础设施和政府储备物资

单位控制的经管类资产包括公共基础设施、政府储备物资、文物文化资产、保障性住房等。由政府会计主体控制、供社会公众使用，是经管类资产的典型特征。

1. 公共基础设施

公共基础设施主要包括市政基础设施(如城市道路、桥梁、隧道、公交场站、路灯、广场、公园绿地、室外公共健身器材，以及环卫、排水、供水、供电、供气、供热、污水处理、垃圾处理系统等)、交通基础设施(如公路、航道、港口等)、水利基础设施(如大坝、堤防、水闸、泵站、渠道等)和其他公共基础设施。

为了核算公共基础设施，单位应当设置“公共基础设施”和“公共基础设施累计折旧(摊销)”科目。

(1)公共基础设施在取得时，应当按照其成本入账，其账务处理与固定资产基本相同。

(2)按月计提公共基础设施折旧时，按照应计提的折旧额：

借：业务活动费用
　　贷：公共基础设施累计折旧(摊销)

(3)处置公共基础设施时：

借：资产处置费用[按照规定报经批准处置资产时处置资产的账面价值]
　无偿调拨净资产[无偿调出非现金资产]
　待处理财产损溢[单位资产清查过程中盘亏或者毁损的账面价值]
　公共基础设施累计折旧(摊销)[已提取的折旧和摊销]
　　贷：公共基础设施[公共基础设施账面余额]

2. 政府储备物资

政府储备物资是指单位为满足实施国家

安全与发展战略、进行抗灾救灾、应对公共突发事件等特定公共需求而控制的有形资产，其特征包括：①在应对可能发生的特定事件或情形时动用；②其购入、存储保管、更新（轮换）、动用等由政府及相关部门发布的专门管理制度规范。政府储备物资包括战略及能源物资、抢险抗灾救灾物资、农产品、医药物资和其他重要品物资，通常情况下由政府会计主体委托承储单位存储。

为了核算政府储备物资，单位应当设置“政府储备物资”科目。

【例题22·计算分析题】甲行政单位负有对国家某类救灾物资的行政管理职责，负责制定相关的收储、动用方案。2×22年8月12日，甲单位按规定动用救灾物资，向灾区发出一批救灾物资。其中，发出的A类物资为一次消耗性物资，发出后不再收回，发出的该类物资账面成本为4 000万元；发出的B类物资为可重复使用物资，预期能够大部分收回，共发出B类物资1 000件，每件账面成本3万元。至10月20日，甲单位实际收回B类物资900件并按规定的质量标准予以验收，其余的100件在救灾中发生毁损。

要求：根据上述资料，编制甲单位的相关会计分录。

答案

甲单位的账务处理如下：

(1)2×22年8月12日发出救灾物资：

借：业务活动费用　4 000

　贷：政府储备物资—A类物资　4 000

借：政府储备物资—B类物资(发出)

　　(1 000×3)3 000

　贷：政府储备物资—B类物资(在库)

　　3 000

(2)2×22年10月20日收回B类物资：

借：政府储备物资—B类物资(在库)

　　(900×3)2 700

　业务活动费用　(100×3)300

　贷：政府储备物资—B类物资(发出)

　　3 000

(七)受托代理资产

单位应设置“受托代理资产”科目，以核算单位接受委托方委托管理的各项资产，包括受托指定转赠的物资、受托存储保管的物资等。单位管理的罚没物资也应当通过本科目核算。

(1)接受委托的物资验收入库，按照确定的成本：

借：受托代理资产

　贷：受托代理负债

将受托转赠物资交付受赠人或按委托人要求发出委托存储保管的物资时，作相反会计分录。

转赠物资的委托人取消了对捐赠物资的转赠要求，且不再收回捐赠物资的，应当将转赠物资转为单位的存货、固定资产等，同时确认其收入。

(2)罚没物资验收(入库)按照确定的成本：

借：受托代理资产

　贷：受托代理负债

罚没物资成本无法可靠确定的，单位应当设置备查簿进行登记。

按照规定处置或移交罚没物资时，按照罚没物资的成本：

借：受托代理负债

　贷：受托代理资产

处置时取得款项的：

借：银行存款

　贷：应缴财政款

【例题23·计算分析题】甲行政单位负有对国家某类救灾物资的行政管理职责，负责制定相关的收储、动用方案。2×22年8月12日，甲单位按规定动用救灾物资，向灾区发出一批救灾物资。其中，发出的A类物资为一次消耗性物资，发出后不再收回，发出的该类物资账面成本为4 000万元；发出的B类物资为可重复使用物资，预期能够大部分收回，共发出B类物资1 000件，每件账面成本3万元。至10月20日，甲单位实际收回B类物资900件并按规定的质量标准予以验收，其余的100件在救灾中发生毁损。

假定甲行政单位将其负责行政管理的救灾物资委托其下属乙事业单位存储保管。

要求：根据上述资料，编制乙事业单位的相关会计分录。

答案

乙单位的账务处理如下：

(1)接收甲单位委托存储的物资时[以接收动用物资的金额为例]：

借：受托代理资产　(4 000+1 000×3)7 000

　　贷：受托代理负债　7 000

(2)2×22年8月12日按甲单位指令发出物资时：

借：受托代理负债　7 000

　　贷：受托代理资产　7 000

(3)2×22年10月20日按甲单位指令接收B类物资时：

借：受托代理资产　(900×3)2 700

　　贷：受托代理负债　2 700

八、负债业务

按流动性的不同，单位负债分为流动负债和非流动负债。常见的流动负债为应付及预收款项、应缴税费、应付职工薪酬、应缴款项等，常见的非流动负债为长期应付款、预计负债等。单位负债的财务会计核算与企业会计基本相同。下面主要介绍应缴财政款和应付职工薪酬的核算。

(一)应缴财政款

单位应设置“应缴财政款”科目，以核算单位取得或应收的按照规定应当上缴财政的款项，包括应缴国库的款项和应缴财政专户的款项。

单位取得或应收按照规定应缴财政的款项时(在财务会计中)：

借：银行存款、应收账款

　　贷：应缴财政款

单位上缴应缴财政的款项时：

借：应缴财政款

　　贷：银行存款

由于应缴财政的款项不属于纳入部门预算管理的现金收支，因此不进行预算会计处理。

(二)应付职工薪酬

(1)单位计算确认当期应付职工薪酬时，根据职工提供服务的受益对象：

借：业务活动费用、单位管理费用、在建工程、加工物品、研发支出

　　贷：应付职工薪酬

(2)按照税法规定代扣职工个人所得税时：

借：应付职工薪酬—基本工资

　　贷：其他应交税费—应交个人所得税

(3)从应付职工薪酬中代扣社会保险费和住房公积金：

借：应付职工薪酬—基本工资

　　贷：应付职工薪酬—社会保险费、住房公积金

(4)从应付职工薪酬中代扣为职工垫付的水电费、房租等费用时：

借：应付职工薪酬—基本工资

　　贷：其他应收款

(5)单位向职工支付工资、津贴补贴等薪酬，或按照国家有关规定缴纳职工社会保险费和住房公积金时，按照实际支付的金额应作的处理如表30-66所示。

表 30-66　向职工支付薪酬或缴纳社保、公积金

财务会计	预算会计
借：应付职工薪酬 　贷：财政拨款收入[直接支付方式] 　　零余额账户用款额度[授权支付方式]	借：行政支出、事业支出、经营支出 　贷：财政拨款预算收入[直接支付方式] 　　资金结存[授权支付方式]

【例题 24·计算分析题】 2×22 年 5 月，某事业单位为开展专业业务活动及其辅助活动的人员发放工资 100 万元，津贴 60 万元，奖金 20 万元，按规定应代扣代缴个人所得税 6 万元，该单位以国库授权支付方式支付薪酬并上缴代扣的个人所得税。

要求：根据上述资料作出该单位的相关账务处理。

答案 ➠ 2×22 年该事业单位的会计处理如表 30-67 所示。

表 30-67　2×22 年该事业单位的会计处理

财务会计	预算会计
计算应付职工薪酬时： 借：业务活动费用　(100+60+20) 180 　贷：应付职工薪酬　180	—
代扣个人所得税时： 借：应付职工薪酬　6 　贷：其他应交税费—应交个人所得税　6	—
实际支付职工薪酬： 借：应付职工薪酬　174 　贷：零余额账户用款额度　174	借：事业支出　174 　贷：资金结存—零余额账户用款额度　174
上缴代扣的个人所得税时： 借：其他应交税费—应交个人所得税　6 　贷：零余额账户用款额度　6	借：事业支出　6 　贷：资金结存—零余额账户用款额度　6

九、PPP 项目合同的会计处理★

（一）PPP 项目合同

PPP 项目合同，是指政府方与社会资本方依法依规就 PPP 项目合作所订立的合同。

1. “双特征”

PPP 项目合同应当同时具有以下特征：

（1）社会资本方在合同约定的运营期间内代表政府方使用 PPP 项目资产提供公共产品和服务；

（2）社会资本方在合同约定的期间内就其提供的公共产品和服务获得补偿。

2. “双控制”

政府方确认 PPP 项目合同应同时满足以下条件：

（1）政府方控制或管制社会资本方使用 PPP 项目资产必须提供的公共产品和服务的类型、对象和价格；

（2）PPP 项目合同终止时，政府方通过所有权、收益权或其他形式控制 PPP 项目资产的重大剩余权益。

（二）PPP 项目资产的确认

PPP 项目资产，是指 PPP 项目合同中确定的用来提供公共产品和服务的资产。

1. 来源

该资产有以下两方面来源：

（1）由社会资本方投资建造或者从第三方购买，或者是社会资本方的现有资产；

（2）政府方现有资产，或者对政府方现有资产进行改建、扩建。

2. 确认条件

符合“双特征”“双控制”条件的PPP项目资产，在同时满足以下条件时，应当由政府方予以确认：

（1）与该资产相关的服务潜力很可能实现或者经济利益很可能流入；

（2）该资产的成本或者价值能够可靠地计量。

（三）PPP项目资产的计量

1. PPP项目资产取得时的会计处理

政府方在取得PPP项目资产时一般应当按照成本进行初始计量；按规定需要进行资产评估的，应当按照评估价值进行初始计量。PPP项目资产取得时的账务处理如表30-68所示。

表30-68 PPP项目资产取得时的账务处理

取得方式	确认时间	账务处理
社会资本方投资建造形成的PPP项目资产	政府方应当在PPP项目资产**验收合格交付使用时**予以确认	借：PPP项目资产 　　贷：PPP项目净资产［按照确定的成本］ 『提示』（1）成本包括该项资产至验收合格交付使用前所发生的全部必要支出。 （2）对已交付使用但尚未办理竣工财务决算手续的PPP项目资产： 借：PPP项目资产 　　贷：PPP项目净资产［按照暂估价值］ 办理竣工财务决算后： 借：PPP项目资产 　　贷：PPP项目净资产［按照实际成本与暂估价值的差额，或作反向分录］
社会资本方从第三方购买形成的PPP项目资产	政府方应当在PPP项目资产**验收合格交付使用时**予以确认	借：PPP项目资产 　　贷：PPP项目净资产［按照确定的成本］ 『提示』成本包括购买价款、相关税费以及验收合格交付使用前发生的可归属于该项资产的运输费、装卸费、安装费和专业人员服务费等
使用社会资本方现有资产形成的PPP项目资产	政府方应当在PPP项目**开始运营日**予以确认	借：PPP项目资产 　　贷：PPP项目净资产［按照该项资产的评估价值］
政府方使用其现有资产形成的PPP项目资产	政府方应当在PPP项目**开始运营日**将其现有资产**重分类**为PPP项目资产	①无须进行资产评估的： 借：PPP项目资产［账面价值］ 　　公共基础设施累计折旧（摊销）［已计提的累计折旧或摊销，下同］ 　　贷：公共基础设施［账面余额］ ②按照相关规定需要进行资产评估的： 借：PPP项目资产［资产评估价值］ 　　公共基础设施累计折旧（摊销） 　　**其他费用［借方差额］** 　　贷：公共基础设施［账面余额］ 　　　　**其他收入［贷方差额］** 『提示』**无须评估**的，成本按照PPP项目开始运营日该资产的**账面价值**确定；按照相关规定**需要**进行资产评估的，其成本按照**评估价值**确定，资产评估价值与评估前资产账面价值的差额计入当期收入或当期费用

续表

取得方式	确认时间	账务处理
社会资本方对政府方现有资产进行改建、扩建形成的 PPP 项目资产	政府方应当在 PPP 项目资产验收合格交付使用时予以确认，同时终止确认现有资产	借：PPP 项目资产[成本] 公共基础设施累计折旧(摊销) 贷：公共基础设施[账面余额] PPP 项目净资产[差额] 『提示』成本按照该资产改建、扩建前的账面价值加上改建、扩建发生的支出，再扣除该资产被替换部分账面价值后的金额确定

2. PPP 项目资产在项目运营期间的会计处理

(1)对于为维护 PPP 项目资产的正常使用而发生的日常维修、养护等后续支出，不计入PPP 项目资产的成本。

(2)对于为增加 PPP 项目资产的使用效能或延长其使用年限而发生的大修、改建、扩建等后续支出，应当计入 PPP 项目资产的成本；政府方应当在资产验收合格交付使用时：

借：PPP 项目资产

贷：PPP 项目净资产[按照相关支出扣除资产被替换部分账面价值的差额]

(3)在 PPP 项目运营期间，政府方应当按月对 PPP 项目资产计提折旧(摊销)，但社会资本方持续进行良好维护使得其性能得到永久维护的 PPP 项目资产除外。对于作为 PPP 项目资产单独计价入账的土地使用权，政府方应当按照其他政府会计准则制度的规定进行摊销。PPP 项目资产按月计提折旧(摊销)时的账务处理如表 30-69 所示。

表 30-69 PPP 项目资产按月计提折旧(摊销)时的账务处理

情形	账务处理
政府方初始确认的 PPP 项目净资产金额等于PPP 项目资产初始入账金额	借：PPP 项目净资产 贷：PPP 项目资产累计折旧(摊销)[计提的 PPP 项目资产折旧(摊销)金额，下同]
政府方初始确认的 PPP 项目净资产金额小于PPP 项目资产初始入账金额	借：PPP 项目净资产[计提的 PPP 项目资产折旧(摊销)金额的相应比例] 业务活动费用[差额] 贷：PPP 项目资产累计折旧(摊销)

3. PPP 项目合同终止时的会计处理

(1)PPP 项目合同终止时，PPP 项目资产按规定移交至政府方的，政府方应当根据 PPP 项目资产的性质和用途，将其重分类为公共基础设施等资产。PPP 项目合同终止时 PPP 项目资产重分类的账务处理如表 30-70 所示。

表 30-70 PPP 项目合同终止时 PPP 项目资产重分类的账务处理

无须对所移交的 PPP 项目资产进行资产评估的	按规定需要对所移交的 PPP 项目资产进行资产评估的
借：公共基础设施[资产的账面价值] PPP 项目资产累计折旧(摊销) 贷：PPP 项目资产[资产的账面余额]	借：公共基础设施[资产评估价值] PPP 项目资产累计折旧(摊销) 其他费用[借方差额] 贷：PPP 项目资产[资产的账面余额] 其他收入[贷方差额]

（2）PPP 项目合同终止时，政府方应当将尚未冲减完的 PPP 项目净资产账面余额转入累计盈余，即：

借：PPP 项目净资产

贷：累计盈余［净资产的账面余额］

【例题 25·多选题】 下列有关 PPP 项目合同的会计处理的表述中，正确的有（　）。

A. 政府方在取得 PPP 项目资产时一般应当按照评估价值进行初始计量

B. 在 PPP 项目运营期间内，按月对该 PPP 项目资产计提折旧（摊销）的，应当于计提折旧（摊销）时冲减 PPP 项目净资产的账面余额

C. 一般情况下，政府方应当将为增加 PPP 项目资产的使用效能或延长其使用年限而发生的改建、扩建等后续支出计入 PPP 项目资产的成本

D. PPP 项目合同终止时，PPP 项目资产按规定移交且按规定无须进行资产评估的，应当以 PPP 项目资产的账面价值作为重分类后资产的入账价值

解析 选项 A，政府方在取得 PPP 项目资产时一般应当按照成本进行初始计量；按规定需要进行资产评估的，应当按照评估价值进行初始计量。 **答案** BCD

十、部门（单位）合并财务报表★

部门（单位）合并财务报表，是指以政府部门（单位）本级作为合并主体，将部门（单位）本级及其合并范围内全部被合并主体的财务报表进行合并后形成的，反映部门（单位）整体财务状况与运行情况的财务报表。

（一）合并范围

1. 一般情况

部门（单位）合并财务报表的合并范围一般应当以财政预算拨款关系为基础予以确定。有下级预算单位的部门（单位）为合并主体，其下级预算单位为被合并主体。合并主体应当将其全部被合并主体纳入合并财务报表的合并范围。

2. 特殊情况

（1）除满足一般原则的会计主体外，以下会计主体也应当纳入部门（单位）合并财务报表范围：

①部门（单位）所属的未纳入部门预决算管理的事业单位。

②部门（单位）所属的纳入企业财务管理体系执行企业类会计准则制度的事业单位。

③财政部规定的应当纳入部门（单位）合并财务报表范围的其他会计主体。

（2）以下会计主体不纳入部门（单位）合并财务报表范围：

①部门（单位）所属的企业，以及所属企业下属的事业单位。

②与行政机关脱钩的行业协会商会。

③部门（单位）财务部门按规定单独建账核算的会计主体，如工会经费、党费、团费和土地储备资金、住房公积金等资金（基金）会计主体。

④挂靠部门（单位）的没有财政预算拨款关系的社会组织以及非法人性质的学术团体、研究会等。

【例题 26·单选题】 下列关于部门（单位）合并财务报表范围的表述中，不正确的是（　）。

A. 部门（单位）合并财务报表的合并范围一般应当以财政预算拨款关系为基础予以确定

B. 一般情况下，合并主体应当将其全部被合并主体纳入合并财务报表的合并范围

C. 部门（单位）所属的纳入企业财务管理体系执行企业类会计准则制度的事业单位，不应当纳入部门（单位）合并财务报表的合并范围

D. 部门（单位）所属的企业以及所属企业下属的事业单位，不应当纳入部门（单位）合并财务报表的合并范围

解析 选项 C，应当纳入部门（单位）合并财务报表的合并范围。 **答案** C

(二)合并程序

1. 部门(单位)合并资产负债表的编制

(1)基本原则。

部门(单位)合并资产负债表应当以部门(单位)本级和其被合并主体符合准则要求的个别资产负债表或合并资产负债表为基础,在抵销内部业务或事项对合并资产负债表的影响后,由部门(单位)本级合并编制。

(2)抵销事项。

编制部门(单位)合并资产负债表时,部门(单位)本级和其被合并主体之间、被合并主体相互之间的下列内部业务或事项需要抵销:

①债权(含应收款项坏账准备,下同)、债务项目;

②其他业务或事项对部门(单位)合并资产负债表的影响。

2. 部门(单位)合并收入费用表的编制

(1)基本原则。

部门(单位)合并收入费用表应当以部门(单位)本级和其被合并主体符合准则要求的个别收入费用表或合并收入费用表为基础,在抵销内部业务或事项对合并收入费用表的影响后,由部门(单位)本级合并编制。

(2)抵销事项。

编制部门(单位)合并收入费用表时,需要抵销的内部业务或事项包括:部门(单位)本级和其被合并主体之间、被合并主体相互之间的收入、费用项目。

十一、民间非营利组织会计★

目前,我国的民间非营利组织主要包括在民政部门登记的社会团体、基金会、社会服务机构和寺庙、宫观、清真寺、教堂等。

(一)民间非营利组织概述

1. 民间非营利组织会计的特点

(1)以权责发生制为会计核算基础。

(2)在采用历史成本计价的基础上,引入公允价值计量基础。公允价值的引入是由民间非营利组织的特殊业务活动所决定的,如通过接受捐赠等业务取得的资产,可能很难或者根本无法确定其实际成本,此时以历史成本原则就无法满足对资产计量的要求,采用公允价值则可以解决资产计量问题。

(3)由于民间非营利组织资源提供者既不享有组织的所有权,也不取得经济回报,因此,其会计要素不应包括所有者权益和利润,而是设置了净资产这一要素。

(4)由于民间非营利组织采用权责发生制作为会计核算基础,因此设置了费用要素,而没有使用行政、事业单位的支出要素。

2. 民间非营利组织的会计要素

民间非营利组织的会计要素划分为反映财务状况的会计要素和反映业务活动情况的会计要素。反映财务状况的会计要素包括资产、负债和净资产,其会计等式为:**资产-负债=净资产**;反映业务活动情况的会计要素包括收入和费用,其会计等式为:**收入-费用=净资产变动额**。

【例题27·多选题】☆下列各项中,属于民间非营利组织会计要素的有( )。

A. 收入　　B. 费用

C. 利润　　D. 所有者权益

解析▶民间非营利组织的会计要素分为反映财务状况的会计要素和反映业务活动情况的会计要素:反映财务状况的会计要素包括资产、负债和净资产;反映业务活动情况的会计要素包括收入和费用。　**答案**▶AB

(二)民间非营利组织特定业务的会计核算

1. 捐赠业务

(1)捐赠资产的确认和计量。

对于民间非营利组织接受捐赠的现金资产,应当按照实际收到的金额入账。对于民间非营利组织接受捐赠的非现金资产,如接受捐赠的短期投资、存货、长期投资、固定资产和无形资产等，如果捐赠方提供了有关凭据(如发票、报关单、有关协议等)的，应当按照凭据上标明的金额作为入账价值；如果凭据上标明的金额与受赠资产公允价值相差较大，受赠资产应当以其公允价值作为其入账价值；如果捐赠方没有提供有关凭据的，受赠资产应当以其公允价值作为入账价值。

民间非营利组织接受捐赠资产的有关凭据或公允价值以外币计量的，应按取得当日的市场汇率折算记账，如汇率波动较小，也可采用期初汇率折算。

接受非现金资产捐赠时发生的相关税费、运输费等，应计入当期费用(筹资费用)。

为了对捐赠进行正确的核算，民间非营利组织应当区分捐赠与捐赠承诺。捐赠承诺是指捐赠现金或其他资产的书面协议或口头约定等。捐赠承诺不满足非交换交易收入的确认条件。民间非营利组织对于捐赠承诺，不应予以确认，但可以在会计报表附注中作相关披露。

需要注意的是，劳务捐赠是捐赠的一种，即捐赠人自愿地向受赠人无偿提供劳务。民间非营利组织对于其接受的劳务捐赠，不予确认，但应当在会计报表附注中作相关披露。

(2)捐赠收入的核算。

捐赠收入是指民间非营利组织接受其他单位或者个人捐赠所取得的收入，应当根据相关资产提供者对资产的使用是否设置了限制，划分为限定性收入和非限定性收入分别进行核算。

一般情况下，对于无条件的捐赠，民间非营利组织应当在捐赠收到时确认收入；对于附条件的捐赠，应当在取得捐赠资产控制权时确认收入，但当民间非营利组织存在需要偿还全部或部分捐赠资产或者相应金额的现时义务时，应当根据需要偿还的金额同时确认一项负债和费用。

①接受捐赠时，按照应确认的金额：

借：现金、银行存款、短期投资、存货、长期股权投资、长期债权投资等

　　贷：捐赠收入—限定性收入

　　　　或捐赠收入—非限定性收入

对于接受的附条件捐赠，如果存在需要偿还全部或部分捐赠资产或者相应金额的现时义务时(如因无法满足捐赠所附条件而必须将部分捐赠款退还给捐赠人时)，按照需要偿还的金额：

借：管理费用

　　贷：其他应付款

②如果限定性捐赠收入的限制在确认收入的当期得以解除，应当将其转为非限定性捐赠收入：

借：捐赠收入—限定性收入

　　贷：捐赠收入—非限定性收入

③期末。

借：捐赠收入—限定性收入

　　贷：限定性净资产

借：捐赠收入—非限定性收入

　　贷：非限定性净资产

期末结转后“捐赠收入”科目应无余额。

【例题 28 · 计算分析题】 2×22 年 8 月 24 日，某基金会与乙企业签订了一份捐赠协议。协议规定，乙企业将向该基金会捐赠 200 万元，其中 190 万元用于资助贫困地区的儿童；10 万元用于此次捐赠活动的管理，款项将在协议签订后的 20 日内汇至该基金会银行账户。根据此协议，2×22 年 9 月 12 日，该基金会收到了乙企业捐赠的款项 200 万元。2×22 年 10 月 9 日，该基金会将 190 万元转赠给数家贫困地区的小学，并发生了 8 万元的管理费用。2×22 年 10 月 14 日，该基金会与乙企业签订了一份补充协议，协议规定，此次捐赠活动节余的 2 万元由该基金会自由支配。

要求：根据上述资料作出该基金会的相关账务处理。

答案

(1)2×22 年 8 月 24 日，不满足捐赠收入的确认条件，不需要进行账务处理。

(2)2×22 年 9 月 12 日，按照收到的捐款

金额，确认捐赠收入：

借：银行存款 200

贷：捐赠收入—限定性收入 200

(3)2×22年10月9日，按照实际发生的金额，确认业务活动成本：

借：业务活动成本 190

管理费用 8

贷：银行存款 198

(4)2×22年10月14日，部分限定性捐赠收入的限制在确认收入的当期得以解除，将其转为非限定性捐赠收入：

借：捐赠收入—限定性收入 2

贷：捐赠收入—非限定性收入 2

【例题29·多选题】☆民间非营利组织按照是否存在限定将收入区分为限定性收入和非限定性收入，在判断收入是否存在限定时，应当考虑的因素有(　)。

A. 时间　　B. 用途

C. 来源　　D. 金额

解析▶民间非营利组织对于各项收入应当按是否存在限定区分为非限定性收入和限定性收入进行核算。如果资产提供者对资产的使用设置了时间限制或者(和)用途限制，则所确认的相关收入为限定性收入；除此之外的其他收入，为非限定性收入，所以选择AB。

答案▶AB

2. 受托代理业务

(1)受托代理业务的概念。

受托代理业务是指民间非营利组织从委托方收到受托资产并按照委托人的意愿将资产转赠给指定的其他组织或者个人的受托代理过程。

(2)受托代理业务的界定。

受托代理业务应有明确的转赠或转交协议，或虽无协议但同时满足以下条件：

①民间非营利组织在取得资产的同时即产生了向具体受益人转增或转交资产的现时义务，不会导致自身净资产的增加。

②民间非营利组织仅起到中介而非主导发起作用，没有权利改变受益人和资产的用途。

③委托人已明确指出了具体受益人个人的姓名或受益单位的名称。

(3)受托代理业务的核算。

对于受托代理业务，民间非营利组织应当比照接受捐赠资产的原则确认和计量受托代理资产，同时应当按照其金额确认相应的受托代理负债。为此，民间非营利组织需要设置两个会计科目，即“受托代理资产”和“受托代理负债”科目。

民间非营利组织收到受托代理资产时，应当按照应确认的受托代理资产的入账金额：

借：受托代理资产

贷：受托代理负债

在转赠或者转出受托代理资产时，应当按照转出受托代理资产的账面余额：

借：受托代理负债

贷：受托代理资产

收到的受托代理资产如果为现金、银行存款或其他货币资金，可以不通过“受托代理资产”科目核算，而在“现金”“银行存款”“其他货币资金”科目下设置“受托代理资产”明细科目进行核算。

民间非营利组织从事受托代理业务时发生的归属于自身的相关税费、运输费等应计入当期费用(其他费用)。

【例题30·计算分析题】2×22年12月10日，甲民间非营利组织、乙民间非营利组织与丙企业共同签订了一份捐赠协议，协议规定：丙企业将通过甲民间非营利组织向乙民间非营利组织下属的10家儿童福利院(附有具体的受赠福利院名单)捐赠全新的台式电脑100台，每家福利院10台。每台电脑的账面价值为1万元。丙企业应当在协议签订后的10日内将电脑运至甲民间非营利组织。甲民间非营利组织应当在电脑运抵后的20日内派志愿者将电脑送至各福利院，并负责安装。2×22年12月18日，丙企业按照协议规定将电脑运至甲民间非营利组织。假设截至2×22年12月31日，甲民间非营利组织尚未将电脑送至各福利院。

要求：根据上述资料作出甲民间非营利组织的相关账务处理。

答案

首先根据协议规定判断，此项交易对于甲民间非营利组织属于受托代理交易。2×22 年 12 月 18 日，收到电脑时：

借：受托代理资产—电脑 (10×10×1)100

贷：受托代理负债 100

另外，甲民间非营利组织应当在2×22 年 12 月 31 日资产负债表中单设“受托代理资产”和“受托代理负债”项目，金额均为 100 万元。同时，应当在会计报表附注中，披露该受托代理业务的情况。

3. 会费收入

会费收入是指民间非营利组织根据章程等的规定向会员收取的会费。一般情况下，民间非营利组织的会费收入为非限定性收入，除非相关资产提供者对资产的使用设置了限制。民间非营利组织的会费收入通常属于非交换交易收入。民间非营利组织为了核算会费收入，应当设置“会费收入”科目，并应当在“会费收入”科目下设置“非限定性收入”明细科目。如果存在限定性会费收入，还应当设置“限定性收入”明细科目；在会计期末，民间非营利组织应当将“会费收入”科目中“非限定性收入”明细科目当期贷方发生额转入“非限定性净资产”科目，将该科目中“限定性收入”明细科目当期贷方发生额转入“限定性净资产”科目。期末结转后该科目应无余额。

【例题 31 · 计算分析题】某社会团体按照会员代表大会通过的会费收缴办法的规定，该社会团体的单位会员应当按照上年度主营业务收入的 2‰缴纳当年度会费，个人会员应当每年缴纳 500 元会费，每年度会费应当在当年度 1 月 1 日至 12 月 31 日缴纳；当年度不能按时缴纳会费的会员，将在下一年度的 1 月 1 日自动取消会员资格。假设 2×22 年 1 月至 12 月，该社会团体每月分别收到单位会员会费 400 万元(均以银行转账支付)，个人会员会费 10 万元(均以邮局汇款支付)。

要求：根据上述资料作出该社会团体的相关账务处理。

答案

借：银行存款 400

现金 10

贷：会费收入—非限定性收入 410

4. 业务活动成本

业务活动成本是指民间非营利组织为了实现其业务活动目标、开展某项目活动或者提供服务所发生的费用。业务活动成本的主要账务处理如下：

(1)发生的业务活动成本

借：业务活动成本

贷：现金、银行存款、存货、应付账款

(2)会计期末，将“业务活动成本”科目的余额转入非限定性净资产：

借：非限定性净资产

贷：业务活动成本

『提示』民间非营利组织按规定出资设立与实现本组织业务活动目标相关的民间非营利组织的，相关出资金额计入业务活动成本，设立与实现本组织业务活动目标不相关的民间非营利组织的，相关出资金额计入其他费用。

【例题 32 · 计算分析题】2×22 年 8 月 5 日，某社会团体对外售出杂志 4 万份，每份售价 5 元，款项已于当日收到(假定均为银行存款)，每份杂志的成本为 2 元。假定销售符合收入确认条件，不考虑相关税费。

要求：根据上述资料作出该社会团体的相关账务处理。

答案

按照配比原则，在确认销售收入时，应当结转相应的成本：

借：银行存款 20

贷：商品销售收入 20

借：业务活动成本—商品销售成本8

贷：存货　　　　　　　　　8

5. 净资产

(1)限定性净资产。

民间非营利组织应当设置“限定性净资产”科目来核算本单位的限定性净资产，并可根据本单位的具体情况和实际需要，在“限定性净资产”科目下设置相应的二级科目和明细科目。

①期末结转限定性收入。民间非营利组织限定性净资产的主要来源是获得了限定性收入(主要是限定性捐赠收入和政府补助收入)。期末，民间非营利组织应当将当期限定性收入的贷方余额转为限定性净资产，即将各收入科目中所属的限定性收入明细科目的贷方余额转入“限定性净资产”科目的贷方，借记“捐赠收入—限定性收入”“政府补助收入—限定性收入”等科目，贷记“限定性净资产”科目。

②限定性净资产的重分类。

如果限定性净资产的限制已经解除，应当对净资产进行重新分类，将限定性净资产转为非限定性净资产：

借：限定性净资产

贷：非限定性净资产

(2)非限定性净资产的核算

民间非营利组织应当设置“非限定性净资产”科目来核算本单位的非限定性净资产，并可以根据本单位的具体情况和实际需要在“非限定性净资产”科目下设置相应的二级科目和明细科目。

①期末结转非限定性收入和成本费用项目。

借：捐赠收入—非限定性收入

会费收入—非限定性收入

提供服务收入—非限定性收入

政府补助收入—非限定性收入

商品销售收入—非限定性收入

投资收益—非限定性收入

其他收入—非限定性收入

贷：非限定性净资产

同时：

借：非限定性净资产

贷：业务活动成本

管理费用

筹资费用

其他费用

“非限定性净资产”科目的期末贷方余额，反映民间非营利组织历年积存的非限定性净资产金额。

②限定性净资产的重分类。如果限定性净资产的限制已经解除，应当对净资产进行重新分类。

③调整以前期间非限定性收入、费用项目。

如果因调整以前期间非限定性收入、费用项目而涉及调整非限定性净资产的，应当就需要调整的金额，借记或贷记有关科目，贷记或借记“非限定性净资产”科目。

同步训练

扫我作试题

一、单项选择题

1. 下列各项关于政府会计的表述中，正确的是(　)。

A. 政府财务报告的编制以收付实现制为基础

B. 政府预算会计要素包括预算收入、预算支出和预算结余

C. 政府财务会计要素包括资产、负债、净资产、收入、成本和费用

D. 政府财务报告包括政府决算报告

2. 下列关于政府会计中的负债要素的表述中，不正确的是(　)。

A. 负债是政府会计主体过去的经济业务或者事项所形成的

B. 负债是预期会导致经济资源流出政府会计主体的潜在义务

C. 负债不包括政府会计主体未来发生的经济业务或事项形成的义务

D. 相关义务的金额能够可靠计量才可以确认为负债

3. 政府单位盘亏、毁损或报废固定资产的，应将其账面价值转入的科目是(　)。

A. 固定资产清理

B. 待处置资产损溢

C. 待处理财产损溢

D. 资产处置费用

4. 下列有关 PPP 项目资产确认时点的表述中，不正确的是(　)。

A. 由社会资本方投资建造形成的 PPP 项目资产，政府方应当在 PPP 项目开始运营日予以确认

B. 使用社会资本方现有资产形成的 PPP 项目资产，政府方应当在 PPP 项目开始运营日予以确认

C. 政府方使用其现有资产形成 PPP 项目资产的，应当在 PPP 项目开始运营日将其现有资产重分类为 PPP 项目资产

D. 社会资本方对政府方现有资产进行改建、扩建形成的 PPP 项目资产，政府方应当在 PPP 项目资产验收合格交付使用时予以确认，同时终止确认现有资产

5. 2×22 年 3 月，某科研事业单位根据经过批准的部门预算和用款计划，向同级财政部门申请财政授权支付用款额度 90 万元。4 月 6 日，财政部门经审核后，以财政授权支付方式下达了 85 万元用款额度。4 月 8 日，该科研所收到了代理银行转来的“授权支付到账通知书”。5 月 20 日，购入不需要安装的科研设备一台，实际成本为 30 万元。下列关于该事业单位的会计处理的表述中，不正确是(　)。

A. 4 月 8 日，在预算会计中确认资金结存增加 85 万元

B. 4 月 8 日，在财务会计中确认银行存款增加 85 万元

C. 5 月 20 日，在预算会计中确认事业支出增加 30 万元

D. 5 月 20 日，在财务会计中确认固定资产增加 30 万元

6. 下列有关事业单位捐赠业务的会计处理的表述中，不正确的是(　)。

A. 接受捐赠的货币资金在财务会计中确认捐赠收入，同时在预算会计中确认其他预算收入

B. 接受捐赠的存货、固定资产等非现金资产，在不考虑发生相关税费、运输费情况下，在财务会计中确认捐赠收入，不需要在预算会计中进行会计处理

C. 对外捐赠现金资产的，在财务会计中确认其他费用，同时在预算会计中确认其他支出

D. 单位对外捐赠库存物品、固定资产等非现金资产的，在财务会计中应当将资产的账面价值转入“资产处置费用”科目，同时在预算会计作相应账务处理

7. 按照行政事业单位资产管理相关规定，经批准政府单位之间可以无偿调拨资产。下列关于无偿调拨净资产的会计核算的表述中，不正确的是(　)。

A. 通常情况下，无偿调拨非现金资产不涉及资金业务，因此不需要进行预算会计核算(除非以现金支付相关费用等)

B. 从本质上讲，无偿调拨资产业务属于政府间净资产的变化，调入调出方不确认相应的收入和费用

C. 单位应当设置“无偿调拨净资产”科目，核算无偿调入或调出非现金资产所引起的

净资产变动金额

D. 年末，单位应将“无偿调拨净资产”科目余额转入事业结余

8. 资产处置的形式按照规定包括无偿调拨、出售、出让、转让、置换、对外捐赠、报废、毁损以及货币性资产损失核销等。单位应当按规定报经批准后对资产进行处置。下列相关资产处置会计处理的表述中，不正确的是(　)。

A. 单位应当将被处置资产账面价值转销计入资产处置费用，直接转入累计盈余

B. 如按规定将资产处置净收益纳入单位预算管理的，应将净收益计入当期收入

C. 对于资产盘盈、盘亏、报废或毁损的，应当在报经批准前将相关资产账面价值转入“待处理财产损溢”，待报经批准后再进行资产处置

D. 对于无偿调出的资产，单位应当在转销被处置资产账面价值时冲减无偿调拨净资产；对于置换换出的资产，应当与换入资产一同进行相关会计处理

9. 单位的应收账款是指单位因出租资产、出售物资等应收取的款项以及事业单位提供服务、销售产品等应收取的款项，下列相关会计处理的表述中，不正确的是(　)。

A. 单位应视应收账款收回后是否需要上缴财政进行不同的会计处理

B. 对于事业单位收回后应上缴财政的应收账款应当计提坏账准备，对于其他应收账款不计提坏账准备

C. 我国政府会计核算中除了对事业单位收回后不需上缴财政的应收账款和其他应收款进行减值处理外，对于其他资产均不应考虑减值

D. 如果提取坏账准备，应借记“其他费用”，贷记“坏账准备”科目

10. 2×22 年 3 月 31 日，某行政单位经批准以其皮卡车置换另一单位的办公用品(不符合固定资产确认标准)一批，办公用品已验收入库。该皮卡车账面余额 40 万元，已计提折旧 20 万元，评估价值为 24 万元。置换过程中该单位收到对方支付的补价 2 万元已存入银行，另外以现金支付运输费 1 万元。该行政单位置换的相关会计处理正确的是(　)。

A. 在财务会计中，换入的库存物品入账价值为 20 万元

B. 在财务会计中，确认应缴财政款 2 万元

C. 在财务会计中，确认其他收入 2 万元

D. 在预算会计中，确认其他支出 1 万元

11. 下列关于行政事业单位固定资产会计处理的表述中，不正确的是(　)。

A. 已交付使用但尚未办理竣工决算手续的固定资产，按照估计价值入账，待办理竣工决算后按实际成本调整暂估价值并将差额计入净资产

B. 融资租赁取得的固定资产，其成本按照租赁协议或者合同确定的租赁价款、相关税费以及固定资产交付使用前所发生的可归属于该项资产的运输费、途中保险费、安装调试费等确定

C. 单位依法履职或开展专业业务活动及其辅助活动所发生的固定资产折旧计入业务活动费用

D. 事业单位本级行政及后勤管理部门开展管理活动发生的固定资产折旧计入经营费用

12. 下列固定资产应计提折旧的是(　)。

A. 文物、陈列品

B. 动植物、图书

C. 房屋及构筑物

D. 以名义金额计量的固定资产

13. 2×22 年 4 月 1 日，甲事业单位以银行存款 1 000 万元购入 A 公司的股票，计划长期持有，作为长期股权投资核算。A 公司于 2×22 年 3 月 5 日宣告发放的现金股利但尚未实际发放，其中甲事业单位应分得的现金股利为 60 万元。甲事业单位另支付相关税费 6 万元。不考虑其他因

素，甲事业单位取得该长期股权投资的入账成本为(　)。

A. 1 000 万元　　B. 946 万元

C. 940 万元　　D. 1 006 万元

14. 下列关于政府单位预算结转结余及分配业务的会计处理的表述中，不正确的是(　)。

A. 财政拨款结转结余和非财政拨款结转结余均应进行结余分配

B. 将财政拨款结余资金改用于其他尚未完成项目的支出，应将对应的财政拨款结余转入财政拨款结转

C. 有所得税缴纳义务的，在实际缴纳所得税时，应减少非财政拨款结余的金额

D. 按照规定从非财政拨款结余或经营结余中提取基金时，应贷记“专用结余”科目

15. 2×22 年，某政府单位的收入、费用发生额如下：财政拨款收入为 4 500 万元，上级补助收入为 1 500 万元，事业收入为 3 000 万元，经营收入为 500 万元，投资收益为 250 万元，业务活动费用为 4 000 万元，单位管理费用为 2 000 万元，经营费用为 600 万元，资产处置费用为 1 000 万元。不考虑其他因素，该政府单位的本期盈余金额为(　)。

A. 2 250 万元　　B. 1 650 万元

C. 2 150 万元　　D. 2 050 万元

16. 某科研所 2×22 年 1 月 1 日根据经过批准的部门预算和用款计划，向财政部门申请财政授权支付用款额度 500 万元，3 月 6 日，财政部门经过审核后，采用财政授权支付方式下达了 500 万元用款额度。3 月 10 日，收到代理银行盖章的《授权支付到账通知书》。3 月 20 日，购入不需要安装的科研设备一台，实际成本为 300 万元。下列关于该科研所会计处理表述中，不正确的是(　)。

A. 3 月 10 日在预算会计中确认财政拨款预算收入增加 500 万元

B. 3 月 10 日在财务会计中确认财政拨款收入增加 500 万元

C. 3 月 20 日在预算会计中确认事业支出增加 300 万元

D. 3 月 20 日在财务会计中确认银行存款减少 300 万元

17. 对于因无法满足捐赠所附条件而必须退还给捐赠人的部分捐赠款项，民间非营利组织应将该部分需要偿还的款项确认为(　)。

A. 管理费用

B. 其他费用

C. 筹资费用

D. 业务活动成本

18. 下列关于民间非营利组织受托代理业务的核算的表述中，不正确的是(　)。

A. “受托代理负债”科目的期末贷方余额，反映民间非营利组织尚未清偿的受托代理负债

B. 如果委托方没有提供受托代理资产有关凭据的，受托代理资产应当按照其公允价值作为入账价值

C. 在转赠或者转出受托代理资产时，应当按照转出受托代理资产的账面余额，借记“受托代理负债”科目，贷记“受托代理资产”科目

D. 收到的受托代理资产为现金或银行存款的，也必须要通过“受托代理资产”科目进行核算

19. 全国高校图书情报资料研究会为民间非营利组织，按照规定每位会员需缴纳年费 100 元且无限定用途，2×22 年 1 月 2 日实际收到 2×22 年度会费 120 万元，假定按月确认收入。2×22 年该研究会的下列会计处理表述中，不正确的是(　)。

A. 2×22 年 1 月 2 日实际收到 2×22 年度会费时，借记“银行存款”120 万元，贷记“预收账款”120 万元

B. 2×22 年 1 月末确认会费收入时，借记“预收账款”10 万元，贷记“会费收入—

非限定性收入”10 万元

C. 2×22 年年末，借记“会费收入—非限定性收入”120 万元，贷记“非限定性净资产”120 万元

D. 2×22 年年末，借记“会费收入—限定性收入”120 万元，贷记“限定性净资产”120 万元

20. 某民间非营利组织 2×22 年年初“限定性净资产”科目的余额为 500 万元。2×22 年年末有关科目贷方余额如下：“捐赠收入—限定性收入”1 000 万元、“政府补助收入—限定性收入”200 万元。不考虑其他因素，2×22 年年末该民间非营利组织积存的限定性净资产为(　)。

A. 1 200 万元　　B. 1 500 万元

C. 1 700 万元　　D. 500 万元

21. 2×22 年 6 月 6 日，某民办研究所收到财政部门 100 万元拨款，用于补助某项科研项目，研究成果归该研究所。下列关于该研究所对上述业务的会计核算的表述中，不正确的是(　)。

A. 收到拨款时，贷记“政府补助收入”科目

B. 期末将“政府补助收入”科目余额全部转入“非限定性净资产”科目

C. 期末将“政府补助收入”科目余额全部转入“限定性净资产”科目

D. 期末“政府补助收入”科目无余额

22. 某民间非营利组织 2×22 年年初“非限定性净资产”科目余额为 100 万元。2×22 年年末有关科目贷方余额如下：“捐赠收入—非限定性收入”5 000 万元、“会费收入—非限定性收入”1 000 万元、“提供服务收入—非限定性收入”2 000 万元、“政府补助收入—非限定性收入”800 万元、“商品销售收入—非限定性收入”100 万元、“投资收益—非限定性收入”80 万元、“其他收入—非限定性收入”20 万元。有关科目借方余额如下：“业务活动成本”7 000 万元、“管理费用”1 000 万元、“筹资费用”10 万元、“其他费用”90 万元。不考虑其他因素，2×22 年年末该民间非营利组织历年积存的非限定性净资产为(　)。

A. 2 000 万元　　B. 1 000 万元

C. 1 100 万元　　D. 900 万元

二、多项选择题

1. ☆下列各项关于事业单位预算会计处理的表述中，正确的有(　)。

A. 按规定从经营结余中提取专用基金时，按提取金额记入“专用结余”科目的贷方

B. 因发生会计差错调整以前年度财政拨款结余资金的，按调整金额调整“资金结存”和“财政拨款结转(年初余额调整)”科目

C. 年末应将“事业预算收入”科目本年发生额中的专项资金收入转入“非财政拨款结转(本年收支结转)”科目

D. 年末结转后，“财政拨款结转”科目除了“累计结转”明细科目外，其他明细科目应无余额

2. 下列各项中，属于政府会计主体净资产的有(　)。

A. 累计盈余　　B. 资本公积

C. 盈余公积　　D. 权益法调整

3. 下列关于政府单位以货币资金取得对外投资的表述中，正确的有(　)。

A. 取得短期投资时，应以支付的全部价款确认短期投资的入账成本

B. 取得长期债券投资的，支付价款中包含的已到期但尚未支付的利息应确认为应收项目

C. 持有期间被投资单位宣告分配的现金股利的，在预算会计中应确认投资预算收益

D. 出售以前年度取得的长期股权投资的，在预算会计中应贷记“投资支出”科目

4. 下列各项中，不属于政府单位财务会计要素的有(　)。

A. 资产　　B. 预算收入

C. 利润　　D. 所有者权益

5. 下列有关政府会计中的事业收入的表述中，正确的有(　)。

A. 事业收入是指事业单位开展专业业务活动及其辅助活动实现的收入，不包括从同级政府财政部门取得的各类财政拨款

B. 为了核算事业收入，单位在预算会计中应当设置“事业预算收入”科目，采用收付实现制核算

C. 在财务会计中应当设置“事业收入”科目，采用权责发生制核算

D. 事业活动中涉及增值税业务的，事业收入按照实际收到的金额扣除增值税销项税之后的金额入账，事业预算收入按照实际收到的金额入账

6. 下列关于预算结转结余及分配业务会计处理的表述中，正确的有(　)。

A. 单位应当严格区分财政拨款结转结余和非财政拨款结转结余

B. 财政拨款结转结余不参与事业单位的结余分配，预算会计中单独设置“财政拨款结转”和“财政拨款结余”科目核算

C. 在预算会计中，非财政拨款结转结余通过设置“非财政拨款结转”“非财政拨款结余”“专用结余”“经营结余”“非财政拨款结余分配”等科目核算

D. 年末财政拨款结转科目余额转入财政拨款结余；非财政拨款结转科目余额转入非财政拨款结余

7. 下列业务中，有关政府会计核算涉及资产取得成本表述正确的有(　)。

A. 外购的资产，其成本通常包括购买价款、相关税费(不包括按规定可抵扣的增值税进项税额)以及使得资产达到目前场所和状态或交付使用前所发生的归属于该项资产的其他费用

B. 自行加工或自行建造的资产，其成本包括该项资产至验收入库或交付使用前所发生的全部必要支出

C. 无偿调入的资产，其成本按照调出方账面价值加上相关税费等确定。单位对于无偿调入的资产，应当按照无偿调入资产的成本减去相关税费后的金额计入无偿调拨净资产

D. 置换取得的资产，其成本按照换出资产的评估价值，加上支付的补价或减去收到的补价，加上为换入资产发生的其他相关支出确定

8. 下列关于单位接受捐赠的存货、固定资产、无形资产等非现金资产的入账成本表述中，正确的有(　)。

A. 按照有关凭据注明的金额加上相关税费等确定

B. 没有相关凭据可供取得，但按规定经过资产评估的，其成本按照评估价值加上相关税费等确定

C. 没有相关凭据可供取得，也未经资产评估的，其成本比照同类或类似资产的市场价格加上相关税费等确定

D. 没有相关凭据且未经资产评估，同类或类似资产的市场价格也无法可靠取得的，按照名义金额(人民币1元)入账

9. 库存物品是指单位在开展业务活动及其他活动中为耗用或出售而储存的各种材料、产品、包装物、低值易耗品，以及达不到固定资产标准的用具、装具、动植物等的成本。单位应当设置“库存物品”科目对其库存物品进行核算，其贷记科目有(　)。

A. 财政拨款收入或零余额账户用款额度

B. 加工物品

C. 捐赠收入

D. 无偿调拨净资产

10. 单位购入固定资产时，其正确的会计处理有(　)。

A. 购入不需要安装的固定资产验收合格时，按照确定的固定资产成本，在财务会计中增加固定基金；同时在预算会计中增加行政支出、事业支出、经营支出

B. 购入需要安装的固定资产，在安装完

毕交付使用前通过“在建工程”科目核算，安装完毕交付使用时再转入“固定资产”科目

C. 如果是直接支付业务，在财务会计中增加财政拨款收入；同时在预算会计中增加财政拨款预算收入

D. 如果是授权支付业务，在财务会计中减少零余额账户用款额度；同时在预算会计中减少资金结存

11. 下列关于行政事业单位固定资产会计处理的表述中，正确的有(　)。

A. 因改建、扩建等而延长固定资产使用年限的，应当重新确定固定资产的折旧年限

B. 单位盘盈、无偿调入、接受捐赠以及置换的固定资产，应当考虑该项资产的新旧程度，按照其尚可使用的年限计提折旧

C. 固定资产应当按月计提折旧，当月增加的固定资产，下月开始计提折旧；当月减少的固定资产，当月照提折旧

D. 固定资产提足折旧后，无论能否继续使用，均不再计提折旧；提前报废的固定资产，也不再补提折旧

12. 下列关于政府单位处置长期股权投资的会计处理的表述中，正确的有(　)。

A. 处置以现金取得的长期股权投资时，应当将处置损益计入投资收益

B. 处置以非现金资产取得的长期股权投资时，应当将被处置长期股权投资的账面余额转入经营费用

C. 处置以非现金资产取得的长期股权投资时，一般应将处置价款扣除相关税费等后的差额计入应缴财政款，但按照规定将处置时取得的投资收益纳入本单位预算管理的除外

D. 因被投资单位破产清算等而核销长期股权投资时，应将长期股权投资的账面余额计入资产处置费用

13. 下列关于政府单位固定资产的核算的表述中，正确的有(　)。

A. 为增加固定资产使用效能或延长其使用年限而发生的改建、扩建等后续支出，应计入固定资产成本

B. 列入部门预算支出经济分类科目中资本性支出的后续支出，应当予以资本化

C. 政府单位的固定资产一般不应采用加速折旧法计提折旧

D. 对政府单位固定资产计提折旧时，应当考虑其预计净残值

14. 下列关于政府单位财政拨款结转结余的核算的表述中，正确的有(　)。

A. 年末财政拨款结余的明细科目，除累计结余外，均无余额

B. 从其他单位调入的财政拨款结转资金，应增记累计盈余的金额

C. 年末应将财政拨款结转的余额全部转入财政拨款结余

D. 因以前年度会计差错调整财政拨款结转资金的，应借记“以前年度盈余调整”科目

15. 下列各项中，属于民间非营利组织应确认为捐赠收入的有(　)。

A. 接受劳务捐赠

B. 接受有价证券捐赠

C. 接受公用房捐赠

D. 接受货币资金捐赠

16. 下列各项中，属于民间非营利组织的收入来源有(　)。

A. 捐赠收入　　B. 会费收入

C. 提供服务收入　D. 政府补助收入

17. 下列关于民间非营利组织业务活动成本的表述中，正确的有(　)。

A. 业务活动成本是指民间非营利组织为了实现其业务活动目标、开展其项目活动或提供服务发生的费用

B. 业务活动成本包括直接成本与直接费用

C. 为专项资金补助项目发生的所有费用，应计入业务活动成本

D. 会计期末应将当期发生的业务活动成

本转入限定性净资产

18. 2×22 年 3 月，ABC 民间非营利扶贫基金会收到国家财政补助 500 万元，协议规定该资金只能用于贫困山区母亲的救助项目，如果违反协议需退还政府补助。至 2×22 年 12 月 31 日，有 450 万元用于救助贫困山区母亲，其余 50 万元违反协议规定需退还并已实际支付。下列关于 ABC 扶贫基金会接受政府补助的会计处理的表述中，正确的有(　)。

A. 2×22 年 3 月，扶贫基金会收到国家财政补助时，借记“银行存款”500 万元，贷记“政府补助收入—限定性收入”500 万元

B. 2×22 年 12 月 31 日，确认退款时，借记“管理费用”50 万元，贷记“其他应付款”50 万元

C. 2×22 年 12 月 31 日，实际退款时，借记“其他应付款”50 万元，贷记“银行存款”50 万元

D. 2×22 年 12 月 31 日，将“政府补助收入—限定性收入”科目余额 500 万元中的 450 万元转入“政府补助收入—非限定性收入”科目贷方，50 万元转入“限定性净资产”科目

19. 期末，民间非营利组织应将非限定性收入转入“非限定性净资产”科目的贷方，借记的会计科目可能有(　)。

A. 捐赠收入—非限定性收入

B. 会费收入—非限定性收入

C. 提供服务收入—非限定性收入

D. 政府补助收入—非限定性收入

20. 下列有关部门(单位)合并财务报表编制时会计处理的表述中，正确的有(　)。

A. 部门(单位)合并财务报表编制时，有下级预算单位的部门(单位)为合并主体，其下级预算单位为被合并主体

B. 部门(单位)所属的未纳入部门预决算管理的事业单位，不应当纳入部门(单位)合并财务报表的合并范围

C. 编制合并资产负债表时，只需要将部门(单位)本级和其被合并主体之间、被合并主体相互之间的债权(含应收款项坏账准备，下同)、债务项目予以抵销

D. 编制收入费用表时，需要将部门(单位)本级和其被合并主体之间、被合并主体相互之间的收入、费用项目予以抵销

同步训练答案及解析

一、单项选择题

1. B 【解析】政府会计主体应当编制决算报告和财务报告，其中政府决算报告的编制主要以**收付实现制**为基础，政府财务报告的编制主要以**权责发生制**为基础，选项 A、D 不正确；政府财务会计要素包括资产、负债、净资产、收入和费用，选项 C 不正确。

2. B 【解析】负债是预期会导致经济资源流出政府会计主体的现时义务，不是潜在义务，选项 B 错误。

3. C 【解析】政府会计主体盘亏、毁损或报废固定资产的，应编制如下分录：

借：待处理财产损溢

　　固定资产累计折旧

　　贷：固定资产

4. A 【解析】由社会资本方投资建造或从第三方购买形成的 PPP 项目资产，政府方应当在 PPP 项目资产验收合格交付使用时予以确认，选项 A 不正确。

5. B 【解析】选项 B，4 月 8 日，应在财务会计中确认零余额账户用款额度增加 85 万元。

6. D 【解析】单位对外捐赠库存物品、固定资产等非现金资产的，在财务会计中应当将资产的账面价值转入“资产处置费用”科目，如未支付相关费用，预算会计则不作账务处理。

7. D 【解析】选项 D，年末，单位应将“无偿调拨净资产”科目余额转入累计盈余，借记或贷记“无偿调拨净资产”科目，贷记或借记“累计盈余”科目。

8. A 【解析】选项 A，单位应当将被处置资产账面价值转销计入资产处置费用，并按照“收支两条线”将处置净收益上缴财政。

9. B 【解析】选项 B，我国政府会计核算中除了对事业单位收回后不需上缴财政的应收账款和其他应收款进行减值处理外，对于其他资产均未考虑减值。

10. D 【解析】会计分录如下：

(1)在财务会计中：

借：库存物品　(24-2+1)23

　　固定资产累计折旧　20

　　银行存款　2

　贷：固定资产　40

　　　库存现金　1

　　　应缴财政款　(2-1)1

　　　其他收入　3

(2)同时在预算会计中：

借：其他支出　1

　贷：资金结存—货币资金　1

11. D 【解析】选项 D，事业单位本级行政及后勤管理部门开展管理活动发生的固定资产折旧计入单位管理费用，事业单位在专业业务活动及其辅助活动之外开展非独立核算经营活动发生的固定资产折旧计入经营费用。

12. C 【解析】单位应当按月对固定资产计提折旧，下列固定资产除外：文物和陈列品；动植物；图书、档案；单独计价入账的土地；以名义金额计量的固定资产。

13. B 【解析】取得长期股权投资时，价款中包含的已宣告但尚未发放的现金股利，应确认为应收股利；而支付的相关税费应计入长期股权投资的成本，所以该长期股权投资的入账成本＝1 000－60＋6＝946(万元)。

14. A 【解析】选项 A，财政拨款结转结余不参与事业单位的结余分配。

15. C 【解析】该政府单位的本期盈余金额＝4 500＋1 500＋3 000＋500＋250－4 000－2 000－600－1 000＝2 150(万元)。

16. D 【解析】正确的会计处理如下：

3 月 10 日收到了代理银行转来的“授权支付到账通知书”：

①在预算会计中：

借：资金结存—零余额账户用款额度　500

　贷：财政拨款预算收入　500

②同时在财务会计中：

借：零余额账户用款额度　500

　贷：财政拨款收入　500

3 月 20 日按规定支用额度时，按照实际支用的额度：

①在预算会计中：

借：事业支出　300

　贷：资金结存—零余额账户用款额度　300

②同时在财务会计中：

借：固定资产　300

　贷：零余额账户用款额度　300

17. A 【解析】对于接受的附条件捐赠，如果存在需要偿还全部或部分捐赠资产或者相应金额的现时义务时(比如因无法满足捐赠所附条件而必须将部分捐赠款退还给捐赠人时)，按照需要偿还的金额，借记“管理费用”科目，贷记“其他应付款”等科目。

18. D 【解析】收到的受托代理资产如果为现金或银行存款的，可以不通过“受托代理资产”科目核算，而在“现金”“银行存款”“其他货币资金”科目下设置“受托代理资产”明细科目进行核算。

19. D 【解析】本题的会费收入没有限定用途，应作为非限定性收入核算，期末应转入非限定性净资产。

20. C 【解析】2×22 年年末该民间非营利组织积存的限定性净资产 = 500 + (1 000 + 200) = 1 700(万元)。

21. B 【解析】拨款用途为“补助某项科研项目”，属于限定性收入，因此期末结转入“限定性净资产”科目。

22. B 【解析】非限定性净资产历年积存余额 = 100+(5 000+1 000+2 000+800+100+80+20) - (7 000+1 000+10+90) = 1 000(万元)。

二、多项选择题

1. ABCD 【解析】根据有关规定提取专用基金时，按照提取的金额，借记“非财政拨款结余分配”科目，贷记“专用结余”科目，选项 A 正确；因会计差错更正等事项调整财政拨款结转资金的，按照收到或支出的金额，在预算会计中借记或贷记“资金结存—货币资金”科目，贷记或借记“财政拨款结转—年初余额调整”科目，选项 B 正确；年末应将事业预算收入、上级补助预算收入等科目本年发生额中的专项资金收入转入“非财政拨款结转—本年收支结转”科目，选项 C 正确；年末结转后，“财政拨款结转”科目除“累计结转”明细科目外，其他明细科目应无余额，选项 D 正确。

2. AD 【解析】政府会计主体净资产包括累计盈余、专用基金和权益法调整等。

3. ABC 【解析】出售以前年度取得的长期股权投资时，在预算会计中应贷记“其他结余”科目，如果出售当年取得的投资，则是贷记“投资支出”科目。

4. BCD 【解析】选项 B，属于政府单位预算会计要素；选项 C、D，属于企业会计要素。

5. ABCD

6. ABCD

7. ABCD

8. ABCD

9. ABCD

10. BCD 【解析】选项 A，按照确定的固定资产成本，在财务会计中增加固定资产，而不是固定基金。

11. ABD 【解析】选项 C，固定资产应当按月计提折旧，当月增加的固定资产，当月开始计提折旧；当月减少的固定资产，当月不再计提折旧。

12. ACD 【解析】选项 B，处置以非现金资产取得的长期股权投资时，应当将被处置长期股权投资的账面余额转入资产处置费用。

13. ABC 【解析】选项 D，对政府单位固定资产计提折旧时，不应当考虑其预计净残值。

14. ABD 【解析】选项 C，财政拨款结转资金中，只有符合财政拨款结余性质的项目余额，才转入财政拨款结余，而不是全部余额都转入财政拨款结余。

15. BCD 【解析】选项 A，对于劳务捐赠，民间非营利组织不予以确认，但应在会计报表附注中披露。

16. ABCD

17. ABC 【解析】选项 D，会计期末应将当期发生的业务活动成本转入非限定性净资产。

18. ABCD 【解析】对违反协议规定需退还的金额，应借记“管理费用”科目，贷记“其他应付款”科目。

19. ABCD

20. AD 【解析】选项 B，应当纳入部门(单位)合并财务报表的合并范围。选项 C，编制合并资产负债表时，应将部门(单位)本级和其被合并主体之间、被合并主体相互之间的债权(含应收款项坏账准备，下同)、债务项目，以及其他业务或事项对部门(单位)合并资产负债表的影响予以抵销。

第三部分

脉络梳理

梦想成真辅导丛书

会计脉络梳理

第一章 总 论

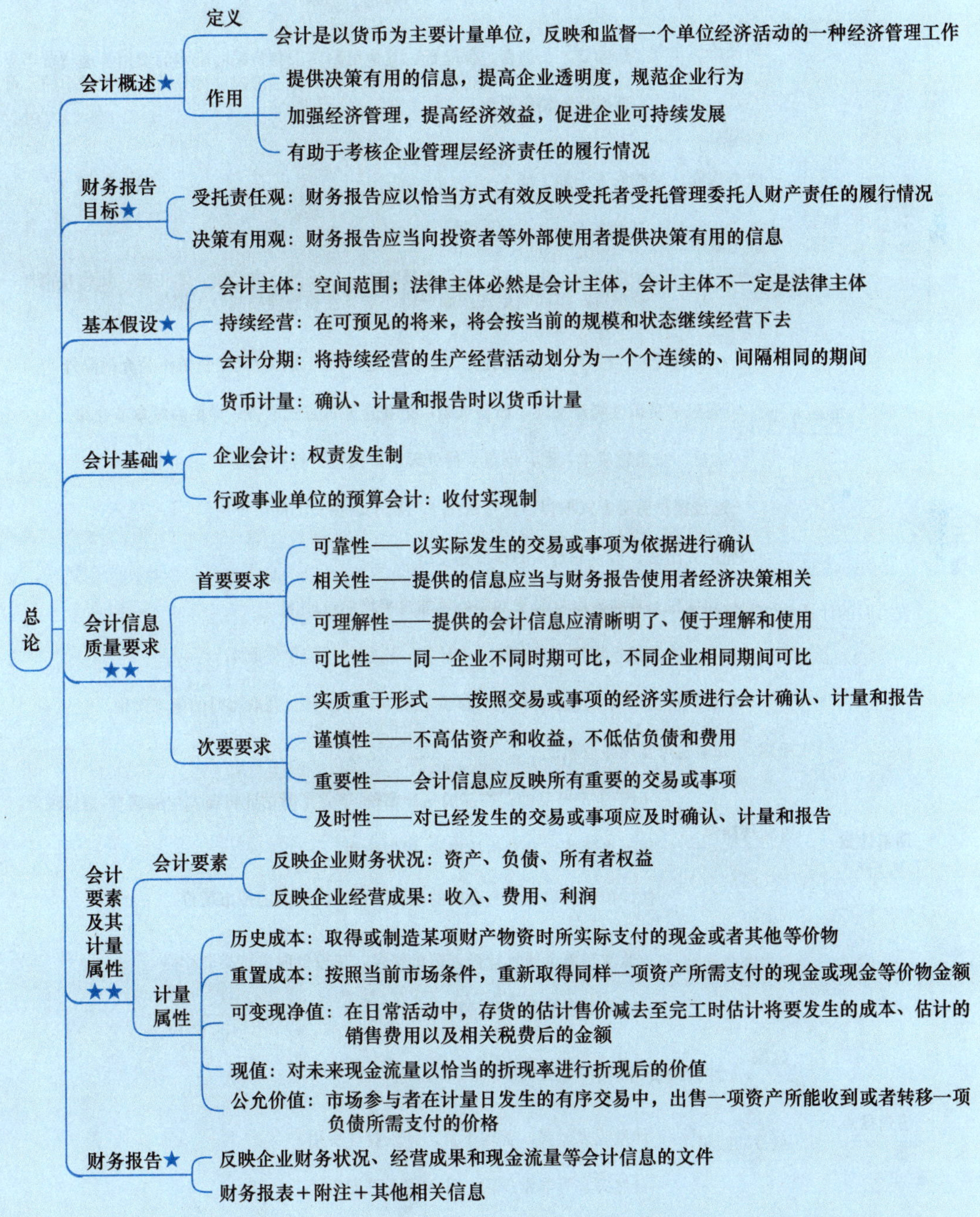

总论
会计概述★
定义
会计是以货币为主要计量单位，反映和监督一个单位经济活动的一种经济管理工作
作用
提供决策有用的信息，提高企业透明度，规范企业行为
加强经济管理，提高经济效益，促进企业可持续发展
有助于考核企业管理层经济责任的履行情况
财务报告目标★
受托责任观：财务报告应以恰当方式有效反映受托者受托管理委托人财产责任的履行情况
决策有用观：财务报告应当向投资者等外部使用者提供决策有用的信息
基本假设★
会计主体：空间范围；法律主体必然是会计主体，会计主体不一定是法律主体
持续经营：在可预见的将来，将会按当前的规模和状态继续经营下去
会计分期：将持续经营的生产经营活动划分为一个个连续的、间隔相同的期间
货币计量：确认、计量和报告时以货币计量
会计基础★
企业会计：权责发生制
行政事业单位的预算会计：收付实现制
会计信息质量要求★★
首要要求
可靠性——以实际发生的交易或事项为依据进行确认
相关性——提供的信息应当与财务报告使用者经济决策相关
可理解性——提供的会计信息应清晰明了、便于理解和使用
可比性——同一企业不同时期可比，不同企业相同期间可比
次要要求
实质重于形式——按照交易或事项的经济实质进行会计确认、计量和报告
谨慎性——不高估资产和收益，不低估负债和费用
重要性——会计信息应反映所有重要的交易或事项
及时性——对已经发生的交易或事项应及时确认、计量和报告
会计要素及其计量属性★★
会计要素
反映企业财务状况：资产、负债、所有者权益
反映企业经营成果：收入、费用、利润
计量属性
历史成本：取得或制造某项财产物资时所实际支付的现金或者其他等价物
重置成本：按照当前市场条件，重新取得同样一项资产所需支付的现金或现金等价物金额
可变现净值：在日常活动中，存货的估计售价减去至完工时估计将要发生的成本、估计的销售费用以及相关税费后的金额
现值：对未来现金流量以恰当的折现率进行折现后的价值
公允价值：市场参与者在计量日发生的有序交易中，出售一项资产所能收到或者转移一项负债所需支付的价格
财务报告★
反映企业财务状况、经营成果和现金流量等会计信息的文件
财务报表＋附注＋其他相关信息

第二章　存　货

- 存货
  - 概述★
    - 概念：持有以备出售的产成品或商品、处在生产过程中的在产品、在生产过程或提供劳务过程中耗用的材料、物料等
    - 确认条件：①相关经济利益很可能流入企业；② 成本能够可靠地计量
  - 初始计量★★
    - 外购
      - 一般：购买价款＋相关税费＋运输费＋装卸费＋保险费＋其他可归属于存货采购成本的费用
      - 商品流通企业：运输费、装卸费、保险费、其他可归属于存货采购成本的费用等进货费用应计入存货成本，也可先归集，期末根据存销情况进行分摊；金额较小的，可直接计入销售费用
    - 加工
      - 成本构成：采购成本＋加工成本
      - 加工成本
        - 直接人工
        - 制造费用：生产部门管理人员薪酬、折旧费、办公费、水电费、机物料消耗、劳保费、车间固定资产修理费、季节性和修理期间停工损失
    - 其他方式
      - 投资者投入：按合同或协议约定的价值确定，合同或协议约定价值不公允的除外
      - 通过非货币性资产交换、债务重组、企业合并等方式取得：详见后续章节介绍
      - 盘盈：按重置成本入账，通过“待处理财产损溢”科目处理
      - 通过提供劳务方式取得：直接费用＋归属于该存货的间接费用
  - 发出时的计量★
    - 先进先出法：假设先购入的存货先发出
    - 移动加权平均法：每次进货均需计算加权平均单位成本
    - 月末一次加权平均法：只在每月末计算一次加权平均单位成本
    - 个别计价法：所发出存货和期末存货的成本分别按各自在取得时的成本确定
  - 期末计量★★★
    - 原则：成本与可变现净值孰低
    - 可变现净值
      - 用于生产产品的：产品的估计售价-至完工时估计将要发生的成本-销售税费
      - 用于出售的：自身估计售价-销售税费
      - 估计售价的确定：有合同的按合同价，没合同的按市场价
    - 存货跌价准备
      - 通常按单个项目计提，数量繁多、单价低时可按类别计提
      - 减值因素消失时可转回
  - 清查盘点★
    - 盘盈
      - 冲管理费用
    - 盘亏、毁损
      - 计量收发差错、管理不善：计入管理费用
      - 自然灾害等非常原因：计入营业外支出

第三章　固定资产

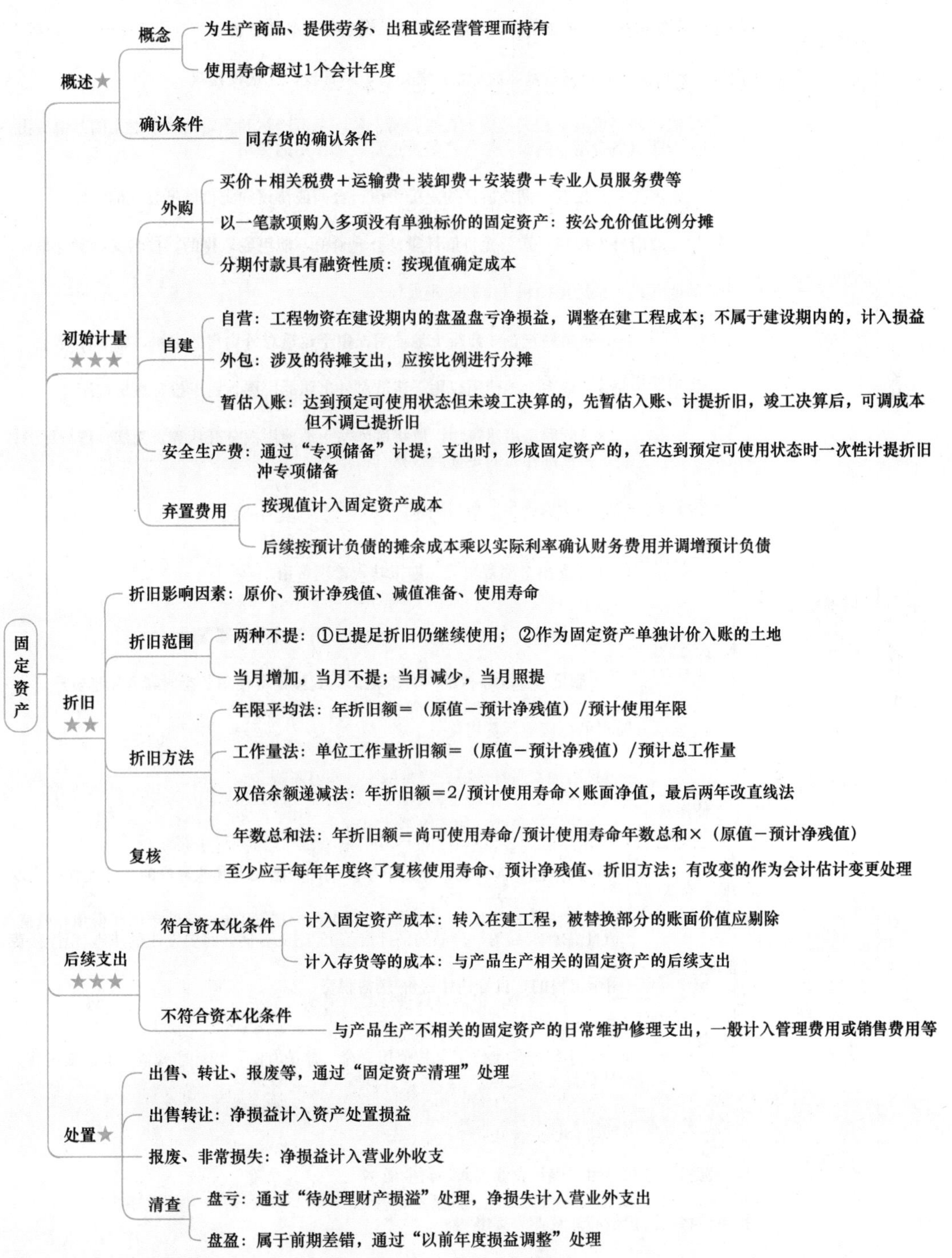
固定资产
概述★
概念
为生产商品、提供劳务、出租或经营管理而持有
使用寿命超过1个会计年度
确认条件
同存货的确认条件
初始计量★★★
外购
买价＋相关税费＋运输费＋装卸费＋安装费＋专业人员服务费等
以一笔款项购入多项没有单独标价的固定资产：按公允价值比例分摊
分期付款具有融资性质：按现值确定成本
自建
自营：工程物资在建设期内的盘盈盘亏净损益，调整在建工程成本；不属于建设期内的，计入损益
外包：涉及的待摊支出，应按比例进行分摊
暂估入账：达到预定可使用状态但未竣工决算的，先暂估入账、计提折旧，竣工决算后，可调成本但不调已提折旧
安全生产费：通过“专项储备”计提；支出时，形成固定资产的，在达到预定可使用状态时一次性计提折旧冲专项储备
弃置费用
按现值计入固定资产成本
后续按预计负债的摊余成本乘以实际利率确认财务费用并调增预计负债
折旧★★
折旧影响因素：原价、预计净残值、减值准备、使用寿命
折旧范围
两种不提：①已提足折旧仍继续使用；②作为固定资产单独计价入账的土地
当月增加，当月不提；当月减少，当月照提
折旧方法
年限平均法：年折旧额＝（原值－预计净残值）/预计使用年限
工作量法：单位工作量折旧额＝（原值－预计净残值）/预计总工作量
双倍余额递减法：年折旧额＝2/预计使用寿命×账面净值，最后两年改直线法
年数总和法：年折旧额＝尚可使用寿命/预计使用寿命年数总和×（原值－预计净残值）
复核
至少应于每年年度终了复核使用寿命、预计净残值、折旧方法；有改变的作为会计估计变更处理
后续支出★★★
符合资本化条件
计入固定资产成本：转入在建工程，被替换部分的账面价值应剔除
计入存货等的成本：与产品生产相关的固定资产的后续支出
不符合资本化条件
与产品生产不相关的固定资产的日常维护修理支出，一般计入管理费用或销售费用等
处置★
出售、转让、报废等，通过“固定资产清理”处理
出售转让：净损益计入资产处置损益
报废、非常损失：净损益计入营业外收支
清查
盘亏：通过“待处理财产损溢”处理，净损失计入营业外支出
盘盈：属于前期差错，通过“以前年度损益调整”处理

第四章　无形资产

- 无形资产
  - 概述★
    - 特征：企业拥有或者控制的；没有实物形态；可辨认；非货币性
    - 内容：专利权、非专利技术、商标权、著作权、特许权、土地使用权
  - 初始计量★★
    - 外购：购买价款＋相关税费＋直接归属于使该项资产达到预定用途所发生的其他支出（专业服务费用＋测试无形资产能否正常发挥作用的费用
    - 投资者投入：投资合同或协议约定的价值，合同或协议约定价值不公允的除外
    - 通过政府补助取得：按公允价值计量；公允价值不能可靠取得的，按名义金额计量
    - 其他方式：按适用的相关准则规定处理
    - 土地使用权
      - 房地产企业取得土地使用权用于建造对外出售的房屋，属于存货
      - 取得土地使用权用于建造对外出租的房屋，属于投资性房地产
      - 外购房屋建筑物，应将房屋与土地使用权分开核算，无法合理分配的，全部作为固定资产核算
  - 内部研发★★
    - 相关支出通过“研发支出”科目归集
    - 研究阶段
      - 相关支出全部费用化，期末转入管理费用
    - 开发阶段
      - 不满足资本化条件的：费用化，期末转入管理费用
      - 满足资本化条件的：资本化，达到预定可使用状态时转入无形资产
    - 无法区分阶段的，应全部费用化
  - 后续计量★★
    - 使用寿命有限
      - 当月增加，当月计提；当月减少，当月不提
      - 直线法、产量法、加速摊销法均可
      - 摊销额一般计入损益，专用于生产某种产品或者其他资产的，计入资产成本
      - 预计净残值一般为0，但有第三方购买承诺或可通过活跃市场获得预计残值信息的除外
    - 使用寿命不确定
      - 不摊销，但需每期进行减值测试
    - 复核
      - 至少应于每年年度终了复核使用寿命、摊销方法、预计净残值；有改变的作为会计估计变更处理
  - 处置★
    - 出售：处置净损益计入资产处置损益
    - 以经营租赁方式出租：确认营业收入、营业成本
    - 报废：将账面价值转入营业外支出

第五章　投资性房地产

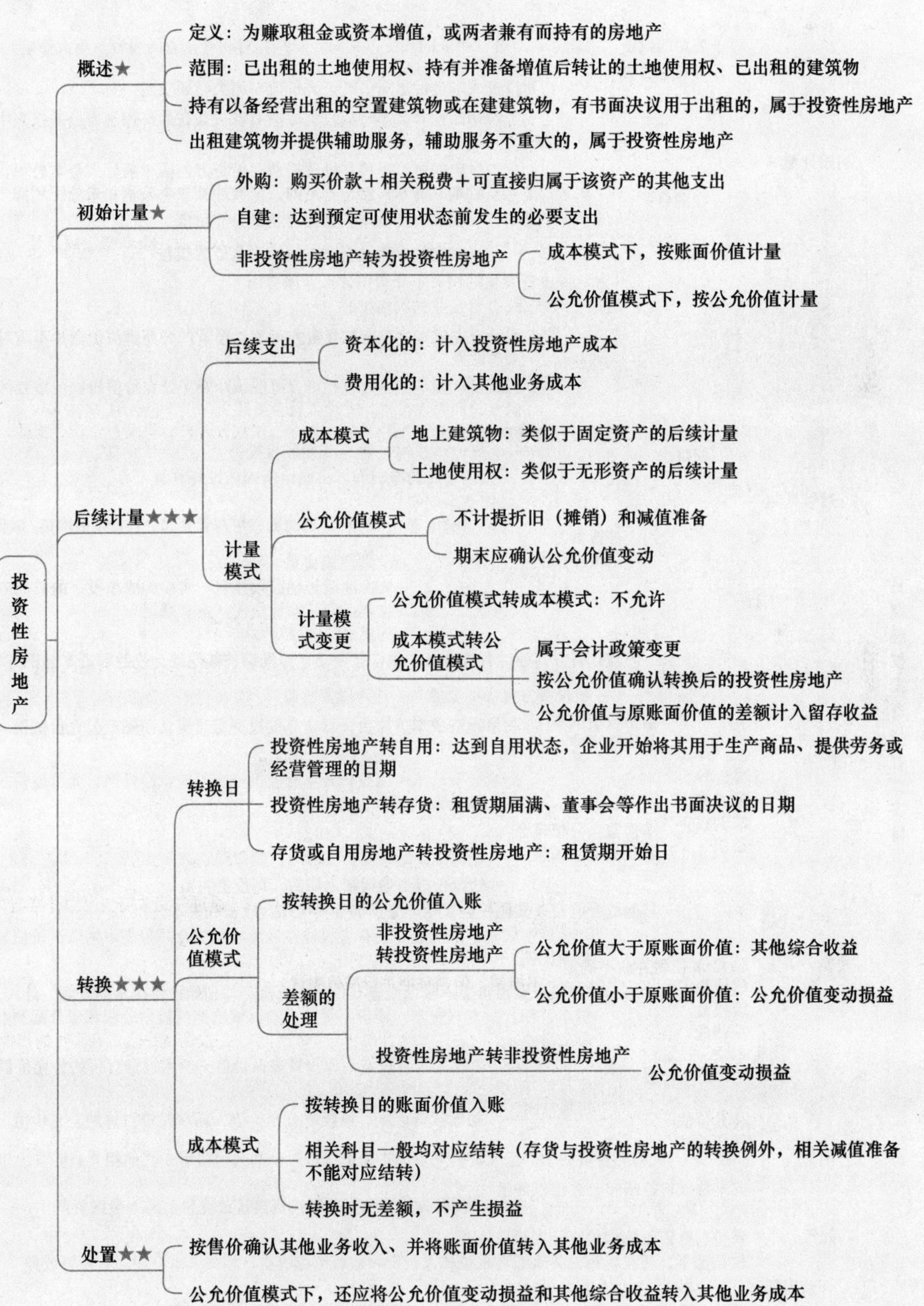
投资性房地产
概述★
定义：为赚取租金或资本增值，或两者兼有而持有的房地产
范围：已出租的土地使用权、持有并准备增值后转让的土地使用权、已出租的建筑物
持有以备经营出租的空置建筑物或在建建筑物，有书面决议用于出租的，属于投资性房地产
出租建筑物并提供辅助服务，辅助服务不重大的，属于投资性房地产
初始计量★
外购：购买价款＋相关税费＋可直接归属于该资产的其他支出
自建：达到预定可使用状态前发生的必要支出
非投资性房地产转为投资性房地产
成本模式下，按账面价值计量
公允价值模式下，按公允价值计量
后续计量★★★
后续支出
资本化的：计入投资性房地产成本
费用化的：计入其他业务成本
计量模式
成本模式
地上建筑物：类似于固定资产的后续计量
土地使用权：类似于无形资产的后续计量
公允价值模式
不计提折旧（摊销）和减值准备
期末应确认公允价值变动
计量模式变更
公允价值模式转成本模式：不允许
成本模式转公允价值模式
属于会计政策变更
按公允价值确认转换后的投资性房地产
公允价值与原账面价值的差额计入留存收益
转换★★★
转换日
投资性房地产转自用：达到自用状态，企业开始将其用于生产商品、提供劳务或经营管理的日期
投资性房地产转存货：租赁期届满、董事会等作出书面决议的日期
存货或自用房地产转投资性房地产：租赁期开始日
公允价值模式
按转换日的公允价值入账
差额的处理
非投资性房地产转投资性房地产
公允价值大于原账面价值：其他综合收益
公允价值小于原账面价值：公允价值变动损益
投资性房地产转非投资性房地产
公允价值变动损益
成本模式
按转换日的账面价值入账
相关科目一般均对应结转（存货与投资性房地产的转换例外，相关减值准备不能对应结转）
转换时无差额，不产生损益
处置★★
按售价确认其他业务收入、并将账面价值转入其他业务成本
公允价值模式下，还应将公允价值变动损益和其他综合收益转入其他业务成本

第六章　长期股权投资与合营安排

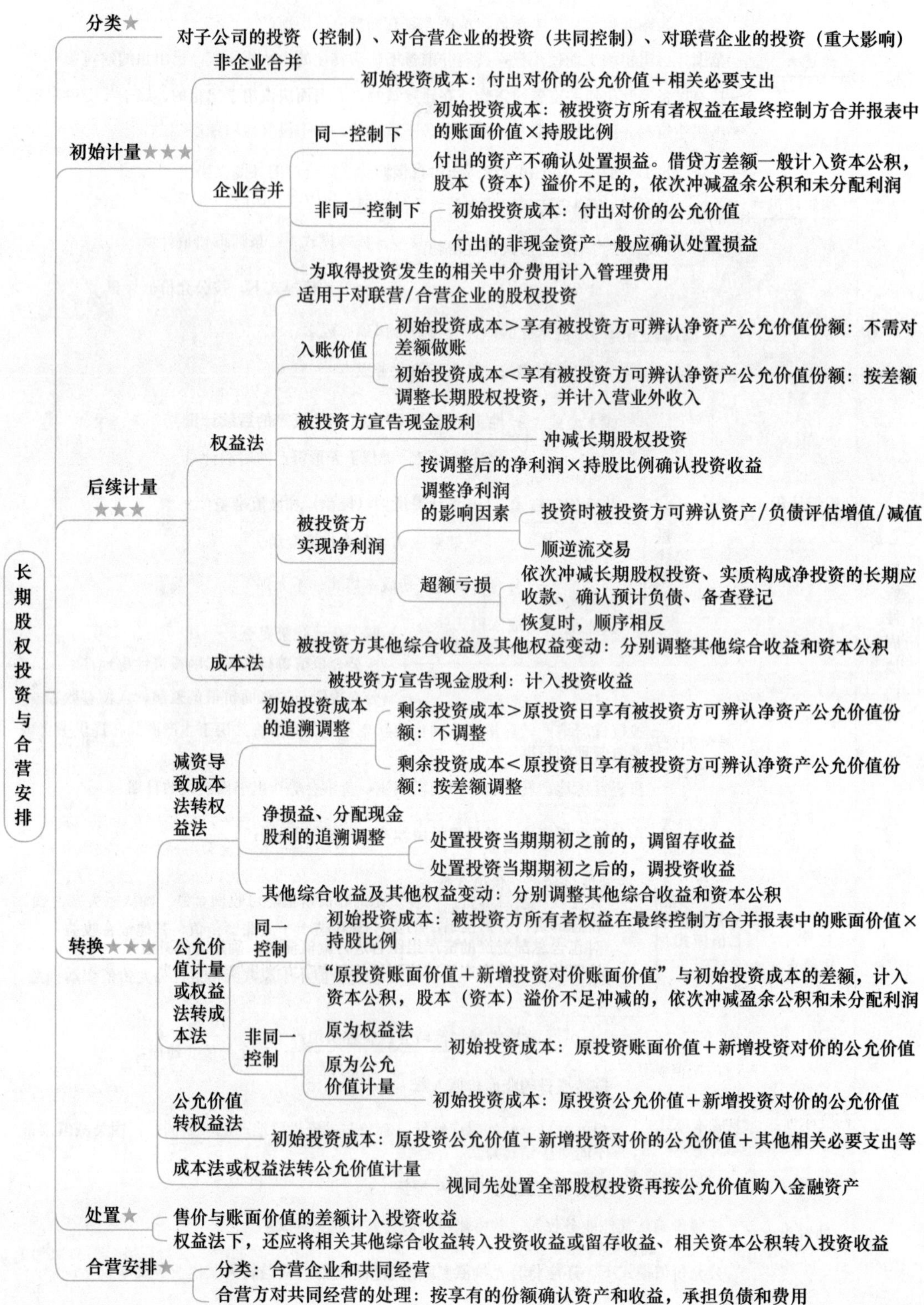
长期股权投资与合营安排
分类★
对子公司的投资（控制）、对合营企业的投资（共同控制）、对联营企业的投资（重大影响）
初始计量★★★
非企业合并
初始投资成本：付出对价的公允价值＋相关必要支出
企业合并
同一控制下
初始投资成本：被投资方所有者权益在最终控制方合并报表中的账面价值×持股比例
付出的资产不确认处置损益。借贷方差额一般计入资本公积，股本（资本）溢价不足的，依次冲减盈余公积和未分配利润
非同一控制下
初始投资成本：付出对价的公允价值
付出的非现金资产一般应确认处置损益
为取得投资发生的相关中介费用计入管理费用
后续计量★★★
权益法
适用于对联营/合营企业的股权投资
入账价值
初始投资成本＞享有被投资方可辨认净资产公允价值份额：不需对差额做账
初始投资成本＜享有被投资方可辨认净资产公允价值份额：按差额调整长期股权投资，并计入营业外收入
被投资方宣告现金股利
冲减长期股权投资
被投资方实现净利润
按调整后的净利润×持股比例确认投资收益
调整净利润的影响因素
投资时被投资方可辨认资产/负债评估增值/减值
顺逆流交易
超额亏损
依次冲减长期股权投资、实质构成净投资的长期应收款、确认预计负债、备查登记
恢复时，顺序相反
被投资方其他综合收益及其他权益变动：分别调整其他综合收益和资本公积
成本法
被投资方宣告现金股利：计入投资收益
转换★★★
减资导致成本法转权益法
初始投资成本的追溯调整
剩余投资成本＞原投资日享有被投资方可辨认净资产公允价值份额：不调整
剩余投资成本＜原投资日享有被投资方可辨认净资产公允价值份额：按差额调整
净损益、分配现金股利的追溯调整
处置投资当期期初之前的，调留存收益
处置投资当期期初之后的，调投资收益
其他综合收益及其他权益变动：分别调整其他综合收益和资本公积
公允价值计量或权益法转成本法
同一控制
初始投资成本：被投资方所有者权益在最终控制方合并报表中的账面价值×持股比例
“原投资账面价值＋新增投资对价账面价值”与初始投资成本的差额，计入资本公积，股本（资本）溢价不足冲减的，依次冲减盈余公积和未分配利润
非同一控制
原为权益法
初始投资成本：原投资账面价值＋新增投资对价的公允价值
原为公允价值计量
初始投资成本：原投资公允价值＋新增投资对价的公允价值
公允价值转权益法
初始投资成本：原投资公允价值＋新增投资对价的公允价值＋其他相关必要支出等
成本法或权益法转公允价值计量
视同先处置全部股权投资再按公允价值购入金融资产
处置★
售价与账面价值的差额计入投资收益
权益法下，还应将相关其他综合收益转入投资收益或留存收益、相关资本公积转入投资收益
合营安排★
分类：合营企业和共同经营
合营方对共同经营的处理：按享有的份额确认资产和收益，承担负债和费用

第七章　资产减值

- 资产减值
  - 概述★
    - 范围：长期股权投资、成本模式下的投资性房地产、固定资产、无形资产、生产性生物资产、商誉、使用权资产等
    - 通常情况下，存在减值迹象的资产才需减值测试
    - 不存在减值迹象也需减值测试的资产：商誉、使用寿命不确定的无形资产、尚未达到可使用状态的无形资产
    - 可以不估计可收回金额的情形
      - 以前的计算结果表明可收回金额高于原账面价值，且没有发生消除该差异的业务
      - 资产对某些减值迹象反应不敏感，本期出现这些减值迹象时，不需因这些减值迹象的出现而估计可收回金额
  - 可收回金额★★
    - 未来现金流量现值与公允价值减去处置费用后的净额两者孰高
    - 公允价值减去处置费用后的净额
      - 处置费用不包括财务费用和所得税费用
      - 公允价值优先顺序：公平交易中的销售协议价格＞活跃市场中的市场价＞同行业类似资产的最近交易价
    - 未来现金流量的现值
      - 影响因素：未来现金流量、使用寿命、折现率
      - 未来现金流量
        - 内容：持续使用过程中的现金流入/流出、处置时的净现金流量
        - 考虑因素
          - 以资产的当前状况为基础进行预计（未承诺的重组及改良因素不予考虑）
          - 不应包括筹资活动和所得税收付的现金流量
          - 对通货膨胀因素的考虑应和折现率相一致
          - 应对内部转移价格作适当调整
      - 折现率
        - 应为税前利率
      - 涉及外币时
        - 以结算货币（外币）预计未来现金流量
        - 以结算货币（外币）适用的折现率折现
        - 以计算现值当日的即期汇率折算为本币
  - 减值损失的确认和计量★
    - 按账面价值高于可收回金额的差额计提减值损失
    - 一经计提，不得转回
  - 资产组减值★★★
    - 资产组的认定
      - 关键因素：能否独立产生现金流入
      - 应考虑企业对生产经营活动的管理或者监控方式
      - 应考虑企业对资产的持续使用或者处置的决策方式
      - 一经认定，不得随意变更
    - 减值的处理
      - 比较资产组的账面价值与可收回金额，确定总的减值金额
      - 先抵减分摊至资产组中的商誉价值
      - 剩余减值额再在其他各项资产间按账面价值所占比重进行分摊
  - 总部资产减值★★
    - 可以合理分摊
      - 将总部资产分摊至相关资产组
        - 分摊时应当以各资产组使用寿命作为权重
      - 比较包含总部资产的资产组的账面价值与可收回金额，确定总的减值金额
      - 按照总部资产和资产组内各项资产的账面价值比例分摊减值金额
    - 不能合理分摊
      - 先比较不含总部资产的资产组的账面价值与可收回金额，确认相关减值损失
      - 将总部资产分摊至最小的资产组组合
      - 对包含总部资产的资产组组合进行减值测试，确定总的减值额
      - 按照前述有关资产组减值测试的顺序和方法分摊减值损失
  - 商誉减值★★★
    - 基本要求
      - 商誉应自购买日起合理分摊至相关资产组或资产组组合
      - 至少应当在每年年度终了进行减值测试
    - 吸收合并形成的商誉的减值测试
      - 在个别财务报表中进行减值测试
      - 比较包含商誉的资产组（组合）的账面价值与可收回金额，确定减值损失
      - 减值损失先抵减商誉账面价值
      - 剩余减值损失按账面价值比重在其他相关资产间分摊
    - 控股合并形成的商誉的减值测试
      - 在合并财务报表中进行减值测试
      - 归属于少数股东的商誉也应包含在资产组的账面价值中
      - 比较包含总商誉的资产组（组合）的账面价值与可收回金额，确定减值损失
      - 减值损失先抵减总商誉账面价值，但在合并财务报表中确认商誉减值损失时，只确认归属于母公司的那部分
      - 剩余减值损失按账面价值比重在其他相关资产间分摊

第八章 负 债

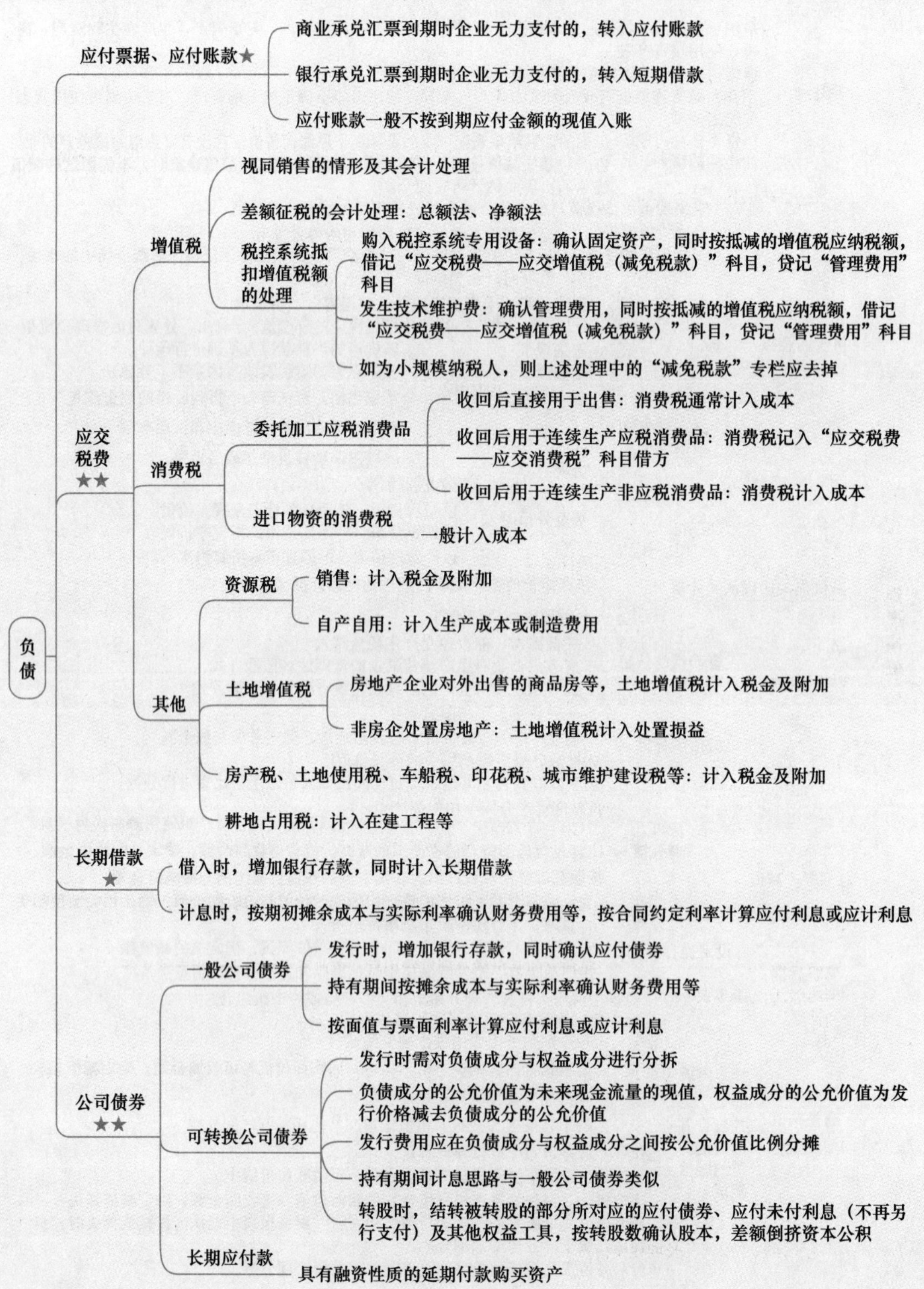
负债
应付票据、应付账款★
商业承兑汇票到期时企业无力支付的，转入应付账款
银行承兑汇票到期时企业无力支付的，转入短期借款
应付账款一般不按到期应付金额的现值入账
应交税费★★
增值税
视同销售的情形及其会计处理
差额征税的会计处理：总额法、净额法
税控系统抵扣增值税额的处理
购入税控系统专用设备：确认固定资产，同时按抵减的增值税应纳税额，借记“应交税费——应交增值税（减免税款）”科目，贷记“管理费用”科目
发生技术维护费：确认管理费用，同时按抵减的增值税应纳税额，借记“应交税费——应交增值税（减免税款）”科目，贷记“管理费用”科目
如为小规模纳税人，则上述处理中的“减免税款”专栏应去掉
消费税
委托加工应税消费品
收回后直接用于出售：消费税通常计入成本
收回后用于连续生产应税消费品：消费税记入“应交税费——应交消费税”科目借方
收回后用于连续生产非应税消费品：消费税计入成本
进口物资的消费税
一般计入成本
其他
资源税
销售：计入税金及附加
自产自用：计入生产成本或制造费用
土地增值税
房地产企业对外出售的商品房等，土地增值税计入税金及附加
非房企处置房地产：土地增值税计入处置损益
房产税、土地使用税、车船税、印花税、城市维护建设税等：计入税金及附加
耕地占用税：计入在建工程等
长期借款★
借入时，增加银行存款，同时计入长期借款
计息时，按期初摊余成本与实际利率确认财务费用等，按合同约定利率计算应付利息或应计利息
公司债券★★
一般公司债券
发行时，增加银行存款，同时确认应付债券
持有期间按摊余成本与实际利率确认财务费用等
按面值与票面利率计算应付利息或应计利息
可转换公司债券
发行时需对负债成分与权益成分进行分拆
负债成分的公允价值为未来现金流量的现值，权益成分的公允价值为发行价格减去负债成分的公允价值
发行费用应在负债成分与权益成分之间按公允价值比例分摊
持有期间计息思路与一般公司债券类似
转股时，结转被转股的部分所对应的应付债券、应付未付利息（不再另行支付）及其他权益工具，按转股数确认股本，差额倒挤资本公积
长期应付款
具有融资性质的延期付款购买资产

第九章　职工薪酬

- 职工薪酬
  - 概述★
    - 职工
      - 与企业订立劳动合同的所有人员
      - 含全职、兼职、临时职工、无劳动合同但正式任命的人员、无劳动合同或任命但所提供服务与职工所提供服务类似的人员
    - 职工薪酬
      - 短期薪酬：职工工资、奖金、津贴和补贴，职工福利费，社会保险费，住房公积金，工会经费和职工教育经费，短期带薪缺勤，短期利润分享计划，非货币性福利等
      - 离职后福利：设定提存计划和设定受益计划
      - 辞退福利：企业强制解除合同补偿、员工自愿接受裁减补偿
      - 其他长期职工福利：长期带薪缺勤、其他长期服务福利、长期残疾福利、长期利润分享计划、长期奖金计划、递延酬劳等
  - 短期薪酬的确认和计量★★★
    - 货币性短期薪酬
      - 按受益对象计入当期损益或相关资产成本
    - 短期带薪缺勤
      - 累积：应在职工提供了服务从而增加了其未来享有的带薪缺勤权利时,确认与累积带薪缺勤相关的职工薪酬，以累积未行使权利而增加的预期支付金额计量
      - 非累积：应在职工实际发生缺勤的会计期间确认与非累积带薪缺勤相关的职工薪酬
    - 短期利润分享计划
      - 同时满足下列条件时确认：①因过去事项导致现在具有支付职工薪酬的法定义务；②相关义务的金额能够可靠估计
    - 非货币性福利
      - 自产产品或外购商品发放给职工
        - 按公允价值和相关税费计入职工薪酬
        - 确认收入、结转成本
      - 自有房屋无偿提供给职工：每期折旧计入职工薪酬
      - 租赁住房无偿提供给职工：形成使用权资产的，将折旧费用计入职工薪酬
      - 向职工提供企业支付补贴的商品或服务
        - 规定了服务年限：公允价值与内部售价的差额计入长期待摊费用，分期摊销
        - 没有规定服务年限：公允价值与内部售价的差额计入当期资产成本或当期损益
  - 离职后福利的确认和计量★
    - 设定提存计划
      - 向独立的基金缴存固定费用后，企业不再承担进一步支付义务
    - 设定受益计划
      - 指除设定提存计划以外的离职后福利计划
      - 重新计量设定受益计划净资产或净负债所产生的变动，计入其他综合收益
  - 辞退福利★
    - 一律计入管理费用
    - 承担了重组义务且满足预计负债确认条件时才确认
    - 承担了重组义务是指：有详细、正式的重组计划，并已对外公布
  - 其他长期职工福利：长期残疾福利、长期利润分享计划、递延酬劳等★

第十章 股份支付

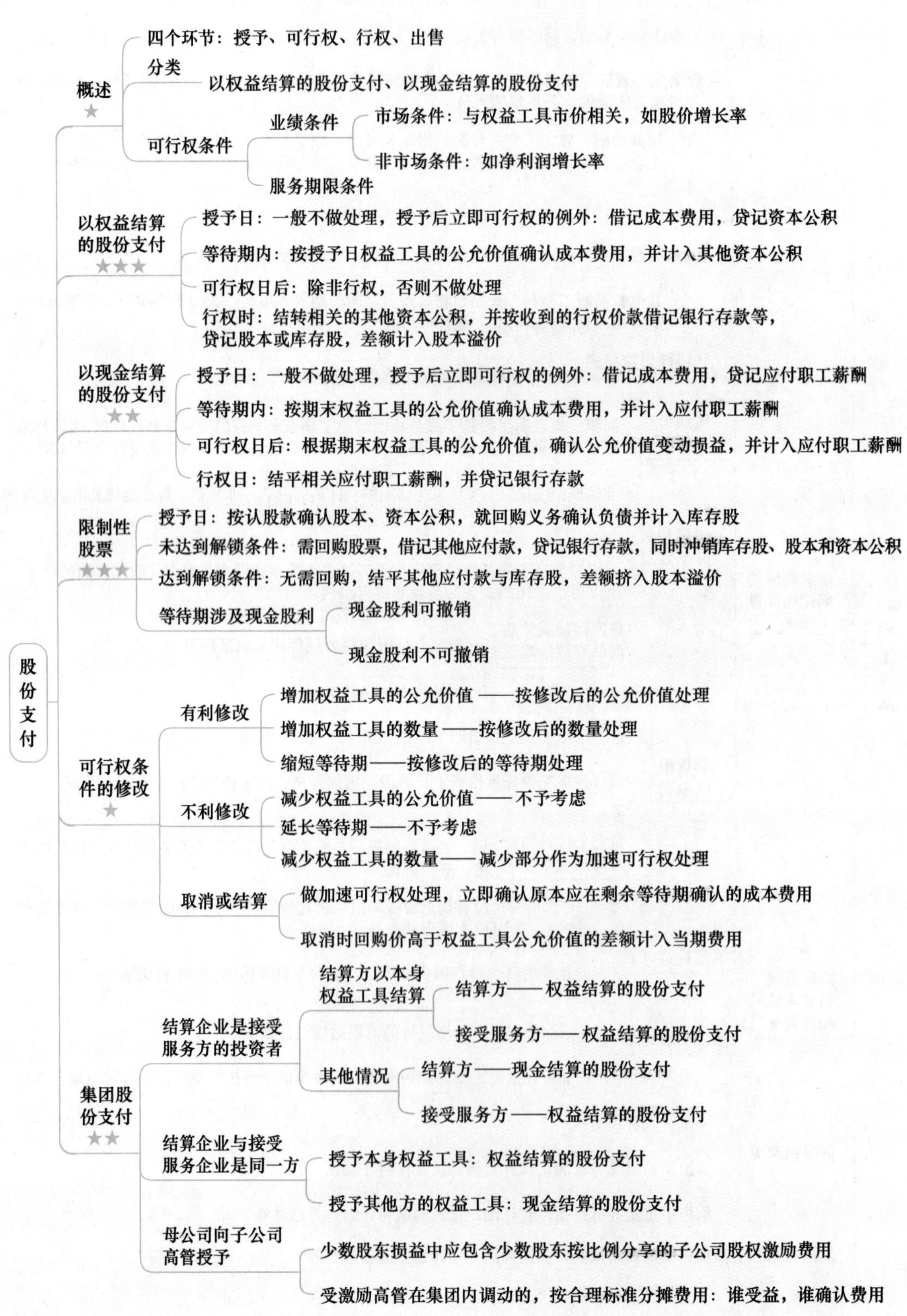
股份支付
概述 ★
四个环节：授予、可行权、行权、出售
分类
以权益结算的股份支付、以现金结算的股份支付
可行权条件
业绩条件
市场条件：与权益工具市价相关，如股价增长率
非市场条件：如净利润增长率
服务期限条件
以权益结算的股份支付 ★★★
授予日：一般不做处理，授予后立即可行权的例外：借记成本费用，贷记资本公积
等待期内：按授予日权益工具的公允价值确认成本费用，并计入其他资本公积
可行权日后：除非行权，否则不做处理
行权时：结转相关的其他资本公积，并按收到的行权价款借记银行存款等，
贷记股本或库存股，差额计入股本溢价
以现金结算的股份支付 ★★
授予日：一般不做处理，授予后立即可行权的例外：借记成本费用，贷记应付职工薪酬
等待期内：按期末权益工具的公允价值确认成本费用，并计入应付职工薪酬
可行权日后：根据期末权益工具的公允价值，确认公允价值变动损益，并计入应付职工薪酬
行权日：结平相关应付职工薪酬，并贷记银行存款
限制性股票 ★★★
授予日：按认股款确认股本、资本公积，就回购义务确认负债并计入库存股
未达到解锁条件：需回购股票，借记其他应付款，贷记银行存款，同时冲销库存股、股本和资本公积
达到解锁条件：无需回购，结平其他应付款与库存股，差额挤入股本溢价
等待期涉及现金股利
现金股利可撤销
现金股利不可撤销
可行权条件的修改 ★
有利修改
增加权益工具的公允价值——按修改后的公允价值处理
增加权益工具的数量——按修改后的数量处理
缩短等待期——按修改后的等待期处理
不利修改
减少权益工具的公允价值——不予考虑
延长等待期——不予考虑
减少权益工具的数量——减少部分作为加速可行权处理
取消或结算
做加速可行权处理，立即确认原本应在剩余等待期确认的成本费用
取消时回购价高于权益工具公允价值的差额计入当期费用
集团股份支付 ★★
结算企业是接受服务方的投资者
结算方以本身权益工具结算
结算方——权益结算的股份支付
接受服务方——权益结算的股份支付
其他情况
结算方——现金结算的股份支付
接受服务方——权益结算的股份支付
结算企业与接受服务企业是同一方
授予本身权益工具：权益结算的股份支付
授予其他方的权益工具：现金结算的股份支付
母公司向子公司高管授予
少数股东损益中应包含少数股东按比例分享的子公司股权激励费用
受激励高管在集团内调动的，按合理标准分摊费用：谁受益，谁确认费用

第十一章　借款费用

- 借款费用
  - 概述 ★
    - 借款费用的范围：借款利息费用、折价或溢价的摊销、借款辅助费用、外币借款的相关汇兑差额
    - 借款的范围：专门借款、一般借款
    - 符合资本化条件的资产：需要经过1年以上（含1年）的购建或者生产活动才能达到预定可使用或可销售状态的固定资产、投资性房地产和存货等
  - 确认 ★★
    - 开始资本化时点
      - 需同时满足：①资产支出已发生；②借款费用已发生；③相关购建或生产活动已开始
      - 资产支出包括：支付现金、转移非现金资产、承担带息债务
    - 暂停资本化时点
      - 非正常中断且连续超过3个月
      - 非正常中断：管理决策或不可预见的原因所导致的中断
    - 停止资本化时点（满足其一即可）
      - 实体建造或生产已完成
      - 基本符合要求，即使个别不符合要求也不影响使用或销售
      - 后续支出很少或几乎不再发生
  - 计量 ★★
    - 专门借款
      - 资本化金额
        - 资本化期间的利息费用－资本化期间闲置资金收益
      - 费用化金额
        - 非资本化期间利息费用－非资本化期间闲置资金收益
    - 一般借款
      - 资本化金额
        - 一般借款利息费用资本化金额＝累计资产支出超过专门借款部分的资产支出加权平均数×所占用一般借款的资本化率
        - 所占用一般借款资本化率＝所占用一般借款当期实际发生的利息之和÷所占用一般借款本金加权平均数
        - 所占用一般借款本金加权平均数＝Σ（所占用每笔一般借款本金×每笔一般借款在当期所占用的天数/当期天数）
      - 费用化金额：一般借款总的利息费用－资本化金额
    - 外币借款汇兑差额
      - 专门借款
        - 资本化期间的外币专门借款的汇兑差额应予以资本化
        - 非资本化期间的外币专门借款的汇兑差额应予以费用化
      - 一般借款
        - 汇兑差额一律费用化，一般计入财务费用

第十二章 或有事项

- 或有事项
  - 概述 ★
    - 特征：①是因过去的交易或事项形成；②结果具有不确定性；③结果须由未来事项决定
    - 或有负债：潜在义务，或虽然是现时义务但不是很可能导致经济利益流出
    - 或有资产：潜在资产
    - 0＜极小可能≤5%＜可能≤50%＜很可能≤95%＜基本确定＜100%
  - 确认与计量 ★★
    - 预计负债确认条件：①现时义务；②很可能导致经济利益流出；③金额能可靠计量
    - 最佳估计数
      - 所需支出存在连续范围且各结果发生概率相同：取上下限的平均值
      - 所需支出不存在连续范围或各结果发生概率不相同
        - 单个项目：取最可能发生的金额
        - 多个项目：Σ（各可能结果×相应概率）
    - 预期可获得的补偿
      - 基本确定能够收到时单独确认，不能与预计负债相抵
      - 确认的金额不能超过相关预计负债的金额
  - 具体应用 ★★★
    - 未决诉讼
      - 满足预计负债确认条件时，确认预计负债
      - 前期本能合理确认预计负债却没有合理确认的，作为差错更正处理
    - 债务担保：满足预计负债确认条件时，计入营业外支出
    - 产品质量保证
      - 销售成立时，确认预计负债和销售费用
      - 实际发生时，冲减预计负债
    - 亏损合同
      - 定义：履行合同义务不可避免发生的成本超过预期经济利益的合同
      - 履行合同的成本：履行合同发生的增量成本（直接人工、直接材料等）、与履行合同直接相关的其他成本的分摊金额
      - 预计负债的确认，应当反映退出该合同的最低净成本
    - 重组义务
      - 内涵：显著改变企业组织形式、经营范围或经营方式，如出售或终止部分业务、对组织结构作较大调整、关闭部分营业场所或迁移营业活动
      - 表明承担了重组义务的条件：有详细、正式的重组计划并已对外公告
      - 应按与重组有关的直接支出确定预计负债的金额
  - 列报 ★
    - 预计负债的披露：种类、形成原因以及经济利益流出不确定性的说明，期初、期末余额和本期变动情况、相关预期补偿额和本期已确认的预期补偿额
    - 或有负债的披露：一般均应予以披露，除非极小可能导致经济利益流出企业
    - 或有资产的披露：一般不披露，很可能会给企业带来经济利益时，应披露其形成的原因、预计产生的财务影响等

第十三章 金融工具

金融工具

- 概述★
  - 金融工具包括金融资产、金融负债和权益工具
- 金融资产分类与重分类★★★
  - 分类
    - 按业务模式和合同现金流量分类
    - 以摊余成本计量的金融资产：合同现金流量为本金和以未偿付本金为基础的利息的支付；业务模式为以收取合同现金流量为目标
    - 以公允价值计量且其变动计入其他综合收益的金融资产：合同现金流量为本金和以未偿付本金为基础的利息的支付；业务模式为既以收取合同现金流量为目标，又以出售为目标
    - 以公允价值计量且其变动计入当期损益的金融资产：其他
  - 重分类
    - 原因：业务模式发生改变
    - 除直接指定的金融资产不能重分类外，三类金融资产可以相互重分类
- 金融负债的分类★
  - 以摊余成本计量的金融负债
  - 以公允价值计量且其变动计入当期损益的金融负债等
- 金融负债与权益工具的区分★
  - 是否存在无条件地避免交付现金或其他金融资产的合同
  - 是否通过交付固定数量的自身权益工具结算
- 复合金融工具的分拆★
  - 特点：同时包含金融负债成分和权益工具成分
  - 处理原则：先确定金融负债成分的公允价值，再从总的公允价值中扣除负债成分的公允价值，作为权益工具成分的价值
- 金融工具的计量★★
  - 初始计量
    - 以公允价值计量且其变动计入当期损益的金融资产和金融负债，交易费用计入当期损益
    - 其他金融资产或金融负债，交易费用计入初始确认金额
  - 后续计量
    - 以公允价值计量的金融资产，公允价值变动计入公允价值变动损益或其他综合收益
    - 以摊余成本计量的金融资产（债权投资），按期初摊余成本乘以实际利率确认实际利息，按面值乘以票面利率计算票面利息，差额为利息调整的摊销
  - 出售
    - 一般情况下，金融资产的售价与账面价值的差额计入投资收益，相关其他综合收益应转入投资收益
    - 其他权益工具投资，售价与账面价值的差额计入留存收益，相关其他综合收益转入留存收益
- 金融资产减值★★
  - 采用预期信用损失法，计提减值损失不以减值的实际发生为前提
  - 以公允价值计量且其变动计入当期损益的金融资产、指定为以公允价值计量且其变动计入其他综合收益的金融资产，不计提减值
  - 以摊余成本计量的金融资产：借记信用减值损失，贷记债权投资减值准备等
  - 以公允价值计量且其变动计入其他综合收益的金融资产：借记信用减值损失，贷记其他综合收益
- 金融资产转移★★★
  - 满足终止确认条件的情形：不附追索权、签订重大价外期权等
  - 继续确认被转移金融资产的情形：金融资产和因转移资产确认的负债不得抵销
  - 继续涉入被转移金融资产的情形
- 套期会计★
  - 公允价值套期：套期工具的利得或损失、被套期项目因风险敞口形成的利得或损失一般计入当期损益
  - 现金流量套期/境外经营净投资套期：套期有效的利得或损失计入其他综合收益，套期无效的部分计入当期损益

第十四章 租 赁

- 租赁
  - 概述★
    - 定义：在一定期间内，出租人将资产的使用权让与承租人以获取对价的合同
    - 已识别资产：①明确指定或隐性指定；②物理可区分；③无实质性替换权（有实质性替换权不属已识别资产）
  - 分拆与合并★★
    - 租赁的分拆：多项单独租赁之间的分拆；租赁和非租赁之间的分拆
    - 租赁的合并：两份或多份合同合并为一份合同进行会计处理的，仍需区分租赁和非租赁部分
  - 租赁期★
    - 租赁期开始日
      - 出租人提供租赁资产使其可供承租人使用的起始日期
    - 不可撤销期间
      - 应根据租赁条款的约定确定可强制执行合同的期间
      - 双方均有权在未经另一方许可的情况下终止租赁，且罚款金额不重大的，该租赁不再可强制执行
    - 评估选择权是否被行使需考虑的因素
      - ①市价与选择权相关条款和条件的比较；②重大租赁资产改良；③终止租赁相关的成本；④租赁资产对承租人运营的重要程度；⑤与行使选择权相关的条件及其被满足的可能性
  - 承租人会计处理★★★
    - 一般应对租赁确认使用权资产和租赁负债
    - 租赁负债应按租赁期开始日尚未支付的租赁付款额的现值进行初始计量
    - 确认利息会增加租赁负债的账面金额
    - 支付租赁付款额会减少租赁负债账面金额
    - 发生重估或租赁变更等时，重新计量租赁负债的账面价值
    - 使用权资产应按成本进行初始计量
    - 使用权资产应按成本模式进行后续计量
    - 重新计量租赁负债的，应相应调整使用权资产
    - 通常自租赁期开始的当月起计提折旧，但并非绝对
    - 使用权资产按资产减值准则的规定计提减值
  - 承租人对短期租赁和低价值资产租赁的处理★★
    - 可以选择不确认使用权资产和租赁负债
    - 短期租赁：租赁期不超过12个月，包含购买选择权的租赁除外
    - 低价值资产租赁：单项租赁资产为全新资产时价值较低
  - 出租人经营租赁的处理★★
    - 应采用直线法等将租赁收款额确认为租金收入
    - 应将租金总额在不扣除免租期的整个租赁期内分配
    - 出租人承担了承租人某些费用的，应自租金收入总额中扣除
    - 对经营租赁资产正常计提折旧或减值等
  - 出租人融资租赁的处理★★
    - 融资租赁的5个判断条件，满足其一即可
    - 确认应收融资租赁款，并终止确认融资租赁资产
    - 以租赁投资净额作为应收融资租赁款的入账价值
    - 分期确认租赁期内的利息收入
  - 特殊租赁业务的会计处理★★
    - 转租赁：应基于原租赁中的使用权资产对转租赁进行分类
    - 生产商或经销商出租人的融资租赁：按租赁资产公允价值与租赁收款额的现值两者孰低确认收入；按租赁资产账面价值扣除未担保余值的现值后的余额结转销售成本
    - 售后租回交易：评估相关资产转让是否属于销售，分情况处理

第十五章　持有待售的非流动资产、处置组和终止经营

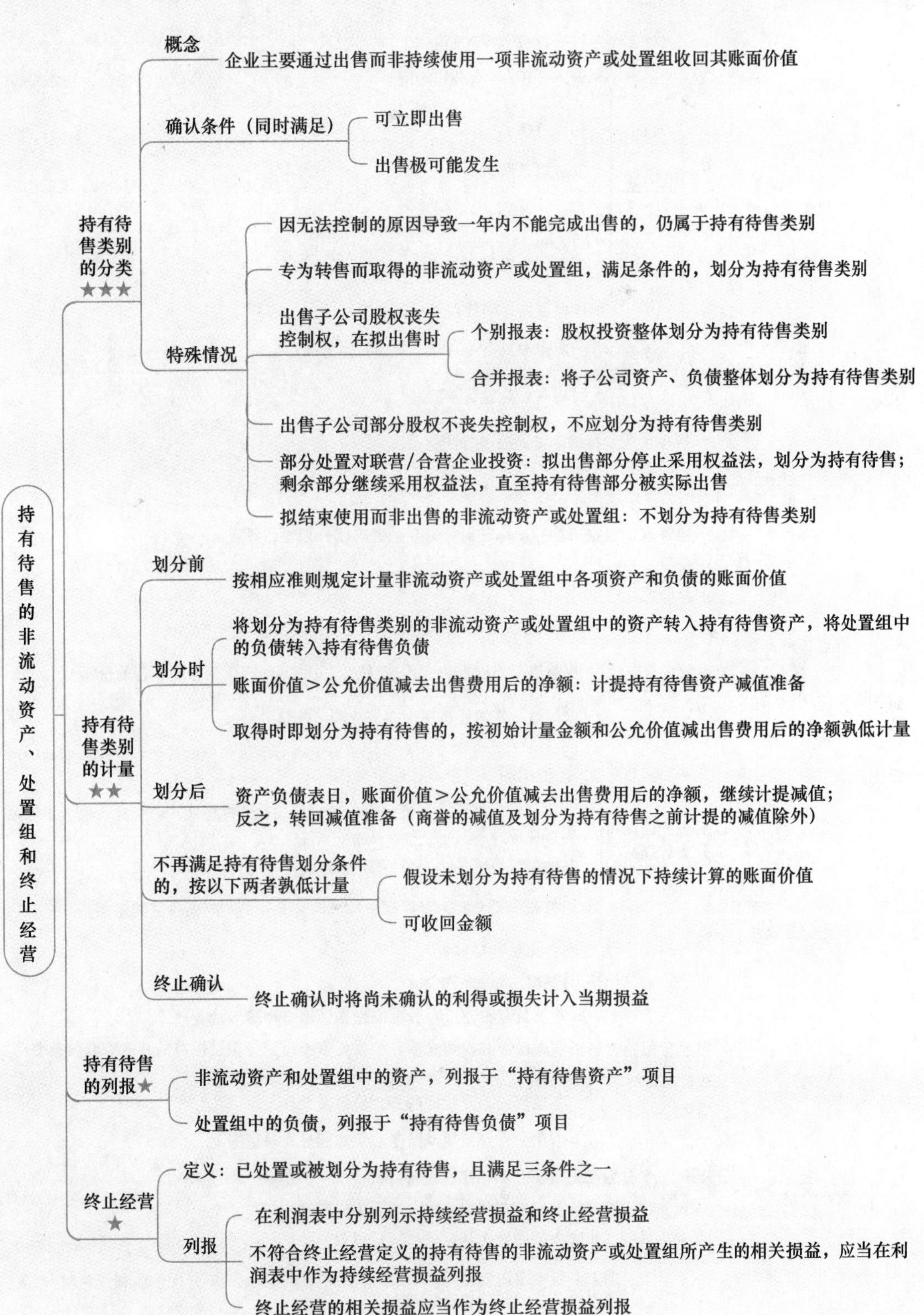
持有待售的非流动资产、处置组和终止经营
持有待售类别的分类★★★
概念
企业主要通过出售而非持续使用一项非流动资产或处置组收回其账面价值
确认条件（同时满足）
可立即出售
出售极可能发生
特殊情况
因无法控制的原因导致一年内不能完成出售的，仍属于持有待售类别
专为转售而取得的非流动资产或处置组，满足条件的，划分为持有待售类别
出售子公司股权丧失控制权，在拟出售时
个别报表：股权投资整体划分为持有待售类别
合并报表：将子公司资产、负债整体划分为持有待售类别
出售子公司部分股权不丧失控制权，不应划分为持有待售类别
部分处置对联营/合营企业投资：拟出售部分停止采用权益法，划分为持有待售；剩余部分继续采用权益法，直至持有待售部分被实际出售
拟结束使用而非出售的非流动资产或处置组：不划分为持有待售类别
持有待售类别的计量★★
划分前
按相应准则规定计量非流动资产或处置组中各项资产和负债的账面价值
划分时
将划分为持有待售类别的非流动资产或处置组中的资产转入持有待售资产，将处置组中的负债转入持有待售负债
账面价值>公允价值减去出售费用后的净额：计提持有待售资产减值准备
取得时即划分为持有待售的，按初始计量金额和公允价值减出售费用后的净额孰低计量
划分后
资产负债表日，账面价值>公允价值减去出售费用后的净额，继续计提减值；反之，转回减值准备（商誉的减值及划分为持有待售之前计提的减值除外）
不再满足持有待售划分条件的，按以下两者孰低计量
假设未划分为持有待售的情况下持续计算的账面价值
可收回金额
终止确认
终止确认时将尚未确认的利得或损失计入当期损益
持有待售的列报★
非流动资产和处置组中的资产，列报于“持有待售资产”项目
处置组中的负债，列报于“持有待售负债”项目
终止经营★
定义：已处置或被划分为持有待售，且满足三条件之一
列报
在利润表中分别列示持续经营损益和终止经营损益
不符合终止经营定义的持有待售的非流动资产或处置组所产生的相关损益，应当在利润表中作为持续经营损益列报
终止经营的相关损益应当作为终止经营损益列报

第十六章　所有者权益

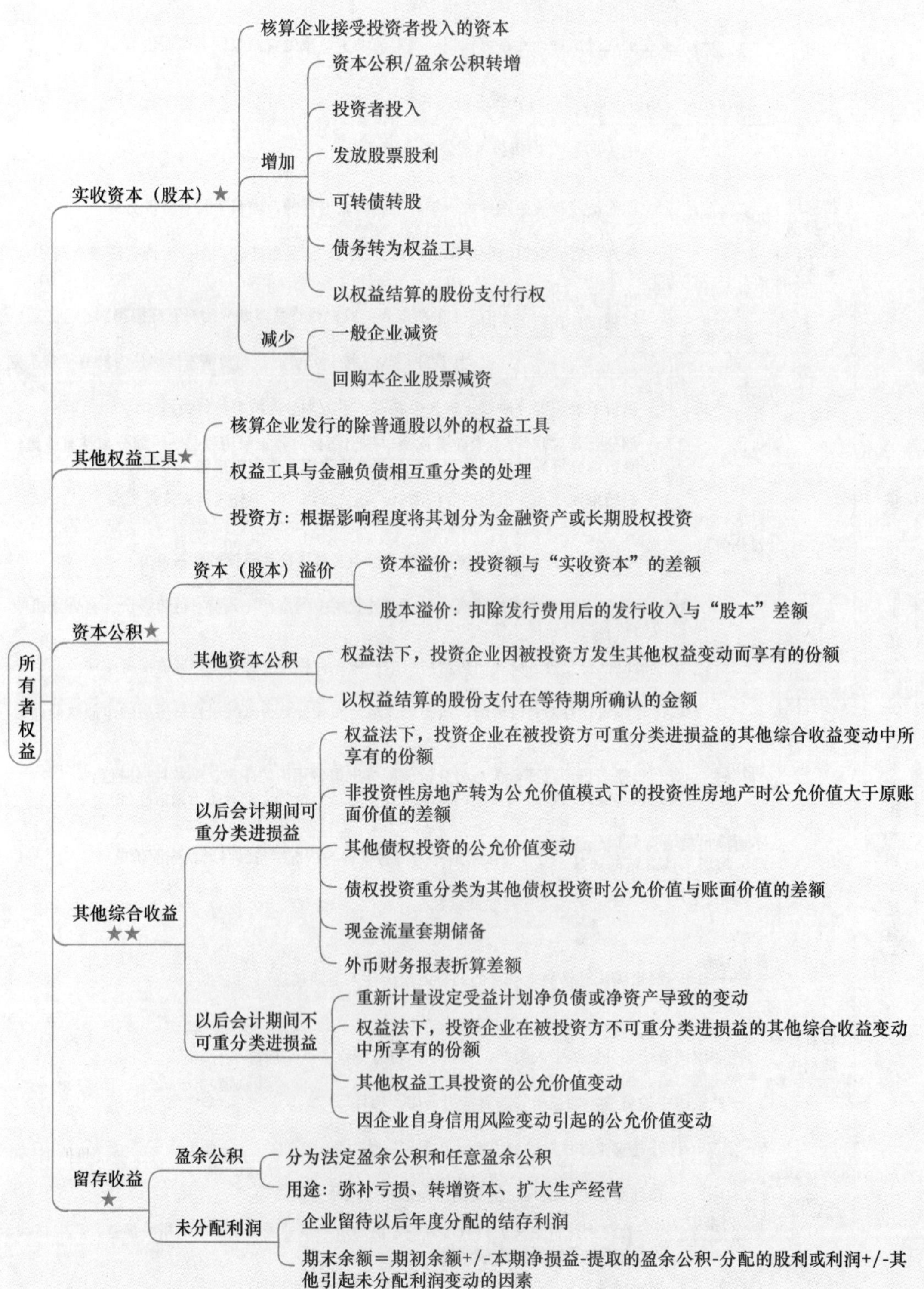
所有者权益
实收资本（股本）★
核算企业接受投资者投入的资本
增加
资本公积/盈余公积转增
投资者投入
发放股票股利
可转债转股
债务转为权益工具
以权益结算的股份支付行权
减少
一般企业减资
回购本企业股票减资
其他权益工具★
核算企业发行的除普通股以外的权益工具
权益工具与金融负债相互重分类的处理
投资方：根据影响程度将其划分为金融资产或长期股权投资
资本公积★
资本（股本）溢价
资本溢价：投资额与“实收资本”的差额
股本溢价：扣除发行费用后的发行收入与“股本”差额
其他资本公积
权益法下，投资企业因被投资方发生其他权益变动而享有的份额
以权益结算的股份支付在等待期所确认的金额
其他综合收益★★
以后会计期间可重分类进损益
权益法下，投资企业在被投资方可重分类进损益的其他综合收益变动中所享有的份额
非投资性房地产转为公允价值模式下的投资性房地产时公允价值大于原账面价值的差额
其他债权投资的公允价值变动
债权投资重分类为其他债权投资时公允价值与账面价值的差额
现金流量套期储备
外币财务报表折算差额
以后会计期间不可重分类进损益
重新计量设定受益计划净负债或净资产导致的变动
权益法下，投资企业在被投资方不可重分类进损益的其他综合收益变动中所享有的份额
其他权益工具投资的公允价值变动
因企业自身信用风险变动引起的公允价值变动
留存收益★
盈余公积
分为法定盈余公积和任意盈余公积
用途：弥补亏损、转增资本、扩大生产经营
未分配利润
企业留待以后年度分配的结存利润
期末余额＝期初余额+/-本期净损益-提取的盈余公积-分配的股利或利润+/-其他引起未分配利润变动的因素

第十七章　收入、费用和利润

收入、费用和利润

- 收入的确认和计量★★★
  - 识别与客户订立的合同：客户取得商品控制权时确认收入
  - 识别合同中的单项履约义务
  - 确定交易价格
    - 考虑因素：可变对价、重大融资成分、非现金对价、应付客户对价等
  - 将交易价格分摊至各单项履约义务
    - 分摊合同折扣、分摊可变对价、交易价格的后续变动
  - 履行每一单项履约义务时确认收入
    - 区分时段履约义务和时点履约义务
- 合同成本★★
  - 合同取得成本：为取得合同发生的、预期能够收回的增量成本
  - 合同履约成本：为履行合同而发生；与一份当前或预期取得的合同直接相关；增加了企业未来用于履行（或持续履行）履约义务的资源；预期能够收回的成本
- 特定交易的会计处理★★★
  - 附有销售退回条款
    - 营业收入：有权收取的对价（扣除了预期退货将退还的金额）
    - 预计负债：预期退货将退还的金额
    - 应收退货成本：预期退回商品转让时的账面价值－收回商品预计将发生的成本
    - 营业成本：商品转让时账面价值－（预期退回商品转让时的账面价值－收回商品预计将发生的成本）
  - 附有质量保证条款
    - 提供额外服务的，作为单项履约义务处理；否则按或有事项的要求处理
  - 主要责任人和代理人
    - 根据企业在向客户转让商品前是否拥有对该商品的控制权，判断其是主要责任人还是代理人
    - 主要责任人按已收或应收对价总额确认收入
    - 代理人按预期有权收取的佣金或手续费确认收入
  - 附有客户额外购买选择权
    - 企业向客户提供重大权利的，作为单项履约义务处理，并参与交易价格的分摊
  - 授予知识产权许可
    - 不构成单项履约义务的：将该知识产权许可和其他商品一起作为一项履约义务处理
    - 构成单项履约义务的：进一步确定是时段履约义务还是时点履约义务
  - 售后回购
    - 存在与客户的远期安排：回购价＜原售价，租赁交易，否则为融资交易
    - 负有应客户要求回购商品义务
      - 客户具有行使要求权的重大经济动因：视情况作为租赁交易或融资交易处理
      - 客户无行使要求权的重大经济动因：作为附有销售退回条款的销售处理
  - 客户未行使的权利
    - 预收的销售商品款确认为负债，待履行了相关履约义务时确认收入
  - 无须退回的初始费
    - 合同开始或接近合同开始日将其计入交易价格
- 社会资本方对政府和社会资本合作（PPP）项目合同的会计处理★★★
  - 无形资产模式
  - 金融资产模式
  - 混合模式
- 期间费用★
  - 期间费用：管理费用、销售费用、研发费用、财务费用
- 利润的构成★
  - 营业利润＝营业收入－营业成本－税金及附加－销售费用－管理费用－研发费用－财务费用＋其他收益＋投资收益（－投资损失）＋净敞口套期收益（－净敞口套期损失）＋公允价值变动收益（－公允价值变动损失）－信用减值损失－资产减值损失＋资产处置收益（－资产处置损失）
  - 利润总额＝营业利润＋营业外收入－营业外支出
  - 净利润＝利润总额－所得税费用
  - 综合收益总额＝净利润＋其他综合收益的税后净额

第十八章　政府补助

- 政府补助
  - 概述★★
    - 定义：企业从政府无偿取得货币性资产或非货币性资产
    - 特征：无偿性、来源于政府的经济资源
    - 主要形式：政府对企业的无偿拨款；税收返还（不含出口退税等）；财政贴息；无偿给予非货币性资产
    - 分类：与收益相关的政府补助；与资产相关的政府补助
  - 与资产相关的政府补助★★★
    - 总额法
      - 取得的政府补助计入递延收益，再按期分摊至其他收益或营业外收入
      - 取得政府补助在形成资产之前的，在资产开始折旧摊销时分期摊销政府补助
      - 取得政府补助在形成资产之后的，自取得政府补助时起分期摊销
      - 取得的非现金资产，按公允价值计量，并计入递延收益，再分摊。公允价值不能可靠计量的，按名义金额计量
    - 净额法
      - 将补助冲减相关资产账面价值，按扣减了补助后的资产价值进行折旧摊销
  - 与收益相关的政府补助★
    - 用于补偿未来的支出
      - 先计入递延收益
      - 实际发生相关支出时，将递延收益转入其他收益或营业外收入（总额法）或冲减相关成本费用或营业外支出（净额法）
    - 用于补偿已发生的支出
      - 直接计入其他收益或营业外收入（总额法）或冲减相关成本费用或营业外支出（净额法）
  - 已计入损益的政府补助的退回★
    - 初始确认时冲减资产账面价值的，调整资产账面价值
    - 存在递延收益的，冲递延收益，超出部分计入当期损益
    - 其他情况，计入当期损益
  - 综合性项目政府补助★
    - 能够区分：分别核算
    - 难以区分：视为与收益相关的政府补助
  - 财政贴息★
    - 拨付给贷款银行（两种处理思路）
      - ①借款按实际收到价款入账，借款费用＝本金×政策性优惠利率
      - ②借款按公允价值入账，实际收到金额与借款公允价值的差额计入递延收益，按实际利率法计算借款费用、摊销递延收益
    - 拨付给受益企业：对应的贴息冲减借款费用
  - 在利润表中的列报★
    - 与日常活动相关的：在其他收益（总额法）或相关成本费用（净额法）中列报
    - 与非日常活动相关的，在营业外收支中列报

第十九章 所得税

所得税

- 计税基础★★
  - 资产的计税基础＝未来期间收回该资产账面价值时可税前扣除的金额
  - 负债的计税基础＝负债的账面价值－未来期间可税前扣除的金额
- 暂时性差异★★
  - 应纳税暂时性差异
    - 特点：本期不交税，未来期间应交税
    - 产生原因
      - 资产账面价值大于其计税基础
      - 负债账面价值小于其计税基础
  - 可抵扣暂时性差异
    - 特点：本期应交税，未来期间可抵扣
    - 产生原因
      - 资产账面价值小于其计税基础
      - 负债账面价值大于其计税基础
- 递延所得税负债的确认与计量★★★
  - 确认原则
    - 根据应纳税暂时性差异确认递延所得税负债
    - 对应科目为所得税费用、资本公积或其他综合收益，也可能对应调整商誉或营业外收入
  - 不确认递延所得税负债的情形
    - 免税合并形成的商誉在初始确认时所产生的暂时性差异
    - 企业合并以外，初始确认时既不影响会计利润也不影响应纳税所得额的业务涉及的暂时性差异
    - 长期股权投资产生的暂时性差异（投资企业能控制暂时性差异的转回时间且预期不会转回时）
  - 计量
    - 递延所得税负债＝应纳税暂时性差异×转回期间适用的所得税税率
    - 不应对相关金额进行折现
    - 适用税率变化的，应对递延所得税负债做相应调整
- 递延所得税资产的确认与计量★★★
  - 确认原则
    - 以未来期间可能取得的应纳税所得额为限确认递延所得税资产
    - 对应科目为所得税费用、资本公积或其他综合收益，也可能对应调整商誉或营业外收入
    - 确认时应以未来期间可能取得的应纳税所得额为限
  - 不确认递延所得税资产的情形
    - 企业合并以外，初始确认时既不影响会计利润也不影响应纳税所得额的业务涉及的暂时性差异
    - 长期股权投资产生的暂时性差异（投资企业能控制暂时性差异的转回时间且预期不会转回时）
  - 计量
    - 递延所得税资产＝可抵扣暂时性差异×转回期间适用的所得税税率
    - 不应对相关金额进行折现
    - 适用税率变化的，应对递延所得税资产做相应调整
    - 复核：若企业未来期间很可能无法获得足够的应纳税所得额，应减记递延所得税资产
- 所得税费用的确认与计量★★★
  - 当期所得税
    - 当期所得税（应交所得税）＝应纳税所得额×当期适用的所得税税率
    - 应纳税所得额＝利润总额＋纳税调增额－纳税调减额
  - 递延所得税
    - 递延所得税费用＝当期递延所得税负债的净增加额－当期递延所得税资产的净增加额
    - 确认递延所得税资产/负债时对应计入所有者权益等情形的除外
  - 所得税费用＝当期所得税＋递延所得税
  - 与股份支付相关的当期及递延所得税
    - 税法规定不允许税前扣除的，不产生暂时性差异
    - 税法规定允许税前扣除：产生暂时性差异，符合条件时确认递延所得税
    - 预期未来可税前扣除的金额超过成本费用的所得税影响计入所有者权益（资本公积）

第二十章　非货币性资产交换

- 非货币性资产交换
  - 概述 ★★★
    - 货币性资产：持有的货币资金和收取固定或可确定金额的货币资金的权利
    - 非货币性资产：货币性资产以外的资产（预付账款属于非货币性资产）
    - 非货币性资产交换的认定
      - 不涉及货币性资产或只涉及少量货币性资产
      - 涉及补价时，补价比例应低于25%
    - 不适用非货币性资产交换准则的情形
      - 交换中涉及存货时，换出存货的企业的处理
      - 交换中涉及企业合并时的处理
      - 交换中涉及金融资产时，金融资产的确认、终止确认和计量
      - 交换中涉及使用权资产或应收融资租赁款时，相关资产的确认、终止确认和计量
      - 交换构成权益性交易时的处理
  - 公允价值计量 ★★★
    - 条件：交换具有商业实质且换入或换出资产的公允价值能够可靠计量
    - 会计处理
      - 一般以换出资产的公允价值加减补价的公允价值为基础确认换入资产的入账价值
      - 换入资产公允价值更可靠的，以换入资产的公允价值为基础确认换入资产的入账价值
      - 为换入资产发生的相关税费计入换入资产的成本
      - 换出资产一般按其公允价值与账面价值的差额确认处置损益等
  - 账面价值计量 ★★
    - 条件：不具有商业实质或换入和换出资产的公允价值均不能可靠计量
    - 会计处理
      - 一般以换出资产的账面价值加上所付补价的账面价值或减去所收补价的公允价值为基础确定换入资产的入账价值
      - 为换入资产支付的相关税费计入换入资产的成本
      - 不确认换出资产的处置损益
  - 涉及多项资产的交换 ★★★
    - 具有商业实质，资产公允价值能够可靠计量
      - 一般以换出资产的公允价值总额加减补价的公允价值确定换入资产的总成本
      - 换入的金融资产按公允价值入账
      - 换入资产总成本扣除金融资产公允价值后，一般按金融资产以外的其他资产的公允价值比例（其公允价值不能可靠计量时按其原账面价值比例）分摊
    - 具有商业实质，换入资产公允价值更可靠
      - 以各项换入资产的公允价值和应付的相关税费计量换入资产成本
      - 按换出资产的公允价值比例（其公允价值不能可靠计量时按其账面价值比例）分摊换入资产的公允价值总额加减补价的公允价值，按各自的分摊额与账面价值的差额确认损益
    - 不具有商业实质但换入资产公允价值能可靠计量
      - 换入资产的总成本以换出资产账面价值总额加上所付补价的账面价值或减去所收补价的公允价值为基础确定
      - 按换入资产的公允价值比例，将换入资产总成本分摊至各项换入资产
    - 换入和换出资产的公允价值均不能可靠计量
      - 换入资产的总成本以换出资产的账面价值加上所付补价的账面价值或减去所收补价的公允价值为基础确定
      - 按换入资产原账面价值的比例等，将换入资产总成本分摊至各项换入资产

第二十一章　债务重组

- 债务重组
  - 定义★
    - 在不改变交易对手方的情况下，经债权人和债务人协定或法院裁定，就清偿债务的时间、金额或方式等重新达成协议的交易
  - 债权人★★★
    - 以资产清偿债务或将债务转为权益工具
      - 受让金融资产
        - 金融资产按金融工具准则处理
        - 金融资产确认金额与债权账面价值的差额计入投资收益
      - 受让非金融资产
        - 非金融资产一般按所放弃债权的公允价值和可直接归属于该资产的相关税费入账
        - 放弃债权的公允价值与账面价值的差额计入投资收益
      - 受让多项资产
        - 金融资产按金融工具准则处理
        - 其他资产按公允价值比例，对所放弃债权公允价值扣除金融资产公允价值后的净额进行分摊
        - 放弃债权的公允价值与账面价值的差额计入投资收益
      - 受让处置组
        - 金融资产和负债按金融工具准则处理
        - 其他资产按公允价值比例，对所放弃债权公允价值及负债确认金额之和扣除金融资产公允价值后的净额进行分摊
        - 放弃债权的公允价值与账面价值的差额计入投资收益
    - 修改其他条款
      - 全部债权终止确认的，以公允价值初始计量新的金融资产，新金融资产的确认金额与债权终止确认日账面价值之间的差额计入投资收益
      - 债权未终止确认的，继续根据其分类进行后续计量
    - 组合方式
      - 以公允价值初始计量新的金融资产和受让的新金融资产
      - 其他资产按公允价值比例，对所放弃债权公允价值扣除金融资产公允价值后的净额进行分摊
      - 放弃债权的公允价值与账面价值之间的差额计入投资收益
  - 债务人★★★
    - 以金融资产清偿债务
      - 债务的账面价值与偿债金融资产账面价值的差额计入投资收益
      - 偿债金融资产相关的其他综合收益分情况转入投资收益或留存收益
    - 以非金融资产清偿债务
      - 所清偿债务账面价值与转让资产账面价值之间的差额计入其他收益
      - 包含处置组时：所清偿债务和处置组中负债的账面价值之和，与处置组中资产的账面价值之间的差额，计入其他收益
    - 债务转为权益工具
      - 权益工具按公允价值计量，其公允价值不能可靠计量的，按所清偿债务的公允价值计量
      - 所清偿债务账面价值与权益工具确认金额之间的差额计入投资收益
    - 修改其他条款
      - 按公允价值计量重组债务，终止确认的债务账面价值与重组债务确认金额之间的差额计入投资收益
    - 组合方式
      - 权益工具按公允价值计量，其公允价值不能可靠计量的，按所清偿债务的公允价值计量
      - 修改其他条款形成的重组债务按修改其他条款的规定计量
      - 所清偿债务的账面价值与转让资产的账面价值以及权益工具和重组债务的确认金额之和的差额，计入其他收益或投资收益（仅涉及金融工具时）

第二十二章　外币折算

- 外币折算
  - 记账本位币★
    - 一般企业记账本位币的确定：考虑收入、支出的发生使用的货币；融资活动获得的资金以及保存经营活动中取得的款项所使用的货币
    - 境外经营判断标准：①该实体与企业的关系；②记账本位币是否与投资方相同
    - 境外经营记账本位币的确定：除考虑一般企业确定记账本位币的因素外，还应考虑：经营的自主性、与企业交易活动所占的比例、是否直接影响企业的现金流量、能否随时汇回、能否偿付自身债务等
    - 记账本位币的变更：以变更日的即期汇率折算所有项目
  - 外币交易★★★
    - 汇率选择
      - 即期汇率：买入价、卖出价、中间价
      - 近似汇率：平均汇率或月初汇率等
    - 会计处理
      - 初始确认
        - 一般按交易日即期汇率或其近似汇率折算
        - 企业买入外币：按即期汇率增加外币账户金额，按银行卖出价减少人民币
        - 企业卖出外币：按即期汇率减少外币账户金额，按银行买入价增加人民币
        - 接受外币投资，一律按交易日的即期汇率折算
      - 期末调整
        - 货币性项目：汇兑差额一般计入财务费用，外币专门借款本金和利息在资本化期间的汇兑差额除外
        - 非货币性项目
          - 以历史成本计量的：不产生汇兑差额，如固定资产、合同负债、合同资产等
          - 存货：如可变现净值以外币反映，则先将其折算为记账本位币，再与成本比较，确定资产减值损失
          - 交易性金融资产：汇兑差额随公允价值变动计入公允价值变动损益
          - 其他权益工具投资：汇兑差额随公允价值变动计入其他综合收益
        - 特例
          - 其他债权投资：汇兑差额计入财务费用，公允价值变动计入其他综合收益
  - 外币财务报表折算★
    - 报表项目折算汇率的选择
      - 资产、负债：资产负债表日即期汇率
      - 未分配利润：倒挤得到；
      - 其他所有者权益项目：发生时的即期汇率
      - 利润表项目：发生时的即期汇率或其近似汇率
    - 特殊项目的处理
      - 少数股东应按持股比例分担外币报表折算差额，并计入少数股东权益
      - 实质上构成对子公司净投资的长期应收款
        - 以母公司或子公司的记账本位币计量的，将汇兑差额自财务费用转入其他综合收益
        - 以母、子公司记账本位币以外的货币计量的，将母、子公司该项目的汇兑差额相抵后的净额转入其他综合收益

第二十三章　财务报告

- 财务报告
  - 资产负债表 ★★
    - 反映某一特定日期的财务状况
    - 资产、负债按流动性列报
      - 并非所有交易性金融资产均为流动资产
      - 对债务流动和非流动的划分，应反映在资产负债表日有效的合同安排，考虑在资产负债表日起一年内企业是否必须无条件清偿
      - 无权自主将清偿义务推迟至资产负债表日后一年以上的，为流动负债
    - 填列方法
      - 根据总账科目余额填列
      - 根据明细账科目余额计算填列
      - 根据总账科目余额和明细账科目余额分析计算填列
      - 根据有关科目余额减去相关备抵科目余额后的净额填列
      - 综合运用上述填列方法分析填列
  - 利润表 ★
    - 反映一定期间的经营成果
    - 研发费用项目应按管理费用科目下的“研发费用”明细和“无形资产摊销”明细发生额分析填列
  - 现金流量表 ★★
    - 经营活动现金流量
      - 流入：销售商品、提供劳务、收到税费返还、收到其他与经营活动有关的现金
      - 流出：购买商品、接受劳务、支付薪酬、支付税费、支付其他与经营活动有关的现金
    - 投资活动现金流量
      - 流入：收回投资、取得投资收益、处置固定资产等、收到其他与投资活动有关的现金
      - 流出：购建固定资产等、取得投资、支付其他与投资活动有关的现金
    - 筹资活动现金流量
      - 流入：吸收投资、取得借款、收到其他与筹资活动有关的现金
      - 流出：分配股利、利润、偿还债务、支付其他与筹资活动有关的现金
    - 补充资料的填列
      - 实际没有支付现金的费用：调增
      - 实际没有收到现金的收益：调减
      - 涉及现金收付但不属于经营活动的损益：收益调减，损失调增
      - 经营性应收项目的增减变动：增加的调减，减少的调增
      - 经营性应付项目的增减变动：增加的调增，减少的调减
  - 所有者权益变动表 ★
    - 反映所有者权益各组成部分当期增减变动情况
    - 以矩阵的形式列示
  - 关联方关系 ★★★
    - 认定
      - 因控制、共同控制和重大影响关系而构成关联方
      - 主要投资者个人及与其关系密切的家庭成员，以及此类人员所能控制、共同控制和重大影响的其他企业
      - 关键管理人员及与其关系密切的家庭成员，以及此类人员所能控制、共同控制和重大影响的其他企业
      - 关键管理人员提供服务的提供方与服务接受方（需具体分析判断）
      - 企业与其所属企业集团的其他成员单位(包括母公司和子公司)的合营企业或联营企业
      - 企业的合营企业与企业的其他合营企业或联营企业
    - 不构成关联方关系的情形
      - 同受一方重大影响的企业之间
      - 与该企业共同控制合营企业的合营者之间
      - 仅同受国家控制而不存在控制、共同控制或重大影响关系的企业
      - 与该企业发生日常往来的资金提供者、公用事业部门、政府部门和机构，存在经济依 存关系的客户、供应商等主体

第二十四章　会计政策、会计估计及其变更和差错更正

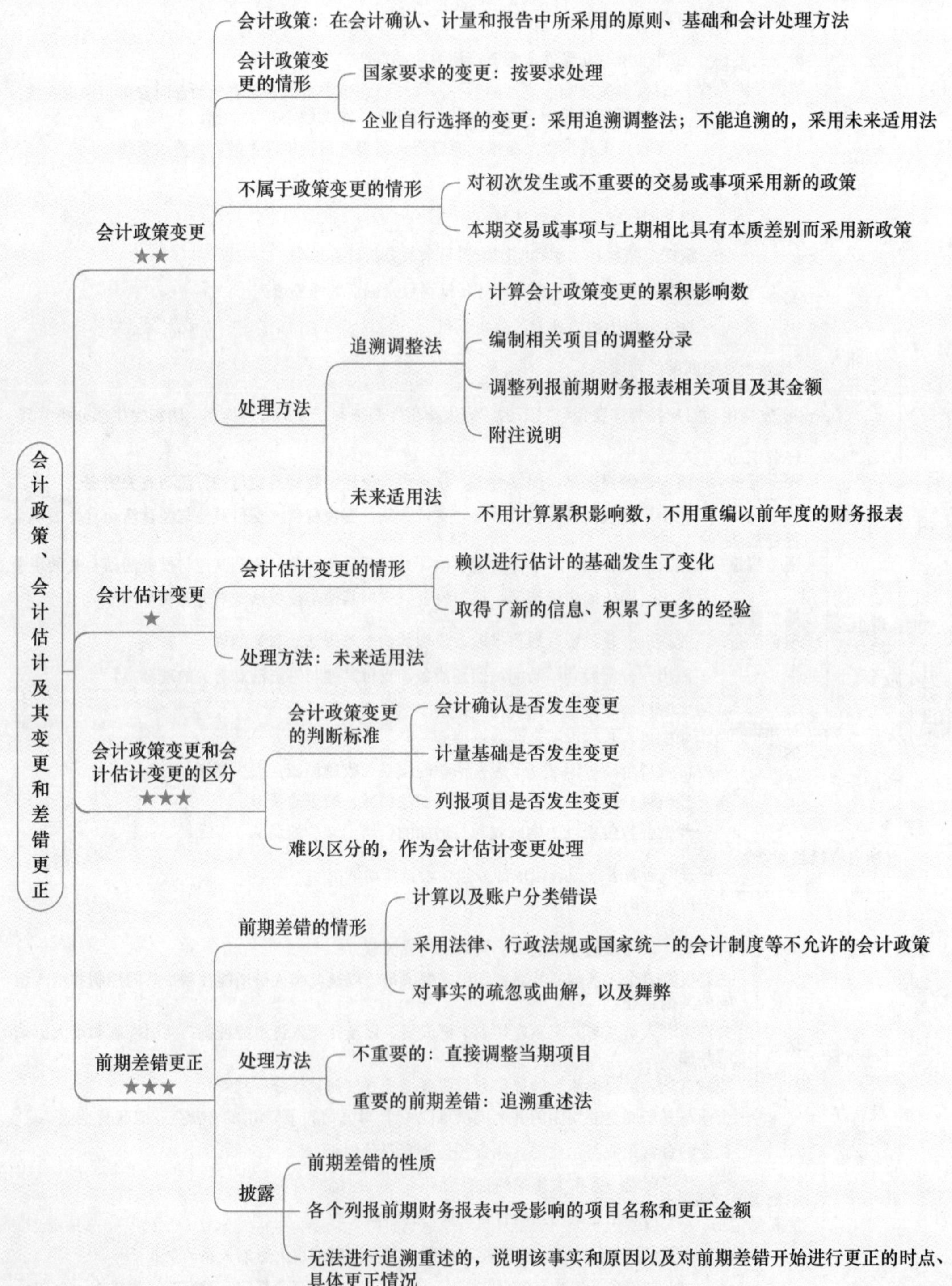
会计政策、会计估计及其变更和差错更正
会计政策变更
★★
会计政策：在会计确认、计量和报告中所采用的原则、基础和会计处理方法
会计政策变更的情形
国家要求的变更：按要求处理
企业自行选择的变更：采用追溯调整法；不能追溯的，采用未来适用法
不属于政策变更的情形
对初次发生或不重要的交易或事项采用新的政策
本期交易或事项与上期相比具有本质差别而采用新政策
处理方法
追溯调整法
计算会计政策变更的累积影响数
编制相关项目的调整分录
调整列报前期财务报表相关项目及其金额
附注说明
未来适用法
不用计算累积影响数，不用重编以前年度的财务报表
会计估计变更
★
会计估计变更的情形
赖以进行估计的基础发生了变化
取得了新的信息、积累了更多的经验
处理方法：未来适用法
会计政策变更和会计估计变更的区分
★★★
会计政策变更的判断标准
会计确认是否发生变更
计量基础是否发生变更
列报项目是否发生变更
难以区分的，作为会计估计变更处理
前期差错更正
★★★
前期差错的情形
计算以及账户分类错误
采用法律、行政法规或国家统一的会计制度等不允许的会计政策
对事实的疏忽或曲解，以及舞弊
处理方法
不重要的：直接调整当期项目
重要的前期差错：追溯重述法
披露
前期差错的性质
各个列报前期财务报表中受影响的项目名称和更正金额
无法进行追溯重述的，说明该事实和原因以及对前期差错开始进行更正的时点、具体更正情况

第二十五章　资产负债表日后事项

- 资产负债表日后事项
  - 概述 ★★★
    - 日后事项涵盖的期间：自资产负债表日次日起至财务报告批准报出日止
    - 日后事项包括有利事项和不利事项
    - 分类
      - 调整事项：对资产负债表日已存在的情况提供了新的或进一步证据的事项
      - 非调整事项：表明资产负债表日后发生的情况的事项，对其所做的披露对报表使用者有用
  - 调整事项 ★★★
    - 处理方法
      - 税前调整
        - 涉及损益的，通过"以前年度损益调整"科目处理，涉及利润分配的，通过"利润分配—未分配利润"科目处理
        - 其他科目，直接调整相关科目
      - 所得税调整
        - 引起暂时性差异变动的，调整递延所得税
        - 汇算清缴日之前引起纳税义务变动的，调整报告年度应交所得税
        - 汇算清缴日之后引起纳税义务变动的，不能调整报告年度应交所得税
      - 将以前年度损益调整转入留存收益
      - 调整报告年度报表项目
    - 典型事例
      - 资产负债表日前存在的诉讼在日后期间结案，需调整原先确认的预计负债或确认一项新负债
      - 日后期间取得确凿证据，表明某项资产在资产负债表日已发生减值或需调整原减值金额
      - 日后期间进一步确定了资产负债表日前购入资产的成本或售出资产的收入
      - 资产负债表日后发现报告年度或报告年度以前的财务报表舞弊或差错
  - 非调整事项 ★★
    - 处理方法：重要的非调整事项应在附注中予以披露
    - 典型事例
      - 资产负债表日后发生重大诉讼、仲裁和承诺
      - 资产负债表日后资产价格、税收政策、外汇汇率发生重大变化
      - 资产负债表日后因自然灾害导致资产发生重大损失
      - 资产负债表日后发行股票和债券以及其他巨额举债
      - 资产负债表日后资本公积转增资本
      - 资产负债表日后发生巨额亏损
      - 资产负债表日后发生企业合并或处置子公司
      - 资产负债表日后，企业利润分配方案中拟分配的以及经审议批准宣告发放的现金股利或利润

第二十六章　企业合并

- 企业合并
  - 企业合并的界定★
    - 企业合并：两个或两个以上单独的企业合并形成一个报告主体
    - 构成企业合并的条件：①被购买的资产或资产负债组合构成业务；②对标的业务控制权的转移
  - 企业合并的划分★
    - 按合并方式分：控股合并、吸收合并、新设合并
    - 按合并类型分：同一控制下的企业合并、非同一控制下的企业合并
  - 业务的判断★
    - 构成业务的要素：投入、加工处理过程、产出
  - 企业合并的会计处理★★★
    - 同一控制下的企业合并
      - 合并方与被合并方在合并前后受同一方或相同的多方最终控制
      - 该最终控制并非暂时性的(通常指一年以上)
    - 非同一控制下的企业合并：同一控制下企业合并以外的其他企业合并
    - 或有对价
      - 同一控制下
        - 按或有事项准则规定，判断是否确认预计负债或资产
        - 确认预计负债或资产时，调整资本公积（资本溢价或股本溢价），资本溢价或股本溢价不足的，调留存收益
      - 非同一控制下
        - 应在购买日合理估计或有对价并将其计入企业合并成本
        - 购买日后12个月内取得新的或进一步证据表明购买日已存在状况而需要调整合并成本的，应调整合并成本
        - 购买日后出现新情况而需对或有对价进行调整的，不得调整合并成本，或有对价属于金融工具的，应以公允价值计量，且公允价值变动计入当期损益
    - 反向购买
      - 定义：以发行权益性证券交换股权的方式进行非同一控制下的企业合并时，如果发行权益性证券的一方被参与合并的另一方所控制，则发行权益性证券一方虽然为法律上的母公司，但其为会计上的被购买方
      - 合并成本：法律上的子公司(购买方)的企业合并成本是指其如果以发行权益性证券的方式为获取在合并后报告主体的股权比例，应向法律上母公司(被购买方)的股东发行的权益性证券数量与其公允价值计算的结果

第二十七章 合并财务报表

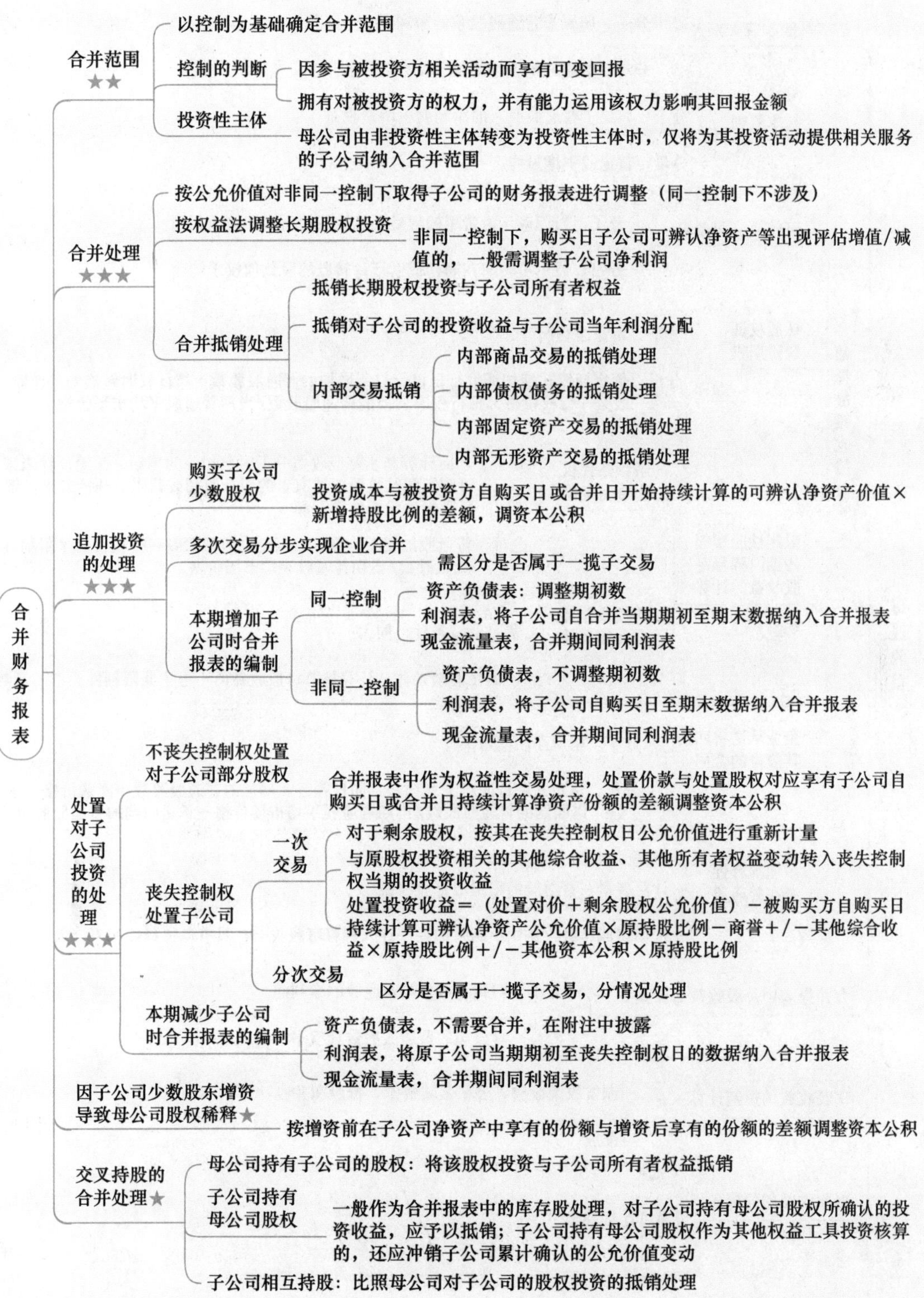

第二十八章　每股收益

- 每股收益
  - 基本每股收益★★★
    - 分子：归属于普通股股东的净利润
    - 分母：普通股加权平均数
  - 稀释每股收益★★★
    - 基本原则
      - 分子：归属于普通股股东的净利润＋增量收益
      - 分母：普通股＋增量股
    - 可转换公司债券
      - 分子：当期确认为费用的税后利息被节约所增加的净利润
      - 分母：假定可转债在期初或发行日转股的股数加权平均数
    - 认股权证、股份期权
      - 分子：增量净利润为0
      - 分母：假定期权在期初或发行日已行权所增加的普通股股数＝拟行权时转换的普通股股数－行权价格×拟行权时转换的普通股股数/当期普通股平均市场价格
    - 限制性股票等待期内稀释每股收益的计算
      - 解锁条件仅为服务期限
        - 分子：加回计算基本每股收益分子时已扣除的当期分配给预计未来可解锁限制性股票持有者的现金股利或归属于预计未来可解锁限制性股票的净利润
        - 分母：普通股加权平均数＋（限制性股票股数－行权价格×限制性股票股数/当期普通股平均市场价格）
      - 解锁条件包含业绩条件
        - 满足业绩条件：同上
        - 不满足业绩条件：计算稀释每股收益时不考虑此限制性股票的影响
    - 企业承诺将回购其股份的合同
      - 分子：增量净利润为0
      - 分母：假定回购合同已于期初或合同日履行，增加的普通股股数＝回购价格×承诺回购的普通股股数/当期普通股平均市场价格－承诺回购的普通股股数
    - 多项稀释性潜在普通股
      - 计算各潜在普通股的增量股每股收益
      - 按增量股每股收益由小到大的顺序计入稀释每股收益；具有反稀释性的不计入
  - 合并报表中每股收益的计算★
    - 分子：归属于母公司普通股的净利润
    - 分母：母公司的普通股股数加权平均数
  - 每股收益的重新计算★★
    - 派发股票股利、公积金转资本、拆股和并股
    - 配股
  - 每股收益的列报★
    - 遵循可比性要求

第二十九章　公允价值计量

公允价值计量

- 相关概念★
  - 公允价值：市场参与者在计量日发生的有序交易中，出售一项资产所能收到或转移一项负债所需支付的价格
  - 计量单元：相关资产或负债以单独或者组合方式进行计量的最小单位
  - 有序交易：在计量日前一段时期内该资产或负债具有惯常市场活动的交易，不包括被迫清算和抛售
  - 主要市场：相关资产或负债交易量最大和交易活跃程度最高的市场
  - 最有利市场：在考虑交易费用和运输费用后，能够以最高金额出售相关资产或者以最低金额转移相关负债的市场
  - 存在主要市场的，应假定有序交易在主要市场进行；否则，应假定是在最有利市场进行
  - 在确定最有利市场时，应考虑交易费用、运输费用等；确定公允价值时，不应根据交易费用对价格进行调整，交易费用不包括运输费用
- 公允价值初始计量★
  - 相关资产或负债的公允价值是脱手价格，相关资产或负债的进入价格一般等于其脱手价格
  - 企业应当判断初始确认时公允价值是否等于其交易价格
  - 企业不应将交易价格作为资产或负债的公允价值的情况（共4种）
- 估值技术★
  - 市场法：利用相同或类似的资产、负债或资产和负债组合的价格以及其他相关市场交易信息进行估值的技术
  - 收益法：将未来金额转换成单一现值的估值技术，包括现金流量折现法、多期超额收益折现法、期权定价模型等
  - 成本法：反映当前要求重置相关资产服务能力所需金额的估值技术，如现行重置成本法
  - 估值技术选择：应当运用更多职业判断，确定恰当的估值技术
- 输入值★
  - 分为可观察输入值（优先）和不可观察输入值
- 公允价值层次★★
  - 第一层次输入值：企业在计量日能够取得的相同资产或负债在活跃市场上未经调整的报价
  - 第二层次输入值：除第一层次输入值外相关资产或负债直接或间接可观察的输入值
  - 第二层次输入值的内容：①活跃市场中类似资产或负债的报价；②非活跃市场中相同或类似资产或负债的报价；③除报价以外的其他可观察输入值；④市场验证的输入值等
  - 第三层次输入值：相关资产或负债的不可观察输入值
- 非金融资产的公允价值计量★
  - 以公允价值计量非金融资产，应考虑市场参与者将该资产用于最佳用途产生经济利益的能力，或将该资产出售给能够用于最佳用途的其他市场参与者产生经济利益的能力
  - 最佳用途：市场参与者实现一项非金融资产或其所属的资产和负债组合的价值最大化时该非金融资产的用途
  - 非金融资产的估值前提：单独使用该非金融资产还是将其与其他资产（或其他资产或负债组合）组合使用
- 负债和企业自身权益工具的公允价值计量★
  - 确定负债或企业自身权益工具公允价值的方法（共3种）
  - 不履约风险：企业不履行义务的风险，包括但不限于企业自身信用风险
  - 负债或企业自身权益工具转移受限
  - 具有可随时要求偿还特征的金融负债

第三十章　政府及民间非营利组织会计

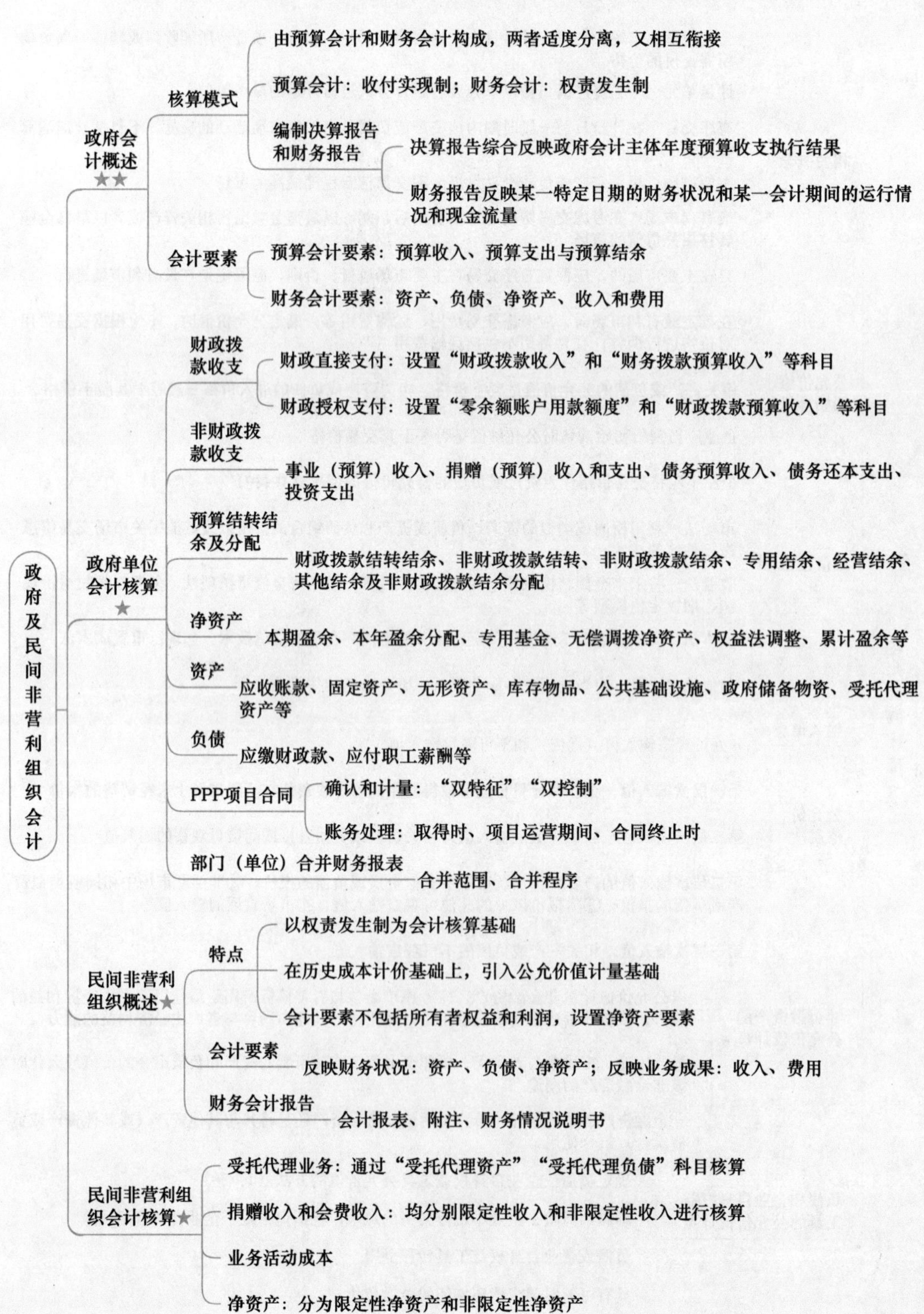
政府及民间非营利组织会计
政府会计概述★★
核算模式
由预算会计和财务会计构成，两者适度分离，又相互衔接
预算会计：收付实现制；财务会计：权责发生制
编制决算报告和财务报告
决算报告综合反映政府会计主体年度预算收支执行结果
财务报告反映某一特定日期的财务状况和某一会计期间的运行情况和现金流量
会计要素
预算会计要素：预算收入、预算支出与预算结余
财务会计要素：资产、负债、净资产、收入和费用
政府单位会计核算★
财政拨款收支
财政直接支付：设置"财政拨款收入"和"财务拨款预算收入"等科目
财政授权支付：设置"零余额账户用款额度"和"财政拨款预算收入"等科目
非财政拨款收支
事业（预算）收入、捐赠（预算）收入和支出、债务预算收入、债务还本支出、投资支出
预算结转结余及分配
财政拨款结转结余、非财政拨款结转、非财政拨款结余、专用结余、经营结余、其他结余及非财政拨款结余分配
净资产
本期盈余、本年盈余分配、专用基金、无偿调拨净资产、权益法调整、累计盈余等
资产
应收账款、固定资产、无形资产、库存物品、公共基础设施、政府储备物资、受托代理资产等
负债
应缴财政款、应付职工薪酬等
PPP项目合同
确认和计量："双特征""双控制"
账务处理：取得时、项目运营期间、合同终止时
部门（单位）合并财务报表
合并范围、合并程序
民间非营利组织概述★
特点
以权责发生制为会计核算基础
在历史成本计价基础上，引入公允价值计量基础
会计要素不包括所有者权益和利润，设置净资产要素
会计要素
反映财务状况：资产、负债、净资产；反映业务成果：收入、费用
财务会计报告
会计报表、附注、财务情况说明书
民间非营利组织会计核算★
受托代理业务：通过"受托代理资产""受托代理负债"科目核算
捐赠收入和会费收入：均分别限定性收入和非限定性收入进行核算
业务活动成本
净资产：分为限定性净资产和非限定性净资产

第四部分

考前模拟

梦想成真辅导丛书

考前模拟2套卷

模拟试卷(一)

扫我做试题

一、单项选择题(本题型共13小题，每小题2分，共26分。每小题只有一个正确答案，请从每小题的备选答案中选出一个你认为正确的答案。)

1. 下列各项中，体现实质重于形式这一会计信息质量要求的是(　)。

   A. 确认预计负债

   B. 对存货计提跌价准备

   C. 对外公布财务报表时提供可比信息

   D. 承租人针对租赁业务确认相关使用权资产(短期租赁和低价值资产租赁除外)

2. 甲公司为增值税一般纳税人。2×22年2月，甲公司对一条生产线进行改造，该生产线改造时的账面价值为3 500万元。其中，拆除原冷却装置部分的账面价值为500万元。生产线改造过程中发生以下费用或支出：(1)购买新的冷却装置1 200万元，增值税税额156万元；(2)在资本化期间内发生专门借款利息80万元；(3)生产线改造过程中发生人工费用320万元；(4)领用库存原材料200万元，增值税税额26万元；(5)外购工程物资400万元(全部用于该生产线)，增值税税额52万元。该改造工程于2×23年12月达到预定可使用状态。不考虑其他因素，甲公司对该生产线更新改造后的入账价值是(　)。

   A. 4 000万元　　B. 5 200万元

   C. 5 700万元　　D. 5 506万元

3. 2×21年，甲公司发生的事项如下：①2月1日，以500万元价款出售其持有的一项交易性金融资产，该股权投资的账面价值为320万元，其中成本为300万元，公允价值变动收益20万元；②6月1日，按面值出售一项债权投资，其账面价值为980万元，其中成本明细科目为1 000万元，债权投资减值准备20万元；③9月1日，与乙公司签订一项股权转让协议，按照协议约定，甲公司将向乙公司出售其持有A公司20%的股权投资，处置价款为2 600万元，股权转让等变更手续将于次年2月办理完成；当日，该股权投资已处于可出售状态。该股权投资的账面价值为2 500万元，其中投资成本明细1 200万元，损益调整明细1 300万元。不考虑其他因素，下列各项关于甲公司的处理，表述不正确的是(　)。

   A. 甲公司应终止确认该交易性金融资产

   B. 甲公司应终止确认该债权投资

   C. 甲公司因上述业务应确认投资收益320万元

   D. 甲公司应将对A公司的股权投资划分为持有待售类别

4. 2×22年10月12日，甲公司以每股10元的价格从二级市场购入乙公司股票10万股，支付价款100万元，另支付相关交易费用2万元。甲公司所取得的这部分股权占乙公司总股份的2%，甲公司对乙公司不具有重大影响，拟长期持有该项股权投资。2×22年末，该项股权投资的公允价值为150万元。不考虑其他因素，下列说法中不正确的是(　)。

A. 甲公司购入的该项股权投资的入账价值102万元

B. 甲公司上述事项对其2×22年损益的影响金额为48万元

C. 甲公司应通过“其他权益工具投资”科目核算该项股权投资

D. 甲公司因上述事项所确认的其他综合收益在未来期间不应转入损益

5. 甲公司系一上市公司，为增值税一般纳税人，适用的增值税税率为13%。2×21年12月发生如下与职工薪酬有关的事项。(1)12月10日至20日，公司维修人员对一项管理用设备进行日常维修，应付薪酬8.6万元。(2)12月21日，公司根据下列事项计提本月折旧费：自2×21年1月1日起，公司为20名高级管理人员每人租赁住房一套并提供轿车一辆，供其免费使用；甲公司针对上述每套住房所确认的使用权资产的年折旧额为3万元，上述轿车均为甲公司自有资产，其每辆轿车的年折旧额为6万元。假定甲公司资产均按月计提折旧或摊销。(3)12月22日公司将自产的新款空调50台作为福利分配给本公司的行政管理人员，该空调每台成本0.6万元，市场售价0.9万元(不含增值税)。不考虑其他因素，甲公司2×21年12月应计入管理费用的职工薪酬是(　)。

A. 57.65万元　　B. 66.25万元

C. 74.45万元　　D. 76.25万元

6. 2×21年3月1日，甲公司购入乙公司全部股权，支付价款8 000万元。购入该股权之前，甲公司的管理层已经做出决议，一旦购入乙公司将在一年内将其出售给丙公司，乙公司在当前状况下即可立即出售。预计甲公司还将为出售该子公司支付60万元的出售费用。甲公司与丙公司计划于2×21年3月31日签署股权转让合同。甲公司尚未与丙公司议定转让价格，购买日股权公允价值与支付的价款8 000万元一致。3月31日，甲公司与丙公司签订合同，转让所持有乙公司的全部股权，转让价格为7 963万元，甲公司预计还将支付8万元的出售费用。不考虑其他因素，下列有关甲公司会计处理表述中不正确的是(　)。

A. 3月1日甲公司确认持有待售资产为7 940万元

B. 3月1日甲公司确认资产减值损失60万元

C. 3月31日甲公司不需要调整持有待售资产的账面价值

D. 3月31日甲公司需要转回原计提的减值准备5万元

7. 甲公司的记账本位币为人民币，以已经发生成本占预计总成本的比例计算履约进度。其与建造合同有关的业务如下：(1)2×20年4月1日，甲公司与境外公司乙签订一项固定造价合同为乙公司建造某项工程，合同金额为120万美元，预计总成本为100万美元，甲公司2×20年实际发生成本50万美元，因乙公司所在地发生政局动荡，甲公司判断合同结果不能可靠预计，当期仅能够结算合同价款30万美元，其余款项很可能无法收回。(2)2×21年乙公司所在地区政局及该项工程均恢复正常，甲公司实际发生成本30万美元，甲公司预计还将发生成本20万美元。甲公司预计能够继续正常履行合同，与合同相关的经济利益很可能流入企业。假设2×20年12月31日甲公司编制利润表使用的美元对人民币的汇率为1∶7.0，2×21年12月31日的美元对人民币的汇率为1∶6.8。不考虑其他因素，甲公司2×21年对上述业务应确认的营业收入为(　)。

A. 652.80万元人民币

B. 448.80万元人民币

C. 0

D. 346.80万元人民币

8. 不考虑补价等其他因素，下列关于非货币性资产交换的表述中，不正确的是(　)。

A. 以公允价值为基础进行计量的非货币性资产交换，当有确凿证据表明换入资产的公允价值更加可靠的，通常应以换入资产的公允价值和应支付的相关税费作为换入资产的初始计量金额

B. 以公允价值为基础进行计量的非货币性资产交换，当有确凿证据表明换入资产的公允价值更加可靠的，换出资产终止确认时，通常应将换入资产的公允价值与换出资产账面价值之间的差额计入当期损益

C. 以公允价值为基础进行计量的多项非货币性资产交换，应当按照换入各项资产的公允价值占换入资产公允价值总额的比例，对换入资产的成本总额进行分配，确定各项换入资产的成本

D. 不具有商业实质的非货币性资产交换，对于换出资产，终止确认时不确认损益

9. 甲公司适用的所得税税率为 25%。该公司 2×21 年发生如下事项：(1) 2×21 年 1 月 1 日对投资性房地产后续计量模式从成本模式转换为公允价值模式，年初其公允价值为 50 000 万元，调整前的账面价值为 42 000 万元，变更日该房地产的计税基础为 42 000 万元。(2) 2×21 年 1 月 1 日对 B 公司 30%的长期股权投资，年初的账面余额为 10 000 万元，其中，投资成本为 8 000 万元，损益调整为 2 000 万元，未发生减值。当日以银行存款 12 000 万元追加投资，使持股比例达到 60%，其后续计量由权益法改为成本法。追加投资日该投资的计税基础为其成本 20 000 万元。甲公司拟长期持有该公司投资。(3) 2×21 年 1 月 1 日将按法定要求需预提的产品质量保证费用的计提比例由销售额的 1%改为销售额的 2%。不考虑其他因素，下列关于甲公司的会计处理中，不正确的是(　)。

A. 对于事项(1)，在变更日将其账面价值调增 8 000 万元，确认递延所得税负债 2 000 万元，调增期初留存收益 6 000 万元

B. 追加投资日对 B 公司投资的账面价值 22 000 万元，不需要追溯调整

C. 按法定要求预提的产品质量保证费用应计入销售费用

D. 将按法定要求需预提的产品质量保证费用的计提比例由销售额的 1%改为销售额的 2%属于会计政策变更，需要追溯调整

10. 2×18 年 1 月 1 日，甲公司取得乙公司 80%的股份。甲公司与乙公司是非同一控制下的两家独立的公司。甲、乙公司有关内部交易如下：(1) 甲公司 2×19 年 4 月 2 日从乙公司购进一项无形资产，该无形资产的原值为 90 万元，已摊销 20 万元，未计提减值准备，售价为 100 万元。甲公司购入后作为无形资产并于当月投入管理部门使用，预计尚可使用 5 年，净残值为 0，采用直线法摊销。(2) 甲公司 2×21 年 1 月 2 日以 150 万元的价格将从乙公司购进的该项无形资产对外出售。假定不考虑所得税等其他因素，2×21 年度甲公司因处置无形资产在合并利润表中确认的损益是(　)。

A. 0　　　　B. 104.5 万元

C. 50 万元　　　　D. 85 万元

11. 甲公司为上市公司，采用授予职工限制性股票的形式实施股权激励计划。2×21 年 1 月 1 日，公司以非公开发行的方式向 120 名管理人员每人授予 1 万股自身股票(每股面值为 1 元)，授予价格为每股 6 元。当日，120 名管理人员出资认购了相关股票，甲公司履行了相关增资手续。甲公司估计该限制性股票股权激励在授予日的公允价值为每股 18 元。激励计划规定，这些管理人员从 2×21 年 1 月 1 日起在甲公司连续服务 3 年的，所授予股票将于 2×24 年 1 月 1 日全部解锁；期间离职的，甲公司将按照原授予价格每股 6 元回购相关股票。2×21 年 1 月 1 日至

2×23 年 12 月 31 日期间，所授予股票不得上市流通或转让；激励对象因获授限制性股票而取得的现金股利由公司代管，作为应付股利在解锁时向激励对象支付；对于未能解锁的限制性股票，公司在回购股票时应扣除激励对象已享有的该部分现金分红。2×21 年度，甲公司实现净利润 5 000 万元，发行在外普通股(不含限制性股票)加权平均数为 2 000 万股，宣告发放现金股利每股 1 元；甲公司估计三年中离职的管理人员合计为 16 人，当年年末有 6 名管理人员离职。假定甲公司 2×21 年度当期普通股平均市场价格为每股 30 元，一年按 360 天计算。不考虑其他因素，甲公司 2×21 年的稀释每股收益为(　)。

A. 2.5 元/股

B. 2.47 元/股

C. 2.43 元/股

D. 2.44 元/股

12. 2×22 年 1 月 2 日，甲公司购入乙公司当年 1 月 1 日发行的公司债券，该债券的面值为 1 000 万元，票面利率为 10%，期限为 5 年，每年末付息，到期还本。合同约定，该债券的发行方在遇到特定情况时可以将债券赎回，且不需要为提前赎回支付额外款项。甲公司在购买该债券时，预计发行方不会提前赎回。甲公司根据其管理该债券的业务模式和该债券的合同现金流量特征，将该债券分类为以摊余成本计量的金融资产。甲公司支付了买价 1 100 万元，另支付经纪人佣金 10 万元，印花税 0.2 万元。经计算，该投资的内含报酬率为 7.29%。在持有期间，甲公司因管理该项金融资产的业务模式发生改变，将其重分类为以公允价值计量且其变动计入其他综合收益的金融资产，重分类当日(2×23 年 1 月 1 日)其公允价值为 900 万元。假定不考虑所得税、减值损失等因素，下列关于甲公司在重分类当日对其他综合收益的处理，正确的是(　)。(计算结果保留两位小数)

A. 借记 180.40 万元

B. 借记 191.13 万元

C. 借记 200 万元

D. 贷记 100 万元

13. 下列关于企业中期财务报告附注的表述，不正确的是(　)。

A. 中期财务报告附注应当以本中期为基础进行披露

B. 附注中应包括中期财务报告采用的会计政策与上年度财务报告相一致的声明

C. 附注中应披露会计估计变更的内容、原因及其影响数

D. 附注中应披露前期差错的性质及其更正金额，无法追溯重述的，应当说明原因

二、多项选择题(本题型共计 12 小题，每小题 2 分，共计 24 分。每小题均有多个正确答案，请从每小题的备选答案中选出你认为正确的答案。每小题所有答案选择正确的得分，不答、错答、漏答均不得分。)

1. 某些情况下，投资方可能难以判断其享有的权利是否足以使其拥有对被投资方的权力。在这种情况下，投资方应当考虑其具有实际能力以单方面主导被投资方相关活动的证据，从而判断其是否拥有对被投资方的权力。投资方应考虑的因素包括(　)。

A. 投资方能否出于其自身利益决定或否决被投资方的重大交易

B. 投资方能否任命或批准被投资方的关键管理人员

C. 投资方与被投资方的关键管理人员或董事会等类似权力机构中的多数成员是否存在关联方关系

D. 投资方能否掌控被投资方董事会等类似权力机构成员的任命程序，或者从其他表决权持有人手中获得代理权

2. 甲公司(房地产开发企业)为增值税一般纳税人。2×22 年 1 月 1 日，甲公司通过公开拍卖市场以 5 000 万元购买一块可使用 50 年的土地使用权，用于建造商品房。为建造商品房，甲公司于 2×22 年 3 月 1 日向银行专门借款 4 000 万元，年利率 5%(等于实际利率)，截至 2×22 年 12 月 31 日，建造商品房累计支出 5 000 万元，增值税进项税额为 585 万元，商品房尚在建造过程中，预计还需要 6 个月才能建造完工。专门借款闲置资金在 2×22 年产生的投资收益 5 万元。不考虑其他因素，下列各项关于甲公司购买土地使用权建造商品房的会计处理的表述中，正确的有( )。

A. 2×22 年专门借款应支付的利息计入所建造的商品房的成本

B. 购买土地使用权发生的成本计入所开发商品房的成本

C. 专门借款闲置资金在 2×22 年产生的投资收益冲减所建造的商品房的成本

D. 建造商品房所支付的增值税进项税额计入所建造商品房的成本

3. 2×21 年年初，甲公司经股东大会批准与其子公司(乙公司)的高管人员签订股份支付协议，协议约定，等待期为自 2×21 年年初起三年，三年期满时，有关高管人员仍在乙公司工作且乙公司每年净资产收益率不低于 10%的，高管人员每人可无偿取得 5 万股乙公司新增发的普通股股票。乙公司普通股按董事会批准该股份支付协议前 20 天平均价格计算的公允价值为每股 20 元，授予日乙公司普通股的市场价格为每股 18 元，2×21 年年末乙公司普通股的市场价格为每股 25 元。不考虑其他因素。关于上述股份支付，下列各项说法中正确的有( )。

A. 甲公司将其作为一项权益结算的股份支付，并按照每股 18 元计算当期应确认的资本公积

B. 达到可行权条件后，甲公司应继续按照乙公司普通股在每个资产负债表日的公允价值计量该项股份支付，并将其变动计入当期损益

C. 乙公司将其作为一项现金结算的股份支付，并按照每个资产负债表日其普通股股票的公允价值计量

D. 甲公司如果修改减少了所授予权益工具的数量，应当将减少部分作为已授予的权益工具的取消处理

4. 甲公司为上市公司，甲公司与乙公司合资设立一个房地产开发有限公司 A 公司，注册资本为 5 亿元，甲公司出资 3 亿元，占持股比例的 60% 并单独控制 A 公司。2×21 年 5 月，甲公司、乙公司与 B 信托机构签署了增资协议，约定由 B 信托机构发起设立“H 股权投资集合信托计划”，B 信托机构向 A 公司增资 5 亿元。增资完成后，A 公司的注册资本增加至 10 亿元，其中，甲公司持股比例为 30%、乙公司持股比例为 20%、B 信托机构持股比例为 50%。该信托规模为 10 亿元。根据相关协议安排，甲公司仍能够控制 A 公司，A 公司定期向该信托计划支付固定收益的利息，且 5 年后，信托计划收回所投入的全部资金。不考虑其他因素，上述相关条件中，导致该信托计划不能划分为所有者权益的有( )。

A. B 信托机构持股比例为 50%

B. 甲公司仍能够控制 A 公司

C. A 公司定期向该信托计划支付固定收益的利息

D. 5 年后，信托计划收回所投入的全部资金

5. 甲公司为金融企业，2×21 年发生下列有关经济业务：(1)2×21 年 5 月 1 日，甲公司将其持有的一笔国债出售给丁公司，账面价值为 290 万元，售价为 300 万元，年利率为 3.5%。同时，甲公司与丁公司签订了一项回购协议，3 个月后由甲公司将该笔

国债购回，回购价为303万元。2×21年8月1日，甲公司将该笔国债购回。(2)2×21年1月1日，甲公司将持有的某公司发行的10年期公司债券出售给戊公司，经协商出售价格为330万元。同时签订了一项看涨期权合约，期权行权日为2×21年12月31日，行权价为400万元，期权的公允价值(时间价值)为10万元。出售日根据相关信息合理预计行权日该债券的公允价值为300万元。该债券于2×19年1月1日发行，甲公司根据其管理该债券的业务模式和该债券的合同现金流量特征，将该债券分类为以公允价值计量且其变动计入其他综合收益的金融资产，面值为300万元，年利率6%(等于实际利率)，每年年末支付利息，2×20年12月31日该债券公允价值为310万元。不考虑其他因素，下列关于甲公司出售金融资产时的会计处理，正确的有(　)。

A. 甲公司出售给丁公司的国债应该确认投资收益10万元

B. 甲公司将其持有的国债出售给丁公司，不确认损益

C. 甲公司将持有的10年期公司债券出售给戊公司不符合终止确认条件

D. 甲公司将持有的10年期公司债券出售给戊公司，确认投资收益40万元

6. 甲股份有限公司2×20年财务报告经董事会批准对外公布的日期为2×21年4月20日，实际对外公布的日期为2×21年4月25日，该公司2×21年1月1日至4月25日发生了下列事项：(1)1月10日被供应商乙公司起诉，要求甲公司对违反经济合同事项作出赔偿，金额为100万元；(2)因被担保人无法偿还于2×20年11月30日到期的银行借款，贷款银行于2月1日要求甲公司按照合同约定履行债务担保责任500万元；甲公司于2×20年年末已知被担保方财务困难很可能无法还款，预计很可能代为偿付，但是未确认与该担保事项相关的预计负债；(3)2月5日发现2×20年未确认汇兑损益的重大会计差错：一项800万美元的应收款项，期末账面价值为人民币5 920万元，实际上2×20年12月31日即期汇率为1美元=7.0元人民币。甲公司以人民币为记账本位币，以交易发生日的即期汇率折算外币业务。不考虑其他因素，下列甲公司对资产负债表日后事项的会计处理中，正确的有(　)。

A. 对事项(1)在2×20年财务报表附注中披露

B. 对事项(1)确认100万元预计负债在2×20年12月31日的资产负债表中列示

C. 对事项(2)按照差错更正在2×20年12月31日资产负债表中确认预计负债500万元

D. 对事项(3)在2×20年度利润表中确认增加财务费用(汇兑损失)320万元

7. 甲公司2×20年10月因调整产品结构将A产品停产，甲公司制定并通过了一项重组计划，并于当年年末对外公告，该计划从2×21年1月1日起实施。该计划包括：(1)需要辞退10名员工，预计发生150万元辞退费用的可能性为60%，发生100万元辞退费用的可能性为40%。(2)预计发生转岗职工上岗前培训费10万元。(3)处置原生产A产品的设备，设备至2×20年12月31日的账面价值为100万元，甲公司已经与乙企业签订不可撤销协议，约定于2×21年1月以80万元转让，甲公司预计将发生清理费用11.62万元。假定不考虑其他因素，甲公司下列会计处理表述正确的有(　)。

A. 甲公司应将预计发生的转岗职工上岗前培训费计入当期损益

B. 甲公司应将生产A产品的设备确认为持有待售资产

C. 该重组业务使得甲公司2×20年利润总额减少181.62万元

D. 甲公司应将预计发生的125万元辞退费用确认为应付职工薪酬

8. 下列各项关于政府补助的处理，说法不正确的有(　)。

A. 与资产相关的政府补助，于收到时全额确认为当期收益

B. 与资产相关的政府补助，如果采用总额法核算，应自相关资产达到预定可供使用状态时起，在相关资产计提折旧或摊销时，按照长期资产的预计使用期限，将递延收益采用合理、系统的方法分摊，并转入当期损益

C. 企业取得的政府补助为非货币性资产的(不包括以名义金额计量的情况)，应当首先同时确认一项资产(固定资产或无形资产等)和递延收益

D. 以名义金额计量的政府补助，在取得时计入递延收益

9. 甲公司为一家规模较小的上市公司，乙公司为某大型未上市的民营企业。甲公司和乙公司的股本金额分别为800万元和1 500万元。为实现资源的优化配置，甲公司于2×21年9月30日通过向乙公司原股东定向增发1 200万股企业普通股取得乙公司全部的1 500万股普通股。甲公司每股普通股在2×21年9月30日的公允价值为50元，乙公司每股普通股当日的公允价值为40元。甲公司、乙公司每股普通股的面值均为1元。假定不考虑所得税影响，甲公司和乙公司在合并前不存在任何关联方关系。下列关于此项合并的表述中，正确的有(　)。

A. 甲公司为法律上的子公司，乙公司为法律上的母公司

B. 合并报表中，乙公司的资产和负债应以其合并时的公允价值计量

C. 合并后乙公司原股东持有甲公司股权的比例为60%

D. 此项合并中，乙公司应确认的合并成本为4亿元

10. 2×21年12月31日各个公司存在关联方关系构成资料如下：(1)A公司拥有B公司40%的表决权资本，对B公司具有重大影响；(2)D公司拥有B公司60%的表决权资本；(3)A公司拥有C公司60%的表决权资本；(4)C公司拥有D公司52%的表决权资本。不考虑其他因素，下列各项中存在关联方关系的有(　)。

A. A公司与B公司

B. A公司与D公司

C. B公司与D公司

D. D公司与C公司

11. 2×21年12月31日，甲公司银行借款共计26 000万元，其中：(1)自乙银行借入的5 000万元借款将于1年内到期，甲公司具有自主展期清偿的权利；甲公司有意图和能力自主展期两年偿还该借款。(2)自丙银行借入的6 000万元借款将于1年内到期，甲公司不具有自主展期清偿的权利；2×22年2月1日，丙银行同意甲公司展期两年偿还前述6 000万元借款。(3)自丁银行借入的7 000万元借款将于1年内到期，甲公司可以自主展期两年偿还，但2×21年12月31日尚未决定是否将该借款展期。(4)自戊银行借入的8 000万元借款按照协议将于5年后偿还，但因甲公司违反借款协议的规定使用资金，戊银行于2×21年11月1日要求甲公司于2×22年2月1日前偿还；2×21年12月31日，甲公司与戊银行达成协议，甲公司承诺按规定用途使用资金，戊银行同意甲公司按原协议规定的期限偿还该借款。甲公司2×21年财务报告于2×22年4月20日对外报出，不考虑其他因素。下列各项关于甲公司2×21年年末财务报表资产、负债项目列报的表述中，正确的有(　)。

A. 乙银行的5 000万元借款作为非流动负债列报

B. 丙银行的6 000万元借款作为流动负

债列报

C. 丁银行的 7 000 万元借款作为流动负债列报

D. 戊银行的 8 000 万元借款作为非流动负债列报

12. 下列关于收入的确认原则的表述，符合企业会计准则规定的有(　)。

A. 甲网络游戏公司向玩家出售虚拟游戏道具，该公司应当将游戏道具作为在某一时段内履行的履约义务，在其服务期限内确认收入

B. 乙公司为包装物生产企业，乙公司 2×21 年为某食品公司生产其定制的品牌专用包装罐一亿个，属于时段内履约义务

C. 对于附有销售退回条款的销售，企业应当在客户取得相关商品控制权时，按照因向客户转让商品而预期有权收取的对价金额(即不包含预期因销售退回将退还的金额)确认收入，按照预期因销售退回将退还的金额确认预计负债

D. 主要责任人应当按照已收或应收对价总额确认收入；代理人应当按照预期有权收取的佣金或手续费的金额确认收入

三、计算分析题(本题型共 2 小题，共计 18 分，其中一道小题可以选用中文或英文解答，请仔细阅读答题要求，如使用英文解答，须全部使用英文，答题正确的，增加 5 分。本题型最高得分为 23 分。答案中的金额单位以万元表示，涉及计算的，要求列出计算步骤。)

1. (本小题 9 分)甲公司 2×20 年的财务报告于 2×21 年 4 月 10 日经批准对外报出。甲公司按净利润的 10%计提法定盈余公积，不计提任意盈余公积。

甲公司 2×20 年、2×21 年发生的部分事项或交易如下：

(1)2×20 年 8 月 1 日，对外销售一批商品，价款为 250 万元，甲公司承诺该批商品售出后 1 年内如出现非意外事件造成的故障或质量问题，甲公司免费负责保修(含零部件的更换)，同时甲公司还向该客户提供一项延保服务，即在法定保修期 1 年之外，延长保修期 3 年。该批商品和延保服务的单独标价分别为 230 万元和 20 万元，该批商品的成本为 150 万元(假定不考虑服务的成本)。甲公司根据以往经验估计在法定保修期(1 年)内将发生的保修费用为 10 万元。至年末，因非意外事件造成的产品质量问题而发生保修支出 2 万元(假设全部为职工薪酬，但尚未支付)。

(2)2×20 年，由于金融危机的影响股市受到重挫，导致甲公司持有的一项金融资产价值出现严重下跌，甲公司预计下跌情况仍会继续。2×20 年 12 月 31 日，甲公司持有的该项金融资产的公允价值为 200 万元。该项金融资产系甲公司 2×19 年 3 月 1 日自公开市场购入的一项股权投资，甲公司将其指定为以公允价值计量且其变动计入其他综合收益的金融资产，原购入时买价为 500 万元，另支付交易费用 10 万元。2×19 年 12 月 31 日该项股权投资的公允价值为 600 万元。

2×21 年 3 月 1 日，甲公司发现该股权投资的公允价值很可能进一步下跌，甲公司管理层以 210 万元的价格对外出售该股权投资。

(3)甲公司在 2×20 年销售额快速增长，对当年度业绩起到了决定性作用。根据甲公司 2×20 年初制定并开始实施的利润分享计划，销售部门员工可享有当年净利润的 1%作为奖励，管理部门人员可享有当年净利润的 2%作为奖励。2×21 年 3 月 10 日，甲公司根据其审计后的 2×20 年的净利润按照短期利润分享计划决定向职工发放奖励 900 万元，其中销售部门 300 万元、管理部门 600 万元。

假定不考虑其他因素。

要求：

(1)根据资料(1)，编制相关的会计分录。

(2)根据资料(2)，计算甲公司因该项金融资产影响 2×20 年损益的金额并编制 2×20 年的相关会计分录；说明甲公司对外出售金融资产是否属于日后调整事项，并说明理由。如果属于，计算对 2×21 年留存收益的影响金额；如果不属于，编制出售该项金融资产的相关会计分录。

(3)根据资料(3)，判断甲公司执行短期利润分享计划是否属于日后调整事项，并说明理由。如果属于，编制相关的调整分录；如果不属于，说明应在报表附注中披露的相关信息。

2. (本小题 9 分，可以选用中文或英文解答，如使用英文解答，须全部使用英文，答题正确的，增加 5 分，最高得分为 14 分)注册会计师在对甲公司 2×21 年度财务报表进行审计时，关注到以下交易或事项的会计处理：

(1)为减少投资性房地产公允价值变动对公司利润的影响，从 2×20 年 12 月 31 日起，甲公司将出租厂房的后续计量由公允价值模式变更为成本模式，未进行追溯调整，2×21 年度，甲公司对出租厂房按照成本模式计提了折旧，并将其计入当期损益。在投资性房地产后续计量采用成本模式的情况下，甲公司对出租厂房采用年限平均法计提折旧，出租厂房预计尚可使用 25 年，预计净残值为 0。变更日甲公司出租厂房的账面价值为 7 300 万元，并以此为基础计提整年折旧。2×21 年 12 月 31 日厂房的公允价值为 8 300 万元。甲公司编制的会计分录如下：

借：其他业务成本　　292
　贷：投资性房地产累计折旧
　　　(7 300/25)292

(2)2×21 年 1 月 1 日，甲公司开始推行一项销售奖励积分计划。根据该计划，客户在甲公司每消费 10 元可获得 1 个积分，每个积分从次月开始在购物时可以抵减 1 元，有效期为两年。截至 2×21 年 1 月 31 日，客户共消费 500 万元，可获得 50 万个积分，根据历史经验，甲公司估计该积分的兑换率为 95%。截至 2×21 年 12 月 31 日，客户共兑换了 22.5 万个积分，原估计的积分兑换率未发生变化。2×21 年 1 月 31 日，甲公司编制的会计分录如下：

借：银行存款　　500
　贷：主营业务收入　　500

2×21 年 12 月 31 日，甲公司未编制会计分录。

(3)甲公司经营一家电商平台，平台商家自行负责商品的采购、定价、发货以及售后服务，甲公司仅提供平台供商家与消费者进行交易并负责协助商家和消费者结算货款，甲公司按照消费者实际消费时货款的 5%向商家收取佣金，并判断自己在商品买卖交易中是代理人。2×21 年，甲公司向平台的消费者销售了 5 000 张不可退的电子购物卡，每张卡的面值为 200 元，总额 100 万元。假定至年末，消费者尚未使用该批购物卡消费。甲公司编制的会计分录为：

借：银行存款　　100
　贷：主营业务收入　　100

(4)2×21 年 1 月 1 日甲公司向银行贷款 10 000 万元，期限 2 年，按月计息，按季度付息，到期一次还本。由于该笔贷款资金将被用于国家扶植产业，符合财政贴息条件，所以贷款利率显著低于甲公司取得同类贷款的市场利率。假设甲公司取得的同类贷款的市场利率为 9%。甲公司与银行签订的贷款合同约定的年利率为 3%，甲公司按年向银行支付贷款利息。财政按年向银行拨付贴现利息。贴息后实际支付的年利率为 3%，贷款期间利息费用满足资本化条件，计入相关在建工程的成本。甲公司以借款的公允价值入账，假定借款的公允价值为 8 905.54 万元。甲公司会计处理如下：

2×21 年 1 月 1 日：

借：银行存款　　　　　　　　10 000

　贷：长期借款—本金　　　　　　10 000

2×21 年 12 月 31 日实际承担的利息支出 = 10 000×3% = 300（万元）。

借：在建工程　　　　　　　　300

　贷：应付利息　　　　　　　　300

其他资料：不考虑所得税及其他因素。

要求：

根据以上资料，判断甲公司的处理是否正确并说明判断依据；如果不正确，编制更正的会计分录（无须通过“以前年度损益调整”科目）。

四、综合题（本题型共 2 小题，共计 32 分。答案中的金额单位以万元表示，涉及计算的，要求列出计算步骤。）

1. （本小题 16 分）甲公司 2×18 年至 2×21 年与投资业务相关的资料如下。

（1）2×18 年 5 月 20 日，甲公司与乙公司的原股东 A 公司签订股权转让合同。合同约定：甲公司向 A 公司购买其所持有的乙公司 80% 的股权；以乙公司 2×18 年 5 月 31 日经评估确认的净资产价值为基础确定股权转让价格；甲公司以定向增发一定数量的本公司普通股作为对价支付给 A 公司；定向增发的普通股数量以甲公司 2×18 年 5 月 31 日前 20 天普通股的平均市场价格为基础计算。上述股权转让合同于 2×18 年 6 月 15 日分别经甲公司、乙公司和 A 公司股东大会批准。

（2）2×18 年 7 月 1 日，甲公司向 A 公司定向增发本公司 10 000 万股普通股，当日甲公司股票的市场价格为每股 3.05 元。工商变更登记手续亦于 2×18 年 7 月 1 日办理完成。交易后 A 公司持有甲公司发行在外的普通股股份的 6%。甲公司为定向增发普通股股票，支付券商佣金及手续费 30 万元。为核查乙公司资产价值，支付资产评估费 20 万元。

（3）2×18 年 7 月 1 日，甲公司对乙公司董事会进行改组，改组后的乙公司董事会由 9 名成员组成，其中甲公司派出 6 名。乙公司章程规定，其财务和经营决策经董事会半数以上成员通过即可实施。甲公司与 A 公司在交易前不存在任何关联方关系。

（4）2×18 年 7 月 1 日乙公司可辨认净资产的账面价值为 29 500 万元（其中：股本 10 000 万元、资本公积 9 000 万元、其他综合收益 1 000 万元、盈余公积 500 万元、未分配利润 9 000 万元）。乙公司可辨认净资产公允价值与账面价值不等，其差额系由以下两项资产所致：一栋投资性房地产，成本为 20 000 万元，已计提折旧 16 000 万元，公允价值为 8 000 万元；一项管理用软件，成本为 10 000 万元，已摊销 7 000 万元，公允价值为 7 000 万元。上述投资性房地产采用成本模式进行后续计量，预计使用年限为 50 年，已使用 40 年，预计净残值为 0，采用年限平均法计提折旧；上述管理用软件，预计使用 15 年，已使用 10 年，预计净残值为 0，采用直线法摊销；两项资产均未计提减值准备。甲公司投资后，上述两项资产的预计使用年限不变。上述资产计税基础与按历史成本计算的账面价值相同。

（5）2×18 年 7 月 1 日至 12 月 31 日期间，乙公司利润表中实现净利润 1 450 万元。此外 2×18 年 8 月 5 日，乙公司向甲公司销售产品一批，售价为 2 500 万元，成本为 1 750 万元。年末，甲公司已对外售出 70%，另外 30% 形成期末存货，未计提存货跌价准备。

（6）2×19 年 1 月 1 日至 12 月 31 日期间，乙公司利润表中实现净利润 2 400 万元；上年内部交易形成的存货全部对集团外销售。

（7）2×19 年 12 月 1 日甲公司董事会决定多次交易分步处置对乙公司股权投资，根据处置对乙公司股权投资的各项交易的条款、条件以及经济影响，判断其应作为非一揽子交易进行会计处理。2×20年1月2日，甲公司出售其所持有乙公司股权中的25%，取得价款8 000万元。该项交易发生后，甲公司持有乙公司60%的股权，甲公司仍能够控制乙公司的财务和生产经营决策。

(8)2×20年1月2日至12月31日期间，乙公司利润表中实现净利润2 600万元。

(9)2×21年1月1日至6月30日期间，乙公司利润表中实现净利润3 600万元。

(10)2×21年6月30日，甲公司再次将对乙公司20%的股权对外出售，取得价款10 000万元。该项交易后，甲公司对乙公司具有重大影响，长期股权投资由成本法改为权益法核算。剩余40%股权在丧失控制权日的公允价值为20 000万元。

其他资料：自甲公司取得乙公司股权后，乙公司未分配现金股利。除实现净损益外，乙公司未发生其他所有者权益项目的变动。各公司适用的所得税税率均为25%，均按照净利润的10%计提法定盈余公积，不提取任意盈余公积。

要求：

(1)编制2×18年7月1日甲公司取得乙公司80%股权的会计分录。

(2)计算购买日甲公司取得乙公司可辨认净资产的公允价值和购买日取得乙公司80%股权时形成的商誉，并编制购买日的调整抵销分录。

(3)计算乙公司自购买日开始持续计算的至2×18年12月31日可辨认净资产的价值金额，并编制2×18年末合并报表中的调整抵销分录。

(4)计算乙公司自购买日开始持续计算的至2×19年12月31日可辨认净资产的价值金额。

(5)编制甲公司2×20年1月2日出售乙公司股权在个别报表中的会计分录，计算调整合并资产负债表中的资本公积金额。

(6)编制甲公司2×21年6月30日再次出售乙公司股权个别报表中的会计分录，计算合并报表当期确认的处置投资收益。

2. (本小题16分)甲股份有限公司(以下简称“甲公司”)是一家从事能源化工生产的公司，S集团公司拥有甲公司72%的有表决权股份。甲公司分别在上海证券交易所和香港联交所上市，自2×20年1月1日起开始执行财政部发布的新企业会计准则体系。

(1)2×20年1月1日，甲公司与下列公司的关系及有关情况如下：

①A公司。A公司的主营业务为制造合成纤维、树脂及塑料、中间石化产品及石油产品，注册资本为72亿元。甲公司拥有A公司80%的有表决权股份。

②B公司。B公司系财务公司，主要负责甲公司及其子公司内部资金结算、资金的筹措和运用等业务，注册资本为34亿元。甲公司拥有B公司70%的有表决权股份。

③C公司。C公司的注册资本为10亿元，甲公司对C公司的出资比例为50%，C公司所在地的国有资产经营公司对C公司的出资比例为50%。C公司所在地国有资产经营公司委托甲公司全权负责C公司日常的生产经营和财务管理，该公司仅按出资比例分享C公司的利润或承担相应的亏损。

④D公司。D公司的主营业务为生产和销售聚酯切片及聚酯纤维，注册资本为40亿元。甲公司拥有D公司42%的有表决权股份。D公司董事会由9名成员组成，其中5名由甲公司委派，其余4名由其他股东委派。D公司章程规定，该公司财务及生产经营的重大决策应由董事会成员5人以上(含5人)同意方可实施。

⑤E公司。E公司系境内上市公司，主营业务为石油开发和化工产品销售，注册资本为3亿元。甲公司拥有E公司26%的有

表决权股份，是E公司的第一大股东。第二大股东和第三大股东分别拥有E公司20%、18%的有表决权股份。甲公司与E公司的其他股东之间不存在关联方关系。

⑥F公司。F公司系中外合资公司，注册资本为88亿元，甲公司对F公司的出资比例为50%。F公司董事会由10名成员组成，甲公司与外方投资者各委派5名。F公司章程规定，F公司财务及生产经营的重大决策应由董事会2/3以上的董事同意方可实施，F公司日常生产经营管理由甲公司负责。

⑦G公司。甲公司拥有G公司83%的有表决权股份。因G公司的生产工艺落后，难以与其他生产类似产品的企业竞争，G公司自2×15年以来一直亏损。

截至2×20年12月31日，G公司净资产为负数；甲公司决定于2×21年对G公司进行技术改造。

(2)2×20年至2×21年，甲公司与下列公司发生的有关交易或事项如下：

①因H公司无法支付前欠甲公司货款7 000万元，甲公司2×20年6月8日与H公司达成债务重组协议。协议约定，双方同意将该笔债权转换为对H公司的投资，转换后，甲公司持有H公司60%的股权。甲公司经评估认定该项应收账款重组时的公允价值为6 600万元。2×20年6月30日，H公司的股东变更登记手续办理完成。甲公司通过债务重组方式取得H公司股权前，与H公司不存在关联方关系。

2×20年6月30日，H公司可辨认净资产的公允价值等于其账面价值9 000万元。

②A公司自2×20年年初开始自行研究开发一项非专利技术，2×21年6月获得成功，达到预定用途。2×20年在研究开发过程中发生材料费160万元、职工薪酬100万元，以及支付的其他费用30万元，共计290万元，其中，符合资本化条件的支出为200万元；2×21年在研究开发过程中发生材料费60万元、职工薪酬40万元，以及支付的其他费用20万元，全部符合资本化条件。A公司无法预见这一非专利技术为其带来未来经济利益的期限，2×21年12月31日预计其可收回金额为310万元。假定不考虑相关税费的影响。

③经董事会批准，甲公司2×20年1月1日实施股权激励计划，其主要内容为：甲公司向A公司50名管理人员每人授予10 000份现金股票增值权，行权条件为A公司2×20年度实现的净利润较前一年增长6%，截至2×21年12月31日两个会计年度平均净利润增长率为7%，截至2×22年12月31日三个会计年度平均净利润增长率为8%；从达到上述业绩条件的当年年末起，每持有1份现金股票增值权可以从甲公司获得相当于行权当日甲公司股票每股市场价格的现金，行权期为3年。

A公司2×20年度实现的净利润较前一年增长5%，本年度没有管理人员离职。该年年末，甲公司预计A公司截至2×21年12月31日两个会计年度平均净利润增长率将达到7%，未来一年将有2名管理人员离职。

2×21年度，A公司有3名管理人员离职，实现的净利润较前一年增长7%。该年年末，甲公司预计A公司截至2×22年12月31日三个会计年度平均净利润增长率将达到10%，未来一年将有4名管理人员离职。

每份现金股票增值权公允价值如下：2×20年1月1日为9元；2×20年12月31日为10元；2×21年12月31日为12元。本题不考虑相关税费和其他因素。

④2×21年12月1日，甲公司因资金困难，将其持有的H公司60%的股权出售给戊公司，处置价款为8 400万元。2×21年12月31日，H公司的股东变更登记手续办理完成。甲公司与戊公司不存在任何关联方关系。

H公司2×20年7月1日到12月31日期间实现净利润400万元。2×21年1月1日至2×21年12月31日期间实现净利润2 000万元，未发生引起所有者权益变动的其他事项。

要求：

(1)根据资料(1)，分析、判断甲公司在编制2×20年度合并财务报表时是否应当将A、B、C、D、E、F、G公司纳入合并范围，并分别说明理由。

(2)根据资料(2)①，确定甲公司与H公司形成企业合并的日期；判断甲公司对H公司的合并属于哪种类型的合并，并说明确定依据。

(3)说明甲公司通过债务重组取得H公司股权时初始投资成本的确认原则，并计算应当在合并财务报表中确认的商誉的金额。

(4)根据资料(2)②，计算无形资产研发业务在甲公司2×21年度合并财务报表中“无形资产”项目的列报金额。

(5)根据资料(2)③，计算股权激励计划的实施对甲公司2×20年度和2×21年度合并财务报表的影响，并简述合并报表中相应的会计处理原则。

(6)根据资料(2)④，计算甲公司因处置H公司股权而应分别在其个别财务报表和合并财务报表中确认的损益。

模拟试卷(二)

扫我做试题

一、单项选择题(本题型共13小题，每小题2分，共26分。每小题只有一个正确答案，请从每小题的备选答案中选出一个你认为正确的答案。)

1. A公司为一家多元化经营的综合性集团公司，不考虑其他因素，其纳入合并范围的下列子公司对所持有土地使用权的会计处理中，不符合会计准则规定的是(　)。

   A. 子公司甲为房地产开发企业，将土地使用权取得成本计入所建造商品房成本

   B. 子公司乙将取得的用于建造厂房的土地使用权在建造期间的摊销计入当期管理费用

   C. 子公司丙将持有的土地使用权对外出租，租赁期开始日停止摊销并转为采用公允价值进行后续计量

   D. 子公司丁将用作办公用房的外购房屋价款按照房屋建筑物和土地使用权的相对公允价值分别确认为固定资产和无形资产，采用不同的年限计提折旧或摊销

2. 甲公司为我国境内上市公司，以人民币作为记账本位币。甲公司在美国和法国分别设有子公司，负责当地业务的运营，子公司的记账本位币分别为美元和欧元。不考虑其他因素，甲公司在编制合并财务报表时，下列各项关于境外经营财务报表折算所采用的汇率的表述中，正确的是(　)。

   A. 美国公司的自用土地使用权采用购入时的即期汇率折算为人民币

   B. 美国公司持有的长期应付款采用资产负债表日的即期汇率折算为人民币

   C. 法国公司的实收资本采用资产负债表日的即期汇率折算为人民币

   D. 法国公司的预收的款项采用收取货款时的即期汇率折算为人民币

3. 下列关于政府补助中财政贴息的相关会计处理，表述不正确的是(　)。

   A. 财政贴息通常包括将贴息资金拨付给贷款银行和将贴息资金直接拨付给受益企业两种方式

   B. 财政将贴息资金拨付给贷款银行的情况下，企业可以以实际收到的金额作为借款的入账价值，按照借款本金和该政策性优惠利率计算借款费用

   C. 财政将贴息资金拨付给贷款银行的情况下，企业可以以借款的公允价值作为借款的入账价值并按照实际利率计算借款费用，实际收到的金额与借款公允价值之间的差额应直接冲减相关借款费用

   D. 财政将贴息资金直接拨付给受益企业，企业实际收到的借款金额通常就是借款的公允价值，企业应当将对应的贴息冲减相关借款费用

4. 甲公司是小型建筑行业上市公司。2×21年1月1日，甲公司临时股东大会审议通过向A公司非公开发行股票，购买A公司(非上市公司)持有的B、C、D三家建筑公司100%的股权的决议。甲公司此次非公开发行前的股份为500万股，向A公司发行股份的数量为1 500万股，非公开发行完成后，A公司控制甲公司。B、C、D公司经评估确定的公允价值分别为750万元、2 250万元、3 000万元。甲公司按有关规定确定的股票价格为每股5元。2×21年7月1日，非公开发行经监管部门核准并办理完成股份登记等手续。不考虑其他因素，甲公司与A公司的该项企业合并的合并成本为(　)。

A. 2 000 万元　　B. 2 500 万元
C. 3 000 万元　　D. 6 000 万元

5. 甲公司经营一家连锁超市，以主要责任人的身份销售商品给客户。甲公司销售的商品适用不同的增值税税率，如零食等适用税率为 13%，粮食等适用税率为 9%等。2×22 年甲公司向客户销售了 5 000 张不可退的储值卡，每张卡的面值为 200 元，总额为 100 万元。客户可在甲公司经营的任意一家门店使用该类储值卡进行消费。根据历史经验，甲公司预期客户购买的储值卡金额将全部被消费。甲公司为增值税一般纳税人，在客户使用该类储值卡消费时发生增值税纳税义务。不考虑其他因素，下列关于甲公司的会计处理，表述不正确的是(　)。
A. 销售储值卡收取的款项 100 万元，全部确认合同负债
B. 销售储值卡收取的款项 100 万元，对于增值税部分，因不符合合同负债的定义，不应确认为合同负债
C. 应根据历史经验，即以往年度类似业务的综合税率等估计客户使用该类储值卡购买不同税率商品的情况，将估计的储值卡款项中的增值税部分确认为“应交税费—待转销项税额”，将剩余的商品价款部分确认为合同负债
D. 实际消费情况与预计不同时，根据实际情况进行调整；后续每个资产负债表日根据最新信息对合同负债和应交税费的金额进行重新估计

6. A 公司为房地产开发公司，2×20 年至 2×21 年有关业务如下：2×20 年 1 月 2 日以竞价方式取得一宗预计使用年限为 50 年的土地使用权，支付价款 10 000 万元(不考虑相关税费)，准备建造自营大型商贸中心及其少年儿童活动中心，土地使用权采用直线法计提摊销，不考虑净残值。2×20 年 3 月 1 日开始建造，由于少年儿童活动中心具有公益性，2×20 年 3 月 1 日，主管部门给予 A 公司部分财政补贴，共补贴款项 1 000 万元，分两次拨付。合同签订日拨付 500 万元，工程验收时支付 500 万元。A 公司当日收到财政补贴 500 万元。工程于 2×21 年 3 月 31 日完工，大型商贸中心及其少年儿童活动中心建造成本分别为 30 000 万元和 3 000 万元(均不包括土地使用权的摊销)，预计使用年限均为 30 年，采用直线法计提折旧，不考虑净残值。验收当日实际收到拨付款 500 万元。该企业对政府补助的会计处理采用总额法，并按直线法摊销。不考虑其他因素，下列有关 A 公司 2×21 年年末财务报表的列报，表述不正确的是(　)。
A. 固定资产列报金额为 32 386. 25 万元
B. 存货列报金额为 32 175 万元
C. 无形资产列报金额为 9 600 万元
D. 递延收益列报金额为 975 万元

7. A 公司、B 公司和 C 公司共同出资设立甲公司，注册资本为 15 000 万元，A 公司持有甲公司注册资本的 38%，B 公司和 C 公司各持有甲公司注册资本的 31%，甲公司为 A、B、C 公司的合营企业。A 公司以其固定资产(机器设备)出资，该机器的原价为 4 800 万元，累计折旧为 1 200 万元，公允价值为 5 700 万元，未计提减值；B 公司和 C 公司以现金出资，各投资 4 650 万元。假定 A 公司需要编制合并财务报表。不考虑其他因素，A 公司在投资当日合并财务报表中，对个别报表确认的资产处置损益应抵销的金额为(　)。
A. 897 万元　　B. 900 万元
C. 798 万元　　D. 789 万元

8. A 公司为我国境内注册的上市公司，以人民币作为记账本位币，对外币交易采用交易发生日的即期汇率折算。A 公司 2×21 年 7 月 1 日以 2 000 万港元购买了在香港注册的 B 公司 80%的股份，并自当日起能够控制 B 公司的财务和经营决策。A 公司为此项合并另支付相关审计、法律咨询等费用

120 万元人民币。B 公司以港元作为记账本位币。2×21 年 7 月 1 日，B 公司可辨认净资产公允价值为 2 200 万港元(含一项管理用无形资产评估增值 400 万港元，预计剩余使用年限为 10 年，采用直线法摊销，预计净残值为 0)；当日港元与人民币之间的即期汇率为：1 港元 = 0.8 元人民币。2×21 年下半年，B 公司以购买日可辨认净资产账面价值为基础计算实现的净利润为 600 万港元。B 公司的利润表在折算为母公司记账本位币时，按照平均汇率折算。其他相关汇率信息如下：2×21 年 12 月 31 日，1 港元 = 0.9 元人民币；2×21 年度平均汇率，1 港元 = 0.85 元人民币。不考虑其他因素，下列关于 A 公司 2×21 年下列会计处理的表述中不正确的是(　)。

A. A 公司购买 B 公司股权的成本为 1 600 万元人民币

B. A 公司购买 B 公司时发生的审计、法律咨询费用 120 万元人民币计入当期管理费用

C. A 公司购买 B 公司股权所产生的合并商誉为 192 万元人民币

D. B 公司 2×21 年度财务报表折算为母公司记账本位币时的外币报表折算差额为 240.6 万元人民币

9. 甲公司 2×21 年发生如下经济业务：(1)甲公司原持有乙公司 30%的股权，2×21 年又斥资现金 10 000 万元自 A 公司取得乙公司另外 50%股权。至此甲公司持有乙公司 80%的股权并取得控制权，甲公司与 A 公司不存在任何关联方关系。取得时，乙公司有 1 000 万元的现金及银行存款，没有现金等价物。(2)甲公司原持有丙公司 80%的股权，2×21 年又斥资 5 000 万元自 B 公司取得丙公司另外 10%的股权。至此甲公司持有丙公司 90%的股权并仍然控制丙公司。甲公司与 B 公司不存在任何关联方关系。(3)甲公司原持有丁公司 80%的股权，2×21 年出售丁公司 10%的股权，取得价款 7 800 万元，出售后甲公司持有丁公司 70%的股权，仍然控制丁公司。(4)甲公司原持有戊公司 80%的股权，2×21 年出售戊公司 60%的股权，取得价款 6 500 万元，出售后甲公司持有戊公司 20%的股权，对戊公司具有重大影响。处置时戊公司现金及银行存款余额为 500 万元，不存在其他现金等价物。不考虑其他因素，下列各项关于甲公司合并现金流量表的表述中，正确的是(　)。

A. 投资活动现金流入 6 500 万元

B. 筹资活动现金流出 0 元

C. 筹资活动现金流入 0 元

D. 投资活动现金流出 9 000 万元

10. 甲公司 2×21 年发生下列售后回购业务：(1)2×21 年 4 月 1 日，甲公司向乙公司销售一台设备，销售价格为 200 万元，同时双方约定两年之后，甲公司将以 120 万元的价格回购该设备。(2)2×21 年 5 月 1 日，甲公司向丙公司销售一台设备，销售价格为 200 万元，同时双方约定两年之后，以 250 万元的价格回购该设备。(3)2×21 年 6 月 1 日，甲公司向丁公司销售其生产的一台设备，销售价格为 2 000 万元，丁公司在 5 年后有权要求甲公司以 1 500 万元的价格回购该设备，甲公司预计该设备在回购时的市场价值 300 万元。(4)2×21 年 7 月 1 日，甲公司向戊公司销售其生产的一台设备，销售价格为 2 000 万元，戊公司在 5 年后有权要求甲公司以 2 500 万元的价格回购该设备，甲公司预计该设备在回购时的市场价值 300 万元。不考虑相关税费等其他因素，下列有关甲公司 2×21 年相关会计处理中不正确是(　)。

A. 甲公司向乙公司销售设备，甲公司应当将该交易作为租赁交易进行会计处理

B. 甲公司向丙公司销售设备，甲公司应当将该交易视为融资交易，将原售价和回购价格的差额在回购期间内确认为利

息费用

C. 甲公司向丁公司销售设备，甲公司应当将该交易作为租赁交易进行会计处理

D. 甲公司向戊公司销售设备，甲公司应当将该交易作为租赁交易进行会计处理

11. 企业持有的下列资产和负债允许以净额在资产负债表中列示的是(　)。

A. 递延所得税资产和递延所得税负债

B. 因未决诉讼很可能需承担的义务和基本确定可获得的第三方赔偿

C. 甲公司和乙公司有长期合作关系，且签订协议约定往来款项以净额结算

D. 无追索权金融负债与作为其担保品的金融资产或其他资产

12. 2×20 年 1 月 1 日，甲公司销售一批商品给乙公司，含税价款为 1 600 万元。截至 2×21 年 7 月 15 日，乙公司尚未支付该笔货款，经双方协商，甲公司同意乙公司用其拥有的一批库存商品抵偿债务，双方办妥资产交接手续后，相关债权债务关系就此解除。乙公司库存商品的账面余额为 800 万元，计税价格为 1 000 万元，增值税税率为 13%。甲公司于 2×21 年 7 月 15 日收到乙公司开具的增值税专用发票。甲公司该项应收乙公司的债权在 2×21 年 7 月 15 日的公允价值为 1 200 万元。在 2×21 年 7 月 15 日之前，甲公司已为该项应收账款计提了 180 万元的坏账准备。甲公司为将该批库存商品运回仓库发生运输费 20 万元，取得的运输业增值税专用发票上注明的增值税税额为 1.8 万元。不考虑其他因素，甲公司所取得的上述存货的入账价值为(　)。

A. 1 020 万元　　B. 1 090 万元

C. 1 200 万元　　D. 1 220 万元

13. A 公司适用的所得税税率为 25%，2×21 年 6 月 30 日以银行存款 4 000 万元作为对价，支付给 B 公司的原股东 C 公司，取得 B 公司 80%的股权。当日起主导 B 公司的相关活动并办理完毕相关法律手续。购买日，B 公司可辨认净资产的账面价值为 4 500 万元(不含递延所得税资产和负债)，只有一项或有负债的公允价值与其账面价值不同，B 公司个别财务报表未予以确认，A 公司预计其公允价值为 600 万元，该或有负债为 B 公司因侵犯专利权诉讼案件而形成的，至年末尚未判决。假设 B 公司资产、负债的计税基础与其账面价值相同，购买日，A 公司预计未来期间不能够取得足够的应纳税所得额，2×21 年 12 月 31 日，A 公司取得进一步的信息表明相关情况在购买日已经存在，预期 B 公司可抵扣暂时性差异带来的经济利益能够实现。不考虑其他因素，下列有关 A 公司合并财务报表的会计处理，表述不正确的是(　)。

A. 2×21 年 6 月 30 日不确认递延所得税资产

B. 2×21 年 6 月 30 日确认的合并商誉为 880 万元

C. 2×21 年 12 月 31 日确认递延所得税资产 150 万元

D. 2×21 年 12 月 31 日确认资产减值损失 150 万元

二、多项选择题(本题型共计 12 小题，每小题 2 分，共计 24 分。每小题均有多个正确答案，请从每小题的备选答案中选出你认为正确的答案。每小题所有答案选择正确的得分，不答、错答、漏答均不得分。)

1. 下列有关社会资本方对政府和社会资本合作(PPP)项目合同的会计处理的表述中，不正确的有(　)。

A. 在项目建造期间，建造服务的公允价值无法可靠取得，社会资本方不应确认收入

B. 社会资本方未来期间有权无条件收取可确定金额的对价构成 PPP 项目资产成本

C. 社会资本方应视 PPP 项目资产的类别将其确认为一项固定资产或者无形资产

D. 为使 PPP 项目资产在移交给政府方之

前保持一定的使用状态而提供的服务不构成单项履约义务的，社会资本方应将预计发生的支出按照或有事项的规定处理

2. 企业发生的下列事项中，不影响营业外支出的有（　）。
A. 自然灾害导致的存货盘亏净损失
B. 按法定要求计提的产品质量保证费
C. 出售固定资产所产生的净损失
D. 取得对联营企业的投资，初始投资成本大于应享有被投资单位可辨认净资产的公允价值份额的差额

3. 甲公司2×21年度发生如下交易或事项：(1)1月1日，从市场购入A公司发行在外的普通股1 000万股，持股比例为5%，准备随时出售，每股成本为8元，另支付交易费用5万元。12月31日，A公司股票的市场价格为每股9元。(2)1月1日，购入B公司当日按面值发行的三年期债券1 000万元，甲公司根据其管理该债券的业务模式和该债券的合同现金流量特征，将该债券分类为以摊余成本计量的金融资产。该债券票面年利率为4%，与实际利率相同，利息于每年12月31日支付。12月31日，甲公司持有的该债券市场价格为1 002万元。(3)1月1日，购入C公司当日按面值发行的三年期债券2 000万元，甲公司根据其管理该债券的业务模式和该债券的合同现金流量特征，将该债券分类为以公允价值计量且其变动计入其他综合收益的金融资产。该债券票面年利率为5%，与实际年利率相同，利息于每年12月31日支付。12月31日，甲公司持有的该债券市场价格为2 100万元。不考虑其他因素，下列关于甲公司持有的各项投资于2×21年12月31日资产负债表列示及对当期损益影响的表述中，正确的有（　）。
A. 对A公司股权投资列示为交易性金融资产，按9 000万元计量
B. 对B公司债券投资列示为债权投资，按1 002万元计量
C. 对C公司债券投资列示为其他债权投资，按2 100万元计量
D. 上述业务对甲公司2×21年损益的影响为1 135万元

4. 下列事项产生的金额，应计入其他综合收益的有（　）。
A. 其他权益工具投资持有期间的公允价值变动
B. 现金流量套期工具产生的利得或损失中属于有效套期的部分
C. 长期股权投资采用权益法核算时应享有的被投资单位其他综合收益份额
D. 自用房地产转为以公允价值计量的投资性房地产形成的借方差额

5. 甲公司2×20年1月1日购入乙公司80%的股权，能够对乙公司的财务和经营政策实施控制。除乙公司外，甲公司无其他子公司。2×20年度，乙公司按照购买日可辨认净资产公允价值为基础计算实现的净利润为4 000万元，无其他所有者权益变动。2×20年年末，甲公司合并财务报表中少数股东权益为1 650万元。2×21年度，乙公司按购买日可辨认净资产公允价值为基础计算的净亏损为10 000万元，无其他所有者权益变动。2×21年年末，甲公司个别财务报表中所有者权益总额为17 000万元。不考虑其他因素，下列各项关于甲公司2×21年度合并财务报表列报的表述中，正确的有（　）。
A. 2×21年度少数股东损益为-2 000万元
B. 2×21年12月31日少数股东权益为-350万元
C. 2×21年12月31日归属于母公司的股东权益为12 200万元
D. 2×21年12月31日股东权益总额为1 1850万元

6. 甲公司2×19年分别以450万元和110万元的价格从股票市场购入A、B两支以交易为目的的股票，假定不考虑相关税费。

按照小企业会计准则确认为“短期投资”并采用成本与市价孰低法对购入股票进行后续计量。甲公司从 2×22 年起开始执行新会计准则，对以交易为目的购入的股票的后续计量方法由按成本与市价孰低计量改为按公允价值计量，假设甲公司适用的所得税税率为 25%，甲公司按净利润的 15% 提取盈余公积。A 股票 2×19 年年末、2×20 年年末、2×21 年年末公允价值分别为 466 万元、500 万元、510 万元；B 股票 2×19 年年末、2×20 年年末、2×21 年年末公允价值分别为 112 万元、120 万元、130 万元。不考虑其他因素，甲公司追溯调整时下列会计处理正确的有(　)。

A. 按照新政策确认损益与按照原政策确认损益的税前差异为 80 万元

B. 确认递延所得税负债 20 万元

C. 会计政策变更累积影响数为 60 万元

D. 调整未分配利润为 51 万元

7. 2×21 年 5 月 10 日，甲公司以 2 000 万元自市场回购本公司普通股股票，拟用于对员工进行股权激励。因甲公司的母公司乙公司于 2×21 年 7 月 1 日与甲公司签订了股权激励协议，甲公司暂未实施本公司的股权激励计划。根据乙公司与甲公司高管签订的股权激励协议，乙公司对甲公司的 20 名高管每人授予 100 万份乙公司的股票期权。授予日每份股票期权的公允价值为 6 元。行权条件为自授予日起，高管人员在甲公司服务满 3 年。至 2×21 年 12 月 31 日，甲公司没有高管人员离开，预计未来三年离职比例将达到 10%。不考虑其他因素，下列有关甲公司的会计处理中，正确的有(　)。

A. 甲公司回购本公司股票时应按实际支付的金额冲减资本公积 2 000 万元

B. 乙公司授予甲公司高管的股票期权，甲公司有结算义务，甲公司应作为现金结算的股份支付处理

C. 乙公司授予甲公司高管的股票期权，甲公司没有结算义务，甲公司应作为权益结算的股份支付处理

D. 甲公司 2×21 年年末确认管理费用、资本公积 1 800 万元

8. 甲公司 2×21 年发生下列业务：(1)支付促销费 1 万元；(2)费用化研发支出 2 万元；(3)管理部门固定资产报废净损失 3 万元；(4)投资性房地产的公允价值变动收益 4 万元；(5)其他债权投资公允价值变动收益 5 万元；(6)接受控股股东的捐赠 6 万元；(7)计提存货跌价准备 7 万元；(8)借款手续费 8 万元。不考虑其他因素，上述交易或事项对甲公司 2×21 年报表相关项目的影响中，正确的有(　)。

A. 营业利润-6 万元

B. 营业外支出 3 万元

C. 营业外收入 6 万元

D. 资本公积 11 万元

9. 下列各项中，不构成甲公司关联方的有(　)。

A. 与甲公司同受戊公司重大影响的乙公司

B. 与甲公司发生大量交易而存在经济依存关系的供应商

C. 甲公司受托管理且能主导相关投资活动的受托管理机构

D. 甲公司财务总监的妻子投资设立并控制的丁公司

10. 根据《企业会计准则第 39 号——公允价值计量》，下列不能将取得资产或承担负债的交易价格作为资产或负债的公允价值的有(　)。

A. 交易不在主要市场(或在不存在主要市场情况下的最有利市场)进行

B. 关联方之间的交易，交易价格显著高于平均市价

C. 资产出售方或负债转移方因正处于财务困难，被迫接受的价格

D. 公开交易市场上的股票买卖

11. A 公司 2×21 年 7 月 1 日开始执行新修改

或颁布的准则，下列经济业务事项中，不违背可比性要求的有（　）。

A. 针对长期租用的大型生产设备，确认使用权资产和租赁负债

B. 由于本年利润计划完成情况不佳，将已计提的固定资产减值准备转回

C. 设定提存计划，由原短期薪酬调整到离职后福利

D. 投资性主体对不纳入合并财务报表的子公司的权益性投资，由原长期股权投资改按以公允价值计量且其变动计入当期损益的金融资产核算

12. A公司适用的所得税税率为25%，企业期初递延所得税负债和递延所得税资产余额为零。各年税前会计利润均为5 000万元。A公司于2×21年1月1日将其某自用房屋用于对外出租，该房屋的成本为2 000万元，预计使用年限为40年。转为投资性房地产之前已使用12年，企业按照年限平均法计提折旧，预计净残值为0。转换日该房屋的公允价值为2 600万元，转为投资性房地产核算后，A公司采用公允价值模式对该投资性房地产进行后续计量。假定税法规定的折旧方法、折旧年限及净残值与会计规定相同；同时，税法规定资产在持有期间公允价值的变动不计入应纳税所得额，待处置时一并计算确定应计入应纳税所得额的金额。该项投资性房地产在2×21年12月31日的公允价值为4 000万元。不考虑其他因素，下列有关A公司2×21年所得税的会计处理，正确的有（　）。

A. 应确认计入其他综合收益的递延所得税负债300万元

B. 2×21年年末递延所得税负债余额为662.5万元

C. 应确认的递延所得税费用为662.5万元

D. 应确认的应交所得税为887.5万元

三、计算分析题（本题型共2小题，共计18分，其中一道小题可以选用中文或英文解答，请仔细阅读答题要求，如使用英文解答，须全部使用英文，答题正确的，增加5分。本题型最高得分为23分。答案中的金额单位以万元表示，涉及计算的，要求列出计算步骤。）

1. （本小题9分，可以选用中文或英文解答，如使用英文解答，须全部使用英文，答题正确的，增加5分，最高得分为14分）甲上市公司有关资产减值的资料如下。

（1）商誉的减值测试相关资料：

2×21年1月2日，甲公司以库存商品、投资性房地产、无形资产和交易性金融资产作为合并对价支付给乙公司的原股东丙公司，取得乙公司80%的股份，对其形成控制。甲公司与丙公司不存在关联方关系。2×21年1月2日有关合并对价资料如下：

项目	账面价值	公允价值
库存商品	700万元（成本为800万元，跌价准备100万元）	1 000万元（增值税税率为13%）
投资性房地产	1 900万元［成本为1 500万元，公允价值变动（借方）为400万元］	2 000万元（增值税税率为9%）
无形资产（专利技术）	2 000万元（原值2 200万元，已计提摊销额200万元）	2 390万元（免征增值税）
交易性金融资产	300万元［成本为350万元，公允价值变动（贷方）50万元］	300万元

甲公司发生审计、法律服务、评估咨询等中介费用20万元。

购买日乙公司所有者权益账面价值（不含递延所得税资产和负债）为6 000万元，

其中股本4 000万元，资本公积1 600万元，盈余公积100万元，未分配利润300万元。除下列项目外，乙公司其他可辨认资产、负债的公允价值等于其账面价值。

项目	账面价值	公允价值	备注
应收账款	100万元	90万元	2×21年12月31日，实际发生减值10万元，收回90万元
固定资产(管理用)	600万元	700万元	剩余折旧年限为20年，采用直线法计提折旧

假定上述资产的计税基础等于账面价值。至2×21年12月31日，乙公司所有者权益账面价值为7 368.75万元，可收回金额为8 100万元。

(2)甲公司主要从事丁产品的生产和销售。自2×20年以来，由于市场及技术进步等因素的影响，丁产品销量大幅度减少。甲公司在编制2×21年度财务报告前，对生产丁产品的生产线及相关设备等进行减值测试。甲公司生产丁产品的生产线及相关设备的减值测试相关资料如下：

①丁产品生产线由专用设备A、B和辅助设备C组成。生产出丁产品后，经包装车间设备D进行整体包装对外出售。

A. 减值测试当日，设备A、B的账面价值分别为900万元、600万元。除生产丁产品外，设备A、B无其他用途。其公允价值减处置费用后的净额及未来现金流量现值均无法单独确定。

B. 减值测试当日，设备C的账面价值为500万元。如以现行状态对外出售，预计售价为340万元(即公允价值)，另将发生处置费用40万元。设备C的未来现金流量现值无法单独确定。

C. 设备D除用于丁产品包装外，还对甲公司生产的其他产品进行包装。甲公司规定，包装车间在提供包装服务时，按市场价格收取包装费用。减值测试当日，设备D的账面价值为1 200万元。如以现行状态对外出售，预计售价为1 160万元(即公允价值)，另将发生处置费用60万元；如按收取的包装费预计，其未来现金流量现值为1 180万元。

②丁产品生产线预计尚可使用3年，无法可靠取得其整体公允价值。根据甲公司管理层制定的相关预算，丁产品生产线未来3年的现金流量预计如下：

A. 2×22年有关现金流入和流出情况：

项目	金额(万元)
产品销售取得现金	1 500
采购原材料支付现金	500
支付人工工资	400
以现金支付其他制造费用	80
以现金支付包装车间包装费	20

B. 2×23年，现金流量将在①的基础上增长5%。

C. 2×24年，现金流量将在①的基础上增长3%。

除上述情况外，不考虑其他因素。

③甲公司在取得丁产品生产线时预计其必要报酬率为5%，故以5%作为预计未来现金流量折现率。5%的复利现值系数如下表所示：

折现率	1年	2年	3年
5%	0.952 4	0.907 0	0.863 8

④根据上述①至③的情况，表明丁产品生产线及包装设备均存在明显减值迹象，因此对设备A、B、C、D均进行减值测试。甲公司进行了生产线及包装设备的减值测试，计提了固定资产减值准备。

A. 将设备A、B、C作为一个资产组进行减值测试。

该资产组的可收回金额 = (1 500 - 500 - 400 - 80 - 20) × 0.952 4 + (1 500 - 500 - 400 - 80 - 20) × 105% × 0.907 0 + (1 500 - 500 - 400 - 80 - 20) × 103% × 0.863 8 ≈ 1 397.23(万元)。

该资产组应计提的减值准备 = (900+600+500) -1 397.23 = 602.77(万元)。

其中：设备 C 应计提的减值准备 = 500 - (340-40) = 200(万元)。

设备 A 应计提的减值准备 = (602.77 - 200) ×900/1 500≈241.66(万元)。

设备 B 应计提的减值准备 = 402.77 - 241.66 = 161.11(万元)。

B. 对设备 D 单独进行减值测试。

设备 D 应计提的减值准备 = 1 200 - (1 160-60) = 100(万元)。

其他资料：资料(1)中各个公司适用的所得税税率均为 25%，均属于增值税一般纳税人。资料(2)中不考虑增值税等税费影响。

不考虑其他因素。

要求：

(1)根据资料(1)，计算 2×21 年 1 月 2 日甲公司取得乙公司股权的合并成本。

(2)根据资料(1)，计算 2×21 年 1 月 2 日购买日合并报表应确认的商誉。

(3)根据资料(1)，计算至 2×21 年年末乙公司持续计算的可辨认净资产的价值。

(4)根据资料(1)，分析、判断 2×21 年年末甲公司确认的商誉是否发生了减值，简要说明理由并计算合并财务报表中列示的商誉金额。

(5)根据资料(2)业务④，分析、判断甲公司将设备 A、B、C 认定为一个资产组是否正确，并简要说明理由；如不正确，请说明正确的认定结果。

(6)根据资料(2)业务④，分析、判断甲公司计算确定的设备 A、B、C、D 各单项资产所计提的减值准备金额是否正确，并简要说明理由；如不正确，请计算应确定的正确的金额。

2. (本小题 9 分)甲股份有限公司(以下简称"甲公司")，适用的所得税税率为 25%，预计未来期间适用的所得税税率不会发生变化。2×21 年初递延所得税资产为 62.5 万元，其中存货项目形成的余额为 22.5 万元，保修费用项目形成的余额为 25 万元，未弥补亏损项目形成的余额为 15 万元。2×21 年年初递延所得税负债为 7.5 万元，均为环保用固定资产计税基础与账面价值不同产生。本年度实现利润总额 5 000 万元，2×21 年有关所得税资料如下。

(1)2×20 年 4 月 1 日购入 3 年期国库券，实际支付价款为 1 056.04 万元，债券面值为 1 000 万元，每年 4 月 1 日付息一次，到期还本，票面利率 6%，实际利率 4%。甲公司将其分类为以摊余成本计量的金融资产。2×20 年和 2×21 年年末均未发生预期信用损失。税法规定，国库券利息收入免征所得税。

(2)因发生违法经营被罚款 10 万元。税法规定，违反法律法规被处以的罚款不得在税前扣除。

(3)因违反合同约定而支付违约金 30 万元。税法规定，支付的违约金可以税前扣除。

(4)企业于 2×19 年 12 月 20 日取得的某项环保用固定资产，原价为 300 万元，使用年限为 10 年，会计上采用年限平均法计提折旧，净残值为 0。假定税法规定环保用固定资产采用双倍余额递减法计提的折旧可予税前扣除，税法规定的预计使用年限和净残值与会计规定一致。2×21 年 12 月 31 日，该固定资产出现减值迹象，企业估计其可收回金额为 220 万元。税法规定，计提的减值准备不得税前抵扣。

(5)存货年初和年末的账面余额均为 1 000 万元。本年转回存货跌价准备 70 万元，使存货跌价准备由年初余额 90 万元减少到年末的 20 万元。税法规定，计提的减值准备不得税前抵扣。

(6)年末计提产品保修费用 40 万元，计入销售费用，本年实际发生保修费用 60 万元，预计负债余额为 80 万元。税法规定，产品保修费在实际发生时可以税前抵扣。

(7)至 2×20 年年末尚有 60 万元亏损没有弥补。税法规定当年发生亏损的，可以在以后 5 年内用税前利润弥补。

(8)甲公司于 2×21 年 1 月 1 日将其某自用房屋用于对外出租，该房屋的成本为 1 000 万元，预计使用年限为 20 年。转为投资性房地产之前，已使用 10 年，企业按照年限平均法计提折旧，预计净残值为 0。转换日该房屋的公允价值为 450 万元，账面价值为 500 万元。转为投资性房地产核算后，甲公司采用公允价值模式对该投资性房地产进行后续计量。假定税法规定的折旧方法、折旧年限及净残值与原会计规定相同；同时，税法规定资产在持有期间公允价值的变动不计入应纳税所得额，待处置时一并计算确定应计入应纳税所得额的金额。该项投资性房地产在 2×21 年 12 月 31 日的公允价值为 600 万元。

(9)假设除上述事项外，没有发生其他纳税调整事项。甲公司在未来期间有足够的应纳税所得额用于抵扣可抵扣暂时性差异，不考虑其他因素。

要求：

(1)计算 2×21 年债权投资的利息收入。

(2)计算 2×21 年年末递延所得税资产余额、递延所得税负债余额。

(3)计算甲公司 2×21 年应交所得税。

(4)计算 2×21 年递延所得税费用金额。

(5)计算 2×21 年所得税费用金额。

(6)编制甲公司所得税的相关会计分录。

四、综合题(本题型共 2 小题，共计 32 分。答案中的金额单位以万元表示，涉及计算的，要求列出计算步骤。)

1. (本小题 16 分)甲公司为增值税一般纳税人，与销售商品、提供劳务相关的增值税税率为 13%，甲公司 2×20 年的财务报告于 2×21 年 4 月 30 日批准对外报出，所得税汇算清缴于 2×21 年 4 月 30 日完成。2×21 年 4 月 30 日前，甲公司内部审计部门发现 2×20 年下列事项存在问题：

(1)2×20 年 6 月 30 日，甲公司向客户销售了 5 万张储值卡，每张卡的面值为 200 元，总额为 1 000 万元。客户可在甲公司经营的任何一家门店使用该储值卡进行消费。根据历史经验，甲公司预期客户购买的储值卡中将有大约相当于储值卡面值金额 5%(即 50 万元)的部分不会被消费。截至 2×20 年 12 月 31 日，客户使用该储值卡消费的金额为 400 万元。税法规定，在客户使用该储值卡消费时发生增值税纳税义务，且税法上对相关纳税义务的计量规定与会计处理一致。甲公司 2×20 年 12 月 31 日的会计处理如下：

借：银行存款　　1 000

　贷：合同负债　　1 000

借：合同负债　　400

　贷：主营业务收入　　353.98

　　应交税费—应交增值税(销项税额)

　　(400/1.13×13%)46.02

假定不考虑该事项的企业所得税因素。

(2)2×20 年 10 月 15 日，法院就一项涉及甲公司的诉讼作出一审判决，根据一审判决结果，甲公司应向乙公司支付违约金 200 万元并承担诉讼费用 10 万元。该项诉讼是甲公司在 2×19 年未能按约履行其与乙公司签订的一项合同所引起的。甲公司在 2×19 年末已按照最可能发生的违约赔偿金额确认预计负债 150 万元并进行了相关所得税处理。

甲公司不服从一审判决结果并提起上诉，至 2×20 年度财务报告批准报出前，法院尚未作出二审判决。甲公司代理律师判断二审很可能维持原判。甲公司 2×20 年 10 月 15 日做的会计处理如下：

借：预计负债　　　　　　150
　　营业外支出　　　　　　60
　　贷：其他应付款　　　　　　210

甲公司2×20年12月31日未就该事项进行递延所得税处理。

(3)2×20年12月，因市政规划的需要，甲公司的办公地址将搬离市区转入市郊，因此甲公司将市区的原自用办公楼对外出售。甲公司已与丙公司签订销售协议，约定将该办公楼出售给丙公司，甲公司在2×21年3月之前将该办公楼腾空，并与丙公司办妥相关手续，合同约定售价为830万元，预计出售费用30万元。截至2×20年12月底，甲公司该栋办公楼的账面价值为1 000万元，其中原值为2 000万元，已计提折旧800万元，已计提减值准备200万元；至年末尚未完全腾空，未办妥相关手续。因此，甲公司未进行相关会计处理。甲公司在编制2×20年财务报表时该办公楼的列报金额为1 000万元。

假定税法规定，该项资产应于办妥相关手续时进行终止确认，2×20年末甲公司未对该事项做所得税的任何处理。

(4)2×20年11月1日，甲公司向客户销售一批某型号产品，同时向客户承诺，如果存在质量问题，可以在1年内退货；甲公司预计该批产品的退货率为10%。销售当日，甲公司按照收到的销售价款1 000万元确认了营业收入，按照该批产品的账面成本800万元结转了。

截至2×21年4月30日，甲公司所售的上述产品均未发生退货，甲公司在2×21年4月30日认为该批产品的退货率仍为10%。假定不考虑该事项的增值税和所得税等因素的影响。

(5)甲公司于2×19年12月15日购入一项公允价值为1 000万元的债务工具，分类为以公允价值计量且其变动计入其他综合收益的金融资产。该工具合同期限为10年，年利率为5%，实际利率也为5%。初始确认时，甲公司已经确定其不属于购入或源生的已发生信用减值的金融资产。2×20年12月31日，由于市场利率变动，该债务工具的公允价值跌至900万元。甲公司认为，该工具的信用风险自初始确认后并无显著增加，应按12个月内预期信用损失计量损失准备，损失准备金额为50万元。甲公司会计处理如下：

借：信用减值损失　　　　　　150
　　贷：其他债权投资　　　　　　150

假定不考虑该事项的所得税影响。

其他资料：甲公司适用的所得税税率为25%。甲公司按净利润的10%计提法定盈余公积，不计提任意盈余公积。

要求：根据上述资料，逐项判断各事项处理是否正确，如不正确，请说明理由并编制更正分录。(不需结转“以前年度损益调整”科目金额)

2. (本小题16分)甲上市公司(以下简称“甲公司”)自2×19年起实施了一系列股权并购业务，具体资料如下：

(1)2×19年7月1日，甲公司与A公司控股股东C公司签订协议，协议约定：甲公司向C公司定向发行16 500万股本公司股票，以换取C公司持有的A公司60%的股权。甲公司定向发行的股票价格按规定确定为每股7.5元，双方确定的评估基准日为2×19年8月31日。A公司经评估确定2×19年8月31日的可辨认净资产公允价值(不含递延所得税资产和负债)为200 000万元。

(2)甲公司该并购事项于2×19年12月10日经监管部门批准，作为对价定向发行的股票于2×19年12月31日发行，当日收盘价为每股8元。甲公司于2×19年12月31日起主导A公司的相关活动。以2×19年8月31日的评估值为基础，A公司可辨认净资产于2×19年12月31日的账面价值(不含递延所得税资产和负债)为197 200万元(股本20 000万元、资本公积

150 000万元、其他综合收益10 000万元、盈余公积1 720万元、未分配利润15 480万元)，公允价值为210 000万元(不含递延所得税资产和负债)，其中公允价值与账面价值的差异产生于一项投资性房地产和一项无形资产：①投资性房地产系2×16年12月取得，成本为16 000万元，预计使用年限为10年，采用直线法计提折旧，预计净残值为0，2×19年12月31日的公允价值为16 800万元；②管理用无形资产系2×18年1月取得，成本为9 600万元，预计使用年限为8年，预计净残值为0，采用直线法计提摊销额，2×19年12月31日的公允价值为14 400万元。上述资产其计税基础与其账面价值相同。甲公司和C公司在此项交易前不存在关联方关系。各方投资性房地产均按成本模式后续计量，有关资产在该项交易后预计使用年限、净残值、折旧和摊销方法保持不变。

甲公司为定向增发普通股股票，支付券商佣金及手续费3 000万元；为核实A公司资产价值，支付资产评估费200万元；相关款项已通过银行存款支付。

甲公司向C公司发行股份后，C公司持有甲公司发行在外普通股的6%，不具有重大影响。

(3)2×20年10月，甲公司将生产的一批产品出售给A公司。该批产品在甲公司的账面价值为1 000万元，出售给A公司的销售价格为1 200万元(不含增值税税额)。A公司将该商品作为存货核算，至2×20年12月31日尚未对集团外独立第三方销售。2×20年A公司实现净利润40 000万元。

(4)2×21年1月1日，甲公司又以一项土地使用权作为对价自A公司其他股东处进一步购入A公司30%的股权，当日甲公司土地使用权的账面价值为60 000万元(成本为70 000万元，累计摊销10 000万元)，公允价值为80 000万元。当日A公司可辨认净资产公允价值为250 000万元。假定与原购买A公司股权的交易不属于一揽子交易。

(5)2×21年10月，甲公司与其另一子公司(D公司)协商，将其持有的全部A公司股权转让给D公司。以A公司2×21年10月31日评估值280 000万元为基础，D公司向甲公司定向发行本公司普通股14 000万股(每股面值1元)，按规定确定的价格为每股20元。有关股份于2×21年12月31日发行，D公司于当日开始主导A公司生产经营决策。当日，D公司每股股票收盘价为21元，A公司可辨认净资产公允价值为286 000万元。

A公司个别财务报表显示，其2×21年实现净利润为32 000万元。

(6)其他有关资料：

①本题中各公司适用的所得税税率均为25%，除所得税外，不考虑其他税费。

②A公司没有子公司和其他被投资单位，按照10%的比例提取盈余公积，在甲公司取得其控制权后未进行利润分配，除所实现净利润外，无其他影响所有者权益变动的事项。

要求：

(1)根据资料(1)和(2)，确定甲公司合并A公司的类型，并说明理由。

(2)根据资料(1)和(2)，如该企业合并为同一控制下企业合并，计算取得A公司60%股权时应当调整资本公积的金额；如为非同一控制下企业合并，确定购买日，并计算合并成本、合并中取得的可辨认净资产的公允价值和合并商誉。

(3)编制2×19年12月31日甲公司个别财务报表以及合并财务报表中相关会计分录和调整、抵销分录。

(4)编制甲公司2×20年年末合并财务报表中相关的调整、抵销分录。

(5)根据资料(4)，计算确定2×21年1月1日甲公司在其个别财务报表中对A公司长期股权投资的账面价值并编制相关的会计分录；计算确定该项交易发生时A公司应并入甲公司合并财务报表的可辨认净资产价值，及该交易对甲公司合并资产负债表中所有者权益项目的影响金额。

(6)根据资料(5)，确定D公司合并A公司的类型，说明理由；确定该项合并的购买日或合并日，计算A公司应并入D公司合并财务报表的净资产的价值，并编制D公司个别报表中确认对A公司长期股权投资的会计分录。

考前模拟2套卷参考答案及解析

模拟试卷(一)参考答案及解析

一、单项选择题

1. D 【解析】选项AB，体现谨慎性要求；选项C，体现可比性要求；选项D，虽然从法律形式上来讲，承租人并不拥有其所租入资产的所有权，但是从其经济实质来看，承租人能够控制所租入资产在租赁期间所产生的经济利益，因此承租人应当确认相应的使用权资产，这一处理思路体现了实质重于形式要求。

2. B 【解析】甲公司对该生产线更新改造后的入账价值=原账面价值3 500-拆除原冷却装置账面价值500+新的冷却装置1 200+资本化利息80+人工费用320+原材料200+工程物资400=5 200(万元)。

3. C 【解析】事项①和②，甲公司转移了对金融资产的控制权和所有权，因此应该终止确认，并确认处置投资收益；事项③，企业已经就一项出售计划作出决议且获得确定的购买承诺，预计出售将在一年内完成，应将其划分为持有待售类别，并按照账面价值与公允价值减去出售费用后的净额孰低进行计量。因此应确认的投资收益=(500-320)+(1 000-980)=200(万元)；选项C错误。

4. B 【解析】甲公司应将该项股权投资指定为以公允价值计量且其变动计入其他综合收益的金融资产，其在2×22年10月12日的入账价值=10×10+2=102(万元)，在2×22年所确认的公允价值变动计入其他综合收益，不影响损益，并将在未来期间转入留存收益。

5. C 【解析】甲公司2×21年12月应计入管理费用的职工薪酬=8.6(资料1)+20×(3+6)/12(资料2)+50×0.9×1.13(资料3)=74.45(万元)。

6. D 【解析】乙公司是专为转售而取得的子公司，其如果不划分为持有待售类别情况下的初始计量金额为8 000万元，当日公允价值减去出售费用后的净额7 940万元(8 000-60)，按照二者孰低计量。相关会计分录为：

借：持有待售资产—长期股权投资　　7 940
　　资产减值损失　　60
　　贷：银行存款　　8 000

3月31日，甲公司持有的乙公司股权的公允价值减去出售费用后的净额为7 955万元，账面价值为7 940万元，以二者孰低计量，甲公司不需要进行账务处理。

7. B 【解析】2×21年与乙公司合同前期结果不能可靠估计的不确定因素不复存在，应按履约进度确认合同收入，该合同2×21年应确认的收入=120×(50+30)/(50+30+20)-30=66(万美元)，折合为人民币448.8万元(66×6.8)。

8. C 【解析】选项C，以公允价值为基础进行计量的多项非货币性资产交换，通常应当按照换入的金融资产以外的各项换入资产公允价值相对比例，将换出资产公允价值总额扣除换入金融资产公允价值后的净额进行分摊，以分摊至各项换入资产的金额，加上应支付的相关税费，作为各项换入资产的成本进行初始计量。

9. D 【解析】选项 A，变更日调增投资性房地产账面价值 8 000 万元，由于投资性房地产的账面价值是 50 000 万元，计税基础是 42 000 万元，产生应纳税暂时性差异，需要确认递延所得税负债 = 8 000×25% = 2 000（万元），调增留存收益 = 8 000×75% = 6 000（万元）；选项 B，增资由权益法转为成本法，不需要进行追溯调整，账面价值 = 10 000 + 12 000 = 22 000（万元）；选项 D，属于会计估计变更，采用未来适用法核算，不需要追溯调整。

10. B 【解析】甲公司在 2×21 年度合并利润表中因处置无形资产确认的损益 = 150 -（70 - 70/5/12×21）= 104.5（万元）。
或 = 个别财务报表［150 -（100 - 100/5/12×21）］+ 抵销分录（30 - 10.5）= 104.5（万元）。

11. D 【解析】行权价格 = 6 + 18×2/3 = 18（元）。由于行权价格低于当期普通股平均市场价格，因此应当考虑限制性股票的稀释性。
发行在外的限制性股份在 2×21 年的加权平均数 = 120×1×（359/360）+（120 - 6）×1×（1/360）= 119.98（万股）。
稀释每股收益 = 5 000/［2 000 +（119.98 - 18×119.98/30）］= 2.44（元/股）。

12. B 【解析】甲公司购入该金融资产初始成本 = 1 100 + 10 + 0.2 = 1 110.2（万元），重分类日该金融资产账面价值 = 1 110.2 + 1 110.2×7.29% - 1 000×10% = 1 091.13（万元），重分类日形成其他综合收益借方发生额 = 1 091.13 - 900 = 191.13（万元），会计分录如下：

借：其他债权投资　　900
　　其他综合收益　　191.13
　　贷：债权投资　　1 091.13

13. A 【解析】选项 A，中期财务报告的附注应当以“年初至本中期末”为基础进行编制。

二、多项选择题

1. ABCD

2. ABC 【解析】选项 D，全面营改增以后，企业取得不动产和动产的进项税额均可以抵扣。

3. BD 【解析】选项 A、B，甲公司授予其子公司职工的不是自身的股票等权益工具，因此甲公司应该将其作为现金结算的股份支付处理，并在等待期内的每个资产负债表日按照乙公司普通股的市场价格计算当期应确认的职工薪酬；达到可行权条件后，应继续按照资产负债表日权益工具的公允价值确认职工薪酬，并将其变动计入当期损益；选项 C，乙公司没有结算义务，因此应将其作为权益结算的股份支付处理。

4. CD 【解析】选项 A，不会导致该信托计划不能划分为所有者权益；选项 B，说明 A 公司属于甲公司的子公司，继续纳入甲公司的合并范围，与该信托计划的划分无关。

5. BD 【解析】选项 A，资料（1）属于售后回购且按照固定价格回购，此时不符合终止确认条件，不应该确认损益；选项 C，行权价格为 400 万元，预计行权日该债券的公允价值为 300 万元，所以预计到期不会行权，属于重大价外期权，符合终止确认条件；选项 D，确认投资收益的金额为 40（330+10-310+10）万元。
资料（2）的会计分录为：

借：银行存款　　330
　　衍生工具—看涨期权　　10
　　贷：其他债权投资　　310
　　　　投资收益　　30

同时，将原计入所有者权益的公允价值变动转出：

借：其他综合收益　　10
　　贷：投资收益　　10

6. ACD 【解析】选项A，属于非调整事项，需要在附注中进行披露；选项C，上期期末应确认预计负债500万元，但尚未确认，因此作为差错更正处理；选项D，应收账款汇兑损益 = 800×7 - 5 920 = -320（万元）（损失），增加财务费用320万元。

7. BC 【解析】选项A，企业预计发生的转岗职工上岗前培训费应在实际发生时计入当期损益；选项C，资产减值损失 = 100-(80-11.62) = 31.62（万元），辞退费用150万元，合计减少甲公司2×20年利润总额 = 31.62+150 = 181.62（万元）；选项D，辞退福利应该按照最有可能发生的赔偿金额150万元确认为应付职工薪酬。

8. AD 【解析】选项A，收到时应计入递延收益，然后根据政府补助不同的核算方法进行不同的会计处理：如果是总额法核算，自资产达到预定可使用状态时起按照合理、系统的方法分摊；如果是净额法核算，在资产达到预定可使用状态时冲减资产成本。选项D，以名义金额计量的政府补助，在取得时计入当期损益。

9. CD 【解析】选项A，乙公司为法律上的子公司，甲公司为法律上的母公司；选项B，乙公司是法律上的子公司，但为会计上的购买方（母公司），乙公司的资产与负债应以合并前的账面价值在合并报表中体现；选项C、D，甲公司在该项合并中向乙公司原股东增发了1 200万股普通股，合并后乙公司原股东持有甲公司的股权比例为60%（1 200/2 000×100%），如果假定乙公司发行本企业普通股在合并后主体享有同样的股权比例，则乙公司应当发行的普通股股数为1 000万股（1 500/60% - 1 500），公允价值 = 1 000×40 = 40 000（万元），企业合并成本为4亿元。

10. ABCD 【解析】B公司是A公司的联营企业，A公司与B公司具有关联方关系；D公司是B公司的母公司，D公司与B公司具有关联方关系；A公司是C公司的母公司，A公司与C公司具有关联方关系；C公司是D公司的母公司，C公司与D公司具有关联方关系；A公司通过C公司间接控制D公司，A公司与D公司具有关联方关系。

11. ABCD

12. ABCD

三、计算分析题

1.【答案】

(1)借：银行存款　　250
　　贷：主营业务收入　　230
　　　　合同负债　　20
借：主营业务成本　　150
　　贷：库存商品　　150
甲公司当期应计提的预计负债为10万元：
借：销售费用　　10
　　贷：预计负债　　10
实际发生2万元保修支出时：
借：预计负债　　2
　　贷：应付职工薪酬　　2

(2)①甲公司因该项金融资产影响2×20年损益的金额为0。
②2×20年的相关会计分录如下：
借：其他综合收益　　(600-200)400
　　贷：其他权益工具投资—公允价值变动　　400
③不属于日后调整事项。
理由：甲公司出售该项金融资产的行为是2×21年3月1日发生的，在报告年度资产负债表日并不存在这一行为或状况，所以不属于日后调整事项。
出售时的分录为：
借：银行存款　　210
　　其他权益工具投资—公允价值变动　　310
　　贷：其他权益工具投资—成本　　510
　　　　盈余公积　　1
　　　　利润分配—未分配利润　　9
借：盈余公积　　31

利润分配—未分配利润　　279
　贷：其他综合收益　　310

(3)属于日后调整事项。

理由：短期利润分享计划同时满足下列条件的，企业应当确认相关的应付职工薪酬，并计入当期损益或相关资产成本：①企业因过去事项导致现在具有支付职工薪酬的法定义务或推定义务；②因利润分享计划所产生的应付职工薪酬义务能够可靠估计。甲公司日后期间获得新的证据表明资产负债表日已存在的利润分享计划，金额已进一步得以确定，因此应作为日后调整事项处理。

调整分录为：

借：以前年度损益调整—调整管理费用　　600
　　—调整销售费用　　300
　贷：应付职工薪酬—短期利润分享计划　　900

借：盈余公积　　(900×10%)90
　利润分配—未分配利润　　(900×90%)810
　贷：以前年度损益调整　　900

2.【答案】

(1)甲公司的会计处理不正确，理由：按照会计准则的规定，已经采用公允价值模式计量的投资性房地产不得从公允价值模式变更为成本模式。更正分录为：

借：投资性房地产累计折旧　　(7 300/25)292
　贷：其他业务成本　　292

借：投资性房地产—公允价值变动　　1 000
　贷：公允价值变动损益　　1 000

(2)甲公司会计处理不正确，理由：甲公司授予客户的积分为客户提供了一项重大权利，应当作为一项单独的履约义务。客户购买商品的单独售价合计为 500 万元，考虑积分的兑换率，甲公司估计积分的单独售价为 47.5 万元(1 元×50 万个积分×95%)。甲公司按照商品和积分单独售价的相对比例对交易价格进行分摊，具体如下：

分摊至商品的交易价格＝500×500/(500+47.5)＝456.62(万元)。

分摊至积分的交易价格＝500×47.5/(500+47.5)＝43.38(万元)。

更正分录为：

借：主营业务收入　　43.38
　贷：合同负债　　43.38

截至 2×21 年 12 月 31 日，客户共兑换了 22.5 万个积分，甲公司以客户兑换的积分数占预期将兑换的积分总数的比例为基础确认收入。

积分应当确认的收入＝43.38×22.5/47.5＝20.55(万元)。

更正分录为：

借：合同负债　　20.55
　贷：主营业务收入　　20.55

(3)甲公司会计处理不正确，理由：甲公司在商品买卖交易中为代理人，仅为商家和消费者提供平台及结算服务，并收取佣金，因此，甲公司销售电子购物卡收取的款项 100 万元中，仅佣金部分 5 万元(100 万元×5%，不考虑相关税费)代表甲公司已收客户(商家)对价而应在未来消费者消费时作为代理人向商家提供代理服务的义务，应当确认合同负债。对于其余部分(即 95 万元)，为甲公司代商家收取的款项，作为其他应付款，待未来消费者消费时支付给相应的商家。更正分录为：

借：主营业务收入　　100
　贷：合同负债　　5
　　其他应付款　　95

(4)甲公司会计处理不正确，理由：甲公司以借款的公允价值作为借款的入账价值并按照实际利率法计算借款费用，实际收到的金额与借款公允价值之间的差额确认为递延收益，递延收益在借款存续期内采用实际利率法摊销，冲减相关借款费用。

更正分录为：

借：长期借款—利息调整　1 094.46

　贷：递延收益

　　　(10 000-8 905.54)1 094.46

实际承担的利息支出 = 8 905.54 × 9% = 801.50(万元)。

借：在建工程　(801.5-300)501.5

　贷：长期借款—利息调整　501.5

借：递延收益　501.5

　贷：在建工程　501.5

【Answer】

(1) The accounting treatment of company A is not correct. Reason: according to the provisions of accounting standards, the investment real estate measured by the fair value model may not be changed from the fair value model to the cost model.

The correction entry is:

Dr: Accumulated depreciation of investment real estate　292

　Cr: Other business costs　292

Dr: Investment real estate-fair value change　1 000

　Cr: Fair value change profit and loss　1 000

(2) The accounting treatment of company A is not correct. Reason: the points awarded by company A to customer provide customer with a significant right, which should be treated as a separate performance obligation. The individual selling price of goods purchased by the customer is 500 ten thousand in total. Considering the exchange rate of points, company A estimates that the individual selling price of points is 475 000 yuan (1 yuan×50 ten thousand points×95%). Company A allocate the transaction price according to the relative proportion of the individual selling price of goods and points, as follows:

The transaction price allocated to the commodity = 500×500 / (500+47.5) = 456.62 (ten thousand).

The transaction price allocated to points = 500×47.5 / (500+47.5) = 43.38 (ten thousand).

The correction entry is:

Dr: Main business income　43.38

　Cr: Contract liabilities　43.38

By December 31, 2×21, the customer has redeemed 22.5 ten thousand points in total, and company A recognized the revenue based on the proportion of the points redeemed by the customer to the total points expected to be redeemed.

The income that should be recognized by integral = 43.38×22.5 / 47.5 = 20.55 (ten thousand).

The correction entry is:

Dr: Contract liabilities　20.55

　Cr: Main business income　20.55

(3) The accounting treatment of company A is incorrect. Reason: company A acts as an agent in the commodity trading, only provides platform and settlement services for businesses and consumers, and collects Commission.

Therefore, of the 100 ten thousand collected by company A in selling electronic gifts cards, only 5 ten thousand (100 ten thousand×5%, without considering relevant taxes) represents the consideration of customers (merchants) received by company A, represents the obligation of company A to provide agency service to the merchants as an agent in the future when consumers consume, and the contract liability shall be recognized.

For the rest (i.e. 95 ten thousand), the money collected by company A on behalf of the merchants shall be paid to the corresponding merchants as other payables when consumers consume in the future.

The correction entry is:

Dr: Main business income 100

Cr: Contract liabilities 5

Other payables 95

(4) The accounting treatment of company A is not correct. Reason: company A takes the fair value of the debt as the entry value of the debt and calculates the borrowing cost according to the effective interest method. The difference between the amount actually received and the fair value of the debt is recognized as the deferred income. The deferred income is amortized by the effective interest method during the life of the debt to offset the relevant borrowing cost.

The correction entry is:

Dr: Long-term loan-interest adjustment 1 094. 46

Cr: Deferred income 1 094. 46

The actual incurred interest expense = 8905. 54×9% = 801. 5 (ten thousand).

Dr: Construction in progress 501. 5

Cr: Long-term debt-interest adjustment 501. 5

Dr: Deferred income 501. 5

Cr: Construction in progress 501. 5

四、综合题

1.【答案】

(1)2×18 年 7 月 1 日甲公司取得乙公司 80%股权的会计分录:

借:长期股权投资 (10 000×3. 05)30 500

管理费用 20

贷:股本 10 000

资本公积—股本溢价 (20 500−30)20 470

银行存款 50

(2)购买日乙公司可辨认净资产的公允价值 = 29 500 + [8 000 − (20 000 − 16 000) + 7 000−(10 000−7 000)]×75% = 35 500(万元)。

商誉 = 30 500−35 500×80% = 2 100(万元)。

借:投资性房地产 4 000

无形资产 4 000

贷:递延所得税负债 (8 000×25%)2 000

资本公积 6 000

借:股本 10 000

资本公积 (9 000+6 000)15 000

其他综合收益 1 000

盈余公积 500

未分配利润 9 000

商誉 2 100

贷:长期股权投资 30 500

少数股东权益 (35 500×20%)7 100

(3)调整后的净利润 = 1 450 − 4 000/10/2×75%−4 000/5/2×75% = 1 000(万元)。

乙公司自购买日开始持续计算的至 2×18 年 12 月 31 日可辨认净资产价值 = 35 500 + 1 000−225+56. 25 = 36 331. 25(万元)。

借:投资性房地产 4 000

无形资产 4 000

贷:递延所得负债(8 000×25%)2 000

资本公积 6 000

借:营业成本 200

管理费用 400

贷:投资性房地产 (4 000/10/2)200

无形资产 (4 000/5/2)400

借:递延所得税负债 (600×25%)150

贷:所得税费用 150

借:长期股权投资 (1 000×80%)800

贷:投资收益 800

借:股本 10 000

资本公积 (9 000+6 000)15 000

其他综合收益 1 000

盈余公积 (500+145)645

未分配利润 (9 000+1 000−145)9 855

商誉（31 300−36 500×80%）2 100

贷：长期股权投资

（30 500+800）31 300

少数股东权益

［（35 500+1 000）×20%］7 300

借：投资收益 （1 000×80%）800

少数股东损益 200

年初未分配利润 9 000

贷：提取盈余公积 145

年末未分配利润 9 855

借：营业收入 2 500

贷：营业成本 （2 500−225）2 275

存货 ［（2 500−1 750）×30%］225

借：少数股东权益 （225×20%）45

贷：少数股东损益 45

借：递延所得税资产 56.25

贷：所得税费用 （225×25%）56.25

借：少数股东损益 11.25

贷：少数股东权益

（56.25×20%）11.25

(4) 调整后的净利润＝2 400−4 000/10×75%−4 000/5×75%＝1 500（万元）。

乙公司持续计算的至2×19年12月31日可辨认净资产价值＝36 331.25＋1 500＋(225−56.25)＝38 000（万元）。

(5) 个别报表会计分录为：

借：银行存款 8 000

贷：长期股权投资

（30 500×25%）7 625

投资收益 375

调整合并资产负债表中的资本公积＝8 000−(38 000＋2 100/80%)×80%×25%＝−125（万元）。

(6) ①出售20%股权：

借：银行存款 10 000

贷：长期股权投资 7 625

投资收益 2 375

②剩余长期股权投资的初始投资成本＝30 500−7 625−7 625＝15 250（万元），大于剩余投资在原投资时点应享有被投资单位可辨认净资产公允价值的份额14 200万元(35 500×40%)，不调整长期股权投资的账面价值。

③至2×20年12月31日调整后累计净利润＝(1 450＋2 400＋2 600)−4 000/10×2.5×75%−4 000/5×2.5×75%＝4 200（万元）。

2×21年1月至6月调整后净利润＝3 600−4 000/10/2×75%−4 000/5/2×75%＝3 150（万元）。

借：长期股权投资—损益调整

（7 350×40%）2 940

贷：盈余公积 （4 200×40%×10%）168

利润分配—未分配利润

（4 200×40%×90%）1 512

投资收益 （3 150×40%）1 260

在此期间，乙公司的所有者权益未发生其他变动。2×21年6月30日剩余股权的账面价值＝30 500−7 625−7 625＋2 940＝18 190（万元）。

合并报表当期的处置投资收益＝[(处置股权取得的对价10 000＋剩余股权公允价值20 000)−原持有子公司自购买日开始持续计算的可辨认净资产(38 000＋1 700＋3 150)×原持股比例60%]−商誉2 100×60%/80%＋其他综合收益0×原持股比例60%＝2 175（万元）。

2.【答案】

(1) 应纳入甲公司2×20年度合并财务报表合并范围的公司有：A公司、B公司、C公司、D公司、G公司；不应纳入合并范围的公司有：E公司、F公司。

应纳入合并范围的理由：

A公司：甲公司拥有A公司80%的有表决权股份。

B公司：甲公司拥有B公司70%的有表决权股份。

C公司：甲公司接受委托全权负责C公司的生产经营和财务管理。

D公司：甲公司在D公司董事会中委派有

多数成员，能够通过董事会控制D公司。

G公司：甲公司拥有G公司83%的有表决权股份。

不应纳入合并范围的理由：

E公司：甲公司只拥有E公司26%的有表决权股份，且不能通过其他方式控制E公司财务和经营政策。

F公司：甲公司对F公司的出资比例为50%，且不能通过其他方式控制F公司的财务和经营政策。

(2)形成企业合并的日期为2×20年6月30日，因为此时办理完成了H公司的股东变更登记手续。

对H公司的合并属于非同一控制下的企业合并，因为在此之前甲公司与H公司不存在关联方关系。

(3)通过债务重组形成企业合并的，应当按照企业合并准则的相关规定处理。根据企业合并准则的相关规定，甲公司长期股权投资的初始投资成本应以付出对价的公允价值为基础确定，那么长期股权投资的初始投资成本应该为6 600万元。

甲公司通过债务重组取得H公司60%股权时应确认的商誉＝6 600－9 000×60%＝1 200(万元)。

(4)非专利技术研发成功时无形资产的入账价值＝200+120＝320(万元)，不计提摊销，2×21年年末进行减值测试，其账面价值320万元大于可收回金额310万元，应计提无形资产减值准备10万元，所以该项无形资产研发业务在甲公司2×21年度合并财务报表中“无形资产”项目的列报金额为310万元。

(5)对甲公司2×20年度合并财务报表的影响＝(50－2)×1×10×1/2＝240(万元)。

相应的会计处理：甲公司在其2×20年度合并财务报表中，应确认管理费用和应付职工薪酬240万元。

对甲公司2×21年度合并财务报表的影响＝(50－3－4)×1×12×2/3－240＝104(万元)。

相应的会计处理：甲公司在其2×21年度合并财务报表中，应确认管理费用和应付职工薪酬104万元。

(6)长期股权投资的账面价值为6 600万元，持有期间长期股权投资并没有增减变动，所以在个别财务报表因股权处置应确认的损益＝8 400－6 600＝1 800(万元)；在合并财务报表中，因股权处置应确认的损益＝8 400－(9 000＋400＋2 000)×60%－1 200＝360(万元)。

模拟试卷（二）参考答案及解析

一、单项选择题

1. B 【解析】用于建造厂房的土地使用权在建造期间的摊销，计入在建工程的成本中。
2. B 【解析】企业对境外经营的外币财务报表进行折算时，应该对其资产负债表中的资产和负债采用资产负债表日的即期汇率折算为记账本位币，所有者权益中除未分配利润外采用交易发生时的即期汇率折算为记账本位币。因此，选项 A，采用资产负债表日的即期汇率折算；选项 C，采用收到注册资本时的即期汇率折算；选项 D，采用资产负债表日的即期汇率折算。
3. C 【解析】选项 C，财政将贴息资金拨付给贷款银行的情况下，企业如果以借款的公允价值作为借款的入账价值并按照实际利率计算借款费用，那么实际收到的金额与借款公允价值之间的差额应确认为递延收益，递延收益在借款存续期内采用实际利率法摊销，冲减相关借款费用。
4. A 【解析】甲公司应将 B、C、D 这三个法律主体视为一个会计主体。假设 B、C、D 会计主体在企业合并前发行在外的股票数量为 X。购买方 B、C、D 会计主体的公允价值 = 750 + 2 250 + 3 000 = 6 000（万元）；合并交易完成后，A 公司对甲公司的持股比例 = 1 500/（500 + 1 500）= 75%；购买方 B、C、D 主体合并前权益性证券的每股价值 = 6 000/X；虚拟增发股票的数量 = X/75% - X；企业合并成本 = B、C、D 主体合并前的每股股票价值×虚拟增发股票的数量 =（6 000/X）×（X/75% - X）= 6 000×（1/75% - 1）= 2 000（万元）。
5. A 【解析】选项 A 不正确，由于销售适用不同税率的各种商品，并收取商品价款及相应的增值税。因此甲公司销售储值卡收取的款项 100 万元中，仅商品价款部分代表甲公司已收客户对价而应向客户转让商品的义务，应当确认合同负债，而增值税部分，因不符合合同负债的定义，不应确认为合同负债。
6. B 【解析】选项 A，固定资产列报金额 =（33 000 + 10 000/50×13/12）-（33 000 + 10 000/50×13/12）/30×9/12 = 32 386.25（万元）；选项 B，存货列报金额为 0；选项 C，无形资产列报金额 = 10 000 - 10 000/50×2 = 9 600（万元）；选项 D，递延收益列报金额 = 1 000 - 1 000/30×9/12 = 975（万元）。
7. C 【解析】在合并财务报表中需要抵销归属于 A 公司的损益部分 = [5 700 -（4 800 - 1 200）]×38% = 798（万元）。
8. D 【解析】选项 A，购买 B 公司股权的成本 = 2 000×0.8 = 1 600（万元）；选项 B，发生的审计、法律咨询费用计入当期损益（管理费用）；选项 C，合并商誉 =（2 000 - 2 200×80%）×0.8 = 192（万元）；选项 D，外币报表折算差额 =（2 200 + 600 - 400/10/2）×0.9 - [2 200×0.8 +（600 - 400/10/2）×0.85] = 249（万元）。
9. D 【解析】选项 A，投资活动现金流入 =（4）6 500 - 500 = 6 000（万元）；选项 B，筹资活动现金流出 =（2）5 000（万元）；选项 C，筹资活动现金流入 =（3）7 800（万元）；选项 D，投资活动现金流出 =（1）10 000 - 1 000 = 9 000（万元）。
10. D 【解析】选项 A，甲公司负有在两年后回购该设备的义务，因此，乙公司并未取得该设备的控制权。假定不考虑货币时间价值，该交易的实质是乙公司支付了80万元(200-120)的对价取得了该设备2年的使用权。甲公司应当将该交易作为租赁交易进行会计处理。选项B，假定不考虑货币时间价值，该交易的实质是甲公司以该设备作为质押取得了200万元的借款，2年后归还本息合计250万元。甲公司应当将该交易视为融资交易，不应当终止确认该设备，而应当在收到客户款项时确认金融负债，并将该款项和回购价格的差额在回购期间内确认为利息费用等。选项C，甲公司的回购价格1 500万元低于原售价2 000万元，但远高于该设备在回购时的市场价值300万元，甲公司判断丁公司有重大的经济动因行使其权利要求甲公司回购该设备。因此，甲公司应当将该交易作为租赁交易进行会计处理。选项D，不正确，甲公司的回购价格2 500万元高于原售价2 000万元，同时远高于该设备在回购时的市场价值300万元，甲公司判断戊公司有重大的经济动因行使其权利要求甲公司回购该设备。因此，甲公司应当将该交易视为融资交易，将原售价和回购价格的差额在回购期间内确认为利息费用等。

11. C 【解析】选项A，递延所得税资产和递延所得税负债应该分别列示；选项B，对于负债部分确认为预计负债，对于基本确定可获得的第三方赔偿，需要单独确认为其他应收款；选项D，应该将无追索权的金融负债单独确认为一项负债，并将其担保品单独确认为资产。

12. B 【解析】甲公司所取得的上述存货的入账价值=所放弃债权的公允价值-可以抵扣的商品进项税额+将库存商品运回仓库发生的运输费=1 200-1 000×13%+20=1 090(万元)。

13. D 【解析】2×21年6月30日确认的合并商誉=4 000-(4 500-600)×80%=880(万元)；购买日后12个月内，如果取得新的或进一步的信息表明相关情况在购买日已经存在，预期被购买方可抵扣暂时性差异带来的经济利益能够实现的，购买方应确认相关的递延所得税资产150万元(600×25%)同时冲减合并商誉的金额。所以，选项D不正确。

二、多项选择题

1. ABC 【解析】在项目建造期间，社会资本方通过向政府方提供建造服务取得项目资产的运营权，属于非现金对价安排，通常按照非现金对价在合同开始日的公允价值确定交易价格，从而确认建造服务的收入。由于其公允价值不能合理估计，社会资本方可以采用成本加成法确定建造服务的单独售价，从而确认收入，选项A错误；在项目运营期间，满足有权收取可确定金额的现金(或其他金融资产)条件的，社会资本方应当在PPP项目资产达到预定可使用状态时，将相关PPP项目资产的对价金额或确认的建造收入金额，超过有权收取可确定金额的现金(或其他金融资产)的差额，确认为无形资产，选项B错误；社会资本方不得将PPP项目资产确认为固定资产，通常应确认为一项无形资产，选项C错误。

2. BCD 【解析】选项B，应计入销售费用；选项C，应计入资产处置损益；选项D，实质属于商誉，不需要单独对该差额进行确认。

3. ACD 【解析】选项A，对A公司股权投资作为交易性金融资产核算，期末在“交易性金融资产”项目列示，账面价值=1 000×9=9 000(万元)；选项B，对B公司债券投资作为债权投资核算，期末账面价值为1 000万元；选项C，对C公司的债券投资作为其他债权投资核算，期末按公允价值2 100万元计量；选项D，对2×21年损益的影响=-5+(9-8)×1 000+1 000×4%+2 000×5%=1 135(万元)。

4. ABC 【解析】选项D，应借记“公允价值变动损益”科目，不通过“其他综合收益”科目核算。

5. ABCD 【解析】选项A，2×21年少数股东损益金额=-10 000×20%=-2 000(万元)；选项B，2×21年少数股东权益金额=1 650-10 000×20%=-350(万元)；选项C，2×21年归属于母公司的股东权益=17 000+4 000×80%-10 000×80%=12 200(万元)；选项D，2×21年股东权益总额=2×21年归属于母公司的股东权益+2×21年少数股东权益=12 200-350=11 850(万元)。

6. ABD 【解析】税前差异=510-450+130-110=80(万元)，递延所得税负债=80×25%=20(万元)，调整未分配利润=(80-20)×(1-15%)=51(万元)。会计政策变更累积影响数=[(500-450)+(120-110)]×(1-25%)=45(万元)。

7. CD 【解析】选项A，应按实际支付的金额，借记“库存股”账户，不能冲减资本公积；选项B、C、D，甲公司没有结算义务，应作为权益结算的股份支付，甲公司2×21年年末确认资本公积=20×(1-10%)×100×6×1/3/2=1 800(万元)。

8. AB 【解析】选项A，营业利润=-1-2+4-7=-6(万元)；选项B，营业外支出为3万元；选项C，营业外收入为0；选项D，资本公积为6万元，其他债权投资公允价值变动收益应计入其他综合收益，不影响资本公积；借款手续费计入借款初始确认金额，不影响损益。

9. AB 【解析】选项A，受同一企业重大影响的双方并不能认定为关联方；两方或两方以上同受一方控制、共同控制构成关联方，不包括重大影响。选项B，关联方关系里不包括供应商。

10. ABC 【解析】在下列情况中，企业以公允价值对相关资产或负债进行初始计量的，不应将取得资产或者承担负债的交易价格作为该资产或负债的公允价值：

①关联方之间的交易。但企业有证据表明关联方之间的交易是按照市场条款进行的，该交易价格可作为确定其公允价值的基础。

②被迫进行的交易，或者资产出售方(或负债转移方)在交易中被迫接受价格的交易。

③交易价格所代表的计量单元不同于以公允价值计量的相关资产或负债的计量单元。

④进行交易的市场不是该资产或负债的主要市场(或者在不存在主要市场情况下的最有利市场)。

11. ACD 【解析】选项B，属于人为操纵利润，违背了会计准则的相关规定，违背会计准则规定的会计处理，均不符合可比性要求。

12. ABD 【解析】选项A，转换日的账面价值=2 000-2 000×12/40=1 400(万元)，公允价值=2 600(万元)，应确认其他综合收益=2 600-1 400=1 200(万元)，形成应纳税暂时性差异1 200万元，期末应将相应的所得税影响计入其他综合收益，所以应确认记入“其他综合收益”的递延所得税负债=1 200×25%=300(万元)；选项B，投资性房地产年末应纳税暂时性差异余额=4 000-(2 000-2 000/40×13)=2 650(万元)，年末递延所得税负债余额=2 650×25%=662.5(万元)；选项C，递延所得税费用=662.5-300=362.5(万元)；选项D，应交所得税=(5 000-1 400-2 000/40)×25%=887.5(万元)。

三、计算分析题

1.【答案】

(1)合并成本 = 1 000×1.13+2 000×1.09+2 390+300 = 6 000(万元)。

(2)合并报表应确认的商誉 = 6 000 − (6 000 + 100 × 75% − 10 × 75%) × 80% = 1 146(万元)。

(3)至2×21年年末乙公司持续计算的可辨认净资产的价值 = 7 368.75 + 100×75% − 10×75% + 10×75% − 100/20×75% = 7 440(万元)。

(4)商誉发生了减值。理由：将乙公司作为一个整体的资产组，2×21年年末，资产组(不包含商誉)的账面价值 = 乙公司自购买日开始持续计算的可辨认净资产价值 = 7 440(万元)；小于可收回金额8 100万元；因此，可辨认资产未发生减值；2×21年年末，资产组(包含商誉)的账面价值 = 7 440+1 146/80% = 8 872.5(万元)，大于可收回金额8 100万元；因此资产组(包含商誉)应计提的减值准备金额 = 8 872.5 − 8 100 = 772.5(万元)。

因为可辨认资产未发生减值，因此，772.5万元全部为商誉减值金额。

2×21年年末合并财务报表中列示的商誉金额 = 1 146−772.5×80% = 528(万元)。

(5)将设备A、B、C认定为一个资产组正确。

理由：该三项资产组合在一起产生的现金流入独立于其他资产或资产组产生的现金流入。

(6)①甲公司计算确定的设备A、B、C的减值准备金额不正确。

理由：该生产线应计提的减值准备金额应当在设备A、B、C之间进行分配。

正确的金额：

设备A应计提的减值准备金额 = 602.77×900/2 000≈271.25(万元)。

设备B应计提的减值准备金额 = 602.77×600/2 000≈180.83(万元)。

设备C应计提的减值准备金额 = 602.77×500/2 000≈150.69(万元)。

设备C计提减值后的账面价值 = 500 − 150.69 = 349.31(万元)，大于设备C公允价值减去处置费用后的净额300万元(340−40)。因此，设备C应该计提减值准备150.69万元。

②甲公司计算确定的设备D的减值准备金额不正确。

理由：应当按照资产预计未来现金流量现值与公允价值减去处置费用的净额中两者较高者作为资产的可收回金额，并与资产账面价值进行比较，以确定减值金额。

正确的减值金额：

对设备D应计提的减值准备金额 = 1 200−1 180 = 20(万元)。

【Answer】

(1) Consolidated cost = 1 000×1.13+2 000×1.09+2 390+300 = 6 000 (ten thousand).

(2) The goodwill to be recognized in the consolidated statement = 6 000 − (6 000 + 100 × 75% − 10 × 75%) × 80% = 1 146 (ten thousand).

(3) By the end of 2×21 year, the value of the identifiable net assets continuously calculated by company B = 7 368.75 + 100×75% − 10×75% + 10 × 75% − 100/20 × 75% = 7 440 (ten thousand).

(4) Goodwill is impaired. Reason: taking company B as a whole asset group, at the end of 2×21 year, the book value of asset group (excluding goodwill) = the value of identifiable net assets continuously calculated by company B since the date of purchase = 7 440 (ten thousand); less than the recoverable amount of 8 100 ten thousand; therefore, the identifiable assets are not impaired; at the end of 2×21 year, the book value of asset group (including goodwill) = 7 440 + 1 146 / 80% = 8872.5 (ten thousand), which is more than the recoverable amount of 8 100 ten thousand; therefore, the amount of

impairment provision accrued for the asset group (including goodwill) is 8 872.5 − 8 100 = 772.5 (ten thousand).

As there is no impairment of identifiable assets, all 772.5 ten thousand is the goodwill impairment amount.

The amount of goodwill presented in the consolidated financial statements at the end of 2×21 year = 1 146 − 772.5 × 80% = 528 (ten thousand).

(5) It is correct to identify equipment A, B and C as an asset group.

Reason: the cash inflow generated by the combination of the three assets is independent of the cash inflow generated by other assets or asset groups.

(6) ①The amount of provision of impairment of equipment A, B and C calculated and determined by company A is incorrect.

Reason: the amount of provision for impairment of the production line shall be allocated among equipment A, B and C.

Correct amount:

The amount of provision for impairment of equipment A = 602.77 × 900/2 000 ≈ 271.25 (ten thousand).

The amount of provision for impairment of equipment B = 602.77 × 600/2 000 ≈ 180.83 (ten thousand).

The amount of provision for impairment of equipment C = 602.77 × 500/2 000 ≈ 150.69 (ten thousand).

The book value of equipment C after impairment = 500 − 150.69 = 349.31 (ten thousand), which is greater than the net amount of the fair value of equipment C minus the disposal expenses 300 (340 − 40) ten thousand. Therefore, equipment C should be provided with an impairment provision of 150.69 (ten thousand).

②The amount of provision for impairment of equipment D calculated and determined by company a is incorrect.

Reason: the higher of the present value of the estimated future cash flow of the asset and the net value of the fair vale minus the disposal expenses shall be taken as the recoverable amount of the asset, and compared with the book value of the asset to determine the impairment amount.

Correct impairment amount:

The amount of provision for impairment of equipment D = 1 200 − 1 180 = 20 (ten thousand).

2. **【答案】**

(1)①2×20 年实际利息收入 = 1 056.04×4%×9/12 = 31.68(万元)。

应收利息 = 1 000×6%×9/12 = 45(万元)。

利息调整 = 45−31.68 = 13.32(万元)。

②2×21 年前 3 个月实际利息收入 = 1 056.04×4%×3/12 = 10.56(万元)。

应收利息 = 1 000×6%×3/12 = 15(万元)。

利息调整 = 15−10.56 = 4.44(万元)。

后 9 个月实际利息收入 = (1 056.04 − 13.32−4.44)×4%×9/12 = 31.15(万元)。

③2×21 年实际利息收入合计 = 10.56 + 31.15 = 41.71(万元)。

(2)①固定资产项目:

固定资产计提减值准备 = (300−300/10×2)−220 = 20(万元)。

固定资产计提减值准备后的账面价值 = (300−300/10×2)−20 = 220(万元)。

固定资产的计税基础 = 300 − 300×2/10 − (300−300×2/10)×2/10 = 192(万元)。

应纳税暂时性差异期末余额 = 28(万元)。

递延所得税负债期末余额 = 28×25% = 7 (万元)。

②存货项目:

存货的账面价值 = 1 000−20 = 980(万元)。

存货的计税基础 = 1 000(万元)。

可抵扣暂时性差异期末余额=20(万元)。

递延所得税资产期末余额=20×25%=5(万元)。

③预计负债项目:

预计负债的账面价值=80(万元)。

预计负债的计税基础=80-80=0。

可抵扣暂时性差异期末余额=80(万元)。

递延所得税资产期末余额=80×25%=20(万元)。

④弥补亏损项目:

递延所得税资产年末余额=0×25%=0。

⑤投资性房地产:

投资性房地产的账面价值=600(万元)。

投资性房地产的计税基础=1 000-1 000/20×11=450(万元)。

应纳税暂时性差异的期末余额=600-450=150(万元)。

递延所得税负债的期末余额=150×25%=37.5(万元)。

综上所述:

2×21年年末递延所得税资产余额=5+20=25(万元)。

2×21年年末递延所得税负债余额=7+37.5=44.5(万元)。

(3)2×21年应交所得税=[利润总额5 000-国债利息收入41.71+违法经营罚款10-固定资产(28-7.5/25%)+存货(20-22.5/25%)+保修费(80-25/25%)-弥补亏损60-投资性房地产100-1 000/20]×25%=1 167.57(万元)。

(4)2×21年递延所得税负债发生额=(7-7.5)+37.5=37(万元)。

2×21年递延所得税资产发生额=(5-22.5)+(20-25)+(0-15)=-37.5(万元)。

2×21年递延所得税费用合计=37-(-37.5)=74.5(万元)。

(5)2×21年所得税费用=1 167.57+74.5=1 242.07(万元)。

(6)甲公司所得税相关的会计分录:

借:所得税费用　　1 242.07

　贷:应交税费—应交所得税　　1 167.57

　　　递延所得税资产　　37.5

　　　递延所得税负债　　37

四、综合题

1.【答案】

事项(1)会计处理不正确。

理由:合同负债应为不含税金额,储值卡金额中的增值税额应作为待转销项税额处理;当企业预收款项无须退回,且客户可能会放弃其全部或部分合同权利时,企业预期将有权获得与客户所放弃的合同权利相关的金额的,应当按照客户行使合同权利的模式按比例将上述金额确认为收入;否则,企业只有在客户要求其履行剩余履约义务的可能性极低时,才能将上述负债的相关余额转为收入。更正分录为:

借:合同负债

　　　(1 000-1 000/1.13)115.04

　贷:应交税费—待转销项税额 115.04

甲公司预期将有权获得与客户未行使的合同权利相关的金额为50万元,该金额应当按照客户行使合同权利的模式按比例确认为收入。根据储值卡的消费金额确认收入,同时将对应的待转销项税额确认为销项税额:

销售的储值卡应当确认的收入=(400+50×400÷950)÷(1+13%)=372.61(万元)。

借:应交税费—待转销项税额　46.02

　贷:以前年度损益调整—调整营业收入

　　　(372.61-353.98)18.63

　　　合同负债　(400-372.61)27.39

事项(2)会计处理不正确。理由:由于法院尚未作出二审判决,甲公司不应确认其他应付款,同时诉讼费用应计入管理费用,不应计入营业外支出。更正分录为:

借:其他应付款　　210

　贷:预计负债　　210

借:以前年度损益调整—调整管理费用

　　10

贷：以前年度损益调整—调整营业外支出 10

借：递延所得税资产 (60×25%)15

贷：以前年度损益调整—调整所得税费用 15

事项(3)会计处理不正确。

理由：甲公司处置该办公楼的合同将于 2×21 年 3 月完成，即已获得购买承诺且预计出售将于一年内完成，甲公司应将其划分为持有待售的非流动资产，更正分录为：

借：持有待售资产 1 000

累计折旧 800

固定资产减值准备 200

贷：固定资产 2 000

借：以前年度损益调整—调整资产减值损失 200

贷：持有待售资产减值准备 200

借：递延所得税资产 50

贷：以前年度损益调整—调整所得税费用 50

事项(4)会计处理不正确。

理由：对于附有销售退回条款的销售业务，企业应当在客户取得相关商品控制权时，按照因向客户转让商品而预期有权收取的对价金额(即，不包含预期因销售退回将退还的金额)确认收入，按照预期因销售退回将退还的金额确认负债。因此，甲公司在销售时应该按照销售价款的 90%确认收入，将剩余 10%确认为预计负债—应付退货款，并按照对应的比例相应地结转主营业务成本和确认应收退货成本。

借：以前年度损益调整 100

贷：预计负债 应付退货款 (1 000×10%)100

借：应收退货成本 (800×10%)80

贷：以前年度损益调整 80

事项(5)会计处理不正确。理由：该债务工具的公允价值变动(下跌)100 万元应计入其他综合收益(借方)，损失准备金额为 50 万元应计入信用减值损失，同时贷记其他综合收益。

借：其他债权投资 50

其他综合收益 50

贷：以前年度损益调整—调整信用减值损失 100

【解析】事项(5)正确的会计分录为：

借：其他综合收益—其他债权投资公允价值变动 100

贷：其他债权投资—公允价值变动 100

借：信用减值损失 50

贷：其他综合收益—信用减值准备 50

2.**【答案】**

(1)该项为非同一控制下企业合并。理由：甲公司与 C 公司在此项交易前不存在关联方关系。

(2)购买日为 2×19 年 12 月 31 日；

企业合并成本 = 16 500×8 = 132 000(万元)。

合并中取得可辨认净资产的公允价值 = 210 000-[16 800-(16 000-16 000/10×3)]×25%-[14 400-(9 600-9 600/8×2)]×25% = 206 800(万元)。

合并商誉 = 132 000 - 206 800 × 60% = 7 920(万元)。

(3)个别报表中的分录：

借：长期股权投资 132 000

管理费用 200

贷：股本 16 500

资本公积—股本溢价 112 500

银行存款 3 200

合并报表中的分录：

借：投资性房地产 [16 800-(16 000-16 000/10×3)]5 600

无形资产 [14 400-(9 600-9 600/8×2)]7 200

贷：递延所得税负债 (12 800×25%)3 200

资本公积 9 600

借：股本 20 000

资本公积

(150 000+9 600)159 600

其他综合收益 10 000

盈余公积 1 720

未分配利润 15 480

商誉 7 920

贷：长期股权投资 132 000

少数股东权益

(206 800×40%)82 720

(4)甲公司2×20年年末与合并财务报表相关调整、抵销分录：

借：营业收入 1 200

贷：营业成本 1 000

存货 200

借：递延所得税资产 50

贷：所得税费用 50

借：投资性房地产 5 600

无形资产 7 200

贷：递延所得税负债 3 200

资本公积 9 600

借：营业成本 (5 600/7)800

管理费用 (7 200/6)1 200

贷：投资性房地产 800

无形资产 1 200

借：递延所得税负债 500

贷：所得税费用 (2 000×25%)500

借：长期股权投资

[(40 000-2 000+500)×60%]23 100

贷：投资收益 23 100

借：股本 20 000

资本公积

(150 000+9 600)159 600

其他综合收益 10 000

盈余公积

(1 720+40 000×10%)5 720

未分配利润

(15 480+38 500-4 000)49 980

商誉 7 920

贷：长期股权投资

(132 000+23 100)155 100

少数股东权益

(245 300×40%)98 120

借：投资收益 (38 500×60%)23 100

少数股东损益 15 400

年初未分配利润 15 480

贷：提取盈余公积 4 000

年末未分配利润 49 980

(5)个别财务报表中，长期股权投资的账面价值=132 000+80 000=212 000(万元)。

借：长期股权投资 80 000

累计摊销 10 000

贷：无形资产 70 000

资产处置损益 20 000

A公司应并入甲公司合并财务报表的可辨认净资产的价值=206 800+40 000-5 600/7×75%-7 200/6×75%=245 300(万元)。

应冲减资本公积=80 000-245 300×30%=6 410(万元)。

(6)该交易为同一控制下企业合并。

理由：A、D公司在合并前后均受甲公司最终控制。

合并日为2×21年12月31日。

A公司应并入D公司合并财务报表的净资产的价值=245 300+32 000-5 600/7×75%-7 200/6×75%+商誉7 920=283 720(万元)。

D公司个别财务报表中的会计分录如下：

借：长期股权投资

(275 800×90%+7 920)256 140

贷：股本 14 000

资本公积—股本溢价 242 140